Pietro Greco

Einstein e il ciabattino

Dizionario asimmetrico dei concetti scientifici di interesse filosofico

Editori Riuniti

I edizione: gennaio 2002

via Alberico II, 33 - 00193 Roma
www.editoririuniti.it
fax verde: 800 677822
ISBN 88-359-4957-2

Indice

Prefazione

Scienza e filosofia

Scrivo questo libro per dare un modesto contributo a sfatare un mito, il mito secondo cui la scienza non sarebbe cultura. Cultura vera. E la conoscenza scientifica non sarebbe vera conoscenza. Conoscenza profonda.

Questo mito si rinnova nel tempo e viene sbandierato ormai da troppe parti, dimentiche che la scoperta della ragione, avvenuta tra la Ionia e la Magna Grecia, quasi tre millenni fa, costituisce l'atto fondativo della cultura occidentale.

Quello della scienza priva di conoscenza è un mito pericoloso. Ma è, soprattutto, un mito cosí infondato da apparire ridicolo. E spero che la semplice consultazione di questo dizionario serva a dimostrarlo.

La scienza ha un valore culturale in sé. E ricordarlo è semplicemente richiamare l'ovvio. Ma la scienza ha una dimensione culturale che va ben oltre il suo stretto ambito. Le conoscenze prodotte dalla scienza da almeno un secolo a questa parte sono il motore principale di quell'innovazione tecnica attraverso cui l'uomo rielabora incessantemente il suo rapporto con l'universo che lo circonda.

Un antropologo direbbe che le conoscenze prodotte dalla scienza sono la cultura che sta rimodellando il mondo.

Ma la scienza è molto piú della cultura del fare (che in ogni caso non è poca cosa). In questi ultimi quattro secoli la scienza è stata la cultura che ha maggiormente informato di sé la percezione che noi abbiamo di noi stessi e dell'universo che ci circonda. Le conoscenze prodotte dalla scienza dal XVII secolo fino a oggi si sono rivelate il motore principale dell'innovazione di pensiero con cui l'uomo rielabora il suo rapporto con l'universo che lo circonda. In altri termini la scienza si è rivelata di gran lunga il fattore principale di sviluppo del pensiero filosofico.

Un filosofo direbbe che le conoscenze prodotte dalla scienza sono la cultura che sta rimodellando la visione del mondo.

Scrivo tutto questo spero senza enfasi e comunque senza alcuno sciovinismo scientista. Ho cercato di dimostrare, in altre mie modeste opere, che la filosofia è il faro che guida ogni scienziato nella sua ricerca. Per dirla con Albert Einstein, la scienza senza filosofia, ove anche fosse possibile, sarebbe una ben arida attività.

Tuttavia la filosofia si alimenta e si rinnova grazie alla conoscenza scientifica. Cosicché, da almeno quattro secoli, non è piú possibile pensare a una filosofia che ignori e faccia a meno delle conoscenze scientifiche.

Naturalmente, gli scienziati che sanno di filosofia non hanno la minima pretesa di aver risolto, o affrontato in modo esauriente, anche solo alcuni dei grandi temi su cui da sempre riflette la filosofia. Questi temi restano ancora saldamente nel dominio dei filosofi. Tuttavia la riflessione filosofica non solo non può trascurare i risultati ottenuti dalla scienza, ma deve rispettare i vincoli, stringenti, che la conoscenza scientifica pone. All'interno di questi vincoli i filosofi possono muoversi liberamente. Ma non possono superarli senza pagare un prezzo salato. E il prezzo o è la perdita di rigore o è la perdita di aderenza con la realtà.

Ciò non significa che la filosofia sia subordinata alla scienza. I due grandi ambiti della conoscenza umana hanno una reciproca e profonda influenza. Ma se è vero che la scienza senza filosofia, se anche fosse possibile, sarebbe una ben arida attività, è anche vero che la filosofia che non tenesse conto della scienza, ove anche ciò fosse possibile, sarebbe vuota come vuoto è pestar l'acqua in un mortaio.

In definitiva, la conoscenza scientifica e la conoscenza filosofica si sostengono a vicenda. In assenza l'una dell'altra, entrambe cadono rovinosamente.

Il dizionario

Questo dizionario non è e non vuole essere un dizionario di filosofia. E neppure un dizionario di filosofia della scienza. Materie che sono fuori dalla competenza dell'autore. Questo dizionario ha una ben piú modesta ambizione. Ricordare come la conoscenza scientifica abbia contribuito a modificare i concetti primari dell'esperienza umana. I concetti di realtà. Di spazio e di tempo. Di sé e di altro da sé.

I cambiamenti imposti dalla conoscenza scientifica alla ridefinizione di queste esperienze primarie dell'uomo sono dei vincoli per i filosofi.

In questo doppio senso i termini scientifici che l'opera propone sono di interesse filosofico. Perché riguardano la percezione che noi tutti abbiamo di noi stessi e del mondo. E perché sono vincoli che indirizzano la creatività, autonoma ma non indipendente, della riflessione dei filosofi.

Il dizionario, tuttavia, è asimmetrico. Si sofferma di piú su alcuni concetti, meno su altri. E altri ancora li omette. Spero che le omissioni possano essere recuperate nel tempo. Ma l'asimmetria è un carattere necessario dell'opera. Perché riflette il giudizio soggettivo, necessariamente soggettivo, sulla profondità del cambiamento che la conoscenza scientifica ha prodotto nelle diverse componenti che concorrono alla nostra visione del mondo. Molte e molte pagine, per esempio, sono dedicate al termine evoluzione, declinato in svariati contesti. E questo perché, a giudizio dell'autore, il piú grande cambiamento nella percezione di noi stessi e del mondo prodotto dalla scienza in questi ultimi quattro secoli è consistito nell'abbandono della concezione statica dell'universo e nella scoperta dell'universo evolutivo. Di un universo che cambia a ogni livello. Compreso il nostro livello: il livello umano.

Altre scelte mostrano il medesimo carattere di soggettività (spero non di arbitrarietà). Ma questo, tutto sommato, è un male minore. Perché la prima e piú grande ambizione di questo volume non è quello di fornire pillole di conoscenza scientifica e/o filosofica, né tantomeno quello di proporre una chiave univoca e definitiva di interpretazione delle conoscenze scientifiche e filosofiche. L'ambizione di questo volume, piccola ma non piccola, è di stimolare i lettori ad approfondire e ad accendere la passione per i grandi temi proposti dalla scienza e dalla filosofia. Insomma, intendiamo stimolare altre e variegate letture.

Anche per questo alla fine di ogni termine il lettore troverà delle indicazioni bibliografiche. Non si tratta, certamente, di una bibliografia esaustiva. Ma di modesti consigli di lettura. I libri segnalati (al massimo cinque per ogni termine) sono stati pubblicati tutti in italiano, sono spesso di orientamento diverso da quello dell'autore e sono scritti sempre in un linguaggio che molti chiamano divulgativo, ma che io preferisco chiamare semplicemente comunicativo.

Pietro Greco

Roma, dicembre 2001

Letture generali

Nella stesura di questo dizionario asimmetrico mi sono avvalso dell'aiuto di una serie di altri dizionari, molto piú simmetrici, e di alcuni vocabolari. Che elenco e che consiglio di consultare.

Dizionario delle scienze sociali, Milano, Il Saggiatore, 1997.
Dizionario di antropologia, Bologna, Zanichelli, 1997.
Dizionario di filosofia, Milano, Rizzoli, 1994.
Dizionario di scienze cognitive, Roma, Editori Riuniti, 2000.
Dizionario di storia della salute, Torino, Einaudi, 1996.
Il dizionario della lingua italiana, Torino, Paravia, 2000.
Vocabolario della lingua italiana, Roma, Istituto della Enciclopedia Italiana Treccani, 1987.
Nuovissimo vocabolario illustrato della lingua italiana, Milano, Selezione dal Reader's Digest, 1995.

Einstein e il ciabattino

A mia figlia Gaia, nella speranza
che questo dizionario contribuisca
ad accendere in lei la passione
per la scienza e la filosofia

Avvertenza

Il simbolo → indica il rinvio ad altre voci del dizionario.

Abduzione

(dall'inglese *abduction*; dal latino *abductio*)

Il termine abduzione è stato utilizzato per la prima volta nel 1878 dal filosofo Charles Peirce nell'ambito dei suoi studi sulla «logica della scoperta scientifica» (→scienza). Esso indica un'→ipotesi avanzata per spiegare «un fatto sorprendente», ovvero un fenomeno particolarmente difficile da capire. Il processo di abduzione funziona secondo questo schema:

- si osserva il fatto sorprendente B;
- ma se l'ipotesi A fosse vera, B risulterebbe un fenomeno ovvio;
- c'è quindi ragione di sospettare che l'ipotesi A sia vera.

Nel processo abduttivo, l'ipotesi A non è un'ipotesi qualsiasi. Ma è un'ipotesi inventata, piú o meno per l'occasione. L'abduzione non si esaurisce, tuttavia, nell'*invenzione* dell'ipotesi scientifica, ma in un processo molto piú articolato, che prevede la →deduzione delle conseguenze dell'ipotesi, la verifica dell'esperienza (→esperimento) e, infine, un ultimo passaggio che Peirce chiama, un po' a sorpresa, →induzione.

Per Charles Peirce, infatti, la parola induzione ha un significato diverso da quello che, di solito, le viene attribuito. L'induzione *à la Peirce* parte da «un'ipotesi promettente senza, all'inizio, avere di mira fatti particolari, benché si avverta la necessità di fatti per sostenere la →teoria». Al contrario «l'abduzione parte dai fatti, senza all'inizio avere di mira una particolare teoria, benché motivata dall'impressione che ci vuole una teoria per spiegare i fatti sorprendenti». Insomma: «L'abduzione cerca una teoria. L'induzione cerca fatti». Per questo l'abduzione e l'induzione sono «ai poli opposti della ragione». Per questo l'una apre e l'altra chiude il processo logico con cui gli scienziati, a volte, cercano di spiegare i fatti nuovi e sorprendenti in cui si sono imbattuti.

Letture: Giovanni Boniolo e Paolo Vidali, *Filosofia della scienza*, Milano, Bruno Mondadori, 1999; David Oldroyd, *Storia della filosofia della scienza*, Milano, Il Saggiatore, 1989.

Adattamento

(dal latino *adaptare*)

L'adattamento è uno dei passaggi chiave nella storia del pensiero biologico. In ogni epoca e a ogni osservatore attento, infatti, è apparso sempre molto chiaro che le caratteristiche di ciascun organismo non sono frutto del caso, ma sono particolarmente «adatte» all'ambiente in cui la →specie vive. Un pesce ha le pinne per potersi muovere in acqua, un orso polare ha un fitto pelo bianco per poter sopravvivere sulla neve e sui ghiacci, il camaleonte ha la lingua lunga per afferrare la mosca al volo e la mosca ha le ali per sfuggire alla lingua del camaleonte, il kiwi è un uccello della Nuova Zelanda che non ha bisogno delle ali perché caccia le sue prede preferite meglio da terra.

Cosa ha consentito ai pesci di avere le pinne, agli orsi polari di avere il pelo bianco, al camaleonte la lingua lunga, alle mosche le ali e ai kiwi di non essere intralciati proprio dalle ali nella loro attività di caccia? Qual è l'origine di questo straordinario adattamento tra le specie viventi e l'ambiente in cui vivono?

Per il pensiero greco il perfetto adattamento degli organismi all'ambiente in cui vivono è la prova di un'armonia cosmica superiore. Di un'armonia data. Ciascuna pianta, ciascun animale è in equilibrio statico con tutte le altre piante, con tutti gli altri animali e con l'intero ambiente. Per un teologo naturale, in età cristiana, l'adattamento delle specie all'ambiente è una prova, e che prova, della saggezza creatrice della mano di Dio. Chi altri, infatti, avrebbe potuto realizzare un'armonia cosí fine e perfetta?

Insomma, per molto tempo nella cultura occidentale la difficoltà a immaginare una dimensione dinamica e un meccanismo materiale dell'adattamento, un meccanismo che consente di produrre orsi polari col pelo bianco al Polo e kiwi senza ali in Nuova Zelanda, è stato uno degli ostacoli principali che hanno impedito lo sviluppo dell'idea di →evoluzione e, in particolare, di →evoluzione biologica.

Oggi il significato che noi diamo alla parola adattamento è molto diverso. Per noi adattamento è l'insieme delle modificazioni cui sono sottoposti gli organismi viventi al variare delle condizioni ambientali. Le diversità rispetto ai filosofi greci e ai teologi naturali cristiani sono due. Ed entrambe fondamentali.

La prima è che per noi l'→ambiente non è statico, ma cambia. La seconda diversità è che, per noi, anche le specie viventi si modificano nel tempo. E si modificano proprio per adattarsi all'ambiente che cambia.

Non a caso la scoperta della dimensione dinamica dell'adattamento avviene contestualmente alla scoperta che l'ambiente terrestre non è sempre uguale a se stesso, ma si modifica nel tempo (→evoluzione geologica). Ma se cambia l'ambiente, il meraviglioso equilibrio con le specie e tra le specie deve trovare una nuova ricomposizione. Le specie devono modificarsi a loro volta e devono lottare per restare adatte. Gli organismi viventi devono correre, per restare al loro posto. Cos'altro dimostra la presenza di fossili di specie vissute nel passato e ormai estinte, se non l'espressione di questa corsa e di questa lotta crudeli?

Ed è cosí che il concetto dinamico di adattamento si pone saldamente al centro già nelle prime teorie scientifiche dell'evoluzione biologica. Al centro della teoria del francese Jean-Baptiste de Lamarck (1809). E al centro della teoria per selezione naturale dell'inglese Charles Darwin (1859).

Per Lamarck l'adattamento è, con la spinta alla complessità crescente, una delle due grandi forze evolutive in biologia. Per il naturalista francese, infatti, gli organsimi si adattano rispondendo direttamente ai mutati stimoli ambientali: le giraffe tendono ad allungare il proprio collo per raggiungere le foglie di alberi divenuti piú alti. E trasmettono poi ai figli il risultato dello sforzo, ovvero il carattere acquisito.

Per Darwin l'adattamento è sí il frutto di un processo meccanicistico. Ma molto piú complesso di quello lamarckiano. Un processo probabilistico e locale. Nella teoria della selezione naturale, infatti, il cambiamento evolutivo è il frutto di una *competizione* tra organismi per il successo riproduttivo: questo conduce a un maggiore adattamento non dei singoli individui ma delle loro popolazioni (*fitness*). Nell'ambiente che cambia gli individui che, per caso, hanno caratteristiche piú vantaggiose hanno una maggiore probabilità di riprodursi. E, quindi, di trasmettere le loro caratteristiche favorevoli alle generazioni future.

Se gli alberi diventano piú alti a causa di mutamenti ecologici, le giraffe non tendono ad allungare il collo e a trasmettere il carattere «collo allungato» alla prole. È una mano cieca ed efficace, la selezione naturale, che tende a premiare gli individui che, per caso, hanno un collo piú alto. Queste giraffe, infatti, si ritrovano ad avere un carattere piú adatto alla sopravvivenza e, quindi, tendono ad avere un maggiore successo riproduttivo. Se le giraffe col collo piú lungo hanno piú figli, il carattere tende a trasmettersi nelle generazioni a venire. È questo meccanismo statistico che determina, nel tempo, l'allungamento del collo e l'adattamento delle giraffe all'ambiente.

La *fitness* altro non è, dunque, che il modellamento delle forme, delle funzioni e dei comportamenti degli organismi per raggiungere non la perfezione, ma piú semplicemente il massimo successo riproduttivo. La selezione naturale e l'adattamento che produce hanno un carattere statistico e non deterministico. Possono fallire nei singoli casi. E persino uccidere il migliore. Per cui è piú giusto parlare di probabilità diseguale di sopravvivenza, piuttosto che di sopravvivenza del piú adatto. Nella visione di Darwin gli organismi piú attrezzati non ricevono la palma del vincitore assoluto, ma hanno semplicemente una maggiore probabilità di sopravvivere. D'altra parte Darwin parla di «successo riproduttivo», non di «sopravvivenza del piú adatto».

Sarà Herbert Spencer, piú tardi, a coniare questa definizione, destinata ad avere successo presso il grande pubblico, ma che forza il pensiero di Darwin e la realtà stessa. La selezione naturale opera nel tempo e non senza fluttuazioni. D'altra parte quando Darwin parla di *competizione* non intende (solo) lotta cruenta, ma qualcosa che ha un senso molto piú vasto. La competizione darwiniana raramente è una lotta dichiarata e senza quartiere. Molto spesso è fatta di strategie pacifiche, se non addirittura cooperative.

Cosí, quando Darwin parla di ambiente, intende ambiente locale. E quando parla di adattamento (*fitness*) non ne parla in termini assoluti. Ma intende adattamento all'ambiente locale. In altri termini, non esistono organismi piú adatti e *fittest* di altri in assoluto. Non esistono organismi migliori o perfetti. Vi sono organismi piú adatti di altri a vivere in un determinato e contingente ambiente locale.

Dopo Darwin il concetto di adattamento è stato al centro di molte discussioni e di molte polemiche. Alcuni lo considerano un concetto tautologico. Altri lo hanno confuso per un processo teleologico (→teleologia). Altri, infine, ritengono che l'adattamento non sia il motore unico dell'evoluzione biologica.

In realtà Darwin ha risposte chiare per ciascuno di questi rilievi. Il processo non è certo tautologico, anche se, non essendo deterministico, non consente di fare previsioni sull'evoluzione degli organismi. Consente solo di spiegare, a posteriori, perché l'evoluzione ha imboccato una certa strada. Il processo non è certo teleologico: l'adattamento è locale e informato dalla storia, non tende certo a selezionare la «perfezione», ma solo organismi che, qui e ora, rivelano un maggiore successo riproduttivo.

Infine Charles Darwin non ha difficoltà alcuna a rilevare che l'adattamento è il principale, ma non è certo l'unico motore dell'evoluzione biologica.

Dopo aver effettuato queste puntualizzazioni, possiamo ricordare, con Ernst Mayr, che «probabilmente nella storia delle idee non c'è concetto piú originale, piú complesso e piú audace della spiegazione meccanicistica dell'adattamento proposta da Darwin».

Letture: Charles Darwin, *L'origine delle specie*, Roma, Newton Compton, 1973; Ernst Mayr, *Storia del pensiero biologico*, Torino, Bollati Boringhieri, 1990.

Alchimia

(piú corretto, *alchímia*; dal latino medievale *alchimia* che a sua volta deriva dall'arabo *al-kîmiyā*)

La manipolazione deliberata della →materia e, quindi, la chimica applicata nascono nel paleolitico, quando l'uomo riesce finalmente a controllare il fuoco. Tutte le civiltà umane hanno una loro teoria della materia e della natura. Tuttavia, in Occidente, è con i filosofi greci che la teoria della materia viene fondata con rigore sulla ragione. Raramente, però, i chimici applicati (gli artigiani che colorano i tessuti o lavorano il vetro, i metalli, le ceramiche) e i chimici teorici (i filosofi che elaborano teorie sulla materia) si trovano e integrano organicamente le loro conoscenze.

È ad Alessandria d'Egitto, a partire dal III secolo a.C., che la sofisticata chimica applicata degli artigiani egizi e la chimica teorica dei filosofi greci finalmente si incontrano (→atomo).

Ed è lí, ad Alessandria, che l'arte della manipolazione della materia assume il nome di *khemeia*, chimica. Derivato, forse, dall'egiziano *khem*, che significa nero e sta a indicare proprio l'Egitto, la *terra nera*. Oppure dal verbo greco *cheo*, che significa versare.

I Tolomei hanno fatto della città il cuore culturale del Mediterraneo. Il punto d'incontro tra il pensiero razionale dei greci, il pensiero mistico dell'Oriente e la tecnologia degli egizi. Alessandria è la città in cui la cultura ellenistica (→ellenistica, scienza) raggiunge le sue forme piú alte. La contaminazione culturale e le diverse modalità d'approccio ai problemi creano nella città africana l'ambiente adatto per uno studio della natura che si avvicina molto, piú che in ogni altra epoca a parte l'attuale, a quello che oggi consideriamo uno studio scientifico (→scienza).

Il lavoro manuale, pratico, sperimentale degli artigiani e degli ingegneri, dei vili meccanici come li chiamavano i greci, assumono dignità pari a quello teorico del filosofo. E possono coesistere in una stessa persona.

E in realtà la cultura scientifica del periodo ellenistico coglie successi straordinari. La →geometria di Euclide sarà, per i successivi due millenni, *la* geometria. Ed è tuttora validissima, pur non essendo piú l'unica geometria nota. Anche l'→astronomia di Ipparco e di Tolomeo dominerà i successivi due millenni, pur avendo alla fine qualche problema in piú di sopravvivenza. D'altra parte anche l'approccio alla →fisica, matematizzata e sperimentale, di Archimede è quello che piú si avvicina al metodo di lavoro di un fisico moderno.

Ad Alessandria, dunque, per la prima volta gli artigiani chimici vengono in contatto con le teorie dei filosofi e le applicano ai loro procedimenti, in un contesto culturale piú che mai stimolante. Nasce cosí quella che gli arabi, piú tardi, chiameranno *al-kîmiyā*, alchimia, ovvero *la chimica*.

I primi alchimisti sono scienziati pratici. Artigiani che conoscono la filosofia di Aristotele e cercano di applicarla alla concreta manipolazione della materia. In particolare dei metalli. Spesso il comportamento delle sostanze che manipolano non può essere spiegato dalla semplice lettura dei testi aristotelici. Cosí quei colti artigiani cercano o di modificare la teoria o, piú spesso, di enfatizzare le parti del pensiero aristotelico che si accordano con le osservazioni, dimenticando le altre che con l'osservazione sono in aperto contrasto.

Da un punto di vista pratico, l'impegno dei primi alchimisti ad Alessandria è quello di mettere a punto leghe e composti economici in grado di sostituire i metalli preziosi, in primo luogo l'oro, e le pietre preziose.

Le tecniche, raffinate, in loro possesso spiegano il clamoroso successo di questi tentativi. Ma essi, ormai, sanno anche di filosofia. E sanno anche che, nel pensiero del sommo Aristotele, tutto tende verso la perfezione. L'oro è il metallo perfetto. Gli altri metalli, secondo il pensiero aristotelico, tendono dunque verso la perfezione aurifera. Quindi, ne concludevano gli alchimisti alessandrini, quelle leghe che noi prepariamo, cosí simili all'oro da ingannare anche i piú esperti gioiellieri, altro non sono che tappe avanzate verso la trasmutazione dei metalli piú vili nel metallo perfetto. La natura, sostengono, deve operare una trasmutazione simile nelle viscere della terra.

Insomma, gli artigiani chimici di Alessandria, gli alchimisti, cominciano a pensare che, raffinando ulteriormente la tecnica, giungeranno prima o poi a trasformare comuni metalli in oro puro.

L'alchimia ellenistica nasce ad Alessandria con un solido fondamento filosofico razionalista. Tant'è che potremmo considerarla «chimica empirica», se non vera e propria →chimica in senso scientifico moderno. Spesso l'alchimista alessandrino ha una visione olistica e sacrale della natura (→olismo). Ciò non toglie che la sua sia soprattutto un'arte pragmatica, ma sofisticata. Da laboratorio artigiano. Che si interessa di metalli, certo. Ma anche di tintoria. Di prodotti di bellezza (oli, essenze). E, come dire, di chimica pura. La strumentazione è parte notevole dello sviluppo alchemico: nel periodo ellenistico vengono create quantità incredibili di alambicchi, becher, filtri, bagni per riscaldare (compreso il *bagno maria*), forni. Ma gli alchimisti mettono a punto anche numerosi nuovi reagenti. Cui vengono assegnati nomi davvero particolari, in modo da formare una prima «nomenclatura chimica». Un gergo che avrà un ruolo non secondario nel creare l'alone di mistero che circonderà sempre l'alchimia.

La chimica empirica degli alessandrini, l'alchimia, è intrisa di filosofia razionalista. Ma si lascia accompagnare anche da pratiche magiche. Né disdegna contatti con l'→astrologia. È, tuttavia, solo molto tempo dopo, nel IV secolo d.C., quando la cultura ellenistica tramonta, che l'alchimia si lascia permeare da quel misticismo orientale che ha ormai invaso l'impero romano. Cosí che la parte magica dell'alchimia da orpello diventa aspetto dominante. Mentre la simulazione dell'oro diventa un'arte truffaldina: Diocleziano, verso la fine del III secolo, è costretto a ordinare la distruzione di tutti i libri alchemici per cercare di arginare quella pratica devastante per l'economia dell'impero.

L'arte in Italia e in Occidente non sopravvive all'impero romano.

Ma, benché intrisa di filosofie esoteriche e confusa con pratiche magiche, resta viva in Oriente. Soprattutto in Siria e in Persia, dove c'è chi provvede a tradurre le antiche ricette alchemiche dal greco in aramaico. Cosí che, con l'incendio della biblioteca di Alessandria ad opera dei cristiani, nel 400 d.C., non va in fumo l'intero sapere alchemico.

In questo modo gli arabi possono ereditare e rilanciare l'alchimia ellenistica. Lasciandosi anche contaminare dai contatti con l'alchimia cinese. In Cina, infatti, l'arte alchemica ha avuto uno sviluppo simile a quello alessandrino. Anche se lo scopo delle ricerche alchemiche non è solo quello di ottenere prodotti simili all'oro, ma anche di rendere l'uomo immortale, o almeno piú longevo, mediante la preparazione di *elisir di lunga vita*.

In realtà molti sostengono che l'alchimia è nata proprio in Cina, verso il VI secolo a.C. E che si sia poi diffusa in India, nelle terre di Babilonia e in Egitto. La componente mistica dell'alchimia alessandrina sarebbe il distillato residuo dell'antica contaminazione della cultura egizia da parte della cultura cinese. Quando gli arabi entrano in contatto con il mondo culturale asiatico, il ramo cinese dell'alchimia occidentale si chiude finalmente su se stesso.

Ma, al di là della storia remota, è certo che la *al-kîmiyā* degli arabi affonda le sue radici nell'alchimia ellenistica e cinese. È anche vero, tuttavia, che ha uno sviluppo notevole e affatto originale. Raggiungendo una sua formulazione teorica ben definita alla fine del VII secolo, con gli scritti attribuiti a Giabir ibn Hayyan, noto in Occidente come Geber. Una mole di scritti cosí vasta e profonda, da essere, probabilmente, il frutto di piú autori.

I concetti filosofici fondamentali di Giabir (o del gruppo di pensatori arabi che va sotto il nome di Giabir) sono quelli, aristotelici, propri degli alchimisti di Alessandria. Con i classici quattro principi che caratterizzano la materia: caldo e freddo, umido e secco. Per Aristotele queste qualità non erano che meri accidenti. Mentre per Giabir sono vere e proprie «nature», o sostanze semplici. Che possono essere separate dalle sostanze composte e ricombinate di nuovo in proporzioni ben definite per formare altre sostanze composte. Insomma, i *principi* di Giabir sono una sorta di elementi chimici fondamentali che si combinano tra loro in forma quantitativa. I metalli, sostiene per esempio l'alchimista arabo, hanno due qualità *esteriori*, a cui devono le loro proprietà, e due qualità *interiori*. L'oro ha il caldo e l'umido come qualità *esteriori*, il freddo e il secco come qualità *interiori*. L'argento, invece, ha queste ultime come qualità *esteriori*. Per trasformare l'argento in oro, dunque, basta estrarre le qualità *interiori* da quest'ultimo. Ciò può avvenire per mezzo di un *elisir*, una sostanza non meglio specificata.

Insomma, Giabir scopre il ruolo della bilancia e si avvicina molto all'approccio quantitativo della moderna ricerca chimica. Anche se non riesce a farlo proprio.

Sul piano pratico l'alchimia araba ottiene numerosi successi. Con l'invenzione di nuovi metodi sperimentali, come la distillazione secca, e l'estensione del numero di ricette per ottenere sostanze, le piú varie. Come gli spiriti che volatilizzano, i corpi metallici, le pietre, i vetrioli, il borace e i sali secondo la nomenclatura proposta da un altro grande alchimista arabo, Abu Bakr Muhammad ibn Zakariya al-Razi.

L'alchimia araba, sul piano teorico e su quello pratico, ha dunque caratteri originali di protoscienza. Mentre, infatti, nell'Occidente cristiano l'alchimia è ormai degenerata in una pratica magica e mentre in Cina c'è confusione tra alchimia *essoterica* e alchimia *esoterica*, nel mondo arabo (compresa la Spagna) la scienza alchemica riafferma la sua indipendenza dalle filosofie mistiche. Giabir e al-Razi, certo, credono nella trasmutazione. Ma non ne fanno il centro del loro pensiero. Che, molto piú spesso, è dedicato alla chimica delle sostanze naturali. Sostanze da applicare, magari, nella concreta pratica medica.

Alla fine del X secolo, poi, Abu'Ali al-Husain ibn Abdallah ibn Sina, noto in Occidente come Avicenna, il piú grande medico dell'Islam (e uno dei piú grandi alchimisti), confuta apertamente la tesi della trasmutazione e della tendenza, aristotelica, verso la perfezione. Gli alchimisti, sostiene, possono ottenere ottime imitazioni dell'oro. Tali da ingannare anche l'occhio piú esperto. Ma queste sono appunto imitazioni. L'essenza della natura dei metalli e delle altre sostanze non varia. Il rame resta rame e non potrà mai diventare né avvicinarsi all'oro.

Come nota Henry Leicester, il lucido scetticismo di ibn Sina raggiunge finalmente l'Occidente cristiano e contribuirà non poco, a partire dal XVI secolo, all'evoluzione dell'alchimia in vera scienza chimica.

Con lo sviluppo della scienza chimica, l'alchimia non scompare. Ma imbocca decisamente la strada dell'olismo esoterico e della superstizione. In questa veste la ritroviamo ancora oggi, con alterne fortune, in quel magmatico mondo di subculture che molti definiscono irrazionalismo.

L'alchimia, dunque, ha molte facce. E la sua tortuosa storia ben rappresenta le modalità, infinite e spesso contraddittorie, con cui l'uomo ha cercato di interpretare il mondo che lo circonda.

Letture: Paola Carusi, *L'alchimia*, in Antonio Di Meo (a cura di), *Storia della chimica*, Venezia, Marsilio, 1990; Antonio Di Meo, *Il chimico e l'alchimista*, Roma, Editori Riuniti, 1981; Mircea Eliade, *Cosmologia e alchimia babilonesi*, Firenze, Sansoni, 1992; John Holmyard, *Storia dell'alchimia*, Firenze, Sansoni, 1959; Henry M. Leicester, *Storia della chimica*, Milano, Isedi, 1978.

Altro

(dal latino *alter*)

L'altro è, etimologicamente, il diverso. Il diverso da me. Ma anche il diverso da noi. Lo studio del «diverso da me» ha interessato e interessa svariate scienze, dall'immunologia (→sé) alla →psicologia. Ed è a queste voci che demandiamo per l'approfondimento dei forti correlati filosofici che la tematica si trascina dietro. Lo studio del «diverso da noi», cioè dalle persone che normalmente frequentiamo e a cui tacitamente alludiamo quando, appunto, pensiamo a «noi», ha suscitato e suscita un interesse analogo, se non superiore, in svariate altre scienze: dall'antropologia (→uomo) alla →storia. I correlati filosofici che, da sempre, si trascina dietro il concetto di altro inteso come «diverso da noi» sono enormi. Le ricadute sociali e politiche dell'interpretazione di questo concetto attraversano l'intera storia umana. E hanno avuto, ahimè troppo spesso, epiloghi sanguinosi e spesso sanguinari. A ben vedere, gli etnocidi che costellano la storia, anche recentissima, dell'uomo sono il frutto di una interpretazione, tragica, del concetto di altro inteso come «diverso da noi».

Negli ultimi secoli, ma soprattutto nel XX secolo, si è tentato piú volte con scarso successo di conferire dignità scientifica alla percezione dell'altro. Ebbene oggi è proprio una scienza, la genetica, a risolvere, decisamente e definitivamente, il problema filosofico e (ci auguriamo) sociale e politico del concetto di altro inteso come «diverso da noi»: nell'ambito della specie *Homo sapiens sapiens* l'altro, semplicemente, non esiste.

Ci riferiamo, naturalmente, alla nozione di razza, utilizzata in biologia per classificare insiemi di individui di una medesima →specie che presentano caratteristiche comuni e distintive. Tipiche sono le razze canine: ciascuno di noi è in grado di distinguere un cane di razza bassotta da un cane pastore tedesco. Questa nostra capacità di distinguere cani di razza diversa ha dei fondamenti biologici. Benché siano interfecondi e appartengano, quindi, alla medesima specie, un bassotto è geneticamente «altro» da un pastore tedesco. Nel senso che la variabilità genetica interna all'insieme dei cani bassotto è inferiore alla variabilità genetica media che esiste tra l'insieme dei bassotti e l'insieme dei pastori tedeschi.

Esistono razze umane? Esistono «altri diversi da noi» nell'ambito della comune specie umana? Un bianco è diverso da un nero? E se c'è una qualche differenza, dove ha origine?

Queste domande non sono affatto recenti. Nel corso della storia sono affiorate alla mente di tutti coloro che, compiendo lunghi viaggi, si sono imbattuti in comunità con usi, costumi, culture e persino caratteri morfologici differenti. Molti hanno sentito il bisogno di classificarle, queste comunità. Già nel V secolo a.C., per esempio, Erodoto si impegnò nella descrizione dei diversi popoli, soprattutto mediterranei, che aveva direttamente conosciuto o di cui aveva avuto notizia, indicandone il nome, la collocazione geografica, l'aspetto fisico, gli usi e i costumi. Per questo Erodoto si è meritato la definizione di padre delle scienze antropologiche, oltre che di padre delle scienze storiche.

Erodoto ha il grande merito di aver scritto in modo ordinato i risultati dei suoi studi e delle sue conoscenze. E Aristotele, un secolo dopo, ha elaborato una classificazione che costituisce una vera e propria tassonomia della diversità umana. Tuttavia anche altri popoli mediterranei, a cominciare dagli egizi e dai fenici, conoscevano svariate popolazioni «diverse»: da quelle nere dell'Africa subsahariana a quelle dell'India o delle steppe euroasiatiche. I romani entrarono, infine, in contatto un po' con tutte le diverse popolazioni dell'Africa e dell'Eurasia: comprese le popolazioni dell'Asia orientale, conosciute per via indiretta attraverso il commercio.

E cosí, nel I secolo d.C., Plinio il Vecchio inizia a chiedersi dove mai abbia origine tanta diversità. La sua risposta è piuttosto ingenua: la diversità anche morfologica tra le diverse popolazioni è una conseguenza diretta del clima. Nelle fredde regioni settentrionali, quelle piú lontane dal Sole, scrive Plinio, «le razze hanno pelle bianca come la neve, con capelli gialli che cadono diritti». Gli africani, invece, sono «bruciati dal calore del corpo celeste che è loro vicino, e nascono con un aspetto bruciacchiato, con capelli e barba riccioluti».

L'ingenuità di Plinio il Vecchio è certo estrema. Ma alla teoria climatica della diversità morfologica e culturale umana avevano già aderito, prima di Plinio, illustri studiosi, come Ippocrate e Aristotele, e aderiranno, dopo Plinio, studiosi altrettanto illustri, da Tolomeo a Galeno. Tutti pensano che il clima, la dieta, la natura dei luoghi e, in una sola parola, l'ambiente abbiano la capacità di influenzare le caratteristiche morfologiche e il modo stesso di comportarsi degli uomini. In discussione, semmai, è come l'ambiente esercita queste influenze. Agendo sul seme o agendo direttamente sul corpo, come è incline a pensare il vecchio Plinio? Certo è evidente a tutti che l'influenza dell'ambiente non è immediata: un africano dalla pelle nera non cambia colore se emigra nell'Europa del Nord e, viceversa, nessun bianco è mai diventato nero andando a vivere in Africa. Tuttavia molti pensano che se un uomo bianco va in Africa modifica, se non l'epidermide, almeno i suoi comportamenti: va cioè incontro a quello che è definito un processo di «tropicalizzazione». Come dire: l'influenza dell'ambiente può essere diretta e, tutto sommato, rapida. Altri pensano, invece, che l'influenza dell'ambiente agisca sulla trasmissione dei caratteri ereditari. E sia, quindi, piú indiretta e lenta. Ma abbastanza potente da generare diverse razze umane.

Ora, non è ben chiaro quale sia l'origine della parola razza. Probabilmente deriva dal latino *radix* o *ratio*, o magari dall'arabo *raz*. Ma, quale che sia la sua etimologia, è certo che a lungo la parola non ha avuto il significato attuale, di insieme di persone con comuni caratteristiche fisiche. Per gli antichi la parola razza richiamava piú l'identità familiare che non l'identità genetica.

Anche nel pensiero cristiano, la filogenesi delle razze (o meglio, la teoria prevalente sulla filogenesi delle razze) ha origine nella storia familiare di Noè e dei suoi tre figli: Cam, Sem e Iafet. Cam, colpito dalla maledizione divina, dà origine a una famiglia con carnagione scura che andrà ad abitare l'Africa. Alcuni esegeti delle Sacre Scritture pensano che il colore della pelle dei camaniti sia generato da un'affezione del sangue. Altri pensano che sia dovuto all'immaginazione che la mamma ha sul feto di Cush, uno dei figli di Cam. Tutti pensano che le caratteristiche somatiche e comportamentali appartengano alla famiglia e siano dovute alla espressa volontà di Dio.

Ciò vale, naturalmente, anche per i discendenti di Sem, che popoleranno il Medio e il Lontano Oriente. E vale per i pii discendenti (i greci e i latini) del pio Iafet, che andranno ad abitare in Europa, diventeranno cristiani ed elaboreranno teorie sulle razze umane indulgendo all'autoglorificazione. In definitiva, per molti autori cristiani le grandi razze non sono altro che le grandi famiglie discendenti da un progenitore comune: Noè.

Il concetto attuale di razza, come gruppo di persone con caratteristiche fisiche e comportamentali definite, ha una storia piuttosto recente. Risale al XVI secolo, dopo le grandi scoperte geografiche e la scoperta, da parte degli europei, di ambienti, popolazioni, culture sconosciute. Tanta diversità spinge Carlo Linneo a riprendere il progetto aristotelico e tentare una tassonomia, una classificazione ordinata. Il genere umano, *Homo*, sostiene Linneo nella decima edizione del suo *Systema naturae* del 1758, appartiene all'ordine dei *primati* ed è costituito da due specie: *Homo sapiens* e *Homo troglodytes*. A quest'ultima appartengono le scimmie antropomorfe, tra cui gli orangutang. La specie *sapiens* è costituita invece da diversi sottogruppi, o razze: *europeus*, *asiaticus*, *americanus*, *afer* (africani), *monstruosus* e *ferus* (uomini inselvatichiti).

Ma come distinguere tra questi gruppi, cui appartengono persone che differiscono in svariati modi e non senza continuità? Linneo sceglie alcuni caratteri che ritiene significativi. Compreso il modo di vestire. Rendendo con ciò evidente che la scelta dei caratteri razziali è tutt'altro che facile e tutt'altro che oggettiva.

Tuttavia le differenze culturali e somatiche esistono. E molte sono le domande che affollano la mente dei naturalisti.

Qual è l'origine di tanta diversità culturale ma anche somatica? Come mai esistono civiltà avanzate e civiltà primitive? E c'è una correlazione tra i caratteri culturali e i caratteri somatici dei diversi popoli?

Risposte che sono destinate ad avere grande influenza sono quelle del francese Georges-Louis Leclerc conte di Buffon, uno dei progenitori del pensiero evoluzionista (→evoluzione biologica). Nel secondo volume della sua *Histoire naturelle*, pubblicato nel 1749 e dedicato all'*Histoire de l'homme*, Buffon propone una ipotesi sull'origine delle razze che è proprio di tipo evolutivo:

> Dopo essersi moltiplicati e diffusi sull'intera superficie terrestre, [gli uomini] andarono incontro a diversi cambiamenti dovuti all'influenza del clima, del cibo, dei modi di vita, delle malattie epidemiche e della mescolanza continua tra individui piú o meno simili. All'inizio questi cambiamenti non erano cosí marcati, e determinavano soltanto varianti individuali; in seguito queste varianti divennero varianti della specie, perché l'azione continua di queste stesse cause le rese piú generali, piú marcate e piú permanenti. Tali varianti si trasmettono di generazione in generazione, come le deformità e le malattie vengono trasmesse da padri e madri ai loro figli.

Tuttavia, Buffon non si limita ad attribuire all'ambiente le caratteristiche morfologiche dei diversi tipi umani, come è ancora senso comune nel XVIII secolo. All'ambiente attribuisce, senza esitazione, anche la diversità culturale. E, soprattutto, definisce una scala gerarchica tra le diverse civiltà. Anzi, definisce anche una scala gerarchica tra le diverse caratteristiche morfologiche delle razze umane, a loro volta conformate a una scala di bellezza. Per Buffon i bianchi sono portatori di una bellezza somatica superiore, mentre i neri sono i piú vicini alla animalità. Allo stesso modo tra i bianchi il livello di civiltà è il piú alto, mentre tra i neri è il piú basso.

In questa opera di classificazione gerarchica delle morfologie e delle culture umane, Buffon assume che ci sia una correlazione tra morfologia e cultura, che sia possibile collocare ciascun individuo in un gruppo (razza) portatore di caratteri morfologici e culturali precisi e che la massima variabilità interna a ogni gruppo (razza) sia comunque inferiore alla variabilità media tra gruppi (razze). Ovvero: un uomo, un qualsiasi uomo, di razza nera, avrà necessariamente sia caratteristiche morfologiche che comportamentali diverse e inferiori rispetto a un uomo, a un qualsiasi uomo, di razza bianca.

Buffon è un grande naturalista. Ma commette un errore che molti scienziati commettono e che Tzvetan Todorov puntualmente rileva. Buffon parte dalle sue grandi competenze in fatto di scienze naturali, cerca di trasporre all'uomo ciò che ha osservato in natura e si avventura, infine, in una serie di affermazioni sul genere umano che non sono scientifiche, perché non sono suffragate né da fatti, né da osservazioni, ma solo da visioni metafisiche, inferenze logiche e pregiudizi.

Le risposte sono ancora insoddisfacenti, persino sbagliate, ma certo con Linneo e Buffon il problema dell'altro inteso come «diverso da noi» diventa un problema scientifico. Un problema su cui si esercitano molti studiosi di approccio scientifico nel Settecento, compreso Immanuel Kant. Che riconosce immediatamente quanto sia scivolosa la corda della classificazione e dell'origine della diversità umana. Kant, infatti, propone una classificazione delle razze umane e una ipotesi sulla loro origine. Ma poi riconosce che il tutto è piuttosto superficiale e fondato su una pressoché assoluta mancanza di dati. Il problema scientifico esiste: quella che non c'è ancora è la capacità di fornire risposte scientifiche.

È, dunque, per iniziare a colmare le lacune dei dati di fatto che il giovane Johann Friedrich Blumenbach dedica la sua tesi di laurea in medicina al *De generis humani varietate nativa* e nel 1775 a Göttingen propone una classificazione delle razze umane basata, almeno in parte, su osservazioni di tipo quantitativo, come lo studio della forma del cranio. Blumenbach, che è oggi considerato il padre dell'antropologia fisica, sostiene che la specie umana è una sola, distinta in cinque diverse razze: la caucasica, formata dagli abitanti dell'Europa, dell'Africa settentrionale, del Medio Oriente e dell'India; la mongolica, formata dagli orientali ma anche da finlandesi e lapponi; la etiopica, formata dalle popolazioni nere dell'Africa subsahariana; l'americana, formata dagli indigeni di quel continente; e, infine, la malese, formata dagli abitanti degli arcipelaghi del Sud-est asiatico e della parte dell'Oceania allora conosciuta. Blumenbach afferma la sua convinzione che l'uomo è nato nel Caucaso, nell'area dove tuttora vivono le genti piú belle. E che tutte le altre razze siano state il frutto di un processo evolutivo e, in qualche modo degenerativo, della razza bianca originaria.

L'idea della degenerazione non è nuova. Essa appartiene da tempo alla mitologia delle razze umane. E, in particolare, appartiene all'idea monogenetica: secondo cui, appunto, l'umanità ha una origine unica e comune. I fautori di questa idea sono convinti che Adamo ed Eva, progenitori dell'intera umanità, furono creati da Dio con la pelle bianca. E che anche Noè e i suoi figli fossero bianchi. Poiché la razza bianca è quella di piú piacevole aspetto e di piú alta cultura, va da sé che il processo di diversificazione delle razze è stato in realtà un processo di degenerazione. A nessuno viene in mente, neppure a Blumenbach, che la razza bianca appare di piú piacevole aspetto e di piú alta cultura a osservatori che sono bianchi e depositari della cultura dei bianchi.

L'idea monogenetica è quella prevalente, tra i pensatori cristiani, perché è conforme alla narrazione biblica dell'origine dell'uomo. Tuttavia esistono anche idee poligenetiche, che prevedono svariati atti creativi da parte di Dio. Ogni razza, secondo questa ipotesi, sarebbe il frutto di un atto di creazione diverso e indipendente. E la gerarchia tra le razze umane non sarebbe il risultato di una diversificazione degenerativa difficile da spiegare, ma sarebbe una limpida struttura a priori. I bianchi sono superiori agli altri per decisione originaria di Dio.

Sia il frutto di un'evoluzione degenerativa o di un originario atto creativo, pochi dubitano che le razze esistano e che le differenze biologiche tra loro siano enormi. Tanto che piú d'uno mette in dubbio la completa interfertilità tra i diversi gruppi di umani. Insomma, l'umanità piú che da diverse razze sarebbe costituita da diverse specie.

Quella della gerarchia tra le razze (o, addirittura, tra le specie) diventa una teoria scientifica intorno alla fine del Settecento, in seguito agli studi frenologici di Franz Joseph Gall, che sviluppa gli studi di antropologia fisica di Blumenbach e inizia a misurare in modo sistematico le dimensioni dei crani e le forme delle teste, correlandole alle capacità sia intellettuali che morali. Alcuni anni dopo, il francese Lambert-Adolphe-Jacques Quételet inaugura la disciplina della biometria e l'anatomista svedese Anders Retzius introduce negli studi di biometria applicati all'uomo un parametro quantitativo semplice e preciso, l'«indice cefalico»: il rapporto tra larghezza e lunghezza del cranio. Il parametro ha un indubbio successo e resterà un fondamento dell'antropometria per un secolo e oltre. La sua fortuna inizierà a declinare solo dopo la seconda guerra mondiale, quando sarà dimostrato che l'indice ha una scarsa correlazione con l'ereditarietà e che è estremamente sensibile a effetti ambientali a breve termine.

Occorre attendere il 1859 e la pubblicazione dell'*Origine delle specie* perché Charles Darwin metta un primo punto fermo sul problema delle razze: le specie viventi, compresa quella umana, non sono entità statiche, ma si modificano nel tempo ed evolvono adattandosi ai cambiamenti dell'ambiente. Non ci sono specie o razze migliori in assoluto, ma solo specie e razze piú o meno adatte a sopravvivere in un ambiente che cambia.

Un secondo e piú diretto punto fermo Charles Darwin lo mette dodici anni dopo, nel 1871, quando pubblica *L'origine dell'uomo*. Darwin sostiene la completa interfertilità tra le razze umane, perché ciascuna «confluisce gradualmente nell'altra». L'uomo forma una sola e unica specie, perché quelle che vengono chiamate razze non sono abbastanza distinte da abitare una medesima regione senza fondersi. Anzi, queste presunte razze sono cosí simili le une alle altre, che non esistono due autori che abbiano ottenuto, cercando di classificarle in modo obiettivo, il medesimo risultato. Cosicché le differenze tra queste presunte razze, benché talvolta appaiano vistose, sono del tutto irrilevanti. Mentre, al contrario, vi è una grande uniformità nelle caratteristiche davvero importanti, comprese quelle mentali: malgrado le apparenti differenze che gli africani o gli indigeni d'Amazzonia mostrano rispetto agli europei, Darwin si dice colpito ogni volta che rileva persino dai tratti piú piccoli del carattere «come le loro menti siano simili alle nostre».

L'origine della grande variabilità tra gli uomini, tuttavia, esiste, sostiene Charles Darwin. Ed è probabilmente il frutto di una selezione sessuale. Una selezione che il teorico dell'evoluzione biologica ritiene distinta dalla naturale.

Quello di Darwin è un autentico e autorevole manifesto antirazziale. Il primo contributo chiaro che il pensiero scientifico propone contro le discriminazioni tra le razze. Queste, sostiene Darwin, sostanzialmente non esistono.

Un ulteriore contributo all'idea che l'«altro da noi» non esiste viene settant'anni dopo dall'antropologo americano Franz Boas. Che nel 1940 pubblica uno studio sui caratteri antropometrici e morfologici dei figli degli immigrati negli Stati Uniti d'America in rapporto a quelli dei parenti rimasti nella madre patria. Benché con qualche superficialità di tipo statistico, Boas dimostra che gli effetti ambientali a breve termine sono importantissimi su parametri come la statura e che non ci sono sostanziali differenze tra immigrati provenienti da regioni diverse.

Non è l'antropometria, ma la genetica a porre la parola fine al dibattito sulle razze. Lo studio della caratteristiche genetiche ha dimostrato che la specie umana è una sola, che ha avuto medesima origine in Africa, circa duecentomila anni fa, e che al suo interno non ci sono ragioni obiettive per individuare una tassonomia di profili genetici ben definiti. Per tre motivi, molto ben chiariti dagli studi sistematici dell'italiano Luigi Luca Cavalli-Sforza.

1. Se si considerano singoli caratteri, o meglio singoli geni, essi sono sempre presenti in quasi tutte le popolazioni umane, anche se con frequenza diversa. In pratica, per la frequenza dei singoli geni, tutte le popolazioni umane si sovrappongono. E nessun gene può essere utilizzato per distinguere una popolazione umana dall'altra.
2. C'è una grande variabilità genetica, tra gli uomini. Nessuno di noi porta i medesimi geni di un altro individuo. Tuttavia la gran parte di questa variabilità è anteriore alla formazione delle diverse popolazioni ed è probabilmente persino anteriore alla formazione della specie *sapiens sapiens*.
3. La variabilità genetica all'interno delle singole popolazioni, per esempio tra gli europei o tra gli italiani, è elevatissima. Mentre le differenze genetiche tra i tipi mediani delle diverse popolazioni, tra gli italiani e gli etiopi, per esempio, sono modeste e pressoché irrilevanti rispetto alla variabilità interna alle singole popolazioni. C'è maggiore differenza tra due italiani posti all'estremo di un profilo genetico, che non tra un italiano e un etiope posti al centro dei profili delle rispettive popolazioni. Le differenze tra le varie popolazioni della Terra sono continuamente annullate dalle migrazioni e dalla fusione tra individui che abitano le medesime regioni. Le differenze vistose che pure ravvisiamo tra le diverse popolazioni, per esempio il colore della pelle, sono marginali. Effetto di lungo periodo del clima e, probabilmente, della selezione sessuale.

Siamo ora in grado di rispondere a tutte le domande che ci siamo posti all'inizio.

- Domanda: esistono razze umane?
  Risposta: no.
- Domanda: esistono «altri diversi da noi» nell'ambito della comune specie umana?
  Risposta: ciascuno di noi è diverso da ogni altro, nessuno è «diverso da noi», quale che sia il gruppo di umani che intendiamo con «noi».
- Domanda: un bianco è diverso da un nero?
  Risposta: no. La massima diversità tra i bianchi e la massima diversità tra i neri è di gran lunga maggiore di quella media tra un bianco e un nero.
- Domanda: e se c'è una qualche differenza, dove ha origine?
  Risposta: le differenze che ravvisiamo o sono irrilevanti o sono una costruzione della nostra mente. L'«altro da noi» semplicemente non esiste.

Letture: Luigi Luca Cavalli-Sforza, *Geni, popoli e lingue*, Milano, Adelphi, 1996; Luigi Luca Cavalli-Sforza, Paolo Menozzi, Alberto Piazza, *Storia e geografia dei geni umani*, Milano, Adelphi, 1997; Stephen Jay Gould, *Intelli-*

genza e pregiudizio, Milano, Il Saggiatore, 1998; Daniele Petrosino, *Razzismi*, Milano, Bruno Mondadori, 2000; Tzvetan Todorov, *Noi e gli altri*, Torino, Einaudi, 1991.

Altruismo

(dal latino *alterui*, dativo di *alter*)

La leonessa rinuncia a gran parte del pranzo che da sola e con gran fatica si è procurata, lasciando che l'intero branco partecipi al pasto gratis.

Al termine di una caccia fruttuosa, un vampiro non esita a rigurgitare nella bocca di un amico, meno abile o piú sfortunato, parte del sangue che ha appena finito di suggere a un grosso mammifero addormentato.

Decine di migliaia di api sterili rinunciano al sesso e si prodigano senza tregua con assoluta dedizione, per consentire a una sola femmina fertile, l'ape regina, di accoppiarsi e di generare nuova prole.

I maschi dominanti nelle comunità di macachi o di babbuini non esitano a esporsi nei punti di osservazione piú pericolosi, pur di consentire all'intera comunità di raccogliere il cibo senza rischi.

Una mamma o un papà fringuello vola via veloce dal nido, ostentando la sua presenza e richiamando su di sé l'attenzione, fino a fingersi ferito e a cadere tramortito a terra, per distrarre un falco e impedirgli di raggiungere il ramo dove pigola indifesa la sua nidiata.

I soldati delle *Camponotus saunderi*, una specie tropicale di formiche, non esitano a sacrificare se stessi, in un suicidio orribile, per esplosione autoindotta dell'addome, pur di liberare una sostanza appiccicosa contro il nemico aggressore e salvare l'intera comunità.

Quanti animali, come le leonesse e i vampiri, le api e i babbuini, gli uccelli e le formiche soldato, sono disposti al sacrificio, persino al sacrificio estremo della vita, per ottenere il bene degli altri! Quanti animali si comportano in un modo che gli uomini definiscono umanitario! Il repertorio di atti altruistici che si incontrano tra gli animali è, per dirla con Helena Cronin, davvero impressionante.

Già, ma com'è possibile che la natura distilli comportamenti morali? Come è possibile che l'→evoluzione biologica, che si realizza attraverso la «lotta per la sopravvivenza» portata avanti da singoli individui in una «natura rossa di sangue nei denti e negli artigli», premi o anche solo consenta non la normale sopraffazione dell'altro, ma lo straordinario sacrificio di sé? Com'è possibile che il repertorio dell'altruismo animale abbia dimensioni addirittura impressionanti?

Per secoli l'altruismo è stato considerato un carattere esclusivo dell'uomo. Frutto di quella moralità (→etica) che lo distingue, per volontà di Dio, dalla natura selvaggia. Per secoli l'altruismo è stato oggetto di studio di filosofi e teologi. Ed è stato considerato un «problema intrattabile» per la scienza.

Ma nel 1859 Charles Darwin pubblica *On the Origins of Species by Means of Natural Selection* e nel 1871 pubblica *The Descent of Man*, i due libri dove propone che l'uomo non è una specie «altra», posta da Dio sul trono del creato, ma è una specie tra le specie, evolutasi nel tempo a partire da un antenato comune a tutte le altre specie.

E allora, giocoforza, l'origine della moralità e l'esistenza dei comportamenti altruistici divennero problemi (anche) biologici. Se l'uomo era frutto dell'evoluzione, non poteva anche la sua moralità essere un prodotto dell'evoluzione biologica? E se la moralità aveva un fondamento biologico, non poteva essere un carattere condiviso con altre specie viventi? E se l'altruismo appartiene al mondo animale, deve essere considerato un prodotto adattivo (→adattamento) o un'anomalia della selezione naturale?

Domande oltremodo insidiose verso la fine del XIX secolo, epoca in cui le reazioni viscerali di opposizione o di adesione alla teoria di Darwin nascevano dalla sensazione che l'evoluzionismo minasse alla base i fondamenti della morale e del contratto sociale, come temevano i conservatori, o, al contrario fosse alla base della morale e del contratto sociale dell'economia competitiva governata dalla mano invisibile del mercato, come andava proponendo il filosofo Herbert Spencer.

Fu a causa di queste insidie politiche, cui intendeva sottrarsi, che Charles Darwin evitò di tuffarsi nel dibattito. Ma si limitò a chiarire un punto: «Uso il termine lotta per la sopravvivenza in un senso lato e metaforico, che implica la reciproca dipendenza degli esseri viventi». Il successo riproduttivo, che è il vero concetto fondante della teoria darwiniana di selezione naturale del piú adatto, può essere raggiunto sia attraverso la violenza che attraverso la cooperazione. Nella lotta per la sopravvivenza, cosí come la intendo io, sostiene Darwin, tutto va bene, la forza bruta come la collaborazione, purché assicuri un vantaggio riproduttivo. «Quando riflettiamo su questa lotta, possiamo consolarci con la piena convinzione che nella natura la guerra non è continua, che la paura è sconosciuta, che la morte è in genere assai pronta, e che gli individui vigorosi, sani e felici sono quelli che sopravvivono e si moltiplicano.»

Darwin non ha certo un'idea mitica della natura. Egli sa che la «natura è rossa nei denti e negli artigli», ma è anche luogo della «reciproca dipendenza degli esseri viventi». Che in natura c'è pace e c'è crudeltà. C'è armonia e c'è catastrofe. Ma Darwin sa anche che la valenza di queste parole è profondamente informata dalla griglia morale con cui noi uomini siamo portati a leggere gli avvenimenti che accadono nel mondo che ci circonda.

Tuttavia, al di là di una certa ritrosia di Charles Darwin a entrare nel merito del dibattito, sono sul tappeto e attendono una risposta i problemi aperti dalla sua proposta evoluzionista. Dove ha origine la moralità dell'uomo? La morale caratterizza i comportamenti anche di altre specie viventi? E, se sí, è un carattere adattivo, emerso per selezione naturale?

Thomas Henry Huxley, il «bulldog di Darwin», l'infaticabile araldo dell'evoluzionismo, si rende conto che questi problemi sono, improvvisamente, diventati non solo «trattabili», ma ineludibili per la scienza. E si fa carico di rispondere alle domande che sollevano. In una conferenza, *Evolution and Ethics*, che tiene il pomeriggio di giovedí 18 maggio 1893 nello Sheldonian Theatre, il teatro anatomico dell'Università di Oxford, in Inghilterra. Una conferenza che molti considerano l'ingresso ufficiale del problema della morale nel dibattito scientifico.

La proposta di Huxley è radicale. In natura, sostiene, non c'è moralità. La natura è crudele. Peggio, è indifferente. L'uomo, certo, è il frutto di questa natura senza morale. Ma la moralità dell'uomo è qualcosa di innaturale, una costruzione artificiale, un'invenzione. È la spada che egli ha forgiato per uccidere la tigre e l'orso che sono dentro di lui. È lo strumento che gli consente di affrancarsi dal suo passato animale, dalla sua intrinseca animalità. E di trascendere il processo cosmico dell'evoluzione della materia biologica, altrimenti inesorabile. Huxley non sceglie a caso l'immagine della spada. «Cerchiamo di capire una volta per tutte che il progresso etico della società non sta nell'imitare il processo cosmico, e men che meno nel rifuggirne, bensí nel combatterlo.» La tigre e l'orso che sono nell'uomo vanno continuamente uccisi o almeno cacciati via, perché continuamente ritornano. «Perché la società progredisca occorre frenare il processo cosmico a ogni passo, sostituendolo con un processo diverso – che si potrebbe definire etico – il cui fine non è la sopravvivenza di quanti si trovano a essere i piú adatti rispetto al complesso delle condizioni vigenti, bensí di coloro che sono i migliori eticamente.»

Con il suo discorso allo Sheldonian Theatre, Thomas Huxley, l'agnostico «agente generale dell'evoluzionismo» che non ha esitato a sfidare vescovi e benpensanti, lo scienziato che senza tentennamenti ha indicato nella scimmia la progenitrice dell'uomo, sostiene che la moralità è un'invenzione, uno strumento artificiale, che non solo non è nella natura, ma è contro la natura. Il comportamento morale, appannaggio esclusivo dell'uomo, non è, dunque, un prodotto dell'evoluzione. Ma è un'arma che l'uomo brandisce contro l'evoluzione e grazie alla quale riacquista non una sua «specificità» dentro la natura, ma un carattere di assoluta «specialità» fuori dalla natura. Quel 18 di maggio del 1893, Thomas Henry Huxley sembra quasi voler riportare sul trono del creato quella specie, *Homo sapiens*, che la teoria dell'evoluzionismo ha appena detronizzato.

La soluzione proposta dal naturalista inglese colloca i comportamenti morali fuori dall'evoluzione biologica. Tuttavia non spiega dove mai abbia origine la moralità dell'uomo. E non spiega perché, nella natura, oltre al sangue dei denti e degli artigli, c'è anche altruismo. Anzi, c'è un repertorio impressionante di atti altruistici. Che gli etologi, gli studiosi del comportamento animale, vanno osservando e catalogando.

Non ci sono solo i legàmi sessuali, tra maschi e femmine, con quel rapporto d'amore che quasi sempre induce l'uno a proteggere l'altra (e viceversa). E non ci sono solo i legami parentali, il rapporto di amore tra genitori e figli, che porta mamma o papà fringuello a esporre se stessi per salvare il nido. Ci sono anche i legami di comunità, che portano la leonessa a condividere il frutto delle sue fatiche, le api a lavorare per la regina, e le formiche soldato a suicidarsi per il bene collettivo. Ci sono i legami di solidarietà, che inducono una femmina di scimpanzé a festeggiare il parto felice di un'amica o un vampiro a donare il sangue appena raccolto al suo vicino. E poi non ci sono solo i rapporti di cooperazione intraspecifica, tra membri della stessa specie. Ci sono anche i rapporti di collaborazione tra organismi appartenenti a specie diverse: come quello di tipo parassitario, o come quelli di simbiosi, che portano, per esempio, alcuni pesci a rifugiarsi fiduciosi tra i tentacoli urticanti delle attinie donando loro in cambio del cibo.

Naturalmente, si conoscono esempi opposti nel mondo animale. Di femmine che divorano il partner, maschio, dopo l'accoppiamento. Di maschi, cannibali, che mangiano i propri figli. Di lotte violente all'interno delle comunità (anche se quasi sempre la violenza non giunge all'omicidio), oltre che di conflitti tra comunità e tra specie diverse.

Ma è facile spiegare la violenza e persino la «guerra di tutti contro tutti» nell'ambito di una dimensione, quella biologica, che è, per dirla con Huxley, intrinsecamente «amorale» e che evolve grazie una «lotta per la sopravvivenza» dura, sistematica e inflessibile. Indifferente alla sofferenza. Che non tollera la debolezza. Che favorisce gli individui forti e sani, gli individui vincenti. Che non esclude alcun colpo. Perché nessun colpo è illecito.

Meno agevole è spiegare la cooperazione, se non interpretando la «lotta per la sopravvivenza» nel senso lato e metaforico proposto da Darwin. Come è possibile che organismi impegnati in una lotta, talvolta cruenta talaltra piú sottile ma non meno dura, organismi premiati solo se perseguono i propri interessi, siano capaci di cooperare?

Risulta, poi, davvero difficile spiegare, in ambito evolutivo, quelle forme di cooperazione che si spingono fino all'altruismo e ad autentici atti di amore che comportano un costo, talvolta il massimo costo, per chi ne è protagonista. Non è la selezione naturale una gara che premia sistematicamente l'egoismo? E allora come ha origine e come può essere tollerato l'altruismo?

Il discorso di Huxley su evoluzione ed etica suscitò molte reazioni. Da quelle dello scrittore russo Leone Tolstoj a quelle del filosofo americano John Dewey. Tuttavia uno dei pochi naturalisti che si posero il problema dell'altruismo da un punto di vista strettamente biologico fu Pëtr Kropotkin, piú noto al grande pubblico come ideologo dell'anarchia che come scienziato. Kropotkin, in realtà, era un aristocratico con solidi studi e una passione scientifica per la natura, specialmente per la natura siberiana. Fu in virtú di questa passione scientifica riconosciuta che gli fu offerta la carica di segretario della Società geografica imperiale di San Pietroburgo, prima che lo zar stesso non decretasse il suo esilio per motivi politici, e poi la cattedra di geologia presso l'Università di Cambridge. Kropotkin, per motivi di agibilità politica, rifiutò entrambe le offerte. Ciò non toglie che avesse buone credenziali culturali per intervenire, da scienziato, nel dibattito sollevato da Huxley. E lo fece ribaltando gli assunti di Huxley, in un libro, *Il mutuo appoggio*, pubblicato nel 1902.

Gli animali, sosteneva Kropotkin, per sopravvivere non devono lottare tra di loro. Non in prima istanza, almeno. Devono lottare contro un nemico ben piú forte e attrezzato, l'ambiente e le sue avversità. Proprio perché hanno un grande nemico comune, la cooperazione con il reciproco aiuto e non la guerra è il rapporto usuale tra gli animali. Insieme si vince piú facilmente che da soli. Ed è per vincere le avversità dell'ambiente che i castori cooperano per costruire una diga. È per fronteggiare un pericolo che incombe su tutti che i cavalli attaccati da un branco di lupi non cercano la salvezza nella fuga individuale ma nella difesa comune. È rinunciando alla «guerra hobbesiana» che le formiche e le termiti hanno ottenuto grandi vantaggi.

Kropotkin, dunque, sostiene che il comportamento altruistico, che talvolta può spingersi «fino al sacrificio di sé per il bene comune», è stato selezionato nel corso dell'evoluzione perché piú utile dei comportamenti egoistici per sopravvivere nell'ambiente ostile.

Tuttavia appellarsi a un «bene superiore» a quello dell'individuo non è un'iniziativa che possa essere facilmente accettata da tutti i darwinisti. L'adattamento è il fondamento della teoria dell'evoluzione biologica. Ma l'adattamento, nell'ottica di molti darwinisti, altro non è che un vantaggio acquisito da un individuo. E l'altruismo è l'esatto apposto di un vantaggio individuale. Non solo la formica che si suicida per salvare la comunità, ma anche un uccello che lancia un grido d'allarme per allertare il gruppo quando si avvede di un pericolo, non acquisiscono vantaggi individuali. Non compiono gesti adattivi. E cosí una parte notevole dei darwinisti, all'inizio del XX secolo, rigetta senza tentennamenti il principio comunitario di Kropotkin. Anche se resta il problema: come si spiega, allora, il «sacrificio di sé per il bene comune»?

In molti, soprattutto in molti ecologi, nasce, cosí, l'esigenza di ripensare il principio dell'adattamento. Se, infatti, si rompe lo schema secondo cui l'adattamento è un vantaggio per l'individuo, o solo per l'individuo, e si prende in considerazione l'ipotesi che l'adattamento possa essere un vantaggio acquisito a un *Doppelgänger*, a un livello superiore (di famiglia, di gruppo, di popolazione, di specie), allora ogni comportamento altruistico a livello individuale trova una naturale spiegazione, perché si trasforma in un vantaggio per la dimensione gerarchica superiore. Il comportamento del fringuello che si sacrifica per salvare il suo nido è adattivo, perché reca un vantaggio alla famiglia; il comportamento della leonessa che si sacrifica per il branco è adattivo, perché reca un vantaggio al gruppo; l'ape che si sacrifica per la regina ha un comportamento adattivo, perché reca un vantaggio alla specie. La ricerca del «bene comune» fino al sacrificio di sé è, dunque, un frutto della selezione naturale. L'ipotesi di Kropotkin, tanto vituperata, trova infine una spiegazione adattiva. E infatti, chiosa Stephen Jay Gould, «Kropotkin is no crackpot», Kropotkin non è uno stupido.

La discussione, tuttavia, non si esaurisce. Non tutti sono disposti ad ammettere che ci sia altruismo in natura. E che, addirittura, l'altruismo sia adattivo, sia un vantaggio evolutivo. Non tutti sono disposti ad ammettere che esista qualcosa come il «bene comune» in natura. L'altruismo, sostengono i fautori della natura «amorale», è una contraddizione in termini, dal punto di vista dell'adattamento. Quando c'è qualcuno, altruista, che si sacrifica per il bene comune, c'è qualcun altro, egoista, che se ne avvantaggia. Alla lunga, ineluttabilmente, gli altruisti, se pure esistessero, soccomberebbero e gli egoisti sopravviverebbero. La selezione naturale non può che favorire l'egoismo.

Certo la selezione naturale è una gara per egoisti. Ma l'egoismo premiato può non essere, necessariamente, individuale. Se il sacrificio di sé torna a vantaggio dei propri familiari, allora l'altruismo dell'individuo potrebbe essere una forma di egoismo. Scopo di un qualsiasi organismo vivente è riprodursi. Cioè trasmettere i propri caratteri alle future generazioni. Ma i familiari di quell'organismo hanno i suoi medesimi caratteri (o quasi). E allora, talvolta, sacrificarsi e anche morire per salvare due fratelli o otto cugini potrebbe essere vantaggioso per la trasmissione di quei caratteri. I comportamenti altruistici a favore dei propri familiari – sostengono, matematica alla mano, vari biologi, teorici della «genetica di popolazione», come Ronald A. Fisher, John Burdon Sanderson Haldane, Sewall Wright – sono comportamenti adattivi. Sono selezione parentale (*kin selection*).

La selezione parentale soddisfa i darwinisti (considerati) ortodossi piú della teoria del «bene comune». E, naturalmente, può spiegare molti comportamenti altruistici. Tuttavia lascia aperte due domande. Come fa un animale a riconoscere i suoi cugini, cioè i parenti che non sono propriamente stretti? E come si spiega l'altruismo se il beneficiario non è un parente?

Alla prima domanda tentano di rispondere, a partire dagli anni '70, i padri fondatori della sociobiologia, una nuova disciplina che cerca una spiegazione genetica e adattiva a tutti i comportamenti animali. Secondo Edward Wilson e tutti i sociobiologi, la vera unità di selezione nella teoria darwiniana non è l'individuo (e men che meno un qualsiasi livello gerarchico superiore), bensí è il gene. La selezione naturale non promuove gli individui piú adatti, ma i geni piú adatti. Nell'interpretazione che alcuni sociobiologi, come Richard Dawkins, elaborano di questa nuova teoria adattiva, l'individuo non è che lo strumento inconsapevole utilizzato dal «gene egoista» per sopravvivere e riprodursi. Se l'unità di selezione è il gene, anzi il gene egoista, si comprende perché funzioni cosí bene la selezione parentale. E perché un organismo sia disposto a qualche sacrificio per favorire anche qualche suo lontano cugino. Un fratello non è altro che un contenitore diverso per i medesimi geni portati da un organismo. In un figlio un corredo genetico vede la metà di se stesso. In un nipote o in un cugino vede una parte di se stesso. Quando un animale aiuta un suo parente, compie un atto altruista dal punto di vista dell'individuo. Ma un atto perfettamente egoista dal punto di vista del gene. E poiché il gene è la vera unità di selezione, l'altruismo, dicono i sociobiologi, non esiste. È, semplicemente, egoismo camuffato e perfettamente adattivo. L'immagine della natura «amorale» è cosí salva. L'altruismo degli individui è solo apparente. È la manifestazione ingannevole di un egoismo saggio e superiore, quasi immanente.

Già, ma resta l'aiuto che molti animali portano ad altri animali che parenti non sono. Come spiegarlo? Un tentativo di spiegazione completamente adattivo viene proposto, verso la metà degli anni '80, da alcuni studiosi, come Robert Trivers e Robert Axelrod, esperti di teoria dei giochi. Quando un animale corre in soccorso di un altro animale che non è un parente, non si tratta di altruismo ma di «aiuto reciproco». In altri termini è mero *do ut des*, aiuto oggi perché mi aspetto di essere ricambiato quando domani sarò in difficoltà. L'aiuto reciproco è un gioco che favorisce tutti gli individui partecipanti. Può essere persino una manifestazione di arroganza. Quindi è un gioco adattivo. O, se si vuole, è il sostegno che si danno tra loro diversi e irriducibili egoismi per restare in piedi.

Secondo Amotz Zahavi, padre della cosiddetta «teoria dell'handicap», in molti casi non si tratta neppure di «aiuto reciproco», ma di pura ed egoistica ostentazione delle proprie capacità. Come nel caso di quei maschi dominanti che, quando sfidano il pericolo a vantaggio del gruppo, in realtà lanciano messaggi sessuali: guardate, femmine, come sono coraggioso. Perché me lo posso permettere. Sono forte. Cioè sano. Sono, quindi, una buona scelta. I vantaggi riproduttivi di questo comportamento superano ampiamente, secondo Amotz Zahavi, il rischio di esagerare e di dover pagare uno scotto.

Le ipotesi dell'altruismo come egoismo camuffato trovano il consenso di molti autorevoli interpreti contemporanei del darwinismo. Che possono, cosí, riproporre la tesi, cara a Thomas Huxley, della moralità come incidente della storia biologica e, quindi, fuori dalla natura. Cosí George Williams, uno dei piú grandi teorici della biologia evolutiva di fine Novecento: «Spiego la moralità come una capacità accidentalmente prodotta, nella sua sconfinata stupidità, da un processo biologico che normalmente è l'opposto dell'espressione di tale capacità».

La teoria del «gene egoista» e quella dell'«aiuto reciproco» sembrano, dunque, appagare molti biologi. Helena Cronin giunge a dire che, con queste teorie, il problema dell'altruismo è stato definitivamente risolto. E risolto in un quadro integralmente e coerentemente adattivo.

Non tutti sono d'accordo. Non lo sono quei biologi che considerano le due teorie incapaci di spiegare gli atti di altruismo interspecifico tra organismi di diverso genere. Soprattutto quando non c'è simbiosi o parassitismo. Ma un gesto che non ha possibilità alcuna di ricambio. Perché un delfino, come spesso accade, dovrebbe salvare un uomo in difficoltà? Perché un cane dovrebbe salvare un bambino che neppure conosce?

Non sono d'accordo con le teorie adattive di spiegazione dell'altruismo molti etologi, che osservano ogni giorno quanto immenso e variegato sia il repertorio di atti di generosità in natura. E quanto difficile sia ridurre questi atti a espressione di geni egoisti o di banale *do ut des*.

Secondo Frans de Waal, per esempio, Thomas Huxley aveva platealmente torto. La moralità non è affatto un accidente della storia biologica. E non è neppure un'invenzione dell'uomo. Ma un prodotto dell'evoluzione biologica. Appartiene, in varie forme e in diverso grado, a molti animali. Alcuni dei quali compiono atti non adattivi e autenticamente altruisti. Insomma, la natura offre una gamma vasta e articolata di «atti umanitari».

Ma, ancorché non sempre adattiva, la moralità non è frutto di una grazia divina, ma è un prodotto dell'evoluzione biologica. In particolare è quel prodotto dell'evoluzione dei gruppi sociali che consente di contemperare gli interessi individuali (che esistono e si manifestano) e gli interessi collettivi (che esistono e si manifestano) e di rendere, quindi, piú equilibrata la vita di gruppo.

La vita di gruppo ha un grande valore adattivo, perché consente a tutti gli individui di migliorare la capacità di trovare cibo e di difendersi dai nemici. Ma un gruppo non si basa solo sulla cooperazione e lo scambio tra i suoi membri. È attraversato anche da conflitti interni, tra individui che hanno interessi diversi. Per conservare l'integrità del gruppo e, insieme, la sua dinamica vitalità occorre che si raggiunga un equilibrio tra gli interessi individuali e collettivi. Questo equilibrio può riguardare il livello diadico: tra due individui che si scambiano aiuti o si riappacificano dopo una lite. Ma può riguardare anche livelli di relazione superiore: come la ricerca dell'interesse della comunità o le riconciliazioni mediate e l'arbitrato nelle dispute. Nei gruppi di umani e, forse, di altre specie può esserci l'esplicito apprezzamento dell'altruismo e l'incoraggiamento a contribuire alla qualità dell'ambiente sociale.

I comportamenti altruistici e la moralità si sarebbero quindi evoluti per rafforzare la vita di gruppo (con tutti i vantaggi adattivi che comporta per i singoli) e le dinamiche che la rendono non solo possibile, ma anche vitale.

In quest'ottica, quindi, in natura non esistono forse «l'altruismo» o «la moralità», ma certo esiste una gamma di comportamenti degli animali, piú consapevoli in alcune specie meno in altre, che sono stati selezionati e si sono affinati come lubrificanti della vita sociale.

Questa ipotesi sull'origine dell'altruismo, che potremmo definire la teoria del lubrificante della vita sociale distillato dall'evoluzione, non è, forse, la spiegazione definitiva del comportamento morale. Ma consente di rispondere alle tre grandi domande sollevate all'inizio.

Se l'uomo è frutto dell'evoluzione, non deve anche la sua moralità essere un prodotto dell'evoluzione biologica? Sí, la moralità dell'uomo non è «fuori dalla natura», ma è un «prodotto di natura».

Se la moralità ha un fondamento biologico, può essere condivisa con altre specie viventi? Sí, i comportamenti che noi uomini definiamo morali non sono una nostra esclusiva. Anche se, nella nostra specie, sono particolarmente sofisticati.

Se l'altruismo appartiene al mondo animale, deve essere considerato un prodotto adattivo o un'anomalia della selezione naturale? L'altruismo non è adattivo. Tuttavia è un prodotto dell'evoluzione biologica. È stato selezionato quale utile lubrificante della vita sociale. Ciò è possibile perché l'evoluzione biologica non è, solamente, adattiva. L'evoluzione biologica è pluralista. La selezione naturale è il suo motore principale. Ma non è il suo solo motore.

Letture: Helena Cronin, *Il pavone e la formica*, Milano, Il Saggiatore, 1995; Charles Darwin, *L'origine delle specie*, Roma, Newton Compton, 1973; Frans de Waal, *Naturalmente buoni*, Milano, Garzanti, 1997; Thomas Henry Huxley, *Evoluzione ed etica*, Torino, Bollati Boringhieri, 1995; Martin Lindauer, *Sulle tracce dell'altruismo*, Milano, Feltrinelli, 1993.

Ambiente

(dal latino *ambiens*, participio presente di *ambire*)

L'ambiente, lo dicevano i latini, è ciò che circonda. Il nostro ambiente è, dunque, tutto ciò che *ci* circonda. Piú in generale, nelle scienze naturali e, in particolare, in →ecologia, l'ambiente è ciò che circonda un organismo. Ed è costituito da una componente abiotica e da una componente biotica. La componente abiotica è a sua volta costituita dall'insieme dei fattori fisici (geologici, topografici, climatici) e dei fattori chimici (le sostanze nutritive e/o tossiche presenti al suolo o nell'atmosfera). La componente biotica dell'ambiente che circonda un organismo è costituita dall'insieme degli altri organismi viventi che interagiscono, in modo diretto o indiretto, con lui.

In realtà lo sviluppo, recente, delle scienze ecologiche e, piú in generale, biologiche dimostra quanto questa classificazione analitica sia, da un lato, abbastanza artificiosa e, dall'altro, insufficiente a descrivere «ciò che circonda». L'ambiente, infatti, non è e non può essere visto come un contenitore ineffabile entro cui si svolgono gli eventi della →vita. L'ambiente non può essere considerato il teatro dove si recita la →storia della vita. L'ambiente è e deve essere considerato un coprotagonista della storia della vita.

Per due motivi. Perché i fattori abiotici e i fattori biotici costituiscono un intreccio cosí fitto da risultare inestricabile. Di piú. L'ambiente è un insieme interconnesso di elementi con un carattere di →complessità irriducibile. Per conoscerlo, lo studio analitico delle sue componenti è, certo, necessario. Ma non è, come si diceva, affatto sufficiente. L'ambiente in cui vive un organismo va studiato (anche) nel suo insieme. Ovvero, in tutte le sue interconnessioni, comprese le interazioni (azioni e retroazioni) che ha con l'organismo in esame e che non possono essere stralciate nello studio di «ciò che lo circonda».

Il secondo motivo che impone una forte rivisitazione della visione dell'ambiente come contenitore ineffabile è la sua dinamicità. L'ambiente cambia nel →tempo. Cambia incessantemente la geologia, grazie alla tettonica a placche e alla deriva dei continenti (→evoluzione geologica). Si trasforma il paesaggio, grazie all'azione degli agenti meteorici. Muta il clima, globale e locale, per un insieme complesso di fattori non tutti ancora perfettamente chiari.

Ma l'ambiente dove vivono gli organismi viventi cambia non solo per la dinamica che gli imprimono i fattori fisici e chimici. Ma, anche, a causa dell'azione degli stessi organismi viventi. E questa dinamica ambientale di origine biotica non è certo trascurabile. Il paesaggio terrestre, infatti, è stato profondamente modificato dagli organismi viventi. Agli occhi di un eventuale alieno che volesse studiarlo, infatti, il nostro pianeta, o meglio quella parte del nostro pianeta che chiamiamo biosfera, apparirebbe come un vero e proprio «assurdo chimico». Perché segnato dalla presenza massiva di una molecola, l'ossigeno, cosí reattiva da non poter esistere in condizioni di equilibrio chimico. Invece nell'atmosfera terrestre l'ossigeno è presente in abbondanza, fino a riempire il 21% del suo volume. Ebbene, sono state alcune specie di batteri, apparse nel corso dell'evoluzione biologica, ad aver trasformato in alcune centinaia di milioni di anni la superficie della Terra fino a portarla e a conservarla in una condizione di «assurdo chimico».

Naturalmente gli organismi viventi intervengono e modificano l'ambiente non solo a livello globale ma, a maggior ragione, a livello locale. Basta paragonare un pezzo di deserto con un pezzo di foresta amazzonica per rendersene conto.

Sappiamo, altresí, che gli organismi viventi cambiano nel tempo ed evolvono. E che nell'evoluzione degli organismi viventi l'ambiente gioca una parte decisiva. Il motore principale dell'→evoluzione biologica è, infatti, la selezione naturale adattiva (→adattamento). Un processo dove l'agente selettivo è proprio l'ambiente, che sancisce o nega il successo riproduttivo agli organismi viventi mediamente piú adatti a vivere in e con «ciò che li circonda».

Gli organismi viventi modificano l'ambiente. Ma l'ambiente modifica gli organismi viventi. Il rapporto tra vita e ambiente è, dunque, un rapporto *coevolutivo*. E l'ambiente non è solo «ciò che circonda», ma è anche «ciò che coinvolge».

C'è, tuttavia, un aspetto da chiarire nel rapporto tra ambiente e organismi viventi. Ed è *come* l'ambiente modifica gli individui. È la soluzione offerta a questo tipo di problema che segna la cesura tra la moderna teoria dell'evoluzione, la sintesi neodarwiniana, e le visioni scientifiche e filosofiche del passato.

Come rileva Ernst Mayr, già nelle culture popolari antiche era presente l'idea che l'ambiente esercita un'influenza decisiva sulle caratteristiche individuali degli organismi viventi. E questa idea divenne ancora piú forte in epoca illuministica, grazie anche a filosofi come Etienne Bonnot de Condillac e John Locke. Il maestro di Lamarck, il grande naturalista francese Georges-Louis Leclerc conte di Buffon, sosteneva che «i cambiamenti delle condizioni di vita» contribuiscono in modo determinante «alla variazione del tipo», cioè dell'individuo. E Carl von Linné, fra gli altri, accettava tranquillamente che tali «variazioni del tipo» potessero essere trasmesse alla prole. La trasmissione dei caratteri acquisiti, che oggi definiamo lamarckiana, non fu, dunque, un'invenzione di Jean-Baptiste-Pierre-Antoine de Monet, chevalier de Lamarck, ma era un comune sentire tra la fine del XVIII e l'inizio del XIX secolo.

Oltre all'attribuzione della paternità dell'idea di trasmissione dei caratteri acquisiti, c'è un altro mito storico da sfatare. Un mito rilevante ai nostri fini. Contrariamente a quanto si crede, Lamarck non entrò mai nel merito del meccanismo con cui l'ambiente determina le «variazioni del tipo». In particolare non parlò mai di induzione diretta di variazioni nell'individuo. Anzi, la escluse esplicitamente. Di qualsiasi genere possano essere le circostanze ambientali, scrive Lamarck, «esse non operano mai direttamente, sulla forma e l'organizzazione degli animali, alcuna qualsiasi modificazione». In altri termini non è l'ambiente che tira il collo alle giraffe per allungarglielo e consentire di accedere agli alberi che diventano piú alti.

Furono altri a teorizzare che l'ambiente potesse produrre direttamente variazioni nell'individuo. Per esempio inducendo i tipi umani di pelle bianca ad assumere una pelle scura, se esposti al sole dei tropici. Alla fine del XIX secolo molti scienziati, che per questo saranno definiti erroneamente «neolamarckiani», facevano risalire il cambiamento evolutivo all'influenza diretta dell'ambiente. Molti pensavano che, in qualche modo, fosse l'ambiente a tirare il collo alle giraffe.

Persino Charles Darwin pensava che l'ambiente potesse intervenire direttamente nelle modificazioni degli organismi. «Il clima, il cibo, ecc. probabilmente producono qualche lieve effetto diretto.» Tuttavia riteneva che questo processo fosse decisamente meno importante della selezione naturale, che interviene sulle variazioni casuali degli individui. Anche se, dopo aver scritto *L'origine delle specie*, ebbe qualche ripensamento. E, in una lettera del 1875 a Francis Galton, scrisse: «Ogni anno che passa ascrivo importanza via via maggiore a questo agente [la modificazione "per uso e disuso durante la vita dell'individuo"]».

Oggi noi sappiamo che l'ambiente determina, naturalmente, modificazioni dirette negli individui. Che «il clima, il cibo ecc.» producono effetti diretti sugli organismi. Ma sappiamo anche che solo le modificazioni genetiche sulla linea germinale vengono trasmesse alla prole (trasmissione mendeliana dei caratteri ereditari). Le altre modificazioni acquisite, le modificazioni non genetiche, non vengono trasmesse alla prole. Le modificazioni genetiche indotte dall'ambiente producono una notevole variabilità. Una variabilità stocastica. Producono giraffe col collo corto e giraffe col collo lungo. È questa variabilità casuale, prodotta o dall'ambiente o da mutazioni spontanee del genoma, che viene sottoposta a selezione naturale. Se gli alberi sono alti, le giraffe col collo lungo hanno una maggiore possibilità di sopravvivere e di riprodursi. In questo senso l'ambiente non ha un'influenza deterministica sull'evoluzione.

Al contrario, le modificazioni non genetiche, in genere macroscopiche, o le modificazioni genetiche in cellule non germinali, prodotte dall'ambiente negli organismi, hanno effetti piú deterministici (anche se non sempre e non completamente deterministici). L'agente fisico ghigliottina, per esempio, ha un effetto decisamente deterministico: uccide sempre lo sfortunato individuo cui la lama taglia il collo, separando la testa dal resto del corpo. Anche una dieta prolungata priva di vitamina C produce certamente lo scorbuto. Il fumo delle sigarette o l'inalazione di polvere d'asbesto hanno, invece, un effetto meno necessitante: aumentano (fortemente) la probabilità di contrarre il cancro, ma non determinano certamente e univocamente la malattia.

Se consideriamo l'ambiente come un sistema complesso in cui ogni organismo è coevolutivamente pienamente integrato, è persino banale parlare di importanza evolutiva delle influenze ambientali dirette sugli individui. Queste influenze, anche quando non sono mutazioni genetiche che intervengono sulla linea germinale, concorrono alla sopravvivenza di tutti e di ciascuno. E, quindi, come ipotizzava Darwin, hanno una importanza non marginale nell'evoluzione biologica. Perché non sono null'altro che l'agente selettivo. Sono la selezione naturale.

Letture: Jenny L. Chapman e Michael J. Reiss, *Ecologia*, Bologna, Zanichelli, 1994; Ernst Mayr, *Storia del pensiero biologico*, Torino, Bollati Boringhieri, 1990.

Anima
(dal latino *anima*)

L'anima come principio vitale è un'idea pressoché universale che attraversa l'intera storia del pensiero e della cultura dell'→uomo. Essa è legata, almeno in origine, all'azione fisica del respiro, la piú elementare manifestazione di vitalità degli animali (→animale). Poi si è iniziato a distinguere tra l'anima come principio della →vita e l'anima come principio della →mente.

Nella filosofia greca, cosí come nel pensiero degli ebrei e dei latini, questo duplice significato è sempre presente e, talvolta, assume i connotati di una distinzione netta. In particolare molti pensano che l'anima come principio del pensiero e della mente sia una sostanza immateriale e immortale (Platone), ontologicamente diversa dal corpo e dalla sua →materia.

Nel Medio Evo, col cristianesimo, l'anima assume un forte significato religioso. Per Agostino l'anima fornisce il carattere personale e in definitiva caratterizza l'→individuo. Tuttavia resta oggetto di dibattito nell'ambito della teologia naturale e della filosofia naturale.

L'anima è presente anche nel dibattito della *nuova scienza*. Nel Seicento, infatti, Cartesio la identifica con il pensiero stesso (*res cogitans*) e la separa dalla materia (*res extensa*). Tuttavia gli scienziati si trovano sempre piú a disagio con un concetto intriso di significati mistici e religiosi cosí prepotenti. E cosí, almeno nel pensiero scientifico, la parabola dell'anima inizia a declinare. Ma non tramonta definitivamente. Almeno non subito.

I primi studi biologici e chimici degli organismi viventi, nel Settecento, ne mostrarono tutta la →complessità. E ciò produsse una nuova stagione felice del concetto di anima nella scienza: l'anima come →forza vitale. Capace di generare quel →moto perpetuo accessibile agli organismi viventi e negato alla materia inorganica.

Cosí l'anima, come principio di vita, divenne uno dei concetti fondanti di un filone di pensiero, il vitalismo, che, in opposizione al →meccanicismo, rivendicava la diversità strutturale della materia biologica e delle forze che la governano rispetto alla materia fisica e alle forze della meccanica.

Ancora all'inizio dell'Ottocento il chimico svedese Jöns Jacob Berzelius sosteneva che la forza vitale è un principio presente negli organismi viventi progettato e imposto da una mente superiore (→teleologia) per far sí che essi potessero governare e dominare i principi della materia inorganica. E ancora a metà dell'Ottocento il chimico tedesco Justus von Liebig proponeva che la forza vitale era simile alle forze della fisica: poteva trasformarsi in un'altra forza, per esempio nella forza che imprime movimento, ma non annullarsi. E cosí se la forza vitale si consuma producendo movimento in un organismo, ci deve essere un'altra forza, una forza chimica, che la riattiva bruciando i nutrienti.

Riportato nell'alveo dei processi della →termodinamica e della →chimica, il concetto di anima non sopravvive a lungo. E sparisce (quasi) del tutto con la formulazione del principio di conservazione dell'→energia.

Oggi il concetto di anima è presente solo nel pensiero religioso e in qualche filone della filosofia neoscolastica. Tuttavia, ogni tanto e sotto mentite spoglie, esso fa capolino nella «neurofilosofia», ovvero in quella costellazione di discipline scientifiche e filosofiche che studiano la mente e, soprattutto, la mente dell'uomo. L'anima diventa sinonimo di funzioni mentali superiori: come →coscienza, autocoscienza, libero arbitrio (→libertà). Nessuno, in realtà, ripropone esplicitamente il concetto di anima (anche se molti continuano a giocare con la parola). Tuttavia in molte, se non in tutte, le concezioni dualistiche, che continuano a proporre una distinzione marcata, se non l'assoluta indipendenza, della mente dal corpo, il concetto di anima, almeno nella sua declinazione platonica e cartesiana, ritorna. Con tutto il suo carico di ambiguità.

Letture: Edoardo Boncinelli, *Il cervello, la mente e l'anima*, Milano, Mondadori, 1999; Ernst Mayr, *Storia del pensiero biologico*, Torino, Bollati Boringhieri, 1990; Alberto Oliverio, *Biologia e filosofia della mente*, Roma-Bari, Laterza, 1995.

Animale

(dal latino *animal*, derivato di *anima*)

Animale è, per i latini, ogni essere dotato di anima. Cioè, che respira. Nel nostro senso comune, animale è ogni essere vivente capace sia di respirare che capace di muoversi. Per i biologi, invece, gli animali sono «eucarioti multicellulari con nutrizione eterotrofa, generalmente ingestiva, che si riproducono essenzialmente per via sessuale». Tradotto dal gergo specialistico, significa che: gli animali sono organismi piuttosto complessi, costituiti da un grande numero di cellule di tipo eucariote; si muovono alla ricerca del cibo, che in genere ingeriscono; quanto alla modalità di riproduzione prevalente, il →sesso, è chiaro di per sé.

Tutte queste caratteristiche sono piú che sufficienti a indurre da sempre i tassonomisti a considerare quello formato dagli animali come uno dei grandi regni (il regno *Animalia*) in cui si divide il mondo dei viventi. In passato si pensava che il mondo dei viventi si dividesse in due soli regni, quello delle piante e quello degli animali, appunto. Poi si è visto che i funghi hanno caratteristiche troppo originali per poter essere considerati piante. E che ci sono anche molti organismi costituiti da una sola, microscopica cellula. Insomma, almeno a partire dagli anni '80 del XX secolo i tassonomisti individuano ben cinque grandi regni nel mondo dei viventi:

1. il regno dei *Monera*, organismi costituiti da una sola cellula, di tipo procariote, cioè piccola e priva di nucleo interno;
2. il regno dei *Protisti*, organismi costituiti sí da una sola cellula, ma di tipo eucariote, cioè diecimila volte piú grande della procariote e dotata di un nucleo interno ove, ben protetto, è collocato il materiale genetico;
3. il regno delle *Piante*, ovvero degli organismi eucarioti pluricellulari che si nutrono in modo autotrofo, cioè sintetizzando da sé il cibo, attraverso il meccanismo della fotosintesi;
4. il regno dei *Funghi*, cioè degli organismi eucarioti pluricellulari che si nutrono in modo eterotrofo, per assorbimento dall'ambiente del cibo prodotto da altri;
5. il regno, infine, degli *Animali*, ovvero degli organismi eucarioti pluricellulari che, come i funghi, hanno un nutrimento eterotrofo, ma che, a differenza dei funghi, si muovono nell'ambiente alla ricerca del cibo.

Oggi sappiamo che neppure questa classificazione descrive pienamente la diversità della vita. E, sulla base delle differenze genetiche, si tende a ipotizzare la presenza di almeno tre superregni: due dei quali, quello dei *batteri* e quello degli *archea*, costituiti da procarioti unicellulari; e solo uno costituito dagli *eucarioti*, che contiene al suo interno protisti, piante, funghi e animali. Questa nuova classificazione ci permette di cogliere al volo (e di accettare) il fatto che la differenza genetica tra uno streptococco e un cianobatterio, due microscopici organismi procarioti, è infinitamente maggiore di quella che c'è tra un gorilla e un fungo, o, se volete, tra un uomo e un'ameba.

Insomma, ci torna utile per relativizzare la posizione umana nella →natura. La diversità della vita sulla Terra è rappresentata soprattutto dalla diversità, davvero grande, che si è prodotta tra i primi organismi apparsi sulla Terra. Tutti gli altri, funghi e piante, animali e uomini, formano un insieme unico e tutto sommato poco distinto al suo interno.

Questo spaccato della realtà biologica, proposto dai piú recenti studi di genetica e sintetizzato nella tassonomia dei tre superregni, è davvero disarmante. E, come nota il paleontologo e storico della biologia Stephen Jay Gould, pochi riescono non solo ad accettarlo, ma persino a comprenderlo.

Tutto questo ci serve anche per inquadrare meglio il problema filosofico connesso con la moderna visione scientifica del termine *animale*. E in particolare per inquadrare meglio la differenza abissale e invalicabile che molti, nel corso dell'intera storia del pensiero, hanno creduto di cogliere tra l'uomo e l'animale. Ma c'è davvero, questa differenza abissale e invalicabile? E in cosa, precisamente, consiste?

Ora non c'è dubbio che il nostro →senso comune una qualche differenza profonda la percepisce. Tant'è che, nella sua organizzazione tassonomica del vivente, colloca la specie *Homo sapiens* nella casella degli uomini e tutte le altre specie semoventi, dallo scimpanzé al millepiedi, in un'altra e ben distinta casella. La casella degli animali, appunto. Ciò che, nel senso comune, distingue definitivamente un individuo di *sapiens* da un millepiedi o da uno scimpanzé è il fatto che l'uomo, a differenza di tutti gli altri animali, parla (→linguaggio), scrive, si dedica all'arte, costruisce macchine e società complesse e, soprattutto, è cosciente di farlo (→coscienza). Nessuno, infatti, ha mai potuto osservare un millepiedi e, tutto sommato, neppure uno scimpanzé parlare in modo articolato, scrivere, curare la creatività artistica, costruire macchine e società complesse, e fare tutto questo in modo cosciente.

Tuttavia la fisiologia comparata ci dice che l'uomo è un mammifero di grossa taglia, anatomicamente molto simile ai gorilla e agli scimpanzé. La genetica ci dice che il Dna dell'uomo è molto simile a quello delle grandi scimmie antropomorfe. La differenza genetica tra un uomo e uno scimpanzé è inferiore all'1,5%. Una differenza inferiore non solo a quella che corre tra un cianobatterio e uno streptococco, ma inferiore anche a quella che corre tra un vireone occhirossi e un vireone occhibianchi, ovvero tra due uccelli che solo un esperto ornitologo riesce a distinguere.

La paleontologia e la genetica ci dicono, ormai all'unisono, che l'uomo e lo scimpanzé hanno un progenitore comune, che viveva nelle foreste africane appena 5 milioni di anni fa. E, infine, la teoria darwiniana dell'→evoluzione biologica ci dice che tutte le specie viventi, uomo compreso, sono il prodotto evolutivo di una selezione naturale cieca e adattiva (→adattamento).

In definitiva, la scienza biologica degli ultimi due secoli ci dice, oltre ogni ragionevole dubbio, che l'uomo è un animale come gli altri. Eppure, sostiene il biologo evoluzionista Theodosius Dobzhansky, l'uomo rappresenta uno dei due grandi «trascendimenti evolutivi» cui è andata incontro la materia cosmica nel corso della sua storia (→evoluzione cosmica). Il primo «trascendimento» si è verificato con la transizione dal non vivente al vivente e l'apparizione del primo batterio. Il secondo «trascendimento» si è verificato con la transizione dal biologico al culturale e l'apparizione dell'uomo.

Dobzhansky non attribuisce nessun significato mistico ai due grandi «trascendimenti» che ha individuato nella storia dell'→evoluzione della materia. E neppure attribuisce al «trascendimento» il significato di cesura netta. La →vita è solo una particolare organizzazione della materia non vivente. E l'uomo è solo una specie vivente particolare. Entrambi i trascendimenti (la vita e l'uomo) sono il frutto storico di processi evolutivi che la scienza è, almeno in linea di principio, in grado di spiegare, sebbene solo a posteriori. Entrambi rappresentano un'→emergenza, una forte novità evolutiva impossibile da prevedere a priori. E impossibile da descrivere solo con un approccio analitico (→riduzionismo).

È possibile, invece, individuare la novità evolutiva o, se si vuole, il carattere emergente del primo batterio nella inedita →complessità organizzata che ha proposto sulla scena cosmica. È possibile individuare la novità evolutiva o, se si vuole, il carattere emergente dell'uomo nella sua inedita →mente.

A questo punto è possibile tentare di rispondere alle domande che ci eravamo posti. L'uomo è un animale tra gli animali. Tuttavia presenta una novità evolutiva, un'emergenza, che lo distingue dagli altri animali. Con la sua mente, piú complessa di quella di altri animali, riesce a effettuare operazioni che nessun altro animale riesce a compiere cosí bene e, comunque, non tutte insieme. Riesce cioè a parlare, scrivere, creare manufatti artistici, macchine e società complesse, in modo (abbastanza) cosciente.

La mente consente all'uomo ciò che nega (sembra negare) ad altri animali, studiare la realtà cosmica di cui è parte oltre le apparenze colte dai sensi. La mente dell'uomo è, per dirla con il fisico Victor Weisskopf, l'«occhio attraverso cui l'universo ha imparato a osservare se stesso». Quella stessa mente, però, gli dice che ciò che lo distingue da uno scimpanzé è meno di ciò che distingue un vireone occhirossi da un vireone occhibianchi. E che ciò che lo distingue da un'ameba è incomparabilmente inferiore a ciò che distingue un cianobatterio da uno streptococco.

Letture: Emilio Balletto, *Zoologia evolutiva*, Bologna, Zanichelli, 1995; Jared Diamond, *Il terzo scimpanzé*, Torino, Bollati Boringhieri, 1994; Stephen Jay Gould, *Gli alberi non crescono fino in cielo*, Milano, Mondadori, 1997.

Antichità

(dal latino *antiquitas*)

Per antichità si intendeva, e ancora molti intendono, l'età antica, in contrapposizione all'età di mezzo (Medio Evo) e all'età moderna. Indicava, e ancora indica, pertanto, una parte, la prima parte, della →storia dell'→uomo. Per lungo tempo l'antichità ha rappresentato un passato remoto, ma non remotissimo. Fino a quando l'età della Terra è stata quella biblica, l'antichità della storia dell'uomo non si protraeva indietro nel tempo che di poche migliaia di anni, era facilmente caratterizzabile e immaginabile, coincideva con la creazione stessa del pianeta.

Con la scoperta del →tempo profondo, con la definizione della teoria dell'evoluzione delle specie (→evoluzione biologica), con la scoperta dell'universo evolutivo (→evoluzione cosmica), il concetto di antichità ha perso tutte queste caratteristiche. Oggi abbiamo piena percezione che la storia umana antica non coincide affatto con la storia antica del pianeta e, men che meno, dell'universo. Anzi, la storia antica dell'uomo si colloca come una minuscola frazione nell'ambito della storia piú recente dell'universo e del pianeta. Le vicende di *Homo sapiens sapiens* coprono meno di una parte su 20.000 della storia del pianeta e meno di una parte su 75.000 della storia cosmica. Se la storia dell'universo fosse racchiusa in una sola giornata di 24 ore, il sistema solare sarebbe nato alle ore 16, i primi ominidi sarebbero apparsi alle 23h 59' 31" e il *sapiens sapiens* appena 1,1 secondi prima della mezzanotte.

Ma anche confinando il concetto di antichità nell'ambito della sola storia umana, la percezione che ne abbiamo (o che ne dovremmo avere) oggi è molto diversa dal passato. L'antichità copre, infatti un periodo molto piú lungo delle due altre età canoniche: inizia duecentomila anni fa con la nascita di *Homo sapiens sapiens* e termina meno di duemila anni fa. Il Medio Evo copre poco piú di mille anni. E l'età moderna cinquecento anni. C'è dunque una sproporzione enorme tra la durata dell'antichità e quella delle altre due età.

Ma non si tratta solo di una differenza quantitativa. L'età di mezzo e l'età moderna sono facilmente caratterizzabili. Nell'età antica le vicende umane sono cosí diverse e cosí diversamente conosciute da far evaporare lo stesso concetto unitario di antichità. I greci antichi somigliano per cultura e stili di vita molto di piú agli uomini contemporanei che non agli uomini che in Africa duecento millenni fa acquisiscono il →linguaggio evoluto; agli uomini che centomila anni fa lasciano l'Africa e sciamano per il pianeta; agli uomini di Cro Magnon che quarantamila anni fa acquisiscono una evoluta sensibilità artistica e persino agli uomini che meno di diecimila anni fa scoprono i vantaggi dell'agricoltura e della vita stanziale.

In definitiva le scoperte scientifiche in campo cosmologico, geologico e biologico hanno determinato la dissoluzione del concetto di antichità. Al suo posto è nata un'intera costellazione di termini con cui ci si riferisce a un particolare periodo della lunga storia dell'uomo, della lunghissima storia della vita e della enorme storia dell'universo.

Letture: Stephen Jay Gould, *La freccia del tempo, il ciclo del tempo*, Milano, Feltrinelli, 1989; Pietro Greco, *Evoluzioni. Dal Big Bang a Wall Street, la sintesi impossibile*, Napoli, Cuen, 1999.

Antropico, principio

(dal greco ἀνθρωπικός, derivato da ἄνθρωπος; dal latino *principium*)

«È ben noto che ci vuole carbonio per fare dei fisici», notava, tra il serio e il faceto, il fisico Robert Dicke nel 1961. La constatazione, in apparenza banale, ha notevoli implicazioni cosmologiche e filosofiche, oltre che biofisiche. Già, perché i fisici, e gli uomini un po' piú in generale, sono, per dirla col fisico Victor Weisskopf, l'occhio attraverso cui l'→universo sta imparando a osservare se stesso. E per avere del carbonio (e dei fisici) occorre un universo stabile, lontano dall'equilibrio termico, piuttosto longevo. Occorre, quindi, che le interazioni fondamentali (→forza), le masse delle particelle elementari e tutta una lunga serie di parametri fisici, astrofisici e cosmologici indipendenti siano, come dicono gli esperti, *fine tuned*, finemente modulati. Insomma, perché ci siano dei fisici e, un po' piú in generale, degli uomini che lo osservino, occorre che il cosmo presenti un novero di coincidenze piuttosto nutrito. Ma poiché il carbonio, i fisici e gli esseri umani in generale esistono, significa che il *nostro* universo è *fine tuned*, molto ben modulato. Significa che nel *nostro* universo si è avverata quella serie incredibile di coincidenze che, sole, consentono l'esistenza di un essere intelligente (→uomo) capace di osservarlo.

Il primo a notare l'esistenza di queste *coincidenze cosmiche* è stato Paul A.M. Dirac, che ne ha reso conto in una serie di articoli pubblicati tra il 1937 e il 1938. Il fisico inglese di origine francese rilevò che una serie di importanti costanti adimensionali, che coinvolgono parametri fondamentali sia in →fisica che in →cosmologia, come la costante gravitazionale, il rapporto tra l'intensità della forza elettromagnetica e l'intensità della forza gravitazionale, l'età dell'universo in unità atomiche, il numero di nucleoni (protoni e neutroni) presenti nell'universo, sono tutte proporzionali a un medesimo numero: 10^{39}. Dirac osservò anche che queste relazioni non possono essere frutto del caso, ma devono essere la manifestazione di una connessione causale ignota.

Nel 1961 Robert Dicke, fisico a Princeton, riprese la riflessione di Dirac e indicò la possibile connessione causale in un nuovo principio: il principio antropico. Le relazioni di Dirac dipendono dal tempo, e quindi non sono valide in ogni momento della storia cosmica. Ma solo in questo preciso momento. E questo preciso momento, a differenza di quanto sostengono i fautori del principio →copernicano, non è un momento qualsiasi, ma un momento proporzionale alla vita media di una stella. E le stelle sono la fucina che ha prodotto il carbonio e, quindi, i fisici che le osservano.

Detta in altri termini, le coincidenze tra i parametri cosmici non sono casuali. Quei parametri hanno i valori che hanno per consentire all'universo di diventare abbastanza vecchio da contenere i lunghi processi che portano alla →vita e alla vita dei suoi osservatori. Se la forza gravitazionale fosse stata solo un po' piú forte o solo un po' piú debole, per esempio, la vita e la vita intelligente in grado di effettuare osservazioni sull'universo non sarebbero mai potute nascere. Insomma, sostiene Robert Dicke: «L'universo, con i parametri fondamentali da cui dipende, deve essere cosí com'è per consentire la nascita di un osservatore a un qualche stadio del suo sviluppo».

Robert Dicke lega, dunque, i particolari valori dei parametri fondamentali della fisica all'esistenza dei fisici. O, per evitare fraintendimenti, all'esistenza di un essere intelligente capace di osservare l'universo. Il principio antropico che Dicke propone si presta a una doppia interpretazione. Puntualmente rilevata, nel 1974, dal cosmologo inglese Brandon Carter.

La connessione di Dicke può essere interpretata in una forma *debole*. E potrebbe significare, semplicemente, che viviamo in un universo caratterizzato da questi parametri fisici e non da altri, perché solo in un universo simile potremmo vivere. Questo «principio antropico debole» non spiega molto ed è persino tautologico. A meno di non dare credito alla ipotesi dei →molti mondi. Questa ipotesi, di cui esistono svariate versioni, sostiene che esistono, appunto, molti se non infiniti universi, ciascuno diverso dall'altro. Ciascuno con suoi propri parametri fisici. L'uomo vive in uno di questi universi. Il principio antropico debole, dunque, osserva che tra i diversi universi possibili l'uomo è presente solo in quello che ha i parametri «giusti» per consentire alla vita e alla vita intelligente di nascere.

C'è tuttavia un'altra interpretazione possibile della connessione rilevata da Dicke. Ed è un'interpretazione *forte*. Ed è quella, finalistica, secondo cui l'universo è stato progettato e *fine tuned*, finemente modulato, per consentire la nascita dell'uomo (→teleologia). Un'interpretazione molto ben sintetizzata, nel 1986, da John Barrow e Frank Tipler: «L'universo *deve* [il corsivo è mio] avere le proprietà che consentono alla vita di svilupparsi in una qualche fase della sua storia». Il «principio antropico forte» prevede dunque un progetto (anche se non necessariamente un progettista) cosmico, finalizzato alla nascita della vita intelligente. E ribalta quel punto di vista, copernicano, cosí ben sintetizzato dal biologo Jacques Monod, secondo cui l'uomo non era affatto previsto ed è apparso per caso «nell'immensità indifferente del cosmo».

La fiducia nel principio antropico, sia debole che forte, è tuttora abbastanza diffusa tra gli scienziati. E non solo nella comunità dei cosmologi. La fiducia in una legge della →complessità crescente, per esempio, non è che una declinazione a uso dei biologi di questo principio.

Tuttavia le critiche che esso solleva sono molte e, spesso, drastiche. C'è chi sostiene, senza mezzi termini, che dietro il principio antropico si nasconda una corrente irrazionalista che tenta di reintrodurre forme di *vitalismo* o di *animismo* nell'impresa scientifica, a scapito del pensiero razionale.

C'è chi, invece, muove una critica epistemologica piú stretta. E, forse, piú pungente. Quello antropico, nella sua versione debole, è un principio che non spiega molto. E nella sua versione forte diventa un principio generale solo a patto di reintrodurre il concetto aristotelico di causa finale nella spiegazione scientifica. Ma a questo punto i fautori del principio antropico forte si assumono un onere non da poco: ribaltare i fondamenti galileani, darwiniani e einsteiniani dell'→evoluzione della materia e dimostrare che c'è una legge generale e necessaria in natura che impone alla materia di evolvere per soddisfare una precisa e non procrastinabile →finalità. Inutile dire che di questa legge, in natura, finora non v'è traccia.

Letture: Evandro Agazzi, *Filosofia della natura*, Casale Monferrato, Piemme, 1995; Silvio Bergia, *Problemi fondazionali e metodologici in cosmologia*, in Giovanni Boniolo (a cura di), *Filosofia della fisica*, Milano, Bruno Mondadori, 1997; Martin Rees, *Prima dell'inizio*, Milano, Raffaello Cortina, 1998.

Armonia (in biologia)

(dal greco ἁρμονία)

Il moto regolare degli oggetti che si muovono in cielo era, per i greci, l'espressione visibile dell'ordine e dell'armonia (→armonia [in fisica]) che regnano nell'universo. Anzi, nel *kosmos*: nel tutto armoniosamente ordinato. Tuttavia l'ordine e l'armonia regnano anche qui, sul nostro corruttibile pianeta. Cosa sono, infatti, le relazioni e i delicati equilibri tra ambiente, piante e animali se non l'espressione di un'intima «armonia della natura»? Un'armonia cosí grande da risultare intangibile. Ogni specie è cosí correlata a tutte le altre, è parte cosí pregnante dell'ordine naturale, che non può né mutare, né sparire, né apparire all'improvviso.

Certo, la natura è rossa di sangue. Ci sono predatori e prede. C'è violenza. Ma questo disordine è solo apparente. Ogni vittima e ogni carnefice in realtà è parte di un ciclo armonico che assicura la sopravvivenza ordinata della specie. Di tutte le specie.

La fiducia totale nell'armonia della natura è, forse, il motivo principale che porta Aristotele e, in genere, i greci a propendere per l'idea essenzialistica e non evolutiva del mondo biologico (→evoluzione biologica).

La fiducia nell'armonia intangibile della natura diventa patrimonio della →teologia naturale cristiana ed è espressa, in tempi recenti, anche da grandi biologi come Carlo Linneo (XVIII secolo) e Louis Agassiz (XIX secolo).

Questa fiducia sarà spazzata via dalla rivoluzione darwiniana (anche se entra in crisi prima di Darwin). Dopo la pubblicazione dell'*Origine delle specie*, il concetto di armonia della natura deve essere reinterpretato. L'armonia, in natura, esiste, certo. Ma non è statica, bensí dinamica. È un'armonia che riesce a riprodurre se stessa solo a patto di cambiare in continuazione.

Letture: Charles Darwin, *L'origine delle specie*, Roma, Newton Compton, 1973; Pietro Greco, *Evoluzioni. Dal Big Bang a Wall Street, la sintesi impossibile*, Napoli, Cuen, 1999; Ernst Mayr, *Storia del pensiero biologico*, Torino, Bollati Boringhieri, 1990.

Armonia (in fisica)

(dal greco ἁρμονία)

Tutto è →numero, diceva Pitagora di Samo. E l'armonia delle relazioni tra i numeri governa tutto quanto avviene in →natura. I numeri hanno sottratto il mondo al *chaos* e lo hanno reso un *kosmos*, un tutto, appunto, armoniosamente ordinato.

La musica è armonia, spiegava Pitagora ai discepoli della sua scuola a Crotone, perché è relazione tra numeri. Le vibrazioni di una corda, infatti, diventano musica quando si susseguono a intervalli regolari, cioè quando diventano rapporti perfetti tra numeri interi.

La relazione armonica tra numeri è musica, continuava Pitagora. Osservate i moti celesti. Osservate la loro perfetta regolarità. I moti delle sfere celesti sono numeri. E il loro rapporto è un rapporto tra numeri. Ora ascoltate una a una le sfere celesti. Il Sole, la Luna, ogni pianeta, cosí come la volta delle stelle fisse, producono ciascuno un suono diverso. L'insieme armonico di questi suoni produce una musica. La musica delle sfere celesti. I nostri occhi e le nostre orecchie, spiegava ancora Pitagora, sono stati creati per catturare l'armonia, matematica, del mondo.

L'ipotesi pitagorica che il mondo si reggesse sui numeri interi e sul loro perfetto rapporto crollò quando un discepolo impertinente, Ippaso, mostrò al Maestro e ai suoi compagni che la radice quadrata di due (e, quindi, la diagonale di un quadrato di lato unitario) non può essere espressa come rapporto finito tra due numeri. La radice quadrata di due è costituita da un numero con una serie infinita di cifre decimali. Pitagora restò sconvolto dalla scoperta e definí «irrazionale» quel genere di numeri. La leggenda vuole che Ippaso abbia pagato con la vita la sua impertinenza e la scoperta dei numeri «irrazionali».

Tuttavia l'ipotesi che l'armonia, matematica e/o geometrica, governi il mondo è sopravvissuta a Pitagora (e a Ippaso). Non solo nel senso generale, un senso diventato comune per i greci, che la →matematica e/o la →geometria sono il fondamento del cosmo, del tutto, appunto, armoniosamente ordinato. Ma anche nel senso specifico che le relazioni regolari tra gli oggetti cosmici producono un'armonia musicale. Un'armonia fisica, attingibile alla →fisica.

Nel suo *Imago mundi*, per esempio, Onorio di Autun propone, verso la metà del XII secolo, non solo che l'armonia delle sfere esiste, ma che i bambini, grazie alla loro innocenza, possono sentirla, quella pitagorica melodia. E Johannes Kepler (Keplero) nel 1619 pubblica il suo *Harmonice mundi* avanzando l'ipotesi che l'armonia musicale potesse «salvare le apparenze» dei moti planetari osservati e fornire la risposta giusta alla domanda su quale disegno avesse mai in mente Dio quando creò l'universo. Sulla base di questa ipotesi Keplero determinò un gran numero di rapporti armonici tra le velocità dei pianeti che si muovono nel cielo e sviluppò una rete di relazioni armoniche per l'intero sistema solare.

La sinfonia dei pianeti non esiste, naturalmente. Ma grazie alla fiducia, metafisica, nell'armonia delle sfere, l'astronomo tedesco «salva i fenomeni» e giunge a formulare quella →legge fisica del moto planetario nota come «terza legge di Keplero» o «legge armonica», che mette in relazione il quadrato del periodo di rivoluzione con il cubo della distanza media di un pianeta dal Sole.

Dopo Keplero, il concetto di armonia resta ancora presente nella concezione che molti fisici e molti matematici hanno del mondo. Isaac Newton si diceva convinto che esistesse un'armonia profonda e nascosta nella natura e che fosse compito della scienza svelarla. Ma è chiaro che l'armonia di Newton ha un carattere diverso rispetto a quella di Keplero.

Il concetto di armonia della natura resta presente nella scienza, ma sempre piú come →metafora o come potente visione metafisica, e sempre meno come reale entità fisica.

Senonché…

La Teoria, armonica, di Superstringa

In principio fu la corda. Che subito iniziò a vibrare. E la sua musica, una sinfonia cosmica in undici dimensioni, diede corpo e forma a tutte le cose del mondo. Diede corpo e forma al mondo. E sí, l'universo che i «fisici di superstringa» propongono alla fine del XX secolo ha un sapore greco. È un universo geometrico. Con tutta la delicatezza, melodiosa, dell'universo di Pitagora. E con tutta l'eleganza, astratta, dell'universo di Platone. È un universo in cui l'armonia ritorna come essenza fisica.

Forse è questo antico ed etereo sapore greco che rende cosí fascinoso il cosmo che ci propone quella nutrita comunità scientifica che si è posta alla ricerca ed è convinta di aver afferrato la «teoria del →tutto», la →teoria finale della fisica.

Da almeno tre quarti di secolo la fisica teorica è dominata da due grandi teorie. Una, la →relatività generale, che descrive il comportamento dell'→universo a grande scala. L'altra, la →meccanica quantistica, che descrive il comportamento dell'universo a livello microscopico. La situazione è imbarazzante. Perché entrambe sono teorie molto precise. Entrambe sono teorie che ambiscono a definirsi teorie generali e, quindi, «ultime». Eppure la relatività generale e la meccanica dei quanti risultano, tra loro, incompatibili. In oltre 75 anni ogni tentativo di riconciliarle è naufragato.

Cosa significa, tutto questo? Che forse la →realtà sfugge a ogni possibilità di essere descritta in modo unitario? Che dobbiamo rassegnarci a visioni frammentate del mondo?

La gran parte dei fisici teorici non è disposta a rinunciare a una visione unitaria e coerente dell'universo. Anzi del cosmo: il «tutto armoniosamente ordinato» degli antichi greci. Ed è per questo che, malgrado le frustrazioni di uno sforzo titanico tanto prolungato quanto finora vano, è ancora alla ricerca della teoria unica, della «teoria del tutto».

I «fisici di superstringa» sono convinti di avere finalmente imbroccato la strada giusta, dopo decenni di sforzi alla ricerca della teoria in grado di unificare la fisica. Grazie a due svolte decisive realizzate, rispettivamente, nel 1968 e nel 1995. La prima a opera di un italiano, Gabriele Veneziano, e di una sua brillante idea. Poniamo che la realtà ultima del mondo, sosteneva (e sostiene) il fisico teorico torinese, non sia costituita da particelle puntiformi, ma da stringhe, da piccole corde, insomma da qualcosa di molto simile a lacci di scarpe infinitamente piccoli, che si estendono nello spazio a una dimensione. Applichiamo a queste cordicelle le leggi della meccanica quantistica e vediamo cosa succede. Be', non senza meraviglia di Gabriele Veneziano, quelle stringhe iniziano a vibrare. A suonare, come corde di violino. E a ogni modo di vibrazione, a ogni nota di quelle corde del violino cosmico, corrisponde una particella o una forza della natura. La musica delle stringhe è la forza creatrice del mondo. E questa sinfonia è cosí rilassante da realizzare, finalmente, l'attesa riconciliazione tra relatività generale e meccanica quantistica. Tra micro e macro.

Tutto risolto, dunque? Niente affatto. Per almeno due motivi. I fisici teorici riescono a descrivere solo con equazioni approssimate l'universo delle stringhe. E, inoltre, nel corso degli anni sbocciano una, due, cinque diverse teorie di stringa: troppe per poter salutare la «teoria ultima».

La nuova svolta avviene nel 1995, quando l'americano Ed Witten, in forza a quell'Istituto di studi avanzati di Princeton ove Albert Einstein spese oltre vent'anni a cercare la «teoria del tutto», dimostra che le cinque teorie di stringa e un'altra teoria, quella della gravità quantistica (→gravitazione), sono espressioni diverse di una medesima e piú fondamentale teoria soggiacente: la teoria che egli battezza M-6. L'universo di M-6 ha undici dimensioni, dieci spaziali e una temporale, e in esso vibrano non solo corde unidimensionali, ma anche membrane o «brane» a due, a tre e a piú dimensioni. L'universo elegante di M-6 è una sinfonia suonata da un'orchestra a infinite dimensioni.

È dunque l'armonia di M-6 la teoria finale? Viviamo davvero in un universo pitagorico? No. O almeno, è ancora presto per dirlo. M-6 indica che forse i fisici hanno imboccato la strada giusta verso la teoria in grado di fornirci una visione unitaria e coerente del mondo. Ma si tratta di una strada lunga e ancora tutta da percorrere. Le equazioni di M-6 sono ancora tutte equazioni approssimate. E, soprattutto, M-6 è un'elegante costruzione matematica che non fa ancora previsioni verificabili sperimentalmente. Anzi, qualcuno dispera che la teoria possa essere mai verificata. Per questo alcuni sostengono che l'universo armonico di M-6 è un universo metafisico. E nella teoria di superstringa vedono, piú che una nuova fisica dell'armonia, una nuova metafisica.

Aristotele diceva, con malcelata ironia, che, tra tutti i mortali, solo Pitagora fosse in grado di ascoltare l'«armonia delle sfere». Oggi molti sostengono, con malcelata ironia, che, tra tutti i mortali, solo i «fisici di superstringa» sono in grado di ascoltare l'«armonia delle brane».

A noi non resta che attendere. E verificare se, prima o poi, arriverà un nuovo Ippaso che manderà all'aria l'idea unitaria del mondo fondata sulla armonia delle corde. O se, invece, arriverà un nuovo Keplero che grazie all'idea di armonia riuscirà, ancora una volta, a «salvare i fenomeni» e a spiegare la realtà del mondo fisico.

Letture: J.L.E. Dreyer, *Storia dell'astronomia da Talete a Keplero*, Milano, Feltrinelli, 1980; Brian Greene, *L'universo elegante*, Torino, Einaudi, 2000; Christopher Walker (a cura di), *L'astronomia*, Bari, Dedalo, 1997.

Astrologia

(dal greco ἀστρολογία)

L'astrologia è lo studio degli astri e della loro influenza (passata, presente e futura) sulle vicende umane. Ed è una visione unitaria del mondo. Questi studi e questa visione sono iniziati in epoca molto antica e a Babilonia, già tremila anni prima di Cristo, raggiunsero un notevole spessore culturale. Grazie anche al fatto che i babilonesi scoprirono l'algebra simbolica e iniziarono a usarla per indagare la →natura e (anche) per analizzare le forze (→forza) magiche, divine e/o demoniache, che occupavano lo spazio celeste.

Per la loro origine e per la loro stessa natura gli studi astrologici si sono spesso sovrapposti e confusi con gli studi astronomici. Tanto che, in epoca antica, l'→astronomia è stata talvolta identificata con l'astrologia e, almeno fino al XVII secolo, i due termini sono stati spesso ritenuti intercambiabili.

L'astrologia, proprio come l'astronomia, è stata parte integrante di molte culture, sia nel bacino del Mediterraneo che fuori. Anche e, forse, soprattutto di quelle culture, come la cultura ellenistica (→ellenistica, scienza) e la cultura islamica (→Islam), con una spiccata propensione scientifica.

Non è un caso. L'astrologia, infatti, non è mai stata (almeno fino al XVII secolo) mera pratica astrologica e non si è mai ridotta a elaborazione di oroscopi. Al contrario, proprio come l'→alchimia, è stata una «visione del mondo» molto articolata e complessa, che ha accompagnato l'indagine razionale della natura, spesso introiettandola e senza quasi mai porsi in contrasto con essa. Tant'è che molti scienziati, persino in epoca moderna, sono stati anche astrologi.

Il fatto che Keplero (in polemica con lo scettico Pico della Mirandola) o persino Newton credessero nell'astrologia non può essere ritenuto motivo di curiosità, né tantomeno di scandalo. L'astrologia, anche in epoca moderna, ha un impianto che non contrasta nel metodo con quello della scienza. L'astrologia, infatti, ripropone la tradizione babilonese e applica in modo sistematico la matematica nell'indagine della natura. Ed è, proprio come la fisica, alla ricerca di principi razionali generali. Anzi il sistema astrologico elaborato nell'antica Grecia e ripreso, in epoca moderna, in Europa si propone come una vera e propria →legge universale di natura. E i suoi caratteri fondanti, come rileva lo storico Lynn Thorndike, sono addirittura gli stessi della fisica aristotelica. Astrologia e aristotelismo, infatti, concordano nel ritenere che:

- il cielo e i corpi celesti sono immutabili e incorruttibili;
- il loro moto è eterno, circolare e perfetto;
- il mondo celeste è distinto da quello terrestre, che è corruttibile e imperfetto;
- solo in questo mondo imperfetto, sulla Terra, sono presenti processi di generazione, cambiamento, alterazione e corruzione, e quindi sono possibili i mutamenti geologici, l'alternarsi delle stagioni, la nascita e la morte di piante e animali.

Nel sistema astrologico tutti i processi e i mutamenti nel nostro «mondo inferiore» sono causati dai cicli e dai cambiamenti di posizione dei corpi celesti che si verificano nel «mondo superiore». Come scrive lo storico Paolo Rossi, nel sistema astrologico le «cose inferiori» sono governate dalle «cose superiori». L'astrologia può essere dunque definita come una disciplina che ricerca le leggi generali attraverso cui le cose del «mondo superiore» causano le vicende delle cose nel «mondo inferiore». Comprese le vicende dell'uomo, che del «mondo inferiore» è parte.

L'astrologia ritorna in Europa, dopo una lunga stagione di assenza, con gli arabi e con la traduzione dei classici greci di cui il nostro continente aveva smarrito la memoria. Entra in crisi a partire dal XVII secolo, quando prima Galileo col cannocchiale e poi Newton con le leggi matematiche di →gravitazione universale, dimostrano che nell'universo non c'è un «mondo superiore» distinto da un «mondo inferiore». E che in cielo valgono le medesime leggi che sulla Terra.

Da quel momento (e solo da quel momento) la «visione unitaria del mondo» proposta dall'astrologia perde ogni fondamento razionale. Gli astronomi cessano di essere anche astrologi. E la pratica astrologica si riduce a mera superstizione.

Letture: Eugenio Garin, *Lo zodiaco della vita*, Roma-Bari, Laterza, 1982; Ornella Pompeo Faracovi, *L'oroscopo di Cristo*, Venezia, Marsilio, 1999; Paolo Rossi, *La scienza e la filosofia dei moderni*, Torino, Bollati Boringhieri, 1989.

Astronomia

(dal greco ἀστρονομία)

> Che fai tu, luna, in ciel? dimmi, che fai,
> Silenziosa luna?
>
> Giacomo Leopardi, *Canto notturno di un pastore errante dell'Asia*

Si dice che l'astronomia sia stata inventata dai pastori, nelle lunghe ore solitarie passate a osservare e a interrogare la luna e le stelle e i corpi celesti, al mattino mentre si alzavano «in sul primo albore», e poi quando, stanchi, si riposavano «in su la sera».

Senza dubbio l'astronomia, lo studio dei corpi celesti, del loro moto e delle leggi che li governano, è la scienza piú antica del mondo. Praticata dai cinesi, dagli indiani, dai sumeri e dagli assiro-babilonesi, dagli egizi, dai maya. E, infine, dai greci. Popoli che non solo seppero dare alle osservazioni dei primi pastori e dei primi agricoltori (peraltro tutt'altro che ingenue) un carattere di sistematicità e di organizzazione logica, con ampio uso di strumenti matematici, ma che le seppero anche interpretare fino a elaborare, talvolta, autentiche teorie scientifiche (→teoria).

L'astronomia antica va dunque divisa in due periodi qualitativamente diversi. Il primo è il periodo prescientifico dell'osservazione. È un periodo che nasce con l'uomo stesso, che non può fare a meno di osservare i movimenti del Sole, della Luna, delle comete e anche dei pianeti che si muovono sotto la volta celeste. Grazie a queste osservazioni prima dei pastori e degli agricoltori, poi di persone specializzate (sacerdoti e filosofi), l'uomo impara a misurare il →tempo, a elaborare calendari, persino a fare predizioni. Talete stupí i greci e acquisí grande autorevolezza riuscendo a predire l'eclissi del 585 a.C. perché aveva appreso la tecnica nel corso dei suoi viaggi in Caldea e in Egitto. L'astronomia prescientifica raggiunge risultati niente affatto banali: la precisione del calendario maya sarà raggiunta in Occidente solo nel XVI secolo. Tuttavia non bastano osservazioni raffinate e fine precisione per trasformare un filone di studi in →scienza, almeno nell'accezione moderna di questa parola. Occorre anche elaborare leggi generali, modelli predittivi, teorie capaci di «salvare i fenomeni».

Il secondo periodo dell'astronomia antica è proprio il periodo in cui vengono elaborate leggi generali, modelli predittivi e teorie capaci di «salvare i fenomeni». È il periodo in cui nasce l'astronomia scientifica. Questo periodo ha il suo culmine in età ellenistica, con l'elaborazione del modello geocentrico a epicicli di Ipparco (II secolo a.C.) e, poi, con la «teoria delle sfere cristalline» di Tolomeo (II secolo d.C.). Si tratta di un modello e di una teoria che oggi sappiamo essere sbagliati. Non è il Sole che ruota intorno alla Terra, ma è la Terra con tutti i pianeti a orbitare intorno al Sole. E le orbite non sono circolari, bensí ellittiche. Tuttavia, ancorché sbagliati, quel modello e quella teoria sono scientifici. Perché spiegano bene i fenomeni (allora) osservati. E li spiegano sulla base di una legge geometrica che consente di fare predizioni. Certo, Aristarco di Samo aveva intuito e proposto un modello diverso, eliocentrico, addirittura nel III secolo a.C. Il sistema di Aristarco è molto piú vicino alla realtà. Tuttavia (per quello che se ne sa) la sua non fu mai una teoria scientifica, perché manca di una base fisica e non riesce a spiegare i fenomeni osservati.

Il terzo grande periodo che caratterizza la storia dell'astronomia inizia in età moderna. Non quando Niccolò Copernico propone il suo modello eliocentrico. Ma un po' piú tardi, quando, con l'osservazione, Galileo Galilei dimostra che il modello copernicano ha solide fondamenta fisiche. Galileo utilizza uno strumento, il cannocchiale, per realizzare le sue osservazioni. E il terzo periodo nella storia dell'astronomia è il periodo in cui, finalmente, l'uomo può scrutare il cielo non solo come facevano i pastori, con l'occhio nudo, ma con strumenti tecnici che rendono «piú profondo» il suo sguardo. Il terzo periodo nella storia dell'astronomia è, dunque, il periodo dell'osservazione strumentale. Prima il telescopio, poi gli spettroscopi, infine i radiotelescopi e gli spettroscopi a raggi X e γ, basati a Terra o montati su satellite, hanno consentito negli ultimi secoli, decenni e anni di lanciare lo sguardo ben oltre il nostro sistema solare, nella nostra galassia e oltre la nostra galassia. Con la possibilità di osservare fenomeni invisibili a occhio nudo e molto lontani nello spaziotempo. Oggi siamo in grado di «vedere» fenomeni accaduti 10, 12 e persino 14 miliardi di anni fa.

Nella prima fase della storia dell'astronomia, quella prescientifica, l'uomo ha individuato le regolarità dei fenomeni (di molti fenomeni) che avvengono nel cielo. Nella seconda fase ha riconosciuto e apprezzato la loro geometrica armonia. In quest'ultima fase l'uomo ha compreso di non essere al centro del cosmo, del tutto armoniosamente ordinato, ma di vivere su un pianeta qualsiasi di una dei 400 miliardi di stelle della nostra galassia, che a sua volta è una galassia qualsiasi tra i 200 o 400 miliardi di galassie che costellano l'universo conosciuto (→copernicano, principio). Ha inoltre capito che non vive in un universo statico e immutabile, ma in un universo che cambia nel tempo (→evoluzione cosmica), costituito da oggetti che a loro volta cambiano nel tempo.

Davvero poche altre scienze hanno contribuito, come l'astronomia, a modificare la percezione che l'antico pastore errante ha di sé e del mondo in cui vive.

Letture: J.L.E. Dreyer, *Storia dell'astronomia da Talete a Keplero*, Milano, Feltrinelli, 1980; Ferruccio Francescato, *Le scoperte dell'astronomia*, Padova, Muzzio, 1998; Pierre-Simon de Laplace, *Storia dell'astronomia*, Napoli, Cuen, 1997; Jean-Pierre Verdet, *Storia dell'astronomia*, Milano, Longanesi, 1995; Christopher Walker (a cura di), *L'astronomia*, Bari, Dedalo, 1997.

Atomo

(dal greco ἄτομος)

L'atomo, ciò che non è divisibile, ha una doppia storia. Una che inizia con la filosofia naturale dell'antica Grecia e, con vicende alterne, si inoltra fino all'alba della *nuova scienza* e oltre. L'altra, che timidamente inizia con la *nuova scienza* e giunge fino ai nostri giorni con un esito inatteso. Le due storie si sovrappongono solo molto parzialmente.

La prima storia dell'atomo inizia nel V secolo prima di Cristo, quando Leucippo, Democrito e, poi piú tardi, Epicuro lo eleggono a componente piú piccola della →materia. Per i filosofi *atomisti*, l'universo materiale è costituito di particelle elementari estese, gli atomi appunto, che hanno cinque caratteristiche: sono indivisibili, invisibili, impenetrabili, inalterabili e indeformabili.

Nella visione del mondo di quei greci, gli atomi si differenziano per forma e dimensioni, ma hanno tutti le medesime qualità. Muovendosi nel →vuoto e urtando tra di loro, pur rimanendo sempre e identicamente uguali a se stesse, quelle particelle elementari compongono varie e mutevoli aggregazioni, dando luogo alla diversità, dinamica, dell'universo materiale.

La filosofia, meccanicistica (→meccanicismo), di Democrito e Leucippo è fortemente criticata da Aristotele, che mette in evidenza sia la difficoltà logica di immaginare una materia che si estende nello →spazio, ma che non può essere divisibile; sia la difficoltà di spiegare come dalla omogeneità qualitativa degli atomi e dalla →necessità inderogabile delle leggi meccaniche (→legge) possa nascere la diversità qualitativa delle sostanze e delle strutture presenti nell'universo.

Ai rilievi di Aristotele, Epicuro contrappone, deciso, la teoria del *clinamen*: gli atomi hanno dei gradi di libertà tali da poter deviare, sia pure di poco, dal loro →moto lineare, e da rompere, quindi, la rigida necessità delle leggi meccaniche. Da quelle piccole e incessanti fluttuazioni nasce l'universo dinamico che conosciamo, con le sue svariate forme e le sue diverse sostanze.

Il conflitto tra la visione discreta di Epicuro e la visione continua della materia di Aristotele non si risolve, nell'antichità. In epoca ellenistica e, poi, in epoca romana le due filosofie sono entrambe ben presenti. Lucrezio dedica il suo grande poema, *De rerum natura*, agli atomi e alla filosofia di Epicuro. È solo nel Medio Evo che la concezione atomistica della materia subisce un forte calo di interesse. Inizierà a riprendersi lentamente solo a partire dal XIV secolo, quando per esempio la ripropone Nicola d'Autrecourt.

All'alba della *nuova scienza*, l'atomo fa capolino nella filosofia naturale di Francesco Bacone e di Giordano Bruno e nella visione del mondo di Galileo Galilei. Ma è solo Gassendi, al secolo il sacerdote francese Pierre Gassend, che nel Seicento lo elegge a cardine di una concezione del mondo critica e persino opposta a quella meccanicistica, ma non atomistica, di Cartesio. Dopo Gassendi, anche Newton proporrà una visione atomistica della materia.

Mentre l'atomo riprende un posto di primo piano nella filosofia della natura, inizia la sua seconda storia. Quella piú propriamente scientifica. Questa seconda storia nasce e si svilupperà per molto tempo solo nell'ambito di una nuova scienza che, all'inizio del Seicento, è ancora alla ricerca di una propria identità e di un proprio quadro teorico, la →chimica. Vi proponiamo di seguirci in questa storia, necessariamente a tappe, del concetto scientifico di atomo.

La filosofia corpuscolare di Robert Boyle

Certo, nel 1610, con il suo *Tyrocinium chimicum*, il farmacista francese Jean Beguin ha dato corpo a una richiesta sempre piú pressante e ha tentato di definire l'ambito teorico della disciplina che intende studiare con metodo scientifico le trasformazioni della materia. Ma, malgrado gli sforzi di Beguin e malgrado sia partecipe dello «spirito dei tempi», la chimica teorica stenta a ottenere i successi che in quegli anni va ottenendo, per esempio, la →fisica teorica. Sia perché la materia manipolata dai chimici è molto piú complessa della materia presa in esame dalla meccanica, sia perché la scienza chimica non riesce a separarsi del tutto dall'approccio scolastico ad Aristotele. Almeno fino al 1661, quando in Inghilterra Robert Boyle pubblica *The Sceptical Chymist*, il chimico scettico. E scettico di cosa, se non delle antiche ipotesi aristoteliche assunte a dogma dalla cultura scolastica?

Robert Boyle cerca dunque di spazzare via dalla chimica quelle *forze occulte* e quelle categorie di *simpatia* e di *odio* che dovrebbero, secondo la teoria mai ripudiata dello Stagirita, portare le sostanze materiali a unirsi e a dividersi. E cerca, l'inglese, di spazzare via quel concetto di fuoco come elemento fondamentale che promana dalla materia che brucia. E la cui unica azione, secondo Aristotele, è quella di decomporre la materia. Perché dotato, come sostiene lo Stagirita, come hanno sempre creduto gli alchimisti e come ancora credono i nuovi chimici, di un *principio di combustibilità*.

Insomma, Boyle tenta di riscattare la chimica non solo dalla filosofia aristotelica, nonché dalle residue e resistenti tradizioni alchemiche, ma anche da tutte quelle interpretazioni esoteriche alla Paracelso tuttora in voga tra i chimici medici. Boyle intende inserire gli studi chimici nel filone della piena razionalità scientifica di quella cosmologia meccanicista, emersa dai lavori di Galileo ed esplicitamente proposta da Cartesio, che tanti e rapidi successi sta dando alla fisica.

Boyle fa propria e anzi dà un contributo originale a quella visione dell'universo come «grande meccanismo a orologeria» in cui operano solo materia e moto. E in cui non c'è spazio per *forze occulte*. Cosí nel suo campo principale d'interesse, lo studio di quello che Paracelso chiamava *caos*, van Helmont *gas* e che lui ribattezza *aria*, Boyle riscopre l'atomismo di Democrito e Leucippo e si lascia guidare da quella che egli stesso definisce la *filosofia corpuscolare*. L'aria, come tutte le sostanze naturali, deve essere formata, pensa Boyle, da piccole particelle elementari: da atomi solidi e fisicamente indivisibili. Quanto alle proprietà delle sostanze naturali, sia fisiche che chimiche, sono dovute alla dimensione e alla forma delle aggregazioni in cui le particelle si riuniscono. Cosí è fatta la materia.

Il moto, inoltre, conferisce una dinamica alla materia. Perché consente alle particelle di venire in contatto, di riorganizzarsi e, quindi, di cambiare proprietà. Le reazioni chimiche, dunque, non sono altro che una ristrutturazione nella forma e nelle dimensioni delle aggregazioni tra particelle fondamentali. Va da sé che i grandi gruppi di particelle possono partecipare anche come tali alle reazioni chimiche. E che non è necessaria, sempre, una loro completa dissociazione prima di dar vita a una nuova riorganizzazione.

Atomi sí, ma con delle qualità

Per ragioni di spazio, siamo costretti a fare un salto nel tempo. Trasferiamoci alla fine del XVIII secolo, in Francia, per incontrare Antoine-Laurent Lavoisier. L'uomo che è considerato il fondatore della chimica moderna. Per una serie davvero sterminata di motivi. Il principale dei quali è che Lavoisier rende la chimica una scienza pienamente quantitativa.

Nel promuovere questa rivoluzione in chimica alla fine del Settecento e nel teorizzare l'esistenza di elementi chimici, Lavoisier si ispira certamente alla visione corpuscolare di Boyle. Tuttavia, e qui troviamo uno spunto interessante, il fatto che Lavoisier si ispiri a Boyle e accetti la teoria corpuscolare non lo rende, in senso stretto, un meccanicista.

Lavoisier non realizza la «tardiva sottomissione alla meccanica di una provincia renitente della scienza». E questo perché i suoi principi fondamentali, i suoi *elementi chimici*, non sono (solo) corpuscoli portatori di movimento: sono anche portatori di qualità.

L'ossigeno, per esempio, contiene in sé la qualità acida. D'altra parte, sostiene Lavoisier, nulla vieta che la suddivisione dei corpuscoli prosegua all'infinito. Ma anche se sarà possibile suddividere un elemento, avverte, esso perderà le sue proprietà, le sue qualità intrinseche.

Verso una teoria atomica della combinazione chimica: Joseph-Louis Proust

Benjamin Richter l'ha intuita. Ma è Joseph-Louis Proust a definire e a dimostrare la legge delle proporzioni costanti. Nel 1799 il chimico francese che insegna a Madrid prova che rame e carbonato sono uniti nelle medesime proporzioni, a prescindere dal metodo usato per la preparazione del carbonato di rame. Poi dedica i nove anni successivi della sua vita a studiare altri composti per dare un carattere generale a questa sua legge. Scoprendo che effettivamente le proporzioni con cui gli elementi si associano in un dato composto sono sempre costanti. Nel 1808, dunque, i chimici sono ancora lontani dal comprendere la natura dell'*affinità*, la forza che tende a far reagire le sostanze chimiche. Tuttavia iniziano a guardare ai composti chimici cosí come li guarda un chimico moderno. Anche se non hanno alcuna teoria atomica quantitativa in grado di spiegarne la natura e il comportamento.

Gli atomi di John Dalton

È l'inglese John Dalton che si incarica di elaborarne una, dopo aver studiato la chimica e la fisica dell'atmosfera.

Nel 1805 John Dalton sostiene che tutta la materia è costituita da una combinazione, esatta, di piccole particelle elementari, che chiama atomi, in omaggio al concetto elaborato duemila anni prima nell'antica Grecia. Dalton, come un po' tutti a quell'epoca, crede negli atomi come particelle piú piccole della materia. E, come un po' tutti, crede che ciascun atomo, a prescindere dalla sua natura, abbia le medesime dimensioni. Tuttavia non riesce a conciliare questa sua convinzione con il comportamento reale mostrato dai gas. E cosí propone che l'atomo sia una sfera compatta, circondata da un alone di calore (*calorica*) che ne spiega la reciproca repulsione, le cui dimensioni variano con la natura chimica. Poi cerca di misurare queste differenze di grandezza e di peso tra gli atomi.

La teoria atomica di Dalton ha bisogno di nuove ipotesi sulla combinazione chimica. Basate sul principio di massima semplicità. Un composto di due elementi contiene un atomo di ciascun costituente. Ciò, però, è vero per composti come l'acido cloridrico, HCl, formato appunto da un atomo di idrogeno e da uno di cloro, ma non è vero per composti come l'acqua, H_2O, che ha due atomi di idrogeno legati a un solo atomo di ossigeno.

Dalton sa bene che tra due elementi esistono piú composti diversi. Cosí immagina che un atomo di un elemento può associarsi con uno o piú atomi di un altro elemento. Secondo proporzioni multiple, ma, come va sostenendo Proust, costanti.

L'alcol, per esempio, sostiene Dalton, è (sempre) formato dall'unione di sette atomi: quattro di carbonio, due di ossigeno e uno di idrogeno. La formula è sbagliata (l'alcol etilico ha due atomi di carbonio, sei di idrogeno e uno di ossigeno). Ma certo la teoria di Dalton, malgrado le sue inesattezze e le sue rigidità, consente ai chimici di dare una base quantitativa alla concezione atomica della materia; di dare un significato preciso al concetto di elemento chimico; di spiegare la discontinuità delle proporzioni con cui gli atomi si combinano tra loro; di cominciare a rappresentare uno schema di disposizione degli atomi nei composti.

Joseph Gay-Lussac e Jöns Jacob Berzelius

In quegli anni, d'altra parte, Joseph Gay-Lussac scopre che i gas si combinano tra loro secondo rapporti semplici di volume. Cosí che nel 1809 può generalizzare i suoi risultati sperimentali e annunciare che le proporzioni con cui si combinano i gas sono costanti, ma anche ben definite, secondo numeri piccoli e interi.

Lo stesso Gay-Lussac, insieme ad Alexander von Humboldt, dimostra che idrogeno e ossigeno si combinano nell'acqua in rapporto di 2:1. Mentre altri dimostrano che nell'ammoniaca il rapporto tra idrogeno e azoto è di 3:1.

Questi risultati non sono accettati da Dalton, geloso dei suoi rigidi postulati. Ma vengono ben presto usati dal chimico svedese Jöns Jacob Berzelius sia per confermare la legge delle proporzioni multiple che, soprattutto, per determinare con precisione i pesi atomici dei vari elementi.

Berzelius è un chimico di classe. E oltre a questo lavoro, scopre nuovi elementi, come il silicio, il titanio e il selenio. E, infine, introduce i simboli chimici. Nel sistema simbolico di Berzelius ogni elemento è caratterizzato da una lettera maiuscola, la prima del suo nome latino. Seguita da una seconda lettera minuscola, in caso di confusione. Cosí il simbolo dell'idrogeno diventa H; quello del sodio, Na; del cloro, Cl; dell'ossigeno, O; dell'azoto, N.

A qualche lustro dalla morte di Lavoisier la chimica è ormai una scienza sistematica e quantitativa. Con equazioni facili da impostare e da risolvere. E con simboli semplici da manipolare.

Le molecole di Amedeo Avogadro

Ma è il chimico italiano Amedeo Avogadro a raggiungere, ahimè con troppo anticipo sui tempi, i risultati teorici piú interessanti. Già nel 1811 Avogadro riprende l'idea, avanzata e poi scartata da Dalton, che volumi uguali di gas diversi contengono il medesimo numero di particelle. Ma non di atomi, precisa Avogadro. Bensí di molecole. Una →molecola è una particella fondamentale dei gas, pur essendo combinazione di due o piú atomi. Se si tiene conto di ciò, sostiene Avogadro, il rapporto tra la densità di due volumi uguali di gas fornisce in modo semplice, preciso ed elegante il rapporto tra le masse dei loro atomi. In questo modo il chimico italiano calcola (con buona approssimazione) che il peso atomico dell'ossigeno è 15,074 volte quello dell'idrogeno e non 8 volte, come si crede.

L'intuizione di Avogadro è che bisogna distinguere tra gli atomi, che egli chiama *molecole elementari*, e le molecole, che egli chiama *molecole integranti*. Avogadro sostiene che le *molecole elementari* possono combinarsi tra loro per dare *molecole integranti*. Per esempio due atomi di idrogeno possono combinarsi tra loro per dare una molecola di idrogeno:

$$H + H = H_2$$

A loro volta le *molecole integranti* possono reagire con *molecole elementari* o con altre *molecole integranti*, scomponendosi e ricombinandosi per dar vita a nuovi composti.

$$H_2 + O = H_2O$$

Una *molecola elementare* di ossigeno, sostiene Avogadro, può reagire con una *molecola integrante* di idrogeno per dar vita a una *molecola integrante* di acqua.

Amedeo Avogadro non ha scoperto, cosí, solo il concetto di molecola. Ha scoperto anche il modo con cui gli atomi si combinano tra loro per costituire i piú svariati composti. La sua ipotesi, però, non viene accettata. In particolare viene respinta dai due chimici piú autorevoli del tempo: Berzelius, che proprio non riesce a immaginare come due atomi simili possano legarsi tra loro, e Dumas. Occorrerà attendere almeno mezzo secolo prima che i chimici rendano giustizia alle ipotesi di Avogadro.

Cannizzaro e il primo congresso dei chimici

Il riconoscimento delle giuste intuizioni di Avogadro sarà sancito solo nel 1860. Dopo cinquant'anni di grandi successi sperimentali, tra cui l'affermazione della spettroscopia. I chimici ottengono gli stessi risultati di laboratorio a Parigi come a Berlino, a Londra come a Roma. Ma l'interpretazione resta troppo spesso diversa. È come se ciascuno parlasse una sua lingua, almeno a tratti, incomprensibile per tutti gli altri. Per questo, per unificare i linguaggi e magari le interpretazioni, August Kekulé si fa in quattro e organizza, con l'amico Carl Weltzein e con Charles Wurtz, il primo Congresso chimico internazionale che si tiene il 3 settembre del 1860 a Karlsruhe, in Germania.

Il Congresso ottiene un notevole successo d'immagine, perché riunisce per la prima volta tutti i chimici del mondo. Ma non avrebbe ottenuto alcun successo pratico se non vi avesse partecipato un docente di chimica dell'università di Genova: Stanislao Cannizzaro.

Il chimico italiano è un profondo conoscitore e un acceso sostenitore delle idee di Avogadro. E ritiene giunto il momento di rilanciarle, visto che proprio quelle idee possono costituire la base per spiegare buona parte dei risultati conseguiti in laboratorio negli ultimi anni. A Karlsruhe, Cannizzaro reca con sé una sua precedente pubblicazione in cui dimostra che tutti i grandi chimici del tempo, da Berzelius a Dumas, hanno nei fatti accettato una parte delle idee di Avogadro. Ora si tratta di accettarle *in toto*, per dare alla chimica teorica un quadro coerente.

Occorre distinguere chiaramente tra atomi e molecole, sostiene Cannizzaro. E occorre fornire un'unità di misura semplice e coerente per la determinazione dei pesi atomici. Se viene scelta come unità di misura mezza molecola, ossia un atomo, di idrogeno, allora sarà possibile determinare con grande semplicità e precisione i pesi atomici e i pesi molecolari di tutte le sostanze conosciute.

E per dar maggior forza a questa idea vincente, Cannizzaro presenta ai suoi colleghi una tavola sostanzialmente corretta dei pesi molecolari di un vasto numero di composti. Il Congresso si dimostra preparato a quella svolta cosí semplice e radicale. Cosí quando, quattro anni dopo, il tedesco Lothar Meyer pubblica il suo libro sulla teoria chimica fondato sulle teorie di Avogadro, la gran parte dei chimici in tutto il mondo ha già fatto propri quei concetti. E la chimica teorica, organica e inorganica, compie un ulteriore, decisivo passo in avanti. Ormai è possibile ricostruire sia le semplici strutture dei composti inorganici che le complicate strutture dei composti organici, sulla base di poche regole logiche.

La tavola periodica di Mendeleev

L'accettazione della teoria di Avogadro consente di distinguere tra atomi e molecole. E di spiegarne il comportamento. Mentre la scoperta e l'isolamento di un numero ormai ampio di elementi consentono di verificare che molti di essi hanno comportamenti simili. Gli alogeni, per esempio, sono tutti molto reattivi ed elettronegativi. I metalli alcalini hanno proprietà chimiche quasi identiche. È evidente, sostiene Johann Wolfgang Dobereiner, che gli elementi chimici si dividono in gruppi con analoghe proprietà. E che questi gruppi sono formati da tre elementi, o *triadi*.

John Alexander Reina Newlands nota anche una certa corrispondenza tra pesi atomici e proprietà chimiche. E va sostenendo che gli appartenenti a ogni *triade* ricorrono lungo una scala dei pesi atomici ogni otto elementi. Newlands chiama *regola delle ottave* questa periodicità, in omaggio alla sua cultura musicale. Ma i suoi colleghi restano piuttosto scettici.

Tocca quindi al russo Dmitrij Ivanovič Mendeleev superare quella diffidenza. Egli ordina gli elementi in una tavola in base al peso atomico crescente. Ogni riga è formata da sette elementi. Ogni colonna raggruppa gli elementi con proprietà chimiche simili.

Mendeleev è talmente sicuro della bontà della sua tavola, che si sente di predire non solo la collocazione, ma anche le proprietà chimiche di elementi non ancora scoperti. Nella colonna dell'alluminio, per esempio, c'è un vuoto che dovrà essere occupato da un elemento, l'eka-alluminio, con peso atomico 68. Questo elemento formerà un triossido, Ea_2O_3, con peso specifico 5,5; si scioglierà in acidi per formare sali del tipo EaX_3; e idrossidi che si scioglieranno in acidi e alcali. I sali saranno di natura basica. Alcuni anni dopo questo elemento viene davvero scoperto: ha peso atomico 69,9 e tutte le proprietà chimiche previste da Mendeleev. Sarà chiamato gallio.

Allo stesso modo Mendeleev predice l'esistenza dello scandio e del germanio. Intanto, nel 1870 il tedesco Lothar Meyer giunge, in maniera del tutto indipendente, alle medesime conclusioni di Mendeleev. Cosí che la scala periodica degli elementi diventa subito una delle colonne portanti della chimica teorica. Il successo di questa tabella non viene certo scalfito, anzi viene rafforzato, quando John William Strutt, barone di Rayleigh, scopre nel 1892 un nuovo elemento (l'elio) e addirittura un nuovo gruppo, l'ottavo, quello dei gas nobili, con scarsa propensione a reagire e valenza zero.

Grazie alle teorie di Avogadro e di Mendeleev, la chimica riesce ormai a predire il comportamento degli atomi (e delle molecole).

Ma non sa spiegarne ancora le cause.

La fisica scopre l'atomo

Alla fine dell'Ottocento i chimici hanno ormai accettato la teoria atomica della materia. Non i fisici. Il XIX secolo si chiude mentre Ernst Mach va tuonando, nelle grandi sale dell'università di Vienna: «Gli atomi non esistono!». E ancora nel 1915, scriverà Linus Pauling, tra i fisici l'esistenza degli atomi era considerata un'ipotesi, non un fatto.

Alla fine del XIX secolo i fisici pensano che le scoperte fondamentali della loro scienza siano state, ormai, tutte effettuate. La meccanica è descritta dalle equazioni di Newton. L'elettromagnetismo da quelle, recenti, di Maxwell. La termodinamica sembra aver risolto ogni suo problema con la teoria, statistica, di Boltzmann. Nulla di sostanziale, sentenzia Lord Kelvin, c'è piú da scoprire.

I chimici hanno la medesima percezione per quanto riguarda la loro scienza. Si conosce, ormai, la gran parte degli elementi. Si sa che i loro atomi si combinano tra loro, secondo leggi precise che valgono tanto in chimica organica che in chimica inorganica, per formare molecole. Nulla c'è piú da scoprire. Se non *perché* gli atomi tendono a riunirsi tra loro per formare molecole. Ma la sensazione è che presto tutto sarà chiarito.

Eppure il quadro cambia, per la fisica e per la chimica, tra il 19 ottobre e il 14 dicembre del 1900. Quando Max Planck scopre il *quanto elementare di azione* e ne dà pubblico annuncio.

Prima di quella data, la data di nascita della *fisica quantistica,* ci sono state altre importanti scoperte.

Wilhelm Röntgen, nel 1895, ha scoperto una nuova forma di radiazione elettromagnetica, i raggi X. Nel 1896 Antoine-Henri Becquerel scopre la radioattività. I coniugi Curie scoprono, poi, che vi sono diversi elementi radioattivi in natura. Ed Ernest Rutherford che le sostanze radioattive emettono due tipi di radiazioni: la radiazione α e la radiazione β. E nel 1897 Joseph John Thomson dimostra che i raggi catodici sono fasci di particelle materiali, le quali trasportano, ciascuna, una carica elettrica negativa. Thomson scopre gli *elettroni.*

Modelli atomici, da Thomson a Bohr

A questo punto torna utile la teoria annunciata nel 1883 da Svante Arrhenius: la teoria della *dissociazione elettrolitica*. Secondo cui un elettrolita messo in soluzione si scioglie, dissociandosi in due *ioni* di carica elettrica opposta. Questi ioni carichi sono sempre presenti in soluzione, muovendosi in modo disordinato. Quando la soluzione è attraversata da corrente elettrica, cioè quando ai due poli della cella elettrolitica viene creata una differenza di potenziale, gli ioni migrano verso il polo di carica opposta.

Tanto piú che Rutherford, nel 1906, dimostra che la radiazione α emessa dagli atomi radioattivi è costituita da ioni dell'atomo di elio, mentre la radiazione β è costituita da elettroni.

Ora ce n'è abbastanza per immaginare la struttura dell'atomo. Thomson lo descrive come l'unione di elettroni con carica negativa e di ioni con carica positiva. L'atomo di Thomson è una torta, dove la carica positiva è diffusa in tutta la struttura, mentre la carica negativa è localizzata negli elettroni che, come chicchi d'uva, farciscono il dolce.

Nel 1911 Rutherford si avvede, però, che la gran parte del volume di un atomo è occupata da spazio vuoto. Che tutta la carica positiva è localizzata in un piccolo nucleo centrale. Mentre gli elettroni ruotano intorno a questo nucleo come pianeti intorno al Sole.

Due anni dopo il giovane danese Niels Bohr dimostra che le orbite degli elettroni non sono distribuite in modo continuo, ma sono *quantizzate*. Ovvero gli elettroni ruotano solo a ben definite distanze intorno al nucleo. E gli elettroni piú esterni, attratti piú debolmente dal nucleo, sono responsabili del comportamento chimico dell'atomo intero.

Con il modello atomico di Bohr, la chimica scopre a un tempo le ragioni profonde dell'*affinità* e la sua stretta parentela con la meccanica dei quanti. Una meccanica che, nel 1913, è ancora tutta da costruire. Occorre attendere gli anni '20 e '30 perché i fondamenti di questa «nuova fisica» vengano enunciati. E per scoprire quanto il modello atomico semiclassico di Bohr e poi di Sommerfeld sia solo una lontana approssimazione della realtà.

Il legame chimico e la meccanica quantistica

Nel 1925 un grande cambiamento, una vera e propria rivoluzione, viene realizzato nella fisica teorica. Nasce la →meccanica quantistica.

Nel 1939 Linus Pauling pubblica *The Nature of Chemical Bond*. E, meccanica quantistica alla mano, spiega che cos'è il legame chimico. Ovvero come e, soprattutto, perché gli atomi si combinano tra loro per formare molecole. «La chimica moderna prende forma durante i primi trent'anni del XX secolo», scrive Pauling nel 1985 in un articolo per la rivista «New Scientist», dal titolo significativo: *Why Modern Chemistry Is Quantum Chemistry*, perché la chimica moderna è chimica quantistica.

La chimica – spiega Pauling – è un fenomeno quantistico, o piuttosto, una grande collezione di fenomeni quantistici. Max Planck ha dato inizio alla teoria quantistica nel 1901, e Albert Einstein ne ha esteso il significato pochi anni dopo. Ancora, nel 1911 Ernest Rutherford scopre il nucleo atomico. La scoperta dà la possibilità a Niels Bohr di formulare, nel 1913, la sua teoria dell'atomo di idrogeno. La teoria di Bohr, che implica il moto di un elettrone e di un protone in orbite circolari intorno al comune centro di massa, è stato un importante contributo allo sviluppo della chimica moderna.
Poi, nel 1916 Arnold Sommerfeld ha quantizzato le orbite ellittiche. È stato un importante passo per la chimica. Perché ha consentito ai chimici di considerare, per esempio, che ogni atomo di carbonio ha quattro orbite ellittiche dirette verso gli angoli di un tetraedro, conferendo un vago significato quantistico al concetto chimico di un atomo di carbonio tetraedrico.
Nel 1916 Gilbert Newton Lewis, direttore del College of Chemistry dell'Università di California, a Berkeley, propone che il legame chimico consiste in ogni caso di una coppia di elettroni condivisa da due diversi atomi.
La moderna teoria della chimica prende forma solo dopo il 1927, e procede lungo due linee.

a. Risolvere l'equazione di Schrödinger per molecole sempre piú complesse.

b. Costruire teorie semiempiriche della struttura chimica, allo scopo di aiutare i chimici nella comprensione delle loro osservazioni.

In breve la meccanica quantistica consente ai chimici di:

1. dire come sono fatti gli atomi;
2. dire come si distribuiscono gli elettroni intorno al nucleo;
3. spiegare la valenza e l'*affinità*;
4. descrivere gli orbitali molecolari, prevedendo con esattezza energia e distanze di legame;
5. descrivere (almeno in linea di principio) i meccanismi di reazione.

In definitiva, la meccanica quantistica ha portato a compimento il progetto atomistico di Boyle e Dalton e ha consentito alla chimica teorica di riprendere il suo cammino da lí dove l'avevano lasciata Avogadro e Mendeleev. Consentendo di spiegare le cause dei processi chimici e del comportamento degli atomi. Che restano gli elementi fondamentali della materia con cui abbiamo quotidianamente a che fare, anche se non sono piú «ciò che non è divisibile».

Letture: Antonio Di Meo (a cura di), *Storia della chimica*, Venezia, Marsilio, 1989; Henry M. Leicester, *Storia della chimica*, Milano, Isedi, 1978; Lloyd Motz e Jefferson H. Weaver, *La storia della fisica*, Bologna, Cappelli, 1991.

Azione
(dal latino *actio*)

Quando un filosofo parla di azione, pensa in genere all'azione dell'uomo e, quindi, all'oggetto della morale. Quando un fisico parla di azione, pensa a qualcosa di molto piú tecnico.

Il primo a parlare di azione in →fisica è stato, nel XVIII secolo, il francese Pierre Maupertuis. Un matematico. La sua intenzione era di fornire una definizione rigorosa di un principio noto come «economia della natura», secondo il quale gli eventi che avvengono, appunto, in →natura seguono un principio di economia: avvengono cioè nel minor →tempo possibile e con la minore spesa energetica possibile. Proprio in relazione al minimo percorso temporale, Maupertuis propose la sua «azione», definendola come la posizione di un corpo in movimento (→moto) moltiplicata per la sua velocità. Cosicché il «principio di economia» è diventato il «principio di minima azione»: ogni particella in movimento sceglie di percorrere la traiettoria che rende minimo l'aumento dell'azione.

I fisici, però, amano associare a una particella che si trova a un certo punto di una traiettoria, non la posizione e la velocità, ma la posizione e la quantità di moto (la massa per la velocità). Se queste due grandezze sono note in ogni punto, la traiettoria della particella può essere facilmente determinata mediante la seconda legge di Newton e conoscendo la →legge della →forza che agisce sulla particella. Nella definizione fisica di azione, la quantità di moto ha preso il posto, originario, della velocità. Resta valido l'assunto di Maupertuis: la particella si muove lungo il percorso che rende minimo l'aumento dell'azione.

L'azione è tornata in auge il 19 ottobre dell'anno 1900, quando Max Planck annunciò al figlio di avere effettuto una «scoperta importante quanto quella di Newton». Studiando la →termodinamica di corpo nero, Planck aveva scoperto che l'azione non varia in modo →continuo, ma in modo discreto. L'azione è sempre un multiplo intero di un «→quanto elementare d'azione». Quel giorno è nata una *nuova fisica*: la fisica del quanto d'azione.

Letture: Lloyd Motz e Jefferson H. Weaver, *La storia della fisica*, Bologna, Cappelli, 1991; David Oldroyd, *Storia della filosofia della scienza*, Milano, Il Saggiatore, 1989.

b

Bellezza

(dal latino *bellus*)

La caverna era stata scoperta ed esplorata una decina di anni prima. Ma nessuno aveva mai visto nulla. Cosí quel giorno Marcelino Saínz de Sautuola, archeologo dilettante e proprietario del terreno ove si apre la grande grotta, resta davvero stupito quando, entrato con la figlioletta Maria in una camera piuttosto bassa, sente la bimba gridare: «Guarda, papà, dei buoi!». È il 1879. E, dopo circa 17.000 anni, un essere umano ha modo di alzare di nuovo lo sguardo e ammirare il gruppo di 24 buoi, 2 cavalli, 3 cinghiali, 3 cervi e un lupo che formano la volta dipinta in rosso, giallo e nero della caverna di Altamira, in Spagna.

È difficile sopravvalutare l'importanza della scoperta di Maria Saínz de Sautuola. Perché quei graffiti hanno un valore intrinseco assoluto: sono un'autentica opera d'arte. Perché risalgono a un'epoca, il Paleolitico Superiore, definita preistorica e sono, quindi, una delle piú antiche opere d'arte realizzate dall'→uomo a noi note. Ma soprattutto perché quelle figure sono il primo esempio tangibile di una capacità nuova emersa nella storia dell'→evoluzione biologica in generale e dell'→evoluzione culturale in particolare: la capacità di cogliere e di raffigurare la bellezza.

Già perché nulla di simile a quanto Maria e Marcelino Saínz de Sautuola ammirano nella grotta di Altamira è mai stato realizzato prima. L'arte, intesa come capacità di cogliere e di raffigurare la bellezza, è una conquista, recente, di una nuova specie di *Homo*, tra i cui tratti caratteristici, oltre al fine senso estetico, vi è anche quell'assoluta mancanza di modestia che la porterà ad autodefinirsi *sapiens sapiens*.

Già, ma cos'è la bellezza? E perché questa inedita capacità di coglierne l'essenza e di rappresentarla costituisce, al medesimo tempo, un prodotto e un salto dell'evoluzione?

Nelle risposte a queste domande si sono cimentati a lungo i filosofi. Per Platone la bellezza è qualcosa che esiste in sé, nel mondo delle idee. E la percezione che l'uomo ne ha su questa Terra altro non è che la reminiscenza della bellezza conosciuta prima di arrivare su questa Terra.

Per Immanuel Kant, invece, la bellezza non esiste fuori di noi, ma è la linea di accordo che si realizza tra la libera soggettività dell'uomo (→libertà) e la rigida oggettività di quella macchina deterministica che, per il filosofo tedesco, è il mondo. La bellezza, quindi, è «ciò che piace immediatamente, universalmente e senza concetto», in «una finalità disinteressata, senza alcun fine».

L'approccio che oggi ci propongono molti scienziati per definire il concetto etereo di bellezza sembra dare ragione, in parte, a entrambi, sia a Platone che a Kant. Vediamo, per esempio, cosa ne pensano i neurobiologi. O, almeno, un neurobiologo che ha dedicato molta attenzione a questi temi: il libanese di origine e inglese di formazione Semir Zeki. Il senso estetico, la capacità di percepire la bellezza, sostiene, è un ampliamento delle funzioni visive del cervello. E, in effetti, quando guardiamo un quadro del Caravaggio, i graffiti di Altamira o il sorriso della Gioconda è il cervello visuale che entra in azione. Una serie di impulsi elettrici fa sí che l'immagine raffigurata si riformi sulla retina e nel cervello.

La percezione della bellezza è dunque una precisa attività neuronale. E il sistema neuronale che in *sapiens sapiens* sovraintende alla visione a livello della corteccia è collocato in una parte precisa del cervello, nel lobo occipitale. Che, a sua volta, è costituito da almeno venti aree diverse. Tutte molto specializzate. I colori forti e i contorni ben marcati, per esempio, stimolano le regioni chiamate V4 e V3. Il senso del movimento stimola una zona particolare chiamata area V5.

Tuttavia non basta il cervello visivo per osservare un quadro o il volto di una bella donna ed esercitare il senso estetico. Quando Maria Saínz de Sautuola ad Altamita vede la roccia nuda non partecipa al padre la visione. Quando vede i graffiti sobbalza, il cuore le batte forte e, infine, grida: «Guarda, papà, dei buoi!».

Se i nostri occhi si imbattono in un sasso qualsiasi, possiamo non vederlo. Il cervello lo esclude in modo automatico (precosciente) dalla nostra attenzione. E, cosí, non ne percepiamo la presenza. Quando osserviamo un quadro o il volto di una bella donna o il volto di una bella donna raffigurato in un quadro (la Gioconda, per esempio), esercitiamo le nostre funzioni cerebrali superiori (→mente).

È il cervello nel suo complesso, sostiene Zeki, che funziona. Sia l'emisfero destro, che cerca di intuire cosa sta avvenendo e di sintetizzare questa →intuizione in un'→emozione. Sia l'emisfero sinistro che esamina il quadro in modo piú analitico. Insieme, emozione e →ragione contribuiscono a definire la →percezione estetica dell'opera d'arte o del volto di donna che osserviamo.

L'osservazione del bello, dunque, procede per stadi, alcuni dei quali paralleli. Molte zone del cervello vengono coinvolte, intervenendo in sequenza, ma scambiandosi anche dei feedback.

Dopo o durante la formazione dell'immagine, infatti, entra in gioco il tronco cerebrale che assicura la necessaria attenzione. Nel medesimo tempo il lobo occipitale elabora le prime informazioni, identificando colori, forme e contorni, movimenti. Ma il cervello inizia già a guardare oltre i meri dati fisici. Inizia a percepire, richiamando dal grande archivio della →memoria i modelli in cui far rientrare ciò che il quadro propone. Intanto il lobo temporale identifica i concetti.

A questo punto la decodificazione dell'immagine che abbiamo sotto gli occhi è iniziata. Il lobo parietale si incarica di effettuare una sorta di analisi comparata tra ciò che il quadro o il volto propongono e l'esperienza dell'osservatore, producendo un'emozione. Se c'è «risonanza», il quadro risulta bello e provoca un effetto di piacere. Se c'è «dissonanza», l'osservatore rifiuta ciò che vede: e lo considera brutto.

L'osservazione estetica si chiude con l'azione del lobo frontale, e col suo sistema limbico che consente, appunto, di elaborare le emozioni e di formulare un giudizio critico.

La neurobiologia (un neurobiologo) propone, dunque, che la percezione della bellezza sia un'«estensione del cervello visuale». E che il senso estetico sia un modo di interagire inventato dai nostri circuiti neuronali per guardare meglio il mondo. L'intensa emozione che proviamo guardando un quadro del Caravaggio, i graffiti di Altamira o il volto sorridente della Gioconda, è «solo» una raffinata tempesta elettrochimica. E l'uomo che percepisce la bellezza è «solo» un neurofisiologo capace di sfruttare al meglio il potenziale cerebrale. Questo è, per Semir Zeki, il rapporto che intercorre tra «mente» e «bellezza».

No, non equivocate. La provocazione culturale di Semir Zeki non consiste nel suo, apparente, riduzionismo. Le basi neurofisiologiche dell'arte o, se volete, le basi biologiche del senso estetico che il libanese propone sono, sí, materialistiche. Ma non sono affatto riduttive. Non riducono la piú creativa e soggettiva delle attività umane a meri processi molecolari. La ricerca dei fondamenti scientifici del senso estetico portata avanti da Semir Zeki è molto piú complessa. E sofisticata. E disincantata. «La scienza non ci farà perdere la percezione spirituale del bello», assicura.

Certo, la ricerca di Semir Zeki parte da rigorose basi sperimentali. L'osservazione cruciale su cui il neurobiologo fonda la sua provocazione culturale consiste nell'aver dimostrato che, nella parte della corteccia cerebrale che sovraintende alla visione delle scimmie, ci sono dei neuroni cosí specializzati da attivarsi non in seguito a una causa fisica «oggettiva» (per esempio un raggio di luce con una ben definita lunghezza d'onda), ma solo quando l'animale «percepisce» un certo colore. Per esempio la scimmia percepisce il colore verde di una foglia anche quando la foglia è al buio o è «accesa» dal rosso di un tramonto. Non c'è nulla di metafisico, in tutto ciò. C'è, semplicemente, il fatto che il cervello visuale delle scimmie ha imparato a trarre dalle informazioni caotiche che riceve dall'ambiente degli «invarianti», che gli consentono (ricorrendo alla memoria) di riconoscere la foglia e di ricostruirne il colore originario anche in situazioni non convenzionali. Nel fare questo alcuni neuroni si sono specializzati a «vedere» il colore verde anche quando l'occhio non è colpito dal raggio di luce con una lunghezza d'onda caratteristica del verde. Insomma, il cervello della scimmia ha imparato a «interpretare» la realtà. Cosí a precisi stati mentali fisici corrispondono funzioni di tipo «qualitativo». Conosciamo i neuroni con cui le scimmie riescono a discriminare tra le varie percezioni visive e iniziano a classificarle in base a una struttura valoriale. Le scimmie (e, forse, non solo le scimmie) discriminano il bello dal brutto.

Questa capacità di interpretazione della realtà è, naturalmente, aumentata quando l'uomo ha conquistato l'«organo della civilizzazione», l'ipertrofica neocorteccia cerebrale. E con essa la capacità di rappresentare il mondo in modo sempre piú complesso, anche mediante dei simboli, e in modo sempre piú armoniosamente ordinato. L'arte è un modo sofisticato ed efficace di rappresentare il mondo visibile, di selezionarne gli «invarianti», di distillarne i simboli e di riconnetterli in modo critico. Se la coscienza analitica dell'uomo è, come sostiene il fisico Victor Weisskopf, l'occhio attraverso cui l'universo ha imparato a osservare se stesso, allora il senso estetico dell'uomo è l'occhio attraverso cui il cosmo, il «tutto armoniosamente ordinato» dei greci, ha imparato ad ammirare se stesso.

In realtà l'arte, intesa come percezione e rappresentazione della bellezza, non è solo, come sosteneva J.Z. Young, un «modello del mondo»: una rappresentazione della realtà. È anche, come proponeva Jacques Monod, una «funzione di simulazione»: un modo per cercare di «pre-vedere» l'evoluzione del mondo reale. Di piú: l'arte è un modo di comunicare ad altri le visioni, le rappresentazioni e le simulazioni del mondo. Per compiere tutte queste straordinarie operazioni l'uomo artista attiva svariate parti del cervello. Non solo quelle deputate alla visione. Tuttavia Zeki porta numerosi e plausibili argomenti a favore della tesi che la percezione estetica ha una solida radice biologica ed è un incastro di moduli neuronali sparsi per il cervello ma costruiti a partire dai centri della visione. In questa accezione il senso estetico e la sensibilità artistica sono un'estensione e un progressivo affinamento del cervello visuale.

La provocazione di Semir Zeki, dunque, consiste nel fornire le prime basi neurofisiologiche a quanto sosteneva Spinoza già qualche secolo fa: «Gli uomini giudicano le cose secondo la disposizione del loro cervello». Naturalmente la neurobiologia è ben lontana dal conoscere tutti o anche solo una parte cospicua degli stati fisici cerebrali che potremmo definire «percezione estetica». E naturalmente la neurobiologia non ci svelerà mai i segreti neuronali del pittore rupestre di Altamira o di Leonardo, perché le connessioni cerebrali di ogni grande artista e di ciascuno di noi sono modellate dalla storia, oltre che dalla biologia, e sono, dunque, uniche e irripetibili. Tuttavia non c'è dubbio che la neurofisiologia dell'arte, proposta da Semir Zeki, è qualcosa di piú di un'accattivante →metafora. È una vera →ipotesi scientifica. Che ha il merito di sottrarre la sensibilità artistica «all'alea del mistero per riconsegnarla alla natura».

E tuttavia, a ben vedere, la forza della neurofisiologia dell'arte di Semir Zeki è anche il suo limite. Nella ipotesi del neurobiologo libanese o anche del suo collega francese, Jean-Pierre Changeux, infatti, il senso estetico è un frutto adattivo dell'evoluzione darwiniana, emerso per selezione naturale nel corso della dura lotta per la sopravvivenza. Definire e riconoscere il bello, rappresentare e simulare la realtà, comunicare verità profonde sull'ambiente circostante costituiscono indubbi vantaggi evolutivi. La percezione della bellezza è anche il fondamento di un tipo di selezione, la selezione sessuale, che non è (o, almeno, non è per tutti) selezione adattiva (→adattamento). Tuttavia questo potente e raffinato strumento di evoluzione biologica adattiva e non adattiva, proprio nel momento in cui diventa maturo, si sottrae alla selezione naturale per lasciarsi modellare dalla selezione culturale. Da oggetto, piú o meno passivo, dell'evoluzione darwiniana diventa oggetto attivo di quell'evoluzione decisamente lamarckiana, caratterizzata dalla trasmissione critica dei caratteri culturali acquisiti, che è la storia dell'uomo. Proprio mentre si sottrae all'evoluzione darwiniana, per diventare uno dei motori dell'evoluzione lamarckiana di *Homo sapiens sapiens*, l'arte cessa di avere una spiegazione puramente o preminentemente neurofisiologica. E diventa il frutto di una costellazione di cause emergenti (storiche, sociali, culturali) che vanno oltre la pur complessa architettura modulare delle cellule cerebrali.

Letture: Jean-Pierre Changeux, *Ragione e piacere*, Milano, Raffaello Cortina, 1995; Pietro Greco, *Evoluzioni. Dal Big Bang a Wall Street, la sintesi impossibile*, Napoli, Cuen, 1999; Martin Kemp, *Immagine e verità*, Milano, Il Saggiatore, 1999.

Bene

(dal latino *bene*)

IM è, probabilmente, l'essere vivente piú immondo che c'è. Non tanto perché a quel grosso serpente affidato in cura a Gordon Burghardt, psicologo ed etologo presso l'Università del Tennessee, un infortunio genetico ha fatto crescere due teste. Ma soprattutto perché la testa di sinistra, *Istinto*, e la testa di destra, *Mente*, lottano strenuamente tra loro per procurare il cibo al medesimo corpo.

Il mondo della →natura, sosteneva alla fine del Settecento Immanuel Kant, non ha alcuna connessione diretta col mondo della morale. E IM sembra il monumento, mostruoso, che la natura ha voluto erigere alla propria stupida amoralità.

Al contrario, da san Francesco a Madre Teresa di Calcutta, passando per Salvo D'Acquisto e Chico Mendes, la storia dell'uomo è costellata di esempi in cui l'→altruismo raggiunge le vette, purissime, del sacrificio di sé per ottenere il bene degli altri. L'umanità sembra l'unica →specie che sa essere umanitaria. La moralità, sosteneva alla fine dell'Ottocento il biologo Thomas Henry Huxley, è la spada forgiata da *Homo sapiens sapiens* per uccidere il drago del suo passato animale. E Francesco, Teresa, Salvo e Chico sono solo alcuni tra gli innumerevoli monumenti, virtuosi, che la cultura ha saputo erigere alla sua razionale moralità.

Ma è proprio cosí? La natura è eticamente indifferente e, spesso, persino crudele? E solo la →cultura (dell'uomo) sa essere buona e, talvolta, persino altruista? Dove, dunque, ha origine la dimensione morale dell'uomo? Dove ha origine la ricerca del bene?

Queste domande appassionano da sempre i teologi e i filosofi. Ma solo da qualche tempo, tre o quattro lustri non di piú, sono diventate oggetto di ricerca scientifica sul campo. Con risultati, almeno per alcuni, sorprendenti. Anche gli animali, è la tesi di Frans de Waal, conoscono il bene e hanno un comportamento «morale». Le scimmie e i primati, per esempio, sanno essere simpatici ed empatici. Sanno, cioè, comprendere lo stato d'animo e la situazione emotiva di un altro →animale, cercando di rendere piacevole (o, se vogliono, irritante) la propria presenza. Sanno regolare l'equilibrio tra interessi collettivi e interessi individuali, dandosi precise regole sociali e una gerarchia che le fa rispettare. Sanno reprimere l'aggressività e la →violenza. È il caso, per esempio, dei bonobo: una specie di primati che ha bandito dal suo comportamento la guerra e persino la lotta, delegando al →sesso il compito di regolare il conflitto. I bonobo risolvono con un atto d'amore, etero o omosessuale è lo stesso, ogni possibile controversia.

I bonobo sono un'eccezione. Forse un esempio da seguire. Ma molti altri animali sono naturalmente, anche se meno clamorosamente, buoni come i bonobo, continua Frans de Waal. Molti primati hanno un comportamento altruistico basato sulla conoscenza, sulla volontà, sulla capacità di ragionare. Ovvero sulla «morale» e non solo sull'istinto (→etica).

Come spiegare tutto ciò?

Be', è ovvio, sosteneva il grande etologo Konrad Lorenz. La natura non conosce il male. È intrinsecamente buona. E l'altruismo degli animali, a lungo misconosciuto, è solo un comportamento naturale. La tesi accontenta non pochi teologi che, sull'esempio di Francesco d'Assisi, rigettano un certo *antropocentrismo* della tradizione cristiana. Dio, che è buono, ha creato la natura: e l'ha creata bene. Ciò che è naturale, dunque, è sempre buono.

Questa tesi, che rovescia come un guanto le convinzioni di Thomas Huxley, può essere facilmente falsificata. Anche la natura «conosce» il male. Benché lo pratichi con moderazione. Io stesso, ricorda Frans de Waal, ho assistito all'assassinio di uno scimpanzé a opera di due suoi compagni, con l'aggravante della crudeltà: i due figuri si sono accaniti con intenzione sulla povera vittima e l'hanno castrata. E tutto ciò non è bene.

Infatti, replica la frangia piú estrema della sociobiologia che fa capo a Richard Dawkins, l'altruismo degli animali è solo apparenza. Il cinico opportunismo di quel gene egoista che, dall'interno del nucleo cellulare, governa il corpo di ogni animale, uomo compreso, come il software di un computer governa un robot. La natura è intrinsecamente malvagia con gli individui perché premia solo il gene piú egoista: quello capace di sopravvivere meglio e di riprodursi nell'ambiente che cambia. Infatti, sostiene Dawkins, l'altruismo degli animali è solo «intrafamiliare»: la madre che si sacrifica per il figlio, il quale possiede i geni, egoisti, piú giovani e adatti a riprodursi. O al massimo è intraspecifico, dove il sacrificio dell'individuo è consumato per consentire la sopravvivenza della specie, sorta di taxi collettivo per il trasporto nel tempo del gene egoista e dei suoi parenti piú stretti.

Date retta a me, sostiene alla fine del Novecento Dawkins con una sicurezza che farebbe invidia a quella manifestata da Huxley a fine Ottocento: l'uomo non deve aspettarsi aiuto dalla natura. Solo la cultura può insegnare la generosità e l'altruismo: noi, come tutti gli animali, siamo nati egoisti.

Per Richard Dawkins è come se un secolo intero di studi etologici non fosse mai passato. I casi di altruismo sono tanti, da essere considerati la prova principe che non esiste alcun imperio sull'individuo da parte di un gene, sia pure egoista. In realtà la sua teoria sulla natura «tutta cattiva», proprio come l'ipotesi della «natura tutta buona» di Lorenz, può essere facilmente confutata. Come spiegare che un gene «egoista» di tanto in tanto sacrifichi il corpo-macchina che lo trasporta e, quindi, se stesso, per salvare un individuo di un'altra specie da cui non riceve alcun «utile»? Come spiegare il cane che non esita a rischiare di morire per salvare l'uomo (o viceversa)? Come spiegare il delfino che evita l'annegamento di animali terrestri che magari prima non ha mai visto? L'«altruismo interspecifico», che si manifesta tra specie diverse, non può essere spiegato sulla base del gene egoista. Si tratta di vero comportamento «morale».

In realtà, sostiene Frans de Waal, la bontà e persino l'altruismo degli animali esistono. E si esplicano attraverso la continua interazione tra l'→evoluzione biologica, che seleziona attraverso la competizione e premia con la sopravvivenza, di volta in volta, l'individuo piú adatto, e lo sviluppo della cultura. Ovviamente per avere un comportamento «morale» un essere vivente deve discernere tra il bene e il male. Di piú. Deve praticare il bene «conoscendo» il male. E infatti molti tra i primati hanno (avrebbero) colto la mela dall'albero della conoscenza. Perdendo l'ingenuità originale e meritando la cacciata dal paradiso terrestre. Ci sono scimmie che praticano il bene e scimmie che, benché raramente, praticano il male. In termini evolutivi, altruismo ed egoismo non sono alternativi. Sono cooperativi.

La «capacità umanitaria» non è una specificità dell'uomo. Ma solo uno stadio piú alto e piú consapevole della «moralità» che è apparsa e si è sviluppata nel corso dell'evoluzione biologica quale carattere razionale, quindi efficace, di sopravvivenza. Ma anche come espressione di quel libero arbitrio (→libertà), che si stacca dalle leggi (→legge) necessarie e casuali della biologia, per giocare un ruolo indipendente (ma forse non del tutto inedito) in natura.

Cosí come l'evoluzione biologica di Charles Darwin ha tolto la specie →uomo dal centro isolato del creato, per collocarlo, primo tra pari, nella storia naturale, cosí l'«etologia cognitiva» di Frans de Waal sembra sollevare l'uomo dal centro, isolato, della «morale assoluta», per collocarlo, primo tra pari, nella storia morale della natura.

Ma è proprio cosí? È davvero l'uomo la sintesi migliore dell'evoluzione morale? Non è forse l'uomo, come chiedeva Albert Einstein a Sigmund Freud alla vigilia dell'Olocausto, un po' piú cattivo di ogni altra specie animale? Non è l'uomo al centro di una «morale negativa (quasi) assoluta» che, come sostiene Freud, non lascia (quasi) scampo alla sua malvagità? In fondo è l'unica specie capace, insieme, di genocidio e di ecocidio. E, sostengono i cristiani, persino di deicidio. Nessun'altra specie è capace di sterminare la propria specie o una parte considerevole di essa. E neppure di sterminare l'intero ecosistema (o una parte non banale di esso). Men che meno è capace di farlo con manifesta intenzionalità.

Da dove deriva, dunque, non la «bontà», ma la «malvagità» dell'uomo?

Qualche antropologo comincia a essere d'accordo con Freud. La malvagità dell'uomo è unica. Essa appartiene alle caratteristiche evolutive della specie *sapiens*.

Si tratta di una proposta *tentative*. Un'ipotesi provvisoria e inquietante. Che risale alla speciazione di *sapiens sapiens* e alla selezione di quella speciale aggressività, quell'istinto omicida e feroce, che secondo Robert Ardrey, i figli di Eva nera avrebbero maturato tra la foresta e la savana africana riuscendo a sottrarsi al baratro dell'estinzione. Quella capacità di combattere guerre tribali e razziali sviluppata nel corso della irresistibile conquista del continente nero e che, come hanno sostenuto autorevolmente sia Konrad Lorenz che il biologo francese Jacques Monod, sarebbe un potente fattore evolutivo.

Certo, l'istinto aggressivo è parte di una psicologia, quella psicologia carnivora «che prova piacere a cacciare, uccidere e anche a torturare» che, come ricorda Fiorenzo Facchini, appartiene a tutto il genere uomo. E che, forse, si è formata già alla metà del Pleistocene e «vede il suo esordio nelle rapine degli australopiteci». Ma sta di fatto che l'uomo *sapiente sapiente* interpreta questa psicologia in modo affatto originale e radicale. Non solo perché si rivela straordinariamente propenso a uccidere, come poche altre specie, non solo perché si rivela, come quasi nessun'altra specie, propenso a uccidere in massa membri dello stesso genere, ma soprattutto perché si rivela, come nessun'altra specie, capace di pianificare e di portare a termine il completo sterminio dell'→Altro. Di pianificare e portare a termine il genocidio.

Una propensione, questa alla violenza gratuita e persino al genocidio di *Homo sapiens sapiens*, che, come dimostra la storia oltre che la preistoria, non sarà affatto mitigata dallo sviluppo culturale, ma sarà addirittura esaltata.

Nel corso dei due milioni di anni della loro evoluzione, tutte le specie *Homo* hanno mostrato una spiccata disponibilità sia alla cooperazione che all'aggressività. Sono in molti a ritenere che entrambe queste disponibilità siano iscritte anche nel codice genetico e appartengano alla «natura umana». Ma è molto piú probabile che l'attitudine alla cooperazione e l'attitudine all'aggressione appartengano alla «cultura», prima e oltre che alla «natura» dell'uomo. E che, quindi, la capacità di modularne la rispettiva intensità appartenga alla storia del rapporto tra l'uomo e l'ambiente. Se è cosí, allora è lecito chiedersi cosa sarebbe successo se, tra centomila e centocinquantamila anni fa, un banale virus avesse ucciso tutti i cinquemila (non di piú) litigiosi figli di Eva nera e (quindi?) quarantamila anni fa, non si fosse estinta la paciosa gente di Neandertal. Insomma, se invece della tribú dei cattivi, per una diversa e sfortunata (?) contingenza, avesse vinto la tribú dei buoni. È un'ipotesi, solo un'ipotesi vaga, ma non per questo meno inquietante, quella che si è affacciata alla biologia proprio alla fine del Novecento. Il secolo forse piú culturalmente avanzato e, insieme, piú crudele nella storia dell'uomo.

Letture: Robert Ardrey, *L'istinto di uccidere*, Milano, Feltrinelli, 1968; Fiorenzo Facchini, *Il cammino dell'evoluzione umana*, Milano, Jaca Book, 1994; Franco Prattico, *La tribú di Caino*, Milano, Raffaello Cortina, 1995; Frans de Waal, *Naturalmente buoni*, Milano, Garzanti, 1997.

Bioetica
(dall'inglese *bioethics*)

La bioetica come fenomeno mondiale, sostiene con un'acuta provocazione Tristram H. Engelhardt junior, è nata alla fine dell'era cristiana. Ed è nata per due motivi. Per l'esplosione della →tecnica. E per l'implosione dell'→etica religiosa quale →paradigma morale universale o, quanto meno, dominante. L'irruzione sulla scena di nuove tecnologie biomediche ha infatti determinato la necessità di assumere decisioni affatto nuove intorno alla vita, alla riproduzione e alla morte delle persone. E questo proprio mentre, almeno nell'Occidente cristiano, venivano meno le certezze in fatto di diritti e doveri dell'azione umana.

Il bisogno di nuove regole e il venir meno di un punto di riferimento etico universale ha fatto nascere la bioetica. O meglio, le bioetiche.

Storicamente questa disciplina nasce al confine tra →filosofia e →biologia all'inizio degli anni '70. La data di nascita viene da alcuni individuata nel 1970, quando l'oncologo Van Rensselaer Potter propone il termine bioetica per indicare l'insieme delle conoscenze, delle tecniche e delle prospettive di miglioramento della condizione umana legate allo sviluppo delle scienze biomediche. Altri sostengono che la bioetica è nata in realtà nel gennaio del 1973, quando un gruppo di biologi si riuní a convegno ad Asilomar, in California, per discutere i rischi connessi all'uso delle nuove conoscenze di biologia molecolare e propose una moratoria delle ricerche.

Alcuni storici sostengono che i temi di interesse bioetico sono nati prima che si parlasse esplicitamente di bioetica. E retrodatano la nascita di questa disciplina ora agli anni '40, quando in occasione del processo di Norimberga si cominciò a discutere dei limiti etici in fatto di sperimentazione medica, ora agli anni '50 e agli anni '60, quando lo sviluppo impetuoso delle tecnologie biomediche obbligò a definire in termini sempre piú precisi i concetti di persona, di vita e di morte.

Ma, al di là dei problemi di datazione dell'origine, resta il fatto che la bioetica si è sviluppata negli anni '70 come disciplina che studia le conseguenze etiche prodotte dalla ricerca biomedica in relazione alla nascita, alla cura e alla morte soprattutto (ma non solo) degli esseri umani.

Lo sviluppo di questa disciplina ha prodotto non una, ma svariate bioetiche. E, come sostiene Engelhardt, il nodo da sciogliere oggi non è quale bioetica la →società debba darsi, ma come creare una società multietica, in cui convivono diversi approcci bioetici.

Questi diversi approcci si articolano intorno a due grandi filoni. Uno è quello relativo alla prassi bioetica (la bioetica è spesso definita etica applicata). Alcuni pensano che il ruolo della bioetica debba essere quello di mettere le briglie alla libertà di ricerca scientifica e di innovazione tecnologica che, lasciate a se stesse, possono rivelarsi causa di gravi danni, fisici e spirituali, per l'→uomo. L'altro approccio considera una bioetica in chiave positiva, come la disciplina che può aiutare la →biologia e la →medicina a incrementare la loro capacità di promuovere lo sviluppo, fisico e spirituale, dell'uomo.

L'altro filone riguarda i fondamenti della bioetica. Secondo un approccio che potremmo definire giusnaturalistico, esiste un ordine naturale creato da Dio, e i principi della bioetica, assoluti e immutabili, sono inscritti in quest'ordine. Secondo un approccio piú laico, i principi della bioetica non sono affatto assoluti e immutabili, ma sono il prodotto della →cultura umana. E, proprio come la cultura umana, hanno una dimensione intrinsecamente evolutiva (→evoluzione).

Nel primo caso il compito dei bioetici è di «scoprire» i principi dell'ordine naturale, per preservarli. Nel secondo caso il compito dei bioetici è quello di contribuire a definire un insieme strutturalmente contingente di regole per il governo concreto e locale delle conoscenze scientifiche e delle innovazioni tecnologiche.

Letture: Giovanni Berlinguer, *Bioetica quotidiana*, Firenze, Giunti, 2000; H. Tristram Engelhardt jr., *Manuale di bioetica*, Milano, Il Saggiatore, 1999; Eugenio Lecaldano, *Bioeti-*

ca, Roma-Bari, Laterza, 1999; Adriano Pessina, *Bioetica*, Milano, Bruno Mondadori, 1999; Elio Sgreccia, *Manuale di bioetica*, Milano, Vita e pensiero, 1991.

Biologia

(dal greco βίος e λογία)

Per quanto strano possa sembrare, la biologia, lo studio della →vita, è una →scienza molto giovane. Il termine stesso, biologia, è stato usato per la prima volta solo nel 1802 dal francese Lamarck (*biologie*) e, forse in modo indipendente, dal tedesco Treviranus (*Biologie*). Ed è opinione diffusa che, malgrado l'attenzione che Aristotele dedicò ai fenomeni caratteristici della vita e degli organismi viventi, malgrado l'attività di grandi naturalisti come Linneo e Buffon nel XVIII secolo, malgrado, infine, l'enunciazione di una →teoria scientifica dell'→evoluzione biologica da parte di Jean-Baptiste Lamarck già all'inizio dell'Ottocento, la biologia come disciplina scientifica sia nata solo negli anni '30 e '40 del XIX secolo. Non piú di centocinquant'anni fa, dunque.

Questa nascita piuttosto tardiva, rispetto alle scienze matematiche e fisiche, ha fortemente condizionato la discussione sulla posizione che la biologia occupa nel panorama delle scienze. È, la biologia, una scienza autonoma? O, al contrario, è null'altro che un caso particolare della →chimica e della →fisica?

Queste domande hanno prodotto risposte del tutto divergenti anche in tempi recenti. Tra la fine degli anni '60 e l'inizio degli anni '70, per esempio, il biologo Francisco Ayala affermava: «La biologia merita pienamente lo status di scienza autonoma perché è fondamentalmente diversa, per materia di studio, per struttura concettuale e per →metodo, dalle scienze fisiche». Al contrario, Michael Ruse prevedeva: «Verrà il giorno in cui la biologia come scienza autonoma semplicemente svanirà». D'altra parte tutto il dibattito, sbocciato negli anni '80 e non ancora esaurito, intorno ai temi della →complessità, ripropone con forza il problema e le divisioni intorno all'autonomia della biologia.

Benché continuamente riattualizzato e, quindi, riproposto, questo dibattito, anzi, come direbbe Ernst Mayr, questo sfortunato dibattito, è un prodotto della storia. E deriva dal fatto, appunto, che la biologia come scienza è nata dopo la fisica e la chimica. Quando, infatti, la scienza è nata (o meglio, è ritornata) in Occidente, per lungo tempo essa si è praticamente identificata con le scienze fisiche. Le opere dei grandi scienziati e filosofi naturali del Seicento e del Settecento, da Galileo a Newton, fino a Lavoisier, sono state dedicate alle scienze fisiche. Questa identificazione è stata cosí forte e puntuale, che anche molti grandi filosofi, da Bacone a Cartesio, fino a Locke e persino a Kant, hanno pensato che le scienze fisiche rappresentassero il modello se non il paradigma di tutte le scienze. O meglio, della scienza *tout court*.

E poiché nelle scienze fisiche, almeno per tutto quel periodo, il metodo per studiare il mondo naturale è definire i fenomeni sulla base di movimenti e di forze che rispondono a leggi generali (→legge), nasce il problema se sia possibile uno studio del mondo biologico che definisca i fenomeni della vita sulla base di leggi generali che, come le leggi della fisica e della chimica, non hanno vincoli di spazio e di tempo e non ammettono eccezioni. E che, come le leggi della fisica e della chimica, consentono di fare previsioni.

Posto in termini cosí «fisicalisti», il problema sembra contenere in sé la risposta. I fenomeni biologici hanno vincoli di spazio (esistono solo sulla Terra, per quanto a tutt'oggi ne sappiamo) e di tempo (l'→origine della vita, sulla Terra almeno, è avvenuta molto dopo l'origine dell'universo). Inoltre in biologia tutte le generalizzazioni sembrano avere un'eccezione. E tutti i fenomeni sono segnati dalla →storia. Se, dunque, la «vera scienza» è la ricerca di leggi universali, la biologia non è «vera scienza», ma è «scienza sporca», mera fenomenologia, o, per dirla con il fisico Ernest Rutherford, una semplice «collezione di francobolli».

I biologi si sono divisi, rispetto al problema fondante della propria scienza, in tre grandi approcci.

1. *Fisicalisti.* Molti pensano che la materia biologica non sia in nulla diversa dalla materia non biologica. E che le differenze apparenti sono solo incrostazioni prodotte dalla storia. Per cui bisogna «ripulire» la biologia dalle incrostazioni storiche e cercare di spiegare i fenomeni biologici nei termini canonici della fisica classica, di movimenti e di forze che obbediscono a leggi generali. Questa «biologia fisicalista» d'impronta meccanicista (→meccanicismo) ha avuto una ricca stagione di fioritura nell'Ottocento e ha ottenuto buoni risultati in fisiologia. Tuttavia lascia senza spiegazione la gran parte dei fenomeni biologici.

Un sottogruppo piú moderno di fisicalisti è costituito da quegli studiosi che rigettano l'approccio meccanicista per spiegare i fenomeni complessi sia in biologia che in fisica, ma che comunque pensano vi sia un ordine sotteso a tutti i fenomeni cosmici e leggi universali in grado di spiegarli. Tuttavia, anche questo approccio neofisicalista non ha, finora, fornito spiegazioni soddisfacenti della irriducibilità dei fenomeni biologici a mera o prevalente espressione di leggi generali.

2. *Vitalisti.* Questa irriducibilità dei fenomeni biologici alle leggi della fisica ha indotto altri biologi a ipotizzare che gli organismi viventi siano costituiti da una materia diversa e indipendente rispetto alla materia inorganica, da una materia speciale. Il *vitalismo* ha avuto una sua stagione fiorente nell'Ottocento e persino all'inizio del Novecento. Tuttavia oggi nessuno studioso serio pensa a una *specialità* della materia biologica. Nessuno dubita che un organismo vivente è fatto degli stessi atomi ed è sottoposto ai medesimi vincoli fisici e chimici della materia non vivente (→riduzionismo costitutivo).

3. *Autonomisti.* Questo approccio è, ormai, quello largamente prevalente tra i biologi (anche se, forse, non ancora tra i fisici e i chimici). È un approccio che riconosce il riduzionismo costitutivo, ma non quello teoretico. Gli organismi viventi sono fatti dei medesimi atomi della materia inanimata, e sono sottoposti ai medesimi vincoli fisici e chimici. Tuttavia l'*omologia del substrato* non impedisce che l'*organizzazione* della materia biologica sia affatto originale. Cosí originale da non ammettere spiegazioni significative nel solo ambito della fisica e della chimica. Ma da richiedere una sua spiegazione che non è né omologa a quella fisica, come pretendono i fisicalisti, né indipendente da quella fisica, come pretendono (ma bisognerebbe dire, pretendevano) i vitalisti. È, appunto, una spiegazione autonoma. Non basata su leggi universali, ma su concetti e teorie. Incapace di prevedere a priori, ma capace di spiegare a posteriori. È una spiegazione che non intende affatto ripulire la biologia dalle incrostazioni prodotte dalla storia per renderla «vera scienza», ma riconosce proprio in quelle incrostazioni prodotte dalla storia il carattere originale e irriducibile di una scienza «autonoma».

Letture: B. Chiarelli, I. Chiarelli, L. Margulis, R. Morchio, M. Sarà, S. Scannerini, *Biologia teorica*, Milano, Jaca Book, 1994; Pietro Greco, *Evoluzioni. Dal Big Bang a Wall Street, la sintesi impossibile*, Napoli, Cuen, 1999; Ernst Mayr, *Storia del pensiero biologico*, Torino, Bollati Boringhieri, 1990; Jacques Monod, *Il caso e la necessità*, Milano, Mondadori, 1970; John Maynard Smith, *Le nuove frontiere della biologia*, Roma-Bari, Laterza, 1988.

C

Cambiamento
(dal tardo latino *cambiare*)

Aristotele pensava che in →natura esistessero solo quattro tipi di cambiamento. Uno che interessava la sostanza dell'essere (un albero, un leone, un uomo) e tre che interessavano gli attributi dell'essere (→qualità, →quantità, relazione, postura, disposizione, collocazione nello →spazio, →tempo, →azione, passione).

Il primo tipo di cambiamento consisteva nella generazione o nella distruzione delle sostanze o, detta in termini moderni, della →materia elementare e composita. Il secondo tipo di cambiamento consisteva nell'alterazione della qualità di una sostanza. Il terzo tipo di cambiamento riguardava la crescita o la diminuzione della quantità. L'ultimo cambiamento, infine, riguardava il →moto in senso stretto: ovvero, il mutamento della collocazione nello spazio.

La *nuova scienza* ha riconosciuto, in qualche modo, che il primo e l'ultimo di questi tipi di cambiamento hanno un rilievo davvero generale. E, infatti, ha prodotto sia svariate teorie (fisiche, chimiche, biologiche) della materia e del suo cambiamento, sia svariate teorie (fisiche) del moto e delle sue cause. In queste teorie scientifiche della materia e del moto, almeno in quelle iniziali, le idee sul cambiamento di Aristotele hanno avuto grande influenza. Se non altro come idee da confutare.

Letture: Ernst Mayr, *Storia del pensiero biologico*, Torino, Bollati Boringhieri, 1990; Lloyd Motz e Jefferson H. Weaver, *La storia della fisica*, Bologna, Cappelli, 1991; David Oldroyd, *Storia della filosofia della scienza*, Milano, Il Saggiatore, 1989.

Campo
(dal latino *campus*)

Il campo è l'idea che la →fisica del XX secolo ha elevato al livello di →realtà. O, per dirla in termini filosofici, è l'idea cui la fisica ha fatto dono di uno statuto ontologico.

Il campo non è un concetto affatto nuovo in fisica. Nasce, infatti, già nell'Ottocento. Quando la spiegazione dell'interazione a distanza tra due corpi separati, sia essa di tipo gravitazionale, elettrico o magnetico, diventa un problema fondamentale e difficile da risolvere. Come fa, per esempio, la massa del Sole a informare la Terra della sua presenza e, quindi, a esercitare la sua attrazione? Anche Isaac Newton, oltre un secolo prima, si era posto il problema. Ma non aveva tentato di risolverlo. Non avanzo alcuna ipotesi, sostiene. Non conosco la natura dell'attrazione gravitazionale. So solo che la forza di gravità esiste e agisce tra i due corpi come prevedono le mie equazioni (→gravitazione).

Quella di Newton è una posizione saggia, ma i fisici e i matematici dell'Ottocento si rendono conto che non è sostenibile a lungo. La manifestazione della gravità va spiegata. Propongono, allora, che l'azione a distanza tra due corpi si attualizzi seguendo dei percorsi, minimi, in un campo di forze gravitazionali.

L'idea è semplice. Si può pensare al campo gravitazionale come al modo in cui la forza di gravità si spalma nello →spazio. Questa distribuzione è puntuale. Nel senso che ad ogni punto dello spazio sono associati l'intensità, la direzione e il verso con cui la forza gravitazionale accelererebbe, in quel punto, un corpo di massa unitaria. L'attrazione gravitazionale diventa cosí la tendenza che hanno le masse presenti nel campo gravitazionale a muoversi dalle regioni in cui il campo è piú debole verso le regioni in cui è piú forte. In modo analogo, l'interazione elettromagnetica può essere immaginata come la tendenza che hanno le particelle a muoversi nel campo elettromagnetico.

Il campo gravitazionale è, dunque, una sorta di →rete elastica a maglie molto fitte che copre tutto lo spazio. E le masse gravitazionali sono sfere di piombo sorrette da questa rete. Le sfere incurvano la rete, creando dei pozzi tanto piú profondi quanto maggiore è la massa. I corpi si muovono lungo i percorsi disegnati dalle distorsioni prodotte dalle masse sulla rete altrimenti piatta, scivolando verso i pozzi piú profondi. Cosí la Terra orbita intorno al Sole seguendo sulla rete del campo gravitazionale il solco scavato dalla massa della sua stella.

L'immagine della rete gravitazionale sembra indicare che già nella fisica classica il campo appare come un autentico oggetto fisico. Invece l'ascesa ontologica del concetto è piuttosto lenta e graduale. E non può essere diversamente. La →meccanica classica si basa sull'idea, mutuata da Democrito e dalla filosofia tomistica, che la →realtà fisica è costituita di particelle elementari, eterne e indistruttibili, che si aggregano in modo composito. Il →divenire altro non è che il gioco disegnato nel tempo dall'interazione tra questi atomi elementari di materia. Sarebbe stato davvero strano che i fisici dell'Ottocento abbandonassero immediatamente questa immagine intuitiva e persino tangibile della natura, per abbracciarne una fondata su di un concetto tutto sommato astratto. E, almeno in potenza, soggetto a interpretazioni misticheggianti.

Le particelle hanno il pregio di definire una realtà visualizzabile. Ma hanno anche il difetto di definire una realtà dalle caratteristiche discrete, non continue. Caratteristiche difficili da gestire, matematicamente. Il campo, invece, ha il dono della continuità (→continuo). Si estende e ricopre tutto lo spazio. La sua descrizione matematica è abbastanza semplice e coerente. Ecco perché in prima battuta il concetto, astratto, di campo viene introdotto per soddisfare l'esigenza, puramente matematica, di avere parametri e quadri di riferimento continui. Non a caso viene applicato per la prima volta allo studio dei fluidi. È infatti molto piú comodo definire la velocità o la densità di un fluido come grandezze che cambiano con continuità, piuttosto che immaginare le interazioni locali discrete tra un numero enorme di particelle.

Ottenuto il successo in fluidodinamica, il concetto viene esteso alla teoria, newtoniana, della gravità. Ma il campo resta un'utile astrazione matematica, priva di ogni carattere ontologico. Anche perché non sembra modificare il quadro concettuale della meccanica newtoniana. In fondo dire che il Sole dà un contributo decisivo al campo generale di gravitazione nella regione dello spazio occupata dal suo sistema planetario e dire, inoltre, che è questo campo generale ad agire sul nostro pianeta, costringendolo a muoversi lungo un'orbita ellittica intorno alla sua stella, non è molto diverso dal dire che il Sole attrae la Terra.

Un deciso passo in avanti verso l'ispessimento dello stato ontologico del concetto di campo è, senza dubbio, quello prodotto da Michael Faraday nella sua descrizione dell'interazione elettromagnetica. Un'interazione che prima del fisico inglese è descritta in termini newtoniani per mezzo della legge di Coulomb: due particelle con cariche opposte si attraggono, mentre due particelle con cariche uguali si respingono. L'intensità dell'azione di attrazione o di repulsione è proporzionale al quadrato della distanza tra le due particelle. Faraday invece sostiene che le particelle cariche sentono un campo e si muovono lungo linee di forza. Il campo elettromagnetico, sosteneva Faraday, è una proprietà dello spazio, definita, punto per punto, dal contributo di tutte le cariche e di tutte le correnti elettriche. Il campo, a sua volta, influenza tutte le cariche e tutte le correnti elettriche.

Le linee di forza consentono finalmente di escludere quell'azione a distanza che lo stesso Newton aveva abbandonato ritenendola «un'assurdità talmente grande che nessun uomo in possesso di qualche competenza in materia filosofica avrebbe potuto accettare». Cosí, quando James Maxwell sintetizza in un'elegante teoria fisico-matematica le intuizioni di Faraday, appare chiaro che in fisica il concetto di campo (elettromagnetico e gravitazionale) deve sostituire il concetto di →forza.

L'innovazione è fondamentale. Il campo comincia ad assumere una sua concreta realtà fisica. Non è piú, solo, matematica. Occorre tuttavia altro tempo prima che questa modifica dello statuto ontologico del concetto venga percepita e interiorizzata dai fisici. L'importanza dell'innovazione, d'altra parte, sfugge allo stesso Maxwell. In fondo il campo può ancora essere inserito e compreso all'interno di una visione materialistica che ne nega l'ontologia. I fisici, infatti, sono convinti che esista una quintessenza materiale, l'→etere, che permea di sé tutto l'universo. Si può dunque pensare che le interazioni gravitazionale ed elettromagnetica, descritte dall'ipotesi immateriale di campo, siano in realtà propagate materialmente mediante l'etere.

Il campo inizia ad avere una sua realtà fisica, ma non è il fondamento della realtà fisica. Anche perché non ha una sua esistenza autonoma. Il campo esiste in quanto esiste la →materia.

Tutto cambia, in modo radicale anche se non definitivo, nel 1905. Con Albert Einstein, naturalmente. Nell'articolo in cui introduce la teoria della →relatività ristretta, il fisico tedesco spazza via la necessità dell'etere: il campo elettromagnetico non richiede alcun mezzo per propagarsi. È un'entità fondamentale e irriducibile. Einstein però non si limita a spazzare via dalla teoria la necessità dell'etere. Introduce anche una nuova costante in natura: la velocità della luce. Una soglia fisica insuperabile. La novità modifica profondamente l'idea di campo elettromagnetico. Il limite rappresentato dalla velocità della luce, finalmente, fa assurgere il campo elettromagnetico «alla dignità di referente ontologico». Ecco perché.

La particella carica che si muove nello spazio determina una variazione del campo elettromagnetico che non è piú «sentita» simultaneamente in tutto lo spazio, ma si propaga in un tempo finito. Non c'è piú, dunque, un'azione diretta tra particelle distanti. Esse comunicano nel →tempo. E solo indirettamente. L'interazione fondamentale è, infatti, tra la particella e il campo. Come scrive Dalida Monti: «Il campo, allora, non è piú un mero strumento formale, ma è il responsabile imprescindibile del trasferimento dell'informazione. Esso è finalmente dotato di una dinamica sua propria, in quanto determinata dalle cariche in moto sulle quali, a sua volta, esso agisce».

Il campo esiste, infine.

Il campo quantistico

Inutilmente, però, Albert Einstein tenterà di costruire sul concetto, continuo, di campo l'intera fisica. Proprio mentre il campo acquisisce uno statuto ontologico, deve cimentarsi con una nuova visione nella fisica e della fisica. La realtà dei quanti.

Il primo tentativo di introdurre il concetto di campo in una coerente visione quantistica, ovvero di «quantizzare» il campo, applicando i concetti e i formalismi matematici della nuova →meccanica quantistica alle teorie di campo della fisica classica, viene operato, già nel 1926, da Max Born, Werner Heisenberg e Pascual Jordan. Il tentativo riguarda il campo elettromagnetico, che già soddisfa i requisiti posti dalla relatività ristretta. Il tentativo registra un buon successo. Max Born, Werner Heisenberg e Pascual Jordan dimostrano come la vecchia idea di Einstein, quella di considerare i fotoni come particelle di luce, possa essere formulata in termini rigorosamente matematici.

Nel 1930, grazie ai lavori di Pascual Jordan e Eugene Wigner da un lato e di Werner Heisenberg e Wolfgang Pauli dall'altro, si riesce a dimostrare che a ciascuno dei campi noti in fisica è associata una particella. Il fotone è la particella associata al campo elettromagnetico. L'elettrone è la particella associata al campo elettronico. Il campo è un'onda di probabilità per la sua particella quantistica. L'intensità del campo elettromagnetico in un dato punto dello spazio rappresenta la probabilità di trovare in quel punto la particella quantistica associata. Con questa dimostrazione cessa, di fatto e in linea di principio, l'indipendenza tra campo e particelle. Le particelle non sono altro che manifestazioni del campo quantizzato. Il campo diventa l'entità fondamentale della natura. La realtà soggiacente. A esso si riconducono tutte le nozioni (sopravvissute) della fisica. La massa, per esempio, altro non è che un parametro preciso in una teoria di campo. L'interazione non è altro che l'accoppiamento tra campi diversi. E la fisica non è piú lo studio delle particelle elementari e delle loro interazioni, ma lo studio di simmetrie fondamentali connesse con parametri elementari. Come scrive Steven Weinberg, ora «l'essenza della realtà è un insieme di campi [...] tutto il resto può essere dedotto come conseguenza della dinamica quantistica di tali campi».

Questo risultato è, anche da un punto di vista filosofico, di estrema importanza. La materia, dunque, altro non è che la manifestazione di una realtà piú profonda. Una realtà immateriale. Questa forse è la prima falsificazione, in termini scientifici, di una filosofia: la filosofia dell'atomismo. Della realtà costituita da unità materiali fondamentali e indivisibili.

Le stesse particelle quantistiche sono difficilmente rappresentabili come «pezzi di materia», sia pure microscopici. Tutto quello che si può conoscere intorno a una particella sono le sue proprietà intrinseche (come massa, carica elettrica, spin) che i fisici chiamano osservabili e le sue interazioni con altre particelle.

L'interpretazione statistica della teoria ribadisce, infine, l'intrinseca indeterminazione della meccanica quantistica (→determinismo). La teoria infatti determina la distribuzione degli eventi, ma non determina i singoli eventi. Poiché l'intensità di campo rappresenta solo la probabilità e non la certezza di trovare in un punto la particella associata, la teoria non dice dove un fotone che passa attraverso un buco andrà a colpire uno schermo. Dice solo come sarà distribuita sullo schermo una serie ampia di fotoni passati dal buco.

Teorie quantistiche relativistiche di campo

Uno dei primi a porre il problema dei vincoli relativistici che si applicano alle teorie quantistiche di campo è Paul Dirac. E la prima teoria quantistica relativistica di campo è la sua teoria di campo dell'elettrone. In base alla quale predice, nel 1931, l'esistenza dell'antimateria. Formata da antiparticelle con la medesima massa e il medesimo spin intrinseco, ma con carica elettrica opposta a quella delle particelle di materia ordinaria.

L'equazione di Dirac è, per importanza, paragonabile a quelle di Maxwell. L'esistenza di antiparticelle e la possibilità che nel vuoto si creino coppe di particelle e antiparticelle hanno sconfitto la filosofia di Democrito. E hanno dato una visione dinamica, evolutiva, della materia. La materia è qualcosa che muta. Un protone può essere un protone, ma può anche essere un protone piú una coppia elettrone-positrone.

A questo punto la conoscenza della fisica fondamentale ha ottenuto risultati davvero rimarchevoli. Riassumendo. Le particelle elementari, il cui comportamento è definito dalla meccanica quantistica, altro non sono che quanti associati a un campo quantistico. O, se si vuole, ogni campo si manifesta attraverso alcune particelle. Il fotone è il quanto attraverso cui si esprime il campo elettromagnetico. L'elettrone è il quanto attraverso cui si esprime il campo elettronico. Naturalmente ci sono altre particelle e altri campi. E bisogna comprendere come le varie particelle e i vari campi interagiscono. La teoria quantistica relativistica di campo dell'elettrone ha portato Dirac a un grande successo: prevedere l'esistenza dell'antimateria.

Tuttavia ogni tentativo di generalizzare le conclusioni cui è giunto Dirac per il campo dell'elettrone sono frustranti. Per esempio, definire una teoria completa dell'interazione degli elettroni con il campo elettromagnetico risulta piuttosto complicato. Ogni qual volta si cerca di calcolare i processi di interazioni tra le particelle quantistiche, si ottengono dei valori infiniti. L'→infinito, in fisica, è un assurdo. E il fatto che nelle teorie di campo se ne ottengano parecchi di questi assurdi, indica che qualcosa, nella teoria, non va.

Malgrado queste difficoltà, i fisici non abbandonano le teorie di campo. Bisogna attendere, tuttavia, gli anni '50 prima che Richard Feynman e un gruppo nutrito di altri fisici teorici che comprende Freeman Dyson, Julian Schwinger e Shin'ichiro Tomonaga, propongano un metodo, non del tutto soddisfacente, per superare gli infiniti che si incontrano nel tentativo di definire una teoria quantorelativistica dell'interazione tra due sole particelle, l'elettrone e il fotone. Il metodo matematico, chiamato rinormalizzazione, consente di definire la QED, l'elettrodinamica quantistica. Ovvero un nuovo modo, quantistico, di considerare l'elettromagnetismo.

Ciò che stupisce molti è che la QED, malgrado sia fondata su artifici matematici, si dimostra una teoria fisica di straordinaria precisione. I processi di rinormalizzazione, che consistono nell'eliminare gli infiniti che di volta in volta si presentano, sono stati affinati. E oggi molti pensano che abbiano un significato fisico.

Occorrerà attendere, invece, l'inizio degli anni '60 perché si riesca a definire una teoria di campo delle particelle subatomiche. Murray Gell-Mann, lavorando di volta in volta con Yuval Ne'eman e George Zweig, propone la QCD, la cromodinamica quantistica, e una nuova particella fondamentale, il quark, di cui sono costituiti i protoni, i neutroni e tutti gli adroni. I quark sono confinati negli adroni da un'interazione fondamentale della natura, l'interazione forte, che si esprime mediante alcune particelle, i gluoni (dall'inglese *glue*, colla). L'interazione forte ha la particolarità di aumentare con la distanza, cosicché i quark sono costretti a stare sempre confinati. I protoni e i neutroni che formano la gran parte della materia visibile dell'universo sono formati ciascuno da tre quark.

Alla fine degli anni '60, infine, diventa possibile creare un nuovo tipo di teorie di campo, chiamate *teorie dei campi di gauge non abeliani*. Non entreremo nel merito di queste teorie. Diremo solo che sono teorie che si fondano sulla nozione di →simmetria. E le particelle possono essere, infatti, definite sulla base del modo in cui si trasformano quando sono sottoposte a operazioni di simmetria.

Le teorie dei campi di gauge non abeliani, o piú semplicemente teorie di gauge, sembrano un'astrazione matematica con scarsa attinenza con la realtà. Le particelle associate ai campi di gauge, per esempio, sono tutte rigorosamente prive di massa. Mentre, come sappiamo, le particelle reali sono dotate di massa. Le equazioni del campo di gauge sono simmetriche. Mentre le soluzioni non lo sono. Insomma le teorie di campo di gauge sembrano teorie utili, ma di scarso avvenire. Almeno finché Peter Higgs, nel 1965, non propone un meccanismo matematico che consente alle simmetrie di gauge di rompersi spontaneamente. Anzi, le obbliga a rompersi. In quanto la situazione simmetrica, nel quadro descritto da Higgs, è una situazione instabile. A rompere la simmetria Peter Higgs chiama un nuovo campo, che sarà chiamato campo di Higgs.

Il nuovo campo ha tre capacità che i fisici apprezzano molto. E un difetto, per ora, trascurabile. Le tre capacità molto apprezzate sono, nell'ordine: il campo di Higgs è compatibile con la teoria standard delle alte energie; la rottura di simmetria del campo di Higgs provoca la rottura spontanea di simmetria di tutti i campi di gauge; interagendo con il campo di Higgs alcune delle particelle dei vari campi di gauge acquistano la massa. Il difetto è che non si sa bene cosa ci sia all'origine del campo di Higgs. Il campo elettromagnetico ha origine dalle cariche elettriche, il campo gravitazionale ha origine dalle masse, ma cosa dà origine al misterioso campo di Peter Higgs?

La domanda è ancora aperta. E otterrà probabilmente una risposta se e quando sarà trovato il bosone di Higgs, ovvero la particella che media il campo.

L'attesa della risposta non ha impedito all'americano Steven Weinberg e al pakistano Abdus Salam di dare un primo contenuto fisico alle idee matematiche di Higgs e di riuscire a unificare, alla fine degli anni '60, le due forze che agiscono sulle particelle quantistiche, l'interazione elettromagnetica e l'interazione debole (un'interazione responsabile del decadimento delle particelle). Grazie al meccanismo di Higgs, Weinberg e Salam dimostrano che ad elevate energie l'interazione debole e l'interazione elettromagnetica sono unificate, formano un'unica interazione: l'interazione elettrodebole. Quando l'energia si abbassa, provoca la rottura di simmetria del campo di Higgs. Che a sua volta provoca la rottura di simmetria del campo elettrodebole.

Il modello di Weinberg e Salam prevede che dalla rottura di simmetria nascano il campo elettromagnetico, con associata una particella ben nota, il fotone, priva di massa. E un campo, il campo debole, con particelle, i bosoni W^+, W^- e Z°, dotati di grande massa ma ancora sconosciuti.

Nel 1983 l'italiano Carlo Rubbia, al Cern di Ginevra, dimostra che i tre bosoni esistono e hanno esattamente la massa prevista dalla teoria di Weinberg e Salam. Le teorie dei campi di gauge non abeliani utilizzate da Weinberg e Salam ottengono un successo clamoroso e diventano il Modello Standard della fisica.

I critici sono pochi. E tuttavia autorevoli. Non per i risultati ottenuti: indiscutibili. Ma per i fondamenti non ben risolti. Né la QED, né la QCD, e neppure l'unificazione di Salam-Weinberg accontenterebbero, per esempio, Albert Einstein. Cosí come non hanno accontentato lo stesso Paul Dirac: «Oggi la maggior parte dei fisici teorici sembrano soddisfatti di questa situazione. Io credo invece che, con tali sviluppi, la fisica abbia imboccato una via sbagliata e che non si dovrebbe esserne soddisfatti». Infatti, scrive Paolo Budinich: «La teoria elettrodebole è senza dubbio un primo passo sulla strada della unificazione ma non è una vera teoria; è solo un modello piuttosto innaturale e *ad hoc* che descrive bene i fenomeni ma certo nasconde meccanismi fondamentali elementari che ancora non comprendiamo».

Letture: Pietro Greco, *Il sogno di Einstein*, Napoli, Cuen, 2000; Dalida Monti, *Equazione di Dirac*, Torino, Bollati Boringhieri, 1996; Lloyd Motz e Jefferson H. Weaver, *La storia della fisica*, Bologna, Cappelli, 1991.

Caos

(dal latino *chaos* e dal greco χάος)

Nella cosmologia greca, il *chaos* è l'insieme disordinato e indeterminato degli elementi materiali che preesiste al *kosmos*, al tutto meravigliosamente ordinato. Oggi, almeno per i matematici e i fisici, la parola caos ha un significato decisamente meno generale. E anche piú deterministico. Il caos, anzi il *caos deterministico*, è la scienza che studia i grandi effetti provocati da piccole cause. O, in termini piú rigorosi, la dinamica dei sistemi non lineari e, comunque, dei sistemi divergenti. Sistemi cosí sensibili alle condizioni iniziali che la loro evoluzione nel tempo (almeno in un tempo medio-lungo) risulta, di fatto, imprevedibile.

Ma, anche se ridimensionato nella sua portata cosmica e ridotto a disciplina matematica che studia solo una parte del tutto, il caos, anzi il caos deterministico, è, a ragione o a torto, uno dei protagonisti della storia scientifica e culturale del Novecento. Almeno della seconda parte del secolo. Non solo perché, a partire dagli anni '60 del XX secolo, il caos deterministico è diventato una disciplina fisico-matematica di successo, che ha prodotto risultati, teorici e applicativi, notevoli. Ma anche, e soprattutto, perché alcuni, come ad esempio il chimico-fisico Ilya Prigogine, intorno al caos e al suo portato di imprevedibilità, hanno creduto (e credono) di poter costruire una scienza, e una filosofia della scienza, nuova. Finalmente slegata da quella metafisica meccanicista (→meccanicismo), intrisa di →determinismo e di →riduzionismo, che ha (che avrebbe) dominato tutta la →scienza, e tutta la visione scientifica del mondo, da Galileo in poi.

In realtà non c'è nulla di misterioso nel caos (come chiameremo, d'ora in poi, il caos deterministico). Anche se molti amanti del mistero e dell'esoterico se ne sentono attratti e vi si avvicinano speranzosi. Per evitare confusioni, comunque, è bene mettere subito le cose in chiaro. L'evoluzione dei sistemi dinamici non lineari e, comunque, dei sistemi divergenti è deterministica e descritta da equazioni differenziali. Proprio come quella dei sistemi dinamici ad evoluzione lineare non divergente. La differenza sta tutta nell'amplificazione dell'errore associato alla misura delle condizioni iniziali. Nei sistemi dinamici lineari non divergenti l'errore non viene amplificato nel tempo. Nei sistemi dinamici, lineari e non lineari, divergenti, al contrario, l'errore associato alla misura delle condizioni iniziali subisce una rapida amplificazione. È questo che ne rende imprevedibile l'evoluzione.

Un esempio chiarirà il concetto. Supponiamo che il pianeta Giove ruoti intorno al Sole seguendo una dinamica perfettamente lineare. Se io conosco la posizione che oggi ha nel cielo il grosso pianeta con un errore, diciamo, di 100 metri, conoscendo le equazioni di Newton posso prevedere, con un semplice calcolo, dove sarà Giove tra un miliardo di anni, con un errore che resterà quello iniziale e non diverrà superiore a 100 metri. Al contrario, non potrò sapere dove si troverà a quel tempo il pianeta Mercurio, anche se oggi ne conosco la posizione con un errore non superiore a qualche decina di metri. Il motivo è che il piccolo Mercurio si muove intorno al Sole seguendo una dinamica fortemente perturbata e non lineare. La piccola incertezza odierna sulla posizione e sulle forze che intervengono a definire l'orbita di Mercurio è destinata ad amplificarsi, aumentando cosí rapidamente nel tempo da rendere impossibile la conoscenza della posizione del pianeta in un futuro piú o meno prossimo. Se proietto su un grafico le traiettorie seguite in passato da Mercurio, mi accorgo che esse non si sovrappongono affatto. Ma hanno profili molto diversi. Sono traiettorie caotiche. Registrano la sua estrema sensibilità alle condizioni ambientali.

In realtà neanche le traiettorie di Giove sono perfettamente regolari. A causa delle piccole perturbazioni introdotte dai campi gravitazionali degli altri pianeti del sistema solare. Ma gli scostamenti delle traiettorie reali di Giove rispetto alla traiettoria ideale che il pianeta dovrebbe avere se, a interagire con la sua massa, vi fosse solo il campo gravitazionale (stabile) del Sole, sono davvero trascurabili. La dinamica di Giove è scarsamente sensibile alle condizioni iniziali. La dinamica di Mercurio, invece, è molto piú sensibile. La non linearità o, se volete, la caoticità di ogni sistema dinamico, di Giove come di Mercurio, può essere matematicamente misurata. Ma noi eviteremo di entrare in questi dettagli.

Quello che ci preme sottolineare è che il caos entra da protagonista assoluto nella storia scientifica e culturale del XX secolo perché le simulazioni al computer dell'evoluzione dei sistemi dinamici divergenti accompagnano e, addirittura, originano lo studio e la ricerca dei principi fondanti dei sistemi complessi. Lo studio e la ricerca dei principi fondanti della →complessità.

Non a caso, infatti, George Cowan, il fondatore dell'Istituto che a Santa Fe, Stati Uniti, dalla metà degli '80 studia la complessità, elegge il caos a «scienza del XXI secolo» e a fondamento della ricerca sui sistemi complessi, perché è la «prima alternativa rigorosa a quel pensiero lineare, riduzionistico, che ha dominato la scienza fin dal tempo di Newton e che ora ha raggiunto i suoi limiti nella capacità di affrontare i problemi del mondo moderno».

Raccontiamola, dunque, in breve questa storia. Ma in modo critico. Com'è nello spirito di questo dizionario.

Si dice che esso, il caos, sia apparso per la prima volta sulla scena a Boston, presso il Massachusetts Institute of Technology, nell'inverno del 1961, sul computer di un meteorologo: Edward Lorenz. L'ignaro studioso si accorge che basta modificare di un decimillesimo il valore di uno solo dei tanti parametri che descrivono un sistema climatico relativamente semplice, perché il computer in breve tempo fornisca un'evoluzione delle condizioni meteorologiche del tutto diversa e inattesa. Basta modificare leggermente le condizioni iniziali del sistema, perché la sua evoluzione *diverga*.

Le drammatiche differenze tra quei due sistemi meteorologici che partivano da condizioni iniziali quasi simili aprono la mente di Edward Lorenz e sanciscono il successo di una metafora: basta dunque il battito d'ali di una farfalla in Amazzonia, pensa il meteorologo texano, per scatenare un temporale a Dallas?

E poiché nessuno può prevedere se e quando una farfalla batte le ali in Amazzonia, né soprattutto computare tutti i battiti d'ali delle farfalle, amazzoniche e non, nessuno, ne conclude Lorenz, può prevedere se di qui a qualche settimana ci sarà o meno un temporale su Dallas.

L'importanza della scoperta e della metafora di Lorenz non sta tanto nel fornire una valida (e comoda) giustificazione teorica ai servizi meteorologici, che ancora oggi si dicono incapaci di prevedere che tempo farà tra due o tre settimane a Roma o in California. All'inopinata scoperta dell'*effetto farfalla* si attribuisce un ruolo nella storia e nella sociologia della scienza ben piú pregnante. Si dice che con essa abbia avuto virtualmente inizio lo sviluppo, fragoroso, di una nuova disciplina scientifica: la scienza del caos, appunto. E che quel battito d'ali sul computer di Lorenz abbia segnato una delle piú grandi, se non la piú grande frattura epistemologica nella fisica di questo secolo. Perché avrebbe sconfitto definitivamente il determinismo e la causalità rigorosa della →meccanica classica, dimostrando sul campo che l'evoluzione dei sistemi dinamici non lineari e comunque dei sistemi divergenti, cioè di gran parte dei sistemi che operano nel mondo macroscopico, è imprevedibile.

In realtà entrambe queste affermazioni sono poco corrette. E impongono almeno cinque puntualizzazioni.

1. La scoperta del *caos* operata negli anni '60 è in realtà una riscoperta.
2. La riscoperta del *caos* non rappresenta una frattura epistemologica. Né ripropone in termini nuovi il problema del determinismo.
3. La riscoperta del *caos* difficilmente può risolvere l'aporia tra la reversibilità del tempo conosciuta dalla fisica e l'irreversibilità del tempo che noi sperimentiamo.
4. La riscoperta del *caos* non fornisce una spiegazione esaustiva della complessità evolutiva dell'universo e delle sue singole parti.
5. La riscoperta del *caos* non è, tuttavia, una semplice moda. Essa rappresenta, probabilmente, una frattura sociologica. Perché ha contribuito non poco a rinnovare gli interessi (scientifici e filosofici) di una parte della comunità scientifica, e della comunità fisico-matematica in particolare, allargandoli da un lato allo studio, trascurato in passato, dei sistemi piú complessi, e dall'altro a rimuovere (definitivamente?) un mito non della scienza, ma di una certa filosofia scientista (propria magari anche di qualche scienziato) dell'Ottocento: il mito della prevedibilità della natura, nell'accezione gnoseologica del termine.

Cercheremo ora di dimostrare i punti 1, 2, 3 e 5. Quanto al punto 4, rimandiamo alla voce →complessità.

La riscoperta del caos

Non è stato certo Edward Lorenz a scoprire la dinamica non lineare di alcuni sistemi e le sue drammatiche conseguenze. Molto prima, tra il serio e il faceto, Blaise Pascal aveva fatto notare che «se il naso di Cleopatra fosse stato diverso, a cambiare sarebbe stata l'intera faccia del mondo». D'altra parte il senso comune conosce da sempre l'estrema sensibilità alle condizioni iniziali e, quindi l'instabilità, di alcuni dei sistemi naturali che ci circondano. Ivi inclusi i sistemi creati dall'uomo. Tutti hanno la percezione di come, a volte, basti un dettaglio piccolo e insignificante per modificare la storia di intero popolo. Recita l'antica filastrocca:

Per colpa di un chiodo si è perduto lo zoccolo;
Per colpa dello zoccolo si è perduto il cavallo;
Per colpa del cavallo si è perduto il cavaliere;
Per colpa del cavaliere si è perduta la battaglia;
Per colpa della battaglia il re ha perduto il suo [regno.

Forse è meno noto il fatto che l'esistenza dei sistemi instabili era ben conosciuta anche alla *nuova scienza* e a padri della meccanica classica. Addirittura, come ricorda Jacques Laskar, un astrofisico che ha molto studiato i comportamenti caotici nel sistema solare, la fisica newtoniana nasce con questa consapevolezza. Isaac Newton sa che le sue equazioni gli consentono di calcolare con grande precisione l'orbita di ogni singolo pianeta intorno al Sole. E di prevedere perfettamente dove, guidato dall'attrazione gravitazionale della grande stella, ciascun pianeta sarà tra alcuni secoli o tra alcuni millenni. Purché siano note, ovviamente, la sua posizione e la sua velocità attuale. Isaac Newton, però, sa anche che nel sistema solare non operano solo le interazioni gravitazionali tra il Sole e i singoli pianeti. Ma anche le interazioni gravitazionali tra i pianeti stessi. Sono, queste ultime, interazioni molto piú piccole delle precedenti. Delle mere perturbazioni. Sufficienti, tuttavia, a compromettere non solo la predicibilità di lungo periodo della dinamica planetaria, ma persino la stessa stabilità del sistema solare. Tant'è che Dio, ne conclude Newton, deve personalmente intervenire, di tanto in tanto, per ripristinare l'ordine cosmico minato alla base dalle perturbazioni gravitazionali tra gli oggetti che lo costituiscono.

Newton evoca l'intervento di Dio perché non dispone degli strumenti di calcolo infinitesimale che gli consentano di tenere in conto gli effetti perturbativi della mutua attrazione gravitazionale tra i pianeti. E, quindi, cosciente della estrema sensibilità del sistema alle condizioni iniziali, per superare questo gap della fisica matematizzata, si rivolge al potere divino. Questa figura di un Dio che interviene storicamente nelle faccende del mondo ogni volta che l'uomo o la fisica non sanno evitarne il collasso, sarà chiamata *Dio dei gap*. Ci troviamo, quindi, di fronte al paradosso di una fisica, quella newtoniana, accusata di non avere una sensibilità (alle condizioni iniziali) che il suo fondatore ha dimostrato di possedere addirittura in eccesso.

Quella che viene oggi definita razionalità lineare sarà acquisita lentamente nel tempo, quando Eulero, Lagrange e, infine, Pierre-Simon de Laplace doteranno la fisica degli strumenti per il calcolo delle perturbazioni. In particolare Laplace dimostra che, a causa delle mutue perturbazioni gravitazionali, i pianeti non si muovono su orbite ellittiche fisse e geometricamente perfette, come pensava Keplero. Ma su orbite se non erratiche, certo un po' contorte e abbastanza mutevoli. Tuttavia queste orbite variabili possono essere predette con notevole precisione grazie a piccole approssimazioni che consentono di portare a termine il calcolo delle perturbazioni. Poiché le approssimazioni adottate sono di gran lunga inferiori alla precisione delle misure che potevano essere eseguite alla fine del Settecento, Pierre-Simon de Laplace ne inferisce che sono sostanzialmente insignificanti. La legge di Newton, conclude, è in grado di descrivere tutti i movimenti dei pianeti. La stabilità del sistema solare è assicurata e non c'è bisogno di alcun intervento esterno per ripristinarla. A Napoleone che gli chiede quale ruolo abbia Dio nel suo universo, Laplace risponde: «Dio? Non ho bisogno di questa ipotesi».

Il grande successo della tecnica matematica che ha messo a punto, porta il marchese Pierre-Simon de Laplace a maturare il suo noto pregiudizio metafisico a favore della visione determinista del mondo, sintetizzata in una delle pagine poeticamente piú belle della letteratura scientifica di tutti i tempi:

Un'intelligenza che, per un istante dato, potesse conoscere tutte le forze da cui la natura è animata, e la situazione rispettiva degli esseri che la compongono, e che inoltre fosse abbastanza grande da sottomettere questi dati all'analisi, abbraccerebbe nella stessa formula i movimenti dei piú grandi corpi dell'universo e quelli dell'atomo piú leggero: nulla le risulterebbe incerto, l'avvenire come il passato sarebbe presente ai suoi occhi.

Questo brano è diventato, giustamente, celebre come il «manifesto del determinismo scientifico». Anche se pochi ricordano le frasi appena successive:

Lo spirito umano offre, nella perfezione che ha saputo dare all'astronomia, una debole parvenza di questa intelligenza.

E ancora:

L'astronomia fisica, la branca della scienza che rende il massimo onore alla mente umana, ci dà un'idea, ancorché imperfetta, di quale sarebbe questa intelligenza [...] La semplicità della legge che regola il moto dei corpi celesti e le relazioni tra le loro masse e distanze ci consentono di seguire i loro moti con l'analisi fino a un certo punto; e per poter determinare lo stato del sistema di questi grandi corpi nei secoli passati o in quelli futuri è sufficiente al matematico conoscere tramite l'osservazione la loro posizione e la loro velocità in un istante qualunque. L'uomo deve questo vantaggio alla potenza degli strumenti impiegati e al piccolo numero di relazioni che entrano nei suoi calcoli. Ma l'ignoranza delle diverse cause che concorrono alla formazione degli eventi come pure la loro complessità, insieme con l'imperfezione dell'analisi, ci impediscono di conseguire la stessa certezza rispetto alla grande maggioranza dei fenomeni. Vi sono quindi cose che per noi sono incerte, cose piú o meno probabili, e noi cerchiamo di rimediare all'impossibilità di conoscerle determinando i loro diversi gradi di verosimiglianza. Accade cosí che alla debolezza della mente umana si debba una delle piú fini e ingegnose fra le teorie matematiche, la scienza del caso o della probabilità.

Il *manifesto del determinismo scientifico* contiene, dunque, l'onesto riconoscimento dell'impossibilità gnoseologica che ha la scienza dell'uomo di prevedere, completamente, tutti gli eventi futuri. Sia a causa della loro intrinseca complessità che dell'imperfezione degli strumenti analitici. Il padre del determinismo scientifico è tra i primi, dunque, a invitare la debole mente umana a usare quella che oggi Ilya Prigogine chiamerebbe una *razionalità probabilistica,* piuttosto che una *razionalità deterministica,* per cercare di spiegare i fenomeni complessi o semplicemente caotici della vita quotidiana.

Se la *razionalità probabilistica* viene suggerita perfino da Laplace, già alla fine del Settecento, nell'analisi scientifica dei fenomeni complessi, non occorre andare oltre la fine dell'Ottocento o l'inizio del Novecento per un esplicito riconoscimento dell'esistenza di sistemi semplici divergenti a causa della loro estrema sensibilità alle condizioni iniziali.

Il matematico francese Henri Poincaré non solo dimostra la non integrabilità, ovvero l'impossibilità di ottenere una soluzione generale esatta, del cosiddetto «problema a tre corpi»; ma scopre che, anche in presenza di leggi naturali perfettamente note, vi sono sistemi la cui evoluzione è strutturalmente imprevedibile, perché piccoli errori nella conoscenza delle loro condizioni iniziali producono grandi errori nella conoscenza delle loro condizioni finali.

Poco dopo Jacques Hadamard si impegna nello studio delle geodetiche, le linee piú brevi tra due punti di una certa configurazione geometrica, di alcune particolari superfici a curvatura infinita (le superfici a curvatura negativa). Che è un po' come tentare di seguire le traiettorie di due palle su un biliardo incurvato a sella di cavallo. Hadamard si accorge che ogni differenza, anche minima, nelle condizioni iniziali di due geodetiche che restano a distanza finita può produrre una variazione di grandezza arbitraria nell'andamento finale della curva. In altri termini su un biliardo appena appena imperfetto, come lo sono tutti i biliardi del mondo, nessun giocatore potrà mai essere sicuro di vincere. Perché dando il medesimo colpo a due palle che si trovano (quasi) nella medesima posizione ottiene in breve (o, almeno, relativamente in breve) traiettorie completamente diverse e, quindi, assolutamente imprevedibili. Spostata in ambito cosmico, la partita, sostiene Hadamard, rende di nuovo imprevedibile, e quindi instabile, l'evoluzione di lungo periodo dello stesso sistema solare.

Secondo il filosofo Karl Popper sarebbe stato questo colpo ad effetto sul biliardo di Hadamard a segnare il crollo definitivo, che lui evidentemente dà per avvenuto, del determinismo scientifico. Un'opinione condivisa, peraltro, da numerosi autori, da Ilya Prigogine e Isabelle Stangers, fino a Ivar Ekeland. In realtà, ancorché ben affondato e suffragato da una rigorosa analisi matematica, il colpo di Hadamard resta all'interno di quella *imprevedibilità gnoseologica* di alcuni sistemi fisici che è stato lo stesso Laplace a indicare, e non in presenza di un *indeterminismo ontologico* che, secondo molti, solo la meccanica quantistica porterà alla luce.

Resta il fatto, dunque, che la scienza alla fine dell'Ottocento ha già scoperto il comportamento caotico di sistemi dinamici estremamente sensibili alle condizioni iniziali. E che su questi temi in Unione Sovietica lavoreranno a lungo Andrej Kolgomorov e la sua scuola, prima che in Occidente i lavori di Mitchell Feigenbaum e David Ruelle affrontino i problemi non lineari delle turbolenze nei fluidi, che Benoît Mandelbrot introduca il concetto di frattale, che Edward Lorenz si imbatta nell'*effetto farfalla* e che i computer rendano piú agevole lo studio matematico e favoriscano la esplosiva (ri)scoperta dei sistemi dinamici estremamente sensibili alle condizioni iniziali.

Caos e determinismo

Le teorie del caos hanno molti meriti. Che non mancheremo di ricordare. Tra questi meriti, tuttavia, non sembra ci sia quello di aver fornito un contributo rilevante all'evoluzione del dibattito sui fondamenti della fisica. In particolare, né la scoperta né la riscoperta del caos rappresentano un'evoluzione del problema noto come *determinismo*. Sebbene autorevoli filosofi, come Popper, e autorevoli scienziati, come Prigogine, sostengano il contrario.

In realtà la confusione nasce dall'uso ambiguo che si fa della parola e del concetto di *determinismo*. Troppo spesso e troppo superficialmente intercambiati con la parola e col concetto di *prevedibilità*.

Il *determinismo scientifico*, nella sua accezione laplaciana, ha un significato ontologico. Esso attiene al comportamento della natura, non alla conoscenza che l'uomo ha della natura. In particolare, il determinismo scientifico *à la Laplace* sostiene che esiste una correlazione univoca (ma non necessariamente lineare) tra causa ed effetto. Per cui, dato lo stato di un sistema ad un certo tempo, esiste una formula (una mappa, un'equazione differenziale) che consente in linea di principio, beninteso a un'intelligenza che conosca tutte le forze che agiscono sul sistema e la posizione di ogni suo elemento, di stabilire in modo univoco quale sarà lo stato del sistema in un tempo futuro lungo a piacere o quale era lo stato del sistema in un tempo passato lontano a piacere.

Il determinismo scientifico è stato piú volte messo in discussione. E con successo.

Basta ricordare che già nel 1806 Siméon Denis Poisson si imbatte in soluzioni *singolari*, cioè in soluzioni delle equazioni differenziali utilizzate anche in meccanica classica, che si biforcano a partire da un medesimo stato iniziale. Le soluzioni *singolari* falsificano il teorema di esistenza e unicità delle soluzioni di un'equazione differenziale ordinaria. E Poisson, che è un fisico-matematico di gran classe, comprende che minano la base matematica della concezione deterministica della meccanica. Perché, pur definendo con precisione assoluta certe condizioni iniziali (posizione e velocità di una particella), un dato sistema di equazioni differenziali ordinarie (le equazioni di Newton) potrebbe ammettere, in casi particolari, due diverse soluzioni (determinazione non univoca del passato e del futuro a partire dal presente). Poisson, che aderisce al pregiudizio metafisico del determinismo scientifico, rifiuta di credere nelle conseguenze fisiche della sua scoperta matematica. Sostenendo che lo studio attento dell'evoluzione di un sistema reale può evitare la biforcazione, escludendo l'una o l'altra delle soluzioni alternative. La fisica resta deterministica, sostiene Poisson, sebbene la matematica offra soluzioni non deterministiche. Poisson non è il solo, nel suo tempo, a rifiutare il pregiudizio metafisico indeterminista e ad aderire al pregiudizio metafisico determinista. Per cui il problema posto dalle sue soluzioni viene, di fatto, dimenticato.

Per un'analisi storica del dibattito sul determinismo, rimandiamo alla relativa voce. Ma vale la pena, qui, ricordare che sarà, nei primi decenni del Novecento, una nuova meccanica, la →meccanica quantistica, ad affrontare (e forse a risolvere) in modo radicale il tema. In particolare il giovane Werner Heisenberg, col suo *principio di indeterminazione*, dimostrerà nel 1927 l'impossibilità di principio di seguire la «traiettoria dell'elettrone», non per la divergenza di una formula matematica, ma per l'impossibilità, di principio, di conoscerne con precisione assoluta lo stato iniziale. Come scrive Heisenberg: «Nella formulazione netta della legge di causalità: "Se conosciamo il presente, possiamo calcolare il futuro", è falsa non la conclusione, ma la premessa. Noi non possiamo in linea di principio conoscere il presente in ogni elemento determinante». Heisenberg nega che l'indeterminazione dello stato dell'elettrone sia gnoseologica: è infruttuoso e insensato pensare a un mondo *reale,* inaccessibile all'uomo, ma perfettamente determinato, in cui è valida la legge di causalità. L'indeterminazione del mondo che emerge dalla *nuova fisica* non è gnoseologica, ma ontologica. «Perciò [...] mediante la meccanica quantistica – conclude Heisenberg – viene stabilita definitivamente la non validità della legge di causalità.» Neppure l'intelligenza evocata da Laplace potrebbe conoscere, contemporaneamente, la posizione e la velocità di una particella quantistica. E, quindi, prevederne il futuro.

Naturalmente non tutti accettano la posizione di Heisenberg. E non tutti accettano la fine della causalità rigorosa neppure nel mondo a livello quantistico. Non senza combattere almeno, come annuncia Albert Einstein. Tuttavia la meccanica dei quanti rappresenta un punto di svolta, una vera frattura epistemologica. È infatti nel principio di indeterminazione e nella sovrapposizione di tutti gli stati possibili in cui si troverebbe una particella quantistica quando non è sottoposta a misura, che la visione deterministica del mondo trova il punto della sua massima crisi.

Al contrario, come scrive il fisico John Bricmont, «l'esistenza dei sistemi dinamici caotici non influenza *in nessun modo* questa discussione». Non c'è alcun punto di svolta, alcuna frattura filosofica operata dalla riscoperta del caos. La dinamica caotica non risolve, perché non affronta, il problema (aperto) del determinismo a livello macroscopico. E il motivo è presto detto: perché a livello dei sistemi dinamici macroscopici che si comportano in modo caotico in conseguenza della estrema sensibilità alle condizioni iniziali, l'impossibilità di conoscere con assoluta precisione il presente è gnoseologica, non ontologica. Nessuno discute che un sistema dinamico macroscopico che si comporta in modo caotico sia, a differenza di un sistema quantistico, sempre in uno stato perfettamente definito. Sono i nostri limiti che ci impediscono di verificarlo.

Quello che, dunque, i sistemi dinamici caotici mettono in discussione non è il determinismo, ma la *predicibilità* del mondo. Il caos sancisce la nostra incapacità di fare previsioni esatte sulla evoluzione dell'universo macroscopico e delle sue singole parti, che sia valida o no la causalità rigorosa (→causa). Constatata questa nostra incapacità, scegliamo di analizzare il mondo con una razionalità probabilistica. Proprio come suggeriva Laplace. Da questo punto di vista è irrilevante la constatazione fatta dal fisico e divulgatore Paul Davies, secondo cui per prevedere con esattezza l'evoluzione di un solo sistema caotico non basterebbe un computer grande quanto l'universo stesso. Il fatto che il futuro non sia praticamente prevedibile da nessuna intelligenza fisica non implica nulla sulla ontologia del sistema e sul *determinismo* o sull'*indeterminismo* delle leggi che lo governano.

Caos e irreversibilità

Anche in questo caso c'è un problema (metafisico) aperto che difficilmente può essere risolto dalla riscoperta delle leggi del caos. Il problema aperto è quello, enorme, della natura fisica e filosofica del →tempo. E, piú nello specifico, il problema della *freccia termodinamica del tempo* che sembra essere in contraddizione con le leggi, reversibili rispetto al tempo, della meccanica classica, relativistica e quantistica.

Alcuni negano l'esistenza di un problema, in quanto negano il →divenire stesso del mondo. L'universo non diviene, sostengono, semplicemente è. La freccia del tempo sarebbe un'illusione prodotta dai limiti intrinseci di alcuni osservatori *parlanti.*

Altri riconoscono l'esistenza del problema, ma lo ritengono sostanzialmente risolto con il *teorema H* e la soluzione statistica proposti nel secolo scorso da Ludwig Boltzmann.

Altri ancora, infine, non negano l'esistenza di una reale *freccia del tempo.* E non si dicono affatto soddisfatti dalla soluzione di Boltzmann. Ma vedono le *origini della irreversibilità* dell'evoluzione di alcuni sistemi dinamici nelle loro particolari condizioni iniziali, piuttosto che nella natura irreversibile di nuove leggi fisiche da scoprire. All'interno di questo gruppo, c'è chi, come Roger Penrose o come lo stesso Ilya Prigogine in alcune fasi della sua speculazione, cerca le origini della irreversibilità nelle particolari condizioni iniziali in cui è (sarebbe) nato il *nostro* universo.

L'irreversibilità di gran parte dei fenomeni fisici presenti nell'universo è, forse, qualcosa piú che un'illusione maturata dall'intelligenza limitata di alcuni osservatori di periferia. La *freccia termodinamica* coesiste, puntando nella medesima direzione, anche con una *freccia cosmologica* oltre che con una *freccia psicologica* del tempo, come nota Stephen Hawking. La loro esistenza sembra indicare che, forse, il problema, filosofico e fisico, del divenire del mondo è ancora aperto. O, per dirla poeticamente con Prigogine, che l'universo è modellato dal fluire del tempo. Certo, in mancanza di una prova decisiva, ogni ipotesi è lecita (fermo restando che sia presentata come ipotesi). Ma è molto difficile che la spiegazione di questo incessante divenire sia banalmente nascosta in qualche proprietà intrinseca attuale dei sistemi dinamici instabili, piuttosto che in una legge fondamentale della fisica e/o nelle condizioni iniziali da cui ha avuto origine la storia cosmica.

Ma al di là di queste che restano, pur sempre, delle opinioni, c'è il fatto che, finora, dalle leggi del caos non è emerso ancora nulla che possa essere considerato definitivo e fondamentale intorno all'origine della irreversibilità.

Il caos e il macchinismo

È possibile escludere, per tutte le ragioni su esposte, che il battito d'ali della farfalla di Lorenz e la (ri)scoperta del caos rappresentino una frattura epistemologica, l'evento primario che, nella seconda parte del XX secolo, consente di ristrutturare i fondamenti della fisica.

Tuttavia il battito d'ali della farfalla di Lorenz e la (ri)scoperta del caos rappresentano, probabilmente, una frattura sociologica. Un evento primario che consente alla comunità scientifica, nella seconda parte del XX secolo, di ampliare i propri interessi, estendendoli allo studio di sistemi e fenomeni trascurati ai tempi di Poisson o di Poincaré. Quando furono sí scoperte la fisica e la matematica non lineari, ma senza che questo si traducesse in studi fisico-matematici sistematici dei fenomeni irregolari e non lineari esistenti nel mondo (ovviamente altre discipline scientifiche, come per esempio la →biologia, erano al lavoro su questi temi, anche se non possedevano gli strumenti fisico-matematici per completarli).

La (ri)scoperta del caos è riuscita, forse perché i tempi sociologici sono infine maturati e certamente perché si è resa disponibile la potenza di calcolo dei computer, a dare agli studi dei fenomeni irregolari e dei comportamenti non lineari un impulso esplosivo. È un merito storico di importanza non trascurabile.

Di piú. La (ri)scoperta del caos e delle dinamiche non lineari ha operato un'ulteriore e, forse, piú importante frattura sociologica. Perché, riportando l'attenzione sui fenomeni non esattamente predicibili, sulla pratica impossibilità di tenere sotto controllo tutte le possibili evoluzioni di un sistema (fisico, biologico, sociale), ha consentito a molti uomini di scienza e, piú in generale, al grande pubblico (che di questi temi è stato largamente anche se non sempre lucidamente messo a parte), di superare la grande →metafora dell'universo orologio. Una metafora *lineare* del mondo, antica di almeno duemila anni, che in ambito scientifico ha contribuito a rafforzare il →paradigma meccanicista. E in un ambito culturale piú ampio ha contribuito, almeno negli ultimi due secoli, a creare un'immagine semplicistica (e quindi pericolosa) non tanto del progresso scientifico, quanto del progresso tecnologico.

Il merito forse piú grande delle scienze del caos e dell'insieme delle filosofie, non sempre illuminanti e non sempre illuminate, che le hanno interpretate, è un merito, dunque, indiretto. Che va oltre la scienza e la filosofia della scienza. Aver contribuito a ripensare in termini nuovi, e meno ingenuamente positivisti, i limiti e gli effetti imprevisti (e non desiderati) di quella crescita quantitativa resa possibile dallo sviluppo tecnologico e considerata, con un'inferenza di tipo lineare, il fine e, a un tempo, il mezzo piú potente dell'emancipazione dell'uomo.

Letture: James Gleick, *Caos. La nascita di una nuova scienza*, Milano, Rizzoli, 1989; Pietro Greco, *Evoluzioni. Dal Big Bang a Wall Street, la sintesi impossibile*, Napoli, Cuen, 1999; Nina Hall (a cura di), *Caos*, Padova, Muzzio, 1992; Giorgio Israel, *Il dibattito su caos, complessità, determinismo e caso: crisi della scienza o miseria della filosofia?*, in «La nuova civiltà delle macchine», anno XI, n. 3-4, luglio-dicembre 1993; Ilya Prigogine, *Le leggi del caos*, Roma-Bari, Laterza, 1993.

Caso

(dal latino *casus*)

Il caso è un concetto davvero ambiguo. Richiama sempre qualcosa di non perfettamente conosciuto. Ha mille facce. E presenta mille possibili declinazioni. Il caso, almeno nel →senso comune, è infatti il destino, ciò che accade al di fuori della nostra volontà e possibilità di intervento. Il caso è l'imprevisto, ciò che accade oltre la nostra capacità di prevedere. Il caso è l'alea, il rischio che corriamo quando giochiamo a poker o quando saliamo su un aereo. Il caso, ancora, è ciò che si contrappone alla →legge o a una →causa razionale, ed è pertanto la negazione della →necessità. Il caso è il →caos, il disordine, piú o meno apparente. Il caso, infine, è un fantasma della nostra →mente, che nella →realtà non esiste.

Cos'è, dunque, il caso?

Con l'ambiguità del caso nell'antica Grecia cominciò a misurarsi Epicuro. Che la considerò reale e ne individuò l'→origine nel *clinamen*. Ovvero in quella spontanea deviazione degli atomi (→atomo) dal loro percorso, che rende abbastanza imprevedibile il loro →moto e, quindi, abbastanza imprevedibile l'→evoluzione cosmica.

Con il problema del caso si misurò anche Aristotele. Che lo considerò come un problema legato alla negazione della →finalità: sono frutto del caso tutti quegli effetti di un'→azione che non sono né previsti né necessari per conseguire il fine per cui l'azione stessa si svolge.

Il caso è solo il «velo della necessità», sosteneva invece Democrito. Per i deterministi (→determinismo), infatti, il caso semplicemente non esiste. È il frutto della nostra ignoranza, che emerge quando non sappiamo ricostruire la catena delle cause razionali che sono dietro ogni evento della →natura.

La natura del caso ancora oggi non è risolta. Ma, che abbia o meno una sua esistenza intrinseca o sia solo il frutto dell'ignoranza dell'→uomo, il caso è ben presente, con tutte le sue sfaccettature, nelle scienze moderne e nei loro problemi concreti. Tanto che il caso si propone come un concetto di primaria importanza sia in →matematica, che in →fisica che in →biologia.

Il caso in matematica

In matematica il concetto di caso è legato a quello di prevedibilità e di probabilità. I matematici distinguono tra eventi certi, eventi impossibili ed eventi aleatori. Gli eventi certi sono quelli determinati da leggi fisiche inderogabili, tipo: a pressione ambiente l'acqua bolle a 100 gradi. Se io mi trovo a livello del mare e inizio a scaldare una pentola di acqua posso prevedere con →certezza assoluta che il liquido inizierà a bollire quando raggiungerà la temperatura di 100 °C. Ci sono poi gli eventi impossibili. Non è possibile, per esempio, che da un'urna contenente solo 50 palline bianche e 50 palline nere io possa estrarre una pallina di colore rosso. Anche in questo caso ho la certezza assoluta che quando estraggo una pallina dall'urna essa non sarà rossa.

Molti eventi, però, non sono né certi, né impossibili. Possono accadere e possono non accadere. Per esempio se io mi bendo gli occhi ed estraggo una sola pallina dalla mia urna, può capitare che essa sia bianca o che sia nera. Ma, prima dell'estrazione, io non ho affatto la certezza che la pallina che capiterà tra le mie mani sarà bianca. Il risultato dell'estrazione è un evento aleatorio. Un evento casuale.

La domanda è: posso fare dei calcoli per cercare di prevedere la possibilità che la pallina estratta sia di colore bianco? A questo tipo di domande cominciarono a rispondere già nel Seicento Blaise Pascal e Pierre de Fermat, che iniziarono a elaborare i primi rudimenti di una →teoria della probabilità per risolvere, pare, questioni di gioco. I problemi posti erano piuttosto semplici, tipici del gioco d'azzardo cui Pascal indulgeva. E anche la teoria elaborata era piuttosto semplice, basata solo su aritmetica elementare e calcolo combinatorio. La teoria mi dice che la probabilità di estrarre una pallina bianca dall'urna è pari a 0,5 in una scala da 0 a 1, che ha per estremi l'impossibilità assoluta (0) e la certezza assoluta (1).

La probabilità cosí calcolata è, dunque, una misura della possibilità: una ragionevole attesa. Nulla vieta, infatti, che io ripeta cinque volte l'estrazione della pallina e per cinque volte io ottenga una pallina nera. L'evento è improbabile: la ragionevole attesa per questa successione di eventi è piuttosto bassa, pari a $0{,}5^5 = 0{,}03125$. Tuttavia non è impossibile.

Alla base di questi calcoli piuttosto semplici c'è la convinzione che ci siano delle precise regolarità in un gran numero di eventi casuali. Se io ripeto per un numero molto grande di volte (diciamo 100.000 volte) l'estrazione della pallina dall'urna, nella metà dei casi (circa 50.000 volte) estrarrò una pallina bianca e nell'altra metà dei casi una pallina nera. Mentre estrarrò un numero di volte molto vicino a 3.125 una successione consecutiva di cinque palline nere.

La dimensione reale di questi eventi si avvicina alla dimensione ideale al crescere del numero di estrazioni. Se io effettuo un miliardo di estrazioni, l'uscita della pallina bianca si avvicinerà moltissimo a quella ideale di 0,5. E la successione di cinque palline nere si avvicinerà moltissimo a quello 0,03125 suggeritomi dal calcolo delle probabilità.

Con questi tipi di calcolo, resi piú raffinati dai lavori di altri matematici, come Jacques Bernoulli, una parte limitata, ma non trascurabile, di ciò che intendiamo per caso esce dall'alea assoluta e può essere gestita finalmente in maniera razionale. Il caso comincia a essere razionalizzato.

Nel Seicento, naturalmente, la gestione matematica del caso aveva poche applicazioni, fuori dal gioco d'azzardo. Ma, nei secoli successivi, la teoria della probabilità e, poi, il calcolo degli errori (→errore) elaborato per rispondere alla necessità di molti scienziati di dare una misura quantitativa all'attendibilità delle loro osservazioni (→osservazione), hanno trovato numerose applicazioni in fisica. Anzi, la fisica ha iniziato a richiedere una gestione matematica degli eventi casuali sempre piú sofisticata. E questo ha portato a una vera e propria matematizzazione del caso, realizzata attraverso gli studi analitici effettuati prima da Gauss, Poisson, de Moivre e Laplace e, poi, da Markov, Ljapunov e altri. Di grande importanza sono state le riflessioni, anche filosofiche, del matematico francese Henri Poincaré. Ma è stato solo nel XX secolo che la teoria della probabilità è stata rigorosamente fondata, grazie soprattutto ai lavori del matematico russo Andrej Kolmogorov.

Nel secolo scorso, dunque, la matematizzazione del caso, o almeno di una parte di ciò che con senso comune chiamiamo caso, ha dato luogo a una teoria assiomatica molto rigorosa e ben fondata.

Eppure questa teoria non dice nulla sullo statuto ontologico del caso. Il caso esiste o è un fantasma della mente umana?

Il caso nella fisica classica

Il problema ontologico del caso in fisica fu posto e affrontato in modo brillante da Pierre-Simon de Laplace. Il francese, come è noto, è l'estensore del cosiddetto manifesto del determinismo scientifico. In cui sostiene che il caso non esiste, perché un'intelligenza che potesse conoscere, in un dato istante, tutte le forze della natura e la situazione rispettiva degli esseri che la compongono e fosse abbastanza grande da sottoporre questi dati all'analisi matematica, sarebbe in grado di prevedere l'evoluzione dell'intero →universo e di ogni sua parte. In altri termini questa intelligenza potrebbe ridurre tutti gli eventi passati, presenti e futuri a due soli tipi: gli eventi certi e gli eventi impossibili. Per questa intelligenza il caso, semplicemente, non esisterebbe.

Purtroppo lo spirito dell'uomo non offre che una debole parvenza di quell'intelligenza. Egli conosce solo alcune forze della natura, la situazione di pochissimi esseri che la compongono e anche gli strumenti analitici di cui dispone non sono perfetti. Insomma l'uomo ignora. E l'ignoranza delle diverse cause che concorrono alla formazione degli eventi, come pure la loro →complessità, insieme con l'imperfezione dell'analisi, impediscono all'uomo di conseguire la medesima certezza che avrebbe quell'intelligenza rispetto alla grande maggioranza dei fenomeni naturali. «Vi sono quindi cose che per noi sono incerte, cose piú o meno probabili, e noi cerchiamo di rimediare all'impossibilità di conoscerle determinando i loro diversi gradi di verosimiglianza. Accade cosí che alla debolezza della mente umana si debba una delle piú fini e ingegnose tra le teorie matematiche, la scienza del caso o della probabilità», scrive Laplace.

Il caso, dunque, emerge come prodotto della nostra ignoranza. Come un fantasma della, limitata, mente dell'uomo. E la gestione matematica del caso, la →scienza del caso, emerge come strumento indispensabile e geniale e raffinato di gestione di questa ignoranza autocosciente. Il manifesto determinista di Laplace potrebbe essere anche considerato il manifesto fondativo della →meccanica statistica.

Il dibattito sullo statuto ontologico del caso si ravviva nell'Ottocento in seguito agli sviluppi della →termodinamica e ai tentativi di fondarla sui concetti di →energia e di →entropia. Ma il concetto di energia e, soprattutto, il concetto di entropia si trascinano dietro una casualità intrinseca. Se l'entropia, su cui si fonderebbe la termodinamica, è un ente assoluto e irriducibile, allora anche il caso è un ente assoluto e irriducibile del mondo fisico.

Allora il caso esiste.

Questa possibilità viene esclusa in modo brillante e in termini limpidamente laplaciani da Ludwig Boltzmann. L'entropia non è che un strumento raffinato e geniale di gestione del caso che emerge da un sistema termodinamico a causa della nostra ignoranza. Se dobbiamo descrivere un gas che viene riscaldato in un recipiente, poiché non possiamo conoscere l'esatta posizione e la velocità con cui si muovono le sue singole, microscopiche particelle, né sapremmo come gestire matematicamente una simile mole di dati, ricorriamo al concetto macroscopico e probabilistico di entropia. Ma la famosa intelligenza laplaciana non avrebbe difficoltà alcuna a calcolare il moto delle particelle e a descrivere l'evoluzione certa e univoca del sistema.

Il caso non esiste.

Il caso nella fisica quantistica

Uno dei rovelli di Albert Einstein era la possibilità che l'elettrone in un atomo potesse passare da un livello energetico all'altro senza una causa, a caso. «Dio non gioca a dadi col mondo», scriveva al suo amico Born. L'avvento della fisica quantistica, all'inizio del XX secolo, segna il ritorno del dibattito sullo statuto ontologico del caso. Un dibattito che diventa rovente alla fine degli anni '20, quando Werner Heisenberg elabora il formalismo della →meccanica quantistica e il «principio di indeterminazione».

Il formalismo quantistico fornisce, con estrema precisione, una misura della probabilità che si verifichi un certo evento. Il principio di indeterminazione impedisce, in linea di principio, di conoscere con precisione assoluta la posizione e la velocità di una particella. Impedisce, quindi, di seguirne l'evoluzione in modo certo.

Da quel momento, gran parte della controversia sui fondamenti della nuova fisica dei quanti (→quanto) diventa una controversia sullo statuto ontologico del caso nel mondo microscopico. Nell'interpretazione di Copenaghen, il caso esiste e tutto quello che sia noi sia un'intelligenza laplaciana possiamo fare è calcolare probabilità. Nell'interpretazione dei «realisti», come Einstein e David Bohm, il caso non esiste. E il formalismo quantistico non è, ancora una volta, che uno strumento geniale e sofisticato elaborato dalla nostra mente per gestire al meglio la propria ignoranza.

Il dibattito non si è ancora concluso. Non in modo definitivo, almeno. E cosí oggi ancora non sappiamo se il caso esiste davvero nel mondo fisico o è solo un fantasma della nostra mente.

Il caso in biologia

«Il caso, si potrebbe dire, ha prodotto un gran numero di individui; una piccola parte di questi erano organizzati in modo tale che gli organi degli animali potevano soddisfare i loro bisogni. Un numero ancora maggiore non mostrava né adattamento né ordine; questi ultimi sono tutti morti. Pertanto, le specie che vediamo attualmente sono solo una piccola parte di quelle che un cieco destino ha prodotto», scriveva Maupertuis nel suo *Essai de cosmologie* già nel 1750.

Fin dai primi tentativi di trovare una spiegazione scientifica all'origine delle →specie, i biologi hanno evocato il caso.

Come spiegare, altrimenti, la straordinaria varietà degli organismi viventi, che sembra essere troppo grande per essere contenuta in un qualche piano rigidamente ordinato?

La teoria dell'evoluzione delle specie per selezione naturale del piú adatto elaborata da Charles Darwin (→evoluzione biologica), su cui si fonda la moderna biologia, non elimina il caso evocato da Maupertuis, ma si limita a introdurre un elemento di necessità. Nella visione di Darwin effettivamente il caso produce un gran numero di individui, ciascuno diverso dall'altro. Ma poi interviene la necessità della selezione del piú adatto che conferisce, in termini peraltro probabilistici, un vantaggio riproduttivo.

Né Maupertuis né Darwin avevano idea di dove potesse aver origine il caso. Oggi la biologia molecolare ci dice che esso interviene a livello del Dna, provocando mutazioni che conferiscono all'individuo il piú delle volte svantaggi e talvolta qualche vantaggio nella lotta per la sopravvivenza. È questo gioco del caso, contemperato dalla necessità, che rende l'evoluzione biologica cieca e, con molte probabilità, irripetibile. In ogni caso la rende imprevedibile, anche se perfettamente spiegabile a posteriori.

È, ancora, questa presenza incombente e straordinariamente creatrice che il caso (e, direbbe Stephen Jay Gould, la contingenza) gioca nel mondo biologico che ha portato Jacques Monod a ritenere che la vita sia una sorta di miracolo statistico e che, probabilmente, siamo soli «nell'immensità indifferente del cosmo».

Letture: Ivar Ekeland, *A caso*, Torino, Bollati Boringhieri, 1992; Boris V. Gnedenko, *Teoria della probabilità*, Roma, Editori Riuniti, 1979; Jacques Monod, *Il caso e la necessità*, Milano, Mondadori, 1974; Émile Noël (a cura di), *Aggiornamenti sull'idea di caso*, Torino, Bollati Boringhieri, 1992; Henri Poincaré, *Geometrie e caso*, Torino, Bollati Boringhieri, 1995.

Causa

(dal latino *causa*)

Oggi noi diamo alla parola causa un significato piuttosto semplice e limitato. Per causa intendiamo un fatto o un processo che produce un certo effetto. Il Sole è la causa della luce che illumina il giorno sulla Terra. Tuttavia, diceva Aristotele, il concetto di causa è tutt'altro che semplice. Anzi, è un concetto molto articolato. Prendete la Venere di Milo: qual è la causa di quella celeberrima scultura? Be', sosteneva lo Stagirita, ci sono almeno quattro diverse cause che hanno concorso a produrre la Venere di Milo.

Una è la causa materiale. La →materia marmo è causa di quella statua marmorea. Senza il marmo avremmo avuto un altro effetto.

Un'altra causa è quella formale. L'effetto «Venere di Milo» dipende certamente da quella particolare →forma assunta dalla materia marmo.

C'è, ancora, una causa efficiente. La causa efficiente della Venere di Milo è lo scultore che ha lavorato il marmo e ha realizzato quella magnifica opera.

Ultima, ma non certo ultima, causa della Venere di Milo è l'intenzione che aveva il magistrale artista. Lo scopo per il quale ha realizzato la statua. Senza questa causa finale, lo scultore (causa efficiente) non avrebbe lavorato per dare una forma (causa formale) al marmo (causa materiale).

Aristotele aveva indubbiamente ragione. Ogni opera umana è il frutto di queste quattro cause. Il pane cotto al forno, un'automobile, un libro sono tutti frutto di queste quattro cause. E nessuno di essi avrebbe mai visto la luce senza una precisa intenzione dell'→uomo, senza una causa finale. Il teleologismo (→teleologia), la creazione di una causa finale, è una delle caratteristiche della cultura umana.

Il fatto è che Aristotele riteneva che il finalismo operasse anche in →natura, al di fuori di ogni processo intenzionale. La ghianda matura, mette radici e genera una pianta non solo perché è fatta di materia biologica, non solo perché assume le giuste forme in risposta agli stimoli ambientali, ma anche perché ha un preciso progetto da realizzare: la causa finale della piccola ghianda è una grande quercia.

La →scienza moderna ha sostanzialmente ridotto le cause aristoteliche. Le cause che agiscono in natura (almeno lí dove non intervengono processi culturali) sono essenzialmente due: la causa materiale e la causa efficiente. Le stelle, per esempio, sono l'effetto di una causa materiale (gli atomi di idrogeno) e di alcune cause efficienti, l'interazione gravitazionale che confina l'idrogeno in uno →spazio limitato, l'agitazione termica che impedisce alle molecole di collassare indefinitamente in un punto e le interazioni nucleari che fanno fondere i nuclei di idrogeno, liberando →energia. La forma, sferica, della stella non è il frutto di una causa specifica, ma è solo la piú stabile che il gas assume quando è sottoposto all'azione gravitazionale e all'agitazione termica. Né esiste uno scopo per il quale l'idrogeno si organizza in una stella. Non esistono processi teleologici in →fisica.

Anche la quercia è il prodotto solo di cause materiali (anche se di una materia speciale, la materia biologica, che contiene in sé un progetto) e di cause efficienti (le reazioni biochimiche che si producono in opportune condizioni ambientali). Non c'è, nella generazione della grande quercia, alcuna causa formale che le imponga di assumere la sua inconfondibile morfologia. E anche se, come dicono alcuni (→evoluzione biologica), esistono forme piú stabili di altre che funzionano come grandi attrattori (→caos), queste sono spiegabili sulla base delle cause efficienti, piuttosto che delle cause formali. Ma non c'è, nel processo di sviluppo dalla minuscola ghianda alla grande quercia, alcuna causa finale. Non c'è alcuno scopo nei processi biologici. E non c'è alcuno scopo neppure nell'evoluzione biologica.

Il processo di riduzione delle tipologie aristoteliche operato dalla scienza moderna (già a partire da Bacone) non ha sottratto il ruolo centrale che il concetto di causa ha giocato e gioca tuttora nel dibattito filosofico intorno alla →conoscenza scientifica della natura.

Il rapporto tra causa ed effetto è infatti il tema centrale del →determinismo. Sia in fisica che in biologia (→determinismo genetico). E questo rapporto, sia in fisica che in biologia, è diventato sempre piú complesso. In tutta una lunga fase storica, nella quale prevaleva un approccio riduzionista (→riduzionismo) allo studio dei fenomeni, i fisici hanno cercato di studiare essenzialmente i rapporti piú semplici tra causa ed effetto. Poi lo studio dei sistemi fisici caotici e non lineari ha permesso di evidenziare quanto complicato possa essere il rapporto tra causa ed effetto (con singoli effetti fisici generati da piú cause e singole cause che possono produrre diversi effetti). Mentre lo studio dei sistemi quantistici (→meccanica quantistica) ha messo in evidenza la natura strutturalmente probabilistica di una serie di rapporti tra causa ed effetto. Possiamo dire che oggi per i fisici le tipologie di causa sono due. Ma innumerevoli sono i rapporti tra queste cause e gli effetti prodotti.

Anche nelle altre discipline scientifiche il rapporto tra causa ed effetto è diventato, progressivamente, piú articolato. Diverse cause (e nessuno scopo) concorrono a produrre l'evoluzione biologica. Diverse cause concorrono a definire la fisiologia e la patologia degli organismi viventi (pochissime malattie, per esempio, sono considerate generate da una singola causa). Diverse cause, infine, concorrono a produrre i comportamenti umani.

In definitiva potremmo dire che gran parte dello sviluppo contemporaneo della biologia, della →medicina, della →psicologia e della sociologia consiste nella scoperta di costellazioni sempre piú estese di cause che producono effetti, in genere, unici e irripetibili. Che producono, cioè, storie (→storia). Perfettamente spiegabili (almeno in linea di principio) a posteriori. Quasi sempre imprevedibili a priori.

Letture: Francesco Adorno, *La filosofia antica*, Milano, Feltrinelli, 1987; Pietro Greco, *Evoluzioni. Dal Big Bang a Wall Street, la sintesi impossibile*, Napoli, Cuen, 1999; David Oldroyd, *Storia della filosofia della scienza*, Milano, Il Saggiatore, 1989.

Certezza

(dal latino *certus*)

Da quando, 2.600 anni fa, Talete nella Ionia e Pitagora nella Magna Grecia hanno portato a termine quella che è stata definita la piú grande scoperta dell'uomo, la potenza della →ragione, noi occidentali abbiamo smesso di considerare i fenomeni della →natura atti arbitrari di un dio capriccioso e insondabile. E abbiamo iniziato a considerarli atti coerenti di un dio ordinato e comprensibile. Un dio matematico. Nel pensiero greco prima e nella teologia naturale di san Tommaso dopo, i fenomeni naturali escono dal regno dell'incerto e assumono le vesti di espressioni coerenti (e correlate) di un grande disegno razionale (che per quasi tutti è il disegno di Dio) regolato da leggi (→legge) certe, generali, immutabili e accessibili all'uomo. Leggi che governano il funzionamento dell'intero →universo. Anzi del cosmo: del tutto armoniosamente ordinato.

Ed è appunto con la rivoluzione di Talete e di Pitagora che inizia ad affermarsi un mito, grande e potente. Il mito della →certezza. Dell'eguaglianza, almeno potenziale, tra la →verità assoluta, inscritta nel grande libro della natura, e la verità conquistata dall'→uomo, mediante la potenza (matematica) della sua ragione. Il →paradigma della certezza, che nel corso di 2.500 anni è stato declinato in vario modo, si fonda essenzialmente su due pilastri: la corrispondenza tra verità e prova (la verità non può essere solo attinta dall'uomo, ma può essere rigorosamente provata attraverso la matematica); la possibilità di fare previsioni esatte sul futuro, perché la →conoscenza delle leggi che governano l'universo ci fornisce l'indicazione esatta di come l'universo evolverà nel futuro.

Il mito della certezza, come rileva lo storico della matematica Morris Kline (*Matematica: la perdita della certezza*, Milano, Mondadori, 1985), ha attraversato indenne 2.500 anni di storia del pensiero. Finché, nel Novecento, è stato infranto. La →scienza del XX secolo, infatti, ha destrutturato i due fondamenti su cui il paradigma poggiava. E dalle pagine del libro della natura sfogliate dalla →matematica e dalla →fisica è infine emersa una componente ineludibile di incertezza. Una indeterminazione che accompagna e convive con l'antica certezza. Non solo perché il →linguaggio in cui è scritto quel grande libro risulta oggi molto piú complesso e, talvolta, molto piú ambiguo di quanto si è pensato per due millenni e piú. Ma anche perché i logici hanno dimostrato che la ragione (matematica) dell'uomo, pur restando lo strumento di gran lunga piú potente per cercare di leggere il libro della natura, presenta dei limiti intrinseci. Non solo quantitativi, come è ovvio. Ma qualitativi. Ne deriva che non tutto ciò che è scritto nel libro della natura può essere letto dalla ragione (matematica) dell'uomo. Non tutto ciò che è vero può essere provato. Inoltre la fisica ha dimostrato che non sempre le sue leggi consentono di fare previsioni esatte sul futuro: ci sono dei limiti insormontabili di fatto (impossibilità gnoseologica) e ci sono dei limiti insormontabili anche in linea di principio (impossibilità ontologica).

La ricerca della certezza e la leggenda di Ippaso

La ricerca della certezza inizia, come dicevamo, nel VI secolo a.C. tra la Ionia e la Magna Grecia. La ragione governa il mondo, sostiene lo ionico Anassagora, discepolo di Talete. E la mente dell'uomo può scoprire l'insieme del grande disegno cosmico e tutte le singole verità che esso nasconde.

La matematica è l'essenza della natura, sostiene Pitagora. E le (perfette) leggi della natura altro non sono che numeri interi o rapporti tra numeri interi. Tutto è →numero, è il motto della scuola pitagorica. Cosí la matematica diventa il fondamento della certezza. Perché, commenterà Bertrand Russell, è l'origine della fede in una eterna ed esatta verità e in un mondo intelligibile al di là e spesso al di sopra dei sensi (→senso comune).

Spinti dal desiderio del sapere, Pitagora e la sua scuola a Crotone si pongono alla ricerca della certezza a tutto campo. Con immediato successo. Dalle corde di uno strumento musicale ai movimenti dei corpi celesti, tutto è armonia, ordine, equilibrio. Tutto è numero. Tutto è descrivibile da numeri interi o dal rapporto di numeri interi. La scuola di Pitagora, scrive Morris Kline, si ritrova alle soglie del paradiso: se le leggi meravigliosamente ordinate della natura, finora nascoste all'occhio dell'uomo, possono essere scoperte mediante l'analisi e la contemplazione dei numeri, allora è legittimo sperare che presto tutti i segreti dell'universo saranno rivelati.

La matematica non è solo potente. È anche autoconsistente. La certezza, quindi, è a portata di mano.

Senonché...

La leggenda attribuisce la responsabilità della catastrofe logica a Ippaso di Metaponto. E a quella mitica gita in barca che sarebbe risultata fatale a lui e alla scuola di Pitagora. Sul ponte, mentre la barca scivola sulle acque placide dello Ionio, Ippaso mostra al Maestro il suo cruccio. Con un coltello intaglia nel legno la forma di un quadrato e la sua diagonale. Se tutto può essere espresso come rapporto di numeri interi, sostiene, allora anche la diagonale di questo quadrato deve essere espressa mediante il rapporto di due numeri interi. La diagonale del quadrato altro non è che l'ipotenusa di un triangolo isoscele. Basta applicare, ironia della sorte, il teorema del Maestro Pitagora e... ci si trova di fronte a una grandezza incommensurabile.

La diagonale del quadrato è pari a un multiplo intero di $\sqrt{2}$. Ma provando a svolgere la radice quadrata di 2, ne vien fuori un numero i cui decimali si susseguono l'un l'altro senza fine e in modo del tutto casuale.

$$\sqrt{2} = 1{,}414213562\ldots$$

$\sqrt{2}$ non è né un numero intero, né un rapporto tra numeri interi. È un numero inesprimibile. E, quindi, irrazionale. Certo è possibile misurare il valore di $\sqrt{2}$ con un'accuratezza elevata a piacere. Calcolare la sua millesima o anche la sua miliardesima cifra decimale. Ma non si otterrà mai un valore esatto. La diagonale di un quadrato, conclude Ippaso, non è una grandezza misurabile.

Mentre pronuncia queste parole, Ippaso si rende conto che sta scardinando la →logica perfetta dell'universo di Pitagora. C'è qualcosa che non può essere espresso come un numero intero o come un rapporto di numeri interi. C'è qualcosa, nelle fondamenta dell'universo, persino nell'universo dei numeri, di profondamente irrazionale. Di sovversivo.

Non sembri, sovversivo, un aggettivo esagerato o fuor di luogo. La leggenda narra, infatti, come il primo pensiero dei pitagorici, piú che alle astratte fondamenta della matematica, corra verso le concrete basi del potere politico. La scoperta riduce in macerie la limpida e possente architettura scientifica e filosofica di Pitagora. E, di conseguenza, mina alla base l'autorità politica dei pitagorici. Temendo che la notizia potesse indurre la popolazione di Crotone a sollevarsi, Pitagora e i suoi discepoli si impongono il segreto assoluto. Quanto allo scandaloso Ippaso, be', la leggenda narra che viene ucciso. Scaraventato tra le onde dai suoi compagni.

La leggenda di Ippaso è il primo momento di crisi del paradigma della certezza. Il suo teorema di impossibilità pone con grande evidenza la questione della razionale, interna autoconsistenza del mondo dei numeri e diviene il problema centrale della matematica greca. Un problema che sarà superato (risolto in positivo per la matematica) solo ventitré secoli dopo, nel 1872, quando Richard Dedekind elaborerà la →teoria dei numeri irrazionali.

Galileo e la divina certezza

La scoperta dei numeri irrazionali è come una inquietudine che attraversa il pensiero naturale dei greci. Ma non impedisce che si continui a guardare alla natura come a un libro. Scritto in lingua matematica.

Leggere il libro della natura resta, però, un atto quasi esoterico. Privilegio prima di pochi, eccelsi filosofi. E poi, passati l'impero di Roma e i secoli considerati bui del Medio Evo, privilegio di pochi eletti cui il Dio dei cristiani ha concesso la grazia.

Durante questo lungo periodo il mito della certezza subisce alterne vicende. Coltivato apertamente dai greci, trascurato dai romani, si ritrova pressoché nascosto nei secoli successivi, quando a dominare incontrastata e tiranna è un'unica forma di conoscenza: la →teologia.

Allorché, nel secondo millennio dopo Cristo, il pensiero razionale può risvegliarsi dal lungo sonno, riprende il suo percorso proprio là dove lo avevano lasciato i greci.

Anche la lettura del libro della natura riprende lí dove era stata interrotta dai greci. Con un'unica differenza, però. Il divino disegno dell'universo dei greci è diventato il disegno del Dio dei cristiani. E non è differenza da poco. Perché accanto alla verità della fisica c'è ora, ingombrante, la Verità delle Scritture. La nuova scienza di Galileo, nel XVII secolo, rende il libro della natura un libro, come dire, democratico. Aperto a tutti. Leggibile da chiunque abbia la costanza di apprendere la lingua in cui è scritto. La lingua della matematica. E abbia l'umiltà e l'accortezza di applicare il nuovo metodo delle «sensate esperienze», acquisendo un modo del tutto nuovo di pensare.

Come la nuova scienza emerga in concomitanza con una profonda trasformazione della società e dell'economia europea è stato ampiamente dimostrato. È interessante notare che anche la ridefinizione del mito della certezza si impone assecondando le esigenze delle nuove classi che si vanno affermando nel vecchio continente.

Ma torniamo al nostro problema. Galileo Galilei concorre, forse piú di chiunque altro, a fondare la nuova scienza. E concorre anche a ridefinire i nuovi termini del mito greco della certezza.

Esiste una verità fisica assoluta, sostiene Galileo. Scritta da Dio sia nelle Sacre Scritture che nel Libro della Natura. Il linguaggio delle Sacre Scritture tuttavia è quello, difficile da interpretare, delle metafore (→metafora). Il linguaggio con cui è scritto il Libro della Natura è quello semplice e lineare della matematica. Il possesso della lingua matematica e l'applicazione del metodo sperimentale consentono dunque all'uomo (a tutti gli uomini) di leggere il Libro della Natura.

La certezza scientifica, cioè la conoscenza matematica che l'uomo riesce a conquistare, è assoluta. Del tutto simile a quella di Dio. «Galileo veniva affermando – scrive Eugenio Garin – che la mente umana [è] capace di quei veri di cui è capace la mente divina, incontrandosi con essa, sul piano delle scienze matematiche, che essendo d'altra parte servite di base a Dio nel costruire l'universo, vengono a formare il nodo che connette l'uomo, il mondo e Dio.»

A questo punto Galileo delinea lucidamente i termini di quello che definiamo il mito paradigmatico della certezza. Esistono due modi di considerare la conoscenza della verità fisica. Quello estensivo: il numero di intelligibili che la mente dell'uomo può accogliere è infinitamente minore rispetto al numero assoluto che la mente di Dio accoglie. Ma per quanto riguarda la conoscenza intensiva:

Dico che l'intelletto umano – scrive Galileo – ne intende alcuni [di intelligibili] cosí perfettamente, e ne ha cosí assoluta certezza, quanto se n'abbia l'istessa natura: e tali sono le scienze matematiche pure, cioè la geometria e l'aritmetica, delle quali l'intelletto divino ne sa bene infinite proposizioni di piú, perché le sa tutte, ma di quelle poche intese dall'intelletto umano credo che la cognizione agguagli la divina nella certezza obiettiva, perché arriva a comprendere la necessità, sopra la quale non par che possa essere sicurezza maggiore.

Con Galileo cambia dunque il rapporto tra l'uomo, la natura e Dio. Come commenterà Immanuel Kant, lo scienziato non è piú l'allievo che accetta tutto ciò che la natura sceglie di rivelare, ma diviene un giudice esigente che le ordina di rispondere esattamente alle domande che egli va formulando.

L'universo meccano

René Descartes è considerato il primo filosofo moderno. Certo è stato il primo filosofo-scienziato dell'età moderna a proporre una organica →cosmologia. Nella quale è parte centrale il paradigma della certezza.

Dio ha progettato l'universo, infinito e senza spazi vuoti, con le leggi della matematica. Leggi eterne e immutabili come Dio stesso. Quindi la storia dell'universo è certa, nel senso che è lo sviluppo obbligato e inevitabile di quelle leggi.

L'universo di René Descartes è un universo costituito solo di →materia e di →moto. Del tutto autosufficiente. Tanto che il filosofo francese sente l'esigenza di cercare una prova indipendente dell'esistenza di Dio. Ma non è l'argomento teologico cartesiano, quello che ci interessa in questa sede. È la sua filosofia naturale, che di fatto inaugura la lunga stagione che va sotto il nome di →meccanicismo.

Le leggi della natura, sostiene Descartes, si applicano a una materia che non ha altre proprietà che quelle geometriche. Tutti i fenomeni fisici sono il risultato di forze meccaniche che agiscono su molecole materiali. Di conseguenza tutto l'universo è una grande, armoniosa macchina progettata matematicamente.

Sarà Isaac Newton a racchiudere in poche, eleganti formule il codice matematico con cui la macchina cosmica è stata progettata. È lo scienziato inglese che porta a sintesi e quindi svela le leggi matematiche che governano il divino disegno matematico della natura.

Newton, in realtà, ha qualche dubbio sull'autoconsistenza della macchina cosmica. Egli scorge dei punti di crisi in quel meraviglioso orologio di cui ha scoperto il meccanismo. Delle instabilità che potrebbero portarlo al collasso. E cosí si convince che per conservare l'armonia del suo universo Dio sia costretto a intervenire in continuazione.

Se le leggi di Newton danno un formidabile contributo all'affermazione della cosmologia meccanicista di Descartes, i dubbi di Newton danno un contributo altrettanto formidabile a definire i due temi portanti del paradigma della certezza:

1. l'autosufficienza fisica dell'universo meccano;
2. l'autosufficienza delle leggi matematiche che governano l'universo meccano.

Il manifesto di Laplace

I due problemi aperti sui fondamenti della certezza scientifica diventano, nei fatti, altrettanti programmi ideali di ricerca. Schematizzando: il primo è affare dei fisici; il secondo dei matematici.

Escludere (la necessità di) Dio dall'universo. Questo è il progetto che si assumono i fisici. O meglio, questo è il progetto che trova un lucido estensore in Pierre-Simon de Laplace. Laplace, verso la fine del Settecento, crede di poter superare l'instabilità cosmica che tanti crucci aveva destato in Newton. E con essa si dice sicuro di poter superare anche il Dio delle lacune ipotizzato dal fisico inglese. L'universo meccano di Laplace e la rigida catena che lo regola sono del tutto autosufficienti. Come si può evincere dal noto paragrafo tratto dall'*Essai philosophique sur les probabilités* e che potremmo definire il manifesto del →determinismo scientifico:

> Un'intelligenza che, per un istante dato, potesse conoscere tutte le forze da cui la natura è animata, e la situazione rispettiva degli esseri che la compongono, e che inoltre fosse abbastanza grande da sottomettere questi dati all'analisi, abbraccerebbe nella stessa formula i movimenti dei piú grandi corpi dell'universo e quelli dell'atomo piú leggero: nulla le risulterebbe incerto, l'avvenire come il passato sarebbe presente ai suoi occhi.

In questo brano di rara efficacia letteraria vi è il trionfo del paradigma della certezza. Non solo esiste una verità assoluta che, come già affermava Galileo, può essere, almeno in linea di principio, conosciuta. Nell'universo di Laplace tutto è certo. In un duplice senso:

1. tutto è determinato;
2. tutto è prevedibile.

Il passato, il presente, il futuro: tutto è univocamente determinato da un'unica, ininterrotta catena di causa ed effetto. Tutto è chiuso in una formula. Le leggi della meccanica rendono l'universo autoconsistente. E, almeno in potenza, perfettamente prevedibile.

Il programma di Hilbert

La seconda parte di quel progetto non scritto, eppure necessario a fornire solide fondamenta al paradigma della certezza, viene delineato all'inizio del Novecento, addirittura in forma ufficiale, con una lucidità almeno pari alla fiducia nell'esito finale. Lo redige e lo propone al convegno mondiale dei matematici, il Congresso di Parigi del 1900, il tedesco David Hilbert, il piú grande matematico del tempo insieme al francese Henri Poincaré.

Nel Settecento e nell'Ottocento la matematica aveva conseguito successi davvero strepitosi. Tanto che, come sostiene lo storico Morris Kline, è giunta di nuovo «alle soglie del paradiso». Ormai pochi, tra i matematici in particolare e tra gli uomini di scienza piú in generale, dubitano che Platone avesse pienamente ragione: la matematica è una verità assoluta e indipendente che informa di sé il mondo fisico.

A fronte di una serie davvero grande di successi, manca solo qualche dettaglio. La prova provata che quello matematico sia un corpus del tutto coerente e autoconsistente. Non che qualcuno ne dubiti. Si tratta, per puro zelo scientifico, di darne piena e chiara dimostrazione.

Cosí, all'inizio del nuovo secolo, David Hilbert elabora il programma di lavoro per l'intera comunità dei matematici, con la dichiarata convinzione che tutti i problemi sarebbero stati risolti di lí a qualche anno. Possiamo sintetizzare il programma di Hilbert sui fondamenti della matematica in tre sole domande:

1. La matematica è completa? È in grado, cioè, di dimostrare o refutare un qualsiasi enunciato all'interno del suo medesimo sistema di regole?

2. La matematica è coerente? È in grado di evitare che attraverso una serie di dimostrazioni tutte interne al suo sistema di regole si giunga a un enunciato falso, del tipo $2 + 2 = 5$?
3. La matematica è decidibile? Esiste un metodo universale e ben definito per decidere a priori se un qualsiasi problema è solubile o meno?

Come ai tempi di Pitagora, i matematici si sentono di nuovo alle soglie del paradiso. Basta aprire queste tre piccole porte per entrarci definitivamente.

La fine della certezza

Il novello Ippaso si reincarna in un giovane logico viennese di nome Kurt Gödel. Che nel 1931 pubblica un articolo sulle *Proposizioni formalmente indecidibili*. Poche pagine per rispondere a due delle domande di Hilbert e per distruggere un'opera plurimillenaria.

Quattro anni dopo il giovanissmo matematico inglese Alan Turing si incarica di affondare definitivamente il programma di Hilbert rispondendo negativamente anche alla terza e ultima domanda.

La tabella a fondo pagina presenta in sintesi le tre clamorose risposte.

In appena quattro anni il paradiso dei matematici, anelato per millenni e ormai in vista, sfugge (definitivamente?) di mano. Uno dei due fondamenti del paradigma della certezza, l'autoconsistenza della matematica, è venuto inaspettatamente meno.

Molto si è scritto sul significato epistemologico dei risultati di Gödel e Turing. Quelle tre risposte non minano certo la razionalità della matematica, né tantomeno falsificano la potenza della ragione dell'uomo. Pongono, però, dei limiti ai sistemi logico-formali costruiti dall'uomo.

In altri termini, $2 + 2 = 4$ continua a essere perfettamente vero. Solo che la verità matematica non può essere racchiusa in uno schema logico formale. Talvolta la verità può essere intuita, non provata.

Con Gödel e Turing, infatti, si perde, forse per sempre, la speranza di costruire un sistema logico-formale, basato su assiomi e abbastanza esteso da permettere lo sviluppo dell'aritmetica elementare degli interi, perfetto. E, quindi, un sistema matematico autoconsistente in grado di fornire

DOMANDA	RISPOSTA	SPIEGAZIONE
La matematica è completa?	Gödel: NO	In ogni sistema logico-formale, quindi anche nella matematica, vi sono proposizioni indecidibili, che non possono essere né dimostrate né confutate mediante le regole interne al sistema stesso
La matematica è coerente?	Gödel: NO	La coerenza interna di un sistema logico-formale non può essere dimostrata applicando le regole interne del sistema stesso. In altre parole, non è possibile dimostrare che partendo dagli assiomi, e procedendo con le regole interne del sistema matematico, non si giunga a un enunciato falso del tipo: $2 + 2 = 5$
La matematica è decidibile?	Turing: NO	Non può esistere un metodo universale in grado di stabilire a priori se un qualsiasi problema matematico ammette o meno una soluzione

descrizioni e predizioni su tutti e su ciascun argomento che attenga alla logica matematica (e alla logica nel mondo fisico).

I due teoremi di incompletezza di Gödel non sono importanti solo per i logici che si interessano dei fondamenti della matematica. Ma sono una sorta di teoremi di impossibilità che, come quello di Ippaso, interessano anche la «matematica concreta». Come ricorda Keith Devlin, non fu senza stupore che, nel 1963, Paul Cohen studiando il problema del continuo di Cantor, un problema matematico concreto, dimostrò che è indecidibile.

Vi è dunque un'ampia zona grigia nell'ambito della logica e, dicono alcuni, nell'ambito della natura fisica (si veda, per esempio, *La mente nuova dell'imperatore* del fisico matematico Roger Penrose, pubblicato nel 1991 dalla Rizzoli) dove la verità può essere intuita, ma non sempre può essere dimostrata. Nella verità matematica c'è qualcosa di assoluto e di «divino», come sostengono i platonici. Mentre nella dimostrazione logica e formale di questa verità, conclude Penrose, c'è una qualità provvisoria «creata dall'uomo». Quindi imperfetta.

Ma, come ha dimostrato Cohen, vi sono problemi concreti che la matematica non può risolvere. Verità che la matematica non può rivelare. Neppure in linea di principio. Insomma, come sostiene Morris Kline, la certezza è andata perduta. La verità si è separata dalla prova.

La crisi del determinismo

Il programma di Hilbert si è consumato in una rapida e radicale sconfitta. Il progetto di Laplace, invece, segue strade piú lunghe e tortuose prima che anch'esso, infine, collassi.

Il materialismo meccanicista e, in particolare, il determinismo laplaciano subiscono un primo momento di crisi già nella seconda metà dell'Ottocento. Si tratta di una crisi acuta, che discende dalla formulazione delle leggi termodinamiche, in particolare del secondo principio (Clausius, 1865), e delle leggi dell'elettromagnetismo (Maxwell, 1873), oltre che dalle incoerenze interne allo stesso impianto generale della meccanica classica. Proprio sul finire del secolo, infatti, Henri Poincaré verifica la non integrabilità dei «sistemi a *n* corpi» (dove *n* è un numero maggiore di 2) e intuisce, insieme a un altro matematico francese, Jacques Hadamard, che l'evoluzione della gran parte dei sistemi naturali è imprevedibile, perché «piccole differenze nelle condizioni iniziali ne producono di grandissime nei fenomeni finali».

Scoprendo i fenomeni non lineari e i sistemi estremamente sensibili alle condizioni iniziali, Hadamard fa scricchiolare l'universo meccano. E la prevedibilità della sua →evoluzione. Il determinismo fisico finisce qui, almeno da un punto di vista gnoseologico: il fisico non può acquisire la certezza assoluta.

La termodinamica rompe la simmetria del tempo propria della meccanica classica e introduce un approccio probabilistico sconosciuto in fisica. L'affondo contro il meccanicismo è penetrante, ma non risolutivo. Cessa, quell'affondo, quando Ludwig Boltzmann propone una interpretazione perfettamente meccanicistica della termodinamica.

Occorre attendere il nuovo secolo, con la teoria della relatività e, soprattutto, della meccanica dei quanti perché l'intero impianto del materialismo meccanicista collassi definitivamente.

È l'indeterminazione intrinseca alla →meccanica quantistica, fatta emergere da Werner Heisenberg, che spezza la catena della rigida causalità e rimuove il fondamento stesso della cosmologia laplaciana. Non è possibile conoscere con precisione assoluta, annuncia Heisenberg nel marzo del 1927 pubblicando le sue famose relazioni di indeterminazione, la posizione e la velocità (la quantità di →moto) di una particella quantistica. E poi commenta: «Mediante la meccanica quantistica viene stabilita definitivamente la non validità della legge di causalità». Perché «nella formulazione netta della legge di causalità: "Se conosciamo esattamente il presente, possiamo calcolare il futuro", è falsa non la conclusione, ma la premessa. Noi non possiamo in linea di principio conoscere il presente in ogni elemento determinante».

Nella interpretazione della scuola di Copenaghen diretta da Niels Bohr, ritenuta l'interpretazione ortodossa, la meccanica dei quanti ferisce a morte persino il realismo. O, quanto meno, il microrealismo. Secondo questa interpretazione, infatti, non ha senso parlare (nel mondo microscopico dei quanti) di una →realtà assoluta e oggettiva. L'unica realtà di cui può parlare un fisico (quantistico) è quella che si manifesta con il collasso della funzione d'onda all'atto dell'osservazione.

L'osservatore (quantistico) in qualche modo «crea» la realtà.

L'interpretazione di Niels Bohr e della sua scuola di Copenaghen, malgrado il formalismo della meccanica quantistica detenga un'altissima capacità predittiva, lascia insoddisfatti i realisti. «Non posso credere che la luna non c'è quando io non la guardo», commenterà Albert Einstein. E, dagli anni '30 in poi, non sono stati davvero pochi i tentativi, da Louis de Broglie a David Bohm, oltre allo stesso Einstein, di trovare le variabili nascoste in grado di fornire una base non solo (micro)realista ma anche deterministica al mondo dei quanti.

Ma, al di là di questi tentativi, l'universo che emerge con la nuova fisica dei quanti è un universo intrinsecamente indeterminato, eppure fortemente prevedibile. L'evoluzione di un sistema quantistico, infatti, è perfettamente descritta (anche se in forma probabilistica) dalla famosa equazione d'onda di Schrödinger.

Un altro formidabile attacco all'impianto laplaciano viene portato, a partire dagli anni '60, dalla (ri)definizione della dinamica dei sistemi (macroscopici) non lineari. Cioè dalla (ri)scoperta del →caos cosiddetto deterministico. In altre parole dalla riscoperta e riformulazione delle originali intuizioni di Poincaré e, soprattutto, di Hadamard.

La gran parte dei sistemi dinamici naturali macroscopici (complessi come l'atmosfera della Terra o anche molto semplici come un banale pendolo) evolve secondo le leggi matematiche del caos. Si tratta infatti di sistemi estremamente sensibili alle condizioni iniziali che, di fatto, possono comportarsi in modo imprevedibile anche se rispondono a leggi perfettamente deterministiche.

L'importanza di questa (ri)scoperta delle leggi del caos è decisiva per il paradigma della certezza. Perché, come la meccanica dei quanti, anche se per ragioni strutturalmente diverse, mina alla base il secondo postulato della cosmologia laplaciana: la prevedibilità. I sistemi caotici risultano imprevedibili (o meglio, non esattamente prevedibili) perché, come per la verità aveva riconosciuto lo stesso Laplace, l'uomo non ne può conoscere con precisione infinita le condizioni iniziali.

Il Novecento sembra, dunque, aver ribaltato la cosmologia di Laplace (si veda la tabella alla pagina seguente).

Conclusioni

Il Novecento (e parte dell'Ottocento) ha destrutturato quel paradigma della certezza che per ventisei secoli ha ispirato il pensiero naturale occidentale. Entrambi i fondamenti di quel paradigma sono stati abbattuti dalla ricerca scientifica del XX secolo.

È stata riconosciuta la (parziale) separazione tra la verità (matematica) e la prova.

È stato riconosciuto che nel mondo fisico vi sono ampie zone di indeterminazione e di imprevedibilità.

L'UNIVERSO DI LAPLACE	IL «NOSTRO» UNIVERSO
L'evoluzione futura(e passata) dell'universo *è prevedibile*	Buona parte del futuro (e del passato) dell'universo macroscopico *non è prevedibile*
In ogni istante le condizioni dell'universo e di ciascuna sua parte sono univocamente *determinate*	In ciascun istante le particelle quantistiche (e forse l'intero universo) si trovano in condizioni *indeterminate*

Il Novecento ha abbattuto un vecchio paradigma. Ma non ne ha costruito uno nuovo.

Due domande, tra le altre, restano ancora aperte.

1. L'incertezza (nella sua doppia accezione di indeterminazione e di imprevedibilità) è intrinseca alla natura o è generata dalla nostra imperfetta razionalità matematica?
2. Riuscirà il prossimo secolo o (magari il prossimo millennio) a ricomporre la frattura micro/macro e a costruire un nuovo paradigma?

Solo una risposta precisa a queste due domande potrà portare alla eventuale affermazione di un nuovo paradigma.

Non è il caso, quindi, di farsi prendere dalla sindrome di Ippaso. A venir meno non è la razionalità della natura. E neppure la grandezza dell'impresa scientifica. Con la «perdita della certezza» non ci viene richiesto di disconoscere la potenza della ragione e di abbandonare l'indagine razionale (e matematica) della natura. Ci viene chiesto di riconoscere i nostri limiti umani e di perseguire una diversa razionalità.

La potenza della ragione e l'approccio scientifico restano gli strumenti migliori (anche se non gli unici) per conoscere l'universo di cui siamo parte. Ci impone però, quell'opera formidabile di destrutturazione operata dal Novecento, l'uso di una nuova razionalità (matematica), come direbbe Ilya Prigogine. Una razionalità probabilistica e non piú deterministica. Una razionalità, peraltro, saggiamente consigliata dallo stesso Laplace. E che ci propone un nuovo modo di guardare alla natura. E a noi stessi.

Letture: Francesco Barone, *Il mito della certezza*, in «Civiltà delle macchine», anno XVII, n. 3, 1999; Keith Devlin, *Dove va la matematica*, Torino, Bollati Boringhieri, 1994; Morris Kline, *Storia del pensiero matematico*, Torino, Einaudi, 1996; Bertrand Russell, *Storia della filosofia occidentale*, Milano, Longanesi, 1966; Stewart G. Shanker, *Il teorema di Gödel*, Padova, Muzzio, 1991.

Chimica

(dal latino medievale *chímia*)

La chimica è forse il piú antico tra i saperi dell'→uomo. Perché nasce, come pratica, decine di migliaia di anni fa, non appena la specie *sapiens* riesce a controllare il fuoco e le trasformazioni della →materia che produce. La chimica, tuttavia, è la piú giovane tra le grandi discipline scientifiche. Essa nasce, sostengono molti storici, solo nel XVII secolo dell'era cristiana. Quando il sapere chimico si affranca dall'esoterismo del sapere alchemico e si propone come →scienza fondata sulla →ragione.

In realtà alcuni sostengono che la chimica, almeno come «scienza empirica», è nata ad Alessandria d'Egitto in epoca ellenistica. E che l'→alchimia, nella sua declinazione europea, altro non sia che una figlia degenere (perché esoterica) della chimica razionale ellenistica, proprio come l'→astrologia è (sarebbe) la figlia degenere (esoterica) dell'→astronomia ellenistica.

Ma, quale che sia il rapporto di parentela tra la chimica empirica e l'alchimia, non c'è dubbio che la scienza chimica, teoricamente fondata, nasce in Europa non prima del Seicento. Alcuni storici fanno coincidere l'origine della scienza chimica con la pubblicazione, nel 1610, di un libro, *Tyrocinium chimicum*, a opera del farmacista francese Jean Beguin. Non che il libro di Beguin sia la prima testimonianza nota di ricerca razionale in chimica nell'età moderna. In fondo sulla strada della ricerca di principi generali, sia pure in modo confuso e ambiguo, Beguin era stato preceduto, quasi un secolo prima, dal medico Philippus Theophrastus Bombastus von Hohenheim, autonominatosi Paracelso. E sulla strada della descrizione razionale delle competenze chimiche era stato preceduto, sul finire del XV secolo, da Andreas Libau, o Libavius secondo l'autodenominazione latina. Inoltre il libro di Beguin contiene pochissima →teoria. È, piú che altro, una collezione di ricette chimiche, sia pure sofisticate. Il libro di Jean Beguin è, però, molto importante, e può essere considerato l'atto di nascita della scienza chimica, perché in esso il farmacista francese rivendica, per la prima volta in modo chiaro, l'esistenza di una regione definita e autonoma della chimica nello spazio delle scienze.

Vi sono tre modi diversi di guardare, con i nuovi occhiali della scienza, ai fatti naturali, sostiene il farmacista francese. Il modo dei fisici. Il modo dei medici. E quello, infine, dei chimici. «La chimica è un'arte – scrive Beguin – che insegna a dissolvere i misti naturali e a coagularli, per fare dei medicamenti piú gradevoli, piú salubri, piú sicuri. [...] Il suo oggetto è il corpo misto e composto, non in quanto mobile, perché sotto questo aspetto esso appartiene alla fisica, ma in quanto è solubile e coagulabile. [...] Il problema principale di ogni scienza è di conoscere i principi. [...] Prima di passare oltre desidero che i fisici e i medici intendano che i chimici non fanno nulla contro di loro quando stabiliscono altri principi».

Jean Beguin individua, dunque, uno spazio tra la scienza che studia i corpi e il loro moto, la →fisica, e la scienza che studia la materia vivente, la →medicina (oggi la chiameremmo →biologia). Questo spazio riguarda i corpi misti e composti, cioè tutta la grande varietà di materia con la quale abbiamo a che fare nella nostra vita quotidiana, ma non in quanto mobile, cioè in quanto materia che si muove, perché questo studio dinamico è di pertinenza dei fisici, bensí in quanto materia solubile e coagulabile, ovvero in quanto materia che si trasforma. Lo spazio tra la fisica e la medicina (biologia), sostiene ancora Beguin, ha principi suoi autonomi, che sono diversi sia da quelli della fisica sia da quelli della medicina (biologia). Anche se questi principi autonomi non hanno nulla contro, non sono in contrasto, con quelli della fisica e della medicina (biologia).

Nella proposta di Jean Beguin, che alcuni considerano fondante della nuova disciplina scientifica, abbiamo sia una definizione di chimica, come scienza che studia la composizione e la trasformazione della materia, sia una affermazione della sua autonomia concettuale, come scienza dotata di principi propri caratteristici.

La definizione che Jean Beguin propone della chimica sembra essere sostanzialmente accettata dai chimici ancora oggi. In un suo recente manuale destinato agli studenti universitari (*Chimica generale*, Bologna, Zanichelli, 1992), il chimico inglese Peter W. Atkins scrive: «La chimica è la scienza della materia e delle trasformazioni cui essa va incontro».

Una definizione condivisa da Giovan Battista Marini-Bettòlo, che nella introduzione alla *Storia della chimica*, curata da Antonio Di Meo e edita da Marsilio, scrive: «La chimica è quella parte della scienza che studia la materia, la sua composizione e i cambiamenti che possono avvenire in determinate condizioni per interazione tra i vari componenti, come pure i rapporti tra le varie forme di energia e i cambiamenti che avvengono nella materia».

Non molto diversa è la definizione proposta dal *Vocabolario della lingua italiana* dell'Istituto della Enciclopedia Italiana Treccani, secondo cui la chimica è la «scienza che studia le proprietà, la composizione, l'identificazione, la preparazione e il modo di reagire delle sostanze, sia naturali che artificiali, del regno inorganico e di quello organico».

E analoga, infine, è la definizione proposta dal *Webster's Third New International Dictionary* della *Encyclopædia Britannica*, secondo cui la chimica è «una scienza che ha a che fare con la composizione, le strutture e le proprietà delle sostanze, nonché con le trasformazioni cui esse vanno incontro».

Queste definizioni, che sarebbero state considerate valide al tempo di Beguin, quando l'unica materia conosciuta era quella con cui abbiamo quotidianamente a che fare, oggi risultano poco precise e alquanto incomplete. Infatti è difficile negare che anche la fisica nucleare, la fisica delle alte energie o la cosmologia si occupano della materia e delle trasformazioni cui essa va incontro. Per certi versi anche la biologia è una scienza che si occupa della materia e delle trasformazioni cui essa va incontro. È chiaro, dunque, che occorre delimitare il campo e definire la chimica come «la scienza che si occupa della materia e delle trasformazioni cui essa va incontro, a un certo livello di organizzazione: il livello atomico e molecolare». Lo studio della materia e delle sue trasformazioni a livello subatomico è invece di competenza dei fisici nucleari e/o delle alte energie. Lo studio della materia e delle sue trasformazioni a livello di organismi viventi è di competenza della biologia. Lo studio di tutta la materia presente nell'universo e delle sue trasformazioni è di competenza dei cosmologi.

Naturalmente il tentativo di definire, con una certa pignoleria, l'ambito di competenza della chimica e di collocare questa disciplina nello spazio delle scienze risulterebbe una mera esercitazione formale, se la scienza chimica non godesse di quel carattere di autonomia teoretica rivendicato da Jean Beguin e non avesse «principi propri» diversi, anche se certo non in contrasto, rispetto a quelli della fisica o della biologia.

Per almeno tre secoli, dall'inizio del Seicento all'inizio del Novecento, nessuno ha seriamente messo in discussione l'autonomia teoretica della chimica: fondata su una teoria, quella atomica e molecolare della materia, che era anche una peculiare visione del mondo. I chimici hanno scoperto per primi i concetti scientifici di →atomo e di →molecola. E intorno a questi concetti hanno organizzato, non senza conflitti e contraddizioni, le loro conoscenze sempre piú approfondite sulla materia conosciuta e le sue trasformazioni. Dopo la rivoluzione concettuale realizzata, nella seconda parte del Settecento, dal francese Antoine-Laurent Lavoisier, considerato il padre della chimica nella sua accezione moderna, questo sapere ha assunto il metodo sistematico quantitativo delle scienze cosiddette dure. Alla fine dell'Ottocento, il russo Dmitrij Ivanovič Mendeleev è riuscito non solo a spiegare le proprietà cicliche di circa 80 diversi elementi chimici, ma anche a prevedere l'esistenza e le caratteristiche di specie atomiche sconosciute.

In definitiva, possiamo dire che all'inizio del Novecento i chimici conoscono la natura atomica e molecolare della materia che manipolano. E conoscono le leggi fondamentali che regolano la struttura e le trasformazioni della materia a livello atomico e molecolare. Riescono a predire l'esistenza e persino il comportamento degli atomi e delle molecole. Ma non sanno ancora bene né cosa sia un atomo o una molecola, né quali siano le cause di quei comportamenti.

La svolta si realizza tra il 1911, anno in cui il fisico Ernest Rutherford propone il suo modello planetario di atomo; il 1916, anno in cui il chimico Gilbert Newton Lewis propone che il legame chimico consista in ogni caso di una coppia di elettroni condivisa da due diversi atomi; il 1925, anno in cui i fisici gettano le fondamenta fisico-matematiche della nuova →meccanica quantistica; e il 1939, anno in cui il chimico americano Linus Pauling pubblica *The Nature of Chemical Bond*, dove spiega, in termini quantistici, che cos'è il legame chimico, ovvero come e, soprattutto, perché gli atomi si combinano tra loro per formare molecole.

Dopo questa rivoluzione concettuale, sostiene Linus Pauling, possiamo dire che la chimica cambia natura. O meglio, rivela la sua vera natura. La struttura delle sostanze chimiche è una struttura quantistica. E tutte le trasformazioni delle sostanze chimiche sono trasformazioni di tipo quantistico. Cosí, in una sorta di riformulazione *á la Beguin* dei fondamenti della scienza chimica, Pauling scrive: «La chimica è un fenomeno quantistico, o piuttosto, una grande collezione di fenomeni quantistici». Per questo motivo la «chimica moderna è chimica quantistica». E i suoi programmi teorici sono informati dalla meccanica dei *quanta*. «La moderna teoria della chimica prende forma solo dopo il 1927 – sostiene ancora Pauling – e procede lungo due linee: risolvere l'equazione di Schrödinger per molecole sempre piú complesse; costruire teorie semiempiriche della struttura chimica, allo scopo di aiutare i chimici nella comprensione delle loro osservazioni.»

La rivoluzione quantistica ha dunque rivelato la natura intima della chimica. Ma ha attentato a quella autonomia disciplinare rivendicata nel 1610 da Jean Beguin? La chimica è stata ridotta a fisica quantistica ed è stata definitivamente dispersa nello spazio delle scienze?

Alcuni sostengono di sí. Per esempio il fisico Paul Dirac, uno degli autori della rivoluzione dei *quanta*, secondo cui la chimica altro non sarebbe, ormai, che meccanica quantistica applicata. E in effetti la meccanica quantistica spiega molto bene: come sono fatti gli atomi; come si distribuiscono gli elettroni intorno al nucleo; cosa sono la valenza e i legami chimici; descrive gli orbitali atomici e gli orbitali molecolari; prevede le energie e le distanze di legame tra gli atomi di una molecola; descrive (almeno in linea di principio) i meccanismi di reazione e, quindi, di trasformazione molecolare. Insomma, la meccanica quantistica spiega le cause dei processi chimici.

Altri sostengono di no. Per esempio il filosofo della scienza Karl Popper e il biologo Jacques Monod. I quali, con argomenti diversi l'uno dall'altro, affermano che, nonostante la rivoluzione quantistica, la riduzione della chimica alla fisica è ben lontana dall'essere completata. E, anzi, pongono proprio la mancata riduzione della chimica alla fisica a opera della meccanica quantistica quale esempio concreto dei limiti del →riduzionismo. Quanto ai chimici, molti di loro riconoscono, come Linus Pauling, che la meccanica dei quanta ha portato a compimento il progetto atomistico e molecolare di John Dalton e Amedeo Avogadro. Realizzando il sogno di tutti i chimici. Tuttavia quasi tutti pensano che la chimica conservi intatta la sua autonomia teoretica. Per tre motivi fondamentali.

1. Abbiamo detto che una definizione abbastanza esatta di chimica è: «scienza che studia le proprietà, la composizione, l'identificazione, la preparazione e la trasformazione della materia al livello atomico e molecolare». In realtà dovremmo dire che la chimica è «la scienza che studia le proprietà, la composizione, l'identificazio-

ne, la preparazione e la trasformazione della materia *a partire dal* livello atomico e molecolare». Già, perché la chimica non si occupa della materia e delle sue trasformazioni solo al livello dove domina la meccanica quantistica, il livello microscopico (atomico e molecolare). Ma la chimica si occupa della materia e delle sue trasformazioni anche a livello macroscopico. E quando diciamo si occupa, intendiamo che la spiegazione chimica coinvolge sia il livello microscopico che quello macroscopico. Ora il rapporto micro-macro, cioè il rapporto tra la spiegazione a livello microscopico e la spiegazione a livello macroscopico, è proprio il nervo scoperto della meccanica quantistica. La meccanica quantistica spiega in modo abbastanza completo, coerente e convincente il comportamento della materia a livello microscopico. Ma non spiega altrettanto bene il comportamento della materia a livello macroscopico.

2. C'è una «impossibilità di fatto» a risolvere l'equazione di Schrödinger e ad applicare il formalismo quantistico anche solo a molecole poco piú complesse di quella dell'idrogeno. E la chimica conosce (e produce) milioni di molecole ben piú complesse di quella dell'idrogeno. Sarà mai possibile risolvere l'equazione di Schrödinger per macromolecole composte da migliaia o, addirittura, milioni di atomi?

3. Ma soprattutto non c'è una «corrispondenza biunivoca tra micro e macro». E quindi non c'è, in linea di principio, una spiegazione esaustiva possibile della chimica approcciando i problemi a partire solo e unicamente dal livello micro (meccanica quantistica). Detto in altri termini: la chimica si occupa anche delle proprietà collettive della materia a livello atomico e molecolare. Ed è ormai opinione abbastanza diffusa che molte proprietà collettive della materia sono proprietà emergenti (→emergenza) che non possono essere interamente spiegate a partire dal livello di organizzazione della materia immediatamente inferiore. È già molto difficile immaginare come la meccanica quantistica possa spiegare in modo esauriente un comportamento relativamente semplice, come quello di liquido o di solido, mostrato da un insieme di atomi e molecole. Risulta (almeno allo stato) del tutto impossibile fornire una spiegazione quantistica esaustiva della funzionalità di macromolecole come le proteine, il cui complesso comportamento chimico e biochimico è determinato dalla struttura tridimensionale fine assunta in un ambiente molto particolare.

Riassumendo, possiamo dire che la spiegazione fisica (quantistica) è condizione necessaria, ma non sufficiente per rendere conto del comportamento della materia a scala atomica e molecolare. E che quindi il principio di autonomia della chimica individuato nel 1610 da Jean Beguin, ancorché modificato, risulta ancora valido.

Tuttavia forse oggi dobbiamo immaginare la chimica non come un dominio separato e interposto tra la fisica e la biologia. Ma come una sorta di ponte, che connette le altre due dimensioni disciplinari ed è fortemente interpenetrato in ciascuna di esse. In questo secolo, infatti, la chimica è diventata una scienza per molti versi simile alla →matematica. Ha un suo statuto di autonomia. Ma ha anche una marcata dimensione transdisciplinare. La conoscenza chimica è infatti uno strumento, un linguaggio, una filosofia naturale come avrebbe detto Stanislao Cannizzaro, utilizzata da tutte le altre scienze.

Letture: Antonio Di Meo (a cura di), *Storia della chimica*, Venezia, Marsilio, 1989; Henry M. Leicester, *Storia della chimica*, Milano, Isedi, 1978; Karl Popper, *Poscritto alla logica della ricerca scientifica*, Milano, Il Saggiatore, 1984.

Cibernetica

(dall'inglese *cybernetics*, a sua volta derivato dal greco κυβερνητική)

Per i greci la *kybernetiké* è la tecnica, o meglio, l'arte del pilota. Come disciplina scientifica la cibernetica nasce e si sviluppa tra il 1946 e il 1953, quando la Macy Foundation chiama a raccolta, a New York, un nugolo di intelligenze di diversa formazione culturale perché discuta l'impatto che una tecnologia emergente, la tecnologia del computer, potrebbe avere sullo sviluppo delle scienze in generale e delle scienze sociali in particolare. Il piccolo gruppo è costituito da scienziati già molto famosi o comunque destinati a raggiungere presto grande (e meritata) fama. Tra gli altri: John von Neumann, considerato l'inventore del computer digitale e studioso geniale, tra mille altre cose, della struttura logica delle macchine; il neuropsichiatra Warren Mc Culloch; il biologo e filosofo Gregory Bateson; l'ingegnere Claude Shannon. Ma su tutti si impone, per profondità del pensiero scientifico interdisciplinare, la figura del matematico Norbert Wiener, inventore di quella branca della fisica matematica che si occupa dei processi stocastici e considerato il fondatore della scienza cibernetica.

Bastano le prime riunioni alla Macy Foundation per far emergere chiara la fiducia che hanno quegli uomini, e Norbert Wiener in particolare, nella possibilità di definire, prima o poi, una teoria unificata in grado di spiegare, in termini matematici, il comportamento di sistemi caratterizzati da un numero elevato di componenti e da un intreccio fittissimo di relazioni. Oggi la chiameremmo «teoria unificata dei sistemi complessi» (→complessità).

Norbert Wiener aveva già scritto nel 1943, insieme ad Arturo Rosenbluth e Julian Bigelow, un articolo in cui proponeva la sostanziale equivalenza tra il comportamento teleologico (→teleologia), cioè finalizzato, degli organismi viventi e il comportamento di sistemi fisici (macchine) capaci di autoregolarsi, mediante quella che egli chiama retroazione (*feedback*) negativa. Nel 1948 Wiener porterà a maturazione questo pensiero unitario, pubblicando un libro, *Introduzione alla cibernetica*, in cui, come chiarisce il sottotitolo, affronta i problemi di *Controllo e comunicazione nell'animale e nella macchina*. L'ipotesi è che non ci sia differenza sostanziale tra organismi viventi e macchine complesse autoregolanti: il comportamento degli uni e delle altre può essere descritto da una medesima teoria. Il mezzo che Norbert Wiener pensa possa portare dritto filato alla nuova teoria unitaria è quello di allargare, per via rigorosamente matematica, il campo della →fisica dal dominio tradizionale della →materia/→energia a quello nuovo dell'→informazione/comunicazione.

E la prima riunione della Macy Foundation offre al matematico il modo di proporre in modo abbastanza esplicito a un pubblico selezionato, ma interdisciplinare, questa ipotesi di ricerca per una nuova teoria unitaria, fondata sul concetto di *messaggio*, in grado di collegare in un unico ordito teorico la meccanica statistica, l'ingegneria della comunicazione e del controllo delle macchine, la biologia, le scienze della mente e le scienze sociali, fino all'→economia.

In breve, Wiener e, in larga parte, i cibernetici sono convinti che in natura «ogni cosa è connessa a tutto il resto». E che proprio attraverso questa connessione olistica (→olismo), estranea all'approccio tradizionale della fisica, che si concretizza in un intreccio di azioni e di retroazioni (*feedback*) a *causalità circolare*, i sistemi complicati e organizzati, siano essi animali o macchine, possono autoregolarsi e sopravvivere nell'ambiente che cambia. Cos'è la *causalità circolare*? È presto detto. Per tradizione (e per limiti computazionali), nella scienza e nella filosofia il rapporto tra →causa ed effetto preso maggiormente in considerazione è stato quello di tipo *lineare*. La causa A provoca l'effetto B. B, a sua volta, provoca C. In una catena, sequenziale, di eventi. Facile da immaginare. E facile da trattare matematicamente. Norbert Wiener pone, invece, l'accento sui sistemi in cui A e B sono, nel medesimo tempo, causa ed effetto l'uno dell'altro. Sistemi cioè in cui l'effetto influenza la causa, attraverso retroazioni o feedback che creano appunto una causalità circolare. Approfondire lo studio, matematico, di queste relazioni causali, attraverso le nuove capacità di calcolo promesse e offerte dal computer, sembra a Wiener il modo per descrivere, contemporaneamente e in qualche modo unitariamente, il comportamento di una macchina, di una cellula, di un'organizzazione sociale.

Con gli occhi di oggi, potremmo dire che i sistemi a causalità circolare, presi in considerazione (ma certo non scoperti) da Wiener, rientrano a pieno titolo in quella gamma, vasta e non sempre ben definita, di sistemi chiamati complessi. Potremmo affermare che il concetto di causalità circolare rappresenta già una buona definizione di ciò che oggi viene chiamato complessità. E che il pensiero di Norbert Wiener e la cibernetica si fondano su tre concetti che, sia pure oggetto di controversie, hanno tuttora una profonda influenza su chi studia sistemi complessi: i concetti di olismo, comunicazione, non linearità. D'altra parte Norbert Wiener e la cibernetica rappresentano una delle grandi fonti tradizionali di ispirazione per chi, a partire dagli anni '80, ha intrapreso lo studio dei sistemi complessi. In questo senso, la cibernetica è una disciplina che non ha esaurito il suo percorso culturale. Ma si è trasformata ed è diventata parte di studi piú generali, che vanno dall'→intelligenza artificiale alla complessità.

Tuttavia, in senso stretto, la scienza cibernetica propriamente detta a un certo punto si arena. Soprattutto a livello applicativo. E per molti motivi. Non ultimo quello di non aver considerato abbastanza complessi i sistemi complessi che voleva studiare. Ma resta, da un punto di vista epistemologico, punto di riferimento importante per chiunque abbia tentato, negli anni successivi, di spiegare in termini unitari le regolarità della natura.

Prima di chiudere il discorso sull'arte del pilota che cerca di gettare un ponte tra i diversi livelli di organizzazione della materia, vale la pena rendere un ulteriore omaggio ai pionieri della cibernetica e ricordare, per esempio, che Claude Shannon elabora, nel 1948, una teoria, che si richiama alla →termodinamica, considerata ancora oggi il modo migliore di trattare l'informazione, sia a livello applicativo che concettuale. E che John von Neumann risponde nel modo migliore alla originaria richiesta della Macy Foundation, fornendo, presto, la dimostrazione dell'impatto che la nuova tecnologia, il computer, avrà sulla →scienza. E persino sul concetto di scienza sperimentale. All'inizio degli anni '50, infatti, mette insieme la bozza di una teoria dei giochi con relativi automi artificiali che rappresentano, forse, il primo esempio che offrono i computer di poter simulare, sulla base di semplici programmi matematici e di una enorme capacità di calcolo, la realtà del mondo naturale (→simulazione).

Letture: Steve J. Heims, *I cibernetici*, Roma, Editori Riuniti, 1994; Norbert Wiener, *Introduzione alla cibernetica*, Torino, Bollati Boringhieri, 1953.

Complessità

(dal latino *complecti*)

In un articolo, *Science and Complexity*, pubblicato nel 1948 sulla rivista «American Scientist», il matematico Warren Weaver sosteneva che in natura esistono tre diverse classi di sistemi dinamici:

a. i «sistemi semplici», caratterizzati dalla presenza di poche variabili e tradizionali oggetti di studio della fisica e delle discipline medico-biologiche fino all'Ottocento;
b. i «sistemi a complessità disorganizzata», caratterizzati da un numero estremamente elevato di variabili, ciascuna tuttavia con un comportamento individuale casuale o sconosciuto. Questi sistemi, scriveva Weaver, possono essere trattati in termini di proprietà medie e di regolarità dell'insieme;
c. i «sistemi a complessità organizzata», caratterizzati da un numero considerevole di variabili connesse in un tutto organico. Sono questi i sistemi che incontriamo in →biologia, in →medicina, in →psicologia, in →economia e nelle scienze politiche. I problemi posti dai «sistemi a complessità organizzata», sosteneva ancora Weaver, sono «troppo complicati per sottomettersi alle vecchie tecniche del XIX secolo che avevano un successo cosí evidente nei problemi di semplicità a due, a tre o a quattro variabili. Questi nuovi problemi, inoltre, non possono essere manipolati con le tecniche statistiche cosí efficaci nel descrivere il comportamento medio dei problemi di complessità disorganizzata».

Warren Weaver era una persona di prestigio. E, soprattutto, una persona geniale. Con una grande e riconosciuta capacità di interconnettere discipline diverse. D'altra parte per oltre vent'anni, dal 1932 al 1955, ha diretto la divisione scienze naturali della Rockefeller Foundation. E da quella posizione, sul finire degli anni '30 aveva dato una spinta formidabile e persino il nome a una scienza che stava muovendo i primi passi, ma che era destinata a diventare la scienza regina della seconda parte del Novecento, la biologia molecolare.

L'articolo su scienza e complessità che Warren Weaver pubblicò su «American Scientist» non passò, dunque, inosservato. Anche perché Weaver lanciava un programma che era una previsione. Finora la scienza e, in particolare, la fisica si è interessata ai «sistemi semplici», perché non aveva a disposizione gli strumenti di calcolo e, quindi, gli strumenti concettuali per studiare i «sistemi complessi». Ma nei prossimi cinquant'anni la scienza sarà chiamata a risolvere i due problemi, diversi, posti dalla complessità disorganizzata e dalla complessità organizzata.

Warren Weaver aveva visto, ancora una volta, giusto. Nella seconda parte del XX secolo lo studio dei sistemi complessi in →fisica, in →chimica, in →biologia, persino in →economia, si è imposto davvero come uno dei nuovi e grandi poli di attrazione della ricerca scientifica. La complessità è diventata un tema dominante della scienza e della filosofia. Tuttavia non sempre gli studi dei sistemi complessi e la declinazione scientifica e filosofica del termine complessità hanno (almeno finora) seguito le lucide e piú che mai attuali indicazioni di quel geniale matematico.

Il prosieguo di questa voce cercherà di dimostrare perché.

La ricerca della complessità

La ricerca scientifica della complessità comincia (o meglio, come vedremo, ricomincia) tra la fine degli anni '70 e l'inizio degli anni '80 del Novecento. Sono anni in cui la capacità di calcolo dei computer a disposizione degli scienziati aumenta enormemente. E, come spesso succede, la quantità diventa qualità. I calcolatori consentono simulazioni realistiche dei sistemi naturali, anche dei piú complicati, e inaugurano un nuovo modo di fare scienza. Accanto alla scienza teorica e alla scienza sperimentale, di galileana memoria, nasce, non meno matematizzata, la scienza simulante (→simulazione).

Questa novità tecnica, sociologica e, per molti versi, anche epistemologica emerge in un particolare periodo culturale.

In molti settori scientifici si va affermando o confermando una certa sensazione di insoddisfazione. Tra i fisici qualcuno si sente frustrato per le difficoltà che incontra la →teoria a dare una visione unificata dei fondamenti della disciplina. Da oltre mezzo secolo si tenta, senza successo, di riconciliare la →meccanica quantistica e la meccanica relativistica. Molti hanno la sensazione di trovarsi in una grande cattedrale buia con in mano un fiammifero acceso. Qualcosa, qui e là, si scorge. Una colonna, un quadro, una statua. Ma, della grande cattedrale della fisica, sfugge la visione completa e la gran parte dei suoi particolari. E, in attesa di un nuovo Einstein, da una sessantina d'anni nessuno riesce a trovare il modo di fare piú luce.

Nel medesimo tempo molti biologi discutono sulla possibilità stessa di avere una biologia teorica con fondamenti solidi. E cercano di specificare nel concreto quale sia il senso dell'autonomia che percepiscono e rivendicano per la propria disciplina.

Anche gli ecologi, di fronte all'emergere di grandi problemi globali, intensificano la ricerca delle relazioni ad ampio raggio dei componenti della biosfera e cercano i fondamenti della loro recente disciplina (→ecologia).

Infine le matematiche del →caos hanno raggiunto una notevole robustezza e trovano applicazione nei campi piú svariati. La non linearità trovata in molti fenomeni osservati in natura, tuttavia, riesce raramente a dar conto della loro complessità.

Cosí vecchie frustrazioni, nuove matematiche e potenti computer si coalizzano per dare origine a una nuova comunità scientifica. Una comunità interdisciplinare animata da uno spirito nuovo, costituita da fisici, informatici, chimici, biologi e persino economisti, il cui obiettivo immediato è studiare la complessità del mondo e di molti suoi sistemi. E il cui obiettivo profondo è rivoluzionare la scienza. Abbattendo molti consolidati paradigmi.

Lo spirito nuovo o, secondo alcuni, nuovista si addensa in alcuni luoghi particolari. I piú noti al grande pubblico sono Santa Fe, nel New Mexico, Usa, dove su iniziativa del Nobel per la fisica Murray Gell-Mann nasce l'Istituto per lo studio dei sistemi complessi, e Bruxelles, in Belgio, dove c'è la scuola inaugurata dal Nobel per la chimica Ilya Prigogine. Ma lo spirito coinvolge, sia in Europa che in America, molte e molte persone in ogni ambito del sapere interessato, in qualche modo, ai processi evolutivi. È uno spirito, come dire, generale.

Ma di cosa, in realtà, si occupano queste persone che iniziano, non senza contraddizioni e reciproci ostracismi, a fare gruppo? Che cos'è questa complessità che tutti dicono di studiare e che tutti pongono a fondamento di un nuovo →paradigma?

La risposta forse piú illuminante che possiamo sperare di dare a queste domande la forniscono quei due scienziati che si guardano in cagnesco, lí sul frontespizio degli atti di uno dei primi convegni sulla nuova scienza tenuto nella seconda metà degli anni '80.

«Complexity is what you don't understand», sostiene il primo.

«You don't understand complexity», ribatte, risentito, l'altro.

«Complessità è semplicemente tutto quello che tu non comprendi», spiega il primo scienziato della vignetta.

«No – sostiene di rimando l'altro – sei tu che non comprendi la complessità. La complessità è una proprietà intrinseca della materia organizzata in un certo modo.»

Dopo tre lustri e piú, il dialogo della vignetta rappresenta ancora molto bene lo stato del dibattito tra chi, con approccio riduzionistico, ritiene che non esistano sistemi complessi in linea di principio, ma solo sistemi piú o meno complicati. E chi ritiene che, invece, risalendo la scala gerarchica di organizzazione della materia, emergano via via delle proprietà che non sono spiegabili come somma delle proprietà delle sue singole componenti (→emergenza).

Ma rappresenta, anche, lo stato non risolto di difficoltà in cui si trova quest'ultimo, il fautore di una ricerca autonoma e innovativa della complessità, nel dare un quadro scientifico di riferimento certo e rigoroso al proprio approccio filosofico.

La disputa, infatti, tra i protagonisti della vignetta potrebbe andare avanti per un bel po', senza che l'assoluta non comunicabilità tra quei due idealtipi di scienziato-filosofo venga minimamente scalfita.

Il primo potrebbe, infatti, chiedere: «Di grazia, in che modo deve essere organizzata la tua materia per avere proprietà complesse?».

L'altro potrebbe e, forse, dovrebbe rispondere con evidente, ancorché non intenzionale, tautologia: «Che razza di domanda, deve essere organizzata in modo complesso».

Insomma, chi si occupa di complessità ritiene di avere fra le mani qualcosa di molto solido e addirittura di dirompente. Una *nuova fisica*, capace non solo di spiegare molti fenomeni inaccessibili alla *vecchia fisica*, ma addirittura di spiegare fenomeni propri del mondo biologico e sociologico. Una nuova chiave, razionale, per comprendere i fenomeni non lineari, non deterministici ed emergenti della natura. Solo che trova una irritante difficoltà a spiegarlo. Parafrasando Agostino che riflette sulla natura del tempo, uno studioso di complessità potrebbe dire: «La complessità: se non me lo chiedi so cos'è. Ma se me lo chiedi non lo so piú».

Cosí pare che Seth Lloyd, un associato dell'Istituto di Santa Fe, all'inizio degli anni '90 abbia potuto contare, senza pretesa di completezza, ben 31 diverse definizioni di complessità date dai suoi numerosi cultori. Il nugolo di definizioni pare si sia ulteriormente affollato negli anni successivi.

Tra gli studiosi della complessità, molti attribuiscono solo a difficoltà momentanee, tipiche peraltro di una fase turbinosa di transizione verso una nuova scienza e un nuovo paradigma, il fatto che la disciplina nascente non riesca a mettere bene a fuoco un oggetto di studi che esiste ed esiste in modo univocamente determinato.

Tra i detrattori della complessità, all'opposto, molti sostengono che la confusione, sotto il cielo della nuova disciplina, è la prova che l'oggetto di studio, semplicemente, non esiste. E comunque è troppa, quella confusione, per poterci costruire qualcosa di scientificamente solido. In soldoni, la complessità è un'invenzione.

A molti, invece, pare che dietro quelle 31 e piú diverse definizioni di complessità non si nasconda né il monolite duro di una nuova fisica, né la nebbia evanescente di una vecchia moda filosofica. La confusione nasce dal fatto che molti, oggi, non hanno la lucidità dimostrata da Warren Weaver nel 1948, e definiscono con il medesimo termine, complessità, situazioni e sistemi reali molto diversi tra loro. Forse dietro quelle 31 e piú definizioni si nascondono solo la varietà intrinseca della →natura e la difficoltà ad accettarla. Si nascondono non una, ma molte complessità. Tutte diverse, tutte reali, tutte strutturali, tutte irriducibili. E pronte a disarcionare chiunque tenti di cavalcarle con un'unica spiegazione e con un'unica teoria. Insomma, come il →tempo che Agostino percepiva, ma non riusciva ad afferrare in un'unica definizione, anche la complessità ha molte facce. Cosí come esiste un tempo della fisica diverso e distinto dal tempo della biologia, a sua volta diverso e distinto dal tempo psicologico; cosí esiste una complessità diversa per ogni livello di organizzazione della materia che viene considerato.

La complessità di una cella di Bénard in un recipiente di acqua messo a scaldare non è la medesima complessità di una cellula vivente, né quest'ultima ha la medesima complessità della →mente di un uomo o di una società umana.

Tutto ciò premesso, tentiamo di andare a verificare, brevemente, cosa, nel concreto, abbia prodotto la confusa ricerca della complessità. Andiamo a verificare, cioè, alcune delle sue pratiche e alcuni dei suoi risultati.

Non facciamo in tempo ad avviare questo progetto minimo, che già ci imbattiamo in una seria difficoltà. L'origine della ricerca sulla complessità non è affatto puntuale, ma distribuita a macchia di leopardo nello spazio e nel tempo. Come avrebbe dovuto suggerirci il fatto che ne esistono innumerevoli e talvolta contraddittorie definizioni, avremmo dovuto attenderci che esistono innumerevoli e talvolta contraddittori tentativi di ricerca della complessità. C'è la via tedesca e la via franco-belga, la via americana e la via russa. E ci sono anche molte stradine italiane, per la verità. C'è, ancora, una via matematica e una via fisica, una via termodinamica e una via cibernetica, una via biologica e una via filosofica. Molte di queste strade si incrociano. Altre corrono, inesorabilmente, parallele.

Ma torniamo alle difficoltà del nostro progetto minimo. In primo luogo, una sommaria rivisitazione della storia della scienza ci dice che sia la ricerca sui sistemi complessi, sia la polemica sull'approccio giusto di ricerca non sono una novità del momento. Ci sono sempre state, anche se di volta in volta hanno assunto denominazioni diverse. I tentativi piú approfonditi e le divaricazioni piú forti si sono avuti, in passato, in campo biologico. Basti ricordare le polemiche sul vitalismo e sull'olismo che si sviluppano sia nell'Ottocento che nel Novecento per contrastare le opposte tendenze fisicaliste, riduzioniste e meccaniciste. Gli uni a dire che gli organismi viventi hanno caratteri assolutamente irriducibili. Gli altri a sostenere che, invece, sono mere macchine: semplici somme di un insieme magari numeroso di semplici componenti. Le polemiche sono furenti. Altissimo il livello di incomunicabilità. Ancora negli anni '30 del XX secolo le diverse idee sulla natura complessa degli organismi viventi determinano la separazione di fatto tra la biologia evolutiva e la biologia funzionale. La prima considera gli organismi viventi come unità indivisibili, con caratteristiche che emergono e acquistano senso solo a livello di totalità e non sono deducibili che in parte dallo studio delle loro singole componenti. La seconda si dedica, invece, allo studio analitico, convinta che solo dalla conoscenza puntuale dell'insieme dei dettagli sarebbe emersa la spiegazione dell'organismo nel suo complesso.

La sintesi neodarwiniana, maturata negli anni '30 e conclusasi negli anni '50, ha certamente portato alla unificazione sostanziale delle due biologie. Ma non ha affatto risolto la dicotomia tra l'approccio olista (→olismo) e l'approccio riduzionista (→riduzionismo). Molto prima che fosse riconosciuta l'esistenza di una scienza antiriduzionista della complessità, Francis Crick, l'inglese che ha scoperto la doppia elica del Dna, polemizza con il suo approccio filosofico e sostiene, in una sorta di riproposizione in chiave biologica del manifesto determinista di Laplace, che «quando conosceremo in tutti i loro dettagli tutti i processi chimici che avvengono nella cellula nel corso dell'intero ciclo cellulare non ci sarà altro da sapere sulla cellula stessa, e il meccanismo del suo vivere sarà completamente decifrato». E questo mentre la grande maggioranza dei biologi ama ripetere «che la vita, come risultato della propria complessità strutturale e funzionale, non può essere risolta nei suoi costituenti chimici e spiegata nella sua interezza da leggi fisiche e chimiche che operano a livello molecolare».

Insomma, la novità che si riscontra in quella che oggi si chiama scienza della complessità non risiede tanto nei suoi concetti. Quanto nel tentativo di generalizzarli. E, talvolta, di matematizzarli. Tanto che oggi lo studio della complessità e la ricerca di principi comuni in grado di spiegare i comportamenti complessi non riguarda solo gli organismi viventi. Ma sono stati di volta in volta considerati esempi di complessità gli automi cellulari, la percolazione, i vetri di spin, il clima, l'intelligenza (artificiale e naturale), le economie, le società umane, oltre che, naturalmente, le cellule e tutta la molteplicità della vita.

Il secondo aspetto che bisogna considerare è che la odierna scienza della complessità è cosí variegata al suo interno da renderne pressoché impossibile una lettura unitaria. All'interno del mondo dei fautori della complessità, troviamo da un lato chi teorizza a ogni livello un'→evoluzione senza fondamenti e una nuova scienza storica, senza leggi, per descriverla; e dall'altro lato chi teorizza la presenza, finora occulta, di una ferrea →legge dell'evoluzione universale che impone cammini di complessità crescente in ogni luogo e a tutti i livelli.

Cosí che in definitiva possiamo dire, non senza sforzo e non senza forzature, che gli studiosi odierni della complessità hanno in comune una generica, e non sempre coerente, filosofia antiriduzionista e antideterminista. E, forse, tre concetti: *autorganizzazione*, *non equilibrio*, *non linearità*, mutuati, rispettivamente, dalla →cibernetica, dalla termodinamica dei processi irreversibili (→entropia), dal caos deterministico. E declinati nel modo piú vario. Con questo armamentario generico e generale, i fautori della complessità vanno a caccia di regolarità e principi ordinativi nelle vaste praterie che i sistemi complessi disegnano per l'universo. Talvolta riconoscendosi come cacciatori appartenenti a un'unica squadra. Talaltra semplicemente ignorandosi. Quasi mai affrontandosi in campo aperto.

Vediamoli, dunque, alcuni tra i risultati piú significativi di queste variopinte battute di caccia.

La matematica della complessità

I matematici, forse, non formano un gruppo unitario e autoidentificato di cacciatori della complessità. Ma certo hanno dato, talvolta senza saperlo talaltra senza volerlo, un contributo importante alla caccia, sia partecipando genericamente alla formazione di un clima favorevole alla partita, sia fornendo concreti strumenti per cacciare. Di contributi offerti dai matematici alla ricerca della complessità ne citiamo di seguito tre. Ma avvertendo che molti altri meriterebbero almeno una menzione.

La prima citazione riguarda il francese René Thom, che negli anni '60 elabora la famosa *teoria delle catastrofi*. Si tratta di un formalismo matematico che, assicura il suo autore, spiega come i sistemi organizzati, anche nel mondo reale, possano passare brutalmente da uno stato stabile all'altro, in modo imprevedibile e appunto catastrofico. L'idea, piú che il formalismo, verrà molto utilizzata in seguito. Talvolta cosí a sproposito da costringere il suo creatore quasi ad abiurarla.

Negli anni '70 è la volta di un altro francese, Benoît Mandelbrot, matematico presso il Thomas J. Watson Research Center della Ibm, a Yorktown Heights, New York. Mandelbrot inventa e dà il nome di *frattali* a certe entità matematiche che, tradotte in forme geometriche, mostrano la curiosa e gommosa caratteristica di risultare invarianti rispetto a processi di dilatazione o di contrazione. La forma irregolare e frastagliata di un albero si riflette nella forma irregolare e frastagliata di un ramo, e questa nella forma di una foglia. Detta in termini piú rigorosi, i frattali sono entità invarianti rispetto alla scala. Il computer è, naturalmente, lo strumento usato da Benoît Mandelbrot per scoprire e lanciare la matematica, o meglio, la *geometria dei frat-*

tali. Una geometria che assurge a grande fama perché, dimostra Mandelbrot, una serie di sistemi naturali, dalle nuvole alle linee costiere, fino ai picchi e alle valli degli andamenti di borsa, hanno la loro stessa dimensione. Una dimensione che, a differenza delle dimensioni ordinarie, non è espressa da un numero intero, ma da numeri decimali. Frattali, appunto. I frattali, con la loro dimensione che non è né mono, né bi, né tridimensionale, esprimono bene molte irregolarità dei sistemi presenti in natura e sono ormai uno strumento indispensabile per chi si occupa di fisica dei sistemi caotici e/o complessi.

Un collega di Mandelbrot al centro Ibm di Yorktown Heights, Gregory Chaitin, e il matematico russo Andrej Kolgomorov, in modo indipendente l'uno dall'altro, sono gli altri matematici che hanno dato un contributo importante, esplicito e riconosciuto da un pubblico sufficientemente vasto, alla cultura della complessità. Dimostrando che il concetto è di casa anche in matematica. Dal punto di vista di Chaitin e Kolgomorov la complessità è computazionale. Riguarda gli enti matematici e può essere espressa con un parametro il cui valore è inversamente proporzionale alla lunghezza minima del programma necessario a produrre l'ente matematico su un computer. In modo piú rigoroso: in una macchina universale di Turing la complessità di una stringa è data dalla lunghezza del programma minimo necessario a produrla. In questo senso la complessità di un problema è dato dalla quantità minima di operazioni necessaria a risolverlo. E il numero piú complesso è una sequenza completamente casuale di cifre.

La complessità matematica, o algoritmica, sembra avere una stretta relazione con l'entropia della termodinamica, che può essere considerata appunto come la misura della distribuzione casuale di un insieme di oggetti. Il guaio è che essa coincide, troppo spesso, con il →caso puro. Cosicché la definizione algoritmica di complessità non è davvero molto utile per descrivere uno stato fisico. Dal punto di vista concettuale di Chaitin e Kolmogorov, infatti, non c'è differenza tra le mille pagine della *Divina Commedia* e le mille pagine di un librone composto di lettere dell'alfabeto battute da un generatore aleatorio. La lunghezza del programma necessario a produrre al computer i due volumi, infatti, è esattamente uguale. Dal punto di vista algoritmico, dunque, il massimo di complessità coincide sia con il massimo ordine che con il massimo disordine. E questo, per chi studia la complessità in natura, è alquanto paradossale e decisamente poco utile.

Le biforcazioni di Prigogine

Ilya Prigogine propone i «suoi» *sistemi dissipativi*, i sistemi termodinamici lontani dall'equilibrio il cui comportamento egli ha contribuito a spiegare, come paradigma e base strutturale della complessità che incontriamo in natura. Tutto ruota, nella visione del chimico-fisico belga, intorno alle fluttuazioni, cioè a perturbazioni casuali. La maggior parte delle fluttuazioni non determina cambiamenti radicali in un sistema dissipativo. Il quale resta, essenzialmente, uguale a se stesso fino a quando, in modo del tutto aleatorio, non interviene una fluttuazione critica. Questa è una fluttuazione capace di spingere il sistema dissipativo in un nuovo stato termodinamico, a entropia minore. Nel nuovo regime dinamico il sistema si trova, contemporaneamente, in una condizione di maggiore stabilità e di maggiore ordine. Cosí che le fluttuazioni critiche, sostiene Prigogine, possono essere considerate il motore dell'evoluzione in natura perché, attraverso un progressivo allontanamento dall'equilibrio termodinamico, determinano una crescita spontanea e stabile di organizzazione.

Non solo. Le fluttuazioni critiche sono anche alla base dell'irreversibilità e della mancanza di determinismo tipici, almeno secondo Prigogine, dell'evoluzione dei sistemi dinamici naturali. Quando la struttura dissipativa, infatti, subisce una fluttazione critica il sistema viene sottoposto a una biforcazione: la sua traiettoria evolutiva giunge a un bivio e il sistema sceglie, in maniera del tutto aleatoria e quindi imprevedibile, una sola delle due o piú strade che gli si aprono davanti.

Per questo dobbiamo abbandonare ogni fiducia nella causalità rigorosa proposta dal determinismo e abbracciare una nuova razionalità che Prigogine definisce probabilistica. Il processo di biforcazione, infatti, viene descritto non da equazioni lineari, ma da equazioni stocastiche che danno adito a una serie di eventi possibili: uno solo dei quali, di volta in volta, si realizza.

Un esempio tipico dell'aumento spontaneo di complessità in regimi termodinamici lontani dall'equilibrio sono, secondo Prigogine, le celle di Bénard: l'emergere, oltre una soglia critica, di un moto collettivo e organizzato di molecole in un semplice liquido sottoposto a riscaldamento. O le reazioni di Belusov-Žabotinskij, con le loro spettacolari oscillazioni cicliche di colore, che rendono visibili le correlazioni a grande scala di un numero enorme di particelle e che si producono in fase liquida ogni qual volta si presentano certe condizioni, a patto che la soluzione sia costantemente rifornita di reagenti (e quindi tenuta in condizioni lontane dall'equilibrio).

Le fluttuazioni critiche, le biforcazioni, le correlazioni a grande scala e le connesse transizioni verso regimi piú organizzati, assicura Ilya Prigogine, non sono tipiche di sistemi fisici relativamente semplici come le celle di Bénard o di sistemi chimici moderatamente complicati, come le soluzioni di Belusov-Žabotinskij, ma sono fenomeni generali che interessano tutti i sistemi lontani dall'equilibrio e caratterizzano l'evoluzione irreversibile e non deterministica. Caratterizzano la complessità dei sistemi naturali e delle loro dinamiche a tutti i livelli. Prigogine assicura di essere ormai in possesso della teoria, matematizzata, che lo dimostra.

In realtà i processi studiati da Ilya Prigogine sono un esempio di autorganizzazione e, se volete, di complessità che si manifesta in molti sistemi fisici e chimici lontani dall'equilibrio termodinamico. Ma difficilmente possono rappresentare, come vorrebbe il suo autore, un modello fisico per strutture ben piú complesse, quali gli organismi viventi o le società umane. Il tentativo prigoginiano di proporre il suo modello come paradigmatico della complessità è decisamente contestato. E non solo dall'esterno del mondo di chi studia i sistemi complessi. Murray Gell-Mann, il leader del gruppo di Santa Fe che può essere considerato il concorrente diretto della scuola fondata dal chimico-fisico di origine russa a Bruxelles, non degna neppure di una citazione Prigogine nel suo suo recente libro sulla complessità e sui suoi studiosi. Il fisico teorico Marcello Cini, tra i massimi esponenti della complessità italiana, rileva che i fenomeni studiati da Prigogine «restano nell'ambito dei fenomeni completamente descrivibili nel linguaggio della chimica e della fisica». Mentre i teorici dell'→informazione rilevano che la correlazione che Prigogine effettua tra sistemi molto lontani dall'equilibrio e sistemi complessi non è affatto universale. Molti sistemi del tutto caotici, nel senso di disordinati, dissipano entropia quanto e piú di molti sistemi complessi. E spesso la complessità di un sistema cresce senza che la sua entropia diminuisca. D'altra parte nessuno è riuscito a unificare la teoria dell'informazione di Shannon e la termodinamica in una nuova teoria piú generale della complessità fondata sui concetti di →energia e informazione. Dal che i teorici dell'approccio cibernetico ne deducono che la via maestra che porta alla soluzione del problema complessità non può essere quella termodinamica.

Insomma la «vera complessità» non è nelle strutture dissipative ma altrove.

Invece, a nostro avviso, Prigogine coglie nel segno. Ancorché in un segno molto piccolo e parziale. Alcuni fenomeni di organizzazione spontanea, o di autorganizzazione che dir si voglia, possono essere spiegati dalla termodinamica di non equilibrio. Si tratta di fenomeni legati a un tipo di complessità che potremmo definire primitiva, rudimentale o, se ci si passa la contraddizione in termini, semplice. Certo, non ha nulla a che fare, la complessità dei sistemi termodinamici fisici e chimici molto lontani dall'equilibrio studiati da Prigogine, con la complessità dei sistemi biologici o dei sistemi sociali. I sistemi di non equilibrio *à la Prigogine* rappresentano una parte (solo una parte) della complessità che si riscontra al livello fisico e chimico di organizzazione della materia. Rappresentano una parte (solo una parte) di quelli che il lucido Warren Weaver definiva «sistemi a complessità disorganizzata».

La metaevoluzione di Eigen

Uno stimolo importante allo studio della complessità quale fenomeno generale di autorganizzazione, con particolare riferimento al livello biologico, o almeno prebiologico, viene dal chimico tedesco e premio Nobel Manfred Eigen e dalla sua teoria degli ipercicli. Quello di Eigen, come quello di Prigogine, è un approccio termodinamico alla complessità. Ma interpretato con la sensibilità del chimico che ha una profonda conoscenza dei meccanismi di catalisi, cioè di accelerazione delle reazioni e dei processi chimici.

Manfred Eigen, come Prigogine, riprende il tema della termodinamica non lineare di non equilibrio, ma lo sviluppa in modo originale, applicandolo al mondo della biochimica macromolecolare. Ciò che risulta interessante ai nostri fini è sottolineare la scelta filosofica di fondo con cui, verso la metà degli anni '70, Manfred Eigen inizia la sua avventura scientifica nel mondo della complessità. Ancora una volta, come Prigogine, Eigen inizia criticando il quadro epistemologico proposto con grande forza e con grande capacità di convinzione, all'inizio degli anni '70, da Jacques Monod.

La sintesi neodarwiniana del grande biologo francese, affidata a un fortunatissimo libro, è che l'evoluzione degli organismi viventi viene determinata da due fattori che agiscono in precisa e stretta sequenza: il caso e la →necessità. Il cieco caso determina le mutazioni a livello del genoma. Poi la ferrea necessità della selezione naturale promuove le mutazioni vantaggiose e boccia quelle svantaggiose, peraltro prevalenti. Cosí evolvono gli organismi. Cosí evolvono le →specie.

No, sostiene Eigen. Caso e necessità non sono sequenziali, ma complementari. L'evoluzione non è un processo cieco, governato dal caso delle mutazioni, che produrrebbe ogni tipo di non senso, e dalle ferree leggi della selezione naturale, che filtrerebbe il raro senso prodotto dall'alea attraverso la prova d'esame dell'→ambiente. L'ambiente non è un giudice ineffabile. L'ambiente è un coprotagonista del processo evolutivo. Che si modifica con gli organismi. Per questo l'evoluzione deve essere un processo orientato di apprendimento. E di autodeterminazione.

Sulla base di queste considerazioni Manfred Eigen propone una dinamica dell'autorganizzazione spontanea, fondata sul riconoscimento dei gradi di libertà disponibili ai sistemi evolutivi per autodeterminare la propria evoluzione e per trovare la propria ottimale, ancorché temporanea, stabilità, in certe definite condizioni di partenza.

L'evoluzione, sostiene Eigen, è aperta non solo rispetto ai prodotti, ma anche rispetto alle *regole del gioco* (le leggi di natura [→legge]). Il risultato di questa apertura è l'autotrascendenza dell'evoluzione in una *metaevoluzione*: l'evoluzione dei meccanismi e degli stessi processi evolutivi.

Eigen, come Prigogine e forse piú di Prigogine, coglie alcune parti importanti della complessità, relative a una parte del mondo biologico e prebiologico. Ha chiaro il rapporto coevolutivo tra sistemi viventi e ambiente. E ha chiara la pluralità delle regole del gioco che concorrono nel determinare i processi evolutivi. Ma, forse, dimentica una componente decisiva dell'→evoluzione biologica: la →storia.

Per la cronaca: Jacques Monod definisce *animisti* sia Ilya Prigogine che Manfred Eigen.

L'autopoiesi di Maturana e le barriere antirumore di Atlan

Naturalmente non c'è solo un approccio chimico e/o termodinamico alla complessità. Un approccio diverso e originale, *neocibernetico*, allo studio dei sistemi complessi, ancorché focalizzato sugli organismi viventi, è quello inaugurato da Heinz von Förster presso il Biological Computer Laboratory dell'Università dell'Illinois. Il biologo matematico di origine austriaca aveva partecipato alle famose riunioni cibernetiche della Macy Foundation e aveva molto riflettuto sui concetti di *omeostasi* e di autorganizzazione. Cosí, conclusa l'esperienza cibernetica, tra il 1956 e il 1976, von Förster cerca di riformulare nel nuovo laboratorio le proprietà dei sistemi viventi sulla base di quei due concetti chiave. La nozione di fondo del nuovo approccio viene definita nel 1973 da due suoi allievi, i biologi cileni Humberto Maturana e Francisco Varela, ripresa piú tardi anche da Ricardo Uribe e chiamata *autopoiesi*. La nozione, di origine chiaramente cibernetica, si riferisce alle capacità degli organismi viventi, definiti *macchine autopoietiche*, di rinnovare continuamente se stessi e di regolare il processo in modo da preservare l'integrità della loro struttura. A differenza di una macchina intesa in senso tradizionale, progettata per fornire uno specifico prodotto o una specifica prestazione, una cellula vivente, secondo Maturana e Varela, si preoccupa, in primo luogo, di rinnovare se stessa. Mediante processi di creazione (anabolismo) e di degradazione (catabolismo) che hanno luogo continuamente e contemporaneamente. Cosicché, sostengono i fautori dell'autopoiesi, non solo l'evoluzione dei sistemi, ma persino la loro stessa esistenza, quali strutture specifiche e autonome, si dissolve completamente nei processi di autorganizzazione. Una cellula è tale non in quanto è, ma in quanto diviene. In un *turnover* senza fine di componenti e in condizioni di continue perturbazioni esterne che la macchina tenta di compensare per conservare la propria stabilità (omeostasi). Nel mondo del vivente, concludono i due cileni, c'è davvero poco spazio per ciò che è rigido, poco flessibile e immutabile.

Anche il concetto tradizionale di omeostasi, come controrisposta tesa a minimizzare l'impatto di una perturbazione, non è sufficiente a rendere conto del rapporto tra una cellula e l'ambiente, sostengono Maturana e Varela. Le macchine autopoietiche, infatti, di fronte a una perturbazione che non riescono ad assorbire per omeostasi e a minimizzare, non alzano bandiera bianca e tracollano. O, almeno non sempre. Hanno un'ulteriore grado di risposta flessibile. Si riorganizzano parzialmente, anche se profondamente. Una delle modalità di questo continuo riorganizzarsi è l'apprendimento. Se l'ambiente muta, la macchina autopoietica impara a trovare il cibo nel nuovo ambiente. La risposta immunitaria, la reazione all'ingresso di organismi estranei, è un'altra delle risposte che implicano conoscenza e ristrutturazione del →sé. Per Maturana e Varela, dunque, complessità è essenzialmente autoregolamentazione e apprendimento. La loro è una complessità cognitiva.

Per il biofisico francese Henri Atlan la capacità di autorganizzazione degli esseri viventi è, invece, strettamente legata alla loro capacità di far fronte al rumore dell'ambiente esterno. Di distinguere i messaggi che significano qualcosa da quelli che invece confondono. La complessità di Atlan è una complessità semantica.

Inutile dire che, benché bisticcino talvolta tra loro, la coppia Maturana-Varela e il singolo Atlan colgono alcuni aspetti reali della complessità biologica. Anche se, evidentemente, sono aspetti parziali. L'informazione è molto, ma non è tutto nella vita. E nella sua storia.

La complessità a Santa Fe

Abbiamo trovato, finora, sparse per il mondo, una complessità algoritmica, un paio di complessità termodinamiche, un paio di complessità cibernetiche. Ebbene, nell'Istituto per lo studio dei sistemi complessi di Santa Fe, fondato appena nel 1984, ne troviamo molte e molte altre ancora. Per l'Istituto passano molti studiosi. Tutti con una propria definizione e una propria idea di complessità.

Rendere conto della varietà delle complessità che si incontrano nella cittadina americana del New Mexico è impresa ardua. L'ha tentata il giornalista Morris Waldrop, impegnando alcune centinaia di pagine. E, a dispetto della bravura dell'autore, l'esito non è stato, come dire, del tutto chiarificatore. Ma, poiché Santa Fe è il tempio autoproclamato e riconosciuto della complessità matematizzata (e computerizzata), è indispensabile effettuare uno sforzo di sintesi. E, col rischio della schematizzazione, trovare i concetti e le connessioni su cui una quantità discreta degli studiosi che passano per l'Istituto di Santa Fe, a oltre quindici anni dalla fondazione, si troverebbe oggi finalmente d'accordo. L'impresa è possibile, perché se è vero che nell'Istituto si studiano molti singoli sistemi complessi, e anche vero che ci si prefigge, come esplicito obiettivo di fondo, di trovare le regolarità ricorrenti in tutti, o almeno in una vasta serie di quei sistemi: da quelli fisici, a quelli biologici, fino ai sistemi economici.

Cominciamo dunque dalla definizione di sistema complesso. Non è possibile, sostiene Murray Gell-Mann, definire un sistema complesso reale attraverso concetti astratti. Non vanno bene le definizioni di complessità algoritmica, o computazionale, o informazionale. Occorre definire la «complessità effettiva» di un sistema, attraverso la descrizione delle sue regolarità e delle sue caratteristiche salienti.

Nel costruire questa definizione di complessità effettiva si parte, ovviamente, da un comportamento considerato paradigmatico. E quale comportamento è piú fondamentale, per caratterizzare la complessità di un sistema, del comportamento non lineare? In natura esistono molti sistemi dinamici non lineari, estremamente sensibili alle condizioni iniziali, la cui evoluzione è, entro certi limiti, imprevedibile. O, almeno, non prevedibile in maniera linearmente deterministica. Tutti a Santa Fe sono d'accordo che questi sono i sistemi da studiare. E un po' tutti sono d'accordo che l'approccio di studio a questi sistemi non può essere quello classico della fisica, abituata allo studio di sistemi con evoluzione linearmente prevedibile.

Tuttavia non bastano la non linearità e la estrema sensibilità alle condizioni iniziali per spiegare tutta la complessità evolutiva del sistema climatico terrestre, di una cellula vivente, dell'economia di mercato. C'è anche il principio di omeostasi, che non solo rende possibile per i sistemi complessi la difesa della propria stabilità dalle perturbazioni esterne, ma porta molti sistemi complessi a convergere verso linee evolutive comuni. Oltre a essere sistemi non lineari e omeostatici, i sistemi per essere complessi devono possedere un'altra caratteristica di fondo. Devono presentare una proprietà che non è la semplice somma delle loro singole parti: devono presentare una qualche proprietà emergente.

«More is different», è il motto dalle parti di Santa Fe. Gli stati collettivi della materia hanno caratteristiche aggiuntive, rispetto alla somma delle caratteristiche delle singole componenti. Il cemento di Santa Fe, il comune sentire, è la critica al riduzionismo. Forse nessuno può sintetizzarlo meglio, questo comune sentire, di Philip Anderson, fisico e premio Nobel noto per la custodia gelosa della sua indipendenza di giudizio. Anderson aderisce al progetto dell'Istituto di Santa Fe, non perché creda nella possibilità di scoprire una qualche legge fondamentale della complessità, ma solo e unicamente perché interessato a rovesciare quella che lui chiama la marea del riduzionismo. E l'Istituto gli sembra un ottimo scoglio per arginare il mare cartesiano. Poiché le proprietà emergenti sono considerate l'argomento piú corposo contro l'approccio riduzionsta, ecco che sono diventate una delle bandiere di Santa Fe.

Tuttavia neppure l'emergenza, abbinata alla non linearità e alla omeostasi, è condizione necessaria e sufficiente per riconoscere la complessità. In realtà le tre caratteristiche sono tipiche di una classe semplice di sistemi complessi, quelli che Murray Gell-Mann definisce sistemi complessi *non adattivi*. Il clima terrestre è un sistema complesso non adattivo. Ma una cellula vivente no. Una cellula vivente ha qualcosa in piú. Ha una complessità superiore. Una cellula vivente è un sistema complesso adattivo, capace di acquisire dati dall'ambiente circostante e di elaborarli, identificando le regolarità e il rumore. E capace di condensare i dati elaborati in uno schema o un modello che consente di interpretare l'ambiente e i suoi cambiamenti e costituisce una guida per agire nel mondo reale.

L'*informazione* è, dunque, il quarto carattere necessario (ma non ancora sufficiente) per avere una complessità di ordine superiore, una complessità adattiva. L'informazione a Santa Fe è ritenuta davvero importante. Perché è lei che connette le leggi fondamentali della fisica alla imprevedibilità dei sistemi complessi adattivi che emergono nella storia evolutiva come concreta realizzazione di quelle medesime leggi attraverso una serie di *accidenti congelati*. Cioè una serie di eventi tutti spiegabili sulla base delle leggi fisiche, che tuttavia nel loro concretizzarsi assumono una serialità del tutto casuale, ma cosí potente da indirizzare il corso dell'evoluzione della materia in maniera irreversibile. Lo schema di base dell'evoluzione, per Murray Gell-Mann, è «caratterizzato da una complessità che parte da regole molto semplici, da un ordine iniziale e dall'opera del caso reiterata infinite volte. Se consideriamo l'universo nel suo complesso, scopriamo che le sue regole semplici sono le leggi della fisica».

I sistemi complessi adattivi, sostiene Gell-Mann, mostrano tutti una forte dipendenza dalla storia e sono tutti frutto dei suoi accidenti congelati. La sensazione, però, è che mentre quasi tutti a Santa Fe condividono l'idea di complessità crescente che ha dell'evoluzione cosmica l'uomo che ha scoperto i quark, non tutti siano disponibili, come lui, a riconoscere in questa crescita l'impronta irriducibile della storia.

In ogni caso è opinione condivisa che l'origine della vita sulla Terra, l'evoluzione biologica, il comportamento degli organismi in sistemi ecologici, il funzionamento del sistema immunitario nei mammiferi, l'apprendimento del pensiero negli animali (uomo incluso), l'evoluzione delle società umane, gli investitori che operano sui mercati finanziari, oltre alle evidenti differenze hanno un forte carattere comune. Ciascuno di essi è un sistema complesso adattivo: quindi non lineare, con notevoli capacità omeostatiche, con proprietà emergenti, frutto della storia e dei suoi accidenti congelati e, soprattutto, sono tutti dotati di una medesima capacità di processare l'informazione. Il modo in cui processano l'informazione, sostiene Murray Gell-Mann, segue regole matematizzabili, anche se probabilistiche.

I sistemi complessi adattivi, con tutte queste loro proprietà, possono assemblarsi e costituire insiemi che sono a loro volta sistemi complessi adattivi.

Ma tutto ciò, ancora, non basta. I sistemi complessi adattivi devono mostrare una straordinaria omeostasi, per conservare le proprie regolarità, ma anche una eccezionale flessibilità, per superare, evolvendo, le condizioni caotiche dell'ambiente in cui vivono. Insomma, i sistemi complessi adattivi sono sistemi altamente organizzati che vivono ai confini tra ordine e disordine. I sistemi complessi adattivi, dicono a Santa Fe, vivono, si sviluppano ed evolvono *ai margini del caos.*

A Santa Fe sono particolarmente orgogliosi per questa definizione di complessità. La considerano un loro contributo originale e decisivo. Cosa però significhi, esattamente, l'immagine evocativa «ai margini del caos» non è del tutto chiaro. Qualcuno sostiene che si tratta di una condizione distante sia dall'ordine statico di un cristallo che dal disordine irrecuperabile di un gas. Per cui un sistema complesso adattivo ai margini del caos sarebbe una sorta di liquido, flessibile ma organizzato. Murray Gell-Mann, figura leader a Santa Fe, sembra ritenere che l'immagine abbia una valenza essenzialmente metaforica. Stuart Kauffman e altri studiosi emergenti a Santa Fe pensano che essa sia, invece, l'immagine di una precisa realtà fisica. Il margine del caos è il luogo dove può nascere e, soprattutto, dove può crescere la complessità.

Ma, al di là di questo problema particolare, l'articolata definizione di complessità che, pur tra decine di variabili, si è imposta a Santa Fe non è nulla di particolarmente originale. È un po' l'elaborazione sincretica dei vari concetti di complessità incontrati finora. Cosicché quello che sembra caratterizzare davvero l'Istituto fondato da Cowan e Gell-Mann è l'incrollabile fiducia in due verità assiomatiche.

La prima verità assiomatica in cui si crede a Santa Fe è che in natura esiste un ordine profondo. Per cui la crescita di complessità non è, per dirla con il biologo francese François Jacob, un *bricoleur,* l'assemblaggio opportunistico di diversi marchingegni funzionanti realizzato dalla sapienza cieca della selezione naturale, ma è il prodotto di un principio d'ordine gratuito, spontaneo e inevitabile.

La seconda verità assiomatica in cui credono a Santa Fe è che la prima verità sarà presto rivelata al computer.

Alla critica, se il lettore ce lo consente, severa della prima verità è dedicato il prossimo paragrafo. Per la critica, almeno parziale, della seconda verità assiomatica in voga a Santa Fe rimandiamo alla voce →simulazione.

Cos'è, dunque, la complessità?

Gli esempi citati di studi e di definizioni che si rincorrono da Bruxelles a Santa Fe, da Göttingen all'Illinois, ci hanno dato la sensazione che *qualcosa c'è.* Ma non ci hanno aiutato a diradare la nebbia e a capire cosa sia mai, in definitiva, questa complessità. Molto, probabilmente, dipende dalla sintesi, maldestra, che abbiamo confezionato. Ma molto altro dipende da un motivo ben piú profondo. E il motivo è che la complessità non è una grandezza fisica universale. Ma una dimensione filosofica. Un approccio ai problemi, non una soluzione di problemi.

Esistono, naturalmente, diversi sistemi complessi. Con comportamenti irriducibili alla somma dei comportamenti delle loro singole componenti. Che nascono ed evolvono per autorganizzazione e presentano *proprietà emergenti.* Ma la loro unicità e la loro storicità ci suggeriscono di studiarli uno a uno. E di scoprire non *la complessità* che li accomuna, ma *le complessità* che li distinguono.

La complessità come progetto

L'inizio, negli anni '80, della ricerca sistematica sulla complessità, con una comunità che si autoriconosce e fa emergere una nuova disciplina scientifica, con tanto di convegni, riviste e libri specialistici, è stato accompagnato da roventi polemiche. Qualcuno ha definito eretica (→eresia) quella ricerca. Altri, piú semplicemente, evanescente. Nulla di drammatico. La nascita di ogni nuova disciplina scientifica non è mai indolore. E, anzi, le polemiche aiutano a chiarire concetti e prospettive, oltre che ad accelerare il processo di autoidentificazione e di autoriconoscimento da parte della nuova comunità scientifica. Se poi la nuova disciplina è, come quella che ricerca la complessità, molto ambiziosa e annuncia di voler addirittura modificare il quadro epistemologico in cui si muovono la fisica, la chimica, la biologia, le scienze umane e, in definitiva, l'intera scienza, allora l'intensità delle polemiche non può che raggiungere il calor bianco.

Questo è successo negli anni '80 con la nascita della comunità scientifica dedita esplicitamente allo studio della complessità. E, tutto sommato, questo continua a succedere ancora oggi. Ancora una volta, nulla di male. Se non che la necessità di far fronte comune contro il «nemico», per di piú contro un «nemico» molto agguerrito e per un cosí lungo tempo, ha portato la nuova comunità ad accentuare la distinzione, radicale, tra sé e gli altri e a non approfondire un'incipiente e non meno radicale distinzione e differenziazione al proprio interno.

La necessità di cementare l'identità di gruppo ha avuto la prevalenza sulla necessità di verificare la varietà di gruppo. Cosí non tutti si sono accorti che quello spirito generale che, a metà degli anni '80, ha portato molti scienziati e molti filosofi a aderire, nel nome della complessità, a una nuova battaglia contro il riduzionismo e il →determinismo, aveva, come Giano, due facce. Una coerentemente antiriduzionista e antideterminista. L'altra decisamente neoriduzionista e neodeterminista.

Anche qui nulla di male: il riduzionismo e il determinismo non sono affatto peccati mortali contro il dio della logica. Ma posizioni filosofiche dotate di notevole dignità culturale. Almeno quanto l'antiriduzionismo e l'antideterminismo. D'altra parte l'importante nel dibattito scientifico non è, spesso, la posizione filosofica che si assume. Ma il rigore degli argomenti (e l'onestà intellettuale) con cui quella posizione viene difesa. Poiché, però, non c'è rigore senza chiarezza, ecco che il deficit di risoluzione delle proprie articolazioni interne rischia di essere un serio elemento di discredito per la multiforme comunità che si occupa di complessità.

Ora, quello che appare evidente è che, fin dagli anni '80, tra i fautori della complessità, non solo ci sono molte posizioni diverse, come è persino ovvio. Ma che alcune di queste posizioni sono del tutto inconciliabili. Guardano, come le facce di Giano, in direzione opposta.

C'è, per esempio, la posizione di chi si limita a studiare i processi di autorganizzazione e di emergenza dell'ordine nei singoli sistemi complessi o in ristrette classi di sistemi complessi. Concentrando l'attenzione su quella singola proprietà emergente o su quella singola classe di proprietà emergenti. Convinto che esistano molte complessità fisiche, biologiche, culturali, irriducibili a una teoria, e talvolta persino a un'indagine, unica. E c'è chi, invece, cerca di studiare i sistemi complessi nella loro globalità alla ricerca di regolarità universali.

Tra questi ultimi c'è chi pratica una sorta di neoriduzionismo debole e, per dirla con il filosofo Klaus Mainzer, pensa che la ricerca della complessità consista solo in una «metodologia interdisciplinare introdotta per spiegare sulla base di principi comuni l'emergenza dell'ordine in natura e nella mente e nell'economia e nella società» e non possa essere ridotta in alcun modo a una legge fisica.

E c'è chi, invece, propone un neoriduzionismo forte e sostiene che quel principio fisico, universale, necessario e deterministico, esiste. Questo sottogruppo, piuttosto vasto, ritiene ci sia una legge di →progresso che sottende un ordine cosmico coerente e che impone all'→universo l'incessante evoluzione verso forme di autorganizzazione sempre piú complesse. Sempre piú perfette. La scoperta di questa ferrea legge che riconduce la varietà dell'organizzazione sperimentata dalla materia nell'universo a un unico principio ordinatore, diventa il fine stesso della ricerca della complessità.

Mai riduzionismo fu piú forte. Infatti, questo principio ordinatore, che potremmo definire «secondo principio della complessità», spiegherebbe tutte le singole proprietà emergenti di tutti i sistemi naturali che popolano l'universo: dalle proprietà liquide di un insieme enorme di molecole di acqua, alle proprietà autopoietiche delle centomila e piú molecole che compongono una cellula di un organismo superiore, fino alle proprietà sociali di milioni e milioni di persone, dotate di libero arbitrio, che costituiscono una nazione, un continente o il mondo intero. Nessun riduzionista aveva mai osato pensare tanto.

Mai determinismo fu piú forte. Il «secondo principio della complessità», infatti, sarebbe in grado non solo di imporre a ogni livello nell'universo una tendenza ineluttabile verso il progresso. Ma indicherebbe, fino al dettaglio, le vie e le viuzze, obbligate, per raggiungere la meta. In una sua eventuale nuova proiezione, il film dell'evoluzione cosmica ripresenterebbe, salvo sfumature, i medesimi protagonisti e le medesime comparse, la medesima trama, i medesimi dialoghi dell'opera cui noi stiamo prendendo parte. Nessun determinista aveva mai osato pensare tanto.

La ricerca della complessità ha dunque, come Giano, due facce. Uguali e opposte. Una antiriduzionista, che si manifesta come tale e come tale viene riconosciuta dal grande pubblico. E l'altra, neoriduzionista, che non sempre si manifesta come tale e che quasi mai è riconosciuta per quello che è. Questa faccia, l'altra faccia della complessità, è presente, raramente riconosciuta, fin dall'inizio della nostra storia. E ora rischia di prevalere. Vediamo come e perché.

L'altra faccia della complessità

Che l'altra faccia della complessità sia presente fin dall'inizio della nostra storia è fin troppo facile dimostrarlo. Piú difficile, casomai, è spiegare come mai non sia stata vista. Per scoprirla, la faccia meno nota della complessità, non occorre davvero una particolare perizia. Basta dare uno sguardo agli scritti di alcuni dei suoi piú popolari divulgatori. Prendiamo, per esempio, quelli del filosofo Ervin Laszlo. Colpito dai successi, peraltro annunciati e certo non ancora realizzati, della fisica dei sistemi caotici e della nascente scienza della complessità, il filosofo ungherese ritiene, già a metà degli anni '80, di avere tra le mani la Grande Sintesi dell'Evoluzione cosmica. E lo annuncia in un libro dal titolo tanto chiaro quanto perentorio: *Evolution. The Grand Synthesis*. «I filosofi e gli scienziati che hanno pensato in termini filosofici hanno spesso cercato i caratteri generali del cambiamento e dello sviluppo e molti hanno annunciato di averli trovati», scrive Laszlo. Oggi, finalmente, ci siamo.

L'evidenza scientifica dei percorsi tracciati dall'evoluzione nell'universo fisico, nel mondo vivente, e persino nel mondo della storia sta rapidamente crescendo. E si sta coagulando nell'immagine di regolarità fondamentali che si ripetono e che ricorrono. Ora è possibile trovare queste regolarità e dare un rapido sguardo alla natura fondamentale dell'evoluzione – dell'evoluzione del cosmo intero, incluso il mondo vivente e il mondo della storia sociale dell'uomo. Trovare e stabilire sistematicamente queste regolarità significa impegnarsi nella creazione della «grande sintesi» che unifica l'evoluzione fisica, biologica e sociale in una struttura consistente, con le sue proprie leggi e la sua propria logica.

Insomma, annuncia Laszlo, la scienza sta per regalarci il Grande Algoritmo del divenire cosmico.

In realtà il neoriduzionismo forte e la ricerca di una «nuova sintesi» o di un «nuovo paradigma», fondati sull'autorganizzazione, sulle dinamiche non lineari e sulla complessità, e in grado di descrivere in modo coerente l'evoluzione fisica, biologica e sociale, precedono l'annuncio di Ervin Laszlo. Qualcuno è stato piú pronto del filosofo di origine ungherese. Nel maggio del 1979, per esempio, Erich Jantsch ne parla esplicitamente in una serie di Gaither Lectures sulla scienza dei sistemi tenute a Berkeley, presso l'Università di California.

La tesi di Jantsch è che il nuovo paradigma scientifico, in qualche modo, è nell'aria. Lo studioso rileva che, tra la metà degli anni '60 e l'inizio degli anni '70, le strutture sociali e politiche tradizionali sono state contestate da un imponente movimento di massa. Insomma il '68 e dintorni hanno dimostrato che urge la formazione di nuove strutture paradigmatiche dell'organizzazione umana. Jantsch sostiene, inoltre, che questa richiesta è in perfetta sintonia con qualcosa di analogo che deve accadere e che sta già accadendo nella scienza. Perché entrambi i movimenti, quello sociopolitico e quello scientifico, criticano gli impianti tradizionali sulla base di concetti come autodeterminazione e autorganizzazione.

I lavori di Prigogine, di Eigen, di von Förster, assicura ancora Jantsch, ricalcano in modo straordinariamente realistico le dinamiche dei sistemi chimici, biologici, ecologici, sociobiologici e socioculturali. Per cui «l'evoluzione biologica, sociobiologica e socioculturale appare ora intessuta di principi *omologhi* (principi che hanno la medesima origine) e non solamente di principi *analoghi* (solo formalmente simili). Ciò non deve destare sorpresa, poiché l'intero universo si è evoluto dalla stessa origine». I principi di autorganizzazione, autodeterminazione, fluttuazione sono «leggi generali della dinamica della natura». E hanno persino un carattere morale. Applicati agli uomini e ai loro sistemi di vita, appaiono infatti come principi di una *way of life*, di un modo di vivere, profondamente naturale.

Di piú (se possibile). Gli stessi principi di autodeterminazione e di autorganizzazione lavorano a dimensione cosmica. L'universo si autorganizza. Cosicché «la vita non appare piú come un fenomeno inspiegato nell'universo, ma l'universo stesso diventa progressivamente vivo».

Quelle di Jantsch e di Laszlo non sono le posizioni, isolate e tutto sommato temporanee, dei tanti neofiti entusiasti che accompagnano l'emergere di un nuovo approccio epistemologico o di una nuova disciplina scientifica. In realtà sono molti i filosofi attratti dal *pensiero complesso*. E ancora oggi tra i *filosofi della complessità* c'è una profonda differenza e una non risolta divergenza tra chi guarda allo studio dei sistemi complessi come a un utile metodologia interdisciplinare e finanche a un modo diverso di guardare alle cose del mondo, e chi, invece, seguendo le orme di Henri Bergson, è convinto che esista una legge unica dell'evoluzione. Una legge che può essere descritta da una teoria fisica convenzionale e matematizzata. Insomma, un formale «secondo principio della complessità» in grado di spiegare «l'autorganizzazione in natura, dai quark alle galassie e dalle amebe agli ecosistemi planetari».

Questa teoria, assicura per esempio un recente Ervin Laszlo, c'è già. E già spiega come la materia evolva e si organizzi in forme sempre piú complesse, dalle particelle alle molecole biologiche, su fino ai sistemi ecologici e sociali della biosfera e della biosociosfera. Il successo, nella nostra nuova capacità di comprendere la natura, il suo ordine coerente e le sue insopprimibili tendenze progressive, è tale che la legge unica dell'evoluzione è stata di fatto scoperta e la relativa teoria unica della complessità è in procinto di essere formalmente elaborata.

> È prematuro presupporre che nell'ultimo decennio del Novecento le teorie di grande unificazione [...] possano essere formulate con lo stesso tipo di rigore quantitativo con cui vengono formulate le teorie nei singoli campi disciplinari. Nondimeno, le teorie generali dell'evoluzione [...] possono essere concettualmente identificate ed enunciate quantitativamente. Il loro postulato di base è il principio dell'autorganizzazione universale...

L'ungherese Ervin Laszlo è un filosofo autorevole. Membro del Club di Roma e formidabile organizzatore culturale in forza alle Nazioni Unite. Ma la sua sarebbe una posizione autorevolmente *naïf* e non dimostrerebbe granché, se non fosse comune a molti altri pensatori sparsi per il mondo.

L'idea di un «secondo principio della complessità», per esempio, seduce anche Klaus Mainzer. Benché il tedesco sostenga esplicitamente, in un suo recente lavoro, che «la teoria dei sistemi complessi non lineari non può essere ridotta a una speciale legge naturale della fisica», ma è piuttosto una metodologia interdisciplinare, aggiunge poi, con deterministica convinzione, che un'emergenza come la vita, nell'ambito della teoria dei sistemi complessi, non può essere considerata «contingente, ma necessaria e legale nel senso dell'autorganizzazione dissipativa. Solo le condizioni per l'emergenza della vita (per esempio sul pianeta Terra) possono essere contingenti nell'universo».

Grandi Olismi Unificati, Teorie del Tutto e campi morfogenetici

Il fascino di una legge dell'ordine cosmico, all'inizio degli anni '80, non cattura solo chi si occupa di filosofia della scienza. Miete vittime anche e, forse, soprattutto tra gli scienziati sul campo. Come racconta Morris Waldrop, nella sua storia semiufficiale dell'Istituto per lo studio dei sistemi complessi di Santa Fe, nei corridoi battuti da fisici e informatici, molti provenienti da Los Alamos e dai suoi laboratori nucleari, aleggia, fin dalla fondazione nel 1984, lo spirito del «Grande Olismo Unificato», un nuovo paradigma che promette di «dirigere tutta la gamma della scienza dalla biologia evoluzionistica fino a materie cosí poco esatte come l'economia, la politica e la storia», e che, con una certa propensione salvifica, promette addirittura «di costruire un mondo piú sostenibile e pacifico».

La scommessa di molti fautori della complessità, a Santa Fe e fuori da Santa Fe, non è solo cercare le regolarità comuni a molti sistemi complessi. Regolarità che non è affatto scontato che ci siano. O che siano rilevabili. O che siano importanti. La vera scommessa di Santa Fe è cercare l'*unità sottostante* che determina tutte e ogni complessità in natura. Ovvero il principio ordinatore comune.

L'Istituto è stato fondato da George Cowan, un chimico esperto di fisica nucleare che ha ricoperto alti incarichi a Los Alamos. Per lui l'Istituto è «una missione». Di piú: «un'opportunità per la scienza tutta di conquistarsi una sorta di redenzione e di rinascita». L'idea è quella di affrontare i problemi non lineari nella loro globalità, e non uno alla volta. Cowan è infatti convinto «dell'esistenza di un'unità sottostante» che abbraccia «non solo la fisica e la chimica, ma anche la biologia, il trattamento dell'informazione, l'economia, la scienza politica e ogni altro aspetto delle questioni umane». Anche un altro grande sponsor dell'Istituto, David Pines, fisico teorico dell'Università dell'Illinois, è certo che lo studio del comportamento *collettivo* della materia porterà a una «grande sintesi nella scienza».

Naturalmente anche a Santa Fe le posizioni sono molto articolate. E non sempre (epistemologicamente) coerenti.

Murray Gell-Mann, il fisico teorico che, dopo aver dato il maggior contributo alla scoperta dei quark e alla elaborazione di una teoria della fisica fondamentale, la cromodinamica quantistica, è diventato l'anima dell'Istituto e la sua massima proiezione esterna, non sembra molto propenso a credere nell'esistenza di una Teoria Unica della Complessità. Di un Grande Algoritmo.

Ma altri frequentatori di Santa Fe, da Stuart Kauffman a Per Bak, da John Holland a Doyne Farmer, si propongono come paladini di una sorta di *olismo panfisico*. Cosí il fisico Doyne Farmer:

> Appartengo alla scuola di pensiero che considera la vita e l'organizzazione inesorabili, inesorabili quanto l'aumento di entropia. *Sembrano* piú casuali e incostanti perché procedono a scosse e costruiscono su se stesse. La vita è il riflesso di un fenomeno molto piú ampio, che mi piacerebbe veder definito da una legge antagonista al secondo principio della termodinamica: una legge che descrivesse la tendenza della materia a organizzarsi e che prevedesse le proprietà generali dell'organizzazione che ci aspetteremmo di riscontrare nell'universo.

Insomma, Farmer e gli altri sono alla ricerca di un «secondo principio della complessità», speculare e opposto al secondo principio della termodinamica, che impone la crescita di complessità e il progresso a ogni livello nell'universo. Certo, ammette Farmer, occorre avere una nozione ben chiara di progresso. Tuttavia, sostiene, se «consideriamo [...] l'intero processo evoluzionistico, penso si possa parlare in maniera sensata di progresso. Si va nella direzione di una crescente complessità e funzionalità [...] Per quanto possa essere elusiva, questa tendenza generale verso una crescente "qualità" del progetto evoluzionistico è uno degli indizi piú affascinanti e profondi sulla natura della vita».

Se a Santa Fe si cerca il «secondo principio della complessità» concentrandosi nello studio dell'ordine che emerge *ai margini del caos*, presso l'Istituto internazionale Solvay di Bruxelles si cerca di giungere a una teoria unificata dell'autorganizzazione concentrandosi nello studio dell'ordine che emerge dalla fisica non lineare dei sistemi lontani dall'equilibrio termodinamico.

Se a Santa Fe c'è un istituto che organizza un insieme vasto di intelligenze brillanti senza una vera leadership scientifica e presentando, tutt'al piú, uno o piú *primi inter pares*, a Bruxelles invece c'è una scuola, con un Maestro riconosciuto: Ilya Prigogine.

Forse sarà un caso, ma i due centri piú noti al grande pubblico per i loro studi sulla complessità, pur con una storia e una organizzazione interna cosí diverse, hanno subito la medesima e ambiziosa deriva epistemologica. E sono rapidamente approdati alla sponda neoriduzionista, annunciando entrambi di essere in procinto di scoprire il Grande Algoritmo dell'Evoluzione in grado di svelare l'ordine che connette l'intero universo.

In realtà Ilya Prigogine ha, di recente, annunciato che quell'Algoritmo lo possiede già. Ed è un Algoritmo davvero Grande. Una Teoria del Tutto, che va oltre, anche se lo include, il «secondo principio della complessità». Infatti conferisce sostanza matematica a una *nuova fisica*, che non solo riesce a descrivere tutta la complessità del mondo reale, avendo imboccato la «stretta via tra un mondo deterministico governato da leggi ferree e un mondo assurdo in preda all'arbitrio del caso», ma è anche in grado di ricomporre l'annosa aporia micro-macro, unificando meccanica classica e meccanica quantistica; e riesce, in aggiunta, a riconciliare l'umana percezione della direzionalità del tempo con l'oggettività delle leggi della fisica.

Come si vede il coraggio e l'ambizione dell'anziano Ilya Prigogine non hanno davvero nulla da invidiare a quelli dei giovani leoni di Santa Fe.

C'è, infine, un altro filone di ricerca, strutturalista, che si muove nei dintorni del mondo della complessità, che propone di spiegare l'autorganizzazione e la crescita di ordine a ogni livello e di elaborare una sua versione di teoria unificante del progresso cosmico, basata sulla cosiddetta «dinamica dei campi morfogenetici».

La teoria dei campi morfogenetici o, piú semplicemente, la morfogenesi riguarda i processi di creazione (e di distruzione) di forme (→forma). Indipendentemente dalla natura del substrato. La morfogenesi vanta padri nobili e antichi. Dal greco Aristotele allo scozzese D'Arcy Thompson. Gli studi effettuati da quest'ultimo, in particolare, sulla crescita, sullo sviluppo e sulle forme all'inizio del Novecento sono stati di notevole valore culturale. Perché hanno consentito di guardare alla biologia con occhi diversi e da un'ottica diversa. L'ottica è quella della morfologia. Gli occhi, quelli della fisica, della matematica e, soprattutto, della geometria, che pur essendo limitati nella descrizione dei fatti biologici, sono occhi piuttosto potenti. Soprattutto se considerati occhi complementari e non sostitutivi della descrizione biologica.

L'approccio di D'Arcy Thompson ha avuto comunque il torto di giungere troppo in anticipo sui tempi e non ha avuto seguito immediato in biologia. Piú di recente, tuttavia, lo hanno recuperato Aleksandr Gurvič, Paul Weiss e Conrad Waddington. Tra gli anni '70 e '80 il matematico francese René Thom ha dedicato molto tempo e un libro intero allo studio delle forme biologiche.

Tuttora molti matematici e molti biologi sono impegnati nello studio della generazione delle forme, per cercare di ottenere spunti validi e dare un contributo allo sviluppo delle forme biologiche. Ma due, in particolare, sono intenzionati a costruire sulla morfogenesi e sulla generazione delle forme un nuovo paradigma evolutivo unificante: Rupert Sheldrake e Brian Goodwin.

Benché entrambi controversi, sono scienziati molto diversi tra loro. Rupert Sheldrake non esita ad affermare che esistono dei campi morfogenetici, proprio come esistono i campi gravitazionali e i campi elettromagnetici (→campo). Ma il pensiero di Sheldrake esula in zone mistiche, che sono molto al di fuori della nostra area di indagine. Brian Goodwin, invece, cerca di scoprire una legge puramente fisico-matematica della complessità crescente.

Per Goodwin, che è un biologo, l'evoluzione della vita è «una danza attraverso il morfospazio, lo spazio delle forme degli organismi». La danza evolutiva del morfologo razionale inglese non ha un fine, tantomeno un fine di progresso. Ma segue leggi precise e necessarie: le leggi dei sistemi dinamici particolarmente complessi. Pertanto la biologia dovrà cessare di essere una scienza storica, darwiniana, per diventare una scienza delle strutture. La biologia, come la fisica, deve scoprire leggi. Le leggi che governano «l'ordine sottile dello stato vivente, che è un tipo particolare di organizzazione della materia».

Ovviamente Brian Goodwin ha una idea precisa su quali possono essere queste leggi fisico-matematiche che dovrebbero sostituire la selezione naturale quale motore dell'evoluzione biologica. Sono le leggi della morfologia razionale abbinate alle leggi del caos. In pratica, sostiene Goodwin, esistono delle forme spaziali che funzionano da attrattori e attirano verso di sé i sistemi dinamici altamente non lineari, gli organismi viventi, che si muovono tutti in un campo morfogenetico. Il corpo dell'uomo, il collo della giraffa, le pinne di uno squalo: non sono il risultato della selezione naturale, sono tutte forme stabili verso cui l'azione del campo morfogenetico ha spinto alcune unità biologiche esistenti.

Per Brian Goodwin non solo il campo morfogenetico è un'entità reale: reale quanto gli organismi stessi. Anche se non è indipendente dagli organismi. Il campo morfogenetico segna il cammino dell'evoluzione. Un organismo si muove nel campo morfogenetico come una particella si muove nel campo gravitazionale. Il percorso è univocamente segnato dalla distribuzione dei grandi attrattori. Che nel caso del campo gravitazionale sono le grandi masse delle stelle e dei pianeti. E nel caso del campo morfogenetico sono le forme stabili.

Smarriti nell'universo

In ciascuno di questi approcci metafisici, nel Grande Olismo Unificato di Santa Fe, nella Teoria del Tutto di Prigogine, nei campi morfogenetici di Goodwin c'è un forte elemento di necessità. C'è la ricerca di un principio ordinatore universale che impone all'evoluzione della materia a ogni livello nell'universo di procedere verso la crescita di complessità. Percorrendo sempre le medesime strade nella direzione, almeno tendenziale, della perfezione.

Per molti critici questo «secondo principio della complessità», questa «Legge di Progresso» che governa l'evoluzione della materia e, con mano invisibile ma ferma, dal caos primigenio la porta, inevitabilmente, fino a un essere cosciente di sé e dei processi che lo hanno originato, è solo una favola consolatoria.

Secondo Stephen Jay Gould questa favola che consola è il prodotto di una sorta di provincialismo antropocentrico. Ne sarebbe affetto chi, con un pizzico di infantilismo, ama sentirsi atteso e cerca, pertanto, di ridurre l'universo alla sua propria tana.

In realtà la ricerca di una teoria necessaria della complessità crescente deve essere ascritta al novero delle reazioni prodotte da un uomo, in genere di cultura occidentale, che si ritrova frastornato e perso, quando si avvede che la scienza lo ha scalzato dal centro del creato, e, in soli quattrocento anni, dalla posizione di signore della natura per grazia ricevuta lo ha collocato in quella che Jacques Monod ha definito l'immensità indifferente del cosmo.

Smarriti nell'universo, molti non accettano l'indifferenza cosmica. Non vogliono sentirsi relegati su un pianeta qualsiasi, in una zona periferica di una galassia qualsiasi, in una regione tra le tante del cosmo. Vogliono sentirsi al centro dell'universo. E, se non è piú possibile al centro dello spazio, allora che sia almeno al culmine del tempo. Insomma, vogliono sentirsi attesi.

I cento fiori della complessità

Abbiamo visto che la ricerca della complessità, iniziata negli anni '80, ha subito una deriva neoriduzionista che si concretizza, addirittura, nella ricerca del «secondo principio della complessità». Molte sono le critiche di natura scientifica ed epistemologica che possono essere sollevate e che sono state sollevate contro questo filone di ricerca sulla complessità.

Ma, piú che soffermarci sulle critiche a questa impostazione, ora è meglio verificare se c'è un'altra strada da battere nello studio dei sistemi complessi. Una strada coerentemente non riduzionista e non determinista.

Ripartiamo, dunque, da una delle prime definizioni di complessità, elaborata dallo psicologo ed economista Herbert A. Simon nel 1962. Perché è una delle definizioni piú condivise e, se ci è concesso, piú condivisibili. Secondo Simon un sistema complesso è quello in cui «il tutto è maggiore della somma delle parti, non in senso ultimo, metafisico, ma nell'importante senso pragmatico che, date le proprietà delle parti e le leggi della loro interazione, non è semplice dedurre le proprietà del tutto».

La definizione è incompleta, perché non fa la minima menzione del fatto, decisivo, che l'evoluzione della materia e la crescita locale di complessità, a ogni livello nel marginale mondo della materia barionica che non si trova nelle condizioni di plasma, seguono strade molto diverse. Tanto irriducibili a un principio unico da indurre a parlare non della complessità al singolare, ma delle complessità, al plurale. Herbert Simon è consapevole di questa incompletezza e, infatti, distingue tra la complessità dei sistemi fisici non viventi e la complessità degli organismi viventi, che definisce *organizzata*. La complessità organizzata degli organismi viventi è irriducibile alla complessità non organizzata dei sistemi fisici.

Malgrado le lacune, la definizione di Simon è da condividere. Perché dando alla parola complesso un senso meramente pragmatico, elimina ogni discussione sulla natura mistica e/o misteriosa dei sistemi complessi e/o delle proprietà cosiddette emergenti che li caratterizzano. Ma rende pienamente conto delle necessità, prioritarie, sia di superare l'approccio riduzionistico nello studio dei sistemi complessi, sia della necessità di dedicare un'attenzione preminente al fenomeno delle emergenze.

Chi rigetta il riduzionismo teoretico (ma non quello costitutivo) e accetta il concetto di emergenza, si trova già nell'impossibilità di aderire al progetto di ricerca del «secondo principio della complessità» e già nella condizione di dover parlare di complessità al plurale. Per la semplice ragione che ritiene impossibile ricondurre a un unico livello esplicativo le proprietà emergenti dei sistemi fisici, chimici, biologici, ecologici, sociali.

Tuttavia la critica al riduzionismo teoretico e l'accettazione della filosofia emergentista non bastano a descrivere il sostanziale pluralismo dell'evoluzione della materia. A rendere pluralista l'evoluzione e a creare barriere di spiegazione algoritmica tra i vari livelli di organizzazione dinamica della materia e, spesso, all'interno del medesimo livello, concorre, in modo decisivo, preponderante, la storia. È l'intreccio concreto e casuale di fenomeni, tutti spiegabili in termini di leggi scientifiche, a determinare percorsi evolutivi drammaticamente diversi e sostanzialmente irripetibili. La fluttuazione di materia che ha prodotto, con effetto a cascata, la formazione delle galassie nell'universo primordiale; la caduta del meteorite che ha accelerato, se non determinato, l'estinzione dei dinosauri, 65 milioni di anni fa; la scommessa di Bill Gates, che ha modificato lo sviluppo tecnologico ed economico dell'informatica a livello mondiale: è la storia, con una successione di eventi unici e irreversibili, o di *accidenti congelati* per dirla con Murray Gell-Mann, a dare carne e succo ai concetti, altrimenti astratti, di dinamica altamente non lineare e di estrema sensibilità alle condizioni iniziali applicati a gran parte dei sistemi fisici, biologici, ecologici e sociali che ritroviamo per lo piú concentrati in quella parte marginale di materia barionica che non si trova nello stato di plasma e che definiamo complessi.

Chiunque si trovi a studiarli, questi vari sistemi, non può non avere il massimo rispetto della storia. E considerare, parafrasando Mario Ageno, che non c'è altra spiegazione per molti fenomeni cosmologici e comunque per i fenomeni biologici, ecologici, sociali, economici, che quella storico-evolutiva. Il rispetto della storia è estremamente importante, ma non è affatto scontato. Secondo François Jacob, biologo francese e premio Nobel, è uno dei caratteri che distinguono l'evoluzionista dal riduzionista radicale:

Il biologo integrista [o evoluzionista] si rifiuta di pensare che *tutte* le proprietà di un essere vivente, il suo comportamento, le sue attività, possano essere spiegate sulla base delle sue strutture molecolari. Per lui [...] il tutto non è semplicemente la somma delle parti. All'estremo opposto, c'è l'atteggiamento che potremmo chiamare riduzionista. Per esso [...] non esiste alcun carattere dell'organismo che non possa, in ultima analisi, essere descritto in termini molecolari e di interazioni fra molecole. [...] L'uno si interessa delle cause remote, legate alla storia della terra e degli esseri viventi per milioni di generazioni. L'altro guarda, invece, alle cause immediate, che fanno entrare in gioco gli elementi costitutivi dell'organismo, il suo funzionamento, le sue reazioni all'ambiente circostante.

Le cause remote determinano, almeno in parte, il pluralismo strutturale dell'organizzazione della materia nell'universo evolutivo.

L'evoluzione pluralista

Se l'obiettivo di Stuart Kauffman, di Doyne Farmer o di Ilya Prigogine fosse, presto o tardi, raggiunto, saremmo di fronte a una grande impresa scientifica. Il «secondo principio della complessità», o comunque si voglia chiamare una teoria unica in grado di spiegare e persino di prevedere in termini statistici il comportamento di tutti i sistemi complessi e, quindi, di tutti i fenomeni evolutivi, da quelli cosmici a quelli biologici, e addirittura socioeconomici, segnerebbe una frattura epistemologica di grande portata. Di dimensione epocale. E, non fosse altro che per questo, il gioco, gigantesco, vale, forse, la candela. Ma con quali, realistiche, probabilità di successo?

Be', nessuno ovviamente può escludere, a priori, che il gioco si concluda in goal. Ma è davvero difficile credere che l'evoluzione creatrice proceda, ad ogni livello, seguendo le medesime regole. Probabilmente l'universo si è concesso la flessibilità di autorganizzarsi in strutture ordinate e di evolvere in modo diverso su scale spazio-temporali diverse. Per esempio quel sistema a complessità disorganizzata che è il sistema solare, senza il quale non avremmo alcun sistema a complessità organizzata qui sulla Terra, si è potuto autorganizzare ed è potuto evolvere grazie, unicamente, alle leggi dinamiche e termodinamiche che regolano la formazione dei sistemi autogravitanti e alle leggi, quantistiche, che regolano la fusione dei nuclei atomici nelle stelle. Risulta per lo meno improbabile che quelle particolari strutture dissipative che giocano in Borsa interagiscano secondo il medesimo piano di organizzazione del gas solare e della polvere planetaria, o rispettino le medesime leggi dei sistemi autogravitanti e le medesime leggi quantistiche della fusione tra i nuclei in una stella, per fare affari nel fluttuante mercato della finanza globale.

La ricerca di una teoria unificata della complessità è, certo, legittima. Ma, allo stato, appare davvero difficile spiegare l'emergere della mente cosciente dell'uomo sulla base dei medesimi principi che spiegano l'emergere dello stato liquido quando si riuniscono insieme svariate molecole di acqua. Né l'emergere della fragile organizzazione democratica nella polis greca sembra essere spiegabile con l'autorganizzazione frattale di un evanescente fiocco di neve.

In definitiva, è possibile e, anzi, è altamente probabile che l'evoluzione a ogni livello nell'universo non si precluda alcuna strada e proceda talvolta avvalendosi di fenomeni caotici, talatra avvalendosi di fenomeni perfettamente lineari e altre volte ancora facendo ricorso a fenomeni puramente quantistici. Quello dell'evoluzione è un gioco aperto, dove a cambiare sono, di volta in volta, sia i giocatori che le regole. Oltre che, naturalmente, i risultati.

L'evoluzione della materia non ha un fine, ma utilizza molti mezzi. In natura non c'è un principio ordinatore comune, ma ci sono mille modi attraverso cui la natura si organizza. Tutto ciò non è un'idea personale. Né, come abbiamo visto, è un'idea particolarmente nuova. È un'idea antica, che, per estremo paradosso, hanno contribuito a corroborare proprio alcuni pionieri dello studio sulla complessità, come Warren Weaver. Il matematico della Rockefeller Foundation, infatti, coglieva, già agli albori degli studi sulla complessità, la distinzione, irriducibile, non solo tra il semplice e il complesso, ma anche tra i diversi tipi di sistemi complessi.

Da notare, e non solo per curiosità storica, che la sua lezione viene ripresa negli anni '60 da Herbert Simon. Che si interessa alla complessità organizzata tipica dei sistemi biologici. Negli organismi viventi, nota Simon, c'è un'organizzazione di tipo gerarchico che consente l'evoluzione dal piú semplice al piú complesso, attraverso una serie di stati stabili intermedi. Nella visione di Simon, la selezione naturale trova un comodo posto e consente una prima sintesi interessante tra cibernetica ed evoluzionismo darwiniano.

La lezione di Weaver e di Simon è come se fosse stata dimenticata dai fautori del «secondo principio della complessità», che, talvolta, non distinguono piú cosí nettamente tra complessità organizzata e complessità non organizzata. Ma tendono a spiegare la prima sulla base delle teorie e delle leggi valide per la seconda. Il Grande Algoritmo è, infatti, indifferente alla diversità. Prevede la sostanziale neutralità del substrato. Ovvero le molecole d'acqua in una pentola, le macromolecole biologiche, un gruppo di operatori in Borsa sono tutti la medesima «materia» quando si autorganizzano per formare, rispettivamente, una cella di Bénard, una cellula vivente, un grande mercato finanziario.

In realtà l'evoluzione di un sistema complesso, il suo grado di non linearità, il tipo di emergenza che lo caratterizza, dipendono, oltre che dalla storia, da almeno tre parametri: la natura della materia; le regole del gioco prevalenti con quel tipo di materia a un certo livello di organizzazione; il grado di diversità interna del sistema.

I fautori del «secondo principio della complessità», cercando la sintesi dalla fisica all'economia, dal Big Bang a Wall Street, non tengono minimamente conto della strutturale differenza degli elementi che costituiscono i vari sistemi complessi che incontrano. Ora, già parlare di un principio ordinatore comune per insiemi di quark e per ammassi di polvere cosmica è abbastanza improbabile. E ciò nonostante che il grado di diversità interna di un sistema formato da quark sia piuttosto ridotto e non molto diverso dal grado di diversità interna di un sistema formato da particelle di gas e di polvere cosmica. Ci sono pochi tipi di quark e, tutto sommato, non molti tipi di particelle in una nube protogalattica. Eppure l'evoluzione di un insieme di quark è del tutto diversa dall'evoluzione di un insieme protogalattico di particelle di gas e di polvere cosmica. I quark, per loro natura, risentono soprattutto dell'interazione forte. Le particelle di gas e di polvere cosmica risentono soprattutto dell'interazione gravitazionale. Cosicché la diversa natura delle componenti fa sí che l'evoluzione di sistemi molto omogenei dal punto di vista della diversità interna, come l'insieme di quark e l'insieme di particelle di una nube protogalattica, sia governata da una modulazione delle regole del gioco completamente diversa. Che porta a risultati del tutto diversi. Una nube di quark evolve rapidamente in una nube di adroni. Una nube di particelle di gas e di polvere cosmica evolve, lentamente, in una galassia. La *crescita spontanea di ordine* in un insieme di quark o in una nube protogalattica non si può comprendere se non si prendono in considerazione le *diverse regole del gioco* che inducono alla formazione dell'ordine adronico (le particelle formate da quark) e alla formazione dell'ordine galattico. Se, cioè, non si prendono in considerazione gli elementi essenzialmente quantistici che governano l'interazione tra i quark e le interazioni essenzialmente gravitazionali che spingono una nube cosmica a concentrarsi per formare una galassia.

Un Grande Algoritmo in grado di spiegare l'evoluzione, quantistica, dei quark e l'evoluzione, gravitazionale, di una nube protogalattica è difficile da realizzare. Da oltre settant'anni si cerca, senza successo, di unificare meccanica quantistica e gravità e ottenere una teoria quantizzata del campo gravitazionale simile, per esempio, alla teoria quantizzata del campo elettromagnetico. Tuttavia la possibilità della grande unificazione non è da escludere in linea di principio. Cosicché, quando e se ci sarà, diventerà possibile descrivere gran parte dell'evoluzione di sistemi semplici, dove interazioni e feedback tra i singoli componenti possono essere trascurati.

Ma che dire dei sistemi in cui il grado di diversità interna è elevatissimo?

Be', come notava Weaver, a questo punto perdiamo ogni speranza di descriverli in una teoria unica. E dobbiamo incrementare la nostra capacità di notare le differenze. Prendiamo l'atmosfera del nostro pianeta. Essa è caratterizzata da un numero enorme di componenti di tipo discretamente diverso. Il sistema è soggetto a un flusso quasi costante di energia proveniente dal Sole. Ed è composto da molecole gassose e particelle che interagiscono in modo non trascurabile tra loro e interagiscono in modo non trascurabile con gli oceani e la superficie solida sottostante. Le interazioni delle molecole atmosferiche non sono altamente specifiche, ma anzi sono piuttosto casuali. L'atmosfera è un sistema complesso. Ma la sua *complessità* è disorganizzata o, comunque, non fortemente organizzata. La modulazione delle sue regole del gioco evolutivo sono diverse da quelle di una nube protogalattica o di un plasma di quark. Sebbene l'interazione forte e l'interazione gravitazionale continuino a valere anche sul nostro pianeta. Con grandi difficoltà l'evoluzione del sistema complesso atmosfera può essere rappresentata, almeno in linea di principio, da un algoritmo stocastico, cioè da un set di equazioni che ne descrive la dinamica non lineare. E infatti i Modelli di Circolazione Generale dell'Atmosfera utilizzati dagli studiosi del clima sono modelli, piuttosto elaborati anche se ancora altamente imprecisi, di fluidodinamica statistica. L'atmosfera è trattata, cioè, secondo le modalità indicate da Weaver per i sistemi a *complessità disorganizzata*: si considerano le sue regolarità e le sue proprietà medie.

In una cellula vivente non solo troviamo una diversità interna elevata (molto piú elevata che nell'atmosfera terrestre). Ma verifichiamo anche che le interazioni e i feedback tra i vari elementi del sistema non sono né semplici né casuali. Una cellula è formata da un numero elevato di molecole tutte diverse e interagenti in modo estremamente complesso e altamente organizzato. È questa diversità strutturale e, soprattutto, funzionale che caratterizza il vivente. È questa la novità decisiva. La natura particolare della materia vivente introduce modulazioni delle regole e piani di organizzazione del tutto nuovi. In una pentola d'acqua le molecole sono tutte uguali e intercambiabili. I fenomeni complessi cui possono dar luogo queste molecole (transizioni di fase, celle di Bénard) possono essere espressi con leggi fisico-matematiche rigorose. Nell'atmosfera terrestre le molecole sono diverse, non tutte sono intercambiabili. Il clima è un fenomeno complesso che può essere espresso con leggi fisico-matematiche non lineari e stocastiche. Il quadro cambia completamente «quando si ha a che fare con sistemi viventi, nei quali la diversità fra i componenti, vale a dire il carattere individuale degli elementi che determinano il comportamento del sistema, è il presupposto sia funzionale che evolutivo della loro sussistenza», come rileva lo storico della medicina e della biologia Gilberto Corbellini. In una cellula vi sono molecole con decine di migliaia di strutture e di funzioni diverse. Il loro comportamento individuale non può essere annullato in nessun modo in una media. Non può essere descritto da una funzione statistica. Per descrivere matematicamente una cellula in modo compiuto occorrerebbe un algoritmo enorme, una stringa di istruzioni lunga quanto è lunga la somma dell'elenco delle macromolecole e dell'elenco delle funzioni che ciascuna molecola ha in quella cellula.

La complessità organizzata è algoritmicamente incompressibile.

Certo è possibile ottenere modelli semplificati (algoritmicamente compressi) di una cellula. Ma avendo sempre chiaro che sono modelli *analogici* e quindi, intrinsecamente limitati. L'unico modello *omologo* di una cellula è una cellula. E l'unica descrizione possibile dell'evoluzione cellulare è una descrizione storica.

Il quadro cambia ancora coi sistemi socioculturali. Consideriamo, per semplicità di esposizione, solo quelli formati dall'uomo. I sistemi socioculturali dei parlanti presentano una elevata variabilità interna e una complessità che è sí organizzata, ma decisamente diversa dalla complessità organizzata di una cellula. La natura strutturalmente diversa della sua materia, la materia umana, chiama in causa regole del gioco evolutivo completamente diverse. Ogni uomo è dotato di una individualità spiccata, enorme e irriducibile. E, inoltre, è dotato di autocoscienza e libero arbitrio. Ogni uomo conserva, se vuole, i caratteri culturali acquisiti dalla generazione precedente. Le interazioni e i feedback tra i membri del sistema umanità sono di una complessità enorme e altamente non lineare. Il comportamento di ogni singolo uomo è, coscientemente, finalizzato. E finalizzato, anche se non sempre in modo cosciente, è il comportamento della società.

Il libero arbitrio rompe, per definizione, le catene causali. Cosí che ogni tentativo di racchiudere i comportamenti singoli e collettivi degli uomini in formule fisico-matematiche e di comprenderli all'interno di leggi necessarie e progressive è sempre, miseramente, fallito.

La diversità e la variabilità interna dei sistemi materiali, la natura della materia di cui sono costituiti, la diversità delle regole del gioco, fanno sí che l'evoluzione abbia, in realtà, cento fiori.

Per puro amore di schematismo, e senza alcuna presunzione di coglierli tutti, elenchiamo nella tabella a fondo pagina almeno tre tipi diversi di sistemi (fisico, biologico, socioculturale) che, facendo ricorso a quattro diverse modalità di organizzazione (semplice, complessa disorganizzata, complessa organizzata e teleologica), danno luogo a tre tipi di evoluzione radicalmente e irriducibilmente diversi.

Letture: Marcello Cini, *Un paradiso perduto*, Milano, Feltrinelli, 1994; Murray Gell-Mann, *Il quark e il giaguaro*, Torino, Bollati Boringhieri, 1997; Pietro Greco, *Evoluzioni. Dal Big Bang a Wall Street, la sintesi impossibile*, Napoli, Cuen, 1999; Stuart Kauffman, *A casa nell'universo*, Roma, Editori Riuniti, 2001; Morris M. Waldrop, *Complessità*, Torino, Instar Libri, 1995.

SISTEMA	COMPLESSITÀ
fisico	semplice o disorganizzata
biologico	organizzata
socioculturale	organizzata e teleologica

Conoscenza

(dal latino *cognoscere*)

Quello della conoscenza è uno dei grandi problemi che da sempre suscitano l'interesse dei filosofi. Platone la chiamava *episteme*, per distinguerla dalla mera credenza (*doxa*). Questa sua distinzione ha avuto successo. Perché ben presto il problema della conoscenza è diventato il problema della «credenza vera giustificata» e la teoria filosofica della conoscenza è stata chiamata epistemologia.

In realtà è nella cultura anglosassone che la parola *epistemology* ha il significato di teoria generale della conoscenza, o gnoseologia. Mentre nella cultura italiana la parola epistemologia indica una piú ristretta teoria della conoscenza scientifica. Ed è a questa particolare teoria che, qui di seguito, faremo soprattutto riferimento.

Volendo seguire la distinzione platonica, dobbiamo chiederci se e quando la *doxa* diventa *episteme*. La prima condizione per avere conoscenza è che ci sia, appunto, una credenza. Perché io possa dire: «So che la Terra gira intorno al Sole», occorre che io creda che la Terra gira intorno al Sole. Tuttavia non basta avere una credenza, per avere conoscenza. Potrei anche avere, in fatto di astronomia, una credenza diversa: per esempio credere che il Sole gira intorno alla Terra.

Oggi tutti sappiamo che la prima credenza è una conoscenza genuina: perché davvero la Terra gira intorno al Sole. Mentre la seconda non è affatto una conoscenza, perché non corrisponde alla →realtà. Possiamo, quindi, concludere che per avere conoscenza occorre che una credenza corrisponda a →verità.

Tuttavia questo non basta. Io posso avere una credenza che corrisponde a verità, ma non avere una reale conoscenza. Io posso credere, per esempio, che su Marte c'è la vita. E questo potrebbe anche essere vero. Tuttavia io non so «davvero» che su Marte c'è la vita, perché non ho alcuna prova provata dell'esistenza di organismi marziani. Se la mia credenza corrispondesse al vero, sarebbe una pura coincidenza. Un colpo di fortuna.

Ho bisogno, dunque, che la mia credenza corrisponda a verità e sia giustificata. La conoscenza è, dunque, una «credenza vera giustificata». La conoscenza scientifica (→scienza), in particolare, è una «credenza vera giustificata» attraverso un particolare processo di giustificazione, fondato sia sull'esperienza (→esperimento) che sulla →ragione.

Se queste sono, per definizione, la conoscenza e la conoscenza scientifica, dove è, dunque, il problema epistemologico? Qual è il problema generale della conoscenza che merita l'elaborazione di una teoria filosofica? Be', il grande problema della conoscenza ruota intorno a queste tre domande:

- È davvero possibile conoscere, è possibile cioè avere una credenza vera e giustificata di qualcosa?
- E se sí, cosa possiamo conoscere?
- E come possiamo conoscere, ovvero come possiamo raggiungere la verità e giustificare il percorso per raggiungerla?

In modo piú rigoroso potremmo dire che il problema della conoscenza ci propone tre diversi aspetti: il valore e la possibilità stessa della conoscenza; i criteri della conoscenza; la natura della conoscenza. È intorno a queste domande o, se volete, intorno a questi aspetti della conoscenza che gli epistemologi si dividono. Proviamo a vedere come, passando brevemente in rassegna alcuni dei grandi filoni dell'epistemologia.

In primo luogo ci sono gli scettici. I quali pensano che una conoscenza piena non sia possibile. Non perché l'uomo non possa avere delle credenze, naturalmente. E neppure perché non possa avere delle credenze vere. Ciò che, per gli scettici, l'uomo non può fare e non potrà mai fare è raggiungere la →certezza assoluta che le sue credenze siano vere. Insomma, non c'è mai una giustificazione definitiva, una dimostrazione inconfutabile della verità di una credenza. Tutto quello che si può fare (e non è davvero poco, però) è sottoporre a severo vaglio critico le nostre credenze e sincerarci che esse non siano apertamente false, come sostiene per esempio Karl Popper. La nostra conoscenza, per gli scettici, è dunque una conoscenza relativa.

Sul fronte opposto ci sono i dogmatici. Che non sono affatto coloro che credono in un dogma. Ma coloro che credono che la conoscenza piena possa essere raggiunta. Possiamo cioè avere credenze vere e pienamente giustificate. Perché ci sono verità autoevidenti (assiomi) da cui è possibile dedurre, in modo rigoroso e certo, una serie di altre verità non autoevidenti ma altrettanto certe. I dogmatici si sono divisi, in passato, sul metodo di giustificazione di una credenza. Per i razionalisti (da Platone a Descartes) la giustificazione si fonda sulla ragione. Per gli empiristi (da Aristotele a Locke) si fonda invece sull'esperienza. Nel XX secolo, con la cosiddetta scuola di Vienna e il suo «empirismo logico», ha avuto grande impatto uno sforzo di sintesi tra la posizione analitica e la posizione empirica.

C'è, infine, un terzo, grande filone di pensiero epistemologico: quello degli agnostici. I quali preferiscono non pronunciarsi sul problema della certezza conseguita con il processo di giustificazione di una credenza.

In realtà, il problema della teoria generale della conoscenza e, in particolare, della conoscenza scientifica è molto piú complesso. Occorrerebbe, per esempio, differenziare i tipi di conoscenze. Una cosa è dire, per esempio, che conosco la temperatura di ebollizione dell'acqua, altra cosa è dire che conosco la struttura a quark del protone e altra cosa è dire, infine, che conosco il Modello Standard della →fisica. Ancora: una cosa è conoscere l'esistenza di Marte (i filosofi inglesi dicono *knowledge by acquaintance*); altra cosa è conoscere come si fa ad arrivare su Marte (*knowledge how*); altra cosa ancora è conoscere che i pianeti come Marte si formano in un certo modo nel corso dell'evoluzione di sistemi planetari (*knowledge that*).

Ma quello che forse piú conta ai nostri fini è rilevare come ciascuno dei tre grandi filoni epistemologici (lo scetticismo, il dogmatismo, l'agnosticismo) è compatibile con la visione realista, prevalente tra gli scienziati. E che nessuno dei tre filoni – né il dogmatismo (naturalmente), né l'agnosticismo e neppure lo scetticismo – deve necessariamente cadere in forme di relativismo che negano la capacità della scienza di generare conoscenza. Anche lo scettico può riconoscere che la scienza produce conoscenza. Sia pure la conoscenza, limitata, prevista dalla epistemologia scettica.

E chiunque aderisce a uno dei tre filoni di pensiero può attribuire alla scienza una capacità di conoscere (qualsiasi significato si attribuisca a questo termine) la realtà naturale meglio di altre culture. È forse per questo che buona parte degli scienziati aderisce a una filosofia realista, ma critica. Non si sente depositario di conoscenze assolute. Ma solo di conoscenze ben fondate.

Letture: Giovanni Boniolo e Paolo Vidali, *Filosofia della scienza*, Milano, Bruno Mondadori, 1999; David Gilles e Giulio Giorello, *La filosofia della scienza nel XX secolo*, Roma-Bari, Laterza, 1995; Alan Musgrave, *Senso comune, scienza e scetticismo*, Milano, Raffello Cortina, 1995; David Oldroyd, *Storia della filosofia della scienza*, Milano, Il Saggiatore, 1989.

Continuo

(dal latino *continuus*)

«Considero assolutamente possibile che la →fisica possa non essere fondata sul concetto di →campo, cioè su una struttura continua. Allora, di tutto il mio castello in aria, compresa la →teoria della →gravitazione, ma anche di tutta la fisica contemporanea, non resterebbe praticamente niente», scrive sconsolato Albert Einstein all'amico Michele Besso, dopo l'ennesimo infruttuoso tentativo di «inventare» una teoria unificata dei campi. Una teoria fondata sul concetto di *continuum*, che Einstein pone, proprio come Gottfried Wilhelm Leibniz, tra le *verità prime* della →realtà naturale.

Natura non facit saltus, in →natura non ci sono salti, diceva il filosofo tedesco alla fine del XVII secolo. La realtà ultima della natura non è puntuale, ma continua, sosteneva ancora Albert Einstein all'inizio e per larga parte del XX secolo.

Albert Einstein poneva il concetto di continuo e, quindi, l'assenza di ogni elemento discreto nella realtà fondamentale della natura, tra i pregiudizi metafisici che gli facevano da guida nella ricerca della teoria fisica. E, poiché la teoria fisica altro non è, o almeno altro non deve aspirare a essere, se non la descrizione della realtà oggettiva, ogni buona teoria fisica deve fondarsi sul continuo. E, infatti, l'intera vita di Einstein sarà spesa nel tentativo di costruire una «teoria finale» della fisica, una teoria del →tutto, fondata proprio sul concetto di continuo. E sul ripensamento del concetto di particella.

Einstein, infatti, ritiene che esista un conflitto, insanabile, tra l'esistenza del campo continuo, che egli vede chiaramente e superbamente dispiegato nelle leggi dell'elettromagnetismo di Maxwell e in parte nelle leggi della gravità (→legge), che egli stesso ha rielaborato con la teoria della →relatività, e l'esistenza di punti di discontinuità, le particelle elementari discrete, compresi gli atomi (→atomo) e i fotoni, che egli stesso ha cosí potentemente contribuito a scoprire. La natura non può contemplare questa dualità. Il campo continuo e le particelle elementari devono avere una natura, anzi uno statuto ontologico, diverso. Il campo è fondamentale. Le particelle discrete hanno un valore puramente euristico. Sono, devono essere, l'espressione apparente di una →verità nascosta piú profonda. Profonda quanto il campo. La verità del campo continuo che unifica l'elettromagnetismo e la gravità. «Ritengo la struttura atomica della materia e dell'energia il grande ostacolo verso una teoria unificata dei campi», dichiara Einstein senza mezzi termini.

Il suo tentativo, dunque, è quello di trovare la realtà (di campo continuo) sottesa alle particelle discrete e al →quanto d'azione che il mondo della fisica subatomica va rivelando.

Il problema del continuo si pone, ai fisici, quando, nella seconda parte del XIX secolo, l'inglese James Clerk Maxwell unifica elettricità, magnetismo e ottica, ed elabora la sua teoria dell'elettromagnetismo. La teoria di Maxwell, potente ed elegante, crea una dualità nella fisica, a causa della sua sostanziale inconciliabilità con l'altra grande teoria fondamentale, la teoria della gravitazione universale di Newton. Le due teorie sono in contrasto, perché sono in contrasto i loro rispettivi concetti fondanti: il concetto, discreto e puntuale, di particella su cui si fonda la →meccanica di Newton e il concetto, continuo e diffuso, di campo su cui si fonda la teoria dell'elettromagnetismo di Maxwell. Insomma, alla fine dell'Ottocento e, ancora, nei primi anni del Novecento, a spiegare i fenomeni della natura ci sono due fisiche differenti e due distinti metodi di ragionamento. Una situazione che nessun fisico può accettare.

E, infatti, molti fisici tentano di recuperare all'unità l'imbarazzante situazione. La gran parte tenta di recuperare l'unità della fisica, riportando la teoria di campo di Maxwell nell'antico e collaudato alveo del →meccanicismo. Ovvero tenta di dimostrare che il campo non ha uno statuto ontologico, ma è solo un'utile →ipotesi matematica. E che, in definitiva, la propagazione delle onde elettromagnetiche è un fenomeno meccanico. Di urto tra particelle discrete.

Questa visione impone che il →vuoto, mezzo nel quale le onde elettromagnetiche si diffondono, sia un vuoto apparente. E, infatti, ogni meccanicista alla fine del XIX secolo pensa che l'universo intero sia immerso in un oceano di particelle minutissime, l'→etere. Si tratta di un mezzo materiale ineffabile e inafferrabile. Che possiede un'unica caratteristica nota: la capacità di trasmettere l'impulso meccanico per la propagazione delle onde luminose e, piú in generale, elettromagnetiche.

Postulando l'esistenza dell'etere luminifero, la gran parte di fisici alla fine dell'Ottocento ritiene di poter salvare l'unità della fisica, riconducendo la teoria del campo elettromagnetico all'interno della visione meccanicistica del mondo. Di un mondo costituito da unità materiali discrete. Nel 1887, tuttavia, due americani, Albert Michelson, fisico dell'università di Chicago, e il suo collaboratore, Edward Morley, con un ingegnoso →esperimento, dimostrano che l'etere non esiste. E che la luce si propaga in ogni direzione alla medesima velocità, c, di 300.000 chilometri al secondo, quali che siano la posizione e la velocità della sua sorgente.

L'esperimento di Michelson-Morley sembra indicare, a chi vuole ricomporre l'unità della fisica, che si deve procedere in questo modo sequenziale: puntare sul concetto di continuità del mondo reale; abbassare lo statuto ontologico del concetto di particella discreta ed elevare quello di campo continuo; elaborare una nuova teoria, di campo continuo, della gravità; riunire, poi, la teoria del campo elettromagnetico di Maxwell e la nuova teoria (da trovare) del campo gravitazionale in una nuova teoria piú generale, una teoria unificata dei campi.

Questo è quanto sembra indicare lo sviluppo «naturale» della fisica tra la fine dell'Ottocento e l'inizio del Novecento. Questo è, in ogni caso, il programma di ricerca che si autoattribuisce il giovane Albert Einstein. E che, con invidiabile coerenza, seguirà per tutta la vita.

Einstein non è il solo a impegnarsi in un simile programma. Wilhelm Wien e Max Abraham, per esempio, si propongono di ricondurre i fatti della meccanica, a iniziare dalla massa dell'elettrone, a origini puramente elettromagnetiche. E Hendrik Antoon Lorentz si pone il problema di riconciliare l'unità di carica elettrica, l'elettrone che appare come una particella puntiforme dotata di massa, con la teoria di campo elettromagnetico.

Ma poi, nell'anno 1900, il tedesco Max Planck scopre il →quanto elementare d'→azione. Inizia, cosí, la stagione, una stagione piena di successi, della fisica dei quanti (→meccanica quantistica), che pone il concetto di discreto a suo fondamento, e tramonta (sembra tramontare) definitivamente la stagione del continuo.

Solo Albert Einstein e pochi altri cercano *variabili nascoste* nella descrizione quantistica del mondo in grando di ricomporre il quadro continuo della realtà. Ma tutti i tentativi, almeno finora, non raccolgono frutti. Sembra proprio che *natura facit saltus*.

Letture: Pietro Greco, *Il sogno di Einstein*, Napoli, Cuen, 2000; Lloyd Motz e Jefferson H. Weaver, *La storia della fisica*, Bologna, Cappelli, 1991.

Copernicano, principio

(da Copernico; dal latino *principium*)

Si dice che il principio copernicano consista nella progressiva e totale «detronizzazione» dell'→uomo operata dalla *nuova scienza* nell'ultimo mezzo millennio. Questo processo che ha spostato l'uomo dal centro del creato ha tre date significative, se non tre autentici capisaldi. Il 1543, anno in cui il polacco Niccolò Copernico pubblica a Norimberga il *De revolutionibus orbium coelestium*. Il 1859, anno in cui l'inglese Charles Darwin pubblica a Londra *On the Origins of Species by Means of Natural Selection*. E il 1916, anno in cui Albert Einstein pubblica a Berlino il suo articolo sulla →relatività generale.

Nel 1543, col suo piccolo saggio, Niccolò Copernico ipotizza che sia la Terra, pianeta tra i pianeti, a ruotare intorno al Sole e non viceversa, come prevede il millenario modello aristotelico e tolemaico. L'ipotesi eliocentrica di Copernico non si limita a proporre un modello astronomico alternativo a quello in voga da un paio di millenni. Rimuovendo la Terra dal centro dell'universo, Copernico rimuove l'uomo, sia pure solo fisicamente, dal centro del creato. Non meraviglia, dunque, che il modello di Copernico provochi reazioni di natura antropologica e religiosa, oltre e prima che scientifiche. Il suo piccolo libello sarà messo all'indice dalla Chiesa, di lí a qualche decennio. E l'adesione al modello copernicano regalerà non pochi guai a Galileo Galilei.

La pubblicazione del saggio di Copernico è, dunque, la prima affermazione del principio copernicano. L'atto fondativo che darà il nome a questo principio fisico e metafisico che è alla base dell'immagine del mondo della maggioranza degli scienziati. Oggi l'→astronomia ha portato alle conseguenze estreme la rimozione fisica dell'uomo dal centro del creato, operata da Copernico. Sappiamo, infatti, che viviamo in un →universo enorme, se non infinito, costituito da centinaia di miliardi di galassie, a loro volta formate ciascuna da centinaia di miliardi di stelle. La Terra ruota intorno a una stella qualsiasi, che naviga alla periferia di una galassia qualsiasi. Di recente sono stati scoperti pianeti che orbitano intorno a stelle diverse dal Sole. Anche l'oggetto pianeta, dunque, è piuttosto diffuso nel cosmo. Di piú. Nel nostro universo vige il principio →cosmologico, secondo cui in esso non c'è alcun luogo che abbia una posizione privilegiata. Non poteva esserci affermazione piú stringente della *mediocrità* della Terra e della sua collocazione nel cosmo.

Quando, poi, nel 1859 Charles Darwin propone la sua ipotesi sull'origine delle →specie e sulla loro discendenza comune (→evoluzione biologica), il principio copernicano subisce una nuova svolta radicale. L'uomo è una specie tra le specie, sostiene Darwin. Sottraendogli ogni posizione privilegiata tra gli esseri viventi. L'uomo si ritrova a essere un organismo vivente qualsiasi, ospite di un pianeta qualsiasi, che ruota intorno a una stella qualsiasi di una qualsiasi galassia.

Infine nel 1916 Albert Einstein fonda la sua teoria della relatività generale sul concetto che non esiste e non può esistere nel cosmo intero alcun sistema di riferimento privilegiato. Detto in altro modo, significa che non esiste e non può esistere *in linea di principio* alcun osservatore privilegiato. L'uomo perde anche l'ultima speranza di poter assolvere a un ruolo speciale. Egli è certo l'occhio (o un occhio, se nel cosmo esistono altri esseri intelligenti), attraverso cui l'universo sta imparando a osservare se stesso, come sostiene il fisico Victor Weisskopf. Ma quest'occhio non si trova certo in una postazione privilegiata.

L'affermazione progressiva del principio copernicano è, per dirla con Jacques Monod, un'antica allenza che si infrange. Perché l'uomo sa ormai di essere ospite non atteso, emerso piú per →caso che per →necessità, e collocato in una posizione marginale «nell'immensità indifferente del cosmo». D'altra parte sappiamo, per dirla con il fisico Stephen Hawking, molte cose su come l'universo esiste. Ma non sappiamo perché si dia la pena di esistere.

Lo scenario offre una vaga sensazione di disperazione. Che però possiamo tentare di scrollarci di dosso. Se siamo davvero l'occhio (o uno degli occhi) attraverso cui l'universo sta imparando a osservare se stesso, allora abbiamo almeno un compito su cui impegnarci. Portare a termine questa eccitante esplorazione e cercare di capire non solo perché c'è qualcosa invece che il nulla. Ma anche perché questo qualcosa che si dà la pena di esistere in alternativa al nulla stia anche cercando di imparare a osservare se stesso.

Letture: Niccolò Copernico, *De revolutionibus orbium coelestium*, Torino, Einaudi, 1975; Charles Darwin, *L'origine delle specie*, Roma, Newton Compton, 1973; Charles Darwin, *L'origine dell'uomo*, Pordenone, Edizioni Studio Tesi, 1991; Albert Einstein, *Relatività, esposizione divulgativa*, Torino, Boringhieri, 1980.

Coscienza

(dal latino *coscientia*, derivato da *conscire*)

La coscienza, scrive Edoardo Boncinelli, è il nucleo piú irriducibile e prezioso della →mente. E poiché la mente è un mistero, la coscienza è un mistero avvolto nel mistero. La difficoltà ad afferrarla, per la →scienza come per la →filosofia, inizia già nel momento di definirla. La coscienza indica una costellazione di fenomeni mentali diversi. E, per di piú, molti di questi fenomeni sono ampiamente controversi. Tanto che, oggi, tra gli scienziati e tra i filosofi che si occupano della mente, le posizioni sono le piú varie e divaricate. C'è chi semplicemente nega che esista qualcosa che è possibile chiamare coscienza. E chi, al contrario, si dice, se non a un passo, comunque incamminato per la giusta strada della sua completa spiegazione.

Noi, qui, ci limiteremo a indicare alcuni dei significati che, nei diversi ambiti culturali, può assumere il termine coscienza. E, magari, alcune delle strade piú promettenti verso la definizione di una →teoria scientifica della mente cosciente.

A. *Coscienza come consapevolezza*. Nel suo significato di →senso comune, la coscienza indica uno stato di veglia e di ricettività mentale nei riguardi di segnali che provengono dall'→ambiente. Però essere coscienti non significa solo essere svegli. Significa anche essere consapevoli di quello che accade. In questo senso, la coscienza assume subito un ambito piú limitato: è un insieme di fenomeni mentali che sono esclusivi dell'uomo e di qualche →animale (difficile, se non impossibile, indicare con esattezza quanti e quali).

B. *Coscienza fenomenica*. I filosofi amano parlare di coscienza in termini (un po') piú rigorosi e analitici. E distinguono, per esempio, una «coscienza fenomenica», che riguarda gli aspetti qualitativi dell'attività mentale. Non solo sensazioni come il dolore o emozioni come la gelosia, ma anche la prospettiva soggettiva di vedere le cose del mondo. Vorrei sapere come ci si sente a essere un pipistrello, si chiede retoricamente Thomas Nagel, a indicare la sua totale fiducia nella irriducibilità a un'analisi oggettiva della coscienza soggettiva.

La coscienza fenomenica è un osso duro, per tutte le scienze cognitive. In primo luogo perché occorre definire con una certa esattezza gli stati mentali che «vengono alla coscienza». Molti ritengono che gli stati intenzionali, come i desideri o anche le credenze, possano sfuggire, talvolta, alla coscienza. Posso desiderare qualcosa e non averlo presente a me stesso. Al contrario, quasi tutti pensano che gli stati mentali fenomenici, o sensoriali, da molti chiamati *qualia*, siano per definizione coscienti. Io non posso dire di provare dolore se non ho la coscienza di provare dolore.

Ciò premesso, con la «coscienza fenomenica» ci troviamo, come rileva Élisabeth Pacherie, «di fronte a un baratro esplicativo». Non solo non abbiamo una teoria oggettiva completa dell'esperienza soggettiva. Ma le →ipotesi sulla «coscienza fenomenica» sono assolutamente divergenti. Il filosofo americano Daniel Dennett e tutti gli eliminativisti, per esempio, negano che questa coscienza esista. Paul Churchland nega che l'esistenza dell'esperienza soggettiva sia un problema scientifico e/o filosofico. All'opposto, Thomas Nagel o Frank Jackson sostengono non solo che la «coscienza fenomenica» esiste, ma anche che essa è strutturalmente irriducibile a una descrizione oggettiva: non so e non potrò mai sapere cosa si prova a vedere il mondo con gli occhi di un pipistrello. Naturalmente ci sono altre posizioni, meno estremiste, che non negano né l'esistenza dalla «coscienza fenomenica», né la possibilità, almeno in linea di principio, di studiarla in termini oggettivi.

C. *Coscienza introspettiva*. Molti segnalano la presenza di una «coscienza introspettiva», ovvero la capacità di risalire il corso dei propri pensieri (→pensiero), di avere coscienza della propria coscienza. La coscienza introspettiva non è affatto una componente marginale della coscienza. Anzi, secondo David Rosenthal è la coscienza fenomenica a essere un tipo della piú generale coscienza introspettiva.

D. *Coscienza d'accesso*. Ned Block sottolinea la peculiarità di quegli stati mentali coscienti che, per la semplice ragione di averli, rendono disponibile una rappresentazione del loro contenuto. Se, per esempio, mi viene in mente che «3 è la radice quadrata di 9», ho immediatamente accesso al contenuto di questo mio stato mentale. Parlerò quindi di «coscienza d'accesso».

E. *Coscienza morale*. È quella particolare forma di coscienza che consente di esprimere giudizi di valore sui sentimenti e sulle azioni che noi facciamo.

F. *Autocoscienza*. C'è, infine, l'«autocoscienza»: la coscienza di →sé. E, quindi, dell'→altro. L'autocoscienza è, con il libero arbitrio (→libertà), la dimensione piú alta della coscienza e, quindi, della mente.

Questo semplice e incompleto elenco delle possibilità di declinare il significato attribuibile al termine coscienza poco ci dice sulla «natura della coscienza» e nulla ci dice sull'«origine della coscienza».

I due problemi sollevati sono ancora piú ardui della definizione di coscienza. Riguardo al primo problema, se non possiamo certamente risolverlo, possiamo fornire un ulteriore e incompleto elenco delle caratteristiche che hanno gli stati mentali coscienti. Ecco, appena appena modificato, quello proposto da Paul Churchland.

a. La coscienza implica la →memoria. Almeno la memoria a breve. Per avere coscienza di un evento, devo avere almeno un'idea di cosa abbia preceduto questo evento. Se cado, per provare dolore, devo avere un ricordo della mia condizione prima della caduta, quando il dolore non c'era.
b. La coscienza è indipendente dai dati sensoriali. Posso congelare tutti i miei sensi, chiudere gli occhi e la bocca, tapparmi il naso e le orecchie, evitare di toccare qualsiasi cosa, ma continuerò ad avere coscienza. Se non altro la coscienza di non provare sensazioni.
c. La coscienza possiede un'attenzione che può essere indirizzata. Posso in ogni momento focalizzare la mia attenzione su una sensazione, anche nel caso che le condizioni ambientali siano costanti e persino nel caso che quella sensazione sia assente.
d. La coscienza può fornire interpretazioni alternative di dati ambientali ambigui o complessi. Se vedo un orso che corre dietro a un altro orso, posso immaginare che stanno giocando o che stanno lottando.

e. La coscienza scompare nel sonno profondo.
f. La coscienza riappare nel sogno.
g. La coscienza è capace di rappresentazioni unitarie. Pur avendo impulsi da tutti gli organi di senso, posso avere una visione unitaria dell'ambiente dal quale quegli input provengono.

Naturalmente si potrebbe proseguire. Chi è convinto che la coscienza sia appannaggio esclusivo dell'uomo potrebbe dire che:

h. La coscienza implica il linguaggio. Solo la possibilità di esprimersi, secondo alcuni, porterebbe alla condizione di coscienza.

E, ancora, c'è chi sostiene che la coscienza è possibile solo in un ambito sociale. E quindi:

i. La coscienza implica la →società.

Altri caratteri, veri o presunti, della coscienza potrebbero essere elencati. Ma la lunghezza e l'ambiguità di questi elenchi dei caratteri della coscienza esprime già molto bene quanta e quale sia la nostra ignoranza sulla sua natura.

Ignoranza che può essere estesa e, forse, ampliata sull'altro problema, quello dell'origine. Non sappiamo dove, quando e perché sia nata la coscienza. Tuttavia un elemento lo abbiamo. L'uomo è il frutto dell'→evoluzione biologica. La sua coscienza, quindi, è frutto dell'evoluzione biologica. Se vogliamo spiegare la coscienza, dobbiamo indagare su un altro carattere o, se volete, su un altro modo di essere della coscienza: la coscienza evolutiva.

Questa ipotesi, come dire, darwiniana della coscienza non ci dice ancora nulla sul processo che l'ha determinata. Non sappiamo se l'evoluzione sia stata graduale e continua, o se sia avvenuta attraverso una serie di salti evolutivi. Non sappiamo neppure se la coscienza sia un'→emergenza unica, o sia il prodotto di una costellazione di emergenze. Tuttavia una cosa è certa. La coscienza, l'autocoscienza e il libero arbitrio sono il frutto della →storia.

Letture: Eddy Carli (a cura di), *Cervelli che parlano*, Milano, Bruno Mondadori, 1997; Paul Churchland, *Il motore della ragione, la sede dell'anima*, Milano, Il Saggiatore, 1998; Daniel Dennett, *Coscienza. Che cosa è*, Milano, Rizzoli, 1993; Gerald Edelman, *La materia della mente*, Milano, Adelphi, 1993; Alberto Oliverio, *Biologia e filosofia della mente*, Roma-Bari, Laterza, 1995.

Cosmologia
(dal greco κοσμολογία)

Il cosmo, per gli antichi greci, era il «tutto armoniosamente ordinato». La cosmologia era quindi lo studio dei principi generali che governano il tutto e lo rendono, appunto, armoniosamente ordinato. La cosmologia, dunque, altro non era che l'intera →fisica. Anzi, l'intera *filosofia della natura*. Oggi per cosmologia, o meglio, per cosmologia scientifica si intende qualcosa di piú ristretto e di piú preciso: lo studio dell'→origine e dell'evoluzione (→evoluzione cosmica) dell'→universo.

In realtà tutti i popoli e tutte le culture hanno elaborato una propria cosmologia, ovvero delle proprie idee sull'universo, sulla sua origine e, talvolta, sulla sua evoluzione. La cosmologia geocentrica di Aristotele e, poi, di Tolomeo, per esempio, ha dominato la cultura occidentale per oltre due millenni.

Anche le osservazioni di interesse cosmologico sono piuttosto antiche e diffuse. Gli astronomi cinesi e indiani, babilonesi ed egizi, studiavano il cielo e facevano osservazioni che concorrevano a rimodellare le loro idee sull'intero universo, sulla sua origine e sulla sua evoluzione.

Con la *nuova scienza*, tra il XVI e il XVII secolo, lo studio del cielo e le osservazioni di interesse cosmologico non solo diventano piú sistematici, ma assumono un carattere scientifico (→scienza). La portata di queste osservazioni (si pensi alle osservazioni cosmologiche di Niccolò Copernico, di Tycho Brahe, di Giovanni Keplero e di Galileo Galilei) è tale non solo da modificare profondamente le idee che l'uomo ha sull'universo e sulla sua struttura, segnando il tramonto della bimillenaria cosmologia aristotelico-tolemaica, ma da costituire anche uno dei motori fondamentali dello sviluppo e dell'affermazione della scienza stessa.

Tuttavia, malgrado Copernico, Brahe, Keplero, Galilei e malgrado persino Isaac Newton, la cosmologia scientifica nasce solo nel 1917, quando Albert Einstein pubblica, nelle sue *Considerazioni cosmologiche sulla Teoria della Relatività Generale*, le equazioni destinate a diventare la base matematica del nostro modello di universo come intero. A questo punto la cosmologia diventa, o ambisce a diventare, una scienza fisica in senso stretto. Perché all'indagine sperimentale, o meglio osservativa, affianca una legge generale, matematizzata, che ambisce a descrivere il comportamento dell'universo come intero. Anzi, da un punto di vista fisico, potremmo dire che solo dal 1917 l'universo come intero diventa, finalmente, cosmo: ovvero il tutto armoniosamente ordinato.

Non fa in tempo a nascere, che la cosmologia scientifica manca, per dirla con Stephen Hawking, il suo primo, grande colpo. Le equazioni proposte da Einstein non ammettono soluzioni se non per un universo che si espande o si contrae. Ma Einstein non riesce a predire che viviamo in un universo evolutivo, in un universo dinamico e non statico. Alcuni anni dopo sarà il giovane matematico Aleksandr Friedmann a trovare le soluzioni dinamiche alle equazioni cosmologiche di Einstein. E nel 1929 l'astronomo Edwin Hubble osserva per la prima volta l'universo in espansione.

Dopo questa stagione pionieristica, la cosmologia teorica stenta a svilupparsi. Riacquista «nuova rispettabilità», per dirla con Clifford Will, solo dopo il 1960, con la scoperta della «radiazione cosmica di fondo» e con la determinazione dell'abbondanza relativa di elio nell'universo. Due fatti previsti dalla →relatività generale applicata a scala cosmica.

È grazie a questi successi che i fisici che si occupano di cosmologia diventano una comunità scientifica che si riconosce e che è riconosciuta. O, almeno, è parzialmente riconosciuta. Perché molti hanno qualche difficoltà a considerare scienza una disciplina, sia pure dotata di sofisticati strumenti matematici, che non studia classi di oggetti, ma studia, per definizione, un unico, singolo oggetto: l'universo. Come è possibile trovare leggi generali (→legge) che riguardano un unico oggetto? Non c'è un'insanabile contraddizione in termini nella pretesa della cosmologia teorica di riconoscersi e di farsi riconoscere come scienza fisica, avendo un unico e solo oggetto d'indagine?

Il problema, in realtà, non è nuovo. Lo poneva e lo risolveva già nel XVIII secolo Immanuel Kant. Il filosofo tedesco sosteneva l'impossibilità in linea di principio per la cosmologia di «pervenire a uno stato *cognitivo*», trasformandosi da disciplina metafisica in disciplina fisica. Da filosofia in scienza. La cosmologia è, per definizione, una branca della filosofia.

L'argomento dell'impossibilità di principio viene tuttora sollevato dai critici della cosmologia scientifica. Accanto ad altri argomenti, di tipo normativo. La cosmologia non può essere considerata una scienza, perché le sue affermazioni sfuggono al principio della *verificabilità*. Cioè non è possibile ideare un esperimento per sottomettere a controllo un'ipotesi o una teoria cosmologica.

Tuttavia una comunità scientifica di cosmologi, che si autoriconosce ed è riconosciuta nell'ambiente fisico, esiste. Questa comunità utilizza i mezzi classici utilizzati dai fisici per le loro indagini teoriche. A iniziare da un imponente e sofisticato impianto matematico. E creando connessioni fitte e coerenti con altri campi della fisica.

L'esistenza di una simile comunità scientifica non è la prova provata che la cosmologia è diventata una scienza? Esistono tre grandi scuole di pensiero che forniscono tre diverse risposte alla domanda.

1. C'è chi, come Immanuel Kant, continua a sostenere che l'universo come intero non può essere sottoposto a indagine scientifica, ma è per definizione oggetto solo di indagine filosofica. Solo studiando moltitudini di oggetti possiamo verificare l'esistenza di regolarità e di leggi generali. Studiando un solo oggetto non è possibile in linea di principio distinguere tra leggi generali e condizioni iniziali. La moderna cosmologia scientifica, quindi, altro non sarebbe che una ricerca di natura filosofica, che utilizza sofisticati apparati matematici.
2. C'è, poi, chi, come a esempio Evandro Agazzi, non contesta le difficoltà fondative e metodologiche della cosmologia scientifica. Ma constata che una comunità scientifica di cosmologi esiste ed è riconosciuta. La cosmologia esiste come scienza. È quindi necessario modificare la definizione rigida della scienza che ci proviene dal positivismo. E constatare che non è possibile una distinzione netta tra scienza e filosofia. In molte aree di indagine, come per esempio nelle scienze di impronta storica, l'indagine scientifica e l'indagine filosofica si sovrappongono, si confondono e, infine, si fondono.
3. Molti cosmologi sostengono che la loro è una scienza piena e totale. Perché ciò che distingue una teoria scientifica da una teoria filosofica è la capacità di indicare esperimenti o osservazioni cruciali e di effettuare previsioni precise. Quando Penzias e Wilson hanno individuato la radiazione cosmica di fondo, hanno effettuato, senza neppure saperlo, un'osservazione cruciale e hanno verificato una predizione cruciale della teoria. Cosí è accaduto, piú di recente, con le osservazioni della anisotropia della radiazione di fondo effettuate nel 1992 dal satellite COBE e nel 2000 dall'esperimento Boomerang.

In particolare il Modello Standard della cosmologia scientifica, noto come modello del Big Bang, poggia, oltre che sulla coerenza di interconnessione con altre discipline fisiche (→termodinamica, →meccanica quantistica, relatività generale), su quattro precise previsioni indipendenti e regolarmente osservate:

a. la recessione delle galassie, osservata da Edwin Hubble nel 1929;
b. la presenza di una radiazione cosmica di fondo a 2,7 °K, osservata da Penzias e Wilson nel 1964;
c. l'abbondanza relativa dell'elio cosmico, determinata negli anni '60;
d. l'anisotropia della radiazione cosmica di fondo, rilevata da Smoot nel 1992 e confermata da De Bernardis nel 2000.

Queste predizioni, regolarmente osservate, conferiscono alla teoria cosmologica una notevole solidità e alla cosmologia il carattere, pieno, di scienza.

Letture: Evandro Agazzi, *Filosofia della natura*, Casale Monferrato, Piemme, 1995; Silvio Bergia, *Problemi fondazionali e metodologici in cosmologia*, in Giovanni Boniolo (a cura di), *Filosofia della fisica*, Milano, Bruno Mondadori, 1997; Paul Davies (a cura di), *La nuova fisica*, Torino, Bollati Boringhieri, 1992; Livio Gratton, *Cosmologia*, Bologna, Zanichelli, 1987.

Cosmologico, principio
(dal greco κοσμολογία; dal latino *principium*)

Il principio cosmologico prevede che a qualsiasi osservatore, in qualsivoglia punto dello spazio sia collocato, l'→universo presenti le medesime proprietà. Il principio è corroborato dal fatto che il nostro universo è omogeneo a larga scala (e solo a larga scala) e dal fatto che la sua espansione è isotropa, avviene, cioè, con la medesima velocità in ogni direzione.

Il principio cosmologico finora è sempre stato confermato dalle osservazioni. Intorno al 1950, Fred Hoyle, Hermann Bondi e Thomas Gold, con il modello evolutivo dello *stato stazionario* (→evoluzione cosmica), proposero il *principio cosmologico perfetto*, in base al quale l'universo presenterebbe le medesime proprietà in ogni momento della sua storia. Secondo i tre cosmologi inglesi, l'universo non sarebbe nato con un atto creativo unico (→creazione) da una *singolarità iniziale*, ma si espanderebbe in virtú di una creazione continua di →materia dal →vuoto. Ciò lo renderebbe omogeneo non solo nello →spazio, ma anche nel →tempo. L'ipotesi dello *stato stazionario* è stata falsificata negli anni '60 (anche se Hoyle e alcuni altri cosmologi continuano a riproporla, sia pure leggermente modificata). E con essa si è dimostrato falso anche il *principio cosmologico perfetto*.

Il nostro universo è omogeneo nello spazio, ma non nel tempo.

Letture: Livio Gratton, *Cosmologia*, Bologna, Zanichelli, 1987; Pietro Greco, *L'origine dell'universo*, Roma, Editori Riuniti, 1998.

Creazione
(dal latino *creatio*, derivato da *creare*)

All'inizio del XX secolo abbiamo appreso che viviamo in un →universo evolutivo (→evoluzione cosmica). Abbiamo appreso che l'universo ha una →storia. Che ha avuto un inizio, il Big Bang. E che avrà un epilogo (→fine), forse per lenta diluizione nel →vuoto. Le equazioni cosmologiche elaborate da Albert Einstein nel 1917 ci consentono di risalire matematicamente il corso del tempo fino al momento dell'inizio. E, poiché conosciamo anche i principi che governano l'→evoluzione della →materia nell'universo, nulla ci vieta di riavvolgere il film della storia cosmica e di fermarci al fatidico momento in cui ha avuto origine il Tutto. Al momento della creazione. Della creazione laica, beninteso.

L'impresa, possibile in via di principio, non riesce tuttavia a svelarci il «mistero dell'→origine». Anzi, ci porta dritto filato nel piú grande paradosso della →fisica moderna. Già perché, riavvolgendo il film della storia dell'universo, la relatività di Einstein vuole che giunti alla fine, giunti al tempo zero, inevitabilmente ci imbattiamo in un punto, la *singolarità iniziale,* che non possiamo proiettare per assoluta mancanza di strumenti idonei. Mentre riavvolgiamo il film della storia cosmica, le galassie si riavvicinano, fino a fondersi l'una nell'altra. L'universo diventa sempre piú curvo, denso e caldo. Fino a quando la densità di materia, la temperatura, la curvatura dello spazio-tempo diventano infinite. E il nostro universo si ritrova contenuto tutto in un punto densissimo, caldissimo e senza dimensioni. Questo stato singolare è insopportabile per i fisici. Perché la fisica non può descriverlo.

La *singolarità* è un punto dove la fisica, semplicemente, viene meno.

La situazione è davvero paradossale. Perché, come hanno dimostrato Stephen Hawking e Roger Penrose, non esistono soluzioni alle equazioni cosmologiche di Einstein che escludano la singolarità iniziale. Non esistono, quindi, soluzioni nell'ambito di una teoria fondamentale della fisica, la →relatività generale, che non escludano la fisica stessa dal mondo. La relatività generale, ne conclude Hawking, ha in sé il germe della propria distruzione. O, almeno, del proprio (parziale) superamento.

Cosí è diventata opinione diffusa che l'assurdo fisico iniziale, la singolarità, non ci sia mai stato. E, di conseguenza, che occorra trovare un'altra →teoria, piú generale della relatività generale, in grado di descrivere fisicamente l'universo nelle condizioni particolarissime del suo inizio.

L'idea è che, in condizioni di densità, temperatura e curvatura dello spaziotempo molto elevate, le interazioni quantistiche (→meccanica quantistica) tra le particelle diventino talmente importanti da non poter essere escluse dalla descrizione dell'origine cosmica. Dalla descrizione del Big Bang. Che, a dispetto del nome, non deve essere considerato come un'esplosione in un punto del →tempo e dello →spazio. Ma come un processo omogeneo e isotropo di espansione di un gas, che avviene contemporaneamente in ogni punto dello spaziotempo. A differenza dei processi che interessano i gas normali, però, quel processo di espansione del gas primordiale genera lo spaziotempo. Se l'universo è finito, allora lo possiamo immaginare come la superficie di una sfera che si espande a partire da un singolo punto. Se l'universo è →infinito, allora il Big Bang avviene simultaneamente dappertutto.

Già, ma come e perché avviene il Big Bang, la grande espansione? Come e perché è nato il nostro universo?

Nessuno lo sa. Allo stato è impossibile dirlo. O, detta in termini piú consoni ai fisici, manca tuttora una teoria in grado di riconciliare le due teorie fondamentali della fisica, la relatività generale e la meccanica quantistica, e di fornire una descrizione del Big Bang.

Ciò non significa che manchino ipotesi scientifiche attendibili sull'origine del nostro universo. Tutt'altro. Ce ne sono moltissime. Un po' tutte si richiamano alla meccanica quantistica. E al suo peculiare concetto di vuoto. Brulicante com'è, dicono le teorie, di particelle virtuali che hanno una breve, ma non del tutto effimera stagione di vita.

Tra le prime ipotesi quantistiche dell'origine cosmica c'è quella proposta, all'inizio degli anni '70, da Edward Tryon. Il nostro universo, sostiene il cosmologo, è una fluttuazione quantistica del vuoto. Una sorta di *free lunch*, di pasto gratis. Date, infatti, uno sguardo all'→energia totale dell'universo, fate un po' di conti e vi accorgerete che essa è... perfettamente uguale a zero. Perché l'energia potenziale negativa di tutte le particelle cosmiche è esattamente pari alla massa-energia positiva. Se questo è vero, se la sua energia totale è a somma zero, allora è possibile che l'universo sia nato da una fluttuazione quantistica del vuoto. Sia, insomma, un pasto gratis offerto alla mensa, generosa, della fisica dei quanti.

Le fluttuazioni quantistiche del vuoto non sono una invenzione di Tryon. E non sono neppure una esotica rarità. I fisici delle particelle sanno che, grazie al *principio di indeterminazione* di Heisenberg, dal vuoto nascono in continuazione coppie particella-antiparticella. Anzi, il vuoto, lungi dall'essere il luogo del nulla, è uno spazio brulicante di particelle di materia e di antimateria. Certo, queste particelle accoppiate hanno una vita media molto breve, perché l'energia potenziale tra di esse è trascurabile. Non fanno in tempo a nascere che l'attrazione elettrica le porta a riavvicinarsi e ad annichilarsi nel giro di qualche frazione di secondo. Una coppia elettrone-positrone, per esempio, vive in media 10^{-12} secondi: un millesimo di miliardesimo di secondo. Per questa loro vita cosí effimera, le particelle create dal vuoto quantistico sono chiamate *virtuali*.

Tuttavia sappiamo che l'energia potenziale di un sistema è proporzionale al quadrato del numero di particelle (n^2). Mentre la massa-energia è proporzionale al numero delle particelle (n). Cosí quando le fluttuazioni quantistiche del vuoto producono simultaneamente un numero piccolo di particelle, una coppia o poche coppie, l'energia potenziale di questo sistema è trascurabile. Ma se una fluttuazione del vuoto produce coppie di particelle in gran numero, allora l'energia potenziale negativa diventa elevata. E non è piú trascurabile.

Certo, anche in quel luogo straordinario che è il vuoto quantistico, la statistica fa valere le sue ragioni. Cosí che la creazione concomitante di un numero molto alto di particelle virtuali è evento improbabile. Resta il fatto, però, che l'energia potenziale negativa allontana le particelle le une dalle altre, consentendo loro di spendere una vita meno effimera, prima di essere portate a riannullarsi dalla forza d'attrazione elettrica. Il rapido aumento dell'energia potenziale col numero delle particelle, ancorché raro, ha un effetto stabilizzante. Se poi, in un evento rarissimo, il numero di particelle virtuali create simultaneamente è molto, ma molto grande, l'energia potenziale potrebbe finire per bilanciare la massa-energia. L'energia totale del sistema diventerebbe pari a zero: le particelle potrebbero sfuggire al baratro dell'annichilazione e durare per sempre.

Insomma, sostiene Tryon, un gruzzolo cospicuo di particelle virtuali può dar luogo a un universo reale. È questo il pasto gratis regalatoci dalla meccanica quantistica? È nato cosí, da una fluttuazione enorme del vuoto, il nostro universo?

Non lo sappiamo. Le risposte definitive a queste domande le avremo solo quando risolveremo il problema della *singolarità iniziale* e avremo una teoria piú generale della relatività generale e della meccanica quantistica in grado di superare quel punto di crisi. La creazione, in senso laico, resta un mistero.

Letture: Paul Davies (a cura di), *La nuova fisica*, Torino, Bollati Boringhieri, 1992; Pietro Greco, *L'origine dell'universo*, Roma, Editori Riuniti, 1998; Stephen Hawking, *Dal Big Bang ai buchi neri*, Milano, Rizzoli, 1988; Martin Rees, *Prima dell'inizio*, Milano, Raffaello Cortina, 1998; Hubert Reeves, *L'evoluzione cosmica*, Milano, Rizzoli, 1993.

Cultura

(dal latino *cultura*)

La cultura, nel →linguaggio di →senso comune, è l'insieme delle cognizioni intellettuali che un →uomo acquisisce attraverso lo studio o attraverso l'esperienza. In altre parole, la cultura è collegata all'erudizione. È colto colui che sa.

È anche vero, però, che il concetto di cultura si è venuto modificando nel tempo. Oggi neppure nel linguaggio comune cultura è sinonimo perfetto di erudizione. È colto non colui che semplicemente sa, ma colui che riesce a interpretare in modo profondo e originale i dati che ha a disposizione. E su questa sua capacità costruisce la propria personalità intellettuale, morale, estetica.

In realtà, «la cultura, o civiltà», scriveva nel 1871 l'antropologo inglese Edward Burnett Tylor, ha un significato che va ben oltre il senso comune e il possesso individuale di un'erudizione piú o meno rielaborata. «Intesa nel suo ampio senso etnografico, [cultura] è quell'insieme complesso che include la conoscenza, le credenze, l'arte, la morale, il diritto, il costume, e qualsiasi altra capacità e abitudine acquisita dall'uomo come membro di una società.» Insomma, cultura è un concetto strettamente legato a quello di →società. Perché è l'insieme di valori, usi, costumi, stili di vita, credenze, simboli, riti, attività materiali che caratterizza una comunità di persone in un certo momento della sua →storia.

Con questa definizione Edward Burnett Tylor non solo fa entrare a pieno titolo il termine cultura nel novero dei concetti scientifici (→scienza), ma inaugura anche una nuova disciplina scientifica: l'antropologia, appunto, culturale.

La definizione di cultura proposta da Tylor è certamente piú ampia e diversa da quella di senso comune. Tuttavia tra il concetto antropologico e il significato di senso comune di cultura c'è almeno un elemento di sovrapposizione. Entrambi si riferiscono alla cultura dell'uomo. Entrambi considerano la cultura una caratteristica, spesso *la* caratteristica, dell'umanità.

In tempi piú recenti il termine cultura è entrato nel lessico dei biologi (→biologia) e ha assunto un significato ancora piú ampio e ancora piú lontano dal senso comune. Nel 1953, per esempio, alcuni biologi giapponesi iniziarono a studiare il comportamento dei macachi del loro paese (*Macaca fuscata*). E verificarono che quelle simpatiche scimmie facevano decantare il frumento nelle acque del mare per separarlo dalla sabbia e lavavano le patate. Ma gli studiosi giapponesi scoprirono anche che questi comportamenti piuttosto complessi non erano «innati», bensí venivano elaborati da alcuni individui (→individuo) e trasmessi al gruppo.

Scoperta davvero importante, quella dei primatologi giapponesi. Perché dimostrava che l'apprendimento e la trasmissione del sapere non erano caratteristiche esclusive dell'uomo, ma appartenevano, sia pure in forme piú primitive o, per dirla con gli studiosi giapponesi, «preculturali» anche agli animali (→animale). Anzi, anche agli altri animali.

Ma scoperta non meno importante è che questa trasmissione del sapere tra i macachi del Giappone è strettamente correlata alla loro socialità. Le scimmiette giapponesi si organizzano in grandi gruppi e gli individui intessono forti e variegate relazioni sociali con tutti gli altri membri del gruppo. In questo contesto di elevata socialità comportamenti nuovi che si rivelano utili al gruppo vengono immediatamente appresi e diffusi. Diventando una «tradizione culturale» del gruppo.

La cultura umana è legata, anche, alla →tecnica. Ovvero alla capacità di usare, progettare, realizzare e usare strumenti per manipolare la →natura. Non fu quindi senza meraviglia che, all'inizio degli anni '70 del XX secolo, altri primatologi scoprirono che alcuni scimpanzé sapevano «costruirsi» dei bastoncini di legno, infilarli nei termitai e nei formicai, aspettare che gli insetti vi si attaccassero e, con uno strappo secco e sapiente, portarli alla bocca a mo' di spiedino. Anche questo uso della tecnica era appreso da singoli individui e trasmesso alla comunità. Una volta che la tecnica è diventata «tradizione culturale», sono le madri che insegnano ai figli come costruire e usare i bastoni per «pescare» termiti e formiche.

Negli ultimi tempi le osservazioni di comportamenti culturali o, se si vuole, «preculturali» tra gli animali, in particolare tra i primati e, ancora, in particolare tra le grandi scimmie antropomorfe, sono notevolmente aumentate. E un po' tutte queste osservazioni correlano la capacità di apprendere degli individui al tasso di socialità dei gruppi in cui vivono. A conferma che cultura, →mente e società, o meglio sviluppo culturale, sviluppo mentale e sviluppo sociale, sono entità coevolutive.

Già, perché tutte queste osservazioni ci dicono che la cultura è un prodotto adattivo (→adattamento) dell'→evoluzione biologica. È apparsa, per una serie di contingenze favorevoli, nel corso dell'evoluzione darwiniana delle →specie. Ma, in qualche modo, ha trasceso l'evoluzione darwiniana delle specie, perché la trasmissione dei caratteri culturali non è mendeliana (non è affidata ai geni), ma è lamarckiana (è affidata all'→intelligenza dei singoli individui). Ciò conferisce alla cultura tre caratteristiche che la biologia non ha: i caratteri culturali possono essere acquisiti in modo estremamente rapido, cosí che l'→evoluzione culturale può essere molto piú veloce dell'evoluzione biologica; l'evoluzione culturale può essere indirizzata dalla volontà e dall'intelligenza degli individui e della società, cosicché essa è la prima forma di evoluzione teleologica (→teleologia) apparsa nell'universo conosciuto; i caratteri culturali possono essere dimenticati con la medesima rapidità con cui vengono acquisiti, e questo fa sí che il →progresso culturale sia una possibilità, ma non una necessità. La cultura va curata e alimentata in continuazione, altrimenti appassisce.

Letture: Jared Diamond, *Il terzo scimpanzé*, Torino, Bollati Boringhieri, 1994; Robert Foley, *Gli umani prima dell'umanità*, Roma, Editori Riuniti, 1999; Pietro Greco, *Evoluzioni. Dal Big Bang a Wall Street, la sintesi impossibile*, Napoli, Cuen, 1999; Marvin Harris, *La nostra specie*, Milano, Rizzoli, 1991; Richard Leakey, *Le origini dell'umanità*, Firenze, Sansoni, 1995.

d

Deduzione

(dal tardo latino *deductio*, derivato di *deducere*)

In una delle sue «sensate esperienze» piú famose e fruttuose, suffragate da «certe dimostrazioni», Galileo Galilei lascia cadere una palla lungo un piano inclinato. La palla rotola giú e si ferma in un punto, la cui distanza dipende dall'altezza dalla quale è partita. Galileo ha in precedenza calcolato la distanza dei punti di caduta in funzione dell'altezza da cui viene fatta partire la palla. L'accordo tra i calcoli teorici e le osservazioni sperimentali è buono, anche se non perfetto. A causa, sostiene Galileo, di errori prodotti dall'attrito e dalla resistenza dell'aria.

Con questo →esperimento Galileo non scopre solo la →legge di caduta dei gravi, ma propone forse il primo limpido esempio di quel →metodo ipotetico-deduttivo che è considerato il fondamento della scienza.

Galileo, infatti, formula un'→ipotesi: in un →moto uniformemente accelerato, che egli definisce come il moto in cui la velocità cresce in modo uniforme col tempo, la distanza percorsa è proporzionale al quadrato del tempo. Si badi, come fa notare David Oldroyd, che questa connessione tra l'accelerazione e il rapporto distanza/tempo è matematica e certa. È una →verità logica e matematica data. Che nessun esperimento può confutare. L'esperimento può solo dire se un grave in caduta si muove o meno di moto uniformemente accelerato. D'altra parte Galileo non sa se il comportamento dei gravi in natura segue la sua ipotesi di caduta. L'esperimento serve, dunque, a verificare la corrispondenza tra ipotesi e →realtà del mondo fisico.

Dopo varie prove, l'esperimento del piano inclinato dimostra, fatti salvi gli errori, che le distanze percorse dalla palla sono proporzionali ai quadrati dei tempi. E Galileo ne *deduce* che un corpo in caduta sulla superficie della Terra si muove di moto uniformemente accelerato.

Con l'esperimento del piano inclinato il disposto combinato di ipotesi, esperimento e deduzione diventa il metodo matematizzato con cui la *nuova scienza* produce conoscenze intorno al mondo. In realtà molti studiosi fanno notare che questo è solo uno dei molti metodi che usa la scienza, ed è prevalente soprattutto nelle scienze matematizzabili, le scienze fisiche.

La deduzione è un processo logico che, partendo da una o piú proposizioni accolte come premesse, muovendosi con rigorosa necessità, giunge a un'altra proposizione conseguente e necessaria. Con Galileo, questo processo entra a far parte della «logica della scoperta scientifica», piú di quanto non facciano altri processi logici, come l'→induzione e l'→abduzione.

Grande fautore della →logica deduttiva era stato Aristotele (sillogismo), che la considerava l'unica davvero capace di portare a conoscenze certe. Tuttavia il teorico del ruolo fondante della deduzione nella logica scientifica è stato Cartesio. La cui proposta è, appunto, quella di derivare le leggi fondamentali della fisica da pochi principi primi metafisici, attraverso lunghe catene di rigoroso ragionamento deduttivo, in cui ogni effetto risale, con assoluto →determinismo, a una →causa.

Il ragionamento deduttivo puro, naturalmente, non basta per risalire le catene deterministiche delle cause e degli effetti.

Occorre riconoscere che la potenza della natura è cosí ampia e vasta e i suoi principi sono cosí semplici e generosi che non osservo quasi piú alcun effetto di cui non sappia già prima che può essere dedotto in varie differenti maniere, e che la mia piú grande difficoltà è, in generale, di trovare in quale di queste maniere l'effetto dipenda da quelle cause. Per tale scopo, non conosco altro espediente se non quello di cercare nuovamente alcune esperienze, tali che il loro accadere non sia il medesimo a seconda che debba essere spiegato nell'una o nell'altra di quelle maniere.

Insomma, l'esperimento ha, per Cartesio, il compito di selezionare tra due o piú catene di ragionamento deduttivo che sono in competizione nella spiegazione di un fenomeno. Cartesio immagina «esperimenti cruciali» in grado di operare una scelta chiara tra teorie alternative.

Oggi è opinione diffusa che questi «esperimenti cruciali» non esistano o, comunque, che svolgano un ruolo marginale nella storia della selezione delle teorie scientifiche, che avviene in genere attraverso un processo molto piú complesso.

Alcuni, inoltre, ritengono che anche il metodo deduttivo svolga un ruolo niente affatto primario nella «logica della scoperta scientifica». Proprio perché nella logica deduttiva l'inferenza è tutta contenuta nella premessa, il metodo deduttivo non «scopre» nulla.

Queste critiche sono, probabilmente, esagerate. Sia perché è innegabile che il metodo ipotetico-deduttivo *à la Galileo* ha prodotto, storicamente, risultati notevoli. Sia perché la deduzione non è sempre e solo *immediata*, con passaggio diretto dalle premesse alle conseguenze. Ma nell'agire degli scienziati è quasi sempre *costruttiva*: nelle sue conclusioni finali, raggiunte spesso per via matematica, c'è sempre qualche elemento nuovo che non è contenuto nelle premesse. C'è sempre qualche elemento creativo e innovativo.

Letture: Giovanni Boniolo e Paolo Vidali, *Filosofia della scienza*, Milano, Bruno Mondadori, 1999; René Descartes (Cartesio), *Discorso sul metodo*, Bari, Laterza, 1967; David Oldroyd, *Storia della filosofia della scienza*, Milano, Il Saggiatore, 1989; Karl Popper, *Poscritto alla logica della scoperta scientifica*, Milano, Il Saggiatore, 1984.

Determinismo

(dal tedesco *Determinismus*, dal latino *determinare*)

Il determinismo è quell'insieme di concezioni e di visioni del mondo per cui ogni e qualsiasi evento in natura ha una →causa precisa (o un insieme di cause precise) e si verifica per inderogabile e universale →necessità. In pratica il determinista pensa che nelle medesime condizioni ogni e ciascuna causa produrrà sempre lo stesso effetto. E ne deriva che il mondo è necessariamente quello che è, perché non potrebbe essere diversamente.

La filosofia determinista è una filosofia antica. Risale almeno a Democrito e alla sua concezione atomistica del mondo (→atomo). Per il filosofo di Abdera, discepolo di Leucippo, la →realtà cosmica è univocamente determinata, poiché gli atomi, eterni e indivisibili, si muovono nel →vuoto, aggregandosi e separandosi, sulla base di leggi (→legge) certe e necessarie. Il determinismo assoluto di Democrito risulta fortemente attenuato in Epicuro, secondo il quale gli atomi hanno una possibilità, sia pure tenue, di deviare dalla traiettoria necessaria del loro →moto. Questa imprevedibile deviazione, meglio nota come *clinamen*, per quanto tenue rende, appunto, meno determinata la realtà, offrendo l'opportunità al →caso di fare capolino nell'→evoluzione della →materia e alla →libertà di entrare a pieno titolo nell'evoluzione spirituale dell'uomo.

Il problema della causa e della necessità in natura verrà trattato in altro modo da Platone e Aristotele (finalismo). Tuttavia la visione determinista non tramonta affatto. È determinista, per esempio, una componente importante del pensiero astrologico antico. Determinista è, ancora, la filosofia teocentrica di Agostino: tutte le cause naturali sono riconducibili alla Causa prima: Dio. E nulla accade nel mondo che non sia stato previsto e voluto fin dall'inizio del tempo dall'infinita intelligenza e sapienza di Dio. Insomma il determinismo attraversa tutta la storia culturale dell'antichità.

La parola determinismo è, invece, molto piú moderna. Appare per la prima volta in Germania, nel XVIII secolo. E tra i primi a pronunciarla è Immanuel Kant, interessato al problema della causalità riproposto dalla nuova concezione meccanicistica (→meccanicismo) del mondo. Nelle altre lingue europee la parola determinismo e il dibattito intorno al determinismo scientifico si affermano nel XIX secolo. In particolare dopo che il marchese Pierre-Simon de Laplace, matematico e astronomo di gran classe, nel 1814 pubblica una sorta di manifesto del «determinismo meccanicista» (→caos).

Secondo Laplace l'→universo è regolato dalle leggi, certe e universali, della →meccanica. Le condizioni in cui si trovano l'intero cosmo e le sue singole particelle sono, istante per istante, il frutto di cause certe e rigorosamente determinate. Il presente dell'universo e di ogni sua componente è univocamente scritto nel passato. E il futuro è univocamente scritto nel presente. Per questo un'intelligenza che conoscesse con infinita precisione le condizioni attuali dell'universo e le leggi della meccanica, conoscerebbe automaticamente e con precisione assoluta anche il suo passato e il suo futuro.

Come scrive Krzysztof Pomian, nell'universo di Laplace il passato già contiene il futuro. L'universo è stato programmato una volta per tutte e la sua evoluzione nel →tempo segue, fin nei dettagli minimi, una traiettoria univocamente determinata già dall'inizio.

Laplace sa, naturalmente, che l'uomo non possiede questa intelligenza. Per cui non gli basterà mai conoscere le leggi della meccanica per conoscere il passato, il presente e il futuro dell'intero universo e di ciascuna sua componente. Tuttavia l'universo di Laplace è un universo prevedibile, in linea di principio, con →certezza assoluta. Solo l'ignoranza, sia pure strutturale, dell'uomo rende incerta la conoscenza del futuro.

Il determinismo laplaciano diventa, in breve, una visione del mondo piuttosto condivisa tra gli uomini di scienza. Soprattutto tra i fisici. D'altra parte come si potrebbe costruire una →fisica rigorosa senza un principio di rigorosa causalità?

Laplace, tuttavia, mette tutti sull'avviso. Dati i suoi limiti strutturali, l'uomo deve costruire la sua impresa di conoscenza su una base probabilistica e non (sempre) rigorosamente determinista.

Le cose cambiano a partire dagli anni '20 del XX secolo. Con la nuova visione del mondo proposta dalla →meccanica quantistica e, in particolare, con l'elaborazione (o la scoperta?) del «principio di indeterminazione» da parte di Werner Heisenberg. Il principio nega che noi possiamo prevedere, per esempio, la traiettoria che seguirà un elettrone che si muove nello →spazio, perché non possiamo conoscere con precisione assoluta la posizione e la velocità con cui la particella quantistica si sta muovendo in questo istante. Se aumento l'accuratezza della misura della posizione dell'elettrone, diminuisco fatalmente la precisione della misura della sua velocità. E viceversa.

La meccanica quantistica e il principio di indeterminazione segnano la fine del determinismo in fisica. Perché l'impossibilità non deriva da un limite umano. Ma è un'impossibilità di principio. Nessuna intelligenza analitica, infatti, potrà mai prevedere il futuro, semplicemente perché non può, in linea di principio, conoscere con precisione assoluta il presente.

Nel Novecento la critica al determinismo laplaciano ha riguardato anche la fisica classica. Hans Reichenbach per esempio contesta la teoria «soggettiva» della probabilità proposta da Laplace. Il filosofo tedesco sostiene che le predizioni, anche in fisica classica, non possono mai essere esatte, proprio perché non è possibile sottoporre ad analisi tutti i fattori che concorrono a determinare un certo fenomeno. Non è un limite dei fisici o dell'uomo: è il modo stesso in cui il mondo risponde alle nostre osservazioni. Per cui l'unica cosa che possiamo fare quando studiamo un sistema fisico è elaborare delle previsioni di tipo probabilistico.

Anche Karl Popper ha criticato il determinismo in fisica classica. Considerandolo tramontato con la scoperta, da parte dei matematici francesi Henri Poincaré e Jacques Hadamard, dei sistemi dinamici estremamente sensibili alle condizioni iniziali.

Ed è proprio con la (ri)scoperta del caos che il problema del determinismo nel mondo classico nella seconda metà del Novecento torna di attualità anche tra i fisici. I sistemi caotici, infatti, sono sistemi largamente imprevedibili, pur non essendo governati dal caso.

Resta, però, la differenza tra un sistema fisico classico e un sistema quantistico. L'impossibilità di prevedere con precisione infinita l'evoluzione di un sistema fisico macroscopico dipende dai limiti umani ed è quindi un'impossibilità gnoseologica. L'impossibilità di prevedere con precisione infinita l'evoluzione di un sistema quantistico è, almeno nella «interpretazione di Copenaghen» della meccanica quantistica, intrinseca al sistema ed è quindi ontologica.

Letture: Giorgio Israel, *Il dibattito su caos, complessità, determinismo e caso: crisi della scienza o miseria della filosofia?*, in «La nuova civiltà delle macchine», anno XI, n. 3-4, luglio-dicembre 1993; Krzysztof Pomian (a cura di), *Sul determinismo*, Milano, Il Saggiatore, 1991; Karl Popper, *Poscritto alla logica della scoperta scientifica*, Milano, Il Saggiatore, 1984; Ilya Prigogine; *Le leggi del caos*, Roma-Bari, Laterza, 1993; David Oldroyd, *Storia della filosofia della scienza*, Milano, Il Saggiatore, 1989.

Determinismo genetico

(dal tedesco *Determinismus* e dal latino *determinare*; dal latino *genesi* e dal greco γεννητικός)

La fine del XIX secolo e l'inizio del XX secolo sono stati contraddistinti dalla diffusa presenza, anche in ambito scientifico, del «determinismo genetico». Quell'ideologia secondo cui tutti i tratti somatici, psicologici e comportamentali degli uomini hanno sostanzialmente un'origine genetica.

Il determinismo biologico è ritornato di attualità alla fine del XX secolo, con le discussioni aperte dal Progetto Genoma.

Il →determinismo scientifico, in realtà, ha natali piú antichi. Affonda le sue radici nell'immagine dell'→universo che si scorge immediatamente all'alba della *nuova scienza*, nel XVII secolo. Dai lavori di Galileo e, poi, di Newton sembra infatti emergere una →natura governata da rigide leggi causali (→legge). Leggi universali, che non ammettono eccezioni. La →metafora dell'universo meccano esemplifica la nuova visione del mondo che accompagna lo sviluppo, rapido e geniale, della *nuova scienza*, e che viene definita, appunto, →meccanicismo. Una metafora che si estende anche al corpo materiale degli organismi viventi e dell'uomo. Soprattutto dopo che William Harvey, nel 1628, pubblica a Francoforte il suo *De motu cordis et sanguinis in animalibus*, dimostrando che il sangue circola nel corpo degli animali e dell'→uomo grazie all'azione incessante, e soprattutto matematicamente quantificabile, della pompa cardiaca. A Harvey, che ha frequentato Padova negli anni in cui la frequentava anche Galileo, il cuore appare il *primum vivens* del sistema corpo, proprio come al fisico fiorentino il Sole appare il *primum movens* del sistema planetario.

Nessuna meraviglia che a molti contemporanei di Galileo e di Harvey il corpo umano e l'universo intero appaiano come precisi orologi meccanici, governati dalle medesime leggi deterministiche di causa ed effetto.

Cartesio è il filosofo (matematico) che porta a sintesi questa intuizione e traccia le basi del pensiero meccanicista. E, con la medesima geniale lucidità, ne trae tutte le conseguenze. L'universo fisico altro non è che →materia e →moto. Particelle che si muovono secondo leggi necessarie e inderogabili, in una rigida causalità (→causa).

La metafora meccanicistica ha un cosí grande successo da informare di sé la concezione del mondo di molti uomini di scienza nel corso di almeno un paio di secoli. All'inizio dell'Ottocento, sulla scorta di strumenti matematici sempre piú predittivi del «comportamento» rigidamente causale dell'universo fisico, Pierre-Simon de Laplace formula il cosiddetto «manifesto del determinismo meccanicista». Ma nei decenni successivi l'assimilazione della metafora dell'universo meccano spinge persino i sociologi e gli economisti «a fare come i fisici» e a ricercare le leggi rigidamente causali che determinano il comportamento sociale dell'uomo.

Anche la gran parte dei biologi sente, naturalmente, il fascino della potente metafora meccanicistica. E si pone alla ricerca, una ricerca spesso coronata da successo, delle cause puntuali e uniche che determinano il comportamento degli organismi viventi. Per il fisiologo Claude Bernard, per esempio, il metodo sperimentale della nuova →medicina scientifica che sta nascendo nell'Ottocento ha «per fine quello di risalire alle cause prossime dei fenomeni». Che non solo sono cause uniche e necessarie, ma sono anche cause sufficienti per l'insorgere delle malattie.

In biologia, la visione deterministica del mondo intorno alla fine del XIX secolo produce, come rileva Richard Lewontin, «una particolare rappresentazione degli organismi e della loro attività vitale complessiva». I fenomeni biologici e i comportamenti degli organismi sono determinati essenzialmente non solo da fattori unici, necessari e sufficienti, ma anche interni. In biologia la causa determinante è soprattutto una causa interna agli organismi. E, già all'inizio del XX secolo, questi fattori causali interni sono individuati nei geni. Di cui non si conosce ancora la natura molecolare, ma si inizia già a conoscere la natura funzionale. I geni contengono, esprimono e trasmettono di padre in figlio i caratteri fisici e psichici.

L'elemento ideologico, naturalmente, non è contenuto nella visione mendeliana della trasmissione dei caratteri ereditari. Ma nell'interpretazione rigidamente deterministica della legge scoperta dal monaco moravo e della nuova scienza genetica che nasce, all'inizio del XX secolo, con la «riscoperta» di Gregor Mendel. Nella presunzione che i geni determinino univocamente e per intero il nostro modo di essere, i nostri comportamenti, le nostre capacità.

Negli ultimi anni la →biologia in generale e la genetica in particolare hanno avuto uno sviluppo straordinario. E da scienze giovani sono diventate cultura matura.

Tuttavia, per paradosso, il determinismo ingenuo, a latere della biologia e della genetica, non è svanito con la maturazione di questa cultura. Ma si è rafforzato. Fino a delineare i contorni di una vera e propria metafisica: la «metafisica genomica». Secondo la quale nel nostro genoma è racchiusa, pura ed essenziale, la nostra natura individuale e collettiva. L'essenza della nostra umanità. Nella «metafisica genomica», i geni, dunque, vengono eletti a depositari dell'essenza di ogni vivente. E diventano l'equivalente moderno della grazia o dell'→anima.

La «metafisica genomica» è ulteriormente cresciuta e si è sviluppata negli anni del Progetto Genoma. Mentre i biologi molecolari sul campo si accingevano a sequenziare il Dna, i cultori della «metafisica genomica» andavano affermando che quando avremo conosciuto tutti i nostri geni e la loro struttura molecolare, conosceremo finalmente noi stessi: conosceremo l'Uomo. E sapremo non solo perché alcuni di noi si ammalano e altri sono sani, non solo perché alcuni di noi sono forti e altri sono deboli, ma anche perché alcuni di noi sono intelligenti e altri stupidi, perché alcuni sono ricchi e altri poveri, perché alcuni sono monogami e altri corrono la cavallina, perché alcuni sono destinati, nella vita, ad avere successo e perché altri, qualunque cosa facciano, sono destinati sempre e comunque a perdere.

Anzi, sapremo molto di piú. Sapremo perché una società, una nazione, una civiltà, una razza, un sesso, sono vincenti, mentre altre società, altre nazioni, altre civiltà, altre razze, l'altro sesso sono perdenti. Il perché è scritto nei geni.

La «metafisica genomica», che Richard Lewontin chiama «ideologia del determinismo biologico» e Steven Rose chiama «determinismo neurogenetico», si fonda su due concetti fondamentali: le nostre caratteristiche fondamentali differiscono per cause innate ed ereditarie, e sono tali da determinare una gerarchia sociale. Le cause interne ed ereditarie sono i geni, responsabili di tutti i comportamenti, normali e patologici. Fisici e mentali. Sono, cosí, determinati dai geni le mie malattie e i miei gusti. La mia cultura. Se ho il diabete è perché ho un gene malato. Se sono poco intelligente, è perché i miei geni dell'intelligenza non sono all'altezza. Se commetto un reato è perché ho i geni che mi spingono a rubare e persino a uccidere.

Questa visione ha vistosi limiti. Limiti scientifici, in primo luogo (per una discussione piú ampia su genetica e determinismo, si veda la voce →evoluzione biologica).

I limiti del determinismo genetico

L'*Achillea* è una piccola pianta selvatica, di cui si conoscono cinque varianti genetiche. In un medesimo ambiente, queste cinque varianti evidenziano caratteri fenotipici abbastanza diversi. Differiscono tra loro per altezza, numero di foglie, numero di steli, ramificazioni. Potremmo concluderne che le differenze hanno una precisa origine genetica e che il fenotipo è univocamente caratterizzato dai geni. Il fatto è che se l'*Achillea* cambia ambiente, per esempio dal livello del mare sale in alta collina, i caratteri fenotipici mutano radicalmente. Il ceppo piú alto e ramificato diventa quasi incapace di crescere; il ceppo che a bassa quota ha rade foglie e pochi steli, in collina cresce alto e rigoglioso e cosí via. Questa semplice constatazione dimostra che non esiste un gene in grado di controllare in modo deterministico un carattere, per esempio l'altezza della pianta. Il «gene dell'altezza» si esprime meglio in certi ambienti e meno bene in altri ambienti. Cosicché un carattere fenotipico è sempre il frutto di una delicata regolazione tra struttura genetica e condizioni ambientali.

Quanto sia delicata questa regolazione è dimostrato dal fatto che se cambiamo di nuovo habitat all'*Achillea* e la portiamo in alta montagna, di nuovo il fenotipo delle cinque varianti genetiche cambia radicalmente. Ma in modo niente affatto lineare. Il primo ceppo rigoglioso al mare e inibito in collina, torna a svilupparsi alto e forte. Il secondo ceppo che presenta uno sviluppo mediocre al mare e uno sviluppo buono in collina, in montagna si esalta, producendo piú foglie e steli. Un terzo ceppo che stentava a produrre ramificazioni a bassa e media quota, ad alta quota finalmente si ramifica, anche se poi raggiunge un'altezza inferiore a quella raggiunta al mare, ma superiore a quella raggiunta in collina. Insomma, il fenotipo di tutti i ceppi non mostra solo una forte dipendenza dalle condizioni ambientali. Mostra anche una sostanziale imprevedibilità delle sue risposte alle condizioni ambientali.

La semplice *Achillea* ci dice che un genotipo può avere espressioni molto diverse, in contesti diversi. E che questa espressione cambia in modo difficilmente prevedibile. «Se una pianta è in grado di dare una risposta cosí articolata al proprio ambiente – si chiede William Byne – che cosa ci si può aspettare, allora, da un organismo di gran lunga piú complesso, che riesce a modificare a volontà l'ambiente che lo circonda?» Insomma, i comportamenti di un uomo, molto piú dei comportamenti di una piantina di *Achillea*, non possono essere previsti sulla base della semplice lettura del suo profilo genetico.

Tuttavia l'*Achillea* ha certamente dei geni che contribuiscono a determinare, insieme all'→ambiente e, in una certa misura, al →caso, la sua altezza, il numero delle foglie e degli steli, le sue ramificazioni. E l'uomo ha certamente dei geni che contribuiscono a determinare, insieme all'ambiente, alla →cultura e, in una certa misura, al caso i suoi comportamenti, anche i piú complessi (→complessità). Negli ultimi anni l'integrazione di metodi di genetica molecolare a modelli animali ha consentito una risoluzione abbastanza fine dei *loci* genetici che possono essere coinvolti nell'espressione di comportamenti complessi dell'uomo, talvolta anche di comportamenti devianti. La tecnica dei *Quantitative Trait Loci* ha consentito, per esempio, di elaborare una serie di mappe genetiche della suscettibilità di un individuo a sviluppare malattie complesse, come l'alcolismo.

È chiaro, però, che non esiste un gene capace di imporre a un uomo di bere alcolici e di ubriacarsi. Non esiste il gene dell'alcolismo. Esiste una costellazione di geni che, in certe condizioni, rende piú rischioso per Andrea piuttosto che per Alfredo il consumo abituale di alcol. Esiste un insieme di geni che, in determinate condizioni, fa aumentare o diminuire la suscettibilità di un individuo a diventare alcolizzato se assume alcol in eccedenza.

In definitiva quando parliamo di genetica e comportamento gli errori da evitare sono almeno tre. Uno è il determinismo ingenuo. La conoscenza di un singolo gene ci fornisce indicazioni molto limitate sul fenotipo di un individuo. Occorre evitare, quindi, di associare in modo univoco e deterministico un gene a un comportamento complesso. Il comportamento delle persone è influenzato certo dal genoma e persino da un singolo gene. Ma la conoscenza del genotipo di un singolo gene ha un valore predittivo molto limitato, soprattutto se quello che vogliamo prevedere è il comportamento di un uomo.

Il secondo errore da evitare è cadere in una nuova forma di determinismo dopo aver conseguito una conoscenza piú complessa della genetica, del rapporto tra geni e ambiente e del rapporto tra geni, ambiente e cultura. Anche la conoscenza del genotipo dell'intera costellazione di geni coinvolti nell'espressione di un carattere complesso può avere infatti un valore limitato. Occorre almeno conoscere quali sono le interazioni tra i singoli geni della costellazione. E occorre conoscere anche la modulazione di queste interazioni indotta dall'ambiente. Conoscenze fini che, allo stato attuale, risultano molto difficili da conseguire. Inoltre, nel caso di un comportamento umano complesso, come per esempio l'assunzione di alcol, occorre tener conto della componente culturale. E, in definitiva, del libero arbitrio dell'uomo, ovvero della sua capacità limitata, ma non nulla, di compiere libere scelte.

Il comportamento impredicibile dell'*Achillea* in diversi ambienti ci dice quante siano le variabili in gioco e quanto complesse siano le loro interazioni anche nella espressione di un carattere fenotipico semplice. Per questo i biologi preferiscono parlare di suscettibilità genetica di un organismo a esprimere un certo carattere fenotipico. La suscettibilità è una potenzialità che, in determinate condizioni, può diventare attuale. Se l'analisi del genotipo ci dice che Andrea è piú suscettibile di Alfredo ad ammalarsi di alcolismo, significa solo che a parità di ogni altra condizione se Andrea e Alfredo assumono una medesima ed eccessiva quantità di alcol, Andrea ha una maggiore probabilità di diventare alcolista rispetto ad Alfredo. Si tratta di una valutazione statistica. Questa predizione può avverarsi solo in presenza di alcune condizioni: se Andrea, portatore di una maggiore suscettibilità genetica all'alcolismo, decide di consumare alcol; se Andrea decide di consumare alcol e di avere un certo stile di vita in un certo ambiente fisico e sociale; se l'assunzione di alcol da parte di Andrea è sistematica ed eccessiva. Queste condizioni, tutte evitabili, sono necessarie. Ma ancora non sono sufficienti. Nulla vieta che anche se si ritrova in queste condizioni Andrea non diventi alcolista. E che, invece, diventi alcolista Alfredo.

Già, perché la variabilità individuale è tale da impedirci ogni predizione apodittica. E da consentirci solo predizioni di natura probabilistica. In altri termini quello che sappiamo è che le persone come Andrea, portatrici di una suscettibilità genetica all'alcolismo, a parità di ogni altra condizione, tendono ad ammalarsi in percentuale maggiore rispetto alle persone come Alfredo che non sono portatrici di una particolare suscettibilità genetica a questa malattia.

Ecco perché non posso dire che morirò d'infarto anche se ho una suscettibilità genetica all'infarto. Perché, in primo luogo, posso evitare le condizioni che favoriscono l'infarto. Ma anche perché, pur vivendo in condizioni a rischio, non c'è certezza che io sia colpito di infarto.

A maggior ragione non posso dire che diventerò ricco, anche se la mia famiglia ha tradizionalmente il «bernoccolo degli affari». Né che diventerò un assassino solo perché ha una suscettibilità genetica ai comportamenti aggressivi. Nel mio Dna non è scritto il mio destino.

Proprio per questo devo evitare un terzo errore. Di natura opposta ai primi due. Devo evitare l'errore di negare che ci sia anche una componente genetica nei miei comportamenti. I miei geni, sia pure in combutta con l'ambiente, hanno fatto sí che io nascessi come individuo maschio della specie *sapiens* del genere *Homo*. Che avessi i capelli neri come i miei quattro nonni. I miei geni, in combutta con l'ambiente fisico e l'ambiente culturale, hanno fatto sí che avessi una certa propensione alla pignoleria, come i miei genitori. A differenza però di mio fratello, che invece tende a essere piuttosto superficiale. Evidentemente i suoi geni, nel medesimo ambiente fisico e culturale, hanno giocato una partita con un risultato diverso.

Letture: William Byne, *I limiti dei modelli biologici dell'omosessualità*, in «Le Scienze», 311, luglio 1994; Stephen Jay Gould, *Intelligenza e pregiudizio*, Milano, Il Saggiatore, 1998; Richard C. Lewontin, *Biologia come ideologia*, Torino, Bollati Boringhieri, 1993; Richard C. Lewontin, *Gene, organismo e ambiente*, Roma-Bari, Laterza, 1998; Steven Rose, *Linee di vita*, Milano, Garzanti, 2001.

Divenire

(dal latino *devenire*)

Panta rei. Tutto scorre, diceva Eraclito, in quell'«arco di vita» dove le «ore tutto portano». A scandire il divenire cosmico è il →tempo dell'intuizione e dell'esperienza piú intima dell'uomo. Il tempo, per dirla con il filosofo Henri Bergson, «della nostra evoluzione e dell'evoluzione di tutte le cose nella durata pura». Il tempo, irreversibile, della nostra percezione di creature che nascono, crescono, muoiono.

Tutto è, diceva Parmenide. E il divenire non è che illusione. Illusione pura: «Divenire e perire, essere e non-essere e cambiar luogo e mutare lo splendente colore» altro «non sono che puri nomi». Illusione abile e pervasiva, ammoniva l'eleatico: «Questo imparerai, che l'apparenza debba configurarsi perché possa veramente apparir verosimile, penetrando il tutto in tutti i sensi».

Il conflitto tra l'essere ed il divenire, tra la visione del mondo di Eraclito da Efeso e quella di Parmenide da Elea, ha segnato il corso della storia della filosofia occidentale per almeno venticinque secoli. Fino al Novecento. Fino a quando la →fisica, con la teoria generale della →relatività, è riuscita a togliere finalmente tutti i veli alle apparenze. E negando, come sostiene Einstein, «qualsiasi valore oggettivo [...] al tempo soggettivo», ha degradato i due ineffabili e autonomi contenitori cosmici, lo →spazio e il tempo, a pure ombre: a mera relazione senza direzione tra oggetti e processi materiali. Aveva dunque ragione Parmenide, il divenire è pura illusione?

Molti assicurano di sí. E lo argomentano. La scienza, sostiene per esempio il fisico e storico della fisica Enrico Bellone, ha compiuto, da Galileo in poi, un lungo viaggio. Partita nei pressi di quello che il filosofo Willard Van Orman Quine ha definito «l'orlo osservativo del linguaggio», si è inoltrata in territori linguistici sempre piú astratti e lontani dall'orlo ingannevole del →senso comune. Territori linguistici difficili da penetrare. E tanto astratti da contenere, unica, la spiegazione concreta del perché un sasso cade e un pianeta orbita. Già, perché la scienza si sarà pure impadronita di un linguaggio difficile. Ma è il linguaggio in cui, per dirla con Galileo, è scritto il libro della natura: la lingua matematica. Senza la quale indagare il mondo che ci circonda «è un aggirarsi vanamente per un oscuro laberinto».

Se dunque vogliamo scoprire le leggi della natura non possiamo che farci guidare dalla →matematica. Anche quando questa guida, potente e rigorosa, ci porta molto lontano dal senso comune. D'altra parte è grazie a questa guida che siamo riusciti a fare giustizia di millenarie credenze, a strappare veli vetusti e ad andare oltre l'immediata →percezione, scoprendo che non sono l'uomo e la Terra il centro e la misura del creato. Per quanto riguarda lo spazio e il tempo, sostiene Bellone, la nostra abile guida matematica si è inoltrata in territori linguistici particolarmente astratti e molto, molto lontani dall'«orlo osservativo del linguaggio». Per consegnarci la maestosa costruzione della teoria generale della relatività. Che, come sostiene autorevolmente lo stesso Einstein, ha eliminato «dallo spazio e dal tempo l'ultimo avanzo di obiettività fisica». Lí, in quella sublime costruzione matematica, il *prima* e il *poi*, il *sopra* e il *sotto* perdono definitivamente qualsiasi residuo significato oggettivo, cioè assoluto. E con essi sono ridotti a mera illusione antropocentrica «la nostra evoluzione e l'evoluzione di tutte le cose nella durata pura» di bergsoniana memoria. Nella teoria generale della relatività, è la conseguente conclusione di Enrico Bellone, non c'è luogo per il divenire: «Il mondo è, e basta».

E chi, ai limpidi risultati della teoria generale della relatività, continua a opporre la percezione della realtà del tempo, della sua asimmetria e, quindi, del divenire? Se non vuole limitarsi a rendere esplicito uno stato d'animo, privo di ogni valore in fisica, costui deve elaborare una nuova meccanica o deve dimostrare la malvagità di quella esistente. Su basi rigorosamente matematiche, s'intende.

Le conclusioni di Enrico Bellone non saranno intuitive, ma sono, come al solito, ben argomentate e ben fondate. Sono le medesime, d'altra parte, che portano Massimo Pauri, fisico e filosofo della fisica, a concordare: non c'è divenire negli eventi fisici. Ovvero: la fisica (attuale) nega l'asimmetria e persino la realtà oggettiva del tempo. E tuttavia ciò non è sufficiente per negare e liquidare come pura illusione l'intrinseco divenire del tempo che tutti, in ogni istante, sperimentiamo. Perché questo tempo, fenomenologico, appartiene ad un fondamentale «senso di realtà» che è immanente alla nostra esperienza, sostiene Pauri. Perché di tutto io posso dubitare, tranne del fatto che «io sono reale». No, la percezione della mia realtà non è banale senso comune. È una verità filosofica piú profonda. Senza la quale la stessa ricerca fisica perderebbe di senso. E se io sono reale, allora è reale, assoluta e indubitabile anche la mia «interiore e transiente esperienza del tempo». Ivi inclusa l'anisotropia del suo ordine e l'asimmetria del suo scorrere.

Ma da dove trae origine questo ordine direzionato del tempo e, di conseguenza, dove matura la realtà del divenire? Per Massimo Pauri non ci sono dubbi: la realtà del tempo e, quindi, del divenire traggono origine dall'emergere di particolari catene causali: le libere azioni dei soggetti coscienti. Catene causali deterministiche che nascono da un elemento certo di acausalità: il libero arbitrio (→libertà). Sono le libere decisioni della mente che conferiscono una direzione assoluta allo scorrere del tempo e realizzano il divenire del mondo. Questo tempo trans-soggettivo da cui emerge il divenire Pauri lo definisce «tempo reale».

Ci sono, dunque, almeno due tempi. Il tempo della fisica e il tempo, per cosí dire, della →coscienza. La loro realtà è evidente. La loro contraddizione stridente. Ma, se non c'è una prevalenza ontologica dell'uno rispetto all'altro, l'aporia tra «tempo fisico» e «tempo reale» è sanabile? Esiste, dunque, il divenire?

Massimo Pauri sostiene che una descrizione scientifica (matematica) totale del reale non è raggiungibile. E l'aporia, quindi, potrebbe restare irrisolta. Tuttavia ci sono, e non sono banali, i tentativi di trasferire il «tempo reale» (e la sua direzionalità) nella struttura teorica della fisica quale specifica precondizione della conoscenza. L'impresa è davvero titanica. Infatti: «L'introduzione di una *modalità tensionale* nel linguaggio fisico rappresenterebbe con ogni evenienza la piú radicale rivoluzione mai avvenuta nel pensiero scientifico». Ma «appare di difficile realizzazione». Il perché è presto detto: la matematizzazione del «tempo reale» non implica solo l'elaborazione di una nuova teoria dello spazio e del tempo in grado di superare, insieme, la meccanica relativistica e la →meccanica quantistica. E già questo non sarebbe, davvero, poca cosa. Ma implica anche la soluzione, scientifica, del problema mente-corpo (→mente), il superamento del dualismo cartesiano e la definizione della natura della coscienza. Nell'attesa di questa cosí impegnativa e radicale rivoluzione, conclude Pauri, non possiamo fare altro che rovesciare l'asserzione del filosofo della scienza Hans Reichenbach e sostenere che «il divenire esiste, ma il fisico non può saperlo».

Non ci sono menti in alcun luogo, avvisa invece Bellone. Ci sono solo linguaggi. Noi umani possediamo forse un linguaggio piú sofisticato di altri, ma non abbiamo una mente che altri esseri non hanno. Né tantomeno abbiamo sensori capaci di catturare i segnali del tempo. Abbiamo solo neuroni che per sopravvivere hanno imparato a classificare in un certo ordine i gruppi di percezione. Per svelare la natura del tempo non è necessario andare oltre le cause efficienti della fisica e non è possibile fare a meno della concreta astrazione matematica. Quanto al divenire, aveva ragione Reichenbach: «Se il divenire del mondo è reale, il fisico deve saperlo». Ma, almeno per ora, di questo divenire il fisico non ha conoscenza alcuna.

Chi, dunque, aveva ragione: Eraclito di Efeso o Parmenide di Elea? Quali conclusioni trarre dopo aver scorso le diverse e, a tratti, opposte argomentazioni di due validi studiosi della fisica come Massimo Pauri ed Enrico Bellone?

Non abbiamo, ovviamente, una conclusione definitiva da proporvi. Se non quella di approfondire il tema trattato consultando direttamente le fonti. Abbiamo però, per quel che vale, una precisa convinzione. Che la natura del tempo e la realtà del divenire sono problemi scientifici e filosofici ancora aperti. Lontani, certo, dal senso comune, ma strettamente legati al problema della coscienza. La soluzione a questi problemi, se mai ci sarà, non sarà, forse, un puro algoritmo. Ma, se vorrà essere convincente, dovrà essere ben intesa anche da chi parla solo la lingua matematica. Perché se, come è probabile, il divenire esiste, be', allora anche il fisico prima o poi dovrà saperlo.

Letture: Enrico Bellone, *Spazio e tempo nella nuova scienza*, Roma, La Nuova Italia Scientifica, 1994; Massimo Pauri, *La descrizione fisica del mondo e la questione del divenire temporale*, in Giovanni Boniolo (a cura di), *Filosofia della fisica*, Milano, Bruno Mondadori, 1997.

e

Ecologia

(dal tedesco *Ökologie*, derivato dal greco οἶκος e λογία)

L'ecologia è «la scienza dell'insieme dei rapporti degli organismi con il mondo circostante, comprendente in senso lato tutte le condizioni dell'esistenza», scriveva nel 1866 il tedesco Ernst Haeckel. Creando un nome e, forse, una →scienza.

Il nome deriva dal greco *oikos*, che vuol dire casa. E ha la medesima radice etimologica di →economia. Che, in fondo, è la scienza della gestione della casa. Per analogia, l'ecologia può essere definita come la scienza della gestione dell'→ambiente, che è la casa di tutti gli organismi viventi.

Quanto al concetto scientifico, molti sostengono che l'ecologia non nasce nel XIX secolo con la definizione e il progetto scientifico di Haeckel, ma nasce già nel XVIII secolo, con l'idea cara a Linneo di «economia della natura». La quale, come una madre, gestisce la casa comune assegnando a ogni →specie vivente il suo giusto posto, il giusto accesso al cibo, il giusto tasso di crescita demografica. Nel quadro di quell'armonia insieme razionale e provvidenziale con cui la →natura crea e governa la →rete di interdipendenze tra le sue singole parti.

In realtà già Aristotele aveva prestato attenzione all'armonia della natura e, in particolare, all'armonia tra le specie viventi. E, dopo Linneo, molti naturalisti si erano dedicati allo studio delle catene alimentari e del controllo delle popolazioni biologiche. Cosicché le radici culturali della scienza ecologica sono profonde e ramificate.

Tuttavia è solo nella seconda parte del XIX secolo che l'ecologia può iniziare a essere o, almeno, a proporsi come scienza. Solo dopo, cioè, che la scoperta delle grandi estinzioni di massa ha iniziato a minare alla base l'idea provvidenziale di armonia della natura. E solo dopo che Charles Darwin ha riformulato in termini dinamici, e per certi versi drammatici, l'idea razionale di armonia della natura (→evoluzione biologica). Nella teoria darwiniana, infatti, la natura non è sempre una madre. In ogni caso la natura non ha alcun fine (→teleologia). La casa comune dei viventi è in costante cambiamento. E i rapporti tra le specie non sono solo di armonica interdipendenza, ma anche di fiera competitività. In definitiva, nella teoria darwiniana le specie e l'ambiente coevolvono alla ricerca perenne di un →adattamento reciproco che è cieco (non sa dove va) e non è mai concluso.

È a questa visione del tutto nuova della natura che Haeckel, pioniere dell'evoluzionismo in Germania, fa riferimento quando inaugura l'*Ökologie*, cioè «la scienza dell'insieme dei rapporti degli organismi con il mondo circostante, comprendente in senso lato tutte le condizioni dell'esistenza».

I lavori sul campo dei primi ecologi riguardano il rapporto tra la fisiologia e la geografia delle piante. Ma nasce subito una ecologia teorica che si interroga sui fondamenti di questa disciplina. Partendo dal presupposto che l'ecologia non è una semplice branca della →biologia.

John S. Burdon Sanderson, nel 1893, sostiene per esempio che l'ecologia costituisce certamente, insieme alla fisiologia e alla morfologia, una delle tre grandi parti in cui si divide la biologia. Ma l'ecologia si distingue dalla fisiologia e dalla morfologia perché rappresenta «la filosofia della natura vivente».

Il 12 aprile del 1913, infine, nasce a Londra la prima società di ecologia, la British Ecological Society. Gli studiosi di ecologia iniziano a formare una comunità scientifica che si autoriconosce. Che propone i suoi modelli di interpretazione della natura. Negli anni '20, per esempio, Alfred Lotka e Vito Volterra propongono i primi modelli matematici per spiegare le relazioni tra prede e predatori in natura. E Vladimir Vernadskij propone il primo modello di ecologia globale: la Terra come casa comune di tutti gli organismi viventi e di tutti i rapporti tra gli organismi viventi. Vernadskij considera la Terra come un solo e inscindibile sistema ecologico. Tuttavia molto utile si rivela il concetto limitato di ecosistema che, nel 1935 con un articolo sulla rivista «Ecology», introduce Arthur Tansley, definendolo come l'insieme degli organismi viventi e delle componenti non biologiche necessarie alla loro sopravvivenza in una certa area.

Ora lo studio integrato delle componenti biotiche e delle componenti abiotiche degli ecosistemi, siano essi grandi come la foresta amazzonica o il deserto del Sahara, o piccoli come un laghetto di montagna, è decisivo per comprendere la →complessità irriducibile che caratterizza i sistemi ecologici.

Tuttavia è la scoperta delle dimensioni globali dell'ecologia che pone questioni fondamentali alla scienza ecologica. Questa scoperta, come abbiamo detto, va riconosciuta a Vladimir Vernadskij e, dunque, risale agli anni '20. Tuttavia, come rileva Eugene Odum, è solo intorno agli anni '60 che diventa un concetto diffuso, anche a livello di grandi masse. La scoperta di massa dell'ecologia e dell'ecologia globale coincide e fortemente dipende dalla constatazione che l'uomo è (anzi, è diventato) un attore ecologico globale. Capace di influenzare non solo singoli ecosistemi, ma l'intera ecosfera.

È negli anni '60, infatti, che i mezzi di comunicazione di massa scoprono i primi problemi ecologici globali. Come, per esempio, l'inquinamento radioattivo generato dagli esperimenti nucleari in atmosfera. O come l'inquinamento chimico, denunciato come problema emergente e globale nel 1963 da Rachel Carson con un fortunato libro, *La primavera silenziosa*. Ed è, infine, nel 1968 che il biologo Paul Ehrlich pubblica il suo libro *The Population Bomb*, in cui dimostra che, tra i problemi ecologici globali, c'è l'esplosiva capacità riproduttiva conseguita dalla specie umana. Moltiplicandosi con un successo senza precedenti, l'uomo rappresenta una minaccia per gli equilibri ecologici locali e globali.

Negli ultimi anni l'impronta umana sui cambiamenti del clima globale e sull'erosione della biodiversità, un'erosione cosí rapida da indurre alcuni ecologi a parlare di grande estinzione di massa, è stata riconosciuta non solo in termini scientifici, ma anche in termini politici. Nella Conferenza sull'ambiente e lo sviluppo organizzata dalle Nazioni Unite nel 1992 a Rio de Janeiro, praticamente tutti gli stati della Terra si sono impegnati solennemente a cercare di ridurre l'influenza umana sulla dinamica del clima e sulla dinamica della biodiversità.

L'emergere dei problemi ecologici globali e della necessità di una politica ecologica globale pone non pochi problemi all'ecologia, alla scienza della gestione dell'ambiente. Il primo e, forse, il piú immediato di questi problemi veniva sollevato già nel 1978 da Paul Colinvaux. E consiste nel rischio che l'ecologia si dimentichi, in qualche modo, di essere la scienza della coevoluzione globale del mondo vivente e dell'ambiente che lo ospita e si riduca a scienza dell'inquinamento.

Tuttavia ci sono altri problemi teorici connessi allo studio dell'ecologia globale. Perché questa visione dell'ecologia si fonda su una constatazione inoppugnabile: l'uomo è una specie tra le specie. E tuttavia questa constatazione, inoppugnabile, comporta delle conseguenze. L'uomo e i suoi comportamenti, compresi quelli morali e politici, l'uomo e la sua coscienza ecologica, sono parte dell'ecosistema globale e, quindi, sono oggetto di studio da parte dell'ecologia.

Questa conseguenza ne genera, a cascata, molte altre. C'è, per esempio, un'esigenza di specificare meglio cosa intendiamo per specie tra la specie. Perché non c'è dubbio che l'uomo è una specie biologica come infinite altre e, in particolare, una specie predatrice tra tante altre specie predatrici esistenti. Tuttavia vi sono almeno due condizioni a contorno che rendono l'attività predatrice dell'uomo diversa da ogni altra. La prima è che l'innovazione tecnologica fondata sulle conoscenze scientifiche (→tecnica) rende particolarmente efficace, come rileva Jean-Paul Deleage, la sua opera di predazione. La seconda è che l'uomo ha coscienza della efficacia enorme e della pericolosità della sua attività predatrice. Sa che ha iniziato a tagliare il ramo su cui è seduto. E che, se il ramo cade, egli stesso si farà male. Poche altre specie, nella storia della vita, hanno avuto un'efficacia enorme nella dinamica ecologica globale. E, in ogni caso, nessun'altra ne ha mai avuto coscienza.

Ciò rende l'ecologia una scienza davvero particolare. Molto diversa, per esempio, dall'→astronomia: che è una scienza fondata sull'osservazione di una parte dell'universo su cui l'osservatore non ha praticamente influenza. Ma è molto diversa anche dalla →chimica: noi, infatti, possiamo conoscere e persino sfruttare tecnologicamente le leggi chimiche. Non possiamo però modificarle.

In ecologia, invece, l'osservatore partecipa inevitabilmente all'esperimento che osserva. Anzi, l'uomo mentre osserva la dimensione ecologica del mondo genera una costellazione di feedback molto difficile da dirimere. Tutto ciò pone un grande problema di obiettività. Nessun osservatore può essere obiettivo quando osserva se stesso.

Inoltre la dimensione ecologica del mondo coinvolge l'esistenza stessa dell'uomo. L'organizzazione della sua società. L'ecologia scientifica è la presa di coscienza di questo coinvolgimento. Cosicché l'ecologia scientifica è, inevitabilmente, ecologia politica. E, quindi, economia politica.

In definitiva possiamo legittimamente chiederci che razza di scienza sia l'ecologia. Ma, quali che siano le opinioni sul suo statuto epistemologico, abbiamo un bisogno sempre piú impellente di conoscere «l'insieme dei rapporti degli organismi con il mondo circostante, comprendente in senso lato tutte le condizioni dell'esistenza». Perché tra quelle condizioni dell'esistenza ci sono anche le condizioni di esistenza della specie umana. Specie biologica con un ruolo sempre piú globale. Ma pur sempre specie biologica, per la quale l'ecologia, la «gestione della casa», è una questione di sopravvivenza.

Letture: Pascal Acot, *Storia dell'ecologia*, Roma, Lucarini, 1989; Jenny L. Chapman e Michael J. Reiss, *Ecologia*, Bologna, Zanichelli, 1994; Jean-Paul Deleage, *Storia dell'ecologia*, Napoli, Cuen, 1994; Eugene P. Odum, *Principi di ecologia*, Padova, Piccin, 1980; Vladimir Vernadskij, *La biosfera*, Como, Red, 1993.

Economia
(dal greco οἰκονομία)

Irving Fisher, chimico-fisico prestato all'economia, risolve qualche equazione. Poi annuncia, categorico: «I mercati si trovano a un livello alto e stabile. Americani, investite!».

È il 15 ottobre del 1929. A New York nove giorni dopo Wall Street conosce il suo «giovedí nero». Il crollo in borsa, secco e inatteso, determina la crisi del '29. Forse la piú grande del XX secolo. Invece che sull'alto e stabile *plateau* annunciato da Fisher, l'economia americana si ritrova in una profonda depressione.

Di lí a qualche mese lunghe file di disoccupati in attesa di una scodella di cibo presso qualche centro sociale cominciano a disegnare il paesaggio urbano degli Stati Uniti. E ben presto la depressione economica attraversa l'Atlantico e raggiunge l'Europa. Dove la ritroveremo tra le cause non secondarie dell'avvento del nazismo in Germania e della seconda guerra mondiale.

Il chimico-fisico Irving Fisher non è certo l'unico, né il piú autorevole, americano che guarda al futuro con incrollabile, quanto avventato, ottimismo nei mesi, nelle settimane e persino nei giorni che precedono la fluttuazione enorme del mercato finanziario e l'inizio della Grande Crisi. Nel discorso inaugurale alla nazione, il neoeletto presidente Herbert Hoover, a marzo, aveva dato voce a quella diffusa sensazione e aveva assicurato: «Non ho timori per il nostro paese. Il futuro risplende di speranza».

A rendere particolarmente degne di nota le parole di Irving Fisher non è quindi l'inopportuno ottimismo che diffondono. Quanto il fatto che, a prospettare quelle rosee aspettative, è uno scienziato convinto di aver costruito un modello fisico-matematico dell'economia in grado di seguire per intero la catena della cause (→causa) e degli effetti correlati tra i suoi vari comparti. E di fornire previsioni economiche esatte.

L'infortunio di Irving Fisher è, dunque, una lezione. Una sorta di ammonimento per chiunque guardi alle attività economiche come a un sistema, piú o meno complesso, governato da leggi di natura universali e coltivi il sogno di ridurre l'intera economia dell'uomo a una coerente teoria fisico-matematica.

Che scienza è l'economia?

Certo, l'esempio scelto quale ammonimento è troppo facile. L'idea che Fisher aveva dell'evoluzione economica è, come dire, troppo *naïf* per poterla considerare paradigmatica dei moderni tentativi di utilizzare la →matematica della →complessità in economia. Non c'è nulla di piú diverso del modello idraulico di Fisher dall'«Economia come Sistema Complesso Evolutivo» che si tenta di modellizzare, per esempio, a Santa Fe presso l'Istituto che studia i sistemi complessi. L'economia evolutiva di John Holland, Brian Arthur, Doyne Farmer, Norman Packard non è un'economia statica, meccanica, deterministica (→determinismo) come quella immaginata da Fisher. È, al contrario, un'economia dinamica, lontana dall'equilibrio, sensibile alle condizioni iniziali, caotica (→caos), complessa, stocastica.

Tuttavia pur utilizzando modelli e, persino, visioni del mondo cosí diverse, Fisher e i frequentatori dell'Istituto di Santa Fe hanno il medesimo progetto e probabilmente commettono il medesimo errore: tutti cercano di fisicalizzare l'economia. Tutti ritengono l'economia una scienza che può essere interamente formalizzata, matematizzata e rappresentata con modelli omologhi a quelli della →fisica.

I critici di questo progetto pensano che l'economia dell'→uomo può essere sí una →scienza. Ma non può essere contenuta tutta e interamente in un modello fisico-matematico. Ben inteso, la matematica era e resta uno strumento utile, anzi utilissimo, per comprendere l'economia dell'uomo e, entro certi limiti, prevederne l'→evoluzione. Ma l'economia non può essere una scienza fisico-matematica. E neppure una scienza biologica (→biologia). Per il semplice motivo che l'economia è soggetta a forze evolutive del tutto originali rispetto ai sistemi fisici. E anche rispetto ai sistemi biologici.

L'economia dell'uomo subisce un'evoluzione affatto originale. Un'evoluzione lamarckiana (→evoluzione culturale).

Da Platone a Hobbes, teorie sull'equilibrio economico

L'uso della moneta inizia a diffondersi, in Grecia, nel VII secolo a.C. E con la moneta «emerge» e inizia a operare la moderna economia di mercato. Le prime riflessioni su questa particolare attività sociale dell'uomo risalgono al dibattito che si consuma, tra il V e il VI secolo a.C., tra i sofisti, Platone e Aristotele. Ancorché preliminari, quelle riflessioni sono ancora oggi preziose.

Platone e Aristotele, in particolare, sono i primi a cercare di spiegare in modo organico l'inedita →emergenza di ordine politico, sociale ed economico che si verifica in quella che, giustamente, è stata definita la cellula germinale della società e dello stato occidentali: la polis greca.

La polis non è solo una città. E non è, a partire dal VII secolo a.C., solo una città in cui è possibile scambiare merci contro denaro. È anche una entità politicamente indipendente e una società economicamente autonoma. È una città-stato-società. Un sistema evolutivo. La cui natura Platone e Aristotele cercano di rappresentare in un modello ideale.

Per Platone la polis attraversa vari stadi prima di raggiungere un equilibrio armonico. Nel primo stadio i cittadini apprendono varie arti e mestieri, si specializzano in una vasta gamma di lavori e professioni per soddisfare i diversi bisogni della comunità. Questo equilibrio autorganizzato di lavoro cooperativo regola bene la domanda e l'offerta di beni e servizi. I prezzi che si impongono sono «giusti». Tuttavia l'equilibrio sociale (e quindi economico) nel primo stadio evolutivo della polis è instabile. I cittadini, infatti, non perseguono il bene comune, ma i propri interessi. Sono egoisti, immodesti, passionali. Cercano il profitto. Creano il conflitto. E, in quel regime autorganizzato che è la democrazia, sostiene Platone, i conflitti subiscono fluttuazioni cosí ampie che portano inevitabilmente la comunità oltre l'orlo della catastrofe. Sociale. E, quindi, anche economica. La polis, conclude Platone, può evitare la propria autodistruzione solo rinunciando alla democrazia assoluta e alla spontaneità. Solo se affida il governo, il potere politico, a un centro regolatore la comunità-stato riesce a contenere entro limiti controllabili le fluttuazioni provocate dai conflitti tra cittadini e a raggiungere un equilibrio armonico e stabile. Nella sua repubblica ideale Platone affida all'aristocrazia, ai re-filosofi e alla loro struttura valoriale, il ruolo di regolatore centrale.

Aristotele non è pessimista come Platone, circa la natura umana. Lo Stagirita è convinto che l'uomo è un essere razionale che persegue la →verità nell'ambito della scienza e della →filosofia. Ma è anche un essere politico, che persegue la giustizia mentre crea i suoi rapporti sociali. Pertanto la polis evolve in modo organico, guidata dalla natura razionale e sociale dei suoi membri. Aristotele pone l'accento anche sul fatto che l'evoluzione sociale non è un processo dinamico di tipo meccanico, bensí un processo dinamico di tipo organico: parte da un seme che ha in sé il progetto e tende verso uno stato finale che è la realizzazione di quel progetto. Nella visione aristotelica quello economico è l'equilibrio dinamico che tende a far coincidere il «giusto prezzo» con il «valore naturale» dei beni e dei servizi. Se Platone è fautore di un'economia dirigistica, Aristotele non è affatto fautore di una economia liberista. Nella polis ideale di Aristotele, l'equilibrio economico viene infatti raggiunto sia attraverso gli scambi e gli affari dei privati cittadini, ovvero la giustizia del libero mercato (*iustitia commutativa*), sia attraverso la mediazione, ridistributiva, delle istituzioni, ovvero la giustizia insita nel rapporto tra stato e cittadini (*iustitia distributiva*). L'idea aristotelica dominerà il pensiero economico per molti e molti secoli.

La nascita di un'economia mercantile, tra il XV e il XVI secolo, modifica il paesaggio sociale e culturale dell'Europa. La nascita della *nuova scienza* di Galileo e Keplero, nel XVII secolo, favorisce la riproposizione di una visione meccanicistica (→meccanicismo) dell'universo (René Descartes). E la formulazione, su questa base, di una nuova teoria dell'economia e dei suoi equilibri. Nel *Leviatano*, licenziato nel 1651, Thomas Hobbes tratteggia, appunto, un modello meccanicistico della dinamica economica. Secondo il filosofo inglese, colpito dalla crisi di legittimità dell'istituto monarchico e dalla potenza esplicativa della fisica galileana, la costruzione economica è la somma di due componenti indipendenti. La prima è lo *stato di natura*: gli uomini sentono l'impulso primario alla sopravvivenza. E per soddisfare questo *diritto naturale* sono, giustamente, impegnati in una lotta *omnium contra omnia*: di ciascuno contro tutti. Nello stato di natura non c'è equilibrio possibile. Quindi, non c'è possibilità di raggiungere un equilibrio. Tuttavia gli uomini hanno interessi piú complessi degli altri animali. Per soddisfare i quali è necessaria una →*società*. E una seconda legge, una *legge di pace*, in grado di assicurarne l'esistenza. Questa legge è il *contratto sociale*. Con cui tutti i contraenti, gli uomini, delegano e legittimano un potere politico centrale, il Leviatano, a mantenere l'equilibrio. Il Leviatano altro non è che la «somma di tutti gli individui» che sottoscrivono il contratto sociale. Con il Leviatano le relazioni sociali e le relazioni economiche cessano di essere attività autorganizzate per diventare attività centralmente (e deterministicamente) organizzate (→determinismo). Nella società di Hobbes beni e monete circolano in risposta a impulsi meccanici, proprio come nel corpo umano il sangue circola in seguito agli impulsi di quella pompa meccanica (il cuore) la cui funzione William Harvey ha appena scoperto. L'equilibrio economico è un equilibrio statico.

John Locke, poco dopo, apporta qualche correzione al modello di Hobbes. Individua nel desiderio di proprietà la forza che induce l'uomo ad abbandonare il malfido *stato di natura* e a cercare sicurezza nell'equilibrio delle forze politiche e nello *stato di diritto*. L'idea di stato democratico che ha John Locke influenzerà in modo non banale la stesura, alla fine del Settecento, delle costituzioni negli Stati Uniti d'America e in Francia.

La visione meccanicistica dell'economia, inaugurata da Hobbes, avrà nuove e ulteriori stagioni di fioritura. Alcune produrranno risultati molto diversi da quelli conseguiti da John Locke. A metà del Settecento, per esempio, il francese François Quesnay, medico alla corte di Luigi XV, fonderà la scuola fisiocratica in economia. Secondo Quesnay il sistema economico è una macchina di cui gli uomini, come viti, ruote e ingranaggi di un orologio, sono gli elementi funzionali passivi (→metafora). Naturalmente lo stato assolutista è il sistema di carica e l'orologiaio dell'intero meccano. Il diritto di proprietà è la →forza naturale che, in modo del tutto deterministico, fa muovere il grande meccano. Quesnay propone di abbandonare ogni riferimento alla →storia nello studio dell'economia: «Non cerchiamo delle lezioni nella storia delle nazioni e degli smarrimenti dell'uomo, che ci presenta soltanto un abisso di disordine».

Hobbes, Locke e Quesnay hanno un pensiero molto diverso tra loro. Che, negli sbocchi politici, risulta addirittura opposto. Ma un tratto è comune. Tutti propongono un modello fisico dell'economia. Un'idea che ancora oggi crea suggestioni. Se un sistema economico procede in modo omologo a un sistema fisico, allora, che l'economia risponda a leggi deterministiche come nella visione meccanicistica o a leggi stocastiche come nella piú moderna visione della complessità *à la Santa Fe*, è possibile (deve essere possibile) la sua completa matematizzazione.

La mano invisibile di Adam Smith e le teorie classiche

La nascita dell'economia scientifica risale, secondo molti, al 1776. Anno in cui l'inglese Adam Smith pubblica il suo famoso *Inquiry into the Nature and Causes of the Wealth of Nations*. E tenta di applicare all'→etica e all'economia il modello fisico-matematico del connazionale Isaac Newton. Il filosofo naturale inglese sostiene che l'interesse personale dell'uomo, il tentativo uniforme, costante e ininterrotto di migliorare la propria condizione e di accedere «a tutte le cose necessarie e comode della vita», è l'impulso principale dell'economia.

Per Smith, che si richiama all'empirismo di David Hume oltre che alla fisica di Newton, l'interesse personale dell'uomo non è una costruzione teorica, ma un fatto concreto, verificabile con l'esperienza. «Non è per la benevolenza del macellaio, dell'oste e del panettiere che ogni sera possiamo consumare la nostra cena, ma grazie al loro specifico interesse». Quello che muove macellai, osti e panettieri è un impulso naturale che caratterizza ciascuno di noi: l'interesse personale è un diritto oltre che un modo di essere dell'uomo.

Il mercato è il luogo dove vengono regolati gli interessi dei singoli. Ma anche, il luogo dove i microinteressi si autorganizzano e lasciano emergere un macroeffetto: il benessere della nazione. Come la forza di gravità guida i pianeti nella loro stabile orbita intorno al Sole (→gravitazione), cosí una *mano invisibile* regola i microinteressi in modo da determinare il benessere generale. «Smith descrive l'economia come un sistema complesso di molti microinteressi in competizione. La dinamica delle loro interazioni è un processo di autorganizzazione della competizione che determina uno stato finale di equilibrio tra offerta e domanda», scrive il filosofo tedesco Klaus Mainzer. Catturato da quello che Stephen Toulmin definisce «l'idolo della stabilità», Adam Smith preconizza un equilibrio di mercato stabile come è (ritiene che sia) stabile il sistema solare di Isaac Newton.

Il valore dei beni è misurato dalla moneta. Tuttavia non esiste un prezzo «giusto» in assoluto, come riteneva Aristotele. Non sempre c'è corrispondenza piena tra «prezzi di mercato» e «prezzi naturali», connessi coi costi reali dei beni. La capacità di misura della moneta va quindi interpretata con prudenza. Tocca agli economisti trovare lo «standard di valore» in grado di correggere, quando è necessario, il valore monetario. Mentre l'economia politica deve basarsi su una robusta teoria del valore.

Non tutti sono d'accordo a riconoscere in Adam Smith il fondatore dell'economia politica. Tuttavia è certo che dopo Smith la fiducia nell'esistenza di una vera e propria legge naturale, la *mano invisibile*, che indurrebbe i sistemi economici verso l'equilibrio, verso uno stabile equilibrio, diventa un comune sentire tra gli economisti cosiddetti classici. E comporta due conseguenze. La prima, epistemologica, è che i principi della libera economia di mercato, eletti a →legge di natura, vengono considerati, come dirà David Ricardo, «certi quanto i principi di gravitazione». La seconda conseguenza, politica, è che «il gioco degli interessi individuali, sotto la pressione della concorrenza, garantisce in modo efficace la regolamentazione del processo economico su scala sociale». Insomma, nulla meglio che l'autorganizzazione del mercato assicurerebbe lo sviluppo armonico e «giusto» della società.

La teoria economica tende a presentarsi come teoria scientifica. Tanto che John Stuart Mill, a metà dell'Ottocento, tenterà di costruire un'«economia politica» come sistema assiomatico basato sull'analisi deduttiva (→deduzione). Mill prospetta l'esistenza di un *homo oeconomicus* il cui comportamento, razionale, costituisce una catena di causalità non meno rigida di quella determinata dagli eventi della fisica classica. La teoria dell'uomo economico, sostiene Mill, si basa su fatti empirici, del tutto analoghi ai fatti empirici che confermano la teoria della gravitazione universale di Newton. Naturalmente Mill sa che ci sono anche aspetti «non economici», nel comportamento dell'uomo. Ma questi comportamenti sono dei disturbi simili all'attrito della →meccanica. Anche loro seguono precise leggi che possono essere studiate e individuate.

La sicurezza di Mill non inganni. Il →paradigma newtoniano in economia, ovvero la scoperta di leggi generali descrivibili sulla base di semplici equazioni matematiche, resta per ora un'aspirazione degli economisti. Ma nel concreto non si verifica in economia quel processo di matematizzazione che, dopo Newton, caratterizza la fisica e la porta a cogliere straordinari successi.

Insomma, l'economia classica ha la visione del mondo di Newton. Ma non ha le formule di Newton. Tuttavia essa fornisce i due grandi assiomi su cui si cercherà di fondare la costruzione di un'economia matematica. Il primo assioma è che l'economia è governata da leggi obiettive. Il secondo assioma consiste nel ritenere l'economia un sistema formato non da persone l'una diversa dall'altra. Ma da agenti identici gli uni agli altri. Tutti i consumatori, a parità di condizioni, agiscono nel medesimo modo. Tutti i produttori, a parità di condizioni, agiscono nel medesimo modo.

Questi assiomi (non dimostrati) sono alla base dei vecchi modelli meccanicistici dell'economia politica. Ma questi medesimi assiomi sono alla base anche dei nuovi modelli caotici e complessi dell'economia matematica.

L'economia matematica: storia di un'illusione

Tocca attendere la prima parte dell'Ottocento e Antoine-Augustin Cournot perché la matematica, cosí a lungo evocata, cerchi realmente di entrare da protagonista nella teoria economica, sotto la forma di →teoria delle funzioni e di calcolo infinitesimale. È con Cournot, infatti, che la matematica cessa di essere uno strumento in mano all'economista e inizia a pretendere di definire i concetti fondamentali della teoria economica. Ma il meccanicismo non è piú una visione del mondo dominante tra gli economisti. E il tentativo di Cournot di matematizzare l'economia non risulta né convincente, né accattivante. Potrà essere ripreso e approfondito solo nella seconda metà del secolo. Cosí sono Léon Walras e Vilfredo Pareto gli studiosi che, dopo il 1870 e due secoli dopo Newton, inaugurano per davvero l'economia matematica.

Entrambi, Walras e Pareto, sono rappresentanti della cosiddetta scuola di Losanna. Entrambi fanno ricorso ai concetti e ai termini della fisica, introducendo in economia parole come equilibrio, stabilità, elasticità, espansione, inflazione, contrazione, flusso, forza, pressione, resistenza, reazione, movimento, frizione e cosí via. Ed entrambi guardano all'equilibrio di mercato come a un equilibrio di natura meccanica.

Walras cerca di fondare una scienza, razionale e sperimentale, che descriva i fatti dell'economia politica come la scienza newtoniana descrive i fatti della meccanica. Alla base della sua teoria, detta marginalista, ci sono le nozioni di equilibrio e di funzione di utilità. Il mercato, come vuole l'ipotesi classica, è in grado di autoregolarsi. Anzi, è il miglior sistema di regolazione economica possibile. L'*homo oeconomicus* è l'unità elementare del mercato. Che agisce formulando un piano di consumo e di produzione per il presente e il futuro sulla base della sua ricchezza attuale. L'azione dell'*homo oeconomicus*, che si muove sulla base della ricerca del massimo interesse personale, può essere formalizzata. Il suo piano di consumi può essere descritto da una funzione, la funzione di domanda, che rappresenta l'insieme delle scelte operate dall'uomo economico tra le merci e i servizi disponibili e accessibili. Ma la teoria può avvalersi di una seconda funzione, legata alla produzione di beni e servizi, che rappresenta l'offerta di mercato. La differenza tra la domanda di beni dell'*homo oeconomicus* e la possibilità del mercato di soddisfarla definisce l'eccesso di domanda. La somma di tutti gli eccessi di domanda dei singoli agenti è l'eccesso di domanda globale del mercato.

C'è un palese determinismo nella teoria, neoclassica, di Walras: i suoi modelli matematici, infatti, sono lineari e il sistema che lui descrive è la semplice somma di agenti tutti uguali a se stessi. L'universo economico di Walras non è diverso dall'universo fisico di Laplace. Sulla base di questa visione, classica, dell'economia e delle funzioni matematiche che ha elaborato, nel 1874 Walras propone quella sua teoria dell'equilibrio generale destinata a diventare uno dei concetti fondamentali nella storia dei modelli matematici applicati all'economia: tra domanda e offerta si raggiunge sempre, per ogni prodotto e in ogni settore di mercato, una condizione di equilibrio.

Con la sua teoria economica, Walras, di fatto, propone di perseguire un programma di ricerca in tre punti.

1. Dimostrare che in economia esiste un punto di equilibrio in cui domanda e offerta si bilanciano in modo perfetto. Detto in termini piú rigorosi, dimostrare che esiste un valore dei prezzi per il quale l'eccesso di domanda è nullo.
2. Dimostrare che questo punto di equilibrio è unico.
3. Dimostrare che la legge della domanda e dell'offerta determina un'evoluzione dei prezzi tale da condurre, spontaneamente e certamente, al punto di equilibrio.

Tra poco vedremo come e quando il programma di Walras fallirà. Ora cerchiamo di capire perché è destinato a fallire.

Walras ha una visione meccanicistica dell'economia. Nel mercato che egli cerca di modellizzare non agiscono persone, ma oggetti fisico-matematici. Vilfredo Pareto, che gli succede in cattedra a Losanna, evoca esplicitamente questa metafora. E sostiene che l'*homo oeconomicus*, «l'atomo umano che agisce secondo la sua natura» e definisce l'attività economica, è l'analogo del *punto materiale* della →meccanica. L'atomo umano che immaginano Pareto e Walras è definito da due grandezze, l'infinito egoismo e l'infinita preveggenza. Due parametri che risultano matematizzabili. E che danno l'illusione di poter racchiudere l'economia in una formula. Ogni uomo economico, nel modello di Walras e Pareto, non è diverso dall'altro perché agisce sulla base del medesimo impulso naturale definito, anche, razionale. I suoi comportamenti sono necessari e prevedibili. Cosí, se le condizioni iniziali di un sistema economico sono note ed è noto l'ambiente, allora il sistema evolverà in modo del tutto conoscibile. Peccato che nessun uomo in carne e ossa potrebbe (e vorrebbe) riconoscersi in quei due parametri.

La teoria dell'equilibrio generale di Walras sembra corroborata, alla fine dell'Ottocento, da analoghi fisici, come i sistemi termodinamici (→termodinamica). Ecco perché, ancora all'inizio del XX secolo, Irving Fisher, allievo del chimico-fisico e grande termodinamico americano Josiah Willard Gibbs, immagina di poter descrivere l'economia degli Stati Uniti e di poter fare previsioni esatte sul suo sviluppo mediante un elaborato modello idraulico, con tubi, valvole e connessioni. Aprendo le valvole in modo appropriato, Fisher si dice certo di poter verificare gli effetti di un cambiamento locale sul sistema globale. E di poter predire gli effetti di ogni cambiamento sull'economia e sui suoi singoli comparti.

Ma la palese, e addirittura clamorosa, discrepanza tra il tipo ideale e il tipo reale rende poco realistica e persino ingenua la teoria di Walras e tutte le teorie dell'economia matematica. La società umana non è costituita da agenti economici razionali (dove per razionale si intende una persona invero strana, che tende solo a massimizzare il proprio interesse materiale e a migliorare le proprie condizioni di vita) tutti uguali e, perciò, indistinguibili. Gli uomini in carne e ossa, a differenza degli atomi di idrogeno, sono distinti l'uno dall'altro. E si muovono nel medesimo mercato seguendo impulsi diversi. C'è, è vero, chi risponde all'impulso del massimo interesse personale e, senza peraltro mai riuscirci del tutto, tende a spendere una vita economicamente razionale come la immaginava Léon Walras. Ma c'è anche chi, soddisfatte alcune esigenze di fondo, tende a spendere una vita meno autistica e piú contemplativa, meno centrata sul consumo di beni e prodotti, e piú centrata sulla ricerca del piacere e degli affetti. Insomma, fondata su quella filosofia dell'eudemonismo che i greci ben conoscevano e fortemente praticavano.

La gran parte (ma potremmo dire la totalità) degli uomini risponde sia a impulsi di tipo economicista sia a impulsi di tipo eudemonista. Cosicché l'influenza dei fattori non economici in economia è piuttosto spiccata e strutturalmente imprevedibile. Ecco perché gli economisti dell'Ottocento si mostrano scettici rispetto alla proposta di Walras. Sostenendo, con saggezza, che è difficile descrivere la →libertà dell'uomo mediante funzioni matematiche.

Due grandi critici del modello neoclassico: Marx e Keynes

Che l'economia non funzioni come immaginano Walras e Pareto sono in molti a sostenerlo. Anche se per ragioni molto diverse tra loro. Ecco quelli che, ai nostri fini, potrebbero essere i critici piú interessanti.

Marx e i limiti del determinismo. L'economia neoclassica non è certo l'unica teoria economica che l'Ottocento si accinge a lasciare in eredità al nuovo secolo. Karl Marx, per esempio, elabora una ben diversa teoria destinata ad avere grande influenza nella storia politica, oltre che economica, del Novecento. Tuttavia la critica di Karl Marx al libero mercato non giunge fino al punto di mettere in discussione il paradigma meccanicistico su cui la teoria classica e la teoria di Walras si fondano. Anzi, tutta la teoria marxiana, con la sua forza e i suoi limiti, consiste in una lettura deterministica della storia e, quindi, dell'economia dell'uomo. Marx immagina la società umana governata da leggi obiettive che trascendono gli uomini e che disegnano un percorso, magari contorto ma ineluttabile, di →progresso. Marx immagina una crisi *necessaria* (→necessità) e ineludibile del capitalismo.

Il carattere meccanicistico della visione di Marx si accentua, se possibile, negli economisti, marxisti, che hanno accompagnato l'esperienza del socialismo reale. «Le leggi economiche sono obiettive in quanto costituiscono una proprietà effettivamente reale dei processi economici», scrive Oskar Lange, il teorico dell'economia marxista che ha tentato di utilizzare l'approccio di Walras nella pianificazione dell'economia socialista. Le leggi dell'economia non sono un prodotto del pensiero umano, come affermano gli idealisti. Non sono convenzioni elaborate dagli economisti per descrivere la realtà. E non sono neppure una categoria a priori di percezione dei fenomeni. Sono, scrive Lange, entità *vere*, né piú né meno delle leggi di gravità. L'economista non le inventa, le *scopre*. Proprio come Newton ha *scoperto* la legge di gravitazione universale. Le leggi economiche agiscono indipendentemente dal fatto che l'uomo ne avverta o meno l'esistenza. Anzi, agiscono indipendentemente dal fatto che esse corrispondano o meno alla volontà dell'uomo. «Le leggi economiche non emanano né dalla coscienza, né dalla volontà umane.» Insomma, travalicano completamente le libere scelte dell'uomo. E le crisi ricorrenti, i crolli di Borsa, i fallimenti di massa ne sarebbero, secondo Oskar Lange, la prova.

Anche Lange tuttavia avverte che c'è un problema nell'escludere la libera razionalità dell'uomo dalle forze che influiscono sui processi economici e il fatto che questi processi non sono arbitrari. L'economia è palesemente il frutto di attività coscienti e intenzionali. Come possono, dunque, le leggi che la governano essere indipendenti dalla →coscienza e dalla volontà, ovvero dalla libertà, dell'uomo?

La domanda è ancora aperta. Ed è di straordinaria attualità.

Lange, che non intende rinunciare all'obiettività in economia, risponde che l'indipendenza delle leggi economiche dalla libertà dell'uomo nasce dalla storia. Le forze produttive e i rapporti economici, specie i rapporti di produzione, sono il frutto, irreversibile e non arbitrario, non di una astratta necessità, ma della storia. Le condizioni storiche, tuttavia, sono piuttosto rigide. Tracciano il «cammino» entro cui l'attività economica può e deve, necessariamente, svolgersi. I rapporti di produzione, frutto della storia, determinano anche i fini che gli uomini si pongono nell'attività economica (come la massimizzazione del profitto) nonché i modi in cui si collegano reciprocamente le attività umane (per esempio la divisione del lavoro). «Quindi, sebbene l'attività dei singoli o dei gruppi si svolga in modo cosciente e intenzionale, il risultato sociale è indipendente dalla volontà umana», conclude Lange. Anche chi vuole costruire il socialismo e abbattere i vecchi rapporti di produzione, lo fa, dunque, perché trasportato dal flusso necessario della storia e non per sua autonoma scelta.

Non potrebbe esserci piú sdegnosa considerazione della libertà dell'uomo. E non potrebbe esserci boomerang piú clamoroso per un socialista.

Keynes e l'instabilità del capitalismo. Ma ritorniamo a Wall Street e alla nostra economia matematizzata. La caduta di Borsa nell'ottobre del 1929 non si limita a sconfessare le previsioni di Fisher. La grande crisi che ne consegue scuote alla base il paradigma neoclassico. Certo hanno torto i marxisti, che nella crisi vedono la conferma del crollo imminente del capitalismo. Ma è altrettanto certo che la mano invisibile e i meccanismi automatici del mercato hanno fallito. L'equilibrio è saltato. In molti paesi la disoccupazione è vasta e persistente: non basta a riassorbirla la normale dinamica di mercato, cioè la diminuzione del salario reale. Questa è una crisi anomala, ne conclude John Maynard Keynes. L'economista inglese studia a fondo la crisi del '29. E ne ricava che il sistema economico di mercato *non è* capace, sempre e automaticamente, di autoregolarsi e trovare spontaneamente un equilibrio stabile. Non sono forse, contro la teoria classica e neoclassica del *laissez-faire*, la politica del *New Deal* di Franklin D. Roosevelt e l'intervento dello stato a porre, negli Usa, il miglior rimedio alle conseguenze della crisi, spontanea, del mercato?

La crisi anomala del '29 sconfessa i neoclassici: l'equilibrio di mercato non è una necessità. Ma sconfessa anche i marxisti: la crisi del mercato non è necessariamente irreversibile. Il sistema economico, conclude Keynes, può essere stabilizzato dall'esterno. Può ritrovare un equilibrio mediante interventi puramente politici.

Keynes mostra tutti i limiti dei modelli lineari proposti dall'economia neoclassica. Ma, pur dimostrando che il sistema economico è soggetto alla pressione di forze non lineari, né lui né i suoi seguaci pensano di sviluppare nuovi metodi matematici per cercare di descriverne l'evoluzione .

John von Neumann e l'economia come un gioco (matematico)

Una svolta nello sviluppo dell'economia matematizzata e delle teorie dell'equilibrio matura, tra gli anni '20 e gli anni '40, a opera di John von Neumann. Sí, proprio il grande ed eclettico matematico (figlio di un banchiere). In un fortunato libro che pubblica nel 1944, insieme a Oskar Morgenstern e al termine di una serie di studi, von Neumann affonda la critica al paradigma neoclassico e introduce la teoria dei giochi in economia. Secondo il matematico, l'*homo oeconomicus* è sí un agente che opera sul mercato sulla base di un criterio di razionalità, cercando di massimizzare i profitti secondo certe utilità. Ma è un agente che opera in condizioni di forte incertezza: ha solo una vaga idea di ciò che lo attende in futuro. Se vogliamo costruire un modello matematico dell'economia che abbia serie capacità predittive, e renda conto di anomalie come la crisi del '29, allora, sostiene von Neumann, dobbiamo rinunciare a uno dei caratteri dell'atomo umano di Walras e Pareto: l'infinita preveggenza.

L'*homo oeconomicus* di von Neumann resta un atomo: ma è un atomo che non sa bene dove andare. Ed è certo piú vicino agli uomini in carne e ossa che operano, anzi «fanno» l'economia reale.

Tutto questo consente a von Neumann di porre in termini matematici il problema sollevato da Keynes, ovvero la non linearità della dinamica economica. Gli agenti economici, infatti, interagiscono tra di loro. E il modo di agire di ciascuno di loro ha una influenza ora piccola, ora grande, sul comportamento di tutti gli altri. Le interrelazioni, le influenze reciproche, il modo in cui ci si aspetta che gli altri reagiscano a un'iniziativa, sostiene von Neumann, devono essere considerati non come rumore di fondo, ma come la guida che conduce ogni singolo agente economico a cercare di ottenere il massimo vantaggio possibile dalla sua azione nel mercato.

La svolta di von Neumann è reale. Egli sgombera il campo economico dall'illusione della linearità dei fenomeni. Ma il suo approccio resta, e fermamente, all'interno di quella visione paradigmatica secondo cui tutto è, in linea di principio, matematizzabile.

Il fallimento del programma neoclassico

Riassumendo. Abbiamo visto che per i neoclassici l'economia «si può fare» scienza se riesce a formalizzare matematicamente i processi di produzione e di scambio. Nel modello fisico-matematico dell'economia, tutto da costruire, agiscono solo due unità elementari: le famiglie (i consumatori) e i produttori (le imprese).

I primi, i consumatori, sono caratterizzati da una funzione, la funzione di utilità, che traduce in termini matematici la soddisfazione che procura il consumo di un certo bene.

I produttori, invece, sono caratterizzati da un'altra funzione, la funzione di produzione, che misura la quantità massima di prodotti che un insieme di materie prime, lavoro e macchine riesce a ottenere. La funzione di produzione di un fornaio è il prodotto di una fattore che tiene conto della farina a disposizione, di un altro fattore che tiene conto della quantità di lievito, di un altro fattore che tiene conto dell'energia elettrica impiegata e cosí via.

I due tipi di agenti, gli atomi del consumo e gli atomi della produzione, agiscono sulla base di un principio di razionalità (economica) in un quadro di concorrenza perfetta. Ciascuno tende a massimizzare la sua funzione (consumare di piú, produrre di piú). E l'equilibrio di mercato si raggiunge attraverso un aggiustamento iterativo dei prezzi della domanda e dell'offerta. Grazie, cioè, a un «banditore» invisibile ma capace di trovare l'equilibrio.

Come nota Bernard Guerrien, questa immagine dell'economia di mercato, avanzata dai sostenitori del liberismo economico, è insieme stupefacente, perché prevede un modello centralizzato basato sul banditore che non esiste, e *naïf*, perché presuppone che tutti agiscano sulla base di prezzi espliciti, senza cercare di sapere cosa fanno gli altri e cosa riserva il futuro.

Ciononostante, l'immagine neoclassica si è affermata. E con Walras ha proposto tre punti specifici per consolidarsi come economia matematica: esiste un equilibrio di mercato; il punto di equilibrio è unico; l'equilibrio è stabile.

La crisi del '29, le critiche marxiane, le critiche keynesiane, la svolta di von Neumann hanno minato la credibilità generale dell'impianto neoclassico. Ma non hanno dimostrato la falsità di nessuno di tre punti determinanti per il progetto di economia matematica di Walras.

Anzi, proprio von Neumann ha dimostrato negli anni '30 che il primo problema di Walras ammette una soluzione. È possibile dimostrare che il mercato può raggiungere un punto di equilibrio tra domanda e offerta. Una soluzione piú generale e completa del primo problema di Walras è ottenuta, poi, negli anni '50 da Kenneth Arrow e da Gérard Debreau.

Dopo questo risultato i walrasiani, corroborati dal successo, hanno pensato di poter conquistare il paradiso (liberista) e dimostrare la veridicità anche degli altri due punti del programma neoclassico.

Ma presto viene a deluderli proprio quell'analisi matematica su cui fondano tutte le loro speranze. Ben presto, infatti, viene dimostrato che i casi di unicità del punto di equilibrio devono essere considerati davvero eccezionali. In generale i punti di equilibrio possibili in un'economia sono molti. Spesso, anzi, questi punti in cui i prezzi dei beni richiesti e dei beni offerti trovano una perfetta corrispondenza sono infiniti.

Quanto alla illusione della stabilità degli equilibri di mercato, be', essa non dura oltre gli anni '60. Fino a quando, cioè, Herbert Scarf non dimostra che persino le economie basate sullo scambio di tre semplici merci possono essere instabili. E crollare, come è successo alla ben piú complessa economia reale quel giorno a Wall Street.

Questi due risultati rappresentano, in linea di principio e in linea di fatto, il fallimento della visione neoclassica. L'economia non è un sistema lineare, governato da leggi semplici, che evolve in modo predicibile. Ma è un sistema dinamico instabile, caotico. La metafora meccanicistica dell'economia è definitivamente tramontata. E per ragioni squisitamente matematiche.

Non tramonta, invece, la ricerca (e l'illusione) di un'economia matematizzata.

L'economia della complessità

L'economia del Novecento è caratterizzata, almeno nei paesi occidentali, da una crescita sostenuta. Interrotta da due spettacolari cadute: negli anni '30, in seguito al crollo di Wall Street, e negli anni '70, in seguito alla crisi petrolifera. Di fronte a queste crisi, impreviste, i fautori dell'economia matematizzata si dividono in due gruppi e forniscono altrettanti tipi di spiegazione.

Un primo gruppo continua a considerare l'economia un sistema dinamico lineare e invoca un'origine esogena e casuale delle grandi instabilità. L'approccio lineare viene utilizzato, per esempio, nel modello matematico di Kalecki e in quello di Hansen-Samuelson. E poiché nessuno dei due modelli riesce a spiegare l'emergere di forti oscillazioni, tipo quella che ha prodotto la crisi del '29, si assume che esse siano il frutto di shock esogeni.

Un secondo gruppo, invece, tende a sacrificare, come von Neumann, la visione lineare del sistema economico, pur di non sacrificare l'idea della sua completa matematizzazione. Questo gruppo si rafforza nel corso degli anni '60. Dopo che Herbert Scarf ha falsificato il programma di economia matematica lineare di Walras. E dopo che Edward Lorenz ha (ri)scoperto l'effetto farfalla e il comportamento intrinsecamente instabile e, quindi, imprevedibile dei sistemi dinamici non lineari.

In breve anche l'economia matematica scopre il caos. E, con esso, un modo per cercare di gestire l'instabilità e l'imprevedibilità di lungo periodo. Venuta meno l'affidabilità del modello meccanico, si guarda al modello caotico come al nuovo analogo fisico dell'economia. Cosí molti iniziano a considerare l'economia come un sistema complesso autorganizzato, con instabilità endogene, che evolve secondo dinamiche caotiche non verso un preciso punto di equilibrio, ma verso grandi attrattori.

Richard Goodwin è tra i primi, negli anni '60, a elaborare un modello autorganizzato dell'economia, recuperando e adattando i famosi modelli ecologici preda-predatore di Lotka e Volterra (→ecologia). L'economia caotica di Goodwin rende conto delle ampie oscillazioni e fluttuazioni dell'economia intorno a un grande attrattore. Ma difficilmente può essere considerato un modello realistico un mondo in cui agiscono due sole grandi classi: quella dei consumatori e quella dei capitalisti. In realtà Goodwin stesso riconosce che è necessario (e possibile) rendere piú complessi, in aderenza a quanto ci appare la →realtà, i suoi modelli dinamici non lineari. Per esempio considerando l'economia come un insieme accoppiato di sistemi dinamici oscillanti. Tralasciamo la matematica di questo modello. Diciamo, però, che è stato utilizzato con un certo successo per descrivere il commercio internazionale o mercati interdipendenti.

Altri modelli, dopo quelli di Goodwin e piú elaborati di quelli di Goodwin, sono stati proposti negli ultimi anni. Tanto piú che il computer consente di simulare (→simulazione) l'evoluzione economica (e gli effetti delle decisioni politiche). Si rafforza la fiducia di poter creare, finalmente, una scienza economica realmente sperimentale. I nuovi modelli «complessi» falsificano il teorema, neoclassico, della concorrenza perfetta; prendono in considerazione ogni tipo di feedback, negativo e positivo; riconoscono l'instabilità intrinseca dell'economia e tengono conto anche di una serie di interventi esogeni che influenzano il libero mercato: regole, convenzioni, azioni dello stato e del sindacato in grado di limitare alcune possibilità di evoluzione e di esaltarne altre.

L'economia che emerge dai modelli dinamici non lineari è molto piú somigliante alla economia reale dei modelli di Walras. I punti di equilibrio possibile sono molti e non tutti necessariamente ottimali. Non c'è uno stato stabile finale e l'economia appare, com'è in realtà, un processo dinamico in continua evoluzione.

L'economia reale consiste di molte parti connesse e di molte parti separate; ci sono dinamiche endogene, ma anche forze esogene. Vi sono economie nazionali singole (si pensi all'Albania di Hoxha o anche alla Cina degli anni di Mao) che agiscono in modo non molto interpenetrato con l'economia mondiale. E vi sono, al contrario, economie nazionali, come quelle dell'Occidente, che sono parte integrante dell'economia globale. Ancora: vi sono mercati con dinamiche particolari. L'agricoltura e il turismo sono influenzati da cicli stagionali. Cosicché, spiega Klaus Mainzer, i modelli piú realistici dell'economia sono quelli che la descrivono come un sistema non lineare endogeno colpito da grandi ondate di forze esogene. In altri termini l'economia può essere rappresentata da una dinamica fortemente disturbata intorno a un grande attrattore. Permanentemente soggetta a una sorta di supercaos.

Questa visione è molto piú vicina alla realtà di quanto non lo siano il meccano di Walras e il circuito idraulico di Fisher. Ma non è la realtà. Anche i modelli di complessità autorganizzata e non lineare, infatti, cadono in crisi, falliscono, quando devono prendere in considerazione l'influenza degli interventi di natura politica. In alcuni casi il mercato non si sviluppa secondo i criteri del welfare. Quando si introduce nel modello una decisione politica di tipo keynesiano, per esempio, talvolta invece che una maggiore stabilità il sistema reagisce in modo opposto. Diventa molto piú instabile. Ora è vero che il sistema economico può essere considerato un sistema estremamente sensibile alle condizioni iniziali. Pronto a divergere non appena si modifica un minimo particolare. Ma le decisioni politiche, anche di tipo keynesiano, sono presenti in tutte le economie. Non c'è, al mondo, una sola economia che possa essere descritta come dominata solo dalla mano invisibile. In altri termini, bisogna riconoscere che questi modelli, anzi, che neppure questi modelli rappresentano l'economia reale. Tanto da indurre Giorgio Israel a scrivere: «L'economia matematica appare oggi sempre piú come una sorta di gigantesco esercizio formale che ha scarsi rapporti con i temi e i problemi dell'economia reale».

In realtà, se correttamente interpretate, le teorie dei sistemi complessi possono aiutare a comprendere il funzionamento delle dinamiche economiche. Ci fanno capire, infatti, che l'economia è un sistema non lineare, che non può essere interamente programmata e diretta, perché la sua evoluzione non può essere prevista. Se non in uno spaziotempo limitato. Ci fanno capire, anche, che un'economia puramente libera, se mai potesse esistere, oscillerebbe senza requie tra tanti equilibri metastabili, esigendo, lungo questo peregrinare, costi sociali inaccettabili. Facendo del paradiso dei liberismo l'inferno dell'umanità. L'incapacità di prevedere gli effetti degli interventi intenzionali (politici), infine, ci insegna, come riconosce anche Klaus Mainzer, che l'esperienza, l'intuizione e la sensibilità sono, talvolta, piú utili del computer e dei modelli matematici per trovare gli equilibri, locali, del welfare economico.

L'economia, un trascendimento evolutivo

No, non è un caso che i modelli caotici e complessi falliscano, o mostrino le maggiori difficoltà, quando devono prevedere gli effetti di una decisione politica. Di una scelta. Tutti i tentativi di «matematizzare» l'economia e di formalizzare i comportamenti dell'*homo oeconomicus*, da quelli ottocenteschi di Walras e Pareto, basati su modelli lineari e metafore meccanicistiche, a quelli «moderni» di Goodwin e Holland, basati su modelli non lineari e metafore caotiche, commettono gli stessi errori di fondo.

1. Negano la storia. Hanno, infatti, tutti un approccio astratto e formale. E ogni approccio astratto e formale riduce, come rileva Giorgio Israel, la caratteristica fondamentale del processo economico, il →tempo storico, a una variabile puramente matematica: sia esso il tempo newtoniano nei modelli lineari che il tempo ljapunoviano dei modelli non lineari cosiddetti caotici.
2. Considerano un uomo che non c'è. Ogni approccio matematico, lineare o non lineare che sia, tende a descrivere un mercato composto da agenti atomizzati, tutti identici a se stessi. Dimenticando l'unicità che invece carat-

terizza ogni agente economico (persona e anche gruppo).

3. Considerano una razionalità maniacale che non c'è. Dimenticando che anche quando operano sul mercato, il fornaio, l'oste e il cliente restano persone. E, nel corso della giornata, si comportano in modo molto piú ricco e variegato dei loro stereotipi matematizzati.

Non c'è dubbio che le matematiche del caos e le teorie piú sofisticate della complessità, con le loro matematiche non lineari, riescano, meglio delle teorie meccanicistiche *à la Walras*, a tener conto della instabilità intrinseca introdotta dalla unicità dei suoi attori e dalla storia. Tanto da indurre qualcuno, a Santa Fe e dintorni, a immaginare di poter cogliere nell'evoluzione progressiva dell'economia la mano, piú o meno invisibile, di quel medesimo «secondo principio della complessità» che governerebbe l'evoluzione a ogni livello nell'universo.

In realtà, questa maggiore flessibilità dei nuovi modelli matematici nell'accarezzare l'andamento, capriccioso, delle fluttuazioni rischia di nascondere proprio gli elementi che caratterizzano il sistema economico rispetto a un insieme di atomi o a un insieme di batteri. In altri termini, i nuovi formalismi commettono un vecchio errore: non prendono in considerazione che l'economia è fatta da una specie che, per dirla con Theodosius Dobzhansky, rappresenta un trascendimento evolutivo. È fatta da uomini. È fatta dagli uomini.

Letture: Jean Boncoeur e Harvé Thouément, *Le idee dell'economia*, Bari, Dedalo, 1997; Pietro Greco, *Evoluzioni. Dal Big Bang a Wall Street, la sintesi impossibile*, Napoli, Cuen, 1999; Giorgio Israel, *Modelli matematici*, in «Quaderni Le Scienze», 81, dicembre 1994; Oskar Lange, *Economia politica*, Roma, Editori Riuniti, 1973; Alessandro Roncaglia e Paolo Sylos Labini, *Il pensiero economico*, Roma-Bari, Laterza, 1995.

Elemento

(dal latino *elementum*)

Elemento è la sostanza «elementare», quella che i greci chiamavano *stoicheion*: principio. E la storia di questo termine nel pensiero filosofico occidentale è davvero antica, perché risale allo ionico Empedocle e alla sua ricerca del «principio primo». Empedocle riteneva che gli elementi, i principi primi, fossero quattro: l'aria, l'acqua, il fuoco, la terra. E che la →natura, nella sua infinita varietà, altro non fosse che la diversa e dinamica combinazione dei quattro elementi primordiali che si aggregano e si separano sotto l'azione di due forze (→forza) fondamentali: l'amore e l'odio.

La ricerca degli elementi fondamentali ha poi caratterizzato l'intera filosofia greca. Vi hanno partecipato anche Platone e Aristotele (che credeva nell'esistenza di un quinto elemento, una quintessenza chiamata →etere).

Oggi, la parola elemento è utilizzata soprattutto in →chimica. E sta a indicare una sostanza costituita da un solo tipo di →atomo. Di queste sostanze «pure» ne conosciamo oltre centodieci. Esse presentano delle proprietà periodiche, che dipendono dalla configurazione elettronica degli atomi che le costituiscono. Il primo a ricostruire lo schema della «tavola periodica degli elementi» fu Dmitrij Mendeleev, nel 1869. Grazie a questo schema, il chimico russo fu in grado di predire le proprietà di elementi ancora sconosciuti.

La chimica, come il vecchio Empedocle, ci dice dunque che la natura intorno a noi, nella sua infinita varietà, altro non è che la diversa e dinamica combinazione dei cento e piú elementi fondamentali che si aggregano e si separano sotto l'azione di una sola forza fondamentale: l'interazione elettromagnetica.

Tuttavia il concetto di elemento, rispetto a Empedocle, non ha accentuato solo la sua varietà (passando da 4 a oltre 110), ma ha modificato buona parte del suo contenuto semantico originario. Per Empedocle gli elementi erano i principi primi. Oggi un chimico esprime questo concetto con la parola atomo. E un fisico con la parola «particella elementare» (→materia). Sappiamo, infatti, che gli atomi sono particelle composite: formate da particelle elementari, gli elettroni, e da altre particelle composite, i nucleoni (protoni, neutroni). Protoni e neutroni sono formati, a loro volta, da altre particelle elementari: i «quark». Oggi se volessimo costruire un quadro *á la* Empedocle della natura, dovremmo dire che gli elementi fondamentali sono i leptoni (almeno sei) e i quark (anch'essi sei) e le loro antiparticelle (antileptoni e antiquark). Questi elementi si aggregano e si separano sotto l'azione di quattro forze fondamentali, scambiandosi altre particelle chiamate bosoni.

Un quadro piuttosto complicato. Tanto che molti fisici ritengono che, in realtà, queste particelle elementari non siano in realtà quelle ultime, ma che siano a loro volta composte da altri elementi fondamentali...

Letture Peter W. Atkins, *Chimica generale*, Bologna, Zanichelli, 1992; Paul Davies (a cura di), *La nuova fisica*, Torino, Bollati Boringhieri, 1992; Antonio Di Meo (a cura di), *Storia della chimica*, Venezia, Marsilio, 1989.

Ellenistica, scienza

(dal greco Ἕλλην; dal latino *scientia*)

La →scienza è nata nel bacino del Mediterraneo, intorno al III secolo a.C., dopo che Alessandro Magno ha conquistato e unificato gli antichi imperi. Lo afferma Lucio Russo, matematico e storico della scienza antica, in un libro, *La rivoluzione dimenticata*, che ha creato molto dibattito.

Se per scienza, infatti, dobbiamo intendere quella →cultura fondata su teorie (→teoria) che fanno riferimento a enti astratti, vengono elaborate con un →metodo assiomatico-deduttivo (→deduzione) e vengono verificate sperimentalmente (→esperimento) con precise regole di corrispondenza, allora non c'è dubbio, sostiene Lucio Russo, che questa cultura ha visto la luce per la prima volta nel mondo ellenistico.

La scienza ellenistica è stata in realtà straordinaria. Non solo e non tanto per la qualità dei suoi scienziati: da Euclide ad Archimede, da Aristarco a Eudosso, da Ipparco a Tolomeo, da Erofilo a Erasistrato. Quanto, soprattutto, per la qualità epistemologica inedita della sua ricerca: che portò alla nascita della →matematica e della →geometria fondate sul ragionamento assiomatico-deduttivo, ma anche alla nascita di altre scienze esatte come l'ottica, la →meccanica, l'idrostatica, la pneumatica, la topografia e la geodesia. In epoca ellenistica nacque l'→astronomia scientifica. E anche le scienze empiriche, in primo luogo la →medicina, divennero, appunto, scienze (anche se, su questo punto, lo storico della medicina Mirko Grmek la pensa diversamente).

La scienza ellenistica, inoltre, fu caratterizzata da una grande organicità e fu profondamente unitaria. Tutte le discipline erano interconnesse. La matematica e la →fisica erano praticamente fuse. Le altre scienze esatte facevano riferimento alla matematica e avevano la medesima impostazione epistemologica. E anche le discipline empiriche si svilupparono facendo riferimento alla metodologia scientifica. I medici, per esempio, conoscevano molto bene la pneumatica. E, anzi, è probabile che ne abbiano ispirato lo sviluppo.

La discussione sul fatto che la scienza ellenistica possa essere considerata a tutti gli effetti scienza cosí come la intendiamo oggi, è tuttora aperta. Tuttavia non c'è dubbio alcuno che la scienza ellenistica costituí una svolta straordinaria e inedita nella cultura dell'uomo. E deve essere considerata almeno come il primo serio passo verso l'indagine scientifica della natura.

Ma perché si realizzò? Perché, intorno al III secolo a.C. quel passo fu infine compiuto?

Be', il motivo è abbastanza semplice. I greci dell'era classica avevano sviluppato un pensiero analitico e oggettivo. Avevano anche elaborato un pensiero logico capace di produrre teorie scientifiche fondate su un ragionamento ipotetico-deduttivo. Tuttavia la Grecia classica era tecnologicamente arretrata. Almeno rispetto all'Egitto e alla Mesopotamia. In quegli antichi regni, migliaia di anni di accumulazione del sapere avevano prodotto una tecnologia non scientifica molto sofisticata. Molto piú sofisticata che in Grecia.

Le conquiste di Alessandro Magno crearono il corto circuito necessario per lo sviluppo della scienza. Misero in contatto stabile e infine integrarono il pensiero analitico e oggettivo dei greci con la tecnologia egizia e mesopotamica. Un contatto e una integrazione tanto inediti quanto necessari per lo sviluppo del metodo sperimentale e, quindi, della scienza.

La scienza ellenistica, infatti, ebbe uno stretto rapporto con la tecnologia. Nel mondo ellenistico la conoscenza teorica veniva verificata anche attraverso l'intervento tecnico sulla →natura. E la capacità di produrre →tecnica era una delle fondamentali regole di corrispondenza tra teoria scientifica e →realtà. Da notare che, senza la verifica attraverso l'intervento sulla natura, cioè senza lo sviluppo di nuova tecnologia, non c'è scienza.

Tutte le discipline scientifiche in epoca ellenistica produssero innovazione tecnica. Tanto che la società ellenistica fu qualcosa di molto simile a una moderna società tecnologica. In cui l'innovazione delle tecniche non procede per lenta accumulazione del sapere, ma si fonda sulla →conoscenza scientifica.

Lo sviluppo inedito della cultura scientifica in epoca ellenistica ci propone un'ulteriore riflessione. La scienza ellenistica nacque nel III secolo a.C. e finí sostanzialmente nel III secolo d.C., vinta da una miscela di cultura pragmatista e irrazionale divenuta dominante nel Mediterraneo ormai romanizzato. La rivoluzione scientifica fu dimenticata. Per essere poi ripresa molto piú tardi dagli arabi (→Islam) e, solo dopo un millennio, dall'Europa rinascimentale.

La vicenda dell'ellenismo ci dice che la scienza non è una cultura che si acquisisce una volta e per sempre. È una cultura potente, ma fragile. È una cultura che può essere dimenticata. E che, quindi, deve essere riconquistata giorno per giorno da chi ha interesse a preservarla.

Letture: Mirko Grmek (a cura di), *Storia del pensiero medico occidentale*, vol. I, Roma-Bari, Laterza, 1993; Lucio Russo, *La rivoluzione dimenticata*, Milano, Feltrinelli, 2001.

Emergenza
(dal latino *emergere*)

La →vita, la →mente, la →coscienza. Spesso, nel corso della →storia cosmica, sono apparse nuove organizzazioni della →materia con proprietà difficili da spiegare sulla base delle proprietà dei loro costituenti. Queste nuove proprietà della materia sono state chiamate *proprietà emergenti*. E caratterizzano cosí tanto la storia naturale, da indurre Karl Popper a scrivere che «viviamo in un universo di novità emergenti». E da originare un'intera scuola di pensiero evoluzionista, la scuola degli *emergentisti*.

Il primo, probabilmente, a parlare di proprietà emergenti, già nel 1868, è stato Thomas H. Huxley, il biologo amico di Darwin e araldo dell'evoluzionismo. L'inglese pensava che gli organismi viventi presentassero numerose caratteristiche emergenti che li rendevano diversi dai sistemi inanimati. Tuttavia Huxley non pensava che le novità emergenti fossero un'invenzione dell'→evoluzione biologica. Anzi, sosteneva che le novità emergenti sono presenti anche nel mondo fisico. E faceva l'esempio dell'acqua. Le sue proprietà, la sua «acquosità», sono ben difficili da spiegare sulla base delle proprietà chimiche e fisiche dei suoi elementi costituenti, l'idrogeno e l'ossigeno.

Tuttavia colui che potrebbe essere considerato a ragione il padre fondatore della scuola di pensiero emergentista è stato un altro biologo evoluzionista, Lloyd Morgan, che nel 1894 scriveva: «A diversi gradi di organizzazione, le configurazioni materiali esibiscono fenomeni nuovi e inaspettati, e questi includono le caratteristiche piú salienti del meccanismo adattivo» (→adattamento). Morgan propone che la vita e la sua evoluzione per selezione naturale del piú adatto siano fenomeni emergenti.

Oggi, a distanza di un secolo e piú dalle considerazioni di Huxley e Morgan, i fenomeni emergenti sono piú che mai attuali. L'emergenza, per esempio, è uno dei grandi temi intorno a cui ruota la discussione nel piú generale e controverso dibattito sulla →complessità.

Ma è giunto il momento di definire in modo piú rigoroso cosa intendiamo per *proprietà emergente*. Il biologo Herbert Simon sostiene che sono emergenti quelle caratteristiche dei sistemi nel loro insieme che «non possono (nemmeno in teoria) essere dedotte dalla piú completa conoscenza delle componenti, prese separatamente o in altre combinazioni parziali». Gerald Edelman, grande esperto di immunologia e autore di una sua teoria della mente, ritiene che la coscienza dell'uomo sia davvero una proprietà emergente. Perché non può essere dedotta, nemmeno in linea di principio, dalla completa conoscenza dei neuroni e delle loro parziali combinazioni.

Le proprietà emergenti possono, naturalmente, essere parte di sistemi di livello piú elevato e influire sulle proprietà delle componenti ai livelli inferiori. E, infatti, la coscienza di un uomo può essere parte di un sistema piú grande, la società umana. Ma può anche influire sul comportamento delle singole componenti del corpo: posso, in coscienza, decidere di attivare i miei muscoli alzando un braccio, o mobilitare gli ormoni sessuali, o far lavorare gli enzimi dell'apparato digerente.

Anche i fisici hanno cercato di definire le proprietà emergenti. Per Philip Anderson, per esempio, l'emergenza è una proprietà collettiva della materia che nessun componente del collettivo possiede singolarmente. Anche lui propone l'esempio dell'acqua. Prendete una molecola di questo comunissimo liquido. In essa, rileva Anderson, non c'è nulla di particolarmente complicato. C'è un grosso atomo, l'ossigeno, legato a due piccoli atomi di idrogeno. Il comportamento di una molecola d'acqua è descritto (con qualche difficoltà di carattere pratico) da note equazioni della →meccanica quantistica. Ma mettiamo insieme miliardi e miliardi di molecole di acqua in un recipiente, a temperatura e pressione ambiente. Vedremo questo collettivo di molecole che inizia a gorgogliare, a gocciolare, a luccicare. Le molecole hanno acquistato una proprietà collettiva: sono diventate un liquido. Nessuna di esse, presa singolarmente, può essere definita una molecola liquida. Lo stato liquido, conclude Anderson, è una *proprietà emergente*. Una proprietà che è solo dell'insieme di molecole.

Le proprietà emergenti producono spesso *comportamenti emergenti*. Mettete quell'acqua nel freezer e quando la sua temperatura sarà giunta a 0 °C vedrete che l'insieme di molecole subirà una *transizione di fase*, diventando solido. Oppure mettete l'acqua sul fuoco, e a 100 °C la vedrete bollire e diventare vapore.

Nessuno di questi due comportamenti, nessuna di queste due transizioni di fase, ha significato per una singola molecola. Entrambe sono caratteristiche irriducibili dell'insieme. A meno di non sapere cosa e dove andare a cercare, e a patto di avere gli strumenti fisico-matematici per farlo, è molto difficile che le equazioni della meccanica quantistica lascino intuire che le molecole di acqua tra 0 e 100 °C e a pressione ambiente avranno la proprietà di un liquido.

Cosí il tempo meteorologico è una *proprietà emergente* delle molecole che compongono l'atmosfera; la vita è una *proprietà emergente* delle molecole che compongono le cellule; la mente è una *proprietà emergente* delle molecole che compongono il cervello.

Le proprietà emergenti sono considerate una delle caratteristiche che rendono *complesso* un sistema. E, in particolare, sono le caratteristiche che rendono strutturalmente infondato ogni progetto di →*riduzionismo teoretico*, ovvero ogni tentativo di spiegare il comportamento dei sistemi complessi con le leggi generali che governano il comportamento dei loro costituenti elementari.

Spesso i nemici della filosofia emergentista l'accusano di proporre una nuova forma di *vitalismo*. Ovvero di sostenere una specificità costitutiva, una *specialità*, dei sistemi complessi e, in particolare, dei sistemi biologici.

In realtà l'emergentismo è una filosofia strettamente materialistica, perché del tutto compatibile con il *riduzionismo costitutivo*. Le proprietà emergenti, infatti, non sono altro che proprietà collettive della materia. Che non possono essere pienamente studiate se non attraverso lo studio, sia analitico che olistico (→olismo), di quel determinato collettivo di materia. Per tornare al nostro esempio, la coscienza non è una proprietà *speciale* della materia, è una proprietà collettiva della materia neuronale. Che, tuttavia, non può essere compresa o prevista studiando *solo* il singolo neurone e piccoli aggregati di singoli neuroni. Essa va compresa studiando *anche* il cervello nel suo insieme. E, probabilmente, collocandolo nello spazio e nel tempo.

L'emergentismo non è, dunque, una concezione neovitalista. Non invoca proprietà *speciali* della materia vivente. E non è neppure una concezione *olista*. L'emergentista non nega affatto l'utilità del *riduzionismo esplicativo*. Anzi, ritiene che esso sia necessario. Nega solo che esso sia, sempre, sufficiente.

Come dice Mayr: «I sistemi complessi devono essere studiati a ogni livello, poiché ogni livello ha proprietà che non si mostrano ai livelli inferiori».

Un'ultima chiosa, mutuata da Mayr. Per dire che certe polemiche non hanno età. Alcuni sostengono che *proprietà emergenti* è un termine che per molti assume connotazioni metafisiche, quasi mistiche. E che andrebbe sostituito con qualche altro termine. Qualche fisico oggi propone *proprietà collettive* della materia, cosí come ieri il biologo George Simpson proponeva *composizione* e l'etologo Konrad Lorenz, addirittura, *folgorazione*. Ogni termine, purché sia rigorosamente definito, naturalmente va bene. Non è il caso di fare battaglie nominalistiche. Ma nella realtà, sostiene giustamente Mayr, il termine *emergenza* è usato, in senso strettamente materialistico, da un cosí gran numero di persone che non c'è possibilità di equivoco e, quindi, non c'è ragione di abbandonarlo.

Di piú. L'*emergenza* è accettata ormai da un numero cosí grande di scienziati, anche di cultura riduzionista, da non essere piú un elemento veramente discriminante tra la visione riduzionista del mondo e la visione olistico-organicista o, piú in generale, antiriduzionista.

L'approccio emergentista non rompe, infatti, l'unità della natura. Né rompe la solidarietà delle scienze. I vari livelli di organizzazione della materia sono strettamente interconnessi e, insieme, dotati di notevole indipendenza. L'organizzazione della materia a livello di un batterio non viola le leggi della chimica e della fisica. Ma ha una struttura e un comportamento che non sono legati al gran numero di parti diverse interagenti, e quindi non sono interamente spiegabili, almeno in via di fatto, dalle leggi della fisica e della chimica. Se vogliamo studiare il batterio nel suo insieme, occorre un'ulteriore livello di spiegazione: il livello di spiegazione propriamente biologico. Che tenga conto, tra l'altro, della →storia.

Né gli elementi di interconnessione, né gli elementi di indipendenza spiegano tutto il batterio. In quest'ottica strettamente materialistica, e solo in quest'ottica, ha dunque ragione il fisico Murray Gell-Mann quando sostiene che, in natura, «a ogni livello ci sono leggi da scoprire, importanti di per sé [...] Le varie scienze, pur occupando livelli diversi, fanno parte di una singola struttura interconnessa».

Letture: Gilberto Corbellini (a cura di), *La parte del tutto*, Tricesimo, Casamassima, 1992; Pietro Greco, *Evoluzioni. Dal Big Bang a Wall Street, la sintesi impossibile*, Napoli, Cuen, 1999; Ernst Mayr, *Storia del pensiero biologico*, Torino, Bollati Boringhieri, 1990; Karl Popper, *Poscritto alla logica della scoperta scientifica*, Milano, Il Saggiatore, 1984; Herbert A. Simon, *The Architecture of Complexity*, Proceeding of the American Philosophy Society, 1962.

Emozione

(dal francese *émotion*, derivato da *émouvoir*, a sua volta derivato dal francese antico *motion*)

Era un tipo normale Mr. Elliot, in laboratorio. Sano come un pesce, ragionava con calma, acume e ponderatezza. La sua conversazione era colta e piacevole. La sua memoria robusta. Il suo quoziente d'→intelligenza si posizionava decisamente oltre la media. Superava in modo brillante quasi tutti i test approntati da psicologi e psichiatri. Di piú: superava in modo lucido e coerente quasi tutte le difficoltà che la vita gli poneva di fronte, lí sulla carta. Magari, a un'attenta analisi, poteva apparire anche un po' freddino. Ma era proprio un tipo normale Mr. Elliot. In laboratorio.

Fuori, invece, era un vero disastro. Non ne azzeccava una. In breve tempo, dopo quella dannata operazione chirurgica, con le sue scelte, indolenti e sconcertanti, era riuscito a perdere un lavoro di prestigio, presso un rinomato studio legale, un'adorata moglie e i suoi splendidi figli. Ogni nuova attività che intraprendeva, dalle speculazioni finanziarie all'edilizia, si risolveva, in breve, in una catastrofe economica. Persino il nuovo matrimonio, in men che non si dica, aveva fatto bancarotta. Ogni minima difficoltà nella vita quotidiana si risolveva, per quell'uomo, in una catastrofe. Lui, una volta cosí preciso, sbagliava in continuazione. Sapendo di sbagliare. Le sue scelte, lucide ma irrazionali, lo avevano portato al disastro: aveva perso tutti i suoi redditi e le persone che gli erano care lo avevano abbandonato. E ciò gli era del tutto indifferente.

Certo, ormai tutti si rendevano conto che non era affatto un tipo normale, Mr. Elliot, fuori dal laboratorio. Ma perché? Quando Antonio Damasio, portoghese d'origine e preside del Dipartimento di neurologia del College of Medicine presso l'Università dello Iowa, negli Stati Uniti, lo prese in cura, scoprí che aveva subito un'operazione per un tumore al cervello, localizzato nella regione prefrontale, proprio sopra le cavità nasali. Prima dell'intervento chirurgico il tumore era cresciuto fino a raggiungere le dimensioni di un'arancia e a comprimere i lobi frontali. Ma poi l'operazione era perfettamente riuscita. Il tumore era stato rimosso senza danni apparenti. Elliot, infatti, aveva conservato intatta la capacità di movimento. Il linguaggio era integro. E cosí anche le capacità intellettive, come Damasio andava verificando utilizzando i piú vari e i piú sofisticati metodi d'indagine a disposizione di un neurologo. Eppure «Elliot non era piú Elliot». Aveva cambiato personalità. Perché?

Antonio Damasio non ha lesinato tempo e impegno, nel tentativo di capire cosa fosse mai successo nella mente di Elliot. E, infine, tanti sforzi sono stati premiati. Al termine della sua indagine, Damasio è riuscito non solo a capire qual è stata la lesione nel cervello che ha modificato la →mente di Elliot. Ma anche a indicare qual è stato il vero →errore di Cartesio, quando ha separato, tre secoli or sono, la mente dell'uomo dal suo cervello.

L'errore di Cartesio, il libro in cui Damasio analizza le vicende del suo paziente americano e il pensiero del grande filosofo francese, ha fatto molto discutere. Non solo per la diagnosi relativa allo strano comportamento di Mr. Elliot. Non solo per la critica relativa alla (non meno strana) proposta di René Descartes. Ma anche (e forse soprattutto) perché a effettuare quella diagnosi e a muovere quella critica è un neurofisiologo di grande classe e di grande fama. Ovvero un membro di quella comunità scientifica che pur sapendo tutto (o almeno pur sapendo mediamente piú di altri) sul cervello dell'uomo, tende a considerare (ancora) un «problema intrattabile» il rapporto tra la →materia del cervello e la natura della mente.

Riguardo a Mr. Elliot, la diagnosi di Antonio Damasio è che l'operazione chirurgica gli aveva leso una piccola parte della corteccia prefrontale. Quella che, secondo il neurologo di origine portoghese, è la sede delle emozioni secondarie. Queste ultime non sono altro che connessioni sistematiche tra le emozioni primarie (paura, amore, vergogna) che hanno sede nell'amigdala e situazioni, oggetti, persone che si incontrano nella vita. In modo tale che quando vediamo un serpente velenoso proviamo paura e quando vediamo la nostra compagna, amore. Elliot aveva conservato integre le capacità di provare emozioni primarie. Aveva conservato integre le capacità di →pensiero. E persino di pensiero astratto. Per cui, sulla carta, riusciva benissimo a collegare logicamente quelle emozioni a situazioni, persone e oggetti. Ma aveva perso la capacità pratica di collegare le emozioni primarie a situazioni concrete della «sua» vita reale. Il giovane avvocato, scrive Damasio, «sapeva, ma non sentiva». Sapeva di compiere scelte sbagliate, ma non gliene importava niente. Sapeva perfettamente di non dover comprare una casa al prezzo doppio di quello con cui l'avrebbe rivenduta. Sapeva anche sconsigliare altri dal farlo: perché si sarebbero rovinati. Ma non provava nulla al momento di compierla personalmente quella scelta cosí smaccatamente antieconomica. Non provava nulla, pur sapendo che la scelta lo avrebbe rovinato. Qualsiasi cosa facesse e comunque la facesse, lo lasciava completamente indifferente. Elliot non era piú Elliot perché aveva perso la capacità di provare emozioni. E di conseguenza, conclude Damasio, di compiere scelte razionali.

La diagnosi è decisamente innovativa per almeno due motivi. Perché sostiene che la mente, la →coscienza, il libero arbitrio (→libertà) dell'uomo, ovvero la capacità di prendere libere e fondate decisioni, non sono, non possono essere, fondati sulla pura →ragione (logico-formale e computazionale), come vanno sostenendo, con sempre minor convinzione, alcuni fautori dell'IA (→intelligenza artificiale) forte. Ma sono fondati su un insieme, equilibrato, di ragione e di emozione. Di →logica oggettiva e di valori soggettivi.

Il secondo motivo ci rimanda direttamente a René Descartes. E alla critica a quel dualismo cartesiano che vuole la mente, spirituale, separata dal cervello, materiale. L'errore di Cartesio fu quello di aver separato il corpo, la *res extensa* soggetta alle leggi (→legge) necessarie (→necessità) della →fisica, dalla mente, la *res cogitans* che a quelle leggi deterministiche (→determinismo) può sfuggire. L'errore dei moderni cartesiani è ancora quello di separare la mente, il *software*, dal cervello materiale, l'*hardware*, riproponendo l'idea di un *homunculus* immateriale che da un centro di comando muove, con precisa logica formale, la inconsapevole macchina corporale. Regalandole la coscienza, il libero arbitrio e, in definitiva, la dignità di persona.

Niente di tutto questo, sostiene Antonio Damasio. Nel nostro cervello non c'è alcun *homunculus* immateriale. La mente non è fuori dal corpo. Al contrario, la mente è una proprietà emergente (anche storicamente) del corpo, che è integrata e ha bisogno del corpo. Proprio come il corpo, a sua volta, ha bisogno della mente.

Il «sé consapevole di sé», l'io cosciente in grado di effettuare scelte ragionevoli, ipotizza Damasio richiamando per certi versi le mappe neurali di Gerald Edelman e rischiando di scandalizzare qualche collega neurofisiologo, dipende da una vasta serie di sistemi cerebrali che, dispersi in tutto il cervello e con un diverso livello di organizzazione neuronica, operano di concerto. Vi sono certo i sistemi cerebrali di livello «alto», deputati al ragionamento logico-formale. E vi sono i sistemi cerebrali di livello «basso» collegati col sistema nervoso periferico, che regolano il crogiolo delle nostre emozioni alimentate dalle sensazioni provate dal corpo. I sistemi cerebrali «alti» e quelli «bassi» hanno una diversa storia evolutiva e sedi diverse nel cervello. Ma, ipotizza ancora Damasio, si sono intersecati nella corteccia prefrontale. È lí che ragione ed emozione oggi si incontrano e operano di concerto per regalare all'uomo la capacità di effettuare scelte libere e sagge. È lí che Mr. Elliot ha smarrito Mr. Elliot.

La libertà: Ragione e Appetito

Proviamo ora a trarre una morale (provvisoria) dalle vicende di Mr. Elliot. E facciamolo richiamandoci a Platone. Lo Spirito libero è quello che si lascia governare dalla Ragione e non dall'Appetito, sosteneva il grande discepolo di Socrate. E, forse, aveva torto. A dimostrarlo è la vicenda di quest'uomo, Elliot, ricostruita da Antonio Damasio.

La Ragione, per usare i termini platonici, governa completamente lo Spirito di Elliot. Ma quello Spirito effettua scelte sconcertanti. Elliot è capace solo di pensare. Ma, nel concreto, non sa scegliere. Perché?

Perché l'operazione gli ha fatto perdere la capacità di *sentire*, cioè di provare emozioni, senza intaccargli minimamente le capacità di ragionare. Cosí il suo Spirito si sente a proprio agio e si muove agilmente nelle situazioni astratte di laboratorio, ma non sa agire nella vita reale, proprio perché ora è completamente svincolato dall'Appetito ed è in completa balía della Ragione. Elliot ha perso la capacità di scegliere, ovvero il fondamento del libero arbitrio, non perché ha perso la Ragione, ma perché ha perso l'Appetito.

Uno Spirito esercita la sua libertà, dunque, se si lascia governare, in modo equilibrato, sia dalla Ragione che dall'Appetito. Questo ci insegna la vicenda di Elliot. In una terminologia piú consona alle neuroscienze, possiamo dire che l'Appetito è l'insieme degli stati emotivi provocati dalle sensazioni che vengono sí elaborate dal cervello, ma che sono percepite dal corpo intero. Che a sua volta è immerso e interagisce nel →tempo con l'→ambiente esterno.

Non ha alcun senso, dunque, parlare di uno Spirito (e neppure di un cervello) separato dal corpo. Come direbbe Antonio Damasio, la mente dell'uomo non è puro pensiero, ma è «correlata con un organismo intero, in possesso di un cervello e di un corpo integrati e in piena interazione con un ambiente fisico e sociale».

La libertà, dunque, è una serie di mappe neurali selezionate dalle esperienze vissute dal cervello e dall'intero corpo dell'uomo. Aveva, dunque, ragione Sartre. L'uomo è *necessariamente* libero. La materia della sua, necessaria, libertà è nella sua carne. E nella sua →storia. Di individuo e di specie. Una carne e una storia che, in entrambi i casi, sono uniche e irripetibili.

Letture: Antonio Damasio, *L'errore di Cartesio*, Milano, Adelphi, 1995; Gerald Edelman, *Sulla materia della mente*, Milano, Adelphi, 1993; Simone Gozzano, *Storie e teorie dell'intenzionalità*, Roma-Bari, Laterza, 1997.

Energia
(dal greco ἐνέργεια)

L'energia dell'→universo è una costante, scriveva nel 1847 il tedesco Hermann Ludwig Ferdinand von Helmholtz. Altri, prima di lui, avevano proposto il concetto di energia invece che di →forza e in vece della forza. E almeno dodici studiosi, sostiene Thomas Kuhn, nel giro di relativamente pochi anni, avevano parlato di conservazione dell'energia. Ma è stato, senza dubbio alcuno, von Helmholtz a definire questo principio in modo chiaro e preciso e a proporlo come uno dei principi fondamentali della →fisica.

Il principio di von Helmholtz, valido per l'universo intero, ma anche per ogni sistema fisico isolato, non diventerà solo il «primo principio» della →termodinamica (e non sarebbe certo cosa da poco). Ma darà il contributo decisivo al tramonto del concetto di forza e all'affermazione del concetto di energia quale concetto fondante di tutta la fisica. Di piú. Farà dell'energia, come osserva Max Jammer, un concetto indispensabile per qualsiasi concezione unificata dei fenomeni fisici.

Naturalmente la parola e il concetto di energia esistevano da tempo. Aristotele definiva energia la →realtà nel suo concreto realizzarsi. I primi a darle una connotazione scientifica, associandola al →moto dei corpi e, quindi, alla →meccanica, sono stati Christian Huygens e Gottfried Leibniz, proprio mentre Isaac Newton andava proponendo il concetto di forza in associazione al moto. Tuttavia lo sviluppo del concetto di energia meccanica è frutto del lavoro di Leonardo Eulero, Pierre-Simon de Laplace e, soprattutto, del matematico italo-francese Joseph Louis conte di Lagrange. Per la verità il primo a usare la parola energia al posto del piú ambiguo *vis viva*, forza viva, fu Thomas Young nel 1807. Ma, al di là del nome, è chiaro che il concetto scientifico di energia nasce prima. Piú o meno, in questi termini.

L'energia meccanica, o meglio, il cambiamento di energia meccanica di un corpo può essere definito come il lavoro, L, compiuto su quel corpo per spostarlo a una certa distanza. Noi tutti abbiamo un'idea intuitiva del concetto di lavoro. È lo sforzo effettuato per conseguire un risultato. Per esempio per spostare di un metro un oggetto di dieci chilogrammi. Sappiamo anche che questo sforzo e, di conseguenza, il lavoro deve essere raddoppiato se vogliamo spostare quei dieci chili a due metri di distanza. Insomma, il lavoro è un concetto che si presta a essere trattato in modo quantitativo. In particolare, se vogliamo affrancarlo dai nostri muscoli umani e conferirgli un carattere generale, possiamo definire il lavoro, L, come il prodotto di una forza impressa, F, per lo spostamento, d, che si ottiene nella medesima direzione della forza:

$$L = F\,d$$

Se io compio questo lavoro su un corpo, modifico la quantità di energia in suo possesso. In particolare, posso dire che il corpo acquisisce una quantità di energia meccanica pari al lavoro esercitato su di esso.

Questa energia, tuttavia, si manifesta in molti modi. Se compio lavoro su un razzo in quiete nello spazio cosmico, ovvero nel vuoto (o almeno in un vuoto spinto), il razzo inizia a muoversi con una certa velocità, che resta costante anche dopo che il lavoro è finito e la forza ha cessato di agire. In questo caso posso dire che il razzo manifesta l'energia acquistata come «energia cinetica». Questa energia, E, è, tra l'altro, proporzionale alla massa del razzo, m, e al quadrato della velocità, v:

$$E = {}^1\!/_2\, m\, v^2$$

Se effettuo il medesimo lavoro non su un razzo nel vuoto, ma su un treno posto sulle rotaie, verifico facilmente che il treno non ha la velocità del razzo. Che fine ha fatto, allora, l'energia acquisita che, per definizione, deve essere pari a quella del razzo? Be', solo una parte si è trasformata in «energia cinetica», la parte restante è stata spesa per vincere l'attrito dell'aria e delle rotaie e si è trasformata in calore.

Questo →esperimento ci dice due cose. La prima è che non esiste solo l'energia cinetica, ma esistono diversi tipi di energia. E che un tipo di energia può trasformarsi in un altro tipo di energia. Per esempio, l'energia cinetica può trasformarsi in calore.

Tra i vari tipi di energia, possiamo citare l'energia gravitazionale (→gravitazione), l'energia elettrica, l'energia chimica (→chimica) e molte altre ancora. Tuttavia una vale la pena indicarla con una certa enfasi: l'«energia potenziale». Se, per esempio, raccolgo una penna da terra e la pongo sul tavolo, ho compiuto un lavoro. Ma la penna ferma era prima e ferma resta poi. Come si esprime l'energia che la penna deve aver acquisito in seguito al mio lavoro? Be', essa è «energia potenziale». O, se volete, energia congelata. Pronta a trasformarsi in energia cinetica non appena tolgo l'impedimento del tavolo e la penna può muoversi in libertà.

Bene, tutti questi tipi di energia possono trasformarsi l'uno nell'altro. L'energia potenziale, appunto, si trasforma in energia cinetica. L'energia gravitazionale in energia potenziale. L'energia elettrica, nel mio scaldabagno, in calore. L'energia chimica, nel motore a scoppio della mia auto, in (utile) energia cinetica e, ahimè, in calore non richiesto.

Questo ci consente di introdurre il primo vincolo alla trasformazione dell'energia. Ed è quel vincolo che impedisce di costruire la macchina perfetta o, se volete, di produrre il moto perpetuo. Tutti i tipi di energia possono essere trasformati l'uno nell'altro. Ma quando arriva il turno del calore (e, ahimè, prima o poi arriva sempre), non tutto il calore può essere convertito in un altro tipo di energia. Prendete il motore a scoppio. Posso trasformare energia chimica in calore, in un cilindro munito di pistone. Affinché poi il calore faccia espandere il gas contenuto nel cilindro e si trasformi, attraverso un sistema meccanico, in energia cinetica della mia auto. Per quanti sforzi faccia, l'efficienza di questo processo non sarà mai pari al 100%. Posso trasformare tutta l'energia chimica della benzina in calore. Ma non posso trasformare tutto il calore prodotto in energia cinetica. Inevitabilmente, parte del calore viene disperso: e, infatti, devo avere un buon impianto di refrigerazione per impedire che il motore si riscaldi troppo.

Questo criterio di impossibilità, inequivocabilmente dimostrato dal giovane Sadi Carnot all'inizio dell'Ottocento, indica che il calore è un'energia un po' speciale. È energia, in qualche modo, degradata. Lo sviluppo di questa idea porterà piú tardi alla formulazione del «secondo principio» della termodinamica e alla nascita del concetto di →entropia.

Tuttavia, quello che mostra von Helmholtz nel 1847 e quello che hanno cercato di dimostrare con valore piú o meno analogo, ma minore successo, almeno dodici studiosi prima di lui, è che in ogni processo di ogni sistema isolato, l'energia può essere trasformata, ma non può essere né perduta né acquisita. Non esistono *pasti gratis* nel nostro universo. E neppure esistono gratuite dispersioni di ricchezze. L'energia viene conservata. L'energia è costante. Questo principio è assolutamente generale. È valido per ogni processo fisico (ma anche chimico e biologico) di qualsiasi genere e natura.

Per questo motivo, il principio di conservazione dell'energia diventa uno dei principi fondamentali della fisica. E per questo motivo il concetto di energia sostituisce definitivamente quello di forza nelle teorie e nella comunicazione dei fisici. L'energia diventa l'elemento intorno a cui sembra si possano unificare tutti i processi della fisica (teoria del →tutto). Preso dall'entusiasmo, Wilhelm Ostwald proporrà che l'energia è l'elemento fondante del tutto e fonderà la corrente di pensiero nota come *energetista*.

Ma, entusiasmi a parte, è certo che, dopo l'enunciazione di von Helmholtz, l'universo può essere descritto come un insieme di corpi materiali (→materia) che interagiscono scambiandosi vari dipi di energia, nello scenario ineffabile dello →spazio e del →tempo assoluti. Queste quattro entità (materia, energia, spazio e tempo) sembrano costituire gli elementi essenziali, da cui è possibile derivare ogni grandezza fisica e con cui è possibile spiegare ogni evento della fisica.

La felice stagione dell'energia, anzi dei magnifici quattro assoluti, termina nel 1905. Quando Albert Einstein propone la teoria della →relatività ristretta e dimostra che materia ed energia non sono realtà distinte, ma sono espressioni diverse di una medesima realtà, che potremmo definire materia/energia. E che le vicende di questa realtà soggiacente non si svolgono nel proscenio assoluto dello spazio e del tempo, ma interagiscono con una pallida ombra dei due assoluti newtoniani, lo spazio-tempo.

La relatività ha rifondato la fisica. Tuttavia non ha segnato il tramonto definitivo del concetto di energia. Parametri energetici appaiono tuttora nelle equazioni della nuova →meccanica quantistica. E il principio di conservazione dell'energia (meglio, della materia/energia) continua a valere in ogni teoria fisica, sia in quelle che descrivono il mondo macroscopico, che nelle teorie che descrivono il mondo microscopico. Insomma, quello di energia continua a essere un concetto indispensabile per descrivere qualsiasi processo fisico e per costruire una qualsiasi concezione unificata dei processi fisici.

Letture: Lloyd Motz e Jefferson H. Weaver, *La storia della fisica*, Bologna, Cappelli, 1991.

Entropia

(dal tedesco *Entropie*, derivato dal greco εν e dal tedesco *-tropie*)

Il secondo principio della →termodinamica recita: l'entropia dell'→universo tende ad aumentare.

Questo imperativo, enunciato da Rudolf Clausius nel 1868, per dire nel modo piú generale possibile che in ogni sistema termodinamico isolato, qual è per definizione l'universo, ovvero in ogni sistema che non scambia né →materia né →energia con l'esterno, l'entropia non può mai diminuire, disegna un percorso preferenziale al cambiamento qualitativo e alla storia evolutiva della materia/energia (→evoluzione cosmica). Ed è un percorso che va dal meglio al peggio. Dal perfetto all'imperfetto. Dall'ordine al caos. Dall'improbabile al probabile.

Scuserete l'imprecisione e persino l'ambiguità di queste definizioni. Ma da un lato è riduttivo esprimere l'essenza del secondo principio nella mera tendenza, rilevata per primo da Hermann von Helmholtz nel 1856, alla degradazione dell'energia: ovvero nella tendenza dell'energia a trasformarsi in calore e, quindi, a rendersi progressivamente indisponibile a compiere lavoro meccanico. E, d'altro canto, è difficile esprimere a parole l'essenza, matematico statistica, del secondo principio contenuta nell'interpretazione e nella formula elaborate nel 1896 da Ludwig Boltzmann:

$$S = k \ln W$$

La formula sostiene che l'entropia, S, di un sistema macroscopico è proporzionale, a meno di una costante, k, al logaritmo del numero, W, di tutte le configurazioni microscopiche possibili di quel sistema. Misura, cioè, tutti i differenti modi in cui l'energia del sistema può essere conservata riarrangiandone le componenti nella totalità degli stati disponibili. In altri termini l'entropia della *Divina Commedia* è pari a zero: perché c'è un solo modo (W è uguale a 1) di riarrangiare tutte le lettere dell'alfabeto che contiene e raggiungere il massimo di intensità poetica. Il modo in cui le ha concatenate Dante Alighieri. Mentre l'entropia di una pagina scritta a macchina da una scimmia è enorme. Perché c'è un numero elevatissimo di modi di arrangiare 21 lettere nelle 2.000 battute che contiene un foglio A4.

Ed è anche chiaro che se quelle lettere sono libere di muoversi e di ridistribuirsi spontaneamente sul foglio, succede sempre che un brano della *Divina Commedia* evolva in uno scarabocchio illeggibile e non succede mai che uno scarabocchio illeggibile si trasformi in un brano della *Divina Commedia*. Ora, la differenza tra una pagina della *Divina Commedia* e una pagina di lettere dell'alfabeto scritte a caso è evidente a tutti. Cosicché, non sarà rigoroso come l'equazione di Boltzmann, ma non è del tutto sbagliato dire che il secondo principio impone all'evoluzione cosmica di procedere verso il degrado continuo e irreversibile dell'energia e/o della materia. Verso l'aumento, inderogabile, del disordine universale. Di passare dalla condizione, improbabile, di una pagina della *Divina Commedia* alla condizione, probabile, di caos insignificante di una pagina battuta a macchina da una scimmia.

Il secondo principio della termodinamica si applica all'universo e a ogni altro sistema macroscopico isolato che non scambia né energia né materia con l'esterno. Ha una natura probabilistica. Ma opera sempre, a ogni scala. E non ammette deroghe. Tuttavia anche il secondo principio, come il primo, pone vincoli stringenti, ma non inibisce affatto la creatività evolutiva. D'altra parte tutti sappiamo che ci sono pochi modi per mettere su mille pietre e costruire una casa stabile. E che, al contrario, ci sono infiniti modi per buttare giú quelle mille pietre e distruggere la casa. Tutti sappiamo che c'è un unico modo per mettere insieme centinaia di migliaia di note e creare la meravigliosa armonia della Nona di Beethoven. E che ci sono infiniti modi per battere a caso quelle stesse note su una serie di strumenti musicali e creare solo fastidioso rumore. Bene: il secondo principio della termodinamica non vieta né la costruzione di case né l'allestimento di un'orchestra. Non ha vietato neppure che Dante potesse scrivere la *Divina Commedia*. Il secondo principio ci dice, però, che se ci aggiriamo a lungo per l'immensità dell'universo difficilmente vedremo case sorgere spontaneamente e quasi mai avremo la ventura di ascoltare una sinfonia. Al contrario. Vedremo molte costruzioni crollare. Sentiremo molto rumore. E raramente ci imbatteremo nell'opera di qualche sommo poeta.

La seconda legge della termodinamica ha una natura probabilistica, ma alla lunga non ammette deroghe. Le rare sinfonie e le rare poesie che troviamo nel cosmo sono destinate a sparire nella piú piatta omologazione energetica.

Ma allora perché a ogni livello nell'universo ci imbattiamo continuamente non solo in strutture ordinate, ma anche strutture altamente ordinate? E perché vediamo che in molte di queste strutture l'ordine tende, addirittura, ad aumentare? Perché, volendo porre la domanda in termini piú rigorosi, localmente nell'universo l'entropia tende a diminuire e, talvolta, a diminuire fortemente?

Quando la seconda legge della termodinamica e la sua inesorabilità vengono scoperte, a metà del XIX secolo, gli scienziati ne sono in qualche modo impressionati. Se l'entropia non può che aumentare, la condizione di stabilità e, quindi, il destino dell'universo intero non possono essere che la *morte termica*. Il disordine assoluto e, quindi, la fine di ogni struttura e la piú piatta omogeneità. Le domande che abbiamo posto rilevano, forse, una irridente e clamorosa contraddizione in quella legge che il fisico Max Planck considerava un *assoluto*?

No, la contraddizione è solo apparente. La crescita, locale, di ordine è un fenomeno che può aver luogo senza contravvenire all'imperativo categorico del secondo principio. In alcuni sottosistemi dell'universo, sia in quelli aperti, che scambiano ènergia e materia con l'esterno, che in quelli chiusi, sottosistemi che scambiano solo energia con l'esterno, nulla, infatti, vieta che l'entropia possa diminuire. A patto che il processo relativo all'intero sistema isolato in cui il sottosistema è incluso comporti, comunque, un aumento di entropia.

Un esempio chiarirà il concetto. Ammettiamo che il nostro sistema solare sia un sistema isolato da un punto di vista termodinamico. Nulla vieta che nel sottosistema termodinamico Terra si verifichi un processo costante di diminuzione dell'entropia, grazie al quale possono svilupparsi le strutture altamente organizzate che caratterizzano la →vita. Il nostro pianeta, infatti, è un sottosistema termodinamico aperto, che riceve e trasforma continuamente energia pregiata e un po' di materia dall'ambiente esterno (dal Sole in particolare) e restituisce energia degradata, insieme a un po' di materia, irradiandole nello spazio. Grazie, soprattutto, alla fotosintesi, l'energia radiante pregiata proveniente dal Sole si trasforma essenzialmente (ma non solo) nell'energia chimica e biochimica che consente la crescita, la conservazione, l'evoluzione di strutture molto ordinate, come gli organismi viventi (→evoluzione biologica). L'ordine sulla Terra aumenta, ma a scapito dell'intero sistema solare. Dove l'ordine complessivo, invece, diminuisce.

L'ordine può dunque esistere, localmente, anche in un universo dominato dal secondo principio della termodinamica. Ma è solo una fluttuazione statistica. Destinata, *prima o poi*, ad essere riassorbita dal grande equilibrio, la *morte termica*, che è la condizione termodinamica stabile del cosmo. A differenza degli scienziati dell'Ottocento, non mi farei spaventare piú di tanto da questa prospettiva. Perché nel XX secolo abbiamo appreso che quel *poi* può durare anche miliardi di anni. E può essere tirato in lungo e, al limite, indefinitamente da altre leggi fondamentali della →fisica. Ma al di là di ogni ipotesi sulle prospettive future e ultime dell'universo, resta il fatto che già nell'Ottocento risulta chiaro a tutti che la termodinamica non impedisce che l'ordine esista come stato locale metastabile e che la sua condizione di stabilità relativa possa protrarsi abbastanza a lungo da consentire l'evoluzione della materia cosí come la conosciamo. E da assicurarle una lunga vita organizzata.

Questa *termodinamica di non equilibrio*, cioè la termodinamica dei sistemi ordinati che vivono stabilmente lontano dalle condizioni di morte termica, si è ulteriormente sviluppata nel XX secolo. Grazie al contributo del norvegese Lars Onsanger e del belga, di origine russa, Ilya Prigogine. Si tratta di contributi abbastanza tecnici. Ma possiamo dire che, in fondo, la loro opera scientifica è consistita nel dimostrare, matematica alla mano, che solo le fluttuazioni termodinamiche che non si discostano molto dall'equilibrio tendono a essere rapidamente riassorbite. Mentre sono strutturalmente piú stabili quei sistemi che si collocano molto lontano dall'equilibrio termodinamico. Sono questi sistemi i migliori candidati a partecipare al gioco dell'evoluzione della materia verso strutture sempre piú organizzate che si consuma nel →tempo profondo. Ilya Prigogine li chiama *sistemi dissipativi*, perché possono permettersi il lusso di produrre *entropia negativa*, detta anche *neghentropia*, insomma ordine, dissipando a piene mani l'energia e l'entropia di una fonte gratuita, costante e lontana.

La biosfera del pianeta Terra è il miglior esempio di *sistema dissipativo*: il flusso continuo di energia (e di materia) proveniente dal Sole la mantiene stabilmente lontana dall'equilibrio termodinamico, cosicché essa può sbizzarrirsi nella creazione di *neghentropia*, sotto forma di strutture ordinate e di organismi viventi. Insomma, è sfruttando il flusso di energia costante e gratuito del Sole che quel sistema molto lontano dall'equilibrio termodinamico (e letterario) che è Dante Alighieri ha potuto scrivere le pagine, uniche, della *Divina Commedia*. Ed è sfruttando quel flusso di energia che noi tutti potremo continuare a lungo a gustarcelo, quel meraviglioso esempio di neghentropia fisica. E poetica.

Letture: Pietro Greco, *Evoluzioni. Dal Big Bang a Wall Street, la sintesi impossibile*, Napoli, Cuen, 1999; Lloyd Motz e Jefferson H. Weaver, *La storia della fisica*, Bologna, Cappelli, 1991; Ilya Prigogine e Isabelle Stangers, *La nuova alleanza*, Torino, Einaudi, 1981.

Eresia (nella scienza)

(dal latino *haeresis*; dal greco αἵρεσις)

L'eresia è una dottrina che si oppone a una →verità rivelata. E come tale non trova posto nella →scienza. Perché nella scienza non ci sono verità rivelate. Tuttavia, nel linguaggio comune, l'eresia è anche un'idea che si oppone a un'opinione comunemente accettata. E, con questa accezione, quello di eresia è un concetto che può entrare nel discorso scientifico.

Non in un discorso astratto sulla scienza. Perché in questo caso conviene parlare di →errore. Ma in un discorso storico. Molti uomini di scienza sono stati e sono tuttora definiti eretici.

La differenza, del tutto empirica, tra un eretico e uno scienziato che commette un errore sta nel fatto che il primo propone idee scientifiche (→idea [e ideale]) che si oppongono a grandi teorie dominanti (→teoria) e il secondo no. L'astronomo inglese Fred Hoyle è considerato un eretico perché propone delle idee in →cosmologia che sono in aperto contrasto con il Modello Standard dominante. E cosí l'immunologo americano Peter Duesberg è considerato un eretico perché propone una interpretazione dell'Aids radicalmente diversa rispetto a quella dominante che individua la causa della malattia nel virus Hiv. In qualche modo anche Albert Einstein è stato considerato un eretico quando proponeva una interpretazione della →meccanica quantistica diversa da quella, dominante, di Copenaghen.

Tuttavia parlare di eresia per uno scienziato che, a torto o a ragione, critica un grande impianto teorico comunemente accettato (com'è il caso di Hoyle, Duesberg o Einstein) è del tutto fuorviante. Non che la comunità scientifica non sia, talvolta, tentata di emarginare le idee troppo dissonanti (con conseguenze sul piano umano che possono essere sgradevoli). E neppure perché gli scienziati, in genere, non mandano al rogo i loro avversari. Ma perché, a differenza di quanto avviene in ambito teologico, il processo di autocorrezione della scienza, prima o poi, consentirà alla teoria che interpreta meglio i fatti di imporsi. E allora può succedere, come nel caso di Alfred Wegener e della teoria della tettonica a zolle (→evoluzione geologica), che una momentanea eresia diventi ortodossia. O meglio, che un'idea prima minoritaria diventi dominante. Anche se magari deve attendere, come diceva Max Planck, che la generazione degli scienziati che aderiva al precedente →paradigma lentamente si avvii sul viale del tramonto.

Letture: Umberto Bottazzini *et al.*, *La scienza e l'errore*, in «La nuova civiltà delle macchine», aprile-giugno 2000; Paolo Rossi (a cura di), *Storia della scienza moderna e contemporanea*, Milano, Tea, 2000.

Eros
(dal greco ἔρως)

Eros è il dio greco dell'amore. In Platone è la tensione verso il bello e verso la sapienza: tanto che *éros* e *philosophía* (→filosofia) si identificano. Nel mito, Eros è legato a Thanatos, alla →morte. Nel linguaggio comune, eros è dunque una tensione vitale che combina in sé l'attrazione sessuale (→sesso) e l'amore per il bello.

In ambito scientifico, il termine eros viene utilizzato soprattutto in psicoanalisi. Per indicare tutte le pulsioni di →vita, sia quelle legate alla riproduzione sia quelle legate all'autoconservazione, che si oppongono alle pulsioni di morte.

Tuttavia, anche se raramente il termine eros viene evocato in modo esplicito, la biologia evolutiva (→evoluzione biologica) si pone ormai il problema della tensione erotica, non solo di quella sessuale, ma anche della tensione erotica nella sua accezione piú generale, alla Platone per intenderci, verso la →bellezza (e verso la sapienza). Gran parte del dibattito sulla specificità dell'evoluzione sessuale e sulla →percezione della bellezza può essere definito come un dibattito, come il moderno dibattito, intorno all'eros.

Letture: Pietro Greco, *Evoluzioni. Dal Big Bang a Wall Street, la sintesi impossibile*, Napoli, Cuen, 1999; Anna Negri Dellantonio (a cura di), *Fisiologia e psicologia delle sensazioni*, Roma, La Nuova Italia Scientifica, 1994; Platone, *Opere*, Bari, Laterza, 1966.

Errore
(dal latino *error*)

Tra gli '60 e gli anni '70 del XX secolo la comunità scientifica internazionale che, in Unione Sovietica, in Europa e negli Stati Uniti d'America, si interessava della chimica e della chimica-fisica dell'acqua fu coinvolta, quasi per intero, in un fenomeno che oggi viene definito di «scienza patologica». In altri termini fu indotta in errore. Credette che l'acqua liquida potesse polimerizzare. E che il fenomeno rappresentasse un pericolo mortale per la biosfera terrestre. Per una dozzina di anni, decine di scienziati produssero centinaia di articoli scientifici su una sostanza, l'acqua polimerica, che semplicemente non esisteva.

La storia di questa vicenda, ricostruita magistralmente dal chimico Felix Franks, è senza dubbio la storia di un errore scientifico. Con alcune particolarità. È un errore che si è protratto per oltre un decennio; ha coinvolto non un singolo scienziato o pochi scienziati, ma un'intera comunità scientifica; i mezzi di comunicazione di massa vi hanno avuto, almeno in Occidente, un ruolo importante.

Queste particolarità ci aiutano a riflettere non solo sul ruolo che l'errore ha nello sviluppo della →scienza. Ma anche su una nuova suscettibilità all'errore che la moderna organizzazione della scienza dimostra.

Gli scienziati, anche i grandi scienziati, hanno sempre commesso degli errori. Lo storico Paolo Rossi ce ne ricorda alcuni. Copernico credeva nell'esistenza delle sfere solide celesti e in un universo chiuso dal cielo delle stelle fisse. Keplero credeva che l'universo fosse avvolto in una coltre di ghiaccio. Galileo pensava che non fosse la Luna, con la sua attrazione gravitazionale, a determinare le maree. Newton era un alchimista praticante. E Lavoisier pensava che solo le sostanze contenenti ossigeno potessero essere acide.

L'errore, come è persino ovvio, è una costante nella storia della scienza. Anzi, la scienza potrebbe essere considerata non come la cultura umana che compie meno errori, ma come la cultura umana che sa meglio autocorreggere gli errori che compie. Tuttavia l'errore nella scienza non è solo un inconveniente spiacevole e purtroppo inevitabile. Non è un compagno di viaggio indesiderato. Non è un prodotto della volontà di difetto d'intelletto, come direbbe Cartesio, alla lunga ininfluente. L'errore ha un ruolo decisivo nello sviluppo delle conoscenze scientifiche. Per due motivi.

1. *Gli errori sono parte fondante della scienza.* La storia della scienza non è una marcia trionfale, un viaggio diretto da una conquista all'altra, uno sviluppo cumulativo, mediante aggiunte successive e parziali perfezionamenti. La storia della scienza è un percorso che si snoda in modo piuttosto contorto attraverso, appunto, prove ed errori.
2. *Gli errori sono utili alla scienza.* Perché, come scriveva Ernst Mach, se ne può trarre insegnamento, «scoprendo i motivi che hanno operato nel senso del travisamento». Gli errori consentono di affinare lo spirito critico degli scienziati. E lo spirito critico è un carattere essenziale e distintivo della cultura scientifica. Per Karl Popper l'errore ha un valore epistemologico positivo in sé, perché nel processo scientifico il fallimento ha pari dignità con il successo. Anche se, come scrive Massimo Baldini, bisogna distinguere tra errori preziosi ed errori senza valore.

In effetti «la vicenda polywater» è parte della storia della chimica dell'acqua e, sebbene sia stata un errore, ci ha insegnato molte cose. In primo luogo ha indotto i chimici a studiare con piú impegno e attenzione la natura di questa sostanza cosí importante per noi abitanti del pianeta Terra. E, in particolare, ha spinto i chimici a studiare con piú attenzione la «struttura» dell'acqua liquida, da cui dipendono molte delle sue straordinarie proprietà.

Tuttavia la vicenda contiene risvolti cosí originali che meritano di essere ulteriormente indagati, perché ci consentono di capire piú in dettaglio come procede, nella nostra epoca, la ricerca scientifica.

Abbiamo detto che gli errori sono parte importante e, persino, utile della storia della scienza. Tuttavia sappiamo anche che la scienza è, tra le culture dell'uomo, quella che riesce meglio a correggere i suoi errori grazie a dei processi autocorrettivi molto semplici e, insieme, molto potenti. Questi processi si chiamano, in estrema sintesi, analisi critica dei dati, ripetibilità dei risultati, rapporto dialettico tra «sensate esperienze» e «certe dimostrazioni», ovvero tra →teoria ed →esperimento. I meccanismi di autocorrezione della scienza sono molti, molto articolati e lavorano in tempi diversi.

Bene, tutti questi sistemi autocorrettivi hanno funzionato particolarmente male nella «vicenda polywater», che si è protratta per un tempo inusualmente lungo e ha coinvolto un numero inusualmente esteso di persone. Perché?

La persona che ha indagato di piú l'intera vicenda è stata, forse, Felix Franks. Il chimico inglese ha individuato con grande lucidità, e anche con una certa severità, alcuni dei motivi specifici che hanno reso cosí particolare l'errore «polywater». Li possiamo raggruppare in due grandi tipologie.

1. *La competitività*. È un carattere fisiologico dell'impresa scientifica. Tuttavia nel «caso polywater» la competitività ha assunto forme patologiche ed è stata a tutto campo: tra scienziati, tra riviste scientifiche, addirittura tra Est e Ovest. Il fatto è che i protagonisti della «vicenda polywater» erano interpreti dello spirito generale dei tempi. Che, tra gli anni '60 e gli anni '70, è uno spirito estremamente competitivo. In questo periodo, infatti, la scienza si trova ad essere piú che mai al centro di grandi interessi e di grandi pressioni, sia di tipo economico che di tipo politico-militare (in Occidente, per esempio, brucia ancora il fatto che il primo uomo ad andare nello spazio sia stato un sovietico, Jurij Gagarin). E queste grandi pressioni rendono cosí viva ed esasperata la competizione (per ottenere fondi, per guadagnare prestigio, per difendere la patria, per far vincere la propria ideologia), da attenuare il rigore critico dei ricercatori e favorire l'insorgenza delle patologie acute. Anche di inedite epidemie collettive, come quella di «polywater».
2. *L'inadeguatezza culturale*. Molti ricercatori accusano una umana, ma talvolta vistosa, inadeguatezza culturale in ambiti anche appena fuori dalla loro specifica disciplina. Questa inadeguatezza culturale si manifesta, e produce effetti negativi sul lavoro dello scienziato, soprattutto in epoche in cui la pressione sociale sulla scienza è massima. Quasi tutti i ricercatori coinvolti nella «vicenda polywater», sostiene Franks, manifestano una scarsa consapevolezza storico-politica generale; una rudimentale conoscenza dei mezzi di comunicazione di massa; una ignoranza pressoché totale della storia delle istituzioni entro cui operano. Questa inadeguatezza culturale fa sí che i chimici coinvolti in «polywater» si facciano travolgere dagli eventi.

Le critiche che muove il chimico Felix Franks ai suoi colleghi, protagonisti di «polywater», possono risultare piuttosto strane e persino irrilevanti all'orecchio di uno scienziato abituato a cimentarsi solo e unicamente coi problemi strettamente scientifici, discussi solo e unicamente all'interno della propria comunità scientifica. Cosa c'entrano le passioni personali, la cultura generale, il clima politico e, addirittura, la conoscenza dei mezzi di comunicazione di massa con il lavoro dello scienziato?

L'errore nell'era postaccademica della scienza

La vicenda di «polywater» ha avuto due dinamiche piuttosto differenti in Unione Sovietica e in Occidente. In Unione Sovietica la ricerca è andata avanti, senza interruzioni ma anche senza particolari accelerazioni, per almeno tredici anni, dal 1962 al 1974. In totale i chimici sovietici hanno pubblicato 75 articoli sull'acqua polimerica (in media, meno di 6 articoli l'anno). E comunque mai, in questo lungo periodo, sono stati pubblicati piú di una dozzina di articoli per anno. In Urss l'interesse per l'acqua di Fedjakin è stato grande, ma non ha mai raggiunto un'intensità esplosiva.

Al contrario, in Occidente, la vicenda è durata non piú di sei o sette anni. Ma ha fatto registrare un picco, anzi un'autentica impennata di pubblicazioni intorno al 1970. Anno in cui negli Usa sono stati pubblicati quasi cento articoli (dieci volte piú che in Urss), cui bisogna aggiungere gli oltre 60 articoli pubblicati in altri paesi occidentali. In totale gli scienziati americani in soli sette anni hanno pubblicato 227 articoli su poliacqua (in media, oltre 32 articoli l'anno). E in tutto l'Occidente, in questi medesimi sette anni, sono stati pubblicati 427 articoli (61 articoli, in media, ogni anno).

Il decorso della malattia «polywater» è stato, dunque, molto diverso in Occidente rispetto all'Urss. La curva delle pubblicazioni sovietiche è una sigmoide piuttosto bassa: l'interesse per «polywater» parte lentamente, poi cresce, ma non moltissimo, e infine lentamente si spegne. Questo tipo di curva è quella tipica di un qualsiasi nuovo filone di ricerca. In Urss la vicenda «polywater» è stata sí la vicenda di una falsa scoperta scientifica, ma non ha avuto caratteristiche atipiche rispetto alle altre ricerche. In qualche modo lo possiamo considerare un errore classico.

In Occidente, invece, la curva dell'interesse per «polywater» parte tardi, ha un'immediata e formidabile accelerazione, poi decresce altrettanto rapidamente. Come rileva Felix Franks, questa è la tipica curva di un'epidemia. In Occidente la patologia «polywater» ha caratteristiche originali ed esplosive. È un errore scientifico di tipo nuovo. È una patologia acuta. Un'epidemia, appunto.

Fuor di metafora, possiamo dire che «polywater» in Urss è un esempio di errore tipico dell'«era accademica» della scienza. Mentre «polywater» in Occidente è un esempio di errore di una nuova era scientifica, l'«era postaccademica». Prendiamo a prestito i due termini, era accademica ed era postaccademica della scienza, da John Ziman, fisico teorico ed esperto di sociologia della scienza. Dando per scontato il fatto che l'istituzione sociale «scienza» è un'istituzione dinamica, che si trasforma nel tempo.

L'«era accademica» della scienza è, in estrema sintesi, l'era nella quale la gran parte delle decisioni in merito all'impostazione di una ricerca sono decisioni individuali (o, al piú, di piccoli gruppi). Ogni uomo di scienza sceglie in grande autonomia cosa e come ricercare. Sapendo che i risultati della sua ricerca saranno valutati quasi esclusivamente all'interno di una ristretta comunità informale, la comunità dei colleghi esperti della sua disciplina scientifica.

L'«era postaccademica» della scienza, invece, è una nuova era nella quale la gran parte delle decisioni in merito all'impostazione di una ricerca sono decisioni collettive, che coinvolgono non solo gruppi allargati (talvolta molto allargati) di scienziati, ma sempre piú spesso anche un discreto numero di non esperti: politici, burocrati, manager, membri di organizzazioni non governative. Con una frequenza crescente l'opinione pubblica, attraverso i mezzi di comunicazione di massa, esercita un'influenza non banale sull'impostazione della ricerca. Anche la valutazione dei risultati, oltre al giudizio degli esperti, è demandata con frequenza crescente a gruppi di non esperti: i finanziatori della ricerca e, in definitiva, l'opinione pubblica.

La transizione dall'era accademica all'era postaccademica della scienza è iniziata, secondo John Ziman, già dopo la seconda guerra mondiale. Quando sia il sistema economico che il sistema militare hanno scoperto le capacità innovative della scienza e hanno proposto forme stabili e istituzionalizzate di cooperazione. Che hanno prodotto, spesso, una nuova organizzazione del lavoro scientifico. In molti settori la ricerca individuale è scomparsa, mentre si è rafforzata la ricerca per gruppi. Talvolta, in grandi centri e intorno a grandi macchine si sono costituiti gruppi di ricerca formati da decine e persino da centinaia di ricercatori (*big science*). In ogni caso è cresciuta la dimensione internazionale della ricerca e, con essa, la composizione plurinazionale dei gruppi di ricerca. Le fonti di finanziamento sono aumentate e si sono diversificate.

Questa transizione è durata molti decenni, con velocità differenziate tra settori e tra nazioni. In Urss la transizione è stata appena abbozzata, e l'organizzazione della ricerca è rimasta sempre sostanzialmente quella dell'era accademica. In Occidente, la transizione è stata molto piú accelerata. E ha avuto una delle sue punte proprio negli anni '60, quando è esplosa la società dei consumi di massa e, contemporaneamente, la competizione politica, ideologica, economica e militare con l'Est è diventata totale, raggiungendo persino lo spazio. Proprio lo spazio, soprattutto dopo il volo di Gagarin, dà l'impressione che la competizione sia aperta e il vincitore nient'affatto scontato. Insomma, in Occidente, proprio negli anni '60, gli anni della vicenda «polywater», si sono create le condizioni per la rapida transizione dall'era accademica all'era postaccademica della scienza.

Ora, nell'era accademica della scienza, i rapporti sociali dello scienziato sono prevedibili: perché limitati di numero e comunque interni a una comunità ben conosciuta, che utilizza regole note e spesso condivise. Nell'era accademica l'errore è sostanzialmente individuale. In Urss l'errore «polywater» è sostanzialmente l'errore di uno scienziato: Boris V. Derjagin. Persino l'errore di Lysenko e della sua rozza biologia lamarckiana, che tanti danni ha causato all'agricoltura sovietica oltre che alla scienza biologica in Urss, è stato l'errore di una singola persona. Lysenko non ha coinvolto i suoi colleghi nell'errore, ha imposto la sua visione errata con la forza (delle sue amicizie politiche).

Nell'era postaccademica della scienza, molti rapporti sociali che lo scienziato è costretto a intrattenere hanno dinamiche imprevedibili: perché si tratta di rapporti con grandi, cangianti e multiformi comunità, che utilizzano regole scarsamente note e spesso non condivise (si pensi, per esempio, alla difficoltà che incontra l'uomo di scienza prima nel capire e poi nell'accettare le regole e le dinamiche del mondo della comunicazione di massa).

Nel contesto «postaccademico» c'è una competitività fisiologica tra gruppi di ricercatori e, talvolta, anche tra ricercatori del medesimo gruppo, molto forte e del tutto sconosciuta al contesto «accademico» dell'impresa scientifica. Nell'era postaccademica c'è un bisogno di visibilità, anche e forse soprattutto, verso il mondo esterno: i mezzi di comunicazione di massa cominciano ad avere un influenza forte sulle dinamiche della ricerca. La scienza non è piú indifferente alla cultura della società dello spettacolo. La scienza come istituzione sociale nell'era postaccademica è una specie di società anarchica formata da gruppi gelosi della propria libertà d'azione e sostanzialmente ingovernabili (un caso Lysenko non è possibile). Nell'era postaccademica, infine, l'errore scientifico cessa di essere necessariamente individuale o, al piú, opera di piccoli gruppi, e può diventare errore collettivo. Che, come una specie di ciclone delle idee o, se si vuole, come una «fluttuazione enorme», investe e coinvolge rapidamente intere schiere di ricercatori in tutto il mondo.

Si pensi, per esempio, alle decine di gruppi indipendenti di ricerca e alle centinaia di chimici e di fisici coinvolti, nel giro di poche settimane, nella vicenda «fusione fredda» alla fine degli anni '80. Una vicenda, da molti considerata patologica, che si è sviluppata tanto nei laboratori, quanto sui mezzi di comunicazione di massa.

Errori, frodi e verità, ovvero patologia e fisiologia, si sono rincorsi per lungo tempo e ambiguamente aggrovigliati anche nella «vicenda Aids», iniziata in quei medesimi anni. Con gli stessi meccanismi di esplosione dell'attenzione, coinvolgimento di centinaia di gruppi indipendenti di ricerca, di spettacolarizzazione mediatica, di enormi interessi sociali ed economici in gioco.

«Polywater» è, dunque, il prototipo di quella «fluttuazione enorme» che può diventare l'errore scientifico nella nuova era postaccademica della scienza. Conviene ricordarne e studiarne la storia, per scoprire, come avrebbe detto Mach, i motivi che hanno operato nel senso della nuova fenomenologia del travisamento. Tuttavia occorre anche dire che, per sua natura, questa «fluttuazione enorme» nell'era postaccademica della scienza è largamente imprevedibile e difficilmente governabile. Come scrive Felix Franks: «Non ci sono garanzie contro un nuovo caso polywater, e tutto sommato questa mancanza di garanzie forse giova alla comunità scientifica e alla società che dovrebbe servire».

Già, perché una «fluttuazione enorme», qual è stata «polywater», è pur sempre un sintomo di libertà e di creatività in un'impresa, quella della scienza, che nonostante tutto conserva una ineguagliata capacità di correggere e persino di fare tesoro dei suoi inevitabili errori.

Letture: Massimo Baldini, *Storia ed epistemologia dell'errore*, in Umberto Bottazzini *et al.*, *La scienza e l'errore*, in «La nuova civiltà delle macchine», aprile-giugno 2000; Felix Franks, *Poliacqua*, Milano, Il Saggiatore, 1983; Pietro Greco, *Poliacqua, ovvero l'errore nell'era postaccademica della scienza*, in Umberto Bottazzini *et al.*, *La scienza e l'errore*, in «La nuova civiltà delle macchine», aprile-giugno 2000; Karl Popper, *Poscritto alla logica della scoperta scientifica*, Milano, Il Saggiatore, 1984; John Ziman, *Il lavoro dello scienziato*, Roma-Bari, Laterza, 1987.

Esperimenti sull'uomo

(dal latino *experimentum*; dal latino *homo*)

Nel 1752 James Lind scoprí che lo scorbuto è una malattia provocata dalla carenza di una sostanza vitale contenuta negli agrumi e ordinò che sulle navi oceaniche fossero stivate quantità sufficienti di arance e limoni da dispensare ai marinai. Pare che il medico scozzese abbia effettuato la scoperta con il primo →esperimento clinico (*trial*) diretto sull'uomo della storia della medicina. Lind divise i marinai imbarcati su una nave oceanica in due gruppi, ordinò che uno fosse alimentato con una dieta ricca di agrumi e l'altro con una dieta priva di agrumi. E constatò che tra i marinai del primo gruppo lo scorbuto non si era presentato, mentre nel secondo gruppo la malattia aveva fatto, come al solito, la sua comparsa.

L'esperimento terapeutico in →medicina è venuto molto dopo e, comunque, ha avuto un ruolo meno importante che nelle scienze fisiche. Oggi, tuttavia, deve seguire un protocollo articolato e rigoroso. La sperimentazione di un nuovo farmaco o di una nuova terapia va eseguita prima *in vitro*, se possibile, poi sugli animali e infine sull'uomo. O meglio, su un gruppo limitato di pazienti. Solo se, dopo questo iter, il nuovo farmaco o la nuova terapia risultano efficaci e utili, possono entrare nella pratica clinica corrente ed essere applicati a tutti.

Questo complesso protocollo per gli esperimenti sull'uomo, che tende a salvaguardare l'integrità fisica e morale delle persone, è piuttosto recente. Risale alla fine della seconda guerra mondiale e alla Convenzione di Norimberga, elaborata e sottoscritta sull'onda delle conoscenze emerse sulle pratiche di sperimentazione medica effettuate nei lager nazisti. Dove una quantità enorme di prigionieri era stata sottoposta, contro la propria volontà e comunque senza quello che oggi definiremmo il consenso informato, a esperimenti i piú vari e i piú crudeli. Privi, peraltro, di ogni validità scientifica, sia nel metodo che negli obiettivi.

Dopo questa manifestazione di crudeltà sperimentale, i medici si accorsero che non solo in Germania ma anche nelle democrazie vincitrici nessuna norma tutelava i pazienti da esperimenti immorali. Di qui la necessità di stilare una legge internazionale che regolasse l'etica e la prassi degli esperimenti sull'uomo.

Tuttavia anche dopo la guerra si è avuta notizia di sperimentazioni mediche sull'uomo in violazione della lettera e dello spirito della Convenzione. In Unione Sovietica un'intera divisione dell'esercito è stata esposta, del tutto ignara, a radiazioni ionizzanti prodotte dall'esplosione di un ordigno atomico per verificarne gli effetti sulla salute dei soldati. Analoghi esperimenti sugli effetti delle radiazioni sono stati effettuati su militari e civili negli Stati Uniti. Ancora, negli Usa sono stati sperimentati farmaci direttamente su detenuti, in cambio di un miglioramento delle condizioni carcerarie. E sperimentazioni mediche di natura eugenetica sono state effettuate su persone handicappate in Svezia.

Queste pratiche sono ormai bandite ufficialmente ovunque, almeno nei paesi democratici. Tuttavia il problema degli esperimenti sull'uomo è ancora oggi un tema rilevante, anche da un punto di vista strettamente teorico, del dibattito in →bioetica.

Letture: Mirko D. Grmek, *Storia del pensiero medico occidentale*, Roma-Bari, Laterza, 3 voll., 1993-98; H. Tristram Engelhardt jr., *Manuale di bioetica*, Milano, Il Saggiatore, 1999.

Esperimento

(dal latino *experimentum*, derivato da *experiri*)

La leggenda vuole che, un giorno, il *nuovo* filosofo della natura Galileo Galilei sia salito sulla Torre di Pisa e abbia lasciato cadere a terra due gravi di diverso peso. Avendo constatato, tra lo stupore del folto pubblico, che i due gravi, malgrado il loro diverso peso, conquistavano terra nel medesimo istante, Galileo ne dedusse la →legge generale della caduta dei gravi.

La leggenda è priva di qualsiasi fondamento storico. Quel pubblico esperimento non è mai avvenuto. Tuttavia il ruolo delle «sensate esperienze» nel processo conoscitivo è ciò che rende *nuova* la filosofia della natura di Galileo ed è ciò che rende *nuova* la →scienza, ma forse occorrerebbe dire la →fisica, dopo Galileo.

In realtà, come sostiene Lucio Russo, la scienza sperimentale era già nata, in Occidente, in età ellenistica. Tuttavia è vero che l'attività scientifica e l'esperimento vengono riscoperti in Europa solo nel periodo rinascimentale, dopo un lungo oblio.

Il primo a parlare, o a riparlare, di un *novum organum scientiarum*, di una nuova logica, scientifica, per accedere alla →verità sul mondo che ci circonda è l'inglese Francesco Bacone. Occorre sottomettersi ai fatti, va sostenendo il Gran Cancelliere della Corona e barone di Verulam. I fatti reali, quelli registrati dai nostri sensi. Solo cosí l'uomo può diventare «interprete della natura». Solo cosí può diventare scienziato: sperimentando. Con l'esperimento sensibile l'uomo può disvelare tutte le verità nascoste, con virgineo ritegno, dalla natura. Attenzione, però, avvisa Bacone. La sperimentazione deve essere ben controllata, prudente, e circospetta. Perché «non di ali abbisogna il nostro spirito, ma di suole di piombo». Molti sono, infatti, gli «idoli» che ci inducono in errore: i pregiudizi individuali (*idola specus*); i pregiudizi tipici del genere umano (*idola tribus*); quelli sociali (*idola fori*) e, infine, i pregiudizi dottrinali (*idola theatri*). Ma, usando la ragione e infranti finalmente questi idoli, l'esperienza sensibile diventa uno strumento potentissimo per scoprire le cause che originano i fenomeni. Per fare, cioè, scienza. Anzi vera scienza. Perché quest'ultima altro non è che «la scienza delle cause».

Il →metodo indicato da Bacone è chiaro: partendo «dalle sensazioni e dai fatti particolari, deriva di lí le proposizioni ascendendo in modo continuo e progressivo fino ad arrivare alle piú generali: questa è la vera via, ma nessuno l'ha mai percorsa». Insomma, si tratta di un metodo induttivo, che inferisce dai dati raccolti le leggi generali che li governano. Tuttavia non si tratta di una →induzione che si limita a riassumere i dati raccolti (*induzione totalizzante*). Fare scienza significa operare un'*induzione amplificante*: ovvero andare oltre il fatto noto e il dato acquisito, per individuare le leggi generali che consentano di spiegare e prevedere anche fatti non ancora noti. Assimilandoli a quelli noti, nel quadro di un →determinismo che è universale nella sua catena univoca di cause e di effetti.

Il metodo induttivo che propone Bacone non sarà, o almeno non sarà riconosciuto, come il metodo della *nuova scienza*. Tuttavia le esperienze sensibili ne saranno il fondamento pratico ed epistemologico.

È, infatti, sulle esperienze sensibili o, come le chiama lui, sulle «sensate esperienze» che in quegli stessi anni Galileo Galilei va fondando, nella prassi e nella →teoria, la scienza nuova. L'attività, razionale, di osservare i fenomeni in condizioni oggettive, cioè ripetibili, per ottenere dati non sempre prevedibili a priori, è condizione necessaria per poter leggere il libro della natura (→metafora). Tuttavia i dati raccolti vanno poi interpretati. Ed è bene che l'ipotesi interpretativa (*assioma*) trovi la sintesi in una legge matematica che sia, insieme, la piú semplice e la piú generale possibile. A questo punto, con un nuovo passaggio che Galileo chiama *progresso matematico*, si deducono tutte le conseguenze logiche contenute nell'→ipotesi. È, questo, il metodo ipotetico-deduttivo che produce teorie e che viene considerato quello portante della scienza moderna. Tuttavia, sostiene Galileo, il processo conoscitivo non è finito. Poiché «i discorsi nostri hanno ad essere intorno al mondo sensibile, e non sopra un mondo di carta», occorre chiudere il cerchio. E chiuderlo con il *cimento*, ovvero con la verifica sperimentale.

L'esperimento è, dunque, l'alfa e l'omega della scienza di Galileo. E non è affatto casuale che il piú grande fisico teorico e uno dei piú grandi filosofi della natura del XX secolo, Albert Einstein, la pensi allo stesso modo: «Il puro pensiero logico non ci può fornire alcuna conoscenza del mondo empirico; tutta la conoscenza della realtà inizia con l'esperienza e finisce con l'esperienza».

Il richiamo a Einstein non è casuale. Nessuno meglio del fisico tedesco conosce la potenza della teoria. E la sua capacità di «forzare i fatti». E lo stesso Galileo sa che l'atto, razionale, della sperimentazione non è *privo di teoria*. Tuttavia sia Galileo che Einstein, due tra i piú grandi esponenti del filone realista della scienza (→realtà), sanno che i fatti contano. E che la teoria non può, non a lungo almeno, confliggere coi fatti.

Secondo il filosofo della scienza austriaco Karl Popper, l'esperimento non è tanto l'alfa, quanto il provvisorio omega del processo ipotetico-deduttivo della scienza. Che inizia, in genere, con congetture. Lo scienziato non fa altro che verificare, attraverso l'esperimento, la bontà delle sue congetture. Insomma, l'esperimento è l'attività di critica e di controllo di ipotesi. Le quali ipotesi sono scientifiche sempre e unicamente se ammettono la possibilità di essere falsificate. Cioè di essere dimostrate false. Perché non è davvero possibile, sostiene Popper, dimostrare che una congettura, un'ipotesi scientifica, una teoria è vera. Tutto quello che la scienza può fare è dimostrare che una congettura, un'ipotesi, una teoria è falsa. Per due secoli la teoria di Newton si è accordata perfettamente con gli esperimenti e le osservazioni effettuati da centinaia di scienziati, finché alcuni fatti, all'inizio del XX secolo, non hanno dimostrato la sua inaccuratezza. Allora è stata elaborata una teoria piú generale, in grado di interpretare i nuovi fatti: la teoria della →relatività di Einstein.

Il dibattito recente intorno al ruolo degli esperimenti, delle teorie, dei pregiudizi metafisici e persino delle aspettative sociali nello sviluppo della scienza è troppo ampio per poter essere anche solo riassunto. Tuttavia su un punto quasi tutti sono d'accordo: non esiste, o lo si riscontra di rado, un *esperimento cruciale* capace di falsificare una teoria o di effettuare una selezione definitiva tra due teorie. Non esiste una competizione scientifica cosí limpida da avere una sola teoria concorrente o, al piú, una coppia di teorie chiaramente alternative. Secondo Imre Lakatos la scienza rassomiglia, piuttosto, a un campo di battaglia dove si scontrano complessi programmi di ricerca, piuttosto che teorie isolate. Secondo Yehuda Elkana un programma di ricerca è costituito da un'intera →rete di teorie, piú o meno coerenti, al cui nocciolo c'è una metafisica scientifica, cioè un credo che non è verificabile per mezzo di uno o piú esperimenti, ma è sostenuto da una visione generale del mondo.

Che il rapporto tra teoria e fatti (ma oggi bisognerebbe dire tra teoria, fatti e →simulazione), che il ruolo dell'esperimento nel processo di conoscenza scientifico siano problemi complessi è fuor di dubbio. E che questo intreccio richieda un approccio articolato e non semplicistico è evidente (→idea [e ideale]). Tuttavia ciò che non può essere messo in discussione è che i fatti, per quanto «intrisi di teoria», hanno una loro forza «nuda», ineludibile e, alla lunga, dirimente. In altri termini, non possono esistere due teorie diverse per spiegare i medesimi fatti. Non a lungo, almeno. C'è stato un periodo, tra il 1916 e il 1919, in cui effettivamente due grandi costruzioni teoriche, quella di Newton e quella di Einstein, interpretavano, bene, gli stessi fatti della fisica. Tuttavia l'osservazione della deflessione della luce operata da Sir Arthur Eddington nel 1919 ha consentito di discriminare. L'osservazione di sir Eddington non sarà stata un esperimento cruciale, tuttavia ha iniziato decisamente a far pendere la bilancia da una parte. Oggi la relatività generale è considerata non la teoria vera, che ci dice la verità ultima sulla gravitazione universale, ma certo è considerata, da tutti, una teoria piú generale della teoria di Newton. L'esperimento gioca un ruolo decisivo nella disputa tra le teorie e persino nella guerra tra programmi di ricerca. Tuttavia l'esperimento non ha la sola funzione di selezionare teorie e/o programmi di ricerca. Esistono diversi tipi di esperimento. Che producono diversi tipi di risultato.

In definitiva, possiamo dire che la scienza è costituita certo da un insieme di componenti, molte delle quali davvero fluide e difficilmente afferrabili. E tuttavia l'unica cosa veramente solida nelle scienze fisiche resta, proprio come pensava Galileo, l'esperimento.

L'esperimento e le scienze storiche

L'ultima affermazione è molto meno apodittica di quanto possa sembrare a prima vista. Perché la specificazione del contesto, le scienze fisiche, indica chiaramente che essa ha dei limiti di validità. L'esperimento è parte solida e fondante di quelle scienze, in genere matematizzabili, in cui la →storia non svolge un ruolo fondamentale: la fisica e la chimica, in primo luogo. Per cui diventa lecito estrapolare un fenomeno e studiarlo in sé. O, se si vuole, in maniera oggettiva. A queste scienze, astoriche e matematizzabili, l'esperimento offre una caratterizzante capacità di prevedere fatti nuovi e ancora ignoti.

L'esperimento, invece, gioca un ruolo decisamente secondario nelle scienze storiche: nella →cosmologia, per esempio, ma soprattutto nella →biologia. I fenomeni evolutivi descritti da queste scienze (→evoluzione biologica, →evoluzione cosmica) non possono estrapolati dal contesto e sottoposti a esperimenti ripetibili, se non al costo di perdere ogni significativa capacità esplicativa. Le scienze storiche possono tentare di ricostruire la catena di eventi che si è verificata nel passato. Ma non hanno molta capacità predittiva. In queste scienze, soprattutto in quelle a carattere biologico, l'unica spiegazione possibile è quella a posteriori. Le caratterizza la narrazione, non la previsione dei fatti.

Il fatto che l'esperimento galileano non vi abbia un ruolo fondante non rende le scienze storiche meno scientifiche di quelle astoriche. Sta solo a indicare che dietro la parola scienza non si cela un monolite culturale con un suo metodo universale codificato, ma si nasconde un'intera costellazione di attività culturali, ciascuna dotata di una sua specificità. E di una piena dignità.

E se ci è concesso rilevare un limite nella dotta filosofia della scienza che ha caratterizzato il XX secolo, be', questo limite è appunto quello di non aver riconosciuto appieno questo intrinseco pluralismo della scienza. Di essersi quasi sempre interessata alla storia e alla epistemologia delle scienze fisiche e astoriche. E di aver creato un po' di confusione, denominando con la parola scienza quegli interessi particolari certo importanti, ma tutto sommato angusti.

Letture: Giovanni Boniolo e Paolo Vidali, *Filosofia della scienza*, Milano, Bruno Mondadori, 1999; Donald Gillies e Giulio Giorello, *La filosofia della scienza nel XX secolo*, Roma-Bari, Laterza, 1995; Ernst Mayr, *Storia del pensiero biologico*, Torino, Bollati Boringhieri, 1990; David Oldroyd, *Storia della filosofia della scienza*, Milano, Il Saggiatore, 1989.

Essenza

(dal latino *essentia*, derivato di *esse* come calco del greco οὐσία)

Il pensiero occidentale è stato permeato a lungo dall'idea platonica di essenza. Per Platone esistono degli «idealtipi», degli oggetti ideali a cui gli oggetti del mondo reale si conformano piú o meno perfettamente. Esiste un'essenza di montagna nel mondo ideale, che le montagne del mondo reale cercano di ricalcare. Nel mondo platonico esistono anche «idealtipi» di organismi viventi, cui i singoli individui del mondo reale cercano di avvicinarsi. Esiste, per esempio, un'essenza di cavallo, da cui i cavalli reali possono o meno discostarsi.

Platone era un geometra. Uno studioso di →geometria, che sulla geometria ha fondato larga parte della sua filosofia. E in geometria un triangolo ha sempre la forma di un triangolo, indipendentemente dalla lunghezza dei suoi lati e dalla disposizione degli angoli. Un triangolo differisce sempre in modo inequivocabile da un quadrato o da un pentagono. L'essenza di un triangolo, ciò per cui quel poligono di tre lati è conoscibile, non è quello specifico insieme di tre segmenti incrociati che vediamo coi nostri occhi, ma il *triangolo* che vediamo con la nostra mente: l'*eidos*, l'*idea* triangolo. In geometria, dunque, esiste la forma «idealtipica»: di triangolo, di quadrato, di pentagono.

In modo analogo, sostiene Platone, quando tentiamo di conoscere il nostro confuso e disarticolato mondo di infiniti oggetti e di fenomeni naturali, al di là delle apparenze, quello che riusciamo a cogliere sono gli *eide*, le idee fisse e invarianti di cui il mondo delle apparenze non è che un mutevole e confuso riflesso. Quando vediamo apparire un cavallo, al di là delle apparenze quello che noi cogliamo è l'*eidos*, l'idea cavallo, di cui quello specifico ronzino è un riflesso piú o meno calzante.

Questa idea platonica di essenza ha dominato a lungo la cultura occidentale. E non sono pochi, soprattutto tra i matematici, coloro che tuttora la condividono. In realtà l'essenzialismo platonico è compatibile non solo con la geometria e la →matematica, ma anche con la →fisica e con la →chimica. O, almeno, con parti ampie della fisica e della chimica. Un fisico può ben immaginare che esista l'essenza di un elettrone. Un chimico può ben immaginare che esista l'essenza di una molecola di acqua. E che questa essenza possa essere rappresentata da precisi parametri. Tutti gli elettroni che il fisico incontra nel mondo reale sono, infatti, del tutto identici gli uni agli altri e sono interamente descrivibili sulla base dei medesimi parametri. Idem per le molecole d'acqua che incontra il chimico. Ciascun elettrone e ciascuna molecola d'acqua nella medesima situazione ha il medesimo comportamento. Persino le caratteristiche delle montagne reali si distribuiscono intorno alle caratteristiche essenziali di una montagna tipo. E il comportamento delle montagne reali in situazioni analoghe rientra in uno spettro (teoricamente) del tutto prevedibile di possibilità.

A ben vedere l'essenza di Platone è uno dei fondamenti filosofici che, insieme alla visione matematica dell'universo di Galileo e al metodo deduttivo di Cartesio, da quattrocento anni consente ai fisici e ai chimici di cercare le leggi generali (→legge) che governano la natura.

Nel mondo biologico, tuttavia, non esiste l'identicità. Non ci sono due batteri uguali. Persino all'interno di un organsimo non vi sono due cellule esattamente uguali. Non vi sono situazioni uguali. Non c'è l'idealtipo del cavallo, ma un numero mutevole di cavalli in carne e ossa, ciascuno diverso dall'altro. Come scrive Mayr: «Ogni individuo è unico, ogni specie è unica e ogni ecosistema è unico». È questa unicità che rende strutturalmente diversa e irriducibile l'→evoluzione biologica rispetto all'evoluzione della materia inanimata.

Per questa irriducibile unicità, la biologia ha dovuto abbandonare la concezione essenzialista e ha dovuto lentamente appropriarsi dell'idea *popolazionale*. I biologi hanno sempre piú compreso che non esistono organismi ideali o medi o tipici. Che il mondo biologico è caratterizzato da una sostanziale unicità. Gli individui, nella maggior parte dei livelli gerarchici, dalla cellula in su, sono unici e formano popolazioni la cui varianza è una delle caratteristiche principali. Il che significa che i cavalli del mondo reale sono un insieme di individui unici, non una distribuzione a campana intorno al cavallo medio. Quando i biologi parlano di una popolazione di organismi, per esempio le farfalle, sanno che quegli organismi non sono tutti uguali e che ciascuno è perfettamente distinguibile dall'altro. A differenza degli elettroni, ogni farfalla, anche se posta nella medesima situazione, può avere un comportamento diverso da un'altra farfalla.

Anche le popolazioni o le specie, d'altra parte, non sono classi composte da un certo numero di membri, ma sono «individui» soggetti a evoluzione.

Max Delbrück ha colto lo «stupore» del fisico o del chimico che si imbatte nei fenomeni non platonici del mondo biologico. «Un fisico maturo, a contatto per la prima volta con i problemi della biologia, è stupito dalla circostanza che non vi sono "fenomeni assoluti" in biologia. Ogni cosa è vincolata al tempo e allo spazio. L'animale, la pianta o il microrganismo con cui lavora sono solo un anello nella catena evolutiva delle forme in cambiamento, nessuna delle quali ha una validità permanente.»

In biologia non esistono leggi generali. Anche perché tra gli organismi viventi l'idea platonica di essenza perde ogni capacità esplicativa. Perde ogni significato.

Letture: Pietro Greco, *Evoluzioni. Dal Big Bang a Wall Street, la sintesi impossibile*, Napoli, Cuen, 1999; Ernst Mayr, *Storia del pensiero biologico*, Torino, Bollati Boringhieri, 1990.

Etere

(dal greco αἰθήρ, derivato da αἴθω)

Etere è la parola che scelse Empedocle di Agrigento per indicare il piú leggero tra i quattro elementi (→elemento) fondamentali della natura, l'aria. Per gli stoici, invece, l'etere era il fuoco: principio animatore e legge razionale del mondo. Aristotele, al contrario, indicò con etere la sostanza ineffabile e incorruttibile di cui sono composti i cieli. L'etere, per il filosofo di Stagira, era quindi una nuova sostanza, la quinta, che si aggiungeva ai quattro elementi fondamentali della natura. Per questo l'etere verrà chiamato anche *quinto corpo* o *quinta essenza*.

L'impalpabile *quintessenza* della →materia resta una presenza costante nella filosofia naturale anche nell'era della nuova scienza. Scompare di scena solo all'inizio del Novecento. Non prima, però, di essere stata evocata come l'ultimo rimedio per cercare di tenere in vita la visione meccanicista del mondo (→meccanicismo).

L'etere vive la sua grande stagione nell'Ottocento, quando viene chiamato a risolvere l'insostenibile inconciliabilità tra le due grandi teorie della fisica di quel periodo, la teoria della gravitazione universale di Newton e la teoria dell'elettromagnetismo di Maxwell.

La teoria di Newton si fonda su due elementi fondamentali: le particelle e le forze, semplici, che agiscono tra le particelle. Basta conoscere la posizione e la velocità con cui, in un dato istante, si muovono le particelle di un sistema e la →forza che agisce su di esse, per conoscere, con precisione assoluta, il futuro e il passato di quel sistema. Anche se quel sistema, sosteneva Pierre-Simon de Laplace, è l'universo intero. L'intera dinamica e l'intera storia cosmica possono davvero essere ridotte, come immaginava Cartesio, alla cronaca degli urti fra particelle. La teoria di Newton ha un successo enorme nel descrivere i fenomeni astronomici e i fenomeni meccanici sulla Terra (→meccanica). Un successo cosí grande da indurre molti a ritenere che l'analogia della macchina sia la piú pertinente per tutti i fenomeni naturali. Dopo Newton, e per molti anni, il meccano è la →metafora scelta dai fisici per descrivere l'intero universo e il →meccanicismo è la filosofia naturale di gran lunga dominante.

La teoria di Maxwell, invece, si fonda sul concetto di →campo. E descrive le variazioni del campo che si propagano con continuità (→continuo) nello →spazio e nel →tempo. La teoria dei campi di Maxwell descrive i fenomeni dell'ottica e dell'elettromagnetismo con il medesimo, straordinario successo con cui la teoria meccanica di Newton descrive i fenomeni astronomici.

Il guaio è che le due grandi teorie sono in radicale contrasto, anche perché sono in contrasto i loro rispettivi concetti fondanti: il concetto, discreto e puntuale, di particella e il concetto, continuo e diffuso, di campo. Persino la →matematica utilizzata dalle due teorie è diversa. Le equazioni della meccanica sono equazioni differenziali ordinarie, mentre le equazioni di campo sono equazioni differenziali parziali.

Insomma, alla fine dell'Ottocento e, ancora, nei primi anni del Novecento, a spiegare i fenomeni della →natura ci sono due fisiche differenti e due distinti metodi di ragionamento. Una situazione che nessun fisico può accettare.

E, infatti, molti fisici tentano di recuperare all'unità l'imbarazzante situazione. La gran parte tenta di recuperare l'unità della fisica, riportando la teoria di campo di Maxwell nell'antico e collaudato alveo del meccanicismo. Ovvero tenta di dimostrare che il campo non ha uno statuto ontologico, ma è solo un'utile ipotesi matematica. E che, in definitiva, la propagazione delle onde elettromagnetiche è un fenomeno meccanico. Di urto tra particelle. Un po' come succede nella propagazione di un'onda in mare. Le particelle d'acqua sottoposte a una forza accelerano, urtano quelle vicine e trasmettono il moto.

Il problema è che le onde marine si propagano solo in mare. E piú in generale, le onde liquide si propagano solo in un mezzo materiale, l'acqua o qualsiasi altro liquido, costituito di particelle. Mentre le onde elettromagnetiche si propagano ovunque, anche nel →vuoto dello spazio cosmico. Infatti noi vediamo la luce del Sole e di stelle lontanissime. Qual è, allora, il mezzo in cui si propagano le onde elettromagnetiche? Certo non un gas, visto che il vuoto dello spazio cosmico è davvero spinto. Ecco, allora, la domanda decisiva: come possono propagarsi per via meccanica le onde elettromagnetiche senza un mezzo materiale, quando attraversano il grande vuoto?

La risposta del meccanicista alla fine del XIX secolo è semplice: be', perché quello dello spazio cosmico è un vuoto apparente. L'universo intero è immerso in un oceano di particelle minutissime, l'etere. Si tratta di un mezzo materiale ineffabile e inafferrabile. Che possiede un'unica caratteristica nota: la capacità di trasmettere l'impulso meccanico per la propagazione delle onde luminose e, piú in generale, elettromagnetiche.

Postulando l'esistenza dell'etere luminifero, la gran parte dei fisici alla fine dell'Ottocento ritiene di poter salvare l'unità della fisica, riconducendo la teoria del campo elettromagnetico all'interno della visione meccanicistica del mondo.

Cosí, quasi all'improvviso, l'etere si ritrova non solo a riempire di sé tutto l'immenso spazio cosmico lasciato libero dalla materia (dagli altri tipi di materia). Ma assurge, addirittura, a sistema di riferimento assoluto nel cosmo.

L'etere è, come si direbbe oggi, un'ipotesi *ad hoc*. Creata apposta per mantenere in piedi un pregiudizio squisitamente metafisico: il pregiudizio dell'universalità del modello meccanicistico. Un pregiudizio, sia detto per inciso, che ha consentito enormi sviluppi alla fisica. Tuttavia, ciò che distingue le scienze dalle altre culture dell'uomo è che tutte le ipotesi, anche quelle *ad hoc* e frutto di radicati pregiudizi, possono e, anzi, devono essere verificate. E, infatti, nel 1887 due americani, Albert Michelson, fisico dell'Università di Chicago, e il suo collaboratore Edward Morley sottopongono a verifica sperimentale il problema e, con un ingegnoso esperimento, dimostrano che l'etere non esiste. E che la luce si propaga in ogni direzione alla medesima velocità, c, di 300.000 chilometri al secondo, quale che sia la posizione e la velocità della sua sorgente.

L'esperimento di Michelson-Morley, dunque, non abbatte solo l'ipotesi dell'etere. E non ripropone, solo, il dualismo irriducibile e, per molti, inaccettabile tra la teoria meccanica di Newton e la teoria di campo di Maxwell. Ma abbatte l'intera visione del mondo meccanicista. Quando, poi, nel 1905 Albert Einstein estende il principio di →relatività di Galileo a qualsiasi tipo di sistema fisico in moto relativo uniforme e dimostra che non esistono sistemi di riferimento assoluti, conferisce piena dignità teorica all'esperimento di Michelson e Morley (che peraltro non conosce): il concetto di etere diventa superfluo. E la *quintessenza* scompare clamorosamente e definitivamente di scena.

Oggi, tuttavia, l'etere ritorna, di tanto in tanto, a fare capolino in fisica. Sia pure sotto nuove vesti, quantistiche (→meccanica quantistica). Nella visione quantistica il vuoto non è veramente vuoto. Ma pieno di coppie virtuali di particelle e antiparticelle che vi conducono una vita brevissima, comparendo e scomparendo istantaneamente e senza, quasi, lasciare traccia di sé. Questa sostanza, effimera, sarebbe l'etere. Anzi, l'etere quantistico.

Letture: Pietro Greco, *Il sogno di Einstein*, Napoli, Cuen, 2000; Lloyd Motz e Jefferson H. Weaver, *La storia della fisica*, Bologna, Cappelli, 1991.

Eternità

(dal latino *aeternitas*)

Eternità è un concetto legato soprattutto a quello di →tempo e di →infinito. Per eternità si intende, infatti, l'infinita estensione del tempo. In realtà i filosofi, fin dall'epoca della Grecia classica, si sono divisi su una doppia accezione di eternità. Una legata al tempo, che scorre all'infinito. L'altra legata al →divenire, che per Parmenide non esiste e dunque costringe l'universo in un eterno presente.

Il pensiero scientifico ha contribuito moltissimo a ridefinire il significato, anche filosofico, di tempo, di infinito e di divenire. Tuttavia ha dato un contributo specifico anche nel definire il soggetto che può legittimamente candidarsi a detenere la proprietà di eterno.

Questo soggetto, sosteneva Tommaso d'Aquino, è solo Dio. Perché lui solo può godere della *aeternitas a parte ante*, ovvero della mancanza di inizio, oltre che di una *aeternitas a parte post,* ovvero della mancanza di una →fine.

In qualche modo la →cosmologia scientifica contemporanea gli dà ragione. Certo non si pronuncia su Dio. Tuttavia nega che il nostro →universo, ovvero il tutto indagabile dalla →scienza, goda della *aeternitas a parte ante*. Il nostro universo infatti ha avuto un inizio: è nato circa 15 miliardi di anni fa con il Big Bang di una singolarità iniziale.

Piú controversa è invece la questione se il nostro universo, ovvero il tutto indagabile dalla scienza, goda almeno della proprietà della *aeternitas a parte post*: ovvero se abbia una fine. Le ultime osservazioni sembrano ambigue. Pare che viviamo in un universo in espansione in cui la densità di materia/energia è esattamente quella che separa i due possibili destini: l'espansione eterna o l'espansione limitata nel tempo, seguita poi da una contrazione. In queste condizioni il destino cosmico è quello di sparire in un «flebile lamento». In pratica la densità di materia/energia dell'universo diminuisce progressivamente per raggiungere, in un tempo infinito, il valore zero. Quasi che il destino dell'universo fosse quello di riuscire a sfiorare l'eternità (sia pure *a parte post*), ma di non riuscire mai ad afferrarla.

Letture: Pietro Greco, *L'origine dell'universo*, Roma, Editori Riuniti, 1998.

Etica
(dal greco ἠθικά)

L'etica è la riflessione intorno al comportamento pratico degli uomini. In particolare è la riflessione intorno al →bene e al male che accompagnano il comportamento pratico degli uomini. L'etica è una dimensione della filosofia in cui gli uomini di →scienza non si sentono a proprio agio. O, almeno, non si sentivano a proprio agio.

Perché, negli ultimi tempi, lo sviluppo rapido delle conoscenze in campo biologico e delle applicazioni di queste conoscenze ha generato un'intera branca dell'etica. Quella nuova branca che va sotto il nome di →bioetica. Una disciplina che è interessata alle dimensioni etiche del sapere e del potere biologico.

Nel medesimo tempo è venuta crescendo la consapevolezza che l'→uomo è diventato un attore globale della biosfera. La nostra è diventata, infatti, una delle poche →specie in grado di incidere in modo significativo su alcuni processi planetari (il clima, la biodiversità). In piú questo potere è accompagnato da una marcata consapevolezza. L'uomo sa di essere un attore globale della biosfera. E questo, secondo alcuni, modifica la sua antica dimensione etica. Perché la riflessione intorno al proprio comportamento, intorno al bene e al male, va estesa a un ambito piú grande. Un ambito che investe il comportamento dell'uomo non solo nella società, ma nella biosfera.

Allora assume un senso parlare di etica della →natura. E ha un senso porsi queste domande. Ma la natura ha anche un valore in sé? Un valore etico, che prescinde dall'uomo e dai suoi conti economici? Gode di diritti inalienabili, che le devono essere riconosciuti anche qualora si mostrassero svantaggiosi per l'uomo?

Immanuel Kant avrebbe, probabilmente, risposto che no, la natura non ha un valore morale in sé. Perché hanno valore morale solo gli esseri che hanno una vita morale, cioè gli uomini.

Come sostiene Francesco Viola, filosofo del diritto, l'etica tradizionale, compresa l'etica cristiana tradizionale, non è in grado di accogliere tra i valori morali gli esseri non umani. Non conferisce alcuna etica alla natura. Anche per questo, in passato, l'uomo si è attribuito un diritto assoluto, ovvero senza limiti morali, sulla natura.

Poco male finché l'uomo era tutto sommato molto piú debole della natura. La sua arroganza etica faceva poco danno alla natura. E a lui stesso. Ma, con la rivoluzione industriale e l'esplosione demografica, l'uomo ha ribaltato i rapporti di forza. In qualche modo è diventato piú forte della natura. Cosí che la sua arroganza etica ha iniziato «a far male». A danneggiare la natura. E a danneggiare lui stesso.

Di recente, come dicevamo, l'uomo ha acquisito consapevolezza di tutto ciò. È emersa la questione ecologica (→ecologia). Che rappresenta l'irruzione della natura nella morale e nel diritto. Una novità culturale assoluta del nostro tempo.

L'etica tradizionale è stata superata, dunque, dai problemi ecologici. Ma i problemi ecologici non hanno ancora portato a definire una nuova etica, un'etica della natura, logicamente autoconsistente e priva di paradossi. Vediamo perché.

L'etica ecologica, l'etica che attribuisce un valore morale alla natura, si presenta divisa in mille sfumature, ma in due grandi filoni di pensiero. Il filone utilitaristico e il filone normativo. Entrambi si richiamano alla scienza. E propugnano un'etica naturalistica. Ma il primo riconosce un valore alla natura solo in quanto utile all'uomo. Mentre il secondo riconosce un valore in sé alla natura, che prescinde dall'uomo.

Chi aderisce al filone utilitaristico di pensiero, nega che ci sia qualcosa di morale in natura. La natura non ha fini, tutte le specie viventi competono tra di loro per affermarsi, in una lotta senza tregua e senza regole (→evoluzione biologica). La versione piú ecologica di questo modo di vedere le cose riconosce che l'uomo ha dei limiti nell'utilizzo dei capitali della natura. I limiti sono quelli dettati dall'etica della responsabilità: l'uomo non deve danneggiare la natura per non danneggiare se stesso. O anche da un'etica attenta agli interessi delle generazioni future: che hanno diritto di ricevere in eredità gli stessi capitali della natura che noi abbiamo ricevuto dai nostri padri. Questo approccio dichiara lecito l'intervento dell'uomo sulla natura, nell'ambito del «massimo rendimento sostenibile». Un concetto difficile da definire in termini piú rigorosi e difficile da applicare in pratica.

Cosí è facile scivolare dall'approccio ecologico a quello non ecologico dell'etica utilitaristica. E dare mandato all'uomo di trasformare la natura a suo piacimento e a suo (immediato ed effimero) vantaggio.

L'altro grande filone di pensiero riconosce alla natura un valore in sé. E nega (o tenta di negare) ogni carattere speciale all'uomo. Considerandolo membro tra gli altri di una comunità biotica piú generale.

Già, ma natura è termine piuttosto generico. Quando si tratta di preservare gli interessi del mondo naturale, a chi ci si riferisce: alle specie viventi piú vicine all'uomo, a tutta la →vita, a tutta la biosfera, a tutta la natura?

Chi sostiene che bisogna riconoscere il valore morale e i diritti degli esseri viventi che hanno un patrimonio genetico simile all'uomo o che sono in grado di provare il piacere o il dolore, finisce per escludere gran parte del mondo vivente.

Chi sostiene il valore morale intrinseco solo della vita, finisce per escludere l'ambiente essenziale in cui la vita stessa opera.

Chi, infine, riconosce l'intangibilità della natura intera finisce, come alcuni filosofi della *deep ecology*, nel non arretrare di fronte alla prospettiva di proporre, al limite, il sacrificio della specie umana pur di salvare la natura.

Anche senza voler prendere sul serio queste estreme conseguenze, l'etica del valore in sé e, quindi, della intangibilità assoluta della natura si imbatte presto in un paio di paradossi non semplici da superare. Il primo di questi paradossi è che il mondo vivente è un mondo evolutivo. Laddove evoluzione va intesa *á la Darwin*. Come competizione selettiva tra gli individui e tra le specie. Se l'uomo è parte tra le tante dell'ecosistema globale e non può accampare alcuna specialità, perché deve ritrarsi dalla competizione e dal tentativo non mediato di affermarsi sulle altre specie e sull'ambiente intero?

Il secondo paradosso riguarda la conservazione. Se la natura viene considerata intangibile, allora persino la salvaguardia delle specie in via di estinzione può essere considerata un'indebita interferenza da parte dell'uomo nei processi naturali.

Insomma, ci troviamo di fronte a quel tipo di problema che i logici chiamano indecidibile (→logica). Non c'è, o almeno non c'è ancora, una soluzione logica formale al problema del valore morale della natura. Cosí la soluzione non può essere che empirica. E deve far leva su un carattere speciale dell'uomo: la →ragione.

La ragione ci dice che l'etica tradizionale, che non riconosce un valore morale alla natura, si rivela un danno sia per l'uomo che per la natura. Non ha quindi molto senso tentare di separare gli oggetti di questo danno. La ragione ci dice ancora che l'uomo non ha interesse a tagliare il ramo dell'albero su cui è seduto. Cosí che un'interpretazione equilibrata dell'etica utilitaristica può essere un ottimo strumento per coltivare gli interessi della natura. Tuttavia la ragione ci dice ancora che essa è destinata a fallire se l'uomo non riconosce agli altri esseri viventi una dignità morale intrinseca. Ma è ancora la ragione a dirci che i portatori di interessi legittimi possono essere in conflitto tra loro. E che cercare l'equilibrio, dinamico, tra i tanti interessi è il modo migliore per evitare che il conflitto degeneri in guerra.

Letture: James Rachels, *Creati dagli animali*, Milano, Edizioni di Comunità, 1996; Francesco Viola, *Dalla natura ai diritti*, Roma-Bari, Laterza, 1997.

Evoluzione

(dal latino *evolutio*)

In latino il termine evoluzione (*evolutio*) indica l'«atto di svolgere il rotolo di papiro per leggere». Indica, quindi, un movimento ordinato, uno sviluppo graduale che ha un fine. In questo senso il concetto di evoluzione esprime, certo, l'idea di trasformazione, di →cambiamento nel →tempo, di →divenire. E, quindi, si oppone a quello di eterna fissità e immutabilità. Tuttavia per i latini il termine evoluzione esprime l'idea di un processo ordinato e graduale. Che, quindi, si oppone al concetto di rivoluzione, di catastrofe, di evento unico e casuale. Infine l'evoluzione, lo svolgimento ordinato e graduale del papiro, ha una precisa finalità: la lettura. In origine, dunque, la parola e il concetto di evoluzione indicano un processo ordinato e graduale che tende a realizzare un progetto (→teleologia).

Per quanto strano possa apparire, nelle diverse rappresentazioni del mondo che, nel corso del tempo, si è data la cultura occidentale, anche nelle rappresentazioni fondate sull'approccio razionale, il concetto di evoluzione è apparso piuttosto di rado e piuttosto tardi.

I primi filosofi greci si interessarono, certo, al problema dell'→origine del mondo, proponendo spiegazioni di tipo naturalistico che potremmo definire protoscientifiche. Tuttavia gli uomini che, nell'antica Grecia, hanno scoperto la «potenza della ragione» non si interessarono molto del cambiamento del mondo e dell'evoluzione della natura dopo l'atto generativo.

I filosofi greci si divisero, certo, sul problema del divenire del mondo e nel mondo. Ma lo fecero aderendo, essenzialmente, a due modelli, uno statico e uno dinamico di stato stazionario, in cui non è prevista evoluzione. Per nessuno dei filosofi dell'antica Grecia, infatti, è necessario prendere in esame un mondo evolutivo distinto e diverso dal mondo originario, o perché, come diceva Parmenide, *nulla cambia* (modello statico), o perché anche quando *tutto cambia*, come sosteneva invece Eraclito, l'eterno cambiamento del mondo non si distingue in modo significativo dal mutamento originario e non trasforma il mondo in modo significativo rispetto a quello originario (modello dinamico dello stato stazionario).

I due grandi filosofi che avranno maggiore influenza sulla cultura occidentale, Platone e Aristotele, aderiscono entrambi a una visione ben poco dinamica del mondo. Addirittura Platone, come sostiene l'evoluzionista e storico dell'evoluzione biologica Ernst Mayr, può essere considerato il piú brillante antagonista nell'antichità dell'idea evoluzionista, perché fu lui a distillare l'idea di →essenza eterna e immutabile, in un mondo perfetto disegnato dalla →geometria e fondato sull'→armonia e sull'ordine.

Tuttavia anche Aristotele fu un fiero avversario di ogni idea evolutiva della natura, sia a livello fisico e cosmologico, sia a livello biologico, qui sulla Terra. Il mutamento, che pure nell'universo di Aristotele esiste, è un mutamento in stato stazionario, ciclico e stabile. D'altra parte lo Stagirita immagina un universo ineffabile e nega che il cosmo, il «tutto armoniosamente ordinato e finalizzato», sia potuto nascere dal caos originario. Nel suo *De generatione animalium*, Aristotele afferma esplicitamente che l'uomo e i generi animali esistono da sempre e non finiranno mai. Sono eterni.

Pur nella profonda diversità della loro filosofia della natura, i greci non riescono quasi mai a «svolgere il papiro» perché fondano la loro visione del mondo su una →metafora, la metafora del tempo ciclico, e su tre concetti, quello di →eternità, di *kosmos* (il tutto armoniosamente ordinato) e di essenza che sono all'esatto opposto della visione evolutiva della natura. Una visione che può essere fondata solo su una diversa metafora del tempo, il tempo lineare, e sui concetti di contingenza storica, di assenza di →finalità, di →specie (fisiche e biologiche) mutevoli che saranno elaborati in modo rigoroso solo dopo (molto dopo) la nascita della nuova scienza, in epoca moderna.

I cristiani, al contrario, avrebbero almeno parte della strada spianata verso l'idea di evoluzione, perché fondano la loro visione del mondo sulla metafora del tempo lineare. La Genesi altro non è che la narrazione di un mondo che cambia, sia pure attraverso un atto creativo di Dio. E la stessa nascita e morte di Cristo, che avvengono in un momento preciso e segnano irreversibilmente la storia, sia dell'uomo che della natura, indicano una freccia del tempo. Nella visione del mondo dei cristiani c'è, dunque, spazio per un'idea di evoluzione. E sant'Agostino la coglie. Il grande filosofo cristiano sostiene, già nel IV secolo d.C., che Dio non ha creato solo oggetti finiti, essenze. Anzi, gran parte della sua creazione è consistita nell'infondere alla natura potenzialità di sviluppo, compresa la potenzialità di sviluppare organismi viventi. Per Agostino il mondo evolve nel tempo (nel tempo direzionato), in modo ordinato e graduale, secondo il piano di

Dio. Agostino è il migliore interprete del concetto latino di evoluzione teleologica (svolgimento del papiro) esteso a scala cosmica.

Piú tardi, però, la teologia cristiana inizia a considerare le Scritture non come fonte da interpretare, ma come fonte letterale di Verità, anche in materia di filosofia naturale. E nella Bibbia c'è scritto che Dio ha creato, all'inizio dei tempi, l'uomo e tutte le specie animali. Cosí come sono oggi. Per questo la Scolastica finirà per attenuare la spinta alla visione evoluzionista del mondo implicita nella metafora del tempo lineare, e assorbirà del tutto la visione aristotelica. Sebbene questa visione nel Medio Evo non sarà mai, come spesso si crede, totalizzante (si pensi alla scuola nominalista che nasce già nell'XI secolo), per lungo tempo sarà ampiamente dominante.

Con la Riforma, però, l'idea evoluzionista arretra ulteriormente e raggiunge, per cosí dire, un nuovo minimo storico di consenso. Perché la protesta di Lutero finisce per determinare un arroccamento intorno all'autorità delle Scritture. Gli epigoni della nuova scienza, Copernico e Galileo, sono le vittime piú illustri di questa era fondamentalista e della interpretazione letterale della Bibbia.

La nuova scienza e la filosofia naturale che la corrobora si dimostreranno piú forti del leguleismo scolastico. Tuttavia neppure con la «rivoluzione scientifica» del XVI e soprattutto del XVII secolo, l'idea di evoluzione riesce a farsi strada. Un po' perché la «rivoluzione scientifica» è, in buona sostanza, limitata alle scienze fisiche, dove è piú difficile cogliere le dinamiche evolutive. Un po' perché quei fisici, da Cartesio a Newton, credono in un Dio personale e sono schiettamente creazionisti. Sia, soprattutto, perché da Cartesio a Newton, la visione del mondo sottesa alla «rivoluzione scientifica» è meccanicista. Che ben si adatta e quasi pretende l'immagine di un mondo stabile e perfetto, creato una volta per tutte e regolato da leggi generali e immutabili.

Cosí anche la nuova scienza impiega molta fatica a scoprire il concetto di evoluzione e a immaginare un mondo in divenire. Infatti è solo nel 1785 che James Hutton redige la prima versione della sua *Theory of the Earth* e documenta i profondi cambiamenti che hanno caratterizzato la storia del pianeta Terra: il pianeta scelto da Dio per ospitare l'uomo non è sempre stato, dunque, uguale a se stesso. E occorre attendere il triennio tra il 1830 e il 1833 perché Charles Lyell scriva i suoi *Principles of Geology* e codifichi l'esistenza, scioccante, del tempo profondo. Improvvisamente l'uomo occidentale, che finora si è trovato alle prese con un passato, biblico, non superiore ai seimila anni, si ritrova a dover gestire un passato, geologico, di milioni di anni.

Occorre poi attendere il 1859 prima che Charles Darwin pubblichi *On the Origins of Species by Means of Natural Selection* e documenti l'esistenza dell'evoluzione biologica. È una proposta ancora piú dirompente. L'uomo occidentale, che pensava di essere stato posto da Dio sopra e, quindi, fuori dalla natura, si riscopre prodotto contingente della natura. Figlio di una scimmia.

E, infine, occorre attendere addirittura il 1917 prima che Albert Einstein pubblichi le *Considerazioni cosmologiche sulla Teoria della Relatività Generale* e si imbatta nell'→universo evolutivo. Senza, peraltro, riconoscerlo. Sarà un giovane matematico russo, Aleksandr Friedmann, a trovare, nel 1922, le soluzioni non statiche alle equazioni cosmologiche di Einstein e a elaborare la prima teoria scientifica di un universo in divenire. E sarà solo nel 1929 che l'astronomo Edwin Hubble osserverà la recessione delle galassie e fornirà la prima prova provata che viviamo in un universo in espansione. Quanto all'idea di un universo evolutivo, dovremo attendere il

1963 prima che tramonti il modello dello stato stazionario e si affermi (definitivamente?) il modello del Big Bang, ovvero il modello di un universo in cui il passato è significativamente diverso dal presente e dal futuro. Di un universo autenticamente evolutivo.

La nuova scienza, dunque, scopre alla fine del XVIII secolo l'→evoluzione geologica, nel XIX secolo l'→evoluzione biologica e solo all'inizio del XX secolo l'→evoluzione cosmica.

Con la nuova scienza la cultura occidentale scopre, infine, che il mondo cambia a ogni livello e che tutto ciò che vediamo intorno a noi e noi stessi siamo il frutto, contingente, di un processo storico in cui giocano un ruolo attivo sia il →caso che la →necessità, sia pure a vario titolo ai vari livelli del cambiamento. Poche altre conquiste culturali hanno modificato cosí profondamente la percezione che l'uomo ha di se stesso e dell'ambiente che lo circonda.

Benché sia cosí potente e profonda, solo oggi l'idea di evoluzione inizia a diffondersi in ambiti culturali differenti da quelli specialistici. Forse perché sono passati non piú di quarant'anni, da quando l'idea di evoluzione si è affermata come la metafora dominante nella visione scientifica del mondo. E forse perché l'idea di evoluzione (o di evoluzioni) che oggi la scienza propone per narrare le vicende cosmiche a ogni livello non è lo «svolgimento del papiro» di cui parlavano i latini. Lo svolgimento della narrazione cosmica, anzi, delle narrazioni cosmiche, non è sempre ordinato e graduale, spesso vi fanno irruzione l'imprevisto e la catastrofe; non è preordinato, ma è sostanzialmente cieco; e, soprattutto, non ha un fine. Lo srotolamento del papiro è frutto storico del caso e della necessità, non di un Progetto. Non prevede un Lettore. Ma contiene in sé il principio →copernicano perfetto: anche noi, coprotagonisti e occasionali osservatori dello svolgimento, sappiamo di essere una specie tra le specie, che mena la sua vita contingente in un punto qualsiasi dello spazio e in un punto qualsiasi del tempo.

Letture: Livio Gratton, *Origine ed evoluzione dell'universo*, Roma, La Nuova Italia Scientifica, 1992; Pietro Greco, *Evoluzioni. Dal Big Bang a Wall Street, la sintesi impossibile*, Napoli, Cuen, 1999; Ernst Mayr, *Storia del pensiero biologico*, Torino, Bollati Boringhieri, 1990.

Evoluzione biologica

(dal latino *evolutio*; dal greco βίος e λογία)

Non sappiamo ancora come sia avvenuto. Ma, certo, è avvenuto. In un'epoca compresa tra 3,5 e 3,85 miliardi di anni fa, forse addirittura prima, sulla Terra è apparsa la prima forma di →vita. Ed è nata la prima cellula. Forse la cellula capostipite di tutte le forme di vita e di tutti gli organismi viventi presenti oggi sul pianeta.

La vita, la nostra vita, ha dunque una storia lunga. Che si misura in miliardi di anni, nel «tempo profondo». Nel corso di questa lunga storia sulla Terra, la vita si è modificata e diversificata. Si è evoluta. Con un processo che, almeno in prima battuta, non sembra affatto graduale.

I batteri procarioti, infatti, sono stati gli unici abitanti del pianeta, in tutti i primi due miliardi di anni della storia della vita. Dimostrando una straordinaria capacità di diversificarsi e di modificarsi in relazione ai cambiamenti dell'ambiente, ma anche di modificare l'ambiente. Se, per esempio, la Terra ha un'atmosfera unica nel sistema solare, un'atmosfera che è un autentico assurdo chimico, perché densa di un elemento, l'ossigeno, tra i piú reattivi conosciuti, lo si deve a questi piccoli organismi costituiti da una sola cellula priva di nucleo.

Due miliardi di anni fa, con un salto evolutivo enorme, forse il piú grande mai compiuto da organismi viventi, sono nate le grosse cellule eucariote. Quelle di cui sono costituiti gli animali e le piante.

Ma ancora per centinaia di milioni di anni, la vita, pur continuando a diversificarsi, è stata rappresentata sulla Terra solo da organismi composti da una sola cellula.

I primi organismi animali sono apparsi in tempi piuttosto recenti: 600 milioni di anni fa. Ma anche la loro storia, dopo la cosiddetta «esplosione del Cambriano», è stata caratterizzata da numerosi e importanti processi biologici di innovazione e diversificazione.

Per riassumere: da un piccolo batterio, da pochi organismi animali è sbocciata la straordinaria ricchezza della diversità biologica che caratterizza oggi la Terra. Malgrado viviamo nel mezzo di un'altra, grande estinzione di massa, oggi il pianeta è popolato da milioni, forse da decine di milioni, di →specie diverse.

Qual è stato il motore di questa spinta all'→evoluzione e alla crescita di diversità biologica?

Ed è possibile considerare la lunga storia della vita come l'ordinato avanzamento dagli organismi piú semplici ai piú complessi, dai piú primitivi ai piú sviluppati, dai piú piccoli ai piú grandi?

Il primo a cercare di fornire una risposta, coerente, a entrambe le domande è stato certamente Jean-Baptiste-Pierre-Antoine de Monet, chevalier de Lamarck. Che, nel 1809, propone la sua teoria dell'evoluzione biologica. O, almeno, di quella importante componente dell'evoluzione biologica che è il cambiamento delle specie viventi nel →tempo. Lamarck è certo influenzato dal suo maestro, Georges-Louis Buffon, dalle nuove conoscenze prodotte dagli studi di geologia (→evoluzione geologica), dagli scritti, vecchi ormai di un secolo, del filosofo Leibniz. Tuttavia non c'è dubbio che è lui, Jean-Baptiste-Pierre-Antoine de Monet, chevalier de Lamarck, il primo evoluzionista nella storia della biologia moderna. E, soprattutto, il primo a elaborare una teoria scientifica dell'evoluzione biologica.

Lamarck non sa, ovviamente, che la vita sulla Terra ha avuto una storia di quattro miliardi di anni. E che sono stati i batteri i primi abitanti del pianeta. Queste sono conoscenze dei nostri giorni. Tuttavia Lamarck conosce, ormai, il *tempo profondo*. Intuisce che c'è una contiguità tra le specie viventi. E immagina che questa contiguità sia il frutto di un lento processo di modificazione a partire da progenitori comuni.

Lamarck è convinto che il cambiamento delle specie viventi sia incessante e consista nel passaggio, graduale ma progressivo, dal semplice al complesso. Anzi, dall'imperfetto al perfetto. Il naturalista francese individua quattro cause in grado di spiegare l'evoluzione biologica: l'esistenza, negli organismi, di una spinta interna verso la perfezione (→teleologia); la capacità, degli organismi, di adattarsi alle *circostanze*, vale a dire all'ambiente (→adattamento); la frequente generazione spontanea di nuovi organismi; la trasmissione ereditaria dei caratteri acquisiti.

Delle quattro cause proposte da Lamarck, solo una ha retto alla critica del tempo e della conoscenza scientifica: l'evoluzione biologica è evoluzione adattiva. Anche se, come vedremo, non è *solo* evoluzione adattiva.

Al contrario non si verifica alcuna generazione spontanea di nuovi organismi. Non c'è trasmissione ereditaria dei caratteri acquisiti (o meglio, il fenomeno è marginale e, in ogni caso, oggetto di disputa). Negli organismi e in natura non c'è alcuna spinta interna né verso la perfezione, né verso quell'analogo in tono minore della perfezione che è la →complessità crescente.

Tuttavia Jean-Baptiste de Lamarck è davvero uno scienziato geniale. Non solo perché intuisce che le specie viventi cambiano. E cambiano adattandosi ai mutamenti dell'→ambiente. Non solo perché intuisce che questa evoluzione va collocata nel *tempo profondo*. Ma anche, e soprattutto, perché fornisce una spiegazione coerente, anche se in gran parte errata, di questo cambiamento.

Resta il fatto, però, che l'ipotesi di Lamarck, ancorché coerente e geniale, non è corretta. Almeno non alla luce delle conoscenze, peraltro solide, che abbiamo oggi. Dobbiamo, quindi, saltare a pie' pari mezzo secolo, passare lo stretto della Manica e arrivare a Londra il 24 novembre del 1859, per incontrare Charles Darwin che, finalmente, pubblica il suo celeberrimo *On the Origins of Species by Means of Natural Selection* e ci fornisce una spiegazione plausibile e potente dell'evoluzione biologica.

La differenza tra il libro di Charles Darwin e la *Philosophie zoologique* di Jean-Baptiste de Lamarck è strutturale. Il francese si era interessato, essenzialmente, alla evoluzione cosiddetta verticale, ovvero alla diversificazione delle specie nel tempo. Darwin si interessa, essenzialmente, dell'evoluzione cosiddetta orizzontale, ovvero della diversificazione delle specie nello spazio. Nel suo viaggio di cinque anni intorno al mondo, iniziato nel 1831, a bordo del *Beagle*, il giovane naturalista resta colpito dalla distribuzione geografica della diversità biologica. Alle Galapagos, per esempio, nota che ciascuna isola dell'arcipelago ha una sua specie di fringuelli, di tartarughe, di mimi poliglotti nettamente distinta dalle specie di fringuelli, di tartarughe, di mimi poliglotti delle altre isole. Eppure ciascuna specie è chiaramente affine alle altre. Il fatto richiede una spiegazione. L'affinità non può essere un caso: quelle specie discendono da progenitori comuni. Ma se sono distinte, devono essere specie in formazione. Com'è possibile tutto ciò? Cosa ha originato la «discendenza con modificazioni» dal comune progenitore e la diversificazione delle specie tra un'isola e l'altra? È per rispondere a queste domande che Darwin elabora la sua teoria, coerente, dell'*origine* e della *trasmutazione* delle specie per *selezione naturale*. La teoria che, ancora oggi, è considerata la spiegazione fondamentale dell'evoluzione biologica.

Il paradigma evolutivo di Charles Darwin è certo coerente, ma non è affatto un monolite compatto. E non si basa solo sul concetto, pur essenziale, di selezione naturale. Al contrario, è abbastanza articolato da contenere non una, ma diverse teorie innovative e coordinate. Diamo dunque uno sguardo al complesso del paradigma darwiniano, prima di guardare in dettaglio la teoria della selezione naturale e cercare di coglierne l'esatto contenuto.

In primo luogo, nel pensiero di Darwin, c'è l'idea di evoluzione del vivente che si contrappone all'idea della fissità biologica. Le specie viventi non sono uguali a se stesse nel tempo, ma si modificano. L'idea è radicale. Ma non è il concetto in sé di evoluzione la vera innovazione di Darwin. L'idea evolutiva della vita, benché certo non maggioritaria alla metà dell'Ottocento, era stata anticipata da altri pensatori prima di Darwin: da Lamarck, naturalmente. Ma anche da Meckel o da Chambers, per citarne solo alcuni.

C'è un'idea di gradualità dell'evoluzione biologica. Darwin è convinto che l'evoluzione delle specie sia continua e costante, quindi graduale. E ciò nonostante che le differenze tra i generi e i *taxa* siano spesso cosí radicali da apparire insormontabili. A chi, come Charles Lyell, gli fa notare che il potenziale di variazione di una specie ha dei limiti che nessun livello di selezione può superare, Darwin risponde che quelle differenze sono insormontabili solo in apparenza, in realtà sono un artefatto della →storia. Frutto della divergenza evolutiva. Ma soprattutto dell'estinzione, che ha eliminato tutta una serie di anelli di congiunzione.

C'è, ancora, nel paradigma darwiniano la teoria dell'evoluzione per discendenza comune. Darwin considera tutti gli esseri viventi presenti al mondo «come discen-

Come nasce l'idea di evoluzione per selezione naturale in Charles Darwin

FATTI	DEDUZIONI
1. Darwin, che ha letto attentamente Malthus, verifica, matematica alla mano, che tutte le specie viventi hanno una fertilità potenziale tale che le dimensioni della loro popolazione dovrebbero crescere in modo esponenziale, se tutti gli individui nati si riproducessero a loro volta con successo.	
2. Darwin constata che questo non avviene. Anzi, a parte piccole fluttuazioni annuali e piú grosse fluttuazioni occasionali, le popolazioni di tutte le specie mostrano una sostanziale stabilità.	
3. Darwin constata, inoltre, che le risorse naturali sono limitate. Eppure in un ambiente stabile esse restano relativamente costanti.	1. Da questi tre fatti Darwin deduce che c'è una forte competizione tra gli individui di una popolazione per accaparrarsi le limitate risorse e, quindi, per sopravvivere. Solo una parte della progenie di una popolazione, spesso una piccola parte, emerge vincitrice da questa competizione e sopravvive.
4. Darwin verifica, poi, che anche in una medesima specie non esistono neppure due soli individui uguali: ogni popolazione mostra una enorme variabilità.	
5. Darwin rileva, infine, che gran parte della variabilità tra gli individui di una specie è ereditaria.	2. Da questi due fatti ulteriori Darwin ricava che il successo nella competizione per l'esistenza non è casuale, ma dipende almeno in parte dalla costituzione ereditaria degli individui che sopravvivono. Le condizioni ineguali di partenza nella competizione per le risorse costituiscono la base del processo naturale di selezione.
	3. Nel corso delle generazioni il processo di selezione naturale conduce a un graduale e continuo cambiamento delle popolazioni. Nel lungo periodo la selezione naturale determina l'evoluzione delle vecchie specie e la nascita di nuove specie.

denti in linea diretta di pochi esseri che vissero molto tempo prima della deposizione dei primi strati del sistema cambriano». E, quindi, che la vita è «stata originariamente impressa in poche forme o in una forma sola». L'evoluzione delle specie in Darwin è, quindi, una «discendenza con modificazioni».

C'è, infine, la teoria della selezione naturale. Ovvero la teoria che cerca di individuare la causa dell'evoluzione, dimostrando *come* si verifica il processo di «discendenza con modificazioni». Con la selezione naturale, il suo autentico colpo di genio, Darwin individua come causa dell'evoluzione biologica un meccanismo materialistico e non miracolistico, cieco e potente, che elimina del tutto l'esigenza di una teleologia globale.

L'insieme di queste teorie, l'evoluzione graduale per selezione naturale e con discendenza comune, costituisce il piú grande attacco alla centralità dell'uomo nel creato che sia mai stato concepito e portato avanti dall'uomo. Includendo anche la specie *sapiens sapiens* nell'albero filetico della vita, infatti, Darwin, come scrive Ernst Mayr, «[estromette] l'uomo dalla sua posizione privilegiata in natura, assegnatagli dalla Bibbia e praticamente dagli scritti di tutti i filosofi. Cioè, per cosí dire, lo [detronizza]». Di piú. Ipotizzando la selezione naturale, Darwin fornisce una spiegazione esclusivamente materialistica di tutti i fenomeni della natura vivente. In questo modo, si è detto, «detronizza Dio».

Detronizzare, in un colpo solo, l'uomo e Dio, come si immagina facilmente, può procurare un bel po' di nemici. E Darwin di nemici ne ha avuti (e ne ha tuttora) a iosa.

La selezione naturale secondo Darwin

Ma dedichiamo ora una maggiore attenzione alla teoria della selezione naturale. Perché, come è stato giustamente rilevato, senza questa teoria causale, probabilmente Darwin non avrebbe avuto l'incentivo e la forza per organizzare i fatti e riproporre su basi nuove il suo rivoluzionario pensiero evoluzionista. Proviamo a ricostruire, nella tabella alla pagina seguente, le ipotesi e le deduzioni operate da Charles Darwin sulla base dei fatti registrati nel corso del viaggio col *Beagle*. E, forse, capiremo piú profondamente il concetto moderno di evoluzione biologica.

L'idea dell'origine e dell'evoluzione delle specie per selezione naturale che Charles Darwin propone, sulla base di pochi fatti e di geniali deduzioni, è abbastanza semplice. Parte dalla constatazione che gli organismi viventi generano una prole e dal presupposto che la prole eredita gran parte delle caratteristiche dei genitori. Tuttavia al suo interno la prole mostra una certa casuale variabilità: ogni individuo è un po' diverso sia dai genitori sia dai fratelli. Darwin rileva anche che una parte, spesso cospicua, della prole scompare precocemente, senza riprodursi o riproducendosi poco. Statisticamente sopravvive di piú la prole che ha i caratteri piú adatti al mutevole ambiente circostante. Gli organismi piú adatti a loro volta hanno, in media, piú prole degli altri. E questa nuova prole eredita, in media, i caratteri che hanno assicurato il successo ai genitori. L'evoluzione delle specie altro non è che l'accumulazione di questi caratteri favorevoli nel tempo.

«Ho chiamato questo principio, grazie al quale ogni lieve variazione, se utile, viene conservata, con il termine selezione naturale», scrive Charles Darwin.

La selezione naturale produce adattamento. Anzi produce inevitabilmente adattamento. E l'insieme di adattamenti, in opportune condizioni, produce speciazione, ovvero *trasmutazione* delle specie e origine di nuove specie.

Mendel e il meccanismo ereditario

La teoria dell'evoluzione per selezione naturale che Charles Darwin rende pubblica nel 1859, in concomitanza con l'analoga teoria di Alfred Russel Wallace, ha un unico, grave difetto che le impedisce di essere considerata, cosí com'è, la teoria definitiva dell'evoluzione biologica: non spiega dove mai possa avere origine la variabilità genetica. Detta in altri termini, Darwin non ha idea di come i genitori possano trasmettere la gran parte dei loro caratteri alla prole.

Sarà Gregor Mendel, già nel 1865, a fornire la dimostrazione che la trasmissione dei caratteri ereditari dai genitori alla prole è di natura genetica. Avviene, cioè, mediante unità distinte, i geni. Ogni gene è depositario di un carattere. Ogni singolo gene resta (quasi sempre) intatto, ma l'insieme si rimescola a ogni generazione.

La teoria sintetica

Charles Darwin non viene mai a conoscenza dei lavori e delle leggi di Mendel. Che, anzi, vengono dimenticati per molti anni, prima di essere riscoperti nel 1900 da Hugo de Vries e, indipendentemente, da altri biologi. Ancora piú stranamente i riscopritori di Mendel non accettano la selezione naturale. Solo negli anni '20 mendeliani e darwinisti cominciano a dialogare, e solo tra gli anni '30 e '40 si arriva a una nuova teoria che porta a sintesi le due intuizioni e i progressi in un vasto campo di scienze biologiche, dalla genetica, alla paleontologia, alla biogeografia. La nuova teoria, detta appunto *teoria sintetica*, è opera di un pool di biologi, tra cui Theodosius Dobzhansky, Julian Huxley, George Simpson, Ledyard Stebbins, Bernard Rensch, Ernst Mayr.

Nella nuova teoria la selezione naturale è un processo che si svolge in due fasi. La prima consiste nella produzione di variabilità genetica: per mutazione o ricombinazione dei geni. La gran parte di questa produzione di variabilità è casuale. «Nel senso – scrive Ernst Mayr – che non è determinata dalle correnti necessità dell'organismo o dalla natura dell'ambiente che lo circonda, e non ha nessuna relazione con esse.» La seconda fase è la selezione vera e propria. Ovvero «un principio ordinatore estrinseco». Che premia, statisticamente, gli organismi dotati delle forme alternative di geni (alleli) piú vantaggiose per il «successo riproduttivo» e boccia quelli dotati degli alleli meno vantaggiosi. Da notare che la selezione naturale opera, statisticamente, su popolazioni di individui tutti unici e irripetibili. Tra questi individui hanno, statisticamente, un maggiore successo riproduttivo coloro che presentano una serie di geni che si adatta meglio alla pressione ecologica. Il maggior successo riproduttivo fa sí che nel tempo aumenti la frequenza dei geni e delle costellazioni di geni piú adatti in quel momento e in quel luogo. L'incremento della frequenza di nuovi alleli o di nuove costellazioni genetiche può determinare, nel tempo, la speciazione: la nascita di nuove specie.

Nella teoria sintetica, cosí come nella teoria classica di Darwin, l'evoluzione per selezione naturale è graduale. E opportunista: le variazioni insorgono casualmente e vengono selezionate, a posteriori, in base alle esigenze dell'ambiente.

Ma se la selezione naturale, anche in questa interpretazione neodarwinista, opera in negativo, se cioè si limita a eliminare, statisticamente, i caratteri che rendono i loro portatori meno adatti, come può, dunque, essere creatrice? Be', essenzialmente in due modi. In primo luogo le mutazioni e la ricombinazione dei geni favoriscono l'emergere di novità. In secondo luogo, la selezione elimina la gran parte degli individui. Solo i pochi sopravvissuti concorrono al *pool genico* della generazione successiva. Questi due processi sono sufficienti a garantire la creatività della selezione naturale.

Il processo di convergenza di varie discipline nella nuova teoria, neodarwinista, dell'evoluzione giunge a compimento, o meglio a una nuova sintesi, nei primi anni '50. Quando la biochimica e la biologia molecolare rivelano la struttura fine del gene, i processi di duplicazione del genoma e le basi molecolari dell'ereditarietà, le basi molecolari della mutagenesi, i rapporti tra informazione genetica e sintesi delle proteine. Dando un fondamento molecolare alla *teoria sintetica*.

Oggi sappiamo che:

a. il codice genetico è contenuto nel Dna;
b. le unità ereditarie di Mendel, i geni, sono parti del lungo filamento di acido deossiribonucleico (in realtà un biologo molecolare contemporaneo ha un'idea di *gene* ben piú dinamica e complessa di quella, fissa e definita, che ne

aveva Mendel. Ma questo non modifica sostanzialmente l'ipotesi mendeliana di trasmissione dei caratteri ereditari);

c. la variabilità tra gli individui richiesta dalla selezione naturale è dovuta al fatto che i singoli geni possono mutare o ricombinarsi, formando diversi alleli, ovvero forme alternative. Le mutazioni e le ricombinazioni genetiche sono, per la gran parte, casuali e avvengono a livello di Dna.

La genetica e la biologia molecolare hanno fornito, dunque, la piú clamorosa conferma dell'idea di Darwin (e di Mendel).

La selezione naturale, causa principale dell'evoluzione biologica

La selezione naturale, proposta da Darwin e validata dalle moderne conoscenze di genetica e di biochimica, è un processo che si svolge in due fasi. La prima produce variazioni: la generazione di nuovi organismi avviene con modificazioni casuali che vanno ad arricchire il patrimonio di differenze, grandi e piccole, che caratterizza, distingue e rende unici gli individui di ogni specie e di ogni popolazione. La seconda fase consiste nella vera e propria selezione: che si attua attraverso la sopravvivenza degli individui con i caratteri piú adatti a far fronte al clima, ai nemici, ai competitori. Gli individui piú adatti avranno un maggiore successo riproduttivo e trasmetteranno ai figli le loro vantaggiose caratteristiche. La generazione successiva, quindi, sarà dotata, mediamente, di caratteri migliori per far fronte al clima, ai nemici, ai competitori.

La selezione naturale, dunque, è un processo che ha una fase in cui prevale, come sosteneva il biologo Jacques Monod, il →caso. E un'altra fase in cui, al contrario, prevale la →necessità. Caso e necessità, tuttavia, non sono linearmente correlati. La selezione naturale non è un processo a metà strada tra un fenomeno stocastico e un fenomeno deterministico. Ma un processo in cui caso e necessità sono sempre contemporaneamente presenti. Come ha scritto Sewall Wright, il pioniere della genetica delle popolazioni: «Il processo darwiniano di continua interazione fra eventi casuali ed eventi selettivi non si situa in posizione intermedia tra il puro caso e il puro determinismo, ma, nelle sue conseguenze, è qualitativamente del tutto diverso sia dall'uno sia dall'altro».

Ma vediamo perché questo intreccio originale eppure, tutto sommato, semplice di caso e di necessità si propone ancora oggi come la causa principale dell'evoluzione biologica.

L'evoluzione, in termini neodarwiniani, consiste nel cambiamento della frequenza dei geni e degli assetti cromosomici di una certa popolazione. Non sono i singoli individui o le loro piú prossime discendenze a evolvere, bensí le popolazioni. Mettiamo che il colore rosso o grigio di una specie di farfalle sia ereditario, cioè determinato geneticamente. Se in una certa popolazione, ovvero se in un certo insieme di individui di quella specie di farfalle che si trovano a vivere in un dato momento in una definita area geografica, per esempio un'isola nell'oceano, il numero di singole farfalle con le ali rosse passa dal 60% al 40%, possiamo dire che quella popolazione di farfalle sta evolvendo. Si tratta di un'evoluzione semplice e, per questo, molto chiara.

Se l'evoluzione è determinata dal fatto che le farfalle con le ali grigie sopravvivono meglio in condizioni ambientali che stanno mutando, magari perché sono meno visibili a un nuovo tipo di predatore giunto nell'isola, allora possiamo dire che l'evoluzione da una popolazione con prevalenza di farfalle dalle ali rosse a una popolazione con prevalenza di farfalle dalle ali grigie avviene per selezione naturale del piú adatto.

In cosa consiste veramente la selezione naturale? In un meccanismo differenziale (*fitness*) che premia la capacità riproduttiva degli organismi piú idonei a vivere in un certo ambiente. Premia, cioè, gli organismi che riescono ad avere piú prole rispetto a quelli che ne hanno meno o non ne hanno affatto. Nel nostro caso la selezione naturale consiste nel fatto che le farfalle con una prole prevalente di individui con ali grigie hanno maggiore successo riproduttivo delle farfalle con una prole prevalente di individui con ali rosse. Magari perché le farfalle con una prole potenziale costituita in prevalenza da individui con ali rosse cadono piú facilmente vittime del nuovo predatore, muoiono prima e hanno minori possibilità di procurarsi una discendenza.

La selezione naturale, dunque, ha due caratteri principali. *Agisce sul fenotipo*: ovvero sull'organismo nel suo complesso, nel nostro caso la farfalla, e non sul genotipo, non sul singolo gene vantaggioso e neppure sul patrimonio genetico in quanto tale. *È adattiva*: premia il fenotipo piú idoneo (la farfalla con prole prevalente dalle ali grigie), castiga e talvolta elimina del tutto il fenotipo meno idoneo (la farfalla con prole prevalente dalle ali rosse).

L'evoluzione per selezione naturale è possibile grazie al fatto che in una popolazione non vi è una distribuzione univoca di geni, ma sono presenti diversi alleli (forme alternative di un medesimo gene) che contribuiscono a creare un pool genico: che è il numero totale di alleli presenti nei cromosomi trasmissibili di quella popolazione. I concetti di allele e di pool genico sono fondamentali per la teoria dell'evoluzione biologica. Ci conviene guardarli piú nel dettaglio.

Consideriamo una cellula umana. Essa ha 46 cromosomi divisi in coppie omologhe: 23 sono copie di quelli contenuti nello spermatozoo del padre e gli altri 23 sono copie di quelli contenuti nella cellula uovo della madre. Anche i geni, disposti sui cromosomi, sono presenti in coppie omologhe: uno sul cromosoma paterno e l'altro sul cromosoma materno. I due geni di una coppia, dicono i biologi, occupano un *locus* su ciascuno dei cromosomi omologhi. Su una coppia di cromosomi omologhi c'è, per esempio, il *locus* genico responsabile del «colore degli occhi». Poiché i geni dell'uomo sono circa 40.000, su ogni coppia cromosomica vi sono migliaia di *loci* genici.

Il colore degli occhi delle persone è molto variabile. In giro osserviamo occhi verdi e occhi neri, occhi marroncini e occhi azzurri. È evidente allora che nel medesimo *locus* genico del «colore degli occhi» possono sistemarsi geni in forme diverse. Una forma genica che determina il colore degli occhi verdi, una forma genica che determina il colore nero, o marrone, o azzurro. Queste diverse forme del medesimo gene, abbiamo detto, si chiamano alleli. Ogni uomo può avere al massimo due alleli nel medesimo *locus*. Per esempio può avere la forma genica «occhi neri» dal padre e la forma genica «occhi verdi» dalla madre. Uno solo, quello dominante, si esprimerà: il figlio avrà o gli occhi verdi o gli occhi neri. Ma entrambi i caratteri sono trasmissibili. Quando un individuo ha due alleli diversi in un medesimo *locus*, si dice che è *eterozigote* rispetto a quel gene e a quel carattere. Se, al contrario, ha il medesimo allele, per esempio ha due copie del gene «occhi neri», allora si dice che è *omozigote* rispetto al gene responsabile del colore degli occhi.

Cosa ancora piú importante, però, è che il numero di alleli che occupano il *locus* colore degli occhi in una popolazione umana è molto maggiore di due. E a ogni generazione si ha una nuova ricombinazione di tutti gli alleli presenti. La somma di tutti gli alleli possibili in tutti i *loci* forma il pool genico della popolazione umana.

Torniamo ora al caso, semplice, della popolazione delle nostre farfalle. Esse hanno due geni alternativi per il colore delle ali: l'allele che determina il colore rosso e l'allele che determina il colore grigio. Ed essendoci, per ipotesi, un rapporto univoco tra carattere del fenotipo (colore delle ali) e gene, la selezione naturale, agendo sul fenotipo, promuove la diffusione dell'allele grigio e attenua la diffusione dell'allele rosso.

L'evoluzione, dunque, avviene perché ogni popolazione è caratterizzata da una *variabilità* genetica, il pool genico, ovvero il substrato materiale, su cui agiscono una o piú *forze evolutive*. Tra esse la selezione naturale è la piú importante, ma non l'unica. Queste forze evolutive, nel loro insieme, sono specifiche del mondo biologico. Cosí come è del tutto specifica l'*origine della variabilità* che caratterizza la genetica di ogni popolazione biologica. Un processo di creazione del substrato materiale su cui agiscono le forze evolutive che non ha né simili, né analoghi fuori dal mondo biologico. E cui conviene dare uno sguardo.

Buona parte dell'evoluzione biologica altro non è che la comparsa di nuovi caratteri nelle popolazioni naturali. Se nella nostra esemplare popolazione di farfalle rosse e grigie compare un individuo dalle ali blu, siamo in presenza di un nuovo carattere. La comparsa di nuovi caratteri trasmissibili è la conseguenza di una *mutazione* genetica. Che consente la presenza di un nuovo *allele*. Se la farfalla dalle ali blu può trasmettere questo suo carattere alla sua discendenza, significa che il pool genico della nostra popolazione di farfalle si è arricchito. Ora, nella popolazione di farfalle della nostra ipotetica isola esistono tre alleli, tre forme geniche alternative, per il carattere colore delle ali. Le forze evolutive possono agire su un substrato materiale piú ampio.

Ma cos'è, in realtà, una *mutazione*? La mutazione genetica altro non è che un errore. Un errore che, per essere significativo, deve essere congelato a livello del codice genetico, cioè del Dna. I biologi molecolari conoscono due tipi di errori che causano una mutazione genetica a livello del Dna.

Il primo tipo di errore è causato da agenti esterni, noti come *agenti mutageni*. Ve ne sono di vario genere: dalle sostanze chimiche alle radiazioni ionizzanti. Alcuni agenti mutageni causano errori specifici, per esempio l'acido nitroso causa la deamminazione della citosina e dell'adenina. Altri, come le radiazioni ionizzanti, causano errori meno specifici.

Il secondo tipo di errore ha un'origine interna. Anche qui ve ne sono di vario genere. C'è l'errore di copia all'atto della duplicazione del Dna. C'è il *crossing over* diseguale: nel corso di un normale processo di scambio di materiale genetico tra cromosomi (*crossing over*) si può avere perdita di materiale genetico in un cromosoma e duplicazione in un altro. Entrambi i cromosomi risultano mutati a causa dell'errore. C'è, ancora, l'azione, imprevedibile, dei *trasposoni*: si tratta di elementi trasponibili, piccoli pezzi di Dna che si spostano facilmente lungo il cromosoma. I *trasposoni* possono produrre mutazioni sia nel momento in cui si inseriscono in un gene, sia nel momento in cui, essendone parte, se ne distaccano. Si calcola che nel moscerino della frutta, la *Drosophila*, i *trasposoni* siano la causa di oltre la metà delle mutazioni spontanee. Una terza fonte di errore è l'*introgressione*: si può verificare nei rari casi in cui c'è ibridazione, ovvero scambio di materiale genetico, tra specie diverse. Un'ulteriore fonte di errore e, quindi, di mutazione, è la *conversione genica*: nel caso di geni in forma eterozigote (di origine materna e paterna) esistono meccanismi di riparazione che tendono a uniformare gli alleli, o eliminando i tratti del doppio filamento di Dna che non possono appaiarsi o sintetizzandone altri in modo che possano appaiarsi. Talvolta il meccanismo di conversione causa errori, cioè mutazioni.

La conversione genica, abbiamo detto, è un meccanismo di riparazione. E ci consente di dire che la cellula vivente possiede una vasta ed efficace gamma di *meccanismi di correzione*, che tendono a individuare e a riparare gli errori prodotti sia dagli agenti esterni che per cause interne. La gran parte degli errori viene rapidamente corretta. Tuttavia l'efficienza totale, la riparazione del 100% degli errori, avrebbe un costo proibitivo per la cellula. E un effetto letale per l'evoluzione. Alcuni errori non vengono corretti.

Gli errori sono casuali. Ma l'efficienza dei meccanismi di correzione non lo è. Vi sono geni, per lo piú geni strutturali, che vengono particolarmente salvaguardati. Tant'è che essi sopravvivono immutati da centinaia di milioni di anni e sono patrimonio comune di moltissime specie viventi. Per altri geni, non strutturali, l'efficienza dei meccanismi di correzione è meno puntuale. Essi mostrano un elevato tasso di cambiamento. E, in definitiva, contribuiscono all'evoluzione delle specie.

Già, perché le mutazioni sono, spesso e per lo piú, svantaggiose. E vengono rapidamente eliminate dalla selezione naturale. Solo alcune rare mutazioni risultano, alla prova sul campo, non svantaggiose. Se, oltre a non essere svantaggiose, sono anche frequenti, allora queste rare mutazioni si stabilizzano: creando nuovi alleli o addirittura geni nuovi del tutto. In ogni caso contribuendo ad arricchire il pool genico di una popolazione.

Se, per esempio, nella nostra popolazione di farfalle una mutazione non immediatamente svantaggiosa si instaura nel gene che controlla il colore delle ali, modificandolo, e questo allele si esprime determinando una colorazione gialla delle ali, ecco che il pool genico si è arricchito. Naturalmente se la mutazione non è frequente e riguarda un solo individuo, essa rischia di andare rapidamente perduta. Se, invece, è piuttosto frequente e riguarda molti individui, le farfalle con ali gialle diventeranno una componente non effimera della popolazione dell'isola e si sottoporranno con le altre all'azione selettiva delle forze evolutive.

La variabilità genetica ha, dunque, un'origine molto complessa. È causata da mutazioni puntuali su singoli geni. Ma anche da cambiamenti, casuali, nel numero e nella configurazione stessa dei geni. Vi sono mutazioni e cambiamenti strutturali che riguardano le sequenze codificanti del Dna (i geni). Ma vi sono anche mutazioni e cambiamenti che interessano le sequenze non codificanti, il cosiddetto Dna spazzatura. In ogni caso sono mutazioni sopravvissute ai potenti meccanismi di autocorrezione in dotazione alle cellule.

L'emergere di nuovi geni richiede cambiamenti o, se si vuole, mutazioni molto radicali. La creazione di un nuovo gene è evento diverso dalla trasformazione di un vecchio gene. Un processo che è considerato molto importante nella creazione di nuovi geni è quella che i genetisti chiamano «la moltiplicazione in tandem». Ovvero la ripetizione di una sequenza di nucleotidi in siti adiacenti del Dna.

I geni che nei topi codificano per la catena pesante dell'emoglobina sono formati da circa 600 coppie nucleotidiche e si sono evoluti per moltiplicazione in tandem di un gene ancestrale, che a sua volta è il risultato di 12 ripetizioni in tandem di una sequenza primordiale di 48 coppie nucleotidiche. Ma anche l'originaria unità costitutiva di 48 coppie sembra essere l'associazione di tre segmenti, lunghi rispettivamente 14, 21 e 15 coppie nucleotidiche, che sono, forse, la triplicazione in tandem di un'unità costitutiva ancora piú piccola.

Le mutazioni, il crossing over, le moltiplicazioni in tandem assicurano una parte importante della variabilità genetica. Tuttavia l'origine della variabilità, ovvero della ricchezza del pool genico di una popolazione, non si esaurisce nelle mutazioni e nelle ibridazioni introgressive. Un'altra fonte importante di variabilità sono le *migrazioni*. Mettiamo che un gruppo di farfalle della medesima specie di quelle che abitano la nostra remota isola, ma residenti in continente, riesca a superare l'oceano, magari su una nave, ad approdare sull'isola e a mescolarsi con la popolazione di farfalle del nostro esempio. Quasi certamente esse ne modificheranno il pool genico. I modi possibili sono due. Mediante una frequenza allelica diversa: nel gruppo migrante, per esempio, le farfalle rosse sono il 90 % e quelle grigie il 10%. Oppure mediante l'introduzione di nuovi alleli: le farfalle migranti potrebbero avere un allele che determina il colore viola delle ali sconosciuto alla popolazione ospite. La nuova popolazione che si costituisce avrà quindi un pool genico piú ricco.

La variabilità, cioè la differenza genica tra gli individui di una popolazione, è molto alta. Se la esprimiamo come grado di eterozigosi, vale a dire come percentale di *loci* genici in cui i due membri, un gene proveniente dal padre e un gene proveniente dalla madre, codificano per proteine differenti, nelle diverse centinaia di specie sessuate studiate si trova che varia dal 5 al 20 per cento. La variabilità è piú alta tra alcune piante e tra gli animali invertebrati. Ma anche tra i vertebrati è molto alta: nei pesci raggiunge quasi l'8% e nei mammiferi è intorno al 5%. Quasi tutti i *loci* genici possono essere eterozigoti. Il che significa che praticamente ogni gene che partecipa al pool genico di una popolazione esiste in diverse forme alternative.

D'altra parte anche i singoli organismi hanno un'elevato grado di variabilità: si calcola che ogni uomo è eterozigote per circa il 6,7% dei suoi geni. Ovvero in ben 2.700 dei suoi *loci* genici presenta due alleli diversi. Per il calcolo combinatorio questo individuo può produrre $2^{2.700}$, ovvero 10^{800} differenti tipi di cellule germinali: un numero molto piú grande di tutti i protoni esistenti nell'universo, che si calcola siano «solo» 10^{80}. Questa elevata variabilità dell'individuo consente una elevatissima variabilità delle popolazioni. In pratica ogni cellula germinale prodotta da un uomo è differente dall'altra. E quindi, a maggior ragione, ogni uomo è geneticamente differente da ogni altro uomo (con l'eccezione dei gemelli omozigoti, nati da un medesimo uovo fecondato).

Le *mutazioni* e le *migrazioni* sono all'origine della variabilità genetica. E offrono materiale nuovo e continuamente rinnovato all'azione delle forze evolutive. Tutte le mutazioni (salvo rari casi controversi) e una parte cospicua delle migrazioni sono casuali. Cioè indipendenti dalle forze evolutive. Ecco perché Jacques Monod alla necessità affianca il caso nella sua descrizione sintetica dell'evoluzione biologica per selezione naturale.

Su questo materiale creato e continuamente rinnovato dai processi che generano variabilità genetica agiscono varie forze evolutive. La selezione naturale adattiva è la principale (ma non l'unica) tra queste forze.

La selezione naturale è, probabilmente, anche la forza evolutiva piú facile da spiegare. Premia il fenotipo piú adatto, ovvero quello con il maggiore successo riproduttivo, e punisce il fenotipo meno adatto, ovvero quello che presenta il minor successo riproduttivo. In questo modo fa emergere, indirettamente, alcuni alleli o alcuni geni nuovi e rende sempre piú marginali alleli e geni meno vantaggiosi. Per questo i biologi dicono che la selezione naturale è un processo adattivo. E la selezione naturale è spesso definita selezione naturale del piú adatto.

Il meccanismo della selezione naturale è davvero semplice. Quasi banale. Tant'è che qualcuno sostiene, a torto, che dire evoluzione per selezione naturale del piú adatto è affermare una tautologia. Fatto sta che il processo è creativo. Le mutazioni e le migrazioni garantiscono infatti il continuo rinnovamento del pool genico delle popolazioni, offrono cioè nuovo materiale che la selezione naturale può scolpire per creare forme sempre nuove.

La selezione naturale opera su un lasso di tempo che è ben superiore a quello della vita dei suoi osservatori umani. Non può essere vista sempre all'opera in un laboratorio. La selezione naturale deve, spesso, essere dedotta dai suoi risultati. E il risultato piú evidente e generalmente accettato di questa forza evolutiva è l'adattamento: il modellamento delle forme, delle funzioni e dei comportamenti degli organismi per raggiungere la *fitness*, il massimo di successo riproduttivo. Herbert Spencer l'ha chiamata, purtroppo, «lotta per la sopravvivenza».

Il meccanismo, dicevamo, è quasi banale. Ma conviene fare delle precisazioni. La selezione naturale opera sul fenotipo e non sui singoli geni. È lenta. E paziente. E graduale. Strettamente materialistica. Opportunista. Soprattutto è cieca. Non è teleologica. Non è diretta da alcuna causa finale, non tende verso alcuno scopo, se non verso quello, immediato, del successo riproduttivo di una generazione o di un paio di generazioni in un certo ambiente. Non è possibile in nessun modo intendere l'opera della selezione naturale come un'opera direzionata. Perché, come scrive Stephen Jay Gould, «la selezione naturale è un principio di adattamento locale, e non di progresso generale». Esercita la sua forza in un ben definito contesto ambientale. Nella nostra isola favorisce la generazioni di farfalle con le ali grigie nate dopo l'arrivo del predatore. Se sul continente quel predatore non c'è, le farfalle restano multicolori. Il colore grigio delle ali rappresenta un adattamento locale specifico della popolazione isolana al tempo in cui è giunto il predatore. Non è certo un progresso. Se il predatore scompare, il vantaggio si perde. Cosí quando si esamina l'evoluzione nel tempo di un qualsiasi carattere, si trova che essa non è affatto uniforme. Ma cambia direzione ripetute volte e persino, di tanto in tanto, si inverte.

La selezione naturale non è direzionata. Ma non è neanche un processo casuale. La selezione naturale è adattiva. Fa emergere, cioè, gli organismi piú adatti a competere. Ma risente della storia. I nostri nasi sono collocati sopra le nostre bocche. Il che comporta l'inconveniente che il passaggio per l'aria verso i polmoni incontri fatalmente il passaggio del cibo verso lo stomaco, all'altezza della parte posteriore della gola. Un inconveniente pericoloso: quando si mangia, come dicevano le nostre nonne, bisogna stare attenti, per non correre il rischio di soffocare con un boccone troppo grosso. Come rileva John Maynard Smith, se la selezione naturale avesse un progetto, mai avrebbe collocato il naso sopra la bocca. Il fatto è che essa procede, a tentoni, su un materiale storicamente formato. Il naso è l'evoluzione delle narici dei pesci. E la narice del pesce non serve per far passare l'aria, serve quale organo, chimico, di senso.

La selezione naturale non è progressiva. Questa affermazione è abbastanza controversa. C'è chi pensa che la selezione naturale del piú adatto sia, per dirla con John Maynard Smith, «una strada in salita», che, come tutte le strade di montagna, conduce, pur tra momentanee discese, avvallamenti e tratti in pianura, verso altezze sempre maggiori. In realtà è difficile individuare un percorso «progressivo» per l'evoluzione. Anche perché il meglio dovrebbe essere comparato rispetto a un punto di riferimento, l'ambiente, che muta. La farfalla con le ali grigie non è migliore della farfalla con le ali rosse. È solo piú adatta a vivere in uno spazio e in un tempo contingenti in cui c'è un predatore attratto dal rosso. Ma sull'idea di progresso nell'evoluzione biologica torneremo piú avanti.

In realtà è azzardato persino affermare che la selezione naturale è innovativa. Vi sono vari tipi di selezione naturale. E vari modi di classificare questi tipi. C'è la selezione gametica, che agisce sulle cellule aploidi. E c'è la selezione zigotica, che agisce sulle cellule diploidi. C'è la selezione frequenza-dipendente e c'è la selezione ciclica. Tuttavia un modo di classificare la selezione che ritorna piú utile nel nostro discorso si basa sulla frazione della curva di variazione sulla quale la pressione selettiva si esercita.

Immaginiamo di costruire un diagramma nel quale riportiamo i valori che assume il carattere del fenotipo di una popolazione. Per esempio il peso alla nascita. E immaginiamo, per semplicità, che il peso alla nascita sia tutto governato su base genetica. La curva sarà una *curva di variazione*. Su cui potremo individuare tutta una serie di azioni selettive.

Avremo una *selezione stabilizzante*, se l'azione selettiva è diretta contro i due estremi della curva di variazione. Quella stabilizzante è una sorta di selezione degli individui che, in un modo o nel suo opposto, trasgrediscono la norma. Come risultato, il valore medio della curva resta costante. Questa selezione, per esempio, è operante sul peso alla nascita dei cuccioli di uomo. Il valore medio in Italia è piú o meno 3,3 chilogrammi. Se il peso alla nascita è molto superiore, diventa uno svantaggio sia per la madre che per il bambino. Se è molto inferiore, è uno svantaggio per il neonato. Risultato, il peso alla nascita resta costante.

Ci può essere, però, anche una *selezione direzionale*, che invece favorisce un estremo della curva a scapito dell'altro. Come risultato, il valore medio della curva tende a spostarsi. Mettiamo che in una popolazione di una certa specie, per motivi ambientali, diventi improvvisamente avvantaggiato un peso alla nascita decisamente inferiore alla media attuale: vedremo che nel tempo il valore medio della curva tenderà a modificarsi.

C'è, infine, anche una *selezione diversificante* (detta anche *dirompente* o *distruttiva*), che favorisce entrambi gli estremi della curva a scapito della media. Il risultato è una curva bimodale. Che, in alcuni casi, può essere il preludio di una speciazione.

Da questi esempi è facile intuire che la selezione naturale può essere sia conservativa che innovativa. In genere, diventa fortemente innovativa quando le condizioni ambientali cambiano drasticamente.

La selezione naturale, semplice, lenta, graduale e cieca, manifesta nel lungo periodo una potenza creativa straordinaria. Non c'è il minimo dubbio che abbia dato un contributo decisivo alla diversificazione biologica. E che l'emergere di strutture ben funzionanti come il becco di un picchio, le zampe di un ghepardo, le mani dell'uomo sia stata adattiva, frutto della selezione naturale. Non vale davvero la pena spendere ulteriori parole per riaffermare l'importanza di questo processo. La selezione naturale è il processo piú importante dell'evoluzione biologica. Spenderemo, però, ancora qualche pagina per segnalare che non tutti i caratteri degli organismi e non tutte le specie sono il risultato della sola selezione naturale.

L'evoluzione pluralista

La selezione naturale è certamente la causa principale dell'evoluzione biologica cosí come emerge da una teoria matura e da un numero illimitato di dati osservativi e sperimentali. Ma non è la causa esclusiva dell'evoluzione. A riconoscerlo per primo è lo stesso Charles Darwin. Che, alla fine dell'introduzione all'*Origine delle specie*, scrive: «Sono convinto che la selezione naturale sia stata la modalità principale, ma non esclusiva del cambiamento».

La frase non è stata scritta dal padre dell'evoluzionismo senza una profonda riflessione. Darwin la mette, nero su bianco, solo nell'ultima edizione, data alle stampe nel 1872, del libro con cui ha gettato le fondamenta della moderna biologia evolutiva. Sconfessando cosí quelle interpretazioni tutte adattive (le potremmo definire ultradarwiniane) della sua teoria che tendono a proporre la selezione naturale come causa unica ed esclusiva di tutti i cambiamenti evolutivi.

Darwin sa che i fenomeni complessi e sfaccettati dell'evoluzione non possono essere pienamente spiegati da una singola causa, neppure da una causa ubiquitaria e potente come la «sua» selezione naturale. L'ennesima geniale intuizione e la profonda onestà intellettuale di Darwin trovano piena conferma oggi, perché la genetica delle popolazioni, la biologia dello sviluppo e la paleontologia irrorano la moderna biologia evolutiva di dati che difficilmente possono essere spiegati solo sulla base della selezione naturale e dell'adattamento.

L'evoluzione biologica infatti è, per sua intima natura, pluralista. Non è mossa da un unico motore. Ma da diverse forze indipendenti. E il suo irriducibile pluralismo è assicurato (almeno) da svariate forze evolutive, tra cui la selezione naturale è certo la principale. Ma non è l'unica. Perché essa opera, magari in tempi e con pressione diversa, insieme ad altre forze: quali la selezione sessuale; la neutralità di gran parte delle mutazioni; la contingenza storica e, infine, l'autorganizzazione.

Certo, l'adattamento mediante selezione naturale spiega fatti fondamentali dell'evoluzione: spiega il fatto che gli occhi degli animali sono stati «costruiti» per vedere e i piedi per spostarsi. Spiega il successo evolutivo a livello di singoli organismi individuali e intere specie. Ma, forse, non spiega tutto. Perché mai l'adattamento mediante selezione naturale avrebbe dovuto produrre oltre 500.000 specie di scarafaggi e meno di 50 specie di vermi priapulidi? Perché avrebbe dovuto produrre negli organismi pluricellulari Dna e Rna che non codificano per alcuna proteina e, quindi, senza (apparente) funzione? Perché 66 milioni di anni fa tutti i dinosauri si sono estinti e i mammiferi, loro subordinati, sono sopravvissuti?

Ci sono altre forze evolutive che concorrono a fornire una risposta a queste domande. E c'è la storia. O, se si vuole, quell'intreccio imprevedibile di molte cause indipendenti che qualcuno chiama caso. Riconoscere questa costellazione di fattori causanti, come sottolinea Stephen Jay Gould, non significa affatto reintrodurre, in modo surrettizio, il concetto di scopo o di causa finale in biologia. Questa costellazione di fattori causanti è, infatti, rigorosamente adirezionale, non teleologica e materialistica. Esattamente come la selezione naturale.

Diamo, dunque, uno sguardo alle principali forze che, insieme alla selezione naturale, costituiscono la costellazione causante dell'evoluzione biologica.

La selezione sessuale

«La vista di una piuma della coda di un pavone, ogni volta, mi fa star male!», confessa Charles Darwin all'amico Alfred Russel Wallace. Darwin non è il solo a temere la coda del pavone. In realtà, come sostiene Helena Cronin, per ogni «darwiniano questa splendida coda contiene un veleno». Già, perché la coda del pavone è «appariscente, bizzarra, esagerata, ornamentale, priva di qualsiasi uso concreto e tale da risultare addirittura dannosa al maschio che la sfoggia e che ne è appesantito».

Il veleno di quella lunga coda è tutto contenuto nel suo sfrenato e barocco splendore, che costituisce un aperto e clamoroso svantaggio nella competizione che anche il pavone deve intraprendere per sopravvivere.

Perché, dunque, il maschio del pavone sfoggia la sua coda? Perché in natura molti maschi, soprattutto tra gli insetti e gli uccelli, e qualche femmina sfidano apertamente i principi della selezione naturale e sfoggiano «code di pavone»?

I problemi sollevati dalla coda del pavone non sono affatto banali. E sono subito riconosciuti, con la consueta genialità, da Charles Darwin. Che li affronta, come sempre, con estrema serietà e onestà intellettuale. L'autore della teoria dell'evoluzione per selezione naturale del piú adatto, infatti, non esita piú di tanto a giungere a una conclusione che molti oggi, spesso appellandosi al suo nome, contestano e giudicano persino eretica. Una conclusione che, dopo attenta riflessione, Darwin rende nota nel 1871, quando pubblica *The Descent of Man*, il libro sull'origine dell'uomo dove dedica piú pagine alla coda del pavone che alla nascita del *sapiens*. La coda del pavone, sostiene Darwin, non è utile alla lotta per la sopravvivenza. Anzi, impaccia. È di impedimento. Annuncia al colto e all'inclita e, soprattutto, ai nemici la presenza del vaporoso pavone. Dunque, quella sua «raffinata bellezza può servire solo per allettare la femmina e non per alcun altro scopo». La coda che esibisce il maschio del pavone non è il frutto, adattivo, della selezione naturale. Ma il frutto, evolutivo, di una scelta estetica: le femmine preferiscono accoppiarsi coi maschi piú seducenti. Per cui molti «animali maschi [...] sono stati resi belli per il *semplice amore della bellezza*».

L'amore che le femmine riservano alla «bellezza per la bellezza» conferisce ai maschi di pavone dotati delle code piú improbabili (perché sfarzose, barocche, ingombranti e persino dannose sul piano della mera lotta per la sopravvivenza) un vantaggio nell'accoppiamento e, quindi, un maggiore successo riproduttivo. In questo amore risiede una forza evolutiva non adattiva che non appartiene solo ai pavoni. Attenzione, sottolinea Darwin, perché non è la competizione diretta tra i maschi, quanto «la scelta delle femmine» a favorire lo sfarzo sempre piú smodato ed esibito della «bellezza» maschile in molte specie animali. Sono le femmine, con il loro gusto estetico, a scegliere e ad assicurare la riproduzione ai maschi dotati di code sempre piú meravigliose, o di canti sempre piú melodiosi o almeno potenti, di corna sempre piú plastiche, di sinuosità nella danza.

Nel lontano 1871, dunque, Darwin propone che accanto alla selezione naturale esista un altro tipo di selezione, non adattiva. Una *selezione sessuale*. Che si basa non su criteri oggettivi, la sopravvivenza del piú adatto, ma su criteri soggettivi, il buon gusto e la capacità di esercitarlo per mezzo di una vera e propria «scelta» da parte delle femmine. Naturalmente in alcune specie, minoritarie per la verità, la scelta estetica viene operata dai maschi. E in tal caso sono le femmine a sfoggiare una «coda di pavone». Cosí che, possiamo dire, la *selezione sessuale epigamica* (l'attrattività differenziale esercitata dagli individui di un sesso su quelli dell'altro sesso, per usare una terminologia tecnica) proposta da Darwin è una scelta a opera del partner in cui non c'è competizione diretta tra individui dello stesso sesso. A differenza della *selezione intrasessuale*, in cui invece c'è competizione diretta tra gli individui di un dato sesso (per esempio la lotta tra cervi maschi) per accedere o monopolizzare gli individui dell'altro sesso. La selezione sessuale epigamica opera in parallelo con la selezione naturale, talvolta in accordo ma talaltra anche in conflitto. E, pur basandosi su criteri soggettivi, quindi mutevoli e casuali, diventa una forza evolutiva perché la scelta a opera del partner conferisce un vantaggio riproduttivo agli individui che posseggono «code di pavone».

In un colpo solo e facendo leva sulla «coda di pavone», dunque, Charles Darwin dimostra che la «sua» selezione naturale non è la causa unica dell'evoluzione. Introduce un criterio difficilmente riducibile a un algoritmo, qual è il criterio estetico. E attribuisce alle femmine praticamente di ogni specie animale una non banale «capacità di scelta». Ce n'è a sufficienza per inasprire i molti nemici dell'evoluzionismo. E per separarsi, concettualmente, anche da alcuni tra i suoi non molti amici evoluzionisti. In primo luogo dal suo amico di penna e coautore della teoria dell'evoluzione biologica Alfred Russel Wallace.

Wallace non accetta affatto e, anzi, si oppone decisamente all'idea di selezione sessuale (epigamica) proposta da Darwin. E lo fa sulla base di tre argomenti. Primo: una scelta operata «per amore della bellezza» del tipo di quella proposta da Darwin richiederebbe, sostiene, un senso estetico che hanno pochi animali, o forse nessuno. La risposta della femmina di pavone allo sfoggio di bellezza del maschio è sempre automatica, non può essere una vera «scelta». Secondo: quand'anche la femmina (il maschio) fosse attratta (attratto) dalla bellezza di un maschio (una femmina), non sarebbe, questa, un'attrazione fatale. Non condurrebbe ad accoppiarsi. La scelta del partner con cui accoppiarsi avverrebbe comunque sulla base di altri criteri che non quelli estetici. Terzo: anche qualora la scelta del partner con cui accoppiarsi dovesse avere una qualche componente estetica, il gusto risulterebbe cosí variabile e poco discriminante da non potersi tradurre in una forza evolutiva. Insomma, sostiene Wallace, non c'è alcuna evoluzione per selezione sessuale. E il pavone deve la sua sfarzosa coda non alla sua capacità di affascinare le femmine e di indurle a preferirlo, ma alla classica selezione naturale. Lo sfoggio di bellezza in natura ha, in realtà, funzioni specifiche: minacciare un predatore, intimidire un competitore. Per cui, conclude Wallace, la scelta del partner piú bello, se anche c'è, è sempre scelta del partner piú forte e sano, quindi piú adatto alla riproduzione.

Il modo in cui i due amici e coautori della teoria dell'evoluzione biologica risolvono il problema della bellezza maschile in natura è del tutto divergente. Darwin propone una soluzione basata sul «buon gusto». Wallace propone una soluzione basata sul «buon senso». Ironia della sorte, sarà la soluzione di Wallace a diventare la soluzione «darwiniana» al problema. Mentre la soluzione di Darwin verrà considerata poco darwiniana e sarà pressoché dimenticata per oltre un secolo.

Naturalmente il «buon gusto» di Darwin non esclude affatto il buon senso. Nella sua ipotesi di selezione sessuale epigamica a scegliere per prime sono le femmine piú precoci nell'accoppiamento e, quindi, piú sane. E poiché scelgono i rappresentanti piú belli dell'altro sesso, ne risulta che, nell'ambito della selezione sessuale darwiniana, i maschi piú belli si accoppiano con le femmine piú sane. Darwin non esclude affatto che i maschi piú belli possano essere anche i piú forti e sani. Cosicché selezione sessuale e selezione naturale, «buon gusto» e «buon senso», possono, in molti casi, anche se non sempre, coincidere. La selezione sessuale epigamica per Darwin è indipendente, ma non alternativa alla selezione naturale. Al piú le due selezioni procedono in modo parallelo. E, nel caso il «buon gusto» si ostini a scegliere caratteri che risultano troppo costosi nella competizione per sopravvivere, ecco che la selezione naturale interviene a «moderare» gli eccessi della selezione sessuale.

La soluzione di Darwin basata sul «buon gusto» viene dimenticata, anzi, come rileva Ernst Mayr, rigettata per quasi cent'anni «dalla maggioranza dei biologi e praticamente da tutti i non biologi, perché essa [attribuisce] alle femmine una capacità discriminante "che esse in nessun caso potrebbero avere"». Eppure oggi sappiamo che, quasi in ogni specie, è la femmina a scegliere il partner. E che la scelta avviene dopo attenta valutazione. Gli etologi, infatti, ci dicono che la femmina ha, in materia di accoppiamento sessuale, una «timidezza», una «riservatezza», ma sarebbe meglio dire una «oculatezza», notevole, talvolta persino pignola. Al contrario dei maschi, che in genere si dimostrano davvero poco selettivi nella scelta del partner. Cosicché, rileva ancora Mayr, «la scelta da parte delle femmine è un fatto assodato, anche laddove non si conoscono ancora i criteri in base ai quali le femmine compiono la loro scelta».

Sia detto per inciso, studi piuttosto recenti e originali sui citatissimi pavoni hanno dimostrato che la lunghezza della coda non ha alcuna influenza sulle relazioni tra maschi. E che le femmine di quegli uccelli scelgono «davvero». Preferendo, per accoppiarsi, i maschi con il maggior numero di *ocelli* sulla loro fluente coda.

Tuttavia, malgrado le prove fornite dagli etologi, l'idea che le femmine possano scegliere e che possano scegliere, per di piú, in oltraggio alla selezione naturale, risulta tuttora inaccettabile a molti naturalisti. E ora che, giocoforza, la selezione sessuale di Darwin è stata riscoperta, questi studiosi cercano in tutti i modi di riportarla nell'alveo della selezione adattiva. Puntando a dimostrare che quella sessuale altro non è che scelta utile. Una scelta wallaciana.

Per Wallace, infatti, la scelta sessuale non è mai fondata su un astratto senso estetico ma sul concreto «buon senso». Se quel maschio è bello significa che è sano e forte. Quindi conviene sceglierlo. Questa scelta per convenienza ha il medesimo carattere adattivo della selezione naturale. È un modo di essere della selezione naturale. Il senso estetico, se esiste, è un docile strumento della selezione naturale. La mera convenienza adattiva fa sí che la femmina ritenga bello ciò che in realtà è utile. Non ha (non avrebbe) senso in natura parlare di «bellezza». Essa è solo un modo tra i tanti in cui si manifesta l'utilità. Già, ma se tutto in natura è discriminato in base all'utilità e all'adattamento, perché mai il maschio sano e forte del pavone deve rinunciare in parte alla sua forza e attentare alla sua stessa integrità fisica per trascinarsi dietro quella coda lunga, vistosa e pesante? A questa domanda specifica Wallace risponde: perché se lo può permettere. La sua riserva di forza e sanità è tale da poter sopportare un handicap tutto sommato piccolo. La risposta non convince chi crede solo nell'evoluzione adattiva.

E, infatti, oggi i fautori della soluzione wallaciana basata sul «buon senso» utilizzano altre risposte. Non tutte compatibili tra loro. Proviamo a schematizzarle.

1. Le «code di pavone» esibite da maschi (e da femmine) un po' in tutto il mondo animale sono segnali. Segnali di robustezza. Chi esibisce una «coda di pavone» dice: sono bello, quindi sono sano e forte. Per i moderni neodarwiniani puri i segnali indicano chiaramente: «Qui ci sono geni buoni». Richard Dawkins, per esempio, sostiene che le femmine cercano (anzi, sono programmate per cercare) solo «buoni geni», e le «code di pavone» sono il segnale indicatore che lí, oltre ai colori vistosi, c'è buona genetica. Anzi, come sottolineano altri, il segnale indicatore dice persino di piú: la coda che esibisco dimostra che so resistere a quei nemici invisibili che sono i parassiti. Analogamente chi, come la femmina del pavone, sembra affascinata dalle decorazioni barocche e cade tra le piume del piú bello, sta effettuando una scelta ragionata fino al cinismo: se è bello, dice per convincere se stessa, deve essere forte. Quindi è con lui che mi devo accoppiare. Insomma, l'estetica è solo il segnale di un messaggio ben piú sostanzioso e adattivo. E la «coda di pavone» è oggetto diretto della selezione naturale.

2. Le «code di pavone» sono bugie. Tra maschi e femmine c'è un conflitto di interessi. L'interesse dei primi è diffondere i propri geni, inseminando quante piú femmine è possibile. Le seconde non possono diffondere i propri geni. Il loro interesse è assicurarsi che il maschio con cui si accoppiano sia il meglio sulla piazza, in modo che la prole sia piú forte e abbia piú chan-

ce di sopravvivere. Questo conflitto di interessi sfocia in una lotta evolutiva: coi maschi che barano ed elaborano segnali per stupire e accreditare presso le femmine qualità che in realtà non hanno; e con le femmine che, al contrario, diventano sempre piú astute e imparano a separare il grano dal loglio, scoprendo trucchi e inganni.

3. Le «code di pavone» sono un modo come un altro di perseguire la corsa evolutiva agli armamenti tra i maschi per assicurarsi le femmine. Un modo di correre alle armi che i biologi chiamano simmetrico: perché tutti i maschi cercano di fare meglio la medesima cosa. La modalità produce, proprio come è accaduto tra gli uomini con la corsa alle armi nucleari, una *escalation* nel dispiegamento di ordigni che può anche sfuggire a ogni controllo e a ogni ragionevolezza. Fino all'affermazione sfrenata di caratteri che non hanno una reale utilità.

4. Le «code di pavone» sono uno dei modi in cui si declina il «principio dell'handicap». Questo principio, in realtà, sembra a molti un tentativo cosí smaccato di arrampicarsi sugli specchi, pur di negare l'esistenza di caratteri non adattivi, che vale la pena descriverlo un po' piú in dettaglio. Il principio è stato teorizzato tempo fa da Amotz Zahavi e di recente sviluppato e divulgato dal ricercatore israeliano insieme alla moglie Avishag. Quello che propongono i coniugi Zahavi è un principio generale di natura adattiva piuttosto farraginoso. Ma diventa chiaramente artificioso quando i due zoologi dell'Università di Tel Aviv lo applicano alla selezione sessuale.

Per gli Zahavi tutte le «code di pavone» sono, come sosteneva Darwin, degli handicap dal punto di vista della competizione per sopravvivere. Sono un costo. Tuttavia esse non contraddicono affatto la selezione naturale. Perché sono lo strumento utilizzato dal maschio per dire alla femmina: «Guarda, sono talmente forte e sano da potermi concedere anche questo costoso handicap». È un po' come un velocista superdotato che, con la sua bella in tribuna, si presenta ai blocchi di partenza per la gara dei cento metri con una palla di piombo al piede. Il messaggio, snobistico, che lancia è fin troppo chiaro: «Bella mia, sono cosí forte, sono talmente superiore a questi pivelli, che correrò e vincerò nonostante la palla di piombo al piede». Se poi il nostro velocista dovesse vincere la gara, alla prossima competizione tutti i partecipanti saranno indotti a correre con una palla al piede per annullare almeno ai blocchi di partenza il messaggio, sfrontato e tuttavia doppiamente vincente, del rivale. Certo, può anche capitare che l'irridente segnale sia in realtà un falso. Il velocista con la palla al piede potrebbe voler camuffare il fatto che non sa correre e giustificare il risultato della gara che lo vedrebbe, comunque, perdere. Il trucco, però, alla lunga viene scoperto. La bella in tribuna si sentirà tradita se il suo bello si dimostra, alla prova dei fatti, solo un bullo. E sceglierà un altro. Anzi, la selezione naturale, sostengono gli Zahavi, farà presto sedere in tribuna femmine capace di svelare gli inganni. E di distinguere con un'occhiata i brocchi truffaldini dai veri supermen, capaci di vincere anche con una palla di piombo al piede. Cosicché alla fine ci sarà una perfetta aderenza tra muscoli esibiti e velocità dimostrata. O, per tornare ai pavoni, tra «code belle» e «geni buoni».

La ragione che induce a ritenere piuttosto arzigogolato il ragionamento di Amotz e Avishag Zahavi è che i maschi trasmetterebbero non solo un ambiguo messaggio di affidabilità alle femmine, ma anche una concreta «palla di piombo al piede» ai loro figli. Col risultato, questo sí irragionevole e improbabile, di favorire la selezione di generazioni sempre piú handicappate. Il principio degli Zahavi risulta abbastanza bizzarro anche a chi, come Richard Dawkins, non ha in gran conto gli individui e le loro caratteristiche morfologiche, considerandoli semplici burattini che i geni manipolano a piacimento. Dawkins definisce addirittura «pazzesco» il marchingegno elaborato da Zahavi per negare la selezione sessuale non adattiva e la ricerca femminile della «bellezza per la bellezza».

La critica alla soluzione proposta dai coniugi Zahavi aiuta a porre un altro problema. Comune a tutte le teorie «wallaciane» che puntano a negare l'esistenza di una selezione sessuale non adattiva. Perché, se la «coda di pavone» è un carattere adattivo, la variabilità tra i maschi non scompare? La costanza, puntigliosa, delle femmine nella scelta del partner è ormai proverbiale in etologia. Se la coda piú lunga e vistosa nasconde «buoni geni» e le femmine scelgono sistematicamente i «buoni geni» che sottendono le code piú lunghe e vistose, come mai la variabilità maschile non scompare e non si afferma un unico tipo di maschio, il maschio piú adatto, con una coda lunghissima e vistosissima?

Naturalmente un «wallaciano» potrebbe rispondere con un'altra domanda. Cosa spinge le donne a ricercare la «bellezza per la bellezza» e a operare scelte non adattive?

Lasciamo la risposta a Ronald A. Fisher, il biologo e matematico inglese che, già all'inizio di questo secolo, ha fornito, forse, la risposta che piú si approssima alla verità. Per Fisher il maschio che esibisce la «coda di pavone» non è, necessariamente, migliore del maschio meno vistoso. Non ha «geni piú buoni». Al contrario, ha un costoso handicap. Fisher dà pienamente ragione a Darwin: l'unico vantaggio che hanno i maschi nell'esibire le loro vistose ma costose «code di pavone» è che sono considerati piú attraenti e, quindi, sono scelti dalle femmine. Il criterio di selezione è puramente estetico. Fisher però fornisce una spiegazione, basata su modelli matematici, che Darwin non aveva dato. Il motivo per cui questo criterio adattivamente bizzarro sopravvive alla selezione e diventa forza evolutiva è che esso instaura una sorta di circolo vizioso da cui non è possibile uscire. O meglio, instaura un *processo a cascata* che si autoalimenta. I maschi scelti traggono vantaggio dall'essere scelti e trasmettono le loro «code di pavone» alla discendenza. La prole di sesso maschile li esibirà e, a sua volta, sarà giudicata piú attraente e sarà scelta dalle femmine. Le femmine, nonostante partoriscano maschi con un costoso handicap, stanno al gioco, che esse stesse peraltro hanno determinato, per due motivi. Da un lato perché hanno ereditato dalle loro madri il gusto estetico per il bello e accettano di pagare un prezzo per conquistare la bellezza. Dall'altro perché sanno che solo se i loro figli maschi avranno lunghe e vistose code saranno apprezzati e scelti, a loro volta, per procreare.

Il processo di selezione sessuale basato sulla scelta delle femmine inizia, secondo Fisher, in modo statistico, per semplice fluttuazione. Poi si afferma perché, appunto, a retroazione positiva. Si autoalimenta. Il successo genera altro successo. In questo modo la selezione sessuale *à la Fisher* può sembrare persino adattiva. Ma non lo è. Perché, come nota Helena Cronin, «le pressioni selettive sono generate in ultima analisi solo dal gusto femminile [...]. L'intero processo si fonda esclusivamente sull'arbitraria estetica femminile, non su criteri ragionevoli, dipendenti dalla selezione naturale. Cosí, benché la teoria di Fisher sia una teoria adattiva della scelta femminile, essa si differenzia radicalmente da quella di Wallace, cogliendo lo spirito della "bellezza per la bellezza" di Darwin senza alcuna concessione alle propensioni utilitarie di Wallace». La terminologia dei biologi, che in sé nulla dimostra, e che tuttavia è indicativa del sentire condiviso dalla comunità, definisce la selezione sessuale fisheriana «non adattiva», «mal adattiva» o «arbitraria».

Aveva, dunque, ragione Darwin: la «bellezza per la bellezza» irrompe nei processi evolutivi e contribuisce, con pari dignità anche se con minor forza della selezione naturale, a direzionarli? Pare proprio di sí. Anche se è difficile portare nuove prove a favore di questa tesi oltre quella, datata anni '30, di Fisher. Tesi che, peraltro, oggi è piuttosto invisa. Soprattutto nell'interpretazione «darwiniana» che ne abbiamo dato. Ma non è una tesi (e una interpretazione di una tesi) del tutto abbandonata. Ciascun lettore, dunque, si faccia la propria idea.

Noi ci limitiamo a rilevare che i «wallaciani», che si autodefiniscono «darwiniani puri», continuano a considerare la selezione sessuale un modo di essere della selezione naturale. Uno dei piú illustri, Edward Wilson, la vede come una versione piú blanda della stessa lotta per la sopravvivenza. In fondo non è affatto necessario che la natura sia «rossa nei denti e negli artigli» come vorrebbe una versione della selezione naturale cara solo ai darwinisti sociali.

Allo stesso modo occorre rilevare che un altro gruppo, piú genuinamente «darwiniano», ma (cosí vanno le cose al mondo!) considerato eretico dai «darwiniani puri» che in realtà sono «wallaciani», continua a considerare la selezione sessuale diversa e indipendente dalla selezione naturale. Scrive Stevan Arnold: poiché «le strutture che conferiscono il successo nell'accoppiamento possono ostacolare il maschio nella lotta per la sopravvivenza, [è dimostrato che] selezione sessuale e selezione naturale possono essere processi opposti».

Rilevato tutto questo, possiamo avanzare un'ipotesi del tutto speculativa. La natura della selezione sessuale non sarà risolta definitivamente per molto tempo ancora. In fondo è molto difficile stabilire se dietro il buon gusto, certamente presente in natura, non si celi anche il buon senso. Tuttavia qualcosa sembra indicare che «l'evoluzione della preferenza femminile non è un processo adattivo», come, senza mezzi termini, scrive Douglas Futuyama. E che «la selezione sessuale sfrenata è un esempio affascinante di come possa procedere la selezione senza l'adattamento».

Le mutazioni neutre

Il ruolo che gioca il caso nell'evoluzione biologica è, da sempre, uno dei problemi aperti della teoria darwiniana. Agli esordi della teoria evolutiva, come rileva Ernst Mayr, al caso veniva attribuito un ruolo da vero protagonista. «Fino al 1871, si pensava che forse soltanto qualche cambiamento evolutivo era dovuto alla selezione, mentre buona parte, o addirittua la massima parte, dei cambiamenti era dovuta a una variazione accidentale o a quelle che noi oggi chiamiamo mutazioni "neutre"».

Il caso, dunque, era considerato all'origine della variabilità tra gli organismi di una popolazione. Tuttavia Darwin dava per inteso che le varianti tra gli organismi che costituiscono le popolazioni naturali non sono molte. Dava per scontato che quella che noi oggi chiamiamo variabilità genetica fosse piuttosto limitata. Cosicché il caso poteva sí agire nei processi evolutivi, ma in ambiti abbastanza limitati. In tempi recenti, come osserva Francisco Ayala, «questa supposizione è stata contraddetta dalla dimostrazione che le popolazioni naturali possiedono un'enorme riserva di variazione genetica, il che fa pensare che il ruolo del caso nel processo evolutivo sia piú sottile di quanto Darwin supponesse».

Il ruolo del caso ritorna, dunque, di stretta attualità negli anni '60, quando i biologi scoprono che un'enorme variabilità genetica caratterizza le popolazioni naturali. Può la selezione naturale spiegare l'esistenza di questo bacino enorme di differenze? Può, in particolare, spiegare il *polimorfismo*, l'esistenza di innumeri forme alternative, gli alleli, di un medesimo gene?

Qualcuno prova a sostenere che il polimorfismo genetico è solo *transitorio*. Esistono piú forme alternative di un gene solo nel periodo di transizione, che può essere anche piuttosto lungo, in cui la selezione procede all'eliminazione del vecchio gene non piú adatto e all'affermazione del nuovo gene mutante piú adatto.

Altri affermano che vi può essere anche un polimorfismo *bilanciato*: la selezione favorisce l'esistenza di piú alleli perché tutti possono rivelarsi utili. Il caso degli eterozigoti per l'anemia falciforme è emblematico. Nelle aree in cui è (o era) diffusa la malaria, circa il 10% della popolazione è eterozigote rispetto al gene che codifica per le catene b dell'emoglobina. Oltre all'allele normale, che è dominante, queste persone hanno nel medesimo *locus* genico un allele recessivo, chiamato HbS, che in condizioni di omozigosi causerebbe l'anemia falciforme. La presenza diffusa di questo pericoloso allele è dovuta al fatto che l'HbS fa aumentare la resistenza alla malaria. Il polimorfismo è, dunque, il frutto di un bilanciamento tra due processi di selezione (anemia falciforme, malaria) contrastanti.

Le teorie del polimorfismo transitorio e bilanciato spiegano, certamente, la presenza di una certa variabilità genetica. Ma, secondo molti, non possono spiegare tutta la variabilità genetica. Abbiamo visto che ogni specie presenta numerosi alleli praticamente per ogni gene.

A cercare un'altra spiegazione (additiva, non necessariamente alternativa) di questa enorme variabilità e ad aprire le porte a forze evolutive non adattive a livello del genotipo è intervenuta, alla fine degli anni '60, la teoria *neutralista* elaborata dal giapponese Motoo Kimura insieme all'americano John Crow e, indipendentemente, dagli americani Jack King e Thomas Jukes.

La variabilità genetica, affermano Kimura e gli altri fautori della teoria neutralista, è troppo alta per essere tutta sotto il controllo della selezione naturale. La selezione infatti diffonde i caratteri utili ed elimina i caratteri dannosi. Per cui, alla lunga, è portata a ridurre, abbastanza drasticamente, e non a incrementare la variabilità genetica. Se le popolazioni naturali presentano tanta variabilità genetica, se la gran parte dei geni ha svariate forme alternative, allora significa che molti caratteri genetici sono indifferenti, *neutri*, rispetto alla selezione naturale. Non costituiscono né un vantaggio né uno svantaggio per la sopravvivenza di un organismo.

La teoria è abbastanza semplice. Consideriamo una proteina. Una mutazione nel *locus* genico che codifica per questa proteina può modificare la composizione chimica della proteina. Cosí un amminoacido può essere sostituito da un altro amminoacido. Se il cambiamento risulta vantaggioso, la selezione naturale lo stabilizza. Ma è molto piú probabile che il mutamento sia svantaggioso, nel qual caso la selezione naturale lo elimina. Tuttavia potremmo avere che la mutazione non modifica in nulla la funzionalità della proteina. La mutazione non risulta né favorevole, né sfavorevole. Perché non ha effetti sul fenotipo. Cosí su di essa la selezione naturale non agisce. Il cambiamento resta e si diffonde.

Le mutazioni neutre, non adattive, sostengono Kimura e gli altri, si diffondono in modo costante e proporzionale al tasso di mutazione del Dna. Al contrario delle mutazioni adattive, che tendono a ridursi nel tempo. Per questo le mutazioni neutre determinano la gran parte della variabilità genetica. La teoria trova una importante conferma in due fatti, accertati in via sperimentale.

Primo: i geni hanno una velocità di evoluzione pressoché costante nel lungo periodo. Di piú. Spesso evolvono con la medesima velocità in specie diverse. Ma la pressione della selezione naturale varia nel tempo e con l'ambiente. E varia da specie a specie. La costanza dell'evoluzione genica non è compatibile con una pressione costante della selezione naturale. È evidente che gran parte del mutamento a livello di geni si sottrae, o meglio, è indifferente alla pressione della selezione naturale.

Secondo: i geni codificanti per proteine altamente specifiche e complesse hanno un tasso basso e irregolare di evoluzione, in quanto la probabilità di mutazioni svantaggiose, quindi adattive, è molto piú alta. Queste mutazioni vengono eliminate presto dalla selezione naturale e il gene tende a rimanere stabile nel tempo. Viceversa il tasso di evoluzione del Dna silente, che non codifica per proteine, è molto alto e regolare. Le mutazioni, infatti, sono indifferenti alle forze selettive. E possono diffondersi.

Ecco, dunque, che Kimura e i suoi colleghi riconferiscono al caso un ruolo importante nell'evoluzione. Il caso non si limita a generare mutamento da sottoporre al vaglio della selezione naturale. Esso è il diretto responsabile di gran parte del polimorfismo, ovvero dello stabile consolidamento della variabilità genetica delle popolazioni. Se, infatti, le mutazioni *neutre* si sottraggono alla selezione naturale, la loro diffusione o la loro eliminazione avviene per puro caso.

Il risultato è che la gran parte dell'evoluzione genetica non è adattiva. Non meraviglia, dunque, che Kimura (con un piccolo errore storico, magari) abbia definito *non darwiniana* la sua teoria delle mutazioni neutre. Tuttavia: «in nessun senso essa è antidarwiniana». Perché non elimina affatto il ruolo della selezione naturale che opera soprattutto a livello del fenotipo.

Già, l'azione a livello del fenotipo. L'esistenza di mutazioni neutre non adattive è, oggi, pressoché universalmente accettata. Come scrive Francisco Ayala, è molto probabile che ogni ricambio generazionale in una popolazione, costituita spesso da migliaia o milioni di individui, comporti qualche mutazione in tutti i geni del pool. Poiché, d'altra parte, una popolazione è ben adatta al proprio ambiente e, quindi, stabile, è praticamente certo «che i cambiamenti piú importanti non sono adattivi». In dubbio, un dubbio che ha alimentato in passato accesi dibattiti, è se questi cambiamenti a livello genetico siano solo *rumore di fondo* o abbiano un reale significato evolutivo. Ovvero se le mutazioni neutre a livello molecolare possano avere effetti a livello del fenotipo tanto da sottrarre, almeno in parte, l'evoluzione «morfologica» alla selezione naturale.

Molti oggi ritengono che le mutazioni neutre non adattive non sono rumore di fondo, ma hanno un grande valore evolutivo. L'evoluzione morfologica avviene anche attraverso il lento accumulo di una serie di mutazioni neutre o, come le chiama Francisco Ayala, minori, che alla lunga determinano cambiamenti importanti. Cosí importanti da poter essere discriminati dal setaccio, a grana grossa, della selezione naturale.

Di piú. Le mutazioni neutre non adattive possono persino essere all'origine di nuove specie. Quando gli individui di una popolazione si riducono grandemente e un'intera specie passa in un «collo di bottiglia», alcune variazioni indifferenti alla selezione naturale possono diventare, in modo del tutto casuale, dominanti nel corredo genetico della popolazione superstite e caratterizzarla. Fino al punto da avviare un processo di speciazione.

Resta aperto, cosí, un altro tema di discussione. La teoria delle mutazioni neutre o non adattive per alcuni è intrinsecamente gradualista. Eppure, sostengono alcuni, le mutazioni neutre sono tra le condizioni molecolari che favoriscono un'evoluzione puntuata: dove a lunghi periodi di sostanziale stabilità si alternano improvvise accelerazioni. Ma questo è già il tema del prossimo paragrafo.

Equilibri puntuati

Charles Darwin immaginava l'evoluzione per selezione naturale come un processo graduale. Un'idea niente affatto pacifica. Respinta persino da Thomas Huxley, il «bulldog di Darwin»: l'uomo che ingaggiò mille furiose battaglie per difendere la teoria evolutiva del suo amico. Huxley, il superdarwiniano, non accettava che i tipi superiori e le nuove specie potessero avere origine per evoluzione continua e graduale. E propose un modello evolutivo «a salti». Hugo de Vries, il biologo che all'inizio del Novecento riscoprí le leggi di Mendel, fu anche uno strenuo fautore del modello non gradualista dell'origine di nuove specie. Intorno al 1940, Richard Goldschmidt, infine, propose che i nuovi tipi superiori emergano non per piccole trasformazioni continue, ma per catastrofiche «mutazioni sistemiche». Che in genere creano mostri inadatti a sopravvivere. Ma che, di tanto in tanto, sono capaci di creare *hopeful monsters*, mostri fortunati e di belle speranze.

Il *saltazionismo*, dunque, accompagna l'intera storia dell'evoluzione darwiniana. Non è mai stato considerato del tutto ortodosso. Ma neppure è mai diventato un approccio antidarwiniano. Molti pensano che, almeno nella sua critica a una certa idea di gradualismo, abbia delle ragioni dalla sua parte. Ragioni che proponiamo al lettore. Nella forma, nuova e specifica, della «teoria degli equilibri puntuati», avanzata, nel 1972, da Stephen Gould e Niles Eldredge. La teoria è una reinterpretazione della storia evolutiva delle specie, vista come una storia che procede per lunghe stasi e cambiamenti (relativamente) improvvisi. Costituita da specie stabili e da specie particolarmente dinamiche, dal punto di vista evolutivo. Non è, quindi, una teoria propriamente *saltazionista*. Cosa che gli autori sono molto attenti a sottolineare. Si tratta, però, di una teoria che critica il gradualismo ingenuo. E, soprattutto, quell'idea che vede nella selezione naturale la causa unica dell'evoluzione.

Gould e Eldredge prendono in considerazione l'evoluzione dei caratteri morfologici. E giungono a proporre la presenza di forze evolutive non adattive partendo da constatazioni in apparenza diverse, se non opposte, da quelle di Kimura e dei neutralisti.

Kimura e soci, sulla base di dati biochimici, sostengono che la velocità di evoluzione genetica delle specie è troppo regolare per poter essere interamente spiegata da una forza cangiante qual è la selezione naturale.

Gould e Eldredge, sulla base di dati paleontologici, affermano che la velocità di evoluzione morfologica delle specie è troppo irregolare per poter essere interamente spiegata con la presenza di una forza lenta e graduale qual è la selezione naturale.

Con la teoria degli equilibri puntuati il nodo del contendere non è la microevoluzione, cioè i piccoli cambiamenti (morfologici) delle singole specie. Spiegabili sulla base della selezione naturale. Ma la nascita di nuove specie. È la macroevoluzione, l'emergere di grandi novità evolutive. Come l'esplosione del Cambriano, con l'improvvisa affermazione della vita animale.

Darwin era convinto che la selezione naturale interviene (magari non come agente unico) in tutti i processi evolutivi, compresa la speciazione, la nascita di una nuova specie, e l'emergere di grandi novità evolutive. Un organismo, sosteneva, non compete solo con gli individui della sua stessa specie. Compete anche con individui di specie diverse. Un nuovo adattamento, un vantaggio fisiologico, renderà il *mutante* in grado di competere meglio anche con gli individui delle altre specie. Lo renderà, cioè, un «competitore interspecifico piú potente». Come dirà piú tardi il paleontologo George Gaylord Simpson, la selezione naturale adattiva è opportunista. Favorisce ogni variazione che comporta vantaggi sia nei confronti degli individui della stessa popolazione che nei confronti degli individui appartenenti a specie diverse. E favorisce la specializzazione. Certo, il processo di specializzazione porta talvolta in vicoli evolutivi con scarse prospettive: come per esempio l'adattamento a vivere in grotta o accanto a sorgenti calde. Ma produce, talvolta, «invenzioni», come la membrana nucleare della cellula o un abbozzo di sistema nervoso centrale, che consentono l'origine di nuove specie e l'accesso a livelli del tutto nuovi di radiazione adattiva.

Gould e Eldredge, riprendendo i temi cari in passato ai *saltazionisti*, sostengono invece che la selezione naturale non può spiegare, da sola, né l'origine di tante nuove specie né, soprattutto, la macroevoluzione. E poiché la loro critica riguarda il modello di speciazione, dovremo illustrare come, infine, i biologi pensano che nascano le specie.

L'evoluzione nel tempo profondo ha prodotto la nascita di centinaia di milioni, forse di miliardi di specie. La storia dell'evoluzione biologica sembra coincidere con la storia della speciazione. Tuttavia la speciazione non è tutta l'evoluzione. È, come dice David Raup, solo un suo effetto collaterale. È grazie a questo effetto collaterale, però, che oggi possiamo ammirare, sparsa per il pianeta, la maestosa diversità della vita biologica: con 5, 10, 20 o forse 100 milioni di specie diverse, la gran parte sconosciute. In ogni caso, siano 5 o 100 milioni, queste specie rappresentano meno dell'1% di tutte le specie che hanno fatto capolino, da comparse o da protagoniste, nel lungo film della storia della vita. È la speciazione che ha fatto sí che da un unico organismo originario sbocciasse tanta straordinaria biodiversità. E quindi non desti meraviglia che questo effetto collaterale dell'evoluzione susciti tanta attenzione.

La speciazione, l'origine di una nuova specie, ha diverse modalità. C'è, per esempio, la *speciazione geografica* o *allopatrica*. Il suo modello è piuttosto semplice. La popolazione di una medesima specie, per esempio una popolazione di farfalle, si trova improvvisamente divisa da una barriera fisica. La deriva genetica porta i due gruppi a seguire due vie evolutive indipendenti e a divergere, in seguito a una pressione selettiva leggermente diversa o, se i gruppi sono piccoli, anche per mera fluttuazione statistica. Dopo un certo periodo di tempo le differenze diventano tali che, se anche la barriera fisica sparisce e i due gruppi vengono di nuovo a contatto, i membri delle due popolazioni non riescono piú ad accoppiarsi. Indirizzate dal caso e dall'ambiente, le due popolazioni sono diventate irreversibilmente due specie diverse.

C'è poi la speciazione per *poliploidia*: per aumento del numero di cromosomi. Un poliploide ha un numero di cromosomi che è un multiplo intero rispetto alla cellula di partenza. La poliploidia si verifica spesso in natura. Ecco perché. Le specie che, come l'uomo, si riproducono per via sessuale, seguono un ciclo a due stadi. Uno stadio cosiddetto aploide: in cui i cromosomi presenti in una cellula sono in copia unica. Nell'uomo questa fase è quella, brevissima, degli ovuli femminili e degli spermatozoi maschili: ciascuna di queste cellule ha 23 cromosomi. Nel secondo stadio, quello cosiddetto diploide, ogni cellula contiene i cromosomi in doppia copia. Nel caso dell'uomo ciò si verifica quando l'ovulo viene fecondato: la cellula figlia riceve sia i cromosomi della madre che i cromosomi del padre e presenta, quindi, 46 cromosomi. L'organismo che si svilupperà da quella cellula embrionale conterrà miliardi di cellule diploidi. Tutte le nostre cellule, a eccezione di ovuli e spermatozoi, hanno per corredo 46 cromosomi.

Abbiamo visto che l'errore è una costante in biologia molecolare. Può quindi succedere che, per una ragione qualsiasi, all'inizio del secondo stadio il numero di cromosomi, anziché raddoppiare come regola vuole, triplichi: la cellula figlia conterrà i cromosomi in triplice copia. Naturalmente l'organismo che si svilupperà da quella cellula avrà notevoli problemi. A determinare, nell'uomo, la sindrome di

Down è, per esempio, la presenza in tre copie del cromosoma 21.

La poliploidia è piuttosto diffusa. Molto raramente è vantaggiosa. E porta a eventi di speciazione piú spesso nelle piante che negli animali. La speciazione è legata al sesso. Gli organismi diploidi possono infatti accoppiarsi tra loro. E cosí i poliploidi. Quando gli organismi diploidi e poliploidi si incrociano tra loro, formano, in genere, degli ibridi sterili. Cosí gli individui poliploidi perdono la capacità di accoppiarsi con gli individui della popolazione originaria e, nel giro appena di una generazione, possono formare una nuova popolazione. Se questa popolazione poliploide è abbastanza stabile ed è in grado di sopravvivere, ecco che inizia una nuova avventura evolutiva che la porterà a divergere dalla specie originaria e a formare una nuova specie.

In realtà può capitare che anche gli ibridi, con un numero doppio di cromosomi rispetto alla specie di partenza, possano manifestare una loro fecondità. Possono incrociarsi tra loro e persino formare una nuova specie. L'ibridazione spontanea è piuttosto frequente in natura. Soprattutto fra le piante. Per esempio l'ibrido poliploide di un rafano, il *Raphanus sativus*, può incrociarsi con l'ibrido poliploide di un cavolo, il *Brassica oleracea*, se entrambi raddoppiano i loro cromosomi. Ne vien fuori una nuova specie di «rafavolo» o di «cavolfano» che è in grado di autosostenersi, anche se non è in grado di incrociarsi con nessuna delle due specie di partenza.

La poliploidia è un modo istantaneo di isolare, nel giro di una sola generazione, un gruppo di individui dai suoi antenati. Ma, nonostante questo, non rappresenta il metodo di speciazione piú veloce. La speciazione superrapida è quella *simpatrica*, cioè la nascita di una nuova specie nello stesso luogo di residenza della specie genitrice. Evento comune tra gli insetti fitofagi o parassiti.

Prendiamo a esempio i membri di una popolazione di insetti che vivono e si accoppiano su un certo tipo di pianta. E immaginiamo che, all'improvviso, un gruppo di questi insetti si trasferisca su una pianta di altro tipo. La deriva genetica e la selezione naturale fanno sí che nella nuova popolazione emergano presto gli individui piú adatti a sopravvivere nel nuovo ambiente naturale. Le differenze selezionate sono spesso tali che le popolazioni dei due gruppi, pur vivendo vicine e magari mescolandosi, perdono la possibilità di incrociarsi. Nel giro di poche generazioni, un batter di ciglia nel tempo biologico, è nata una nuova specie.

Definite le principali modalità di speciazione, veniamo, dunque, alla teoria degli equilibri puntuati. Che è solo un modo nuovo di vedere antichi dati. Nel loro lavoro del 1972, infatti, Gould e Eldredge non annunciano «alcuna nuova scoperta, ma solo una nuova interpretazione delle osservazioni piú vecchie e robuste: l'origine geologicamente istantanea e la successiva stabilità (spesso protratta per milioni di anni) delle "morfospecie" paleontologiche». In pratica pongono l'attenzione sul fatto che molte specie, nel corso della storia evolutiva, nascono all'improvviso e poi restano a lungo e sostanzialmente immutate. «Questa osservazione è stata ascritta, da Darwin e da altri, alla nota imperfezione dei ritrovamenti fossili, ed è stata quindi letta in un'ottica negativa: come mancanza di informazioni.»

Insomma, il fatto che la documentazione fossile mostri una sconcertante scarsità di quei fossili intermedi che dovrebbero testimoniare il procedere lento e graduale dell'evoluzione biologica è giustificato da Darwin col fatto che il repertorio è incompleto. I fossili intermedi mancano semplicemente perché non li abbiamo trovati. Per questo, sostengono i darwiniani gradualisti, la paleontologia sembra offririci una immagine della storia della vita fatta di rapidi cambiamenti e lunghe stasi che, in realtà, è falsa.

Gould e Eldredge si dichiarano poco convinti da questa ipotesi. La mancanza dei fossili intermedi indica qualcosa di piú che la nostra incapacità di trovarli. E ribaltano la visione darwiniana: «La stasi è il dato», sostengono. E questo dato, incalzano, va accettato. Tanto piú che la sua spiegazione è già contenuta nel modello canonico di speciazione allopatrica proposto da Ernst Mayr.

Una ipotesi biologica standard, la teoria peripatrica di speciazione di Mayr, in piccole popolazioni isolate perifericamente da un ceppo parentale, potrebbe produrre stasi e interpunzioni se propriamente spalmati nella vastità del tempo geologico. Piccole popolazioni che si differenziano originando nuove specie da una massa centrale in decine o centinaia di migliaia di anni, saranno traslate in quasi tutte le circostante geologiche come un puntino su un piano, non come una collina di sedimenti in graduale formazione, mentre la stasi potrebbe caratterizzare la lunga e documentabile storia della fortunata popolazione centrale.

Nel modello allopatrico o peripatrico di Mayr una nuova specie non nasce per graduale trasformazione di un'intera specie genitrice, ma a partire da piccole popolazioni rimaste isolate a causa di barriere geografiche insuperabili. In queste piccole popolazioni la selezione naturale e una casuale deriva genetica possono determinare, in breve, caratteri morfologici tali da impedire ben presto la possibilità di incrociarsi coi membri della popolazione originaria anche qualora il contatto dovesse essere ripristinato. I fossili intermedi tra specie madri e specie figlie mancano perché i cambiamenti non riguardano il grosso ceppo originario, ma piccole popolazioni isolate. Di cui, statisticamente, è difficile trovare traccia nei repertori fossili.

Attenzione! Perché non è questa ipotesi sulla scoraggiante rarità dei fossili che documentano le specie in graduale mutazione che rende innovativa e indigesta a molti evoluzionisti l'ipotesi di Gould e Eldredge. L'oggetto della discussione e delle polemiche alimentate dalla loro teoria non è la punteggiatura, ma la stasi. Il fatto che nei documenti fossili la maggior parte delle specie mostrino, secondo Eldredge e Gould, il medesimo aspetto che hanno alla loro scomparsa. Il fatto che, nell'arco di milioni di anni, la gran parte delle specie, il grosso delle popolazioni centrali, non subisca modifiche morfologicamente significative. O, se le subisce, i mutamenti appaiano piuttosto limitati e privi di direzione.

Spiegano Gould e Eldredge: «Poiché le specie spesso mantengono la loro stabilità anche attraverso intensi cambiamenti del clima, come interi cicli glaciali, la stasi deve essere considerata come un fenomeno attivo e non come la risposta passiva ad ambienti inalterati». Che questo sia il punto focale è lo stesso Ernst Mayr a riconoscerlo: «Tra tutte le affermazioni contenute nella teoria puntuazionista di Eldredge e Gould, quella che ha incontrato la piú grande opposizione è la tesi relativa alla "pronunciata stasi quale destino usuale di molte specie" una volta ultimata la fase di nascita. Io concordo con Gould che la frequenza delle stasi nelle specie fossili rilevata da analisi recenti è giunta inattesa per molti biologi evoluzionisti».

Se molte specie restano immutate per milioni di anni, malgrado drastici e ricorrenti cambiamenti ambientali, bisogna concluderne che la selezione naturale non può essere la forza, o almeno la sola forza, che agisce nel tempo profondo. Ma se, come sostengono Gould e Eldredge, le modificazioni adattive «non possono spiegare del tutto i cambiamenti a larga scala nella storia della vita», dov'è la spiegazione?

«Noi pensiamo – propongono i due – che la soluzione a questo dilemma potrebbe essere riposta in una brillante ma dimenticata suggestione di Futuyama». Molti hanno accusato Gould e Eldredge di sollevare problemi confusi e di non avere soluzioni da proporre a questi problemi. Bene, ora essi indicano una soluzione possibile: quella proposta di recente da Douglas Futuyama.

L'evoluzionista nippo-americano sostiene che i cambiamenti morfologici possono accumularsi un po' ovunque lungo la traiettoria che disegna una specie nel tempo geologico. Ma finché non è «messo sotto chiave» dall'improvviso intervento di un isolamento riproduttivo, vale a dire da una speciazione, il cambiamento non può persistere e accumularsi. Per il semplice motivo che viene lavato via dagli incontri che si hanno, nel tempo, fra popolazioni e gruppi di una medesima specie. Come scrive Futuyama: «In assenza di isolamento riproduttivo, la differenziazione è cancellata dalla ricombinazione». All'origine della stasi vi sono, dunque, le migrazioni con rimescolamento continuo tra le popolazioni di una medesima specie.

Riassumendo, Gould e Eldredge propongono, quindi, che l'evoluzione (che una parte dell'evoluzione) non sia progressiva e graduale, ma sia puntuata, avvenga cioè per lunghi periodi di stasi (milioni di anni) e improvvise accelerazioni (improvvise in senso geologico: le punteggiature durano dai 5.000 ai 50.000 anni). Secondo Gould e Eldredge l'evoluzione *anagenetica*, la lenta trasformazione di una specie, si verifica con bassa frequenza. La gran parte dell'evoluzione è *cladogenetica*, avviene per speciazione. Attraverso la nascita di nuove specie. Le accelerazioni cladogenetiche sono rese possibili da improvvisi cambiamenti ambientali che favoriscono la speciazione allopatrica e l'isolamento riproduttivo.

L'origine per speciazione allopatrica, ma anche l'estinzione, delle specie assumono dunque per Gould e Eldredge la posizione centrale nell'evoluzione. La «nascita e la morte delle specie» si affiancano e, in alcuni casi, scalzano la «selezione naturale del piú adatto tra gli individui di una popolazione» quale motore evolutivo. Oltre alla selezione naturale esiste, dunque, per Gould e Eldredge anche una «selezione di livello superiore» che agisce a livello di grandi popolazioni e di intere specie.

La reinterpretazione dei dati paleontologici di Gould e Eldredge è abbastanza convincente. Essa non contrasta con le basi fondamentali del darwinismo classico. Si limita, in buona sostanza, a prevedere l'esistenza anche di fattori non adattivi nei processi evolutivi. Fattori che agiscono *insieme* e non *in sostituzione* della selezione naturale.

L'idea, francamente, convince. L'evoluzione biologica è un fenomeno complesso. Fatto di intrecci, non lineari, tra dinamiche che avvengono a ogni livello: a livello di genotipo, a livello di fenotipo, a livello di specie. Perché mai dovrebbe essere limitata a un processo, la selezione naturale applicata a un unico livello, quello del fenotipo?

Va detto, però, che non tutti gli evoluzionisti sono d'accordo con Gould e Eldredge. Alcuni sostengono che gran parte della costanza morfologica manifestata da alcune specie può essere spiegata sulla base della cosiddetta «evoluzione a mosaico» di Gavin de Beer. Secondo l'evoluzionista inglese le differenti parti di un organismo non si modificano, nel corso dell'evoluzione, a velocità uniforme. Un fossile che si trova a metà strada lungo la sequenza temporale che porta da una specie alla successiva, non si trova a metà strada tra le due specie. Non mostra tutti i caratteri intermedi tra le due specie. Al contrario, lo si può paragonare a un mosaico. Avrà alcuni caratteri che sono essenzialmente quelli della specie ancestrale. E qualche carattere che è già quello della nuova specie. L'*Archeopteryx*, considerato un intermedio tra rettili e uccelli, ha ancora lo scheletro dei rettili, ma ha le penne ormai tipiche degli uccelli: compresa la distinzione tra quelle soffici e vaporose del corpo e quelle piú lunghe e piú rigide delle ali.

Altri sostengono che Gould e Eldredge sottolineano troppo l'importanza della speciazione allopatrica. Dimenticando che la speciazione simpatrica e per poliploidia sono esempi di come nuove specie possano nascere molto, molto in fretta. E, quindi, che la diversità biologica può espandersi in modo esplosivo anche in un quadro perfettamente adattivo. Infatti, sostiene per esempio Edward Wilson, entomologo di gran classe e cofondatore della *sociobiologia*, le teorie puntuate e persino quelle saltazioniste possono essere contenute tutte nella teoria darwiniana classica. La generazione veloce crea continuamente nuove specie. Che, naturalmente, sono abbastanza simili alla specie genitrice. E che devono dimostrare di saper competere: le nuove specie morte nel giro di qualche generazione costellano, forse, la storia della vita. Per avere nuove specie stabili, per avere una divaricazione solida e spinta, insomma per ottenere l'ampio respiro della biodiversità, sostiene Wilson, occorre il lavoro del tempo profondo. I grandi mutamenti e le speciazioni spettacolari, come la nascita del panda o delle sequoie, hanno bisogno di diversi ingredienti, non esclusi i colpi di fortuna, oltre che di lunghi periodi di tentativi, di sperimentazioni e di errori.

Altri, infine, non senza un pizzico di acredine, sostengono che Gould e Eldredge non dicono nulla di nuovo. Con una retorica tronfia si eserciterebbero a contestare un'idea, quella dell'evoluzione a velocità costante, che è cosa diversa dall'evoluzione graduale e che nessuno si è mai sognato di proporre.

Adattamenti ed ex-attamenti

L'ipotesi di Douglas Futuyama spiega perché l'anagenesi non porti (o almeno non porti sempre) da nessuna parte nello spazio dell'evoluzione morfologica. E perché solo le speciazioni allopatriche consentano di cogliere al volo quelle che Niles Eldredge chiama le «opportunità che si aprono» all'affermazione di nuove forme biologiche.

Tuttavia non è del tutto chiaro, finora, come e perché, nell'ambito della teoria degli equilibri puntuati, i cambiamenti siano spesso non adattivi. Bene, Stephen Jay Gould propone almeno due grandi classi di cambiamenti biologici che partecipano all'evoluzione delle specie e che non sono adattivi. La prima classe è quella degli *spandrels* o *pennacchi di San Marco* o *ex-attamenti*. Di cui parleremo in questo paragrafo. La seconda classe è quella dei grandi eventi catastrofici della storia, ovvero del caso, ovvero della contingenza. Di cui torneremo a parlare nel prossimo paragrafo.

Veniamo, dunque, ai *pennacchi di San Marco*. La metafora è stata utilizzata per la prima volta da Gould (insieme a Richard Lewontin) nel 1979 e da allora è diventata uno dei capisaldi di ogni paradigma pluralista in biologia. La basilica di San Marco, a Venezia, nota Gould dopo averla visitata, è stata progettata con uno schema che sovrappone una cupola circolare a una base a sezione quadrata. Quando la cupola viene elevata sulla base, ai quattro angoli si formano altrettanti spazi triangolari. I famosi pennacchi, in inglese *spandrels*. È evidente, sostengono i due ricercatori americani, che i pennacchi non hanno alcuna funzione. Sono un sottoprodotto accidentale, un effetto secondario, del progetto. Tuttavia, dopo la costruzione della struttura portante della basilica, i quattro effetti secondari sono stati utilizzati dagli architetti in modo mirabile. Nei quattro pennacchi che sottendono la cupola centrale, per esempio, hanno trovato posto le figure di quattro persone che rappresentano i quattro fiumi biblici: il Tigri, l'Eufrate, il Nilo e l'Indo. Ciascuna di queste persone versa acqua su un fiore che è alla base del triangolo. I pennacchi non solo si integrano a perfezione nella complessa plasticità di San Marco, ma sono diventati elementi portanti dell'iconografia della basilica. Nessuno, tuttavia, può sostenere, rilevano Gould e Lewontin, che siano stati creati per ospitare i quattro Evangelisti. Gli architetti si sono limitati a utilizzare al meglio i sottoprodotti casuali del loro progetto fondante.

Allo stesso modo vanno le cose dell'evoluzione biologica. Gli organismi, sostiene Gould, sono entità complesse e altamente integrate. Come e piú della basilica di San Marco. La selezione adattiva crea strutture, la base quadrata e la cupola. Ma in questa opera creativa produce anche effetti secondari, *spandrels*. Qualcuno tra questi sottoprodotti potrà, piú tardi, rivelarsi utile. Diventare un vantaggio adattivo. Ma nessuno può sostenere che essi sono stati espressamente progettati, che sono emersi per adattamento. Le capacità di leggere e scrivere sono oggi elementi altamente adattivi per l'uomo, autentici vantaggi evolutivi. Ma gli strumenti mentali, compreso il volume del cervello, sono stati generati migliaia di anni prima che l'uomo se ne servisse per assolvere alle funzioni di leggere e di scrivere. Queste capacità assolutamente cruciali, oggi, sono state originate, ieri, come *spandrels*. Non come adattamenti. Ma come ex-attamenti. Sono nate per caso. Non sono state scelte. Solo dopo hanno rivelato tutta la loro casuale potenzialità e sono state cooptate tra gli elementi adattivi.

I caratteri morfologici delle specie, conclude Gould, sono costellati di *spandrels*, di pennacchi di San Marco. Proprio come i caratteri genetici, sostiene Kimura, sono costellati di alleli emersi per caso, stabilizzatisi come mutazioni neutre, indifferenti alla selezione naturale,e solo piú tardi rivelatisi utili.

La storia

Le grandi estinzioni di massa che costellano l'intera storia della vita, portandola, talvolta, sull'orlo della totale scomparsa, sono una specie di *spandrels* al contrario. Le grandi estinzioni di massa sono stragi immani che spazzano via porzioni davvero considerevoli di comunità vegetali e animali (almeno il 50%, ma anche il 95%) per ragioni che non hanno relazione alcuna con la competizione, adattiva, che le singole specie intraprendono nei periodi *normali*.

Nel corso della grande estinzione del Cretaceo, per esempio, causata, come si crede, dall'impatto con la Terra di un grosso asteroide, i dinosauri sono tutti morti e i mammiferi sono, almeno in parte, sopravvissuti. Certo, può aver aiutato quei nostri progenitori il fatto di essere piccoli. Ma è davvero difficile pensare che quei minuscoli roditori fossero stati progettati per sopravvivere all'impatto della Terra con un asteroide e/o all'ambiente radicalmente nuovo che quell'evento cosmico ha prodotto. L'asteroide è caduto per puro caso. E i mammiferi sono sopravvissuti per mera contingenza. La loro piccola stazza era stata selezionata per adattarsi a nicchie marginali, lasciate libere dai dinosauri. La loro piccola stazza, per mera contingenza, li ha resi capaci di sopravvivere in un ambiente radicalmente mutato e di superare la crisi del Cretaceo.

Nel Permiano, 245 milioni di anni fa, sono scomparse 96 specie su 100 e la vita animale è giunta a un passo dalla fine. Chi può dire che, in questa ecatombe quasi totale, a perire sono stati i «geni cattivi» e a sopravvivere sono stati rari portatori di «geni buoni»? Forse, come sostiene David Raup, almeno in questa occasione ha contato molto la dea bendata. La dea fortuna. L'essersi trovati, per caso, al posto giusto nel momento giusto. Forse, nell'estinzione del Permiano, a premiare non è stato l'adattamento, ma la contingenza.

Stephen Gould ha sollevato spesso il problema del ruolo della contingenza nell'evoluzione biologica. A questo tema ha dedicato persino un libro, *La vita meravigliosa*. Ma molti sostengono di non aver compreso bene la differenza tra la contingenza gouldiana e il piú generale caso. Noi abbiamo provato a porgli direttamente la domanda: qual è, professor Gould, la differenza tra caso e contingenza? Questa è stata la risposta:

> Un mutamento biologico è dovuto al caso non solo quando è imprevedibile, ma anche quando, una volta avvenuto, non si può risalire alla sua causa specifica. Un mutamento avvenuto per necessità è un mutamento prevedibile con una causa ben determinata. Un mutamento dovuto a contingenza, invece, è imprevedibile a priori, sebbene, una volta avvenuto, la causa o la costellazione di cause che lo hanno prodotto risultino perfettamente individuabili. Nella teoria dell'evoluzione biologica la contingenza è importante. È quella che la rende davvero storica.

Nessuno avrebbe potuto predire che i roditori mammiferi a causa della loro piccola stazza e dei loro stili di vita sarebbero sopravvissuti all'impatto di un asteroide con la Terra. Tuttavia dopo che l'impatto c'è stato, possiamo facilmente attribuire a quei caratteri la ragione per la quale non si sono estinti come i dinosauri. La contingenza di Gould è, dunque, l'estrema sensibilità alle condizioni iniziali manifestata nelle loro traiettorie nello spazio della storia dai sistemi soggetti alla selezione naturale: le specie viventi.

Noi umani, espressione tra le ultime dell'evoluzione dei mammiferi, dobbiamo la nostra esistenza alla concatenazione storica di caso (caduta dell'asteroide), contingenza (piccola stazza, stili di vita), necessità (adattamento al nuovo ambiente).

Quando si invoca la storia come elemento decisivo nell'evoluzione biologica, rileva giustamente Gould, non si invoca *un altro principio* che si aggiunge alla selezione naturale. Al contrario si mettono in evidenza i limiti che incontra ogni insieme di principi generali nella spiegazione della storia biologica. Puntate pure su un algoritmo, su una necessità, in grado di spiegare la selezione naturale, e non riuscirete mai a catturare le strade contingenti imboccate dall'evoluzione a causa di un dettaglio marginale, come la stazza di un roditore. O di una catastrofe imprevedibile, come la caduta dell'asteroide.

Insomma, ogni singola teoria deterministica o probabilistica che sia, a maggior ragione se algoritmica, potrà catturare singoli pezzi della spiegazione biologica, ma non *la* spiegazione. Che è il risultato di una lussureggiante pluralità di metodi prodotti dall'intreccio storico di una pletora di fonti. Non c'è una causa unica dell'evoluzione. E men che meno c'è, nascosto da qualche parte, il *Grande Algoritmo della Vita*.

L'evoluzione darwiniana ha una sua intima, ancorché pluralistica, specificità. E ha due direzioni: nel tempo e nello spazio. Fattori nuovi che intervengono nel tempo e/o nello spazio, dunque, la condizionano. Il meteorite del Cretaceo è un evento importante nel tempo. La formazione di un'isola, per esempio l'Australia, è un evento importante nello spazio. Quella specificità e questi eventi sono modellizzabili? E sono modellizzabili all'interno di un medesimo algoritmo?

Le domande, alla luce di quanto abbiamo detto finora, appaiono del tutto retoriche.

Autorganizzazione evolutiva

Alcuni esperti di sistemi complessi, da Stuart Kauffman a Brian Goodwin, sostengono che l'evoluzione degli organismi viventi è sottoposta alle medesime leggi di autorganizzazione che regolano la forma e la struttura della materia non vivente. Cioè a un modello generale dell'evoluzione della materia. Essi sono i moderni *strutturalisti*, che si pongono in alternativa non solo e, forse, non tanto al rigido *funzionalismo* di chi sostiene che l'adattamento per selezione naturale è l'unico motore della storia. Ma anche e, forse, soprattutto, a chi propone il *pluralismo* delle modalità evolutive della materia vivente.

Ora non c'è dubbio che i modelli *neostrutturalisti*, insomma, l'autorganizzazione a livello molecolare e i limiti imposti dall'evoluzione geometrica delle forme a livello morfologico, possano avere un ruolo sulla scena biologica. Non c'è dubbio che una organizzazione spontanea delle molecole organiche abbia, come sostengono Manfred Eigen e Stuart Kauffman, potuto accelerare la transizione dal non vivente al vivente. E che la stabilità di alcune morfologie abbia funzionato da grande attrattore nell'evoluzione degli organismi, come sostiene Goodwin. Non è da escludersi che alcuni fenomeni cosiddetti complessi facciano parte delle «altre cause» che, con la selezione naturale, contribuiscono al cambiamento in biologia.

Alcuni geni, cosiddetti strutturali, sono presenti in varie forme viventi, dai moscerini della frutta ai mammiferi. Il risultato di alcune vie di sviluppo indipendenti, per esempio gli occhi, è il medesimo nei molluschi, negli insetti, nei vertebrati. Questa estrema stabilità di alcune forme di organizzazione della materia biologica possono essere difficilmente spiegate in termini di adattamento. Esse vanno considerate come una sorta di attrattori strani, una grande piazza verso cui sono costrette a convergere le piú diverse strade evolutive. O, al contrario, come forti limitazioni di possibilità, vincoli irreversibili, imposti dalla storia. L'evoluzione, infatti, raramente torna indietro una volta che ha imboccato una strada.

Insomma, alcuni dei problemi (e delle soluzioni) proposti dai neostrutturalisti sono di grande interesse. Ma è del tutto illusorio pensare che le loro descrizioni potranno giungere a sostituire la selezione naturale al centro della dinamica dell'evoluzione biologica e regalarci il *Grande Algoritmo della Vita*.

Evoluzione uguale progresso?

Siamo di casa nell'universo, sostiene il neostrutturalista antidarwiniano (o meglio, oltredarwiniano) Stuart Kauffman. Ci siamo e non potevamo non esserci, incalza l'ultradarwiniano Daniel Dennett. Se facciamo ripartire il film della vita, sostengono entrambi, non c'è dubbio alcuno: alla fine della proiezione ci saremo ancora noi uomini. O qualche essere che ci somiglia molto. Entrambi, oltre e ultradarwiniani, sono convinti che la natura magari cambierà i dettagli, ma individuerà sempre i «buoni stratagemmi». Non ha importanza che per Kauffman la strategia principale adottata per individuare i «buoni stratagemmi» non sia adattiva. Mentre per Dennett è solo e strettamente adattiva. Ciò che è importante è che entrambi sono convinti che i «buoni stratagemmi» saranno sempre trovati. E che gli uomini rappresentino, se non il migliore degli stratagemmi possibili, certo uno dei migliori tra gli stratagemmi storicamente individuabili dall'evoluzione biologica per sopravvivere e controllare l'ambiente sulla Terra. E, pertanto, non potevano non essere un prodotto dell'evoluzione.

C'è, in entrambi, l'idea che l'evoluzione è un «percorso necessario di progresso», con larghi tratti di prevedibilità, dettato da leggi naturali algoritmiche.

Ma è cosí? È davvero possibile individuare nella storia della vita una strada, magari dura e faticosa e tortuosa, di progresso? E se sí, questa traiettoria verso il meglio è un percorso obbligato per la natura?

Per la gran parte dei biologi queste domande sono piuttosto retoriche. E ammettono un solo tipo di risposta: no. Ciononostante la risposta, scontata, va argomentata. E va argomentata in maniera abbastanza diversa in relazione ai differenti argomenti presentati dagli oltre e dagli ultradarwiniani.

Poiché Kauffman e i neostrutturalisti identificano la necessità del progresso con l'aumento inevitabile di →complessità, rimandiamo il lettore a quella voce per gli argomenti che confutano (o almeno cercano di confutare) le loro tesi.

Restano Dennett e gli ultradarwiniani. Poiché sono convinti che la selezione naturale sia la causa unica dell'evoluzione, basta dimostrare che la selezione naturale non è un meccanismo per la produzione di progresso e la loro idea deterministica dell'evoluzione è confutata.

Confutare l'idea ultradarwiniana è abbastanza facile. Basta fare ricorso a Darwin. Tuttavia, onde evitare ambiguità e fraintendimenti, occorrono alcune precisazioni. Sostenere che l'evoluzione darwiniana non è diretta da leggi necessarie di progresso non significa rigettare l'idea che il progresso nella lunga storia della vita ci sia stato. Seppure nelle forme e nei modi che andremo a specificare. E neppure significa sostenere che esso è frutto della casualità piú assoluta. Significa semplicemente sostenere che il progresso, relativo, registrato nel corso della storia della vita è frutto di una concatenazione, unica e irripetibile, di eventi, di cui solo alcuni perfettamente deterministici.

Se si sceglie un punto di riferimento relativo, per esempio la capacità di muoversi o lo sviluppo del sistema nervoso centrale, allora è possibile riscontrare percorsi di progresso evolutivi. E dire che un animale rappresenta un progresso rispetto a una pianta e un uomo rappresenta un progresso rispetto a un batterio. Negare un progresso di questo tipo significherebbe negare l'intera evoluzione darwiniana. E, anzi, ogni tipo di evoluzione.

Ma anche questo tipo di progresso, relativo, non ha né il carattere della linearità, né il carattere della necessità, né il carattere della pervasività.

Non ha il carattere della pervasività perché gran parte del cambiamento biologico causato (anche) dalla selezione naturale è, in realtà, il tentativo disperato di conservare lo *status quo*. È un cambiare, di generazione in generazione, perché nulla cambi. È migliorare le proprie difese e incrementare la propria competitività per contrastare i nemici che affinano le capacità di attacco e gli antagonisti che migliorano le capacità di concorrere. È quello che Leigh Van Valen ha chiamato il *principio della Regina Rossa*: «Correre per rimanere al proprio posto». Spesso migliorare un carattere, in termini adattivi, significa peggiorarne un altro. Insomma, come rileva Ernst Mayr, «non tutta l'evoluzione, e forse soltanto la parte piú piccola di essa, si risolve in un progresso».

Il progresso evolutivo non ha neppure il carattere della linearità. Se osserviamo la lunga storia della vita, vediamo che l'evoluzione, come scrive David Raup, «ha avuto un andamento altalenante e, in generale, è caratterizzata dalla confusione. Sono comparsi importanti gruppi evolutivi, che hanno prosperato per un po' e poi sono scomparsi, sostituiti da organismi diversi, ma non manifestamente piú complessi, o piú progrediti, o piú grandi». L'evoluzione darwiniana non cammina sempre in salita. Non c'è sempre progresso. Quasi sempre cammina in pianura (stati stazionari) e talvolta persino in discesa (regresso). La storia ci dice che l'evoluzione è, soprattutto, aumento di varietà. Diversificazione. Non aumento di complessità, di tendenza al progresso. E persino il cammino verso l'incremento di varietà è puntuato da frequenti e drammatici passi indietro. D'altra parte, come rileva ancora Mayr, «al discutibile valore di qualunque progresso temporaneo apparentemente raggiunto da una qualche linea evolutiva si aggiunge la sconcertante frequenza dell'estinzione». Già, le grandi estinzioni di massa.

Ma, soprattutto, il progresso evolutivo non ha il carattere della necessità. Darwin si oppose sempre, e sempre strenuamente, a ogni idea, finalistica, che esista una qualche pulsione intrinseca verso la perfezione, controllata da una legge naturale. Darwin non voleva aderire a una visione consolatoria della realtà. Proporre una qualche pulsione necessaria verso la perfezione si risolve in un trucco per ricollocare *Homo sapiens* nel luogo da cui la rivoluzione darwiniana lo ha cacciato: al centro della natura e del suo ordine intrinseco. L'evoluzione darwiniana è cieca e la selezione naturale non è teleologica. L'evoluzione è cieca perché il grano che offre da cernere alla selezione naturale è prodotto in maniera casuale. Sono casuali le mutazioni. E la *deriva genetica*, causata dalle predominanti mutazioni neutre, è, come scrive Edward Wilson, un gioco d'azzardo. Se anche il processo di cernita fosse finalizzato, se anche la selezione naturale producesse progresso, non potrebbe annullare del tutto questo vincolo all'origine. Tra le maglie di un setaccio, purché abbastanza piccole, passano tanto le pietre che le pepite d'oro.

Ma la selezione naturale non è un setaccio. Non ha lo scopo di far passare oggetti di una certa dimensione. Non ha la causa finale di far passare organismi buoni in assoluto. Si limita a soddisfare le capacità di sopravvivenza di una sola o di poche generazioni. Cosicché, nel lungo periodo, i prodotti selezionati tendono a diffondersi in tutto il volume dell'ipotetico spazio del progresso. Avremo organismi, pochi, che riescono a disegnare traiettorie di miglioramento (qualsiasi cosa questa parola significhi) considerevole. Ma esisteranno, anche, organismi che regrediscono. Mentre la maggior parte si limiterà a fluttuare intorno alla condizione di stabilità.

C'è, infine, una assenza totale di prevedibilità nella sequenza evolutiva. Molti teorici dell'evoluzione biologica sostengono che gli organismi tendono, per selezione naturale, a occupare tutto il volume dello «spazio dei progetti possibili». E portano, a riprova di questa tesi, numerosi esempi di convergenza evolutiva verificatisi anche tra specie evolutivamente molto distanti tra loro. In realtà la convergenza evolutiva può essere spiegata, in parte, dal fatto che esistono forme e strutture particolarmente stabili che fungono da attrattori. E in parte dal fatto che le specie convergenti potrebbero avere dei vincoli in comune che li spingono a seguire quella strada evolutiva. In nessun caso la convergenza può dimostrare che tutti i progetti evolutivi possibili sono stati esplorati. Né, tantomeno, che, riproiettando il film della vita, l'evoluzione avrebbe, salvo dettagli, la medesima trama ed esplorerebbe di nuovo quei progetti. Nella documentazione fossile non troviamo nulla che appaia come necessario. Non sappiamo se tutte le forme di vita sperimentate esauriscano il quadro di quelle possibili. Se i rettili volanti (gli uccelli) non fossero mai apparsi, nessuno si interrogherebbe sulla loro mancanza. Al contrario, non c'è nulla che impedisca uno sviluppo neurologico degli insetti fino a un'intelligenza di tipo umano.

In definitiva la selezione naturale non è prevedibile. Come sostiene Stephen Jay Gould, «la selezione naturale è un principio di adattamento locale, e non di progresso generale». E per quanto incessante possa essere il miglioramento locale, secondo la definizione di Dennett, resta il fatto, come rileva Ernst Mayr, che un percorso di progresso universale nell'evoluzione non solo non esiste, ma è difficile, se non impossibile, da definire.

Ma anche se la selezione naturale fosse l'algoritmo che descrive Dennett, capace di far emergere per necessità il meglio e favorire il progresso, l'evoluzione darwiniana continuerebbe a procedere a tentoni, senza meta. Strutturalmente imprevedibile. E, quindi, straordinariamente creativa. Capace di offrire, e di cogliere, potenzialità ad ampio spettro. Perché, come abbiamo visto, oltre alla selezione naturale vi sono altre forze evolutive. E la presenza di questo pool di forze evolutive rende profondamente storico il carattere dell'evoluzione. Infatti, come scrive Gould, nell'evoluzione biologica «le catene e le reti di eventi sono cosí complesse, cosí zeppe di elementi casuali e caotici, cosí irripetibili nel loro includere una simile moltitudine di oggetti unici (e interagenti in modo unico), che per esse non possono valere i modelli standard della semplice previsione e duplicazione». L'unica descrizione possibile in biologia, come sosteneva Mario Ageno, è la descrizione storica. E precisa ancora Gould: «La storia può essere spiegata, con un rigore soddisfacente se le testimonianze sono sufficienti, *dopo* che si è svolta una serie di eventi, ma non può essere prevista con precisione *prima*».

Questa concezione storica della biologia evolutiva è largamente condivisa. L'evoluzione è «talmente caotica che la fedele descrizione dei casi reali trasforma la scienza biologica in una storia della natura in cui i dettagli hanno la stessa importanza della teoria che li spiega», scrive Edward Wilson, uno dei padri di quella sociobiologia che è spesso accusata di proporre l'interpretazione dell'evoluzione biologica piú vicina al →determinismo .

Naturalmente i singoli pezzi del puzzle evolutivo della biologia possono (potrebbero) anche essere spiegati da teorie matematizzate. Naturalmente le leggi, matematizzate, della fisica e della chimica rappresentano vincoli fortissimi e invalicabili all'interno dei quali la vita costruisce il suo imprevedibile ordito. Quindi posso (potrei) avere l'algoritmo della selezione naturale, l'algoritmo delle mutazioni neutre o l'algoritmo dell'autorganizzazione, l'algoritmo della caduta degli asteroidi o della cattura dei satelliti naturali. Ma per spiegare l'evoluzione biologica senza far ricorso alla descrizione storica dell'interazione e della concreta realizzazione di questi diversi processi largamente indipendenti, avrei bisogno di una serie enorme, praticamente infinita, di algoritmi. E dovrei avere anche la capacità di sintetizzarli tutti in una sola, semplice procedura. Solo allora avrei il *Grande Algoritmo*. La teoria matematica e predittiva dell'evoluzione biologica.

Evoluzione della teoria dell'evoluzione

Molti e molto spesso hanno annunciato la morte del darwinismo. In realtà il darwinismo è una teoria acquisita. Anzi, a centoquarant'anni dalla sua proposta, non c'è, forse, teoria piú solida in tutto l'arco della cultura scientifica. Naturalmente anche la teoria darwiniana si modifica. Essa stessa è soggetta a evoluzione. Ma nessun nuovo dettaglio, per quanto importante, sarà in grado, probabilmente, di sovvertirne le idee guida. Come scrivono Ledyard Stebbins e Ayala, due darwinisti al di sopra di ogni sospetto: «Quale che sia il nuovo consenso che emerge dalle ricerche e dalle controversie in corso, è improbabile che esso esiga il rifiuto dei principi fondamentali del darwinismo e della teoria sintetica degli anni '50. La teoria sintetica del XXI secolo differirà profondamente da quella sviluppata alcuni decenni fa, ma il processo attraverso il quale emergerà sarà evolutivo e non un sovvertimento».

La nuova filosofia della biologia

Alla fine di questa ampia e, speriamo, non troppo confusa voce non vorremmo dare l'impressione che la scienza abbia detto tutto sull'evoluzione biologica. In realtà molto c'è ancora da chiarire. E, soprattutto, molto c'è ancora da reinterpretare. In altri termini abbiamo bisogno di una piú solida filosofia della biologia. Anzi, per dirla con Ernst Mayr: «È ora chiaro che vi è bisogno di una nuova filosofia della biologia. Essa includerà e combinerà le idee cibernetico-funzionali-organizzative della biologia funzionale con i concetti storico-popolazionali di programma-unicità-adattamento della biologia evoluzionistica».

Alcuni nuovi modelli di spiegazione, come quelli proposti da coloro che studiano i sistemi complessi, fanno (possono fare) avanzare le spiegazioni a livello cibernetico-funzionale-organizzativo. Ma la nuova filosofia della biologia impone che non si dimentichino mai le spiegazioni a livello storico-popolazionale di programma-unicità e anche, naturalmente, adattamento.

Ernst Mayr propone le linee guida di questa nuova filosofia della biologia.

1. La piena comprensione degli organismi non è assicurata attraverso le sole teorie della fisica e della chimica.
2. Gli organismi hanno una natura storica.
3. Gli individui nella maggior parte dei livelli gerarchici, dalla cellula in su, sono unici e formano popolazioni la cui varianza è una delle caratteristiche principali.
4. La complessità strutturata degli organismi viventi è organizzata in modo gerarchico e i livelli superiori nella gerarchia sono caratterizzati dall'emergere di novità (→emergenza).
5. L'osservazione e il confronto nella ricerca biologica sono mezzi altrettanto scientifici ed euristici dell'esperimento.
6. Tutto ciò non significa invocare una sorta di vitalismo, né di ortogenesi o alcun'altra teoria in conflitto con la fisica e la chimica.

Insomma, i nuovi filosofi della biologia non sono e non debbono essere né riduzionisti, né vitalisti. Né cantori del caso assoluto, né cantori del determinismo piú inflessibile. Né relativisti, né finalisti. Né del tutto strutturalisti, né del tutto funzionalisti.

Ernst Mayr autorevolmente dice questo e noi, modestamente, aderiamo.

Letture: Charles Darwin, *L'origine delle specie*, Roma, Newton Compton, 1973; Douglas J. Futuyama, *Biologia evoluzionistica*, Bologna, Zanichelli, 1985; Stephen Jay Gould, *La vita meravigliosa*, Milano, Feltrinelli, 1990; Pietro Greco, *Evoluzioni. Dal Big Bang a Wall Street, la sintesi impossibile*, Napoli, Cuen, 1999; Ernst Mayr, *Storia del pensiero biologico*, Torino, Bollati Boringhieri, 1990.

Evoluzione cosmica

(dal latino *evolutio*; dal greco κόσμος)

La scoperta scientifica piú importante del XX secolo, sostiene il cosmologo inglese Dennis Sciama, è aver capito che viviamo in un →universo razionale. La totalità delle cose che esistono, note e ignote, lo →spazio e il →tempo in cui si muovono, formano una struttura unitaria e ben organizzata che è possibile indagare con i metodi della →scienza. Insomma, possiamo cercare di conoscere, nella sua interezza, il Tutto.

La seconda scoperta scientifica piú importante del XX secolo, sostiene ancora Dennis Sciama, è aver capito che viviamo in un universo evolutivo (→evoluzione). Perché questa struttura singola e ben organizzata, il Tutto, si modifica nel tempo.

Entrambe queste scoperte hanno profonde implicazioni filosofiche. Entrambe hanno radicalmente modificato la percezione che l'uomo ha della sua collocazione e del suo ruolo nella natura. Entrambe hanno radicalmente modificato la percezione che l'uomo ha di se stesso.

La →cosmologia, lo studio di quello che i greci chiamavano, appunto, «il tutto armoniosamente ordinato», è stata, forse, la disciplina scientifica che ha conseguito i maggiori successi nel XX secolo. Ed è stata, certo, una delle discipline scientifiche che ha segnato di piú la cultura del Novecento.

La scoperta dell'universo evolutivo ha portato, infatti, a compimento quella rivoluzione copernicana che nel Cinquecento aveva iniziato a spostare l'uomo dal centro dell'universo (principio →copernicano). Oggi non solo sappiamo che aveva ragione Giordano Bruno quando, nel 1584, diceva che viviamo su uno qualsiasi degli «infiniti mondi» che popolano l'universo e abitiamo in un punto qualsiasi dello spazio cosmico. Sappiamo anche che siamo emersi per caso in un momento qualsiasi della storia cosmica.

L'universo statico e i suoi paradossi

Tutto inizia e, in fondo, tutto termina quando il Primo Motore Immobile impartisce al Primo Cielo un →moto eterno e perfetto. Da quella →causa unica ha origine il movimento circolare e immutabile delle stelle fisse, dei sette pianeti e delle cinquantacinque sfere cristalline. Cosí il cosmo, l'insieme armoniosamente ordinato delle sostanze sensibili e incorruttibili, si ritrova, indifferente, a far da corona ruotante intorno al piccolo mondo delle sostanze che nascono e che periscono. Intorno alla Terra.

Non c'è →divenire, non c'è evoluzione nell'universo di Aristotele.

Né c'è →cambiamento nel successivo modello geocentrico di Tolomeo, che per un millennio e piú dominerà la visione del mondo nel bacino del Mediterraneo, eliminando dalla cosmologia aristotelica le discrasie piú evidenti con l'→osservazione. Ma non la sua intima staticità.

Nel 1543, a Norimberga, Andrea Osiander accetta finalmente la sfida dello scandalo e, pur premunendosi contro le *rabies theologorum*, le dure reazioni dei suoi colleghi teologi, si decide a pubblicare il prezioso libro, *De revolutionibus orbium coelestium*, scritto da un amico giunto al termine della sua vita, Niccolò Copernico da Torun. Con quel piccolo saggio e con la sola forza della ragione l'astronomo polacco osa rimuovere, nientemeno, l'uomo dal centro del cosmo. Ma neppure lui osa rimuovere l'universo dalla sua dinamica fissità. Il cosmo resta uguale a se stesso ruotando intorno al Sole, invece che alla Terra.

No, non è facile, per un filosofo naturale dell'Occidente, immaginare un universo in divenire. L'idea evolutiva, invece, è cosí spontanea nella cultura orientale da portare un antico cosmologo cinese, Xu Zhen, del periodo Han (II secolo a.C.), a proporre, nel *San Wu Li Qi*, il *Calendario Tre-Cinque*, l'ipotesi dettagliata di un universo in espansione:

Il Cielo e la Terra sono tutti mescolati insieme come un uovo, e dentro vi nasce il Pan Gu. Dopo diciottomila anni, Cielo e Terra si separano. Il chiaro Yang diventa il Cielo e lo scuro Yin diventa la Terra, e il Pan Gu sta nel mezzo e va incontro ogni giorno a nove mutamenti. Lo spirito è nel Cielo, la saggezza sulla Terra. Ogni giorno, il cielo si alza di uno *zhang*, e la Terra si abbassa di uno *zhang*. Cosí per diciottomila anni il Cielo diventa estremamente alto, la Terra estremamente profonda e il Pan Gu estremamente alto. Quindi il Cielo è a novantamila *li* dalla Terra.

Non bisogna farsi sviare dalla poesia dell'immagine, né dalla mistica, apparente, dello Yang e dello Yin. L'uovo cosmico è la metafora poetica di una vera cosmologia (protoscientifica), la cosmologia Hun Thien. «L'universo è come un uovo di gallina», va sostenendo proprio in quei decenni il suo massimo rappresentante Zhang Heng. E la mistica è, appunto, solo apparente. I concetti astratti di Yin e Yang usati dagli astronomi e dai protoscienziati cinesi, sostiene Livio Gratton, non devono essere considerati piú metafisici dei concetti di forza o di campo che saranno utilizzati in Occidente un paio di millenni dopo: servono per descrivere e interpretare un universo puramente fisico.

La metafora dell'uovo cosmico consente a Xu Zhen di farsi capire da tutti quando asserisce che l'universo in cui viviamo non è eterno e immutabile. Ma, proprio come un uovo, ha avuto un'origine (18.000 anni fa) e, soprattutto, è in continuo divenire. Cresce e, insieme, cambia.

Di piú. Quella di Xu Zhen è una vera descrizione fisica quantitativa dell'universo in espansione. Basta fare i conti, per vedere che tornano. Nell'antico sistema di misura cinese, un *li* è uguale a 150 *zhang*. Poiché la Terra e il Cielo si allontanano in direzioni opposte ciascuno di uno *zhang* al giorno dal loro punto comune di origine, ove si trova il Pan Gu, in un anno si saranno distanziati di circa 730 *zhang*, circa 5 *li*.

E cosí il diametro dell'uovo, la distanza tra Cielo e Terra, dopo 18.000 anni sarà esattamente di 90.000 *li*.

Anche Eraclito, naturalmente, immagina un universo evolutivo quando sostiene che *panta rei*, tutto scorre. Ed Epicuro ha una sua teoria su come si era venuta organizzando la materia cosmica. Ma pochi, in Occidente, hanno mai pensato a un universo in espansione. E certo nessuno ha imitato Xu Zhen, fornendo le dimensioni spaziotemporali di quella dilatazione.

Ahimè, la cosmologia cinese, che pure si distingue per la totale assenza di miti, non diventerà mai scienza nell'accezione moderna occidentale. Malgrado le sue precoci e felici intuizioni. Resta però il fatto che quello di Xu Zhen è un calcolo matematico qualitativamente non diverso da quello utilizzato oggi per valutare l'età e il diametro del nostro universo in espansione.

Ma ritorniamo all'Europa del Rinascimento e alle sue difficoltà a immaginare un cosmo evolutivo. L'universo, rivoluzionario, di Copernico non resta solo immutabile come l'universo di Aristotele e di Tolomeo. Resta anche limitato.

Certo, l'inglese Thomas Digges va proponendo «l'orbe delle stelle fisse infinitamente elevato». E Giordano Bruno va parlando di «infiniti mondi» distribuiti in un universo, appunto, senza fine. Ma, proprio come i polinesiani in quegli anni restano disorientati nell'apprendere che ci sono altre terre per il mondo oltre i loro arcipelaghi, cosí gli europei del Seicento restano attoniti di fronte alla prospettiva dell'universo senza limiti. «Il silenzio eterno di quegli spazi infiniti mi giunge con terrore», scrive Blaise Pascal. In ogni caso si tratta, appunto, di prospettive. Di ipotesi speculative.

Tutto cambia con Isaac Newton. L'inglese formula le prime leggi davvero generali della fisica, le leggi che regolano l'attrazione gravitazionale (→legge). E quindi regala alla ricerca astrofisica un nuovo strumento, potente almeno quanto il cannocchiale: la →teoria. È grazie a queste leggi generali, per intenderci, che il Sole può essere posto, definitivamente, al centro del sistema planetario. E non per illuminare il mondo, funzione che in definitiva anche Copernico si limita ad assegnargli. Bensí per sostenerlo. Nel senso che è il Sole, con la sua massa gravitazionale, a tenere insieme il sistema e a obbligare i pianeti a orbitargli intorno.

Con Newton l'universo, come intero, guadagna una dimensione razionale: il suo comportamento può essere finalmente studiato. Anche perché è piuttosto semplice: costituito com'è da un contenitore ineffabile, lo spazio assoluto e il tempo assoluto, in cui può agire la materia. Nel rispetto di leggi generali e inderogabili.

Con Newton l'universo guadagna anche una dimensione infinita (→infinito). L'immensità dello spazio e la pluralità dei mondi (leggi masse gravitazionali) cessano, infatti, di essere un'ipotesi e diventano necessità scientifica. Allorché il fisico inglese elabora la sua teoria generale della →gravitazione, infatti, dimostra che le stelle si attraggono reciprocamente. E poiché quelle grandi masse luminose non sono piú costrette nell'eterea ma rigida sfera aristotelica, bensí sono libere di galleggiare nel →vuoto, a Newton sorge spontanea la domanda: «Cosa impedisce alle stelle fisse di cadere l'una sull'altra?».

Ecco, dunque, che la nuova scienza si imbatte nel primo paradosso legato a un universo statico. Perché quell'attrazione reciproca che si esercita, con una forza inversamente proporzionale al quadrato della distanza, tra i corpi che lo compongono non manda in frantumi la statica immutabilità del cosmo?

Newton si avvede che o l'uno o l'altro dei due pregiudizi metafisici della cosmologia occidentale, la staticità e la finitezza, deve essere abbandonato. E cosí sceglie di buttare giú dalla torre l'universo finito. Newton propone la sua soluzione al paradosso: l'universo non può che essere statico. Quindi «deve» essere infinito. Solo se ogni stella è attratta da ogni direzione e in ogni istante da un numero infinito di altre masse gravitazionali, la forza risultante sarà costantemente pari a →zero e la stella resterà ferma nella sua collocazione cosmica.

In realtà il reverendo Richard Bentley intuisce che un universo dominato dalla forza di gravità è, per necessità, un universo evolutivo. E lo scrive a Newton, in una famosa lettera del 1692. Se il cosmo è infinito e dominato dalla gravità, scrive l'acuto padre, allora basta un semplice calcolo per verificare che ogni oggetto nel cosmo è sottoposto a una forza di attrazione gravitazionale infinita. Quindi tutte le stelle dovrebbero collassare in un'enorme palla di fuoco.

Nella risposta al reverendo Bentley datata 10 dicembre 1692, Newton riconosce che «se la materia del nostro Sole e pianeti e la materia dell'universo fossero sparse uniformemente nei cieli, e ogni particella fosse caratterizzata da una gravità innata verso tutto il resto e l'intero spazio attraverso il quale questa materia è sparsa fosse finito, la materia al di fuori di questo spazio per la sua forza di gravità tenderebbe verso la materia al suo interno e di conseguenza cadrebbe verso il centro dell'intero spazio e lí darebbe forma a una grande massa sferica».

Newton comprende che il suo universo può essere salvato solo se, oltre a essere infinito, è anche omogeneo e isotropo. Insomma, deve essere uguale a se stesso in ogni dimensione e le stelle devono essere distribuite tutte alla medesima distanza nello spazio infinito. Cosí che ogni stella si ritrovi a essere attratta con la medesima forza in ogni direzione, con una forza risultante pari a zero. Il fisico si rende conto, però, che anche questo modello è estremamente instabile. Quindi improbabile. Basterebbe una lieve deroga in un punto qualsiasi dello spazio a quell'imperativo di precisione assoluta, per far franare su se stesso, come un immenso castello di carta, l'intero ordito cosmico.

Il mese dopo scrive, sconsolato, al reverendo Bentley: il mio modello non va. Anche una piccola perturbazione gravitazionale avrebbe ridotto l'universo a un grosso cumulo di materia. O, in alternativa, a un insieme infinito di cumuli di materia. È evidente, conclude, che questo gap della fisica può essere risolto solo da Dio. È lui che interviene di continuo nel cosmo per garantire che le stelle rimangano «per sempre nella medesima posizione (a uguale distanza)». Ristabilendo cosí la perfetta immutabilità cui, ogni momento, attenta la casualità delle piú piccole perturbazioni.

Molti, tra i contemporanei di Newton, storcono la bocca di fronte alla nuova prospettiva. Come può Dio aver creato l'orologio cosmico in un modo cosí imperfetto da essere costretto a intervenire di continuo per farlo funzionare? Come può il Grande Orologiaio essere piú maldestro di un modesto artigiano?

Newton sa che il *Dio dei gap* è solo una ipotesi provvisoria, in attesa che qualcuno trovi una spiegazione piú convincente.

D'altra parte l'universo infinito e statico che egli preconizza crea, a sua volta, un altro paradosso, rilevato già all'inizio del Seicento da Giovanni Keplero: se le stelle sono infinite, e omogeneamente distribuite, allora dovrebbero spalmarsi sull'intera volta celeste, coprendola. Ma se cosí fosse, il cielo apparirebbe luminoso anche di notte. E la Terra brucerebbe sotto quella immensa e incombente palla di fuoco. Poiché ciò non accade, ne concludeva Keplero, l'universo deve essere finito e con un numero finito di stelle.

Il paradosso della notte nel cielo newtoniano, con il suo numero infinito di stelle, intriga anche l'astronomo svizzero Jean-Philippe des Cheseaux nel 1744. E viene infine affrontato dal fisico tedesco Heinrich Olbers nel 1826. Se, dunque, il cielo è popolato da infinite stelle con luminosità media e distribuzione omogenea, non è detto che ogni punto dell'universo debba essere illuminato da una quantità infinita di luce. Infatti, sostiene Olbers, la luce proveniente dalle stelle lontane potrebbe essere schermata da nubi interstellari di materia che la assorbono e le impediscono di raggiungere la Terra. Ecco perché, conclude, il cielo di notte non si incendia e vediamo solo la luce delle (relativamente poche) stelle piú vicine.

Sembra l'uovo di Colombo. La polvere cosmica giunge opportuna a salvare la logica della cosmologia fissista? Olbers ha il grande merito di ipotizzare l'esistenza di nubi di materia interstellare prima che qualcuno abbia avuto modo di osservarle. Ma il suo modello, ancora una volta, non funziona. Non tiene conto della →termodinamica di equilibrio. Se l'universo fosse eterno, il debole schermo opposto dalle polveri interstellari sarebbe già stato spazzato via. Nessun oggetto materiale, men che meno la polvere cosmica, ha la capacità di assorbire una quantità infinita di energia. È inevitabile che ogni schermo raggiunga, prima o poi, una condizione di saturazione. Oltre la quale cessa, al netto, di assorbire e inizia a sua volta a emettere radiazione luminosa. All'equilibrio, raggiunto dopo un tempo magari lungo ma non infinito, il bilancio non può che essere pari: la polvere interstellare inevitabilmente emette tanta radiazione luminosa quanta ne assorbe.

E allora, perché la notte è buia?

Una spiegazione dinamica, la prima spiegazione dinamica, la dà Edgar Allan Poe, scrittore. Poe è stato conquistato dall'ipotesi, avanzata da Pierre-Simon de Laplace e da Immanuel Kant, secondo cui il sistema solare si è evoluto a partire da una nube primordiale di gas e polvere. La medesima cosa, pensa Poe, potrebbe essere successa all'universo. La notte è buia perché le stelle lontane sono troppo giovani e la loro luce è in viaggio: non ha ancora avuto il tempo di raggiungere la Terra. Edgar Allan Poe mette nero su bianco queste sue idee sull'universo evolutivo e scrive il saggio di cosmologia *Eureka: A Prose Poem*.

Il libro viene accolto con un certo sussiego da parte degli scienziati e dei critici. Ma l'editore George Putnam, di New York, è invece convinto che quella di Poe sia una scoperta al cui cospetto l'elaborazione della legge gravitazionale di Newton appare come un gioco da ragazzi. Nel leggere il libro sente un autentico «tremito di eccitazione», per cui, assicura, è pronto a lasciare tutto per dedicarsi alla diffusione di quel capolavoro. E cosí, nel 1849, ne stampa ben... cinquecento copie.

Edgar Allan Poe muore sei mesi dopo. E con lui di nuovo si assopisce, per un lungo periodo, ogni domanda sull'origine e l'evoluzione dell'universo.

Occorre attendere addirittura il 1917 prima che Albert Einstein (e chi se no?) scopra l'evoluzione cosmica. E, almeno momentaneamente, la respinga.

Il fisico tedesco è il primo a ritrovarsi tra le mani le prove, matematiche, che non solo la Terra, ma l'intero universo è soggetto a cambiamento. La scoperta avviene quando Albert Einstein decide di applicare le sue nuove equazioni del campo gravitazionale allo studio dell'universo su vasta scala. L'universo che studia Einstein, infatti, proprio come l'universo di Newton, è dominato dalla gravità. Solo che per Newton la gravità è una forza (misteriosa) che agisce a distanza tra due oggetti, come il Sole e la Terra. Se qualcosa viene a perturbare il campo gravitazionale del Sole, la Terra lo avverte istantaneamente e istantaneamente compensa la perturbazione.

Nella teoria della →relatività generale che Einstein ha messo a punto appena nel 1916, la gravità è concepita come curvatura dello spazio. O meglio, la gravità è l'effetto geometrico, la distorsione, prodotta dalla massa sulla →geometria, altrimenti piatta, dello spaziotempo. In questa visione geometrica dell'universo, l'attrazione gravitazionale altro non è che una traiettoria nello spaziotempo curvo.

Albert Einstein verifica subito che la sua teoria e le sue equazioni del campo gravitazionale funzionano bene a livello del sistema solare. Per esempio il Sole esercita la sua attrazione gravitazionale curvando, con la sua grande massa, lo spaziotempo che lo circonda. La Terra e gli altri pianeti sentono questa forte attrazione gravitazionale muovendosi naturalmente in quello spazio curvo e disegnando la nota traiettoria ellittica.

Il passo successivo di Albert Einstein è, dunque, quello di verificare se la sua teoria funziona altrettanto bene a livello piú generale. Anzi, al livello piú generale possibile. A livello cosmico. Cosí nel 1917 pubblica le *Considerazioni cosmologiche sulla Teoria della Relatività Generale* e le equazioni destinate a fornire la base matematica del nostro modello di universo.

Si tratta, come avviene spesso con Einstein, di un passo coraggioso. Perché nessuno sa ancora (nel 1917) se c'è qualcosa oltre la nostra galassia, la Via Lattea. Certo, di galassia ne è già stata individuata un'altra, Andromeda. Ma gli astronomi la chiamano ancora nebulosa e sono incerti se collocarla fuori o ben all'interno della Via Lattea.

Albert Einstein è costretto, in qualche modo, a immaginare l'universo cui vuole applicare le sue teorie.

Cosí inizia le sue *Considerazioni* ripartendo dall'universo infinito di Isaac Newton. Poi avanza tre ipotesi niente affatto scontate. Propone, in primo luogo, che l'universo sia omogeneo e isotropo su larga scala: ovvero che possa essere descritto, in prima approssimazione, come una distribuzione omogenea di →materia. In questa ipotesi l'universo ha, in media, la medesima densità e appare uguale a se stesso in ogni direzione.

Poi, sulla base di un pregiudizio squisitamente filosofico, Einstein avanza la sua seconda ipotesi e sceglie un modello chiuso di universo: un osservatore che si muovesse lungo una geodetica, ovvero un viaggiatore cosmico che procedesse in linea retta, dopo un certo tempo, piuttosto lungo ovviamente, si ritroverebbe, a causa della curvatura dello spazio, al punto di partenza. L'universo sferico che immagina Einstein è l'analogo tridimensionale della superficie terrestre bidimensionale: è finito, pur non avendo confini.

Le due ipotesi «inventate» da Einstein sono, a tutt'oggi, ancora valide.

La terza ipotesi cosmologica, che Einstein considera ovvia, è che l'universo sia statico. Immutabile nel tempo.

Sulla base di queste tre assunzioni, Einstein elabora le sue eleganti equazioni cosmologiche. Ma, con sommo disappunto, si avvede che quelle equazioni non ammettono soluzione. Non per un universo statico, almeno. È una situazione che non gli piace. Dalla quale vuole uscire. E ha solo due alternative per farlo. O sacrificare l'elegante staticità dell'universo. O sacrificare l'elegante semplicità delle sue equazioni.

La forza del pregiudizio lo porta a compiere quello che in seguito definirà «il piú grosso errore della mia vita». Invece di ascoltare le sue equazioni, le quali gli suggeriscono l'esistenza di un universo evolutivo, che si espande o si contrae nello spazio e nel tempo, decide di piegarle al suo pregiudizio statico. Per fare questo aggiunge alle equazioni di campo un nuovo termine, la costante cosmologica, che da un punto di vista fisico è una sorta di →forza repulsiva che agisce in modo sensibile a grande distanza. Questa forza avrebbe il compito di controbilanciare l'attrazione gravitazionale.

Con la costante cosmologica l'universo acquista finalmente la voluta fissità. Einstein non si avvede, però, che il suo modello di universo è sí statico: ma, proprio come l'universo di Newton, stabile come «una matita in equilibrio sulla punta». Basta una piccola perturbazione per farlo collassare o espandere per sempre. Ancora una volta la →matematica cerca di suggerirgli qualcosa che lui non riesce ad ascoltare.

Quando l'astronomo olandese Willem de Sitter, poco dopo, annuncia di aver trovato una soluzione alle sue equazioni cosmologiche per un universo privo di materia, e quando, due anni dopo il matematico tedesco Hermann Weyl dimostra che se in quell'universo vuoto ci butti dentro due particelle, queste tendono a separarsi l'una dall'altra, allontanandosi, Albert Einstein quasi si irrita. L'universo vuoto di de Sitter, dunque, non solo esiste (nel senso, matematico, che è congruente con le equazioni cosmologiche), ma non è neppure statico. È un universo che si espande.

Einstein reagisce sostenendo che il risultato non può che essere sbagliato. La relatività generale ha abolito lo spazio assoluto: che senso fisico ha parlare di uno spazio cosmico in espansione in un universo privo di materia, se lo spazio è creato dalla materia ed esiste solo per la materia? Ma per quanti sforzi faccia, Einstein non riesce a trovare un errore nel modello matematico di de Sitter. E, con l'onestà intellettuale che gli è propria, lo ammette.

Riassumendo. Einstein ha elaborato un modello cosmologico sulla base della relatività generale. Il modello non ammette soluzioni per un universo statico: l'universo relativistico deve essere dinamico. Deve espandersi. O contrarsi. Einstein allora introduce un termine, la costante cosmologica, che recupera un equilibrio altamente instabile al prezzo di introdurre una forza repulsiva cosmica di origine non ben identificata. Willem de Sitter ha trovato una soluzione alle equazioni cosmologiche di Einstein per un universo privo di materia. E Hermann Weyl ha trovato che questo universo vuoto si espande.

Benché tutto, fin dall'inizio, sembri suggerire ad Albert Einstein che il modello cosmologico dell'universo reale sia dinamico, il fisico tedesco non riesce a uscire dal quadro concettuale della staticità cosmica.

Eppure, come nota Clifford Will, sarebbe stato divertente verificare cosa sarebbe successo alla relatività generale e alla cosmologia se Einstein avesse riposto totale fiducia nelle sue equazioni e avesse predetto, già nel 1917, che l'universo deve evolvere nel tempo. Proprio come, accordando totale fiducia alle sue equazioni, aveva predetto che anche la luce viene deviata in modo misurabile da un campo gravitazionale forte come quello del Sole.

Quella che Stephen Hawking definisce la grandissima occasione mancata della fisica teorica viene recuperata da un giovane matematico russo, Aleksandr Friedmann. Che nel 1922 trova le soluzioni non statiche alle equazioni cosmologiche di Einstein per un universo che, come quello reale, ha una densità di materia, ρ, diversa da zero. L'universo materiale di Friedmann si espande. Se nell'universo ci sono tante galassie, queste si allontanano le une dalle altre. E questa espansione è condizione di stabilità. Non c'è bisogno di una costante cosmologica, e quindi di prevedere l'esistenza di una forza repulsiva non bene identificata.

Aleksandr Friedmann è dunque il primo sia a produrre un modello teorico di un universo evolutivo, che di un universo stabile. Ma nessuno dà credito a quello sconosciuto giovanotto.

Nel modello di Friedmann l'universo nel suo complesso evolve in virtú di una sola, semplice, elementare forza: la gravità. A saperlo leggere, l'articolo che il giovane russo pubblica sul prestigioso «Zeitschrift für Physik» contiene l'intera storia e il destino finale dell'universo. Ma, tranne uno scettico Einstein, nessuno nota quell'articolo. Per la verità Einstein già nel 1923, di fronte a nuove prove teoriche a favore di un universo non statico, ammette: «Se l'universo non è quasi statico, allora eliminiamo il termine cosmologico». Ma pochi hanno l'onestà intellettuale di Einstein e sono disposti a modificare cosí profondamente le proprie convinzioni. Affinché la comunità dei fisici scopra l'universo evolutivo non statico, occorre attendere il 1929, quando l'americano Edwin Hubble, dall'Osservatorio di Mount Wilson, in California, osserva la recessione delle galassie.

Hubble è un astronomo davvero molto abile. Dal 1919, da quando ha messo piede sul Mount Wilson, cerca di rispondere alla domanda che si poneva già a metà Settecento William Herschel: cosa sono le nebulose? Nel 1924 Hubble ritiene di avere finalmente una risposta. Sono insiemi di stelle, come la Via Lattea. Ma diversi e distinti dalla Via Lattea. Sí, insomma, sono altre galassie. Galassie, tra l'altro, che non stanno lí ferme. Ma si spostano nel cielo. L'universo è, quindi, molto piú esteso e molto piú complicato di quanto si pensi.

Hubble sta modificando la topografia dello spazio cosmico. E comincia a essere piuttosto famoso nell'ambiente degli astronomi. Ma continua a puntare il suo telescopio da 2,5 metri di diametro nel cielo, allora, limpido della California. Con l'intenzione di giungere a una valutazione quantitativa della dinamica galattica. Cosí ben presto scopre che la luce proveniente dalle nebulose lontane, ora galassie, ha una distribuzione di lunghezze d'onda (insomma, di colori) simile a quella delle stelle della nostra Via Lattea. Solo che è tutta spostata verso il rosso, cioè verso lunghezze d'onda maggiori (*redshift*).

La luce visibile può essere considerata come un insieme di onde elettromagnetiche che si distinguono tra loro per lunghezza. Le onde piú corte, di colore bluvioletto, sono lunghe circa 4.000 ångstrom (un ångstrom è pari a 10^{-10} metri, in pratica un decimiliardesimo di metro). Quelle piú lunghe, di colore rosso, raggiungono gli 8.000 ångstrom.

L'unica spiegazione ragionevole per il redshift della luce delle nebulose, ne deduce Hubble, è che tutte le galassie si stanno allontanando dalla Via Lattea. Se questo è vero, allora vale quel principio della fisica, noto come effetto Doppler, per cui, se un'onda si sta allontanando da noi, la sua lunghezza ci appare maggiore di quanto sia in realtà. È un po' quello che sperimentiamo in autostrada, quando un auto ci raggiunge e ci supera suonando il suo clacson: mentre l'auto si sta avvicinando sentiamo il suono del clacson piú acuto (lunghezza dell'onda sonora minore), poi, dopo che l'auto ci ha sorpassato e si allontana, il suono del clacson cambia frequenza e diventa sempre piú basso (maggiore lunghezza dell'onda sonora). Spostandoci dalle onde sonore a quelle ottiche, una luce in avvicinamento ha una luce apparente spostata verso lunghezze d'onda minori, cioè verso le lunghezze d'onda del colore blu: è il fenomeno che si chiama *blueshift*. Al contrario, una luce in rapido allontanamento ci appare spostata verso il colore rosso: *redshift*. Quanto maggiore è la velocità di avvicinamento o di allontanamento, tanto maggiori sono il blueshift o il redshift.

In realtà il redshift e il blueshift delle stelle era già stato scoperto, intorno al 1913, da Vesto Melvin Slipher, un giovane collaboratore del grande e controverso astronomo americano Percival Lowell. Slipher aveva osservato il blueshift della nebulosa di Andromeda e aveva calcolato che si stava avvicinando alla Terra alla velocità di circa 300 chilometri al secondo (km/s): come dire, circa un milione di chilometri l'ora! Mentre la gran parte delle altre nebulose a spirale mostravano un forte redshift e si stavano allontanando dalla Terra a 1.000 km/s e oltre.

L'American Astronomical Society aveva salutato con un'ovazione la scoperta di

Slipher. Ma nessuno aveva osato interpretare quei dati.

Quello di nuovo che alla fine degli anni '20 nota Edwin Hubble, rispetto a Slipher, sono altre particolarità, non meno importanti. In primo luogo Hubble si avvede che il blueshift (avvicinamento) è un evento raro, mentre il redshift (allontanamento) è la norma nello spettro del movimento delle galassie rispetto alla Terra. Le uniche galassie che si avvicinano, come Andromeda, sono quelle del nostro Ammasso Locale. E, in secondo luogo, trova una correlazione lineare tra distanza e spostamento verso il rosso: quanto maggiore è la distanza dalla Terra di una galassia, tanto maggiore è il redshift.

A questo punto l'interpretazione è chiara: quasi tutte le galassie si allontanano dalla Terra. E con una velocità di recessione direttamente proporzionale alla loro distanza. Come se il cielo, intorno alla Via Lattea, fuggisse via. Ma poiché la Via Lattea non è certo il centro dell'universo, è facile dimostrare che ogni galassia recede, si allontana, da tutte le altre, con una velocità proporzionale alla distanza. L'aspetto importante di questa relazione tra velocità e distanza, conclude nell'articolo che pubblica nel gennaio del 1929, è che «possa rappresentare l'effetto de Sitter». Insomma, annuncia Edwin Hubble, ho la prova che l'universo intero si sta espandendo.

Albert Einstein è tra i primi a riconoscere la portata dell'osservazione di Hubble. E, di conseguenza, la portata del suo errore concettuale. Nel 1930 è già sul Mount Wilson per rendere omaggio all'astronomo e per osservare da vicino l'universo in espansione.

Le equazioni dimenticate di Aleksandr Friedmann diventano improvvisamente preziose per spiegare questa osservazione. La cosmologia teorica ha trovato una conferma sul campo. E ora consente di fare delle previsioni ragionevoli sul futuro (e sul passato) dell'universo evolutivo.

Poiché a determinare l'evoluzione su grande scala dell'universo è, come sembra, una sola forza, allora nelle equazioni di Friedmann vi sono solo tre scenari possibili per il suo futuro. Se la densità di materia, ρ, nell'universo è piú piccola rispetto a un valore critico posto convenzionalmente uguale a 1, l'universo continuerà a espandersi, sempre piú lentamente, per l'eternità. Se ρ è, invece, maggiore di 1, allora l'espansione avrà termine e, per gravità, avrà inizio una fase di contrazione, con la materia che, sempre piú velocemente, precipiterà su se stessa. Fino a concentrarsi in un punticino a densità infinita: la singolarità finale. Se, infine, ρ è esattamente uguale a 1, l'universo continuerà sí a espandersi, ma con una velocità che, all'infinito, tenderà a zero.

Le equazioni cosmologiche di Einstein risolte da Friedmann non consentono solo di prevedere il futuro. Ma anche di risalire al passato dell'universo. Se tutte le galassie che vediamo si allontanano le une dalle altre con una velocità crescente, riproiettando indietro il film della storia cosmica le vedremo precipitare verso un unico punto originario. Un punto aborrito da Einstein: la *singolarità iniziale*. Un punto a dimensione zero, dove la densità di materia e di energia diventa infinita. E le leggi della fisica, semplicemente, vengono meno. Nulla di una eventuale storia precedente potrebbe influenzare l'universo emerso dalla singolarità iniziale. E nulla della storia attuale dell'universo potrebbe influenzare l'universo che, eventualmente, dovesse emergere dalla singolarità finale.

Da quel punto, da quel quanto primordiale di energia, potrebbe essere nato, con una grande esplosione, il nostro universo attuale. Secondo un modello, l'*Hypothèse de l'atome primitif*, che va proponendo il prete e astronomo belga Georges Lemaître tra il 1927 e il 1933.

Per Lemaître, che ha in mente gli ultimi risultati della neonata →meccanica quantistica, l'*atome primitif* è un luogo, grande come l'orbita terrestre, in cui è concentrata tutta la materia cosmica. Quel luogo avrebbe iniziato a dividersi secondo un processo esplosivo di proliferazione simile a quello di un batterio in un buon brodo di coltura. Da quel quanto iniziale sarebbe nata, per partenogenesi, tutta la materia dell'universo. E con essa, come prevede la relatività generale, lo spazio e il tempo.

«L'evoluzione dell'universo», scrive Lemaître già alla fine degli anni '20, appare a noi, frutto dei suoi stadi terminali, come «uno spettacolo di fuochi d'artificio che è appena finito: qualche piccolo fascio di luce, cenere e fumo. Noi, in piedi su un tizzone raffreddato, assistiamo alla lenta scomparsa dei soli e cerchiamo di ricordare la perduta luminosità dell'origine».

L'ipotesi viene oggi considerata la madre naturale della teoria del Big Bang. Ma alla fine degli anni '20 persino il maestro e mentore di Lemaître, sir Arthur Eddington, giudica quello scoppiettante inizio troppo «inesteticamente improvviso». Per Albert Einstein, poi, l'ipotesi è fisicamente abominevole. Pochi anni dopo entrambi ritornano sulle proprie posizioni e rivalutano l'idea cosmogonica di Lemaître.

La cosmologia offre, dunque, un campo (il campo) di applicazione alla relatività generale. E Einstein non lo dimentica. Nel 1932, insieme a Willem de Sitter, trova una soluzione specifica alle equazioni cosmologiche di Friedmann in cui lo spazio (riempito di materia) è piatto, ma in espansione. L'universo di Einstein-de Sitter offre ancora oggi una rappresentazione considerata ottimale dell'universo reale.

Per inciso: l'universo evolutivo proposto da Friedmann e confermato da Hubble offre una prima soluzione accettabile al paradosso di Olbers. In termini tecnici si può dire che la vita media dei fotoni rispetto all'assorbimento a opera della materia è molto piú lunga dell'età dell'universo. Ogni fotone ha scarsa possibilità di essere catturato. L'espansione, infatti, rende finita la quantità di luce che può raggiungere ogni singolo punto dell'universo. Il mezzo interstellare può dunque fungere da schermo e impedire che le stelle anche da una distanza infinita contribuiscano a illuminare la notte. Potremmo dire che la notte è buia perché l'universo evolve.

In realtà, come sarà dimostrato nel 1965, è la scarsa quantità di energia globale presente nell'universo, piú che l'espansione, a spiegare la notte buia. Insomma la notte non è infuocata perché c'è troppo poca luce in giro per l'universo.

Il modello del Big Bang caldo

Il modello dell'universo in espansione è la sintesi tra una grande teoria fisica, la relatività generale, e un'osservazione sul campo di facile verifica, la recessione delle galassie. Nessuno, pertanto, lo mette in discussione. Il problema per i cosmologi resta quello dell'→origine. Da dove nasce, dunque, questa spinta espansiva? E come appariva l'universo quando le galassie erano concentrate in uno spazio molto piccolo?

La teoria di Lemaître è negli anni '30 l'unica disponibile sul mercato delle spiegazioni possibili. Ma per molti è indigesta. D'altra parte la sua componente di fisica atomica è imprecisa. E in ogni caso manca di una struttura matematica. Insomma, pochi la prendono sul serio.

L'idea dell'*atome primitif* ritorna in auge, però, quando i fisici tentano di trovare una spiegazione, magari in termini evolutivi, a un'altra domanda fondamentale: come sono nati gli elementi chimici (→elemento) che Mendeleev ha distribuito lungo la sua famosa tavola? E perché, idrogeno a parte, che pure costituisce il 75% della massa visibile dell'universo, gli elementi con numero atomico pari (elio, berillio, carbonio, ossigeno) sono molto piú numerosi degli elementi con numero dispari (litio, boro, azoto, fluoro), come ha notato nel 1917 il chimico americano William Draper Harkins? Perché l'isotopo quattro dell'elio, ^4He, è secondo per abbondanza nell'universo al solo idrogeno? E perché tutti gli altri elementi messi insieme non superano l'1% della materia cosmica visibile?

I fisici sanno da alcuni lustri che la risposta a queste domande ha a che fare con la fisica dell'atomo e del nucleo atomico. Nel 1897 Antoine-Henri Becquerel scopre la radioattività e nel 1911 Ernest Rutherford scopre la struttura nucleare dell'atomo. Sulla base di queste nuove conoscenze William Harkins ipotizza che gli elementi possano essersi formati per fusione nucleare a partire dall'idrogeno, che deve essere considerato l'elemento primordiale. Quanto agli elementi con un numero pari di protoni nel nucleo, risultano piú abbondanti o perché si formano piú facilmente o perché sono piú stabili. Ipotesi verosimili. Ma resta il mistero del dove e del quando tutto ciò sarebbe avvenuto. Il problema di Harkins è che non ha un modello per la fusione nucleare.

La sua idea di nucleosintesi si rafforza tuttavia nel 1925, quando Cecilia Payne-Gaposchkin, a Harvard, dimostra che il Sole è costituito in gran parte di idrogeno. È ormai chiaro che la fusione dei nuclei di idrogeno in nuclei di elio è la fonte dell'energia solare. L'ipotesi diventa scienza solida quando, negli anni '30, il fisico Hans Bethe, fuggito dalla Germania nazista perché ebreo, definisce la teoria della fusione termonucleare nel Sole: la stella è un reattore nucleare in equilibrio, dove i nuclei di idrogeno si fondono, formando nuclei di elio e liberando enormi quantità di energia.

Il giovane fisico tedesco Carl Friedrich von Weizsäcker propone quindi che tutti gli elementi siano stati forgiati nelle stelle, a partire dalla medesima materia prima: l'idrogeno. Il guaio è che le stelle non sembrano avere la temperatura sufficiente per spiegare la formazione degli elementi pesanti. E allora bisogna cercare un «luogo piú caldo». Negli anni '30 l'unico luogo «piú caldo» disponibile è l'atomo primordiale di Lemaître.

La fisica nucleare e subatomica comincia a diventare parte importante della cosmologia e si accompagna alla relatività nella descrizione dell'universo evolutivo.

Cosí nel 1938, dopo aver concluso che nelle stelle, cosí come le conosciamo, non ci sono le condizioni minime di temperatura per ottenere gli atomi piú pesanti, von Weizsäcker propone che gli elementi pesanti si siano formati in una «palla di fuoco primordiale», grande come la Via Lattea o come l'intero universo, formatasi per collasso gravitazionale della nube di idrogeno primordiale. Nell'implosione l'aumento di temperatura ha superato la soglia necessaria alla fusione nucleare e alla formazione di nuclei pesanti.

L'ipotesi del *Big Bang caldo* prende corpo, tuttavia, solo nel 1948, dopo che i fisici delle particelle subatomiche hanno dimostrato che i neutroni liberi, cioè non legati in un nucleo, decadono spontaneamente in pochi minuti in un protone, un elettrone e un neutrino. La nostra cosmogonia, la nostra ipotesi sull'origine dell'intero universo, dipende dalla vita media di un piccolissimo neutrone libero.

A trovare il collegamento tra l'origine dell'intero universo e la vita media di un piccolissimo neutrone in libertà è George Gamow, un fisico geniale ed eccentrico, nato in Russia ma trasferitosi in America.

Gamow propone che l'universo abbia avuto inizio da un gas estremamente caldo (circa 10 miliardi di gradi), lo *ylem*, in greco materia primordiale, composto soprattutto di neutroni, ma anche di protoni ed elettroni. I neutroni nello *ylem* sono allo stato libero, quindi decadono rapidamente in protoni, elettroni e neutrini. La temperatura del gas, però, è sufficiente perché avvenga anche la reazione inversa: i protoni assorbono gli elettroni e si trasformano in neutroni. La condizione è di equilibrio.

E non vi sarebbe evoluzione, se Gamow non introducesse un'altra grande protagonista della cosmologia moderna: la termodinamica.

Il gas primordiale, in realtà un plasma, è in espansione. E, come tutti i sistemi gassosi in espansione adiabatica (senza scambio di energia con l'esterno), mentre occupa volumi sempre piú grandi, si raffredda.

Il volume del cosmo primigenio cresce con la medesima, straordinaria velocità con cui diminuisce la sua temperatura: questo è in estrema sintesi il modello del *Big Bang caldo* di George Gamow.

Pertanto la condizione primordiale di equilibrio, sostiene il fisico russo, dura poco. In breve la temperatura scende al di sotto della soglia di formazione dei neutroni. Allora tutti i neutroni liberi sparsi per il cosmo cominciano a decadere, formando quantità crescenti di protoni, elettroni e neutrini. Mentre sempre meno nuovi neutroni riescono a ricostituirsi. Riescono a salvarsi dall'estinzione solo i neutroni che hanno già interagito coi protoni, formando i nuclei «composti» dei futuri atomi. Cosí, nel giro di venti minuti, «in un lasso di tempo inferiore a quello necessario per cucinare l'anatra e le patate arrosto», si formano tutti gli elementi dell'universo, conclude Gamow.

Mentre l'arrosto cosmico si cuoce, i neutroni liberi continuano a decadere, finché il numero di protoni diventa superiore a quello dei neutroni. Non potendo piú formare nuclei pesanti, i protoni restano slegati, determinando la straordinaria abbondanza di idrogeno (l'idrogeno ha il nucleo formato da un solo protone) che verifichiamo tuttora nell'universo.

La tesi generale è dunque pronta. L'allievo di Gamow, Ralph Alpher, mette a punto i calcoli necessari. E quando tutto è pronto per la stesura dell'articolo su «Physical Review», Gamow chiede al fisico teorico Hans Bethe di firmare l'articolo, cosí che gli autori della prima vera teoria scientifica dell'origine dell'universo, Alpher, Bethe e Gamow, possano richiamare l'inizio dell'alfabeto greco: alfa, beta e gamma.

La teoria, che in virtú della sua già leggendaria ironia, Gamow chiama $\alpha\beta\gamma$, è rivoluzionaria, ma strettamente scientifica. Contiene una previsione precisa, frutto della capacità matematica di Ralph Alpher e di Robert Herman: la temperatura iniziale dell'universo deve essere sufficientemente calda per consentire ai protoni di vincere la repulsione elettrica e fondersi in nuclei di elio, ma non abbastanza da «sciogliere» i nuclei atomici via via che si formano. Di conseguenza la temperatura, pochi minuti dopo il Big Bang, deve trovarsi in un intervallo piuttosto ristretto. E, cosa ancora piú importante, la temperatura media dell'universo attuale, dopo alcuni miliardi di anni di espansione adiabatica, deve essere non superiore a 5 gradi Kelvin. Se il modello del Big Bang caldo è vero, prevedono Gamow e Alpher, con la collaborazione di Herman, l'universo attuale deve essere immerso in una radiazione di fondo, residuo dell'esplosione iniziale, la cui temperatura è di appena 5 gradi sopra lo zero assoluto.

Gamow si avvede che il suo modello può spiegare la fusione e la formazione di elio, ma non di elementi piú pesanti. Cosí ipotizza che questi ultimi si siano formati in una fase successiva al Big Bang.

La teoria dell'evoluzione primordiale fa molto rumore. E Gamow è presto impegnato a scrivere un libro di divulgazione, *The Creation of the Universe*, che vende benissimo. Ma nessuno ha mai osservato la gelida radiazione di fondo. La teoria resta priva di convalida. Per cui in Inghilterra un nuovo trio, formato da Fred Hoyle, Hermann Bondi e Thomas Gold, ne propone un'altra, alternativa e suadente: la *teoria dello stato stazionario*. In pratica, sostengono i tre, l'universo è sempre esistito ed è sempre stato in espansione, grazie alla →creazione continua di materia dal vuoto.

La materia neonata si aggruma in galassie che allontanano quelle della precedente generazione. «L'inesorabile introduzione di nuove unità create – scrivono – fa allontanare le altre, cosí come l'ingresso di nuovi invitati a una festa fa spostare gli ospiti già presenti verso l'esterno rispetto al luogo d'incontro iniziale».

In realtà i tre postulano la creazione di $6,25 \times 10^{-12}$ atomi di idrogeno al secondo, ovvero un solo atomo ogni 10.000 anni, per ogni metro cubo di universo. Ma questa rara creazione sarebbe sufficiente, su scala cosmica, a spiegare la fuga, l'una dall'altra, delle galassie. Niente può spiegare l'origine di questa materia dal nulla, riconoscono i tre. Ma sempre meglio una (inspiegata) creazione continua di poca materia dal nulla, sostengono, piuttosto che la (inspiegata) creazione istantanea dal nulla di un intero universo.

Il *principio cosmologico*, secondo cui l'universo è isotropo e omogeneo, uguale a se stesso, almeno su larga scala, in ogni direzione, che è alla base della cosmologia scientifica, viene ampliato da Fred Hoyle e dai suoi amici, che elaborano il *principio cosmologico perfetto*: l'universo è uguale a se stesso non solo in ogni direzione, ma anche in ogni tempo. Insomma, quello che propongono Hoyle, Gold e Bondi è un cosmo sempre uguale a se stesso. Senza inizio e senza fine. In qualche modo è un universo senza →storia, che ripropone il mito dell'eterno ritorno.

Molti hanno paura dell'evoluzione. E Fred Hoyle deve esserne atterrito. Perché resta a lungo un sostenitore determinato del principio cosmologico perfetto con cui tenta di diluire nell'infinito dello spazio e del tempo tutte le asperità dell'evoluzione locale, cosmologica o biologica che sia. Hoyle non solo ha continuato fino alla sua morte, avvenuta nell'estate del 2001, a sostenere la teoria cosmologica dello stato stazionario, ma ha sostenuto anche una teoria di *panspermia* che diluisce, appunto, nell'infinità del tempo e dello spazio, il problema dell'origine e dell'evoluzione della vita sulla Terra (→evoluzione biologica). Osserverà, non senza acrimonia, George Gamow: l'ideale di cosmo immutabile di Hoyle e colleghi a Cambridge «è conforme al vecchio, buon principio dell'Impero britannico di conservare nel mondo lo *status quo*».

Ma torniamo al 1948. Ora abbiamo ben due teorie cosmologiche alternative. Una comoda da un punto di vista filosofico e, per certi versi, anche scientifico: quella dello «stato stazionario». E un'altra scomoda sia dal punto di vista filosofico che scientifico: quella evolutiva del «Big Bang», come Hoyle ha ironicamente battezzato la teoria di Gamow in una trasmissione radiofonica del 1950 (mai avrebbe immaginato che la sua irridente definizione sarebbe diventata il nome convenzionale del Modello Standard della cosmologia), perché propone un inizio del tempo e, per di piú, in condizioni cosí estreme da essere inaccessibili alla fisica.

Per un po' di anni nessuna delle due teorie riesce ad affermarsi sull'altra.

Il modello di Gamow con l'esplosione iniziale sembra incrinato dal fatto che, data la velocità di recessione delle galassie calcolata da Hubble, la grande esplosione sarebbe avvenuta appena 1,8 miliardi di anni fa. Può l'universo essere piú giovane della Terra e del sistema solare che, è stato calcolato, hanno quasi 5 miliardi di anni (→evoluzione geologica)? A causa di questa incongruenza, l'universo di Friedmann e di Gamow rischia di tramontare rapidamente. Senonché, negli anni '50, il tedesco Walter Baade dimostra che Edwin Hubble ha sottostimato la distanza delle galassie. Ricalcolata con le nuove distanze galattiche, l'età dell'universo di Gamow «sale» a un valore compatibile con l'età della Terra e del sistema solare.

Lo stato stazionario invece va in crisi alla fine degli anni '50, quando Martin

Ryle a Cambridge dimostra che in passato il numero di radiosorgenti sparse per il cosmo era superiore a quello odierno. Detto in altri termini, in passato l'universo era strutturalmente diverso da quello attuale. In aperto contrasto il principio cosmologico perfetto e con l'universo eternamente uguale a se stesso che prevedono Hoyle, Bondi e Gold. È un colpo fatale. Un sondaggio effettuato nel 1959 tra gli astronomi dimostra che, ormai, nessuno crede nella teoria dello stato stazionario.

Il caso vuole che, nel medesimo periodo in cui la teoria dello stato stazionario entra in crisi, gli astrofisici rifacciano ancora una volta i conti e confermino che le galassie sono molto piú distanti tra loro di quanto si pensasse. L'età dell'universo aumenta definitivamente fino ad almeno 10 miliardi di anni.

L'ipotesi del Big Bang torna in auge. Anche se non convince tutti. Il medesimo sondaggio che nel 1959 sancisce la sconfitta dello stato stazionario, indica che solo un terzo degli astrofisici crede nella teoria del «grande botto».

È solo nel 1964 che il Big Bang vince ogni residua riserva e diventa il «Modello Standard della cosmologia». Grazie a un'antenna e a due fisici, Arno Penzias e Robert Wilson, in forza ai Bell Telephone Laboratories. L'antenna rileva un rumore di fondo omogeneo che copre l'intera volta celeste. Penzias e Wilson interpretano correttamente il dato: è la radiazione di fondo cosmico prevista da Alpher, Herman e Gamow.

Per capire cosa sia la radiazione di fondo cosmico bisogna risalire all'inizio del secolo. Quando Max Planck e, ancora una volta, Albert Einstein descrivono la fisica dell'irraggiamento di un corpo nero ideale. Questo strano oggetto altro non è che un sistema in grado di assorbire tutta la radiazione che lo investe e di riemetterla in un modo caratteristico, che i fisici chiamano distribuzione spettrale. Alpher, Herman e Gamow avevano immaginato che nell'universo primordiale materia ed energia fossero state, per un certo tempo, in equilibrio. Un eventuale osservatore esterno lo avrebbe visto del tutto opaco. Raffreddandosi, però, dopo un certo tempo l'equilibrio tra materia ed energia è venuto meno e l'universo è diventato trasparente. A questo punto il cosmo si comporta come un corpo nero: emette una radiazione caratteristica. Le tracce della radiazione fossile devono essere diffuse in tutto l'universo attuale e, se qualcuno le misurasse, dovrebbe apparire un rumore di fondo omogeneo. L'energia della *cosmic background radiation* (CBR), della radiazione di fondo cosmica, nel corso di miliardi di anni, deve essere diminuita. E, quindi, oggi essa dovrebbe apparirci come se avesse una temperatura di pochi gradi assoluti. O, detta in altri termini, come una radiazione a bassissime frequenze nel campo delle microonde.

A questo punto entrano in campo Penzias e Wilson. È il puro caso. Il fatto è che nel 1959 gli Stati Uniti avevano lanciato in orbita un satellite, Echo I, per sperimentare la fattibilità di un sistema di telecomunicazioni attraverso lo spazio. Per dialogare col satellite viene affidato ai Bell Laboratories l'incarico di costruire una grande antenna nel New Jersey. Nella primavera del 1964 l'antenna è bella e fatta. E i Bell Laboratories incaricano Penzias e Wilson di misurare i livelli di rumore in grado di disturbare le comunicazioni con Echo I. I due captano una fastidiosa e persistente radiazione con una lunghezza d'onda intorno ai 7,5 centimetri, corrispondente a una temperatura di circa 3,5 gradi Kelvin. Hai voglia di riorientare l'antenna verso le parti piú disparate del cielo: il rumore sembra arrivare da ogni direzione. Allora i due si convincono che il fastidioso ronzio è causato da qualcosa di molto piú vicino. Da un «materiale dielettrico di colore biancastro» che si è depositato sull'antenna. Insomma, dalla cacca di piccioni. La pulizia è, come usa dire, coscienziosa. Ma il rumore di fondo persiste. Penzias e Wilson non sanno a che santo votarsi. Bernard Burke, un collega del Mit di Boston, paventa loro che il fatto può essere di origine cosmologica. E consiglia di andare nella vicina Princeton e sentire il parere di Robert Dicke e di James Peebles. Due cosmologi interessati, pare, alle radiazioni cosmiche. Fortuna vuole che Dicke e Peebles si stiano occupando proprio della introvabile CBR.

Il contatto avviene. E l'interpretazione dei dati è inequivocabile: il rumore captato dall'antenna del New Jersey è la radiazione di fondo prevista dal modello del Big Bang.

Ora la teoria di Gamow può contare su due fatti osservativi indipendenti: la recessione delle galassie e la radiazione di fondo. Ora è una teoria credibile.

La sua posizione diventa solidissima quando gli astronomi verificano, infine, che anche l'abbondanza dell'elio è proprio quella prevista dal modello: il 25% della materia cosmica Una simile quantità di elio nell'universo non può essere spiegata con la fusione termonucleare nelle stelle. Le stelle non avrebbero avuto modo di produrne tanto. L'elio deve essersi formato in gran parte nell'universo neonato, mille secondi dopo la grande esplosione, come prevede la teoria del Big Bang caldo.

Ironia della sorte, è stato proprio Fred Hoyle, insieme a William Fowler, a Margaret Burbidge e a Geoffrey Burbidge, a fornire, nel 1957, l'unica spiegazione che Gamow non sa dare: la presenza, nell'universo, degli elementi pesanti. La teoria dei quattro astrofisici detta HFB2 (dalle iniziali dei loro cognomi), prova che questi elementi sono stati sintetizzati nelle prime stelle, a partire da idrogeno ed elio.

Nel 1972, infine, Jean Audouze, William Flower, Johannes Geiss, Hubert Reeves e David Schramm dimostrano che c'è un unico modo per spiegare la grande abbondanza di deuterio, l'isotopo dell'idrogeno con un nucleo costituito da un protone e un neutrone, nell'universo: la cosmologia del Big Bang.

A promuovere, in modo definitivo secondo alcuni, la teoria del «grande botto» provvedono, infine, il Far Infrared Absolute Spectrometer e il Differential Microwave Radiometer montati sul satellite Cosmic Background Explorer (COBE). Nel 1992 quei due raffinatissimi strumenti inviati in orbita, oltre a confermare la presenza di una radiazione cosmica di fondo alla temperatura di 2,728 ± 0,002 °K, ottengono due fondamentali risultati.

Primo: dimostrano che questa radiazione cosmica è molto, molto omogenea. L'elevatissima omogeneità è prevista dalla teoria del Big Bang. Ed è spiegata solo dalla teoria del Big Bang.

Secondo: dimostrano che, per quanto elevatissima, l'omogeneità della radiazione di fondo non è totale. Ma è rovinata da piccole fluttuazioni, non piú di 30 mK (milionesimi di gradi). Questa leggera anisotropia non solo si accorda con la teoria, ormai classica, del Big Bang. Ma anche con le previsioni di quella *teoria dell'inflazione* venuta, negli anni '80, a salvare l'ipotesi di Gamow da una acuta crisi. L'inflazione lega definitivamente la cosmologia alla fisica delle alte energie, o, come sostiene un'abusata metafora, l'infinitamente grande all'infinitamente piccolo. Essa contribuisce all'affermazione di una nuova disciplina, la *fisica delle astroparticelle*, ormai indispensabile per lo studio dell'universo evolutivo. Molti, tuttavia, ritengono l'inflazione un'ipotesi costruita *ad hoc* dai teorici per salvare il Big Bang. Il satellite COBE e, piú di recente, l'esperimento Boomerang diretto dall'italiano De Bernardis forniscono una solida prova a sostegno della realtà fisica del modello dell'inflazione.

Ridotto in pillole, il Big Bang caldo, diventato ora il Modello Standard della cosmologia, prevede che il nostro universo (la materia, l'energia, lo stesso spaziotempo) sia nato da una singolarità caldissima e densissima tra 10 e 20 miliardi di anni fa. Da allora ha continuato a espandersi e a raffreddarsi, sempre meno velocemente. Il Modello ha il suo fondamento teorico nella relatività generale di Einstein. E il suo fondamento osservativo in tre fatti indipendenti e incontestabili: la recessione delle galassie; la presenza di una radiazione cosmica di fondo omogenea (ma non del tutto); l'abbondanza relativa degli elementi leggeri (idrogeno, deuterio, elio, litio).

L'evoluzione cosmica ha una sua solida teoria.

Letture: Livio Gratton, *Cosmologia*, Bologna, Zanichelli, 1987; Pietro Greco, *L'origine dell'universo*, Roma, Editori Riuniti, 1998; Alberto Masani, *La cosmologia nella storia*, Brescia, La Scuola, 1996; Hubert Reeves, *L'evoluzione cosmica*, Milano, Rizzoli, 1993; George Smoot, *Nelle pieghe del tempo*, Milano, Mondadori, 1994.

Evoluzione culturale

(dal latino *evolutio*; dal latino *cultura*)

Dobbiamo riconoscere, senza falsa modestia, che l'→uomo rappresenta una grande novità nella →storia della →vita. Un'→emergenza davvero particolare. Insomma, per dirla col biologo Theodosius Dobzhansky, un trascendimento evolutivo. L'idea non ha nulla di mistico. E neanche di autoapologetico. In pratica, come rileva Dobzhansky, nella storia cosmica (conosciuta) vi sono due momenti in cui l'→evoluzione trascende se stessa. Nel senso che emerge un'organizzazione della →materia con proprietà e leggi (→legge) del tutto nuove rispetto a quelle tipiche delle organizzazioni della materia precedenti. Anzi, emerge un modo diverso di evolvere.

Il primo momento è quando avviene la transizione dal non vivente al vivente. Quando nasce la vita. L'evoluzione della materia vivente non è piú fisica, ma diventa darwiniana (→evoluzione biologica).

Il secondo momento in cui l'evoluzione trascende se stessa è quando avviene la transizione dal biologico al culturale. Dobzhansky fa coincidere questo momento con la nascita dell'uomo, un essere capace piú di ogni altro di elaborare e trasmettere →informazione per via non genetica. Anche se, probabilmente, la transizione dall'evoluzione biologica all'evoluzione culturale può essere considerata un processo meno improvviso e piú spalmato nel tempo, che coinvolge con diverse gradazioni piú e piú →specie viventi, è con l'uomo che l'evoluzione della materia vivente non è piú (solo) darwiniana, ma diventa eminentemente lamarckiana.

Tre sono i caratteri principali dell'evoluzione culturale: la socialità, la →cultura in senso stretto e il libero arbitrio (→libertà). Questi tre fattori si intrecciano, si rafforzano, si modificano reciprocamente. Insomma sono tre fattori coevolutivi. Tanto che sarebbe piú giusto chiamare l'evoluzione culturale «coevoluzione socioculturale».

La socialità

«Non è mai esistito, come entità biologica autonoma, un esemplare solitario di uomo», scrive Mario Ageno. L'uomo è, anche in termini evolutivi, un essere sociale. La marcata socialità è uno dei caratteri fondanti dell'evoluzione lamarckiana, che infatti definiamo socioculturale. Non si tratta di una constatazione banale. Perché essa ha una precisa implicazione: la cultura è emersa, storicamente, come un carattere della socialità.

L'evoluzione sociale non riguarda certo solo l'uomo. Anzi, è uno dei fili che hanno tessuto la storia della vita. La socialità, d'altra parte, è a sua volta un carattere emergente, oltre che evolutivo. E può essere definita come un insieme molto complesso di relazioni che si instaura tra strutture e organismi biologici. In realtà i modi di stare insieme inventati dagli organismi viventi sono molti e piuttosto diversi. Per cui abbiamo una serie, piuttosto ampia, di socialità. Abbiamo, per esempio, la socialità, simbiotica, all'origine delle prime cellule eucariote, e la socialità cellulare degli organismi vegetali e animali.

Anche la socialità, come molti altri caratteri biologici, è oggetto di evoluzione darwiniana. Una volta apparse, quelle comunità di cellule ovvero quelle entità intrinsecamente sociali che sono gli organismi animali hanno immediatamente costruito, tra loro, una rete di relazioni piuttosto complessa. Hanno costruito, cioè, una nuova socialità.

In realtà gli animali (→animale) hanno inventato diversi modi di relazionarsi tra loro: hanno costruito nuove e diverse socialità. Nel corso della storia animale, infatti, le relazioni sociali non sono aumentate tanto di intensità, quanto si sono modificate per qualità. Nelle società degli invertebrati coloniali c'è una connessione fisica tra i costituenti e una specializzazione morfologica e funzionale. Nella società degli insetti inizia a emergere una specializzazione comportamentale. Che diventa prevalente nella società degli uccelli e dei mammiferi.

Tutto ciò comporta modifiche profonde nel modo di vivere dei singoli organismi. Gli uccelli e, ancor piú, i mammiferi hanno viva necessità di trasmettere l'informazione per via culturale e non solo genetica. I genitori devono insegnare ai figli come comportarsi, se vogliono farli sopravvivere in un →ambiente sempre piú dinamico e denso di imprevisti.

La capacità e, insieme, la necessità di trasmettere informazioni oltre la genetica raggiungono l'apice con la specie umana. Una specie che, fin dalle sue origini, vive in →società piuttosto complesse. In cui la componente culturale della trasmissione di informazioni non è affidata solo alle *cure parentali*, ma anche al gruppo, al clan o alla tribú nel suo complesso.

Molti sostengono che la società umana, fin dalle origini, ha avuto una sua spiccata specificità. Sarebbe stata fondata su un vero e proprio *contratto sociale* stipulato da un insieme di individui. Un contratto che presuppone forme di autocoscienza (→coscienza) e di comunicazione che sarebbero precluse agli animali non umani. Sulle origini e sulla specificità delle società umane le ipotesi, e le tesi, sono molte e controverse. Tuttavia è fuor di dubbio che l'uomo ha una marcata socialità. E che molti dei caratteri distintivi dell'uomo derivano da questa sua marcata socialità. Persino la deambulazione in posizione eretta presuppone un ambiente sociale, familiare o allargato che sia. E cosí il →linguaggio articolato. E cosí la grande capacità di memoria, l'autocoscienza, la →mente.

Come sostiene Ageno, lo sviluppo nell'uomo di un sistema nervoso centrale prodigioso, nel senso di capace di produrre evoluzione culturale, «va messo in relazione con la funzione che esso svolge come organo del sistema generale di regolazione di una società», oltre che con la sua funzione primitiva di sistema generale di regolazione del singolo individuo. Robin Dunbar è convinto che l'aumento delle dimensioni del cervello negli ominidi è stato promosso non dalle esigenze cognitive legate alla fabbricazione di strumenti o al possesso di mappe mentali dell'ambiente, ma dalla crescente dimensione dei gruppi sociali. I primati con le capacità cognitive piú elevate tendono a formare, salvo rare eccezioni, gruppi piú grandi. Fino a culminare nell'uomo, che ha la capacità di organizzarsi in società di vastissime dimensioni.

Lo sviluppo delle capacità cognitive degli ominidi potrebbe, dunque, essere stato promosso dalla necessità di formare grandi gruppi. Una società piú numerosa e complessa ha bisogno di un'analisi sempre piú fine e di una memoria sempre piú ricca del rapporto tra gli individui. La nostra, prima che essere un'→intelligenza strumentale, è un'intelligenza sociale.

L'evoluzione culturale ha bisogno dello sviluppo del sistema nervoso centrale. Ma lo sviluppo del sistema nervoso centrale avviene se c'è una domanda di relazione culturale. →Mente e cultura sono un'unica cosa. Ed entrambe, mente e cultura, si sono evolute come strumenti di regolazione dei rapporti sociali. Mente, cultura e società sono un'unica cosa.

La cultura

Definire la parola cultura non è impresa facile. Per il Devoto-Oli, cultura è «quanto concorre alla formazione dell'individuo sul piano intellettuale e morale e all'acquisizione della consapevolezza del ruolo che gli compete nella società». Per il vocabolario della Treccani, cultura è «l'insieme delle cognizioni intellettuali che una persona ha acquisito attraverso lo studio e l'esperienza, rielaborandole peraltro con un personale e profondo ripensamento cosí da convertire le nozioni da semplice erudizione in elemento costitutivo della sua personalità morale, della sua spiritualità e del suo gusto estetico, e, in breve, nella consapevolezza di sé e del proprio mondo». Se proviamo a spogliare delle loro connotazioni piú antropiche queste definizioni, possiamo dire che cultura è: apprendere, processare e trasmettere informazione mediante lo studio individuale, l'esperienza e l'educazione.

Le ostriche, quando incontrano e selezionano il cibo o coprono di materiale perlifero un granello di sabbia, processano informazione. Ma non apprendono nulla, o quasi. Alcuni famosi esperimenti sull'*Aplysia*, una lumaca di mare, mostrano che anche questi animali possiedono una certa capacità di apprendimento, ovvero una plasticità del sistema nervoso. Comunque anche le ostriche (e le lumache) che apprendono non trasmettono nulla alle loro figlie, sorelle e amiche. Cosí, tutte le ostriche si comportano sempre, piú o meno, allo stesso modo in presenza di cibo e di granelli di sabbia. Le loro risposte all'ambiente sono (abbastanza) «automatiche» e il loro comportamento è controllato, soprattutto, a livello genetico. Al contrario, quando gli scimpanzé dei monti Mahali vanno a caccia di formiche con bastoncini e rametti, portano con sé i propri figli che apprendono, piuttosto lentamente, quel modo, strumentale, di procurarsi il cibo. In questo caso le risposte che gli scimpanzé dei monti Mahali danno agli stimoli ambientali non sono controllate del tutto a livello genetico, ma il loro comportamento è il frutto di una serie di informazioni processate e conservate nel loro cervello.

Il cervello dei primati è una sede di immagazzinamento e di manipolazione dell'informazione che può e sa tenere conto della →storia, quindi ha un forte carattere individuale. La sede dove le ostriche processano l'informazione, relativa alla selezione dei nutrienti o al trattamento da riservare ai granelli di sabbia piú impertinenti, è pressoché indifferente alla storia e resta sostanzialmente immutata nel tempo. La sede dove gli scimpanzé processano l'informazione per la cattura delle formiche è sensibile e modellata dall'esperienza. Le piccole ostriche sanno subito come selezionare il cibo. I piccoli scimpanzé impiegano qualche anno ad apprendere la tecnica dei bastoncini per catturare le formiche. E gli scimpanzé del Gombe, che vivono a soli 170 chilometri dai monti Mahali e hanno un corredo genetico del tutto simile ai loro fratelli dei monti Mahali, quella tecnica non l'hanno mai appresa.

Questa definizione di cultura è forse ancora insoddisfacente, ma è un po' meno antropica. E tutto sommato è sufficiente per riconoscere almeno quattro grandi caratteristiche che rendono l'evoluzione culturale qualitativamente diversa dall'evoluzione biologica.

1. L'evoluzione culturale è un processo lamarckiano, non darwiniano. Prevede la trasmissione dei caratteri, culturali, acquisiti. Gli scimpanzé dei monti Mahali trasmettono di generazione in generazione le informazioni apprese sulla cattura delle formiche mediante bastoncini. L'informazione viene trasmessa non solo dai genitori, ma da qualsiasi altro scimpanzé che conosce la tecnica.
2. L'evoluzione culturale è un processo di gran lunga piú rapido dell'evoluzione biologica. Uno scimpanzé del Gombe, trapiantato sui monti Mahali, apprende in pochi mesi la tecnica di caccia delle formiche coi bastoncini. Una proscimmia, immessa nel medesimo ambiente, se anche ci riuscisse, impiegherebbe alcuni milioni di anni.
3. L'evoluzione culturale è un processo teleologico (→teleologia). L'uomo, che non può certo guidare la propria evoluzione biologica, può influenzare e indirizzare la sua evoluzione culturale.
4. L'evoluzione culturale è un processo basato su valori.

L'uomo ha dunque la capacità di intervenire in modo intenzionale e creativo sull'ambiente. Mediante l'utilizzo di strumenti; il controllo dello →spazio e del →tempo; il controllo dell'→energia; l'organizzazione sociale; la comunicazione verbale: la capacità di rappresentarlo, l'ambiente, anche in modo simbolico, astratto. E, infine, mediante l'organizzazione economica (→economia). Insomma, mediante le sue capacità culturali.

Queste capacità si trasmettono, e quindi evolvono, in modo affatto diverso dai caratteri biologici. In maniera lamarckiana. Ecco perché.

1. La cultura «non è mendeliana». Le capacità culturali di processo dell'informazione, in dotazione all'uomo (ma, in misura minore, anche ad altre specie viventi), non sono soggette alle leggi mendeliane dell'ereditarietà. Le conoscenze acquisite per via culturale da una generazione vengono o, almeno, possono essere trasmesse direttamente alla generazione successiva. Senza passare attraverso il lento filtro della trasmissione mendeliana. L'informazione processata per via culturale non è, cosí, trasmessa dai genitori ai figli, ma da chi sa a chi non sa. Ogni persona ha un patrimonio culturale unico. Fatto di esperienze comuni ma anche di storia individuale. Ogni persona costituisce, pertanto, qualcosa di nuovo e di insostituibile nella società umana. E contribuisce ad arricchirne il sistema di relazioni. È grazie a questo insieme di individualità che, come sostiene Mario Ageno, si afferma e si accresce «nel tempo della storia» un patrimonio socioculturale che viene conservato, rimodellato e trasmesso di generazione in generazione.

2. La cultura è «cumulativa». L'informazione viene processata dagli individui. Ma nel suo insieme la cultura è un patrimonio collettivo. L'insieme delle conoscenze dei singoli uomini e l'insieme delle conoscenze scambiate tra i singoli uomini formano il patrimonio culturale dell'umanità. Un patrimonio, almeno in teoria, che è nella disponibilità di ogni e di ciascun membro della comunità umana. Forse c'è stato un uomo che, intorno a 1,5 milioni di anni fa, ha capito come si fa ad accendere il fuoco. Ma poi la →tecnica è entrata nella disponibilità del suo gruppo e si è rapidamente estesa agli altri gruppi che sono venuti in contatto, direttamente o indirettamente, col suo gruppo. Oggi una nuova conoscenza fa il giro del mondo in poche ore, diventando, immediatamente, disponibile a milioni e persino a miliardi di individui. Nulla di tutto questo è possibile all'informazione trasmessa per via genetica.

3. La cultura è «inclusiva». L'evoluzione culturale procede, anche, per inclusione. L'albero della cultura romana è il risul-

tato dell'innesto della cultura ellenistica nel ceppo latino. Posso persino pensare di costruirmi a tavolino una nuova cultura, sincretica, formata da elementi della «mia» cultura europea miscelati con elementi della cultura cinese e/o della cultura afroamericana. Al contrario, come fa notare il paleoantropologo e storico della biologia Stephen Jay Gould, l'evoluzione darwiniana non sa costruire alberi di vita per inclusione (unica eccezione, forse, le cellule eucariote), ma solo per separazione e diversificazione.

La cultura, dunque, è palesemente non adattiva (→adattamento), non darwiniana. Anche se interviene nell'interazione tra biologia e ambiente e aumenta la *fitness* degli individui che la sviluppano.

«Mentre uccelli, pipistrelli e insetti sono diventati volatori evolvendosi geneticamente per milioni di anni – ha scritto il genetista Theodosius Dobzhansky – l'uomo è diventato il volatore piú potente di tutti, costruendo macchine volanti e non ricostruendo il proprio genotipo». La capacità di produrre rapidi mutamenti culturali rende unica l'umanità. Ed è grazie a questo meccanismo, anch'esso squisitamente lamarckiano, che l'uomo in un batter di ciglio ha trasformato la superficie del pianeta piú di quanto potesse sperare di fare qualsiasi processo evolutivo di tipo darwiniano.

In soli sessant'anni le macchine dell'uomo sono passate da un volo di pochi metri a un volo di miliardi di chilometri che le ha proiettate fuori dal sistema solare. Il ritmo del mutamento culturale sembra diventare davvero molto sostenuto solo con l'apparizione di *Homo sapiens sapiens*. È negli ultimi centomila o addirittura trentacinquemila anni infatti che l'«uomo ha imparato a volare». Ma, in realtà, l'evoluzione culturale è sempre stata piú rapida dell'evoluzione biologica, anche quando le capacità d'innovazione in *Homo erectus* e in *Homo abilis* appaiono, ai nostri occhi, piuttosto lente.

L'evoluzione culturale si differenzia dall'evoluzione biologica anche perché ha (o può avere) una direzione (abbastanza) precisa. L'evoluzione darwiniana è cieca. L'evoluzione lamarckiana è, almeno in potenza, teleologica. Si muove in una direzione che possiamo definire, con una certa prudenza, protesa verso il →progresso. Glielo consente, appunto, la trasmissione non mendeliana, ma diretta, dei caratteri culturali acquisiti, la loro cumulabilità, la rapidità con cui quei caratteri vengono acquisiti e cumulati.

L'evoluzione culturale è caratterizzata da una spinta intrinseca verso il progresso. Ma non bisogna equivocare. Vi sono anche controspinte, dettate dalla storia e realizzate dal libero arbitrio, che possono rendere tortuoso e persino invertire questo cammino. Il matematico e storico della scienza Lucio Russo ci ha fatto notare, di recente, come l'uomo, almeno l'uomo europeo, abbia bellamente e a lungo (per un paio di millenni, almeno) dimenticato la straordinaria rivoluzione scientifica dell'ellenismo, una volta che le legioni di Roma hanno imposto la loro *pax* nella regione del Mediterraneo.

In ogni caso la nozione di marcia verso il progresso, possibile ma non ineluttabile, riguarda piú i risultati materiali (tecnologia) e cognitivi (→filosofia, →scienza) che non gli aspetti squisitamente sociali e spirituali. In altri termini, lo sviluppo delle conoscenze può favorire la ricerca di una società migliore e della felicità individuale. Ma non è affatto scontato che porti verso una società migliore e, ancor meno, verso la felicità individuale.

Non possiamo certo applicare alla comunità delle ostriche i concetti di «società migliore» e di «felicità». È solo con la cultura, infatti, che entrano esplicitamente in gioco nuovi fattori evolutivi. Astratti. Non darwiniani: i valori. La distinzione tra ciò che è →bene e ciò che è male. Ciò che è giusto e ciò che non è giusto. Tra ciò che fa

→piacere e ciò che, al contrario, dispiace. Non si tratta, in realtà, di categorie astratte in assoluto. I valori nascono come risposte, o meglio, elaborazioni culturali intorno a problemi e bisogni di orgine materiale. È cosí che la casa, oltre che rifugio, diventa simbolo della coesione familiare; il vestito oltre che strumento protettivo diventa manifestazione di eleganza e declinazione del gusto estetico; la sessualità (→sesso) oltre che atto procreativo diventa atto di amore (→eros); il pasto, oltre che nutrimento, diventa piacere. I valori sono categorie astratte che consentono di affinare e, nel medesimo tempo, di rendere piú complesso il rapporto tra l'individuo e l'ambiente. I valori sono caratteri fondamentali dell'evoluzione culturale. E, come sostiene Antonio Damasio, della stessa evoluzione mentale dell'uomo (→emozione).

Libero arbitrio

Socialità e cultura in senso stretto sono elementi necessari, ma non sufficienti a spiegare lo sviluppo, a tratti impetuoso, dell'evoluzione culturale, o meglio, della (co)evoluzione socioculturale. Occorre che ci sia un terzo elemento (co)evolutivo. Un elemento biologico: la materia della libertà.

La libertà, la capacità di effettuare scelte consapevoli, il libero arbitrio sono stati spesso considerati elementi, per definizione, non materiali di quell'impasto di materia e spirito che è l'uomo. Ad alcuni la materia della libertà potrà sembrare, addirittura, un ossimoro. Una contraddizione in termini. Anche gli scienziati, in passato, hanno considerato il libero arbitrio dell'uomo un «problema intrattabile». Oggi, tuttavia, pur non disponendo di una solida →teoria, gli scienziati avanzano serie →ipotesi scientifiche per spiegare la libertà dell'uomo, che è una proprietà emergente della sua mente, che a sua volta è una proprietà emergente del suo encefalo e, quindi, della sua evoluzione biologica. In questo senso la libertà dell'uomo è un elemento biologico. Il frutto della sua storia specifica. Rimandiamo alle voci →libertà, →mente e →uomo, per una trattazione piú articolata di questo delicato problema (forse del piú delicato problema) scientifico e filosofico. Basti per ora considerare che il libero arbitrio è il terzo elemento essenziale, l'elemento biologico, che ha concorso e concorre alla coevoluzione socioculturale dell'uomo. La socialità e la cultura hanno contribuito e contribuiscono tuttora in modo sostanziale all'emersione del libero arbitrio. Ma il libero arbitrio, la capacità di effettuare scelte consapevoli, ha drammaticamente modificato e continua tuttora a modificare le attitudini sociali e le capacità culturali di quella specie che, non senza presunzione, si è autodefinita *sapiente sapiente*.

Letture: Merlin Donald, *L'evoluzione della mente*, Milano, Garzanti, 1996; Robert Foley, *Gli umani prima dell'umanità*, Roma, Editori Riuniti, 1999; Pietro Greco, *Evoluzioni. Dal Big Bang a Wall Street, la sintesi impossibile*, Napoli, Cuen, 1999; Marvin Harris, *La nostra specie*, Milano, Rizzoli, 1991; Franco Prattico, *La tribú di Caino*, Milano, Raffaello Cortina, 1995.

Evoluzione geologica

(dal latino *evolutio*; dal greco γεω e λογία)

Il nostro è un pianeta dinamico. In ogni istante non è mai uguale a se stesso e cambia continuamente in quello che Georges-Louis Leclerc, conte di Buffon, chiamava l'«oscuro abisso del →tempo». Sembrerà strano, ma la scoperta della Terra in →divenire, consumata già sul finire del Settecento, è il primo elemento di quella visione evolutiva del cosmo a ogni livello (→evoluzione) con cui la →scienza ha clamorosamente modificato la →percezione che l'→uomo ha di se stesso e dell'→universo che lo circonda.

La scoperta dell'evoluzione geologica, dunque, ha profonde implicazioni filosofiche. Anche se pochi filosofi e, tutto sommato, anche pochi storici lo sottolineano a sufficienza.

Fin dall'antichità, naturalmente, gli uomini si erano accorti delle dinamiche geofisiche e geochimiche della Terra. I terremoti, i vulcani, i fenomeni meteorologici cambiano, con una continuità visibile all'uomo, la superficie terrestre. Ma quasi tutti elaborano spiegazioni locali di questo →cambiamento. Si modificano piccole parti del pianeta, non si modifica il pianeta nel suo complesso. Aristotele, per esempio, immaginava che una qualche specie di «vento» circolasse nelle cavità naturali del sottosuolo, provocando i cambiamenti, a volte violenti, della superficie.

Un problema serio è però rappresentato dai fossili. In definitiva anche i greci si stupivano nel trovare su in montagna resti di animali marini a volte del tutto sconosciuti. Ma anche di questi ritrovamenti veniva fornita una spiegazione, tutto sommato, locale. Quegli animali erano stati portati su in montagna da tremende inondazioni. D'altra parte, il mito del diluvio non appartiene solo alla cultura ebraica.

Tuttavia questo tipo di spiegazioni comincia a essere insufficiente in epoca moderna, quando, con l'America, gli europei scoprono la vastità del pianeta. E la diffusione pressoché ubiquitaria di molte «stranezze». Per esempio Francis Bacon, osservando le approssimative carte geografiche del suo tempo, nota la complementarità, strana appunto, tra la forma della costa orientale del Sud America e la forma della costa occidentale dell'Africa. Non se ne dà una spiegazione. Tuttavia il suo allievo Robert Hooke riprende in esame il problema dei fossili marini, trovati un po' ovunque nell'entroterra e sulle montagne. La tesi del diluvio non lo convince. Questi fossili hanno una storia. Una storia di cambiamento. Una serie di cause fisiche gigantesche deve aver modificato in profondità il pianeta, sollevando fondali fino all'altezza delle montagne e sprofondando cime negli abissi marini. Quanto ai fossili sconosciuti, be', essi sono la prova che le →specie non sono state create una volta e per sempre, ma anche loro, proprio come gli organismi, nel corso del tempo nascono, si sviluppano e muoiono. L'ambiente terrestre cambia, sostiene Hooke, e il suo cambiamento induce modifiche anche negli accidenti delle specie viventi. Insomma, nel suo *Discourse on Earthquakes* Robert Hooke nel 1668 anticipa uno dei concetti fondamentali di quell'evoluzione geologica che diventerà una →teoria scientifica solo nel 1785, quando James Hutton pubblicherà la sua *Theory of the Earth*, e di quell'→evoluzione biologica che diventerà una teoria scientifica solo nel 1859, quando Charles Darwin pubblicherà il suo *On the Origin of Species*.

A impedire a Hooke (ma anche a molti suoi contemporanei, da Niels Stensen ad Agostino Scilla, che cominciano ad avere una visione storica della Terra) di anticipare i tempi verso la definizione di una teoria scientifica dell'evoluzione terrestre c'è, appunto, il problema del tempo. Uno scenario evolutivo *á la Hooke* presuppone un tempo che non c'è. Non può realizzarsi nei seimila anni che, Bibbia alla mano, il vescovo James Ussher calcola che separino lui e i suoi contemporanei dalla →creazione del mondo da parte di Dio, che Sua Eminenza colloca esattamente nel 4004 avanti Cristo.

Il problema del tempo mancante consente a Thomas Burnet di formulare nel 1681 la sua *Telluris theoria sacra*, la sua teoria della terra. Una teoria sacra, perché del tutto congruente coi grandi eventi biblici, la creazione del mondo e il diluvio universale, in grado di spiegare le grandi trasformazioni della Terra.

Nel secolo successivo a Hooke (e a Burnet), tuttavia, gli uomini di scienza iniziano a scoprire il tempo profondo. L'evidenza che la Terra ha avuto un passato che stordisce, perché si misura non in poche migliaia, ma in centinaia di migliaia di anni. Come scrive Paolo Rossi: «Gli uomini dell'età di Hooke avevano un passato di seimila anni, quelli dell'età di Kant erano consapevoli di un passato di milioni di anni».

In quel secolo che separa il *Discorso sui terremoti* di Hooke dall'idea kantiana dell'origine terrestre da una nebulosa primordiale, gli scienziati scoprono l'«oscuro abisso del tempo». E l'ipotesi evolutiva comincia a prendere forza.

Tra i primi a formulare un'ipotesi scientifica dell'evoluzione del pianeta Terra nel tempo profondo è, nella seconda parte del Settecento, il geologo Abraham Werner di Friburgo. Egli ipotizza che la Terra originaria fosse interamente ricoperta da una miscela fluida da cui, per deposizione e cristallizzazione, si sarebbero lentamente formate le rocce, in diversi strati e con svariate irregolarità. Irregolarità che riflettono, semplicemente, le irregolarità del nucleo solido originario. Ma gli studi delle rocce, in particolare del basalto, smentiscono la teoria di Werner, nota come *nettunismo*. E poi come immaginare una miscela chimica cosí grande da contenere disciolte tutte le rocce della Terra?

Ben piú fondata appare, invece, la teoria proposta nel 1785 da James Hutton, nota come *plutonismo*. Il fondatore della geologia moderna sostiene che la variegata morfologia della superficie solida terrestre è il frutto delle spinte dal basso esercitate da una massa magmatica enorme di rocce fuse, calde e leggere. Poiché questa spinta è costante nel tempo, la morfologia della superficie terrestre si modifica in continuazione. Nella storia della Terra «non vediamo vestigia di un inizio né indizi di una fine», sosteneva Hutton. Spazzando via per sempre l'idea «fissista» di una Terra eternamente uguale a se stessa. Ma introducendo l'idea di un cambiamento costante nel tempo, che non ha bisogno di eventi unici e catastrofici.

La nuova visione della geologia trova una solida sistemazione nei *Principles of Geology* che Charles Lyell pubblica tra il 1830 e il 1833. E con essa trova solida sistemazione l'idea di tempo profondo in cui Charles Darwin può collocare la sua teoria sull'evoluzione delle specie per selezione naturale. Quella del tempo profondo da parte della geologia è davvero una scoperta primaria, anche per le sue implicazioni filosofiche. Se con Copernico l'uomo resta attonito davanti all'«oscuro abisso» dello →spazio, infatti, con Hutton e Lyell l'uomo resta attonito davanti all'«oscuro abisso» del tempo. Se l'astronomo polacco lo relega in un punto qualsiasi dell'enormità dello spazio, i geologi inglesi lo relegano in un punto qualsiasi dell'enormità del tempo.

In realtà il contributo che la geologia fornisce alla nuova visione che l'uomo ha di se stesso e del mondo che lo circonda va oltre la scoperta del tempo profondo. La geologia pone l'uomo davanti alla prospettiva evolutiva. Gli fa scoprire l'evoluzione del mondo. È in questa prospettiva evolutiva del mondo che Darwin, e prima di lui Lamarck, propongono l'evoluzione delle specie e, persino, l'evoluzione dell'uomo.

I problemi della geologia vengono sistematizzati da Hutton e Lyell. Ma non si esauriscono certo con Hutton e Lyell. Torna, per esempio, il tema della complementarità morfologica tra le piattaforme continentali. E torna il tema della apparente «mobilità» dei continenti. Idea davvero difficile da accettare. E, infatti, quando Alfred Wegener, con un articolo presentato il 6 gennaio del 1912 all'Associazione geologica di Francoforte sul Meno, propone «la base geofisica della evoluzione degli elementi caratteristici a grande scala della crosta terrestre (continenti e oceani)» e fornisce una spiegazione di quella deriva, l'idea non viene accettata. Non è bastato un secolo e mezzo di metabolismo per assimilare davvero l'idea che viviamo su un pianeta evolutivo.

Solo negli anni '60 del XX secolo, grazie alle prove sempre piú stringenti e alle limature teoriche di molti altri geologi, la spiegazione di Wegener riesce a farsi strada e a diventare quella teoria della tettonica a zolle considerata oggi la teoria standard della geofisica. Secondo questa teoria sono i moti convettivi del magma fuso di cui parlava Hutton alla fine del Settecento a muovere le piattaforme continentali quasi fossero enormi zatteroni. I monti e le valli, le pianure e gli abissi oceanici, i terremoti e i vulcani non sono altro che la manifestazione di queste forze, titaniche e incessanti, che spingono la superficie terrestre a evolvere. E con essa, spingono a evolvere i suoi ospiti: le specie viventi.

Letture: Claude Allègre, *Storia della Terra*, Venezia, Marsilio, 1994; Stephen Jay Gould, *La freccia del tempo, il ciclo del tempo*, Milano, Feltrinelli, 1989; J. Douglas Macdougall, *Storia della Terra*, Torino, Einaudi, 1999; Paolo Rossi, *La scoperta del tempo*, in Paolo Rossi (a cura di), *Storia della scienza moderna e contemporanea*, Milano, Tea, 2000; Giancarlo Scalera e Antonio Meloni, *L'evoluzione del pianeta Terra*, Bari, Dedalo, 1991.

f

Filosofia
(dal greco φιλοσοφία)

La filosofia è, nella sua etimologia, amore della sapienza. E, anche se Pitagora distingueva questo amore dalla *philodoxía*, dall'amore della mera opinione, legandolo alla ragione e alla ricerca razionale di ciò che è stabile nell'esperienza soggettiva del mondo, la definizione finisce per abbracciare qualsiasi impresa cognitiva dell'→uomo. Ed essere poco utile.

Cosicché, nel tempo, il significato di filosofia è stato piú volte specificato. Aristotele, per esempio, considerava l'attività filosofica come la ricerca dei principi e delle cause prime (→causa). In questa accezione non c'è differenza di sostanza tra filosofia e →scienza, che è appunto la ricerca delle cause prime e delle leggi (→legge) che governano la →natura.

Forse proprio questa sovrapposizione tra la filosofia *à la* Aristotele e la scienza ha spinto molti, di recente, a limitare l'ambito della filosofia a quello epistemologico della ricerca della metodologia della conoscenza. Tuttavia c'è una ricerca dei fondamenti che non appartiene solo alla scienza. C'è una ricerca metafisica che, appunto, va oltre la →fisica.

Per cui di seguito ci riferiremo alla filosofia come la intendeva Aristotele piuttosto che come la intendono coloro che la confinano all'ambito epistemologico. L'operazione non è, almeno dal punto di vista storico, del tutto infondata. In fondo gli scienziati dell'età moderna si chiamavano e si consideravano filosofi della natura. Tutti i grandi filosofi dell'età moderna riconoscevano le profonde connessioni tra la loro attività e quella degli scienziati. E di alcuni, come Descartes e Leibniz, è semplicemente impossibile dire se siano stati piú grandi filosofi o grandi scienziati. Tuttavia a un certo punto, come rileva Hans Reichenbach, la frattura tra scienza e filosofia, o meglio tra scienziati di professione e filosofi di professione, si è consumata.

I filosofi hanno iniziato a considerare la scienza troppo specialistica per poter dire qualcosa di interessante sui problemi generali. Gli scienziati hanno iniziato o a fare in proprio la ricerca sui fondamenti o hanno semplicemente rinunciato a interessarsi di problemi generali.

E tutto questo mentre la conoscenza scientifica andava modificando la visione che l'uomo ha del mondo e di se stesso con una profondità mai esperita. Copernico, Galileo, Newton, Darwin e, nel Novecento, Einstein e Bohr hanno cambiato piú di chiunque altro le «coordinate del mondo». E proprio mentre questo cambiamento richiedeva una piú intensa alleanza tra scienza e filosofia per riflettere «sui fondamenti», l'antica alleanza si rompeva.

In realtà la scienza di Galileo e Newton poneva dei problemi alla filosofia. Dei problemi non da poco. Visto che la scienza sosteneva che, nei suoi campi di competenza, poteva raggiungere una →certezza in grado di eguagliare quella di Dio. Se la scienza, sia pure su singoli frammenti, «eguaglia la conoscenza divina nella certezza obbiettiva», come amava dire Galileo, quale ruolo poteva avere la filosofia, se non di maldestro disturbo? Di fronte alla certezza ostentata dalla scienza, la filosofia o collassa o confligge.

E tuttavia colui che piú, e forse meglio, di ogni altro ha riflettuto sui rapporti tra scienza e filosofia, Immanuel Kant, una soluzione a questi problemi era riuscito a trovarla. Kant mette in guardia i filosofi dalla tentazione di confliggere, ovvero di costruire una riflessione filosofica che faccia a meno della conoscenza scientifica. In questo caso la metafisica, la riflessione che va oltre la fisica fino a volerne fare a meno, diventa «un campo di battaglia e di dispute senza fine». Se la metafisica, invece, intesa come «disciplina riguardante i principi primi della conoscenza umana», riconosce che la base di partenza imprescindibile della sua ricerca è la conoscenza fisica, anzi fisico-matematica, allora ha una straordinaria funzione culturale. E «si ritornerà a lei come a un'amata con cui si è litigato».

Come rileva Fabio Minazzi, con questa impostazione Kant mostra come la filosofia non possa né debba rinunciare a elaborare quel «concetto cosmico» che è sempre stato alla base della sua riflessione.

La proposta kantiana consente dunque di distinguere tra idea scientifica, che può essere elaborata solo dalla scienza, e ideale scientifico (→idea [e ideale]), che appartiene alla dimensione filosofica, e che consente di interpretare e persino orientare la ricerca delle idee. Questa articolazione trova un autorevole riaffermazione nell'opera e nel pensiero di Albert Einstein, quando sostiene che la filosofia senza la scienza sarebbe una ricerca vuota e che la scienza senza filosofia sarebbe una ricerca arida.

Einstein, in realtà, aggiunge un inciso: ove mai fosse possibile. Intendendo dire che non è possibile né elaborare una riflessione filosofica fondata senza un solido aggancio alle conoscenze scientifiche. Né elaborare una ricerca scientifica produttiva senza lasciarsi guidare da un ideale filosofico. Da un'immagine del mondo. Per inciso, Einstein, come la gran parte degli scienziati del XX secolo, riconosce che le certezze della scienza sono provvisorie, anche se tendono ad avvicinarsi alla →verità.

La sintesi kantiana, autorevolmente riaffermata da Einstein, è stata con troppa superficialità sottovalutata dagli scienziati positivisti. Che, al contrario di Einstein, consideravano quale impegno prioritario per la «scienza positiva» espungere da sé ogni elemento metafisico, ovvero di «scienza negativa». Approccio che è stato ripreso e ribadito dal neopositivismo. «La concezione scientifica del mondo respinge la metafisica», va sostenendo a inizio del XX secolo il Circolo di Vienna.

In realtà, la sintesi kantiana, autorevolmente riaffermata da Einstein, è stata sottovalutata anche dai filosofi che, con un termine oggi in voga, potremmo definire irrazionalisti. Impauriti, forse, dalla dimensione e dalla profondità delle nuove conoscenze scientifiche, molti filosofi hanno preferito negare del tutto alla scienza la capacità di produrre «vera» conoscenza, riducendola a mero sapere pragmatico. Questa posizione di «conflitto» ha caratterizzato molti filosofi in passato. E caratterizza oggi quella corrente di neoirrazionalismo che è la critica postmodernista.

In realtà l'«amore della sapienza» impone che, ciascuna nel suo ruolo, scienza e filosofia ristabiliscano l'antica alleanza. Perché senza questa alleanza non è possibile realizzare l'antico progetto, quella ricerca razionale dei principi e delle cause prime, che distingue la raccolta di dati empirici dalla scienza e la *philodoxía* dalla *philosophía*.

Letture: Evandro Agazzi, *Filosofia della natura*, Casale Monferrato, Piemme, 1995; Pietro

Greco, *Il sogno di Einstein*, Napoli, Cuen, 2000; Immanuel Kant, *Critica della ragion pura*, Roma-Bari, Laterza, 1991.

Finalità
(dal latino *finalitas*)

Perché esiste il seme? Perché deve generare l'albero. Se noi cerchiamo il giusto fine, avremo uno degli strumenti piú potenti per spiegare il mondo naturale.

Non c'è dubbio, è stato Aristotele, con la sua →causa finale, a introdurre il concetto di finalità nello studio della →natura. E, ancora una volta, non c'è dubbio che la prima e la principale rottura tra il pensiero scientifico moderno e la →filosofia di Aristotele è consistita proprio nel dimostrare quanto fuorviante può essere l'approccio finalistico nella descrizione del mondo.

Da Galileo in poi, la finalità è stata estromessa dalla →fisica. Il sasso non cade dall'alto della torre di Pisa per raggiungere uno scopo, ma il sasso si muove rispetto alla Terra (in seguito alla reciproca attrazione gravitazionale, dirà Newton). E da Darwin in poi, la finalità è stata estromessa dalla →biologia. Il seme non esiste perché deve generare un albero, ma è il prodotto di un processo evolutivo sostanzialmente cieco (→evoluzione biologica).

Tuttavia, spesso la tentazione finalistica è tornata a far capolino nella storia della biologia (→teleologia). Piú di rado è tornata a far capolino nella storia della fisica. Per esempio, il concetto di causa finale è presente nel pensiero scientifico dei moderni strutturalisti, che lo propongono come una delle spiegazioni possibili per la crescita di ordine e di →complessità che caratterizzerebbe l'→evoluzione cosmica. Ma la proposta non sembra davvero avere la forza minima sufficiente per riaprire il mondo della fisica alle cause finali e «ritornare ad Aristotele».

Letture: Pietro Greco, *Evoluzioni. Dal Big Bang a Wall Street, la sintesi impossibile*, Napoli, Cuen, 1999; Stuart Kauffman, *A casa nell'universo*, Roma, Editori Riuniti, 2001; Ernst Mayr, *Storia del pensiero biologico*, Torino, Bollati Boringhieri, 1990; David Oldroyd, *Storia della filosofia della scienza*, Milano, Il Saggiatore, 1989.

Fine
(dal latino *finis*)

La fine è il termine delle cose. La fine di tutte le cose è, dunque, il termine della vicenda cosmica. La fine dell'→universo. Ora, il Modello Standard della →cosmologia ha una sola opzione da proporre per la nascita dell'universo. Tutto ha avuto origine da un Big Bang, da una *singolarità iniziale*. Ma quale sarà la fine di tutto? Qual è il destino dell'universo?

Poiché il nostro universo è in fase di espansione, i cosmologi sostengono che la risposta a questa domanda dipende da un solo parametro: la «densità di →energia», ovvero la somma della densità di →materia e della densità di radiazione. I calcoli dimostrano, infatti, che se la densità di energia è inferiore a un certo valore critico, la forza di gravità non ha la capacità di frenare e poi di far invertire l'espansione cosmica, per cui l'universo si espanderà per sempre, anche se a una velocità decrescente. Viceversa, se la densità di energia è superiore al valore critico, l'attrazione gravitazionale rallenterà fino a fermare del tutto e poi a invertire la fase di espansione: l'universo comincerà allora a crollare su se stesso fino a una *singolarità finale* uguale e opposta al Big Bang: il Big Crunch.

I cosmologi hanno chiamato Ω, ovvero omega, il rapporto tra la densità di energia dell'universo e la densità critica. Se Ω è maggiore di 1 ($\Omega > 1$) la densità di energia è sufficiente a chiudere lo spaziotempo, conferendogli la curvatura positiva di una sfera, e il risultato è che, esaurita la spinta

Densità di energia e destino dell'universo

TIPO DI UNIVERSO	Ω	GEOMETRIA DELLO SPAZIO-TEMPO	DESTINO
Chiuso	> 1	Curvatura positiva (sferica)	Espansione seguita da contrazione
Aperto	< 1	Curvatura negativa (iperbolica)	Espansione eterna
Piatto	1	Curvatura nulla (spazio euclideo)	Espansione eterna (con velocità tendente a zero)

espansiva, l'universo inizierà a collassare su se stesso in una storia inversa ma speculare a quella espansiva. È da tener presente che se Ω fosse stato molto maggiore di 1 ($\Omega \gg 1$), l'universo avrebbe iniziato molto presto a collassare su se stesso dopo aver esaurito la sua spinta espansiva, le stelle non avrebbero avuto il tempo di evolvere e né noi né qualsiasi altra organizzazione complessa della materia saremmo mai nati. Se Ω è invece inferiore a 1 ($\Omega < 1$), l'universo ha una curvatura negativa, lo spaziotempo non si richiude su se stesso e l'universo continuerà a espandersi per sempre. Se $\Omega = 1$, infine, la curvatura cosmica è piatta, la geometria euclidea, e l'universo è destinato a espandersi per sempre, anche se con velocità decrescente e tendente a zero. In quest'ultima ipotesi l'universo finirà in un lamento sempre piú flebile, diluendosi in uno spaziotempo sempre piú vuoto.

Tutti questi scenari sono validi solo supponendo che la famosa costante cosmologica di Einstein sia uguale a zero.

Oggi noi non siamo in grado di dare un valore certo a Ω. Sappiamo che il suo valore varia, al massimo, tra 0,1 e 2. E quando misuriamo la densità dell'universo, scopriamo che Ω non supera il valore di 0,2 o di 0,3. Il modello inflazionario prevede invece $\Omega = 1$. Per questo una parte notevole dei cosmologi di tutto il mondo è impegnata nella ricerca della *materia scura* in grado di dare peso all'universo e di riconciliare l'Ω che misuriamo con l'Ω preteso dalla teoria dell'inflazione.

Questa ricerca è diventata ancora piú impellente da quando, all'inizio dell'anno 2000, l'esperimento Boomerang, guidato dall'italiano De Bernardis, ha dimostrato che l'universo ha una geometria piatta e che Ω è esattamente pari a 1, come prevede la versione inflattiva del Modello Standard. La materia scura c'è. Il problema, ora, è solo scovarla. Intanto, ammesso che i risultati di Boomerang vengano confermati, sappiamo che l'universo finirà in un lamento sempre piú flebile in un tempo infinito.

Letture: Livio Gratton, *Cosmologia*, Bologna, Zanichelli, 1987; Pietro Greco, *L'origine dell'universo*, Roma, Editori Riuniti, 1998.

Fisica

(dal greco φυσική)

La fisica, scrive il fisico Paul Davies, è la piú presuntuosa delle scienze, perché pretende di avere a che fare con tutta la →realtà. E, di fatto, il laboratorio del fisico è l'intero →universo, dove egli indaga dai piú grandi ammassi di galassie ai piú piccoli frammenti di →materia.

Tuttavia la fisica non si identifica con tutta la →conoscenza, e neppure con tutta la conoscenza scientifica. La fisica, recita per esempio il Vocabolario Treccani, è la →scienza interessata a fornire una descrizione razionale non di tutti i fenomeni cosmici, ma solo (si fa per dire) di quelli tra i fenomeni naturali che sono suscettibili di sperimentazione (→esperimento) e che implicano grandezze misurabili.

Questa definizione consente di chiarire abbastanza la differenza che intercorre tra la fisica e la →biologia, la scienza che studia la materia vivente, dove non tutti i fenomeni sono suscettibili di sperimentazione e non tutte le grandezze sono misurabili. Ma risulta non del tutto soddisfacente quando è chiamata a spiegare la differenza tra la fisica e la →chimica, scienza, quest'ultima, che studia fenomeni naturali in linea di principio sperimentabili che implicano grandezze misurabili, anche se in ambiti piú ristretti di quelli della fisica.

L'ambiguità della definizione non nasce dall'insufficienza della sua formulazione, ma dal fatto che la →natura non si lascia facilmente imbrigliare dai comodi schemi elaborati dall'uomo. Schemi comodi, ma non arbitrari. Fisica, chimica, biologia sono, ciascuna al suo livello di indagine, scienze in grado di fornire spiegazioni potenti della natura e di generare nuova conoscenza. Inoltre, sebbene ciascuna goda di uno statuto epistemologico autonomo, sono tutte discipline tra loro largamente interconnesse. Con ampie, talvolta amplissime, zone di sovrapposizione.

Forse il miglior approccio per definire la fisica (e la chimica e la biologia) è quello storico. E in questa prospettiva, occorre dire che il significato di fisica è molto cambiato nel tempo.

Per Aristotele la fisica era lo studio della natura. O meglio, lo studio dei corpi naturali aventi in sé il movimento e il riposo. Ora, a parte le cause (→causa), che lo Stagirita poneva all'→origine del →moto, in questa categoria entrano i fenomeni naturali piú svariati. Compresi quelli che oggi riteniamo di pertinenza della chimica e della biologia. Inoltre la fisica di Aristotele non è propriamente una disciplina scientifica. Non secondo i canoni con cui oggi definiamo la scienza, almeno.

La ricerca fisica di tipo scientifico nasce dopo Aristotele, nel periodo ellenistico (→ellenistica, scienza). È in quest'epoca infatti che i fenomeni naturali iniziano a essere spiegati in termini di teorie generali (→teoria), elaborate attraverso il →metodo assiomatico-deduttivo e verificate sperimentalmente.

Gli scienziati ellenistici, massime Euclide e Archimede, sviluppano diverse discipline fisiche: dall'ottica alla →meccanica, dall'idrostatica alla pneumatica. Gli astronomi, da Aristarco a Ippocrate fino a Tolomeo, sviluppano una raffinata scienza dei cieli (→astronomia). Pochi dubitano, pertanto, che l'ellenismo abbia prodotto i primi studi di fisica, alcuni dei quali davvero fondamentali. Tuttavia non è possibile dire che in epoca ellenistica sia nata la fisica, come scienza autonoma e unitaria.

Il perché lo spiega il matematico e storico della scienza Lucio Russo: «La scienza esatta ellenistica era strutturata essenzialmente come un insieme di teorie scientifiche, delle quali una, la matematica euclidea, aveva un ruolo privilegiato». La ricerca fisica è dunque parte di un'attività di ricerca piú generale, dove la →matematica appare allo stesso tempo come nucleo, fondamento e disciplina piú sviluppata.

Sebbene la ricerca fisica sia nata in epoca ellenistica, la fisica come disciplina autonoma nasce solo nel Seicento con Galileo Galilei e, soprattutto, con Isaac Newton. Galileo Galilei riprende il metodo di indagine che fu di Archimede e amplia gli interessi della meccanica alla cinematica e alla dinamica. Isaac Newton conferisce a queste discipline una struttura teorica solida e organica, dando una formidabile accelerazione al processo di matematizzazione dello studio dei fenomeni naturali iniziato da Galileo.

Da notare che proprio mentre la matematica entra in modo massivo e sistematico nello studio dei fenomeni fisici, la fisica acquisisce il suo statuto di scienza autonoma dalla matematica. Questo processo si conclude alla fine del Settecento quando, individuando un metodo generale per risolvere i problemi della meccanica con gli strumenti dell'analisi matematica, Joseph-Louis de Lagrange con «la calce e i mattoni» delle leggi di Newton fonda la «meccanica razionale» e, come rileva Lucio Russo, conferisce alla dinamica di Newton la medesima struttura assiomatico-deduttiva della matematica ellenistica.

È in questo momento, forse, che la fisica diventa «scienza esatta». Anzi, la piú esatta tra tutte le scienze naturali. Tanto da diventare un modello. Un modello che nella visione meccanicistica (→meccanicismo) e riduzionista (→riduzionismo) del mondo diventa generale. La fisica, infatti, inizia a essere considerata la scienza (naturale) fondamentale. A cui tutte le altre discipline, almeno in linea di principio, possono essere ridotte.

Nel medesimo tempo inizia un processo di progressiva unificazione delle discipline fisiche. Cosí che la fisica assume sempre piú il carattere di scienza unitaria e coerente. All'inizio del Novecento pochi dubitano che il mondo fisico possa essere descritto da un'unica teoria generale, in grado di cogliere l'intima unità della natura. I dubbi riguardano, piuttosto, la forma di questa teoria unitaria. Sarà una teoria meccanica fondata su elementi discreti come le particelle (sostanzialmente la teoria di →gravitazione universale di Newton), o non sarà piuttosto una teoria del →continuo, fondata sull'emergente concetto di →campo?

Lo scenario e la logica di questa domanda cambiano, piuttosto repentinamente, all'inizio del Novecento. Tra il 1905 e il 1916, Albert Einstein elabora la sua teoria della →relatività. E sul finire degli anni '20 un gruppo di fisici elabora il formalismo della →meccanica quantistica. Le due teorie, che si propongono come le teorie fondamentali della fisica, cambiano in profondità i concetti portanti della fisica, allontanandosi drammaticamente da quelli del →senso comune. Tanto che qualcuno parla, a proposito di quella del Novecento, di una «nuova fisica».

In meno di un secolo lo sviluppo della relatività e della meccanica dei quanti (→quanto), oltre che della fisica sperimentale e osservativa, ridisegna la percezione che noi abbiamo dell'universo (→evoluzione cosmica).

Oggi, con la relatività generale, la fisica descrive molto bene il comportamento a larga scala della materia e dell'→energia cosmica. Con precisione ancora maggiore la meccanica dei quanti descrive il comportamento della materia e dell'energia a livello microscopico. Di recente i fisici hanno iniziato a studiare il comportamento dei sistemi piú complessi (→complessità), sia pure con risultati teorici ancora problematici.

Non c'è dubbio che nell'ultimo secolo la fisica ha incrementato la sua capacità di spiegare i fenomeni naturali in un modo che non ha forse precedenti. Tuttavia il sogno di ricondurre tutti gli studi della natura alla fisica è sostanzialmente svanito. Ormai è chiaro a tutti (o quasi) che la fisica non riesce a fornire spiegazioni significative del comportamento della materia a livello biologico o anche chimico. Ovvero è chiaro a tutti (o quasi) che la biologia e anche la chimica hanno bisogno di teorie specifiche e autonome da quelle fisiche (anche se non certo indipendenti).

Di piú. Malgrado l'estrema sofisticazione degli strumenti matematici di cui dispone, la fisica si trova in un'obiettiva difficoltà. Ha due teorie fondamentali precise e potenti, la relatività generale e la meccanica quantistica, che risultano ancora non conciliabili tra loro. Anche il sogno di una spiegazione unitaria del mondo fisico, quindi, resta ancora da realizzare. In questo caso, però, pochi dubitano che prima o poi l'antico sogno si realizzerà.

Infine, entrambe le teorie fondamentali della fisica contemporanea, malgrado la loro potenza esplicativa e la loro precisione, potrebbero essere delle teorie incomplete. Insomma qualcuno sostiene che la fisica sta aspettando l'arrivo di un nuovo Einstein, in grado di elaborare una nuova teoria (definitiva?) dello →spazio e del →tempo. Quando questo nuovo Einstein arriverà, nessuno però è in grado di dirlo. Potrebbe essere tra un secolo o due. O potrebbe essere solo domani.

Letture: Giovanni Boniolo (a cura di), *Filosofia della fisica*, Milano, Bruno Mondadori, 1997; Paul Davies, *La nuova fisica*, Torino, Bollati Boringhieri, 1992; Lawrence Krauss, *Paura della fisica*, Milano, Raffaello Cortina, 1994; A.J. Legget, *I problemi della fisica*, Torino, Einaudi, 1991; Lloyd Motz e Jefferson H. Weaver, *La storia della fisica*, Bologna, Cappelli, 1991.

Forma

(dal latino *forma*)

La forma è l'aspetto esteriore di un qualsiasi oggetto. Nella filosofia di Aristotele la forma rivestiva una grande importanza, in quanto era la →causa capace di fare uscire l'essere dalla indeterminazione che gli conferisce, da sola, la →materia.

Nella scienza moderna, ove si escluda naturalmente la →geometria, la forma ha perso molta della sua importanza. Ed è diventata una →qualità secondaria. Tuttavia esiste un'→ipotesi di spiegazione dei fenomeni di autorganizzazione, di crescita di ordine e di →complessità in →natura, soprattutto nel mondo biologico, che si richiama al concetto aristotelico di forma. È la cosiddetta «dinamica dei campi morfogenetici».

Questa ipotesi si riferisce ai processi di creazione (e di distruzione) di forme, indipendentemente dalla natura del substrato. È stata lanciata, all'inizio del XX secolo, dallo scozzese D'Arcy Thompson. Piú di recente è stata ripresa da Aleksandr Gurvič, Paul Weiss, Conrad Waddington e René Thom.

Tuttora molti matematici e molti biologi sono impegnati nello studio della generazione delle forme, per cercare di spiegare lo sviluppo di quelle strutture particolari che sono le strutture biologiche. Tra questi Brian Goodwin, convinto che l'evoluzione della vita (→evoluzione biologica) sia «una danza attraverso il morfospazio, lo →spazio delle forme degli organismi». Una danza che segue le leggi della morfologia razionale, ovvero le leggi che generano forme stabili.

Lo studio delle forme biologiche stabili è certo uno studio utile, se complementare a quello evolutivo. Diventa però fuorviante, se si propone quale fondamento di una nuova biologia, alternativa a quella darwiniana.

Letture: Pietro Greco, *Evoluzioni. Dal Big Bang a Wall Street, la sintesi impossibile*, Napoli, Cuen, 1999; René Thom, *Modelli matematici della morfogenesi*, Torino, Einaudi, 1985; D'Arcy W. Thompson, *Crescita e forma*, Torino, Bollati Boringhieri, 1992.

Forza

(dal latino *fortia*)

Tra i primi a utilizzare il concetto di forza in →fisica, nel XVII secolo, è stato Cartesio. Con questa parola il filosofo francese voleva indicare una sorgente di attività. Ma forza è una parola utilizzata nel linguaggio comune. Per cui René Descartes avvertiva: quando parlo di forza in fisica non intendo certo «la forza di un uomo quando diciamo che un uomo ha piú forza di un altro».

Tuttavia Cartesio non seppe dare al concetto una connotazione piú precisa. Anche Leibniz utilizzò il concetto di forza. E anche in maniera molto precisa, per indicare quella che oggi chiamiamo *energia cinetica*.

Ma è con Isaac Newton che la parola forza assume un significato rigoroso e quantificabile. Diventando uno dei concetti fondanti della fisica. Anzi, come scrive Max Jammer, diventando «il denominatore comune di tutti i fenomeni fisici». Perché consente di discutere le leggi fondamentali del →moto, senza dover fare riferimento alla particolare condizione fisica in cui ogni singolo moto avviene. E perché, in definitiva, il concetto newtoniano di forza conduce a un'unificazione metodologica dello schema concettuale della fisica e, per certi versi, dell'intera scienza.

Isaac Newton considera la forza, insieme allo →spazio e al →tempo, il concetto fondante della fisica. In particolare la forza, sostiene, è la →causa del moto e della quiete. Ed essa è sia un principio esterno che genera o distrugge o in qualche modo cambia il moto impresso a un corpo, sia un principio interno per cui il moto o la quiete di un corpo sono conservati, e per cui ogni sistema fisico tende a restare nel suo stato e a reagire al cambiamento.

Nei *Principia*, Newton distingue piú chiaramente tra i due principi o, se si vuole, tra i due tipi di forza. C'è una *vis insita*, una forza interna alla →materia che impone a ogni corpo di «perseverare nel suo stato di quiete o di moto rettilineo uniforme». E c'è una *vis impressa*, una forza impressa, ovvero l'«azione, esercitata su un corpo, che modifica il suo stato di quiete o di moto rettilineo uniforme».

La *vis insita* esprime l'inerzia di un corpo e può essere, appunto, chiamata anche *vis inertiae*: forza inerziale. La forza interna non è una qualità misteriosa e inafferrabile, ma è una grandezza quantificabile, perché proporzionale alla *quantità di materia*, ovvero alla massa, di un corpo. Il quale esprime questa sua *vis insita* solo quando il suo stato inerziale, di quiete o di moto rettilineo uniforme, è perturbato dall'esterno, cioè da una *vis impressa*. La forza interna si oppone alla forza esterna. E si manifesta sia come resistenza alla perturbazione, che come impulso che tende a modificare l'ostacolo che impedisce al corpo di perseverare nel suo stato, inerziale, di quiete o di moto rettilineo uniforme. Infine la *vis insita*, proprio come la *vis impressa*, è un'→azione, e non persiste nel corpo dopo l'azione. C'è, però, una differenza sostanziale tra la forza interna e quella esterna. La *vis insita*, scrive Newton nella sua *Ottica*, è un «principio passivo», che non basta, da solo, a spiegare l'esistenza del moto nell'universo. «Occorrono altri principi per mettere i Corpi in Moto.»

Questi altri principi, attivi, trovano la loro sintesi nella *vis impressa*. È lei, la forza impressa dall'esterno, il Principio attivo che conferisce il Moto ai Corpi. Secondo la nota equazione $F = m\ a$: la forza esterna imprime a un corpo un'accelerazione (una variazione della sua velocità, ovvero del suo stato di moto) che è proporzionale alla massa del corpo. Questo principio è cosí generale, che risulta del tutto indipendente dalla natura della forza che imprime l'impulso. Tutte le forze impresse che agiscono su un dato corpo, quale che sia la loro natura (gravitazionale, elettrica, magnetica), producono il medesimo tipo di accelerazione.

Di piú, la *vis impressa* è sufficiente a spiegare tutti i moti e tutto il moto. Per cui è possibile formulare le tre leggi del moto di Newton prendendo in considerazione la sola forza impressa. È cosí che i fisici cessano di considerare la *vis inertiae* una forza e iniziano a considerarla, e a chiamarla, semplicemente inerzia. Mentre la *vis impressa* viene chiamata semplicemente e definitivamente forza.

Intorno a questo concetto e a questa parola Newton e i fisici dopo di lui costruiscono lo straordinario edificio della →meccanica, e i filosofi naturali costruiscono una maestosa visione del mondo, il →meccanicismo.

Benché la forza di Newton sia il denominatore comune di tutti i fenomeni della fisica e lo schema concettuale che informa di sé l'intera scienza, i fisici dell'Ottocento e, poi, del Novecento hanno preferito utilizzare altri concetti per indicare la fonte dell'azione. Cosí il concetto di →energia ha finito per sostituire quello di →forza nelle equazioni e nei fondamenti della fisica. Non solo della fisica classica, ma anche della nuova fisica quantistica (→meccanica quantistica). Nell'equazione di Schrödinger, per esempio, compaiono solo termini energetici e non c'è riferimento alcuno alla forza.

Tuttavia, proprio il concetto esprime qualcosa di profondo, che quasi si identifica con il concetto fondamentale del pensiero fisico e dell'intero pensiero razionale di causa, ed è rimasto nella fisica contemporanea. Nel disegnare la struttura fondamentale del mondo, il Modello Standard della fisica elenca, infatti, due tipi di costituenti ultimi: le particelle elementari di materia e le forze elementari che ne descrivono tutte le possibili interazioni. Le forze fondamentali della natura sono quattro: la gravità, l'interazione forte, l'interazione debole, l'interazione elettromagnetica. Malgrado la forza, tre secoli dopo essere stata «inventata» da Newton, conservi una sua profonda capacità di descrivere il comportamento della materia e la stessa →realtà fisica, il suo carattere fondamentale si è un po' perso. Nelle nuove teorie quantorelativistiche, la materia e la forza sono solo espressioni diverse di una medesima realtà soggiacente: il →campo.

Letture: Paul Davies (a cura di), *La nuova fisica*, Torino, Bollati Boringhieri, 1992; Max Jammer, *Storia del concetto di forza*, Milano, Feltrinelli, 1957; Lloyd Motz e Jefferson H. Weaver, *La storia della fisica*, Bologna, Cappelli, 1991; David Oldroyd, *Storia della filosofia della scienza*, Milano, Il Saggiatore, 1989.

g

Geometria
(dal greco γεομετρία)

La parola greca *geometría* è composta da *geo*, che significa terra, e *metría*, che significa misura. L'etimologia della parola indica che all'origine della geometria c'è il tentativo di misurare la superficie terrestre e gli oggetti che vi si incontrano. Piú in generale la geometria nasce come tentativo di misurare lo →spazio e le figure che lo riempiono.

Nella Grecia classica lo studio della geometria diviene piú formale. E già con Talete nascono i primi tentativi di dedurre (→deduzione) le proprietà geometriche da pochi principi intuitivi. Il ragionamento geometrico può essere considerato, dunque, il primo pensiero di tipo scientifico. La geometria viene posta a fondamento dell'indagine della →natura e della →conoscenza *tout court*. «Non entri qui chi non conosce la geometria», aveva fatto scrivere Platone sulla porta della sua Accademia di →filosofia. D'altra parte, il discepolo di Socrate era solito affermare che «Dio geometrizza sempre». Come a dire che sulla geometria si fonda non solo l'umana capacità di conoscere il mondo, ma l'→universo stesso.

La geometria rappresenta, dunque, la forma piú esplicita di quella «potenza della →ragione» che il mondo greco si dice abbia scoperto. Ma è solo con Euclide (→ellenistica, scienza) che la geometria diventa →scienza, nel senso moderno della parola. Anzi, diventa la prima, «vera» scienza nella storia dell'uomo. Nei suoi celeberrimi *Elementi*, infatti, Euclide costruisce la geometria scientifica fondandola in modo esplicito, come rileva il matematico e storico della scienza ellenistica Lucio Russo, su pochi enti astratti (il punto, la retta, il piano), elencando le →verità autoevidenti che non debbono essere dimostrate (postulati) e derivando, per rigorosa deduzione logica, da questi pochi assiomi tutte le proprietà geometriche. Euclide costruisce, dunque, un'autentica →teoria scientifica della geometria.

Vero è che, per rispettare i canoni di «scienza esatta», la geometria dovrebbe verificare sperimentalmente (→esperimento) la corrispondenza con la realtà naturale. Mentre le dimostrazioni con cui Euclide caratterizza i suoi teoremi hanno rigorosa corrispondenza con la →logica, non con la →realtà naturale. Ma il rapporto tra geometria (e piú in generale, tra →matematica) e realtà fisica è un problema tuttora aperto.

Fatto è che con Euclide la geometria diventa scienza. E, con essa, diventa scienza la matematica, di cui la geometria è parte. Anzi è parte fondante. Perché le verità autoevidenti della geometria diventano anche i principi primi che «giustificano» la costruzione, rigorosa, del rapporto tra i numeri (→numero) e, quindi, dell'aritmetica.

La geometria di Euclide, con le sue limpide verità autoevidenti e con le sue rigorose dimostrazioni, resta, di fatto, la regina delle scienze almeno fino a quando János Bolyai, Nikolaj Lobačevskij, Carl

Gauss e infine Georg Bernhard Riemann non scoprono altre geometrie, non euclidee. Anche se altrettanto rigorose e, quindi, «vere» di quella euclidea. La presenza di cosí tante geometrie rende evidente che i postulati di Euclide non sono quelle «verità» assolute che si era sempre immaginato. Anzi, sono delle affermazioni convenzionali, anche se profondamente intuitive. Su queste verità cosí fragili non è, dunque, possibile fondare il grande e crescente edificio della matematica. La scoperta delle geometrie non euclidee diventa cosí il catalizzatore che accelera la ricerca intensa e sistematica dei fondamenti della matematica. Una ricerca non ancora conclusa.

La crisi sembra diventare ancora piú profonda e coinvolgere anche i fisici, quando, con Einstein, si scopre che l'universo non è euclideo. E che le altre geometrie non solo possono vivere nel mondo della logica astratta, ma hanno una precisa corrispondenza nel mondo fisico reale.

Ma è una crisi di breve durata. Per elaborare la sua teoria generale della →relatività, infatti, Albert Einstein deve fare ampio uso della geometria, ancorché non euclidea. Si dice, anzi, che abbia geometrizzato lo spazio e il →tempo. E la →fisica stessa. D'altra parte, lo sviluppo della fisica quantistica (→meccanica quantistica), con le teorie quantorelativistiche di →campo, si fondano sulla geometria e, in particolare, sul concetto di →simmetria.

Insomma, molti fisici sono convinti che Platone avesse ragione. E che «Dio geometrizza sempre». Anche se, talvolta, non alla maniera di Euclide.

Letture: Carl B. Boyer, *Storia della matematica*, Milano, Mondadori, 1982; Morris Kline, *Storia del pensiero matematico*, Torino, Einaudi, 1991; Paolo Rossi (a cura di), *Storia della scienza moderna e contemporanea*, Milano, Tea, 2000; Lucio Russo, *La rivoluzione dimenticata*, Milano, Feltrinelli, 2001; Ian Stewart e Martin Golubitsky, *Terribili simmetrie*, Torino, Bollati Boringhieri, 1995.

Gravitazione

(dal latino *gravitas*)

La gravità è quella tendenza naturale, sosteneva Aristotele, che induce la →materia cosmica a muoversi, con →moto accelerato, verso il centro dell'→universo. E poiché il centro dell'universo coincide con il centro della Terra, ecco spiegata quella strana pesantezza che induce i corpi materiali a cadere dall'alto verso il basso: a terra, appunto. Oggi la →causa proposta da Aristotele per spiegare la caduta dei gravi è rifiutata dalla →scienza. Ma, a ben vedere, quella proposta dal filosofo di Stagira è un'autentica →teoria di gravitazione universale. Un principio che si applica a tutta la materia di tutto l'universo.

Anche Isaac Newton, un paio di millenni dopo, ha elaborato una teoria della gravitazione. Che è considerata il principale tra i tanti, importanti risultati ottenuti dal filosofo naturale inglese. La teoria di Newton ha alcune similarità con quella di Aristotele. In primo luogo è universale, come quella del filosofo greco. Poi prevede un'accelerazione, prodotta da una forza di attrazione, proprio come quella di Aristotele. Tuttavia la teoria di Newton ha alcuni elementi che la rendono strutturalmente diversa rispetto a quella di Aristotele. È espressa in termini matematici. È verificabile. E, soprattutto, la capacità di attrarre corpi materiali non appartiene solo al centro dell'universo, ma è propria di ogni corpo materiale, che attrae a sé ogni altro corpo materiale. Con una forza direttamente proporzionale alla massa e inversamente proporzionale al quadrato della distanza. Insomma, la teoria della gravitazione di Newton è, in qualche modo, doppiamente universale. E, a ragione, è considerata, diversamente dalla teoria di gravitazione universale di Aristotele, uno dei piú grandi risultati mai ottenuti dalla nuova scienza e, in definitiva, dallo stesso pensiero umano.

Si dice che Isaac Newton sia giunto a elaborare la sua teoria della gravitazione universale dopo aver visto cadere una mela da un albero. Bene, deve aver pensato, se la mela cade con moto accelerato verso terra, allora è chiaro che la Terra deve esercitare una →forza sulla mela. Il frutto si muove in virtú di questa forza. Questa forza di attrazione, pensa Newton, non può essere appannaggio della sola Terra. Se la Terra attrae la mela, anche la mela deve attrarre la Terra. Con una forza diversa, ovviamente. Con una forza proporzionale alla sua massa.

D'altra parte, la direzione lungo la quale le due masse si attraggono deve essere quella della linea diretta che congiunge le due masse. Se, infatti, la direzione fosse diversa, la mela dovrebbe iniziare a ruotare intorno alla Terra, piuttosto che cadere sulla Terra. Poiché nessuno ha mai visto ruotare una mela intorno alla Terra e la Terra intorno a una mela, la direzione di reciproca attrazione tra due corpi non può che essere quella, retta, che congiunge i due centri di massa.

La forza di gravità non appartiene solo alla Terra. E neppure solo alle mele. Deve essere piuttosto diffusa. Anche il Sole esercita una forza di attrazione di questo tipo sui pianeti del suo sistema. Anzi, proprio il Sole ci può fornire gli elementi utili a descrivere in modo quantitativo la forza di attrazione gravitazionale. L'intensità della forza con cui la stella attrae i suoi pianeti può essere desunta dalla terza legge del moto planetario di Keplero. L'intensità decresce col quadrato della distanza tra i centri di massa.

A questo punto è possibile trarre una sintesi. La forza di gravità si esercita tra tutti i corpi in tutto l'universo. La forza è attrattiva ed è proporzionale alle masse dei corpi che interagiscono, mentre è inversamente proporzionale alla loro distanza. Il fattore di proporzionalità è una costante, G, di cui Newton calcola il valore e che diventerà nota come «costante di gravitazione universale».

Newton non si pronuncia sulla natura e, quindi, sulle cause di questa forza. Non spiega come essa agisca a distanza. Anzi, postula che la gravità riesca a esercitare la sua forza a distanza in modo istantaneo. Tuttavia, malgrado queste lacune, la teoria della gravitazione universale di Newton ottiene tre successi straordinari. Unifica la «meccanica celeste» di Keplero e la «meccanica terrestre» sua (leggi del moto) e di Galileo (→meccanica). Dimostra la potenza della fisica matematizzata. Infine, ultimo ma non ultimo, elabora una teoria che, alla prova dei fatti, funziona. Splendidamente. In cielo e sulla Terra. Per almeno due secoli la teoria della gravitazione universale di Newton sarà uno dei capisaldi della fisica. E della filosofia (→meccanicismo).

La teoria di Newton sarà superata, ma non sconfessata, solo all'inizio del XX secolo, da una teoria piú generale, o, se volete, ancora piú universale: la teoria della →relatività di Albert Einstein. Dove la forza di attrazione gravitazionale altro non è che la distorsione prodotta dai corpi dotati di massa nella →geometria, altrimenti piatta, dello spaziotempo.

Se, dunque, per Aristotele le mele cadono a causa della loro naturale propensione a tentare di raggiungere il centro dell'universo e per Newton cadono a causa dell'attrazione reciproca con la Terra, per Einstein le mele cadono per ragioni puramente geometriche: a causa che dell'avvallamento che la Terra ha prodotto nel mare piatto dello spaziotempo. Mare di cui, peraltro, le stesse mele sono timide increspature.

Letture: Albert Einstein, *Relatività, esposizione divulgativa*, Torino, Boringhieri, 1980; Lloyd Motz e Jefferson H. Weaver, *La storia della fisica*, Bologna, Cappelli, 1991; David Oldroyd, *Storia della filosofia della scienza*, Milano, Il Saggiatore, 1989.

Idea (e ideale)

(dal greco ἰδέα; dal tardo latino *idealis*)

Spesso i profani immaginano il lavoro dello scienziato come un'attività razionale, ma arida. Che procede mediante l'applicazione di rigidi e complicati algoritmi che non lasciano spazio alcuno alla creatività dell'uomo. Alle sue idee. E ai suoi ideali.

Le idee e gli ideali hanno, invece, un ruolo decisivo nell'impresa scientifica. Anche se tra idea e ideale nella →scienza esiste una notevole differenza. Una differenza colta molto bene, tra l'altro, da Immanuel Kant.

Le idee scientifiche hanno un carattere costitutivo. E sono, almeno fino a prova contraria, universali. Descrivono com'è la realtà o com'è rappresentabile la realtà sulla base di una serie, organizzata, di conoscenze astratte (→teoria) e di verifiche empiriche (→esperimento). Si impongono o vengono scartate attraverso un processo di pensiero logico deduttivo e, appunto, attraverso la verifica dei fatti (sperimentali e/o osservativi). Sono idee scientifiche la teoria della →gravitazione universale di Newton, la teoria della →relatività generale di Einstein, il «modello del Big Bang» in →cosmologia, la sintesi neodarwiniana in →biologia. È un'idea scientifica costitutiva, naturalmente, anche la →meccanica quantistica, con tutti i suoi problemi di interpretazione.

Gli ideali scientifici hanno, invece, un carattere regolativo e indicano alla scienza, ma sarebbe meglio dire agli scienziati, gli obiettivi da perseguire. Le idee scientifiche sono spiegazioni. Gli ideali scientifici sono aspirazioni. Visioni del mondo. Pregiudizi metafisici. Per cui non sono universali, ma soggettivi. E, a differenza di quanto sosteneva Kant, cambiano nel tempo. Sono stati e, in qualche caso, sono tuttora ideali scientifici molto diffusi l'omogeneità (la visione unitaria e coerente della →natura), la matematizzazione (l'immagine del libro della natura scritto in lingua →matematica), il →meccanicismo (l'immagine dell'→universo come un grande meccano). È, ancora, un ideale scientifico il realismo (→realtà) perseguito, in modo in parte diverso, da fisici come Albert Einstein, Paul Dirac e John Bell quando indicano, ciascuno in modo diverso, la necessità di rivedere il ruolo dell'osservatore (→osservazione) e della misura in meccanica quantistica.

Le idee scientifiche non appartengono, di per sé, ad alcun ideale. E nessun ideale può appropriarsi delle idee scientifiche, rivendicandone l'esclusiva. Che aderisca a una visione del mondo pragmatista o a un sofisticato modello realista, ogni fisico crede e può dimostrare che $E = m c^2$.

Naturalmente, fino a prova contraria.

Un insieme, piú o meno coerente, di ideali scientifici definisce un modello. O una visione del mondo. E un modello è in grado di indirizzare fortemente la ricerca e di favorire l'emergere di particolari idee scientifiche. Questa affermazione non comporta in alcun modo una visione di tipo soggettivistico dell'impresa scientifica se si riesce a dimostrare che:

a. la storia delle idee scientifiche segue modalità (anche) razionali. Perché, in caso contrario, ogni tentativo, razionale, di indirizzarla sarebbe vano;
b. gli ideali scientifici, con il loro carattere metafisico, hanno una reale capacità di indirizzo della ricerca degli scienziati.

La razionalità nello sviluppo storico delle idee scientifiche

Se lo sviluppo delle idee scientifiche segua o meno una strada razionale è un tema che ormai da decenni accende il dibattito nella filosofia della scienza. Da Popper a Kuhn, da Lakatos a Feyerabend, le posizioni dei filosofi della scienza sono le piú diverse. E non è certo il caso di riprenderle in questa sede. Tuttavia possiamo ricordare, brevemente, che:

1. L'evoluzione delle idee scientifiche è pluralista. Nel corso della storia della scienza lo sviluppo della teoria ha seguito le strade piú diverse. Ludovico Geymonat ne individua alcune: la nascita o la rinascita della scienza nel Rinascimento è stata contrassegnata dall'abbandono, almeno parziale, del →linguaggio comune a favore di un linguaggio piú formalizzato. La riformulazione del linguaggio è alla base di sviluppi importanti nelle idee scientifiche anche in periodi successivi, basta pensare alla rivoluzione chimica di Lavoisier. In altri casi una svolta nella teoria è stata promossa dalla scoperta di dati osservativi nuovi: come è avvenuto con la scoperta della radioattività. In altri casi ancora lo sviluppo delle idee scientifiche ha avuto un forte impulso dalla scoperta di antinomie: si pensi alla scoperta che la luce presenta aspetti sia corpuscolari che ondulatori, in apparenza contraddittori. Ancora, la teoria ha subito sviluppi notevoli grazie all'introduzione di nuovi modelli o alla scoperta di vecchi errori.

2. L'evoluzione delle idee scientifiche ha un forte carattere storico: si fonda su quello che viene definito il «patrimonio scientifico-tecnico». Questo patrimonio ha un'estensione verticale, nel tempo (l'insieme storico delle idee scientifiche) e un'estensione orizzontale, nello spazio delle discipline (lo sviluppo delle idee della fisica si intreccia con lo sviluppo delle idee della matematica, e l'uno si alimenta dell'altro).

3. Lo sviluppo delle idee scientifiche non è del tutto indipendente dall'evoluzione della società nel suo complesso. Questa affermazione non influenza in alcun modo il problema dell'oggettività o della →verità delle teorie scientifiche. Significa semplicemente, per esempio nel caso di Mendel, che alcune teorie vengono accettate o formulate quando matura un clima generale adatto.

4. Lo sviluppo delle idee scientifiche non è continuo, ma puntuato. Ciò è (sembra) vero nell'ambito della «nuova scienza», quella rinata nel Seicento per intenderci. Vi sono periodi in cui lo sviluppo delle idee scientifiche procede a grande velocità (si pensi alla nascita della meccanica quantistica), e vi sono periodi in cui quasi ristagna. Ma il carattere puntuato delle idee scientifiche è (sembra) vero in assoluto: la scienza è nata nel Mediterraneo, in epoca ellenistica e sugli sviluppi della scoperta della «potenza della →ragione» da parte dei greci. Ma il pensiero scientifico è stato poi dimenticato per oltre un millennio nel Mediterraneo occidentale. Il pensiero scientifico è stato ripreso dall'→Islam, ma poi è stato dimenticato per un lungo periodo anche dall'Islam. È stato riscoperto in Europa, infine, intorno al Seicento e chissà se un giorno non verrà di nuovo dimenticato.

5. Per quanto puntuato, lo sviluppo delle idee scientifiche è, quasi sempre, un processo di approfondimento. Questo non esclude che l'approfondimento comporti, talvolta, una ristrutturazione cosí profonda

del quadro concettuale di base da segnare una vera e propria «rivoluzione» (→paradigma). Ma approfondimento della teoria e rivoluzione scientifica non sono in manifesta contraddizione. Molti oggi considerano una rivoluzione il passaggio dalla meccanica newtoniana alla relatività di Einstein. Ma Einstein riteneva che, con la «sua» relatività, la meccanica newtoniana fosse stata approfondita, non esautorata.

L'insieme di queste considerazioni indica che lo sviluppo delle idee scientifiche ha una sua razionalità intrinseca. Anche se si tratta di una razionalità non lineare. Lo sviluppo della scienza, infatti, dipende da una grande pluralità di fattori, è profondamente storico ed è influenzato dalla libera creatività dell'uomo, un fattore che sfugge a ogni rigido →determinismo.

La potenza degli ideali scientifici

Se la scienza ha una sua razionalità intrinseca, allora i fattori regolativi, gli ideali scientifici, pur con il loro carattere metafisico, hanno una reale capacità di indirizzare la ricerca. E la presenza di ideali scientifici forti ha una capacità di indirizzo ancora maggiore. L'ideale forte della omogeneità e l'ideale forte della matematizzazione hanno, per esempio, informato di sé la «nuova scienza» di Galileo e Newton.

Un ideale scientifico molto forte, un vero *Weltbild*, una visione del mondo fortemente strutturata, insomma quella che Gerald Holton ha definito la «seduzione ionica» e che noi potremmo definire la convinzione della profonda unità del reale, ha indirizzato la ricerca, anzi ha indirizzato l'intera vita scientifica di Albert Einstein.

È stata la lucida ricerca dell'unità del reale e il tentativo di cogliere con una teoria unitaria l'intima coerenza della fisica, infatti, che ha condotto Albert Einstein a impegnarsi in una successione logicamente determinata di generalizzazioni che lo hanno portato a lanciare, nel 1905, quelli che Louis de Broglie ha definito «i tre razzi fiammeggianti che hanno gettato un improvvisa luce nel buio della fisica», ovvero a scrivere tre lavori sull'effetto fotoelettrico, sul moto browniano e sulla relatività ristretta. Questi tre lavori trattano aspetti diversi, talvolta molto diversi, della fisica. E molti si sono chiesti come un giovane di ventisei anni, fuori dall'ambito accademico, li abbia potuti coltivare insieme e in modo cosí profondo. Una risposta a questa domanda la si ottiene solo inquadrando quei tre lavori all'interno dell'ideale scientifico forte, della «seduzione ionica», che Einstein ha maturato fin dalla giovinezza. È quel medesimo ideale che spinge Einstein a elaborare, poi, la teoria della relatività generale; che spiega la sua strenua critica ai fondamenti della meccanica quantistica e la ricerca tanto lunga e ostinata, quanto incompresa e isolata, di una teoria unitaria dei campi (→campo). Ancora oggi pochi riescono a riconoscere il debito, enorme, che la fisica, la scienza e la cultura del XX secolo hanno maturato nei confronti dell'ideale scientifico che ha indirizzato la ricerca di Albert Einstein.

Se la storia dello sviluppo delle idee scientifiche ha una sua intrinseca razionalità, e se gli ideali scientifici sono una componente importante di questa razionalità, allora l'insieme degli ideali scientifici svolge una funzione culturale di grande valore. Lega insieme, e per sempre, la scienza alla →filosofia.

Letture: Ludovico Geymonat, *Scienza e realismo*, Milano, Feltrinelli, 1984; Pietro Greco, *Il sogno di Einstein*, Napoli, Cuen, 2000; Immanuel Kant, *Critica della ragion pura*, Roma-Bari, Laterza, 1991.

Identità

(dal tardo latino *identitas*, derivato da *idem*)

Strano destino, quello del termine identità. Indica una nozione che richiama un forte e crescente interesse nelle scienze umane e sociali, indica un'idea che diventa cosí forte in politica da spingere ancora oggi gruppi di persone e interi popoli a litigare e persino a scatenare guerre fratricide, ma indica anche un concetto che è in netto declino nella →logica.

Identità logica

Identità deriva dal latino *idem* e implica sia la nozione di eguaglianza, Tizio è Tizio, sia la nozione di continuità, Tizio resta Tizio. L'identità, in logica, indica semplicemente che A è A. O, se si vuole, che «ciò che è è». Naturalmente se B è identico ad A, allora B è A. Questa «relazione di identità» soddisfa il «principio di indiscernibilità» degli identici: se A è identico a B, A e B hanno le medesime proprietà. Questa relazione la si incontra, per esempio, nella fisica delle particelle elementari: due elettroni sono identici e, quindi, hanno le medesime proprietà. Ma non la si riscontra nelle scienze biologiche: due cellule non sono mai identiche e quindi non hanno mai esattamente le medesime proprietà.

Il principio logico di identità indica la →verità, banale fino alla tautologia, di una proposizione, tipo «la rosa è la rosa». E, come tale, non fu al centro di particolari attenzioni nella filosofia greca, sebbene fosse ben conosciuto dai filosofi greci. Esso raggiunse un picco di interesse solo nella tarda Scolastica, quando fu elevato addirittura a legge fondamentale del pensiero, in quanto preliminare al «principio di non contraddizione».

Per la verità anche Gottfried W. Leibniz si interessò molto all'identità. Pensava che quella nozione fosse la condizione fondamentale di ogni →necessità logica. Ed enunciò l'equivalenza del «principio di identità» e del «principio di indiscernibilità degli identici».

Nel XIX secolo alcuni filosofi della →scienza, in una sorta di →riduzionismo logico estremo, individuarono nell'identità il limite a cui tendono le leggi scientifiche (→legge), attraverso appunto la progressiva riduzione delle differenze qualitative tra i fenomeni.

Tuttavia oggi pochi logici riconoscono nell'identità un principio fondamentale del pensiero umano e pochi filosofi della scienza sottoscriverebbero un programma di riduzione della scienza a mera tautologia. In altri termini la nozione di identità conosce una stagione di declino nella logica (e nella logica della scoperta scientifica).

Identità psichica

Al declino dell'interesse per l'identità in logica corrisponde nel XX secolo un deciso incremento dell'interesse per l'identità in →psicologia. L'oggetto di studio è l'identità della persona. Cioè di un'entità niente affatto statica, come è un simbolo della logica, ma di un'identità dinamica, in →divenire. Ci sono almeno tre grandi scuole di pensiero che affrontano da ottiche diverse il problema dell'identità personale. C'è quella sostanzialista, che risale a Cartesio, secondo cui l'identità di una persona risiede in una sostanza specifica, che per il filosofo francese è l'→anima, ma per altri nostri contemporanei può essere di tipo materiale. C'è la scuola di pensiero fisicalista, secondo cui l'identità personale risiede semplicemente nel cervello di ciascuno. E c'è infine la scuola di pensiero della continuità psichica, che risale a John Locke ma che sta vivendo, appunto, una nuova stagione di attualità con la psicodinamica.

In psicodinamica infatti l'identità, anzi l'identità continua, ovvero, come direbbe H. Lichtenstein, la «capacità di rimanere se stessi pur nel mezzo del cambiamento costante», è addirittura il centro di ogni attività psichica. Il suo collega Erik Erikson in realtà va ben oltre. E riconosce all'identità, oltre che il carattere di elemento fondante dell'individuo, anche il carattere di elemento fondante delle sue relazioni sociali. Come Erikson scrive nel 1968, l'identità è «un processo "situato" al centro dell'individuo ma anche al centro della sua cultura comunitaria, un processo che, di fatto, stabilisce l'identità di queste due identità».

D'altra parte Erikson, studiando alcune persone con disturbi psichici conseguenti alla partecipazione alla seconda guerra mondiale, aveva individuato una serie di problemi psichici derivanti da quella che egli chiama «crisi di identità». La crisi si manifestava in persone che avevano «perso il senso dell'identità con se stessi e della propria continuità». Erikson parte da questi studi per avanzare l'ipotesi che il rapporto con l'identità gioca un ruolo primario nello sviluppo della personalità in uno degli otto stadi della vita dell'uomo. L'adolescenza è quello stadio della vita in cui, in genere, la confusione intorno alla propria identità, personale e sociale, raggiunge un picco massimo. Questa crisi può risolversi, spesso, in una dimensione e in un impegno di tipo sociale, perché si sviluppa un «bisogno psicologico universale» di costruirsi un'immagine del mondo che appaia convincente.

Identità sociale

L'interesse per l'identità, tuttavia, sta toccando i livelli piú alti in sociologia. Questo interesse nasce in modo organico alla fine del XIX secolo, con William James, ed emerge nella sua «teoria pragmatista del sé». Per James il sé è quella capacità, tipica dell'uomo, che gli consente, attraverso la comunicazione e il →linguaggio, di riflettere sulla propria natura e sul mondo sociale nel quale è inserito. Il sé, infatti, è un processo costituito da due elementi: uno soggettivo, l'«Io», l'elemento conoscente ma inconoscibile, interno, creativo, determinante; l'altro sociale, il «Me», l'elemento conoscibile, esterno, determinato. L'identità è dunque il processo di definizione del sé, un processo interiore ma anche sociale. Anzi, l'identità nasce come rapporto tra l'→individuo e la →società. Di piú, l'identità è «costruita, sostenuta e trasformata socialmente», come hanno sostenuto piú di recente Erving Goffman e Peter Berger.

Il guaio o, se volete, la molla che rende piú che mai attuale il problema dell'identità è il fatto che nell'attuale società di massa, per estremo paradosso, la comunità si dissolve e l'individuo resta solo (o, piú solo) nella definizione del sé. Che resta quindi una ricerca di definizione incompiuta. Di qui la «frattura del sé» e la «ricerca dell'identità».

Tutti, piú o meno, ritengono fondata la tesi della dissolvenza della comunità nella società di massa. Ma non tutti ritengono che questo sia un processo negativo. Gli ottimisti sostengono che valorizzando l'individuo la società moderna offre maggiori opportunità di «realizzarsi» o di «autorealizzarsi». I pessimisti mettono l'accento, invece, sull'alienazione di massa, la frammentazione sociale e culturale, la perdita di significato, la crisi dell'autorità. Probabilmente entrambi, gli ottimisti e i pessimisti, colgono un aspetto della realtà sociale contemporanea.

Identità politica

Karl Marx ha molto riflettuto sull'identità o, come egli la chiamava, la coscienza di classe. E il marxismo può essere considerato, per certi versi, come una teoria dell'identità di classe. Il femminismo può essere considerato un movimento teso alla definizione di una identità di genere. La persecuzione nazista e fascista negli anni '30 e, poi, l'Olocausto negli anni '40 hanno costretto tutti gli ebrei a riflettere e a recuperare la propria identità di popolo: Albert Einstein dichiarò che non aveva mai pensato alla propria identità di ebreo fino a quando un gruppo di fisici nazisti non attaccò la sua «fisica ebraica». Negli ultimi decenni, almeno in Occidente, si è parlato molto di identità di gruppo meno generali. Sono cosí state richieste e attuate diverse strategie politiche per il recupero e la difesa dell'identità delle minoranze (dagli afroamericani agli omosessuali, dagli indiani d'America ai ladini della Val Badia). Pochi, tuttavia, pensavano che il problema dell'identità in chiave etnica, una chiave ritenuta ormai vecchia e sorpassata, sarebbe riesploso in Europa con il fragore della guerra. Cosí molti sono rimasti sorpresi dalle feroci guerre civili, combattute nel nome dell'identità etnica, che hanno investito molti paesi usciti, dopo il crollo del muro di Berlino e la dissoluzione dell'Unione Sovietica, dal cosiddetto «comunismo reale». Ma altri feroci conflitti dell'identità si sono combattuti e tuttora si combattono in Africa (Somalia, Ruanda, Burundi), in Asia (Indonesia) e, sia pure in maniera meno estesa, in America Latina. Chi avrebbe detto che il problema dell'identità si sarebbe imposto non come nozione in declino nella logica, ma come espressione del declino della logica politica all'alba del terzo millennio?

Letture: Michele Di Francesco, *L'io e i suoi sé*, Milano, Raffaello Cortina, 1998; Erik Erikson, *Gioventú e crisi d'identità*, Roma, Armando, 1974; Saul Kripke, *Nome e necessità*, Torino, Bollati Boringhieri, 1999; Bernard Williams, *Problemi dell'io*, Milano, Il Saggiatore, 1990.

Immortalità

(dal latino *immortalitas*)

L'immortalità è forse il desiderio piú disperato dell'uomo. È quel desiderio, scrive Miguel de Unamuno, che da sempre conferisce un senso tragico alla sua vita. Perché separa l'→emozione, che aspira all'immortalità sopra ogni altra cosa, dalla →ragione, che non è in grado di dimostrare l'esistenza stessa dell'oggetto di quella disperata brama.

Cosí, il desiderio disperato di immortalità, sublimato, diventa il fondamento e-motivo di ogni →religione. E, degradato, di molte dottrine esoteriche. Mentre il concetto di immortalità si ritrova ad essere, con Dio e il libero arbitrio (→libertà), uno dei tre problemi fondamentali della metafisica che, come afferma Immanuel Kant, la →scienza non potrà mai risolvere.

Miguel de Unamuno e Immanuel Kant, dunque, separano lucidamente, drasticamente e, oseremmo dire, saggiamente l'emozione dalla ragione. La fede dalla scienza. Il bisogno, antico e disperato, dalla possibilità, scientifica e attuale, di soddisfarlo.

Ciò non toglie che il desiderio di immortalità faccia qui e là capolino, ai margini della storia della scienza. Generando molte illusioni e qualche confusione.

A iniziare dalla chimica dei primordi, l'→alchimia. Che nasce, nel bacino del Mediterraneo come in Cina, proprio come ricerca sperimentale dell'immortalità. Come ricerca della *pietra filosofale* o *elisir,* capace non solo e non tanto di trasmutare vili metalli in oro puro, ma soprattutto di conferire vita eterna all'uomo alchemico. È anche per questo confuso tentativo di combinare emozione e ragione, di costruire una «chimica dell'immortalità», che l'alchimia cinese, ellenistica, islamica e poi europea non evolverà mai compiutamente in scienza vera e presenterà sempre la sua duplice e ambigua natura, esoterica ed essoterica.

Anche oggi qui e là, ai margini della scienza, il desiderio disperato di immortalità si presenta chiedendo di essere soddisfatto. Talvolta in modo esplicito. È il caso di Frank Tipler, lo studioso di →relatività generale, convinto di aver messo a punto una teoria scientifica per la «fisica dell'immortalità». Ed è il caso di quegli scienziati, talvolta sedicenti, che ciclicamente si affacciano sul proscenio dei mezzi di comunicazione di massa, con questo o quel superormone, con questa o quella superpozione, che promettono di essere la versione moderna e finalmente realizzata degli elisir di lunga vita. Le *fonti dell'eterna giovinezza* su cui fondare una nuova «biologia dell'immortalità».

Questi casi si presentano con una certa ciclica frequenza ai margini tra emozione e ragione. Rischiando di trasformare un desiderio antico e profondo dell'uomo in un'illusione moderna e becera per molti uomini. E, tuttavia, si tratta di tentativi espliciti. Quindi ingenui. Facilmente riconoscibili. Il fumo, denso ma effimero, di confusione e di illusioni che generano questi tentativi espliciti di costruire una «scienza dell'immortalità» può essere diradato senza soverchie difficoltà.

Molto meno facile da riconoscere è il desiderio, disperato, di immortalità che si presenta ai margini della scienza chiedendo sí di essere soddisfatto, ma non chiedendolo in modo esplicito. Ci sono vari esempi di questo ambiguo far capolino.

Si pensi ai viaggi nel →tempo attraverso buchi neri e cunicoli spaziotemporali che molti studiosi di relatività generale da qualche anno vanno promettendo. Sono ipotesi, queste delle escursioni nel passato e nel futuro, che dal punto di vista della →teoria fisica non fanno, quasi, una grinza. Dal punto di vista logico creano insormontabili paradossi: per esempio potrei andare nel passato, uccidere una mia bisnonna ed evitare la mia nascita. Ma se non nasco come faccio a ritornare nel passato? E dal punto di vista emotivo soddisfano, in modo implicito, appunto, proprio il desiderio di immortalità. Se, infatti, posso viaggiare a piacimento nel passato profondo o nel futuro piú remoto, la mia vita, *ipso facto*, diventa eterna. Di piú. Se qualcuno tra mille e mille anni, quando la macchina del tempo prevista dalla teoria sarà finalmente costruita, tornerà nel mio tempo e mi evocherà, ecco che io sarò come resuscitato e, quindi, reso immortale.

Di fronte a questi scenari matematicamente plausibili, logicamente paradossali ed emotivamente disperati, permessi dalla sua teoria della relatività generale, Albert Einstein, con saggio scetticismo, straordinaria modestia e profonda onestà intellettuale, sosteneva che bisognava correggere la teoria piuttosto che accettare le ipotesi.

Ma, prima e forse piú che ai margini della fisica, il desiderio di immortalità, con apparente discrezione, fa oggi capolino ai margini della →biologia. La conoscenza sempre piú profonda del genoma umano e la possibilità di manipolarlo evocano, nell'immaginario collettivo e in qualche non raro studioso compiacente, non solo paure, che fanno presto a divenire catastrofismi, ma anche speranze, che, con altrettanta rapidità, si trasformano in illusioni.

Tra queste ultime c'è, per esempio, la speranza di avere, finalmente, a portata di mano la *panacea*, genetica, *di tutti i mali*. Fisici e spirituali. Ma c'è, anche e soprattutto, la speranza di aver individuato, finalmente, la *vera fonte dell'eterna giovinezza*. Non solo perché, manipolando saggiamente il congegno genico, pensiamo di riuscire ad allungare a piacimento la nostra vita (almeno fino a centoventi anni in media, assicurano molti biologi; oltre cinquecento o mille anni, azzarda qualcuno). Ma anche perché, replicando a piacimento le nostre cellule, pensiamo di riuscire a clonare la nostra individualità. Assicurandole, appunto, l'immortalità.

Di fronte a questa nuova incursione oltre i confini della scienza di quell'antico, naturale e disperato desiderio di evitare la morte, se non vogliamo cadere nella trappola dell'illusione piú cogente perché piú scadente, ci conviene assumere l'atteggiamento, saggiamente scettico, di Albert Einstein. Ricordando che la nostra individualità è frutto, insieme, di geni e ambiente, di →necessità e di →storia. Per questo, unica e irripetibile. Per questo, fortunatamente, mortale.

Letture: John Holmyard, *Storia dell'alchimia*, Firenze, Sansoni, 1959; Robert Ricklefs e Caleb Finch, *L'invecchiamento*, Bologna, Zanichelli, 1999; Frank Tipler, *La fisica dell'immortalità*, Milano, Mondadori, 1995.

Inconscio

(dal tardo latino *inconscius*)

L'inconscio è l'insieme delle attività della →mente che non sono presenti alla →coscienza. Il termine e il concetto sono, ormai, associati al nome di Sigmund Freud, che ne ha fatto uno dei capisaldi della psicoanalisi. Tuttavia delle attività mentali non coscienti ne parlava ad Atene, già nel IV secolo a.C., Platone. Durante il sonno, sostiene il discepolo di Socrate, quando l'→anima razionale dorme, la componente piú selvaggia dell'anima istintuale, in preda al cibo e all'ebbrezza, si sfrena. E non ha il minimo ritegno a immaginare le pratiche piú immonde e oscene. «In una parola, non c'è follia o spudoratezza che le manchi.»

Anche Gottfried Leibniz, all'inizio del Settecento, parlò di certe attività della mente che, benché troppo piccole e confuse per essere presenti alla coscienza, riescono a influenzare tutti quei comportamenti, dal gusto alle simpatie, che non hanno una chiara origine razionale.

All'inconscio si sono interessati anche Immanuel Kant, Arthur Schopenhauer, Friedrich Schelling, Eduard von Hartmann, Henri Bergson. E infine anche due medici francesi, che hanno grande e diretta influenza su Sigmund Freud: Jean-Martin Charcot e Hippolyte Bernheim. Tuttavia è con lo psichiatra austriaco che l'inconscio diventa oggetto di un sistematico tentativo di indagine scientifica. Freud elabora sia una →teoria della mente, ove l'inconscio riveste un ruolo primario, sia una terapia della mente fondata sull'inconscio.

Ancora oggi è controverso se la disciplina fondata da Freud, la psicoanalisi, sia da considerarsi →scienza autentica. Tuttavia è innegabile che Freud, a partire dal 1900 e dalla pubblicazione dell'*Interpretazione dei sogni*, elabora una teoria organica della mente. Egli distingue, nella psiche umana, tra diversi sistemi: la coscienza, costituita da tutti i contenuti psichici consapevoli; il preconscio, costituito dai contenuti psichici attualmente non presenti alla coscienza, ma che possono diventarlo in qualsiasi momento; e, infine, l'inconscio, con tutti i contenuti che non possono essere presenti alla coscienza. La divisione non è né netta, né definitiva. Perché anche i contenuti inconsci possono essere riportati alla coscienza o con un impegno personale o con l'ausilio delle tecniche psicoanalitiche.

Freud specifica anche i contenuti dell'inconscio. Sono quelli sottoposti a un processo di *rimozione* dalla coscienza e dal preconscio, perché troppo spiacevoli. Il processo di rimozione è generato da una forza psichica, responsabile anche dei tentativi di impedire che i contenuti inconsci riaffiorino alla coscienza.

Nel 1922, con la pubblicazione di *L'Io e l'Es*, Sigmund Freud amplia la sua teoria, riconoscendo che i contenuti dell'inconscio non si esauriscono nei contenuti rimossi. Nella nuova formulazione della sua teoria della mente, i protagonisti principali sono tre: l'Io, il Super-io e l'Es.

L'Es è la componente primordiale, l'istinto irrazionale e potente, che sta dietro ogni nostra pulsione ad agire (o a non agire). Il Super-io è la componente critica e morale, severa e a tratti spietata nel perseguire le sue esigenze. L'Io, infine, è la componente razionale e realistica, che deve mediare tra le opposte pressioni dell'Es e del Super-io. È l'Io che rimuove dallo stato cosciente i contenuti spiacevoli, scomodi o dannosi.

L'inconscio è trasversale rispetto alle tre componenti della personalità. Perché, certo, l'Es è totalmente inconscio. Ma, come abbiamo detto, molte attività dell'Io e persino molte attività del Super-io non sono presenti alla coscienza. Ma l'inconscio ha anche un ruolo fondamentale in tutte le attività della mente. È, infatti, nell'inconscio che nascono tutti e ciascun atto psichico. Se non incontrano resistenza, affiorano alla coscienza. Altrimenti, restano a livello dell'inconscio.

Dopo Freud, i suoi seguaci, alcuni eretici altri meno, hanno continuato l'osservazione dell'inconscio. Carl Gustav Jung ha proposto il concetto di inconscio collettivo, formato da contenuti comuni a interi gruppi o popolazioni. Jacques Lacan ha teorizzato un inconscio strutturato come un →linguaggio e, per certi versi, indagabile attraverso il linguaggio.

Intorno a queste teorie si è sviluppata una notevole pratica clinica. Tuttavia la teoria freudiana dell'inconscio e l'intera teoria psicoanalitica non sono considerate teorie scientifiche sia perché non falsificabili, come rilevava Karl Popper, sia perché considerate poco compatibili con il resto delle discipline scientifiche che si occupano del cervello e della mente.

Letture: Sigmund Freud, *L'interpretazione dei sogni*, Roma, Newton Compton, 1970.

Individuo

(dal latino *individuus*)

«Tra milioni di persone che sono venute al mondo, siamo certi che non ve ne sono mai state due esattamente uguali in ogni dettaglio; e, analogamente, non è troppo azzardato affermare la stessa cosa per le creature viventi che sono esistite (per quanto simili alcune di esse possono apparire ai nostri occhi ineducati)», scriveva il biologo T.V. Wollaston nel 1860. E questa constatazione, che segnava il tramonto in ambito biologico del concetto platonico di →essenza, è uno degli elementi di irriducibile diversità tra la →biologia e la →fisica. Le scienze biologiche, infatti, si occupano di popolazioni di individui, ovvero di insiemi costituiti da entità uniche e irripetibili, diverse le une dalle altre: uomini o cellule che siano. La biologia si fonda sul concetto di individuo. Mentre le scienze fisiche possono occuparsi di classi, al cui interno ogni entità è perfettamente uguale a tutte le altre (un elettrone è del tutto indistinguibile da un altro elettrone). La fisica non conosce il concetto di individuo.

Come scrive Ernst Mayr, l'unicità degli individui biologici impone un approccio ai fatti della biologia completamente diverso rispetto all'approccio che hanno i fisici rispetto ai fatti della fisica. L'approccio del biologo è fondato sul pensiero popolazionale, senza il quale è impossibile comprendere la selezione naturale e l'→evoluzione biologica. Mentre l'approccio del fisico è fondato su un pensiero deterministico (→determinismo) e stocastico.

Letture: Pietro Greco, *Evoluzioni. Dal Big Bang a Wall Street, la sintesi impossibile*, Napoli, Cuen, 1999; Ernst Mayr, *Storia del pensiero biologico*, Torino, Bollati Boringhieri, 1990.

Induzione

(dal latino *inductio*, derivato da *inducere*)

«L'uomo da cui il pollo ha ricevuto il cibo per ogni giorno della propria vita gli tirerà alla fine il collo, dimostrando che un'idea meno primitiva dell'uniformità della natura sarebbe stata utile all'animale.» Con la sua solita e arguta ironia, Sir Bertrand Russell indicava, nel 1912, tutti i rischi del processo induttivo di conoscenza. Che consiste nel tentativo di inferire regole generali dall'analisi di un insieme di dati particolari.

Bertrand Russell indica i rischi di questo processo dopo averne esaltato le qualità. L'induzione, sostiene Russell, è il metodo migliore di inferire →conoscenza. Ed è il metodo migliore di fare →scienza. Questa convinzione del filosofo e matematico inglese si basa su due fondamenti, cui dà il nome di *uniformità della natura* e di *principio di induzione*. Il primo concetto consiste nel credere che tutto quello che è avvenuto, avviene e avverrà in →natura sia il frutto di qualche →legge generale che non ammette eccezioni. Il secondo concetto consiste nel ritenere che se i cigni sono sempre apparsi bianchi, e nessuno ha mai visto un cigno che non fosse di colore bianco, e se il numero di osservazioni di cigni è alto e diventa sempre piú alto, allora aumenta anche la probabilità, una probabilità che si avvicina illimitatamente alla →certezza, che esista una legge generale e non derogabile che coniuga i cigni al colore bianco.

Sulla base di questa legge che ho inferito dai dati in mio possesso, sostiene Russell, sono in grado di fare previsioni scientifiche: il prossimo cigno che incontrerò sarà bianco. La probabilità che io abbia ragione e incontri davvero un cigno di colore bianco è altissima.

Russell non è il solo, all'inizio del XX secolo, a credere nel metodo induttivo, il cui padre, almeno in ambito scientifico, è stato un altro filosofo inglese, Francesco Bacone, trecento anni prima (→esperimento). E il cui massimo successo è (sarebbe) stata la scoperta delle leggi di →gravitazione universale, elaborate dall'inglese Isaac Newton. Sull'onda di questo successo, la fiducia nel metodo dell'induzione è stata dominante in molti ambiti scientifici in tutto il XIX secolo e, ancora all'inizio del Novecento, è condivisa da scuole di pensiero importanti, come quella di Cambridge, cui Russell appartiene, e dal Circolo di Vienna.

Tuttavia contro questo approccio metodologico alla conoscenza si schierano due tra i piú grandi filosofi della scienza del XX secolo, l'austriaco Karl Popper e il francese Pierre Duhem. Preceduti, peraltro, da Aristotele e da Cartesio.

Il filosofo di Stagira pensava che il processo induttivo fosse un mero strumento pratico, privo di dignità scientifica e di capacità dimostrativa. La vera conoscenza, sosteneva, si ottiene attraverso il sillogismo, ovvero attraverso la →deduzione. René Descartes, Cartesio, codificherà il metodo ipotetico-deduttivo realizzato da Galileo.

Ma torniamo al Novecento. Pierre Duhem nega che l'elaborazione della legge di gravitazione universale di Newton sia avvenuta sulla base di un metodo induttivo. Anzi, nega che un metodo induttivo possa esistere. Quanto a Karl Popper resta colpito dal fatto che, a un certo punto, dopo secoli di osservazioni mai smentite di cigni bianchi in Europa, un signore in Australia si imbatte in un cigno di colore nero. La legge generale che voleva bianchi tutti i cigni, inferita dall'analisi pura di una serie infinita di puri dati osservativi, dunque non esisteva. Ciò spinge Popper a muovere la sua critica di fondo al metodo dell'induzione. Questo metodo, sostiene il filosofo austriaco, pretende che lo scienziato giunga del tutto innocente, cioè privo di →teorie (→teoria) e di →ipotesi preventive, all'analisi dei dati osservativi. Questa innocenza non solo non è possibile, ma non è neppure auspicabile. Le ipotesi e le teorie con cui lo scienziato giunge all'analisi dei dati sperimentali e osservativi, anzi le ipotesi e le teorie in base alle quali progetta e realizza gli esperimenti e le osservazioni, sono una griglia indispensabile per interpretare i risultati di quegli esperimenti e di quelle osservazioni.

Difficile dare torto a Karl Popper, in questo caso. D'altra parte non va sostenendo Albert Einstein, il maggiore fisico del XX secolo, che senza una teoria sarebbe impossibile selezionare i dati significativi dal rumore di fondo delle informazioni infinite regalate dalla natura?

Letture: Giovanni Boniolo e Paolo Vidali, *Filosofia della scienza*, Milano, Bruno Mondadori, 1999; Pierre Duhem, *La teoria fisica: il suo oggetto e la sua struttura*, Bologna, Il Mulino,

1978; Donald Gillies e Giulio Giorello, *La filosofia della scienza nel XX secolo*, Roma-Bari, Laterza, 1995; David Oldroyd, *Storia della filosofia della scienza*, Milano, Il Saggiatore, 1989; Karl Popper, *Poscritto alla logica della scoperta scientifica*, Milano, Il Saggiatore, 1984.

Infinito
(dal latino *infinitus*)

L'uomo ha conquistato di recente l'infinito. Solo verso la fine del XIX secolo la →matematica lo ha reso un'entità trattabile e, quindi, un concetto comprensibile. Mentre si dice che i greci ne avessero orrore e indietreggiassero «di fronte al silenzio degli spazi infiniti». E, infatti, i matematici greci non parlarono mai di infinito. E i filosofi preferivano parlare di illimitato.

Il primo a introdurre questo termine è stato il pitagorico Filolao, che nel «limite» e nell'«illimitato» individuò la coppia di opposti che sono causa e principio di tutte le cose. In particolare, per i pitagorici, il limite era associato al bene e l'illimitato al male.

Aristotele affrontò piú a fondo i problemi dell'infinito, che chiamava *apeiron*. Si tratta di un'entità imperfetta, incompleta, confusa e priva di forma, diceva lo Stagirita. La →mente dell'uomo non può afferrarla. Non per sua incapacità. Ma perché non esiste come entità attuale. La →natura, infatti, «evita ciò che è infinito, poiché l'infinito è privo di quella completezza e finalità verso cui la natura è costantemente tesa».

Certo, l'età della Terra, se il nostro mondo ha avuto una nascita improvvisa, è potenzialmente infinita. Tuttavia essa non è mai, in nessun momento, effettivamente infinita. Certo, i numeri interi sono potenzialmente infiniti, perché io posso sempre aggiungere 1 a un qualsiasi altro →numero, grande a piacere. Ma l'insieme infinito dei numeri interi, in quanto tale, non esiste. Le grandezze fisiche, per la maggior parte, non possono essere infinite neppure in potenza, perché, se lo fossero, sarebbero piú grandi dell'→universo stesso. E ciò è impossibile. Lo →spazio è, però, potenzialmente infinito, perché può essere diviso in parti sempre piú piccole. E, potenzialmente, infinito è soprattutto il →tempo, sia perché posso sempre aggiungere un istante a qualsiasi quantità, grande a piacere, di tempo; sia perché lo posso suddividere, come lo spazio, in parti sempre piú piccole. Ma per quanto questo processo di suddivisione o di aggiunta possa protrarsi, io tenderò verso l'infinito ma non lo realizzerò mai.

Insomma, sostiene Aristotele, l'infinito si trascina dietro una sua intrinseca incompletezza. Non esiste se non come processo, come potenzialità. L'infinito attuale, quello, non esiste.

Tuttavia c'è una differenza tra l'infinito inteso come crescita progressiva infinitamente grande del finito e l'infinito come suddivisione in parti infinitamente piccole del finito. Questa differenza Aristotele la coglie, distinguendo l'infinito potenziale dell'insieme dei numeri interi e l'infinito potenziale dello spazio. E riconoscendo che solo il tempo possiede entrambe le dimensioni dell'infinito.

Ma le differenze tra le due modalità dell'infinito vengono meglio alla luce, anche se non saranno risolte, coi famosi paradossi proposti da Zenone di Elea. Soprattutto quelli che riguardano l'infinità della retta. Non tanto la sua lunghezza infinita, quanto la sua infinita divisibilità. Infatti, se il pie' veloce Achille pensa di correre in linea retta aggiungendo sempre un metro al suo percorso finito, non giungerà mai al traguardo. Ma noi sappiamo che se il pie' veloce Achille sfida nella corsa dei cento metri piani una tartaruga, concedendole un piccolo vantaggio iniziale, prima o poi, nella realtà, la raggiunge e la supera. Tuttavia se affrontiamo il problema logico della gara impossibile, giungeremo a una situazione paradossale: Achille non raggiungerà mai la tartaruga. Poniamo che il lento anfibio parta con un vantaggio di dieci metri rispetto al pie' veloce. Achille in un secondo avrà coperto la distanza. Ma in quel secondo anche la tartaruga si sarà spostata, di un centimetro. Allora Achille in un millesimo di secondo coprirà quella distanza. Ma la tartaruga intanto avrà percorso una frazione infinitesima di centimetro... E cosí via, all'infinito. In definitiva, per quanto veloce corra Achille e per quanto lenta sia la tartaruga, in quella gara logica c'è sempre e solo un vincitore: l'anfibio.

Il paradosso di Zenone è un vero rompicapo e troverà una soluzione solo nella matematica moderna, con la definizione del rapporto tra discreto e continuo. I problemi che esso pone indussero i grandi matematici greci o, per meglio dire, ellenistici (→ellenistica, scienza) a evitare di cimentarsi e persino di nominare l'infinito. Scrive Paolo Zellini: «Molte ricerche geometriche di Eudosso, Euclide e Archimede fanno un uso implicito dell'infinito, e arrivano a trattare concetti tipici dell'analisi (integrali, aree, volumi), con un linguaggio "perifrastico", che allude solo a *rapporti*, *proporzioni*, *eguaglianze* o *diseguaglianze* tra grandezze rigorosamente *finite*». Ma «l'aumento o la diminuzione delle grandezze non erano mai portati fino al limite estremo dell'infinitamente grande o dell'infinitamente piccolo; ci si fermava sempre a grandezze finite, che si dimostravano maggiori o minori di altre grandezze finite assegnate». E quando poi non si poteva proprio evitare di prenderlo in considerazione, l'infinito veniva rimosso dallo stato di attualità e rimesso nel suo stato di pura potenzialità, come sosteneva Aristotele.

Prendiamo a esempio Proclo, il commentatore di Euclide. Egli osservò che, poiché il diametro divide un cerchio a metà e poiché i diametri del cerchio sono in numero infinito, allora il numero della metà dei cerchi deve essere doppiamente infinito. La contraddizione è solo apparente, sostiene Proclo. Perché non esiste un infinito attuale di diametri e, quindi, non esiste un doppio infinito attuale di cerchi tagliati a metà.

In filosofia e in teologia il dibattito sull'infinito dura per tutto il Medio Evo. E non sempre Aristotele supera la prova delle dotte discussioni. Come si può negare a Dio e alla sua (infinita) onnipotenza, si chiedeva il vescovo di Parigi, Étienne Tempier, nel 1277, la possibilità di creare direttamente un numero infinito di entità anche nel mondo del →divenire e del mutamento?

Anche la *nuova scienza* si cimenta, da subito, coi problemi dell'infinito. Giungendo a conclusioni non certo opposte a quelle di Aristotele o dei matematici ellenistici. Nelle *Due nuove scienze* Galileo propone un ragionamento analogo a quello di Proclo. Egli osserva che i numeri interi possono essere messi in corrispondenza biunivoca con il loro quadrato. Ma se consideriamo infinito l'insieme dei numeri interi, allora l'insieme composto dai quadrati dei numeri interi deve essere, diremmo oggi, un infinito di ordine superiore. Ma come si può pensare a diversi «gradi» di infinito? Tutte le quantità infinite devono essere le stesse e non possono essere comparate.

Dell'infinito si occupano svariati filosofi, da Cartesio, a Spinoza, a Kant, cosí come prima se ne erano occupati tutti i grandi della filosofia medievale, da Plotino a Tommaso d'Aquino. Ma a noi, in questa sede, interessano le tesi (con implicazioni filosofiche) degli scienziati. E occorre rilevare che ancora all'inizio del XIX secolo il dibattito non si era spostato di una virgola rispetto ad Aristotele. Cosí scrive il grande matematico Carl Friedrich Gauss in una lettera del 1831: «Protesto contro l'uso di una quantità infinita come entità attuale; ciò non è mai consentito in matematica. L'infinito è soltanto un modo di dire in cui si parla in realtà dei limiti a cui certi rapporti possono avvicinarsi quanto si vuole, mentre altri possono crescere senza limiti». D'altra parte anche Augustin-Louis Cauchy, qualche tempo prima, escludeva l'esistenza di insiemi infiniti perché escludeva che una parte, per esempio l'insieme dei numeri interi pari, potesse essere messa in corrispondenza biunivoca con il tutto, per esempio l'insieme dei numeri interi.

I matematici non sanno risolvere i problemi posti dall'infinito. E lo rimuovono. Scrive Morris Kline:

> L'atteggiamento della maggior parte dei matematici verso questo problema fu quello di ignorare ciò che non potevano risolvere. Nel complesso essi evitarono anche di riconoscere esplicitamente gli insiemi attualmente infiniti, anche se usarono, a esempio, le serie infinite e il sistema dei numeri reali. Essi parlavano di punti di una retta pur evitando di dire che la retta è composta da un numero infinito di punti. Questo atteggiamento che tendeva a evitare i problemi spinosi era ipocrita, ma sufficiente a costruire l'analisi classica.

Tuttavia, quando infine i matematici furono costretti ad affrontare il problema di rendere rigorosa l'analisi, non fu piú possibile rimuovere l'infinito.

La svolta avviene nella seconda parte dell'Ottocento. Il primo ad affrontare il problema fu Bernhard Bolzano, nel suo libro *I paradossi dell'infinito* pubblicato nel 1851, tre anni dopo la sua morte. Bolzano sostiene l'esistenza degli insiemi infiniti attuali e mette l'accento sul fatto che la nozione di eguaglianza degli insiemi, ovvero la corrispondenza biunivoca tra i loro elementi, riguarda sia gli insiemi finiti che gli insiemi infiniti.

Altri, da Richard Dedekind a Karl Weierstrass a Giuseppe Veronese, dimostreranno che, ormai, i matematici non «indietreggiano piú di fronte al silenzio degli spazi infiniti». Tuttavia sarà il matematico tedesco di origine russa Georg Cantor a dimostrare che l'infinito, infine, esiste. E non solo in potenza. Ma nella sua forma attuale. Per Cantor, che a partire dal 1874 elabora una completa teoria degli insiemi e dei numeri cosiddetti transfiniti, è infinito quell'insieme che può essere posto in corrispondenza biunivoca con una sua parte. Cantor dimostra anche che è proprio vero ciò che risultava irragionevole a Galileo: esistono diversi «gradi» di infinito. O, se si vuole, che un infinito può essere di ordine superiore a un altro infinito.

Le dimostrazioni di Cantor suscitarono reazioni divaricate. Dal piú netto rifiuto di Leopold Kronecker, alle critiche di Henri Poincaré e Hermann Weyl, fino all'entusiastica acclamazione di David Hilbert e Bertrand Russell. Cosicché non desti meraviglia il fatto che, a fronte delle limpide dimostrazioni di Cantor, il dibattito sull'infinito attuale riprende. Non solo perché nascono alcune difficoltà quando si cerca di definire una teoria coerente dell'infinito. Ma soprattutto perché i teoremi di incompletezza, elaborati da Kurt Gödel all'inizio del Novecento (→logica), con la «crisi dei fondamenti» della matematica, determinano, secondo alcuni, anche una crisi di comprensione del concetto di infinito.

Ma, se il mal comune può risultare in qualche modo di gaudio, c'è da rilevare che lo sviluppo degli studi sulla →complessità algoritmica e computazionale ha dimostrato che neppure il concetto di finito gode di buona salute. Esistono infatti problemi che, pur ammettendo soluzioni attraverso un numero finito di operazioni, a causa della loro irriducibile complessità non possono essere risolti, neppure in via di principio, da alcuna macchina, di qualsivoglia potenza. Insomma, sembrano esistere difficoltà di principio non solo a cogliere l'infinito. Ma, persino, a cogliere tutte le modalità del finito.

Letture: John Barrow *et al.*, *Zero e infinito*, Napoli, Cuen, 1999; Morris Kline, *Storia del pensiero matematico*, Torino, Einaudi, 1996; Paolo Zellini, *Breve storia dell'infinito*, Milano, Adelphi, 1980.

Informazione

(dal latino *informatio*)

L'informazione è una notizia, un dato. Che troviamo ovunque. In questa pagina. In un cristallo. Nel Dna di tutti gli organismi viventi. Ma qual è la sua natura? È →materia? È →energia? Né l'una, né l'altra, sosteneva il matematico Norbert Wiener: «L'informazione è informazione».

Affermazione impegnativa, perché significa conferire all'informazione una realtà intrinseca, uno statuto ontologico primario. Che può essere scientificamente indagato. Il problema è che quella di informazione è una nozione che viene dal →senso comune ed è cosí generale da risultare piuttosto generica. L'indagine scientifica presuppone uno sforzo di definizione. È dunque nel tentativo di sottoporla a indagine scientifica che l'ingegnere e matematico americano Claude Elwood Shannon ha provato a formalizzare il concetto di informazione e a porlo alla base di una vera e propria →teoria della comunicazione, in analogia con la teoria fisica della →termodinamica.

In primo luogo Shannon, con un articolo del 1938 destinato a diventare famoso (*A Symbolic Analysis of Relay and Switching Circuits*), elaborò il concetto di informazione secondo i criteri della →logica, associando le cifre 0 e 1 della numerazione binaria tipica della →matematica booleana ai due valori di →verità della logica simbolica: vero e falso. Di lí a qualche tempo definí l'«unità di informazione», chiamandola «bit», da *binary digit*: cifra binaria. La numerazione binaria è diventata il →linguaggio dei computer. E il bit è diventato l'unità di misura della →memoria dei calcolatori elettronici.

Ma Shannon non si accontentò di gettare le basi del linguaggio informatico. Cercò di elaborare una teoria generale della comunicazione, collegando il concetto di informazione con quello di →entropia, dopo aver rilevato che la definizione dello stato di ordine di un sistema è proporzionale al suo contenuto di informazione. Da un punto di vista formale, nella teoria di Shannon l'informazione ha una sua precisa natura fisico-matematica e, in analogia con l'entropia, è definita come il logaritmo della probabilità sia pure cambiato di segno. L'informazione, in qualche modo, è un'entropia negativa, una presenza di ordine.

La teoria dell'informazione fu esposta da Shannon in un testo, *The Mathematical Theory of Communication*, pubblicato nel 1949 insieme a Warren Weaver, che divenne uno dei testi fondamentali della →cibernetica ed è ancora oggi uno dei testi fondamentali della matematica e dell'ingegneria della comunicazione.

La teoria di Shannon presenta, tuttavia, qualche lacuna. Proprio in quello che può essere considerato il suo massimo obiettivo, dare al concetto di informazione un carattere quantitativo e, insieme, semantico. Abbinare matematica e senso. Insomma, cogliere in una formula la →complessità di un discorso (in realtà, di un qualsiasi messaggio). In altri termini, una cosa è una pagina di un libro contenente tutte *a*, altra è la prima pagina della *Divina Commedia*. Anche se la quantità di informazione è formalmente uguale, la differenza di senso è abissale.

Alla soluzione di questo problema, cui ha lavorato lo stesso Shannon, ha dato un contributo molto significativo il russo Andrej Kolmogorov. Che ha cercato di formalizzare la complessità di un testo. Tuttavia non sempre la complessità matematica coincide con la complessità semantica.

In definitiva, il tentativo di ridurre il problema dell'informazione a un problema fisico-matematico ha prodotto grandi risultati, molto apprezzati nella pratica quotidiana da ingegneri e informatici, ma non sembra essere ancora completamente risolto. Il significato dell'informazione sembra essere riottoso a farsi comprendere, in tutte le sue sfaccettature, in una teoria matematizzata. D'altra parte, l'eventuale soluzione del problema legato alla semantica dell'informazione rappresenta una parte importante di quello che oggi molti considerano il piú grande problema scientifico sul tappeto: il problema della →mente.

Letture: Steve J. Heims, *I cibernetici*, Roma, Editori Riuniti, 1994; Claude Shannon e Warren Weaver, *La teoria matematica della comunicazione*, Milano, Etas, 1971; Norbert Wiener, *Introduzione alla cibernetica*, Torino, Boringhieri, 1953.

Intelligenza

(dal latino *intelligentia*, derivato da *intelligere*)

Anassagora di Clazomene indicava con la parola *nous* l'intelligenza ordinatrice della →natura. E per i greci antichi il *nous*, che i romani chiameranno *intellectus*, è la capacità di scegliere e di ordinare, in altre parole è il →pensiero. Tommaso d'Aquino contribuisce a definire in modo piú preciso il termine intelligenza risalendo alla sua etimologia. *Intellectus* deriva da *intus legere*, vale a dire leggere dentro. L'intelligenza è dunque la capacità di leggere dentro, di andare oltre la →sensazione e la →percezione, per cogliere con la →ragione l'→essenza delle cose. Per cogliere l'intelligenza ordinatrice della natura.

Già, ma nel concreto in cosa consiste e a chi appartiene questa «capacità di leggere dentro»? Michael A. Heather, nel 1983, si chiede: «Come dobbiamo definire l'intelligenza? È collegata alla →vita? E cosa si può dire della vita intelligente? Esiste vita-non-intelligente o non-vita-intelligente? Ci sono alcuni che mettono in guardia contro il vezzo di dare definizioni della vita e dell'intelligenza: non si rendono conto che, di fatto, essi propongono definizioni di queste entità e le definiscono non-definibili».

Molti, non solo in passato, hanno riconosciuto e riconoscono tuttora la capacità di cogliere l'intelligenza ordinatrice della natura a una sola →specie, la specie umana. L'intelligenza viene allora definita come un insieme di facoltà: il possesso del →linguaggio e della sua semantica; la capacità di fabbricare utensili (→tecnica); la capacità di prevedere le conseguenze delle proprie azioni; la capacità di percepire principi morali (→etica). In un tentativo di generalizzare la definizione, alcuni di recente hanno proposto: «Intelligenza è quella facoltà della →mente attraverso cui l'ordine viene percepito in una situazione precedentemente considerata disordinata». Insomma, oggi molti scienziati propongono dell'intelligenza la medesima definizione di Tommaso l'Aquinate. Una definizione indubbiamente profonda, ma forse intrisa di un un certo antropomorfismo. D'altra parte molti fautori dell'→intelligenza artificiale continuano a ritenere che una macchina può essere definita intelligente quando supera il test di →Turing e, comunicando con essa, non è possibile distinguerla da un uomo.

Ma, in realtà, l'intelligenza di un essere umano reale non risiede solo nella capacità di superare il test di Turing. Consiste in una costellazione di attività cognitive, spesso parzialmente sovrapponibili ma altre volte cosí diverse da risultare indipendenti. Riconoscere un volto, vedere in tre dimensioni, muoversi bene nell'ambiente, leggere un testo, creare una →teoria scientifica sono tutte attività che comportano intelligenza o, se si vuole, che comportano la capacità di mettere ordine in una situazione precedentemente disordinata. Ma non richiedono il medesimo tipo di intelligenza. Non solo l'intelligenza logico-deduttiva necessaria a superare il test di Turing.

All'inizio degli anni '80 Howard Gardner ha sottolineato la *pluridimensionalità* dell'intelligenza umana, mettendo in evidenza che esistono diverse *formae mentis*: c'è l'intelligenza «logico-matematica», quella «linguistica», «musicale», «spaziale», «corporeo-cinestesica», «intrapersonale» e «interpersonale». L'elenco potrebbe essere largamente incompleto. D'altra parte già nel 1950 l'americano J.P. Guilford proponeva un modello tridimensionale basato su «categorie» che dava luogo a 120 forme diverse di intelligenza. Ciascun uomo le ha tutte, queste dimensioni dell'intelligenza, anche se con gradazioni diverse. C'è chi ha una spiccata intelligenza musicale e chi si muove nello spazio con spiccata abilità, c'è chi ha una intelligenza matematica geniale e, però, ha una scarsa intelligenza interpersonale. La variabilità dell'intelligenza umana è enorme. Ed è dinamica. Varia nel tempo e nei contesti. In altri termini io posso esprimere, per esempio, una notevole intelligenza musicale in certi contesti e poi mostrare una scarsa intelligenza musicale in altri contesti o nel medesimo contesto, in altro tempo.

Insomma, come propone Paul M. Churchland, l'intelligenza può essere considerata un «vettore». Un segmento direzionato che si muove nello spazio delle forme d'intelligenza, nello →spazio geometrico e nel →tempo.

Questo vettore, diverso per ciascun uomo, anzi per ciascuna storia umana, non è una caratteristica della nostra specie. L'intelligenza è diffusa in tutto il mondo animale. Cos'è, se non una spiccata intelligenza spaziale, quella che consente al pipistrello di ricostruire la distribuzione degli oggetti e degli ostacoli nello spazio tridimensionale sulla base di semplici percezioni acustiche? si chiede Paul M. Churchland.

Non c'è dubbio che si tratta di intelligenza e non di semplice percezione, sia perché l'orecchio del mammifero pipistrello non è molto diverso dall'orecchio del mammifero uomo che, nelle medesime condizioni, ha molte piú difficoltà; sia perché i processi di ricostruzione dell'ambiente sulla base di soli dati acustici sono piuttosto complessi e richiedono una capacità di effettuare scelte.

D'altra parte l'uomo stesso ha questa capacità, o meglio, questa intelligenza, sia pure decisamente meno sviluppata di quella del pipistrello. Messo in una stanza buia, dagli echi e dal rumore dei suoi passi egli è in grado di elaborare una vaga ricostruzione degli ostacoli che può incontrare.

In altri termini il vettore dell'intelligenza acustico-spaziale dell'uomo è piú piccolo di quello che possiede il pipistrello. Possiamo a questo punto compiere un piccolo atto di umiltà. E riconoscere che l'intelligenza è una costellazione di attività cognitive ordinatrici piuttosto diffusa in natura. Noi uomini abbiamo sviluppato, nel corso della nostra evoluzione (→evoluzione culturale) alcune di queste attività cognitive ordinatrici. Queste forme di intelligenza hanno contribuito a far emergere (→emergenza) altre caratteristiche cognitive, come la →coscienza di sé (autocoscienza) e il libero arbitrio (→libertà), che a loro volta hanno prodotto un rinforzo di alcune forme della nostra intelligenza. Una nuova definizione di intelligenza, dunque, è forse necessaria. Ed è quella di fattore coevolutivo primario nella storia della vita, richiamata da Michael A. Heather.

Letture: Paul M. Churchland, *Il motore della ragione, la sede dell'anima*, Milano, Il Saggiatore, 1998; Howard Gardner, *Formae mentis. Saggio sulla pluralità dell'intelligenza*, Milano, Feltrinelli, 1987; Jean Khalfa (a cura di), *Cos'è l'intelligenza?*, Bari, Dedalo, 1995.

Intelligenza Artificiale

(dal latino *intelligentia*, derivato da *intelligere*; dal latino *artificialis*, derivato da *artificium*)

Siamo ormai entrati negli anni promessi dei computer intelligenti che, di tanto in tanto, si emozionano e, scrivendo alcune tra le pagine piú belle della migliore letteratura di fantascienza, piangono, persino, calde lacrime d'inchiostro. Ma, fanno notare gli scettici, nella realtà di loro, dei computer intelligenti che, di tanto in tanto, si emozionano e piangono calde lacrime d'inchiostro, non si vede neppure l'ombra.

Perché? Che ne è della piú grande delle promesse informatiche: l'uomo che crea un suo pari, anche se non proprio a sua immagine e somiglianza; l'uomo che realizza una macchina cognitiva, un automa intelligente e cosciente della sua intelligenza, con cui finalmente poter dialogare?

Per tacita convenzione gli storici narrano che il progetto dell'Intelligenza Artificiale (IA) nasce, come impresa intellettuale autonoma e col suo carico di promesse, in una calda estate del 1956, presso il Dartmouth College, Stati Uniti. Per volontà del matematico John McCarthy. E per generosità della Rockefeller Foundation, che finanzia un seminario estivo sulla «congettura secondo cui tutti gli aspetti dell'apprendimento e dell'intelligenza possono essere, in linea di principio, descritti in modo cosí preciso da poter essere simulati mediante un computer».

Liberi di esprimere senza remore ogni ipotesi scientifica, ogni idea appena abbozzata e ogni sogno che passa loro per la testa, in quella calda estate del 1956 raggiungono Dartmouth l'ideatore della teoria dell'→informazione, Claude Shannon; il giovane e promettente matematico Marvin Minsky; l'economista pioniere della teoria delle decisioni e futuro premio Nobel Herbert Simon; l'informatico Arthur Samuel, progettista del software che consente a un computer di sfidare a scacchi un umano insignito del titolo di Maestro Internazionale; e cinque o sei altri esponenti del mondo accademico e industriale uniti nella «convinzione che le macchine avrebbero potuto un giorno svolgere funzioni umane tradizionalmente ritenute intelligenti».

Non è che il seminario di Dartmouth e l'idea di Intelligenza Artificiale nascano dal nulla. Se proprio si vuole andare indietro nel tempo, bisogna risalire alla metà del Seicento e a Blaise Pascal. Non solo perché il matematico francese mette a punto la prima macchina calcolatrice. Ma anche e soprattutto perché ne rileva i limiti. La macchina ha certo un *esprit de géometrie*, grazie al quale compie, meccanicisticamente, le sue operazioni aritmetiche. Ma non ha l'*esprit de finesse*, non ne coglie l'essenza e il significato.

Piú tardi, invece, Gottfried Leibniz sostiene che il →pensiero è calcolo. E che nulla, quindi, può impedire a una macchina calcolatrice di concatenare una serie di proposizioni elementari e giungere a deduzioni logiche. Nulla può impedirle, dunque, di pensare. Leibniz cercò anche di costruire una macchina ragionante: oggi la si può ammirare al Museo delle scienze di Londra.

Chi riesce a costruire una macchina in grado di effettuare non solo le quattro operazioni elementari, ma anche una sequenza di operazioni, è Lord Charles Babbage, che nel 1833 mette a punto quella macchina differenziale che per qualcuno è la vera progenitrice del computer. Inutilmente, però, Babbage tenterà di costruire una macchina analitica capace di manipolare simboli in modo complesso.

Nel 1847 l'inglese George Boole mette a punto un formalismo algebrico nel tentativo di matematizzare la →logica. E nel 1870 William Jevons mette insieme il progetto di Babbage di meccanizzare la →matematica e il progetto di Boole di matematizzare la logica, e cerca di costruire un pianoforte logico, ovvero una macchina ragionante, capace di meccanizzare la →deduzione logica e, quindi, il pensiero dell'uomo, proprio come lo immaginava Leibniz.

Gli anni finali dell'Ottocento e i primi trent'anni del Novecento si consumano nel tentativo di dare solide fondamenta alla logica e alla matematica. Questi tentativi si concludono con i teoremi di Gödel e di Turing, di cui parleremo tra poco.

Il discorso sulle macchine ragionanti riprende vigoroso nell'immediato dopoguerra. Quando le macchine calcolatrici sono state, ormai, inventate. Tra il 1946 e il 1953 la Macy Foundation chiama a raccolta a New York gente come John von Neumann (geniale studioso, tra mille altre cose, della struttura logica delle macchine e considerato l'inventore del computer digitale), Norbert Wiener, Warren McCulloch, Gregory Bateson, per organizzare una serie continua, e subito famosa, di conferenze dove discutere quell'ampia gamma di temi, che andrà sotto il nome di →cibernetica, relativi all'impatto della emergente tecnologia del computer sullo sviluppo delle scienze sociali. Tra questi i temi relativi alla possibilità di costruire vere e proprie menti meccaniche (→mente): macchine che, per dirla con Warren Mc Culloch, fossero «capaci di divertirsi». Come gli uomini. E magari di piú.

Nel 1949 lo stesso Norbert Wiener fa il punto su queste prospettive nel suo fondamentale *Cybernetics*.

Ma, come riconosce Marvin Minsky, la prima, vera svolta nella storia (moderna) della meccanizzazione dei processi di pensiero si era già avuta nel 1943. Quando, in piena guerra, Arturo Rosenbluth, Norbert Wiener e Julian Bigelow avevano scritto l'articolo scientifico in cui proponevano l'equivalenza tra il comportamento teleologico degli organismi (→teleologia) e il comportamento di sistemi a retroazione (feedback) negativa. Quando Warren Mc Culloch e Walter Pitts pubblicano l'articolo sulla logica delle reti neuronali. E quando, infine, Kenneth Craik propone in un libro che il sistema nervoso sia in realtà un «realizzatore di modelli».

È con questo non trascurabile bagaglio di letteratura pregressa e di riflessioni, dunque, che i seminaristi di Dartmouth si riuniscono ed elaborano il manifesto di una nuova disciplina scientifica, che John McCarthy battezza Intelligenza Artificiale e il cui unico obiettivo è simulare l'intelligente cervello dell'uomo e realizzare macchine capaci di comportarsi *come se* pensassero.

Va da sé, concordano i convegnisti di Dartmouth, che intelligenza e pensiero non appartengono alla materia di cui è fatto il cervello umano, i 100 miliardi di cellule neuronali, o alle sue interconnessioni, tra mille e diecimila per ogni neurone, quanto al programma computazionale particolarmente efficace che la macchina cerebrale «fa girare» in continuazione. Insomma, l'intelligenza è un *software*, un insieme di regole algoritmiche, che può girare in qualsiasi *hardware*. Da quello neuronale dell'uomo, a quello dei circuiti integrati di un onesto artefatto, il computer.

In termini piú rigorosi, la dozzina di persone convenute a Dartmouth ritiene che nulla, in linea di principio, possa impedire a «una macchina che manipoli simboli fisici secondo regole che tengano conto della struttura» di simulare il comportamento intelligente del cervello umano o, addirittura, di pensare. E questa convinzione è basata su due risultati conseguiti dalla ricerca matematica, in particolare dalla teoria della computazione.

Il primo di questi risultati è la tesi, dimostrata da Alonzo Church, secondo cui ogni funzione matematica che sia effettivamente calcolabile è sempre ricorsivamente computabile. Una funzione è considerata effettivamente calcolabile quando esiste una procedura «meccanica» che, in un tempo finito, è capace di determinarne il valore (uscita) per ogni argomento (entrata). Ricorsivamente computabile, significa che esiste un insieme finito di operazioni aritmetiche elementari che consente di ottenere, per ogni argomento, il valore della funzione.

Il secondo risultato, conseguito da Alan Turing, è la tesi secondo cui ogni funzione ricorsivamente computabile può essere calcolata in un tempo finito, mediante un insieme di regole deterministiche, da una macchina estremamente semplice capace di manipolare simboli (oggi nota come macchina universale di Turing).

I due risultati congiunti suggeriscono che un qualsiasi computer, purché dotato di memoria sufficiente, può calcolare, in un tempo finito, qualsiasi funzione governata da regole deterministiche. Ovvero, può fornire una configurazione sistematica di risposte agli stimoli che, innumerevoli, provengono dall'ambiente. E cos'è il cervello dell'uomo se non una macchina di Turing capace di fornire una configurazione sistematica di risposte agli stimoli ambientali? Cos'è il pensiero se non un processo di computazione in continuo?

Il seminario di Dartmouth si chiude dunque nella generale convinzione che, nel giro di qualche lustro, l'uomo avrà un omologo, una macchina di Turing, con cui dividere la formulazione di processi cognitivi sofisticati, se non, addirittura, la →coscienza di essere al mondo.

Il seminario si chiude in polemica con la cibernetica e la neurocibernetica, che si attardano a considerare importante lo studio del cervello dell'uomo. Ma si chiude, anche e soprattutto, con la divaricazione ostentata rispetto a un'altra disciplina, la disciplina delle neuroscienze, la quale assicura che non c'è mente senza cervello. E che non c'è studio possibile della mente che non si fondi sullo studio profondo dei neuroni e delle loro interconnessioni sinaptiche, ovvero della materia del cervello cosí come si è storicamente evoluto negli esseri viventi, fino all'uomo.

A Dartmouth sono invece compatti nella convinzione che «progettare una mente per una macchina possa essere possibile anche in assenza di un corpo». L'→intelligenza non ha bisogno di neuroni e di sinapsi organiche, perché è una proprietà indipendente dalle caratteristiche materiali della macchina fisica che le fa da supporto. I neuroni e le sinapsi vanno bene. Ma andranno benissimo anche i transistor e i circuiti elettronici.

In realtà l'IA non fa in tempo a nascere, che i suoi fautori si ritrovano già divisi. Tra chi, fautore dell'*IA forte*, sostiene che nulla impedisce che il computer del futuro abbia la medesima capacità cognitiva del cervello dell'uomo. E chi, fautore dell'*IA debole*, sostiene invece che questo non è possibile, e che il computer si limiterà a simulare, di volta in volta, alcune delle capacità cognitive dell'uomo. Per amore di chiarezza diamo la parola al filosofo Keith Gunderson, e identifichiamo subito tutte le possibili versioni dell'IA che si sono manifestate in questi quaranta e piú anni trascorsi dal seminario di Dartmouth.

1a. *IA forte di tipo umano*. È la tesi di chi ritiene che gli stati cognitivi delle macchine siano identici dal punto di vista funzionale agli stati cognitivi del cervello umano. Anche se, ovviamente, non lo sono dal punto di vista fisico. Dato che la macchina computer è costruita con materiali differenti dalla macchina cervello. Non solo è possibile ottenere un computer pensante. Ma questo computer sarà un modello perfetto della mente dell'uomo.

1b. *IA forte di tipo non umano*. Gli stati cognitivi delle macchine possono raggiungere e superare i sofisticati stati cognitivi del cervello dell'uomo. Ma i due processi di pensiero saranno sempre strutturalmente diversi. Il computer non è e non sarà mai un modello della mente dell'uomo.

2a. *IA debole, che simula l'intelligenza umana.* Il computer può simulare i processi cognitivi del cervello umano, ma non c'è alcuna connessione tra gli stati cognitivi della macchina e gli stati cognitivi del cervello dell'uomo.

2b. *IA debole, che simula l'intelligenza non umana.* Il computer può simulare i processi cognitivi di un cervello non umano (di un cane, di una rana, di un insetto), ma non c'è alcuna connessione tra gli stati cognitivi della macchina e quelli del cervello degli organismi viventi simulati.

2c. *IA debole, che non simula l'intelligenza.* Il computer può eseguire, grazie alla sua potenza di calcolo, una serie di compiti cui l'uomo o altri animali assolvono invece tramite l'intelligenza. Si tratta di due modi assolutamente diversi di affrontare le medesime questioni. Ma ciò non significa che la potenza di calcolo della macchina simuli in qualche modo il comportamento intelligente degli animali o, addirittura, dell'uomo. Una macchina non sarà mai intelligente.

Come si vede la fauna dell'IA in questi primi quarant'anni di vita si è dimostrata molto ricca. In essa vi è chi ha piena fiducia che il cervello dell'uomo non è altro che un computer abilmente programmato, e quindi facilmente imitabile. E altri che sono talmente scettici sulla possibilità di imitare le funzioni cerebrali dell'uomo, da risultare nei fatti, piú che fautori, fieri avversari dell'IA.

I fautori dell'IA

Il progetto dell'IA, in quell'estate del 1956, si può dunque ritenere formalmente partito. I primi tempi sembrano arridere ai fautori piú convinti dell'IA piú forte. Herbert Simon si è addirittura presentato lí, a Dartmouth, per dare pubblica dimostrazione che lui, insieme ad Allen Newell, la macchina pensante l'ha già costruita. È un programma di software. Si chiama *Logic Theorist* ed è capace di dimostrare molti dei teoremi contenuti in uno dei piú alti risultati conseguiti dal pensiero umano, quello nella dimensione perfetta del formalismo logico a sua volta contenuto nei *Principia Mathematica* di Sir Alfred North Whitehead e di Sir Bertrand Russell. Il programma di Simon e Newell è un *General Problem Solver*, un abile risolutore di problemi logico-formali. Ma nessuno, neppure a Dartmouth, si sogna di considerare *Logic Theorist* e qualsiasi altro manipolatore automatico di simboli un embrione di cervello umano. Una macchina pensante. Almeno fino a quando l'ambiente (l'universo), con gli oggetti che contiene, le funzioni che questi oggetti assolvono e il contesto in cui le assolvono, non sarà completamente riducibile a un insieme, sia pure vasto, di simboli.

A tentarla su scala ridotta, questa opera di riduzione del reale a simbolico, per costruire la macchina pensante mediante un approccio che gli esperti chiamano *top-down*, dall'alto verso il basso, saranno in molti, nei successivi quarant'anni di esperimenti di IA. La tesi è che non ha importanza quello che avviene a livello di singoli neuroni. Ciò che davvero conta, nei processi mentali, è la sintesi: il programma. Basta quindi dare a una macchina un corredo di regole deterministiche (top), il programma, e aspettare che apprenda mentre le mette in pratica. Nei primi anni '70, per esempio, Terry Winograd realizza il programma SHRDLU, che opera in un micromondo di blocchi geometrici di ogni forma e dimensione che si muovono su una superficie piana. SHRDLU conosce tutto di questo strano micromondo, sa agire su di esso (spostando i blocchi con precisione ovunque gli venga chiesto) e sa persino raccontarlo. Ma è evidente che non sa pensare. Infatti non intraprende mai un'azione spontanea: si limita a reagire alle domande che gli vengono poste. D'altronde non ha alcuna motivazione ad agire. Insomma, SHRDLU sarà anche un programma informato sul proprio (micro)universo. Ma non è certo un programma intelligente. Men che meno mostra stati cognitivi assimilabili, in qualche modo, a quelli umani.

Terry Winograd si ritira a Stanford e trae drastici insegnamenti dal suo infruttuoso esperimento di IA:

L'idea è che il linguaggio e il pensiero possano essere rappresentati da cose come la logica formale. Personalmente ritengo che si tratti di una grossolana semplificazione. Il modo in cui le persone effettivamente agiscono ha poco a che fare con la logica formale; quello che manca è la dimensione sociale. Se consideriamo lo scopo per cui una parola viene usata, il ruolo che essa svolge nel discorso, il suo significato non ha confini.

L'idea dei micromondi fallisce, sostengono i fautori dell'approccio *top-down* all'IA forte, anche perché presume una conoscenza di tipo statico. Nella realtà l'uomo si mostra intelligente in ambiente mutevole e quindi ricorre a un tipo di conoscenza dinamica: costruisce sí modelli, ma li modifica e li adatta con straordinaria flessibilità al variare delle situazioni. È con questa idea di mente e di intelligenza che Roger Shank, della Yale University, costruisce intelaiature entro cui il computer può «scegliere» tra molte possibilità e costruirsi percorsi, non solo logici da un punto di vista formale, ma anche «verosimili» da un punto di vista pratico. In piú si cerca di dare a questi programmi una spinta motivazionale, nella speranza che riescano a trovare la strada per realizzare i loro desideri. Qualche risultato c'è stato. I programmi hanno dimostrato una certa capacità di muoversi in certi contesti. Hanno simulato, almeno secondo i loro autori, l'intelligenza umana. Ma non hanno dimostrato, almeno non inequivocabilmente, di aver raggiunto stati cognitivi, anche primitivi, simili a quelli del cervello umano.

Tuttavia Shank e gli altri della sua scuola, a differenza di Winograd, non hanno perso fiducia. E ancora oggi continuano le loro ricerche *top-down*.

Al contrario, i fautori dell'approccio *bottom-up* pensano che alti stati cognitivi, di tipo umano e non, possono essere raggiunti solo se impareremo come funziona a livello molecolare e cellulare il cervello dell'uomo. Se, sulla base di queste conoscenze, riusciremo a creare chip simili ai neuroni e connessioni simili alle reti neuronali, allora, come sostiene Douglas Hofstadter, vedremo emergere per selezione naturale anche le capacità cognitive.

Uno che ha visto un programma di software apprendere, partendo da una piccola collezione di intelaiature e da 250 regole euristiche, è Douglas Lunat, dell'Università di Stanford, in California. Il suo primo programma, *Automated Mathematician*, è riuscito a connettere insieme dati e alcune regole di insiemistica, e a «scoprire» in pochi minuti e senza ausilio esterno, i concetti di numero, numero primo, nonché i teoremi fondamentali dell'aritmetica. Il programma, però, è poi partito per la tangente, «scoprendo» numeri che erano contemporaneamente pari e dispari. Lunat non si è perso d'animo, e ha messo a punto un nuovo sistema, *Eurisko*, capace di modificare le sue euristiche nel corso dell'apprendimento. *Eurisko* si è tolta la soddisfazione di battere tutti gli avversari umani nel corso di un'edizione del campionato americano di guerre stellari.

Douglas Hofstadter ha invece sviluppato, presso l'Università dell'Indiana, un programma, *Jumbo*, che spiega molto bene la strategia *bottom-up*. *Jumbo* naviga in un mare caotico di lettere dell'alfabeto con l'istruzione di combinarle tra loro, a caso, per formare delle sillabe. *Jumbo* sa anche accostare tra loro le sillabe composte per formare parole. Il programma è dotato di codici in base ai quali riconosce la probabilità che hanno una successione di lettere e una successione di sillabe di comparire in una parola corretta: la coppia *ba* ha una maggiore probabilità di comparire in una frase di quanta non ne abbia la coppia *aa*. Cosí la coppia *se* ha maggiori probabilità della coppia *ks*. *Jumbo* sa abbinare le coppie di lettere e riesce a prevedere che la parola *ba-se* può avere un senso, mentre certamente non lo ha la parola *aa-ks*. *Jumbo* è dotato anche di codici passivi, mediante i quali ricombina sillabe e parole cercando tutti i percorsi alternativi. *Jumbo*, infine, riesce a misurare l'→entropia del sistema: quando raggiunge il minimo c'è un'elevata probabilità che i percorsi scelti formino parole e frasi dotate di senso.

Parola chiave, la parola senso, in ambito IA. Perché solo un sistema intelligente può avere una percezione del senso di una frase nell'ambito del sistema linguaggio, o di un evento nell'ambito del sistema mondo. Hofstadter è convinto che il senso, o meglio la capacità di percepirlo, sia una «→emergenza statistica» dei sistemi complessi. Il lavoro di *Jumbo* e di altri sistemi omologhi non ha convinto molti. Ma, sostiene Marvin Minsky, «Hofstadter è uno di cui, tra cinquant'anni, si dirà che era sulla strada giusta».

Quanto a lui, Marvin Minsky, decano e cofondatore dell'IA, è convinto che la mente sia un *bricolage* e l'intelligenza una sua proprietà emersa dall'interazione di sue singole parti in competizione o in conflitto aperto.

All'approccio *bottom-up* appartiene anche la forte scuola dei *neoconnessionisti*, convinti, semplicemente, che intelligenza, mente, coscienza siano proprietà emergenti dei livelli di complessità via via creati dalle interconnessioni dei 100 miliardi di neuroni del cervello umano. Una rete fortemente connessa di processori, senza bisogno di alcun software, di alcuna regola, può, quindi, almeno in linea di principio, superare per tentativi ed errori la soglia di complessità necessaria a veder emergere intelligenza, mente e persino coscienza. Da Frank Rosenblatt, fino a Geoffrey Hinton o a Igor Aleksander, sono molti i neoconnessionisti che hanno creato *macchine darwiniane* in grado di apprendere. A questo gruppo di pensiero, anche se in posizione fortemente critica dell'IA e molto isolata, appartiene certamente Gerald Edelman, il premio Nobel per la medicina teorico del sistema immunitario (→sé). Anch'egli è convinto che la mente e la coscienza siano proprietà emergenti di un sistema complesso, il cervello, che si è evoluto sí attraverso la selezione naturale, ma non nel chiuso di un laboratorio, bensí nell'→ambiente reale. Il cervello dell'uomo è un sistema complesso immerso nella →storia. Nella storia dell'umanità. E nella storia del singolo uomo. Non è dunque possibile vedere emergere l'intelligenza da un sistema artificiale che non abbia i suoi sensori ben immersi nell'ambiente reale.

Gli scettici dell'IA

Il progetto di IA è davvero ambizioso: ricreare la parte piú nobile dell'uomo. E poiché si fonda su un paio di sostantivi, intelligenza e →conoscenza, ambigui e difficili da definire, oggetto millenario di studi filosofici, ecco che non fa in tempo a nascere che già vede schierata contro di sé una moltitudine di nemici. Sterminata. E, spesso, bene armata. Una schiera che il matematico John Casti chiama di «filosofi contro». Ma che non è costituita, solo, di studiosi di filosofia.

I «filosofi contro» assicurano che le macchine «non penseranno mai». E portano quattro categorie di argomentazioni a favore di questa apodittica certezza: a) quelle *fenomenologiche*, ovvero le argomentazioni tese a dimostrare che l'intera capacità cognitiva dell'uomo non può essere meccanizzata; b) quelle *logiche*, ovvero le argomentazioni che si fondano sui limiti imposti dai teoremi di Gödel ai sistemi formali; c) quelle *anticomportamenti-*

ste, ovvero quelle che assicurano l'impossibilità di stabilire la presenza di stati cognitivi autentici attraverso l'osservazione del comportamento delle macchine; d) quelle *connessioniste*, tese a dimostrare che al computer, per diventare intelligente, non manca la mente, bensí un corpo. E una storia.

Ai «filosofi contro» bisogna aggiungere gli «etici contro», ovvero gli avversari dell'IA per ragioni morali.

L'impossibilità strutturale: la fenomenologia di Dreyfus e l'emergentismo di Popper. Hubert Dreyfus, filosofo a Berkeley, Università della California, è tra i primi (e tra i piú attrezzati) esponenti di questa categoria di «filosofi contro». Seguace di Martin Heidegger, concorda in pieno col suo maestro nel ritenere che la mente umana non potrà mai essere spiegata, a causa della impossibilità di rappresentare in termini formali l'intera esperienza. Poiché l'IA forte, sostiene Dreyfus, altro non è che il tentativo di formalizzare la mente dell'uomo, è destinata, per principio, al fallimento. Come è possibile formalizzare, si chiede Dreyfus, le pratiche sociali su cui operano molte delle componenti essenziali del pensiero umano, quali la →percezione, la comprensione, il giudizio? Il pensiero dell'uomo è molto di piú che una applicazione deterministica di regole. Anzi, il pensiero dell'uomo è intelligente proprio perché percepisce, comprende e assume decisioni senza dover applicare regole. Per questo i programmi di ricerca dell'intelligenza artificiale, scrive in un famoso articolo del 1964, sono simili ai tentativi compiuti dagli alchimisti medievali di trasmutare il vile metallo in oro.

Sull'altra sponda dell'Atlantico a scendere in campo contro le ipotesi piú radicali dell'IA è il piú noto filosofo della scienza contemporaneo, Sir Karl Popper. L'austriaco, naturalizzato inglese, si è per lungo tempo impegnato nella ricerca della logica della conoscenza in generale e, piú in particolare, di quella straordinaria forma di conoscenza che è l'indagine scientifica. In questa ricerca di una teoria della conoscenza, non può mancare la ricerca di una teoria del soggetto che conosce: la mente dell'uomo. È dagli anni '30 che Popper va rimuginando intorno al problema. Ma è solo alla fine degli anni '60 che si sente pronto per rendere finalmente di pubblico dominio il suo pensiero. Tra le primissime occasioni ci sono le Kenan Lectures che Popper tiene presso l'Università di Emory nella primavera del 1969. Il pensiero definito e sostanzialmente definitivo di Karl Popper intorno al rapporto tra mente e corpo, che è per molti versi il rapporto tra mente e cervello, troverà sistemazione qualche anno dopo, nel 1977, in un libro, *L'io e il suo cervello*, che firmerà insieme al neurobiologo John Eccles. Quella di Popper è una visione che, almeno a una prima lettura, sembra essere, insieme, neocartesiana (separazione della mente, *res cogitans*, dal corpo e, quindi, dal cervello, *res extensa*) e neoplatonica (affermazione della piena realtà di un mondo astratto delle idee). Egli stesso si descrive come un dualista cartesiano. Anzi, di piú: come un pluralista, che accetta la realtà separata non di due, ma di (almeno) tre mondi. Popper, infatti, propone l'esistenza (autonoma) di un *Mondo 3*, il mondo dei prodotti (le astratte teorie, ma anche i manufatti materiali) della mente umana, accanto a un *Mondo 2*, il mondo degli stati mentali, e a un *Mondo 1*, il mondo degli stati fisici.

In realtà Popper non è né un neocartesiano, né un neoplatonico. Ma un critico di quel «materialismo riduzionista» (→riduzionismo) che si rifiuta di riconoscere ogni autonomia al mondo della mente, del pensiero e della coscienza umana e, piú in generale, al mondo biologico. E tutto «riduce» alla →fisica e alle sue leggi fondamentali. Un materialismo riduzionista che si esprime, anche, nel monismo meccanicista

(→meccanicismo) dei fautori dell'IA forte: ovvero nella convinzione non solo che gli stati mentali sono particolari stati fisici di una complicata macchina, ma anche e soprattutto che questi stati possono essere spiegati con le sole leggi della fisica.

Non è un neoplatonico, Popper, perché egli propone la realtà di un mondo oggettivo fatto anche di idee, il Mondo 3, che è un mondo evolutivo costruito storicamente, per prove ed errori, dall'uomo: quindi reale quanto l'uomo. A differenza del mondo oggettivo delle idee di Platone, che è un mondo statico, ineffabile, perfetto: piú reale del mondo materiale.

Non è neppure un neocartesiano, Popper, perché Cartesio (autentico dualista) separa nettamente la *res cogitans* dalla *res extensa*, definendo quello della mente un «problema intrattabile» per la scienza. Mentre Popper è convinto che corpo e mente (e prodotti della mente) siano realtà autonome, ma non del tutto indipendenti. E che è possibile avere una teoria scientifica della mente (e dei suoi prodotti). La mente, sostiene, è una proprietà emergente dell'evoluzione della materia.

L'impossibilità logica: Gödel, Lucas e Penrose. Con due teoremi destinati a diventare famosi, all'inizio degli anni '30, l'austriaco Kurt Gödel dimostra che ogni sistema logico-formale è incompleto e indecidibile: la coerenza interna del sistema non può essere dimostrata con le sue stesse regole interne e vi sono proposizioni (indecidibili, appunto) di cui il sistema non può dimostrare la verità. Non molto piú tardi l'inglese Alan Turing dimostra che un sistema formale e una macchina computazionale sono la medesima cosa. Quindi anche un computer è soggetto ai due limiti imposti ai sistemi logico-formali da Kurt Gödel.

I teoremi di Gödel e di Turing sono diventati i capisaldi della logica formale. E su questi capisaldi il filosofo inglese John Lucas fonda la sua critica all'IA forte.

L'uomo non è una «macchina di carne» come afferma Marvin Minsky, sostiene, a sua volta, Lucas. Perché egli può porsi al di fuori di ogni sistema formale e «vederne» l'incompletezza e l'indecidibilità. Nessuna macchina che opera come un sistema formale è, per principio, in grado di fare ciò. Il cervello dell'uomo non è un sistema che opera mediante regole formalizzate, perché funziona con coerenza. E sa di farlo. Inoltre per il cervello dell'uomo non vi sono proposizioni che, in linea di principio, sono indecidibili. Se ve ne fossero vedremmo spesso l'uomo che, di fronte a due opzioni esattamente equivalenti, si blocca, come l'asino di Buridano, incapace di effettuare una scelta.

Le tesi di John Lucas sono state riproposte piú di recente dal fisico-matematico inglese Roger Penrose. La mente dell'uomo non è solo «attività computazionale». In particolare, con la coscienza, l'uomo è capace di rompere ogni vincolo deterministico, cosa che nessun sistema logico-formale può fare. Anzi, la coscienza è qualcosa di cosí lontano dalla computazione e, quindi, dall'IA, che essa non può neppure essere simulata. Penrose sostiene, tuttavia, che non occorre pensare al miracolo per rappresentare la coscienza. Esiste una «non computabilità fisica» che può spiegare la «non computabilità delle nostre azioni coscienti». E questa «non computabilità fisica» va ricercata a livello sinaptico, dove il dialogo tra neuroni avviene a livello quantistico.

L'impossibilità comportamentale: nella stanza cinese con John Searle. John Searle, filosofo del linguaggio, lavora a Berkeley, nel medesimo dipartimento di Dreyfus. La sua avversione all'IA forte non è meno determinata di quella del dirimpettaio. Ma le sue argomentazioni sono affatto diverse. Partono dall'argomento della stanza cinese. Ma non si esauriscono con l'argomento della stanza cinese.

Occorre spiegare, in breve, cos'è mai la stanza cinese. Secondo alcuni fautori dell'IA forte, un programma di intelligenza artificiale ha raggiunto il suo scopo se supera il *test di →Turing*. Ovvero un test, ideato da Alan Turing, secondo cui il comportamento di un computer è intelligente se un esperto non può distinguerlo dal comportamento di un uomo. Se, per esempio, un computer riesce a sostenere una conversazione in cinese con uno smaliziato madrelingua di Pechino, be', allora quel computer «conosce» il cinese.

Bene, (contro)argomenta John Searle, immaginate di trovarvi in una stanza chiusa, che comunica con l'esterno solo attraverso una buca per le lettere. Nella stanza vi trovate tra un mare di carte, su ciascuna delle quali è stampato un ideogramma cinese. Tra le mani avete anche un manuale di istruzioni (in italiano) che vi dice cosa fare quando, dalla buca, vi arriva una lettera in cinese. Dall'esterno vi inviano la prima domanda in cinese. Voi consultate il manuale e rispondente imbucando l'ideogramma consigliato. La conversazione procede per un bel po'. I vostri amici vi pongono domande in modo che le vostre risposte formino un coerente discorso in cinese. Tanto che un esperto che le osserva è indotto a pensare che, dietro la parete, c'è un cinese madrelingua. Tutto questo significa, si chiede Searle, che voi avete appreso il cinese? Niente affatto. Voi non fate altro che rispondere meccanicamente a uno stimolo esterno. La sintassi delle vostre risposte, grazie al manuale, è perfetta. Ma la semantica vi sfugge completamente. Facendo questo gioco voi avete ingannato l'esperto, ma non avete appreso e, soprattutto, compreso neppure una parola della lingua cinese.

In questo modo possono operare, al piú, le macchine computazionali. Possono imparare la sintassi e superare qualsiasi test di Turing. Ma questo non significa, sostiene John Searle, che abbiamo appreso la semantica. Non significa che «capiscono» quello che rispondono. I computer e tutti i sistemi logico-formali non hanno quei particolari contenuti della mente umana che sono i contenuti semantici.

L'impossibilità pratica: l'intelligenza ha bisogno di una mente, ma anche di un corpo. Se le conoscenze sull'intelligenza progrediscono cosí poco, sostiene Domenico Parisi, è perché l'IA ha separato la mente dal corpo. L'intelligenza, ricorda Rodney Books, consiste nella capacità di muoversi in un ambiente che cambia in continuazione. Un qualsiasi sistema deve percepire l'ambiente e imparare a muoversi in esso, se vuole diventare intelligente. Ha bisogno, quindi, di un corpo, oltre che di una mente.

I passaggi sono molteplici, per dare un corpo e, quindi, una mente al computer. C'è quello dei connessionisti, che puntano sulle reti neurali. È possibile ottenere una intelligenza di tipo artificiale, sostengono i connessionisti, solo se, come affermano i neuroscienziati, il cervello materiale diventa un vero modello. Solo che bisogna modificare i concetti base e i metodi su cui si fondano le neuroscienze: i concetti e i metodi classici della fisica e della biochimica. Occorre attrezzarsi con nuovi concetti, quelli dei sistemi dinamici complessi e con nuovi metodi, quelli della →simulazione al computer. In questo quadro cervello e mente, naturali o artificiali che siano, diventano casi particolari di una classe piú ampia di sistemi caratterizzati da un gran numero di elementi semplici che sono in interazione tra loro secondo dinamiche non lineari: i sistemi complessi, appunto.

Anche Gerald Edelman vuole dare un corpo all'intelligenza artificiale. Il cervello, sostiene, è un sistema evolutivo che opera attraverso la selezione. Non ha bisogno di programmi innati: è nell'interazione col mondo esterno, per prove ed errori, che il cervello impara, diventa intelligente e persino cosciente di sé. Non è necessario che la mente sia fatta di neuroni. È necessario che la mente simuli il comportamento dei neuroni. Per questo Edelman ha costruito degli automi, chiamati DARWIN, che nella loro quarta versione hanno il compito di interagire con l'ambiente, imparare a descriverlo per categorie e, infine, reagire con «intelligenza» ad esso. Per questo Edelman può essere considerato un forte critico e, insieme, un grande fautore, anche se *sui generis*, dell'IA.

L'impossibilità morale: ELIZA *e il pentito Weizenbaum*. Joseph Weizenbaum è un giovane ingegnere presso il Mit di Boston, quando, all'inizio degli anni '70, mette a punto un programma capace di superare il test di Turing con quegli esperti davvero particolari che sono i clienti degli psicoterapeuti.

Il programma si chiama ELIZA e segue un metodo clinico che consiste nel far parlare a lungo il paziente. I computer dove «gira» ELIZA hanno un grande successo: i pazienti si sentono davvero a loro agio e iniziano a parlare, parlare, parlare. Cosí Weizenbaum coltiva il suo successo. Chi l'avrebbe mai detto che l'IA si sarebbe incarnata in un computer «strizzacervelli»?

L'esperimento funziona talmente bene che un informatico russo di fama internazionale, giunto a Stanford negli Stati Uniti e desideroso di sperimentare un test analogo, si fa prendere la mano e inizia a «confidarsi» con la macchina, mettendo in piazza tutti i suoi problemi familiari di fronte al pubblico, imbarazzato, dei colleghi americani. Per Weizenbaum la vicenda non è affatto divertente. Il computer, dunque, è in grado di suggestionare e ridurre in schiavitú anche la mente degli esperti che lo conoscono? Quali saranno i costi sociali, si chiede, se l'uomo comincia a percepirsi come null'altro che una macchina un pochettino complicata? E cosí, a partire dalla metà degli anni '70, Joseph Weizenbaum diventa un «pentito» dell'IA. E inizia una vera e propria campagna per sostenere che il modello che rappresenta gli esseri umani quali elaboratori di informazioni non solo è sbagliato, ma è anche pericoloso. Quindi moralmente inaccettabile.

L'insostenibilità morale dell'IA è piuttosto diffusa. Anche tra qualche esperto.

IA, quarant'anni dopo

L'IA, dunque, ha superato i quarant'anni. Sono stati anni di successo? Sono state realizzate macchine intelligenti? Il lettore avrà ormai sufficienti strumenti critici per valutare. Noi diamo, di seguito, le tappe fondamentali della sua ormai non breve storia.

Alla nascita dell'IA Herbert Simon e Alan Newell annunciano: «Fra dieci anni, se saranno ancora ammesse alla competizione, le macchine saranno dichiarate campioni del mondo di scacchi; entro dieci anni, gli elaboratori scriveranno partiture di musica dotate di innegabile valore estetico; entro dieci anni, le macchine scopriranno importanti teoremi di matematica; entro dieci anni, tutte le teorie di psicologia si esprimeranno sotto forma di programmi di elaboratori».

In realtà, dieci anni dopo il seminario di Dartmouth, nel 1966, il governo federale degli Stati Uniti tagliava i finanziamenti all'IA. Colpevole di non aver fornito un soddisfacente programma di traduzione automatica delle lingue.

Dodici anni dopo l'IA ritorna alla carica con i sistemi esperti: sistemi che hanno la capacità di agire, appunto, come un esperto. Gli esempi? *Mycin*, il sistema capace di formulare diagnosi nel campo delle malattie infettive. O *Prospector*, il sistema capace di scoprire giacimenti di manganese. Sistemi esperti, appunto. Ma non ancora intelligenti.

Il quarto periodo dell'IA coincide non solo con la penetrazione nel mondo dell'industria dei sistemi esperti, ma anche con la nascita e lo sviluppo delle reti neuronali e del connessionismo (→rete). Il nuovo approccio sembra oscurare l'IA classico. Ma, secondo alcuni, ben presto i modelli informatici sono costretti ad allontanarsi sempre piú dalla realtà biologica. La biologia non diventa altro, per i connessionisti, che una metafora. E la ricerca delle reti neurali diventa parte, magari critica, dell'IA.

E le previsioni di Simon e Newell?

All'inizio del 1997 la rivista scientifica «Nature» ha pubblicato un articolo di John Casti nel quale si annuncia che presso gli Argonne National Laboratories, Illinois, Usa, William McCune ha messo a punto un programma «intelligente» che ha trovato la soluzione a un grosso problema matematico sollevato negli anni '30 da Herbert Robbins. Un rompicapo sul tipo del problema dei quattro colori. La tecnica usata dal computer, sostiene John Casti, è tale che il programma supererebbe facilmente il test di Turing della creatività matematica. Il programma si è, infatti, comportato come un vero matematico creativo. E la cosa bella è che la soluzione è stata trovata non da un programma realizzato per risolvere nello specifico i problemi matematici, ma da un programma nato «per ragionare». Questo proverebbe, conclude John Casti, che l'IA potrebbe presto uscire «dal regno della speculazione filosofica per entrare in quello degli esperimenti di laboratorio».

Già, potrebbe presto uscire. Resta il fatto che oltre quarant'anni dopo la sua nascita l'IA non è «ancora» uscita dal regno della speculazione filosofica per entrare definitivamente in quello degli esperimenti di laboratorio.

Letture: Donald Gillies, *Intelligenza artificiale e metodo scientifico*, Milano, Raffello Cortina, 1998; Roger Penrose, *Ombre della mente*, Milano, Rizzoli, 1996; Karl Popper e John Eccles, *L'io e il suo cervello*, Roma, Armando, 1981; Arcangelo Rossi, *Il fantasma dell'intelligenza*, Napoli, Cuen, 1998; Vittorio Somenzi e Roberto Cordeschi, *La filosofia degli automi*, Torino, Bollati Boringhieri, 1994.

Intelligenza, test di

(dal latino *intelligentia*, derivato da *intelligere*; dall'inglese *test*)

Sir Francis Galton considerva l'→intelligenza una capacità degli individui in gran parte ereditaria. Era convinto che l'intelligenza aumentasse con l'età. Ed era altresí convinto che potesse essere misurata. Una intera scuola di pensiero fondava la ricerca in →psicologia su questa convinzione. Cosí, quando nel 1904 il governo francese lo chiamò per chiedergli di mettere a punto un metodo per identificare i bambini mentalmente deficienti, Alfred Binet aveva una consolidata tradizione culturale cui attingere per trovare ispirazione. Binet elaborò una serie di problemi da sottoporre ai bambini per cercare di misurare le loro capacità motorie, di →memoria, di padronanza del →linguaggio. Sulla base delle risposte ottenute, Binet assegnava un punteggio a ogni bambino e, dal confronto coi punteggi degli altri, gli attribuiva un'«età mentale». Erano nati i primi test di intelligenza.

I formulari oltrepassarono l'oceano nel 1908 e sbarcarono negli Stati Uniti, per volontà di Henry Goddard. Nel 1912 Lewis Terman li rimaneggiò. E poiché Terman lavorava a Stanford, i test vennero chiamati «Stanford-Binet». I test intendevano misurare quello che Terman, con un termine destinato ad avere successo, chiamò il QI, il «quoziente d'intelligenza».

A partire dagli anni '20, Charles Spearman conferí loro una dignità teorica assoluta. Secondo lo psicologo americano il QI misurava non una o piú dimensioni dell'intelligenza, ma il «fattore intellettivo generale». Una sorta di parametro, appunto, universale. Una sorta di intelligenza assoluta.

I test Stanford-Binet, anche se periodicamente modificati, ebbero un'applicazione di massa nel mondo anglosassone. Gli Stati Uniti li resero obbligatori nella selezione delle reclute per l'esercito e come metodo per la selezione d'ingresso degli immigrati. In Gran Bretagna entrarono nelle scuole, per classificare l'intelligenza e l'attitudine agli studi dei bambini.

I test davano risultati piuttosto omogenei. In genere i figli della borghesia ottenevano QI maggiori dei proletari. I bianchi maggiori dei neri. Anche i maschi ottenevano punteggi superiori alle femmine. Ma, poi, i test vennero riformulati e le differenze scomparvero. Questo invece di accrescere i dubbi sulla loro validità, finí per consolidare il pregiudizio delle differenze classiste e razziali dell'intelligenza. E forní la base per numerose iniziative politiche e sociali tese all'eugenetica.

Dopo la seconda guerra mondiale, i test hanno conosciuto un momento di declino. Ma non sono scomparsi. Anzi da qualche anno il QI è al centro di un rinnovato dibattito sulla ereditarietà genetica dell'intelligenza, sulle differenze di razza e di classe e sui pericoli che corre la nazione a causa del diseguale tasso di sviluppo demografico dei detentori di un QI elevato, rispetto ai detentori di un QI basso. Si teme che la maggiore prolificità dei gruppi «meno intelligenti» finisca per causare un abbassamento del tasso medio d'intelligenza della nazione americana e/o britannica.

Il dibattito è stato smorzato, ma non del tutto chiuso, dai risultati di indagini a tappeto in Inghilterra, in Olanda, in Giappone e in Nuova Zelanda. In tutte queste nazioni si è assistito a un incremento notevole del QI dei bambini, nel corso degli anni. Un incremento che non può essere attribuito a cause genetiche. Il QI non è un fattore ereditario.

Resta da stabilire se i test Stanford-Binet e qualsiasi loro modificazione misurino davvero qualcosa. In realtà, la gran parte degli psicologi è convinta che esistano svariati tipi di intelligenza, ognuno dei quali si esprime in modo dinamico nei contesti appropriati. Questi tipi di intelligenza sono spesso molto sottili e sfuggono a una misurazione obiettiva. In definitiva, sostengono i critici del QI, quello che si misura coi test, fosse anche qualcosa di reale, non è che una piccola componente dell'intelligenza di un uomo.

Letture: Steven Jay Gould, *Intelligenza e pregiudizio*, Milano, Il Saggiatore, 1998.

Intenzionalità
(dal latino medievale *intentionalitas*)

Per Edmund Husserl l'intenzionalità è la tensione della coscienza verso l'→altro da sé. Il termine è stato introdotto nella →filosofia e nella filosofia della →mente da Franz Brentano nel XIX secolo. Ma deriva dal medievale «intenzione». Secondo Brentano tutti gli stati mentali hanno la caratteristica della intenzionalità, ovvero fanno tutti riferimento a un oggetto esterno e cercano di rappresentarlo. In questo senso, la percezione e l'azione negli animali hanno un carattere intenzionale. Edmund Husserl ha tuttavia cercato di legare il concetto di intenzionalità a quello di →coscienza. Ma, oggi, anche se l'intenzionalità è un concetto molto dibattuto a cavallo tra scienza e filosofia della mente, molti ritengono il riferimento a un oggetto tipico degli stati mentali un concetto indipendente da quello di coscienza. Uno stato mentale è intenzionale anche se non sempre è cosciente. Naturalmente, non si deve confondere l'intenzionalità con l'intensionalità, l'intensione o la volontà di fare qualcosa.

Letture: Simone Gozzano, *Storia e teorie dell'intenzionalità*, Roma-Bari, Laterza, 1997.

Intuizione
(dal tardo latino *intuitio*)

Si dice che il tedesco August Kekulé abbia intuito la formula chimica del benzene in sogno. E che l'inglese Alan Turing abbia intuito la macchina logica universale steso su un prato, in un placido dormiveglia. Già, ma cos'è l'intuizione? In →filosofia è una sorta di forma privilegiata di →conoscenza, che consente di ottenere il possesso immediato e totale dell'oggetto conosciuto. Per intenderci, secondo Plotino e secondo Tommaso d'Aquino, è intuizione l'atto, immediato e totale, con cui Dio conosce il mondo.

Oggi possiamo definire intuizione quell'atto creativo, magari meno istantaneo e meno globale dell'atto divino, che ciascuno di noi compie quando afferra una qualche →verità, in genere logica e/o scientifica, senza dover passare attraverso la sua dimostrazione formale. Volendo ricorrere a una →metafora, potremmo dire che l'intuizione è un tunnel che alcuni riescono a scavare sotto le procedure della →logica formale e/o della dimostrazione fisico-matematica, per giungere alla verità (anche a una verità relativa e provvisoria, com'è sempre quella della scienza).

Come vengano scavati questi tunnel e quali siano i meccanismi mentali (→mente) dell'intuizione è difficile dirlo. Di fatto, però, l'intuizione svolge un ruolo decisivo nella creatività e nella creatività scientifica in particolare. Come dimostrano gli esempi di Kekulé e di Turing, niente affatto rari nella storia della →scienza. Basta questo rilievo storico per fare dell'intuizione un concetto di grande interesse scientifico. O, quanto meno, un concetto interessante per la →psicologia della scoperta scientifica.

Letture: Pietro Greco, *Il sogno di Einstein*, Napoli, Cuen, 2000; Jacques Hadamard, *La psicologia dell'invenzione*, Milano, Raffaello Cortina, 1993.

Ipotesi
(dal greco ὑπόθεσις)

L'ipotesi è l'atto creativo nel complesso e variegato processo che porta alla scoperta scientifica (→scienza). Perché, parafrasando Albert Einstein, è «una libera invenzione della mente umana» che lo scienziato propone come spiegazione di un fenomeno. L'ipotesi, naturalmente, è una premessa non dimostrata. Sarà accettata sottoponendola alla verifica dei fatti (→esperimento), direttamente e in tutte le conseguenze da essa dedotte (→deduzione).

Per questo l'ipotesi è la premessa di quel →metodo, detto appunto ipotetico-deduttivo, che caratterizza l'impresa scientifica o larga parte di essa.

In realtà, nella filosofia della scienza e nella storia della filosofia della scienza, l'ipotesi è stata al centro di un lungo e vivace dibattito, peraltro non ancora risolto. Per chiarire i termini di questo dibattito, possiamo chiedere aiuto, come spesso ci accade, ai filosofi della Grecia classica, che consideravano l'ipotesi come la premessa, non verificata e non immediatamente verificabile, di un discorso.

Platone sosteneva che ogni discorso si apre, necessariamente, con un'ipotesi. Il segreto del buon ragionare consiste, dunque, nella capacità di scegliere ipotesi «piú forti», quelle che meglio resistono alle controargomentazioni dell'interlocutore. Aristotele, invece, pensa che le ipotesi siano gli argomenti di ripiego messi in campo da chi non è in grado di produrne di piú solidi e rigorosi, cioè da chi non è in grado di produrre argomenti fondati su assiomi e definizioni.

È bene ricordarci di questo duplice aspetto dell'ipotesi nel pensiero greco, ora che inizieremo a valutarne il significato nell'ambito della *nuova scienza*. Galileo pone l'ipotesi, anzi la *supposizione*, alla base del suo lavoro di nuovo filosofo della natura. Egli avanza delle ipotesi, matematizzate, e verifica per via sperimentale se il comportamento della natura vi corrisponde. Per esempio, ipotizza che i gravi cadono con →moto uniformemente accelerato. E quindi verifica, con il famoso esperimento del piano inclinato, che in natura le cose vadano davvero cosí. Per John Locke l'ipotesi è la causa presunta di un fenomeno osservato. Per il fisiologo francese Claude Bernard l'ipotesi è «l'interpretazione anticipata dei fenomeni della natura». Causa presunta o interpretazione anticipata che gli scienziati devono indicare con grande prudenza e col beneficio del dubbio. Pronti a disfarsene non appena i fatti dimostrano il contrario, come raccomandava Claude Bernard. Se Galileo, Locke e Bernard hanno ragione, allora l'ipotesi diventa davvero l'atto creativo dello scienziato, che la «inventa», sostengono John Stuart Mill e Charles Peirce, per evitare di starsene lí a ricavare una qualche →legge sulla base di un interminabile processo induttivo di raccolta di dati (→induzione).

Se l'ipotesi è considerata, dai suoi apologeti, l'atto creativo che serve come scorciatoia rispetto al noioso accumulo di dati e all'induzione di leggi generali, è chiaro che è vista come fumo negli occhi da chi nel processo di induzione ci crede. «Hypothesis non fingo», sosteneva Isaac Newton, che si percepiva come scienziato che faceva parlare i fatti: non invento ipotesi, non ho bisogno di inventare ipotesi.

Premesso che oggi l'ipotesi è considerata non un'anticipazione della →verità, come forse immaginava Galileo, ma come una congettura piú o meno utile e feconda, c'è da chiedersi come vengono «inventate» o scelte le ipotesi da sottoporre a verifica sperimentale. E se ci sia una qualche discriminante tra un'ipotesi qualsiasi e un'ipotesi scientifica.

A entrambe queste domande ha risposto il filosofo austriaco Karl Popper, uno che nel ruolo creativo delle ipotesi ci crede. Le ipotesi scientifiche, sostiene Popper, vengono scelte sulla base di un principio di semplicità. Ovvero nel tentativo di formulare la spiegazione piú semplice di un fenomeno.

Le ipotesi e le teorie sono, poi, scientifiche se sono falsificabili. Se cioè effettuano previsioni che possono essere contraddette da un esperimento.

Entrambe queste asserzioni sono state criticate. Le ipotesi non sono uno strumento necessario per fare scienza. Il metodo scientifico è pluralista e le modalità della scoperta scientifica sono molte. D'altra parte non sempre il criterio di scelta delle ipotesi è quello, economico, della semplicità. Famoso è l'esempio del fisico Paul Dirac, che al principio di semplicità preferiva il principio, estetico, di eleganza matematica. Ricavandone peraltro notevoli gratificazioni: una sua clamorosa ipotesi sull'esistenza dell'antimateria, avanzata sulla base dell'eleganza matematica di certe equazioni che aveva elaborato, è stata poi verificata dall'osservazione.

Quanto al criterio di falsificabilità proposto da Popper per «misurare» la caratura scientifica di un'ipotesi, esso esclude una serie di programmi di ricerca dal mondo della scienza. Clamorosa è la polemica che Popper ha avuto con la psicoanalisi. Ma forse ancora piú clamorosa è la polemica che ha avuto con la teoria darwiniana della selezione naturale (→evoluzione biologica).

Già, perché nelle scienze storiche le ipotesi sono certamente presenti. Ma la →storia, per sua natura, è refrattaria a farsi rappresentare da esperimenti limpidi e ripetibili. La storia può essere narrata, con rigore scientifico, a posteriori. Ma non può essere anticipata da previsioni. Non c'è, quindi, alcun esperimento che possa falsificare le ipotesi e le teorie della →biologia evolutiva. Nonostante ciò è difficile sostenere che le (buone) ipotesi e le (buone) teorie dell'evoluzione biologica non sono vera scienza.

Una notazione, prima di chiudere. Cosa distingue, nella scienza, una ipotesi da una teoria? In realtà nulla di assoluto. I due termini sono, almeno in parte, sovrapponibili. In genere le ipotesi si distinguono dalla teorie solo per il campo piú ristretto ove ambiscono a «interpretare la natura».

Letture: Giovanni Boniolo e Paolo Vidali, *Filosofia della scienza*, Milano, Bruno Mondadori, 1999; David Oldroyd, *Storia della filosofia della scienza*, Milano, Il Saggiatore, 1989.

Islam
(dall'arabo *Islam*)

Quando, nel 640, Omar, secondo califfo dell'Islam, entra da conquistatore in Alessandria d'Egitto, ha le idee piuttosto chiare: «O i libri contengono ciò che è già scritto nel Corano, e allora è inutile leggerli; o contengono l'opposto di ciò che è scritto nel Corano, e allora ci è proibito leggerli». E cosí il fuoco prodotto dal terzo e ultimo dei grandi incendi che, in sette secoli, insieme alla piú grande collezione di libri dell'antichità, mandano in fumo il pensiero razionale dei greci, riscalderà per sei mesi i bagni pubblici di Alessandria.

Con la distruzione dei volumi alessandrini, l'Occidente perde di fatto l'ultima fonte diretta e ogni residuo contatto con quel *miracolo greco* che, a partire dal VI secolo a.C. con Talete e con Pitagora, ha operato, a detta dello storico della matematica Morris Kline, la «piú grande scoperta fatta dall'uomo»: la scoperta della potenza della →ragione e del →pensiero astratto. Con l'affermazione coatta dell'egemonia cristiana, la caduta dell'Impero romano e le invasioni dei barbari, infatti, è già iniziata sulla sponda settentrionale del Mediterraneo la lunga eclissi della filosofia antica e del pensiero razionale. Intere biblioteche, con tutti i rari testi antichi, sono andate distrutte. La →teologia è l'unica forma di conoscenza coltivata. Pochi osano inoltrarsi nello studio, ormai senza radici, di qualche altra disciplina. Il sapere, semplicemente, va regredendo. Per tutto l'alto Medio Evo, scrive Carl Boyer, «in Europa si poteva sentire soltanto il graffiare della penna del Venerabile Beda (637 circa - 735) che in Inghilterra scriveva intorno alla matematica necessaria al calendario ecclesiastico o alla rappresentazione dei numeri per mezzo delle dita».

Quei libri mandati al rogo in Alessandria, ultimi custodi, alle porte dell'Europa, dell'antico sapere, rischiano dunque di compromettere il futuro stesso della cultura occidentale e la nascita della →scienza moderna.

Ma Omar muore, assassinato, nel 644. E per fortuna gli arabi si limitano a ereditarne le conquiste territoriali, che li hanno già portati all'apogeo della loro espansione, e non i suoi sbrigativi progetti culturali.

Cosí nei decenni e nei secoli successivi l'Islam, ormai in mano agli sciiti, può divenire il ponte ideale, l'unico, tra l'*antica scienza* dei greci e la *nuova scienza* di Galileo. Guadagnando un credito impagabile, nei confronti del pensiero scientifico e della cultura occidentale. E dimostrando che i flussi culturali tra la sponda settentrionale e la sponda meridionale del Mediterraneo non sono mai stati (né sono tuttora) unidirezionali.

Solo di recente l'Occidente sembra voler, finalmente, riconoscere il debito culturale maturato presso gli arabi. Tuttavia nella (ri)valutazione del rapporto tra Islam e scienza vi sono almeno altre due questioni ancora aperte e straordinariamente attuali.

1. L'Islam si è limitato, nel corso dei *secoli bui* della cultura occidentale, a conservare integro e immutato, congelato come in una moderna banca fitogenetica, il seme del pensiero scientifico greco, che poi potrà essere coltivato in Europa e infine germogliare nel 1600, oppure ha dato un suo originale contributo allo sviluppo della cultura scientifica?

In questo secondo caso, sarebbe implicitamente dimostrato che il pensiero scientifico moderno non è un prodotto esclusivo di un'unica civiltà, quella europea, e, quindi, che lo sviluppo della scienza non implica necessariamente, per i popoli di diversa storia e matrice, la rinuncia alla propria identità culturale.

2. L'Islam rappresenta oggi una barriera o una leva (almeno potenziale) per lo sviluppo della scienza nei paesi arabi e, piú in generale, musulmani?

La grande «avventura internazionale» degli arabi

La grande avventura internazionale degli arabi, o meglio dell'*arabismo*, come è stata definita da Francesco Gabrieli, inizia nel 633, subito dopo la morte del Profeta, e nel giro di appena un secolo può dirsi già consolidata. L'Islam, che il minuscolo popolo del deserto porta al successo dall'Iberia all'India, rivela subito di non essere solo una religione, «ma una società, una cultura, un modo di vita, cui quel credo religioso, di natura oggi si direbbe totalitaria, ha impresso profonde caratteristiche comuni».

È grazie a questo «progetto forte» di cui è portatrice che la sparuta minoranza di conquistatori riesce non solo a non farsi assimilare dalla cultura e dalle tradizioni dei paesi conquistati, ma addirittura ad arabizzare e islamizzare (quasi tutte) le maggioranze vinte. Tuttavia questa capacità egemonica non è mai totalizzante. Gli arabi, scrive Clelia Sarnelli Cerqua, «furono attenti a recepire e adottare costumi ed elementi, per loro nuovi, delle superiori culture con le quali vennero a contatto, dando cosí origine a una cultura composita, erede e continuatrice di quelle preesistenti, destinata ad avere notevoli influssi sia in Oriente sia nell'Occidente cristiano».

Insomma, la grande «avventura internazionale dell'arabismo» si manifesta con l'affermazione di una nuova cultura, ricca e composita, cementata da un progetto religioso e sociale unitario. Questa cultura, islamica, ha nelle città il suo focolare e nell'arabo la sua lingua veicolare.

Superata, in breve la fase intollerante e distruttiva, *á la Omar*, gli arabi non si lasciano solo affascinare dalle varie culture delle regioni sottomesse, ma cominciano a studiarle (e, poi, a rielaborarle) in modo attivo. Fedeli ai precetti del Profeta, riportati negli *Hadith* (le tradizioni canoniche musulmane), che ordinano esplicitamente a ogni fedele: «Cerca la scienza, sia pure in Cina»; «Cerca il sapere, dalla culla alla tomba»; «La ricerca della conoscenza (e delle scienze) è obbligatoria per ogni musulmano, uomo o donna che sia». Settecentocinquanta versetti del Corano, quasi un ottavo del contenuto del Libro, esortano i fedeli a studiare la natura, a riflettere, a fare l'uso migliore della ragione nella ricerca dei fondamenti e a rendere il raggiungimento della conoscenza e della comprensione scientifica parte della vita della comunità.

La ricerca araba del sapere, come sostiene Carmela Boffioni, attraversa a sua volta tre grandi fasi: nella prima, compresa tra il 750 e l'850, si ricercano con cura e si traducono in arabo le antiche fonti. Tra cui le piú importanti sono certo le opere filosofiche e scientifiche degli antichi greci. Nella seconda fase, compresa tra l'850 e il 950, c'è una prima elaborazione originale, con lo sviluppo delle scienze e di una filosofia non ancora del tutto autonoma e per questo piuttosto *ellenizzante*. Nella terza e ultima fase, che va dal 950 fino alla conquista mongola di Baghdad, nel 1258, c'è l'elaborazione di una piú autonoma filosofia *islamica*, tesa a inquadrare in una cornice teoretica le peculiari esperienze spirituali e sociali dell'Islam.

Esula dai nostri scopi (e dalle nostre competenze) ripercorrere il dettaglio di questa straordinaria avventura culturale. Dobbiamo rilevare, però, che mentre in Europa, distrutte le fonti, si recideva ogni legame con la filosofia e la scienza dei greci, e ogni dimestichezza con il pensiero logico e astratto andava del tutto smarrita, gli arabi cercano affannosamente quelle medesime fonti (nella loro versione originaria greca, ma soprattutto nelle versioni piú disponibili tradotte in siriaco, persiano e sanscrito) e, invece di distruggerle o di «congelarle», dimenticandole in qualche polverosa biblioteca come accade a Bisanzio, capitale del sopravvissuto Impero romano d'Oriente, le copiano e le traducono nella loro lingua, l'arabo.

In questo modo, non solo salvano le antiche fonti; non solo le restituiscono a nuova vita, eleggendole a motore di una nuova stagione culturale; ma le democratizzano. I classici greci tradotti possono essere finalmente letti da tutti. Perché l'arabo è la lingua del Corano, che tutti i musulmani conoscono. E molti leggono. Nei *suq* si allestiscono veri e propri mercati del libro dove non è difficile trovare anche i testi scientifici piú rari e preziosi.

L'Islam incontra la scienza

L'Islam incontra la scienza e il pensiero scientifico dei greci in Oriente, tra la Siria e l'Iraq. Dove i testi dell'antico sapere, ancorché tradotti in siriaco o in persiano, sono sopravvissuti piú numerosi. Grazie, soprattutto, alla cura che ne hanno avuto i cristiani nestoriani. Le prime traduzioni in arabo dei classici greci sono quindi indirette. Solo dopo l'800, quando Hunayn ibn Ishaq, considerato il piú grande traduttore arabo, viaggia per l'impero bizantino e rastrella manoscritti di opere famose, le traduzioni possono finalmente avvenire direttamente dal greco.

Bayt al-Hikma, la *Casa della Scienza*, a Baghdad, diventa per intuizione del califfo al-Ma'mun, all'inizio del IX secolo, il centro per la traduzione sistematica delle fonti scientifiche (soprattutto) greche. Grazie a queste traduzioni in arabo, (ci) è stato possibile ricostruire il testo di una serie di opere fondamentali dei classici greci che altrimenti sarebbero andate perdute per sempre.

Ma in Oriente l'Islam non incontra solo i classici greci. Incontra anche i testi scientifici provenienti dall'India. Testi di straordinaria importanza, soprattutto in →matematica. Visto che, per esempio, i cosiddetti «numeri arabi», tra cui lo →zero, con quella loro capacità di rendere piú semplice e di estendere il calcolo aritmetico, sono in realtà di origine indiana. E di origine indiana sono alcuni concetti di trigonometria, tra cui quello di *seno*, che i greci non conoscevano. Gli arabi hanno il «merito» di acquisire queste conoscenze, di rielaborarle e di consentirne il trasferimento in Occidente. Che inizierà con Leonardo Fibonacci da Pisa non prima del XIII secolo. Ma gli arabi danno anche un contributo originale alla matematica. Del loro piú grande matematico, Muhammad ibn Musa al-Hwarizmi, vissuto nel IX secolo, dal cui nome deriva *algoritmo*, si dice che, se non ha inventato l'algebra (come si riteneva un tempo), certo l'ha sistematizzata. Favorendone l'arrivo in Occidente.

Gli arabi ottengono buoni risultati anche in →fisica, soprattutto in ottica. Grazie alle loro originali ricerche sulla riflessione e sulla rifrazione della luce. Intorno all'anno 1000 Ibn al-Haitham, che il premio Nobel islamico Abdus Salam definisce «uno dei piú grandi fisici di tutti i tempi», spiega che la visione altro non è che l'impressione di un oggetto reale sull'occhio e anticipa il Principio del Tempo Minimo di Fermat, spiegando che un «raggio di luce, passando attraverso un mezzo, prende la via piú semplice e piú veloce». Sua è anche l'intuizione di quel principio di inerzia che diventerà la base delle leggi del moto di Galileo e di Newton.

Di grande rilevanza è anche lo studio scientifico della musica condotto da molti studiosi islamici, incluso Avicenna.

Gli arabi sono particolarmente attivi in →astronomia (e in →astrologia). Dove, grazie anche allo sviluppo della trigonometria, mettono a punto sofisticate tavole astronomiche. E costruiscono una rete di osservatori che, dal primo, il Sammasiyya di Baghdad, fino a quelli dell'Andalus, diventeranno un modello, qualche secolo dopo, per gli astronomi europei.

Gli arabi ereditano (e rilanciano) l'intero pensiero alchemico ellenistico, che aveva il suo cuore proprio in Alessandria d'Egitto. Ma si lasciano contaminare anche dalla florida →alchimia cinese. Il cui scopo non è solo quello di ottenere prodotti simili all'oro, ma anche di rendere l'uomo immortale, o almeno piú longevo, mediante la preparazione di *elisir di lunga vita*. La *al-kîmiyā* degli arabi ha, tuttavia, uno sviluppo notevole e affatto originale. Raggiungendo una sua formulazione teorica ben definita già alla fine del VII secolo, con gli scritti attribuiti a Giabir ibn Hayyan, noto in Occidente come Geber. Una mole di scritti cosí vasta e profonda da essere, probabilmente, il frutto di piú autori. In cui si scopre il ruolo della bilancia e ci si avvicina abbastanza all'approccio quantitativo della moderna ricerca →chimica.

Anche sul piano pratico l'alchimia araba ottiene numerosi successi. Con l'invenzione di nuovi metodi sperimentali, come la distillazione secca, e l'estensione del numero di ricette per ottenere sostanze, le piú varie. Come gli spiriti che volatilizzano, i corpi metallici, le pietre, i vetrioli, il borace e i sali secondo la nomenclatura proposta da un altro grande alchimista arabo, Abu Bakr Muhammad ibn Zakariya al-Razi. L'alchimia araba, sul piano teorico e su quello pratico, ha dunque i caratteri originali di protoscienza. Mentre, infatti, nell'Occidente cristiano l'alchimia è ormai degenerata in una pratica magica e mentre in Cina c'è confusione tra alchimia *essoterica* e alchimia *esoterica*, nel mondo arabo (compresa la Spagna) la scienza alchemica riafferma la sua indipendenza dalle filosofie mistiche.

Alla fine del X secolo, poi, Abu 'Ali al-Husain ibn Abdallah ibn Sina, noto in Occidente come Avicenna, il piú grande medico dell'Islam (e uno dei piú grandi alchimisti), confuta apertamente la tesi della trasmutazione e della tendenza, aristotelica, verso la perfezione. Gli alchimisti, sostiene, possono ottenere ottime imitazioni dell'oro. Tali da ingannare anche l'occhio piú esperto. Ma queste sono appunto imitazioni. L'essenza della natura dei metalli e delle altre sostanze non varia. Il rame resta rame e non potrà mai diventare né avvicinarsi all'oro. Come nota Henry Leicester, il lucido scetticismo di ibn Sina raggiunge finalmente l'Occidente cristiano e contribuirà non poco all'evoluzione dell'alchimia in vera scienza chimica.

Anche in campo medico gli arabi possono vantare notevoli successi. Maometto invitava esplicitamente a sviluppare la →medicina preventiva: infatti nel *Tibb al-Nabi*, la *Medicina del Profeta*, sono contenute una serie di prescrizioni igieniche e dietetiche per la tutela della salute dei fedeli. Ma gli arabi sono interessati a continuare, sviluppandola, la tradizione della medicina applicata e della chirurgia sia ellenistica che persiana, di cui hanno potuto apprezzare rispettivamente il valore nei centri di ricerca e negli ospedali di Alessandria e Gondeshapur. Cosí nell'VIII secolo nasce a Baghdad un ospedale per medici e chirurghi, con annesse farmacia e biblioteca, che sarà il centro della medicina islamica.

In breve, tra il 700 e l'800 la civiltà islamica acquisisce «un predominio nelle scienze e nella tecnologia che dura fino al 1450», quando Costantinopoli cade sotto l'artiglieria turca, tecnologicamente superiore.

Lo scienziato islamico

I suoi successi sono, dunque, innumerevoli. E in ogni campo. Ma chi è davvero l'uomo islamico che si dedica alla scienza? L'uomo che, come il filosofo, cerca di riconciliare il pensiero greco con la religione, «intendendo lo studio delle scienze come un'attività non piú fine a se stessa ma votata a penetrare il mistero del mondo nell'approfondimento della verità teologica»? O l'uomo che, con il suo metodo di ricerca sperimentale, fatto di paziente osservazione e di precisa misura, porterà in Occidente ciò che noi oggi chiamiamo scienza?

Per rispondere a queste domande, dobbiamo cercare di capire cosa sono e quale ruolo hanno il pensiero scientifico e l'attività scientifica nella civiltà medievale islamica.

In primo luogo bisogna dire che nell'Islam la scienza, o meglio il pensiero scientifico, è strettamente legata alla →filosofia. Come e forse piú che nell'antica Grecia. In Averroè, in Avicenna, in al-Kindi, per citare alcuni dei nomi piú noti in Occidente, non è possibile separare lo scienziato dal filosofo. Come e piú che in Pitagora o in Aristotele. Solo che la filosofia nella civiltà islamica non è semplice «amore per la sapienza», come era nell'antica Grecia. Ma è «amore per la sapienza espressa nel Corano».

Insomma nella ricerca dello scienziato-filosofo islamico c'è una componente religiosa essenziale e originale. Presente, peraltro, ancora oggi. Abdus Salam, il primo fisico islamico a essere insignito del premio Nobel, che considera se stesso «tanto un musulmano praticante quanto uno scienziato», sostiene che il pensiero scientifico non è separato (separabile) dal pensiero religioso. Ma al contrario, è un ponte tra la secolarizzazione e il trascendente.

Insomma, sembrerebbe prevalere la prima tesi: per lo scienziato islamico la ricerca non è fine a se stessa, ma è un'attività «votata a penetrare la conoscenza del mondo nell'approfondimento della verità teologica».

Esiste, in realtà, la possibilità di interpretare in molti modi questa tesi di fondo. E infatti, in una prima fase, prevale l'interpretazione piú restrittiva, o se si vuole *ortodossa*. In breve, viene rifiutata la concezione aristotelica della scienza come *ricerca delle cause* (→causa). Dio non è solo la Causa Prima, ma la Causa Unica. La sua onnipotenza non ha bisogno delle cause seconde che, pur se generate dalla Causa Prima, governano in modo *necessario* il mondo fisico (→determinismo). Dio interviene in continuazione nella storia del mondo. Perché ogni sua creatura ha bisogno, istante per istante, della sua volontà creatrice. L'universo appare governato da una casualità che somiglia, in qualche modo, al *clinamen* degli atomisti greco-latini, ma dietro cui si cela la mano onnipotente e onnipresente di Dio.

Questo tipo di approccio avrebbe potuto impedire, alla lunga, non solo la ricerca di leggi generali (→legge), ma qualsiasi tipo di ricerca scientifica, anche applicata. Come, peraltro, sta avvenendo nell'Europa cristiana. Ma ben presto a prevalere è la posizione degli sciiti. Che invitano a introdurre anche nella filosofia e nella scienza il principio del *ta'wil,* del *tornare alle origini,* applicato al Corano. La filosofia e la scienza cessano di essere modi per giungere a Dio, ma diventano vie per riconoscere l'azione divina nel mondo.

Gli sciiti riescono a far passare nel mondo islamico una posizione abbastanza simile a quella che, alcuni secoli dopo, Galileo cercherà, inutilmente, di far accettare alla Chiesa di Roma.

Nella cosmologia sciita, l'→universo è un'unica realtà. Anzi, il cosmo è il piú interno di una serie di cerchi concentrici la cui unitarietà complessiva è garantita dall'unità di Dio. L'unità e la matrice divina del creato possono essere colte dall'uomo, purché egli ripercorra all'indietro tutti gli stadi dell'articolazione cosmica, passando, via via, dal semplice al complesso. Il *ta'wil*, pertanto, prevede, e anzi promuove, lo studio, libero, di tutte le singole discipline scientifiche.

L'*hakim*, l'uomo saggio e sapiente, ma soprattutto religioso, non solo è, insieme, filosofo e scienziato. Ma, almeno nella visione sciita divenuta egemone nell'Islam, percorre una via *esclusivamente razionale* per raggiungere la Rivelazione.

Questo quadro, insieme unitario e articolato, trova espressione non solo nello sviluppo concreto delle scienze, come abbiamo visto. Ma anche in quel lucido e originale progetto culturale che sono le *enciclopedie delle scienze.* La piú ricca e famosa di queste summe del sapere scientifico islamico è quella degli Ikhwan al-Safa, nota in Occidente come *Fratelli della Purità*. L'enciclopedia degli Ikhwan è divisa in quattro parti, dedicate rispettivamente alle scienze propedeutiche, alle scienze fisico-naturali, alle scienze psichico-intellettuali, alle scienze metafisiche.

Gli Ikhwan riconoscono il debito contratto dagli scienziati islamici col pensiero scientifico degli antichi. In primo luogo con quello greco. Tanto che l'*uomo perfetto* delineato dagli Ikhwan è *greco per scienza.* Essere un *greco per scienza* nella scala di valori intellettuali, religiosi e sociali degli Ikhwan non è cosa banale. L'enciclopedia infatti non pone le scienze religiose in senso stretto alla vetta della piramide del sapere. Bensí le scienze naturali e la filosofia, che meglio di ogni altra consentono di cogliere il progetto divino del mondo. Gli uomini migliori, conclude pertanto l'enciclopedia, sono i dotti. E tra i dotti, i migliori sono gli scienziati. I sapienti filosofi e, soprattutto, i profeti, i migliori in assoluto, non sono altro che l'élite tra gli scienziati.

In questo senso è possibile comprendere come Abdus Salam, richiamandosi alla tradizione islamica, rivendichi non solo la compatibilità, ma l'indissolubilità del suo essere, insieme, uomo di scienza e uomo di fede.

L'Islam, il metodo sperimentale e la nuova scienza

Abdus Salam cita le parole di Briffault: «Ciò che noi chiamiamo scienza è sorto come risultato di nuovi metodi di sperimentazione, osservazione e misura, che furono introdotti in Europa dagli arabi [...] La scienza (moderna) è il contributo piú importante della civiltà islamica».

È indubbio che la civiltà islamica riesce, nel Medio Evo, lí dove fallisce la civiltà cristiana: mostrare tolleranza e, anzi, un vero e proprio interesse, per il libero sviluppo del pensiero scientifico, teorico e applicato.

Grazie a questa tolleranza e a questo interesse, si è potuta formare, come si è accennato, una ricca, composita e originale scienza islamica. Che certo ha attinto molto dal pensiero scientifico greco (ma anche persiano, indiano e persino cinese). Ma che ha saputo andare oltre, talvolta molto oltre, la scienza greca (e anche oltre quella persiana, indiana e cinese).

I meriti guadagnati dalla scienza islamica sono, dunque, innumerevoli e preziosi. Ma ha ragione il Briffault citato da Abdus Salam? La nascita della scienza moderna, della *nuova scienza* di Ticho Brahe e di Galileo, va anticipata di qualche secolo, sottratta al Rinascimento europeo e collocata nel Medio Evo islamico?

Abdus Salam propende per una risposta, almeno in parte, positiva. E cita lo storico della scienza George Santon, secondo cui «il principale e meno ovvio risultato del Medio Evo fu la creazione dello spirito sperimentale e questo fu dovuto principalmente ai musulmani fino al XII secolo». Altri storici, come ad esempio Henry Leicester per quanto riguarda l'alchimia, hanno riconosciuto l'approccio sperimentalista e persino l'attenzione all'analisi quantitativa degli scienziati islamici. Lo stesso Salam cita piú volte Al-Biruni, il fisico persiano, contemporaneo di Avicenna, che intorno all'anno 1000 studia e lavora nell'attuale Afghanistan. E che teorizza, con notevole lucidità, la necessità e la superiorità del metodo sperimentale. La cui assenza, sostiene, indebolisce la fisica di Aristotele e mina alla base ogni tentativo di costruire le leggi della scienza sulla base del pensiero, puramente speculativo, del grande filosofo di Stagira.

Ai ricercatori islamici va dunque riconosciuta anche l'intuizione dell'importanza, decisiva, del metodo sperimentale nella scienza. Ciò li rende, è indubbio, piú moderni dei filosofi greci. Di piú. Ciò fa contrarre alla scienza moderna un debito enorme nei confronti dell'Islam. Paragonabile a quello contratto nei confronti del pensiero astratto dei greci. Tuttavia la fisica e la chimica islamica non riescono, non del tutto almeno, a «matematizzarsi» e a ottenere, come faranno Galileo, Newton, Lavoisier, quelle leggi generali che, frutto di «certe dimostrazioni» oltre che di «sensate esperienze», caratterizzano la *nuova scienza* dei moderni.

La scienza islamica in Occidente

La scienza (o, se si vuole, la protoscienza) islamica giunge in Occidente attraverso la Sicilia (nel X e XI secolo): è qui, per esempio, che il piú grande geografo del Medio Evo, al-Idrisi, compone per Ruggero II il Normanno il suo famoso trattato *Nuzhat al-mushtaq ila ikhtiraq al-afaq*, o *Svago per chi è appassionato di girare il mondo.* Ma giunge, soprattutto, attraverso l'Andalus per un periodo che va dal IX al XV secolo.

Se davvero la «scienza moderna è il contributo piú importante della civiltà islamica», perché i «nuovi metodi di sperimentazione, osservazione e misura furono introdotti in Europa dagli arabi», come sostiene Abdus Salam, allora gran parte di questo merito va attribuito all'Andalus: il crogiolo in terra spagnola dove la cultura islamica si fonde con quella latina e dove per cinque secoli coesiste, in un «mosaico armonicamente composto», una pluralità di elementi etnici che va dagli arabi ai berberi, dagli ibero-romani ai visigoti fino agli ebrei.

«Il contributo dell'Andalus alla storia della civiltà fu immenso», non solo perché nelle città di Cordova, Siviglia, Granada, Huesca, Segovia, Toledo, Barcellona il mosaico si ricompone di volta in volta raggiungendo vette culturali elevatissime. Ma soprattutto perché dotti andalusi svolgono un lavoro originale di revisione e di rielaborazione delle traduzioni dei classici greci fatte in Oriente nell'VIII e nel IX secolo. È cosí che, come sostiene Clelia Sarnelli Cerqua, la Spagna musulmana diventa l'autentica catena di trasmissione della scienza dall'Oriente all'Occidente.

Declino (e rinascita?) della scienza islamica

L'ultimo osservatorio dell'Islam viene distrutto, a Costantinopoli, nel 1580. Proprio mentre Tycho Brahe va costruendo il primo osservatorio astronomico europeo. Una coincidenza che sembra quasi un passaggio di consegne. La grande epopea della scienza islamica si conclude proprio mentre in Europa i semi lasciati dal pensiero di Averroè e dai classici greci tradotti dall'arabo, a lungo fermentati, iniziano a dare i primi frutti.

Perché l'Islam, che pure ha posseduto a lungo un'indiscussa egemonia culturale, scientifica e tecnologica nel bacino del Mediterraneo, fallisce lí dove riuscirà il pensiero occidentale: la costruzione di una scienza definitivamente moderna?

Attribuire il declino della scienza islamica alle devastazioni e alle distruzioni delle invasioni mongole può essere riduttivo. Il declino della scienza islamica inizia molto prima del 1500. Probabilmente quando, tra l'XI e il XII secolo, iniziano a prevalere in seno all'Islam le correnti piú integraliste, che vedono nella scienza e, piú in generale, nell'innovazione un pericolo da eliminare. Queste correnti si affermano, definitivamente, nel XVI secolo, approfittando (o causando) di una grave crisi economica delle regioni islamiche. Da allora la scienza islamica non si è piú risollevata.

Scrive Imam Ghazali: «Un grave crimine, in verità, è stato commesso da un uomo, il quale ritiene che l'Islam sia meglio difeso negando le scienze matematiche. In realtà in queste scienze non c'è nulla che si opponga alla verità della religione».

Correva solo il secolo XI. Ma qual è la situazione oggi? Ne scrive, tra gli altri, in maniera diffusa e non senza un certo pessimismo, C.A.O. Van Nieuwenhuijze.

Diversa, almeno in parte, è la posizione di uno scienziato islamico di prestigio come Abdus Salam. Che riconosce esplicitamente le difficoltà in cui versa il pensiero scientifico:

> Di tutti i piú importanti aspetti della civiltà del nostro pianeta, la scienza è quello piú debolmente rappresentato nel Commonwealth islamico. Alcuni tra i musulmani ritengono che, mentre la tecnologia è fondamentalmente neutrale, e i suoi eccessi possono essere temperati da un attaccamento ai precetti morali dell'Islam, la scienza invece è carica di valori; e pensano quindi che la scienza moderna conduca inevitabilmente al «razionalismo», e come termine all'apostasia, e che le persone scientificamente preparate tra di noi arrivino a «negare i presupposti metafisici della nostra cultura».

Ma poi tra i cinque gruppi di persone da coinvolgere nei paesi islamici in via di sviluppo per la costruzione e la realizzazione di un progetto per la scienza e la tecnologia, Salam colloca i capi religiosi. Perché

> in alcuni nostri paesi possono avere, naturalmente, un ruolo di primo piano nel rendere popolari la scienza e la tecnologia tra le masse. Le Scritture mettono sempre in risalto il valore della scienza nel riconoscere il disegno di Allah e il valore della tecnologia nel manipolare la natura. Se solo i teologi potessero essere persuasi a introdurre la moderna scienza e tecnologia nei curricula dei loro seminari!

La rinascita della scienza nei paesi islamici passa, dunque, attraverso il ripristino, in forme moderne, del progetto culturale con cui gli sciiti seppero interpretare l'Islam mille e piú anni fa?

Letture: Carmela Boffioni, *Storia della filosofia islamica*, Milano, Mondadori, 1991; Carl Boyer, *Storia della matematica*, Milano, Mondadori, 1982; Francesco Gabrieli, *La storiografia arabo-islamica in Italia*, Napoli, Guida, 1975; Abdus Salam, *Ideali e realtà*, Trieste, Lint, 1986; Clelia Sarnelli Cerqua, Ornella Marra e Pier Giovanni Pelfer (a cura di), *La civiltà islamica e le scienze*, Napoli, Cuen, 1995.

1

Legge
(dal latino *lex*; dal greco λέγω)

Legge in fisica

F = m a. La →forza che agisce su un corpo è pari alla massa del corpo stesso per l'accelerazione che subisce. Questa espressione matematica semplice vale in ogni luogo e in ogni tempo ed è in grado di prevedere come varierà la velocità con cui si muove la mia matita poggiata sul tavolo o un razzo interplanetario nel momento in cui conferisco loro una spinta. Questa formula matematica semplice, generale, necessaria e con una straordinaria capacità predittiva esprime una legge. Una legge fisica, generale e necessaria. Questa formula è, infatti, nota come «legge di Newton».

Il concetto di legge è entrato piuttosto di recente nel linguaggio della →scienza. In pratica è nato in epoca moderna, quando l'ambito scientifico ha iniziato a separarsi da quello teologico, giuridico ed etico e ha cercato un'espressione con cui indicare le regolarità e le →necessità che si registrano nel mondo naturale. La parola legge, con il suo significato prescrittivo, è sembrata la piú adatta a indicare le regole generali e ineludibili, rigorosamente matematizzate, che la nuova scienza andava scoprendo. Naturalmente c'era il bisogno di distinguere il significato scientifico del termine da quello teologico, giuridico ed etico. Per questo, da Bacone in poi, si è iniziato a parlare di «legge di natura».

Il concetto ha avuto un successo cosí travolgente, che molti scienziati hanno iniziato a pensare che ogni evento particolare può essere spiegato solo se si riesce a dimostrare che è frutto di una particolare →causa o di un insieme di cause coerenti con una legge generale. E, in effetti, come rileva Ernst Mayr, le leggi, come quella di Newton, hanno avuto e hanno tuttora un ruolo esplicativo molto forte nelle scienze fisiche.

Naturalmente non tutti riconoscono alla parola legge il medesimo significato. Per James Maxwell, il grande fisico del XIX secolo, la legge è un'espressione generale causale e matematizzata in cui non compaiono i valori delle coordinate dello →spazio e del →tempo. È valida, cioè, in ogni luogo e in ogni tempo.

Nel XX secolo l'argomento è stato oggetto di attenzione da parte di molti filosofi della scienza. Si è discusso sia sullo statuto ontologico della legge: è una sofisticata modalità con cui l'uomo coglie le regolarità presenti in natura o, invece, è espressione della intima struttura del mondo? Insomma, la legge è un'invenzione umana o è una realtà naturale?

Molto si è discusso anche su cosa si debba intendere per legge. Secondo molti filosofi, di approccio positivista, per definire una legge di natura non basta un enunciato matematizzato di validità generale, alla Maxwell, ma occorre che questo enunciato abbia una precisa capacità predittiva. Una legge è tale se, oltre a esprimere una regola generale e causale, contiene previsioni che possono essere rigorosamente confermate. Lo sviluppo della fisica quantistica ha preteso una definizione piú estesa di legge. Per essere tale, una legge non deve essere necessariamente deterministica. Può anche essere di natura intrinsecamente probabilistica. Purché conservi il suo carattere di generalità e di predittività.

Questa interpretazione del concetto di legge è oggi molto diffusa tra gli studiosi di scienze fisiche. Tanto che spesso un fisico ha difficoltà a considerare scientifiche quelle descrizioni della realtà che non siano fondate su leggi generali e non siano in grado di fare previsioni precise, siano esse deterministiche o probabilistiche. Questa visione viene criticata da piú parti. Ma non c'è dubbio che è la visione prevalente tra i fisici e tra molti filosofi della fisica.

Tuttavia, nel XX secolo si è affermata una scuola di pensiero che guarda alle leggi di natura con uno sguardo un po' diverso. Molti filosofi sostengono che non è possibile fondare un concetto di legge su caratteri cosí rigidi. Non esistono leggi assolute. La legge dipende (tutte le leggi dipendono), in qualche modo, dal contesto di applicazione.

Legge in biologia

Il dibattito va avanti da molto tempo e coinvolge il concetto stesso di scienza e di →realtà. Tuttavia, in questi termini, esso è un dibattito abbastanza interno alla →fisica. In biologia, infatti, i termini della contesa sono molto diversi. Il dibattito sulla presenza di leggi generali in ambito biologico altrettanto importanti e fondanti di quelle fisiche è piuttosto recente. E mentre alcuni affermano che le leggi biologiche generali, con il loro portato di causalità e di predittività, esistono e vanno individuate, altri sostengono che non esistono affatto.

In realtà, in biologia ogni generalizzazione ha un carattere di natura probabilistica. Come ben sintetizza una persona di spirito, l'unica legge generale in biologia è: «tutte le leggi biologiche hanno delle eccezioni».

Cosí, invece di cercare di formulare leggi esatte e inderogabili, i biologi, come afferma Ernst Mayr, «organizzano abitualmente le loro generalizzazioni in modelli concettuali», che hanno una maggiore flessibilità e utilità euristica. Nella biologia evolutiva giocano un ruolo fondamentale concetti come discendenza, selezione, →adattamento (*fitness*) che non sono sempre perfettamente definiti. E il progresso della conoscenza scientifica consiste, oltre che nello sviluppo di nuovi concetti, nel continuo miglioramento delle definizioni con cui questi concetti si articolano.

Il modello concettuale ha piú successo della legge generale in biologia anche perché i biologi hanno scoperto che il pezzo di realtà che essi indagano è costituito da insiemi di elementi unici. I fisici possono ben parlare di classi: ovvero di insiemi i cui membri sono tutti identici gli uni agli altri. I biologi devono parlare di popolazioni, di insiemi i cui membri sono tutti diversi gli uni dagli altri.

L'idea, platonica, di →essenza è compatibile con la fisica. Ma è del tutto incompatibile con la biologia. I fisici possono studiare gli «idealtipi» degli enti che osservano. I biologi, in linea di principio, no. O, almeno, non senza pagare un grande prezzo, sia in temini di rigore metodologico che di capacità esplicativa.

La differenza dell'approccio diventa decisiva quando i fisici (o i chimici) e i biologi parlano di →evoluzione. Perché i primi tendono a pensare all'evoluzione di classi e i secondi all'evoluzione di popolazioni. E l'evoluzione di un insieme di particelle tutte identiche è diversa *in linea di principio* dall'evoluzione di un insieme di organismi unici.

Cosicché la selezione naturale e qualsiasi principio di autorganizzazione si applicano in modo diverso a livello di particelle o di molecole tutte uguali e a livello di organismi unici.

Questo rende la biologia diversa da altre discipline storiche, come, per esempio, la →cosmologia. La quale, pur narrando la storia dell'universo, è diffusamente (anche se non completamente) spiegata dalle grandi leggi generali. In biologia, invece, ogni domanda ha sempre due risposte: una relativa alle cause prossime, l'altra alle cause remote. Una all'organizzazione puntuale, l'altra all'evoluzione storica.

Letture: Giovanni Boniolo e Paolo Vidali, *Filosofia della scienza*, Milano, Bruno Mondadori, 1999; Marcello Cini, *Un paradiso perduto*, Milano, Feltrinelli, 1994; Pietro Greco, *Evoluzioni. Dal Big Bang a Wall Street, la sintesi impossibile*, Napoli, Cuen, 1999; Ernst Mayr, *Storia del pensiero biologico*, Torino, Bollati Boringhieri, 1990.

Libertà

(dal latino *libertas*)

L'unica cosa che non possiamo scegliere è la nostra libertà, diceva Jean-Paul Sartre. L'→uomo è *necessariamente* libero (→necessità). Anche se, aggiunge John Searle, non è *totalmente* libero.

Già, ma dove ha →origine questa, parziale, libertà?

La domanda è antica. Attraversa l'intera cultura occidentale. Da due millenni e piú se la pongono, con diverso accento, i filosofi. Solo da qualche anno, invece, gli scienziati hanno cessato, almeno in parte, di considerarla un *problema intrattabile*. E alcuni di loro si sono posti alla ricerca delle basi biologiche del libero arbitrio. O, se volete, hanno iniziato a chiedersi di che →materia è mai fatta la libertà.

Il progetto è tanto ambizioso, quanto rischioso. Si naviga, a vista, tra la Scilla del misticismo piú colto e la Cariddi del materialismo piú rozzo. Ma, ancorché provvisori e, quindi contraddittori, i primi risultati sono promettenti. E una risposta, in termini scientifici, alla domanda sull'origine del libero arbitrio è (forse) già possibile formularla. Pare proprio che la libertà non nasca (solo) dal →caso, come sostengono Lucrezio e i neoepicurei. Né nasca (solo) dalla virtú e dalla →conoscenza, come sostengono Socrate e i neosocratici. La libertà nasce anche (e soprattutto) dalla →storia. Vediamo come e perché si può giungere a questa (provvisoria) considerazione.

L'errore di Cartesio. E quello di Spinoza

Già nella culla del pensiero razionale, l'antica Grecia, ci si pone il problema di dove mai abbia origine la libertà, o meglio la *volontà*, dell'uomo. Gli epicurei giungono alla conclusione che la libertà nasce dal caso. Gli atomi (→atomo), sostiene Epicuro, precipitano giú all'→infinito, nello →spazio vuoto, secondo le leggi (→legge) determinate (→determinismo) di →natura. Ma si urtano, di tanto in tanto, deviando dal loro moto rettilineo. È la deviazione spontanea del *clinamen* che rompe la ferrea legge causale (→causa) imposta dal fato e inizia, in tutti gli esseri viventi, nuovi percorsi indicati dalla *volontà*. Piú tardi, a Roma, Lucrezio ripropone il concetto: solo dal caso può nascere la libertà. Altrimenti «qui in terra donde verrebbe mai questo libero arbitrio ai viventi, sciolto dal fato, per cui andiamo là dove il desiderio ci porta, e deviamo i moti, non già nel tempo e nel luogo prestabilito, ma come piú ci talenta?».

Nient'affatto, il caso non esiste, obiettano gli stoici, per bocca di Zenone da Cizio. È solo la misura della nostra ignoranza. Tutto è rigidamente determinato dalle leggi di natura. Il Destino, ovvero la Legge Generale, muove la materia (→moto). Solo la virtú ci offre la libertà. Ma la virtú, diceva Socrate, è conoscenza. È la conoscenza, dunque, che ci rende liberi.

Platone concorda: esercitare la *volontà*, cioè agire liberamente, significa seguire la →ragione e perseguire il →bene. Platone sostiene anche che virtú e conoscenza si formano nella *psiche*. Nell'→anima o, se volete, nella →mente. È la mente, dunque, che sovrintende alla libertà. La *psiche*, a sua volta, è costituita da tre parti: la Ragione, lo Spirito (→emozione) e l'Appetito (desiderio). Solo la Ragione conosce il bene. Dunque, solo se lo Spirito si lascia governare dalla Ragione, l'uomo può esercitare la sua *volontà* e agire liberamente. Quando invece a prevalere, e a governare lo Spirito, è l'Appetito, che pure è parte prevalente e insaziabile dell'uomo, allora cessa la libertà e l'agire è determinato dalla compulsione.

Aristotele non è affatto convinto che libertà sia sinonimo di virtú. Ovunque è in nostro potere agire, sostiene, è in nostro potere anche non agire. Ed è in questa scelta tra agire e non agire che si esercita la nostra *volontà*. Insomma, si è liberi anche nel fare del male. O nel non fare del bene. Ma c'è un altro aspetto interessante nel pensiero del filosofo di Stagira. Egli si chiede se nell'uomo esista un centro decisionale e dove sia localizzato. Con questa domanda Aristotele dà inizio alla ricerca delle basi biologiche della mente e della libertà. Ma anche la risposta che egli propone ha aspetti decisamente stimolanti. Già, perché secondo Aristotele questo centro ove si prendono le decisioni e si esercita la libertà, questo sito della →coscienza, esiste. Ed è localizzato nel cuore. La risposta può apparire singolare. Perché oggi è →senso comune ritenere che, se questo centro esiste davvero, è localizzato nel cervello. Presa alla lettera quella di Aristotele è, ovviamente, una risposta sbagliata. Ma, assunta in senso lato, può avere un elemento di verità. Perché da un lato essa indica chiaramente che «la mente è nel corpo». E non c'è bisogno di evocare qualcosa di misterioso o addirittura di mistico per spiegarla. E dall'altro indica che la coscienza, la capacità di scegliere e, quindi, la libertà, non sono solo ragione, ma, come direbbe oggi il neurologo portoghese Antonio Damasio, sono, insieme, ragione ed emozione.

In epoca moderna, il problema del libero arbitrio e della sua origine biologica ritorna di attualità nel Seicento con la nascita e l'affermazione della *nuova scienza*. Dai lavori di Galileo e, poi, di Newton sembra emergere una natura governata da rigide leggi causali. Leggi universali, che non ammettono eccezioni. La →metafora dell'→universo meccano esemplifica la nuova visione del mondo che accompagna lo sviluppo, rapido e geniale, della *nuova scienza*, e che viene definita, appunto, →meccanicismo. Una metafora che si estende anche al corpo materiale degli organismi viventi e dell'uomo. Soprattutto dopo che William Harvey, nel 1628, pubblica a Francoforte il suo *De motu cordis et sanguinis in animalibus*, dimostrando che il sangue circola nel corpo degli animali (→animale) e dell'uomo grazie all'→azione incessante, e soprattutto matematicamente quantificabile, della pompa cardiaca. A Harvey, che ha frequentato Padova negli anni in cui la frequentava anche Galileo, il cuore appare il *primum vivens* del sistema corpo, proprio come al fisico fiorentino il Sole appare il *primum movens* del sistema planetario.

Nessuna meraviglia che a molti contemporanei di Galileo e di Harvey il corpo umano e l'universo intero appaiano come precisi orologi meccanici, governati dalle medesime leggi deterministiche di causa ed effetto.

Cartesio è il filosofo (matematico) che porta a sintesi questa intuizione e traccia le basi del pensiero meccanicista. E, con la medesima geniale lucidità, ne trae tutte le conseguenze. Di tutto posso dubitare, sostiene Cartesio tra il 1637 (anno in cui pubblica il celeberrimo *Discours de la méthode*) e il 1644 (anno in cui pubblica i *Principia Philosophiae*), tranne che della mia coscienza. Anzi, è proprio la mia coscienza che sostanzia il mio essere: «Je pens donc je suis». Penso, dunque sono.

Il guaio è che la coscienza dell'uomo, e quel suo derivato che è la possibilità di effettuare scelte deliberate, ovvero il libero arbitrio, rompono le rigide catene causali e contravvengono alle leggi deterministiche che governano l'universo meccano. Queste due certezze, quella della *libertà* connessa alla coscienza di sé e quella della *necessità* connessa alla visione scientifica della natura, sono entrambe irrinunciabili. E, quindi, compongono un'irriducibile aporia.

Cartesio ne è ben cosciente. E cerca di superare questa aporia ponendo «la mente fuori dal corpo». Separando la *res cogitans*, la *cosa pensante* e, quindi, il libero arbitrio, dalla *res extensa*, la *cosa estesa*, ovvero la materia. Quest'ultima è soggetta, senza eccezione alcuna, alle leggi necessarie della →fisica. La *res cogitans* invece vi si può sottrarre. E quindi non può essere oggetto di indagine scientifica.

Con Cartesio il libero arbitrio dell'uomo diventa una componente, la piú elevata, del problema piú generale della mente e della coscienza.

Separando la mente (e la libertà) dalla materia, il *dualismo* cartesiano risolve il piú difficile problema della scienza semplicemente ponendolo al di fuori della scienza. La soluzione non è certo appagante. Ma è molto comoda. Perché consente agli scienziati di poter continuare a lavorare sulla *res extensa* e sulle leggi che la governano, senza doversi porre il problema di quella clamorosa violazione della causalità rigorosa che sono le libere scelte dell'uomo. Consente ai filosofi di continuare a elaborare pensiero intorno al pensiero, senza dover fare i conti con la materia e, quindi, con la →scienza. E, in ultimo, consente ai teologi di continuare a mantenere nell'ambito della pura fede il problema del rapporto conflittuale tra il libero arbitrio dell'uomo e l'onniscienza, onnipotente, di Dio.

Cartesio, per la verità, si pone anche il problema di come la *res cogitans*, con la sua immaterialità, possa avere effetti tangibili e persino governare sulla materiale *res extensa.* Trova anche un sito per questa mente extracorporea, dotata di capacità decisionale e di libero arbitrio. E la colloca nella ghiandola pineale, al centro del cervello. Ma non spiega come, dalla sua sede pineale, questo *homunculus* immateriale riesca a dare ordini e a far funzionare la macchina corporea.

Molto si è scritto sull'«errore di Cartesio». Anzi, su quello che oggi appare il doppio errore di Cartesio. Aver separato la mente dalla materia. E aver ridotto il rapporto mente/corpo al semplice (si fa per dire) rapporto mente/cervello. È bene rimarcare questi che oggi ci appaiono come errori di fondo del grande filosofo francese. Perché questi errori hanno influenzato, e influenzano tuttora, sia il pensiero filosofico che il pensiero scientifico intorno al problema della mente.

Un po' meno, invece, si è scritto sul suo indubbio merito. Quello di aver comunque salvato, dalla sua visione trionfalmente meccanicista del mondo, quell'elemento di indeterminazione e, quindi, di crisi dell'universo meccano, che è il libero arbitrio. Cartesio non sacrifica la libertà dell'uomo sull'altare del determinismo.

A questo errore, forse ben piú grave, non si sottrae, qualche anno dopo Cartesio, Spinoza. Il quale assume una posizione in apparenza piú moderna: la mente e il corpo, sostiene, sono *una e la medesima cosa.* Ma, aggiunge, se la mente e il corpo sono la stessa cosa, allora le medesime leggi deterministiche della fisica che governano il corpo governano anche la mente. Quindi il sogno di Cartesio di un *mondo mentale* separato dal *mondo materiale*, e perciò *libero*, è, appunto, un sogno. «Chi crede di parlare, o di starsene in silenzio, o di fare una qualsiasi altra cosa per un libero comando della mente, sogna a occhi aperti.»

La libertà d'azione, per Spinoza, non esiste. È solo un'illusione. Questa posizione cosí radicale, questo «errore» cosí clamoroso, è appena attenuato dal fatto che Spinoza riconosce all'uomo un'altra libertà. Quella della conoscenza. L'uomo può conoscere le sue emozioni e le sue compulsioni. E, anche se non può controllarle del tutto, in questo senso può raggiunge la libertà. Che diventa sinonimo di responsabilità. Ma questo, sia detto con tutto il rispetto, sembra un modo di arrampicarsi sugli specchi.

La scienza, la coscienza e la libertà

Dopo Cartesio, e fino alla metà del XX secolo, per la gran parte degli scienziati quelli della mente, della coscienza e del libero arbitrio restano *problemi intrattabili*.

Nella seconda parte del Novecento, per varie ragioni, il tema assume, invece, piena dignità scientifica. Filosofi, psicologi, biofisici, matematici, esperti di →intelligenza artificiale e, da ultimo, anche qualche neurobiologo, convengono che la mente può essere oggetto di indagine da parte della scienza. E che non è sconveniente cercare le basi biologiche della coscienza e del libero arbitrio.

La discussione si accende, mentre i risultati chiari e inequivoci latitano. Cosí, come spesso accade all'inaugurazione di un nuovo filone di ricerca, c'è una grande varietà di teorie (→teoria) diverse e in conflitto tra loro. Gli scienziati di diverse discipline parlano spesso linguaggi differenti e finiscono per non comunicare. Anche i concetti di base sono spesso usati in modo incompatibile. Quando un neurobiologo, uno psicologo e un informatico discutono di coscienza, probabilmente ciascuno intende una cosa diversa. Anche per questo abbiamo parlato, finora, di mente, di coscienza e di libero arbitrio in modo abbastanza indefinito e, spesso, intercambiabile.

Per dirimere, un poco, la confusione, e soprattutto per cercare di capire fin dove si è spinta l'indagine scientifica delle basi biologiche della libertà, ci conviene passare rapidamente in rassegna i grandi filoni di ricerca. Dividendoli in aggregati di comodo. Poi ci concentreremo su quello che appare, forse, il filone piú promettente.

1. *La libertà è un'illusione*. Ancora oggi c'è chi sostiene che il problema dell'origine biologica del libero arbitrio non si pone, semplicemente perché un arbitrio, libero di rompere le catene causali della fisica, non c'è.

Il Seicento e il Settecento sono stati i secoli del trionfo del determinismo, addirittura nella sua versione meccanicista. Nell'Ottocento e, soprattutto, nel Novecento si è assistito alla crisi del determinismo nelle scienze fisiche. Anche questo, tra l'altro, ha indotto sempre piú scienziati a occuparsi del tema del libero arbitrio. Non tutti gli uomini di scienza, però, danno per consumata la crisi del determinismo. A costoro si ripropone, in termini cartesiani, l'aporia tra la necessità delle leggi rigorosamente causali della fisica e la libertà dell'azione umana.

Il matematico francese René Thom, padre della teoria delle catastrofi, è pienamente cosciente della irriducibilità di questa aporia. E, poiché non intende rinunciare affatto al determinismo delle leggi fisiche, rinuncia alla libertà. L'uomo ha l'illusione di scegliere. Ovvero di spezzare la catena degli eventi causali. In realtà, anche in situazioni matematicamente indecidibili, nel suo cervello a livello inconscio opera un *random generator* (un generatore aleatorio) perfettamente deterministico, che lo induce a una scelta. In questo modo l'uomo evita il paradosso dell'asino di Buridano, che di fronte a due balle di fieno perfettamente uguali non seppe scegliere e morí di fame. E ha la sensazione della libertà.

Anche il biofisico Henri Atlan è cosciente di questa aporia. E cerca di risolverla riattualizzando la proposta di Spinoza. La libertà coincide con la conoscenza della causalità. La libertà totale è la conoscenza infinita del determinismo assoluto della natura. Noi uomini, esseri dotati di una limitata coscienza, siamo a metà tra la libertà assoluta e l'assoluta necessità. Procedendo, però, verso la conoscenza infinita guadagniamo spazi di libertà.

Le posizioni *à la Thom* hanno un certo credito nel mondo scientifico. E ancor piú quelle *à la Atlan*. Il biologo e neurofisiologo cileno Humberto Maturana sostiene insieme la «libertà totale» e la «necessità totale» dell'agire umano. La necessità totale deriva dal fatto che l'uomo vive in un mondo totalmente determinato. Anzi è esso stesso un sistema strutturalmente determinato che, come una barca scarrozzata dalle onde, è in perenne deriva ontogenetica. Per cui ciascuno di noi «non potrebbe essere in alcun altro luogo diverso da quello in cui è, né potrebbe avere una struttura diversa da quella che ha». Eppure, per certi versi, l'uomo ha una libertà totale. «Noi esseri umani esistiamo solo finché esistiamo come entità autocoscienti nel →linguaggio. [...] L'esistenza umana è un'esistenza cognitiva e si attua attraverso l'agire linguistico.» La →realtà stessa è opera dell'uomo. «La natura, il mondo, la società, la scienza, la religione, lo spazio fisico, gli atomi, le molecole, gli alberi ecc., veramente tutte le cose sono entità cognitive, spiegazioni della prassi o dell'esperienza immediata in cui vive [l'uomo]. Essi esistono soltanto come una bolla di azioni umane fluttuanti sul nulla. Tutto è cognitivo...». Ma se tutto è cognitivo, se tutto è creato dall'uomo, allora «tutto è responsabilità dell'uomo...».

Ma da sola la conoscenza ha le forze sufficienti per sostenere tanta responsabilità? E, soprattutto, se l'uomo non potesse agire in modo diverso da come agisce, pur essendo conscio delle sue azioni, non potrebbe sentirsi (e non sarebbe) anche irresponsabile? Lasciamo a Maturana il compito di dirimere questa non semplice questione e avviciniamoci a chi, invece, nel libero arbitrio dell'uomo che rompe le catene deterministiche della fisica ci crede.

2. La libertà esiste, ma è fuori dalla scienza. Nel suo sogno di afferrare in una formula matematica e in una sola teoria finale (teoria del →tutto) l'intima unità dell'intero universo, il fisico e premio Nobel americano Steven Weinberg non include il libero arbitrio. Weinberg sostiene che la coscienza dell'uomo non sembra derivabile dalle leggi della fisica. Queste leggi, ancorché potenti, possono sperare di spiegare al piú i correlati obiettivi della coscienza (il funzionamento biochimico dei neuroni), ma non possono sperare di spiegare la coscienza in sé.

Steven Weinberg è quello che si dice un fisico riduzionista (→riduzionismo). Perché, come Cartesio, ritiene che l'intera e variegata →complessità della natura possa essere spiegata, almeno in linea di principio, da una sola legge fondamentale. Ma, proprio come Cartesio, questa estrema e coerente fiducia nel riduzionismo si trasforma nel piú clamoroso dei tradimenti. Quello di porre se stessi, la propria coscienza e la propria libertà, al di fuori della fisica.

Una posizione speculare a quella della filosofa americana Patricia Churchland Smith. La quale da tempo va sostenendo quanto, per tutto un secolo, è andato sostenendo il *behaviorismo*: la mente non è indagabile dalla scienza. La libertà dell'uomo, come la sua coscienza o la sua ontologia, sono temi che attengono alla →filosofia. E che gli scienziati che si attardano a trattarli finiscono per fare della neurofilosofia, invece che della neuroscienza.

3. La scienza e il cervello. Già, le neuroscienze. Se c'è qualcosa che condividono tutti coloro che, dal Seicento in poi, hanno affrontato in termini scientifici il problema dell'origine del libero arbitrio è che la soluzione, se mai esiste, è nel cervello. O meglio nella definizione del rapporto tra mente e cervello.

Come si è visto, la *nuova scienza* e le sue leggi causali costringono un po' tutti ad approfondire la riflessione sul libero arbitrio e sulle sue origini. Tra i filosofi la riflessione porta, come pure si è notato, a posizioni le piú diverse. Tuttavia non c'è dubbio che, tra gli uomini di scienza, è la posizione di Cartesio quella di gran lunga prevalente. Anche perché, mentre li spinge a disinteressarsi della mente immateriale, li costringe a studiare il cervello materiale. Abbiamo anche detto che fino agli anni '50 del Novecento, salvo rare eccezioni, la coscienza e il libero arbitrio restano «concetti proibiti» per gli scienziati. Le poche sortite in questo campo sono quasi sempre opera di riduzionisti che negano l'esistenza stessa del problema mente, coscienza e libero arbitrio, riducendolo, appunto, a semplice (si fa per dire) fisiologia del cervello.

Proprio nello studio del cervello la metafora dell'uomo macchina risulta, insieme, potente e accattivante. Alla fine del Settecento, «la prima →psicologia, i primi abbozzi di neuroscienze e una forma di filosofia pratica» trovano una sintesi nella scuola di *organologia* fondata a Vienna da Franz Joseph Gall. La nuova disciplina, che presto assumerà il nome di *frenologia*, ottiene un rapido successo promettendo di applicare fino in fondo il modello meccanicista e di dimostrare che il cervello è un insieme di organi specializzati e indipendenti, in ciascuno dei quali trova sede una precisa funzione psicologica. L'intuizione non è banale. Oggi sappiamo che le singole parti del cervello, a cominciare dai due emisferi (destro e sinistro), tendono davvero ad assumere una specializzazione funzionale. Ma Gall e i suoi allievi frenologi esagerano. Asserendo di poter dimostrare l'esistenza nel cervello di centri specifici che sovrintendono a categorie come l'amor patrio, l'ambizione, la volontà.

Tutto ciò provoca la reazione, altrettanto esagerata, di chi, con buone intenzioni e pessimi risultati, cerca di difendere una visione olistica (→olismo) non tanto del cervello, quanto della mente. Il francese Jean-Pierre Flourens recupera rapidamente la popolarità di Gall accusando il viennese di minare alla base, con il suo cervello idraulico, i fondamenti stessi dell'essere umano: l'unità dell'anima, la sua →immortalità e, appunto, il suo libero arbitrio. La veemente controffensiva olistica di Flourens mostra tutta la sua debolezza. Perché non ha null'altro da opporre al rozzo meccanicismo dei frenologi, se non il «miracolo» di una mente che continua a essere separata dalla materia. E infatti, intorno al 1860, deve arrendersi. Perché il tedesco Karl Wernicke e, prima ancora, il francese Paul Broca dimostrano che alcune specifiche lesioni cerebrali portano alla perdita di altrettanto specifiche funzioni legate alla capacità di articolare il linguaggio (afasia motoria di Broca) e di comprenderlo (afasia sensoriale di Wernicke).

Karl Wernicke ci tiene a sottolineare che queste dimostrazioni non implicano affatto l'esistenza di luoghi cerebrali dove sono localizzate precise facoltà mentali, come sostenevano i frenologi, quanto l'esistenza di aree del cervello dove sono codificate memorie. Cioè esperienze sensoriali «di base» che, interagendo e ricombinandosi tra loro, danno luogo alle esperienze molto piú complesse tipiche della mente e della libera coscienza.

L'approccio meccanicista alla Wernicke, di gran lunga piú raffinato di quello dei frenologi, dà nuovo impulso allo studio scientifico del cervello. Che oggi, come nota il neurobiologo Alberto Oliverio, grazie anche allo sviluppo di tecniche analitiche come la RMN (Risonanza magnetica nucleare) e la PET (Tomografia a emissione di positroni) ci «appare frammentato in una serie di centri e di aree della corteccia responsabili delle *funzioni* che vanno dalla motricità alle sensazioni, dal linguaggio all'attenzione, dal sonno ad alcuni aspetti dell'emozione». Ogni aspetto del comportamento, proprio come proponeva Wernicke, sembra avere una sede specifica in un'area del cervello.

In realtà oggi sappiamo molto di piú sulla struttura, estremamente complessa, del cervello umano. Grazie agli studi iniziati nel XIX secolo da Santiago Ramón y Cajal sulle cellule cerebrali, i neuroni, di uomini adulti e di embrioni, sappiamo quali sono e, almeno in parte, come si organizzano le unità di base del cervello. Cajal mette a frutto la tecnica di colorazione selettiva dei neuroni inventata da Camillo Golgi. La tecnica sfrutta il fatto che i sali d'argento impregnano totalmente alcune cellule, lasciando intatte tutte le altre. Dalla grande massa cerebrale, Cajal riesce a far emergere i singoli neuroni. E osservandoli, questi neuroni, Cajal si avvede che il cervello è costituito da unità discrete e non da una →rete continua. Ogni neurone è diverso dagli altri e, certo, il cervello non è costituito da parti del tutto interscambiabili.

Oggi i neurobiologi ci dicono che il cervello è costituito da circa 10^{11} (100 miliardi) di neuroni. Tutti trasportano informazione, piú o meno, nel medesimo modo: mediante impulsi elettrici di circa 100 millivolt che durano non piú di un millisecondo. Ciascun neurone è in contatto e, quindi comunica, con circa 10.000 altri neuroni. Per un totale di 10^{15} (un milione di miliardi) di connessioni. Pur essendo l'uno diverso dall'altro, i neuroni possono raggrupparsi per svolgere funzioni simili. Nel cervello ci sono varie strutture neurali a diversi livelli.

Tutta questa enorme complessità che i neurobiologi sono riusciti in parte a decifrare, però, ci dice ancora poco su come funziona il cervello. E quasi nulla su come funziona la mente e, tantomeno, sull'origine del libero arbitrio. In cosa consista con esattezza questo processo è tutto ancora da scoprire. Cosí, anche tra chi guarda al cervello come alla sede naturale della libertà, ci sono posizioni differenti e, talvolta, divergenti.

4. La mente oltre la materia. Il noto neurofisiologo inglese John Eccles, per esempio, è convinto, come Cartesio, che la mente autocosciente abbia una precisa collocazione nel cervello. Ma, come Cartesio, è convinto anche che sia un'entità profondamente diversa dal cervello. Eccles colloca la mente nell'emisfero sinistro. Che considera quello dominante del cervello, in quanto è attraverso l'emisfero sinistro che l'uomo comprende ed esprime il linguaggio, sia parlato che scritto. La mente svolge funzioni superiori rispetto al cervello: le funzioni dell'esperienza cosciente. La coscienza, e quindi la libertà, non derivano da una sintesi finale svolta dal semplice meccanismo neurale, ma dall'azione di interazione portata avanti dalla mente autocosciente in base a quanto essa legge selettivamente dalla immensa varietà di attività mentali nel cervello. In definitiva, benché abbia sede nel cervello, benché interagisca col cervello da una posizione di sintesi e di comando, la mente, sostiene Eccles, è strutturalmente diversa dal cervello. Il cervello, fatto di materia, risponde a leggi fisiche. La mente risponde a un altro tipo di leggi. La mente è un'entità spirituale.

Difficile non confonderla con l'anima.

5. La libertà è un algoritmo. È la tesi della cosiddetta Intelligenza Artificiale (IA) forte. Secondo i fautori di questa scuola di pensiero, gli stati cognitivi del cervello umano sono identici, a livello funzionale, agli stati cognitivi di una qualsiasi macchina. Per cui il cervello dell'uomo altro non è che l'hardware di un computer costruito in modo particolare, con materiale organico. La mente ne è il raffinato software. E la libertà? Be', è un algoritmo. Un processo computazionale.

Le tesi dell'IA forte si collegano in modo fin troppo esplicito alla metafora di Cartesio e, poi, di La Mettrie dell'uomo macchina. Esse sono state elaborate, però, in tempi molto piú recenti. Traggono origine da una costola della →cibernetica, dalle riflessioni di logici di grande classe come Alan Turing e John von Neumann, interessati a costruire macchine dotate di un'→intelligenza simile o addirittura superiore all'uomo. Queste tesi hanno avuto un notevole successo negli anni scorsi, grazie anche all'evidente ricaduta per le tecnologie informatiche. Ma ora appaiono in declino, visti gli scarsi successi pratici. E viste, anche, le difficoltà teoriche.

In fondo il nuovo meccanicismo, nella sua versione cognitivista, proponendo la mente come un computer che legge la realtà in base (solo) a una logica algoritmica di manipolazioni di simboli, non tiene conto della materia della mente (materia organica organizzata in cellule neurali). E, quindi, non sa spiegare come si sia evoluta (→evoluzione). In una certa fase, e solo in quella fase, della storia evolutiva della vita sulla Terra (→evoluzione biologica).

Il cognitivismo si limita a introdurre un *homunculus*, peraltro con marcati tratti autistici, nella testa di una persona, senza spiegare da dove mai venga fuori. Ma il mondo reale, in cui la testa delle persone è immersa, non è un insieme di etichette. E la mente non può essere (solo) un sofisticato programma per la lettura di simboli. Al contrario la mente, e la sua forma piú elevata, la coscienza dotata di libero arbitrio, è il prodotto, evolutivo, del piú complesso sistema materiale conosciuto.

6. La libertà è elaborazione dell'informazione. Che il cervello umano non sia esattamente una macchina appare ormai chiaro a molti, anche tra i fautori dell'Intelligenza Artificiale. Ma alcuni restano convinti che la mente sia comunque un sistema di elaborazione dell'→informazione.

L'esperienza cosciente, sostiene il filosofo e matematico David Chalmers, ha caratteristiche fondamentali immateriali che sono irriducibili. E che, quindi, non possono essere spiegate con le teorie fisiche e biologiche. Tuttavia questa esperienza cosciente immateriale non è un'entità mistica, o spirituale. È un modo di processare informazione. Informazione che, peraltro, è ubiquitaria nell'universo. L'informazione è la «materia», anzi, la «non materia» della libertà. Per spiegare la coscienza, conclude Chalmers, per dar conto delle esperienze di libertà, occorre una nuova teoria. Una teoria fondamentale dell'informazione. Certo oggi questa teoria non esiste. Ma anche nell'Ottocento non esisteva una teoria in grado di spiegare i fenomeni elettrici e magnetici. Fu introdotto il concetto di carica elettrica e poi venne Maxwell con la sua nuova teoria fondamentale dei campi elettromagnetici a spiegare tutto.

L'ipotesi di Chalmers è affascinante. Ma, per ora, non sembra avere basi concrete.

7. La mente è il cervello. La mente è il cervello. Ormai molti neuroscienziati ne sono convinti. Alcuni in termini letterali. Nel senso che, con un approccio riduzionistico, sostengono che la mente non è altro che la somma delle attività cerebrali. È il caso di Evelyn Fox-Keller, convinta che la biologia molecolare e le neuroscienze possano ormai descrivere l'uomo in modo oggettivo, ponendo fine all'era della soggettività. Ed è il caso di Francis Crick, il grande biologo che, con James Watson, ha scoperto la struttura a doppia elica del Dna, il codice genetico. E che da tempo è impegnato, con Christof Koch, nel tentativo di risolvere il problema della coscienza.

Francis Crick e Christof Koch si sono soffermati in particolare sulla coscienza visiva. Una sorta di coscienza di base che non è ancora quella coscienza superiore che ci consente di agire e di pensare in modo *libero*. Essi sostengono che questa coscienza, capace di darci la «visione» organica e complessiva di un oggetto, viene fuori da certe oscillazioni sincronizzate che si svolgono nella corteccia cerebrale e che danno di volta in volta coerenza a vari processi indipendenti che si svolgono in altre zone del cervello. Insomma la coscienza visiva è la somma di una serie di precise attività neurali connesse alla percezione di un oggetto. È un processo complesso, certo, ma che ha solo e unicamente delle basi neurobiologiche.

Con questa →ipotesi riduzionistica Francis Crick e Christof Koch pensano di poter giungere, un giorno, a spiegare «come gli eventi fisici che accadono nel nostro cervello mentre pensiamo e agiamo siano correlati alle nostre sensazioni soggettive. In altre parole, come il cervello sia correlato alla mente». Ma è, appunto, una speranza. Che per ora non si avvicina neppure alle problematiche relative a quella coscienza di ordine superiore che consente il libero arbitrio.

Il filosofo Daniel Dennett attacca questo *materialismo cartesiano* che cerca di localizzare la sede della coscienza. Dennett sostiene che non c'è alcun «fax» che consenta di trasmettere le informazioni dal cervello all'anima. Che non c'è alcuna «stanza dei bottoni», né alcun omuncolo che si incarica di pensare all'interno del cervello. È il cervello nel suo complesso l'osservatore finale. È nell'intero cervello che una serie di processi indipendenti si combinano per produrre una risposta coerente, cosciente, a un evento percepito.

Daniel Dennett è un profondo conoscitore del rapporto mente/cervello. La sua teoria è profonda e documentata. Ma neppure lui giunge a spiegare come abbiano origine la mente autocosciente e il libero arbitrio.

8. La libertà è quantistica. Per risolvere il problema della coscienza soggettiva e del libero arbitrio occorre un approccio completamente nuovo, sostiene un fisico-matematico inglese di grande nome e di grande classe, Roger Penrose. Ormai è chiaro che la natura della coscienza non è algoritmica, sostiene Penrose. Quando pensa, l'uomo non calcola. Anche perché la sua capacità di scelta, soggettiva e insieme efficiente, è capace di rompere le catene causali della fisica. Eppure questa sua libertà ha origine nella fisica. In quella fisica che, essa stessa, rompe le catene causali deterministiche: la →meccanica quantistica. La coscienza è l'amplificazione di processi quantistici che avvengono nei microtuboli del cervello.

Insomma, l'origine della libertà è nel principio di indeterminazione di Heisenberg. E la sua spiegazione definitiva ci sarà quando i fisici riusciranno a conciliare le loro due teorie fondamentali: la →relatività generale e, appunto, la meccanica dei quanti. Penrose, novello Epicuro, fa ricorso al caso per spiegare la libertà. La sua ipotesi è suggestiva. Ma, allo stato, non ci sono fatti sufficienti in grado di supportarla.

La materia della libertà

Abbiamo percorso, con un rapido volo d'uccello, l'arco delle ipotesi scientifiche sull'origine della libera coscienza dell'uomo. La visione che ne abbiamo non è certo completa. E neppure molto organica. Alcuni filoni, come quello dell'IA debole e del cognitivismo, sono stati colpevolmente trascurati. Tuttavia possiamo trarre una prima morale da questa pur insufficiente analisi. Tutte le variegate teorie hanno un limite in comune: estraggono la mente dell'uomo dalla storia e la ripongono in una vasca senza tempo. Studiata in queste condizioni, la mente non ci rivelerà mai i suoi segreti.

D'altra parte se non si vuole negare la libertà dell'uomo e se, al contrario, non la si vuole ritenere di origine miracolosa e, perciò, estranea al campo d'indagine razionale, occorre elaborare una teoria materialistica della coscienza. Questa teoria deve tener conto di almeno cinque fattori:

1. Il libero arbitrio ha la capacità di rompere la causalità deterministica. E quindi non può essere spiegato da leggi deterministiche.
2. La coscienza e il libero arbitrio hanno un marcato carattere di individualità.
3. La coscienza e il libero arbitrio hanno una base biologica che è possibile indagare col metodo scientifico. Le leggi della fisica e della biologia sono leggi necessarie per spiegarle, ma, con tutta probabilità, non sufficienti.
4. La coscienza dell'uomo ha una capacità semantica che non può essere spiegata da quella «pappa» molecolare e chimica che sarebbe il cervello nella visione del riduzionismo biochimico. E tuttavia essa non è completamente indipendente dalla *struttura del cervello.*
5. La coscienza e il libero arbitrio non sono oggetti fisici, ma, come sosteneva già William James, il padre della psicologia americana, nel libro *Principi di psicologia*, pubblicato nel lontano 1890, sono processi che hanno un supporto fisico, sono un prodotto dell'evoluzione biologica; sono emersi molto tardi nel corso dell'evoluzione; rappresentano una novità assoluta nella storia naturale; rappresentano un'→emergenza evolutiva.

Nessuna delle teorie finora esposte riesce a contenere tutti questi cinque fattori. Nessuna delle teorie finora esposte, infatti, è una teoria scientifica convincente.

Tuttavia di recente sono state proposte teorie abbastanza organiche della coscienza (e della libertà) dell'uomo che comprendono tutti questi cinque fattori. E rappresentano il primo, vero tentativo di giungere a una teoria materialistica della libertà. È possibile dire, almeno a nostro avviso, che sono ipotesi scientifiche plausibili. Altro è dire, ovviamente, che sono ipotesi scientifiche corrette.

D'altra parte ogni ipotesi scientifica sulla mente e sulla libertà dell'uomo non può che essere un'ipotesi storica e materialistica. Un'ipotesi, almeno in partenza, darwiniana. La mente e la libertà, infatti, sono apparse a un certo punto della storia evolutiva della materia biologica. E, allora, non possiamo fare altro che risalire il corso della storia per cercare di capire come, quando e perché è nata la libertà. Anzi, la libertà dell'uomo.

Tra le teorie darwiniane della mente possiamo distingure due grandi tipologie: le teorie unitarie e le teorie modulari.

Le teorie unitarie. Secondo questo approccio, l'uomo ha conquistato tutte le sue funzioni superiori mediante un singolo adattamento e una singola struttura cognitiva. John Anderson difende questo approccio perché, sostiene, le diverse funzioni cognitive superiori dell'uomo hanno numerose caratteristiche in comune e hanno una storia molto breve, sono emerse in tempi evolutivi strettissimi. Questo lascia immaginare che esista una singola struttura generale, un'architettura funzionale, che regola e controlla tutte le funzioni superiori, compreso il linguaggio. Questo centro di controllo potrebbe anche non essere una struttura specifica localizzata, ma potrebbe essere legato alle capacità computazionali dell'intero cervello, soprattutto della corteccia cerebrale.

La coscienza di sé, dunque, e la libertà sono emerse insieme a una serie di altre funzioni superiori e sono controllate da un unico e medesimo centro. Questa teoria trova un sostegno negli studi sull'evoluzione dei primati e in particolare nell'*ipotesi dell'encefalizzazione*: il progressivo accrescimento della dimensione relativa del cervello, soprattutto della corteccia cerebrale, avvenuto nel corso dell'evoluzione dei mammiferi e, in specie, dei primati. Anche l'evoluzione delle grandi scimmie antropomorfe e degli ominidi ha fatto registrare questo aumento delle dimensioni encefaliche. L'uomo non è che il culmine, attuale, di questa tendenza. Cosí, rileva Merlin Donald, «nella sua forma piú "forte" l'ipotesi dell'encefalizzazione sostiene che l'aumento delle capacità cognitive è una diretta conseguenza dell'incremento encefalico». Anche in forme meno forti, molti ritengono che le funzioni cognitive superiori sono il frutto di uno o comunque pochi adattamenti legati all'espansione della corteccia cerebrale.

Le teorie modulari. Altri sostengono che l'evoluzione delle funzioni cognitive superiori dell'uomo è il frutto di una serie di specifici e progressivi adattamenti dell'uomo. I fautori di questo approccio modulare hanno illustri tradizioni, che affondano le radici negli scritti di Charles Darwin e di Karl Wernicke. Nel cervello dell'uomo non ci sarebbe un centro unico per il controllo delle funzioni cognitive superiori, un centro dell'autocoscienza o un centro del libero arbitrio, ma un complesso mosaico di tessere ciascuna deputata a singole funzioni. Il mosaico nel suo complesso disegna la mente dell'uomo senza avere un centro di controllo e comando ben localizzato. Non solo l'evoluzione dalla condizione cerebrale di scimmia antropomorfa a uomo sarebbe avvenuta attraverso una serie piuttosto lunga di adattamenti successivi, ma persino l'evoluzione di funzioni specifiche, come quella del linguaggio, sarebbe avvenuta in questo modo.

Questa seconda ipotesi, a piú stadi, dell'evoluzione umana e, quindi, dell'→evoluzione culturale, sembra la piú probabile. Sebbene molti dei grandi cambiamenti evolutivi che hanno originato il genere *Homo* siano stati abbastanza improvvisi, e sembrino conformarsi all'ipotesi generale degli equilibri puntuati di Gould e Eldredge (→evoluzione biologica), secondo il modello darwiniano l'evoluzione della mente, sfociata nell'emergenza della piena autocoscienza e della libertà (almeno) del *sapiens sapiens*, è avvenuta probabilmente secondo le modalità previste dalle teorie modulari. Per il semplice fatto che l'evoluzione dell'uomo è passata attraverso diversi stadi ed è durata milioni di anni.

Il modello modulare sembra, dunque, il modello piú accreditato. Ma con un'avvertenza. Lo sviluppo, modulare, dell'architettura cerebrale che si conclude (provvisoriamente?) con la specie *Homo sapiens sapiens*, alcune migliaia di anni fa, è, certo, decisivo. Ma, nell'evoluzione della mente (e della libertà), i moduli non sono solo di natura neurofisiologica o fisiologica. La mente evolve anche (e direi necessariamente) per aggiunta di moduli di natura sociale e culturale. Il modello modulare è un modello coevolutivo. Ciò non toglie che, talvolta, l'acquisizione di un singolo modulo determini un mutamento cosí radicale nelle capacità mentali da costituire un autentico salto evolutivo.

La libertà della scimmia coevolutiva

La storia di questa coevoluzione di un gruppo di grandi scimmie antropomorfe, che dalle australopitecine è giunta a *Homo sapiens sapiens*, la troverete alla voce →uomo e, comunque, i risultati di questa storia sono sotto gli occhi di tutti. E non vale la pena elencarli qui. Meglio cercare di riflettere sul processo generale della coevoluzione che ha generato la libertà dell'uomo.

L'evoluzione mentale di alcune grandi scimmie antropomorfe e lo sviluppo sempre piú accentuato del libero arbitrio sono il frutto di diverse dinamiche evolutive, che si intersecano e, spesso, si rafforzano reciprocamente. E che, quindi, possiamo a giusta ragione chiamare coevolutive.

La mente nuova di *sapiens sapiens* non nasce, infatti, con la comparsa, improvvisa, del solo linguaggio. Ma si realizza, come sostiene Merlin Donald, con l'apparizione «di un'intera costellazione di capacità intellettive associate». E, potremmo aggiungere, di un'intera costellazione di capacità culturali e sociali. Scrive il biologo Christopher Wills:

> La forza che sembra aver accelerato la crescita del nostro encefalo è uno stimolo di tipo nuovo: il linguaggio, il sistema dei segni, la memoria collettiva [...] tutti elementi della cultura. Evolvendosi la cultura si evolveva il cervello, che a sua volta portava la cultura ad arricchirsi di elementi sempre piú complessi. Cervelli piú voluminosi e dotati di maggiori potenzialità condussero a culture piú complesse; queste, a loro volta, fecero sí che il cervello crescesse e migliorasse.

I fattori culturali, lamarckiani, non contrastano, dunque, ma collaborano e indirizzano, persino, i fattori biologici, darwiniani. Come ipotizza il paleoantropologo Richard Leakey, se i feedback positivi tra cultura e volume cerebrale si sono davvero verificati, allora è possibile che abbiano «favorito cambiamenti genetici piú rapidi in popolazioni di considerevoli dimensioni».

Tutto questo è piú facile da capire se si tiene conto da un lato che la cultura umana, come scrive ancora Merlin Donald, è un «modello integrato di adattamento», una «strategia di sopravvivenza che può definirsi completa». Lo sviluppo culturale non procede contro il modello darwiniano di evoluzione, ma supera il modello darwiniano inglobandolo e piegandolo alle proprie modalità. Per cui è probabile che sia la maturazione di una esigenza culturale e mentale a favorire l'emergere, in tempi troppo rapidi per essere considerati puramente darwiniani, di caratteri fisiologici. L'apparato vocale ad angolo retto, in altri termini, potrebbe essere apparso perché l'uomo ha il bisogno di esprimere la sua maturazione culturale e mentale con un linguaggio piú fluente. Mentre è piú difficile credere che il cambiamento fisiologico e neurofisiologico sia avvenuto prima e indipendentemente da una forte pressione di carattere culturale. Insomma, è improbabile che l'uomo abbia imparato a parlare prima di avere qualcosa da dire.

Mente e cultura coevolvono insieme alla dimensione sociale dell'uomo. La creazione di reti di relazioni che si estendono nello spazio e nel tempo e che, dai primi commerci di conchiglie fino all'→economia globale, diventano sempre piú intricati e complessi, richiede una mente sempre piú capace di astrazione e una cultura sempre piú capace di teorizzazione. D'altra parte una mente potente e una cultura raffinata consentono la creazione di comunità sempre piú grandi. Ed è cosí che i tre elementi, mente, cultura e società, si intrecciano in modo inestricabile in una spirale che, con il genere *Homo* e con la specie *sapiens sapiens* in particolare, diventa virtuosa. Nel senso di direzionata verso qualcosa che possiamo definire →progresso incessante. Dando alla definizione una connotazione squisitamente tecnologica (tecnica), non certo morale.

Ogni uomo costruisce la sua mente. E la sua libertà

Abbiamo detto che la libertà della specie uomo è un prodotto, forse inatteso ma certo spettacolare, dell'evoluzione della materia. Un'emergenza che ha trasceso l'evoluzione biologica da cui è nata. Finora non abbiamo affrontato, se non con cenni brevi e del tutto generali, le tappe neurofisiologiche di questo clamoroso trascendimento evolutivo della materia. Un po' perché le conoscenze sono poche e le controversie molte. Un po' perché dobbiamo sottolineare un ultimo aspetto costitutivo della libertà. L'aspetto, forse, determinante. La libertà è tale perché non appartiene a una specie, ma a ciascun individuo. È proprietà e creazione di ogni singola persona. Una persona che si muove in una società, in un ambiente e tra eventi storici che ne condizionano il cammino. E che, pertanto, traccia, in questo suo muoversi, un percorso unico e irripetibile. Individuale.

Ecco, la libertà è una conquista individuale.

Ogni teoria scientifica sull'origine della libertà deve, pertanto, spiegare non solo come la specie umana abbia conquistato, nel tempo profondo, la capacità di «scegliere» rompendo le catene causali. Ma anche come ciascun individuo, nel tempo attuale, conquista di giorno in giorno la «sua» libertà.

La ricerca di queste modalità è in una fase pionieristica. Conosciamo poco del cervello e quasi nulla della mente. Come potremmo conoscere qualcosa di definito e di definitivo sulla piú astratta e inafferrabile delle facoltà mentali: la libertà? In futuro avremo certamente spiegazioni teoriche molto piú coerenti, fondate su osservazioni e risultati sperimentali molto piú chiari. E, forse, allora le attuali spiegazioni teoriche e le attuali evidenze sperimentali ci sembreranno addirittura infantili.

Tuttavia dobbiamo utilizzare quello che abbiamo. E il meglio che abbiamo in fatto di spiegazioni scientifiche sullo sviluppo della libertà individuale sono, forse, le ipotesi proposte da un neuroscienziato abbastanza isolato nella comunità dei neuroscienziati: Gerald Edelman, newyorkese di origine e californiano d'adozione. Direttore dell'Istituto di neuroscienze e del Dipartimento di neurobiologia presso lo Scripps Research Institute di La Jolla. In California, appunto.

Gerald Edelman è, forse, il massimo esperto al mondo del sistema immunitario (→sé). Di cui ha decriptato struttura e funzionamento, mettendone in evidenza la straordinaria plasticità, basata su una sostanziale individualità. Per questo motivo è stato insignito del premio Nobel per la fisiologia e la medicina nel 1972. Edelman ha intuito che tra la plasticità del sistema immunitario dell'uomo e la plasticità del suo cervello c'è una forte analogia. Ed è con questa intuizione che si è messo alla ricerca dei meccanismi cerebrali, quindi materiali, che ogni uomo attiva quando «costruisce» la sua propria mente. E la sua propria libertà.

La sua teoria sul funzionamento cerebrale e sull'origine della mente è interessante non solo perché non è in contrasto, ma perché fornisce un'ipotesi coerente della doppia natura evolutiva della mente umana: lo sviluppo della mente nella specie umana e lo sviluppo della mente in ogni individuo della specie umana.

In questa sua impresa, ambiziosa e controcorrente, Edelman parte da una serrata critica all'approccio dei cognitivisti, per proporre la sua ipotesi evolutiva della coscienza e del libero arbitrio. L'ipotesi, a sua volta, si basa sulla *teoria della selezione dei gruppi neurali* (TSGN) che, a suo dire, opera nel cervello.

Si tratta di una teoria troppo complessa per poter essere anche solo sintetizzata in questa sede. Tuttavia possiamo dire che essa si fonda su un'«unità di selezione» materiale, i gruppi di neuroni, e su tre principi.

I neuroni sono le cellule del nostro sistema nervoso. Nel cervello ce ne sono circa 10^{11}, 100 miliardi. Ciascuno di essi è associato a centinaia, a migliaia o addirittura a decine di migliaia di altri neuroni. Il cervello, quindi, è costituito da una rete di circa 10^{15}, un milione di miliardi di connessioni tra neuroni. Un numero davvero molto grande. Troppo, perché la rete possa essere il risultato di un minuzioso programma genetico. Le connessioni tra i neuroni di un individuo si creano quindi non in base a un percorso geneticamente predeterminato, ma in modo pragmatico, durante la vita dell'individuo, mediante un percorso storicamente determinato. Nel gioco la genetica mette, ovviamente, gli ingredienti fondamentali. Ma è l'esperienza individuale che usa gli ingredienti per «costruire» il cervello. E la mente.

Il gioco di «costruzione» del cervello e della mente inizia quando un ovulo femminile viene fecondato e un nuovo individuo inizia la sua avventura di →vita. Dopo le primissime fasi di sviluppo dell'embrione, in base a un preciso programma genetico e a una serie di stimoli ambientali, le cellule si differenziano e si specializzano. Appaiono le cellule nervose, i neuroni, che iniziano a connettersi tra loro, in modo reversibile, formando gruppi di neuroni. Il cervello embrionale è un insieme di gruppi di neuroni. Su questi gruppi iniziano a operare, secondo la TSGN, i tre principi di selezione proposti da Edelman.

Il primo è quello della «selezione nella fase di sviluppo». Una selezione che, sulla base dei vincoli imposti dal codice genetico, opera, appunto, già nel cervello in formazione dell'embrione, portando alla formazione di un repertorio primario di circuiti neurali (di connessioni tra gruppi di neuroni), che nella sua generalità è, certo, tipico della specie, ma che nella sua specificità di dettaglio è già unico per ciascun individuo.

Il secondo principio è quello della «selezione esperienziale». L'interazione con l'→ambiente e le risposte dell'individuo (ovvero il comportamento concreto) rafforzano alcune connessioni e alcuni circuiti neurali primari e indeboliscono altre connessioni e altri circuiti neurali primari, creando cosí un repertorio secondario di gruppi di neuroni. Un repertorio che è plasticamente modellato dalla →storia. E, quindi, unico per ciascun individuo.

Il terzo principio di selezione, infine, è quello del «rientro». Il repertorio primario e il repertorio secondario di circuiti neurali iniziano a formare «mappe funzionali» indipendenti. Associazioni di associazioni di neuroni. Il solo sistema visivo dello scimpanzé, per esempio, ne ha piú di trenta. Ciascuna di queste mappe si distingue, per funzione, da ogni altra. Ma ciascuna è in relazione con tutte le altre. Cosí che la mappa che riconosce i colori è in relazione, per esempio, con la mappa neurale che fornisce l'orientamento e con quella che guida il movimento. La comparsa di una figura nel campo visivo dello scimpanzé (stimolo esterno) seleziona, attivandoli, gruppi di neuroni nelle diverse mappe. E i gruppi neurali possono lavorare in modo correlato e coordinato per dare continuità nello spazio e nel tempo ai segnali provenienti dal mondo esterno. In questo modo, se la figura che compare nel campo visivo ha tratti minacciosi ed è in avvicinamento, lo scimpanzé può darsela a gambe. E memorizzare l'accaduto. Per essere ancora piú pronto, la prossima volta.

Insomma, la selezione continua delle mappe neurali nel cervello consente di percepire e di classificare i segnali esterni in base a categorie. Consente, cioè, di non limitarsi a leggere la mutevole realtà esterna (attività sintattica), ma di interpretarla e di strutturarla (attività semantica) in base a precisi valori. Uno dei quali è certamente: salvare la pelle è meglio che farsi uccidere. Valori che Antonio Damasio chiama emozioni (→emozione).

Ma torniamo alla teoria del cervello elaborata da Edelman. Gli stati cerebrali, le mappe neurali e le mappe delle mappe sono degeneri e, spesso, stocastici. Cosí che il cervello di ogni individuo risulta un sistema selettivo non solo unico e irripetibile, ma anche ridondante. Infatti spesso i danni di una lesione cerebrale fisicamente irreversibile sono riparati e recuperati a livello funzionale dalla parte di cervello rimasta intatta.

La teoria della selezione dei gruppi neurali spiega, già a questo stadio, il percorso storico e, quindi, individuale dello sviluppo della mente. Ma si collega, in modo efficace, all'evoluzione delle specie quando si accinge a proporre un'ipotesi per l'origine del libero arbitrio. Quando, infatti, accanto alla selezione dei gruppi neurali, l'evoluzione biologica ha posto forme speciali di memoria, ecco che è potuta emergere la coscienza. In particolare l'evoluzione di un sistema di memoria a breve, capace di interagire col sistema di selezione dei gruppi e delle mappe neurali, ha consentito al cervello di iniziare a effettuare processi di categorizzazione sulla base di valori. Semplici, come quelli, per esempio, di distinguere e di dirigersi verso oggetti colorati in rosso e di restare indifferenti agli oggetti blu. Complessi, come quelli di un uccello che riesce ad aprire le ostriche pescate in mare lasciandole cadere dall'alto su una roccia dura. Insomma, la memoria a breve ha consentito l'apprendimento. E, con esso, l'emergere di una prima forma di coscienza. Che consente a molti animali, certamente ai vertebrati, di avere *consapevolezza* delle cose del mondo mediante immagini mentali del presente.

Questa prima forma di coscienza è già individuale ed è già strutturalmente imprevedibile, perché capace di interrompere le catene causali degli eventi. È individuale perché la rete di interazioni, materiali, tra la memoria e le mappe dei gruppi neurali si forma storicamente. Ed è, quindi, unica e irripetibile. Ma la coscienza primaria è anche non deterministica, non tanto perché le interazioni tra la memoria e le mappe neurali sono molto complesse. Seguono dinamiche non lineari. Estremamente sensibili alle condizioni iniziali. E sono, quindi, imprevedibili. Ma soprattutto perché non ci sono piú risposte necessariamente automatiche agli stimoli ambientali.

La coscienza primaria si è notevolmente evoluta nel corso della storia biologica. Diventando sempre piú complessa. Quando poi, con gli scimpanzé e gli ominidi, la capacità di categorizzare si è estesa, oltre che agli oggetti, ai simboli, per essere infine potenziata dal linguaggio negli uomini, l'evoluzione di una memoria a lungo termine ha consentito di sviluppare un concetto di *sé* distinto da quello di *mondo esterno*, di sviluppare i concetti di *passato* e di *futuro*, di sviluppare concetti piú astratti, persino indipendenti dal tempo.

Insomma, negli ominidi e, almeno, negli scimpanzé, si è evoluta una *coscienza di ordine superiore*: la coscienza della propria coscienza. Con l'autocoscienza, scrive Edelman, «i rapporti causali sono alterati ancora una volta, in questo caso nei termini di azioni pianificate oltre che di ricordi passati». Pianificare il futuro è un'azione che si avvicina molto a quella di «scegliere».

Infine, col genere *Homo*, si è evoluta l'→intenzionalità. Ovvero, la proprietà di alcuni stati mentali di essere *diretti verso*, o *relativi a*, individui o stati di cose. Con la loro intenzionalità cosciente i membri delle varie specie di uomo acquisiscono quella crescente capacità di pianificare le azioni sulla base di complesse strutture valoriali che possiamo chiamare libero arbitrio. Rottura cosciente delle catene causali. Infatti, scrive Edelman: «L'intenzionalità può diventare di ordine superiore, e le azioni si verificheranno decisamente in modi che non si verificherebbero altrimenti in modo spontaneo in un mondo senza organismi coscienti». Il *sé consapevole di sé*, l'*io cosciente*, l'*io intenzionale* sono, in definitiva, grandi mappe neurali, storicamente formate, che si intersecano e connettono, in una dimensione unitaria, l'intero cervello. Per avere una mente ed essere libero, il cervello materiale dell'uomo «non ha dunque bisogno di alcun *homunculus* e può nondimeno esercitare una scelta volontaria all'interno di una cornice microdeterministica».

La libertà cosciente è dunque una proprietà emergente della →forma assunta, nel corso della storia evolutiva, dalla *materia cerebrale*. Un gioco di mappe neurali selezionate dall'esperienza individuale. Essa porta a «speciali alterazioni causali nel mondo», ma non viola alcuna legge fondamentale della fisica. Né richiede speciali aggiunte alla fisica. La libertà dell'uomo è vincolata dalla fisica e si esplica nella fisica. O, come direbbe John Searle, siamo liberi, ma la nostra libertà non è assoluta. Tra le tante cose che non possiamo scegliere c'è anche la nostra libertà. Come diceva Jean-Paul Sartre.

Letture: Merlin Donald, *L'evoluzione della mente*, Milano, Garzanti, 1996; Gerald Edelman, *Sulla materia della mente*, Milano, Adelphi, 1993; Pietro Greco, *Evoluzioni. Dal Big Bang a Wall Street, la sintesi impossibile*, Napoli, Cuen, 1999; Alberto Oliverio, *Biologia e filosofia della mente*, Roma-Bari, Laterza, 1995.

Linguaggio

(dal latino *lingua*)

Quando gli uomini parlavano una sola lingua costruirono una torre cosí alta da sfiorare il cielo. E da spaventare Dio. Che trovò un'unica soluzione per ridurre tanta potenza: mescolare il linguaggio, moltiplicare le lingue, rendere ciascun uomo incapace di comunicare con tutti gli altri.

La vicenda biblica della Torre di Babele ci dice che il linguaggio non è solo la capacità di comunicare attraverso un sistema di segni. Il linguaggio è qualcosa di piú. È, come sostiene Steven Pinker, la capacità di plasmare gli eventi nella →mente altrui. E poiché il linguaggio è una funzione condivisa, comune a tutti gli uomini, ogni membro di un gruppo ha la possibilità, scrivendo e (soprattutto) parlando, di plasmare gli eventi nella mente di tutti gli altri. Il linguaggio è, dunque, una dimensione sociale, perché mette in relazione le menti e crea una →rete di →informazione condivisa, che rafforza e conferisce appunto potenza alla →società degli uomini.

Già, ma come percepiamo il linguaggio? E come ha avuto origine? È, il linguaggio, una caratteristica specifica dell'→uomo o anche altri animali (→animale) hanno la capacità di plasmare gli eventi nelle menti dei loro simili?

Il linguaggio è stato al centro di una continua attività di ricerca scientifica, che si è intensificata nella seconda parte del XX secolo. Cosí oggi siamo in grado di fornire se non una →teoria completa del linguaggio, quanto meno alcune fondate →ipotesi sulla →percezione, sull'origine e sulla diffusione in natura del linguaggio. Siamo cioè in grado di fornire alcuni tentativi di risposta, piú o meno consolidati, a ciascuna delle tre domande che abbiamo posto.

La percezione del linguaggio

Nel 1861 Pierre-Paul Broca effettuò l'autopsia sul cadavere di un suo paziente cui un ictus cerebrale aveva tolto la capacità di pronunciare le parole, pur avendo conservato la capacità di comprenderle. Il neurologo francese si accorse che l'ictus aveva danneggiato un'area specifica della corteccia cerebrale, la parte posteriore del lobo frontale di sinistra. Broca aveva dunque scoperto che quell'area del cervello sovraintende all'espressione del linguaggio.

Alcuni anni dopo il tedesco Karl Wernicke, studiando il cervello di un altro paziente perfettamente in grado di parlare ma incapace di capire e di ripetere le parole pronunciate da altri, individuò una lesione specifica in un'altra area cerebrale, localizzata nel lobo temporale di sinistra, peraltro vicina alla corteccia uditiva primaria. Wernicke aveva dunque scoperto che quell'area del cervello sovraintende alla comprensione del linguaggio.

Oggi sappiamo che, oltre all'«area di Broca» e all'«area di Wernicke», anche le «aree perisilviane», disposte ai bordi e sulle pareti della cosiddetta «scissura di Silvio», e altre aree ancora lungo tutto il lobo parietale sinistro del nostro cervello sono coinvolte nella produzione e nella comprensione del linguaggio. E sappiamo che tutte le aree cerebrali del linguaggio si trovano, in genere, nell'emisfero di sinistra. Per la precisione, la statistica dice che l'emisfero cerebrale dominante del linguaggio nel 91% degli individui umani è quello sinistro, nel 4% è quello di destra e nel restante 5% c'è una equipartizione della funzione tra i due emisferi.

Sappiamo inoltre che il cervello, anche per quel che riguarda il linguaggio, è decisamente plastico: se una lesione interviene a bloccare la funzione linguistica nell'emisfero sinistro del cervello di bambini di età inferiore ai sei-otto anni, è l'emisfero destro che se ne assume il carico, pur con qualche difficoltà e imperfezione, generando sue aree del linguaggio.

Sappiamo, infine, che il linguaggio è una funzione cognitiva generale, che non include solo la lingua parlata, ma anche la capacità di esprimersi con la scrittura, sia alfabetica che ideografica, coi segni dell'alfabeto dei sordomuti e persino per gesti (mimica). Lesioni cerebrali all'emisfero sinistro, infatti, possono provocare una incapacità a esprimersi anche nei sordomuti, attraverso la scrittura o i gesti.

La generazione del linguaggio

Tutte queste aree formano, in quella che potremmo definire la teoria standard della psicolinguistica elaborata dall'americano Noam Chomsky, un vero e proprio «organo del linguaggio». L'uomo, e solo l'uomo, possiede nella sua mente una struttura funzionale innata che lo mette in grado di apprendere, in poco tempo, la lingua che parlano i suoi genitori o la comunità in cui si trova a vivere. Insomma, ciascuno di noi possiede già alla nascita la forma basilare di tutti i linguaggi umani. Anzi, possiede quella «grammatica universale» capace di generare poi la Torre di Babele delle seimila lingue parlate nella nostra epoca e delle migliaia di lingue parlate in ogni altra epoca in tutto il mondo.

Naturalmente l'«organo del linguaggio» di cui parla Chomsky non contiene in sé il vocabolario di tutte queste lingue. Tuttavia contiene le regole generative e trasformazionali di una grammatica universale che, applicata in modo iterativo, è capace di produrre e di comprendere le parole e le frasi di una qualsiasi lingua. Ciascuno di noi applica la «grammatica generativa» fin dall'infanzia per produrre parole e frasi sintatticamente corrette nella lingua che utilizziamo o che stiamo imparando. La «grammatica generativa» è un algoritmo universale, cosí potente che è in grado di farci inventare, anche a pochi mesi di età, parole e frasi che non abbiamo e non avremmo mai potuto sentire prima. È un algoritmo creativo.

L'esclusività del linguaggio

Noam Chomsky è convinto che questo prezioso «organo innato del linguaggio» sia specifico dell'uomo. Nessun altro animale lo possiede. Esso è il frutto di un unico e decisivo salto evolutivo (→evoluzione biologica). Alcuni psicologi e alcuni paleoantropologi sono convinti anche che esso sia una specificità della nostra specie, di *Homo sapiens sapiens*: nessun altro uomo, prima di noi, possedeva l'«organo del linguaggio».

Molti sono convinti che il suo articolato linguaggio consenta all'uomo di avere relazioni sociali di qualità diversa rispetto a ogni altro animale. E altri ancora sono convinti che i processi cognitivi seriali tipici del linguaggio umano siano l'origine e il fondamento stesso della →coscienza e del libero arbitrio (→libertà) della nostra specie. Ne consegue che il linguaggio è alla base di una catena di fattori distintivi tra *sapiens sapiens* e tutte le altre specie animali. Questa catena sarebbe costituita, appunto, dal linguaggio; dalla coscienza e dalla coscienza di sé (autocoscienza); dal libero arbitrio.

In realtà ci sono molte evidenze osservative che inducono a credere (anche se non in modo conclusivo) che né il linguaggio, né la coscienza e neppure l'autocoscienza, siano appannaggio esclusivo dell'uomo. Ci sono vari animali che possiedono un linguaggio, anche se certamente meno evoluto e articolato del nostro. Ci sono alcuni primati (soprattutto i bonobo, una sottospecie degli scimpanzé) che mostrano di comprendere, almeno in parte, il linguaggio degli uomini e mostrano di apprendere, sia pure piú a fatica di un cucciolo d'uomo, le regole del linguaggio umano. Certo, non avendo la giusta fisiologia, non riescono a parlare la lingua degli uomini.

L'origine del linguaggio

Tutte queste osservazioni non mettono in discussione la teoria di Chomsky, ovvero l'esistenza di un meccanismo innato che consente all'uomo di apprendere in poco tempo una qualsiasi lingua. Però mette in discussione la tesi di Chomsky che questo meccanismo sia frutto «di un colpo solo» dell'evoluzione e che, quindi, sia un privilegio della specie *sapiens sapiens*. Molti, in realtà, pensano che quello del linguaggio sia, come dire, un organo modulare. Prodotto da una serie di tappe correlate, ma sufficientemente distinte, che si sono succedute in varie epoche biologiche e che hanno coinvolto svariate →specie biologiche. In altri termini, nulla vieta che altre specie animali possiedano un linguaggio, attuale o potenziale, piú o meno articolato. E nulla vieta che altre specie di uomini prima di *sapiens sapiens* abbiano avuto un linguaggio, parlato o mimico, abbastanza fluente.

D'altra parte sappiamo che il linguaggio e la socialità dell'uomo sono caratteri strettamente interrelati. Nulla vieta che essi siano fattori coevolutivi e sinergici dello sviluppo dell'uomo. Il linguaggio, la capacità di plasmare gli eventi nella mente altrui, ha aiutato l'uomo a formare società sempre piú allargate. Ma la spinta a creare gruppi sempre piú grandi potrebbe aver favorito l'emergere di un linguaggio sempre piú fluente. E, insieme, socialità e linguaggio potrebbero aver favorito ed essere stati, nel contempo, favoriti dall'evoluzione della fisiologia dell'uomo.

L'uomo è un prodotto di vari fattori coevolutivi. Nulla vieta e, anzi, tutto lascia presumere che anche il suo linguaggio sia un prodotto di vari fattori coevolutivi.

A chi volesse approfondire il tema relativo all'origine e all'evoluzione del linguaggio umano, consigliamo la lettura della voce →uomo.

Letture: Noam Chomsky, *Linguaggio e problemi della conoscenza*, Bologna, Il Mulino, 1991; Vivian J. Cook e Mark Newson, *La grammatica universale*, Bologna, Il Mulino, 1996; Merlin Donald, *L'evoluzione della mente*, Milano, Garzanti, 1996; Giulio Lepschy, *La linguistica del Novecento*, Bologna, Il Mulino, 1992; Steven Pinker, *L'istinto del linguaggio*, Milano, Mondadori, 1997.

Logica

(dal greco λογική, sottinteso τέχνη)

La logica, per i greci, era la *techne*, l'arte, del *logos*, il discorso. In realtà gli stoici avrebbero aggiunto del discorso persuasivo. Un discorso che, per raggiungere il suo scopo, convincere, deve seguire una regola piuttosto precisa: deve tendere a raggiungere un consenso intersoggettivo facendo leva sul rigore.

La logica, dunque, è l'arte del discorso impostato in maniera razionale. L'arte del ragionamento. E del ragionamento deduttivo. Quel particolare tipo di ragionamento che, date premesse vere (→verità) e seguendo il principio di non contraddizione, raggiunge conclusioni altrettanto vere.

Aristotele pone il sillogismo a fondamento del discorso persuasivo, cioè della logica. Il sillogismo propone due premesse. E sulla base di queste due premesse deduce una conclusione inoppugnabile:

1. Tutti gli uomini sono mortali.
2. Socrate è un uomo.
3. Socrate è mortale.

La logica di Aristotele è un sistema molto sofisticato. E, come sostiene Bertrand Russell, è forse la parte del suo pensiero che è ancora oggi piú attuale. Ma è tutta la Grecia classica che cura la logica e la rende un discorso molto praticato.

Quando poi, in epoca ellenistica (→ellenistica, scienza), il pensiero deduttivo dei greci incontra le conoscenze e la propensione empirica di altri popoli mediterranei, tecnologicamente piú sviluppati, la logica (assiomatico-deduttiva) diventa uno dei capisaldi epistemologici di un nuovo modo di produrre →conoscenza: la →scienza.

La →geometria di Euclide è l'esempio classico di scienza fondata sulla logica assiomatico-deduttiva oltre che sulla verifica sperimentale. Ma questo modo di dimostrare le verità, oltre a essere diffuso in vari altri campi del sapere ellenistico, ritorna, naturalmente, in Europa con la *nuova scienza* del Seicento.

Leibniz, in particolare, mostrò grande interesse per la logica formale. La riteneva un metodo assolutamente rigoroso per ottenere, in maniera sistematica e sicura, nuova conoscenza scientifica. Se poi la riduciamo in simboli e combinazioni di simboli, la logica diventa precisa come l'algebra. E cosí nel 1666, nella sua *Dissertatio de arte combinatoria*, propone di trasformare qualsiasi proposizione complessa in un insieme di «concetti primitivi» e non piú riducibili. Attribuendo un simbolo numerico a ogni «concetto primitivo» e stabilendo le giuste regole di combinazione, il discorso logico sarebbe stato ridotto ad algebra e si sarebbe potuto sviluppare attraverso il calcolo.

Leibniz immaginava che questo nuovo linguaggio universale matematizzato avrebbe avuto una potenza tale da risolvere ogni problema del sapere umano, non solo scientifico ma anche filosofico. «Calculemus!», diceva, e raggiungeremo la verità.

Leibniz non realizza il suo progetto, naturalmente. E l'interesse per la logica formale ritorna tra i matematici solo nell'Ottocento. Grazie soprattutto a un libro, *The Mathematical Analysis of Logic*, scritto dall'inglese George Boole, che costituisce un serio tentativo di matematizzare il discorso logico. Un tentativo riuscito, se è vero che l'algebra di Boole riduce il sillogismo di Aristotele alla logica matematizzata delle classi. Detto per inciso, quella matematizzata di Boole è oggi la logica binaria dei computer.

Naturalmente il lavoro di Boole non è un fulmine a ciel sereno. Proprio in quel periodo, infatti, i matematici stanno sviluppando l'algebra simbolica, ovvero l'applicazione delle regole algebriche a un insieme di elementi diversi e piú generali dei numeri (→numero).

Il lavoro di Boole sembra, dunque, indicare che la logica può essere considerata una parte della →matematica. Idea esattamente opposta a quella di uno dei piú grandi logici e matematici dell'Ottocento, Gottlob Frege. Il tedesco ritiene che sia la matematica a essere parte della logica e a dover essere ricondotta alla logica. Perché l'origine dell'assoluta →certezza della matematica sta proprio nell'assoluta certezza della logica: la piú certa tra tutte le scienze perché fondata su giudizi analitici a priori.

La proposta di Frege, ma anche dell'italiano Peano, di ridurre tutte le teorie matematiche alla logica è quanto mai attraente: i matematici sono alla ricerca di nuove fondamenta sicure per la loro disciplina, dopo la crisi aperta dalla scoperta delle geometrie non euclidee. E la logica appare, coi suoi giudizi analitici a priori, come la nuova fonte della certezza.

Gottlob Frege elabora, dunque, un nuovo apparato logico-simbolico analogo e piú generale di quello matematico. E il suo progetto sembra essersi positivamente concluso, se non che nel 1901 Bertrand Russell vi scopre delle antinomie. Delle contraddizioni irrisolubili. Russell e Whitehead tentano di costruire un nuovo apparato logico e lo propongono nei loro *Principia Mathematica*. Ma devono arrendersi alla difficoltà o all'impossibilità di costruire un sistema logico privo di contraddizioni e fondato su assiomi che, per dirla con Leibniz, siano «veri in tutti i mondi possibili».

Non può essere la logica il fondamento della matematica.

Tuttavia, sostiene il matematico tedesco David Hilbert, logica e matematica erano e restano due scienze strettamente collegate. E allora perché non cercare di fondare la matematica non piú su assiomi autoevidenti, ma su assiomi che sono «sistemi formali»: ovvero caratterizzati da regole di formazione che ne stabiliscano il linguaggio, da un sistema di assiomi, ovvero di enunciati fondamentali non necessariamente autoevidenti (in fondo, le geometrie non euclidee si fondano su postulati contrari al →senso comune) e da un insieme logico di regole e di principi di deduzione?

Hilbert ritiene che il suo programma «formalista» sarà realizzato non appena si potrà dimostrare che la matematica è completa, coerente e propone sempre problemi decidibili. Intorno al 1930 il logico austriaco Kurt Gödel e il logico inglese Alan Turing chiariscono, in maniera rigorosa, che nessuna delle tre aspettative di Hilbert può essere dimostrata.

Il dibattito sui fondamenti della matematica e della logica resta aperto. Ma la discussione, da Leibniz a Gödel, ha creato una quantità enorme di conoscenze. Anche se, forse, ha deluso le aspettative: raggiungere la certezza assoluta nelle scienze piú certe scoperte o inventate dall'→uomo.

Letture: George Boole, *L'analisi matematica della logica*, Torino, Bollati Boringhieri, 1993; Morris Kline, *Storia del pensiero matematico*, Torino, Einaudi, 1996; Gabriele Lolli, *Incompletezza. Saggio su Kurt Gödel*, Bologna, Il Mulino, 1992; Andrea Sani, *La logica matematica*, Firenze, La Nuova Italia, 1996; Paolo Zellini, *La ribellione del numero*, Milano, Adelphi, 1997.

m

Matematica

(dal greco μαθηματική, sottinteso τέχνη)

«La matematica? Consiste solo di simboli inventati dall'uomo. E i suoi assiomi non sono verità.» Bastano poche parole a Edward Nelson, matematico presso la Princeton University, per attraversare ventisei secoli di riflessione sull'origine dei numeri (→numero) e riprendere il discorso proprio lí dove lo aveva fiduciosamente lasciato David Hilbert un secolo fa.

«Non pensiamo a un edificio da costruire con incrollabile fiducia, ma a una foresta da attraversare con sapiente umiltà. Parliamo di nuove piste da cercare, e non di solide fondamenta da gettare. E, forse, risolveremo il problema delle basi della matematica.» Bastano poche frasi a Ennio De Giorgi, il matematico recentemente scomparso che ha lavorato presso la Scuola Normale di Pisa, per superare uno stato di shock durato oltre mezzo secolo e riprendere il discorso lí dove lo aveva inaspettatamente interrotto Kurt Gödel nella prima parte del XX secolo.

In queste due battute di due grandi matematici contemporanei sono sintetizzati i due problemi che rendono difficile fornire una definizione semplice, univoca e profonda del termine matematica.

Potremmo definirla, la matematica, un po' come facevano i greci: →scienza razionale dei numeri e delle misure. Ovvero come la somma dell'aritmetica e della →geometria. Ma subito dovremmo chiederci se quella dei numeri e delle forme geometriche è vera scienza. Perché, certo, la matematica si occupa di enti astratti e, almeno da Euclide in poi (→ellenistica, scienza) elabora teorie (→teoria) con il metodo assiomatico-deduttivo: due caratteri che, per i filosofi della scienza, caratterizzano l'attività scientifica. Ma, a differenza delle scienze naturali, la matematica non ha una verifica sperimentale (→esperimento). Non ha regole di corrispondenza con la →realtà naturale (→natura).

Potremmo definirla con Henri Poincaré come una scienza di confine tra la →filosofia e la →fisica. Ma la filosofia, anche quella impostata con logica rigorosa, non è scienza. Neppure ai suoi confini.

O potremmo definirla, con Bertrand Russell, come la scienza in cui non si sa mai né di cosa si parla né se quello che stiamo dicendo è vero (→verità). Ma, come rileva Umberto Bottazzini, questa è una battuta, sia pure arguta e profonda, non è una definizione.

Insomma, inutile girarci intorno, il problema è la natura della matematica. E questo problema riguarda anche l'oggetto del suo interesse: i numeri e le forme geometriche. Sono oggetti reali o no? I matematici scoprono o inventano? E se i numeri e le forme geometriche sono reali, com'è che nessuno ha mai incontrato in natura né un 3 né un triangolo? E se non sono reali, ma libere invenzioni dell'→uomo, com'è che la matematica risulta cosí efficace nella descrizione del mondo fisico? E, infine, è possibile rispondere a queste domande e fondare la matematica su basi solide e ineffabili?

Come si vede, il semplice tentativo di definire la matematica ci porta dritto filato nella «questione dei fondamenti». Ben riassunta nelle affermazioni di Edward Nelson e di Ennio De Giorgi. Ma emersa già alla fine del XIX secolo. Quando, come sostiene lo storico Morris Kline, i matematici ricominciano a interrogarsi sulla solidità delle basi su cui poggia la loro disciplina. Ormai riconosciuta regina e, come scrive Eric Bell, serva da tutte le altre scienze.

Il fatto è che dopo Euclide, per oltre due millenni, l'intera costruzione della matematica, sempre piú grande e sempre piú ricca, si è poggiata su fondamenta empiriche e pragmatiche. Quindi, piuttosto fragili. L'esigenza di irrobustire quelle fondamenta nasce in realtà all'inizio dell'Ottocento, quando, tra lo sconcerto generale, si scopre che non c'è un'unica geometria, euclidea. Ma esiste una varietà grande a piacere di geometrie, tutte, tranne una, non euclidee. Tutte, tranne una, non intuitive.

Una scoperta da shock. Perché nessuno, per due millenni e piú, aveva mai osato mettere in discussione quell'idea di Platone secondo cui Dio è un geometra. E l'→universo è stato creato seguendo rigide e semplici regole geometriche. Un'idea che ha fatto propria persino la *nuova scienza*, la quale pure si afferma nel Seicento con una strepitosa soluzione di continuità culturale. Se il «Libro della Natura» è scritto in lingua matematica, precisa infatti Galileo, i suoi caratteri «son triangoli, cerchi ed altre figure geometriche».

Insomma da Platone (e da Euclide) in poi, la matematica si fonda sulla geometria. Alla fortuna del Dio geometra contribuisce il fatto che gli assiomi della geometria euclidea sono tutti assolutamente intuitivi. Ha un bell'avvisare, David Hume, nel Settecento, che la natura non è conforme a modelli prefissati e a leggi (→legge) necessarie (→necessità). La limpida coerenza della geometria di Euclide e la sua straordinaria corrispondenza sia con il →senso comune che con la →meccanica piú complessa portano Immanuel Kant a sostenere che il modo euclideo che ha l'uomo di organizzare lo →spazio intorno a sé non è dettato dalla mera esperienza, ma è un'→intuizione, un giudizio sintetico a priori. Per Kant il modo che ha l'uomo di conoscere il mondo fisico intorno a sé non può che essere euclideo. I matematici concordano.

Di piú. Ancora alla fine del Settecento, Adrien-Marie Legendre nel suo *Eléments de géométrie* va oltre. Che per due punti passi una e una sola retta o che due rette parallele non si incontrino mai, sostiene, sono verità autoevidenti. Gli assiomi da cui Euclide ha dedotto la sua geometria sono dunque cosí certi (→certezza) da poter costituire la base per costruire non solo l'edificio geometrico, ma anche l'edificio aritmetico. Blaise Pascal aveva dunque ragione: «Tout ce qui passe la Géométrie nous passe». Tutto quello che trascende la geometria trascende la nostra comprensione.

I primi ad accorgersi che esistono altre geometrie, non euclidee, sono, già nel Settecento, Georg Klugel, Ferdinand Schweikart e Franz Taurinus. Ma è Carl Friedrich Gauss il primo a capire, a Ottocento inoltrato, che quelle strane geometrie, cosí lontane dal senso comune e anche dagli a-priori kantiani, riescono a descrivere le proprietà dello spazio fisico con altrettanta precisione della geometria euclidea. Per i matematici (e per i filosofi) è un intero mondo che crolla. Si può continuare a poggiare l'intero edificio della matematica su dei principi geometrici, su intuizioni, che, ora è chiaro, non sono verità pure, ma frutto della mera esperienza?

Nella seconda parte dell'Ottocento, dunque, i matematici giungono a due conclusioni. Primo: dobbiamo riflettere a fondo sui «fondamenti» della nostra disciplina. Secondo: dobbiamo cercare questi fondamenti non nella geometria, ma nel numero. «Tout ce qui passe l'Arithmétique nous passe», tutto ciò che trascende l'aritmetica trascende la nostra comprensione, è la nuova parola d'ordine. Si tenta di costruire cosí le fondamenta logiche della matematica sui numeri reali, mediante un metodo che tenta di dedurre l'intero sviluppo di una sua branca da pochi assiomi indipendenti e completi. Va da sé che la ricerca ripropone, oltre al problema dei fondamenti, quello della natura della matematica.

In questa ricerca, ovviamente, ci si divide in scuole di pensiero. C'è chi non rinuncia alla validità dell'intuizione e alla natura a priori della matematica. Leopold Kronecker sostiene che i numeri interi sono chiari all'intuizione e, quindi, sono «opera di Dio». Tutto il resto è costruzione dell'uomo. Il suo ideale è una teoria matematica fondata sui numeri interi e sulle relazioni di numeri interi. Kronecker sostituisce il «Dio geometra» di Platone con il «Dio aritmetico» di Pitagora e fonda la «scuola intuizionista». La scuola stenta a partire, ma all'inizio del XX secolo trova in Luitzen Brouwer e in Hermann Weyl due formidabili interpreti. Le critiche degli intuizionisti alle altre scuole di pensiero sono molto profonde. Ma fondare l'intera matematica sui numeri interi e sulle loro relazioni risulta un compito arduo. Ed è tuttora incompiuto.

Grande successo iniziale a cavallo tra Ottocento e Novecento hanno i tentativi di Gottlob Frege da un lato e di Alfred Whitehead e del suo precoce allievo Bertrand Russell di fondare la matematica come estensione della →logica. E, quindi, sui suoi assiomi. Perché, si chiedono gli esponenti della «scuola logicista», riusciamo a immaginare avvenimenti che contraddicono i principi della fisica e persino della geometria, ma non riusciamo a pensare a nulla che contraddica le leggi dell'aritmetica? Be', perché i numeri sono oggetti propri e autentici del →pensiero. Allora le leggi che ci fanno contare sono le medesime che ci fanno pensare. Queste leggi sono le leggi della logica. L'aritmetica, concludono i logicisti, può essere compiutamente fondata sulla logica. Può essere un'estensione della logica. Detto fatto. I lavori di assiomatizzazione della logica procedono bene. Finché la «scuola logicista» non si imbatte nel problema dei paradossi. Paradossi come quello del mentitore: se io dico che sono un bugiardo, dico la verità o sto mentendo? È in scogli di questo tipo che Frege si arena. Piú tardi Whitehead e Russell cercano di uscire dalle secche dei paradossi logici, ma neppure il loro metodo convince tutti. Hermann Weyl taglia corto: tentare di fondare la matematica sugli assiomi della logica è come cercare di costruire una casa sulla sabbia.

Andrà abbastanza meglio, invece, a Ernst Zermelo, Abraham Fraenkel e John von Neumann. Che offrono una qualche soluzione al problema dei paradossi in cui si imbatte la teoria degli insiemi nella interpretazione «ingenua» di Cantor e propongono un un metodo per assiomatizzarla e, quindi, utilizzarla per fondarvi l'intera matematica.

Chi non crede in questa possibilità è invece David Hilbert, considerato con Henri Poincaré il piú grande matematico di quel periodo. Hilbert, al contrario degli intuizionisti, è convinto che è del tutto ininfluente se Dio sia un geometra o un ragioniere. La matematica non ha alcun significato fisico. È pura «forma». È pura manipolazione di simboli. Pertanto non si intuisce, si crea. Proprio come la logica. Anzi la matematica è l'armonizzazione logica di una collezione di sistemi formali. Ciascuno con i suoi concetti, i suoi assiomi, le sue regole deduttive (→deduzione), i suoi fondamenti. La scuola «formalista» di Hilbert, che può contare su matematici del calibro di Wilhelm Ackermann, Paul Bernays, John von Neumann, sviluppa un metodo per dimostrare la coerenza di ogni singolo sistema formale. Mietendo notevoli successi. Già nel 1900, quando i matematici di tutto il mondo si ritrovano a congresso a Parigi, Hilbert si dice convinto che la questione dei fondamenti sia ormai prossima a essere chiusa. Presto il grande edificio potrà poggiare su basi solide. Le basi costituite da tre risposte positive (e dimostrate) ad altrettante, stringenti domande. La matematica è completa? La matematica è coerente? La matematica è decidibile?

Il paradiso (della coerenza e dell'autoconsistenza) sembra a portata di mano. Ma passano gli anni e non viene raggiunto. La fiducia di Hilbert è incrollabile. «Non ci sono limiti alla comprensione matematica [...] in matematica non ci sono *Ignorabimus* [non sapremo]», commenta ancora nel 1928. Fino a quando un giovane logico austriaco, di nome Kurt Gödel, non pubblica un breve saggio sulle *Proposizioni formalmente indecidibili*. È il 1931. E, contrariamente a ogni aspettativa, quel logico dimostra che non è possibile dimostrare la coerenza interna di nessun sistema logico-formale applicando le sue stesse regole. Quindi, con le regole della matematica non è possibile dimostrare la coerenza interna della matematica.

Questo risultato non è che il corollario di un piú generale «teorema di incompletezza». Per il quale, dimostra ancora Gödel, in ogni sistema logico-formale ci si imbatte, prima o poi, in «proposizioni indecidibili». In proposizioni, cioè, che non possono essere né dimostrate, né confutate mediante le regole interne del sistema stesso.

Gödel risponde dunque no alle prime due domande di Hilbert. Poco piú tardi un altro giovane logico, l'inglese Alan Turing, risponderà no anche alla terza domanda: non esiste alcun metodo universale in grado di stabilire a priori se un qualsiasi problema matematico ammetta o meno una soluzione.

Il teorema di Gödel si applica sia al sistema che hanno cercato di costruire Whitehead e Russell, sia al sistema di Zermelo e Fraenkel, che alla assiomatizzazione della teoria dei numeri proposta da Hilbert. Il paradiso, che sembrava a portata di mano, svanisce. I matematici accusano il colpo. Commenta Weyl: Dio esiste, perché la matematica è certamente coerente. Ma anche il diavolo esiste, perché non possiamo dimostrarlo.

Il problema dei fondamenti dunque ritorna, irrisolto, al punto di partenza. E per mezzo secolo, dopo Gödel, ben pochi osano rimetterci le mani. D'altra parte, sostengono in molti, la matematica funziona benissimo cosí com'è: perché lambiccarsi il cervello con queste astrusità filosofiche?

Possiamo, dunque, ritornare a Nelson e a De Giorgi. E cercare di capire come mai i due grandi matematici ripropongono a cavallo tra il XX e il XXI secolo la questione dei fondamenti. Be', la risposta è chiara. I matematici stanno superando lo shock di quel teorema di impossibilità enunciato da Gödel e propongono di ripartire da Hilbert. Sono ancora pochi. Ma (buon segno!) sono già divisi sulla tattica e la strategia. Ennio De Giorgi propone di accantonare, per il momento, il problema dell'origine dei numeri o, se si vuole, il problema del realismo della matematica. E di pensare a fondare la matematica: ovvero a dedurla – per quanto possibile – interamente e senza contraddizioni da poche verità autoevidenti. Il matematico italiano riconosce i limiti dell'impresa, che dopo Gödel deve somigliare giocoforza piú all'attraversamento di una foresta che alla costruzione di solide mura. In ogni caso, per cercare di costruire i fondamenti, anzi per trovare sperimentalmente la pista migliore all'interno della foresta, occorre superare il riduzionismo degli insiemi. Gli insiemi non sono gli unici enti elementari, primitivi della matematica. Con gli insiemi ci sono le collezioni, le relazioni, le proposizioni. I numeri. Ecco, concentrandosi su un numero piccolo di concetti e di assiomi relativi a tutti questi «enti primitivi» si può cercare di ricostruire gradualmente per deduzione tutta la matematica e la logica. Tenendo conto, beninteso, delle moderne acquisizioni del pensiero matematico. Ennio De Giorgi è morto. Ma il suo progetto continua.

Edward Nelson, invece, non è affatto disponibile a sorvolare sul problema dell'«origine dei numeri». È il problema centrale, sostiene. E, con la medesima forza di un Wittgenstein, grida la sua convinzione: la matematica non si scopre, si inventa. E noi ce la possiamo inventare completa e coerente.

Accontentando, con ciò, anche i teologi. Perché? Be', perché se i numeri fossero degli apriori, se esistessero nonostante e prima del mondo, allora sarebbero «increati». Sarebbero, come sosteneva Pitagora, Dio stesso. E questo non è accettabile per un teologo. Almeno per un teologo cristiano. Ma lasciando irrisolto il problema che il fisico Eugene Wigner ha definito dell'«irragionevole efficacia della matematica nelle scienze naturali». Se i numeri e le forme geometriche non esistono, ma sono una libera invenzione della mente umana, allora perché risultano cosí efficaci nel descrivere l'universo fisico?

La straordinaria efficacia dimostrata dalla matematica, e dalla geometria in particolare, nel descrivere l'universo ha sempre stupito i fisici. A partire da Galileo, che, come abbiamo detto, ne deduceva: la natura è un libro, scritto da Dio, «in lingua matematica, e i caratteri son triangoli, cerchi, ed altre figure geometriche». Ma colpisce con la stessa intensità i fisici moderni. «Il matematico – scriveva Paul Dirac – fa un gioco di cui è lui stesso a inventare le regole, mentre il fisico fa un gioco le cui regole sono fornite dalla Natura; al passare del tempo diventa sempre piú evidente che le regole che il matematico trova interessanti sono quelle stesse che ha scelto la Natura.»

Perché? Perché, come osservava Pierre Curie nel 1894, una serie enorme di processi fisici sono (o ci sembrano) governati da principi geometrici di →simmetria? Perché la geometria, non euclidea, dello spaziotempo è cosí importante nella meccanica relativistica (→relatività) da spingere John Wheeler a considerarla addirittura il fondamento di qualsiasi processo fisico? E perché la teoria matematica dei gruppi riesce a collocare in un catalogo ordinato e persino a prevedere l'esistenza di particelle quantistiche?

Un modo tipico di rispondere alle domande sulla irragionevole efficacia della matematica (e in particolare della geometria) nelle scienze naturali è quello del «platonismo» o del «realismo matematico». L'universo fisico può essere conosciuto nella sua struttura piú profonda grazie alla matematica, per il semplice fatto che, al contrario di quanto pensa Nelson, è matematico. I numeri e le forme geometriche non sono creazioni dell'uomo, ma entità indipendenti. Reali tanto quanto →energia e particelle. Possono essere scoperti, non inventati.

Nella visione platonista, tuttavia, i numeri e le forme geometriche sono realtà eterne e ineffabili. Si trovano fuori dallo spazio e dal →tempo. Non sono legati alle catene causali di interazione che connettono gli oggetti materiali. Il problema, sollevato già da Aristotele, è, allora, da dove mai traggano →origine. E come sia possibile conoscerle, quelle astratte e intangibili entità, per l'uomo che, collocato ben dentro lo spazio e il tempo, si ritrova invece legato a catene d'interazione causale (→causa) col resto dell'universo cosí forti da non consentire evasioni.

Le domande sono rimaste sospese per molto tempo. E con esse la plausibilità delle risposte platoniste. Poi è venuta la fisica. Per esempio quella relativistica di Einstein. E ha rilanciato la visione realista. Almeno nella versione che vuole gli oggetti, reali, della matematica e della geometria collocati dentro lo spazio e il tempo, in interazione causale con la materia/energia. I «neoplatonisti» fanno osservare che, nell'ottica della relatività generale, entità puramente geometriche, come lo spaziotempo di Riemann o lo spaziotempo di Minkowski, assumono un ruolo dinamico. Sono in stretta interazione di causa/effetto con la →materia. E pur essendo entità teoriche, cioè non direttamente osservabili, non sono un'invenzione dell'uomo. Sono reali non meno delle precise traiettorie, queste sí osservabili, che riescono a imporre alle masse materiali e alla radiazione.

Gli sviluppi, dunque, della fisica consentono il rilancio, su nuove basi, del realismo «platonista». In questa visione la realtà matematica e geometrica dell'universo fisico avrebbe origine con il medesimo universo fisico. E l'uomo può conoscerla, perché è in interazione causale con essa. Tutto ciò consente al filosofo Hilary Putnam di dire: un realista non è un materialista. Un realista coerente crede non solo nella realtà degli oggetti materiali in senso comune, ma anche nella realtà degli oggetti matematici e nella realtà di entità che non sono né oggetti materiali, né oggetti matematici, come i campi (→campo) e le grandezze della fisica.

Se lo sviluppo della conoscenza fisica rilancia, sia pure su basi nuove, l'approccio «platonista», pone seri problemi ad altre metafisiche che hanno affrontato il tema dell'efficacia della matematica nella conoscenza del mondo. L'esistenza di geometrie non euclidee che descrivono l'universo fisico, come ricordano Giovanni Boniolo e Mauro Dorato, di problemi seri ne pone molti alla filosofia di Immanuel Kant. Secondo il filosofo tedesco il fatto che la geometria e l'aritmetica funzionano nella conoscenza del mondo è dovuto al fatto che l'uomo, per necessità, colloca ogni oggetto nello spazio e nel tempo. Senza geometria e aritmetica l'uomo non coglierebbe alcuna sensazione del mondo esterno. Geometria e aritmetica sono giudizi a priori, quindi universali e necessari, e sintetici, cioè in grado di fornire informazioni sul mondo fisico. Il problema nasce dal fatto che quando si riferiva allo spazio, Kant pensava a quello euclideo (le altre geometrie non erano conosciute). Un neokantiano alle prese oggi col dilemma dell'irragionevole efficacia della geometria nella descrizione del mondo fisico dovrebbe spiegare come un giudizio sintetico a priori fondato sulla geometria euclidea ci può far percepire sensazioni (→sensazione) da un universo fisico che abbiamo scoperto non euclideo.

Una concezione della matematica, della geometria e del loro rapporto col mondo fisico molto diversa sia da quella di Platone che da quella di Kant, è quella «formalista» proposta, all'inizio del Novecento, da David Hilbert. Il matematico di Göttingen, come abbiamo ricordato, era impegnato nella ricerca dei fondamenti della sua disciplina. Questi fondamenti, diceva, per essere «veri» e non contraddittori devono essere basati su assiomi, su concetti e principi logici. Poiché la logica è un linguaggio di segni che traduce enunciati in formule ed esprime ragionamenti per mezzo di processi formali, gli assiomi si limitano a esprimere le regole con cui le formule derivano l'una dall'altra. Se ne ricava, scrive lo storico Morris Kline, che i segni e i simboli delle operazioni sono liberati dal loro significato rispetto al contenuto. I simboli matematici sono svuotati di ogni significato. E, come afferma lo stesso Hilbert, non rappresentano piú oggetti fisici idealizzati. Quanto alla geometria, essa può essere fondata a partire dall'aritmetica, e quindi rientra appieno in questo discorso.

Per Hilbert e la sua scuola formalista solo la matematica applicata può incontrare, empiricamente, la fisica, attraverso definizioni coordinative che a oggetti matematici fanno corrispondere in modo puramente convenzionale gli oggetti fisici. Il formalista registra la «coincidenza isomorfica» tra queste convenzioni e la struttura del mondo fisico. Ma non spiega come mai la natura si dimostra docile alla conoscenza matematica. Allora, se l'aderenza della matematica alla realtà è pura convenzione, da dove nasce la sua «irragionevole efficacia» nel descrivere il mondo fisico? Ma se i numeri e le forme geometriche sono entità «reali», come sono nate e dove menano la loro esistenza?

Dire dunque che la matematica è la scienza dei numeri e delle misure è un'affermazione che non basta a definire la straordinaria gamma dell'attività dei matematici. Ma è un'affermazione che è in grado di impegnare, da due millenni e oltre, il pensiero dei filosofi.

Letture: Edoardo Boncinelli e Umberto Bottazzini, *La serva padrona*, Milano, Raffaello Cortina, 2000; Morris Kline, *Storia del pensiero matematico*, Torino, Einaudi, 1991; Piergiorgio Odifreddi, *La matematica del Novecento*, Torino, Einaudi, 2000; Ludwig Wittgenstein, *Osservazioni sopra i fondamenti della matematica*, Torino, Einaudi, 1971; Paolo Zellini, *La ribellione del numero*, Milano, Adelphi, 1997.

Materia

(dal latino *materia*)

«La materia è stata e rimarrà sempre uno dei principali oggetti di studio della →fisica», scrive Wolfgang Pauli. E infatti, dopo quattrocento anni di ricerca, lo studio della materia non solo non si è concluso, ma costituisce ancora oggi uno dei principali interessi dei fisici. Tuttavia, se l'interesse culturale per la materia non ha mai subito cadute da Galileo a oggi, lo sviluppo della fisica ha prodotto la progressiva degradazione del suo statuto ontologico. Da elemento definito, immutabile e fondante del cosmo e della sua vicenda, la materia è stata ridotta non solo a quello «spettro di possibilità» di cui parlava Werner Heisenberg, ma, addirittura, a espressione particolare e subalterna di un'entità ritenuta ben piú fondamentale: il →campo.

L'attenzione per la materia, per la sua essenza e per il suo ruolo cosmico, era iniziata già nell'antica Grecia. Ma, come dire, l'inizio della carriera della materia nelle gerarchie cosmiche non era stato particolarmente brillante. Platone la considerava, sí, la sostanza cosmica, ma la paragonava alla cera, perché, proprio come quella sostanza malleabile, la materia è un oggetto passivo della creatività del divino artigiano che la modella e le dà forma. Tuttavia Platone riteneva che la materia fosse non solo passività, ma anche potenzialità: perché la sostanza cosmica contiene in sé la possibilità di assumere le forme che il divino artigiano le conferisce. Per Aristotele le potenzialità intrinseche della materia vanno ben oltre la →forma: la sostanza cosmica contiene una sua propria forza produttiva.

Nella teologia naturale dei cristiani la materia resta sostanza universale. Ma modifica profondamente i suoi caratteri. In primo luogo perché il divino artigiano di Platone è, ora, Dio: creatore di tutte le cose. E, infatti, il Dio dei cristiani non si limita a incontrare la materia e modellarla a suo piacimento, ma la crea dal nulla (*creatio ex nihilo*). D'altra parte, essendo creatura *attuale* di un Dio onnisciente e onnipotente, la materia, la sostanza cosmica, non può essere come la cera, sostanza indeterminata e malleabile, ma, quando viene all'esistenza, ha già in sé tutte le proprietà per realizzare le →finalità per cui Dio l'ha progettata. Cosicché l'→evoluzione del mondo non consiste nella continua attualizzazione delle potenzialità della materia che lo riempie, ma nello sviluppo necessario (→necessità) e conseguente alle condizioni iniziali che Dio ha scelto all'inizio dei tempi per l'→universo.

La *nuova scienza* nasce in Occidente tra il XVI e il XVII secolo, con il retaggio della →filosofia greca, ma nell'alveo del pensiero cristiano. Cosí non desti meraviglia il fatto che i primi scienziati o, se si vuole, i nuovi filosofi della →natura non contestano certo l'idea cristiana di materia *creata* da Dio. Tuttavia la *nuova scienza* rappresenta un momento di rottura della cultura cristiana d'Occidente. Cosicché il concetto di materia, universale, che propongono, senza sostanziali differenze, Galileo e Cartesio, Boyle e Newton, viene, ancora una volta, profondamente ridisegnato e reso malleabile allo studio razionale e alla trattazione matematica.

Galileo inizia col proporre una distinzione decisiva tra le →qualità primarie e le qualità secondarie dei corpi. Io sono convinto, scrive, che la materia, la sostanza dei corpi, assume la forma di quei triangoli, cerchi e altre figure geometriche (→geometria), che costituiscono i caratteri in cui è scritto il libro della natura (→metafora). Sono altresí convinto, sostiene, che un corpo materiale possa essere piú grande o piú piccolo di un altro; possa essere in questo o in quel luogo (→spazio); in questo o in quel →tempo; possa muoversi o restare fermo (→moto); possa entrare in contatto o non entrare in contatto con altri corpi. Sono anche convinto, continua, che i corpi materiali possano essere uno, pochi o molti. E che questi caratteri primari della materia non possono essere modificati dalla soggettiva →percezione degli uomini: essi restano tali anche quando con c'è nessuno a osservarli. Sono caratteri reali, oggettivi. Al contrario vi sono altri caratteri, quelli che percepiamo coi nostri umani sensi, l'odore, il colore, il sapore, la ruvidezza, che dipendono dalla umana percezione. Queste qualità secondarie spariscono d'incanto non appena sparisce l'uomo che le osserva. Inutile dire che, nel programma di lavoro del nuovo filosofo della natura, lo studio razionale della materia consiste nello studio delle qualità primarie.

Le parole di Galileo di Firenze richiamano quelle di Democrito di Abdera: «Per l'uomo che osserva, dolce; per l'uomo che osserva, amaro. Per l'uomo che osserva, caldo; per l'uomo che osserva, freddo. Per l'uomo che osserva, il colore. In verità: atomi e vuoto». C'è tuttavia una differenza di non poco conto tra il concetto, oggettivo, di materia proposto dal discepolo di Leucippo e cofondatore del pensiero atomista e quello, oggettivo, che propone Galileo. Per Democrito e per gli atomisti greci la materia ha uno statuto ontologico assoluto: la materia è l'essere, immutabile, che si contrappone al →vuoto, inteso come non-essere, anch'esso immutabile. La diversità e il moto che troviamo nel mondo non sono che il gioco conflittuale tra l'essere e il non-essere, il rincorrersi e l'alternarsi di materia e vuoto. Ogni →atomo, cioè ogni unità fondamentale della materia, è indivisibile e immodificabile. È la minuscola incarnazione di quell'essere senza →cambiamento che andava proponendo Parmenide. Galileo e, piú in generale, i nuovi filosofi naturali non pongono alla materia alcuna di queste limitazioni.

Galileo nega che il vuoto esista. E Cartesio nega persino che esistano gli atomi. Robert Boyle, il fisico inglese che pure va spendendo molto tempo e molti sforzi nel tentativo di tirar via tutta l'aria da una bottiglia, non crede nel vuoto assoluto. E, pur sostenendo che la materia è divisa in corpi molto piccoli e stabili, in *corpuscoli*, nega che essi siano indivisibili in linea di principio. In buona sostanza, la →teoria della materia proposta dagli atomisti è fondamentalmente diversa dalla teoria della materia proposta dalla *nuova scienza*. Una teoria, peraltro, ancora grezza. Ma che, con Cartesio, comincia ad assumere una sua solida struttura.

Per René Descartes la materia altro non è che inerte estensione (*res extensa*). Estensione in lunghezza, larghezza, profondità. La sua divisione in parti e il numero, la dimensione, la forma, la posizione e il moto di queste sue parti, è tutto quello che noi possiamo chiaramente e analiticamente individuare nei corpi materiali. Ma non si tratta di poca cosa: perché è il corredo concettuale intero, necessario e sufficiente, per sviluppare la scienza fisica. L'elenco di queste qualità primarie della materia conferma che la fisica di Cartesio non è altro che la geometria piú il moto. Ed è il moto, che Dio ha impresso alla materia all'inizio del mondo, con il suo primo e unico intervento nelle cose del mondo, l'elemento unico e solo che nell'universo produce diversità e cambiamento. Scomposizione e ricomposizione dei corpi materiali. Perché la materia, di per sé, è immutabile. Se volessimo definire l'ipotesi di Cartesio in termini platonici, potremmo dunque dire che la materia è la sostanza cosmica estesa che viene modellata dalla creatività di quel «dio artigiano» che è il moto.

Questo ruolo primario che recita la materia nelle vicende cosmiche non è un'idea esclusiva del filosofo francese, ma è un sentire comune tra gli uomini di scienza del XVII secolo. «Io sono d'accordo con la gran parte dei filosofi, c'è una sola materia, cattolica e universale, comune a tutti i corpi, una sostanza estesa, divisibile e impenetrabile», scrive Robert Boyle nel 1666.

La materia, nell'accezione moderna di Galileo, di Boyle e di Cartesio, è dunque una sostanza universale dotata di caratteri che possono essere facilmente descritti nel linguaggio della →matematica. Tuttavia sarà Isaac Newton a scrivere in concreto le relazioni matematiche che intercorrono tra materia e moto. Lo scienziato inglese, tra la fine del Seicento e l'inizio del Settecento, elabora infatti una completa teoria matematizzata della materia e del moto, espressa nella celeberrima formula:

$$F = m\,a$$

La forza, F, è uguale alla massa, m, per l'accelerazione, a.

La formula ci dice che, per elaborare le leggi del moto, il fisico inglese ha dovuto introdurre due nuovi concetti, quello di massa e quello di →forza. Ora, la forza è, per Newton, la causa del moto o dell'inerzia di un corpo materiale. È un concetto primario. Che andrà a costituire, insieme a quelli di tempo e di spazio assoluti, il trio di concetti posti a fondamento della sua filosofia della natura. La massa, che nella partita esprime il gioco della materia, è, invece, un concetto derivato. È correlata alla densità e alla grandezza di un corpo materiale ed è proporzionale al peso che quel corpo assume in un determinato luogo dello spazio. Benché sia un concetto che non splende di luce propria, la massa è uno dei caratteri qualificanti della materia. Per la quale Newton ha grande considerazione. E che, secondo lui, è formata «di particelle solide, compatte, dure, impermeabili e mobili, dotate di date dimensioni e figure, di date proprietà e di date proporzioni rispetto allo spazio. [...] Queste particelle originarie, essendo solide, sono incomparabilmente piú dure di qualsiasi corpo poroso da esse composto; anzi, tanto perfettamente dure, da non poter mai consumarsi o infrangersi: nessuna forza comune essendo in grado di dividere ciò che Dio, al momento della creazione, ha fatto uno». Insomma, sembra quasi che in Newton la materia torni ad avere le forme (gli atomi) e lo statuto ontologico che aveva in Democrito. In ogni caso la sua materia originaria è caratterizzata da sole cinque qualità primarie: solidità, massività, durezza, impenetrabilità e mobilità.

La massa è, dunque, uno dei caratteri distintivi della materia newtoniana. E, infatti, permette di distinguere la materia dall'→energia: il concetto, relativamente nuovo, a partire dal quale Joseph-Louis Lagrange cercherà di ricostruire, sul finire del Settecento, la meccanica di Newton in forma di sistema assiomatico autoconsistente. Nella meccanica analitica di Lagrange, materia ed energia, insieme a tempo e spazio, costituiscono le →realtà fondamentali dell'universo. La materia è all'apice della sua parabola ontologica. Situazione privilegiata che conserva per almeno un secolo abbondante.

Poi, però, arriva un giovane tedesco, impiegato dell'Ufficio brevetti di Berna, che nel 1905 elabora la teoria della →relatività ristretta, spazza via un po' di assoluti, compresi quelli di spazio e di tempo, propone nuovi fondamenti per l'universo e dimostra che materia ed energia sono la stessa cosa: espressioni diverse di una medesima realtà. Che da quel momento dovrà essere chiamata materia/energia. E che, peraltro, non è piú una realtà cosmica fondamentale, ma l'espressione fenomenica di una realtà soggiacente piú profonda: il campo.

La →meccanica quantistica, negli anni successivi, fornisce ulteriori accelerazioni allo sbriciolamento del concetto di materia e alla falsificazione delle qualità primarie individuate da Newton. Lo statuto ontologico della materia sembra in caduta libera. Louis de Broglie dimostra che le particelle materiali, lungi dall'essere mera e ineffabile *res extensa*, hanno la duplice e ambigua natura di onda e di corpuscolo. Poi la teoria quantistica dei campi si incarica di dimostrare che anche le particelle di materia considerate elementari non sono affatto corpuscoli immutabili, ma possono essere, anzi vengono annichilati e creati dal vuoto. Le stesse teorie quantistiche di campo, infine, portano a compimento il processo di degradazione dello statuto ontologico della materia. Le particelle elementari di materia, con la loro natura ambigua di onda e di corpuscolo, con la loro vita effimera e niente affatto sempiterna, e, dunque, la materia stessa, devono essere considerate, in realtà, meri punti di un campo, sebbene punti caratterizzati da una particolare intensità del campo di cui sono espressione. Persino il moto delle particelle di materia deve essere considerato una semplice variazione dell'intensità del campo. La materia, ormai, è solo un nome di uno dei tanti modi di essere di una realtà soggiacente e immanente: il campo. Anzi, i campi. Che, ormai, se ne contano piú di una dozzina diversi.

La materia del Modello Standard

Sarà pure ridotta a mera nomenclatura, tuttavia la materia continua a essere al centro dell'attenzione dei fisici. E quelle particolari intensità del campo che chiamiamo particelle materiali costituiscono ancora il modo in cui i fisici visualizzano la realtà microscopica. E, infatti, se dovessimo proporvi in estrema sintesi il Modello Standard della fisica, non potremmo fare altro che proporvi un elenco, newtoniano, delle forze fondamentali e dei corpuscoli elementari della natura.

Proviamo, dunque, a riassumerlo il Modello Standard della fisica, che è il risultato piú attuale delle teorie quanto-relativistiche di campo.

Esistono in natura quattro forze fondamentali: l'interazione elettromagnetica, l'interazione debole, l'interazione forte e l'interazione gravitazionale. Il Modello Standard, in realtà, descrive solo tre di queste quattro forze. Nessuno, infatti, è finora riuscito a ottenere una teoria di campo quantistica della gravità.

Ciascuna delle forze è *mediata*, che è un po' come dire trasportata, da alcune tipiche particelle quantistiche. Nella tabella della pagina seguente troverete i nomi e le caratteristiche delle particelle tipiche che mediano le quattro forze fondamentali.

Le particelle che mediano le forze fondamentali interagiscono con due altri tipi fondamentali di particelle: i leptoni e i quark. I leptoni, in realtà, interagiscono solo con i fotoni e i bosoni intermedi. Tra i leptoni, le particelle stabili sono gli elettroni e i neutrini. I quark, invece, formano due particelle stabili, i protoni e i neutroni. Protoni e neutroni possono ritrovarsi in un nucleo atomico. I nuclei atomici, a loro

Le particelle elementari

FAMIGLIA	Leptoni	SIMBOLO	CARICA	Quark	SIMBOLO	CARICA
I	Elettrone	e^-	−1	Up	u	2/3
	Neutrino elettronico	ν_e	0	Down	d	−1/3
II	Muone	μ^-	−1	Charm	c	2/3
	Neutrino muonico	ν_m	0	Strange	s	−1/3
III	Tauone	τ^-	−1	Top	t	2/3
	Neutrino tau	ν_τ	0	Bottom	b	−1/3

Le forze fondamentali

INTERAZIONE	BOSONE	NUMERO	MASSA (MeV)	CARICA	RANGE D'AZIONE (cm)	FORZA RELATIVA
Forte	Gluoni	8	$> 10^2$	0	10^{-13}	1
Elettromagnetica	Fotone	1	0	0	infinito	10^{-12}
Debole	Bosoni W^+, W^-, Z^0	3	$\approx 10^5$	+1, −1, 0	10^{-15}	10^{-14}
Gravità	Gravitone	1	0	0	infinito	10^{-40}

volta, possono interagire con gli elettroni, formando atomi neutri e stabili. Gli atomi sono alla base della materia visibile.

Il Modello Standard descrive con grande precisione quello che avviene a livello subatomico. Tuttavia ha molti limiti. E difficilmente può essere considerato la teoria ultima della fisica. E la teoria ultima della materia. Il principale di questi limiti è il fatto che nel modello, come dicono i fisici, compaiono ben 19 parametri d'ingresso. A iniziare dalle masse di quark e leptoni. In altri termini la teoria non prevede il valore esatto di questi parametri, che vanno misurati sperimentalmente. I fisici cercano una teoria che non lasci tanta libertà alla natura.

Pur con questi limiti, il Modello Standard tuttavia funziona. E dimostra che l'interazione elettromagnetica e l'interazione debole sono manifestazioni diverse di un'unica interazione, l'interazione elettrodebole. Da questo processo di unificazione è esclusa l'interazione forte. I fisici hanno elaborato alcune teorie (cosiddette di grande unificazione) in grado, sulla carta, di riunificare le tre interazioni integrando il Modello Standard. Mancano, allo stato, le prove sperimentali che queste teorie descrivano davvero la realtà.

Il Modello Standard non dice nulla, invece, sulla quarta, grande interazione fondamentale: la gravità. I fisici non sono ancora riusciti a ottenere una teoria di campo quantistica della gravità che richiede di riconciliare non solo meccanica quantistica e relatività ristretta, come avviene finora nel Modello Standard, ma meccanica quantistica e relatività generale. I fisici hanno già un nome, Teoria del →Tutto, per il modello in grado di unificare tutte le forze fondamentali della natura e le due grandi teorie, la meccanica quantistica e la relatività. Ma non hanno ancora ipotesi sufficientemente accreditate per indicarla, la teoria definitiva (?) della materia.

Letture: Paul Davies (a cura di), *La nuova fisica*, Torino, Bollati Boringhieri, 1992; Dalida Monti, *Equazione di Dirac*, Torino, Bollati Boringhieri, 1996; Lloyd Motz e Jefferson H. Weaver, *La storia della fisica*, Bologna, Cappelli, 1991; David Oldroyd, *Storia della filosofia della scienza*, Milano, Il Saggiatore, 1989; Wolfgang Pauli, *Fisica e conoscenza*, Torino, Boringhieri, 1964.

Meccanica

(dal tardo latino *mechanica*, derivato dal greco μηχανική)

La meccanica è la →scienza che studia il movimento dei corpi (→moto). Leonardo da Vinci la considerava la regina, tra tutte le scienze, perché piú di ogni altra si prestava alla verifica della →matematica. Ma il suo era piú un programma che una realtà fattuale. Leonardo effettuò molti e intensi studi sul movimento dei corpi. Ma è solo con Galileo Galilei che la meccanica diventa davvero scienza, almeno nel modo in cui oggi intendiamo la scienza.

Il nuovo filosofo della natura fiorentino, che si occuperà di meccanica piú che di ogni altro settore della →fisica, studia il movimento dei corpi con →metodo, oltre che con impegno, utilizzando sia «l'ozioso trastullarsi con carta e penna», ovvero elaborando teorie matematiche (→teoria) del moto, sia quelle «sensate esperienze», ovvero la puntuale verifica dell'→esperimento, che sole rendono l'«ozioso trastullarsi» una «certa dimostrazione».

Gli strumenti matematici che Galileo ha a disposizione e che utilizza in modo sistematico sono quelli delle proporzioni. Gli esperimenti che effettua sono innumerevoli. A iniziare da quelli col piano inclinato, che gli consentono di verificare la sua teoria della «caduta dei gravi». Con le proporzioni, con gli esperimenti e con le sue geniali →ipotesi e teorie Galileo va ben oltre lo studio del movimento dei corpi e inaugura due diverse branche della scienza meccanica: la cinematica e la dinamica. La prima, la cinematica, studia il moto dei corpi senza indagarne le cause (→causa). La seconda, la dinamica, studia le cause della variazione del moto dei corpi.

Galileo introduce il concetto di accelerazione, elabora un principio di inerzia e, persino, un principio di →relatività. Con lui la meccanica diventa scienza. Ma è con Isaac Newton che la meccanica diventa scienza matura. Con un quadro teorico organico, solido e completo. Fondato sui concetti di →spazio, di →tempo e di →forza. Il superbo quadro concettuale della meccanica newtoniana è descritto nei *Philosophiae Naturalis Principia Mathematica*, pubblicati nel 1687 a spese dell'amico Edmond Halley, ed è fondato sulle sue tre eleganti leggi (→legge) del moto e sulla legge di →gravitazione universale. Legge, quest'ultima, con la quale Newton unifica la «meccanica celeste» di Keplero (→astronomia) e la «meccanica terrestre» di Galileo. Nei cieli come sulla Terra, il movimento dei corpi procede mediante le medesime leggi.

La potenza di questo apparato concettuale è tale che la meccanica di Newton realizza il programma di Leonardo e diventa la regina, riconosciuta, di tutte le scienze. Di piú. Consente alla visione del mondo che dalla meccanica trae ispirazione, il →meccanicismo, di diventare per lungo tempo una visione del mondo egemone nella scienza e nell'intera cultura europea. La →chimica, la →biologia, persino l'→economia cercheranno di rifondarsi sul modello meccanico e, nel progetto di alcuni, di ridursi a una branca della meccanica (→riduzionismo).

Isaac Newton è l'inventore, insieme a Gottfried Wilhelm Leibniz, del calcolo infinitesimale. Di una nuova matematica, cioè, particolarmente adatta a descrivere l'universo meccanico. Durante il secolo successivo alla pubblicazione dei *Principia*, molti matematici, come lo svizzero Leonhard Euler, sviluppano l'analisi matematica basata sul calcolo differenziale e integrale inventati da Newton e Leibniz e si cimentano nella soluzione dei problemi di meccanica all'interno della struttura concettuale di Newton. Il loro lavoro viene, in qualche modo, concluso con lo sviluppo della «meccanica analitica» proposta nel 1788 dal matematico italo-francese Joseph-Louis de Lagrange. Quello di Lagrange non è altro che un metodo generale per risolvere, con gli strumenti dell'analisi matematica, tutti i problemi della meccanica. Un metodo cosí potente ed elegante, che quando oggi ci riferiamo alla «meccanica classica», non ci riferiamo alla meccanica di Newton, ma alla meccanica di Lagrange, una superba costruzione matematica di cui le leggi del moto di Newton costituiscono «i mattoni e la calce». Vale la pena, allora, cercare di ricostruire quale mai sia stato il contributo che ha dato Lagrange allo sviluppo della meccanica.

Le equazioni con cui Newton descrive il moto si riferiscono a singole particelle, alle forze esterne che agiscono su ciascuna di esse e alle interazioni con altre particelle. Conseguenza di questa descrizione, per cosí dire, analitica del moto è che la descrizione del moto di un gruppo numeroso di particelle comporta, ineluttabilmente, una moltiplicazione del numero delle equazioni e del numero delle variabili nelle equazioni. Risultato: quando il gruppo di particelle è numeroso, la descrizione del moto dell'*ensemble*, dell'insieme, diventa, nella pratica matematica, molto difficoltosa e, alla lunga, impossibile.

Lagrange ha sviluppato un metodo capace di ridurre il numero di equazioni per descrivere il moto di un *ensemble* di particelle, prendendo in considerazione i vincoli comuni cui sono sottoposte tutte le particelle. Inoltre Lagrange ha trovato il metodo di sostituire le usuali coordinate con cui si descrivono le particelle con «coordinate generalizzate», che sono una loro combinazione algebrica. Infine ha introdotto la «velocità generalizzata», costituita dalle variazioni nel tempo delle «coordinate generalizzate». In definitiva, grazie a queste modificazioni di tipo matematico, la meccanica newtoniana può essere applicata a interi sistemi di particelle interagenti. Il che contribuisce a risolvere nuovi e formidabili problemi specifici. Ma anche a corroborare l'aura di scienza universale che ha ormai assunto la meccanica di Newton.

Lagrange sarà, tra l'altro, l'ispiratore del lavoro di Pierre-Simon de Laplace, oltre che di altri illustri matematici come Fourier, Monge, Legendre e Cauchy. Laplace contribuirà a sviluppare nuove tecniche matematiche in grado di affrontare i piú difficili problemi di meccanica. E resterà cosí ammirato da queste possibilità, da redigere il suo celeberrimo «manifesto» del →determinismo meccanicista.

Il successo della meccanica newtoniana toccherà l'apice nell'Ottocento, quando sulla base di semplici calcoli di «meccanica celeste» sarà possibile prevedere l'esistenza e individuare un nuovo pianeta del sistema solare, Urano.

Nel XX secolo la meccanica conoscerà una profonda rifondazione, con lo sviluppo di due nuove teorie organiche: la meccanica relativistica e la →meccanica quantistica. Le due teorie sono autonome, estremamente precise, e descrivono rispettivamente l'universo a scala macroscopica e microscopica; entrambe ambiscono, però, a descrivere l'intero universo, a ogni scala, e tuttavia non sono del tutto conciliabili. O, almeno, non sono state ancora del tutto conciliate. Cosí oggi ci troviamo nella medesima condizione in cui si trovava Newton, la condizione di dover riunificare la meccanica (Teoria del →Tutto). E, poiché l'esistenza di una sola meccanica è data per certa da tutti, i fisici aspettano che, prima o poi, nasca il nuovo Newton che la realizzi.

Letture: Lloyd Motz e Jefferson H. Weaver, *La storia della fisica*, Bologna, Cappelli, 1991; Isaac Newton, *Principi di filosofia naturale*, Bologna, Zanichelli, 1990; David Oldroyd, *Storia della filosofia della scienza*, Milano, Il Saggiatore, 1989.

Meccanica quantistica

(dal tardo latino *mechanica*, derivato dal greco μηχανική; dal latino *quantum*)

«È possibile che la natura sia cosí assurda?», si chiedeva il giovane Werner Heisenberg mentre, sul finire degli anni '20 del XX secolo, se ne andava passeggiando per i parchi di Copenaghen riflettendo sulla nuova →fisica, quantistica, e sulla nuova visione del mondo che egli stava contribuendo a far emergere.

Già, perché la meccanica quantistica non è solo la →teoria piú precisa mai elaborata dai fisici. È anche una visione davvero nuova del mondo. Una visione cosí originale e innovativa da apparire, anche agli occhi dei suoi mallevadori, meravigliosa, bizzarra, persino assurda.

La scoperta del quanto d'azione

La storia, rivoluzionaria, di una nuova fisica e della teoria dei quanti inizia tra il 19 ottobre e il 14 dicembre dell'anno 1900, a opera di uno schietto conservatore, ancorché illuminato: Max Karl Ernst Ludwig Planck. Un fisico non piú giovanissimo, nato a Kiel nel 1858. Quando, cioè, l'Holstein è ancora territorio danese. Suo padre, professore di diritto costituzionale e coautore del Codice civile prussiano, è di origine tedesca. Da lui Max ha ereditato quella capacità di esaminare minuziosamente una grande quantità di fatti, distinguendo quelli importanti da quelli meno rilevanti, che è destinata a diventare proverbiale. E dall'ambiente familiare che suo padre ha organizzato, Max trae quella sua convinzione, profonda, che ci sia una conoscenza sublime e assoluta, attingibile all'uomo, il cui possesso è capace di segnare il destino dell'umanità. Di questa conoscenza la scienza fisica è parte determinante.

Nel 1864, con un tale bagaglio genetico e culturale, il giovane Planck si trasferisce insieme all'intera famiglia dalla piccola e fredda Kiel alla grande e accogliente Monaco, in Baviera. Qui inizia i suoi studi. E qui resta impressionato dal suo insegnante di matematica al Maximilian Gymnasium, Hermann Müller, che gli insegna il principio di conservazione dell'→energia. Per la prima volta si imbatte in una →legge fisica cui riconosce una «validità universale e assoluta». E da quel momento considera la ricerca delle leggi fondamentali della natura l'obiettivo piú nobile del suo lavoro e del lavoro di ogni scienziato.

Max è attratto dall'assoluto. Perché indipendente dalle umane follie. Ha, e conserverà per tutta la vita, una silenziosa dignità e un notevole fascino personale. È dedito al lavoro. Ma non trascura l'attività fisica: per festeggiare i suoi settantadue anni scalerà lo Jungfrau. Veste in modo elegante. Ama la musica e la suona con perizia.

Inizia a studiare la fisica sperimentale e la →matematica prima a Monaco, poi presso l'Università di Berlino. Dove, tra i suoi insegnanti, ci sono personaggi eminenti come Hermann von Helmholtz e Gustav Kirchhoff. Ma Planck, che sa essere molto duro nei giudizi, non è entusiasta dei suoi prestigiosi maestri. «Le lezioni di questi uomini – scriverà – non mi fornirono nessun evidente profitto.» La →termodinamica, l'argomento che lo interessa davvero, la studia per conto suo. Si laurea a Monaco, con una tesi sull'→entropia. Una proprietà dei sistemi fisici che egli considera seconda, per importanza, solo a quella di →energia. Non è forse, la seconda legge della termodinamica, universale e assoluta quanto la prima?

Il giovane fisico ha stoffa. Ottiene incarichi presso l'Università di Monaco, poi a Kiel, a Göttingen e, infine, nel 1889, a Berlino. E non si sottrae dal dibattito piú vivo. Si impegna nella polemica con Wilhelm Ostwald, Georg Helm e Ernst Mach sull'*energetica*. Si ritrova a fianco, momentaneamente, di Ludwig Boltzmann nella critica all'*analogia* tra il trasferimento di calore da un corpo caldo a uno freddo e la caduta di un grave da un'altezza superiore a quella inferiore. Ma è scettico, anzi decisamente avverso alla *teoria atomica* (→atomo) di Boltzmann che, con quella sua interpretazione probabilistica, finisce per negare all'aumento cosmico di entropia il carattere di principio universale fondamentale. Ridurre l'entropia a uno stato di massima probabilità significa ammettere delle eccezioni. Negarne la natura assoluta. Figurarsi...

Il successo di Boltzmann e della sua ipotesi lo ferisce. E lo porta a concludere con amarezza: «Una nuova →verità scientifica non trionfa convincendo i suoi oppositori e mostrando loro la luce, ma piuttosto perché i suoi oppositori alla fine muoiono e si sviluppa una nuova generazione che ha familiarità con essa».

Malgrado le frustrazioni del conservatore illuminato Planck, sul finire del XIX secolo il quadro concettuale della fisica sembra davvero completato. Si conoscono tutte le leggi fondamentali. C'è poco ancora da scoprire, si ritiene. Solo due problemi non trovano una compiuta spiegazione nell'ambito delle leggi della →meccanica di Newton e dell'elettromagnetismo di Maxwell.

Il primo è costituito dalla strana precessione del perielio del pianeta Mercurio e dall'esperimento di Michelson e Morley. Che ha spazzato via l'→etere: un punto di riferimento assoluto. E che rende impossibile determinare, per esempio, il →moto della Terra osservando fasci di luce che si muovono in direzioni diverse.

Il secondo problema è costituito dalla discrepanza tra i valori calcolati e i valori osservati dei calori specifici di gas, dalle proprietà della radiazione emessa da un piccolo foro praticato nella parete di un forno (nota come *radiazione del corpo nero*) e dalle linee luminose discrete che presentano gli spettri dell'atomo.

Sembrano problemi da poco. Dettagli. Ma entrambi saranno risolti mediante due formidabili rivoluzioni (o, se si vuole, innovazioni) scientifiche. Il primo dalla teoria della →relatività ristretta e della relatività generale di Albert Einstein. Il secondo dalla nuova meccanica dei quanti che si accinge a inaugurare, appunto, Max Planck.

Planck, infatti, è attratto dal problema della radiazione del corpo nero. Una radiazione la cui intensità non sembra variare con continuità, ma assumendo valori discreti. E cerca, naturalmente, di risolverlo, questo problema, attraverso le leggi della termodinamica. Sia perché quelle dell'elettromagnetismo, elaborate dall'inglese James Clerk Maxwell e considerate oggi gli strumenti canonici per descrivere il comportamento classico della radiazione, non trovano credito totale tra i fisici tedeschi. Sia perché Planck, come si è detto, è piú che mai convinto dell'assoluta generalità delle leggi termodinamiche.

Eccolo dunque alla ricerca della formula per calcolare la corretta intensità della radiazione di una ben definita frequenza che viene emessa da un forno (o meglio, da un qualsiasi corpo) che si trova a una data temperatura. L'impresa è difficile. Non si riesce proprio a realizzarla utilizzando i classici strumenti messi a disposizione dalla termodinamica. Occorre un salto qualitativo. Una modifica profonda del pensiero fisico classico. E del →senso comune. Planck, suo malgrado, se ne rende conto. Cosí, dopo lunghi studi e «dopo grande travaglio, angoscia e perplessità», accetta di abbandonare il concetto, classico, dell'→azione continua (→continuo). E lo sostituisce con quello, innovativo (rivoluzionario, per alcuni), dell'azione quantizzata. Il corpo nero emette radiazione la cui intensità non varia in modo continuo. Ma secondo valori discreti. Multipli interi di un'unità elementare. *Natura facit saltus.*

Max Planck si considera il piú progressista della sua famiglia, che è una famiglia di conservatori. Ma non è certo un rivoluzionario. Né in campo sociale, né in campo scientifico. Anzi, come sostiene lo storico John Heilbron, è un conservatore nel senso etimologico della parola: la particolare efficacia della sua azione sta nella capacità di adattarsi alla realtà contingente fino a riuscire, talvolta, a orientarla. Ma sempre appoggiandosi a valori tradizionali. E senza mai tradirne lo spirito.

Ma la realtà contingente, compresa la →realtà scientifica, non sempre si adatta al cauto riformismo di un conservatore illuminato. È il 19 ottobre del 1900. E Planck dice al figlio Erwin: «Oggi ho fatto una scoperta importante quanto quella di Newton». E ha ragione. Studiando la radiazione di un banale corpo nero, ha scoperto, contro la sua indole, contro la sua volontà e contro il suo raziocinio, la discontinuità della natura e il «→quanto elementare d'azione». Che egli designa con la lettera *h* e che diventerà noto come *costante di Planck.* Una delle costanti fondamentali, assolute, della →natura.

Tra il 19 ottobre e il 14 dicembre del 1900 nasce la *fisica quantistica.* E il conservatore Max Planck compie, suo malgrado, una radicale innovazione (una rivoluzione, secondo alcuni). Scientifica e concettuale. Che, sul momento, la gran parte dei fisici si rifiuta di accettare. Quei fisici considerano la teoria quantistica di Planck un mero artificio matematico privo di qualsiasi significato fisico reale.

Le cose cambiano solo nel 1905. Quando un giovane e sconosciuto fisico tedesco di nazionalità svizzera, Albert Einstein, pubblica tre articoli, ciascuno dei quali è destinato a segnare la storia della fisica. Con l'articolo intitolato *Su un punto di vista euristico circa la creazione e la trasformazione della luce*, apparso, come gli altri, sugli «Annalen der Physik», Einstein dimostra che se la distribuzione spettrale è quella stabilita dalla formula di Planck, allora la radiazione si comporta come un gas costituito da corpuscoli (*quanti*) aventi ciascuno un'energia, E, pari al prodotto della frequenza, ν, per la costante di Planck, *h*: $E = h\nu$. In altri termini la luce non è solo un'onda, come prevede la classica, elegante ed efficace teoria di Maxwell, ma è costituita da minuscole particelle (*fotoni*) prive di massa. In realtà Einstein, oltre a spiegare in modo semplice l'effetto fotoelettrico, dimostra che accanto alla vecchia e ineliminabile natura ondulatoria, la radiazione ha una inusitata e finora sconosciuta natura corpuscolare. E cosí propone, per la prima volta, quel dualismo onda-particella che diverrà uno dei temi dominanti del dibattito interno alla fisica quantistica.

Con questo articolo Einstein si guadagna un premio Nobel (l'unico che abbia mai vinto) e si colloca tra i padri fondatori della fisica quantistica. Intanto, però, le sue conclusioni, e in particolare l'immagine corpuscolare della luce che egli propone, risultano inaccettabili per molti fisici. Incluso Max Planck, che pure il quanto d'azione lo aveva scoperto.

La fisica atomica

Mentre la fisica delle radiazioni è in cosí radicale fermento, nasce e si afferma quella atomica. Nel 1896 Antoine-Henri Becquerel, senza rendersi completamente conto dell'importanza di quel fenomeno, ha rilevato che alcune sostanze a base di uranio, come il bisolfito uranile di potassio, emettono spontaneamente radiazione ad alta intensità. Sono cioè radioattivi. Proprio mentre Wilhelm Röntgen annunciava di aver scoperto dei raggi elettromagnetici molto piú penetranti della luce. Dei raggi che saranno chiamati raggi X. Negli anni successivi Marie Sklodowska e il marito Pierre Curie mostrano che non solo l'elemento piú pesante, l'uranio, ma molti altri elementi pesanti sono dotati di questa strana proprietà radioattiva. E scoprono, soprattutto, che quel fenomeno non è una proprietà collettiva della materia, ma è una proprietà individuale delle sue singole particelle elementari. Ogni raggio è emesso da una specifica particella. La radioattività è una proprietà intrinseca dell'atomo. Marie Sklodowska-Curie, con l'aiuto del marito, scoprirà e isolerà una sostanza ancora piú radioattiva dell'uranio: il radio. Nel 1903 i coniugi Curie, insieme a Becquerel, saranno insigniti del premio Nobel. Ma entrambi, Marie e Pierre, sono troppo malati per poter andare a Stoccolma a ritirarlo.

Nel 1897 la fisica atomica si era intanto arricchita di un nuovo, prezioso costituente elementare. Joseph John Thomson, infatti, aveva dimostrato che i raggi catodici sono fasci di particelle materiali che trasportano ciascuna una carica negativa. Aveva scoperto gli elettroni. Particelle elementari di cui, proprio nel 1905, Robert Millikan misura la carica. Ci sono ormai tutte le condizioni di base per poter iniziare a ricostruire la «struttura dell'atomo». Che Thomson immagina come una torta sferica con carica elettrica positiva farcita di semi (gli elettroni) di carica elettrica negativa. L'immagine è stimolante. Ma la situazione, per i fisici, è ancora confusa. Davvero l'atomo è una torta farcita? Perché alcune tra le piú pesanti di queste torte farcite sono radioattive? E cos'è questa radioattività?

È il neozelandese Ernest Rutherford a portare «l'ordine nel caos dei fenomeni radioattivi apparentemente scorrelati». Lavorando a Cambridge, in Inghilterra, con Thomson, Rutherford dimostra, in primo luogo, che i raggi scoperti da Becquerel non sono omogenei, ma sono costituiti da due diverse componenti: i raggi *alfa* e *beta*. Entrambi sono formati da particelle cariche. Ma gli *alfa* sono molto meno penetranti dei raggi *beta*. In seguito Rutherford, che è un fisico sperimentale di grande classe, dimostra che i raggi *beta* sono elettroni, mentre i raggi *alfa* sono atomi di elio ionizzati con una doppia carica positiva. L'attività di Rutherford è frenetica. Le sue scoperte, continue. Emigrato temporaneamente in Canada, dimostra, insieme a Frederick Soddy, che gli atomi non sono stabili e che la radioattività, con emissione di raggi *alfa* e *beta*, è una manifestazione di questa instabilità che comporta trasformazioni subatomiche. La loro struttura non è stata ancora scoperta, e già gli atomi dimostrano di non essere le particelle piú elementari della →materia.

Le sostanze radioattive perdono, con puntuale progressione, questa loro proprietà. Offrendo cosí un nuovo, potente strumento per misurare il →tempo profondo. Nel 1904 l'infaticabile Ernest Rutherford dimostra, per mezzo di misure di decadimento radioattivo, che l'età della Terra non va misurata in termini di pochi milioni di anni, come aveva asserito Lord Kelvin, ma è di due o tre ordini di grandezza superiore. Poi, nel 1907, ritorna in Inghilterra. Preferendo l'Università di Manchester a quella di Cambridge. Non fa in tempo a sistemarsi che, nel 1908, deve recarsi a Stoccolma a ritirare, per i suoi studi sulla disintegrazione degli elementi, il premio Nobel... per la chimica! Un grande riconoscimento. Che lo onora. Ma che, insieme, lo diverte e lo irrita. Perbacco, lui si considera un fisico. E considera fisica pura i suoi lavori.

Il premio non lo appaga. Tutt'altro. Lo stimola a realizzare ben presto il piú famoso dei suoi esperimenti. È il 1910 quando decide di bombardare con i suoi raggi *alfa* una sottile lamina d'oro. Stando al modello atomico di Thomson, i nuclei ionizzati di elio avrebbero dovuto attraversare senza grosse difficoltà e senza deviazioni la torta d'oro con carica positiva diffusa, farcita di semi negativi. Invece Rutherford vede, con gran meraviglia, che molte particelle *alfa* sono fortemente deviate mentre tentano di attraversare la lamina d'oro. Alcune, addirittura, rimbalzano indietro come proiettili. Rutherford si interroga sbalordito. È come se qualcuno avesse sparato grosse pallottole di piombo contro un foglio di carta velina e ne vedesse qualcuna rimbalzare, per ritornargli contro! Com'è possibile?

La spiegazione di Ernest Rutherford è un nuovo modello dell'atomo: il modello planetario. Gli atomi non sono torte di carica positiva farcite di elettroni. Ma sono minuscoli sistemi solari. Con un nucleo centrale dove si concentra tutta la carica positiva. E con una serie di pianeti, gli elettroni con carica negativa, che gli orbitano intorno.

Il modello è, insieme, suggestivo e rassicurante. Rutherford ha un grande successo, anche presso il grande pubblico. Ma non smette certo di effettuare le sue ricerche fondamentali. Ha svariate collaborazioni internazionali aperte. È in contatto con numerosi scienziati fuori dall'Inghilterra. Compresi il chimico tedesco Otto Hahn e la sua collaboratrice Lise Meitner: impegnati a studiare la natura della terza componente della radioattività, i raggi γ, scoperti da Paul Villard nel 1900. I rapporti coi fisici tedeschi cessano all'improvviso nell'autunno del 1914, con la dichiarazione di guerra tra Gran Bretagna e Germania.

Intanto nel 1911 a Manchester è giunto un giovane danese di grande valore, Niels Bohr. È il ragazzo piú intelligente che abbia mai incontrato, sostiene ammirato Rutherford. Bohr è nato a Copenaghen, figlio di un noto professore di fisiologia. È un giovane colto, amante del calcio. E molto pignolo. Si avvede subito che il modello planetario dell'atomo proposto dal maestro mostra qualche crepa. Se gli elettroni orbitassero intorno al nucleo come i pianeti intorno al Sole, allora si muoverebbero di moto accelerato. E come tutte le particelle cariche in queste condizioni dovrebbero ben presto perdere energia. Condannati a schiantarsi sul nucleo nel breve volgere di 10^{-8} s, un centimilionesimo di secondo. Una incongruenza. Che Bohr prova a superare introducendo la discontinuità d'azione di Planck nel cuore dell'atomo. Postula che il raggio dell'orbita circolare degli elettroni non vari in modo continuo, ma assuma solo valori discreti. In altri termini, gli elettroni possono girare intorno al nucleo solo seguendo orbite precise, quantizzate. È possibile che gli elettroni facciano dei salti da un'orbita all'altra, assorbendo o emettendo energia (salti quantici). Ma è impossibile, per loro, scendere al di sotto di un'orbita *fondamentale*. Solo cosí evitano di schiantarsi sul nucleo.

È grazie a questa idea che Niels Bohr diventa, con Planck e Einstein, uno dei tre padri fondatori della fisica dei quanti.

Il nuovo modello del giovane danese, un ibrido tra fisica classica e quantistica, ha un notevole successo. Risolve un problema mica da poco. E, poi, è accettato da Rutherford. Che ha qualcosa da ridire solo sulla prosa, troppo prolissa, del suo giovane e geniale allievo. Ma è un modello troppo innovativo per non essere fortemente avversato. Lord Rayleigh, in Gran Bretagna, lo liquida come «inutilizzabile». Max von Laue, in Germania, dichiara che abbandonerebbe la fisica se quella ipotesi venisse mai confermata.

Quello di Bohr non sarà l'ultimo modello di atomo. Anche perché mostra, subito, qualche difetto. Per esempio, non riesce a spiegare l'intensità delle righe spettrali degli atomi e la durata dei loro stati eccitati. Ma tra le reazioni positive alla sua proposta c'è quella di Arnold Sommerfeld, a Monaco di Baviera. Il fisico tedesco accetta il modello generale, ma mostra che le cose, persino nel piú semplice degli atomi, quello di idrogeno, sono piú complesse di quanto il danese descriva. E prova a spiegare quella complessità aggiungendo orbite ellittiche, quantizzate, al modello originario. Anche Sommerfeld ha un successo limitato nel tempo. Ben presto questa e ogni altra ipotesi semiclassica dovranno essere abbandonate. L'atomo perderà ogni similitudine, rassicurante, coi sistemi planetari.

Verso una nuova meccanica

La fisica basata sul quanto elementare d'azione evolve con straordinaria e dirompente rapidità. Ma i suoi fondamenti logici restano oscuri. La ricerca nella fisica dell'atomo procede, intanto, applicando «regole di quantizzazione» alle vecchie teorie classiche. Ottiene molti successi pratici. Ma è una via matematica priva di coerenza interna. Che porta spesso in vicoli ciechi. E che lascia insoddisfatti i teorici. La ricerca inizia cosí a spostarsi, un po' a tentoni, verso i fondamenti, ignoti, di una nuova meccanica. Suscitando, in chi non è particolarmente aperto al nuovo, molte sorprese e fiere reazioni. I salti quantici proposti da Bohr per far spostare un elettrone da un'orbita atomica all'altra non sono facili da digerire. Comportano l'abbandono del continuo e, forse, la fine della causalità rigorosa (→causa). È, infatti, solo su base statistica che si può calcolare se e quando un elettrone spiccherà un «salto quantico». Nessuno può predire con certezza se e quando uno specifico elettrone muoverà, pur in presenza di tutte le condizioni sufficienti, da uno stato quantico a un altro.

È per questo, oltre che per l'assenza di una teoria formalizzata e coerente, che tra i critici della teoria quantica non ci sono solo i fisici agganciati alla visione classica del mondo. Ci sono gli stessi «padri» della teoria. C'è Max Planck, che nel 1923 giunge a dire: «Alla luce di questi fatti ci si potrebbe domandare se la fisica sia ancora la piú solida tra le scienze naturali». Planck è, certo, uno dei padri della fisica dei quanti. E continua attivamente a occuparsene. Ma non può piú essere considerato uno dei capofila della ricerca. La leadership viene assunta da Niels Bohr. Il danese ha intuito che solo una nuova, autonoma teoria potrà spiegare quello che accade nel microscopico mondo degli atomi. Ed è alla ricerca dei principi che avrebbero preso il posto di quelli su cui si fonda la meccanica classica.

L'altro «padre» critico verso la sua figlioletta è Albert Einstein. Che, nel luglio del 1916, due mesi dopo aver pubblicato la prima memoria sulla relatività generale, ritorna agli interessi quantistici, pubblicando un articolo dedicato a *Emissione e assorbimento di radiazione secondo la teoria quantistica* e due articoli dedicati alla *Teoria quantistica dell'irraggiamento*, in cui approfondisce la teoria quantistica della radiazione, dimostrando tra l'altro che un quanto di luce con energia $h\nu$ è in grado di trasferire una quantità di moto pari a $h\nu/c$.

I tre articoli sono la prova che Einstein ha ricominciato a seguire da vicino gli sviluppi della fisica quantistica. Ed è anche particolarmente soddisfatto del suo contributo specifico a questi sviluppi: «Una splendida luce si è accesa nella mia mente riguardo all'emissione e all'assorbimento di radiazione», scrive a proposito dei tre articoli. Ma la verità è che Einstein ha iniziato a maturare i primi dubbi sui fondamenti della teoria quantistica. In particolare sull'approccio statistico con cui egli stesso la sta trattando. Einstein si avvede di poter fare previsioni esatte, col suo approccio statistico, sull'emissione e sull'assorbimento di fotoni, i quanti di luce, da parte di insiemi di atomi eccitati. Ma di poter dire poco, troppo poco, sul comportamento dei singoli atomi. Il suo approccio statistico consente, infatti, di prevedere quanta energia avrà il fotone emesso da un singolo atomo eccitato. Ma non consente di dire nulla né sul momento in cui un singolo atomo eccitato emette un fotone, né sulla direzione che il fotone prenderà. Insomma, la sua teoria non obbedisce «al principio basilare della fisica classica, quello secondo cui una data causa può avere un *unico* effetto; un principio al quale egli non se la [sente] proprio di rinunciare».

Il problema lo turba, confesserà, nel 1924, a Max Born: «L'idea che un elettrone esposto a radiazione possa scegliere *liberamente* l'istante e la direzione in cui spiccare il salto è per me intollerabile. Se cosí fosse, preferirei fare il ciabattino, o magari il biscazziere, anziché il fisico». La ragione principale di questo turbamento è che la teoria quantistica, la sua stessa teoria quantistica fondata sull'approccio statistico, mostra una palese divergenza rispetto al progetto di unificare la fisica con una teoria unitaria dei campi rigorosamente causale. Cosí risponderà a Hendrik Lorentz che, nel 1927, lo invita a congresso per parlare della sua statistica quantistica: «Dopo lunga riflessione e molte esitazioni, sono giunto alla conclusione che non sono competente a tenere questa relazione [...] anche perché non accetto il punto di vista puramente statistico su cui si basano le nuove teorie».

Einstein, in realtà, non ha perso le speranze che i «malvagi quanti» possano essere ricondotti, prima o poi, nell'alveo della «causalità rigorosa» e della sua teoria unitaria dei campi. Una speranza che si riaccende nella primavera del 1924, quando viene a conoscenza ed è il primo a riconoscere una ennesima svolta nella teoria quantistica. Quella decisiva verso la costruzione delle basi teoriche di una nuova meccanica. La svolta avviene a opera di un francese, Louis de Broglie. Che, come egli stesso riconoscerà, si è ispirato proprio a Einstein: «Dopo lunghe riflessioni e meditazioni in solitudine, improvvisamente, nel 1923, mi venne l'idea che la scoperta di Einstein nel 1905 potesse essere generalizzata ed estesa a tutte le particelle materiali, in particolare agli elettroni». In estrema sintesi il ragionamento di de Broglie è questo: visto che nel caso dei fotoni di luce scoperti da Einstein un'onda si comporta come un corpuscolo; visto che materia ed energia sono equivalenti ($E = m c^2$); e visto che l'energia di un'onda, E, altro non è che il prodotto tra la sua frequenza, ν, e la costante di Planck, *h* ($E = h \nu$), allora anche i corpuscoli di materia in moto devono essere dotati di una frequenza e comportarsi come un'onda. La materia ha una duplice natura, di corpuscolo e di onda. Proprio come la luce ha una doppia natura, di onda e di corpuscolo. E quanto piú la particella materiale è piccola, tanto piú emerge la sua natura di onda. De Broglie si costruisce anche un'immagine di questa inaspettata ambiguità della natura: e si figura la piú piccola delle particelle, l'elettrone, come un corpuscolo di materia immerso in un'onda che lo guida. Un'«onda pilota».

L'idea di de Broglie che la materia possa viaggiare nello spazio come un'onda è, manco a dirlo, rivoluzionaria. Pertanto fa fatica ad affermarsi. Ma, appena Einstein ne viene a conoscenza, nella primavera del 1924, ne riconosce l'importanza e spende il suo nome per favorirne la diffusione e il successo. Appena tre mesi dopo che de Broglie, nel novembre del 1924, ha discusso questa idea, in seduta di laurea, Einstein scrive a Hendrik Lorentz: «Credo che sia un primo, tenue raggio di luce su uno dei piú terribili enigmi della fisica».

L'aver riconosciuto il valore del lavoro di uno sconosciuto studente riconferma la grandezza dell'intuito e dell'onesta intellettuale di Einstein. Ma l'ottimismo che il fisico riversa sulla scoperta della duplice natura della materia è dovuto al fatto che Einstein intravede la speranza di ricondurre i «malvagi quanti» all'interno della sua visione del mondo e del suo progetto scientifico. Se la materia può essere considerata e trattata matematicamente come un'onda, allora diventa piú vicina l'ipotesi di costruire una teoria unificata dei campi che recuperi alla continuità dei fenomeni fisici il comportamento degli oggetti quantistici.

Einstein è tra i pochi a riconoscere l'importanza dell'idea di Louis de Broglie. Le cose cambiano nel 1927, quando Clinton Davisson e Lester Germer trovano un'evidenza sperimentale dell'ipotesi ondulatoria della materia e mandano i risultati all'Università di Göttingen. L'altro centro, con Copenaghen, dove la nuova meccanica dei quanti, sotto la direzione di Max Born, si sta dotando di nuove regole. Logiche e autoconsistenti. Ma anche molto lontane dalle vecchie leggi della meccanica classica e dal →senso comune.

Einstein non fa in tempo a salutare l'apertura operata da de Broglie nella fisica dei quanti, che improvvisa arriva una nuova doccia fredda. Anzi, *la* doccia fredda. A opera, ancora una volta, di un giovanissimo genio: il tedesco Werner Heisenberg, ventiquattro anni appena sfiorati. Heisenberg è un collaboratore di Bohr. Lavora da qualche tempo a Copenaghen. Ma per l'estate del 1925 è tornato a Göttingen ed è poi ripartito per le vacanze: il 7 giugno Werner è in gita solitaria sull'isola di Helgoland, nel mare del Nord. Una notte tormentata. La notte della grande intuizione. Il 25 luglio la rivista «Zeitschrift für Physik» riceve un articolo con cui Heisenberg annuncia la scoperta della meccanica quantistica. E licenzia quella classica: «Anche per i problemi teorici quantistici piú semplici, la meccanica classica non può piú essere considerata valida», sostiene senza falsi pudori.

L'idea di Heisenberg è che sia del tutto inutile cercare di raffigurarsi l'atomo come un sistema planetario dotato di un nucleo centrale e di orbite, piú o meno quantizzate, dove orbitano gli elettroni, guidati o meno da un'onda pilota. È inutile cercare una qualsiasi immagine materiale, una qualsiasi visualizzazione dell'atomo. Solo gli osservabili hanno valore. E gli unici osservabili dell'atomo sono l'intensità e la frequenza della radiazione che emette. L'atomo è solo e unicamente una tabella di numeri. Una matrice. E il calcolo matriciale, dimostreranno subito Max Born e Pascual Jordan, con le sue particolari regole, consente di calcolare i diversi livelli di energia che può assumere l'atomo. E che Bohr, nel suo modello semiclassico, chiamava salti quantici di elettroni da un'orbita all'altra.

Tutto, ora, sembra tornare. E assumere una logica astratta, ma finalmente coerente e autoconsistente. Heisenberg battezzerà «meccanica delle matrici» questa sua astratta teoria che è «la prima formulazione di una meccanica quantistica rigorosamente valida» e che spazza via (sembra spazzare via) per sempre la meccanica classica dal mondo degli atomi.

A Copenaghen c'è aria di soddisfazione. Il programma di Niels Bohr di fondare su basi solide una fisica completamente nuova si sta concretizzando. A Berlino, forse, c'è un po' di sconcerto e molto scetticismo. Einstein vede divergere di nuovo la ricerca su ciò che avviene nel mondo dei quanti dalla sua personale ricerca di una fisica unitaria e coerente.

Passano pochi mesi e di nuovo il quadro si riapre. All'inizio del 1926, infatti, l'austriaco Erwin Schrödinger propone un approccio diverso, molto meno astratto, per costruire la teoria fondante della fisica dei quanti. Ottenendo i medesimi risultati di Heisenberg. La «meccanica ondulatoria» di Schrödinger, con quella sua solida equazione destinata a diventare famosa, ridà voce al filone «realista» di Einstein e de Broglie e riconferisce una precisa realtà fisica all'atomo, agli elettroni e alle orbite elettroniche. Nel modello di Schrödinger gli elettroni sono considerati (e matematicamente trattati) come «pacchetti d'onde», strettamente confinati, che si distribuiscono intorno al nucleo dell'atomo. Pacchetti che si muovono in modo continuo, evitando anche quei salti quantici postulati da Bohr e indigeribili per Einstein e per ogni sano determinista. Il comportamento degli elettroni, al contrario, può essere considerato come quello di normali «vibrazioni elettromagnetiche». Insomma, i processi atomici, conclude Schrödinger, possono essere trattati come fenomeni classici.

Ancora una volta Einstein pensa che il problema quantistico possa essere risolto nell'ambito della sua visione del mondo. «Schrödinger ha pubblicato un paio di splendidi articoli sulle regole di quantizzazione», esulta nel maggio del 1926. Una volta ancora si illude. «Fu l'ultima volta che, scrivendo, manifestò approvazione per la meccanica quantistica», chiosa Abraham Pais.

Già, perché ormai il Rubicone è stato passato. E anche piuttosto bruscamente. Dal nulla, nel volgere di pochi mesi, la nuova meccanica si ritrova con due formalismi matematici equivalenti (anzi quattro, se si tiene conto della meccanica dei numeri *q* che intanto elabora l'inglese Paul Dirac e dei primi calcoli con gli operatori effettuati da Born e Weiner). E con un enorme problema di interpretazione fisica (e filosofica).

Lo scontro tra due visioni della fisica (e del mondo) è radicale e drammatico. Quello personale tra Heisenberg e Schrödinger è duro. Ma, tranne piccole fiammate, civile e corretto. Con sgomento, il giovane Werner constata che quasi tutti, in Germania, gli sono contro. Compreso il suo primo maestro, Sommerfeld. Loro non amano quel «misticismo atomico» che si pratica a Copenaghen.

Il fatto è che quel «misticismo atomico» è destinato ad avere la meglio. Prima che non si dica. E sulla scorta di concreti risultati fisici. Già nel giugno del 1926, infatti, interviene Max Born per dimostrare che, per quanto valida, utile ed efficace, la funzione d'onda di Schrödinger non può essere interpretata come una funzione classica. No, l'onda che Schrödinger associa all'elettrone non è un'onda fisica, ma «un'onda di probabilità». La funzione che ha ricavato, e che è già diventata famosa, non misura lo stato classico di un elettrone in un dato istante, come la posizione e il vettore velocità, ma solo la «probabilità» che quell'elettrone si trovi in quello stato in quel dato istante. Un risultato davvero decisivo, quello di Max Born, per l'interpretazione della meccanica quantistica. Perché sembra rompere definitivamente la catena di rigida causalità, tipica della meccanica classica. Infatti Born conclude il suo lavoro affermando: «Per quanto mi riguarda, sono portato a rinunciare al →determinismo nel mondo atomico».

Fatto curioso è che questa interpretazione della funzione d'onda, formulata a Göttingen, non è immediatamente riconosciuta a Born. Ma viene inglobata e diventerà nota come l'«interpretazione di Copenaghen» della meccanica quantistica. Lo stesso Bohr, che diventa il capofila della cordata indeterminista e non realista della meccanica dei quanti, sosterrà che «non appena Schrödinger ebbe dimostrato l'equivalenza tra la propria meccanica ondulatoria e la meccanica matriciale di Heisenberg, l'"interpretazione" della funzione d'onda divenne ovvia». Per questo motivo l'articolo di Born non desta particolare sorpresa, e forse neppure molto interesse, nella città destinata a diventare custode della «ortodossia» quantistica.

Fatto è che l'«interpretazione di Copenaghen» della nuova meccanica viene (anche oggi) riconosciuta dai piú. Ma è fieramente avversata da Albert Einstein, oltre che da Louis de Broglie e, naturalmente, da Erwin Schrödinger. Un'avversione di natura filosofica, prima ancora che fisica. In una lettera a Max Born quello stesso anno, Einstein scrive, anzi quasi annuncia: «La meccanica quantistica è degna di ogni rispetto, ma una voce interiore mi dice che non è ancora la soluzione giusta, è una teoria che ci offre molte cose, ma non ci fa penetrare piú a fondo il segreto del Grande Vecchio. In ogni modo, sono convinto che *Lui* non gioca a dadi col mondo».

In realtà Einstein, anche dopo il lavoro di Max Born, considera ancora poco coerente il quadro della meccanica quantistica. E spera di recuperarla, l'intima coerenza della fisica, cercando una relazione tra i campi d'onda e quanti di luce. Secondo Born, Einstein pensa che in un quadro piú coerente le onde abbiano una funzione, una funzione unica ma precisa: agire come un «campo fantasma» e indicare la traiettoria ai quanti di luce corpuscolari. A questa ipotesi cercherà di agganciarsi lo stesso Born, che si sente a disagio nella veste di avversario scientifico del suo venerato amico Einstein.

Alla fine del 1926, tuttavia, l'ortodossia quantistica non è ancora tale. Nel senso che mancano ancora alcune pietre miliari nella storia, recentissima, della meccanica dei quanti. Una di queste pietre miliari viene posta, già nel marzo del 1927, di nuovo da Werner Heisenberg. Che, nell'articolo sul *Contenuto visualizzabile della cinematica e meccanica quantistiche teoriche*, introduce le sue famose «relazioni di indeterminazione»: non è possibile conoscere con precisione assoluta la posizione e la quantità di moto di un elettrone. Un risultato che inaugura il problema, non risolto, della misura in meccanica quantistica. E che sancisce, almeno a detta di «quelli di Copenaghen», la fine definitiva del determinismo in fisica. Come dirà lo stesso Heisenberg: «Mediante la meccanica quantistica viene stabilita definitivamente la non validità della legge di causalità». Il perché è presto detto. «Nella formulazione netta della legge di causalità: "Se conosciamo esattamente il presente, possiamo calcolare il futuro", è falsa non la conclusione, ma la premessa. Noi non possiamo in linea di principio conoscere il presente in ogni elemento determinante.»

Le relazioni di indeterminazione di Heisenberg fanno compiere un passo decisivo verso la formulazione dei fondamenti della meccanica quantistica. Cosí che quasi tutti i fisici, commenta Pais, sono felici di pagare l'oneroso prezzo della causalità pur di ottenere la formidabile capacità di comprendere la fisica dell'atomo. Quasi tutti. Ma non tutti. Soprattutto non Einstein.

Sottoponendo le bozze del lavoro al suo maestro, Heisenberg, tornato a Copenaghen, vede per la prima volta incrinarsi il rapporto di assoluta solidarietà con Bohr. È uno scontro aspro, ma breve. Dura dieci giorni. È scientifico, ma anche umano. Heisenberg non vuole accettare l'idea di Bohr, secondo cui le particelle quantistiche si comportano non solo come corpuscoli, ma anche come onde. E quell'altra idea, secondo cui non bisogna abbandonare il linguaggio della meccanica classica per descrivere il comportamento quantistico. Per Heisenberg sono concetti, quelli di corpuscolo e di onda, che non hanno senso nella realtà quantistica. La quale è descritta totalmente e unicamente da grandezze matematiche, non da parole. Insomma, vuole pubblicare il suo articolo senza fare riferimento a queste cadute nei vecchi schemi che il maestro invece sta cercando di formalizzare. In seguito Heisenberg si pentirà per essere «apparso cosí ingrato». E Bohr non ricorderà quell'atteggiamento, riconoscendogli che raramente si è «sentito in armonia piú sincera con un altro essere umano» come con lui. Ma forse questo scontro lascerà un'ombra, che si riaffaccerà, nel rapporto tra Bohr e Heisenberg. In ogni caso nell'estate del 1927 Heisenberg lascia Copenaghen per assumere la cattedra di fisica a Lipsia. Intanto Max Planck abbandona l'insegnamento. E chiama Schrödinger a Berlino per sostituirlo.

Il 16 settembre del 1927, nel convegno organizzato a Como per il centenario della morte di Alessandro Volta, Niels Bohr rende pubbliche quelle idee che tanto hanno innervosito il suo pupillo e presenta il suo «principio di complementarità», poi formalizzato in un articolo apparso su «Nature». Bohr intende risolvere, una volta per tutte, il problema posto da Louis de Broglie e negato da Heisenberg: il dualismo onda-corpuscolo delle particelle quantistiche, o meglio, di un qualsiasi ente fisico. De Broglie sostiene che un elettrone è sempre, insieme, onda e corpuscolo. Heisenberg nega ogni realtà fisica a questa immagine. Bohr propone invece che l'aspetto ondulatorio e quello corpuscolare degli enti fisici sono rappresentazioni *complementari*, «ma che si escludono mutuamente», di un'unica e medesima realtà. Per questo, quando viene osservato, un elettrone appare (solo) come un corpuscolo o (solo) come un'onda.

Quanto a Einstein, egli assume, ben presto, il ruolo di eretico in seno alla comunità dei fisici quantistici (→eresia). Questo suo ruolo e il disaccordo, scientifico, con Bohr diventano evidenti al quinto Congresso Solvay che si tiene a Bruxelles tra il 24 e il 29 ottobre del 1927. Il Congresso in cui Einstein ha rinunciato a tenere una relazione sulla statistica quantistica in «parte perché non accetto il punto di vista puramente statistico su cui si basano le nuove teorie», in parte perché «tutto considerato, la mia ricettività non è sufficiente a seguire pienamente tali tumultuosi sviluppi».

E in verità gli sviluppi della teoria quantistica negli ultimi due anni sono stati davvero tumultuosi e hanno fatto segnare una certa drammatica spettacolarità. Tutti avvertono l'esigenza di fermarsi a riflettere e di cercare di digerire quei risultati straordinari.

Il Congresso Solvay offre la giusta occasione. A Bruxelles giungono i tre padri fondatori della teoria dei quanti: Max Planck, Albert Einstein e Niels Bohr. Ci sono anche tutti i padri della nuova meccanica quantistica: de Broglie, Heisenberg, Pauli, Born, Schrödinger. E ancora Paul Dirac, Paul Ehrenfest, Hendrik Kramers. Il conflitto è nell'aria, latente. Nulla traspare dalle relazioni formali. Tutto si consuma, invece, in sala da pranzo. Lí, nell'albergo che ospita il congresso. La scena è occupata interamente da Albert Einstein e da Niels Bohr. Einstein solleva problemi. Bohr li risolve. Ecco quello che avviene. «Einstein scendeva a colazione ed esprimeva i suoi dubbi sulla nuova teoria quantistica – ricorda Otto Stern – e ogni volta aveva immaginato qualche bell'esperimento dal quale si vedeva che la teoria non funzionava [...] Bohr ci rifletteva a fondo e la sera, a cena, quando eravamo tutti riuniti, analizzava minuziosamente il problema fino a chiarirlo.» Lo strano dialogo tra colazione e cena resta nella tradizione orale della fisica come uno dei piú importanti scontri intellettuali dell'era moderna. Uno scontro con due contendenti che si stimano molto a vicenda. Ma che ha un unico vincitore: Niels Bohr.

L'atteggiamento di Einstein a Bruxelles riflette il suo atteggiamento rispetto alla meccanica quantistica in tutto questo periodo. Egli è convinto, come giustamente sostiene Abraham Pais, che il quadro teorico della meccanica quantistica sia intimamente incoerente. Ed è alla ricerca, affannosa, delle contraddizioni che consentano di svelare a tutti, al colto e all'inclita, l'incoerenza della nuova meccanica. La mensa dell'albergo di Bruxelles doveva essere il palcoscenico adatto per mostrare le nudità del re quantistico. Einstein si impegna al massimo. Propone problemi difficili, ma tutti vengono brillantemente risolti da Bohr.

A Bruxelles «ci rendemmo conto di essere in grado di fronteggiare qualsiasi obiezione, qualunque tentativo di screditare la teoria», ricorderà, trionfante, Heisenberg. «La consolante filosofia (o religione?) di Heisenberg e Bohr è cosí ben congegnata che, per il momento, offre ai suoi credenti un soffice cuscino di piume dal quale non è facile allontanarli», ammetterà, con stizzita amarezza, lo stesso Einstein.

A Bruxelles, dunque, Einstein diventa un «eretico». Anzi, «l'eretico» della nuova era quantistica. Ma il suo tentativo di dimostrare l'intima incoerenza della meccanica quantistica prosegue. Ancora a un Congresso Solvay, nel 1930, pensa di aver trovato il modo di falsificare il principio di indeterminazione e propone il famoso problema dell'orologio in una scatola. Ma ancora una volta Bohr ribatte, con successo, all'affondo.

Non c'è davvero modo di dimostrare l'incoerenza della nuova meccanica quantistica. Ma Einstein non demorde. Cambia tattica. «È indubitabile, a mio parere, che questa teoria contenga un frammento della verità ultima», riconosce infine nel 1931, caldeggiando la candidatura al Nobel dell'«amico» Erwin Schrödinger e, con la sua solita onestà intellettuale, del «nemico» Werner Heisenberg. I due giovani padri del formalismo e, quindi, della meccanica quantistica.

Einstein e la completezza della meccanica quantistica

In pochi anni, dopo il 1925, la teoria quantistica assume una struttura teorica rilevante e diventa, appunto, meccanica quantistica. Un formalismo coerente che, per la gran parte dei fisici, ha lo statuto di teoria di principio. Dopo aver cercato, inutilmente, di metterne in evidenza l'incoerenza interna, a partire dal 1931 Einstein riconosce l'efficacia della meccanica quantistica: «È la teoria fisica di maggior successo della nostra epoca». Non discute neppure la sua intima e interna coesione. Anzi, nel corso della Herbert Spencer Lecture del 1933, ne riconosce esplicitamente la coerenza: «Irrefutabile in sede logica, questa concezione ha ottenuto importanti risultati». Si tratta di un riconoscimento davvero notevole, frutto della sua nota onestà intellettuale.

Ma, nonostante questo, Einstein non aderisce affatto allo «spirito di Copenaghen». Non accetta la fine della causalità rigorosa a vantaggio del concetto di probabilità. Non accetta l'indeterminazione ontologica della realtà fisica proposta da Heisenberg. Non accetta la complementarità di Bohr: ovvero la necessità, che giudica del tutto artificiosa e «innaturale», di specificare il tipo di apparecchiatura utilizzata per effettuare la misura nella spiegazione dei fenomeni fisici. Questo relativismo della conoscenza, oltre alla fine della causalità e del determinismo, lo lascia piú che perplesso: totalmente insoddisfatto.

Per Einstein la meccanica quantistica contiene un frammento della verità ultima. Ma non è la verità ultima. È irrefutabile in sede logica e, quindi, coerente, tuttavia è incompleta. «Non avrei mai pensato che altri l'avrebbero [presa] sul serio molto piú di quanto abbia fatto io stesso.» In definitiva, la meccanica quantistica è (deve essere) la manifestazione di una teoria piú generale, dalle «variabili nascoste», caratterizzata da una causalità rigorosa e ancorata a un saldo realismo oggettivo.

Dimostrare l'incompletezza della teoria. Questa, dunque, è la nuova strategia che, a partire dal 1931, «don Chisciotte della Einsta» adotta contro i «malvagi quanti». Einstein, che pure l'ha inventata, considera la fisica quantistica provvisoria.

Nel 1935 Einstein porta il suo affondo e pensa di averla finalmente vinta, la sua battaglia. Di aver dimostrato, con uno di quegli esperimenti mentali di cui è maestro, l'incompletezza della meccanica quantistica. Da Princeton scrive, insieme a Boris Podolsky e Nathan Rosen, un articolo per la rivista «Physical Review» destinato a diventare famoso e, soprattutto, a divenire la critica piú pungente che la meccanica quantistica dovrà sopportare per almeno mezzo secolo. Il titolo dell'articolo è retorico, ma chiaro: *Può la descrizione quanto-meccanica della realtà fisica considerarsi completa?* Naturalmente la risposta è no. Sulla base di uno stringente ragionamento che proviamo a sintetizzare, interpretandolo.

Consideriamo due particelle quantistiche, A e B, che interagiscono con un'energia totale pari a 10 e che poi si distaccano, allontanandosi a una distanza di anni e anni luce l'una dall'altra (in realtà il ragionamento di Einstein, Podolsky e Rosen è molto piú rigoroso. I tre prendono in esame due variabili coniugate – la quantità di moto e la posizione – delle due particelle. Ma, qualitativamente, il discorso, ci pare, non cambia). Un osservatore misura l'energia di A: è pari a 6. Ora c'è da rilevare che, secondo la meccanica quantistica, non è che la particella A ha sempre il valore 6. Quel valore è frutto solo e unicamente di quella specifica operazione di misura. Se qualcuno misura l'energia di A una frazione di secondo dopo e/o con un apparato diverso, potrebbe risultare indifferentemente che l'energia di A sia pari a 1, 7, 9 o a qualsiasi valore compreso tra 0 e 10. Il valore 6, dunque, è strettamente connesso all'operazione di misura di A. Bene, proseguono Einstein, Podolsky e Rosen, la misura dell'energia di A ha trovato un valore 6 e non ha disturbato in alcun modo (non può, data la distanza) l'altra particella, B. Quindi, per il principio di conservazione, B deve avere un'energia pari a 4. Ma se possiamo conoscere la sua energia senza misurarla, allora lo stato di B è oggettivo: B possiede quell'energia a prescindere dall'osservatore e dal sistema di misura.

Questo prova che la meccanica quantistica è incompleta. Perché, scrivono Einstein, Podolsky e Rosen, la predicibilità simultanea fa dipendere la realtà di B «dal processo di misura attuato sul primo sistema, che non perturba in alcun modo il secondo sistema. Nessuna definizione ragionevole di realtà dovrebbe consentire una cosa simile». A meno di non voler accettare l'assurdo: un'azione a distanza che correla, simultaneamente, A e B.

L'esperimento mentale, che diventerà noto come «paradosso EPR», dalle iniziali di Einstein, Podolsky e Rosen, è un «fulmine a ciel sereno» per Niels Bohr. Che in capo a un mese, un mese di furioso lavoro, fornisce una risposta poco chiara e poco brillante. Benché per molti decenni alcuni considerino la critica EPR «il piú importante problema aperto della fisica del XX secolo», la gran parte dei fisici non la ritiene un «colpo mortale» alla meccanica quantistica.

A torto.

Perché una risposta esauriente a EPR riuscirà a fornirla trent'anni dopo solo l'irlandese John Bell. Quando, all'inizio degli anni '60, con le sue «relazioni di diseguaglianza» dimostra che per costruire una teoria della meccanica quantistica attraverso medie delle variabili nascoste, si è giocoforza costretti a introdurre una teoria esplicitamente non locale. In altri termini, chi vuole salvare la causalità rigorosa deve accettare l'azione simultanea a distanza. Bell dimostra che quello EPR non è un paradosso, e che la non località è appunto l'unica rappresentazione ragionevole della realtà quantistica.

Nel 1982 il francese Alain Aspect dimostra sperimentalmente che le particelle quantistiche hanno una effettiva correlazione a distanza. O, se si vuole, dimostra che l'azione simultanea a distanza tra particelle quantistiche esiste.

Einstein e il realismo quantistico

«Deve essere stato attorno al 1950. Camminavamo, io e Einstein, lungo la strada che dall'Institute for Advanced Study conduceva alla sua abitazione, quando a un tratto egli si fermò. "Veramente è convinto – mi chiese – che la Luna esista solo se qualcuno la guarda?".» Abraham Pais inizia in questo modo la sua biografia su Einstein.

Cogliendo l'ultima e definitiva fase della battaglia che «don Chisciotte della Einsta» combatte contro i «malvagi quanti». La fase segnata dalla questione del realismo.

Si tratta di una questione puramente filosofica. E Einstein, naturalmente, ne è perfettamente cosciente. Cosí scrive all'amico e «avversario» Max Born: «Le nostre prospettive scientifiche sono ormai agli antipodi tra loro. Tu ritieni che Dio giochi a dadi col mondo; io credo invece che tutto obbedisca a una legge, in un mondo di realtà obiettive che cerco di cogliere per via furiosamente speculativa. Lo credo fermamente, ma spero che qualcuno scopra una strada piú realistica – o meglio un fondamento piú tangibile – di quanto non abbia saputo fare io».

In quanto posizione metafisica, Einstein non rivendica per la sua visione realista alcuna particolare autorevolezza scientifica. «A giustificazione di questo mio convincimento non posso però addurre nessun argomento logico, ma solo la testimonianza del mio dito mignolo, e cioè un'autorità che non può incutere il minimo rispetto fuori dell'ambito della mia mano.»

Per Einstein l'unità della fisica si fonda sul pregiudizio realista. Tuttavia egli ha chiaro in mente che pure il suo tentativo di dimostrare l'«incompletezza della meccanica quantistica», anche attraverso la critica EPR, si fonda sulla sua visione realista del mondo o, come dirà Karl Popper, sul suo realismo metafisico. Perché le altre due ipotesi su cui si fonda la critica EPR sono, per Einstein, scontate. È scontato che le previsioni statistiche della meccanica quantistica siano corrette. Ed è scontato il postulato di località: ovvero l'impossibilità dell'azione a distanza. Date queste due ipotesi, l'incompletezza della meccanica quantistica emerge come naturale deduzione se (e solo se) è valido il «criterio di realtà oggettiva». Che è un criterio metafisico. Un convincimento, quello che la Luna sia lí anche quando nessuno la guarda e che Dio non gioca a dadi col mondo, non fondato su «nessun argomento logico, ma solo sulla testimonianza del mio dito mignolo».

La difesa esplicita del realismo metafisico, dunque, diventa la nuova e inevitabile frontiera nella sua battaglia sui fondamenti della meccanica quantistica. Non si tratta di una battaglia datata. Il realismo e, in particolare, la questione della misura in meccanica quantistica sono, ancora oggi, problemi aperti e niente affatto risolti, come rileva autorevolmente John Bell in un articolo del 1990. A maggior ragione negli anni '30, dopo la fondazione della meccanica quantistica, sono il nodo piú grosso che giunge al pettine della nuova fisica. La «scuola di Copenaghen» lo scioglie, quel nodo, rinunciando alla causalità rigorosa nel mondo dei quanti. Ma pochi si accorgono che anche questa rinuncia impone di riconciliare il micro con il macro. E di spiegare come dall'indeterminismo ontologico del mondo quantistico si passi alla causalità rigorosa del nostro mondo macroscopico. Quanto a Einstein, egli è tra i pochi a essere perfettamente cosciente che questa non è solo una questione decisiva per la filosofia. Ma è anche una questione scientifica centrale. Che va affrontata e risolta, se si vuole avere una fisica completa e non contraddittoria.

Certo Einstein non intuisce solo l'importanza della domanda. Ha in mente anche la direzione dove cercare la risposta. Il realismo metafisico è il fondamento del suo *Weltbild*, della sua visione coerente del mondo. La guida che gli ha consentito di «creare» la teoria della relatività e di fondare la stessa teoria quantistica. È la sua stessa vita. E lui non è disposto a rinunciare a quel principio fondante. Non senza combattere, almeno.

Gli ultimi anni della sua vita Einstein li dedica a questo combattimento. Incurante del fatto che è e resterà solo in questa impresa, incomprensibile ai piú. «Sono diventato agli occhi dei miei colleghi una sorta di eretico testardo», si lamenta nel 1949 con l'amico Besso. Ma né la grandiosità dell'impresa, né la solitudine (scientifica) in cui si ritrova, ancora una volta, lo spaventano.

I fondamenti della meccanica quantistica

La meccanica quantistica richiede una profonda reinterpretazione dei concetti fondanti e della fisica e della filosofia. Ovvero di tutte e di ciascuna le descrizioni razionali del mondo. Alcuni, scienziati e filosofi, sono disponibili a reinterpretare la realtà in modo completamente nuovo. Altri, scienziati e filosofi, non lo sono affatto. Il guaio è che i problemi sollevati dalla fisica dei quanti sono moltissimi. E nessuno possiede una soluzione unitaria, coerente ed esente da contraddizioni all'insieme di quei problemi. Molti iniziano a cercarla quella soluzione unitaria, ma, al contrario di Albert Einstein e di Niels Bohr, procedono a tentoni. In definitiva la meccanica quantistica getta una gran confusione nella metafisica dei fisici e nelle riflessioni dei filosofi. Tanto che Karl Popper finirà per definire «the great quantum muddle», il gran pasticcio dei quanti, la situazione culturale, filosofica e scientifica creata dalla moderna teoria quantistica.

Le risposte fornite da Albert Einstein al «great quantum muddle» non convincono tutti. Anzi, non convincono quasi nessuno. Tuttavia le critiche mosse dal fisico tedesco alla meccanica quantistica consentono di indicare con una certa chiarezza quali sono i principali problemi scientifici, ma anche (e forse soprattutto) filosofici, che scaturiscono dalla nuova descrizione fisica del mondo. O meglio, dalla «interpretazione di Copenaghen» e, quindi, di Niels Bohr della meccanica quantistica, che è oggi l'interpretazione di gran lunga dominante. Schematizzando, si può dire che tre sono i maggiori punti di controversia suscitati dalla teoria, cosí come viene interpretata da Bohr e dalla «scuola di Copenaghen»:

1. La completezza della teoria: oltre la meccanica quantistica, sostiene la «scuola di Copenaghen», non può esserci nulla di piú preciso. In fisica «siamo giunti alla fine della strada».
2. Il determinismo: nel mondo dei quanti vi sono eventi che non sono determinati da nessuna causa ma generati unicamente dal →caso.
3. Il realismo: la «meccanica quantistica rappresenta solo la nostra conoscenza, anzi la nostra coscienza del mondo a livello atomico. La realtà oggettiva è evaporata», sostiene Heisenberg.

Il problema della completezza: alla ricerca di variabili nascoste

L'«interpretazione di Copenaghen» della fisica dei quanti richiede una visione del mondo cosí innovativa e l'abbandono di concetti e di concezioni metafisiche cosí radicati, da indurre molti fisici, anche tra i protagonisti della rivoluzione quantica, a ritenere «incompleta» la teoria. Albert Einstein è il capofila di questi uomini che rifiutano di pensare che la fisica sia giunta «alla fine della strada». Ma non è certo il solo. In tanti la pensano come lui: a cominciare da Erwin Schrödinger e da Louis de Broglie.

Con il «paradosso EPR», proposto insieme a Podolsky e Rosen nel 1935, Albert Einstein pone esplicitamente il problema della «completezza della meccanica quantistica». Che è cosa diversa dal superamento della teoria. In altri termini a partire dagli anni '30 tutti, Einstein compreso, convengono che la meccanica quantistica fornisce una descrizione precisa e pregnante della realtà. Oggetto del contendere è se questa descrizione sia quella definitiva e non piú emendabile, o se sia invece una descrizione approssimata e solo parzialmente completa.

Naturalmente i teorici dell'incompletezza non si limitano a enunciare una insoddisfazione metafisica. Indicano anche una strada fisico-matematica concreta per cercare il modo di «completare» la teoria. La teoria sarà completa, sostengono, quando recupererà il determinismo rigido della fisica classica. Quando, cioè, le catene di causa ed effetto saranno pienamente ristabilite. O, detto nel linguaggio dei fisici, quando definito lo stato di un sistema, sarà possibile specificare in modo preciso il valore di ogni osservabile del sistema stesso (per esempio, la posizione e la quantità di moto di una particella). Non è necessario, come in fisica classica, che questi osservabili possano assumere qualsiasi valore. Si può, anzi si deve, accettare il fatto, tipico del mondo dei quanti, che gli osservabili possano assumere solo alcuni valori discreti, quelli consentiti dal formalismo quantistico. Tuttavia per stati del sistema identici, identico deve essere il valore di ciascun osservabile. Definito, per esempio, lo stato fisico di una particella a un dato istante, questa «deve» avere un'unica e una sola posizione e «deve» possedere un'unica e una sola quantità di moto. Ovviamente la posizione e la quantità di moto «vere» della particella saranno comprese tra quelle consentite dal formalismo quantistico.

Definire con precisione lo stato quantistico di un sistema è impresa certo ardua, che dipende da molte variabili. Alcune di queste variabili sono «nascoste», perché inaccessibili all'osservazione e/o alla sperimentazione. Ciò rende accettabile e persino precisa la descrizione probabilistica e approssimata della realtà fisica proposta dalla meccanica quantistica, ma non la rende completa. Tuttavia, sostengono i critici, le «variabili nascoste» non sono meno reali delle «variabili svelate». E sono tali da rendere deterministiche le leggi fisiche che governano il mondo dei quanti. La ricerca di una «teoria delle variabili nascoste» è, dunque, la strada giusta per completare in senso deterministico la meccanica quantistica. Tanto piú che le idee su come costruire questa teoria sono già evidenti e contenute nell'ipotesi dell'«onda pilota» di de Broglie.

I fautori dell'«interpretazione di Copenaghen» non restano con le mani in mano. E cercano di «dimostrare» la completezza della meccanica quantistica. Nel 1932, in particolare, John von Neumann, un geniale logico e matematico di origine ungherese formatosi in Germania, scrive il suo *Die mathematischen Grundlagen der Quantenmechanik* (I fondamenti matematici della meccanica quantistica), dove cerca di elaborare una sistematizzazione logicamente coerente della nuova fisica. L'opera di von Neumann sarà molto apprezzata da Niels Bohr e diventa in qualche modo il riferimento di tutta la «scuola di Copenaghen». John von Neumann cerca, tra l'altro, di rintuzzare le tesi di Einstein e de Broglie, sostenendo, addirittura con un teorema, che non c'è, perché «non può esserci», uno stato della realtà fisica piú profondo di quello rappresentato dalla meccanica quantistica. Che in quantomeccanica non ci sono «variabili nascoste». E, di conseguenza, non può esserci una «teoria delle variabili nascoste».

Il lavoro di von Neumann è cosí lucido e profondo e il suo teorema sembra cosí solido, che per almeno vent'anni nessuno oserà sfidarlo. Di fatto von Neumann blocca, per un intero ventennio, il dibattito sulla completezza della meccanica quantistica e la ricerca di una «teoria delle variabili nascoste».

In realtà il suo teorema non è del tutto corretto. E a dimostrarlo sarà, nel 1952, il fisico David Bohm. Un americano, allievo di Robert Oppenheimer, che, come il leader del «Progetto Manhattan», diventa vittima, innocente, della «caccia alle streghe» del senatore McCarthy, ed è costretto a rifugiarsi in Brasile, dove insegna presso l'Università di San Paolo. Bohm era un convinto e autorevole assertore dell'«interpretazione di Copenaghen». Almeno fino a quando non ha incontrato Albert Einstein a Princeton e ha avuto con lui lunghe e intense discussioni. Il dibattito con il carismatico interlocutore scuote le sue certezze. Fatto è che, rifugiandosi in Brasile, David Bohm ritorna a studiare von Neumann e de Broglie. Trovando che il teorema del primo non è del tutto fondato. E che l'ipotesi del secondo non è del tutto infondata. In definitiva, David Bohm elabora una vera e propria «teoria delle variabili nascoste»: rigorosamente deterministica come piace a Einstein e precisa quanto l'interpretazione probabilistica della meccanica quantistica. Ecco come Bohm la presenta nel 1952:

> Molti fisici sono convinti che le critiche di Einstein non siano rilevanti in quanto la forma attuale della teoria quantistica con la usuale interpretazione probabilistica risulta in eccellente accordo con gli esperimenti [...] e poiché non è risultato ancora possibile presentare alcuna interpretazione alternativa logicamente consistente. Lo scopo di questo lavoro [...] è proprio quello di suggerire una interpretazione alternativa [...] che consente di considerare ogni sistema fisico individuale come trovantesi in uno stato preciso, la cui evoluzione è determinata da leggi precise, analoghe (ma non identiche) alle equazioni classiche del moto. Le probabilità della meccanica quantistica vengono considerate (in analogia con quelle della meccanica statistica classica) solo come una necessità pratica e non come la manifestazione dell'impossibilità di una determinazione completa delle proprietà della materia a livello quantistico.

La «variabile nascosta» che Bohm prende in esame e «rivela» è niente altro che la posizione che ogni singola particella assume in un sistema quantistico. Posizione che può essere considerata, istante per istante, univocamente assegnata. La «teoria delle variabili nascoste» che propone David Bohm, e che diventerà nota come «teoria dell'onda pilota di de Broglie-Bohm», è, a tutti gli effetti, una teoria alternativa o, se si vuole, una teoria che «completa» la meccanica quantistica. Nessuno, tra i fautori dell'«interpretazione di Copenaghen», riesce a trovare punti deboli in essa. Non Heisenberg, non Pauli, non Rosenfeld. Che tuttavia non esitano a bollarla come «teoria metafisica», frutto di un pregiudizio ideologico. Questo atteggiamento sarà quello prevalente nel mondo dei fisici. E cosí il successo d'immagine della teoria di Bohm è decisamente inferiore al suo contenuto intrinseco.

La verità è che a partire dal 1952 abbiamo due teorie fisico-matematiche diverse ma equivalenti e due interpretazioni filosofiche alternative della meccanica quantistica. Bohm, dunque, ha realizzato almeno una parte del progetto di Einstein e ha «completato» la meccanica quantistica. Ciò non toglie che la riformulazione in senso deterministico della teoria quantistica apra nuovi e formidabili problemi concettuali. Come dimostrerà, a partire dal 1963, l'irlandese John Bell.

Il problema del determinismo

Albert Einstein e tutti i fisici «realisti» contestano l'«interpretazione di Copenaghen» e si mettono alla ricerca di una «teoria delle variabili nascoste» in grado di «completare» la nuova meccanica e di offrire una diversa interpretazione, «oggettiva», «locale» (che prevede l'esistenza di sistemi indipendenti collocati nello spazio) e rigorosamente causale del mondo dei quanti. Nel tempo, tuttavia, le posizioni «realiste» si sono diversificate. Anche perché, come giustamente faceva notare Max Born, «due punti di vista strettamente interconnessi [in Einstein e in altri, in realtà] debbono essere distinti». Un problema è la «questione del determinismo», un'altra «è quella della realtà». Anzi, in verità i punti distinti sono almeno tre. Il «realismo», infatti, non comporta, necessariamente, la «località». Può esistere, in linea di principio, anche un «realismo non locale». Insomma, possiamo ipotizzare una realtà oggettiva ma non deterministica, come propone, tra gli altri, il filosofo Karl Popper. E, all'opposto, possiamo immaginare, con John Bell e lo stesso David Bohm, un determinismo che rinnova la sua fiducia nel rigido principio di causalità, ma che abbandona i concetti di «località» e di spazio per accettare l'inaccettabile: l'azione istantanea a distanza. O l'→olismo quantistico e l'«ordine implicato» di David Bohm.

Dividiamo, dunque, il problema del determinismo da quello del realismo. E distinguiamo, poi, il problema che pone la violazione del principio di «località» a chiunque voglia proporre una interpretazione «realista» del mondo quantistico.

Il problema del determinismo nasce con il famoso principio di impossibilità proposto da Werner Heisenberg nel 1927: non possiamo conoscere con precisione assoluta la posizione e, nel medesimo tempo, la quantità di moto di una particella. Ogni qualvolta tentiamo di definire con precisione la posizione di una particella quantistica, per esempio un elettrone, perdiamo informazioni sulla quantità di moto e, quindi, sulla velocità con cui si muove. Al contrario, ogni qualvolta tentiamo di aumentare la precisione con cui misuriamo la velocità di quella particella, perdiamo informazioni sulla sua esatta posizione. Scrive il fisico Paul Davies: «Il problema non è solo che non siamo capaci di determinare posizione e velocità dell'elettrone nello stesso momento. Ma che l'elettrone non possiede i due attributi contemporaneamente. È semplicemente privo di senso attribuire al medesimo istante posizione e velocità a un elettrone».

Questo principio, che Heisenberg chiama «di indeterminazione», rappresenta un punto di svolta nella concezione deterministica del mondo. L'incertezza che i deterministi da sempre tentano di cacciare dalla finestra della fisica perché la attribuiscono all'incapacità dell'uomo e non all'ontologia del mondo, ricompare dalla porta e compie il suo ingresso trionfale sulla scena ben ordinata della fisica. «Prima era possibile immaginare che le particelle microscopiche, a livello atomico, differissero dai corpi macroscopici, come le palle di un biliardo, solo per le dimensioni», scrive ancora Paul Davies. Ora sappiamo che c'è una differenza profonda tra le palle di un biliardo e le particelle quantistiche. Le palle da biliardo si muovono lungo direzioni e con velocità univocamente determinate dalle condizioni iniziali (la posizione sul biliardo) e dalle forze agenti su di esse (il colpo di stecca del giocatore). Le microscopiche palline sul tavolo del biliardo quantistico si muovono facendo impazzire anche il piú bravo dei giocatori, perché neanche lui riesce a prevedere con che velocità e in che direzione andranno dopo un colpo. E non perché non sa prevedere gli effetti del suo colpo. Ma perché non sa e «non può sapere» dov'è e cosa stia facendo esattamente la pallina al momento in cui lui assesta il colpo. A livello atomico «la meccanica classica di Newton con le sue rigide regole di causa ed effetto cede il campo alla ribellione subatomica», conclude Davies. «Apparentemente le particelle vanno e vengono senza un motivo preciso, zigzagando imprevedibili, in modo non ben definito e confuso, in una sorta di gabbia di matti quantistica, dove il senso comune è rovesciato e il mondo pare quello di Alice nel Paese delle Meraviglie.»

In questo mondo occorre rinunciare al principio di causalità. Consideriamo un atomo in uno stato fisico eccitato, cioè ad alta energia. Sappiamo che si trova in uno stato instabile e che «deve» ritornare, prima o poi, al suo stato energetico piú stabile. Tuttavia, ci dice la meccanica quantistica, non è possibile prevedere il momento esatto in cui questo avverrà. Non sappiamo quando l'atomo cederà energia sotto forma di radiazione e ritornerà nella condizione di massima stabilità. Quello che possiamo fare è solo calcolare la probabilità che, in un certo istante, l'atomo decada. Insomma, dicendolo in altri termini e facendo spregio di ogni certezza, dobbiamo riconoscere a ogni singolo atomo la «libertà» di decidere quando ottemperare al suo dovere. Ma cosí viene meno quel principio (metafisico) noto come determinismo, che è stato a lungo il cardine della meccanica classica. In base al quale l'effetto segue rigorosamente la causa. In fisica classica l'universo è, in via di principio, prevedibile. Al contrario, in fisica quantistica l'incertezza è un carattere intrinseco della natura.

In realtà il mondo dei quanti è bizzarro fino ai limiti dell'assurdo. Ma non supera quei limiti. Non è irrazionale. Anzi, gli scienziati della nuova fisica riescono a imbrigliare cosí bene l'incertezza intrinseca ai quanti e a trovare le regole per tener dietro in qualche modo alla loro imprevedibilità, da riuscire a elaborare le leggi, di tipo probabilistico, piú precise dell'intera storia della fisica. Se noi abbiamo un gran numero di atomi eccitati, possiamo con la massima esattezza prevedere quanti, istante per istante, decadranno nel loro stato fondamentale. Anche se non potremo mai sapere quali.

Le leggi della meccanica quantistica sono probabilistiche. Ma ineluttabili. D'altra parte in settant'anni non sono mai state smentite e, al contrario, hanno conseguito successi a ripetizione: dalla prima pila atomica all'ultimo microscopio a effetto tunnel. «L'ordinaria meccanica quantistica si è rivelata molto buona "for all practical purposes", per tutti gli scopi pratici», riconosce John Bell. Tuttavia... «resta qualcosa di ambiguo e di irrisolto nelle sue formule». L'ambiguità non riguarda (solo) zone periferiche della teoria. Interessa il suo cuore. I suoi fondamenti.

Realismo, misura e ruolo dell'osservatore

«No, non posso credere che la luna non sia piú lí nel cielo quando smetto di guardarla», scuote, incredulo, la testa Albert Einstein, durante una delle sue lunghe passeggiate con l'amico e biografo Abraham Pais. È davvero difficile considerare la scettica ironia di Albert Einstein, il suo bisogno di un quadro coerente del mondo, la sua strenua difesa del realismo cosiddetto locale, come la piú grande e radicale eresia della fisica contemporanea.

Eppure la meccanica quantistica, nella formulazione considerata «ortodossa» di Copenaghen, dice esattamente questo: la luna quantistica non è lí nel cielo o, almeno, non è «solo» lí, quando nessuno la guarda. Tutto questo è noto come problema del realismo o della misura. E tutto questo scaturisce dall'interpretazione che Max Born ha dato dell'equazione fondamentale della meccanica quantistica, l'equazione d'onda di Schrödinger. A differenza delle equazioni tipiche della meccanica classica, sostiene Born, l'equazione di Schrödinger non descrive il moto reale delle particelle. Ma solo la densità di probabilità di trovarle in un certo stato, per esempio in un certo luogo o dotate di una certa velocità, nel momento in cui i fisici effettuano una misura, ovvero quando le particelle vengono osservate. Azzardiamo un esempio. Le equazioni della meccanica classica consentono di prevedere con assoluta certezza dove sarò tra cinque minuti con l'auto che sto guidando, ammesso che ne conosca la posizione e la velocità. Le equazioni della meccanica quantistica, invece, non mi consentono di dire con altrettanta precisione dove sarà, trascorsi quei fatidici cinque minuti, l'elettrone dell'atomo di idrogeno che in questo momento sta viaggiando con me, abbarbicato al bavero della mia giacca. Tutto quello che riescono a dirmi è quanta probabilità c'è che me lo ritrovi in tasca, quell'elettrone, sul tergicristallo dell'auto, o al bar di Achille nel centro città.

Solo quando, trascorsi i cinque minuti, andrò a cercarlo, l'elettrone apparirà: nella mia tasca, sul tergicristallo o addirittura da

Achille, lí al bar. Ma, se ora (sia pure con diversa probabilità) può trovarsi in tanti posti cosí diversi e distanti l'uno dall'altro, un attimo prima della mia misura, l'elettrone, dove stava? Il formalismo quantomeccanico suggerisce che si trovava in una superposizione (o sovrapposizione) di tutti gli stati possibili. Cioè, in qualche modo, si trovava contemporaneamente in tasca, sul tergicristallo e persino al bar. Solo la misura rende attuale la sua posizione.

Fin qui il formalismo matematico. Ma veniamo ai tre punti critici della interpretazione ortodossa (perché esplicitamente o tacitamente accettata dalla maggioranza dei fisici) che, di questa e altre stranezze, propongono, finora sempre con grande successo, Max Born, Niels Bohr e la «scuola di Copenaghen» fin dagli anni '20.

1. La revisione del concetto di realtà oggettiva. La fisica classica ha sempre riconosciuto una realtà oggettiva a tutte e a ciascuna le infinite particelle dell'universo. Infatti nella descrizione matematica della meccanica classica ogni particella è caratterizzata a ogni istante da valori netti e distinti degli osservabili, cioè di ciascun parametro fisico. Invece la fisica quantistica riconosce la realtà oggettiva solo di alcune proprietà statiche delle particelle (massa, carica elettrica). Ma nega una realtà oggettiva, cioè caratterizzata in ogni istante da valori netti e distinti, alle proprietà dinamiche (posizione, velocità, energia).

2. Rinuncia alla descrizione dei parametri fisici nello spazio e nel tempo. Ovvero, rinuncia alla «località» e proposta della «non separabilità» delle componenti di un sistema quantistico. Un nuovo esempio chiarirà il concetto. Consideriamo due particelle quantistiche immaginarie: due (micro)-trottole che, in un dato istante, interagiscono tra di loro. Ammettiamo che per un principio fisico (diciamo quello di esclusione di Pauli) una trottola ruoti su se stessa da destra verso sinistra e l'altra sia obbligata a girare nel verso opposto. Bene, questo sistema quantistico è descritto da un'unica funzione d'onda, da un'unica funzione di probabilità. Ora facciamo allontanare le due trottole. Una la teniamo qui sulla Terra, l'altra la mandiamo su un'altra galassia, a milioni di anni luce di distanza. Poi andiamo a verificare in quale dei due versi possibili sta ruotando quella sulla Terra. All'atto della misura la funzione d'onda, dicono i fisici quantistici, collassa. Una sola delle diverse potenzialità diventa attuale. Ogni trottola, che prima si trovava in una superposizione dei due possibili stati, e in qualche modo «ruotava contemporaneamente in ambedue i sensi», ruota in un verso solo, reciprocamente e rigidamente complementare. La nostra trottola qui sulla Terra ruota da destra verso sinistra? Ebbene, dice la meccanica dei quanti, nel medesimo istante sarà possibile verificare che l'altra trottola, a milioni di anni luce di distanza, rispetta il principio di esclusione e ruota nel verso contrario. Perché? Perché un unico sistema quantistico non è separabile. Non riconosce la «località». Si comporta, cioè, come se lo spazio non esistesse. O, se volete, ammette l'azione istantanea a distanza. Il guaio è che possiamo immaginare l'intero universo come un unico sistema quantistico la cui funzione d'onda, a rigore, non è separabile. Lo →spazio e il →tempo con cui quotidianamente abbiamo a che fare sono dunque illusioni? Tutto è implicato con tutto, in un ordine olistico imperturbabile?

3. La misura e il problema micro-macro. Abbiamo detto che prima di cercare di osservare dov'è ora il microscopico elettrone che cinque minuti fa apparteneva a un atomo del bavero della mia giacca mentre guidavo la mia automobile, la particella si trova in una sovrapposizione di stati e, cioè, contemporaneamente sul bavero della giacca, sul tergicristallo e lí, al bar di Achille nel centro della città. Al contrario, io so che, cerchi di osservarla o meno, la mia macroscopica auto in ogni istante è in un posto preciso e in uno solo. Su questo non ho dubbi. Altrimenti potrei chiudere gli occhi, evitare di osservarla, e ritrovarmi, in questo medesimo istante, vivo al chilometro 23,125 dell'autostrada Roma-Milano e morto spiaccicato contro un camion sull'autostrada Napoli-Bari.

I fisici «realisti» non riescono ad accettare questa dicotomia tra il micro e il macro e questo sbriciolamento della realtà oggettiva. E nel tentativo di ridicolizzarla Erwin Schrödinger propone un paradosso del «vivo e morto» destinato a diventare la →metafora forse piú famosa della storia della meccanica quantistica. Mettiamo un gatto in una scatola nera, fuori dalla nostra possibilità di osservarlo, propone Schrödinger in un esperimento ideale. Colleghiamo la scatola a un sistema, quantistico, che, se attivo, è in grado di ucciderlo. Per esempio il sistema sia legato in qualche modo a un atomo radioattivo, anch'esso chiuso nella scatola nera. Quando l'atomo decade emette un fotone e libera il veleno contenuto in una boccetta. Io non so, né posso sapere, il momento preciso in cui l'atomo decadrà. Cosicché, sostiene la meccanica quantistica, il felino se ne sta chiuso nella scatola nera, invisibile ai vostri occhi, in una sovrapposizione dei due stati possibili di vita e di morte finché non effettuate una misura e lo osservate. Fino a quando nessuno lo osserva il gatto è «vivo e morto», nel medesimo tempo. Solo quando aprite la scatola nera e cercate di osservarlo, il gatto si ritroverà in uno solo degli stati possibili: e sarà o vivo o morto.

Questa condizione è assurda, sostiene Schrödinger, sia perché il gatto detiene simultaneamente e per un tempo indefinito due «proprietà incompatibili», come la vita e la morte, sia perché la vita del gatto dipende da un osservatore. Anzi, dall'atto stesso dell'osservazione. E noi sappiamo che nel mondo reale un gatto morto non può tornare a vivere solo perché qualcuno inizia a rimirarlo. In conclusione, sostiene il fisico austriaco, la meccanica quantistica porta a simili paradossi. Questi paradossi sono insostenibili. Quindi la meccanica quantistica deve rivedere i fondamenti che la conducono in questi vicoli dell'assurdo. In particolare deve rivedere il ruolo che assegna alla misura e all'osservatore.

Ma non tutti i fisici si lasciano irretire da questa apparente e irrimediabile assurdità. John von Neumann nel suo libro sui fondamenti matematici della meccanica quantistica non ha difficoltà a indicare nella operazione di misura l'atto centrale della vicenda quantistica. Per l'intera scuola di Copenaghen non è affatto assurdo che sia l'osservatore a detenere le chiavi della «realtà», persino della vita e della morte, nel mondo dei quanti.

La critica piú forte che muovo a von Neumann – dirà Karl Popper – riguarda proprio il ruolo che egli assegna all'osservatore. La teoria proposta nel suo libro, che ha influenzato non poco Niels Bohr, non è realistica. Secondo loro la realtà fisica è solo una costruzione mentale. Il risultato delle nostre misure. E questo non ha assolutamente senso. Chi ha vissuto la tragedia di Hiroshima e Nagasaki ha potuto constatare che le due città sono state davvero distrutte. La loro distruzione è stata il risultato di effetti quantistici. Non della loro misura.

Di avviso opposto è Eugene Paul Wigner. Il fisico si dice convinto che solo l'operazione di misura è in grado di far collassare la funzione d'onda e di far vivere o morire il gatto di Schrödinger. Ma si dice anche convinto che quell'operazione di misura non sia affatto un'impresa banale. Alla portata di tutti. La misura non può essere effettuata da qualsivoglia osservatore, ma solo da un osservatore speciale. Un osservatore dotato di coscienza. Wigner sostiene in buona sostanza che la realtà cosmica esiste nella sua forma attuale non in assoluto, ma perché c'è un essere dotato di coscienza, l'uomo, a osservarla. È l'uomo che crea la realtà.

Certo, il gatto di Schrödinger e il suo «assurdo» comportamento sono solo un paradosso. Uno dei tanti che accompagnano il dibattito sui fondamenti della meccanica quantistica. Ora un fisico può pure immaginare come un elettrone, un fotone, o un qualsiasi altro dei tanti corpuscoli-onda che popolano il microcosmo, riesca ad avere nel medesimo tempo una serie di «proprietà incompatibili» nel nostro mondo quotidiano. Ma neppure i piú creduloni tra noi potranno mai accettare l'idea che esista per davvero un gatto come quello di Schrödinger. Nel macrocosmo, nel mondo delle nostre esperienze quotidiane, qualsiasi gatto, anche il gatto di un fisico quantistico, «o è vivo o è morto». Non è mai «vivo e morto». Niente e nessuno, neppure un gatto, può avere simultaneamente due «proprietà incompatibili». Dov'è allora l'errore? Perché c'è un salto logico tra micro e macro?

La diseguaglianza di Bell

Cerchiamo, ora, di riassumere il dibattito sui fondamenti della meccanica quantistica. A partire dagli anni '50 esistono due teorie alternative per spiegare il mondo dei quanti. Una, probabilistica, è quella proposta dalla «scuola di Copenaghen». L'altra, deterministica, è la «teoria delle variabili nascoste» proposta da David Bohm. La prima è la piú accettata dai fisici. Perché ha un enorme successo pratico: si è rivelata la teoria piú precisa della fisica. Tuttavia è molto lontana dal senso comune e, secondo alcuni, logicamente contraddittoria, perché spesso porta a paradossi logici. L'altra teoria, quella di David Bohm, è meno accettata dai fisici. Eppure essa descrive con la medesima efficacia dell'altra teoria il mondo dei quanti, recuperando la causalità rigorosa e, soprattutto, eliminando la necessità dell'osservatore per dare corpo alla realtà quantistica. Tuttavia la teoria di Bohm deve essere ancora esplorata nelle sue conseguenze logiche. Entrambe le teorie, quella probabilistica e quella deterministica, hanno un problema da risolvere: l'aporia micro-macro. Gli oggetti del mondo quantistico, sia nella teoria di Copenaghen sia nella teoria di Bohm, hanno un comportamento diverso dagli oggetti del mondo macroscopico. E poiché non c'è una soglia, né fisica né logica, che separa il micro dal macro, c'è bisogno di spiegare questa aporia.

La situazione è certo confusa. E ha ben ragione Karl Popper a parlare del «gran pasticcio dei quanti». Almeno fino a quando il fisico irlandese John Bell, a metà degli anni '60, non porta un minimo di chiarezza. Con un teorema di impossibilità destinato a diventare famoso come «diseguaglianza di Bell» e ritenuto uno dei piú grandi contributi di ogni tempo alla teoria quantistica.

John Bell è rimasto colpito, in senso favorevole, dalla teoria di Bohm. La teoria «rende conto completamente di tutti i fenomeni quantistici» ed è deterministica e «realista», nel senso che elimina del tutto il ruolo e la necessità dell'osservatore nel mondo dei quanti. «Allora – si chiede – cos'è che non va in essa?»

Cosa non va nella «teoria delle variabili nascoste», John Bell lo scopre nel 1963: è una teoria non locale. O, detta in altri termini, annulla lo spazio. Perché eventi che si verificano in un certo punto dello spazio, per esempio qui sulla Terra, possono avere conseguenze immediate nella piú remota delle galassie. Insomma, reintroduce nella fisica quell'azione istantanea a distanza che la relatività di Einstein aveva escluso.

In definitiva John Bell ritrova nella «teoria delle variabili nascoste» di Bohm il medesimo carattere di non località che Einstein, Podolsky e Rosen avevano ravvisato nella teoria probabilistica di Born e Bohr. A questo punto Bell si chiede se la natura «non stia cercando di dire qualcosa». E se quello della località non sia il problema centrale della fisica quantistica. Cosí nel 1964 elabora (e nel 1971 aggiorna) il suo teorema. E dimostra che non è possibile, in linea di principio, spiegare i fenomeni quantistici in ambito locale. O, detta in altro modo, che non è possibile elaborare una «teoria locale delle variabili nascoste». L'unico tipo di «realismo» compatibile col mondo dei quanti è quello che accetta la non località e, quindi, l'azione a distanza.

Qualcuno ha detto che, col suo teorema, John Bell ha definitivamente dimostrato che Einstein aveva torto. In realtà John Bell ha dimostrato solo che Einstein non poteva avere completamente ragione. Il teorema di Bell, infatti, non esclude affatto una descrizione deterministica e realistica del mondo dei quanti. Richiede «solo» che questa descrizione sia «non locale». Non esiste un oggetto quantistico isolato con proprietà definite. Esistono solo sistemi quantistici dove i singoli oggetti hanno perduto completamente la loro individualità. Solo il sistema possiede una proprietà.

Ma anche accettare «solo» gli *entanglements* tra gli oggetti quantistici e l'ordine olistico non è facile, per un realista affezionato all'idea di separabilità. «Questo carattere della meccanica quantistica – commenta uno dei padri del formalismo, Erwin Schrödinger – è di una importanza sinistra.» Il fatto è che il modo normale in cui accadono le cose nel nostro mondo (macroscopico) è conforme all'azione locale e del tutto contrario ai risultati di Bell. «Prima di rinunciare a un principio intuitivamente cosí soddisfacente come quello dell'azione locale bisogna riesaminare l'intera situazione in maniera molto piú esauriente e approfondita di quanto non sia stato fatto finora», scrive Karl Popper. Anche se, avverte, i due principi del realismo e della località sono del tutto diversi. Occorre attendere ulteriori conferme prima di accettare la fine del localismo. Ma, in ogni caso, il realismo può convivere benissimo anche con l'azione a distanza: «Penso, a differenza di Abner Shimony, che non ci sia la benché minima ragione che il realismo venga intaccato da questi nuovi esperimenti, anche se il loro risultato dovesse mostrare che la località è insostenibile».

Ma, che lo si accetti o no, il teorema di Bell ha avuto una clamorosa conferma sperimentale nel 1982, a opera del francese Alain Aspect. Il quale, misurando la polarizzazione dei fotoni in un certo sistema quantistico, ha rilevato la violazione delle diseguaglianze di Bell in pieno accordo con le previsioni della meccanica quantistica e ha mostrato la non separabilità, la correlazione o, se si vuole, un'azione a distanza tra i fotoni di un sistema quantistico.

Dopo John Bell (e Alain Aspect) diventa finalmente chiaro che la fisica quantistica pretende una modifica sostanziale della nostra visione del mondo. E questo prezzo è la non separabilità dei sistemi quantistici, la correlazione olistica, l'azione a distanza. Non è un prezzo da poco. Anzi, è un prezzo che, secondo alcuni (Karl Popper, per esempio), mette in contraddizione la fisica quantistica con la relatività ristretta: l'azione a distanza viola il principio secondo cui nulla nel nostro mondo può superare la velocità della luce.

In realtà è possibile dimostrare che, anche in un sistema quantistico correlato, nessuno può trasmettere informazioni con una velocità superiore a quella della luce. E ciò, sostiene per esempio Abner Shimony, rende almeno pacifica la coesistenza tra la struttura dello spaziotempo della relatività ristretta e la non località della meccanica quantistica.

Il problema micro-macro

Resta aperto il problema dell'aporia tra la realtà non locale del mondo microscopico e la realtà locale del mondo macroscopico. Dove nasce questa aporia? Perché un vero gatto, fuori dalla metafora di Schrödinger, si trova sempre in un unico stato? Perché è sempre o vivo o morto? Perché è in un punto ben localizzato anche se non c'è nessuno a guardarlo? «Finora alla domanda tutti hanno sempre risposto: perché i gatti veri sono macroscopici», nota John Bell. Cioè in modo elusivo. La verità è che non sappiamo rispondere a questa cruciale domanda. Anche se ci sono molte ipotesi in campo.

Una di queste ipotesi è il «modello di riduzione dinamica» proposto nel 1985 dagli italiani Gian Carlo Ghirardi, Alberto Rimini e Tullio Weber. Il modello, matematico, si basa sull'idea che per venire a capo della metafora di Schrödinger occorre modificare la dinamica di Schrödinger. L'evoluzione della funzione d'onda, infatti, non è (non sarebbe) lineare, come prevede la nota equazione proposta dal fisico austriaco, ma è un'evoluzione non lineare soggetta all'influenza di effetti di tipo statistico. In altri termini la funzione d'onda è soggetta, in tempi del tutto casuali, «a processi spontanei che corrispondono alla localizzazione nello spazio dei microcostituenti di ogni sistema fisico». La frequenza di questi processi è molto piccola a livello atomico, per cui la localizzazione di una singola particella quantistica resta indefinita. Nulla cambia, cioè, nella sovrapposizione degli stati in cui si trova un singolo elettrone «non osservato», cioè non perturbato. Se un gatto quantistico fosse composto da una particella, sarebbe davvero «vivo e morto» contemporaneamente quando non c'è nessuno a osservarlo. La frequenza del meccanismo di localizzazione di Ghirardi, Rimini e Weber aumenta però col numero dei costituenti di un sistema fisico. Un gatto vero è costituito da un numero molto alto di particelle quantistiche. La loro frequenza di localizzazione è elevatissima. Cosicché la sovrapposizione degli stati quantistici del «sistema gatto» è virtualmente soppressa anche quando l'animale non è perturbato, cioè osservato. O meglio, come nota John Bell, il gatto di Schrödinger «non riesce a essere simultaneamente vivo e morto che per una esilissima scheggia di secondo». Anche se per la nostra mente l'idea di quell'esilissimo attimo in cui vita e morte convivono resta inafferrabile quanto l'universo infinito.

Letture: Gian Carlo Ghirardi, *Un'occhiata alle carte di Dio*, Milano, Il Saggiatore, 1997; Pietro Greco, *Il sogno di Einstein*, Napoli, Cuen, 2000; Friedrich Hund, *Storia della teoria dei quanti*, Torino, Boringhieri, 1980; Abraham Pais, *Il danese tranquillo*, Torino, Bollati Boringhieri, 1993; Abner Shimony, *I fondamenti concettuali della meccanica quantistica*, in Paul Davies (a cura di), *La nuova fisica*, Torino, Bollati Boringhieri, 1992.

Meccanicismo

(dal greco μηχανικός)

Il meccanicismo è quella visione del mondo per cui tutti i fenomeni in →natura possono essere ricondotti al →moto della →materia nello →spazio generato da cause (→causa) assolutamente necessarie (→necessità). Detto in altri termini, il meccanicismo è quella filosofia che guarda all'→universo come a un grande meccano, univocamente determinato (→determinismo).

Questa immagine del mondo ha avuto due grandi stagioni. La prima, nell'antica Grecia, soprattutto con l'atomismo (→atomo) di Democrito. Anche Epicuro, per la verità, credeva in un universo di atomi in moto. Ma la sua non era una visione meccanicista. Perché gli atomi di Epicuro potevano deviare, di tanto in tanto e in modo del tutto imprevedibile (*clinamen*), dalle loro traiettorie certe e necessarie. Minando la →certezza delle leggi (→legge) che governano il moto degli atomi, Epicuro proponeva una filosofia non meccanicista della natura.

La seconda, grande stagione del meccanicismo inizia nel Seicento. Grazie, soprattutto, a René Descartes e allo sviluppo della →meccanica. Per Cartesio l'universo fisico è costituito unicamente da materia estesa (*res extensa*) che si muove nello spazio seguendo, appunto, le leggi semplici, certe e necessarie della meccanica. Cartesio precisa che l'universo fisico non è l'intero universo. La →mente dell'uomo, infatti, è *res cogitans* e non appartiene al grande meccano. Da notare che, mettendo la mente fuori dal corpo e dall'universo fisico, il meccanicismo di Descartes non rivendica come parte integrante di sé quel →riduzionismo assoluto che caratterizzerà la filosofia meccanicista nei decenni e nei secoli successivi.

Il meccanicismo di Descartes è certamente una filosofia semplice, nel senso di essenziale, ed elegante. Ma essa diviene una visione del mondo largamente condivisa nel Seicento e nei due secoli successivi perché corrisponde pienamente all'esigenza degli scienziati di quel periodo di rappresentare la →realtà fisica in modo appunto semplice, rigoroso e obiettivo. E, soprattutto, perché con Isaac Newton proprio la meccanica tocca i vertici della semplicità, del rigore e dell'oggettività. Oltre che del successo sul campo. Insomma, con Newton la meccanica diviene la regina di tutte le scienze fisiche. Anzi, di tutte le scienze.

Giocoforza, il meccanicismo geometrico di Descartes, che si riferisce esplicitamente alle leggi matematizzate della meccanica, diventa una visione del mondo dominante. Un →paradigma, direbbe Thomas S. Kuhn. La gran parte degli scienziati si sente sedotta dall'ideale meccanicista cartesiano. E va oltre Cartesio. Non solo i fisici (→fisica), infatti, ma molti chimici (→chimica), molti biologi (→biologia), molti medici (→medicina), persino molti economisti (→economia) tentano di riferirsi alla meccanica e spesso di informare la propria disciplina col rigore, con la semplicità e l'oggettività della meccanica.

Robert Boyle pensa che la chimica sia facilmente riconducibile alla meccanica. Molti biologi pensano a un universo biologico popolato da animali-macchina. E persino molti studiosi di scienze umane pensano a un universo antropico popolato da uomini-macchina: nel 1747 Julien Offroy de La Mettrie, per esempio, scrive il suo famoso *L'Homme-machine*, ove tenta di ridurre la fisiologia e la →psicologia dell'→uomo a semplice espressione meccanica, appunto, delle parti del corpo.

Il meccanicismo tocca il suo apice all'inizio dell'Ottocento, quando Laplace elabora quello che viene considerato il «manifesto» del determinismo meccanicista. Il meccanicismo di Laplace è davvero una filosofia totalizzante. Perché l'Intelligenza che egli evoca, possedendo solo le coordinate geometriche e le coordinate di moto dei corpuscoli che popolano l'universo, potrebbe prevedere con precisione assoluta l'intera →evoluzione cosmica. Compresa l'evoluzione di quella parte del cosmo informata dalla mente umana. In linea di principio, davvero tutte le conoscenze possono essere ridotte alle due entità cartesiane: le particelle e le leggi del moto. Che sarebbero, semplicemente, la conoscenza.

Il meccanicismo laplaciano, fondato com'è su solida →matematica, seduce molti pensatori e genera nuovi filoni di pensiero. Poi, sia pure lentamente, entra in crisi.

In biologia l'ideale meccanicista viene eroso sia dalla teoria darwiniana dell'evoluzione (→evoluzione biologica) – che è una →teoria fondata sulla statistica, piuttosto che sulla deterministica certezza – che dalla crescente consapevolezza che l'universo biologico è costituito da popolazioni di individui gli uni diversi dagli altri e non da classi di elementi semplici, come in fisica e in chimica.

Tuttavia nella seconda parte dell'Ottocento il meccanicismo entra in crisi anche in fisica, dapprima temporaneamente, con la →termodinamica e le sue leggi di tipo probabilistico (la crisi è momentanea, perché ben presto Ludwig Boltzmann fornisce un'interpretazione, appunto, meccanicistica della termodinamica). Ma la crisi del meccanicismo in fisica diventa definitiva nel Novecento con l'affermazione di una nuova meccanica, quantistica (→meccanica quantistica) e intrinsecamente probabilistica. Infine anche l'affermazione del concetto di →campo quale elemento continuo e fondante della realtà fisica (in contrapposizione alla discontinuità dell'universo meccano e delle sue particelle) fornisce un contributo decisivo (anche se non sempre riconosciuto) alla crisi del meccanicismo.

Sta di fatto che nel Novecento l'universo meccano cessa di essere una visione del mondo e diventa una →metafora, sia pure ancora potente.

Letture: David Oldroyd, *Storia della filosofia della scienza*, Milano, Il Saggiatore, 1989; Krzysztof Pomian (a cura di), *Sul determinismo*, Milano, Il Saggiatore, 1991; Paolo Rossi (a cura di), *Storia della scienza moderna e contemporanea*, Milano, Tea, 2000.

Medicina

(dal latino *medicina*)

Quando chiedi loro chi sia il fondatore della medicina, la →scienza che studia le malattie dell'→uomo, la loro cura e la loro prevenzione, i medici non hanno dubbi e all'unisono indicano Ippocrate, l'uomo che dall'isola greca di Cos, nel lontano V secolo avanti Cristo, ha sottratto l'arte di curare alle pratiche magiche per consegnarla al pensiero razionale.

Quando chiedi loro dove e quando siano state fondate l'anatomia e la fisiologia moderne e lo studio sistematico del corpo umano, gli storici della medicina indicano Alessandria d'Egitto e il III secolo prima di Cristo. E quando chiedi loro chi mai sia riuscito per primo a riunificare in un unico sapere, il sapere del medico, la genialità clinica e la conoscenza anatomico-fisiologica, ancora una volta risponderanno senza esitazioni: Galeno di Pergamo, vissuto nel II secolo dopo Cristo.

Quando, infine, chiedi agli storici della scienza la data e il luogo cui attribuire il virtuale inizio della medicina scientifica, be' (quasi) nessuno ha il minimo dubbio: e (quasi) tutti ti rimandano a Padova e ai primi anni del Seicento, dove l'inglese William Harvey chiarisce il modo in cui il sangue circola nell'→uomo e negli animali superiori. Scoperta che Harvey rende di pubblico dominio nel 1628, con la pubblicazione della sua *Exercitatio anatomica de motu cordis et sanguinis in animalibus*.

Insomma, quando è nata la scienza medica: a Cos, ad Alessandria, nella Roma imperiale o nella Padova d'inizio Seicento, dove bazzica tal Galileo Galilei? Spesso questa nostra domanda ottiene una pluralità di risposte tra medici e scienziati: c'è chi risponde «a Cos», chi «ad Alessandria», chi «nella Roma imperiale» e c'è, infine, chi risponde «a Padova». La diversità delle risposte che otteniamo non è di poco conto. Non solo perché pone un importante problema storico. Ma anche perché dimostra che, tra gli uomini che le praticano, c'è ancora oggi una certa confusione intorno al significato epistemologico da attribuire alla parola →scienza e alla parola medicina.

In realtà nessuno ha completamente torto. Ippocrate è stato uomo dai grandi meriti. Perché ha fondato una scuola medica che non solo aveva un approccio razionale ai problemi della cura del corpo (e della →mente), ma anche perché sperimentava e, quindi, dava un'importanza notevole ai fatti, oltre che alle teorie. Qualche secolo dopo, in quella culla del pensiero e del metodo razionale che è stata Alessandria d'Egitto a cavallo del II secolo a.C., uomini come Erofilo ed Erasistrato hanno dissezionato cadaveri ed effettuato osservazioni anatomico-fisiologiche addirittura con approccio quantitativo. Nel II secolo d.C., Galeno ha attraversato in lungo e in largo l'impero romano portando a una sintesi sublime la cultura clinica della scuola ippocratica e il sapere anatomico-fisiologico della scuola alessandrina. Tutti hanno dato un contributo decisivo alla conoscenza del corpo e alla cura dell'uomo.

Come mai, dunque, dopo Ippocrate sono dovuti passare venti secoli senza che medici esperti e dotti facessero quello che oggi verrebbe in mente a un qualsiasi studente del primo anno di medicina: osservare che il sangue fluisce da entrambi i ventricoli cardiaci in una sola direzione; verificare che in un uomo ogni ventricolo ha una capacità di 2 once e pulsa 72 volte in un minuto; calcolare che in un'ora ciascuno dei due ventricoli processa e manda in giro per il corpo $2 \times 72 \times 60 = 8.640$ once di sangue, equivalenti al peso di un uomo adulto; dedurre che ci deve essere un sistema circolare che dalla periferia del corpo riporta al cuore il sangue che il muscolo cardiaco invia dai ventricoli verso la periferia; giungere, come fa William Harvey, a una →teoria scientifica della circolazione: il cuore funziona come una pompa idraulica e «le arterie costituiscono i vasi destinati a portare il sangue che parte dal cuore; mentre le vene rappresentano i vasi destinati a portare il sangue che ritorna al cuore [...] Il sangue si muove dunque compiendo un circolo: dal centro alla periferia e dalla periferia di nuovo al centro»?

Rispondere a queste domande significa, in buona sostanza, dire cos'è la scienza e cos'è la medicina. L'impresa non è facile. Ma vale la pena tentare.

Cominciamo da Ippocrate. Ancora oggi i medici (occidentali) riconoscono come loro (saggio) padre l'uomo che, a Cos nella Grecia del V secolo avanti Cristo, riuscí a sottrarre la pratica della medicina alla magia per restituirla alla →ragione. Scoprendo il valore dell'→osservazione e dell'→esperimento. Definendo, tra l'altro, una pratica (e una teoria) clinica che proprio il Seicento riscopre. Ma allora perché la medicina scientifica nasce, come sostiene lo storico Mirko Grmek, solo nel XVII secolo? E perché non a Cos, ma a Padova, nella stessa città e nel medesimo periodo dove, all'inizio del Seicento, Galileo va proclamando il suo *Sidereus Nuncius* e inaugurando la nuova →fisica?

Il metodo sperimentale, come ricorda Grmek, è lo strumento intellettuale piú potente per indagare i fenomeni naturali. E se uno sfoglia i sessanta trattati che compongono la *Collezione ippocratica*, ovvero il pensiero del Maestro e dei suoi piú immediati discepoli, si accorge che Ippocrate fa leva proprio sull'osservazione e sull'esperimento, oltre che sul ragionamento, per riscattare dalla magia e dalla religione la pratica medica e renderla una tecnica completamente laica. Dove la malattia, le sue cause (→causa) e le sue cure, non hanno nulla di soprannaturale, ma sono tutti fenomeni naturali che è possibile, in linea di principio, spiegare.

Per spiegare, però, non basta la sola ragione. Non basta darsi un principio di spiegazione a priori e da questo dedurre, con la potenza della →logica, l'intero sistema teorico della nuova medicina: il razionalismo astratto non riesce a cogliere la →complessità dei fenomeni naturali. Ma neppure è sufficiente inanellare in modo acritico una serie sempre piú ampia di osservazioni: l'empirismo ingenuo, sostiene Ippocrate in polemica coi medici cnidii, non porta davvero lontano.

La spiegazione dei fenomeni naturali che riguardano l'uomo e la sua salute va ricercata raccogliendo, in modo non ingenuo, i fatti. E organizzandoli, in modo critico, in una teoria. La raccolta meticolosa e non ingenua, sperimentale, delle osservazioni consente alla scuola di Ippocrate di mettere a punto tecniche, come quella della trapanazione, e macchine, come quelle chirurgiche, che hanno un'interessante ricaduta non solo sul piano del metodo sperimentale di ricerca, ma anche sul piano strettamente clinico.

E l'organizzazione, critica, di queste osservazioni porta a una spiegazione teorica della patologia, come alterazione importante dell'equilibrio omeostatico, che Ippocrate chiama *isonomia*, del corpo. I fattori di squilibrio sono sia esterni (l'→ambiente), che interni (il regime alimentare). Anche questo approccio teorico ha una precisa ricaduta sulla pratica clinica. Il medico alla Ippocrate cura non solo e non tanto la malattia, quanto il malato. Aiutandolo a riconquistare l'equilibrio perduto.

La teoria degli umori elaborata dalla scuola ippocratica si rivelerà, ma solo dopo due millenni, errata. Però l'approccio clinico olistico (ma non mistico), che tiene conto della specificità dell'uomo ammalato, ha ancora qualcosa da insegnare alla medicina dei nostri giorni (→olismo).

Teoria e osservazione, dunque. Non sono forse questi i fondamenti della moderna medicina scientifica e, *tout court*, della moderna scienza? Non è dunque Ippocrate cosí «affine, nel suo metodo se non nei particolari della sua applicazione, a ciò che è oggi la medicina scientifica», come afferma lo storico ed epistemologo André Pichot, da poter essere considerato, a giusto titolo, il suo fondatore?

I meriti di Ippocrate non possono certo essere disconosciuti. Ma il suo →metodo, fa notare Grmek, non è ancora quello scientifico. Perché è, certo, un metodo fondato sulla sperimentazione. Un metodo critico, che va oltre il «brancolamento della sperimentazione ingenua». E tuttavia, quella di Ippocrate è una sperimentazione, analogica, che si ferma allo stadio qualitativo. La sua scuola effettua osservazioni attente e critiche dei fenomeni. Di piú, ne fa un'analisi comparativa rispetto a modelli teorici che, per analogie tra l'interno del corpo dei viventi e certi fenomeni naturali esterni, consentono di indagare non piú il visibile ma, per la prima volta, l'invisibile. Come succede, per esempio, quando Ippocrate studia l'embrione, paragonandolo a una miscela di due sementi, il maschile e il femminile, dove chi vince, per forza o per abbondanza, determina il sesso.

Ma l'osservazione, critica, la sperimentazione, acuta, e la comparazione analogica con modelli teorici tratti dal mondo macroscopico, proprie di Ippocrate, hanno almeno tre difetti che rendono pre-scientifico il suo metodo. Le osservazioni non prendono in considerazione le relazioni quantitative, la sperimentazione non è sistematica e l'organizzazione dei dati in una teoria compiuta non procede secondo quella logica ipotetico-deduttiva che si affermerà definitivamente, ma non senza resistenze, con Galileo.

La sperimentazione con metodo quantitativo e persino la logica ipotetico-deduttiva in campo medico verranno usate, in realtà, già ad Alessandria in epoca ellenistica (→ellenistica, scienza). Questo approccio porta due medici, Erofilo ed Erasistrato, alle soglie del metodo scientifico. Ma non è sufficiente a fargliela oltrepassare, quella soglia.

Insomma, Ippocrate non è il fondatore della medicina scientifica. E ad Alessandria non nasce ancora una scienza moderna. Perché quello che manca non solo a Ippocrate, ma anche a Erofilo ed Erasistrato (e mancherà poi a Galeno), è la capacità sistematica di applicare il metodo sperimentale quantitativo e la logica ipotetico-deduttiva. Quella sistematicità che sola consente alla *nuova scienza* di Galileo e di Harvey di effettuare un potente salto di qualità e di riscuotere successi pratici rapidi ed enormi.

Lo sviluppo della nuova medicina a partire dal XVII secolo non sarà esente da errori, schematismi e ingenuità. Come quando, aderendo all'approccio meccanicista (→meccanicismo), i medici cercheranno di ridurre a una macchina, sia pur complicata, l'organismo, complesso, dei viventi. E tuttavia il suo metodo e qualche nuova frattura epistemologica (la rivoluzione darwiniana, la definizione della teoria cellulare nel XIX secolo, l'avvento della biologia molecolare nel XX secolo) le assicureranno un successo senza precedenti .

La lezione di William Harvey ha un enorme interesse storico. Ed epistemologico. Ma anche una straordinaria attualità. Ha, infatti, qualcosa da dirci in merito alle obiezioni e alle rivendicazioni sollevate, a livello teorico, da filosofi metodologicamente anarchici (come Paul Feyerabend) e, a livello pratico, dalle medicine cosiddette alternative.

Pratiche mediche molto diverse tra loro, come l'omeopatia, l'agopuntura o le medicine cosiddette naturali, asseriscono di fondarsi su fatti osservativi e, persino, sperimentali. E, pertanto, di essere discipline con il medesimo status scientifico, pratico e persino epistemologico della medicina ufficiale. In realtà questi approcci si trovano in una condizione, epistemologica e talvolta persino pratica, qualitativamente non diversa dalla medicina ippocratica. Effettuano esperimenti, ma non hanno un metodo sperimentale. La loro sperimentazione si risolve, per lo piú, in un'osservazione qualitativa elementare, talvolta in una sperimentazione analogica. Esse possono anche rivendicare e ottenere successi empirici. Come faceva la medicina ippocratica. Ma, anche quando si spogliano di ogni alone mistico, essendo la loro ricerca quasi sempre priva di relazioni quantitative, di sistematicità e di logica ipotetico-deduttiva, non si fondano su quelle «sensate esperienze» e su quelle «certe dimostrazioni» che sole possono garantire lo status di scienza moderna. E, quindi, l'attendibilità delle descrizioni teoriche e dei risultati pratici.

Letture: Mirko Grmek, *Storia del pensiero medico occidentale*, Roma-Bari, Laterza, 3 voll., 1993-98; André Pichot, *La nascita della scienza*, Bari, Dedalo, 1993.

Medicina ed evoluzione

(dal latino *medicina*; dal latino *evolutio*)

Loro, i nemici, ammassano le truppe alla frontiera. I nostri, invece, dispongono le difese. Poi c'è l'attacco. Qualche volta per lenta e subdola infiltrazione. Talaltra per improvvisa e virulenta invasione. L'infezione è una chiamata alle armi. E la malattia conclamata è una delle tante battaglie nella guerra infinita tra due combattenti di razza, l'uomo e i microbi.

L'immagine evocata da George Williams, professore emerito di ecologia e di evoluzione presso la State University di New York, biologo neodarwiniano tra i piú grandi di questo secolo, non è il trucco retorico di un abile drammaturgo. È piuttosto il logo, espressivo, di un manifesto. Il manifesto per una nuova medicina, «la medicina di Darwin», che George Williams ha redatto insieme a Randolph Nesse nel 1991.

La medicina di Darwin cerca le cause remote delle nostre malattie (→causa). Ma non è affatto in contrasto con la «medicina di Pasteur», la medicina delle cause prossime che si è affermata a partire dal XIX secolo. Quando, appunto, il biologo francese individuò nei microbi la causa (prossima) delle infezioni. Quella evoluzionistica è una medicina che può integrare e arricchire la medicina, ormai classica, di Pasteur. E, soprattutto, può evitarle di commettere alcuni errori. Vediamo perché.

Williams e Nesse sostengono che qualsiasi caratteristica di un organismo deve avere una spiegazione evoluzionistica (→evoluzione biologica). Insomma, anche la malattia è il frutto storico dell'→adattamento, per prova ed errore, all'→ambiente naturale. Che significa? Be', che quel mal di schiena che vi tormenta da stamattina non deve essere visto (solo) come la conseguenza delle vostre velleità sportive della sera prima. Ma come il prezzo, tutto sommato modesto, da pagare in cambio del grande vantaggio evolutivo che la nostra →specie ha ottenuto imponendo la posizione eretta a una spina dorsale nata per animali che camminavano a quattro zampe.

In quest'ottica le infezioni non devono essere considerate come incontri occasionali (e sfortunati) con un altro organismo, ma come un processo coevolutivo tra ospite e parassita. Un processo spesso conflittuale, e senza esclusione di colpi. Ma da cui, talvolta, entrambi ottengono benefici.

Cosí nella medicina di Darwin un trauma fisico non è tanto un danno a una parte del corpo, ma la riprova di un fallimento dei suoi meccanismi protettivi.

I geni che causano malattie non sono (solo) il risultato di mutazioni sbagliate, ma probabilmente il frutto di una selezione che ha operato per assolvere a funzioni vantaggiose, spesso ignote. Il gene della fibrosi cistica, per intenderci, è lo stesso che aumenta la resistenza al colera.

Le anomalie ambientali, che sono le cause piú comuni di malattia, spesso sono in concorso con particolarità genetiche assolutamente innocue nell'ambiente «normale» in cui si è evoluta la nostra specie. Cosí l'incapacità genetica di metabolizzare certi grassi, che fa aumentare il rischio di infarto per l'uomo moderno, era assolutamente innocua per i nostri progenitori che nella savana avevano una dieta particolarmente povera di grassi.

La «medicina di Darwin», assicurano i suoi fautori, sarà la medicina del futuro. Perché la medicina è →biologia. E non c'è fatto in biologia che abbia senso al di fuori dell'ottica evoluzionistica. Non sappiamo se questa affermazione, logica, troverà conferma. Certo la medicina di Darwin è troppo giovane per dimostrare di possedere gli immediati riscontri clinici che ha la medicina di Pasteur. Tuttavia è già preziosa per la sua capacità di evidenziare con chiarezza alcuni errori, forse inevitabili, commessi dalla medicina scientifica classica.

Per esempio, porta decisamente a escludere che il corpo umano possa essere considerato una macchina che il dottore ripara quando si rompe. Il corpo è qualcosa di piú complesso di una macchina. È un pezzo unico: prodotto dal suo programma genetico e dalla storia delle sue interazioni con l'ambiente. Cosí non c'è agente alcuno che possa essere considerato causa necessaria e sufficiente per lo sviluppo di una malattia.

A ben vedere la medicina di Darwin consente di evitare anche un altro errore. Speculare a quello classico della medicina di Pasteur. L'errore di considerare le cause molecolari remote, insomma i geni, come necessarie e sufficienti. Per la gran parte delle malattie non è possibile separare la causa genetica (in genere una causa che risiede in una costellazione di geni) da quella ambientale. E poiché i geni hanno spesso piú di una funzione, allora ecco che la medicina di Darwin ci dà il primo consiglio pratico: per curare l'uomo è piú saggio avere cura dell'ambiente, che puntare tutte le carte sulla pur promettente ingegneria genetica.

Letture: Rudolph M. Nesse e George C. Williams, *Perché ci ammaliamo. Come la medicina evoluzionista può cambiare la nostra vita*, Torino, Einaudi, 1999.

Memoria
(dal latino *memoria*)

La memoria è, nel →senso comune, la possibilità di conservare i ricordi, in una qualche parte del nostro cervello. La memoria è anche, e in qualche modo, l'archivio storico della nostra vita. Anzi, noi siamo la nostra memoria.

Difficile davvero sopravvalutare l'importanza di questo sistema cognitivo. Che, infatti, gli antichi consideravano, con la →percezione e la →ragione, l'elemento costitutivo della nostra →mente.

Lo sviluppo delle conoscenze scientifiche non ha intaccato il ruolo e l'importanza della memoria. Ha, però, prodotto una articolazione del concetto di memoria. Che, da un punto di vista logico e formale, è una modificazione metastabile dello stato di un sistema che può avere influenza sul comportamento futuro del sistema stesso. Una simile modificazione non riguarda solo organismi viventi dotati di una mente, ma classi molto piú generali di sistemi, anche non viventi. Questa definizione operativa di memoria comporta il fatto che il sistema che ne è dotato e il cui comportamento è influenzato dalla memoria abbia alcuni gradi di libertà e abbia una qualche possibilità di scelta quando riceve uno stimolo dall'→ambiente.

Naturalmente i processi di cambiamento metastabile che possono avere influenza sul comportamento futuro sono molto piú articolati in un sistema vivente dotato di una mente cosciente (→coscienza) che si autopercepisce nel →tempo, piuttosto che in un sistema metallico o in un materiale polimerico di sintesi che questa percezione non ha. Cosí oggi le neuroscienze ci propongono un quadro piuttosto complesso della memoria umana. Della nostra memoria.

In primo luogo, la memoria, anzi le diverse articolazioni della memoria sono localizzate (soprattutto) nel cervello. Le modificazioni metastabili che hanno influenza sul nostro comportamento futuro sono (soprattutto) modificazioni degli stati cerebrali. Di tali modificazioni, il nostro cervello ne subisce di diversi tipi.

In primo luogo c'è la cosiddetta «memoria sensoriale». È una memoria a brevissimo termine, poche centinaia di millisecondi. Che ci consente di dare continuità nel tempo alle nostre esperienze sensibili. Grazie a questa memoria io ricordo che sto mettendo la mano sul fuoco e sono pronto, da qui a un istante, a ritirarla.

C'è poi la «memoria a breve termine», chiamata anche «memoria operativa» o «memoria di lavoro». È la memoria che ci consente di conservare un piccolo numero di informazioni per un periodo piuttosto breve, diciamo qualche decina di secondi al massimo. Questa memoria rende piú fluido il nostro agire «qui e ora». È grazie alla «memoria a breve termine», infatti, che ricordiamo dove abbiamo messo un momento fa le chiavi della macchina o cosa c'è scritto nella frase precedente a quella che stiamo leggendo ora. Senza questa memoria la continuità delle nostre azioni sarebbe fortemente pregiudicata. La «memoria a breve» funziona come il servizio bagagli di un aeroporto, i ricordi delle nostre esperienze sono in transito. Alcuni andranno perduti per sempre. Altri verranno trasferiti in un deposito piú strutturato, pronti a essere richiamati quando ce n'è bisogno.

Questo deposito piú strutturato è la «memoria a lungo termine», dove vengono conservati per un lungo periodo, a volte per tutta la vita, i ricordi di esperienze che, che a livello cosciente o →inconscio, vengono giudicate significative. Nella «memoria a lungo termine» i ricordi, di un volto, di una frase in latino appresa al liceo, di un luogo, possono restare a lungo senza essere mai richiamati alla coscienza, salvo affiorare in presenza di certi stimoli, dopo alcuni minuti, alcuni mesi, alcuni anni o dopo una vita intera.

La «memoria a lungo termine» è di estrema importanza, per noi, organismi viventi dotati di una mente che si autopercepisce nel tempo. Cosí essa è, a sua volta, strutturata. Le due principali strutture della «memoria a lungo termine» sono la «memoria esplicita», o «memoria dichiarativa», e la «memoria implicita», o «memoria procedurale».

La prima attiene al sapere in sé, cioè alle conoscenze che possiamo esplicitare e comunicare. Quando studiamo la chimica o la storia, è nel reparto dichiarativo della «memoria a lungo termine» che conserviamo il ricordo dei nostri studi. Che a sua volta è diviso in due sottoreparti. Il reparto della «memoria semantica», dove conserviamo il ricordo delle nozioni e dei significati delle nostre conoscenze indipendentemente dal momento in cui le abbiamo apprese. E il reparto della «memoria episodica», dove conserviamo i ricordi di eventi particolari, che collochiamo in punti precisi del tempo e dello spazio.

Nell'altro grande reparto della «memoria a lungo termine», la «memoria implicita o procedurale», conserviamo invece i ricordi del saper fare. Se impariamo a guidare l'automobile o a scrivere al computer, è qui che vengono immagazzinati i ricordi. Ricordi che non possiamo, non sappiamo comunicare. Ma che ritornano con un grado elevato di automatismo ogni qual volta dobbiamo fare. Anche la «memoria implicita» è a sua volta suddivisa in due distinti sottoreparti. Quello dell'«avvio», che consiste nel richiamo non cosciente della memoria di stimoli precedenti mentre stiamo processando, qui e ora, uno stimolo ambientale. E quello dell'«apprendimento di procedure», qual è appunto, il saper guidare o il saper scrivere al computer.

Tutte queste memorie sembrano avere una precisa collocazione nel cervello. Ci sono dunque dei luoghi fisici delle memorie. Dei depositi di ricordi. È grazie a questi depositi, e al transito di merci dall'uno all'altro, che noi possiamo percepire e apprendere. La memoria, dunque, nelle sue varie articolazioni, resta, con la percezione e la ragione, il fondamento della nostra mente.

Letture: Aleksandr Lurija, *Un piccolo libro, una grande memoria*, Roma, Editori Riuniti, 1991; Alberto Oliverio, *L'arte del ricordare. La memoria e i suoi segreti*, Milano, Rizzoli, 1998; Alessandro Treves, *Come funziona la memoria*, Milano, Bruno Mondadori, 1999.

Mente
(dal latino *mens*)

«La posizione della mente nell'ordine naturale resta a tutt'oggi un problema su cui non siamo in grado di offrire neanche un abbozzo di teoria soddisfacente.» Sappiamo che i processi mentali coscienti (→coscienza) hanno un ruolo nella →vita degli animali (→animale) e che essi sono intimamente connessi all'attività fisica del sistema nervoso e al comportamento sia dell'→uomo che di altri animali, ma, come rileva il filosofo americano Thomas Nagel, non abbiamo ancora una →teoria scientifica della mente. E neppure un abbozzo soddisfacente di teoria.

Abbiamo, però, molte →ipotesi. Alcune delle quali corredate di buoni fondamenti. Si tratta di ipotesi per loro natura transdisciplinari. Ipotesi a metà tra →scienza e →filosofia. Anzi, ipotesi sbocciate a un punto di incrocio, in quella sorta di nuova disciplina che Patricia Churchland chiama «neurofilosofia». Un punto di incrocio peraltro obbligato perché «da una parte le neuroscienze sono giunte al punto in cui possiamo cominciare a teorizzare in modo produttivo intorno ai principi di base della funzione globale del cervello e, dunque, a rivolgerci alle questioni relative a come il cervello rappresenti, apprenda e produca comportamenti. D'altra parte, molti filosofi hanno ormai abbandonato il punto di vista secondo il quale la filosofia è una disciplina a priori». E, cosí, iniziano a entrare nel merito delle ipotesi scientifiche sul funzionamento del cervello e dei suoi stati mentali.

Ma cos'è, in definitiva, una mente? Già questa domanda, con la sua semplice richiesta di definizione preliminare, divide il campo dei «neurofilosofi». C'è chi, come Thomas Nagel appunto, ritiene necessaria, per poter parlare di stati mentali, la copresenza della coscienza. E c'è chi, come Franz Brentano, ritiene essenziale l'→intenzionalità e la conseguente capacità di rappresentare.

La scelta tra questi (e altri) criteri di definizione scientifici e filosofici, o neurofilosofici, della mente dipende, in buona sostanza, dal modo in cui viene affrontato il rapporto tra la mente e il corpo. Problema antico, e noto, appunto, come «il problema mente/corpo». La ricostruzione, sia pure a volo di uccello, dello sviluppo storico del problema mente/corpo, con cui si sono cimentati, appunto, filosofi, filosofi della natura e scienziati, talvolta interloquendo, talaltra ignorandosi a vicenda, potrà aiutarci non certo a risolverlo, ma almeno ad afferrarne i contenuti di fondo.

Il problema della mente e del suo rapporto con il corpo era, naturalmente, presente nel dibattito filosofico dell'antica Grecia. Esso si è snodato, tra il V e il IV secolo a.C., intorno a tre posizioni principali, due delle quali antitetiche, che hanno condizionato fortemente la ricerca nei secoli successivi e che, tutto sommato, hanno una presenza significativa anche nella ricerca contemporanea.

1. *Il dualismo di Platone*. Nella teoria dell'→anima proposta dal discepolo di Socrate, la mente e il corpo sono sostanze separate. Diverse per →qualità. Il corpo appartiene al mondo delle cose naturali: è, quindi, →materia imperfetta, corruttibile e transitoria. La mente appartiene al mondo delle idee: è quindi sostanza perfetta, immutabile, eterna. In realtà Platone individua tre diverse anime, ovvero tre diverse manifestazioni della mente, disposte in un preciso ordine gerarchico. Al livello inferiore c'è l'anima concupiscibile, quella irrazionale degli istinti e dei comportamenti viscerali. Poi c'è l'anima irascibile, quella delle emozioni e della volontà: ha sede nel torace e oscilla continuamente tra razionalità e irrazionalità. Infine, in alto, c'è l'anima razionale: la mente pura, che risiede nel cervello, da dove controlla le altre due anime sottoposte. La mente, che Platone identifica con la →ragione, ha sede nel corpo, ma è fuori dal corpo. Il corpo è materia transeunte. L'anima razionale è sostanza immateriale e immortale.

2. *Il materialismo di Democrito*. La mente è materia, fatta della medesima pasta del corpo, sosteneva il discepolo di Leucippo. È, cioè, di atomi (→atomo). Sia pure di atomi sottilissimi e mobilissimi. È il movimento di questa materia nell'organismo, stimolato dalla percezione dei sensi, che genera le attività della mente. O dell'anima, come anche Democrito la chiamava. Gli storici sono divisi su dove Democrito di Abdera e il suo maestro Leucippo collocassero questo turbinio di materia capace di generare stati mentali. C'è chi dice nel cuore, chi nel cervello. In ogni caso è chiaro che per i due filosofi atomisti la mente non è che un modo di essere della materia. Un movimento di atomi. È a loro che possiamo far risalire l'idea, materialista e riduzionista (→riduzionismo), che la mente è il corpo.

3. *La forma di Aristotele*. Per il filosofo di Stagira, la mente o, come anche lui la chiama, l'anima è nel corpo. Non è una sostanza separata e ontologicamente diversa dal corpo materiale dotato di organi di senso. È solo un suo modo particolare di essere. Tuttavia la mente non è un mero movimento di particelle, ma è la «→forma» o l'→azione (*entelechia*) del corpo materiale. La posizione di Aristotele è, dunque, intermedia rispetto a quella di Platone e di Democrito. Per lo Stagirita la mente è strettamente legata alle condizioni fisiologiche del corpo e la →psicologia è una scienza naturale come le altre. Tuttavia egli riconosce alla mente una sua specificità. Nulla di mistico. Ma neppure nulla di banale.

Anche per Aristotele esistono tre diverse categorie mentali o anime. C'è l'anima nutritiva, comune a ogni essere vivente. C'è l'anima sensitiva, che ha sede nel cuore ed è posseduta solo dagli animali e dagli uomini. Queste due anime, o come diremmo noi queste due strutture mentali, sono responsabili della percezione sensibile e del movimento. Costituiscono dunque le condizioni materiali e le premesse per l'attività intellettuale. Ma essa, l'attività intellettuale tipica dell'uomo, è espressione di un'altra struttura mentale. Di un'altra anima, razionale. Anzi ci sono due anime razionali. Una, essenzialmente passiva e connessa alla sensibilità, è localizzata nel cuore: insieme ai sentimenti e alle sensazioni (→sensazione). L'altra, quella attiva, che governa la →conoscenza e le attività intellettuali, è del tutto delocalizzata.

In definitiva, dice Aristotele, esistono diverse menti. Alcune sono comuni a tutti gli esseri viventi. Altre agli animali. Altre, ancora, sono tipiche dell'uomo. Aristotele, dunque, connette la mente umana alle altre menti presenti in natura. Pur riconoscendole una specificità.

Tutte le ipotesi sulla mente che verranno avanzate in epoca moderna, fin quasi ai nostri giorni, sono riconducibili alle due posizioni antitetiche di Platone e Democrito. Solo oggi, almeno tra gli scienziati, emergono posizioni che, pur con rilevanti innovazioni concettuali, potrebbero essere collegate alla proposta di Aristotele.

L'idea del rapporto mente/corpo che, per esempio, propone Galeno, il grande medico di età romana, mezzo millennio dopo Platone, Democrito e Aristotele, è di tipo materialistico e può essere facilmente ricondotta alla posizione degli atomisti. In primo luogo Galeno, che disseziona i cadaveri per studiare l'anatomia dell'uomo, ha chiaro che la sede della mente è il cervello. Egli è convinto che nei ventricoli cerebrali venga prodotta una sostanza, il *pneuma*, che fluendo in tutto l'organismo attraverso il sistema nervoso rende possibile il movimento dei muscoli e le stesse sensazioni. Le pareti dei ventricoli cerebrali e il pneuma che contengono sono, poi, responsabili di tutte le funzioni cognitive. Per Galeno non ci sono dubbi, la mente è il cervello.

Al contrario, nel Medio Evo i dottori della Chiesa, pur accettando l'esistenza del pneuma e il ruolo dei ventricoli cerebrali, rigettano la teoria materialistica di Galeno e ripropongono uno schietto dualismo di tipo platonico. L'anima è →essenza immateriale, immutabile ed eterna posta con un soffio da Dio nel corpo in modo del tutto contingente e per governarlo.

Il Rinascimento segna il ritorno della riflessione sulla mente. Grazie anche agli studi di anatomia del cervello condotti nel Cinquecento da Andrea Vesalio, da Costanzo Varolio, da Bartolomeo Eustachi e, un po' prima, dallo stesso Leonardo da Vinci. Si tratta di studi macroscopici. Ma sufficienti a mostrare la →complessità della materia cerebrale. E quindi non è un caso che a essere rilanciata, nel Seicento, non è l'ipotesi riduzionista, bensí l'ipotesi dualista del problema mente/corpo. A rilanciare l'idea platonica è, per un paradosso solo apparente, il padre del →meccanicismo: il filosofo René Descartes. Cartesio, in piena coerenza con se stesso, sostiene che il corpo umano è una macchina, governata, come l'intero universo, dalle leggi della →meccanica. La macchina umana è del tutto autosufficiente nelle sue funzioni primordiali. Ma è incapace di elaborare pensiero. Perché costituita da *res extensa*, materia estesa. Come qualsiasi altro corpo animale e come qualsiasi macchina. Infatti, gli animali altro non sono che macchine di carne.

L'uomo si distingue dagli altri animali perché a governare la macchina non sono i principi della meccanica, bensí un altro tipo di sostanza, che risponde a un altro tipo di principi: la *res cogitans*, la sostanza pensante, la mente. Si tratta di una sostanza immateriale e immortale, come immateriale e immortale era l'anima razionale di Platone. La *res cogitans*, la mente, ha sede nel corpo, anzi nel cervello, nella ghiandola chiamata pineale, ma è fuori dal corpo. *Res cogitans* e *rex extensa* sono sostanze ontologicamente diverse. E ciò rende la mente dell'uomo l'unica entità nell'universo che si sottrae alle leggi, altrimenti inderogabili, della meccanica.

Il pensiero di Cartesio sul →pensiero dell'uomo, sebbene contestato da filosofi del valore di Leibniz e Spinoza, avrà grande successo nei decenni e persino nei secoli successivi. Tuttavia l'approccio materialista alla Democrito non è affatto tramontato. E ritorna con un certo vigore nel Settecento, quando Julien de La Mettrie e Pierre-Jean-Georges Cabanis spazzano via la *res cogitans* dall'universo cartesiano. Resta la materia, con le sue proprietà geometriche. E resta l'*homme-machine*: l'uomo-macchina. «Il cervello secerne pensiero come il fegato la bile», va sostenendo Cabanis.

Ancora oggi molti, scienziati e filosofi, non riescono a uscire dalle due posizioni opposte e speculari di Platone e Democrito. O la mente non esiste: esiste il cervello e basta. O la mente esiste, ma ha una natura (immateriale) cosí peculiare da essere quasi del tutto indipendente dal cervello materiale.

Il neurobiologo francese Jean-Pierre Changeux non nega certo gli stati mentali. Sostiene però che essi non sono altro che il prodotto di alcuni gruppi di neuroni.

I fautori dell'IA (→intelligenza artificiale) forte non negano che i neuroni possano produrre stati mentali: cosí come in un computer l'hardware è in grado di «far girare» un software. Sostengono, tuttavia, che la mente è indipendente dalla materia neuronica. Cosí come il software, immateriale, è indipendente dai chip, al silicio, del computer. Tant'è che la mente può essere riscoperta o, se si vuole, reinventata dalle macchine.

Molte di queste posizioni non tengono conto che, dopo Platone e Cartesio, e dopo Democrito e La Mettrie, è venuto Charles Darwin. Che ha ridotto l'uomo, compresa la sua mente, a specie biologica tra le specie biologiche (→evoluzione biologica). Dopo Darwin ogni spiegazione della mente non può che essere di tipo evolutivo. Deve tener conto che la mente è emersa (→emergenza) a un certo punto della →storia della vita, che è la storia, peculiare e irripetibile, della materia biologica.

La mente, dunque, come diceva Aristotele, non può essere che nel corpo. E tuttavia, proprio perché è un'emergenza, non può essere spiegata solo (ma certo deve essere spiegata anche) come una qualsiasi attività neuronale. Lo scienziato che, forse, ha fornito l'ipotesi piú lucida o, se si vuole, l'indicazione piú promettente della mente come emergenza dell'evoluzione biologica è l'americano Gerald Edelman. Nella sua ipotesi, che potremmo collocare con un atto di arbitrio nel filone aristotelico, trovano una possibile spiegazione razionale e storica anche le espressioni piú alte della mente: l'intenzionalità e la capacità di rappresentazioni astratte care a Franz Brentano, l'autocoscienza cara a Thomas Nagel, la socialità diadica cara alla psicologia evolutiva e, infine, la →libertà dell'uomo, cara a noi tutti.

Il problema della mente e della sua relazione (coevolutiva) col corpo resta uno dei piú grandi problemi aperti che la scienza e la filosofia sono chiamate a risolvere. In questa voce non abbiamo proposto che le premesse del problema. Al lettore che volesse cercare di entrare un po' piú nel merito del problema, oltre ai soliti consigli di lettura e ai rimandi che trova nel testo, indichiamo la consultazione di almeno altre quattro voci: →coscienza, →libertà, →intelligenza artificiale, →uomo.

Letture: Edoardo Boncinelli, *Il cervello, la mente e l'anima*, Milano, Mondadori, 1999; Eddy Carli (a cura di), *Cervelli che parlano*, Milano, Bruno Mondadori, 1997; Merlin Donald, *L'evoluzione della mente*, Milano, Garzanti, 1996; Gerald Edelman, *Sulla materia della mente*, Milano, Adelphi, 1993; Alberto Oliverio, *Biologia e filosofia della mente*, Roma-Bari, Laterza, 1995.

Metafora
(dal greco μεταφορά)

La metafora, sostengono alcuni, è il modo migliore per giungere a conclusioni sbagliate partendo da premesse corrette. La metafora, incalzano altri, è l'*essenza della poesia*. Talvolta è meravigliosa, ma è sempre un'illusione.

Cosa può avere mai a che fare con la →scienza questa sofisticata ambiguità della lingua? Questa figura della retorica basata sulla similitudine e sull'analogia, invece che sulla precisa corrispondenza coi fatti? La descrizione scientifica della →natura non ha forse cercato costantemente, incessantemente di migliorare il suo grado di precisione e ridurre i margini di ambiguità, trovando inevitabile utilizzare un vocabolario tecnico scritto in caratteri che, nel corso dei secoli, sono diventati sempre piú rigorosi? E quando, infine, con la *nuova scienza* di Galileo, questo vocabolario tecnico ha iniziato a usare i caratteri della →matematica, il linguaggio preciso della descrizione scientifica e il linguaggio ambiguo del →senso comune non hanno iniziato ineluttabilmente un processo di definitiva divaricazione?

Se le risposte attese a queste domande prevedono l'espulsione della metafora dal linguaggio che parlano gli scienziati, allora l'attesa andrà delusa. La metafora non è mai stata espunta dal linguaggio della scienza. Anzi, in quel viaggio di progressivo allontanamento dal senso comune, la descrizione scientifica della natura ha dovuto spesso fare ricorso a metafore capaci di riassorbire il divario e di esprimere la visione scientifica del mondo in immagini comprensibili a tutti. Naturalmente, come nota il filosofo Olaf Pedersen, queste immagini e queste metafore cui la scienza necessariamente ricorre non sono altro che rappresentazioni dell'intero →universo, o di sue singole parti, in *analogia* con qualche cosa di familiare all'uomo e al mondo limitato in cui si muove. Pertanto non sono *oggetti reali*, ma «esistono solo negli occhi di chi le osserva».

Come tali, le immagini e le metafore usate nella scienza non perdono il loro carattere intrinseco di ambiguità e spesso si prestano a piú di una interpretazione. Infatti alcune hanno avuto vita breve. E si sono dissolte non appena la descrizione scientifica dell'universo ha cambiato →paradigma o, piú semplicemente, si è approfondita. Altre, invece, hanno accompagnato per secoli, persino per millenni, l'esplorazione scientifica della natura. Diventando, talvolta, cosí potenti da divenire *paradigmatiche*, capaci cioè di mutare ruolo e fornire esse stesse ambiti e indirizzi di ricerca per la descrizione scientifica della natura. Possiamo fare alcuni esempi di queste «grandi metafore» millenarie della e nella scienza.

L'universo meccano

Nel 1900 alcuni pescatori di spugne trovano nei fondali del mare al largo dell'isola greca di Anticitera un meccanismo metallico arrugginito. È nascosto tra statue, ceramiche e anfore di vino nel relitto di una nave affondata da una tempesta nel 70 a.C., mentre si recava da Rodi a Roma. Per anni non si riesce a capire cosa quel groviglio metallico costruito nel I secolo a.C. possa rappresentare. Finché nel 1972 Derek de Solla Price lo analizza ai raggi X e ne ricostruisce la complicata struttura, formata da 32 ruote dentate ingranate tra loro quale differenziale. Quello di Anticitera è il primo ingranaggio differenziale costruito dall'uomo che si conosca. Ma a cosa serve? Derek de Solla Price lo studia a lungo e infine intuisce che il meccanismo è un modello. Un modello, meccanico, dell'universo. Ovviamente dell'universo conosciuto ai greci e ai romani. Il meccanismo dentato ha lo scopo, pratico, di calcolare le posizioni del Sole e della Luna rispetto alle stelle fisse.

Ma il modello di Anticitera è qualcosa di piú che un geniale strumento per calcolare le posizioni astrali. È la materializzazione di una metafora. La metafora dell'universo meccano. O, se si vuole, dell'universo orologio.

Una potente metafora che, non a caso, nasce in Grecia insieme con (quello che viene considerato) il primo tentativo di descrizione razionale dei fenomeni naturali. Che nasce, cioè, con Talete nella lontana Ionia. Il filosofo, narra la leggenda, fu capace di stupire i suoi concittadini e, pare, di guadagnare anche un bel gruzzolo di soldi, predicendo l'eclisse di Sole verificatasi nel Mediterraneo orientale il 28 maggio del 585 a.C.

L'uomo che inaugura la fortunata stagione del pensiero razionale greco (e che probabilmente aveva appreso la tecnica di previsione delle eclissi dagli egiziani) dimostra ai greci che il cielo si muove maestoso e preciso, necessario e regolare, insomma prevedibile, come una macchina perfetta. Come, appunto, un orologio. Da quel momento la metafora dell'universo meccano informerà di sé la filosofia naturale e, forse, l'intera cultura greca. Come dimostra, appunto, il meccanismo di Anticitera.

Certo la metafora sarà piú volte contestata. Per esempio da Epicuro e dalla sua esigenza di introdurre il →caso accanto ai principi d'ordine e di →necessità, per spiegare la complessa e non sempre prevedibile →realtà del mondo. Ma ciò non toglie che la metafora dell'universo meccano attraversa incombente l'intera cultura greco-romana. Ai rilievi degli atomisti epicurei, infatti, Cicerone risponde riproponendo il modello meccanicista: «...quando tu guardi una meridiana o un orologio ad acqua ne inferisci che indicano il tempo per arte, non per caso. Come potrebbe essere dunque privo di consistenza supporre che l'universo, che include sia gli strumenti dell'arte in questione, sia l'artefice che li ha costruiti e qualsiasi altra cosa, sia provvisto di scopo e di ragione?».

La metafora dell'universo meccano verrà ripresa e limata dalla *nuova scienza* nel Seicento. Quando, spurgata di ogni finalismo, diventerà l'espressione sintetica di quella fisica che non a caso verrà chiamata →meccanica e di quella epistemologia che non a caso verrà chiamata →meccanicismo. Il paradigma di cui la metafora dell'universo meccano è insieme sintesi e origine è quello del →determinismo (appunto) meccanicista: se le equazioni matematiche che descrivono un sistema fisico isolato ne prescrivono l'evoluzione in un modo unico, allora il comportamento del sistema è specificato anch'esso in modo univoco e per sempre. Ma lasciamo la parola a Pierre-Simon de Laplace che, all'inizio dell'Ottocento, descrive molto meglio questo concetto base del determinismo meccanicista, con un'immagine, metaforica appunto, che abbiamo piú volte richiamato in questo dizionario e che costituisce una delle piú belle ed eleganti pagine della letteratura scientifica di tutti i tempi:

> Un'intelligenza che, per un istante dato, potesse conoscere tutte le forze da cui la natura è animata, e la situazione rispettiva degli esseri che la compongono, e che inoltre fosse abbastanza grande da sottomettere questi dati all'analisi, abbraccerebbe nella stessa formula i movimenti dei piú grandi corpi dell'universo e quelli dell'atomo piú leggero: nulla le risulterebbe incerto, l'avvenire come il passato sarebbe presente ai suoi occhi.

Naturalmente, Pierre-Simon de Laplace sa perfettamente che «lo spirito umano offre, pur nella perfezione che ha saputo dare all'astronomia, una debole parvenza di questa intelligenza». Ciò non toglie che all'inizio dell'Ottocento la gran parte degli scienziati abbia la profonda fiducia di poter lentamente ma progressivamente «sottomettere» sempre piú «dati all'analisi» e abbracciare «nella stessa formula» i movimenti dei piú grandi corpi e degli atomi piú leggeri che compongono l'ingranaggio cosmico.

In realtà la metafora riattualizzata dell'universo meccano e lo stesso determinismo meccanicista poggiano sull'assunto cartesiano che tutti «gli esseri» che compongono la natura siano particelle materiali e che tutte le forze (→forza) che la animano siano le forze del →moto. Sulla base di questo assunto e sulla base del principio di causalità (→causa) è davvero possibile, se conosciamo il presente, calcolare il futuro (e il passato) di ogni sistema fisico isolato.

Sarà, storicamente, la →termodinamica a incrinare le fondamenta millenarie dell'universo meccano. La crisi sarà superata grazie all'ipotesi statistica elaborata, non senza dubbi e inquietudini, da Ludwig Boltzmann. Ma solo momentaneamente. Perché presto verrà una nuova meccanica, la →meccanica quantistica, a minarle alla base. Con la meccanica dei quanti si rompe, almeno a livello atomico, lo schema laplaciano e «viene stabilita definitivamente», come scrive Werner Heisenberg, «la non validità della legge di causalità». Perché, con il principio di indeterminazione quantistica, «nella formulazione netta della legge di causalità: "Se conosciamo il presente, possiamo calcolare il futuro", è falsa non la conclusione, ma la premessa. Noi non possiamo in linea di principio conoscere il presente in ogni elemento determinante».

Naturalmente non tutti accettano le conclusioni di Heisenberg. E non tutti accettano la fine della causalità rigorosa neppure nel mondo quantistico. Non senza combattere, almeno, come direbbe Albert Einstein. Ma sta di fatto che l'avvento della nuova meccanica dei quanti segna il punto di massima crisi del determinismo meccanicista e il tramonto della plurimillenaria metafora dell'universo meccano.

Alcune metafore, pur essendo in qualche modo espressione del senso comune, sono cosí potenti e cosí esplicative che, per incrinarle, occorre una nuova e radicale descrizione scientifica del mondo.

La metafora del «Sole Re»

Non sempre, tuttavia, una rivoluzione scientifica riesce ad abbattere una potente metafora. Talvolta, non riuscendo a vincerla, la ingloba in sé. Modificandola, ma facendosi anche modificare.

È il caso della metafora del «Sole Re». Una metafora che nasce nel Medio Evo, ma che affonda le sue radici nella →cosmologia greca. La metafora indica, come si intuisce, la regalità del Sole che governa sui pianeti. Nel sistema tolemaico il Sole ruota, proprio come gli altri sei pianeti conosciuti, intorno alla Terra. E tuttavia la sua «regalità» è riconoscibile e riconosciuta. Non solo e non tanto perché l'orbita del Sole si trova esattamente nel mezzo tra le orbite della Luna, di Venere e di Mercurio, piú vicine alla Terra, e le orbite di Marte, Giove e Saturno, piú lontane dalla Terra. Ma anche e soprattutto perché il Sole influenza le orbite degli altri pianeti. Nella teoria di Tolomeo il moto annuale del Sole entra come componente essenziale in ciascuno dei meccanismi cinematici che determinano la posizione degli altri sei pianeti conosciuti. Il Sole appare come un re nel sistema geocentrico di Tolomeo. E come tale viene salutato dagli eruditi medievali.

La metafora, tuttavia, sopravvive anche nel sistema di Copernico. Dove il Sole si ritrova re al centro dell'universo. Intorno a lui orbitano tutti i pianeti, Terra compresa. La metafora sopravvive, spiega Olaf Pedersen, perché il Sole cambia il suo modo di essere re. Nel sistema tolemaico è un re che vive a cavallo e percorre il suo regno imponendo la sua legge ai riottosi vassalli. Nel sistema copernicano il Sole è il terminale supremo di un sistema centralizzato di governo. Egli regna standosene fermo nella sua capitale e dettando le leggi alla sua vasta nazione.

Le metafore del tempo e il ritorno del professor Ittiosauro

Era lunga la *giornata di Brahman*. Si ripeteva, uguale a se stessa, per 1.000 *mahayuga*. E ogni *mahayuga* era uguale a 4.320.000 dei nostri anni di comuni mortali. Ma alla fine la creazione del mondo era ultimata. E cosí poteva scendere la notte, la *notte di Brahman*. Che si ripeteva, uguale a se stessa, per altri 1.000 *mahayuga*. Come Penelope, Brahman la trascorreva pazientemente a disfare tutto quello che aveva realizzato di giorno. All'alba tutto il mondo era completamente e meticolosamente distrutto. E con il nuovo giorno, sostenevano i veggenti vedici, Brahman poteva riprendere daccapo l'opera di creazione. E poi di nuovo, alla sera, l'opera di distruzione. In un ciclo senza fine. E senza tempo. Davvero nella cosmologia e nella cultura dell'India antica non c'era posto per la fretta.

I maya, invece, non avevano percezione del tempo profondo. Per quel popolo, che abitava l'America centrale nell'era precolombiana, la storia si ripeteva sí uguale a se stessa: ma nel breve volgere di un *lamat*, un ciclo di appena 260 anni. E, come la storia, si ripetevano puntuali anche le catastrofi naturali. Quando, nel 1698, la tribú degli itza si ritrovò di fronte i conquistatori spagnoli, fuggí impaurita. Pensava che il ciclo della sua storia si fosse concluso e che fosse giunta l'ora del disastro finale. Aveva ragione quella tribú itza. La sua storia era giunta alla fine. Anche se non per ciclica necessità, quanto per tragica coincidenza.

In Grecia, gli stoici erano convinti che il mondo si rinnovasse ogni volta che i pianeti ritornavano nella posizione che avevano all'inizio dei tempi. E Aristotele sosteneva nella sua *Fisica* che «le vicende umane sono un circolo; e ciò vale anche per le altre cose che abbiano movimento naturale e siano soggette al nascere e al perire». E questa profonda fede nella natura ciclica del tempo celebrerà la sua apoteosi con Nemesio, vescovo in Efeso durante il IV secolo d.C. «Socrate, Platone e tutti i singoli individui – scriveva il vescovo – rivivranno, insieme ai loro amici e ai loro concittadini. Rifaranno le stesse esperienze e svolgeranno le stesse attività. Ogni cittadino, ogni villaggio, ogni campo, rinascerà tale e quale. E questa rinascita dell'universo non avrà luogo una volta sola, ma piú e piú volte, senza fine, per tutta l'eternità.»

La metafora del *tempo ciclico* domina quasi tutte le culture umane. Perché i popoli, sostiene Mircea Eliade, hanno sempre avuto «il terrore della storia». L'incapacità di accettare e assorbire l'irreversibilità del tempo. Il timor panico di confrontarsi con un mondo in continuo divenire, in cui nulla vi è di stabile e di permanente. L'uomo arcaico, scrive ancora Mircea Eliade, si difende come può da tutto quello che la →storia propone di nuovo e di irreversibile. Cosí, dominati dalla metafora del tempo ciclico, gli eventi perdono ogni significato come episodi determinanti di una storia contingente. E il →divenire si riduce ad apparenza: segmento di un ciclo che si arrotola su se stesso per riproporsi in eterno.

In principio Dio creò il cielo e la Terra. La Terra era una massa senza forma e vuota; le tenebre ricoprivano l'abisso, e sulle acque aleggiava lo spirito di Dio. Iddio disse: «Sia la luce», e la luce fu. Vide Iddio che la luce era buona e separò la luce dalle tenebre; e chiamò la luce «giorno» e le tenebre «notte». Cosí fu sera, poi fu mattino: primo giorno.

Cos'è la Creazione a opera del Dio degli ebrei se non la rottura della →simmetria del tempo? E cosa sono il Peccato Originale, il Diluvio Universale, la Torre di Babele, le Tavole consegnate a Mosè, Sodoma e Gomorra, se non eventi unici, irripetibili, irreversibili? Ha ragione Stephen Jay Gould, la *freccia del tempo* è la metafora primaria della storia biblica. Il tempo ha un inizio e una fine. Anche se è incastonato tra l'eternità e l'eternità.

Gli ebrei rompono, dunque, un continuum culturale. Si sentono il popolo eletto di un Dio provvidenziale, che ha tracciato per loro il cammino del tempo. Forse per questo sono tra i pochi popoli che non hanno il «terrore della storia».

Sarà la tradizione cristiana, erede del patrimonio religioso ebraico, a introdurre in Occidente, rileva ancora Mircea Eliade, la metafora del *tempo lineare*. E a immaginare la storia come sequenza di eventi unici e irripetibili, immersa nel flusso direzionato del tempo.

In realtà il modello del tempo proposto dalla tradizione cristiana e giunto fino a noi è piú complesso. È un modello in cui la metafora del tempo lineare, segnata dalla Creazione e dal Giudizio Universale, non sempre confligge, bensí talvolta si accompagna alla metafora del tempo ciclico, ereditata dal pensiero greco, in un intreccio che si dipana per l'intera storia del pensiero naturale occidentale. Come ben sintetizza il frontespizio che Thomas Burnet sceglie per il suo *Telluris Theoria Sacra,* edito a Londra nel 1680. Le successioni di eventi irreversibili sono inserite nel grande ciclo riproposto dalla divina volontà.

A dominare e a rendere sacra la teoria evolutiva della geologia del pianeta Terra è Cristo, il Figlio che a un certo punto della storia si fa uomo. Cosí il modello del tempo della tradizione cristiana diventa «a punto centrale». La storia naturale dominata dalle metafore del tempo ciclico e del tempo lineare assume un senso grazie all'evento centrale: la nascita di Gesú. A dare significato alla prima parte della storia dell'umanità è l'attesa dell'«evento centrale». E a dare significato alla storia successiva è il riferimento costante a quell'evento.

È possibile dimostrare che alle metafore del tempo ciclico, del tempo lineare e dell'evento centrale attingono, di volta in volta, molti scienziati contemporanei. C'è per esempio chi, come Ilya Prigogine, della metafora del tempo lineare fa il centro della sua attività di ricerca scientifica ed epistemologica. C'è chi, al contrario, con l'equazione di Liouville ripropone la metafora del tempo ciclico e dell'eterno ritorno, sia pure nello spazio, a *n* dimensioni, delle fasi. E c'è chi elegge a evento centrale della vicenda cosmica l'emergere della vita, e della vita intelligente, in una versione forte del principio →antropico.

Il fenomeno non è nuovo nella storia della scienza. Quelle del tempo sono metafore potenti. Per una serie di ragioni che, da Aristotele a Kant, fino, oseremmo dire, a Roger Penrose, molti hanno approfondito, e che coinvolgono il senso e l'essenza della coscienza umana.

Pochi popoli e pochi scienziati riescono a fare a meno di ricorrere alle metafore del tempo. Anche quando col tempo hanno grande dimestichezza. Vale per tutti l'esempio di Charles Lyell, il fondatore della moderna geologia evolutiva. Nella prima parte dell'Ottocento, Lyell scoprí il *tempo profondo*: la dinamica vita della Terra da misurare non in centinaia, bensí in centinaia di milioni di anni. Charles Lyell dimostrò il cambiamento continuo del clima e delle forme del pianeta Terra. E ipotizzò anche che questi cambiamenti geologici potevano influenzare la vita terrestre, facendo affermare le specie di volta in volta piú adatte al mutare della geologia planetaria. Insomma, Lyell fu un evoluzionista tra i grandi precursori di Darwin. E tuttavia nel proporre questa visione sconvolgente della storia terrestre, Lyell non seppe rinunciare alla tentazione di aggrapparsi alla salda maniglia offerta dalla metafora del tempo ciclico. Cosí il geologo finí per predire il ritorno dei dinosauri, nel caso le condizioni climatiche e geologiche terrestri fossero ritornate quelle del Giurassico. Esponendosi cosí alle ironie dei colleghi conservatori, che lo accusarono di proporre il ritorno prossimo venturo del fantomatico professor Ittiosauro intento a studiare i resti fossili di un antico e ormai estinto abitante del pianeta: l'uomo.

Il libro della natura

La filosofia è scritta in questo grandissimo libro che continuamente ci sta aperto innanzi agli occhi (io dico l'universo), ma non si può intendere se prima non s'impara a intender la lingua, a conoscer i caratteri, ne' quali è scritto. Egli è scritto in lingua matematica, e i caratteri son triangoli, cerchi, ed altre figure geometriche, senza i quali mezi è impossibile a intenderne umanamente parola; senza questi è un aggirarsi vanamente per un oscuro laberinto.

È questo uno dei passi piú noti e piú belli dell'opera di Galileo Galilei. In esso è contenuto in una sintesi efficacissima tutto il significato innovativo e tutto il progetto di ricerca della *nuova scienza*. E non è affatto un caso che Galileo ricorra a una metafora, la metafora della natura come un libro, per esprimere questa sintesi efficacissima e, direbbe Eugenio Garin, scandalosa.

In realtà, come rileva Andrea Battistini, «l'immagine della natura come libro è topica e ricorrente lungo tutta la cultura occidentale». Ma l'utilizzo che Galileo fa della metafora è innovativo, efficace e anche scandaloso per tre motivi.

Il primo, e il piú evidente, è che prima di Galileo (e di Keplero) si sosteneva che il libro della natura è scritto in un linguaggio esoterico. E la lettura è pertanto privilegio solo di alcuni cui Dio ha concesso la grazia. Galileo sostiene invece che il libro della natura è scritto «in lingua matematica, e i caratteri son triangoli, cerchi, ed altre figure geometriche». E aggiunge: «Senza i quali mezi è impossibile a intenderne umanamente parola; senza questi è un aggirarsi vanamente per un oscuro laberinto». La →fisica, certo, non si riduce alla matematica. I suoi fondamenti non sono assiomi logicamente deducibili, ma vanno ricavati dall'esperienza. Tuttavia la matematica è la lingua nella quale Dio ha scritto il libro della natura. Cosí come chi non conosce il greco non può leggere l'*Odissea* in originale, chi non conosce la lingua matematica non può leggere il libro della natura. Lo scandalo galileano, dunque, è che con la *nuova scienza* il libro della natura diventa un libro aperto, democraticamente, a tutti. Leggibile da chiunque «voglia possederne l'alfabeto matematico».

Il secondo motivo risiede nel fatto che ogni singola pagina del grande libro della natura contiene, scritte in lingua matematica, verità ultime sulla natura. E per chi la legge, scrive Galileo, «credo che la cognizione agguagli la divina nella certezza obiettiva, perché arriva a comprendere la necessità, sopra la quale non par che possa essere sicurezza maggiore». Insomma, la conoscenza che l'uomo ha della natura attraverso la lettura del grande libro è obiettiva, certa, quindi *intensive* simile a quella di Dio. Naturalmente, Dio conosce ogni singola riga di ogni singola pagina del grande libro che ha scritto. Mentre l'uomo ne ha e ne avrà sempre una conoscenza *estensive* molto limitata. Anche se nessuna pagina gli è, in via di principio, preclusa, di fatto l'uomo può riuscire a leggere solo un numero finito di pagine. E tuttavia la lettura è cumulativa. Il numero delle pagine lette è destinato a crescere e, con esso, la conoscenza, certa, che l'uomo ha della realtà che lo circonda.

Il paradigma della certezza di Galileo sarà messo in discussione da una parte dell'epistemologia dei secoli successivi. Ma è difficile non cogliere il fatto che l'inno alla potenza della →ragione dell'uomo elevato in queste parole da Galileo raggiunge vette mai piú toccate dopo la felice e breve stagione della filosofia greca.

Il terzo motivo che rende davvero importante l'utilizzo da parte di Galileo della metafora del libro della natura è che egli lo mette a confronto diretto con un altro libro, il Libro delle Scritture, in quella che Olaf Pedersen definisce giustamente una delle piú decisive interazioni tra scienza e religione. Il Libro della Natura e il Libro delle Scritture non sono in contraddizione, sostiene Galileo. Perché l'uno è l'Opera e l'altro è la Parola di Dio. Non ci può essere contraddizione tra Verità rilevata (con l'osservazione e lo studio) e Verità rivelata (nella Scritture). Tuttavia la scienza della natura raggiunge una certezza di ordine superiore rispetto all'ermeneutica, la scienza dell'interpretazione delle Sacre Scritture. Entrambi i libri contengono la Verità. Ma nel Libro della Natura la verità sulla natura fisica del mondo è scritta in modo chiaro, univoco e obiettivo per chiunque ne conosca la lingua matematica. Nel Libro delle Scritture la verità sulla natura fisica del mondo è scritta nella lingua delle metafore. La sua lettura, pertanto, è soggetta all'interpretazione e, quindi, all'errore.

Galileo ha usato, dunque, una metafora, la metafora del libro della natura, per sintetizzare i caratteri della nuova forma di conoscenza, la descrizione scientifica della natura, che andava inaugurando; per gettare le basi della sua epistemologia realista, confutata con scettico cinismo dal cardinale Bellarmino; per trovare una soluzione al conflitto latente tra scienza e religione, sposata solo oggi dalla Chiesa di Roma per voce di Giovanni Paolo II. E, infine, ha usato una metafora per indicare i limiti e i pericoli del linguaggio metaforico. Chi avrebbe potuto far meglio? Chi avrebbe potuto dare migliore dimostrazione dell'utilità, della forza e, insieme, dei limiti che hanno le metafore nella scienza?

Le metafore nella meccanica classica

Nei nostri ricordi liceali di Galileo c'è certo l'immagine del giovane professore che sale sulla Torre di Pisa e, dopo aver convocato i dotti della città, lascia cadere un peso di dieci libbre e un peso di una libbra. I due pesi toccano terra, tra lo stupore generale, (quasi) nel medesimo istante. E confutano la teoria aristotelica della caduta dei gravi.

Nei nostri ricordi liceali c'è anche l'immagine di Isaac Newton che, mentre se ne sta nel suo giardino, vede cadere una mela e intuisce la legge di gravitazione universale.

A bruciapelo non sapremmo dire se questi e altri ricordi dell'aneddotica scientifica appresa al liceo sono verità storiche o leggende. Perché, in questi casi, non siamo in grado di distinguere la verità storica dalla leggenda?

Be', memoria a parte, il motivo piú evidente della nostra incapacità a distinguere il vero dal falso è che, se non sono storicamente veri, i due fatti succitati sono certamente verosimili. Se non sono accaduti, potrebbero essere accaduti. Ma un motivo piú profondo ce lo suggerisce Arthur Miller, filosofo e storico della scienza. Nella fisica classica, dalla meccanica newtoniana all'elettromagnetismo maxwelliano, tre parole, *intuizione*, *metafora* e *visualizzazione*, hanno il medesimo significato. Due diversi pesi che cadono dalla torre e toccano terra nel medesimo istante ci consentono, infatti, un'*intuizione* immediata della legge che governa la caduta dei gravi. E una mela che lascia il ramo e precipita a terra è una buona *metafora* della legge di gravità.

Ciò è possibile perché, nella meccanica classica, le particelle si muovono nello spazio e nel tempo in modo continuo seguendo percorsi *visualizzabili*.

La stessa cosa accade nell'elettrodinamica classica. La radiazione luminosa può essere rappresentata da un'onda, con proprietà simili a quelle delle onde che si inseguono in mare. L'onda è insieme l'intuizione, la metafora e la visualizzazione della radiazione elettromagnetica. L'onda elettromagnetica di Maxwell, proprio come l'onda del mare, si muove nello spazio e nel tempo in modo continuo seguendo percorsi visualizzabili.

Vero è che qualche dubbio sovviene ad alcuni scienziati che quelle onde le studiano senza vederle. Almeno senza vederle come tali. Heinrich Hertz si spaventa della complicazione dei modelli meccanici necessari a spiegare (a visualizzare) la propagazione della luce nell'→etere. Cosí che dice basta all'intuito e dichiara che quando pensiamo alle onde luminose l'unica cosa che è lecito immaginare solo le solide equazioni matematiche che ne descrivono la propagazione.

Ma, dubbi di Hertz a parte, possiamo ancora affermare che tutto ciò che accade nel mondo della fisica classica può essere intuito attraverso immagini mentali. Dell'etere si dimostrerà la non esistenza. Ma noi impareremo a immaginare la propagazione delle onde nel →vuoto. Insomma, un comunicatore scientifico ha vita relativamente facile nel mondo della fisica classica. Può visualizzare praticamente tutti i concetti mediante metafore facilmente intuitive. Anche quando la realtà che descrive si allontana dall'esperienza quotidiana e, magari, dal senso comune. Basta ricorrere a metafore (scientificamente corrette) che sono in analogia con oggetti e situazioni familiari.

Un giornalista che alla fine del XIX secolo si fosse trovato nella necessità di spiegare ai suoi lettori la struttura microscopica e direttamente inosservabile dell'→atomo proposta da Joseph Thomson, non avrebbe avuto difficoltà alcuna a visualizzarla come una torta farcita con chicchi di uva passita. In questa metafora dell'atomo di Thomson il corpo della torta rappresenta per analogia la distribuzione diffusa di carica elettrica positiva e i chicchi di uva passita rappresentano la distribuzione locale di carica elettrica negativa, ovvero gli elettroni. Né avrebbe avuto difficoltà il giornalista scientifico del 1911 che avesse dovuto spiegare ai lettori la struttura dell'atomo proposta da Ernest Rutherford. Con gli elettroni che, come i pianeti del nostro sistema solare, ruotano intorno al «Nucleo Re». Certo il giornalista avrebbe dovuto tener conto del severo scetticismo sulla visualizzabilità del mondo a livello atomico che manifestava Ernst Mach, che ancora all'inizio del secolo chiedeva sarcastico: «Ne avete mai *visti* di questi atomi?». Ma, insomma, anche Mach si sarebbe dovuto arrendere nel 1912 sulla realtà degli atomi, quando Wilson nel 1912 mostra la fotografia delle scie che lasciano le particelle *alfa* mentre attraversano una *camera a nebbia.*

In definitiva, nel 1912 neppure Mach si sarebbe sognato di mettere in discussione la possibilità di visualizzare quei minuscoli oggetti. Perché gli atomi di Thomson e di Rutherford sono ancora atomi che seguono le leggi della meccanica classica. Come i gravi di Galileo, la mela di Newton e le onde di Maxwell, gli elettroni e il nucleo di questi atomi si muovono in modo continuo nello →spazio e nel tempo seguendo percorsi visualizzabili. Percorsi che hanno analoghi nel mondo macroscopico.

Alla soglia degli anni '20 la (corretta) metafora può essere ancora usata per la rappresentazione diretta o analogica dell'intera realtà fisica.

Le metafore e la meccanica quantistica

Le cose cambiano abbastanza con l'avvento delle nuove meccaniche. Con la meccanica relativistica di Albert Einstein (→relatività). Perché è vero che in questa meccanica le particelle e i corpi continuano a muoversi in modo continuo. Ma descrivono traiettorie in uno spazio geometrico non piú euclideo. Uno spazio geometrico per noi non familiare. E, quindi, non facilmente visualizzabile. Chi riesce davvero ad avere un'idea chiara dello spaziotempo a quattro dimensioni della fisica relativistica di Einstein? O dello spaziotempo a dieci dimensioni di una delle cosiddette teorie delle stringhe oggi in voga? Come immaginarsi una geometria decadimensionale?

Ma è nella meccanica quantistica che il rapporto tra metafora e descrizione scientifica della natura cambia drasticamente. È con la nuova meccanica dei quanti che si ha, infatti, una radicale trasformazione della nozione di intuizione e di visualizzazione. L'intuizione non è piú la metafora o l'immagine rilevata dal mondo delle proprie percezioni sensoriali. Cadendo verso terra nel giardino di Werner Heisenberg, la mela non segue una traiettoria precisa come quella di Isaac Newton, almeno fino a quando Werner non la guarda. La mela non può essere una metafora del mondo dei quanti. Perché in quel mondo le particelle non si muovono nello spazio e nel tempo in modo continuo. E, quindi, non seguono percorsi visualizzabili. Con le dotte parole di Arthur Miller: «Visualizzazione (*Anschauung*) e visualizzabilità (*Anschaulichkeit*), che in meccanica classica sono sinonimi, in meccanica quantistica diventano concetti differenti». La visualizzazione è intuizione immediata: l'immagine (e la metafora) della mela che cade. La visualizzabilità invece riguarda le proprietà intrinseche della mela. Ora, la mela classica ha queste proprietà a prescindere dal fatto che Newton la guardi. La mela quantistica, invece, ha proprietà diverse a seconda che Heisenberg la guardi o meno. Egli non può immaginare la traiettoria della sua mela finché non la guarda. Risulta quindi evidente che la meccanica dei quanti, assegnando un ruolo decisivo alla osservazione (o, che dir si voglia, alla misura), non ha una sua immediata, intuitiva, universale visualizzabilità.

Un esempio emblematico di questa perdita di visualizzabilità è costituito dall'evoluzione dell'intuizione (e dell'immagine) di atomo nel corso della storia. Gli atomi uncinati di Democrito ed Epicuro nel V secolo a.C. e l'atomo con aculei del cloruro di mercurio, proposto da Niklaas Hartsöcker nel 1696, erano immagini concrete. E realista era anche il modello a *cake* (a dolce) che, come abbiamo visto, Sir Joseph John Thomson propone, come prima ipotesi scientifica, alla fine dell'Ottocento. Un'altra rappresentazione classica dell'atomo è il modello planetario, facile da immaginare, di Ernest Rutherford, con gli elettroni che ruotano, come pianeti, intorno al nucleo. Già due anni dopo, a opera di Niels Bohr, l'atomo diventa un sistema planetario quantizzato. Anche se solo alcune orbite sono permesse, l'atomo conserva una decisa visualizzabilità. Nel successivo modello proposto da Arnold Sommerfeld, ancora planetario, le orbite degli elettroni diventano ellittiche (modello kepleriano): ma l'immagine dell'atomo resta ancora un'immagine classica. È con Louis de Broglie che la visualizzabilità dell'atomo inizia ad avere i primi seri problemi. Le orbite elettroniche, infatti, perdono l'analogia con le orbite planetarie e diventano una sorta di onde di materia.

Ma è con Werner Heisenberg, e la sua «meccanica della matrici», nel 1925, che l'atomo perde del tutto l'antica visualizzabilità. È inutile cercare una qualsiasi immagine dell'atomo, sostiene Heisenberg. Solo gli osservabili hanno valore. E gli unici osservabili dell'atomo sono l'intensità e la frequenza della radiazione che emette. Per il resto, l'atomo è solo e unicamente una tabella di numeri. Una matrice, appunto. Nel 1926 Erwin Schrödinger propone un nuovo formalismo per la meccanica dei quanti: la cosiddetta «meccanica ondulatoria». E restituisce all'atomo una sua immagine realista: gli elettroni, sostiene Schrödinger, sono «pacchetti d'onda», strettamente confinati, che si distribuiscono intorno al nucleo dell'atomo e si comportano come normali «vibrazioni elettromagnetiche». Con la meccanica ondulatoria di Schrödinger, pare proprio che il filone realista in meccanica quantistica abbia ottenuto la sua rivincita. Anche se entrambe le rappresentazioni, quella interamente non visualizzabile di Heisenberg e quella interamente visualizzabile di Schrödinger, funzionano. E portano ai medesimi risultati.

La metafora, ovvero la possibilità di visualizzare quello che accade nel regno microscopico dei quanti, diventa cosí uno dei nodi intorno a cui si aggroviglia il dibattito sui fondamenti della meccanica quantistica. Lo scontro teorico ed epistemologico che si consuma intorno a questo problema negli anni '20 è di enorme portata. La discussione è accesa soprattutto tra Heisenberg e Schrödinger. Il primo insiste perché sia bandita dalla meccanica quantistica ogni «intuizione da senso comune», ogni visualizzazione: «Piú considero la parte fisica della teoria di Schrödinger, piú mi sembra ripugnante. [...] Ciò che scrive sulla visualizzabilità nella sua teoria, io lo considero spazzatura». Al contrario, Schrödinger cerca di ristabilire una qualche visualizzazione: «La lettura degli scritti di Heisenberg mi ha scoraggiato, se non disgustato, sia a causa dei metodi di algebra trascendentale che mi sono apparsi difficili, sia a causa della mancanza di visualizzabilità».

Ma il dibattito è molto piú ampio e vede il giovane Heisenberg su posizioni diverse persino rispetto al suo maestro Niels Bohr.

Bohr ritiene che le partcelle quantistiche si comportino sia come corpuscoli che come onde. E che, in ogni caso, non bisogna abbandonare del tutto il linguaggio (e le immagini) della meccanica classica per descrivere il comportamento quantistico. Per Heisenberg la meccanica quantistica è descritta totalmente e unicamente da grandezze matematiche, non da parole né da immagini. Ogni riferimento alla meccanica classica, ogni uso del suo linguaggio, è sbagliato e fuorviante. Quelli di corpuscolo e di onda sono concetti che non hanno senso nel mondo dei quanti.

Intanto, Max Born tira le fila del contenzioso e risolve (almeno per la maggioranza dei fisici) il paradosso dei due formalismi che descrivono la nuova meccanica: l'onda che Schrödinger associa all'elettrone non è un'onda «reale», sostiene Born, ma è solo un'«onda di probabilità». La funzione che ha ricavato Schrödinger non misura lo stato classico di un elettrone in un dato istante, ovvero la sua posizione e il suo vettore velocità, ma solo la probabilità che l'elettrone si trovi in quello stato in quel dato istante. L'immagine dell'atomo sfuma, definitivamente, in una nube statistica.

Attraverso la «polemica delle metafore», Heisenberg e Schrödinger contribuiscono, però, ad arricchire il dibattito sulla «interpretazione della meccanica quantistica» in senso realista o non realista.

Negli anni '30, rileva Miller, Heisenberg giunge a formulare un'estensione del principio di complementarità di Bohr in cui sostiene che visualizzazione e visualizzabilità in meccanica quantistica si escludono a vicenda. La visualizzazione (*Anschauung*) è l'immagine o la metafora visiva prodotta dal nostro apparato cognitivo e imposta alla fisica classica. La visualizzabilità (*Anschaulichkeit*) è (ri)definita come l'intuizione o la metafora prodotta dalla matematica della meccanica quantistica. È possibile visualizzare non la «realtà quantistica» ma il formalismo matematico che la descrive. Miller rimarca l'importanza di ciò rilevando che, sebbene non sia possibile una visualizzazione (immagine intuitiva classica) delle entità quantistiche, è possibile la loro visualizzabilità perché le loro caratteristiche intrinseche «sconosciute» alla nostra mente, ai nostri sensi, possono essere conosciute attraverso la matematica della meccanica quantistica.

Negli anni '30 la visualizzabilità matematica, accettata da Heisenberg, non riuscí a tradursi in risultati concreti. In seguito, però, Richard Feynman riuscí a darne una significativa sintesi: i diagrammi e le freccette con cui visualizza gli integrali di cammino delle particelle quantistiche consentono, per esempio, di fissare in un'immagine due elettroni che si incontrano, pur essendo la loro visione «proibita» dalla meccanica quantistica.

Misura e realismo

Le metafore, cacciate dalla porta della fisica quantistica, rientrano però dalla finestra. Il dibattito sui fondamenti della meccanica quantistica si dipana, infatti, attraverso una «guerra delle metafore». Una delle piú note di queste battaglie riguarda il problema della misura e del realismo.

«Non posso credere che la Luna non sia lí quando non la guardo», dice, scettico, Albert Einstein al suo amico e biografo Abraham Pais. E per lungo tempo il dibattito sui fondamenti della meccanica quantistica si è dipanato proprio intorno a questa metafora: «Dov'è la Luna quando nessuno la guarda?».

Ma ecco di seguito alcune metafore, classiche e recenti, che consentono anche al profano di catturare i termini del dibattito sui fondamenti della meccanica quantistica.

I pesci solubili (ovvero, la riduzione del pacchetto d'onde)

Nella interpretazione cosiddetta ortodossa della meccanica quantistica, un micro-oggetto (per esempio un fotone o un elettrone), descritto da un pacchetto d'onde, quando non è sottoposto a operazione di misura, si trova in una «sovrapposizione di tutti gli stati permessi». L'operazione di misura determina il collasso o la riduzione del pacchetto d'onde, cosicché il micro-oggetto viene a trovarsi soltanto in uno degli stati permessi. Per visualizzare questo problema della sovrapposizione degli stati dal gergo quantistico, si può ricorrere a una metafora «surrealista» (non canonica) proposta da André Breton già nel 1924: la metafora dei *pesci solubili*.

Immaginiamo un uomo intento a pescare in un laghetto. In fisica classica, un pesce si muove nel laghetto occupando a ogni istante una determinata posizione, finendo poi per abboccare in quella dell'amo. In fisica quantistica, invece, abbiamo a che fare con pesci in qualche modo «solubili». Finché il pescatore non lo vede attaccato all'amo, il pesce si trova in una sovrapposizione di tutti gli stati possibili. I quali, per un pesce in un laghetto, altro non sono che l'occupazione dell'intero laghetto.

Per quanto strana possa apparire tale situazione, questo è ciò che accade nel laghetto quantistico. Non tutti i fisici quantistici, tuttavia, accettano questa divisione del mondo in ente quantistico (pesci solubili) e strumenti di misura (ami, esche) e pongono tutta una serie di domande: qual è il momento preciso in cui collassa il pacchetto d'onda e il pesce diluito diventa normale? Quando il pescatore getta l'esca? Quando il pesce abbocca? O quando il pescatore lo tira su e lo vede? Le numerose varianti di questo problema della misura, unita alla sua paradossalità, ne consigliano una piú accurata illustrazione. Si può allora ricorrere a una metafora canonica, una delle piú classiche metafore della meccanica quantistica.

Il paradosso del gatto di Schrödinger

La storia è molto nota: vi abbiamo fatto cenno anche nella voce →meccanica quantistica. Un gatto viene chiuso in una scatola opaca contenente una fiala di veleno e un martello. Un dispositivo aziona il martello facendogli colpire, e rompere, la fiala, cosí da lasciar fuoriuscire il veleno. Volendo si può complicare la situazione rendendo casuale, e quindi incerto, l'innesco del dispositivo di azionamento del martello. Per esempio con un atomo radioattivo, il cui decadimento (indeterministico, cioè che avviene in un tempo non prevedibile se non in modo statistico) può avviare il dispositivo.

Questo tema dell'indeterminismo, altro ingrediente classico del dibattito sui fondamenti della meccanica quantistica, può essere «tradotto» ricorrendo a un'altra metafora canonica. Anzi, alla piú classica delle metafore: quella contenuta nella famosa frase che Einstein scrisse in una lettera a Max Born del 1926: «Sono convinto che Dio non gioca a dadi col mondo!». Invece, in meccanica quantistica pare che l'Onnipotente non disdegni di fare, di tanto in tanto, qualche partita.

Tornando al gatto di Schrödinger, lo avevamo lasciato chiuso nella scatola col martello pronto ad abbassarsi. L'intero sistema (gatto + fiala + martello + atomo) è descritto da una funzione d'onda molto complessa. Per semplificare ci limiteremo a considerare soltanto la sovrapposizione degli stati possibili relativi al gatto. La fisica classica ci dice che il gatto, in qualsiasi momento, *o* è vivo *o* è morto, a prescindere da ogni eventuale verifica, visiva o d'altro genere.

La fisica quantistica ci dice invece che, a scatola chiusa, il gatto è vivo *e* morto.

Finché Schrödinger non apre la scatola, o con qualche altro strumento non riesce a verificare le condizioni del gatto dall'esterno, questo si troverà nella sovrapposizione di tutti gli stati permessi. Appena Schrödinger apre la scatola, il gatto, assume uno solo degli stati permessi. E dalla ambigua condizione di gatto vivo *e* morto, passa alla condizione, se è fortunato, di gatto vivo. O, se sfortunato, di gatto, ahimè, morto.

Quando e che cosa fa collassare la funzione d'onda? Cioè, quando e che cosa rende il gatto vivo o morto? Con queste domande entriamo nella zona calda del dibattito sui fondamenti della meccanica dei quanti. L'elevata temperatura suggerisce di limitarci all'analisi storica di alcune risposte.

I realisti, o meglio i fautori di una interpretazione realista della meccanica dei quanti, tra cui lo stesso Schrödinger, risposero, in un primo momento, che il paradosso non dimostra altro che l'incompletezza della meccanica dei quanti. In realtà, sostenevano, esistono, devono esistere, delle variabili nascoste locali che consentono di superare l'idea, non realista, di sovrapposizione. Sembrò, a un certo punto, che David Bohm fosse riuscite a trovarle, queste variabili in grado di salvare il realismo locale anche nel microscopico mondo dei quanti. Ma a metà degli anni '60 John Bell e il suo teorema delle diseguaglianze hanno dimostrato che il realismo alla Bohm è possibile solo a patto di rinunciare alla località.

La soluzione che Gian Carlo Ghirardi ha elaborato, insieme a due suoi colleghi, è un altro tentativo. Essa riesce a riconciliare il realismo macro con il sostanziale non realismo del mondo quantistico. In tale ipotesi, la luna nota agli astronomi e agli innamorati, la luna del mondo macroscopico, è lí ben presente anche quando non la guardo. Quanto alla luna quantica, se per semplicità la immaginiamo formata da un'unica particella quantistica, be' devo proprio dire che non è lí quando non la guardo.

Ritornando alla metafora dei pesci solubili, possiamo dire che se il pesce è molto, molto piccolo, se è un pesce quantistico, allora davvero è in una sovrapposizione di tutti gli stati possibili, diffuso in tutto il laghetto. Crescendo, però, diventa via via meno solubile. E una bella trota corposa comincia a essere ben localizzata e a trovarsi, in ogni istante, in un punto preciso del laghetto.

In altre parole, la realtà locale, cosí come la conosciamo, sembra essere una proprietà collettiva della materia.

La metafora del gatto permette di illustrare piú in dettaglio la posizione di quelli che potremmo definire come gli idealisti:

coloro cioè che considerano importante la presenza di un io cosciente nella riduzione del pacchetto d'onda. Edmond Bauer e Fritz London nel 1939 sostenevano che «quello che provoca una nuova funzione d'onda del sistema, durante la misura, non è un'interazione misteriosa tra lo strumento e l'oggetto; è soltanto la coscienza di un Io capace di separarsi dalla vecchia funzione d'onda e di costruire in virtú della sua osservazione una nuova oggettività, attribuendo all'oggetto una nuova funzione d'onda». Eugene Paul Wigner, piú di recente, ha elaborato una metafora capace di esprimere tale convinzione.

Immaginiamo che per verificare le condizioni del gatto di Schrödinger chiuso nella scatola si ricorra a uno strumento meccanico non dotato di coscienza e neppure particolarmente intelligente, come una macchina fotografica. Che cosa fotograferà questa macchina? Il gatto vivo o morto, oppure, non possedendo un Io cosciente, fotograferà la sovrapposizione di tutti gli stati? In altre parole, nella fotografia comparirà il gatto vivo *o* morto, oppure il gatto vivo *e* morto? Secondo Wigner deve arrivare lui, l'Io cosciente in persona, per far collassare la funzione d'onda e quindi far apparire in fotografia il gatto vivo (si spera) o morto.

A questo punto ci si può domandare se sia necessaria proprio la presenza di Wigner o se invece basti quella di un suo amico. Purché dotato, s'intende, di Io cosciente. Nella visione idealistica ci sono due possibili risposte a questa domanda. La versione solipsistica richiede un Io forte: l'Io di Wigner in sostanza. Nella versione «piú democratica» dell'idealismo invece basta un amico, purché non sia del tutto incosciente, che comunichi a Wigner l'esito della misura.

Le domande non si sono esaurite. E se Wigner decidesse di guardare la fotografia, o di aprire la scatola, solo un anno dopo, il gatto resterebbe vivo *e* morto per un anno? Qualcuno tra gli idealisti ritiene che il gatto resterebbe effettivamente vivo e morto per un anno. E anche la fotografia, ovviamente, conserverebbe l'immagine sovrapposta del gatto vivo e morto per un anno. Finché non interviene Wigner che, col suo Io cosciente, riesce a risalire il tempo e a far collassare la funzione d'onda con un anno di ritardo.

La situazione, come si vede, è paradossale. E John Bell l'ha voluta chiosare con una sua metafora, magari non proprio canonica, ma certo spiritosa. Rivolgendosi agli idealisti, chiede se nella loro interpretazione della meccanica dei quanti possa andar bene un essere cosciente qualsiasi, o se invece sia necessario un Io cosciente munito di un Ph.D. in fisica, magari a Harvard.

L'ipotesi molti mondi e il paradosso della nonna

La creatività dei fisici quantistici e le possibilità intrinseche della meccanica quantistica sono risorse cosí ricche, che non solo producono metafore e risolvono paradossi interni alla disciplina, ma consentono di affrontare e risolvere paradossi appartenenti ad altri ambiti e teorie. Un esempio è l'ipotesi dei →molti mondi.

L'ipotesi dei molti mondi, delineata da Hugh Everett nel 1957 e successivamente caduta nel dimenticatoio, è stata utilizzata ultimamente (magari non proprio a proposito) per risolvere un paradosso logico dei viaggi nel tempo. Secondo tale ipotesi, quando Schrödinger apre la scatola per vedere se il gatto è vivo o morto, l'universo intero si divide in due universi. Entrambe le possibilità dunque si realizzano: in un universo appare il gatto vivo, nell'altro il gatto morto.

David Deutsch e Michael Lockwood, rispettivamente fisico ed epistemologo, in un articolo pubblicato su «Scientific American» (marzo 1994) sostengono che la fisica quantistica può risolvere il paradosso logico del viaggio nel tempo: il cosiddetto paradosso della nonna. Tale paradosso prevede la possibilità che Sonia, una volta inventata la macchina del tempo, possa viaggiare a ritroso nel passato fino all'incontro dei suoi due nonni. La risalita del tempo permette a Sonia di acquisire il potere di impedire, anche fisicamente, l'incontro tra i suoi due nonni. Un paradosso logico: perché in definitiva Sonia impedisce la nascita di se stessa. Secondo i due autori inglesi, la soluzione quantistica di questo paradosso logico, avvertito sempre come un limite alla possibilità di viaggiare indietro nel tempo, è costituita dal fatto che, una volta che Sonia è ritornata al tempo dell'incontro tra i nonni, si aprono due possibilità, l'universo si spacca in due. Nell'universo A tutto rimane invariato, i nonni si incontrano e poi si sposano e Sonia ha la possibilità di fare il viaggio a ritroso fino al presente. Nell'universo B, invece, Sonia utilizza il suo potere e impedisce ai suoi nonni d'incontrarsi: questo secondo universo già esiste deterministicamente, per cui non viene violato nessun principio logico né alcuna legge della meccanica quantistica.

Località e non località

Un'altra metafora, l'ultima di questa breve rassegna, ci permette di visualizzare i concetti quantistici di località e non località. Concetti che, alla luce del teorema di Bell e dell'esperimento di Alain Aspect, sembrano aver risolto il «paradosso EPR» elaborato da Einstein e aver acquistato un ruolo cruciale nella meccanica quantistica. Per tradurre in immagini il significato di queste parole si può ricorrere alla metafora utilizzata dal fisico Sven Hortoli e dal matematico Jean-Pierre Pharabod, entrambi francesi: la metafora del papuano a Parigi.

Si tratta, in realtà, dell'arrivo a Parigi di una comitiva di venti etnologi un po' «primitivi», appartenenti a una qualche tribú della Papuasia Nuova Guinea mai venuta in contatto con la consumistica civiltà occidentale. Ciascuno di questi etnologi, che oltre a essere bravi in matematica sono dotati di orologi molto precisi e ben sincronizzati, viene dunque ospitato in una famiglia parigina diversa.

La prima sera, di queste famiglie, dieci vanno al cinema con il loro ospite papuano, e avendo gusti diversi vedono dieci film differenti; le altre dieci restano a casa a guardare un film di Belmondo sul primo canale tv.

Alla riunione del mattino seguente, i primi dieci etnologi raccontano la loro fantastica serata: «Siamo stati portati in sale buie, ci siamo seduti e sul muro sono apparse delle scene, ognuna diversa dall'altra». Nella scena di uno c'erano dei poliziotti che s'inseguivano e si sparavano, in quella di un altro c'era una scena d'amore; un altro racconta un film western, un altro un film di fantascienza e cosí via. La loro spiegazione al riguardo è che si deve trattare di un teatro bidimensionale animato da una variabile nascosta «locale» (il proiettore). Gli altri dieci raccontano di essersi seduti, insieme ai membri della rispettiva famiglia, di fronte a una scatola con un vetro opaco che il loro ospite chiamava tv. Quando l'ospite ha spinto un bottone, la scatola si è illuminata e sul vetro è apparso uno spettacolo affatto sgradevole. L'accensione non è stata simultanea ma gli eventi televisivi invece erano simultanei perché da buoni etnologi ne avevano preso nota nei propri taccuini. La verifica delle loro annotazioni ha permesso di stabilire che:

- ore 20.15: tre di loro hanno guardato il telegiornale;
- ore 20.27: una signorina che ha letto i programmi della serata è stata vista da quattro di loro;
- ore 20.28: cinque papuani hanno visto la pubblicità;
- ore 20.32: l'inizio del film è stato visto da otto papuani;

ore 20.34: l'apparizione di Belmondo viene vista da nove etnologi;
ore 20.39: la sparatoria con Belmondo la vedono tutti e dieci.

La conclusione cui gli indomiti papuani giungono è che si trattava di un teatro bidimensionale i cui eventi erano simultanei (gli orologi dei papuani non sono abbastanza precisi da misurare le leggerissime differenze nei tempi in cui le onde elettromagnetiche giungono alle singole tv) mentre l'accensione della scatola non lo era: non si trattava dunque di un programma prestabilito interno a ogni scatola. Non c'era una variabile nascosta locale. A governare il sistema doveva esserci una variabile nascosta non locale.

In conclusione, dopo che John Bell lo aveva previsto col suo teorema e Alain Aspect lo ha dimostrato sperimentalmente, si può affermare che «dietro le quinte della meccanica quantistica non ci sono variabili nascoste locali. Gli elettroni (o i fotoni) mettono in scena incredibili spettacoli di telepatia».

Quella della telepatia è una metafora usata per indicare che...

Insomma, la meccanica quantistica che sembrava aver tolto ogni fondamento epistemologico alla metafora non ha un aspetto che non possa e, anzi, non debba essere spiegato attraverso una metafora.

Cosí che la metafora sarà pure il modo migliore per giungere a conclusioni sbagliate partendo da premesse corrette nella descrizione della natura quantistica. Sarà pure un'essenza poetica che non ha attinenza alcuna con la realtà. Ma è un'illusione senza la quale la possibilità di afferrare la realtà e di comprenderla rischia di diventare, essa stessa, un'illusione.

Letture: Mircea Eliade, *Il mito dell'eterno ritorno*, Torino, Borla, 1968; Gian Carlo Ghirardi, *Un'occhiata alle carte di Dio*, Milano, Il Saggiatore, 1997; Stephen Jay Gould, *La freccia del tempo, il ciclo del tempo*, Milano, Feltrinelli, 1989; Arthur I. Miller, *Immagini e metafore nel pensiero scientifico*, Roma, Theoria, 1994; Ilya Prigogine, *Tra il tempo e l'eternità*, Torino, Bollati Boringhieri, 1989.

Metodo

(dal greco μέθοδος)

Si dice che la →scienza abbia un metodo di ricerca che la distingue da ogni altra impresa cognitiva. Questo metodo consiste nella verifica mediante →esperimento di →ipotesi fondate su una →logica deduttiva. Ed è noto come metodo sperimentale galileano.

Nel 1916 Albert Einstein elaborò la →teoria della →relatività generale, una nuova teoria della →gravitazione universale, sulla base di un ragionamento ipotetico-deduttivo. La teoria di Einstein spiegava i fatti fino ad allora noti altrettanto bene della piú antica teoria della gravitazione universale, quella di Isaac Newton. Tuttavia la teoria del fisico tedesco faceva delle previsioni diverse rispetto alla teoria del fisico inglese. Con una verifica sperimentale, o meglio con un'→osservazione, nel 1919 fu possibile verificare che la teoria di Einstein era piú corretta (o meglio, piú generale) della teoria di Newton. Questo è un esempio, limpido e illustre, di come il metodo sperimentale galileano, fondato sul ragionamento ipotetico-deduttivo, funzioni davvero nella pratica scientifica.

Karl Popper sottolinea che nessun esperimento può stabilire la →verità di un'ipotesi scientifica. Può solo stabilirne la non verità. L'osservazione del 1919 non ha dimostrato che la relatività generale è vera. Ha solo dimostrato che la teoria di Einstein è congruente con tutti i fatti noti. Mentre l'osservazione ha dimostrato inconfutabilmente che la teoria di Newton è falsa. La teorie sono scientifiche, sostiene quindi Popper, non quando sono vere. Ma quando sono falsificabili. La tesi di Popper convince molti. Per cui oggi molti quando parlano del metodo galileano lo fanno in un'accezione popperiana.

In ogni caso, come scrive il matematico e storico della scienza antica Lucio Russo, fin dall'epoca ellenistica (→ellenistica, scienza) il metodo sperimentale di tipo galileano è il fondamento delle scienze. Anzi, delle scienze esatte. L'affermazione è condivisa dalla gran parte degli scienziati. Almeno degli scienziati che lavorano nel campo delle scienze cosiddette esatte (quelle fortemente matematizzate, come la →fisica). Tuttavia questa affermazione, prima di indurci a dire che la scienza ha un metodo e un solo metodo, ha bisogno di almeno tre specificazioni.

1. Il metodo scientifico è un metodo evolutivo. Cambia nel tempo. Come scrive lo storico della medicina Mirko Grmek: «Il metodo sperimentale non è uscito, come la sapiente Atena con tutte le sue armi, dalla testa di uno Zeus di laboratorio, ma è stato elaborato gradualmente». Grmek distingue almeno sette fasi metodologiche che hanno portato alla sperimentazione ipotetico-deduttiva quantitativa. E individua almeno altre quattro fasi metodologiche sviluppate dopo l'affermazione della scienza galileana.

Il primo passaggio verso un metodo o, almeno, una mentalità di tipo scientifico è, secondo Grmek, il «tentativo sperimentale ingenuo». Un affinamento di quelle modalità di apprendimento, per prova ed errore, che appartiene anche agli animali. Un secondo passaggio è la «sperimentazione qualitativa elementare», che consiste in un'osservazione certo qualitativa, ma fatta con metodo e una certa capacità di astrazione. Questo porta alla possibilità di effettuare una «sperimentazione analogica», cioè di descrivere una parte del mondo, per esempio il mondo invisibile, in analogia a quanto si osserva in un'altra parte del mondo, per esempio il mondo visibile. Tuttavia nella Grecia classica sia Platone che Aristotele mettono in guardia dall'accettare a scatola chiusa i risultati della sperimentazione analogica. Nasce cosí, sostiene Grmek, una vera crisi metodologica che porta a un nuovo metodo di indagine della →natura fondato su «critica razionalista e tentativo sperimentale ragionato». La premessa per i due ulteriori passaggi, la «sperimentazione quantitativa elementare» e la «sperimentazione ipotetico-deduttiva qualitativa», effettuati in epoca ellenistica.

Secondo Lucio Russo, in realtà, molti scienziati ellenisti compiono l'ulteriore passaggio verso quella «sperimentazione ipotetico-deduttiva quantitativa» e sistematica che costituisce il metodo galileano. In ogni caso, che questo ulteriore passaggio sia stato realizzato o meno, vero è che nel Medio Evo il «discorso sul metodo» viene dimenticato (nell'Europa cristiana, anche se non nell'→Islam). E quindi di importanza storica e anche epistemologica primaria è quel «risveglio della coscienza metodologica» che si verifica in Occidente con Roberto Grossatesta e Ruggero Bacone. Questo «risveglio» è precondizione essenziale per la svolta galileana. Ovvero per quell'affermazione della «sperimentazione ipotetico-deduttiva quantitativa» e sistematica che caratterizza la scienza moderna.

2. In realtà la verifica sperimentale sistematica delle teorie e delle ipotesi è un metodo invalso soprattutto nelle scienze fisiche, fortemente matematizzate. Ma l'esperimento non è (non può essere) l'evento centrale di scienze come la →biologia: la teoria dell'→evoluzione biologica non può essere dimostrata per via sperimentale. E neppure di scienze come l'→astronomia (o, almeno, l'astronomia di qualche decennio fa), dove la descrizione prevale sulla sperimentazione.

C'è dunque una cesura epistemologica insanabile tra le scienze che si fondano essenzialmente sulla «sperimentazione ipotetico-deduttiva quantitativa» e le scienze che si fondano essenzialmente sull'approccio storico o sull'approccio descrittivo?

La risposta andrebbe molto articolata. Ma nella sostanza è no. Non si tratta di esperienze cognitive diverse. Perché le discipline scientifiche sono fortemente interconnesse e, talvolta, largamente interpenetrate l'una nell'altra. La biologia, anche da un punto di vista logico, non è in contraddizione con la fisica e la →chimica. I vincoli delle leggi fisiche e chimiche sono presenti e operanti in biologia. Anche se il livello di spiegazione biologico è necessariamente diverso da quello fisico e chimico. La stessa cosa vale per l'astronomia. Anzi, di recente l'avvento di nuove discipline che, come l'astrofisica particellare, hanno saldato intimamente l'astronomia alla fisica, ha dimostrato che l'interconnessione tra le varie scienze funziona.

3. Il «discorso sul metodo» in ambito scientifico non si chiude col Seicento. Esso ha continuato a svilupparsi e ad articolarsi. Passando attraverso nuove fasi. Le scienze non matematizzate hanno, per esempio, conosciuto quella dell'«empirismo scientifico» e solo piú tardi, rispetto alla fisica, sono giunte a una «sistematizzazione dell'approccio sperimentale». Oggi il metodo è profondamente segnato dalla →tecnica e dai grandi apparati sperimentali. Ancor di piú è segnato dall'affermazione, resa possibile dall'avvento del computer, del modello matematico. In molti ambiti la →simulazione sta sostituendo la sperimentazione come strumento di validazione scientifica. Tanto che qualcuno parla di un nuovo metodo, quello della «simulazione ipotetico-deduttiva quantitativa e sistematica».

Inoltre molti filosofi della scienza fanno notare che il metodo deduttivo non è l'unico praticato dagli scienziati. Nella pratica di laboratorio gli scienziati si comportano come «opportunisti senza scrupoli», per dirla con Einstein, e usano normalmente l'→induzione e l'→abduzione oltre alla →deduzione.

Naturalmente tutto questo è vero. E tuttavia l'uso dell'induzione, dell'abduzione, della simulazione, della ricostruzione storica e di ogni altro strumento utile a produrre →conoscenza non produrrebbe conoscenza scientifica se non fosse innestato, piú o meno direttamente, sul tronco solido della «sperimentazione ipotetico-deduttiva quantitativa». Sono variazioni cognitive sul tema. Che arricchiscono e non sostituiscono il metodo galileano.

Letture: Giovanni Boniolo, *Metodo e rappresentazioni del mondo*, Milano, Bruno Mondadori, 1999; Giovanni Boniolo e Paolo Vidali, *Filosofia della scienza*, Milano, Bruno Mondadori, 1999; Mirko Grmek, *Il calderone di Medea*, Roma-Bari, Laterza, 1996; Karl Popper, *Poscritto alla logica della scoperta scientifica*, Milano, Il Saggiatore, 1985; Lucio Russo, *La rivoluzione dimenticata*, Milano, Feltrinelli, 2001.

Migrazioni
(dal latino *migratio*)

Le migrazioni sono una delle grandi costanti nella →storia del genere umano e in particolare della →specie *sapiens sapiens*, la nostra specie. Nel corso di oltre 150.000 anni dopo la loro comparsa sulla Terra, i *sapiens sapiens* hanno manifestato sempre una spinta irresistibile a lasciare i luoghi di origine e ad «andare altrove». La medesima spinta che, prima di loro, aveva manifestato l'*Homo erectus*.

Questa vocazione alla migrazione, una sorta di «frenesia del viaggio», che caratterizza l'→uomo è causata da fattori biologici e culturali e ha avuto effetti sia culturali che biologici. Le migrazioni, infatti, non solo hanno consentito all'uomo di diffondersi, almeno due volte, in tutto il pianeta, ma sono state anche tra i motori principali della sua →evoluzione culturale e della sua →evoluzione biologica.

Come scrive il genetista delle popolazioni Alberto Piazza, l'evoluzione delle varie specie del genere *Homo* è stata punteg-

Le grandi migrazioni nella storia antica dell'umanità

AREA DI ORIGINE	AREA DI ESPANSIONE	ANNI FA	TECNOLOGIE
Africa *Homo erectus*	Africa, Asia, Australia, Europa	> 1.000.000	Utensili di pietra
Africa *Homo s. sapiens*	Tutto il mondo	100.000-30.000	Nuovi utensili, linguaggio più evoluto
Medio Oriente	Europa, Nord Africa, Asia del Sud-Ovest	10.000-5.000	Agricoltura, allevamento
Cina del Nord	Cina del Nord	9.000-2.000	Agricoltura, allevamento
Cina del Sud	Asia del Sud-Est	8.000-3.000	Agricoltura, allevamento
Centro America, Ande del Nord	Americhe	9.000-2.000	Agricoltura
Africa occidentale	Africa subsahariana	4.000-300	Agricoltura
Steppe eurasiatiche	Eurasia	6.000-300	Pastorizia, nomadismo
Filippine, Asia del Sud-Est	Polinesia	5.000-1.000	Navigazione
Grecia	Mediterraneo	4.000-2.400	Navigazione, commercio

Fonte: Alberto Piazza, *Il popolamento della Terra*, «Quaderni Le Scienze», ottobre 1995.

giata, nel corso di circa 4 milioni di anni, da una serie di grandi migrazioni che gli esperti chiamano «espansioni demiche». Queste espansioni, note peraltro in →ecologia, sono correlate all'evoluzione biologica e culturale. L'innovazione prodotta dall'evoluzione biologica o dall'evoluzione culturale favorisce, spesso, l'aumento della popolazione in una certa regione. Quando il carico demografico supera la *carrying capacity*, la capacità portante del territorio, una parte della popolazione è indotta a spostarsi verso nuove terre, dando origine, appunto, a un'«espansione demica». La spinta a questo tipo di migrazione è generata da cause squisitamente culturali, come l'acquisizione di nuove tecnologie per disporre di maggiori quantità di cibo, ma ha anche precisi effetti genetici. L'espansione demica, sostiene ancora Alberto Piazza, smussa le differenze genetiche nelle aree geografiche interessate e genera gradienti continui di variazione genica. Insomma, rompe l'isolamento e contribuisce a evitare la divergenza genetica e la formazione di razze o, addirittura, di nuove specie.

È dunque grazie alle grandi migrazioni del passato remoto e recente che oggi, sulla Terra, non c'è soluzione di continuità nell'ambito della diversità biologica dell'uomo. E i sei miliardi di individui della specie *Homo sapiens sapiens* viventi sul pianeta formano, sostanzialmente, un'unica razza (→altro).

Le grandi migrazioni del passato

Le grandi migrazioni che hanno cosí potentemente influito sulla diversità biologica della specie umana sono avvenute in epoca preistorica, nel Paleolitico e nel Neolitico, e coincidono con le grandi migrazioni che hanno caratterizzato lo sviluppo culturale dell'uomo (vedi la tabella in questa pagina).

Le migrazioni di *Homo erectus* dall'Africa verso l'Asia, l'Oceania e l'Europa, a iniziare da circa 1,8 milioni di anni fa, hanno consentito che in alcune decine di migliaia di anni si diffondesse in tutto il mondo una specie, quella umana, fino ad allora sconosciuta fuori dall'Africa. Il lungo viaggio degli *erectus* è coinciso con un aumento della massa cerebrale rispetto a quella di *Homo habilis* ed è stato causato, con ogni probabilità, dalla acquisizione di una nuova tecnologia di manipolazione della pietra. Allo stesso modo *Homo sapiens sapiens* è stato preso della «frenesia del viaggio» e ha iniziato, circa 100.000 anni fa, la sua migrazione dalla Rift Valley, nell'Africa orientale, verso l'intero continente nero e il resto del mondo, quando il suo linguaggio e le sue capacità tecnologiche sono diventati piú evoluti. Fattori biologici e culturali, dunque, si intrecciano, agiscono insieme e coevolvono in queste prime, grandi migrazioni che si concludono, circa 30.000 anni fa, con l'affermazione di *sapiens sapiens* in tutto il pianeta e l'estinzione di tutte le altre specie umane. Non è tanto la speciazione, dunque, quanto la migrazione dei *sapiens sapiens* che ridisegna, in un unico colore, la mappa prima variopinta delle specie di uomini presenti sul pianeta.

Ma se la tribú dei *sapiens sapiens* ha vinto, non per questo cessa tra i suoi membri la spinta ad «andare altrove».

Di origine squisitamente culturale sono le grandi migrazioni che caratterizzano il Neolitico. Gli uomini che praticano l'agricoltura e l'allevamento si diffondono in tutto il mondo, a partire da 10.000 anni fa, a scapito degli uomini che continuano a praticare la raccolta e la caccia. Grandi flussi migratori partono dal Medio Oriente e, poi, dalle steppe eurasiatiche verso l'Europa e il Nord Africa; dalla Cina verso l'intero subcontinente dell'Asia orientale e sud-orientale e, poi, verso l'Oceania e la Polinesia; dall'America centrale verso le foreste tropicali del Sud e verso le praterie del Nord; dall'Africa occidentale verso l'intero continente subsahariano.

Queste grandi migrazioni ridisegnano, letteralmente, il paesaggio del pianeta e hanno anche un'importante ricaduta genetica. La rete dei flussi migratori nelle diverse ere preistoriche crea quella continuità nel gradiente della diversità biologica che caratterizza l'umanità ancora oggi.

Ma la grande migrazione a cui l'Italia, l'Europa e l'intero Occidente devono la propria cultura è quella che ha origine in Grecia e si espande per il Mediterraneo in epoca protostorica. Iniziata nel 2000 a.C., si conclude con l'epopea di Alessandro e l'ellenizzazione dell'intero bacino.

Le grandi migrazioni del passato hanno reso, dunque, omogenea la nostra specie, hanno impedito che nascessero razze e tipi geneticamente diversi, ma hanno creato le premesse per la ricchezza e la diversità delle culture dell'uomo.

Le grandi migrazioni dell'età moderna

Le grandi migrazioni di massa hanno segnato la storia dell'uomo anche in tempi molto piú recenti. Basti ricordare, solo a titolo di esempio, quel massiccio flusso di migrazione coatta che, a partire dal XVII secolo, ha portato oltre sette milioni di neri dall'Africa centro-settentrionale nelle Americhe. Il traffico transatlantico di schiavi, progettato ed eseguito dagli europei, è stato, forse, il piú grande fenomeno di migrazione illegale della storia.

Grandi e improvvisi flussi di migrazione sono avvenuti anche in età contemporanea. Nel 1947, per esempio, un grande paese si divide nel cuore dell'Asia e, in pochi mesi, 7 milioni di indú lasciano il Pakistan per l'India e quasi 7 milioni di musulmani si incamminano nel verso opposto, dall'India verso il Pakistan.

Ma, probabilmente, i flussi migratori transregionali e transcontinentali piú intensi della storia si sono verificati nel XIX secolo, e hanno interessato grandi masse nell'Asia centro-orientale e, soprattutto, in Europa. Alcuni di questi flussi si sono realizzati nell'ambito di universi culturali omogenei, altri tra universi culturali affatto diversi.

L'emigrazione cinese

Fin dal XV secolo i cinesi hanno accompagnato con piccoli flussi di migrazione gli intensi traffici commerciali stabiliti con l'intera regione dell'Asia sud-orientale. I flussi si sono intensificati dopo il 1600, ma la grande migrazione è avvenuta solo a partire dalla seconda metà dell'Ottocento. Oggi decine di milioni di cinesi sono presenti in tutta l'area, formando comunità numerose in diversi stati.

Una delle piú grandi comunità cinesi della regione è quella della Malaysia, che oggi conta circa 5 milioni di persone: quasi il 40% della popolazione dello stato. Poco piú del 50%, per contro, è di origine malese e circa il 10% è di altra origine. Le due principali comunità della Malaysia sono decisamente separate. I cinesi vivono soprattutto in città e controllano l'economia. I malesi vivono soprattutto in campagna e detengono il potere politico. La separatezza, anzi la ricerca della separatezza, rende i rapporti tra le due comunità abbastanza conflittuali. Si tratta di un conflitto economico: alla fine degli anni '80 è stato decretato per legge che almeno il 30% delle attività industriali e commerciali doveva essere trasferito a cittadini di etnia malese. Ma si tratta anche di un conflitto culturale: l'Università tecnologica della Malaysia ha imposto a tutti gli studenti maschi l'uso del *sangkok*, il tradizionale cappello malese, e a tutte le studentesse l'obbligo del velo. Di un conflitto, infine, religioso: in molti dei 13 stati della federazione malese sono state imposte restrizioni alla propagazione di credi non islamici.

Questa scarsa comunicabilità tra due etnie ben strutturate e (auto)riconosciute ha prodotto una forte evoluzione in una terza comunità, quella dei *baba*. I *baba* sono una popolazione di origine cinese, discendente di un gruppo emigrato in Malaysia molti secoli fa. Nel corso di questo lungo periodo, i *baba* avevano perduto l'uso della lingua originaria e avevano assunto i costumi tipici dei malesi. Ma dopo la prima guerra mondiale, con l'introduzione delle scuole in lingua per la nuova comunità cinese, i *baba* hanno riscoperto la loro antica identità e hanno voluto reintegrare sia l'antico mandarino che i costumi originari.

La storia delle migrazioni cinesi in Malaysia e, piú in generale, nel Sud-est asiatico, è un esempio della incomunicabilità o della difficile comunicabilità che si può creare con migrazioni che portano a contatto universi culturali differenti.

Le migrazioni dall'Europa

Tra il 1850 e il 1920 sono stati ben 50 milioni gli europei che hanno lasciato il vecchio continente, diretti soprattutto verso il Nord America, ma anche verso l'America latina e l'Oceania. Questo enorme flusso è forse il piú grande esempio di migrazione transcontinentale che si verifica all'interno di un medesimo universo culturale. Nelle terre d'oltremare gli europei non hanno stabilito un rapporto con le culture indigene. Hanno semplicemente occupato il territorio e hanno riproposto il proprio modello culturale, la propria organizzazione sociale, i propri stili di vita. La migrazione, infatti, si è cosí risolta in una titanica impresa di colonizzazione, segnando, è stato detto, il punto piú alto della forza economica, politico-militare e culturale dell'Occidente. Quando il flusso di migrazione è terminato, gli europei si sono ritrovati «padroni» assoluti di un territorio grande dieci volte l'Europa.

L'emigrazione degli europei avviene sulla spinta di una serie di crisi in agricoltura e consente di risolvere il problema dell'eccedenza di manodopera nelle campagne del vecchio continente. Nel medesimo tempo si rivela un motore eccezionale per l'urbanizzazione e l'industrializzazione, soprattutto in Nord America. Determina la diffusione di un mercato moderno, di nuove regole del lavoro in fabbrica, di nuovi valori, di nuovi costumi e di nuovi comportamenti sociali. In breve: questa massiccia emigrazione di contadini non avviene senza traumi, incomprensioni, rotture. Persino genocidi. Ma, come scrive Aristide Zolberg, si rivela ben presto come uno dei piú importanti fattori di modernizzazione del mondo. Ancora una volta una importante soluzione di continuità nell'evoluzione culturale dell'uomo è stata catalizzata da una grande migrazione.

In realtà, è possibile individuare varie fasi nella migrazione europea verso il Nord America. I primi flussi hanno origine dalle isole britanniche. Poi diventano prevalenti i flussi dalla Germania. Infine quelli dall'Europa meridionale. L'omogeneità culturale tra le comunità europee che si ritrovano in America è notevole. Ma non è totale.

All'inizio, ai nuovi arrivati viene fornito un preciso modello di integrazione culturale, quello della *Angloconformity*. L'idea è quella di un modello di cittadino americano medio cui tutti i nuovi arrivati possono uniformarsi. Questo cittadino esiste, ovviamente, solo sulla carta. Ma ha i valori, gli usi, i costumi e, certamente, la lingua dei primi antichi emigranti inglesi. Malgrado gli immigrati scozzesi, irlandesi, tedeschi, italiani di prima e soprattutto di seconda generazione cerchino di «sentirsi» americani, integrandosi a questo modello «Wasp» (*White*, *Anglosaxon*, *Protestant*), alla fine non riescono a nascondere a lungo la propria identità nazionale. O meglio, la propria specificità culturale. E cosí l'idea di ricreare una nazione anglosassone in terra americana tramonta.

Non tramonta, invece, l'idea di integrazione culturale e razziale. Il modello «Wasp», con una cultura che integra per assimilazione tutte le altre, lascia il posto al modello del *melting pot*, l'idea di fondere in un unico crogiolo, il crogiolo americano, tutte le culture presenti in Nord America, per svilupparne una nuova, sola e autenticamente americana. Negli Stati Uniti vengono cosí varate leggi d'avanguardia per favorire l'integrazione nelle scuole, sul posto di lavoro e nella società. Ma il *melting pot* non si verifica. Anzi, pur venendo in contatto, pur ritrovandosi nel crogiolo, i diversi gruppi etnici non si fondono né si confondono. Al contrario, come scrive il sociologo Franco Ferrarotti, si ritirano e si arroccano su posizioni di difesa, ostile e intransigente. Invece del *melting pot*, insomma, l'esperimento americano produce la *salad bowl*, la scodella dell'insalata, dove ogni componente culturale e nazionale non solo non rinuncia, ma cerca di esaltare la propria specificità.

Tanto piú che, a metà degli anni '60, i flussi di migrazione verso gli Stati Uniti d'America si modificano in modo strutturale. L'emigrazione europea, rimasta a lungo quella prevalente verso il Nord America, comincia a diminuire. Ancora negli anni '60 quasi l'80% degli immigrati negli Usa e in Canada proviene dall'Europa. Poi, nel giro di pochi anni, la situazione si ribalta. A partire dagli anni '80, oltre l'85% degli immigrati negli Stati Uniti e il 70% in Canada proviene non piú dall'Europa, ma dai paesi in via di sviluppo.

La *salad bowl* diventa molto piú ricca. Le diverse componenti non provengono piú da un unico universo culturale, ma da quasi tutti gli universi culturali del pianeta. C'è la componente islamica, proveniente dal Nord Africa e dal Medio Oriente. C'è la componente asiatica, con le comunità cinesi, coreane, giapponesi, indiane, che si aggiungono alle comunità europee e afroamericane. Per la prima volta negli Stati Uniti e in Canada (ma anche nella lontana Australia dove è avvenuto un analogo processo), si sperimenta la società multietnica e multiculturale senza un esplicito modello di integrazione.

Le migrazioni verso l'Europa

In meno di trent'anni, verso la fine del XX secolo, l'Europa cessa di essere il principale centro di origine dei flussi migratori mondiali, per divenire la meta principale dei nuovi flussi di migrazione planetaria. A partire dalla fine degli anni '80, milioni di persone (circa 2 milioni ogni anno) si muovono dai paesi in via di sviluppo verso i paesi industrializzati dell'area Ocse. La gran parte di queste persone, piú o meno la metà, si dirige verso i paesi dell'Unione europea.

Si tratta di un fenomeno nuovo, nelle dimensioni e nelle forme, che ha avuto origine dopo la seconda guerra mondiale ed è dovuto ad almeno quattro fattori concomitanti:

1. L'evoluzione demografica, politica ed economica nei paesi sviluppati ha assunto caratteri molto diversi rispetto a quella dei paesi in via di sviluppo. Con una metafora, si dice che la forbice tra Nord e Sud del mondo si è drammaticamente allargata. Questa divaricazione fa sí che un numero crescente di persone si sposti da paesi in rapida crescita demografica, con regimi poco liberali e con un'economia povera, verso paesi che, al contrario, vantano una sostanziale stabilità demografica, un progressivo invecchiamento della popolazione, regimi politici democratici ed economie ricche.
2. Il processo di decolonizzazione nei paesi in via di sviluppo consente ai nuovi governanti di approntare politiche di emigrazione consone ai propri obiettivi (e non necessariamente a quelli delle ex potenze coloniali).
3. La decisione dei paesi tradizionalmente recettori (per esempio gli Stati Uniti) di rivedere le leggi di immigrazione, annullando la selezione su base etnica e privilegiando quella basata sulle caratteristiche degli immigrati (occupazione, età, educazione).
4. Il crollo del muro di Berlino e la fine del confronto tra i blocchi offrono per la prima volta l'opportunità a milioni di persone di cambiare paese.

L'insieme di questi fattori e il successo di un modello culturale, quello occidentale, diffuso dai mezzi di comunicazione di massa in tutto il mondo ribaltano il bilancio dei flussi migratori da e per l'Europa. Diminuiscono fin quasi a esaurirsi i flussi migratori dai paesi europei verso il Nord America (e l'Australia). Diminuiscono, ma non si esauriscono del tutto, i flussi migratori tra i paesi dell'Europa occidentale (soprattutto quelli dal Sud verso il Centronord). Aumentano improvvisamente e drasticamente i flussi migratori dall'Africa, dall'Asia e dall'America Latina, dall'Europa orientale verso l'Europa occidentale.

In Germania all'inizio degli anni '80 ci sono 2,7 milioni di lavoratori provenienti da Italia, Spagna, Portogallo e Grecia. All'inizio degli anni '90 ce ne sono ancora 2,3 milioni. Ma proprio Italia, Spagna, Portogallo e Grecia danno la misura del radicale e repentino ribaltamento dei flussi migratori in Europa. Questi quattro paesi hanno esportato manodopera fino a tutti gli anni '70. Poi, mentre si andava lentamente esaurendo la spinta all'emigrazione, ha avuto inizio la forte spinta all'immigrazione. Milioni di persone in cerca di lavoro sono giunte da tre diversi continenti anche in Italia, in Spagna, in Portogallo, in Grecia. Proprio come, nei decenni precedenti, milioni di persone in cerca di lavoro avevano lasciato l'Italia, la Spagna, il Portogallo, la Grecia. Il fenomeno ha trovato assolutamente impreparati non solo la popolazione, ma anche gli amministratori e i governi dei quattro paesi meridionali dell'Unione europea, che hanno reagito alla nuova situazione in modo talvolta emotivo, contraddittorio e poco efficace.

La novità del fenomeno di immigrazione in Europa e la manifesta impreparazione di alcuni paesi europei a gestirlo, la difficoltà obiettiva di trovare una base comune tra universi culturali diversi e improvvisamente interpenetrati, rischiano di far velo a quattro verità che la genetica, l'antropologia e la sociologia hanno ormai acquisito:

1. In tutta la sua storia, l'uomo ha sentito la «frenesia del viaggio» e il bisogno di «andare altrove». La spinta a migrare è uno dei caratteri che informano la nostra specie e la nostra storia evolutiva. Le migrazioni continue nel corso dell'intera storia di *Homo sapiens sapiens* hanno, infatti, impedito che si formassero diverse razze e hanno reso geneticamente molto omogenea la specie umana.
2. Le migrazioni sono state e sono tuttora un potente fattore di evoluzione culturale delle società umane.
3. I flussi migratori dall'Europa nel XIX secolo e nella prima parte del XX secolo sono stati un fattore importante di sviluppo economico. I flussi migratori verso l'Europa della seconda parte del XX secolo e, presumibilmente, della prima parte del XXI secolo possono essere un fattore di sviluppo altrettanto importante. D'altra parte l'Europa è, in questa fase, forse la principale ma certo non l'unica meta dei flussi migratori che interessano l'intero pianeta.
4. Quello che è cessato dall'Europa verso le Americhe e l'Oceania, è vero, è stato un flusso migratorio all'interno di un medesimo universo culturale, mentre quello che è nato da vari continenti verso l'Europa è un flusso migratorio tra universi culturali differenti. Le esperienze del passato e quelle, ormai importanti, del presente insegnano che è difficile far convivere, in un'unica società, culture diverse. Ma non è impossibile. Quando si sgomberano dal tavolo i pregiudizi e l'operazione riesce, si crea una società multietnica e multiculturale in cui aumentano stabilità e creatività. E tutti ne traggono beneficio.

Letture: Luigi Luca Cavalli-Sforza, Paolo Menozzi, Alberto Piazza, *Storia e geografia dei geni umani*, Milano, Adelphi, 1997; Franco Ferrarotti, *Oltre il razzismo*, Roma, Armando, 1988; Paolo Macry, *La società contemporanea*, Bologna, Il Mulino, 1995; Alberto Piazza (a cura di), *Il popolamento della Terra*, «Quaderni Le Scienze», ottobre 1995; Aristide Zolberg, *Le nuove migrazioni e i processi di trasformazione mondiale*, in AA.VV., *Abitare il pianeta*, Torino, Fondazione Agnelli, 1989.

Molecola
(dal latino *molecula*)

La molecola è la particella piú piccola di un composto chimico che del composto conserva tutte le proprietà chimiche. Il concetto di molecola è strettamente legato a quello di →atomo: in definitiva, sostiene Peter W. Atkins, la molecola altro non è che un gruppo definito e distinto di atomi legati assieme. La molecola del composto chimico acqua (H_2O) è un gruppo costituito da due atomi di idrogeno e un atomo di ossigeno. La molecola di benzene (C_6H_6) è costituita da un gruppo di sei atomi di carbonio e sei atomi di idrogeno. Anche la molecola idrogeno (H_2) è composta da due atomi, sia pure identici.

Le reazioni chimiche non sono altro che distruzione di molecole e creazioni di nuove molecole. Nella reazione:

$$H_2 + 1/2\, O_2 \Rightarrow H_2O$$

una molecola di idrogeno (H_2) si distrugge, reagendo con mezza molecola di ossigeno (O_2), per formare una molecola di acqua. Ma le proprietà della molecola di acqua non sono affatto una media delle proprietà delle molecole di idrogeno e di ossigeno. La molecola d'acqua ha caratteristiche sue proprie, molto diverse sia da quelle dei suoi atomi componenti sia da quelle delle molecole di idrogeno e di ossigeno. La molecola d'acqua, dunque, ha proprietà emergenti (→emergenza)e uno specifico grado di →complessità chimica.

Quello di molecola è, dunque, un concetto tipico e persino caratterizzante della →chimica. Esso fu proposto per la prima volta da Amedeo Avogadro. E anche se, all'inizio, stentò ad affermarsi, sul finire dell'Ottocento divenne un concetto fondamentale. Tanto che oggi potremmo dire che la chimica è, in buona parte, la scienza che studia la struttura delle molecole e le reazioni tra molecole.

Avogadro all'inizio del XIX secolo e, poi, sul finire dell'Ottocento la gran parte dei chimici compresero che la →materia con cui interagiamo quotidianamente è costituita da molecole. Ma non sapevano spiegare come e perché gli atomi dovessero aggregarsi per formare simili strutture. Ben presto si capí che la spiegazione risiede nel legame chimico, ovvero negli elettroni condivisi da due o piú atomi che fungono da collante tra gli atomi. Ma gli elettroni sono particelle quantistiche. E la loro capacità di tenere insieme le molecole formando «orbitali molecolari» può essere descritta compiutamente solo dalla →meccanica quantistica. In linea di principio, le proprietà della molecola di acqua possono essere ricavate attraverso lo studio quantistico dei tre atomi che la costituiscono e del loro legame chimico.

Tuttavia, oggi sappiamo che i circa cento elementi chimici (→elemento) possono combinarsi fra loro per formare almeno 12 milioni di molecole diverse (le molecole che finora conosciamo). La gran parte di queste molecole sono molto piú complesse della molecola di acqua. Una descrizione quantistica completa della gran parte di queste molecole è pertanto molto difficile, se non impossibile, da ottenere. Per cui oggi la chimica molecolare «sa» di essere fisica quantistica applicata. Ma sa anche che ha bisogno di modelli di spiegazione fenomenologici in grado di superare le difficoltà computazionali della chimica quantistica. In fondo in queste difficoltà, allo stato insuperabili, si fonda gran parte dell'autonomia ancora forte che la chimica rivendica rispetto alla →fisica.

Letture: Peter W. Atkins, *Chimica generale*, Bologna, Zanichelli, 1992; Antonio Di Meo (a cura di), *Storia della chimica*, Venezia, Marsilio, 1989.

Molti mondi

(dal latino *multus*; dal latino *mundus*)

Viviamo, dicono i cosmologi, in un →universo speciale, con una longevità e una serie di parametri fisici cosí finemente modulati da consentire lo sviluppo, prodigioso, della →complessità fino a far emergere un occhio, l'→uomo, con cui questo speciale universo sta imparando a osservare se stesso e la sua peculiarità. Basterebbe variare di pochissimo anche uno solo di quei parametri e l'universo non potrebbe mai avere un osservatore cosciente a rimirarlo. Qualcuno ha fatto un po' di conti, e ha stabilito che le «coincidenze cosmiche» sono tante e tali che il nostro universo ha solo una possibilità su 10^{290} (un numero praticamente infinito) di esistere. Lasciamoci dietro il problema (in realtà, niente affatto trascurabile) di come questi conti siano stati effettuati e fondati; diamo per buona l'idea che viviamo in un universo speciale. E chiediamoci: come ha fatto il nostro universo a centrare questa lotteria impossibile?

Per spiegare il colpaccio e la nostra (presunta) condizione speciale, sostiene il cosmologo Dennis Sciama, non abbiamo che tre ipotesi: il →caso; un Creatore; l'esistenza di infiniti universi.

Uno scienziato non può credere che il nostro universo sia nato per caso, cosí come non crederebbe che a chiudere nella sua boccetta un delicato e purissimo profumo non sia stato un distillatore attento in un asettico laboratorio, ma un colpo di vento in una discarica di rifiuti.

Quanto a un Creatore, egli è, per definizione, una soluzione non scientifica. Cosí come poco scientifica è quel surrogato del Creatore che è il progetto che sta dietro il principio →antropico: il nostro universo è stato progettato per ospitare un essere intelligente in grado di osservarlo.

No, per spiegare la nostra esistenza in questo nostro specialissimo cosmo, sostiene Dennis Sciama, non resta che l'ultima ipotesi: quella degli universi plurimi. Noi abitiamo in uno di quei mondi infiniti. E la nostra condizione cessa di essere speciale perché tutti i mondi possibili si sono realizzati ed esistono.

Sciama non è il solo cosmologo contemporaneo a proporre l'ipotesi molti mondi. Anzi, come vedremo, l'idea (debitamente matematizzata, ma ancora priva di un riscontro osservativo o sperimentale) è cosí diffusa che i cosmologi hanno sentito il bisogno di coniare un nuovo termine, per indicare l'insieme infinito e variegato degli universi possibili: il multiverso.

Un'idea, questa riproposta dalla →cosmologia contemporanea, decisamente controversa, ma nient'affatto nuova. L'ipotesi molti mondi, infatti, ha radici antiche.

Da Metrodoro di Chio a Giordano Bruno. Breve storia dell'ipotesi molti mondi

«Non è possibile che vi sia un solo mondo abitato, nell'universo →infinito.» Invoca un criterio di impossibilità Metrodoro di Chio, discepolo di Democrito ed esponente illustre della corrente degli atomisti, nel IV secolo avanti Cristo, per sostenere che non siamo soli nell'universo. Secondo la scuola di pensiero, inaugurata da Leucippo e da Democrito, cui appartiene Metrodoro, infatti, «il tutto è infinito». E nel tutto, «in parte pieno, in parte vuoto», infiniti atomi (→atomo) si muovono componendosi e scomponendosi in un continuo →divenire, che in ogni istante forgia infiniti mondi e altrettanti ne decompone. L'uomo non può essere il solo essere intelligente (→intelligenza) nel cosmo. Nell'universo infinito ci sono, in ogni istante, *molti mondi* come la Terra, abitati da molti esseri che per forza di cose devono essere simili all'uomo. Contro la tesi dei molti mondi proposta dagli atomisti, scende in campo addirittura Aristotele. «Il cielo – dice – è di necessità uno solo, e non piú d'uno.» Se il cielo è uno, anche la Terra che è sotto il cielo è una e unici sono i suoi abitanti dotati di intelligenza autocosciente (→coscienza).

La tesi di Aristotele è destinata, come altre parti del suo pensiero, a dominare per un paio di millenni la cultura sulle sponde del Mediterraneo. Ma la Grecia è fucina di pensiero libero e antidogmatico. Cosí il giovane Epicuro, alla fine del IV secolo a.C., non si fa remore di contrastarla.

> L'universo è infinito – spiega Epicuro nell'epistola indirizzata a Erodoto, lo storico – e [in esso ...] vi è un numero assolutamente infinito di atomi [...] E ancora, i mondi sono infiniti, sia quelli simili al nostro, sia quelli dal nostro dissimili. Perché gli atomi, che abbiamo testé dimostrato essere infiniti, percorrono anche i piú lontani spazi. E in verità quelli opportuni a dare origine a un mondo o a costruirlo, non possono essere esauriti né da un solo mondo, né da un numero finito di mondi, né da quanti mondi sono simili, né da quanti sono ad essi diversi. Nulla dunque si opporrà a che i mondi siano infiniti.

E se infiniti sono i mondi, infinite sono le comunità di esseri viventi dotati di un'intelligenza pari o superiore a quella degli uomini.

Anche l'astronomo Aristarco, nato a Samo come Epicuro, una trentina di anni dopo Epicuro, e influenzato, probabilmente, dal pensiero del suo concittadino, immagina un universo infinito. In cui né la Terra né l'uomo occupano alcuna posizione privilegiata. Anzi Aristarco va sostenendo, insieme al suo discepolo Seleuco, che la Terra ruota, come un pianeta qualsiasi, intorno al Sole. Nessuno gli crede, come peraltro capiterà diciotto secoli dopo a un astronomo polacco che, come lui, proporrà il modello eliocentrico. Entrambi, Aristarco e il polacco, saranno accusati di empietà per aver osato rimuovere l'uomo dal centro dell'universo.

Aristarco non è un epicureo in senso stretto. Tuttavia la scuola epicurea riscuote successo per molte e molte generazioni. E, con essa, l'idea dei molti mondi. Ecco la versione poetica che di questa visione cosmica ci dà il giovane Tito Lucrezio Caro, nel I secolo a.C.:

> Ora, di atomi la quantità è cosí grande, quanta
> non potrebbe contarla tutta una vita di un [essere vivo,
> e forza e natura rimane la stessa che i vari [principi delle cose
> possa gettare nelle loro sedi, in modo simile
> a come sono stati qui insieme gettati, occorre tu [ammetta
> che esistono altri mondi in altre parti dello [spazio,
> e diverse razze di uomini e stirpi di animali.

Lucrezio è poeta famoso e intellettuale influente. Tuttavia non bisogna credere che siano solo gli epicurei a proporre questa immagine cosí poco antropocentrica dell'universo. Nell'immaginario e poliedrico salotto intellettuale della Roma del I secolo d.C., ricostruito da Plutarco in una sua opera minore, *Della faccia che si scorge nell'orbe lunare*, trovano accoglienza (e pari dignità) le piú svariate opinioni sull'universo.

Insomma, lungo tutta la storia della cultura greca e, poi, romana, è sempre presente, anche se non è mai dominante, l'idea, basata su considerazioni razionali, che esistano molti mondi nel cielo. E che esistano, sparsi per l'universo, altri esseri dotati, come gli uomini, di intelligenza e autocoscienza.

Tuttavia un'ipotesi razionale, logicamente argomentata, non è ancora un'ipotesi scientifica. E se c'è un limite alla cosmologia, nient'affatto antropocentrica, degli atomisti, degli epicurei e di quant'altri immaginano l'universo infinito e la pluralità dei mondi, questa, come rileva Alexandre Koyré, è l'incapacità di legarla a dati osservativi e a teorie matematizzate. Ovvero l'incapacità di trasformare una brillante intuizione in solida →scienza.

D'altra parte anche l'altra idea, quella della solitudine cosmica dell'uomo, ha delle fondamenta razionali. Benché si nutra di una certa superbia antropocentrica. Fatto è che molti, nella Grecia antica, cominciano a considerare la Terra qualcosa di speciale quando si accorgono, con Anassimandro nel VI secolo a.C., che la «Terra è isolata nello →spazio». Che c'è una soluzione di continuità tra il pianeta su cui l'uomo vive e la volta celeste che interamente lo avvolge. Questa scoperta porta a una conseguenza logica difficile da smantellare. Se la Terra è isolata nello spazio, perché non cade? La prima spiegazione viene quasi spontanea: se non cade è evidente che si trova già nel luogo dove dovrebbe cadere. Si trova già al centro dell'universo. Per la verità questa soluzione non soddisfa Aristotele. Che, però, elabora la sua teoria sulla centralità cosmica del nostro pianeta sulla base di una seconda straordinaria scoperta effettuata dal pensiero razionale dei greci: la «sfericità della Terra». Una scoperta che Aristotele avvalora sulla base di considerazioni puramente fisiche: la forma dell'ombra che la Terra proietta sulla Luna nel corso delle eclissi; e il fatto che, quando una nave si approssima all'orizzonte, a scomparire alla vista è prima lo scafo e poi gli alberi.

Queste, che secondo Livio Gratton sono due tra le piú grandi scoperte della scienza greca, portano Aristotele a ipotizzare che i corpi cadono perché cercano di raggiungere il centro del mondo. Quando la Terra, in qualsiasi modo, si è formata, le sue prime componenti hanno raggiunto il centro universale. E le successive, trovando il posto occupato, si sono adattate in una posizione sempre un po' piú alta. Per questo motivo la Terra è sferica. Per questo motivo è al centro del mondo. Per questo motivo «deve» restare immobile al centro del mondo. Per questo motivo la Terra e lo spazio separato dalla Terra, il cielo, sono e non possono non essere che unici.

Aristotele non ha a disposizione una →teoria della →gravitazione universale per spiegare il →moto dei corpi. Né la possibilità di osservare il moto della Terra rispetto alle stelle del cielo. Per quanto, ai nostri occhi, la sua cosmologia appaia sbagliata, dobbiamo riconoscere che si basa su una logica rigorosa. La sua ipotesi è puramente razionale. E non è neppure venata da eccessivo antropocentrismo. Il filosofo di Stagira colloca, infatti, le sostanze pure e incorruttibili nel cielo e le sostanze «sporche» e corruttibili sulla Terra.

La centralità della Terra comporta il modello tolemaico in →astronomia: il Sole e i pianeti «devono» ruotare intorno al centro dell'universo. Solo quando il modello viene assunto e fatto proprio dal cristianesimo diventa supporto e, insieme, spiegazione della centralità e dell'unicità dell'uomo. Che Dio ha posto al centro del creato e del suo progetto salvifico.

Cosí l'universo fisico e, potremmo dire, laico di Aristotele incontra il modello spirituale della →religione dominante in Europa. Nel corso dell'intero Medio Evo non si fa davvero un gran parlare di cosmologie alternative. Né di molti mondi.

Il dibattito che aveva animato le scuole di Atene e i salotti di Roma viene dimenticato. Quando Nicola da Cusa, che lo storico della scienza Alexandre Koyré definisce l'ultimo grande filosofo del morente Medio Evo, ne ravvisa le contraddizioni e respinge, nel XV secolo, la cosmologia tolemaica, per proporre l'immagine di un universo «interminato», ovvero senza limiti, privo di un involucro esterno e con larghi tratti di indeterminazione, non fa alcun riferimento né a Lucrezio né ai classici greci. Quella del Cusano non è una riscoperta. Ma una vera scoperta. Una nuova costruzione logica. Con la medesima genialità e i medesimi limiti della costruzione logica degli atomisti e degli epicurei. È, infatti, sulla base di un puro ragionamento, farcito qui e là di indimostrabili atti di fede, che Nicola da Cusa, nel 1440, scrive il suo *De docta ignorantia* e spiega che l'universo «interminato», benché non infinito, non può avere un centro. E che la Terra, come ogni altra sua componente, si muove «benché non appaia». Il nostro pianeta, oltre che «stella mobilis» è anche «stella nobilis», come il Sole o come la Luna: irradia nello spazio la sua propria luce.

La Terra, nella cosmologia di Nicola da Cusa, non perde, dunque, solo la sua centralità. Ma anche la sua unicità: essa non è né piú perfetta, né meno perfetta del Sole, della Luna e del resto del cielo. È un luogo come gli altri. Nell'universo del Cusano ogni corpo materiale contiene e riflette tutti gli altri.

Nicola elabora dunque un'immagine cosmica sulla base di un coerente «principio di mediocrità». Ci sono tutte le premesse e tutti gli elementi per dedurre che l'universo, «interminato» e privo di gerarchie, deve essere popolato da una pluralità di mondi, tutti uguali anche se tutti differenti, e, quindi, deve essere ovunque abitato. Ciò non significa che tutte le intelligenze cosmiche siano uguali. Al contrario, c'è una grande diversità. Per esempio, gli abitanti del Sole e della Luna, sostiene Nicola, sono piú in alto degli uomini nella scala della perfezione. Essendo meno materiali e meno appesantiti dalla carne, hanno piú spiccate capacità intellettuali e una piú profonda spiritualità. Tuttavia, non bisogna disprezzare i terrestri. Perché non si può dire che «questo luogo del mondo sia abitato da uomini, animali e vegetali di grado piú ignobile di quelli che risiedono nella regione del Sole e delle altre stelle». Infatti, «anche se esistono sulle altre stelle abitanti di altro genere», con doti spirituali superiori, «l'uomo non desidera un'altra natura, ma soltanto di essere perfetto nella propria».

Nicola da Cusa, dunque, riapre alla fine del Medio Evo il dibattito sui molti mondi. E anticipa molti degli argomenti utilizzati oggi a favore dell'esistenza di intelligenze extraterrestri. In un universo illimitato, governato da un principio di mediocrità, devono esistere molti mondi simili alla Terra e, come la Terra, abitati da esseri intelligenti. Nicola, come molti studiosi contemporanei, sostiene inoltre che queste civiltà aliene devono essere, mediamente, piú progredite delle civiltà terrestri. Anche se il metro con cui egli misura il grado di sviluppo è la spiritualità, mentre noi tendiamo a utilizzare il metro, forse meno impegnativo, della tecnologia.

Nicola da Cusa è una voce rara, ma non isolata nella cultura europea che si appresta a uscire dal Medio Evo. Ci sono altri che iniziano a maturare e ad ampliare le sue idee. Per esempio Marcello Stellato Palingenio, al secolo Pier Angelo Mauroli da La Stellata, che nel 1534 pubblica, a Venezia, lo *Zodiacus vitae*, un poema didascalico destinato a notevole fama e diffusione. Che sarà letto in tutta Europa: tradotto in inglese, francese e tedesco. Il poema avrà grande successo tra i protestanti e sarà messo all'Indice, nel 1558, quindici anni dopo la morte dell'autore, dai cattolici. «La terra e il mare contengono molti animali: e si deve credere vuoto il cielo?», chiede a chi sostiene l'unicità cosmica dell'intelligenza umana. «O menti vuote piuttosto voi, che credete questo!»

Palingenio, piú che affermare l'infinità dell'universo, nega la finitezza della creazione di Dio. E invoca quello che Arthur Lovejoy chiamerà il «principio di pienezza»: ovunque è possibile nel cosmo nascono la →vita e l'intelligenza. Cosí, sostiene Palingenio: «...anche l'etere ha i suoi cittadini, e le singole stelle sono le città del cielo, e le sedi degli dei. Colà si trovano re e popoli...». Anche Palingenio indulge a credere nella superiorità degli alieni. E continua: «...ma re e popoli veri, ogni cosa vera: non, come costà, ombre e simulacri di cose...».

Il successo del libro e delle idee di Marcello Stellato Palingenio dimostra che i tempi sono ormai maturi per la prima, vera spallata all'angusto universo geocentrico e per la nascita di una nuova cultura. Una cultura scientifica.

La dirompente novità giunge da Norimberga, il 24 maggio del 1543, quando Andrea Osiander decide di pubblicare il libro, *De revolutionibus orbium coelestium*, scritto da un amico giunto proprio quel giorno al termine della sua vita, Niccolò Copernico da Torun. Con quel piccolo saggio e con la sola forza della ragione l'astronomo polacco osa rimuovere, nientemeno, la Terra e, quindi, l'uomo dal centro del cosmo. Non sono il Sole e i pianeti a ruotare intorno alla Terra, sostiene Copernico, ma è la Terra, come gli altri pianeti, a ruotare intorno al Sole.

Si tratta di un evento davvero importante nella storia dell'umanità. Perché, come scrive Alexandre Koyré, la pubblicazione del libro «segna la fine di un mondo e la nascita di un mondo nuovo [...] segna la fine di un periodo che abbraccia insieme il Medio Evo e l'antichità. Dopo Copernico, e solo dopo Copernico, l'uomo non è piú al centro del mondo. L'universo non ruota piú per lui».

Come abbiamo visto non è la prima volta che qualcuno propone questa rimozione che, di lí a un secolo, sarà considerata eversiva. Addirittura eretica. Ma è la prima volta che la rimozione viene proposta non solo sulla base di argomentazioni logiche, ma anche sulla base di dimostrazioni matematiche. Dimostrazioni che appaiono incomprensibili ai contemporanei: «Mathemata mathematicis scribuntur», lasciamo la →matematica a chi la scrive, alzano le spalle i filosofi scolastici. Solo Filippo Melantone coglie, immediatamente, la portata storica e dirompente della tesi copernicana. Occorrerà attendere Giordano Bruno perché l'intuizione di Melantone diventi →senso comune e inizi a suscitare le *rabies theologorum* temute da Andrea Osiander. Ma di Giordano Bruno parleremo tra poco. Per ora constatiamo che, benché rivoluzionario, l'universo copernicano resta finito. E immutabile. Proprio come l'universo di Aristotele e di Tolomeo. Piuttosto stretto per ospitare molti mondi.

L'universo di Copernico sembra angusto anche ai copernicani. E, infatti, già nel 1576 l'inglese Thomas Digges immagina «l'orbe delle stelle fisse [che] si estende infinitamente verso l'alto». Tuttavia Digges separa l'universo, infinito, delle stelle fisse da quello, finito, degli oggetti materiali. Cosicché occorre attendere il 1584 prima che qualcuno, facendo leva sul modello astronomico di Copernico, proponga l'infinità e l'isotropia dell'universo fisico. Questo qualcuno è Giordano Bruno da Nola. Che in quell'anno, a Londra, pubblica due libri, *La cena de le ceneri* e *De l'infinito universo et mondi*, in cui sostiene che l'universo «è un infinito campo e spacio continente, il quale comprende tutto e penetra il tutto. In quello sono infiniti corpi simili a questo [la Terra], dei quali l'uno non è piú in mezzo de l'universo che l'altro, perché questo è infinito, e però senza centro e senza margine; benché queste cose convengano a ciascuno di questi mondi». Giordano Bruno immagina infiniti sistemi planetari. E, nel *De immenso*, preciserà: «Sono dunque soli innumerabili, sono terre infinite, che similmente circuiscono quei soli, come veggiamo questi sette circuire questo sole a noi vicino».

Nell'universo, infinito e senza centro, dunque, tutto si muove, «compresa questa stella che è la Terra». E infiniti mondi esistono simili alla Terra. La causa di questa necessaria infinità risiede nella potenza infinita di Dio. Non c'era ragione, sostiene ancora Giordano Bruno, che Dio creasse un unico mondo. Né c'era ragione che Dio creasse un unico genere di esseri viventi e di esseri viventi intelligenti. Solo un Dio dalla potenza finita avrebbe creato un universo finito e un numero di mondi finito. Per questa medesima ragion sufficiente gli *innumerabili mondi* contengono innumerabili individui e innumerabili modalità di intelligenza extraterrestre.

L'idea che non siamo soli nell'universo trova, dunque, nel filosofo di Nola un grande sostenitore. Con Bruno l'idea dei molti mondi fa leva, per la prima volta, su una base scientifica: il modello astronomico di Copernico. Ma non è ancora un'ipotesi scientifica. Non solo e non tanto perché l'ipotesi è corredata da un vitalismo cosmico che sconfina nel misticismo. Ma anche e soprattutto perché Giordano Bruno non la correda di quelle che Galileo di lí a poco chiamerà le «sensate esperienze» e le «certe dimostrazioni», ovvero di dati osservativi e di teorie matematiche, che soli possono sottrarre una congettura fisica dall'oceano della speculazione, sia pure della speculazione logica e razionale, e conferirle lo status di autentica ipotesi scientifica.

«Io Zuane Mocenigo dinunzio...» Nel 1592 un nobile veneto denuncia alla Santa Inquisizione l'ospite che ha in casa, Giordano Bruno da Nola, ormai ritornato in Italia, per avergli sentito dire che «il mondo è eterno, e che sono infiniti mondi, e che Dio ne fa infiniti continuamente, perché dice che vuole quanto che può». Il Nolano viene imprigionato, giudicato e condannato al rogo. La condanna viene eseguita in Campo dei Fiori, a Roma, il 17 febbraio del 1600. Giordano Bruno è il primo e, forse, l'unico martire nella storia dei mondi possibili.

Da Galileo a Newton: i molti mondi della nuova scienza

«Grandi invero sono le cose che in questo breve trattato io propongo alla visione e alla contemplazione degli studiosi della natura.» Quando, il 12 marzo del 1610, Galileo Galilei rende pubblico, con un opuscolo in latino, il suo *Sidereus Nuncius*, il suo annuncio sidereo, la ricerca di molti mondi e l'intera astronomia escono dall'ambito della speculazione ed entrano nell'ambito, pienamente scientifico, della osservazione.

Galileo ha avuto l'intuizione, ansieme ad altri, di puntare il suo *perspicillum*, il cannocchiale inventato da un artigiano olandese, verso il cielo. Ma è l'unico a vedere cose che gli altri non riescono a scorgere. Cose cosí grandi da costituire, a detta di Koyré, la «serie di scoperte piú straordinarie e significative di ogni altra mai fatta prima».

Tra le cose, invero grandi, mai viste prima, c'è l'osservazione che «non essere affatto la Luna rivestita di superficie liscia e levigata, ma scabra e ineguale, e allo stesso modo della faccia della Terra, presentarsi ricoperta in ogni parte di grandi prominenze, di profonde valli e di anfratti». C'è la constatazione che bisogna «aggiungere, sopra la numerosa moltitudine delle Stelle fisse che fino ai nostri giorni si son potute scorgere con la naturale facoltà visiva, altre innumerevoli Stelle non mai scorte prima d'ora, ed esporle apertamente alla vista in numero piú che dieci volte maggiore di quelle antiche e già note». E, infine, «quello che supera di gran lunga ogni immaginazione, e che principalmente ci ha spinto a farne avvertiti tutti gli Astronomi e i Filosofi, è l'aver noi appunto scoperto quattro Stelle erranti, da nessun altro prima di noi conosciute né osservate».

Galileo, dunque, può finalmente osservare (e far osservare a tutti) ciò che pochi, finora, avevano potuto e osato ipotizzare. Che la Luna e il mondo sopralunare sono fatti della stessa pasta imperfetta di cui è fatta la Terra. Che il cielo è popolato da un numero molto, ma molto piú grande del pur grande numero di stelle visibili a occhio umano. E che nell'universo vi sono altre stelle erranti, o pianeti, in aggiunta a quelle conosciute, come i quattro «astri medicei» che il grande scienziato fiorentino ha visto ruotare intorno alla «Stella di Giove».

È difficile sopravvalutare l'importanza, per l'astronomia e per l'intera scienza moderna, delle scoperte che Galileo annuncia nel 1610. Le considerazioni intorno al *Sidereus Nuncius* potrebbero e dovrebbero riempire un intero volume. Ma, ai nostri fini, basta ricordare che queste scoperte effettuate con l'osservazione diretta mostrano che l'ipotesi dei molti mondi non è affatto incompatibile con la nuova scienza. Abbiamo finalmente la certezza documentata che l'universo è un luogo non dissimile dalla Terra; che è popolato da un numero enorme, se non addirittura infinito, di stelle; che nel sistema solare vi sono piú oggetti planetari di quanto per millenni abbiamo enumerato. Persino l'ipotesi che alcuni di questi molti mondi possano essere abitati da esseri intelligenti quanto e piú dell'uomo non è da rifiutare a priori.

Se la Luna e gli altri pianeti sono fisicamente simili alla Terra, allora le conseguenze logiche sono due. Una la coglie, con notevole rigore filosofico, René Descartes. L'universo è uniforme, sostiene nel 1644 nei suoi *Principia Philosophiae*: perché «la terra e i cieli sono fatti della stessa →materia». E, pur non essendo infinito, questo unico mondo, l'universo, è costituito da innumerevoli sistemi simili al sistema solare, con le loro stelle e i loro pianeti.

Quanto a questi pianeti, se sono simili alla Terra, cosa vieta che siano tutti abitati, compresi quelli a noi piú vicini? Ed ecco che nel 1638 un prete inglese, John Wilkins, scrive un libro, *La scoperta di un mondo sulla Luna*, per cogliere la seconda conseguenza logica delle scoperte di Galileo e sostenere, come Keplero, non solo che il nostro satellite è abitato. Ma anche che la presenza dei seleniti non è in contrasto con le Sacre Scritture.

Intanto il dibattito teorico sull'infinità dell'universo, negata sia da Keplero che da Descartes, effettua un notevole balzo in avanti. Il cosmo guadagna una dimensione infinita con Isaac Newton. Quando il fisico inglese elabora la sua fondamentale teoria della gravitazione universale, infatti, dimostra che le stelle si attraggono reciprocamente. E poiché non sono piú incastonate nell'eterea ma rigida sfera aristotelica, bensí libere di galleggiare nel vuoto, a Newton sorge spontanea la domanda: «Cosa impedisce alle stelle fisse di cadere l'una sull'altra?».

L'universo, sostiene Newton, è omogeneo e isotropo, oltre che infinito. In uno spazio infinito e uguale a se stesso in ogni dimensione, le stelle sono distribuite tutte alla medesima distanza. Cosí ciascuna è attratta con la medesima intensità in ogni direzione, con una forza risultante pari a zero. La staticità è salva, anche se resta piuttosto fragile. Gli infiniti mondi diventano, dunque, una «necessità» della «necessaria» →meccanica newtoniana.

Molti mondi nell'universo, molti universi nelle equazioni di Einstein

Nel XX secolo il problema dei molti mondi cambia radicalmente aspetto. Da un lato, con la scoperta dell'universo in espansione (→evoluzione cosmica), le infinite stelle cessano di essere una →necessità per la cosmologia teorica. Dall'altro, gli astronomi scoprono che l'universo non è confinato nei limiti della nostra galassia, ma si estende in uno spazio «enorme». In questo spazio sono ospitate centinaia di miliardi di galassie, ciascuna delle quali contiene, a sua volta, centinaia di miliardi di stelle. I molti mondi escono semplicemente dal regno delle ipotesi e diventano realtà. Anche il problema della vita e della vita intelligente fuori dalla Terra cambia natura. Da problema logico e teologico, diventa un problema (anche, ma non solamente) statistico.

Se, dunque, la scoperta dell'«universo enorme», forse infinito, risolve definitivamente il problema dei molti mondi, le equazioni della →relatività di Albert Einstein, che tanto hanno contribuito alla scoperta dell'universo evolutivo, propongono un nuovo problema. O, se si vuole, il vecchio problema in una nuova luce. Esiste un solo universo, o esistono molti universi?

A questo punto dobbiamo chiederci cosa, esattamente, intendiamo per universo. Quello che gli astronomi osservano, e che già cosí appare «enorme», è solo una porzione, non sappiamo quanto grande, di un universo reale molto piú esteso. Noi possiamo osservare, infatti, solo la parte dell'universo che rientra nel nostro *cono di luce*, ovvero nel cono disegnato dalla luce partita dalla posizione in cui ci troviamo all'inizio della storia cosmica. La luce ha una velocità finita, ancorché molto elevata. Il cono disegnato dalla luce nel corso della storia, finita, del cosmo ha dunque delle dimensioni finite. Le dimensioni del nostro cono di luce aumentano nel tempo e segnano le dimensioni di quelle parti dell'universo causalmente connesse con noi (→causa). Segnano i confini del *nostro* universo o, come viene chiamato dagli astronomi, dell'*universo visibile*. Al di là di questi confini esiste l'universo non (ancora) visibile. L'universo non (ancora) causalmente connesso con la nostra parte di universo.

Cosa c'è oltre il nostro cono di luce in espansione? Nessuno lo sa. Nessuno può saperlo. Anche se un principio di economia ci dice che non dovrebbe esserci una →realtà fisicamente diversa da quella del *nostro* universo. È probabile che oltre il nostro cono di luce ci sia un universo governato dalle medesime leggi della fisica che governano la porzione di universo finora esplorata e causalmente connessa dai fotoni partiti dal nostro «punto cosmico» all'inizio del →tempo. Che, secondo il Modello Standard della cosmologia, coincide con il Big Bang, la grande esplosione, avvenuta, si calcola, circa 12 o 15 miliardi di anni fa.

L'esperienza ci dice che la nostra inferenza logica ha solide fondamenta. Il nostro cono di luce aumenta, secondo per secondo, le proprie dimensioni. E le nuove parti di universo che diventano visibili non sono mai risultate portatrici di *nuova fisica* o di *diversa fisica*.

Resta, tuttavia, legittimo chiedersi se l'intero universo, dentro e fuori il nostro cono di luce, presenta ovunque le medesime proprietà. E resta lecito chiedersi quanti universi esistano.

Quest'ultima domanda, in particolare, non ha allo stato nessuna risposta, oltre quella banale. Sappiamo per certo che almeno un universo esiste, il nostro. Tuttavia la domanda non è infondata. Se non altro perché quelle stesse equazioni di Einstein che sono alla base della descrizione scientifica del nostro universo ammettono soluzioni per altri universi. Esistono molti mondi possibili nelle equazioni di Einstein.

Lo studio, relativistico, dei buchi neri, un oggetto la cui realtà i fisici teorici danno per certa mentre gli astronomi danno ancora per dubbia, ha portato qualcuno a proporre, per esempio, che in ogni e in ciascuno di essi si celi un altro universo.

Alcuni di questi mondi possibili ci appaiono fisicamente non plausibili. Altri, invece, ci appaiono fisicamente plausibili. Ma la loro plausibilità ai nostri occhi, una plausibilità peraltro contingente, li rende reali? Naturalmente no. Non tutto ciò che risulta possibile sulla carta vergata da un fisico teorico è necessariamente reale. Anche se i fisici tendono a credere che tutto ciò che in natura è possibile tende a realizzarsi. Nel gioco, sottile, tra queste due affermazioni c'è, ben nascosta, la risposta alla nostra domanda.

I molti mondi della meccanica quantistica

Prima di tentare di fornire un elenco, lacunoso in partenza, dei molti mondi possibili nell'ambito della moderna cosmologia teorica, fondata sulla relatività di Einstein, conviene ricordare che l'ipotesi dei molti mondi è stata autorevolmente proposta anche in →meccanica quantistica. E la proposta, per quanto controversa, si salda con molte ipotesi molti mondi sbocciate nell'ambito della relatività generale.

La proposta è stata avanzata nel 1957 da Hugh Everett III. E consiste, piú o meno, in questo. Come è noto, nella meccanica dei quanti il concetto di realtà è un po' diverso da quello della meccanica classica e dal concetto di realtà che abbiamo noi, portatori del senso comune. Nel nostro mondo quotidiano, per esempio, un gatto o è vivo o è morto. Nella meccanica quantistica, o, almeno, in una delle interpretazioni della meccanica quantistica, un gatto è vivo *e* morto fino a quando qualcuno non lo osserva e non lo trova vivo *o* morto. In termini piú rigorosi si dice che il gatto quantistico, quando non è osservato, è in una sovrapposizione di stati. O meglio, la funzione d'onda che descrive il gatto quantistico si trova nella sovrapposizione dei due stati: dello stato vivo e dello stato morto. Quando, finalmente, qualcuno osserva il gatto, la funzione d'onda collassa e uno solo dei due stati si realizza. A quel punto il gatto non è piú vivo *e* morto, ma diventa vivo *o* morto.

Il ruolo dell'osservatore ha sempre suscitato controversie nella interpretazione del formalismo quantistico. Perché sembra introdurre un'alea di soggettività nel mondo, considerato oggettivo, della fisica. Nel tentativo di superare il soggettivismo del ruolo dell'osservatore, Hugh Everett

III propose un'interpretazione capace di colpire l'immaginazione. Secondo Everett ogni atto di osservazione produce una moltiplicazione degli universi. Perché con ogni atto di osservazione la funzione d'onda collassa e ciascuno degli stati quantistici possibili si realizza. Ognuno in un universo diverso e causalmente sconnesso con gli altri. Quando qualcuno osserva un gatto, l'universo si sdoppia in due. In uno degli universi neonati il gatto è vivo, propone Everett. E nell'altro il gatto risulta morto. Naturalmente, poiché gli atti di osservazione sono infiniti e continui, gli universi sono infiniti e la loro proliferazione è continua. La nostra stessa vita non sarebbe che una linea di connessione nel grappolo, proliferante, dei molti mondi di Everett. In realtà in molti altri universi esistono molte copie di noi stessi che hanno sposato un'altra donna o un altro uomo, che hanno avuto altri figli o non hanno avuto figli, che hanno scelto un altro lavoro o hanno avuto un'altra storia sanitaria.

Idea suggestiva, quella di Everett. Ma difficile da provare. Non fosse altro che i suoi molti mondi sono causalmente e irrimediabilmente sconnessi.

Multiverso, multiversi

Le possibilità molti mondi aperte dalle equazioni relativistiche di Albert Einstein e dall'equazione, quantistica, di Erwin Schrödinger sono molte. Ed è impossibile, almeno in questa sede, anche solo elencarle. Possiamo, però, tentare un elenco delle classi di ipotesi che propongono multiverso, ovvero l'esistenza di molti universi.

La prima classe è quella introdotta da Dennis Sciama. Multiverso è una necessità logica. L'unica, a dire dei suoi fautori, in grado di spiegare la serie incredibile di «coincidenze cosmiche» che consentono a *Homo sapiens sapiens* di menare la sua vita in questo universo.

La seconda classe di ipotesi è quella *inflattiva* proposta, per la prima volta, da Andrej Linde. Il cosmologo russo, tra i padri della teoria dell'inflazione che sarebbe all'origine del nostro universo, pensa che esista in realtà un Grande Universo che, come un albero, produce a ritmo crescente, inflazionario, addirittura esponenziale, nuovi rami e nuove gemme. Nell'ipotesi di Linde noi vivremmo in una di queste gemme. Le altre gemme, oltre ad avere un'evoluzione indipendente, avrebbero anche una fisica indipendente. Ciascun dominio dell'universo inflazionario di Andrej Linde ha leggi fisiche diverse. E qualcuno, afferma il cosmologo russo, è persino refrattario a farsi spiegare in termini puramente fisici. Andrej Linde e il suo collega americano Alan Guth pensano, addirittura, di poter comprimere un pizzico di materia fino al punto di consentire alle fluttuazioni quantistiche di indurre l'inflazione cosmica. Insomma cercano di ricreare nuovi universi e nuove storie cosmiche in laboratorio. L'idea inflazionaria si è, come dire, inflazionata. E oggi ce ne sono svariate in giro, ciascuna con una sua propria modulazione dell'attività del Grande Universo, o di Multiverso come è ormai chiamato il grande albero degli universi.

La terza classe di ipotesi, infine, è quella *evolutiva* proposta dall'americano Lee Smolin. Secondo il cosmologo americano, ogni volta che un buco nero collassa nel nostro o in un altro universo, si genera un nuovo universo con proprie leggi fisiche che produce una nuova espansione dello spaziotempo. In questa nuova espansione, talvolta c'è la possibilità che si formino buchi neri. Altre volte no. Nel primo caso il nuovo universo avrà degli universi-figli. Nel secondo caso no. Poiché il numero di discendenti di un universo, come nota Martin Rees, dipende dalle leggi in vigore al suo interno, si verifica una pressione selettiva. Gli universi figli, sostiene Smolin, possono differire un poco dall'universo-padre. E ciò produce quella variabilità che, proprio come nell'→evoluzione biologica, consente la *selezione naturale* degli universi. Anche Smolin, come Linde, ha velleità di creazione cosmica. L'uomo ha imparato da millenni a intervenire sugli organismi viventi, sostiene, modificando il genoma. Oggi questa capacità è esaltata dalla possibilità di manipolare direttamente il Dna. Nulla esclude che in futuro l'uomo possa imparare a modificare i parametri fisici, come, ad esempio, la massa dell'elettrone. A quel punto avrà creato una sorta di cosmotecnologia e sarà capace di generare egli stesso, direttamente, dei nuovi universi, a piacimento.

Né Metrodoro né Giordano Bruno avrebbero osato anche solo immaginare tanto. Ma a questo punto, non fosse altro che per raffreddare l'immaginazione, richiamiamo il lettore alla prudenza. E dopo questa dedicata ai molti mondi, lo invitiamo a leggere almeno un'altra voce. Quella dedicata alla →simulazione e alle sue capacità seduttive.

Letture: Fernando De Felice, *Gli incerti confini del cosmo*, Milano, Bruno Mondadori, 2000; Martin Rees, *Prima dell'inizio*, Milano, Raffaello Cortina, 1998; Carl Sagan, *Il romanzo della scienza*, Milano, Mondadori, 1982; Lee Smolin, *La vita nel cosmo*, Torino, Einaudi, 1998.

Morte
(dal latino *mors*)

La →vita, cos'è la vita? È riuscire, istante dopo istante, a reprimere una perpetua e travolgente pulsione al suicidio. E la morte, cos'è la morte? È rimuovere, a un certo punto, ogni resistenza, avvisare con ritegno i vicini, e andarsene con lucida e composta dignità, staccando da soli la spina, ma facendosi assistere negli ultimi istanti prima del sereno trapasso.

Sí, la vita dell'unità elementare della vita, la cellula, è la capacità di resistere alla voglia di suicidio. E la morte cellulare è una dolce morte: un suicidio lucido, programmato e assistito. Un atto di grande pietà. E di grande creatività.

Nulla piú dei recenti studi sull'apoptosi, il suicidio delle cellule, ha modificato la nostra percezione dei due concetti fondamentali che ci accompagnano nel corso della nostra intera esistenza con il loro carico di irrisolta razionalità e di struggente emotività, il concetto di vita e il concetto di morte. Per migliaia di anni abbiamo creduto di avere un'idea chiara, assoluta, essenziale di cosa fosse la vita. E di cosa fosse la morte. Abbiamo, in verità, sempre avuto una certa difficoltà a definire in modo rigoroso cos'è, esattamente, la vita. Ma abbiamo anche pensato che questa difficoltà fosse solo apparente, perché della vita abbiamo (ci sembra di avere) un'intuizione immediata, a priori.

Al contrario non abbiamo mai avuto grandi difficoltà a dire cosa sia la morte. La morte è (ci sembra) qualcosa di esterno e di opposto alla vita. La morte è l'assenza della vita. Quando c'è vita, non c'è morte. E quando c'è morte, non c'è vita.

Da almeno un paio di secoli, però, la scienza ha cominciato a cambiare queste nostre immagini intuitive della vita e della morte. Da quando Charles Darwin, nel 1859, ha pubblicato *L'origine delle specie*, sappiamo che la vita non è una condizione assoluta, ma è un processo evolutivo. E da quando Claude Bernard, sempre nel XIX secolo, ha introdotto il concetto di «ambiente interno» di un organismo vivente in equilibrio dinamico (omeostasi), sappiamo che vita e morte non sono sempre in opposizione. Il processo della vita contempla anche la morte. «La vita è morte, la vita è creazione», sosteneva il grande Bernard.

Abbiamo poi imparato che non è possibile dare una sola e univoca definizione di morte. Che bisogna distinguere, per esempio, tra la morte biologica di un corpo e la morte cerebrale di una persona. Ma anche in riferimento a un corpo, Rudolf Virchow già nel 1858 ci avvisava che bisogna distinguere tra la «morte generale» dell'organismo e la «morte elementare» (necrosi) delle sue unità fondamentali, le cellule. Da allora sappiamo che un intero organismo può vivere, mentre alcune delle sue componenti elementari possono e talvolta debbono morire. «La vita è morte», appunto, come dice Bernard.

È con Virchow che il concetto di morte inizia a frammentarsi.

Tuttavia solo da una decina di anni, dall'inizio degli anni '90, abbiamo iniziato a capire quanto sia vasto e in che cosa consista il processo della «morte elementare». E dalle conoscenze di questo processo, il concetto di morte esce radicalmente modificato.

Le cellule che conoscono la morte sono quelle eucariote, le grandi cellule superorganizzate che compongono gli organismi complessi: le piante e gli animali, per intenderci. Le altre cellule, le piú antiche, le piccole e semplici cellule procariote, non muoiono, si perpetuano duplicandosi in continuazione (anche se, naturalmente, possono essere distrutte da agenti esterni). La morte è dunque una condizione degli organismi complessi. Degli organismi che si riproducono per via sessuale. La morte è legata al →sesso. Eros e Thanatos.

La morte è stata «inventata» tardi nel corso dell'evoluzione della vita (meno di un miliardo di anni fa, mentre la vita sulla Terra è vecchia di 4 miliardi di anni). Ed è molto probabile che proprio l'«invenzione» della morte abbia consentito la creazione degli organismi complessi.

Cominciamo, dunque, a intuire un ruolo davvero insospettato per la morte. Avevamo sempre pensato alla morte come distruzione. Anzi, come la distruzione assoluta. E scopriamo che, invece, ha anche un ruolo creativo. Parafrasando Bernard, potremmo dire che «la morte è vita, la morte è creazione». Di piú. La morte, come sostiene Jean-Claude Ameisen, è uno scultore. Che consente alla vita di esplodere in una gamma inusitata di forme e di diversità.

È, per esempio, solo attraverso la morte «altruistica» di alcune cellule, anzi di intere architetture cellulari, che dal *blob* informe dell'embrione iniziale può emergere l'articolata e precisa morfologia dell'individuo bambino e poi adulto. La morte, dunque, come Michelangelo, fa emergere dal marmo informe della vita i lineamenti dell'→armonia e della →complessità.

Ma c'è qualcosa di piú che viene fuori dai piú recenti studi sul funzionamento delle cellule in un organismo e ribalta le nostre antiche convinzioni: non è la morte l'assenza della vita. Ma, al contrario, è la vita l'assenza, *pro tempore*, della morte. Già, perché la morte per suicidio è una tensione naturale delle cellule. E la vita è la capacità che, in certe precise condizioni, hanno le cellule di reprimere quella tensione.

Quando la cellula si accorge di occupare uno spazio che non è il suo o di aver terminato il suo compito, quando, cioè, le condizioni ambientali per inibire la tensione al suicidio vengono meno, allora la cellula «decide» di morire. Cioè di lasciare via libera alle pulsioni interne che la conducono al suicidio. Un suicidio lucido, ma dignitoso. Con tanto di «rito funebre». La cellula che «decide» di morire si prepara, infatti, al trapasso con grande dignità e compostezza, in modo che la morte sia dolce. E avvisa, con una serie di segnali biochimici, le cellule vicine. In modo che, quando il suicidio è ormai avviato, esse possano intervenire sia per favorirlo, sia per occupare la posizione lasciata libera.

Questa è dunque, l'apoptosi. Una forza travolgente, ma lucida. Una forza creatrice.

Certo, quella che abbiamo appena descritto per sommi capi è la dimensione della «morte elementare». E ogni estrapolazione dei processi che la guidano a livello della «morte generale» di un intero organismo sarebbe del tutto arbitraria. Tuttavia da questa descrizione possiamo ricavare una speranza e una morale che ci riguardano come organismi complessi.

La speranza, abbastanza fondata, è che l'emergere di questa immagine creativa della «morte elementare» e le specifiche conoscenze biomolecolari possano aiutarci a sospendere, il piú a lungo possibile, la «morte generale» dei nostri complessi organismi. Che per fortuna non hanno una pulsione travolgente al suicidio, ma ahinoi dimostrano una certa tendenza a invecchiare.

La morale è che la →natura non ha una morale. Se è vero, come è vero, che fonda sul suicidio sistematico, ancorché composto e dignitoso, la sua piú abbagliante complessità: la complessità biologica. Compresa la complessità, cosciente e libera (→coscienza), di quella specie che un fisico, Victor Weisskopf, ha definito l'occhio attraverso cui la natura ha imparato a osservare se stessa.

Tuttavia la scienza, in tempi recenti, non si è limitata a frammentare e a rifondare il concetto di morte a livello elementare. Oggi abbiamo una frammentazione e una rifondazione anche del concetto di «morte generale», di morte di un intero organismo. In particolare, abbiamo un acceso dibattito che riguarda la definizione di morte di un uomo.

Per molto tempo il concetto di morte è coinciso con il concetto di arresto del cuore e di interruzione irreversibile delle funzioni cardiocircolatorie. In definitiva, anche per un uomo la morte coincideva con la morte biologica. Ovvero con l'inizio della distruzione dell'organismo. Poi la tecnologia ci ha consentito di analizzare l'attività del nostro cervello. E di cominciare a distinguere tra almeno due tipi di morte: la morte dell'organismo e la morte della persona. Una persona può morire senza che necessariamente muoia il suo corpo.

Oggi quasi in tutto il mondo si fa coincidere la morte della persona con la morte cerebrale. Definita come l'assenza irreversibile sia dell'attività del tronco cerebrale (cessazione del respiro spontaneo e mancanza di riflessi dei nervi della testa) sia dell'attività corticale (stato di incoscienza e «silenzio elettrico», rilevato con l'elettroencefalogramma). In queste condizioni un uomo non è piú un uomo.

In queste condizioni, però, l'organismo di un uomo può continuare a vivere, piú o meno a lungo, in una condizione irreversibile di coma. La vita, vegetativa, cessa e interviene la morte biologica quando, poi, si bloccano le funzioni cardiocircolatorie e l'organismo comincia a distruggersi.

Il dibattito giuridico, etico, medico e filosofico su quale sia la «vera» morte è stato molto acceso, negli ultimi tre decenni. Non entreremo nel merito di questo dibattito. Possiamo però dire, con il fisiologo Fausto Baldissera, che in questi ultimi trent'anni abbiamo capito che «si muore sempre due volte».

Letture: Jean-Claude Ameisen, *Al cuore della vita*, Milano, Feltrinelli, 2001; Carlo Alberto Defanti, *Vivo o morto?*, Milano, Zadig, 1999.

Moto

(dal latino *motus*)

Il movimento, diceva Aristotele, è *entelechia*: la realizzazione di ciò che è in potenza. La fase di transizione nel corso della quale la potenzialità pura si trasforma in attualità. →Causa prima e diretta dell'*entelechia* è il «motore immobile», una →forza propulsiva che agisce sui corpi materiali non in modo attivo, ma come «la causa dell'amore». Aristotele non conosceva il principio di inerzia ed era convinto che non appena la connessione tra il corpo materiale e il «motore immobile», causa di ogni moto, viene meno, il corpo materiale torna nella sua condizione naturale, che è quella di stare fermo, in quiete.

Le leggi scientifiche del moto e, in definitiva, la stessa *nuova scienza* nascono come tentativo di confutare la dinamica di Aristotele. Il combinato per la prima volta disposto di →teoria (matematizzata), →esperimento e →deduzione consente a Galileo Galilei di dimostrare che il moto continuo di un corpo materiale non viene affatto meno quando cessa il contatto con la forza propulsiva. Questo principio assumerà il nome di *inerzia galileana*.

Galileo dimostra, poi, che il moto dei gravi in caduta libera verso la Terra subisce la medesima accelerazione (aumenta la velocità ogni secondo di circa 10 metri al secondo). O, detta in altro modo, se lascio cadere da una torre una pesante pietra e una leggera piuma, queste, sfidando il →senso comune, toccherebbero terra nel medesimo istante, se non ci fosse la resistenza dell'aria a complicare le cose. Insomma, attrito a parte, i corpi hanno tutti la medesima propensione a cadere o a restare fermi.

Infine Galileo, in una delle prime applicazioni militari della teoria fisica, dimostra che la traiettoria di un proiettile, per esempio una palla di cannone, lanciato con un'inclinazione qualsiasi rispetto al terreno, ha la forma di una parabola, perché il suo moto in volo è la risultante di due componenti, una orizzontale e una verticale. La componente orizzontale della velocità è costante, cosicché la distanza del proiettile dal punto di lancio aumenta linearmente col tempo. La componente verticale della velocità diminuisce costantemente col tempo: cosicché l'altezza del proiettile dal terreno diminuisce col quadrato del tempo. Mettendo insieme le due componenti, matematica alla mano, Galileo dimostra che un cannone ha la gittata massima con un inclinazione di 45° rispetto al terreno.

Il moto di Galileo è decisamente diverso rispetto al moto di Aristotele. Le teorie, le esperienze e le deduzioni del nuovo filosofo della natura gettano le premesse per la nascita di una disciplina scientifica che, per molto tempo, sarà quasi sinonimo di →fisica, la →meccanica.

Con i problemi del movimento si misurano tutti i grandi della nuova scienza. Il moto è, per esempio, al centro della fisica e, soprattutto, della →filosofia di Cartesio.

Secondo la definizione che ne dà il francese, un corpo si muove con una certa velocità, v, se la sua collocazione nell'ambiente immediatamente circostante, A, cambia con quella velocità, ammesso che A sia a riposo, cioè fermo. Se ne ricava che il capitano di una nave si allontana con velocità v da un porto. Ma sua moglie che lo saluta sulla banchina si allontana con la medesima velocità v dalla nave. Malgrado la indeterminazione del termine «ambiente immediatamente circostante», Cartesio propone, dunque, un moderno concetto relativistico del moto.

Quanto alla sua filosofia fisica, René Descartes sostiene che l'→universo altro non è che →materia estesa (*res extensa*) e moto. La *res extensa* coincide con lo →spazio, ed è di per sé immutabile. È dunque il moto, attraverso gli urti tra i corpi, che regala all'universo la sua variabilità. L'universo di Cartesio, dunque, è un enorme meccano che si muove in modo del tutto necessario (→determinismo) sulla base delle leggi del moto. La visione cartesiana prenderà il nome di →meccanicismo e diventerà →metafora dominante (e di successo) nella fisica e nell'intera →scienza per molto e molto tempo, fino ai nostri giorni.

Cartesio è l'artefice della visione meccanicistica del mondo. Ma è Isaac Newton a riempirla di contenuti matematici e teorie scientifiche. È il fisico inglese, infatti, che rende la meccanica una scienza esatta. In primo luogo con le sue tre leggi (→legge) del moto.

La prima legge, nota come *legge d'inerzia*, è un'estensione del principio galileano e afferma che un corpo in quiete o in moto rettilineo uniforme resta nel suo stato di quiete o di moto rettilineo uniforme se non viene sottoposto all'→azione di una forza non bilanciata. In altri termini il moto di un corpo (compreso quel particolare moto che è lo stare fermo) può essere modificato solo se sul corpo inizia ad agire una forza non equilibrata (nel caso agiscano due forze uguali in direzioni opposte, cioè una forza equilibrata, l'effetto sul corpo materiale è nullo).

Già questa prima legge contiene un concetto nuovo e fondamentale, il concetto di forza appunto. Che Newton definisce quantitativamente con la seconda legge del moto. La forza, F, applicata su un corpo materiale, non è altro che l'accelerazione, a, ovvero la variazione di velocità che subisce il corpo, moltiplicato la massa inerziale, m, che a quella variazione si oppone.

$$F = m\,a$$

Questa equazione, nota come «equazione del moto di Newton», è una delle piú note della storia della scienza, ed è alla base della dinamica, almeno della dinamica classica, della *nuova scienza*.

La terza legge del moto di Newton, nota come legge di azione e reazione, è un principio di →simmetria: se un corpo X esercita una forza di qualsivoglia genere sul corpo Y, allora Y esercita una forza perfettamente uguale e contraria su X (dove per contraria si deve intendere nel verso opposto della medesima direzione). È, questa, la legge che impedisce a un velista di spostarsi in mare semplicemente soffiando a piú non posso sulla vela della sua barca.

Le tre leggi di Newton sono necessarie e sufficienti a descrivere il movimento dei corpi in quello che egli chiama lo spazio assoluto, quello spazio che, «senza relazione alcuna a qualcosa di esterno, resta sempre simile a se stesso e immutabile». Lo spazio assoluto non deve essere confuso con lo spazio, relativo, nel quale i nostri sensi collocano gli oggetti materiali l'uno rispetto all'altro.

Per oltre due secoli la meccanica newtoniana, che si regge sulle tre leggi di Newton, si dimostra perfettamente in grado di descrivere il moto e, dunque, gli eventi della fisica.

Poi, all'inizio del XX secolo, Albert Einstein dimostra che lo spazio assoluto non esiste. E, allora, il moto deve essere spiegato in una cornice concettuale radicalmente nuova. Nella cornice della →relatività.

Letture: Lloyd Motz e Jefferson H. Weaver, *La storia della fisica*, Bologna, Cappelli, 1991; David Oldroyd, *Storia della filosofia della scienza*, Milano, Il Saggiatore, 1989.

Natura
(dal latino *natura*, derivato da *nasci*)

Nel linguaggio comune per natura s'intende l'insieme, ordinato, degli oggetti inanimati e degli organismi viventi. Un concetto non molto dissimile da quello proposto fin dalle origini della →filosofia greca, quando per natura si intendeva la totalità, ordinata, del reale.

Natura, d'altra parte, è uno dei termini fondativi del pensiero filosofico e della sua storia. Non è certo questa la sede dove è possibile anche solo richiamare quel pensiero e quella storia. Basti dire che la necessità di spiegare cosa si debba intendere per natura ha ispirato tutti i grandi filosofi: da Socrate, Platone e Aristotele, fino a Kant, Hegel, Marx.

Sul concetto di natura, tuttavia, hanno riflettuto, in termini filosofici, anche molti scienziati. A partire da Galileo, che intendeva la natura come un grande libro scritto in lingua →matematica e impresso coi caratteri della →geometria:

> La filosofia è scritta in questo grandissimo libro che continuamente ci sta aperto innanzi agli occhi (io dico l'universo), ma non si può intendere se prima non s'impara a intender la lingua, e conoscer i caratteri, ne' quali è scritto. Egli è scritto in lingua matematica, e i caratteri son triangoli, cerchi, ed altre figure geometriche, senza i quali mezi è impossibile a intenderne umanamente parola; senza questi è un aggirarsi vanamente per un oscuro laberinto.

La →metafora di Galileo Galilei non è nuova. Il libro della natura è un'immagine che ricorre lungo l'intera storia della cultura occidentale. Prima di Galileo, tuttavia, leggere il libro della natura è un atto esoterico. Un atto che, per i cristiani, è privilegio solo di alcuni: quelli a cui Dio ha concesso la grazia.

Con la *nuova scienza* di Galileo il libro della natura è aperto, democraticamente, a tutti. Leggibile a chiunque. Almeno a chiunque voglia «possederne l'alfabeto matematico» e quindi apprenderne il linguaggio. Che è un linguaggio magari difficile, ma certo universale. E potente. Perché, come commenterà Immanuel Kant, l'uomo che possiede quel linguaggio, lo scienziato, non è piú l'allievo che accetta tutto ciò che la natura sceglie di rivelare. Ma diviene un giudice esigente, che ordina di rispondere alle domande che egli stesso pone.

Questa idea galileana di natura sarà per molto tempo l'idea fondante dell'indagine scientifica. Cosí come l'idea di natura proposta da Francesco Bacone, come fanciulla da disvelare (cui togliere i veli) con la forza della ragione e da sottomettere, peraltro obbedendole, con l'azione è alla base di quell'ottimismo tecnologico (→tecnica) che spesso accompagnerà e, talvolta, si confonderà con lo sviluppo delle conoscenze prodotte dalla nuova scienza.

Possiamo dire che ogni epoca, persino ogni scienziato, ha elaborato e proposto una sua teoria o, quanto meno, una sua immagine della natura. Queste proposte e queste immagini hanno indirizzato il lavoro quotidiano degli scienziati e coincidono con la loro riflessione sulla →realtà e sulla possibilità, autentiche o solo apparenti, che offre la →scienza di conoscere la realtà. Cosí che sopravvalutare l'importanza culturale dell'idea di natura prodotta, di epoca in epoca, dagli uomini di scienza è impresa davvero difficile. Questo intero dizionario, d'altra parte, non è che un pallidissimo fantasma di quell'insieme di formidabili implicazioni culturali generato dalle diverse declinazioni di natura prodotte dagli scienziati.

C'è, tuttavia, un ulteriore punto di svolta, oltre quello galileano, che lo sviluppo delle conoscenze scientifiche impone al dibattito filosofico sul concetto di natura. Ed è la collocazione che l'→uomo assegna a se stesso nella natura.

Prima di Charles Darwin era possibile collocare l'uomo fuori dalla natura, come fa gran parte del pensiero cristiano o come fanno, almeno in parte (nella parte mentale), René Descartes e (nella parte noumenica) Immanuel Kant. Prima di Charles Darwin era certo pretenzioso, ma possibile pensare all'uomo come a un osservatore estraneo della natura. Ed era possibile considerare naturale l'ambiente che raccoglie le cose non prodotte dall'uomo e artificiale l'ambiente che accoglie le cose prodotte dall'uomo. Prima di Darwin qualcuno poteva considerare l'uomo un sovrano ineffabile della natura contaminante e qualche altro poteva considerare l'uomo un bieco corruttore della natura incontaminata. Quasi tutti, però, riconoscevano una cesura netta e definitiva tra l'uomo e la natura.

Dopo Charles Darwin e la teoria dell'→evoluzione biologica, questa visione è venuta, semplicemente, meno. L'estraneità dell'uomo alla natura non è piú sostenibile. L'uomo è parte integrante della natura. È un prodotto della storia naturale. Non solo con il suo corpo materiale. Ma anche con la sua tecnica, con la sua →cultura, con la sua →mente. La scoperta dell'evoluzione della natura, dunque, rivela la natura evolutiva dell'uomo. L'uomo è una scimmia. È una delle grandi scimmie antropomorfe, e condivide con le altre non solo il 95% o addirittura il 98% del suo Dna, del suo patrimonio genetico, ma un'intera storia evolutiva. Di piú. L'uomo è una →specie vivente tra le altre, che condivide con le altre un progenitore comune.

Questa semplice constatazione, con cui Charles Darwin, si è detto, ha «detronizzato» l'uomo dal posto privilegiato che si era autoassegnato sulla natura, ha non solo profonde e ovvie implicazioni filosofiche, ma anche profonde e meno scontate implicazioni di tipo etico. Sia perché cambiano i fondamenti su cui l'uomo poggia le responsabilità che ha verso la natura. Sia perché la stessa →etica assume un carattere evolutivo e, per cosí dire, *naturale*.

C'è, tuttavia, un'ulteriore implicazione che deriva dalla constatazione che l'uomo è parte della natura. La teoria darwiniana ci dice che la natura evolve. Sia nella sua componente inanimata, sia nella sua componente biologica. E che la biosfera, quella parte del pianeta Terra coinvolta direttamente nel ciclo della vita, è la concreta realizzazione del rapporto fitto, storico e coevolutivo tra gli elementi fisici e gli elementi biologici che la compongono. La teoria darwiniana ci dice, inoltre, che gli uomini appartengono a una specie, la specie *Homo sapiens sapiens*, che come ogni altra specie è un prodotto dell'evoluzione. Una specie che, come ogni altra, intrattiene un rapporto fitto e biunivoco con l'→ambiente dinamico in cui vive. In conclusione. La natura evolve. L'uomo evolve. L'uomo è parte della natura. Uomo e natura, dunque, coevolvono. Il loro ineludibile rapporto non è dato a priori, ma è costruito giorno per giorno.

La scienza, dunque, ha modificato in modo radicale e irreversibile il concetto che l'uomo ha della natura. Galileo ha mostrato che l'uomo (ogni uomo) può conoscere, almeno in parte, la natura. Darwin ha mostrato che l'uomo è parte della natura. Conoscendola la trasforma. Conoscendola ne viene trasformato.

Letture: Sergio Bartolomei, *Etica e natura*, Roma-Bari, Laterza, 1995; Charles Darwin, *L'origine dell'uomo*, Pordenone, Studio Tesi, 1991; Jared Diamond, *Il terzo scimpanzé*, Torino, Bollati Boringhieri, 1994; Maurice Merleau-Ponty, *La natura*, Milano, Raffaello Cortina, 1996; Francesco Viola, *Dalla natura ai diritti*, Roma-Bari, Laterza, 1997.

Necessità

(dal latino *necessitas*)

La parola necessità può avere svariati significati. Quelli che interessano, in genere, gli scienziati e i filosofi della →scienza sono di tre tipi.

C'è la necessità logica (→logica). Ed è quella necessità per la quale, date delle premesse vere e una dimostrazione deduttiva (→deduzione) formalmente corretta, anche le conclusioni sono, necessariamente appunto, corrette. Se sommo 3 e 2, date le regole dell'addizione, il risultato è necessariamente 5.

C'è poi la necessità causale (→causa). Ed è quella necessità per cui, data una certa causa, si produce sempre un certo effetto. Se io riscaldo acqua pura fino a 100 °C a pressione atmosferica, l'acqua necessariamente bolle.

C'è, infine, la necessità fisica. Per cui in →fisica ogni →legge ha implicazioni necessarie. La legge della caduta dei gravi implica che se io salgo sulla torre di Pisa e lascio una pietra libera, questa cade necessariamente a terra.

Da un punto di vista filosofico, tutti questi tre tipi di necessità hanno profonde implicazioni e giocano un ruolo decisivo sia nei fondamenti della →matematica che della fisica. Il significato filosofico di necessità logica ritorna, per esempio, nel problema della →certezza. Il significato filosofico di necessità causale ritorna nel problema del →determinismo. Il significato filosofico, infine, di necessità fisica ritorna nel problema della →conoscenza.

Ma il significato di necessità, sia causale che fisico, gioca un ruolo anche nella costruzione dei fondamenti della →biologia. Da tempo, infatti, si discute se le leggi della biologia, come le leggi della fisica (classica), siano necessarie. E da tempo si discute se la necessità non sia, necessariamente, accompagnata dal →caso, nel dipanarsi, storico, dell'→evoluzione biologica.

Davvero pochi concetti, come quello di necessità, hanno implicazioni cosí profonde e cosí estese nello studio scientifico del mondo che ci circonda.

Letture: Giovanni Boniolo e Paolo Vidali, *Filosofia della scienza*, Milano, Bruno Mondadori, 1999; Pietro Greco, *Evoluzioni. Dal Big Bang a Wall Street, la sintesi impossibile*, Napoli, Cuen, 1999; Jacques Monod, *Il caso e la necessità*, Milano, Mondadori, 1974.

Numero

(dal latino *numerus*)

Che cosa sono i numeri e a che cosa servono? La domanda si ripropone, irrisolta, fin da quello che è considerato l'inizio del pensiero occidentale fondato sulla →ragione. Secondo Talete i numeri sono «collezioni di unità». E secondo Filolao «senza il numero, non comprendiamo e non conosciamo nulla». Ancora oggi i fisici restano, come Filolao, ammirati di fronte alla «irragionevole» e ineguagliabile efficacia che dimostra la →matematica nella comprensione e nella →conoscenza del mondo.

Già, ma da dove hanno origine queste «collezioni di unità» senza le quali «non comprendiamo e non conosciamo nulla»?

Il primo tentativo di rispondere a questa domanda è stato quello di Pitagora e della sua scuola. Secondo cui «tutto è numero». Ovvero i numeri sono i componenti ultimi della →realtà. Nel senso, letterale, che gli oggetti materiali che ci circondano e l'→universo intero sono costituiti da numeri. Insomma, per Pitagora i numeri erano quello che per noi oggi sono le particelle elementari. E quindi la loro origine era fisica.

Euclide, dando praticamente inizio al pensiero scientifico in senso stretto, riconosce nei numeri degli enti astratti (→ellenistica, scienza), invece che degli improbabili atomi di →materia. Ma resta il problema: questi enti astratti sono un modo inventato dall'uomo per porre ordine nella sua osservazione del mondo o godono di una loro esistenza autonoma?

La domanda resta inevasa per secoli. Anche se molti filosofi in età moderna, da Descartes a Kant, tendono a considerare i numeri un *modus cogitandi*, un modo di pensare, dell'uomo piuttosto che degli enti dotati di realtà oggettiva. Insomma, l'origine del numero è la →mente dell'uomo.

Il problema si ripropone con forza ai matematici, quando giunge il tempo di fondare in maniera solida la loro disciplina. Ed è questo il momento in cui, appunto, Richard Dedekind pubblica in Germania il libro in cui si chiede: *Che cosa sono i numeri e a che cosa servono?* (1888).

La risposta di Dedekind è piuttosto netta: «i numeri sono libere invenzioni della mente dell'uomo» e sono anche «del tutto indipendenti dalle nozioni o dalle intuizioni dello →spazio e del →tempo». E, per questo, occorre «liberare» i numeri e i concetti fondamentali su cui costruire la matematica dal mondo fisico.

La matematica è pensiero puro, creato dall'uomo, logicamente chiuso (→logica), che non ha bisogno di una corrispondenza col mondo fisico. E per liberare la matematica, occorre spogliare le proprietà dei numeri dal loro carattere specificamente aritmetico mostrandoli per quelli che sono: concetti astratti generali, un modo essenziale di organizzare il →pensiero senza il quale il pensare stesso non sarebbe pressoché possibile.

Il pensiero di Dedekind ribalta del tutto quello di Pitagora. Per il filosofo-matematico greco i numeri sono l'essenza dell'universo materiale e godono di un'esistenza obiettiva, del tutto indipendente dalla mente umana. Per il matematico tedesco, invece, i numeri sono libere invenzioni della mente umana che nulla hanno a che fare con l'universo materiale. Essendo, però, costituenti essenziali del pensiero umano, risultano straordinariamente efficaci nella spiegazione che l'uomo si dà del mondo fisico.

Di parere completamente opposto era la «scuola intuizionista». Secondo Leopold Kronecker, connazionale e coevo di Dedekind, «Dio ha creato i numeri naturali, tutto il resto è opera dell'uomo». I numeri naturali, dunque, godono di un'esistenza indipendente dalla mente umana. Sono →verità assolute anche se astratte e, quindi, sono la fonte della →certezza su cui fondare l'opera matematica dell'uomo.

A tutt'oggi il problema dei fondamenti della matematica è aperto. E non ha ancora una risposta definitiva l'antica domanda: che cosa sono i numeri e a che cosa servono?

Il programma, infatti, di fondare la matematica sulla logica (il programma di Frege) o, comunque, quale sistema formale «libero» dal mondo fisico (il programma di Hilbert), è fallito. Ma anche il programma di Kronecker di fondare l'opera matematica dell'uomo sulla realtà oggettiva dei numeri primi non è giunto a compimento.

E cosí ancora oggi i matematici, che rispondono all'unisono quando gli chiedi a cosa servono i numeri, restano perplessi e si dividono quando gli chiedi cos'è il numero.

Letture: Denis Guedj, *L'impero dei numeri*, Torino, Electa/Gallimard, 1997; Morris Kline, *Storia del pensiero matematico*, Torino, Einaudi, 1996; Piergiorgio Odifreddi, *La matematica del Novecento*, Torino, Einaudi, 2000; Giuliano Spirito, *Grammatica dei numeri*, Roma, Editori Riuniti, 1997; Paolo Zellini, *La ribellione del numero*, Milano, Adelphi , 1997.

O

Olismo

(dal greco ὅλος)

L'olismo è un approccio epistemologico speculare e contrario al →riduzionismo. Per gli olisti, infatti, la gran parte dei sistemi naturali, in particolare i sistemi viventi, sono molto piú che la somma delle loro componenti. E quindi non possono essere studiati solo con un approccio analitico, ma devono essere studiati anche con un approccio integrato, come un tutto, considerandoli nel loro insieme e considerando i rapporti di interrelazione tra le parti.

L'approccio antiriduzionista è un approccio filosofico presente fin dai tempi di Aristotele tra gli studiosi del mondo biologico. Tuttavia l'olismo come scuola di pensiero autonomo nasce, proprio tra i biologi, intorno agli anni '20 del XX secolo, per impulso di Lloyd Morgan, di John S. Haldane e, soprattutto, di Jan Smuts. Che fu il primo a introdurre, nel 1926, il termine «olismo» per esprimere l'idea che in biologia il tutto è piú della somma delle parti.

Fin dall'inizio l'olismo è stato strettamente legato all'approccio organicista, tanto che esso viene anche definito come *olismo-organicismo*. E si tratta di un filone epistemologico strettamente materialista e dotato di una dignità scientifica che molti scienziati sono pronti a riconoscere. Tuttavia l'olismo ha un peccato di origine, legato alla proposta di uno dei suoi fondatori, Jan Smuts, che lo legò a concetti e a idee di impronta schiettamente *vitalista*, secondo cui gli organismi viventi hanno una struttura speciale, un *haleine vital* (un soffio vitale), che non solo li rende irriducibili a una spiegazione puramente fisica e chimica, ma che li pone completamente fuori dal dominio della →fisica e della →chimica.

La sovrapposizione con il vitalismo, nato tra il XVIII e il XIX secolo in polemica col →meccanicismo e col riduzionismo, ha screditato per lungo tempo tra gli studiosi l'approccio olista. Tuttavia questo approccio, o comunque un approccio integrista che tiene in considerazione anche il punto di vista olista, si è fatto strada nel mondo biologico, e non solo nel mondo biologico, negli ultimi decenni.

Da François Jacob a Ernst Mayr, sono molti i biologi, strettamente materialisti, che, depuratolo completamente dalle contaminazioni vitaliste, lo considerano un approccio importante. Una delle componenti (certo non l'unica) che contribuiscono all'autonomia disciplinare della →biologia.

Piú di recente il nuovo approccio olistico, strettamente materialista, è diventato parte fondante degli studi sulla →complessità.

Letture: Pietro Greco, *Evoluzioni. Dal Big Bang a Wall Street, la sintesi impossibile*, Napoli, Cuen, 1999; François Jacob, *La logica del vivente*, Torino, Einaudi, 1971; Ernst Mayr, *Storia del pensiero biologico*, Torino, Bollati Boringhieri, 1990.

Origine
(dal latino *origo*)

Abbiamo avuto, per usare un termine caro al biologo Theodosius Dobzhansky, tre grandi trascendimenti evolutivi (→evoluzione) nel corso della →storia cosmica. Il primo è stato la transizione dal nulla al tutto. Il secondo è stato quello dal non vivente al vivente. Il terzo è stato quello dal biologico al culturale.

1. Nulla ⇒ Tutto
2. Non vivente ⇒ Vivente
3. Biologico ⇒ Culturale

Dividere la storia universale in questi tre grandi filoni può apparire arbitrario. Tuttavia questo atto ha un qualche fondamento che ne attenua l'arbitrio. E, in ogni caso, ci è di una qualche utilità. I tre grandi trascendimenti evolutivi che abbiamo individuato, infatti, rappresentano dei veri e propri salti nella storia cosmica, perché ciascuno di essi ha segnato una nuova modalità evolutiva della →materia/→energia nell'→universo: la modalità dell'→evoluzione cosmica, la modalità dell'→evoluzione biologica, la modalità dell'→evoluzione culturale.

Ora esistono delle teorie scientifiche (→teoria) abbastanza solide che spiegano l'evoluzione a livello cosmico e l'evoluzione delle specie viventi. Queste teorie scientifiche sono autonome, anche se non sono affatto indipendenti. Inoltre esistono →ipotesi scientifiche abbastanza fondate sulla terza modalità evolutiva, quella culturale, che contiene in sé il problema della →mente e della →coscienza.

Ma se la →scienza propone due teorie per spiegare ciò che è avvenuto dopo i primi due grandi trascendimenti evolutivi e una congerie di ipotesi per spiegare ciò che è avvenuto dopo il terzo grande trascendimento evolutivo, ha qualcosa da dirci sull'origine di quei trascendimenti? Ovvero: sull'→origine dell'universo; sull'origine della vita e sull'origine della →cultura (inclusa l'origine della mente e della mente autocosciente)?

Per molto tempo i problemi dell'origine dell'universo, dell'origine della vita e dell'origine della mente (o dell'→anima) sono stati considerati problemi intrattabili in ambito scientifico: problemi metafisici o, addirittura, religiosi (cioè risolvibili solo con un atto di fede). E certo ancora oggi il problema dell'origine, nelle sue tre diverse articolazioni, è lontano dall'essere stato risolto in ambito scientifico. Tuttavia a partire del Novecento essi non sono piú al di fuori della scienza. Da alcuni decenni, infatti, sono normalmente affrontati dagli scienziati. I quali, per ciascuno di essi, ci offrono una congerie piú o meno solida di ipotesi.

ORIGINE	IPOTESI (PREVALENTE)
Universo	Fluttuazione quantistica del vuoto
Vita	Autorganizzazione della materia
Mente autocosciente	Processo a piú stadi di evoluzione della materia vivente

Il problema dell'origine ha cessato di essere solo un problema metafisico o, addirittura, religioso. Ed è diventato un problema scientifico. Anche se resta un problema aperto. Anzi il piú formidabile dei problemi scientifici aperti.

Letture: A.C. Fabian (a cura di), *Origini*, Bari, Dedalo, 1990; Pietro Greco, *Evoluzioni. Dal Big Bang a Wall Street, la sintesi impossibile*, Napoli, Cuen, 1999; Pietro Greco, *L'origine dell'universo*, Roma, Editori Riuniti, 1998.

Origine dell'universo
(dal latino *origo*; dal latino *universum*)

Ciò che mi piacerebbe davvero sapere, sosteneva Albert Einstein, è se Dio ha avuto una qualche possibilità di scelta nel creare il mondo.

Già, come è nato l'→universo? E perché è nato proprio con quelle straordinarie caratteristiche che rendono possibile oggi, a un osservatore collocato su un pianeta di periferia, porsi questa domanda? Poteva essere diverso? E cosa c'era prima?

Fino ad alcuni anni fa la curiosità di Einstein, e la cascata di domande che si trascina dietro, erano ritenute prerogativa esclusiva della metafisica e della religione. Comunque estranee al dominio e alle competenze della →scienza. Oggi si scrivono poderosi lavori densi di formule matematiche e si organizzano affollati convegni scientifici sull'argomento. Insomma, l'origine dell'universo è diventata un autentico problema scientifico. Anche se la soluzione appare quanto meno lontana. E le proposte, almeno in prima battuta, sono molte di piú – e spesso molto piú immaginifiche – di quelle avanzate dalle antiche mitologie.

Il momento in cui l'origine dell'universo diventa un problema scientifico può essere fatto risalire alla metà degli anni '60 del XX secolo, quando Stephen Hawking e Roger Penrose dimostrano che la →relatività generale «ha in sé il germe della propria distruzione» perché, se diamo retta fino in fondo al Modello Standard dell'→evoluzione cosmica, che della relatività generale è figlio, e cerchiamo di riavvolgere il film della storia dell'universo, ci imbattiamo inevitabilmente in una singolarità iniziale. Un punticino dove densità, temperatura, pressione diventano infiniti. E le leggi (→legge) della →fisica vengono meno. Lasciando, di fatto, l'onere della prima mossa unicamente al Creatore.

È allora, sul finire degli anni '60, che, per sfuggire all'apparente *harahiri* della fisica relativistica, i cosmologi iniziano a studiare l'origine stessa dell'universo. Nel tentativo di trovare una soluzione scientifica al problema, intrattabile, dell'→origine. O, se volete, nel tentativo di fare a meno di Dio per spiegare come è nato l'universo.

I tentativi sono stati molti. E anche se, almeno per ora, non sono certo approdati al successo definitivo, conviene seguirli. Perché l'impresa, scientifica, ma anche filosofica e culturale, è senza precedenti.

Si diceva dei molti tentativi. Troppi, per poterli ricordare tutti. Cosí ci limiteremo a ricordare una base comune e cinque approcci metodologici diversi.

La base comune al tentativo scientifico di spiegare l'origine cosmica sta nella necessità di riconciliare le due principali conquiste teoriche della fisica del nostro secolo: la meccanica relativistica e la →meccanica quantistica. Tutti i fisici, o quasi, concordano nel dire che senza una nuova teoria dello →spazio e del →tempo che, come la relatività, sappia rendere conto dell'→evoluzione della →materia a grande scala e che, come la fisica quantistica, sappia rendere conto del comportamento della materia a piccola scala, non risolveremo mai il problema dell'origine cosmica.

E, ora, veniamo ai cinque approcci metodologici diversi.

1. Il primo lo potremmo definire di «elusione dell'ipotesi dell'origine». È l'approccio di Stephen Hawking. Secondo cui la vera condizione a contorno dell'universo (lo spaziotempo quadridimensionale) è che esso non ha contorno. Non c'è stata alcuna singolarità iniziale. Lo spaziotempo non ha bordi e quindi non ha un vero inizio. Ripercorrere la storia dell'universo è un po' come camminare intorno alla Terra. Si può giungere al Polo Nord, all'inizio della superficie terrestre. Ma quel punto non ha nulla di speciale: appartiene interamente alla Terra. Cosí si può giungere all'inizio dello spaziotempo, ma chiedersi cosa ci sia stato prima del Big Bang è come chiedersi cosa ci sia un chilometro a nord del Polo Nord: la domanda è priva di senso.

2. Il secondo approccio lo potremmo definire, al contrario, di «conferma dell'i-

potesi dell'origine». Secondo i suoi fautori, c'è stato effettivamente un momento in cui l'universo ha avuto inizio. Senza violare le leggi fisiche, s'intende. Come? Be', attraverso una enorme fluttuazione spontanea di quel particolare →vuoto che è il vuoto quantistico. È stato Ed Tryon, dello Hunter College di New York, a ipotizzare, all'inizio degli anni '70, che l'universo sia un *free lunch*, un pasto gratis consumato al tavolo della fisica dei quanti (→quanto). Le cose starebbero, piú o meno, cosí. È noto che le fluttuazioni del vuoto quantistico creano in continuazione coppie di particelle virtuali con →energia totale pari a →zero. Che, in un amen, riscompaiono. Il nostro universo sarebbe una di queste fluttuazioni, magari un po' piú grandicella. E un po' piú tenace. Non sarebbe, infatti, scomparsa, ritornando nel nulla. Bensí si sarebbe amplificata con quel meccanismo che i cosmologi chiamano inflazione.

In questi ultimi venti anni la teoria della fluttuazione quantistica del vuoto ha avuto ulteriori sviluppi. Lasciando, però, irrisolto un quesito metafisico, oltre che fisico. Si tratta, ammesso che sia vera, di una →creazione *ex nihilo* del tipo di cui parlava Tommaso l'Aquinate? Secondo il russo Alex Vilenkin sí. Perché quella fluttuazione, oltre all'universo, avrebbe creato anche lo spazio e il tempo. E le leggi della fisica. Secondo l'inglese John Barrow, invece, no. Perché l'universo non sarebbe mai potuto apparire se non gli preesisteva, come legge di →natura, la meccanica dei quanti. E, come sostanza, il vuoto ribollente dei quanti.

3. Il terzo approccio lo potremmo definire «dei →molti mondi». E dei molti inizi. Secondo l'inglese Dennis Sciama questo nostro universo è cosí straordinario, cosí ben sintonizzato per consentire la nascita e l'evoluzione di un osservatore intelligente, che non può essere nato per →caso. Cosí, delle due, l'una. O la fisica accetta l'esistenza di un Creatore, che all'atto di nascita ha conferito all'universo le sue straordinarie condizioni iniziali. Oppure accetta l'esistenza di un numero →infinito di universi (non comunicanti). Ciascuno con le sue specifiche condizioni iniziali. Ciascuno con la sua specifica origine fisica. Se esiste un numero infinito di universi, cessa di essere un miracolo l'esistenza di questo universo cosí adatto all'evoluzione di osservatori intelligenti.

4. Diamo ora conto di un altro approccio, quello dello «stato stazionario». Che, a dispetto di quanto possa apparire in prima battuta, è considerato dai fisici il piú eretico. È l'approccio che fa capo all'inglese Fred Hoyle e a una ristretta cerchia di cosmologi iconoclasti. Che buttano a mare tutto il modello del Big Bang, sostenendo che il nostro universo è eterno. Ed è mantenuto nelle sue condizioni dinamiche da una generazione continua di materia.

5. L'ultimo approccio è quello dell'«universo frattale», capace di autoriprodursi. L'approccio è stato proposto di recente dal russo Andrej Linde ed è basato su quella teoria dell'inflazione proposta per la prima volta da un altro russo, Aleksej Starobinskij. La teoria si basa sulle fluttuazioni del vuoto quantistico. Ma sostiene che solo le fluttuazioni che, con un Big Bang, riescono a espandersi a velocità crescente per formare bolle di volume enorme obbligano il vuoto quantistico a generarne delle altre. Ciascuna con diverse caratteristiche fisiche. E, magari, con diverse leggi fisiche. Cosa, poi, sia avvenuto all'origine, sostiene Andrej Linde, è incerto. Vi è la possibilità che piú universi-bolle siano nati contemporaneamente. Oppure che vi sia stato un universo-bolla originario che abbia dato il via allo scoppiettante sviluppo dell'albero degli universi-bolle. Ma tutto sommato, sostiene Linde, ciò non ha importanza. Ciò che importa è che viviamo «in una dimora cosmica che cresce, fluttua e si riproduce eternamente in tutte le forme possibili, come se tendesse a adattarsi a tutti i possibili tipi di →vita». Quasi

che, al contrario di quanto forse pensava Einstein, Dio si sia lasciate aperte tutte le opzioni per creare esseri viventi a sua immagine e somiglianza.

Letture: Silvio Bergia, *Dal cosmo immutabile all'universo in evoluzione*, Torino, Bollati Boringhieri, 1995; Eric Lerner, *Il Big Bang non c'è mai stato*, Bari, Dedalo, 1994; Barry Parker, *La creazione*, Milano, Frassinelli, 1991; Martin Rees, *Prima dell'inizio*, Milano, Raffaello Cortina, 1998; Hubert Reeves, *L'evoluzione cosmica*, Milano, Rizzoli, 1993.

Osservazione

(dal latino *observatio*)

Il primo a dare una definizione rigorosa di osservazione in ambito scientifico fu Jean-Baptiste Le Rond d'Alembert, l'animatore, insieme a Diderot, dell'*Encyclopédie*. Per il fisico e matematico francese del secolo dei Lumi l'osservazione scientifica è una semplice verifica, una raccolta di dati bruti, una sorta di presa d'atto dei fatti. E quindi va distinta dall'→esperimento, che è invece uno studio sofisticato della →realtà nascosta. L'osservazione, pertanto, ci fornisce una →conoscenza superficiale della →natura. Mentre l'esperimento ci fornisce una conoscenza profonda.

Questa definizione, tutto sommato comoda, di osservazione ha cominciato a venir meno nel XX secolo, quando, con lo sviluppo di conoscenze fisiche sempre piú lontane dal →senso comune e con le analisi sempre piú sofisticate dei filosofi della scienza, si è venuto modificando il concetto di →verità nella scienza e, con esso, si è sgretolato il concetto di «fatti bruti».

Quando un fisico compie un'osservazione con un acceleratore di particelle, egli non effettua una semplice raccolta di dati. A un signore che non sa nulla di fisica delle alte energie e non possiede le capacità tecniche per far funzionare quel sofisticato strumento di misura, i fatti bruti registrati dall'acceleratore non dicono assolutamente nulla. Di piú, egli non riconosce neppure lo strumento per effettuare la misura. Insomma, ormai l'osservazione scientifica non è piú ingenua, ma, richiede sempre una complessa interpretazione teorica, un rimando a conoscenze stratificate. L'osservazione, direbbe il filosofo Pierre Duhem, è «intrisa di →teoria».

Dobbiamo quindi dedurne che la scienza moderna e, in particolare, la →fisica sono costruzioni artificiali che nulla hanno piú a che vedere coi fatti? Dobbiamo quindi dedurne che la scienza è una mera costruzione sociale, per quanto sofisticata? Il dibattito su questi punti è stato ed è tuttora acceso. Tuttavia è tutto sommato facile dimostrare: a) che i risultati ottenuti con l'acceleratore risultano identici per chiunque ne conosca il linguaggio e sono, dunque, obiettivi (ovvero c'è un consenso razionale di opinione su quei risultati); b) che esiste una rete teorica coerente che collega l'«osservazione intrisa di teoria» a un fatto bruto o, se si vuole, a un'osservazione *á la d'Alembert*.

Letture: Donald Gillies e Giulio Giorello, *La filosofia della scienza nel XX secolo*, Roma-Bari, Laterza, 1995; Alan Musgrave, *Senso comune, scienza e scetticismo*, Milano, Raffaello Cortina, 1995; Roger G. Newton, *La verità della scienza*, Milano, McGraw-Hill, 1999; David Oldroyd, *Storia della filosofia della scienza*, Firenze, Sansoni, 1989.

P

Paradigma
(dal greco παράδειγμα)

In greco, paradigma significa modello. Per Platone paradigma era l'idea, in quanto modello del mondo sensibile. Per Thomas S. Kuhn, piú di recente, il paradigma è, piuttosto, un ideale condiviso. E, forse, qualcosa di piú. Secondo il sociologo americano, infatti, la parola paradigma assume almeno due significati: uno, generale, di modello del mondo – come costellazione di credenze, valori, tecniche, metodi – condiviso dai membri di una comunità; l'altro, piú specifico, di modello «di soluzioni concrete che, impiegato in modo esemplare, sostituisce delle regole esplicite come base per la soluzione dei problemi che restano aperti a una scienza normale».

I paradigmi scientifici sono, dunque, una sorta di occhiali che conferiscono una struttura unitaria a costellazioni di risultati raccolti da una comunità scientifica. Risultati che sono abbastanza nuovi da attrarre l'interesse stabile di un gruppo di ricercatori professionali, distogliendoli da altri interessi scientifici contrastanti. Ma risultati che sono, anche, abbastanza aperti da lasciare al gruppo di scienziati la possibilità di risolvere su quelle basi problemi di ogni genere.

I paradigmi, in genere, fanno riferimento a un testo esemplare, su cui costruiscono, poi, una visione del mondo. Il paradigma tolemaico, per esempio, nasce dall'*Almagesto* di Tolomeo. Il paradigma copernicano dal *De revolutionibus* di Copernico. Il paradigma newtoniano, dai *Principia* di Newton.

Questi testi sono il punto di riferimento che i ricercatori usano come regole implicite per la soluzione di problemi. La comunità scientifica che aderisce a un paradigma cerca soluzioni ai problemi scientifici, teorici e persino sperimentali, all'interno di quel quadro concettuale. Un paradigma è, dunque, una risorsa concettuale cui attingere e non un'→ipotesi da verificare.

Questa definizione di paradigma scientifico consente a Kuhn di distinguere due diverse dinamiche che assume il processo di →conoscenza. Una, di →scienza normale, relativa alla ricerca tutta interna al paradigma. Questa dinamica consente alla scienza di accumulare conoscenze, ma non di modificare la concezione generale del mondo.

L'altra dinamica è quella della scienza straordinaria. In cui una comunità scientifica cambia gli occhiali con cui vede il mondo. Prima di Copernico, gli astronomi vedevano il mondo con occhiali tolemaici geocentrici. Dopo Copernico hanno cominciato a vederlo con occhiali copernicani eliocentrici. Le due visioni del mondo sono, sostiene Kuhn, incommensurabili. In questo caso non c'è accumulazione del sapere. Un cambio di paradigma è, quasi, un ripartire da zero verso un'altra direzione. È come se i due gruppi di scienziati lavorassero «in mondi diversi».

In definitiva, Kuhn sostiene che la scienza non procede in modo graduale per accumulo di conoscenze attraverso un conflitto di idee. Ma procede in modo, potremmo dire, quantico. Per salti tra stati cognitivi differenti e incommensurabili che coinvolgono gruppi di scienziati.

L'analisi di Kuhn è molto criticata. In primo luogo perché non consente di elaborare giudizi di valore sui paradigmi. Quasi che il paradigma copernicano non fosse «piú vero» di quello tolemaico. E, poi, perché non si limita a conferire ai pregiudizi (metafisici e non) degli scienziati la capacità di influenzare, pro tempore, gli indirizzi culturali di una disciplina scientifica. Ma gli conferisce una capacità totalizzante. Quasi che le conoscenze scientifiche possano fondarsi unicamente su quei pregiudizi.

In realtà se il paradigma copernicano si è imposto alla fine sul paradigma tolemaico, è perché a fare da giudice, sia pure in un lungo e sofferto dibattimento, sono stati i fatti: è la Terra che ruota intorno al Sole e non viceversa.

Uno scienziato realista critico (che, arbitrariamente, assumiamo sia lo scienziato medio contemporaneo) si sente molto stimolato dall'analisi kuhniana. Perché gli consente di toccare con mano i suoi limiti e di allenare il suo spirito critico. Ma non la farà mai sua. Perché alla fin fine egli crede che ci sia una →realtà oggettiva. E che la dinamica della scienza, sia pure attraverso percorsi tortuosi, sia una dinamica di →progresso. Nel senso che le conoscenze scientifiche si approssimano sempre piú a quella realtà. Anche se, forse, non la descriveranno mai compiutamente.

Letture: Donald Gillies e Giulio Giorello, *La filosofia della scienza del XX secolo*, Roma-Bari, Laterza, 1995; Thomas S. Kuhn, *La struttura delle rivoluzioni scientifiche*, Torino, Einaudi, 1978; Alan Musgrave, *Senso comune, scienza e scetticismo*, Milano, Raffaello Cortina, 1995.

Pensiero

(dal provenzale *pensier*, derivato dal latino *pensare*)

Platone e Aristotele distinguevano due modalità del pensiero: il *nous* e la *dianoia*. Il *nous* è l'→intuizione immediata che produce la *noesi*, l'→intelligenza intuitiva. Ed è una forma di pensiero che Platone ritiene superiore alla *dianoia*, alla →ragione discorsiva, che procede per gradi, avvolgendo l'oggetto del pensiero, e svelandolo dopo una serie di domande e di risposte, di affermazioni e di negazioni. La *dianoia* è una forma di pensiero imperfetto, sosteneva ancora Platone, reso necessario dai limiti dell'uomo.

Anche noi, oggi, indichiamo con la parola pensiero due diverse attività della →mente. Da un lato chiamiamo pensiero l'insieme delle attività psichiche. E, in questo caso, il pensiero coincide con l'intero oggetto di studio della →psicologia. Dall'altro tendiamo a distinguere le attività psichiche tra quelle relative ai sensi (→percezione) e alla volontà, da quelle relative alla ragione e all'→intelligenza. E con pensiero intendiamo le sole funzioni razionali. In questo secondo caso, il pensiero è al centro degli interessi dell'→intelligenza artificiale.

Un tema oggi molto dibattuto e, per certi versi decisivo, nella indagine sull'→origine e l'evoluzione della cultura umana (→evoluzione culturale), è se gli animali (→animale) possano pensare. Se siano dotati, cioè, di tutte o parte delle attività psichiche superiori in dotazione all'uomo. E se, dunque, il pensiero sia il prodotto di una storia evolutiva lunga e graduale. Molti sostengono che non c'è pensiero senza →linguaggio. E che l'unica →specie vivente a possedere un linguaggio è l'→uomo. Le esperienze sul campo di psicologia animale sembrano, però, dimostrare il contrario.

Letture: Nino Dazzi e Luciano Mecacci (a cura di), *Storia antologica della psicologia,* Firenze,

Giunti, 1989; John Haugeland (a cura di), *Progettare la mente. Filosofia, psicologia, intelligenza artificiale*, Bologna, Il Mulino, 1989; Paolo Legrenzi (a cura di), *Manuale di psicologia generale*, Bologna, Il Mulino, 1994.

Percezione

(dal latino *perceptio*, derivato da *percipere*)

La percezione? È il risultato dei colpi subiti dai nostri organi di senso da parte degli atomi (→atomo) in perpetuo movimento, diceva Democrito. In altri termini la percezione, l'esperienza sensoriale con la quale un →uomo (ma anche un →animale) prende conoscenza degli oggetti e delle proprietà del mondo che lo circonda, consiste in una modificazione che gli oggetti e le proprietà di questo mondo determinano in colui che li osserva.

La fisiologia della percezione proposta da Democrito potrebbe essere sottoscritta da un moderno neuroscienziato. Cosí come molti filosofi potrebbero sottoscrivere la sua convinzione che la percezione è, certamente, il rapporto, fisico, che si stabilisce tra colui che osserva e la →realtà esterna. Ma è anche vero che questa esperienza non ci dice, necessariamente, la →verità sulle cose del mondo esterno. I sensi ci offrono certo un'immagine della realtà, ma questa immagine può anche essere falsa.

Platone, per la verità, era ancora piú drastico: la percezione sensoriale proietta solo vaghe e tenui ombre della realtà sulle pareti di una caverna. La →ragione e non la percezione ci consente di conoscere il mondo.

Di tutt'altro avviso erano Tommaso d'Aquino e John Locke, per i quali la →mente dell'uomo altro non è, rispettivamente, che una *tabula rasa* e una *white paper*: un contenitore vuoto. È la percezione che la riempie di contenuti.

Oggi siamo in grado di dire che Democrito e, poi, gli epicurei avevano intuito i fondamenti essenziali della percezione. Che Platone, forse, esagerava. E che Tommaso d'Aquino e John Locke avevano del tutto torto.

Già, ma come si realizza la percezione? Come l'→ambiente esterno modifica il soggetto che lo osserva e gli si manifesta, in modo piú o meno realistico?

A queste domande hanno cercato di rispondere, nei secoli, svariati filosofi naturali: da Leonardo da Vinci a Johannes Kepler fino a Isaac Newton, con →ipotesi rigorosamente materialistiche. Tuttavia gli studi sulla percezione diventano vera →scienza solo nel XIX secolo, grazie anche a Johannes Müller e alla sua →legge «dell'energia nervosa specifica». Lo scienziato tedesco riconosce che sono i nervi gli strumenti con cui le percezioni vengono trasmesse dagli organi di senso periferici al cervello, dove vengono elaborate. Ma nega che i nervi siano strumenti passivi, che trasmettono, per cosí dire, un'→informazione pura. Müller sostiene che ogni nervo, quando è attivato, suscita una sua specifica →sensazione, che è indipendente dall'oggetto che lo ha stimolato. La retina produce una medesima sensazione visiva sia quando è stimolata dalla luce che quando subisce uno stimolo meccanico. «La sensazione – conclude Müller – non consiste dunque nel far emergere alla coscienza una qualità o uno stato inerente al mondo esterno, ma una qualità o uno stato inerente ai nostri nervi.» Aveva dunque ragione Democrito. La percezione non è l'apertura di una finestra sulla realtà esterna, ma una modifica dell'osservatore.

L'ipotesi di Müller ha trovato successive conferme, anche se oggi sappiamo che la specificità della percezione non sta nell'«energia specifica» posseduta dai singoli nervi, quanto nella presenza di recettori specifici. E tuttavia l'ipotesi di Müller ha consentito ad altri studiosi di concentrare l'attenzione sui modi specifici in cui viene trasformata l'energia nervosa e ha creato le condizioni per la ricerca sui «recettori» sensoriali.

Infatti, poco piú tardi Max Schultze ha individuato, appunto, i coni e i bastoncelli: i recettori della retina. E alcuni anni dopo Max von Frey ha dimostrato che ciascuna sensazione cutanea, il caldo, il freddo, la pressione, il dolore, viene captata in aree diverse della pelle. Entro il 1875, infine, vennero individuati i recettori della percezione sonora.

Saputo cosa viene modificato, nell'osservatore, da uno stimolo ambientale, i tempi diventano maturi per indagare il quando e il quanto: ovvero per passare dalla descrizione degli apparati sensoriali alla misura quantitativa delle percezioni. Nella seconda parte del XIX secolo Ernst Weber ha definito la *differenza minima percettibile* nella sensazione della pressione. E Gustav Theodor Fechner, considerato il fondatore della biofisica, ha derivato la relazione matematica di tipo logaritmico tra intensità dello stimolo e sensazione. Oggi sappiamo che la relazione logaritmica è valida, in realtà, solo per intensità di stimolo medio-alte. La legge generale, che spiega anche la relazione stimolo-sensazione a basse intensità di stimolo, è, invece, di tipo esponenziale.

Fin qui il rilievo della specificità delle sensazioni e la misura del rapporto tra stimolo e risposta. Ma a chi e dove i nervi trasmettono l'informazione sensoriale? E come questa informazione viene processata?

La risposta è venuta nella seconda parte del XX secolo, quando si è capito che i nervi trasmettono l'informazione sensoriale ai neuroni, ovvero alle cellule cerebrali. Tuttavia si è capito anche che l'informazione viene frammentata e veicolata verso neuroni specializzati ad assolvere un unico e preciso compito. Insomma, l'informazione contenuta nella percezione viene frammentata ed elaborata da diverse componenti del cervello, che lavorano in parallelo, e poi ricomposta nella sua unità.

Nel cervello di una scimmia, per esempio, l'informazione relativa alla forma di un oggetto viene elaborata separatamente dalla sua collocazione nello spazio. La forma viene riconosciuta nella corteccia temporale, la localizzazione nello spazio nella corteccia parietale. Naturalmente l'informazione viene poi riportata a unità, in modo che la scimmia veda il giaguaro su quel ramo, in alto a destra, a circa cinque metri di distanza.

La figura che la scimmia vede non è la realtà, ma è l'insieme delle modificazioni che il giaguaro in avvicinamento ha prodotto negli organi sensoriali della scimmia. È un'ombra sulle pareti di una caverna, come diceva Platone. Ma non è né troppo vaga, né troppo confusa. È un'ombra abbastanza realistica. Che consente alla scimmia, il piú delle volte, di salvare la pelle dandosela a gambe.

Quella scimmia, poi, non è mai stata una *tabula rasa* come sosteneva l'Aquinate o una *white paper*, come diceva John Locke. Almeno non completamente. Gli studi di ontogenetica, infatti, hanno dimostrato al di là di ogni legittimo dubbio che l'organizzazione cerebrale deputata alla percezione visiva prende forma nel corso della vita fetale e durante le prime due settimane di vita fuori dall'utero. E questo indipendentemente dal fatto che si siano o meno compiute esperienze visive. La scimmia vede un giaguaro che si muove su quel ramo, in alto a destra, a circa cinque metri di distanza anche se prima non ha mai visto un felino. Anzi, anche se prima non ha mai visto. L'organizzazione cerebrale che rende possibile processare le informazioni della percezione visiva e, probabilmente, di ogni altra percezione viene programmata geneticamente. Anche se viene potenziata dall'esperienza. E, soprattutto, dalla →memoria di esperienze pregresse. È il richiamo, automatico, di queste esperienze memorizzate che indurrà la scimmia a inferire che quei cinque metri che la separano dal giaguaro non sono una distanza che può essere considerata di sicurezza.

Letture: A. Negri Dell'Antonio, *Fisiologia e psicologia delle sensazioni*, Roma, Carocci, 1994.

Piacere

(dal latino *placere*)

Nel 1854, all'età di ventitré anni, il medico e antropologo monzese, appena laureato, Paolo Mantegazza scrisse un libro dedicato alla *Fisiologia del piacere*. Nel volume, che ha grande successo presso il vasto pubblico e presso gli scienziati, il giovane medico passa in rassegna il piacere in tutte le sue declinazioni, fisiche, spirituali e intellettuali, con lo scopo dichiarato di indagare l'→uomo nella sua totalità. Mantegazza ritiene che lo studio del piacere sia lo strumento migliore per indagare l'uomo morale (→etica).

L'opera di Mantegazza è tra i primi tentativi di portare a sintesi due dimensioni della ricerca sul piacere che raramente hanno comunicato tra loro: la dimensione della →filosofia e la dimensione della →biologia. La prima interessata alla componente soggettiva e disinteressata alla componente organica di questa costellazione di sensazioni, la seconda, al contrario, interessata alla componente oggettiva e disinteressata alla componente soggettiva.

Anche Sigmund Freud ritiene centrale il ruolo del piacere nel comportamento dell'uomo. Con il «principio di realtà», infatti, il «principio del piacere» è il fondamento della psiche umana. L'uomo, secondo Freud, tende in ogni momento a soddisfare i propri bisogni, cioè a provare piacere, per ridurre la tensione che quei bisogni generano. L'uomo impara a soddisfare i suoi bisogni prima fisicamente, attraverso i sensi, poi con l'immaginazione e infine con la sublimazione.

Le scienze cognitive hanno superato da tempo la posizione comportamentista, secondo cui le sensazioni e le emozioni sono cause fittizie del comportamento umano. E anzi riconoscono loro un ruolo essenziale nella costituzione della →mente, perché stabiliscono la scala di valori entro cui l'uomo esercita il suo comportamento razionale (→ragione).

Anche i neuroscienziati si interessano al piacere. Hanno individuato nel cervello un «centro del piacere» e hanno capito che il piacere, o almeno una parte della costellazione di sensazioni che chiamiamo piacere, è modulato attraverso gli ormoni. Da tempo, dunque, sono impegnati nel tentativo di ricostruire la biochimica del piacere. Dal piacere fisico alla sua sublimazione intellettuale e artistica, come direbbe Jean-Pierre Changeux.

Resta da spiegare se le molecole (→molecola) ormonali siano la →causa o non piuttosto lo strumento del piacere. Ma resta soprattutto da spiegare come e perché la sensazione del piacere sia diventata, nel corso dell'→evoluzione biologica, un potente fattore adattivo (→adattamento). Perché la medesima specie, la specie *Homo sapiens sapiens*, possiede (a quanto se ne sa) la capacità piú raffinata di provare piacere e la capacità piú raffinata di usare la ragione?

Letture: Jean-Pierre Changeux, *Ragione e piacere*, Milano, Raffaello Cortina, 1995; Antonio Damasio, *L'errore di Cartesio*, Milano, Adelphi,1995; Paolo Mantegazza, *La fisiologia del piacere*, Pordenone, Studio Tesi, 1992; Candace B. Pert, *Molecole di emozioni*, Milano, Corbaccio, 2000.

Progresso

(dal latino *progressus*)

«Dopo attenta riflessione, non posso negare la mia convinzione che non esista una tendenza innata allo sviluppo progressivo», scriveva Charles Darwin. In →biologia non c'è progresso. Perché l'→evoluzione biologica è cieca. Non ha alcun fine (→teleologia). E, quindi, nel suo procedere a tentoni, non è indirizzata verso il miglioramento.

Non c'è progresso neppure nell'→evoluzione della →materia cosmica (→evoluzione cosmica). L'→universo cambia, non migliora.

Sebbene la ricerca di un principio di progresso abbia sempre fatto capolino nella storia delle scienze naturali (→complessità), oggi la gran parte dei fisici e la gran parte dei biologi pensa che l'idea di miglioramento, piú o meno continuo e comunque progressivo, nel →tempo sia estranea alla →natura. I pianeti, le stelle e le galassie sono apparsi dopo e discendono dalla nube primordiale, ma non sono certo oggetti migliori della nube primordiale. E neppure un cavallo o una scimmia, che sono apparsi dopo e discendono dai batteri, sono esseri viventi migliori (dal punto di vista dell'→adattamento) dei batteri. Se non esiste una scala assoluta per misurare il «valore» di un oggetto cosmico o di un organismo vivente, non può esistere un principio di progresso che possa imporre alla materia cosmica o alla materia biologica di evolvere nel tempo seguendo questa scala.

Il concetto di progresso può essere applicato solo a livello dell'→evoluzione culturale. E, in particolare, dell'evoluzione dell'→uomo. Grazie, infatti, alla →coscienza e al libero arbitrio (→libertà) l'uomo, sia come →individuo che come →società, può cercare di indirizzare la sua evoluzione culturale e, in qualche modo, persino la sua evoluzione biologica. E se gli indirizzi che egli si dà sono per il miglioramento della sua condizione di vita, fisica e psichica, allora per l'evoluzione umana possiamo parlare di possibile tendenza al progresso.

Che la tendenza al progresso sia una possibilità e non una →necessità è opinione abbastanza diffusa. Pochi, infatti, sostengono ormai che la →storia dell'umanità sia una storia necessariamente progressiva. Anche se, in una prospettiva evoluzionista, occorre riconoscere che la →specie *Homo sapiens sapiens* nei circa duecentomila anni della sua esistenza ha migliorato la sua condizione. Ha avuto, infatti, un successo demografico clamoroso. Si è diffusa per tutto il pianeta. Ha triplicato la sua vita media. Ha incrementato la sua →conoscenza. Ha sviluppato una →tecnica «enorme».

Ciascuna di queste condizioni, tuttavia, è fragile e reversibile. Il successo della specie non è garantito per sempre. Anche se con la sua →cultura e la sua volontà l'uomo può almeno cercare di stabilizzarlo.

Di questo carattere progressivo della cultura umana è esempio proprio la →scienza. Detentrice, a detta di molti, di un sapere cumulabile. Certo, alcuni cumuli del sapere scientifico possono crollare nel tempo ed essere sostituiti da altri cumuli pressoché indipendenti: e ciò può dare l'impressione che la scienza proceda per cambi di →paradigma. Tuttavia la storia dell'impresa scientifica sembra indicare che nel lungo periodo le conoscenze scientifiche tendono a sedimentarsi e a crescere per accumulo. È accaduto per la →matematica. È accaduto per la →fisica e la →chimica. È accaduto per la biologia. La situazione è meno chiara per le scienze umane.

Il carattere cumulabile della conoscenza che produce non rende la scienza acquisita una volta e per sempre. La cultura scientifica può essere dimenticata. Come dimostra la vicenda della scienza ellenistica (→ellenistica, scienza), che si è prima erosa e poi è scomparsa del tutto dall'Europa. Per essere riscoperta solo dopo un millennio di oblio.

Letture: Alan Cromer, *L'eresia della scienza*, Milano, Raffello Cortina, 1996: Pietro Greco, *Evoluzioni. Dal Big Bang a Wall Street, la sintesi impossibile*, Napoli, Cuen, 1999; Karl Löwith, *Significato e fine della storia*, Milano, Il Saggiatore, 1989; Ernst Mayr, *Storia del pensiero biologico*, Torino, Bollati Boringhieri, 1990; Lucio Russo, *La rivoluzione dimenticata*, Milano, Feltrinelli, 2001.

Psicologia

(dal latino moderno *psychologia*, composto dal greco ψυχή e λογία)

La psicologia è lo studio dei comportamenti e, quindi, della →mente dell'→uomo. E, come tale, è una disciplina che incontra da sempre l'interesse dei filosofi. Tant'è che il primo trattato di psicologia può essere considerato il *De anima*, di Aristotele. E che la psicologia ha dovuto attendere la fine del XIX secolo per vedersi riconosciuto uno statuto di disciplina scientifica (→scienza) e di autonomia rispetto alla →filosofia.

Fondatore della psicologia scientifica viene considerato il tedesco Wilhelm Wundt, non solo perché nel 1879 inaugura a Lipsia, presso la locale università, il primo laboratorio di psicologia sperimentale, ma anche perché dota la disciplina dei suoi primi caratteri teorici indipendenti. Wundt crede che il carattere fondante della psicologia, quello che la distingue sia dalla filosofia della psiche che dalla fisiologia, sia l'→osservazione interna (introspezione) in condizioni sperimentali (→esperimento) rigorosamente controllate. Questa impostazione, sostiene Wundt, consentirà alla psicologia di scoprire le leggi generali (→legge) che governano il comportamento dell'uomo.

Ma, non fa in tempo a nascere, che la psicologia scientifica si ritrova al centro di un intenso dibattito sull'oggetto di studio e sui metodi da seguire per realizzarlo, questo studio. Nascono, in breve, varie scuole di pensiero in psicologia.

La prima di queste scuole verrà chiamata «funzionalismo». Nasce già nel 1890, con la pubblicazione da parte dell'americano William James dei suoi *Principles of Psychology*. I comportamenti dell'uomo e la sua mente vanno inseriti in una prospettiva evoluzionistica (→evoluzione biologica), dice James, se vogliamo scoprire le leggi che li regolano. Anche John Dewey, l'esponente piú famoso di questa scuola, insiste: occorre spostare l'interesse della psicologia dalla descrizione delle attività mentali mediante l'introspezione alla comprensione delle loro funzioni in termini di biologia evolutiva.

Mentre negli Stati Uniti, tra la fine del XIX e l'inizio del XX secolo, prospera l'approccio funzionalista, in Europa e in Germania particolarmente, sull'onda del pensiero di Wilhelm Wundt, si afferma l'«associazionismo». Cioè l'approccio che punta sull'analisi di immagini e stati mentali in condizioni di laboratorio, nell'intento di studiare l'esperienza percettiva nelle sue componenti principali.

Intanto in Gran Bretagna Francis Galton va sostenendo che il comportamento è frutto pressoché unico dell'eredità genetica e che le caratteristiche psicologiche possono essere misurate in modo obiettivo (psicometria). Le idee di Galton saranno poi portate alle estreme conseguenze da Charles Spearman e da Raymond Cattell, per i quali il quoziente d'→intelligenza e i tratti della personalità vengono trasmessi di genitore in figlio. Quindi, concluderanno alcuni, esistono sia individui strutturalmente piú intelligenti di altri che razze strutturalmente piú intelligenti di altre. Il tentativo di dare un'applicazione sociale a queste idee piuttosto rigide porterà molti psicologi di scuola genetica a teorizzare la pratica dell'«eugenetica»: ovvero a limitare la possibilità riproduttiva dei meno adatti e a favorire quella dei piú adatti.

In aperta polemica con l'approccio analitico, nasce in Germania una nuova scuola di pensiero, la «psicologia della Gestalt» o «della forma», che punta invece sullo studio della →percezione nella sua totalità. Perché, scrive nel 1890 il suo fondatore, Christian von Ehrenfels, la percezione non è riducibile alla somma delle sue singole componenti. Quando la «psicologia della forma» sbarca, intorno al 1930, negli Stati Uniti la contaminazione con la psicologia americana produce uno spostamento degli interessi dalla percezione alla motivazione personale e al comportamento sociale, pur conservando il suo approccio olistico (→olismo).

Ma negli Stati Uniti la reazione all'«associazionismo» produce, soprattutto, un'altra scuola di pensiero, quella del «behaviorismo» o, per usare un termine italiano, «comportamentismo». Fondatore di questa corrente è John B. Watson, il quale sostiene che l'introspezione è un'analisi non scientifica, perché non verificabile. La psicologia scientifica deve occuparsi esclusivamente dei comportamenti che possono essere osservati in modo obiettivo. In pratica significa espungere dalla psicologia tutti i concetti mentalistici e interiori, per studiare solo i comportamenti esterni. Ovvero le risposte degli individui agli stimoli ambientali.

Un programma di lavoro per molti versi analogo è quello inaugurato da Ivan Pavlov in Unione Sovietica. Pavlov è il teorico dei «riflessi condizionati» e tende a interpretare il comportamento in termini di punizioni e ricompense.

Entrambi questi filoni, il comportamentismo di Watson e, poi, di Skinner e la riflessologia di Pavlov assicurano di aver compreso i principi attraverso cui l'uomo apprende e il suo comportamento può essere modificato. La ricaduta sociale di queste scoperte, sostengono, è immediata. Perché, modificando opportunamente l'→ambiente, si possono ottenere i comportamenti desiderabili.

Un'altra grande scuola di pensiero psicologico è quella inaugurata a Vienna da Sigmund Freud, il quale sostiene che buona parte dei comportamenti degli individui non è determinata a livello cosciente, ma a livello →inconscio. Ed è sul livello inconscio che l'analista deve lavorare nella cura della psiche.

Accanto e oltre a queste scuole per cosí dire generaliste, sono nate diverse specializzazioni in psicologia. Tra le piú importanti c'è la psicologia dell'età evolutiva, fondata a Ginevra dallo svizzero Jean Piaget. Sebbene Piaget non fosse e non si considerasse uno studioso di pedagogia, le sue teorie hanno molto influenzato quelle dei pedagogisti.

La frammentazione delle scuole di pensiero ha dimostrato sul campo la difficoltà di giungere a una →teoria unitaria della psicologia fondata sull'→esperimento. Dopo il 1960, sono nati e si sono sviluppati nuovi approcci in psicologia. Come, ad esempio, quello perseguito dagli psicologi «umanisti», convinti che l'esperimento porta alla banalizzazione della psicologia e alla disumanizzazione dell'oggetto di studio. La «psicologia sociale» teorizza, allora, il bando delle analisi in condizioni asettiche di laboratorio e lo studio del comportamento nel contesto sociale.

Ma intanto, intorno al 1970, sull'onda degli stimoli suscitati dai programmi di ricerca sull'→intelligenza artificiale, è nata la «psicologia cognitiva» che si occupa dei processi del →pensiero. L'approccio, spesso, è stato quello di considerare il cervello dell'uomo una macchina computazionale, insomma un computer, sia pure particolarmente sofisticato. Ma i comportamenti dell'uomo stentano a farsi ridurre a quelli di una macchina calcolatrice, sia pure molto sofisticata.

In definitiva la psicologia scientifica non ha prodotto, finora, una qualche teoria solida del comportamento delle persone e, in definitiva, una sua teoria della mente. Tuttora soffre di una grande frammentazione di scuole e di approcci. Ma, forse, questa frammentazione di scuole e di approcci non fa che riflettere la realtà delle mente dell'uomo. Costituita da tante facce. Alcune delle quali si guardano in cagnesco, mentre altre, al contrario, guardano in direzioni opposte.

Letture: Nino Dazzi e Luciano Mecacci (a cura di), *Storia antologica della psicologia*, Firenze, Giunti, 1989; John Haugeland (a cura di), *Progettare la mente. Filosofia, psicologia, intelligenza artificiale*, Bologna, Il Mulino, 1989; Paolo Legrenzi (a cura di), *Manuale di psicologia generale*, Bologna, Il Mulino, 1994.

q

Qualità
(dal latino *qualitas*)

Per qualità, nel linguaggio comune, si intende una proprietà che caratterizza il soggetto, sia esso una persona, un animale o una cosa. In →filosofia, pur conservando questo significato di fondo, ha assunto diversi valori specifici. Per Aristotele la qualità è la seconda categoria della →realtà, dopo la sostanza, e prima della →quantità, che è terza. La qualità si distingue a sua volta in quattro tipologie: proprietà, facoltà, affezione e →forma geometrica. Per Kant, la qualità è una delle quattro categorie dell'intelletto.

Di particolare rilievo, ai nostri fini, è il significato che gli atomisti (→atomo) davano alla parola. Essi distinguevano tra qualità primarie, cioè oggettive, e qualità secondarie, soggettive. Questa specificazione è stata ripresa dal pensiero scientifico moderno. L'hanno usata, per esempio, Galileo e Cartesio.

Tuttavia, nel tempo, il concetto di qualità ha perso valore nel discorso scientifico. Non solo nelle scienze matematizzate che danno piú valore al concetto di quantità, ma anche nelle scienze meno matematizzate. Che comunque, per descrivere fenomeni non quantizzabili, siano essi oggettivi o soggettivi, preferiscono usare altri termini, meno ambigui.

Letture: David Oldroyd, *Storia della filosofia della scienza*, Milano, Il Saggiatore, 1989.

Quantità
(dal latino *quantitas*)

La quantità è uno dei concetti fondamentali nel pensiero di Aristotele, che la considerava una delle grandi categorie della →realtà, dopo la sostanza e la →qualità. In Kant assurge invece a categoria principale, sebbene insieme ad altre tre. Ma anche per il pensiero scientifico moderno il concetto di quantità è basilare. Anzi, molto spesso si dice che il →metodo scientifico si caratterizza, anche, per essere un metodo quantitativo. Che cerca di misurare in modo preciso le grandezze che studia.

È stato detto che la nascita della →scienza è consistita nel passaggio dall'era del pressappoco all'era della precisione. Questa affermazione è certamente vera per le scienze matematizzate o matematizzabili. Dove il problema della quantità diventa il problema della misura. È un po' meno vero, o comunque non è vero in assoluto, nelle scienze non matematizzate o non matematizzabili. Dove sono importanti altre descrizioni, oltre quella quantitativa.

Letture: Alexandre Koyré, *Dal mondo chiuso all'universo infinito*, Milano, Feltrinelli, 1984; David Oldroyd, *Storia della filosofia della scienza*, Milano, Il Saggiatore, 1989.

Quanto
(dal latino *quantum*)

Il quanto, in →fisica, indica il valore piú piccolo che può assumere una certa grandezza, come, per esempio, l'→energia o il momento angolare. Il termine indica, dunque, la «quantità indivisibile» di una grandezza fisica. E presuppone che la grandezza cui è associato e, quindi, per estensione, alcuni fenomeni fisici varino con discontinuità. Un concetto relativamente nuovo e comunque difficile da accettare nell'ambito di un pensiero, filosofico e scientifico, che considerava il →continuo, per dirla con Leibniz, una «verità prima» e pensava che *natura non facit saltus*.

Il concetto di quanto, anzi di quanto elementare d'azione, viene proposto per la prima volta alla fine dell'anno 1900, da Max Planck. Il fisico tedesco sta studiando la radiazione del corpo nero. E si accorge che il problema dell'irraggiamento di un corpo al variare della temperatura non ha una soluzione nell'ambito delle teorie classiche. Mentre trova una soluzione ammettendo che la materia emetta «quantità discrete» di energia. L'energia radiante emessa da un corpo nero, propone Planck, può essere solo un multiplo intero della quantità $h\nu$, dove ν è la frequenza della radiazione emessa e h è una costante, estremamente piccola e oggi nota come costante di Planck, che rappresenta la quantità minima indivisibile, il «quanto elementare di azione», dell'energia.

Planck sostiene che una delle grandezze fondamentali della natura, l'energia appunto, non varia con continuità, ma per pacchetti discreti. E che, dunque, *natura facit saltus*. La proposta è tanto radicale da giustificare l'assoluta freddezza con la quale viene accolta. D'altra parte lo stesso Planck ritiene che il suo quanto d'azione sia un artificio matematico, utile per risolvere i problemi, ma che non rispecchia necessariamente la realtà fisica del mondo.

Le cose cambiano nel 1905, quando Albert Einstein propone che «le osservazioni [...] collegate all'emissione e alla trasformazione della luce, vengono facilmente comprese qualora si assuma che l'energia della luce è distribuita nello spazio con discontinuità». In altri termini, Einstein sostiene che la radiazione elettromagnetica ha una duplice natura, di onda e di corpuscolo. E che i corpuscoli sono «fotoni», cioè «quanti di luce». Il giovane impiegato dell'Ufficio brevetti di Berna dimostra, dunque, che i quanti non sono un artificio matematico, ma sono entità fisiche reali. La dimostrazione di Einstein è teorica, anche se stringente. All'inizio degli anni '20, Compton e Raman daranno una conferma sperimentale dell'esistenza dei «quanti di luce».

Grazie a Max Planck e ad Albert Einstein i concetti di quanto e di discontinuità entrano dunque in fisica. L'irruzione è clamorosa. In pochi anni, sul quanto e sulla discontinuità della natura, sarà fondata una fisica nuova. Una fisica, la →meccanica quantistica, che, malgrado i suoi due padri fondatori, metterà in discussione la stessa concezione della →realtà.

Letture: Pietro Greco, *Il sogno di Einstein*, Napoli, Cuen, 2000; John Heilbron, *I dilemmi di Max Planck*, Torino, Bollati Boringhieri, 1988; Friedrich Hund, *Storia della teoria dei quanti*, Torino, Boringhieri, 1980.

r

Ragione
(dal latino *ratio*)

Si dice che i greci, tra il VI e il V secolo a.C., abbiano scoperto la potenza della ragione. Abbiano, cioè, capito come indagare il cosmo, il tutto armoniosamente ordinato, inaugurando la stagione della →scienza e della →filosofia. La ragione, per i greci, è separata dall'«opinione», perché è capace di superare l'istinto, il →senso comune, è mediata e non immediata, sottopone a verifica la →verità raggiunta. La ragione è un metodo di conoscenza, è valutazione dei fatti, è progetto, è condotta di vita. La ragione raggiunge l'universale, proprio perché la →natura è razionalmente ordinata.

Che l'→uomo sia un →animale (anche) razionale è fuor di dubbio. Cosí come è fuor di dubbio è che egli abbia costruito gran parte del suo sviluppo sull'uso della ragione (→evoluzione culturale). Ancora indubbio è il fatto che la scienza e la filosofia siano le attività dell'uomo che, piú di altre, si fondano sulla ragione.

Tuttavia ancora non abbiamo un'idea comune, o, se si vuole, una definizione rigorosa di cosa sia la ragione. E come si esprima.

La ragione, dice Cartesio, è semplicemente «la capacità di ben giudicare e di distinguere il vero dal falso». Per questo essa è la materia prima della scienza e della filosofia. Lo strumento di liberazione dal pregiudizio e dalle superstizioni. L'illuminismo andrà anche oltre Cartesio ed eleverà la ragione al rango di divinità.

Oggi forse abbiamo meno certezze rispetto a Cartesio e agli illuministi. La ragione ci appare, certo, come la capacità della →mente umana di guardare oltre il velo della →percezione. Ma è ancora oggetto di discussione, per esempio nel campo dell'→intelligenza artificiale, se il ragionamento, ovvero il modo con cui si esprime la ragione, sia solo di tipo logico-formale e se la ragione, dunque, coincida con la →logica o sia, invece, un insieme complesso di attività psichiche che oltre alla logica e alla computazione prevede anche l'→intuizione. Ed è oggetto di discussione, ormai, anche se la ragione sia davvero separata e separabile dall'→emozione. Se la ragione è la capacità di scegliere e, quindi di esprimere al meglio la nostra (limitata) →libertà, essa ha bisogno di una struttura di valori per effettuare le scelte. Ma gli uomini hanno costruito questa struttura valoriale nel →tempo profondo della loro →evoluzione biologica non (o, almeno, non solo) applicando ragionamenti logico-formali, ma facendo leva spesso sull'istinto e su quella componente nobile dell'istinto che è l'emozione.

Separare la ragione dall'emozione, interpretare la ragione come logica formale e computazionale, può portare a molti travisamenti. Può portare a travisare l'→identità e la →storia dell'uomo (si veda, per esempio, l'interpretazione che di noi uomini propongono molti teorici dell'→economia).

Insomma, dai rimandi che abbiamo fatto, avrete intuito che la ragione, nella sua interpretazione prudente e insieme complessa che ne abbiamo dato, è il tessuto connettivo di tutto questo dizionario. Essa può essere declinata in mille modi diversi. E il modo di declinarla coincide, ormai, con l'evoluzione stessa della specie umana. Che è, appunto, evoluzione culturale. Un'evoluzione fondata (anche) sulla ragione.

Letture: Vittorio Girotto, *Il ragionamento*, Bologna, Il Mulino, 1994; Alberto Izzo, *I percorsi della ragione*, Roma, La Nuova Italia Scientifica, 1994; Thomas S. Kuhn, *La struttura delle rivoluzioni scientifiche*, Torino, Einaudi, 1978; Herbert Simon, *La ragione nelle vicende umane*, Bologna, Il Mulino, 1984; Stephen P. Stich, *La frammentazione della ragione*, Bologna, Il Mulino, 1996.

Realtà

(dal latino *realitas*)

Ma i quark esistono davvero? E la Luna se ne sta lí, nella sua orbita intorno alla Terra, anche quando io non la guardo? No, non fatevi tentare da facili risposte. Non dite che voi e miliardi di altre persone la Luna la vedete, nubi permettendo, per buona parte delle sere di ogni mese. E che quel grosso pezzo di roccia lassú nel cielo è talmente reale che un uomo, Neil Armstrong, vi ha potuto imprimere la sua orma il 20 luglio 1969. Né che i quark sono stati «osservati» per mezzo di sofisticati strumenti da gruppi, svariati e corposi, di fisici. Dunque esistono. No, non fatevi tentare da queste facili risposte dettate dal →senso comune. Passereste per ingenui. Anzi, come dicono i filosofi, per realisti ingenui.

E come tali condannati a leggere migliaia di pagine della migliore letteratura epistemologica in cui le vostre certezze sono sistematicamente e seriamente messe in crisi. Migliaia e migliaia di pagine in cui vi si dimostra che i quark (e magari anche la Luna) non sono affatto oggetti reali, ma sono solo la soluzione, logica e matematica, con cui gran parte della comunità scientifica riconosce di aver dato risposta, almeno provvisoriamente, ad alcuni problemi sulla conoscenza del mondo. Oggetti virtuali, destinati a essere superati se non spazzati via da una qualche generazione piú o meno prossima di nuove teorie logico-matematiche (→teoria). Di nuovi paradigmi. Dalla intensa lettura di quelle pagine riemergete stanchi, ma finalmente convinti. E già iniziate a irridere a quel vostro precedente realismo cosí ingenuo. Poi alzate lo sguardo al cielo e riconoscete, grosso e simpatico, il faccione della Luna. Andate a trovare il vostro amico fisico e con i suoi strumenti ritrovate l'inoppugnabile traccia di un quark. Possibile che siano solo il risultato contingente di un consenso assembleare? Possibile che le →verità della →scienza non siano pezzi, per quanto piccoli e parziali, di una realtà obiettiva, ma solo il minimo comun denominatore di una →logica rigorosa, matematica, ma pur sempre intersoggettiva?

Bene. Se dopo tutto ciò (ri)cominciate a pensare che ragione ed esperienza non possono poggiare sulla sabbia della (inter)soggettività. Che per quanto intrisi di teorie i fatti (scientifici) sono pur sempre fatti. Che la realtà non sarà (sempre) quella del senso comune. Ma deve ben essercene una, magari sfuggente però del tutto obiettiva. E che questo vostro principio di realtà, ormai avete deciso, siete disposto a sottoporlo a verifica ma non ad abbandonarlo. Almeno non senza combattere, come sosteneva (e faceva) Albert Einstein. Ebbene, benvenuti tra i realisti (non piú ingenui). Ma ricordatevi che per voi i problemi, quelli veri, iniziano solo ora.

Per esempio, non avete possibilità alcuna di contrastare la critica piú radicale al principio di realtà, quella del solipsista. Esisto solo io, vi dirà il vostro interlocutore solipsista, con le mie sensazioni e le mie emozioni. Tutto il resto, tu, gli altri esseri umani, i quark e la Luna, il mondo intero e le vostre conoscenze sul mondo intero, siete pure illusioni: costruzioni della mia immaginifica mente. Contro un simile argomentare, sosteneva il fisico Ludwig Boltzmann alla fine del XIX secolo, un uomo di scienza non ha strumenti. Per quanto la logica del solipsista faccia a pugni col senso comune, essa è dotata di un'intima coerenza interna. E non può essere confutata per via dimostrativa.

Questa impossibilità di superare il primo ostacolo logico prova che la costruzione di una filosofia realista su cui poggiare il processo di conoscenza scientifico è inutile, perché destinato a fallire?

Niente affatto. Prova solo, come rileva Ludovico Geymonat, che la pretesa di ridurre la razionalità alla logica è priva di fondamento. Quanto al solipsista, si può sempre seguire il consiglio di Boltzmann e provare a sgretolare il muro delle sue certezze chiedendogli quale senso egli attribuisca al suo ferreo ragionamento.

Aggirato (ma non sgretolato) l'ostacolo d'impossibilità solipsista, dobbiamo ancora iniziare a costruirla una filosofia scientifica realista. Una costruzione necessaria, secondo alcuni. Almeno per uno scienziato. Perché la rinuncia al principio di realtà (a un principio di realtà) apre necessariamente la strada all'irrazionalismo. E, quindi, alla negazione stessa della scienza come impresa di conoscenza.

Lo scienziato, almeno lo scienziato che non vuole entrare in contraddizione con la sua stessa attività, crede dunque nell'esistenza di una realtà oggettiva. Una realtà che trascende il soggetto che la conosce o che tenta di conoscerla. Una realtà conoscibile.

Attenzione, però. Perché questo principio di realtà va ben identificato. Non possiamo, infatti, cadere nella trappola del «realismo ingenuo». Non possiamo pensare che la realtà trascende il soggetto che tenta di conoscerla e le sue percezioni. E tuttavia da quelle percezioni, dalle percezioni del soggetto conoscente, la realtà oggettiva è interamente attingibile nella sua ineffabile nudità. Insomma, non possiamo pensare che le nostre percezioni siano di per sé necessarie e sufficienti a conoscere la realtà oggettiva (la luna è lí perché la vedo), in quanto le nostre percezioni si fonderebbero sulla realtà oggettiva e sarebbero da essa causate. La fiducia ingenua nella →percezione porta molto presto lontano dal realismo. Chi crede che la percezione ci fornisca una conoscenza diretta e quindi «vera» della realtà può infatti essere portato a credere che l'unica verità accertabile è quella inscritta nel mondo dei fenomeni percepibili: *esse est percipi*, sosteneva George Berkeley. E cosí chi ripone troppa fiducia nella percezione e su di essa tenta di costruire un metodo per conoscere la realtà oggettiva finisce per sostenere, come Berkeley, che l'unica realtà è quella percepita dai nostri sensi. E quindi diventa, suo malgrado, fautore di quell'idealismo soggettivo che è la posizione filosofica diametralmente opposta a quella del realista.

Tuttavia non possiamo neppure pensare di conoscere a priori come e dove la realtà oggettiva trascende le nostre percezioni soggettive (la luna è lí anche quando non la osservo). Chi, come i meccanicisti (→meccanicismo), ha pensato di individuare per astrazione i caratteri irriducibili della realtà oggettiva (le qualità geometrico-meccaniche) separandoli nettamente dalle percezioni soggettive (le qualità secondarie: colore, odore, suono) è stato smentito dallo sviluppo stesso della →meccanica. Non solo e non tanto perché già nel XIX secolo la distinzione tra qualità primarie e secondarie si è rivelata priva di fondamento. Ma anche e soprattutto perché nel XX secolo sia la →relatività di Einstein che la →meccanica quantistica (nelle sue diverse interpretazioni) hanno dimostrato come persino le qualità geometrico-meccaniche della realtà siano strettamente correlate a chi, come il soggetto conoscente, le osserva.

In definitiva, è lo sviluppo della stessa conoscenza scientifica ad aver dimostrato che il rapporto tra percezioni soggettive e realtà oggettiva (o «altra dal soggetto conoscente») è molto piú complesso di quanto non pensassero nel Seicento René Descartes (capofila dei meccanicisti) e nel Settecento George Berkeley (capofila degli idealisti soggettivi). Ricostruirlo, questo rapporto, per il «realista non ingenuo» è impresa necessaria, ma niente affatto facile. E niente affatto indolore.

Per portare a termine l'opera, necessaria e ineludibile, di ricostruzione tra percezione soggettiva e realtà oggettiva, a noi realisti, non piú ingenui, tocca risolvere non pochi problemi. Effettuare dolorose rinuncie. Passare per valichi piú stretti di quelli che i romani trovarono presso Caudio. Impresa, appunto, non banale e dall'esito nient'affatto scontato.

Quei valichi sono almeno tre. Facce diverse, a ben vedere, di una medesima medaglia. Al primo valico, stretto ma non impossibile, ci conduce l'evoluzione dell'epistemologia, cioè della teoria della conoscenza scientifica. Noi, che non siamo solipsisti e diffidiamo dell'idealismo soggettivo, possiamo ancora ben dire che fare scienza significa conoscere la realtà. Ma non possiamo piú sostenere, con Galileo, che ogni singola verità scientifica sia *intensive* pari a quella di Dio. Certa e assoluta. Definitiva. Immutabile. Oggi fare scienza significa non «scoprire» la realtà, ma approssimarsi alla realtà. Ed essere realista non ingenuo significa essere «fallibilista», cioè ammettere che una migliore conoscenza della realtà è sempre possibile. Oggi, infatti, sappiamo che affermare «la Luna è lí anche quando non la guardo» non significa formulare una proposizione cosí esatta come poteva immaginare Galileo. Non perché la Luna sia una costruzione dei miei sensi o della mia mente e quindi sparisca non appena mi distraggo e smetto di guardarla. Ma perché la sua orbita non ha quella geometria perfetta e costante nel tempo e quindi prevedibile che potevano immaginare Galileo e Keplero, Cartesio e Newton. Oggi l'astrofisico Jacques Laskar ci dice infatti che la Luna ha un'orbita caotica. Cosí mentre per Galileo quel «lí» era un luogo assolutamente certo, perché preciso e prevedibile, per noi, almeno oltre una certa soglia di precisione, non lo è piú. Non è che la Luna da Galileo a oggi abbia mutato la sua realtà. È invece mutata, anzi migliorata, la nostra conoscenza della realtà lunare. Ammesso, ben inteso, che Laskar abbia ragione.

Al primo valico noi, realisti non piú ingenui, abbiamo dovuto abbandonare la pretesa della precisione assoluta. Noi non possiamo conoscere con precisione *intensive* uguale a quella di Dio, ovvero assoluta, gran parte della realtà. Compresa quella parte di realtà che, come la Luna, è direttamente accessibile ai nostri sensi. Alla vista di tutti noi e al tatto di Armstrong.

Al secondo varco troviamo, duro da sciogliere, il nodo rappresentato da quella parte di realtà che non è direttamente accessibile ai nostri sensi. Quegli oggetti o, come direbbero i filosofi, quegli enti che, come i quark, possiamo rilevare solo in modo indiretto. Sono reali questi oggetti? Esistono davvero i quark? La storia degli «enti di ragione», ovvero degli oggetti previsti da teorie e misure indirette, ci impone prudenza. Fino alla fine del XIX secolo non c'era fisico che non credesse nella realtà dell'→etere. E fino alla fine del XVIII secolo non c'era chimico che non credesse nella realtà del flogisto. Nessuno aveva mai osservato l'etere e il flogisto. Ma la loro esistenza era data per certa sulla base di solide teorie e di osservazioni indirette. Anche i quark non sono mai stati osservati direttamente da nessuno. E anche la loro esistenza viene data per certa sulla base di solide teorie e di osservazioni indirette. Perché, dunque, i quark, a differenza dell'etere e del flogisto, dovrebbero essere «oggetti reali» e non, proprio come l'etere e il flogisto, «enti di ragione» destinati a sopravvivere fino a prova contraria in una ricostruzione fisico-matematica della realtà?

Anche in questo caso ci viene chiesto, a noi realisti non piú ingenui, di abbandonare il concetto di assoluto. Persino nella sua dimensione piú irriducibile. Quella di esistenza. Un quark non esiste in assoluto. O meglio i quark esistono e sono reali fino a quando la teoria che li prevede e sulla base della quale noi effettuiamo le nostre osservazioni indirette (la teoria della cromodinamica quantistica, nella fattispecie) resiste alla prova dell'→osservazione. Non solo i quark, ma tutti gli oggetti non direttamente osservabili: dagli elettroni ai fotoni, dal nucleo incandescente del Sole al nucleo compatto delle stelle a neutroni, esistono fino a prova contraria. Fino a quando le costruzioni teoriche che li prevedono e sulla base delle quali vengono effettuate le osservazioni indirette, resistono alla verifica dei fatti. Se i fatti dovessero falsificare fino a far crollare una di queste teorie, allora anche gli elettroni o i fotoni, il nucleo incandescente del Sole o il nucleo compatto di una stella a neutroni cesserebbero di esistere.

Naturalmente l'esistenza di oggetti previsti da teorie verificate da decenni di osservazioni mirate è molto piú probabile dell'esistenza di oggetti previsti da teorie nuove, che non sono state ancora attentamente verificate. Se ne ricava, quindi, che il realista non ingenuo deve imparare a gestire il concetto di probabilità. Tuttavia non c'è solo un certo grado piú o meno elevato di aleatorietà che caratterizza la nostra conoscenza della realtà non osservabile e che accompagna la stessa esistenza di enti non direttamente osservabili. Se vogliamo superare il secondo valico e procedere verso la rassicurante vallata del realismo, dobbiamo ridefinire il rapporto tra realtà e osservatore. Come scrive Ludovico Geymonat, il tipo di argomentazioni che abbiamo portato «è, da qualche decennio, concordemente accettato da gran parte dei fisici teorici (e non solo da essi). È chiaro però che, in questo modo, la categoria dell'esistenza viene strettamente legata alla nozione di osservazione; e poiché il mondo direttamente osservabile è il mondo delle nostre percezioni, se ne ricava che l'esistenza, nel senso testé definito, risulta inscindibile dal soggetto». Insomma, al secondo valico noi, realisti non piú ingenui, dobbiamo accettare che la separazione tra realtà oggettiva e soggetto conoscente non può essere e non è, sempre, netta e inequivocabile.

Superate, senza grosse perdite, queste prime strettoie eccoci giunti al terzo varco. Ben piú stretto e difficile da attraversare. Autentiche forche caudine per un realista, anche se non piú ingenuo. Subiremo, è persino facile prevederlo, grosse perdite. Siamo a quel valico che qualcuno ha definito di «recupero dell'ambiguità». Ma che noi, forse piú rozzamente, potremmo definire di «recupero dell'incertezza».

Cosa si richiede davvero a noi, malcapitati realisti, per attraversare queste forche caudine? E, soprattutto, abbiamo una qualche altra via d'uscita?

Le risposte a queste domande forse non sono univoche, ma certo non sono eludibili per noi realisti non piú ingenui. Vediamo perché. Quello che ci viene richiesto, infatti, è il doloroso abbandono o del principio di causalità o del principio di località. In altri termini di almeno uno dei fondamenti del realismo ingenuo. E a chiederci tanto non sono (solo) filosofie piú o meno misere, espedienti retorici piú o meno efficaci, o intuizioni del mondo piú o meno arbitrarie, come qualcuno pure sostiene. Ma sono (sembrano essere) i meri fatti scientifici. Almeno quei fatti scientifici che oggi conosciamo. Cosí come li conosciamo.

A chiedere l'abbandono della causalità rigorosa a favore di quella che Abner Shimony ha definito l'*indeterminazione oggettiva* è l'attuale stato di conoscenze sulla meccanica dei quanti. Cosa sia questa *indeterminazione oggettiva* lo sappiamo bene (consultare la voce →meccanica quantistica). Anche perché è stata al centro di un dibattito vigoroso eppure sempre civilissimo tra il realista Albert Einstein e i non realisti della cosiddetta scuola di Copenaghen, con a capo Niels Bohr. Nel formalismo quantistico, lo stato di un sistema isolato non è perfettamente determinato: nel senso che non possiamo conoscere, nel medesimo tempo e con precisione assoluta, parametri come la posizione e la quantità di moto di un elettrone. Non solo: un sistema quantistico quando è isolato si trova in un mescolamento (superposizione o sovrapposizione) di stati. L'esempio classico è quello del gatto di Schrödinger, che isolato in una scatola inaccessibile è vivo *e* morto nel medesimo tempo. Solo aprendo la scatola (facendo collassare la funzione d'onda, nel gergo dei fisici quantici) una delle due condizioni alternative si attualizza. E il gatto appare, anzi è finalmente vivo *o* morto.

Questa situazione è giudicata inaccettabile da Einstein e da tutti coloro che non sono «disponibili ad abbandonare senza combattere la causalità rigorosa». A lungo Einstein e gli altri insoddisfatti hanno cercato le «variabili nascoste» in grado di ricondurre sui binari del piú rigoroso →determinismo la meccanica dei quanti. Senza successo. O, almeno, senza successo a meno di pagare un altro prezzo inaccettabile: quello della rinuncia alla località.

Ma, ammettiamo che quella di Copenaghen sia l'interpretazione corretta e definitiva del mondo dei quanti. Questa situazione è davvero inaccettabile per un realista? Probabilmente no, se egli considera «oggettiva» la «indeterminazione quantistica». Se cioè considera la «realtà potenziale» dei quanti una realtà vera, che diventa «attuale» quando «si apre la scatola» e la funzione d'onda può collassare. Ovvero quando entra in gioco l'osservatore. Il prezzo che ci viene chiesto di pagare a noi realisti non piú ingenui è duplice. Da un lato ci viene imposto di recuperare l'incertezza e abbandonare il determinismo: il gatto di Schrödinger è vivo e morto contemporaneamente quando nessuno lo guarda. Dall'altro ci viene chiesto di riconoscere un ruolo sempre piú importante all'osservatore nella determinazione della «realtà attuale». Il gatto è vivo o è morto e la luna è lí solo quando qualcuno li guarda. Abbandonare il determinismo e attribuire un ruolo decisivo all'osservatore nella determinazione della realtà: davvero per passare questa forca caudina e scendere nella confortante valle del realismo non ingenuo ci viene chiesto un prezzo molto, molto salato. Ma, forse, non impossibile da pagare.

Si può scegliere qualche altra strada per evitare di pagare un pedaggio cosí doloroso? Sí, si può. John Bell e il suo celebre teorema delle diseguaglianze lasciano una porta aperta. Una sola e, ahinoi, strettissima. Per attraversarla, ammesso che vi riesca, il realista deve pagare un prezzo forse davvero inaccettabile. Quello della «non località». Detto in altre parole, chi intende recuperare la causalità rigorosa del determinismo, ridimensionare il ruolo dell'osservatore nella determinazione della realtà attuale ed elaborare una teoria quantistica a variabili nascoste, deve accettare la correlazione tra gli oggetti di un sistema quantistico e, quindi, l'azione istantanea a distanza (per ulteriori dettagli, rileggere la voce →meccanica quantistica). Cioè rifiutare o, quanto meno, accettare di mettere in discussione la →relatività ristretta di Einstein e il suo principio della insuperabilità della velocità della luce. Trovate che sia un conto da pagare a cuor leggero?

In sintesi: allo scienziato che vuole conoscerla, la realtà del mondo naturale oggi si propone in modo diverso da quella immaginata dal fondatore della *nuova scienza*, Galileo Galilei. La natura non è un libro le cui verità possono essere attinte in modo assoluto, inequivocabile e definitivo da chiunque ne sappia leggere il linguaggio. Uno scienziato realista oggi è un signore che interroga la natura sapendo che, per ogni domanda, riceverà una risposta limitata e provvisoria. Sa, inoltre, che la risposta sarà profondamente influenzata dal modo con cui ha posto la domanda. E, poi, è un signore che è costretto a scegliere. O crede che la realtà, a livello quantistico, sia una «realtà potenziale» che egli, di volta in volta, rende «attuale» e rinuncia, in questo modo, al principio di causalità rigorosa. O, al contrario, riconferma la sua fiducia nella causalità della natura anche a livello quantistico ma rinuncia al principio di «località» e, quindi, di indipendenza tra gli oggetti del mondo e i diversi enti che nel loro insieme costituiscono ciò che chiamiamo realtà.

Letture: David Bohm, *Causalità e caso nella fisica moderna*, Napoli, Cuen, 1997; David Deutsch, *La trama della realtà*, Torino, Einaudi, 1997; Ludovico Geymonat, *Scienza e realismo*, Milano, Feltrinelli, 1982; Giulio Peruzzi (a cura di), *Scienza e realtà*, Milano, Bruno Mondadori, 2000; Karl Popper, *Poscritto alla logica della scoperta scientifica*, Milano, Il Saggiatore, 1985.

Relatività

(dal tardo latino *relativus*)

La teoria della relatività, o piú semplicemente, la relatività è il nome che è stato dato a due teorie fisiche, diverse anche se strettamente interconnesse, «inventate» da Albert Einstein rispettivamente nel 1905 e nel 1916. La prima è la teoria della «relatività speciale», che consente di unificare la →meccanica con l'elettrodinamica. La seconda è la teoria della «relatività generale» e si propone come una nuova teoria della →gravitazione universale, dello →spazio e del →tempo.

Le teorie della relatività hanno modificato cosí profondamente la →fisica e i suoi fondamenti da indurre molti a considerarle non una delle vette, ma la vetta piú alta mai raggiunta dal pensiero razionale (→ragione) e dalla →cultura dell'→uomo.

L'affermazione è, naturalmente, opinabile. Tuttavia, basti ricordare che ancora oggi la relatività di Einstein è considerata la →teoria fondamentale della fisica, insieme e piú della →meccanica quantistica, con cui, peraltro, solo in parte si concilia. Anzi, molti considerano la riconciliazione tra la relatività generale e la meccanica dei quanti come il piú grande tra i problemi aperti della fisica (→tutto, teoria del). Se proprio vogliamo proporre una scala di valori assoluti tra le teorie fisiche, occorre dire che oggi per essere accettata una qualsiasi teoria fisica deve dimostrare di essere «relativisticamente invariante», cioè deve accettare i vincoli posti dalla relatività. Questo requisito, come ricordano Lloyd Motz e Jefferson H. Weaver, si applica a tutte le teorie, meccanica quantistica compresa. E ciò, in qualche modo, rende la relatività una teoria di ordine superiore rispetto alla meccanica quantistica. O, se si vuole, rende la relatività la teoria *piú alta in grado* della fisica.

Ma non è solo il loro significato fisico a rendere *superbe* le teorie della relatività. Chi è attratto dall'estetica delle teorie fisico-matematiche (e nella comunità dei fisici e dei filosofi sono in molti) trova nelle due teorie una bellezza ineguagliata.

Chi, come noi, è infine interessato soprattutto alla valenza culturale d'insieme dell'attività scientifica non riuscirà a trovare in alcuna altra teoria la capacità di influenzare, come la relatività, tutti gli aspetti del pensiero scientifico e del pensiero filosofico.

Ma, ora, veniamo al merito delle teorie della relatività.

La relatività ristretta

Il 30 giugno del 1905 gli «Annalen der Physik» ricevono un articolo sull'*Elettrodinamica dei corpi in movimento*, in cui un giovane fisico tedesco, impiegato all'Ufficio brevetti di Berna, in Svizzera, dal nome sconosciuto, Albert Einstein, propone i principi della relatività ristretta e la parziale unificazione della meccanica con l'elettrodinamica.

La proposta si basa su due concetti tanto semplici quanto fondamentali, chiaramente esposti da Einstein nella seconda parte del suo articolo: la generalizzazione del *principio di relatività* di Galileo a tutti i sistemi fisici in →moto relativo uniforme; l'assunzione che la luce si muove in un sistema di coordinate «in quiete», con la medesima velocità, c, sia che venga emessa da una sorgente fissa sia che venga emessa da una sorgente in movimento.

Il primo concetto, dicevamo, riguarda quel principio di relatività di Galileo, in base al quale le leggi della meccanica sono uguali in due sistemi qualsiasi che si muovono di moto relativo uniforme, ovvero a velocità costante, senza accelerazione. Un esempio classico di relatività galileana è quello di due fisici imbarcati su due navi che si muovono a velocità costante su un mare in bonaccia. Se hanno abbassato le tendine degli oblò delle rispettive cabine, per quanto bravi siano, i due fisici non hanno alcun modo per stabilire se le loro navi sono ferme o si stanno muovendo. Inoltre, se conducono degli esperimenti (→esperimento) di meccanica con eguale perizia trovano i medesimi risultati e le medesime leggi (→legge).

Einstein estende il principio di relatività di Galileo a qualsiasi tipo di sistema: non c'è alcun modo di distinguere fra due sistemi in moto relativo uniforme. Siano essi sistemi meccanici o elettromagnetici. Con questa semplice generalizzazione, Einstein conferisce piena dignità teorica all'esperimento di Michelson-Morley: il concetto di →etere diventa del tutto superfluo. Non esistono sistemi di riferimento assoluti. Ne consegue che i fenomeni elettromagnetici non possono essere ridotti, in linea di principio, a puri fenomeni meccanici.

È davvero stupefacente che un'idea cosí semplice, quasi banale, un'idea che non richiede difficili analisi matematiche ma solo un forte rigore logico, abbia conseguenze cosí estese e penetranti.

Da notare che la generalizzazione del principio di relatività galileana, mentre svuota definitivamente il progetto meccanicista di ridurre l'elettromagnetismo a parte della meccanica, non può e non deve essere considerato un passo indietro rispetto al programma prioritario che, non senza ambizione, si è dato il giovane Einstein: unificare le forze fondamentali della →natura. Anzi, è un primo, clamoroso, passo avanti in questa direzione. Come rileva Leopold Infeld, con la relatività ristretta Einstein non ha reciso i legami che uniscono i due regni della fisica, l'elettromagnetismo e la meccanica. Ma, al contrario, per la prima volta li ha davvero avvicinati. Perché ora c'è un concetto unificatore, il principio di relatività di Galileo, che governa sia i fenomeni puntuali della meccanica che i fenomeni di campo dell'elettromagnetismo.

Ma Einstein introduce anche un secondo concetto fondante, quello della invariabilità della velocità della luce. L'idea di Einstein è che se il fisico sulla nave dell'esempio precedente accende una candela, sia lui che un osservatore posizionato su uno scoglio accanto al quale la nave bordeggia veloce verificheranno che la luce della candela si propaga con la medesima velocità. L'idea è del tutto controintuitiva. Infatti, se a spostarsi sulla nave, da poppa verso prua, è un cameriere, i due osservatori misureranno velocità diverse. Per il fisico, il cameriere si sta spostando alla velocità di 5 chilometri orari. Per l'uomo sullo scoglio, il cameriere si sposta alla velocità di 20 chilometri orari: la velocità della nave, 15 chilometri orari, piú la velocità delle sue gambe, 5 chilometri orari.

Benché l'idea della invariabilità della velocità della luce sia lontana dal →senso comune, Einstein non ha fatto altro che prendere atto di alcuni dati sperimentali noti. E cioè che la luce viaggia a circa 300.000 chilometri al secondo. E che nulla può superare questa velocità.

L'invariabilità della velocità della luce è un concetto ancora piú fragoroso della generalizzazione della relatività di Galileo. Perché indica che la mirabile meccanica di Newton non è corretta. O meglio, ha una finestra di correttezza limitata: è, infatti, applicabile solo a particelle che si muovono a velocità nettamente inferiori a quelli della luce. Per descrivere il moto di particelle che si muovono con velocità prossime a quelle della luce, occorre una nuova meccanica. Una meccanica, sostiene Einstein, invariante rispetto alla trasformazione di Lorentz.

I lettori perdoneranno questo inciso. Ma a questo punto occorre cercare di spiegare chi è Lorentz e cos'è la trasformazione che prende il suo nome.

Consideriamo i nostri due sistemi in moto relativo uniforme: la nave in viaggio, il fisico suo ospite e l'osservatore esterno sullo scoglio. Poniamo che il fisico se ne stia fermo alla sua scrivania. Il fisico sarà sempre in grado di conoscere la sua posizione rispetto alla nave. Gli basta un numero: la distanza in metri della sua sedia dal centro della nave. Ma la medesima conoscenza è a disposizione anche dell'osservatore sullo scoglio. Anche se, per lui, la posizione del centro della nave cambia nel tempo. L'osservatore può sempre sapere dov'è, esattamente, il fisico. Gli basta avere questo semplice *set* di dati: la distanza della sedia dove il fisico studia dal centro della nave; la velocità a cui si muove la nave; la posizione e il momento esatto in cui la nave è partita. In termini piú rigorosi, possiamo dire che la coordinata, x, del sistema «fisico che studia sulla nave» è uguale alla velocità della nave, v, moltiplicata per il tempo di viaggio, t, piú la coordinata, x′, che definisce la distanza tra la sedia del fisico e il centro della nave. L'osservatore è sempre in grado di porre il fisico nel suo sistema di coordinate.

Ora, ammettiamo che sulla nave succeda qualcosa. Per esempio, la candela sul tavolo del fisico a un certo punto si consuma e si spegne. Entrambi, il fisico e l'osservatore sullo scoglio, possono collocare l'avvenimento nel loro sistema di coordinate. Basta che i due sappiano dove e quando lo spegnimento della candela si è verificato. L'unica differenza che, secondo la meccanica classica, si registrerà nella collocazione dell'evento da parte del fisico e dell'osservatore sullo scoglio sarà relativa alla coordinata dello spazio. Perché la coordinata del tempo è per entrambi la medesima. Guardando il loro orologio nel momento in cui si spegne la candela, i due registrano il medesimo orario. In meccanica classica il tempo è assoluto e il ritmo degli orologi non dipende dal moto. Cosí entrambi, con una semplice trasformazione che i fisici chiamano di Galileo, possono collocare l'evento spegnimento della candela nel sistema di coordinate dell'altro. Il fisico può collocare l'avvenimento nel sistema di coordinate dell'osservatore sullo scoglio. E viceversa. Perché le leggi della meccanica classica sono invarianti rispetto alla trasformazione di Galileo.

Se, però, la nave che si muove di moto uniforme rispetto allo scoglio è dotata di una tecnologia speciale, che le consente di muoversi a velocità prossime a quelle della luce, l'operazione non riesce. Il fisico, che viaggia con la nave a velocità appena appena subluminale, non è in grado di collocare, con una semplice trasformazione delle coordinate spaziali, l'evento spegnimento della candela nel sistema di coordinate dell'osservatore sullo scoglio. Per il semplice fatto che l'evento avviene, per il fisico e per l'osservatore, in differenti coordinate temporali. Ovvero, l'orologio del fisico e l'orologio dell'osservatore segnano tempi diversi quando si spegne la candela, anche se erano sincronizzati al momento in cui la nave è partita.

Verso la fine dell'Ottocento, tuttavia, Hendrik Antoon Lorentz ha elaborato un sistema di trasformazioni di coordinate che tiene conto di come cambia il tempo di un sistema in funzione della velocità con cui si muove il sistema. Utilizzando queste trasformazioni, il fisico e l'osservatore sullo scoglio possono di nuovo collocare lo spegnimento della candela nel sistema di coordinate l'uno dell'altro. E recuperare, cosí, l'oggettività dell'evento.

Ora cosa fa Einstein nel suo lavoro sull'*Elettrodinamica dei corpi in movimento*? Verifica che le leggi del campo elettromagnetico di Maxwell sono invarianti rispetto alle trasformazioni di Lorentz. Quindi sono congruenti coi suoi due principi di relatività. Mentre la meccanica di Newton non è invariante rispetto alle trasformazioni di Lorentz. È invariante solo rispetto alle trasformazioni di Galileo. Non si può, quindi, applicare alle particelle che viaggiano a velocità prossime a quelle della luce. È per questo che Einstein, oltre due secoli dopo Newton, elabora una nuova meccanica. Una meccanica relativistica. In cui lo spazio e il tempo non sono piú enti assoluti. E l'→azione a distanza è bandita. Nulla, infatti, può viaggiare a una velocità superiore a quella della luce.

Con questo singolo lavoro, dunque, Einstein modifica concetti scientifici e filosofici vecchi di secoli e, addirittura, di millenni. Elabora una nuova teoria che sostituisce, per annessione, quella di Isaac Newton. E unifica parzialmente, sulla base del principio di relatività, le due grandi e, finora, incomunicanti branche della fisica: la teoria meccanica e la teoria di →campo.

Ce ne sarebbe abbastanza per consacrare il giovane e sconosciuto impiegato dell'Ufficio brevetti di Berna come uno dei piú grandi fisici di ogni tempo. Ma la verve creativa di Einstein non si è ancora esaurita. Cosí come non si è esaurito il suo bisogno di unificazione. Meno di tre mesi dopo l'articolo sull'*Elettrodinamica dei corpi in movimento*, il 27 settembre del 1905 gli «Annalen der Physik» ricevono un nuovo contributo, *L'inerzia di un corpo dipende dal suo contenuto di energia?*, in cui Einstein trae le prime, clamorose conseguenze della sua teoria relativistica. La principale conseguenza è racchiusa nella formula forse piú famosa della storia della fisica:

$$E = m c^2$$

La formula contiene l'unificazione di due entità fisiche e di due concetti ritenuti, finora, del tutto indipendenti: la massa e l'→energia.

La teoria della relatività, dunque, unifica due altri principi, il principio della conservazione della massa e il principio della conservazione dell'energia, in una nuova sintesi: il principio della conservazione della massa-energia. Einstein ha dimostrato che *Kraft und Stoff*, energia e →materia, sono espressione di una medesima →realtà, proprio come proponeva Ludwig Büchner, un autore letto e profondamente assimilato in età giovanile. E tutto questo senza che, finora, nessuno abbia mai individuato e riconosciuto il minimo indizio sperimentale a favore di una simile idea. Einstein, allora, indica, ancora una volta con un intuito eccezionale, dove andare a cercare la prova fisica della libera creazione della sua mente: nei sali di radio. Passerà molto tempo prima che qualcuno riesca a dimostrare che nei fenomeni radioattivi una piccola massa si trasforma in una grande quantità di energia.

L'innovazione proposta in quei due lavori è difficile da digerire per i fisici contemporanei di Einstein. Che infatti impiegheranno un po' di anni prima di accettare l'idea che la meccanica di Newton ha un campo di applicabilità limitato; che lo spazio e il tempo non sono entità assolute e indipendenti, ma formano un unico ordito; che la massa e l'energia sono fuse in una medesima legge di conservazione.

Einstein, dunque, è molto in anticipo sui tempi. Anche se molti ritengono che, in realtà, i tempi fossero ormai maturi per la teoria della relatività ristretta. E che il giovane impiegato a Berna abbia anticipato solo di qualche mese qualche altro fisico, come Lorentz, o un grande matematico, come Henri Poincaré, che sarebbero certamente giunti in breve ai medesimi risultati. L'ipotesi è fondata. D'altra parte Lorentz ha già elaborato una teoria con cui cerca di conciliare la realtà puntiforme dell'elettrone con quella continua del campo elettromagnetico.

La relatività generale

Nell'anno 1905, il giovane e sconosciuto Albert Einstein non si limita a elaborare o, come amava dire, inventare la teoria della relatività ristretta. Scrive altri articoli, sul moto browniano e sui quanti di luce, con cui da un lato corrobora la teoria atomica della materia e, dall'altro, propone la teoria della dualità onda/corpuscolo della luce. Grazie a questi articoli, Einstein entra a far parte dei padri fondatori sia della teoria atomica che della fisica dei quanti.

L'opera di Einstein nel 1905 è la chiara dimostrazione di come il suo lavoro consista nel tradurre in frammenti distinti la sua visione generale del mondo e il suo ambizioso progetto: unificare la fisica. Un lavoro che non potrebbe davvero avere fiato lungo, se non fosse accompagnato da quella severità, lucida e unica, che consiste nell'avere sempre chiare in mente, tappa dopo tappa, la distanza percorsa e quella ancora da percorrere. E, infatti, Einstein si dimostra grande anche e, forse, soprattutto in questo. Perché, di volta in volta, riconosce il valore, ma anche i limiti dei risultati conseguiti. Per esempio, dopo aver elaborato la relatività ristretta, l'uomo che è riuscito a superare Newton avvisa tutti che la soluzione trovata è incompleta. Riguarda solo i sistemi inerziali. Occorre un'ulteriore generalizzazione della meccanica relativistica. Occorre una teoria, coerente, che valga per ogni sistema, non solo per quelli dotati di moto uniforme, e includa anche la →gravitazione.

Dopo il 1905, per una decina di anni, è questo l'impegno principale, anche se non esclusivo, di Einstein.

Sebbene pubblicati su una rivista molto autorevole e conosciuta, gli articoli sulla relatività scritti dal giovane fisico non sembrano avere un impatto immediato sulla comunità dei fisici. Che si sappia, nel 1905 a citare il lavoro di Einstein è un solo fisico, anche se di gran nome: Max Planck. La citazione, anzi una vera e propria presentazione della teoria, avviene nell'ambito di una conferenza durante il semestre invernale del «Seminario di fisica» presso l'Università di Berlino. Planck è il primo e, per un certo tempo, quasi unico sostenitore della relatività speciale di Einstein. Non è un caso: Planck è alla ricerca degli assoluti in fisica. E ritiene la velocità della luce, c, appunto un assoluto. Anche l'assistente di Planck, Max von Laue, diventa un relativista entusiasta. La prima citazione della relatività ristretta in un articolo, tuttavia, avviene a opera di un fisico sperimentale, Kaufmann, che ha cercato di determinare la dipendenza dalla velocità della massa degli elettroni, ottenendo risultati «che non sono compatibili con le ipotesi fondamentali di Lorentz e di Einstein».

Ma né Einstein, né Planck danno eccessivo peso all'insuccesso sperimentale. Le prime adesioni alla teoria, da quella di Sommerfeld a quella di Minkowski, avvengono ad opera di teorici a prescindere dalle conferme sperimentali. L'adesione di Herman Minkowski ha un valore storico particolare. Perché il matematico che è stato professore di Einstein elabora, nel 1908, una nuova →geometria quadridimensionale, la geometria dello spaziotempo, con le tre coordinate spaziali e la coordinata temporale. Nella nuova geometria non c'è quasi differenza tra le quattro coordinate. E, in ogni caso, è possibile misurare la distanza spaziotemporale tra eventi, invece della semplice distanza spaziale tra punti, come avviene nella geometria a tre coordinate spaziali. La geometria spaziotemporale risulta invariante per le trasformazioni di Lorentz. E su di essa Minkowski costruisce un nuovo formalismo della relatività. Cosí, in una relazione tenuta a Colonia nel 1908, Minkowski celebra i funerali dei concetti di spazio e di tempo assoluti e annuncia la nascita di una nuova entità, lo spaziotempo relativistico:

Le concezioni dello spazio e del tempo che intendo presentarvi hanno le loro radici nella fisica sperimentale, e qui sta la loro forza. Sono concezioni drastiche: d'ora innanzi lo spazio in sé e il tempo in sé sono condannati a dissolversi in nulla piú che ombre, e solo una specie di congiunzione dei due conserverà una realtà indipendente. [...] La validità senza eccezioni del postulato [della relatività] è, a mio parere, il nucleo effettivo di una rappresentazione elettromagnetica del mondo, che, scoperta da Lorentz, e ulteriormente chiarita da Einstein, ora è alla luce piena del giorno.

La conferenza e, soprattutto, il lavoro di Minkowski determinano il definitivo successo della teoria della relatività. E cosí Einstein diventa finalmente noto all'interno della comunità dei fisici, soprattutto nella comunità dei fisici tedeschi.

Intanto il giovane impiegato prosegue il suo programma di generalizzazione, che consiste, appunto, nell'estendere alla gravità la relatività ristretta. «Quando, nel 1907, stavo lavorando a un articolo riassuntivo sulla relatività ristretta, dovetti anche tentare di modificare la teoria newtoniana della gravitazione in modo da rendere le sue leggi compatibili con la teoria della relatività ristretta.» Einstein sente di nuovo il bisogno di generalizzare. «E fu cosí che ebbi il pensiero piú felice della mia vita», scrive. Un'immagine, un'intuizione. «Stavo seduto in una poltrona nell'Ufficio brevetti di Berna, quando all'improvviso mi ritrovai a pensare: se una persona cade liberamente, non avverte il proprio peso. Rimasi stupefatto. Questo pensiero cosí semplice mi colpí profondamente e ne venni sospinto verso una teoria della gravitazione.»

Il «pensiero piú felice della vita di Einstein» è il «principio di equivalenza». Einstein sta riflettendo sul fatto che, nella relatività ristretta, la massa, cosiddetta inerziale, di un corpo aumenta con la velocità e, quindi, con la sua energia cinetica. D'altra parte Galileo, con gli esperimenti di caduta dei gravi, aveva dimostrato che massa inerziale e massa gravitazionale coincidono. La legge di Galileo, scrive Einstein nella sua *Autobiografia scientifica*, «mi aveva colpito in tutto il suo significato. Ero al massimo grado stupito della sua esistenza e pensai che in essa dovesse giacere la chiave per una piú profonda comprensione dell'inerzia e della gravitazione». Ed è riflettendo su questa coincidenza che giunge alla deduzione che «è impossibile scoprire mediante un esperimento se un sistema è accelerato o se il suo moto è rettilineo e uniforme e gli effetti osservati sono dovuti a un campo gravitazionale». In altri termini, quando un astronauta che viaggia in assenza di gravità e con gli oblò chiusi vede gli oggetti che volano liberi nella sua astronave cadere a terra, non può in alcun modo sapere se è stato catturato dal campo gravitazionale di un pianeta o se qualcuno da Terra ha acceso i motori e sta imprimendo un'accelerazione all'astronave.

In presenza della gravitazione, dunque, non è piú possibile distinguere tra un sistema inerziale (che si muove per gravità) e un sistema accelerato. Poiché la relatività ristretta riguarda i sistemi inerziali, la conseguenza del «piú felice pensiero della vita di Einstein», il principio di equivalenza, è che bisogna trovare una nuova legge, piú generale, della relatività che includa in sé la gravitazione. Una legge della relatività non piú ristretta ai sistemi inerziali, ma generale. Per dirla con le parole di Einstein, il nuovo principio porta «ad ammettere che l'esigenza della teoria della relatività ristretta (l'invarianza delle leggi rispetto alle trasformazioni di Lorentz) sia troppo limitata [e che] le leggi naturali devono essere formulate in maniera tale che la loro forma sia identica [non solo per sistemi di coordinate dotati di uno stato di moto rettilineo uniforme, ma anche] per sistemi di coordinate dotati di uno stato di moto qualsiasi».

L'obiettivo è, dunque, sempre piú chiaro: occorre definire una nuova teoria della gravitazione. La nuova teoria dovrà tener conto di altri due fatti, che Einstein scopre, anzi, deduce (→deduzione) nel medesimo anno, 1907, dalla generalizzazione del principio di equivalenza. Si tratta di due effetti che possono essere verificati sperimentalmente: anche la luce deve essere deviata da un campo gravitazionale, con effetti misurabili se il campo è forte; inoltre un osservatore sulla Terra che vede fuggire la luce da un forte campo gravitazionale, come quello del Sole, noterà uno «spostamento verso il rosso» della radiazione (*redshift*).

Ancora una volta Einstein deduce una teoria profondamente innovativa da semplici considerazioni, accessibili almeno in parte anche ai non esperti. Ancora una volta indica le osservazioni cruciali che potranno falsificare la sua teoria.

Nel 1907, dunque, Einstein ha già gettato le fondamenta della nuova teoria, generale, della relatività. Tuttavia impiegherà otto anni, prima di concludere l'impresa. Perché? Be', è difficile stabilire con precisione i motivi di questo «ritardo». È possibile fare solo alcune ipotesi di spiegazione. La prima è che per circa tre anni si lascia distrarre dagli sviluppi della fisica dei quanti. Tuttavia, questa spiegazione non sembra molto probabile. Per due motivi. Il primo è che la fisica dei quanti non è un'alternativa alla fisica relativistica. Ma solo un elemento complementare nella visione unitaria che Einstein ha della fisica. Il secondo motivo è che Einstein ha dimostrato di saper tirare le file contemporaneamente di piú piste di ricerca, in apparenza diverse, che sono parte organica del suo progetto generale. Allora, se la causa del «ritardo» non è la distrazione a opera dei quanti, deve essere altro. E questo altro motivo è stato ben rilevato da Abraham Pais. È il fatto che, per elaborare la relatività ristretta, Einstein non ha avuto bisogno di una nuova →matematica. Aveva a disposizione la matematica di Lorentz, cui Einstein dimostrerà sempre riconoscenza. Nel 1905 i tempi per la relatività ristretta erano maturi, e Einstein è stato solo il primo tra i tanti che sarebbero in breve riusciti a formularla. Nel 1907 e negli anni successivi, invece, i tempi non sono ancora maturi per la relatività generale. Einstein, e solo Einstein, può giungere, in virtú del percorso che gli indica la sua visione del mondo oltre che per il suo genio unico, alla relatività generale in tempi (è il caso di dirlo) relativamente brevi. Infatti, non esiste una matematica già bella e pronta per portare a sintesi la teoria. Einstein deve inventarsela, questa matematica nuova. E deve abbandonare un pregiudizio vecchio quanto il mondo e intriso di senso comune. Una sorta di apriori kantiano. Che l'unica geometria possibile nel mondo fisico reale sia quella di Euclide.

Insomma, nel 1907 Einstein sa esattamente cosa vuole. Ma non sa come conquistarlo. Il suo intuito e il suo lavoro sembrano indicargli che l'introduzione della gravità in un sistema che non è soggetto a forze determina la perdita di significato fisico delle coordinate spaziotemporali. In realtà, occorrerebbe dire delle coordinate spaziotemporali euclidee. Ma, da sempre, le coordinate fisiche sono euclidee. E quindi solo uno spirito totalmente libero può «liberarsi [anche] dall'idea che le coordinate debbano avere un significato metrico immediato». Nel 1912, finalmente, lo spirito di Einstein conquista la libertà assoluta. O, al di là di ogni retorica, immagina che la geometria dello spazio fisico non sia euclidea, bensí sia del tipo di quella proposta da Georg Riemann.

Einstein è, intanto, diventato professore all'università. È stato a Praga. Ed è ritornato a Zurigo. Con l'aiuto di un amico fraterno, il matematico Marcel Grossmann, che lo introduce al «calcolo tensoriale» elaborato da due grandi matematici italiani Gregorio Ricci-Curbastro e Tullio Levi-Civita, mette a punto gli strumenti matematici che gli servono e, nel 1912, propone la sua prima teoria di campo della gravitazione. Il calcolo tensoriale è la matematica giusta, visto che non fa preferenze tra sistemi di coordinate.

L'obiettivo, uno degli obiettivi primari della sua *Weltbild*, della sua visione del mondo, l'intuizione di una teoria di campo della gravitazione in analogia alla teoria di campo dell'elettromagnetismo, sembra raggiunto. In realtà, ci sono ancora incongruenze, che Einstein fatica a superare. Finché, nel 1915, trasferitosi ormai a Berlino, non apprende che il matematico David Hilbert sta presentando un lavoro molto importante sulla gravitazione. Ritenendosi sotto pressione, Einstein dedica due mesi di intenso lavoro alla versione finale della teoria della relatività generale. Che presenta, infine, il 25 novembre del 1915. Il lavoro arriva agli «Annalen der Physik» nel marzo del 1916. Contiene un sistema di equazioni che descrivono le variazioni del campo gravitazionale nello spazio e nel tempo, proprio come le equazioni di Maxwell descrivono le variazioni del campo elettromagnetico nello spazio e nel tempo.

Non è il caso di entrare nei dettagli formali della teoria di campo della gravitazione proposta da Einstein. Possiamo, però, darne una sintesi per concetti generali. La teoria prevede che un campo gravitazionale prodotto da un corpo dotato di massa curvi (renda, cioè, non euclideo) lo spaziotempo altrimenti piatto di Minkowski. E i corpi in movimento nello spaziotempo, per spostarsi da un punto all'altro, seguono una geodetica, ovvero la linea piú breve. In pratica significa che la Terra non ruota intorno al Sole lungo un'orbita che nello spazio appare ellittica perché è attratta dalla stella, ma perché descrive una geodetica, ovvero la linea piú breve, nello spaziotempo incurvato dal campo gravitazionale del Sole.

L'innovazione, culturale, della relatività generale è enorme e difficilmente sopravvalutabile.

L'anno successivo, nel 1917, Albert Einstein elabora le sue *Considerazioni cosmologiche* e applica la relatività generale all'intero →universo, fondando la moderna →cosmologia scientifica.

Tre anni dopo la pubblicazione del primo lavoro sulla relatività generale, Sir Arthur Eddington (per inciso, un altro fautore della teoria unificata della fisica) nel corso di un'eclisse totale di Sole rileva che il campo gravitazionale del Sole riesce a deviare la luce. E proprio dell'angolo previsto dalla relatività generale. Il 6 novembre del 1919 i risultati vengono resi pubblici. Il 7 novembre il «Times» di Londra in prima pagina titola: «Rivoluzione nella scienza / Nuova teoria dell'universo / Demolita la concezione di Newton». E, all'improvviso, il dottor Albert Einstein diventa un personaggio noto in tutto il mondo. Un mito. Uno dei miti piú grandi e inossidabili del XX secolo.

In appena dieci anni Albert Einstein ha profondamente modificato la percezione che l'uomo ha del tempo, dello spazio, della materia, dell'energia, dell'universo intero. Chi può dire altrettanto?

Letture: Giovanni Boniolo e Mauro Dorato, *Dalla relatività galileana alla relatività generale*, in Giovanni Boniolo (a cura di), *Filosofia della fisica*, Milano, Bruno Mondadori, 1997; Max Born, *La sintesi einsteiniana*, Torino, Boringhieri, 1980; Albert Einstein, *Relatività, esposizione divulgativa*, Torino, Boringhieri, 1980; Leopold Infeld, *Albert Einstein*, Torino, Einaudi, 1980; Abraham Pais, *Sottile è il signore...*, Torino, Bollati Boringhieri, 1986.

Religione

(dal latino *religio*)

Quella religiosa è, probabilmente, la dimensione culturale dell'→uomo su cui si è piú scritto. Ed è difficile in poche pagine dare conto anche solo di una parte di questi scritti. È difficile anche proporre un compendio del rapporto tra religione e →scienza, problema che rientra di piú nei nostri interessi. Possiamo provare, però, almeno a delineare due tipi di problemi connessi a questo rapporto.

Il primo è di tipo antropologico e riguarda l'→origine della religione. Questo problema può essere sintetizzato nella domanda che lo storico Walter Burkert pone all'inizio di un suo libro sui fondamenti biologici del →sacro (*Creation of the Sacred*, Harvard University Press, 1996): la dimensione religiosa è connaturale agli esseri umani?

Il secondo è di tipo epistemologico. Possono scienza e religione, in particolare scienza e religione rivelata, collaborare alla ricerca della →verità?

Alla prima domanda rispondono, in genere gli antropologi. Alcuni sostengono che la domanda è tutto sommato mal posta. Perché non è possibile definire in modo preciso il termine religione. In quanto non è possibile rilevare un'→essenza comune a tutte le religioni storiche. Il fenomeno religioso va indagato pertanto con un approccio storico. E la domanda di Walter Burkert va declinata in termini evolutivi (→evoluzione): la religione è un elemento (sociale e/o psicologico e/o culturale) necessario (→necessità) o, almeno, altamente probabile dell'evoluzione umana? E di quali →specie umane? Solo di *sapiens sapiens*, anche di altre specie ormai estinte o di tutte le specie?

Altri, invece, sostengono che la dimensione religiosa universale (almeno in *sapiens sapiens*) esiste, è il sacro e la sua ricerca. E proprio l'esistenza di questo carattere essenziale fa sí che la religione non sia riconducibile ad alcun'altra dimensione dell'uomo: né sociologica, né psicologica, né culturale. Ma, essendo l'uomo considerato dalla gran parte dei biologi il prodotto coevolutivo di fattori sociali, psicobiologici e culturali, come spiegare, se non in termini trascendentali e quindi non scientifici, la presunta autonomia della sua dimensione religiosa?

Il problema antropologico resta aperto. Anche se la gran parte degli studiosi interessati a fornire una risposta scientifica al problema probabilmente propende per il primo approccio.

Il secondo problema, quello epistemologico, consiste nel tentativo di dare una risposta alla domanda: dopo la separazione, traumatica, consumatasi in Occidente ai tempi di Galileo, è possibile e utile riallacciare le fila del dialogo tra le scienze naturali e le scienze teologiche?

In questo caso, nell'Occidente cristiano, le tipologie delle risposte (storicamente) date sono almeno quattro.

1. Tra scienza e teologia continua a esserci insanabile il conflitto. È questa la posizione di due gruppi contrapposti. Quello dei materialisti scientifici secondo i quali la →materia e l'→energia sono l'unica →real-

tà fondamentale dell'→universo e il →metodo scientifico è l'unico strumento in grado di darci un livello di conoscenza basato sul consenso razionale d'opinione di questa realtà. Solo la scienza può progressivamente svelare la natura del reale. Per queste persone quella scientifica è forma di conoscenza della realtà superiore alla teologia, proprio perché basata sul consenso razionale d'opinione e non sulla fede.

All'altro estremo vi sono i creazionisti (sedicenti) scientifici. Seguaci del cristianesimo che amano leggere e interpretare la Bibbia in senso letterale e che su questa base tentano di contestare gran parte delle teorie della scienza contemporanea, in primo luogo le teorie cosmologiche (→cosmologia) e l'evoluzionismo darwiniano (→evoluzione biologica). Tra questi due gruppi c'è però una fondamentale differenza. Il primo si basa su presupposti che hanno una notevole consistenza logica e per certi versi scientifica, anche se le affermazioni finali sono di carattere squisitamente metafisico. Il secondo gruppo si basa su presupposti (atti di fede) che negano l'evidenza scientifica e logica. Per arrivare a delle conclusioni semplicemente inaccettabili sul piano razionale.

2. Scienza e teologia possono integrarsi per perseguire un'unica via verso la conoscenza. In modo che le teorie scientifiche possano contribuire a riformulare le dottrine teologiche e insieme possano convergere verso una sintesi sistematica: una coerente visione del mondo con una metafisica onnicomprensiva. Questa strada, una nuova forma di →teologia naturale, è perseguita da alcuni teologi per introdurre un certo finalismo (→teleologia) nelle leggi (→legge) della →fisica e nella →storia dell'universo. In altri termini l'obiettivo è lasciare una possibilità al «God's free will», al libero arbitrio di Dio, di estrinsecarsi nelle cose di questo mondo, facendolo passare attraverso dei varchi che la scienza contemporanea lascia (o almeno sembra lasciare) aperti. Come quelli della →cosmologia (→antropico, principio), del →caos, della →meccanica quantistica, dell'→origine e dell'evoluzione della vita.

In questo filone di pensiero rientra a pieno titolo, per esempio, l'operazione tentata da Gerald Schroeder con il libro *Genesi e Big Bang*. Un'operazione dotta e complicata che è l'esatto opposto di quella tentata dai creazionisti. Schroeder reinterpreta la Bibbia alla luce dei fatti scientifici. Cosí la Genesi diventa una cronaca ermetica, ma precisa fino al dettaglio, della storia relativistica dell'universo (→evoluzione cosmica). Una spiegazione in anteprima della →termodinamica dei sistemi di non equilibrio. Un saggio illuminato sull'origine e sull'evoluzione della vita. Schroeder accetta le teorie scientifiche contemporanee piú accreditate e, nei varchi di incertezza che qui e là lasciano, introduce finalismi e divina progettualità. Operazione erudita e per certi versi fascinosa, questa di Schroeder. Ma strutturalmente molto debole. Esempio chiarissimo di quale confusione può creare *e* alla teologia *e* alla scienza il tentativo, peraltro minoritario, di integrarle.

È successo spesso in passato che i filosofi teisti abbiano cercato di dimostrare l'esistenza di Dio attraverso i tanti *gap* incontrati dalla scienza nel definire la sua visione del mondo. Ma di volta in volta la scienza ha chiuso i varchi di quei *gap* (mentre altri, magari, ne andava temporaneamente aprendo), rinnovando la sua visione del mondo e falsificando, nel medesimo tempo, le teorie dell'esistenza di Dio che su quei *gap* erano basate. Il «Dio dei *gap*», sostiene Norris Clarke in un libro collettaneo (*Physics, Philosophy and Theology* pubblicato dall'Osservatorio Vaticano nel 1988 a cura di Robert J. Russell, William R. Stoeger e George V. Coyne), è stato cosí spesso licenziato dalla scienza che riproporlo oggi è impresa disperata e perdente. In altri termini, una scienza permeata di «soluzioni ad hoc» non falsificabili, come quelle ipotizzate dagli integrazionisti, lascia spazio al piú banale soggettivismo. Ed è quindi una scienza inaccettabile. D'altra parte, come nota il matematico John Casti (*Paradigmi perduti*, Milano, Edizioni di Comunità, 1991): «Le visioni scientifiche sono sempre in cambiamento. Come risultato, una teologia che si legasse al carro di una famiglia scientifica oggi, sarà sicuramente orfana domani». Se la teoria del Big Bang verrà abbandonata, ipotesi possibile, cosa facciamo dottor Schroeder: reinterpretiamo daccapo la Genesi?

3. Molto piú sfumata e molto piú sofisticata è la posizione di coloro che si limitano a chiedere un dialogo tra scienza e teologia. Per perseguire con mezzi diversi un obiettivo comune. La separazione traumatica consumata ai tempi di Galileo, sostiene per esempio padre Coyne, direttore della Specola Vaticana, teologo naturale e astrofisico, ha portato al divorzio tra →natura e persona umana. In virtú di quella separazione, le scienze naturali hanno rimosso il problema dell'uomo. Ciascuna scienza (perché la teologia è una vera e propria scienza che può essere praticata anche da un ateo, sostiene padre Coyne) deve mantenere la sua totale indipendenza. Non si tratta di dimostrare l'esistenza di Dio attraverso la scienza. Né tantomeno di rafforzare le teorie scientifiche con l'autorità morale delle Scritture. Si tratta di cercare insieme, scienze naturali e scienze teologiche, su una base di assoluta pari dignità, forme di compatibilità, consonanza e coerenza per perseguire l'unità nella umana comprensione della realtà.

Già, ma come? Questo né George Coyne né altri compatibilisti lo dicono con sufficiente chiarezza. Cosí che anche la loro sofisticata e, almeno all'apparenza, logica proposta finisce per ingenerare molte confusioni e qualche potenziale conflitto. Un esempio? Ce lo fornisce lo stesso padre Coyne. Quando mostra una certa insofferenza verso il tentativo annunciato da Stephen Hawking di formulare una teoria scientifica, quella della gravità quantistica, capace di rinnovare l'aspirazione di Laplace ed «escludere Dio dal mondo», rendendo l'universo del tutto autosufficiente. Una teoria capace cioè di spiegare la nascita e l'evoluzione dell'universo senza dover far ricorso a particolari condizioni iniziali. Anche questa teoria, sostiene Coyne, non sarebbe certo la prova della non esistenza di Dio. Né lascerebbe libero di esistere solo il Dio Solipsista. Tuttavia qualche problema lo creerebbe. Perché i teologi, sembra indicare Coyne, devono preferire (e allacciare il dialogo con) quelle teorie scientifiche che sono piú coerenti con una visione religiosa del mondo. Quelle teorie che lasciano a Dio la possibilità di essere un Creatore Libero, senza costringerlo a essere né Arbitrario, né Solipsista. Ora, si capisce bene perché il teologo deve sentire il bisogno che il suo pensiero sia compatibile con l'evidenza scientifica. Ma si capisce molto meno perché uno scienziato dovrebbe sentire il bisogno della compatibilità e della coerenza con la visione teologica del mondo.

4. Un'altra posizione è quella di chi, credente o non credente, ritiene scienza e teologia due forme per coltivare la conoscenza del tutto indipendenti. Che agiscono su piani paralleli e che non hanno alcun bisogno né di confliggere né di dialogare. Ogni tentativo contrario, la ricerca del conflitto come la ricerca del dialogo, nasce da una falsa esigenza. Il dialogo, dunque, è semplicemente inutile, se non addirittura dannoso per entrambe, perché generatore di ambiguità. E nasce, probabilmente, da un equivoco. Quale equivoco? L'equivoco della ricerca della verità. La teologia si fonda sul dogma. Sulla verità rivelata. E assoluta. Ai tempi della grande separazione, ai tempi di Galileo, pur usando ben diversi strumenti, la scienza, come la teologia, cercava la verità. La →certezza assoluta. Eh, sí. Perché quella ricercata con metodo ra-

zionale dalla scienza poteva pur essere una piccola fettina della verità. Ma ogni piccola fettina faticosamente conquistata era verità assoluta. In tutto simile alla verità posseduta da Dio. In tutto simile alla verità rivelata alla religione. La separazione ci fu solo perché la teologia voleva imporsi come signora assoluta della conoscenza. Ma oggi che sembra voler riconoscere alla scienza pari dignità almeno in fatto di conoscenza della natura, cosa impedisce il dialogo, la ricerca comune della verità? Be', il fatto che la scienza è cambiata. Mentre la teologia continua a fondarsi sul dogma, sulla verità rivelata, la scienza non è piú alla ricerca della certezza assoluta. La ragione umana continua a conquistare con fatica, ma anche con un certo successo, le sue verità. Ma queste verità sono verità contingenti, storiche. Falsificabili. Verità intrecciate in un sistema che, a differenza di quello teologico, non è un sistema chiuso. E quindi progressivamente colmabile. Ma un sistema aperto e in continua evoluzione. Dove nessuna verità è indipendente dalle altre. E ciascuna gode di una vita effimera. La stessa effimera vita che godrebbe il dialogo tra scienza e teologia se mai si incontrassero in qualche punto.

Sostiene il teologo Ian Barbour: «Se scienza e religione sono totalmente indipendenti, ogni possibilità di conflitto è esclusa. Ma è esclusa anche ogni possibilità di dialogo costruttivo e di reciproco arricchimento». Il problema, però, è verificare se ci può essere un dialogo costruttivo e un arricchimento reciproco tra due dimensioni epistemologicamente incommensurabili. In caso negativo, il rapporto migliore è una reciproca e rispettosa tolleranza.

Letture: Carlo Borasi, *Scienza e teologia*, Bologna, Edizioni Dehoniane, 1993; Stanley L. Jaki, *La strada della scienza e le vie verso Dio*, Milano, Jaca Book, 1988; Piergiorgio Odifreddi, *Il Vangelo secondo la Scienza*, Torino, Einaudi, 1999; John Polkinghorne, *Credere in Dio nell'età della scienza*, Milano, Raffaello Cortina, 2000; Gerald L. Schroeder, *Genesi e Big Bang*, Milano, Marco Tropea, 1991.

Rete
(dal latino *rete*)

Nel linguaggio comune la parola italiana rete indica un intreccio di fili, di vari generi e materiali, incrociati e annodati tra loro. In un'accezione leggermente diversa, con rete si indica anche l'ordito di un tessuto o di una membrana animale. Gli inglesi preferiscono usare la parola *network* per indicare il primo concetto e la parola *web* per indicare il secondo.

In passato rete evocava un mondo di cose semplici. La pesca. La caccia. La raccolta. Con lo sviluppo tecnologico la parola è stata usata per indicare nuove forme di intreccio e di annodi. Sono nate la rete elettrica, la rete telefonica, la *rete*, sempre piú estesa, delle comunicazioni a distanza. Negli ultimi decenni vecchie parole e vecchi concetti sono stati associati a una rete. Mutando, in parte, significato. Cosí l'insieme delle strade è diventato la *rete stradale*, l'insieme delle linee ferroviarie è diventato la *rete ferroviaria*. Persino l'insieme idraulico delle vie d'acqua è diventato la *rete idrica*. Negli ultimi anni la parola ha accompagnato l'evoluzione della società da industriale a postindustriale, o a società dell'informazione, modificando il suo significato secondo. E iniziando a evocare un mondo di relazioni sempre piú estese e sempre piú complesse. Pur senza perdere i suoi significati primari, rete è diventato sinonimo di →complessità.

Internet, non è solo un *network* di computer interconnessi mediante dei fili, ma è anche un *web*, anzi *world wide web*, un grande ordito telematico che avvolge il mondo intero.

La parola rete è molto utilizzata Anche in ambito scientifico. Ed è utilizzata con diversi significati. È una parola che attraversa tutte le discipline. Abbiamo, infatti, *reti cosmiche*, *reti climatiche*, *reti neurali*, *reti linguistiche*.

Tutti la usano. E tutti pensano che il dirimpettaio la usi a sproposito. Potremmo dire, con un facile gioco di parole, che nella scienza c'è una rete di significati della parola rete che non è facile dirimere.

Per esempio, in alcuni ambiti la parola rete ha un carattere ben poco flessibile e tutto sommato semplice. In cristallografia evoca un insieme di componenti, gli atomi di un reticolo, connessi tra loro, mediante precisi legami chimici, in modo (abbastanza) statico e ben definito: il reticolo cristallino. Un cristallo di cloruro di sodio, il sale da cucina, può essere immaginato come una rete di cubi tutti uguali che si succedono in modo (abbastanza) regolare nelle tre dimensioni.

Tuttavia anche in ambito scientifico la parola rete sta, ultimamente, modificando il suo significato secondo, per divenire sempre piú metafora del concetto di complessità. Sono molti, ormai, a utilizzare la parola rete per indicare il *sistema complesso* che intendono studiare. La *rete neurale* non è altro che un *sistema complesso* formato da cellule cerebrali (o da loro sostituiti, naturali o artificiali).

L'evoluzione del significato della parola rete e il suo adattamento simbiotico, anche nel linguaggio scientifico, con il concetto dinamico di complessità sarebbero di interesse esclusivo del linguista se non fosse in atto un tentativo, piú o meno esplicito, di cercare leggi generali in grado di spiegare il comportamento, a ogni livello, delle reti e, quindi, dei *sistemi complessi*.

Il tentativo, interdisciplinare, è di notevole interesse epistemologico, oltre che scientifico. Ed è per questo che il termine rete è entrato nel nostro asimmetrico dizionario.

Avviso. In questo percorso che vi proponiamo, a zonzo per le reti della scienza, toccheremo per breve tempo solo alcuni degli approdi possibili, in alcune delle discipline interessate. Non abbiamo pretesa alcuna di completezza. Né abbiamo intenzione di coinvolgere, nella responsabilità di questo viaggio tra le discipline, i ricercatori e i gruppi di ricerca che, via via, incontreremo.

Rete e complessità in matematica

Iniziamo, dunque, il viaggio. E immaginiamo di dover costruire una rete che colleghi, via cavo, le 15 capitali dell'Unione europea. La nostra impresa deve avvenire in assoluta economia. Per cui dobbiamo tracciare la rete di lunghezza minima. Ci vien voglia di farlo cosí, sulla carta, tanto il problema appare semplice. Ma avendo poco tempo e il calcolatore piú potente del mondo a disposizione, ci affidiamo a lui. Dieci secondi. Un minuto, due. Un quarto d'ora. Il programma al nostro velocissimo calcolatore continua a girare. Ma il risultato non arriva. Cominciamo a renderci conto che trovare le rete di segmenti di lunghezza complessiva minima che colleghi un piccolo insieme di punti assegnati non è un'impresa banale.

Il nostro calcolatore, il piú potente del mondo, ci consegna il risultato solo dopo un'ora dall'avvio. È evidente che l'algoritmo con cui ha eseguito il calcolo non è adeguato. Ci riserviamo di cambiarlo. Nel frattempo, però, il problema si è complicato. Il nostro datore di lavoro ci chiede di collegare via cavo le capitali degli oltre 150 stati rappresentati alle Nazioni unite. E, naturalmente, di trovare la rete di lunghezza minima.

Prima di accendere il nostro calcolatore, decidiamo di contattare tutti i matematici e i teorici dell'→informazione che fanno parte della nostra cerchia di amici. Non avete per caso un algoritmo migliore? Con nostra meraviglia tutti ci rispondono di non avere un algoritmo in grado di risolvere il problema in un tempo accettabile.

Con tutta la buona volontà e con tutta la sua velocità di calcolo, il nostro mastodontico cervello elettronico impiegherà comunque un tempo superiore alla nostra vita e, forse, a quella dei figli dei nostri figli. Se non alla vita dell'intero sistema solare.

Anzi, i piú pessimisti tra i nostri amici sostengono, scorati, che nessuno sarà mai in grado di approntare un algoritmo efficiente per risolvere il nostro problema. E che noi dovremo cablare le capitali del pianeta rodendoci nell'insolubile dubbio di stare eccedendo nella spesa.

Il nostro viaggio non è ancora iniziato, che già ci siamo imbattuti nei due motivi di complessità di un'entità matematica che chiamiamo rete: il numero dei nodi e l'intreccio delle fila. O, detto in modo piú rigoroso: il numero delle componenti e l'articolazione delle loro connessioni.

Il problema della rete di lunghezza minima attiene certo al secondo dei motivi di complessità, l'articolazione delle connessioni. Ma ci siamo anche resi conto che il numero delle componenti è un aspetto importante. In fondo il nostro calcolatore è in grado, in un tempo ragionevole, di risolvere il problema del collegamento piú efficiente tra le 15 capitali dell'Unione europea. Ma non è in grado, almeno non nella scala dei tempi biologici, di risolvere il problema del collegamento piú efficiente tra 150 capitali sparse per il pianeta.

Che una rete formata da un numero piccolo di componenti sia tutto sommato una rete semplice, lo hanno dimostrato, già nel 1640, indipendentemente l'uno dall'altro, gli italiani Evangelista Torricelli e Francesco Cavalieri. I due hanno trovato il modo per rendere minima la somma delle distanze tra un punto P e altri tre punti assegnati. Se gli angoli al punto P misurano tutti almeno 120 gradi, la somma delle distanze tra i quattro punti viene resa minima.

Quella di Torricelli e di Cavalieri, tuttavia, è una rete troppo piccola per dare il senso della complessità. Se ne accorge, nell'Ottocento, il tedesco Jacob Steiner, matematico presso l'Università di Berlino. Che si pone il problema generale di trovare le coordinate di un punto che renda minima la somma delle distanze tra il punto stesso e i punti di insieme assegnato. Steiner opera su piccola scala. E trova che ogni soluzione al suo problema, che da allora diventa noto appunto come il problema di Steiner, genera una rete ad albero.

Steiner si rende conto che il numero dei rami del suo albero è pari al numero dei punti meno uno. Che i rami devono formare tra loro angoli non inferiori a 120 gradi. Che, quindi, in ogni punto possono incontrarsi al massimo tre segmenti. Che se si sopprime un ramo, ovvero un segmento qualsiasi della rete, almeno un punto resta isolato. Che, infine, non è possibile partire da un punto P della rete e ritornarvi, a P, senza percorrere due volte almeno uno dei rami.

Ovviamente, non tutti gli alberi costruiti da Steiner per un insieme assegnato di punti sulla base di queste regole formano una rete di lunghezza minima. Steiner si avvede che alcuni alberi, tuttavia, possono essere resi piú corti con piccoli cambiamenti. Per esempio, un albero costruito sulle 15 capitali dell'Ue può essere reso piú corto annullando il collegamento diretto Londra-Parigi e attivando quello diretto Londra-Bruxelles. In questo caso abbiamo una soluzione localmente minima al nostro problema. Ma nulla ci garantisce di avere in mano la soluzione: ovvero la rete piú corta possibile.

Per avere questa certezza non possiamo fare altro che prendere in esame tutti gli alberi possibili di lunghezza minima e scegliere quello piú corto. Questa operazione costa tempo. E Steiner si avvede subito che, via via che crescono i punti da connettere, il tempo di calcolo aumenta in modo disastroso. In un modo cosí disastroso da rendere quello della ricerca di un algoritmo efficiente per trovare la soluzione del problema di Steiner uno dei grandi progetti della matematica computazionale, come propongono nel 1934 Miloš Kössler e Vojtêch Jarník e, poi, con maggior clamore, Richard Courant e Herbert Robbins nel libro, *Che cos'è la matematica?*, pubblicato nel 1941.

Il guaio è che l'algoritmo di Steiner e tutti gli altri algoritmi trovati finora per risolvere il suo problema sono algoritmi particolari. Il numero delle operazioni cresce in modo geometrico con il numero, *n*, dei punti da connettere: secondo una funzione del tipo 2^n. Con un algoritmo del genere, il problema a quattro punti di Torricelli e di Cavalieri può essere risolto con 2^4, ovvero con 16 operazioni. Effettuando un'operazione ogni decimo di secondo, un calcolatore impiegherebbe appena 1,6 secondi a trovare la soluzione. Per trovare la rete minima che unisce le 15 capitali dell'Ue, con un algoritmo geometrico del genere, occorrono 2^{15}, ovvero 32.768 operazioni. Con la medesima velocità, un'operazione ogni decimo di secondo, il nostro calcolatore impiegherebbe 54 minuti e 36 secondi.

Per trovare la rete minima che colleghi 150 capitali sparse per il pieneta, occorrerebbero 2^{150}, ovvero $1{,}4 \times 10^{45}$, ovvero 1,4 miliardi di miliardi di miliardi di miliardi di miliardi di operazioni. Con la medesima velocità di prima, il nostro calcolatore impiegherebbe $4{,}5 \times 10^{36}$ anni. Un tempo che è 10 milioni di miliardi di miliardi di miliardi di volte superiore alla vita di un uomo, e 1.000 miliardi di miliardi di volte maggiore dell'età dello stesso universo. Saranno anche precisi, ma decisamente gli algoritmi geometrici non sono molto utili per cablare con la massima efficienza le capitali del pianeta.

Il nostro problema, da un punto di vista pratico, può essere risolto solo addivenendo a un compromesso. Invece di trovare *la rete* minima in assoluto, accontentiamoci di trovare *una rete* di lunghezza ragionevolmente piccola e procediamo piú speditamente. Dopo tutto non solo i cavi, ma anche il tempo è denaro. E, quindi, comunque risparmieremo. Grazie anche ad algoritmi semplificati, i nostri calcolatori sono in grado di risolvere in modo affidabile problemi con una trentina di punti da connettere. Per le reti piú grandi c'è solo da fare, di volta in volta, un bilancio economico tra il tempo di calcolo e la precisione desiderata.

Da un punto di vista teorico, invece, il nostro problema consiste nel cercare un algoritmo che non sia geometrico, ma polinomiale. Del tipo n^2. In questo caso, per trovare la rete minima che colleghi le 150 capitali, occorrerebbero solo 22.500 operazioni. Eseguibili, dal nostro calcolatore, in 37 minuti e 30 secondi. Un ordine di tempi decisamente piú accettabile.

Il guaio è che questo algoritmo polinomiale per trovare la rete di lunghezza minima non è stato ancora trovato. E nulla lascia sperare che mai lo si trovi. Il perché è presto detto. Ronald Graham, Michael Garey e David Johnson, degli AT&T Bell Laboratories, hanno dimostrato che il problema di Steiner è un problema *NP*, non polinomiale. E nessuno, finora, è riuscito a trasformare un problema *NP* in un problema *P*, risolvibile, cioè, con un algoritmo polinomiale.

In realtà basterebbe che un solo matematico riuscisse nell'impresa di trasformare un qualsiasi problema *NP* in un problema *P*. Perché, come ha dimostrato Stephen Cook, dell'Università di Toronto, questo metodo potrebbe facilmente essere esteso a tutti i problemi intrattabili di tipo *NP*.

Capirete, allora, perché questo tema, *NP=P?*, è, oggi, il tema piú importante dell'informatica teorica.

Ma lasciamo gli informatici teorici ai loro problemi di calcolo e ritorniamo al nostro problema, che è la rete. Abbiamo visto come la nostra difficoltà a trovare le articolazioni desiderate delle connessioni tra le sue componenti sia una misura della complessità della rete. Data una serie neppure molto numerosa di componenti, è difficile, anzi a tutt'oggi è praticamente impossibile, trovare la rete piú semplice.

E abbiamo anche intuito che non solo le connessioni, ma anche il numero dei componenti della rete è decisamente coinvolto nel suo grado di complessità. Infatti, individuare il numero minimo di componenti semplici necessario a formare una rete con un funzionamento non banale è il problema che ha dato origine, addirittura, a una nuova disciplina matematica: la *teoria della complessità*.

Qual è, dunque, il limite inferiore per poter definire *complessa* una rete?

Che anche questa domanda non sia banale lo possiamo dimostrare con un esempio. L'esempio di una rete telefonica fa al caso nostro. Consideriamo una centrale che serve 1.000 abbonati. La centrale dovrà fornire le connessioni perché ciascun abbonato possa chiamare uno qualsiasi degli altri 999. Ovviamente la centrale deve assicurare che le comunicazioni tra i suoi clienti possano avvenire in contemporanea. Se Carlo chiama Filippo, ciò non deve impedire a Roberta di parlare con Valeria. Ogni abbonato è connesso alla rete mediante un interruttore. Quando l'interruttore è chiuso, c'è comunicazione. Quando è aperto, non c'è comunicazione.

Bene, il nostro problema è stabilire qual è il numero minimo di interruttori per far funzionare la rete. La risposta piú ovvia è: predisponiamo un interruttore per ogni possibile chiamata e la rete funzionerà a meraviglia. Ma i matematici sanno che questo è impossibile. Tutte le connessioni possibili, anche solo tra 1.000 abbonati, formano un numero enorme. Praticamente infinito. Anche trasformando in interruttori tutti i protoni e i neutroni presenti nel nostro universo, non riusciremmo a creare le linee necessarie a soddisfare tutte le combinazioni comunicative possibili neppure in un condominio di appena 60 persone.

Una rete totale, in cui tutti sono direttamente in comunicazione con tutti, è impossibile persino da immaginare. La nostra centrale deve dunque costruire una rete a incrocio: ogni abbonato si collega a una linea principale che a sua volta lo collega con un altro abbonato. In questo modo ciascun abbonato può comunicare, di volta in volta, con un solo altro abbonato. Perché una rete che serve n abbonati funzioni sempre, occorrono n linee principali. Ma in una rete a incrocio di questo genere, per n chiamate avremo $n \times n = n^2$ interruttori.

In una rete a incrocio per 1.000 utenti, occorrono 1 milione di interruttori. Il numero degli interruttori cresce in modo esponenziale con quello degli abbonati. Una rete per 1 milione di utenti avrebbe bisogno di 1.000 miliardi di interruttori. E una rete per mettere in comunicazione solo un quinto dell'umanità avrebbe bisogno di un miliardo di miliardi di interruttori. Insostenibile. Economicamente e materialmente.

Questa crescita esponenziale delle connessioni tra utenti di una rete si chiama *diseconomia di scala*. Si intuisce che tutti questi interruttori non sono necessari. E ci si chiede se non si può diminuirli. Nei fatti le società telefoniche li diminuiscono, guadagnando molto in denaro e perdendo poco in capacità di soddisfare tutta la clientela in tutte le sue fluttuazioni di esigenze. Gli interruttori, tuttavia, continuano a crescere in modo quasi esponenziale al crescere degli utenti. Dando luogo a una diseconomia di scala minore, ma pur sempre indesiderata. Cosí sia i matematici che i manager delle società telefoniche continuano a chiedersi come sia possibile ottenere la massima funzionalità della rete, ovvero il massimo di connessioni, con un numero minimo di interruttori, pari a quello degli utenti.

A tutti ha tolto ogni illusione Claude Shannon, scienziato dei Bell Laboratories e ideatore di una nota *teoria dell'informazione*. Nel 1950 Shannon ha dimostrato che vi è un limite minimo, oltre che un limite massimo, agli stati che può assumere ogni rete. E che, pertanto, le diseconomie di scala possono essere contenute, ma mai annullate. Gli interruttori sono destinati a crescere di piú e piú velocemente degli utenti.

Alla fine di questa prima escursione nella →matematica delle reti, abbiamo dunque appreso che difficilmente riusciremo a progettarne una che cresce indefinitamente senza perdere in efficienza. E che nessuna rete, per quanto dematerializzata sia, può svilupparsi all'infinito. Perché al suo estendersi è associata, inevitabilmente, un incremento molto maggiore dell'→entropia.

Rete e complessità in fisica

Il concetto di entropia ci rimanda direttamente alla →termodinamica e al suo secondo principio. Ai vincoli, quindi, cui è sottoposta una qualsiasi rete nel mondo fisico reale. Ma anche alla possibilità che un insieme, piú o meno vasto, di semplici elementi riesca a formare *spontaneamente*, in determinate condizioni, una rete tale di connessioni da renderne *complesso* il comportamento.

Un esempio, il piú semplice degli esempi, chiarirà il concetto.

Immaginiamo un sottile strato di acqua contenuto tra due grosse piastre di metallo. Immaginiamo che la dimensione delle piastre sia molto maggiore dell'altezza dello strato di acqua. E immaginiamo, infine, che l'intero sistema sia in una condizione che i termodinamici amano definire di equilibrio. Ogni regione del liquido si trova alla medesima temperatura, mettiamo 20 gradi Celsius, e alla medesima pressione, per esempio 1 atmosfera. Le molecole d'acqua si muovono per agitazione termica in modo del tutto casuale in ogni direzione. Se trascuriamo gli aggregati formati grazie a quei legami a corto raggio tra le molecole d'acqua allo stato liquido che i chimici chiamano legami a idrogeno, in questo sistema omogeneo ogni punto, nello spazio e nel tempo, è indistinguibile dall'altro. Abbiamo cosí un numero piuttosto elevato di elementi semplici, le molecole di acqua, che interagiscono fisicamente tra loro senza creare alcuna struttura stabile organizzata. Insomma, senza creare alcuna rete.

Un sistema del genere, dicono sempre i fisici, è *asintoticamente stabile*. Anche se viene perturbato, ritorna piuttosto rapidamente alle sue condizioni di originale omogeneità. Se, per esempio, prendiamo tra le dita le piastre e il liquido tra esse contenuto, la temperatura salta da 20 a 36 °C. Ma appena lo lasciamo, l'intero sistema ritorna nelle sue condizioni iniziali.

Le cose andranno diversamente se, invece, poniamo l'intero sistema su un fornello. Ovvero, se gli imponiamo un vincolo esterno, fornendo un flusso continuo e direzionato di energia sotto forma di calore. Allora la piastra inferiore esposta alla fiamma avrà una temperatura stabilmente maggiore della piastra superiore. E il sistema si troverà in condizioni di non equilibrio. Le molecole di acqua daranno origine al fenomeno della *conduzione termica* e cominceranno a trasportare il calore dalla piastra inferiore verso la piastra superiore, ceando un gradiente di temperatura, di densità e di pressione. Il sistema non è piú omogeneo. E tuttavia, se la differenza di temperatura tra le due piastre è ancora piuttosto piccola, al suo interno le variazioni sono perfettamente lineari. Come nota Grégoire Nicolis, il sistema si comporta ancora in modo *semplice.*

Continuiamo, allora, ad allontanarlo dall'equilibrio, aumentando la fiamma che riscalda la piastra inferiore. Vedremo le differenze del sistema aumentare, ma variare ancora con linearità. Il sistema si comporta ancora in modo semplice. Almeno fino a quando la differenza di temperatura tra le due piastre non raggiunge un valore critico ΔT_c. All'improvviso, raggiunto questo valore soglia, il movimento delle singole molecole di acqua cessa di essere indipendente e del tutto disordinato. Per diventare organizzato e coordinato in una rete di connessioni a grandissima distanza. In breve: nello strato di liquido si formano tante piccole celle di convezione termica, le celle di Bénard, e il sistema inizia ad avere un comportamento *complesso.*

Le forze intermolecolari hanno raggi d'azione nell'ordine degli ångstrom (10^{-10} metri). Ma all'improvviso, in ciascuna cella di Bénard, nascono correlazioni a grande distanza (una cella di Bénard ha le dimensioni macroscopiche di qualche millimetro) tra centinaia di miliardi di miliardi (10^{20}) di molecole. Questa enorme quantità di elementi semplici inizia a ruotare in modo coerente dal basso verso l'alto e viceversa, dando luogo a una stabile cella di convezione. Tutte le celle di Bénard apparse nel liquido, a loro volta, sono correlate, perché si muovono, alternativamente, in senso orario e in senso antiorario. Il senso di rotazione della prima cella di Bénard che si instaura è del tutto casuale, determinato da imprevedibili condizioni iniziali. Il senso di rotazione di tutte le altre celle è, invece, univocamente determinato dal primo. Siamo in condizioni di (modesta) dinamica non lineare, perché il sistema può assumere alcune configurazioni diverse a parità di ogni altra condizione.

La transizione dal semplice al *complesso* avviene nel pieno rispetto delle leggi fisiche. E può essere facilmente spiegata. D'altra parte la complessità di questo sistema è piuttosto modesta, se paragonata a quella di un ecosistema, di una cellula o anche del sistema climatico. Ma quello che a noi interessa è aver verificato come, all'improvviso, in un semplice sistema fisico, possa nascere spontaneamente e *autorganizzarsi* una *rete molecolare*. E come questa rete di molecole conferisca ordine e struttura a un insieme di componenti che fino a un attimo prima era quasi del tutto disordinato e destrutturato. Condizione necessaria per veder emergere una rete di correlazioni non banali e un comportamento complesso tra gli elementi di un sistema è, sostengono Grégoire Nicolis e Ilya Prigogine, che esso segua una *dinamica non lineare* in condizioni *lontane dall'equilibrio*. E in realtà tutte le reti fisiche complesse sono sistemi lontani dall'equilibrio termodinamico che seguono dinamiche non lineari.

Ma è questa, della dinamica non lineare di non equilibrio, una condizione sufficiente, oltre che necessaria, perché si autorganizzi una rete complessa di correlazioni tra gli elementi numerosi di un qualsiasi sistema fisico?

Probabilmente no, sostiene il danese Per Bak, del Brookhaven National Laboratory e coautore, insieme a Kurt Wiesenfeld e a Chao Tang, di un altro approccio fisico-matematico, quello della *criticità autorganizzata*, allo studio dei sistemi complessi. Secondo Bak una rete complessa di correlazioni si autorganizza perché evolve, seguendo una dinamica non lineare, verso uno *stato critico.* Questo stato critico, particolarmente creativo, si verifica, certo, in condizioni lontane dal piatto equilibrio termodinamico. Ma anche in condizioni lontane dalle *turbolenze* di uno stato completamente *caotico.*

Insomma, alla fine di questa seconda tappa del nostro viaggio abbiamo appreso quali sono i limiti affinché una rete fisica complessa si autorganizzi, secondo precise leggi matematiche: il sistema deve essere lontano dall'equilibrio e ai margini del →caos.

Tutto sommato sono limiti modesti. Il che lascia intuire che nel mondo reale vi siano svariate situazioni dove si formano spontaneamente reti complesse. Questi blandi limiti, direte voi, saranno validi per reti di modesta complessità, come quelle molecolari delle celle di Bénard. Potranno, forse, andar bene anche per reti fisiche a elevata complessità, come quella del clima terrestre. Ma saranno sufficienti per la nascita e l'autorganizzazione di quelle reti a straordinaria complessità che caratterizzano la vita e la sua evoluzione?

Rete e complessità in biologia

Uno che si è posto questa domanda e, soprattutto, uno che ne ha colto l'implicita sfida è certo il biologo Stuart Kauffman, punta di diamante dell'Istituto che a Santa Fe, nel New Mexico, studia, appunto, i sistemi complessi.

La curiosità di Kauffman nasce già negli anni '60, dopo i lavori sulle *reti genetiche* che fruttarono a François Jacob e a Jacques Monod un meritato premio Nobel. Kauffman è colpito dal fatto che il genoma è, appunto, una rete dove alcuni geni, come in una rete telefonica, fungono da interruttori, attivando questa linea o disattivando quell'altra linea.

Il problema è che il funzionamento della rete genetica non può essere lineare come quello di una rete telefonica. Se cosí fosse, un semplice errore, un interruttore che funziona male, sarebbe disastroso per la cellula e, magari, per l'intero organismo. Un interruttore che funziona male in una rete telefonica lineare compromette una conversazione. Un interruttore che funziona male in una rete genetica lineare compromette la produzione di una proteina essenziale o, addirittura, può innescare la reazione a catena di un processo canceroso. No, conclude Kauffman, la rete genetica deve funzionare in parallelo. Con un gran numero di geni regolatori che agiscono in contemporanea. Tuttavia i geni reglatori non possono funzionare in modo del tutto caotico, accendendosi e spegnendosi a caso: ne verrebbe fuori un comportamento della cellula nel suo complesso disordinato e poco coerente.

È probabile, allora, che la rete genetica abbia alcune configurazioni stabili, autocoesive, con alcuni geni regolatori che si attivano in modo coerente. La vita cellulare, allora, procede attraverso passaggi tra le molte, differenti configurazioni che Per Bak chiamerebbe metastabili. I percorsi alternativi devono essere molti. Dopotutto le configurazioni metastabili di un neurone sono sensibilmente diverse da quelle di una cellula epatica.

Il problema, continua a rimuginare Kauffman, è che l'evoluzione che ha portato alle configurazioni stabili (o metastabili) delle reti genetiche non può avere quali principi ordinatori solo la necessità delle leggi biochimiche e il →caso delle mutazioni genetiche. Ancorché non lineare, un siffatto ordine non può essere frutto di una selezione a valle del caso. Quest'ordine non può essere un pasto gratuito. Deve essere, in qualche modo, naturale. Il che vuol dire che le configurazioni stabili (o metastabili) della rete genetica devono essere piú probabili di quelle instabili e poco significative.

Inutile dire che per molti anni Stuart Kauffman ha studiato le possibili correlazioni tra veri interruttori elettrici e la possibilità, che in una rete piú o meno estesa di lampadine che si accendono e si spengono, emergano spontaneamente configurazioni stabili e significative. Inutile dire, inoltre, che si è imbattuto nei problemi della complessità matematica delle reti e che li ha superati.

In definitiva i suoi giochi di simulazione delle reti genetiche e della vita hanno avuto (almeno in apparenza) successo. E nelle reti simulate al computer ha visto emergere spontaneamente configurazioni stabili e significative non appena il sistema supera una soglia di complessità e di interconnessione. È come se, superata quella soglia, la rete subisse una transizione di fase. Ciò vale anche, e forse soprattutto, in biologia. Superata la soglia, le molecole di una rete chimica iniziano a combinarsi spontaneamente per formare non solo molecole piú grandi e complesse, ma autocatalitiche. Capaci, cioè come le reti genetiche, di accelerare la propria formazione.

Ci sono davvero, quindi, dei punti di criticità autorganizzata, degli *attrattori*, verso cui tendono, in modo spontaneo e inevitabile, seguendo le leggi matematiche della dinamica non lineare, sia le reti fisiche che le reti biologiche. E questi punti sono, proprio come sostiene Per Bak, certo lontani dall'equilibrio termodinamico, ma anche dal totale disordine. Questi punti sono «to the edge of chaos», ai margini del caos.

Rete e complessità nelle scienze sociali

Siamo, dunque, riusciti a delimitare gli ambiti in cui sia una rete fisica che una rete biologica emergono e funzionano in modo complesso. Il discorso è decisamente piú articolato per alcune reti biologiche, particolarmente complesse, come le reti neurali. Ma in generale gli ambiti in cui emergono e si autorganizzano le reti sono (sembrano essere) caratterizzati da vincoli precisi e, quindi, analizzabili in modo matematico.

La metafora della rete, tuttavia, non si è imposta, con la sua capacità evocativa ed esplicativa del concetto di complessità, solo nelle discipline matematiche, fisiche, chimiche e biologiche. Da tempo ha attratto antropologi e sociologi. Che, a partire dagli anni '50, hanno cercato di spiegare la complessità delle →società umane con un approccio completamente nuovo. Un approccio chiamato, appunto, *network analysis*: letteralmente, *analisi della rete*.

La *network analysis* nasce negli anni '50 tra un gruppo di antropologi inglesi alle prese con lo studio delle varie comunità umane nell'Africa australe: Zambia (allora Nord Rhodesia), Malawi (allora Nyasaland), Sud Africa. Gli antropologi, della Scuola di Manchester, sono insoddisfatti del paradigma struttural-funzionalista che domina la loro disciplina. E che risulta inadeguato a spiegare la forte dinamica, l'assenza di confini precisi, di gruppi e istituzioni stabili, di ruoli cristallizzati, di norme rigide in molte di quelle comunità. Si avvedono, quegli antropologi, che i rapporti sociali e politici interni a molte comunità, e ai molti livelli di interazione tra le varie comunità, dell'Africa australe formano un'intelaiatura, una rete, molto complessa. Cosí iniziano a studiare «l'individuo come centro di legami che attraversano ambiti diversi, come soggetto di adattamenti e strategie innovative capaci di far luce sul cambiamento sociale». Introducendo cosí il concetto di uomo «come essere sociale interagente, capace di manipolare gli altri cosí come di essere manipolato da loro».

Il postulato fondamentale del nuovo approccio, scrive Jeremy Boissevain, uno dei suoi propugnatori, è che le persone sono viste come altre persone, alcune delle quali a loro volta interagiscono fra loro e con altri ancora, e che la rete totale di relazioni che cosí si forma è in uno stato di estrema fluidità.

Gli antropologi inglesi, che hanno una formazione socio-politica che potremmo definire di sinistra, si rendono conto che il nuovo approccio non ha successo solo nell'Africa subsahariana, ma ha una forte capacità esplicativa anche nelle piú algide comunità del Nord Europa. Giungendo, in breve, a rivedere l'interpretazione piú statica del concetto marxiano di classe sociale. Intesa non piú quale aggregazione che si determina in base alle differenze di reddito o di collocazione nel mondo del lavoro. Ma come «un *network* di relazioni tra coppie di persone che, all'incirca, si attribuiscono lo stesso status sociale».

Se i nodi della rete sociale sono gli individui, le connessioni tra i nodi sono, almeno, di tre tipi. Le relazioni, abbastanza stabili, che si stabiliscono in base all'appartenenza territoriale; le relazioni, abbastanza stabili, che si stabiliscono in base all'integrazione nel sistema produttivo; le relazioni, talvolta abbastanza aleatorie, di natura personale, che intersecano i due campi precedenti e che sono costituite dai legami di parentela, di amicizia, di conoscenze che ciascun uomo in parte eredita e in parte si costruisce da solo. È questo tipo di relazioni, flessibili e discrezionali, che rende unico ciascun *nodo* e conferisce dinamicità alla intera rete sociale.

Ben presto il concetto di rete cessa di essere una mera metafora della complessità sociale, per divenire una metodologia d'analisi matematizzata (gli antropologi inglesi utilizzano la matematica dei grafi). Mentre gli studi si rivolgono sia ai singoli componenti della rete e alle connessioni che instaurano, sia alla rete nella sua globalità. Anche se ci si rende conto di quanto sia arbitrario definire una rete sociale locale. In realtà esiste una sola rete sociale dai confini precisi, ed è la rete, essa sí globale, formata dagli abitanti dell'intero pianeta.

Un altro tipo di interessi riguarda le reti di comunicazione, che si sovrappongono alla rete sociale e che coinvolgono, da un lato, il flusso di informazione e, dall'altro, il flusso di beni e di servizi che si propagano per la rete sociale. Ci sono poi gli studi sulle reti di scambio, rivolti all'uso strumentale dei legami peronali instaurati in una rete sociale. Una classica rete di scambio è quella politica.

Negli anni '70 la *network analysis* conquista la sociologia americana. Che la interpreta, però, in modo affatto diverso, se non opposto, da quello dell'antropologia manchesteriana. Non solo perché gli americani enfatizzano l'analisi quantitativa, puntando sull'uso di strumenti matematici algebrici. Ma anche perché tendono in qualche modo a «togliere l'anima» ai *nodi* della rete. È un po' come se la rete si spersonalizzasse. Per i sociologi americani, infatti, le strutture sociali possono sí «essere rappresentate come *networks*, cioè come insiemi di *nodi* (o membri del sistema sociale) e come insiemi di *legami* che indicano le loro interconnessioni». Ma quei *nodi,* perfettamente intercambiabili se le loro connessioni con gli altri *nodi* sono identiche in base al principio della equivalenza strutturale, possono rappresentare non solo persone, ma anche «gruppi, grandi società, aggregati domestici, stati-nazione o altre collettività». Mentre i *legami* possono rappresentare flussi di risorse, relazioni di amicizia simmetrica, trasferimenti, relazioni strutturate tra *nodi*.

Insomma, la *network analysis* in salsa americana viene applicata all'analisi delle proprietà delle reti in ogni campo, dalla famiglia agli stati, dalle piccole comunità al mercato globale. Anzi, all'inizio degli anni '80 Harrison White utilizza la *network analysis* per proporre un modello di mercato alternativo a quello della teoria economica classica, che tiene in maggior conto quelle che gli economisti chiamano «esternalità» e che non sono sempre riconducibili alla razionalità lineare dell'economia.

In sintesi, la *network analysis* ha avuto, e per certi versi ha tuttora, un notevole successo nello studio delle società umane e della loro complessità. Evita gli economicismi. Dà conto, anche, della flessibilità. Ma, in questa fiduciosa ricerca delle proprietà generali, delle regolarità strutturali, la *network analysis* mostra i suoi limiti.

Limiti che, come scrive Fortunata Piselli, «sono strettamente legati a un punto chiave: l'assenza della →storia». La *network analysis* riesce, infatti, a descrivere il comportamento, anche dinamico, di una rete sociale nel tempo breve, ma non è in grado di prevederne l'evoluzione in un tempo piú profondo. Nei tempi, cioè, in cui i fenomeni non lineari assumono il sopravvento.

La *network analysis* non riesce a cogliere l'unicità di ciascuna rete sociale. Unicità dovuta al fatto che sono unici i suoi attori e sono uniche le relazioni tra gli attori. Attori dotati, peraltro, di libero arbitrio e, quindi, portati ad avere relazioni di natura non precisamente algoritmica.

In definitiva: l'evoluzione di una rete sociale avviene, certo, entro i limiti di leggi generali. Ma è modellata dalla contingenza storica e dalla libera volontà dei suoi *nodi*. E sia la storia che il libero arbitrio si rifiutano, spesso, di farsi racchiudere in una formula.

Conclusioni

Siamo giunti, dunque, alla fine del nostro breve viaggio tra le reti della scienza. Abbiamo saltato molti possibili approdi. Alcuni dei quali oltremodo interessanti, come quello ecologico. Dove avremmo incontrato, in un unico ecosistema, una rete fatta di reti coevolutive.

Ma, ancorché largamente incompleto, questo nostro viaggio ci ha consentito di trarre alcuni insegnamenti. Quella di rete è una potente →metafora, in grado di illuminare lo studio dell'*autorganizzazione* e dell'evoluzione dei sistemi complessi a tutti i livelli. Di piú, quella della rete è una metafora che, in alcuni ambiti e precisando il contesto (e le aspettative), può essere tradotta in numeri. È una metafora parzialmente matematizzabile. E, quindi, il suo uso in diverse discipline e a piú propositi quasi mai è un abuso. Anzi, uniformando i linguaggi e calibrando le definizioni, è possibile giungere anche a «teorie generali delle reti», utilizzabili in ambiti anche molto diversi tra loro.

Molto difficilmente, però, potremo giungere a un'unica e definitiva *teoria generale*, in grado di spiegare il comportamento di tutte le reti e, soprattutto, di prevederne l'evoluzione. Non solo perché ogni rete, come ci insegna la matematica, ha una sua irriducibile complessità che le è fornita dai suoi *nodi* e dalle loro *correlazioni*. Ma anche e soprattutto perché ogni rete, come ogni sistema complesso, ha una sua irripetibile storia. Un passato, un presente e anche un futuro fatti di circostanze contingenti e imprevedibili.

È questo «pregiudizio a favore della storia naturale», per dirla con Philip Anderson, fisico della materia condensata a Princeton e membro del consiglio dell'Istituto di Santa Fe, che ci impedisce di credere in una *teoria generale delle reti*. E, a maggior ragione, in una qualsiasi *teoria generale* in grado di spiegare e di prevedere la crescita della *complessità* e dell'*autorganizzazione* a ogni livello nell'universo.

La ricerca di leggi generali, d'altra parte, ha avuto straordinari successi in fisica. Ma, alla fin fine, è sempre fallita in biologia. Perché, come sostiene da tempo Ernst Mayr, professore emerito di biologia evolutiva a Harvard, nei fatti della vita ci si imbatte in un numero cosí grande di fenomeni unici da frustrare ogni tentativo di ricondurli nell'alveo di leggi universali.

Letture: Rita Levi-Montalcini *et al.*, *Reti. Scienza, cultura, economia*, «Biologica 6», Ancona, Transeuropa, 1993; Grégoire Nicolis, *Fisica dei sistemi lontani dall'equilibrio e autoorganizzazione*, in Paul Davies (a cura di), *La nuova fisica*, Torino, Bollati Boringhieri, 1992; Grégoire Nicolis e Ilya Prigogine, *La complessità*, Torino, Einaudi, 1991; Fortunata Piselli (a cura di), *Reti. L'analisi di network nelle scienze sociali*, Roma, Donzelli, 1995; Morris Mitchell Waldrop, *Complessità*, Torino, Instar Libri, 1995.

Riduzionismo

(dal latino *reductio*, sul modello dell'inglese *reductionism*)

Il riduzionismo è un approccio epistemologico che attraversa l'intera storia della scienza, ma che ha avuto particolare successo tra il 1600 e il 1800, quando, in stretto abbinamento con il →meccanicismo, sosteneva la necessità e perseguiva il progetto di ricondurre non solo i fenomeni fisici e chimici, ma anche i fenomeni biologici e culturali, alle leggi, considerate fondamentali, della →meccanica.

Piú in generale, possiamo dire che la congerie di posizioni che vanno sotto il nome di riduzionismo tende a ricondurre i concetti, le teorie e persino il linguaggio di una disciplina scientifica ai concetti, alle teorie e al linguaggio di una disciplina che si trova a un livello piú fondamentale in un'ipotetica scala gerarchica della scienza.

In questo senso, molto lato, il riduzionismo è un approccio epistemologico che ancora oggi attraversa un po' tutte le discipline scientifiche. Suscitando consensi, ma anche forti dissensi. La critica al riduzionismo, per esempio, è uno dei pochi caratteri unificanti dello studio delle →complessità.

Le critiche e i consensi vengono da piú parti. E benché, talvolta, siano pienamente giustificati, spesso sia le une che gli altri sono poco lucidi e danno adito a molti equivoci. Il motivo è presto detto. Molti guardano al riduzionismo come a una filosofia monolitica. In realtà il riduzionismo, come peraltro l'→olismo, l'approccio epistemologico speculare e opposto, non è un sistema dottrinale definito e definitivo, ma assume diverse accezioni teoriche.

Una critica articolata, ben argomentata, ma largamente incompleta al riduzionismo è venuta da Karl Popper. Secondo il filosofo di origine austriaca esiste un riduzionismo *filosofico*, di principio, che, a suo parere, è insostenibile. Questo riduzionismo di principio distribuisce le discipline scientifiche lungo una scala gerarchica, alla cui base c'è la →fisica e poi, via via salendo, ci sono la →chimica, la →biologia, la →psicologia, la sociologia. Il riduzionismo filosofico sostiene che, almeno in linea di principio, ogni disciplina può essere ridotta, cioè spiegata interamente, mediante le leggi e i concetti propri della disciplina che immediatamente la precede nella scala. Cosí la psicologia non è altro che un settore specifico della biologia. La biologia della chimica. La chimica della fisica. In definitiva il riduzionismo filosofico sostiene che tutte le scienze non sono altro che fisica applicata e possono essere ridotte, almeno in linea di principio, alla fisica.

Popper pronostica che qualsiasi progetto portato avanti sulla base del riduzionismo filosofico è destinato a fallire. Per due motivi. Il primo è che, a ogni livello (chimico, biologico, psicologico, sociale) compaiono delle emergenze (→emergenza) che non possono essere spiegate con le leggi e i concetti tipici del livello di studio sottostante. Il secondo motivo è che mai, nella storia della scienza, alcun tentativo di ridurre un'intera disciplina a un'altra è riuscito. Il che corrobora la convinzione che il processo non sia fattibile.

C'è poi un altro riduzionismo, *metodologico*, che invece, secondo Popper, deve essere perseguito dallo scienziato in laboratorio. Perché il suo compito è proprio quello di ricercare le cause sottostanti il fenomeno che studia. Il riduzionismo metodologico dà frutti, talvolta grandi frutti, all'interno di una disciplina. Newton è riuscito a ridurre le leggi di Keplero e di Galileo, trovando una nuova sintesi all'interno della fisica. Ma diventa *disperato*, ovvero impossibile, quando è applicato fra due grandi discipline.

Questa di Popper è un'analisi che aiuta a chiarire il problema. Chi muove una critica al riduzionismo non è, necessariamente, un neovitalista. Ma, anzi, può essere un rigoroso realista.

Tuttavia la critica popperiana non è sufficiente. Non spiega tutto.

Chi intende effettuare una critica piú stringente al riduzionismo deve ricordare che esso non è un monolite teorico. Ma, a seconda dei contesti, assume diverse forme e contenuti. Nel campo delle scienze della vita, per esempio, il biologo evoluzionista Francisco Ayala individua tre diversi tipi di riduzionismo.

1. C'è un *riduzionismo ontologico*, il quale sostiene che le strutture e le funzioni

degli organismi viventi sono riconducibili a processi essenzialmente fisici. Il riduzionismo ontologico nasce in contrapposizione al *vitalismo*, secondo cui, invece, le strutture e le funzioni degli organismi viventi si fondano su una →materia e/o su forze speciali e uniche. Materia e forze non fisiche. Oggi pressoché tutti i biologi sono e si dichiarano riduzionisti ontologici, perché riconoscono che alla base della vita non vi sono altro che processi chimici e fisici, anche se organizzati in modo del tutto particolare.

2. C'è un *riduzionismo metodologico*, che riguarda il livello di organizzazione a cui si deve operare per cercare le spiegazioni di un determinato fenomeno. L'olista propende per un approccio sincretico: guarda al sistema che intende studiare nel suo insieme. Il riduzionista, al contrario, propende per un approccio analitico: disaggrega il sistema e ne studia le singole componenti per ricostruirne, dal basso, l'organizzazione. La gran parte dei biologi ha un atteggiamento pragmatico: i due approcci possono risultare, infatti, entrambi utili.

3. C'è, infine, secondo Ayala, un *riduzionismo epistemologico*. Esso sostiene che le teorie e le leggi sperimentali formulate in campo biologico possono essere ricondotte a casi speciali di teorie e leggi sperimentali formulate nella chimica e nella fisica. Oggi sono davvero pochi, tra i biologi, i riduzionisti epistemologici. Se chiedete loro, per esempio, cosa pensano della possibilità di descrivere il programma genetico in termini chimici e fisici, ovvero della possibilità che le teorie e i concetti della fisica e della chimica «contengano gli elementi descrittivi necessari a dar conto del modo di funzionare del programma genetico», allora «la risposta non può essere che "no": il che non vuol dire che un giorno non li possano contenere. Ma, oggi, una descrizione in termini semplicemente fisici o chimici dell'organizzazione del Dna non è per esempio in grado di distinguere fra i diversi *significati* di due differenti stringhe di basi nucleotidiche. Ed è proprio da questi diversi significati, che poi non sono altro che proteine dotate di diverse funzioni biologiche per cui quelle stringhe codificano, che dipende l'organizzazione dei sistemi viventi».

L'analisi di Ayala è piú puntuale di quella di Popper. Ci aiuta a comprendere quanto sia articolata la posizione riduzionista. E quanto sia poco praticata la posizione del riduzionista radicale. Tuttavia la migliore analisi e, insieme, la migliore critica al riduzionismo resta, forse, la critica, rigorosamente materialista, mossa da Ernst Mayr: che è, allo stesso tempo, uno dei piú grandi biologi evoluzionisti, uno dei piú grandi storici della biologia e uno dei piú grandi filosofi della biologia di questo secolo.

Secondo Mayr esistono tre tipi di riduzionismo.

1. *Il riduzionismo costitutivo*. Questo tipo di riduzionismo sostiene:

a. che il mondo organico-biologico è costituito dalla stessa materia del mondo inorganico;
b. che nel mondo organico-biologico non si verifica alcun evento o processo che è in contrasto con i fenomeni chimici e fisici che si verificano ai livelli molecolari e atomici.

In altri termini la vita non ha nulla di strutturalmente *speciale* rispetto al resto dell'universo. La gran parte dei biologi accetta questo tipo di riduzionismo e si sottrae, *ipso facto*, a ogni accusa di vitalismo.

2. *Il riduzionismo esplicativo*. Questo tipo di riduzionismo afferma che non si può conoscere il tutto finché non lo si analizza nelle sue componenti, e di nuovo queste componenti nelle loro componenti, fino al piú basso livello gerarchico di integrazione. Questo significa che, in linea di principio, non si può avere una conoscen-

za di un processo biologico senza conoscere i fenomeni che comporta a livello molecolare.

Talvolta, fa rilevare Mayr, questo tipo di riduzionismo è illuminante. Il funzionamento dei geni è stato compreso solo quando Watson e Crick determinarono la struttura della macromolecola acido deossiribonucleico, o Dna. Tuttavia, portato alle estreme conseguenze, il riduzionismo esplicativo presenta spesso gravi limiti e può portare al fallimento. Perché molti fenomeni che coinvolgono sistemi a un determinato livello di organizzazione della materia sono largamente indipendenti dal livello di organizzazione sottostante. Studiando le singole componenti di questi sistemi, che possiamo definire complessi, si rischia di perdere di vista alcuni caratteri fondamentali che il sistema presenta solo nel suo insieme e nel rapporto di interdipendenza tra le sue parti. Come sosteneva il biologo René Dubos: «Nei fenomeni piú comuni, e probabilmente piú importanti, della vita, le parti costituenti sono cosí interdipendenti che esse perdono il loro carattere, il loro significato e invero la loro autentica esistenza quando sono separate dal tutto funzionale. Per trattare adeguatamente i problemi di complessità organizzata, è quindi essenziale investigare le situazioni in cui parecchi sistemi interrelati funzionano in modo integrato».

In genere, lo studio dei livelli sottostanti fornisce poche informazioni a chi è interessato ai livelli superiori. La fisica delle particelle può dare poco aiuto ai chimici e pressoché nessun aiuto ai biologi. I primi a riconoscerlo sono i fisici delle particelle. Luciano Maiani, fisico teorico e attuale direttore del Cern di Ginevra, non solo riconosce la fine del *riduzionismo ingenuo*, quello che vorrebbe ridurre tutto alla fisica. Ma giudica addirittura *irrilevante* lo studio delle componenti elementari su base atomica ai fini della descrizione della materia su grande scala.

La critica al riduzionismo esplicativo, dunque, non è di principio, ma pragmatica. Il riduzionismo analitico non funziona sempre bene *in pratica*. Come sostiene Karl Popper, gli scienziati devono essere riduzionisti *critici* e *disperati*. Perché il riduzionismo consente di ottenere dei risultati. Ma entro certi limiti. E sapendo che il successo di un grande programma riduzionista non arriverà quasi mai. O mai del tutto.

Probabilmente non c'è alcun sistema a priori per decidere se un approccio riduzionista di questo genere avrà successo o no. Per cui, in definitiva, un simile approccio è sempre necessario, anche se spesso può non essere sufficiente.

3. *Il riduzionismo teoretico*. Questo tipo di riduzionismo, prosegue Mayr, postula che le teorie e le leggi formulate in un campo della scienza (in genere un campo che studia un livello superiore di organizzazione della materia) sono casi speciali di teorie e leggi formulate in qualche altro ramo della scienza. Se questo fosse vero, un ramo della scienza può essere *ridotto* a un altro piú fondamentale. In linea di principio sarebbe possibile ridurre la psicologia e il suo quadro concettuale alla fisiologia; questa alla biologia; la biologia alla chimica e tutto alla fisica.

Come rileva Karl Popper, una simile riduzione non è mai avvenuta nella storia della scienza. E ciò sembra indicare una impossibilità di fatto cosí marcata da diventare una impossibilità di principio. Inteso come filosofia, sostiene Popper, il riduzionismo è fallimentare.

Alcuni hanno sostenuto, per esempio, che, con la scoperta della struttura del Dna, dell'Rna e di molti enzimi, la genetica è stata *ridotta* alla chimica. Ora, sostiene Mayr, è difficile sopravvalutare il contributo dato da queste scoperte alla genetica classica. Un contributo che certamente ha modificato nel profondo la genetica classica. Ma questa modifica non si è realizzata in una *riduzione* alla chimica. «I concetti essenziali della genetica, come quelli di gene, genotipo, mutazione, diploidia, eterozigosi, segregazione, ricombinazione e cosí via, non sono affatto concetti chimici e si cercherebbero invano in un manuale di chimica. Il riduzionismo teoretico è errato perché confonde i *processi* con i *concetti*.»

I processi nel nucleo di una cellula o nel cervello di un uomo sono, certamente, chimici. Ma i concetti della biologia o della psicologia non possono essere ridotti a concetti chimici. O, se si vuole, la chimica non fornisce una spiegazione adeguata di ciò che succede a livello di una cellula o di un cervello. Il riduzionismo teoretico o filosofico, come lo chiama Popper, trova di rado estimatori tra i biologi. Anche il francese Jacques Monod, un biologo riduzionista e certo non sospettabile di compiacenze antiscientifiche, sosteneva che la biologia non può essere ridotta alla chimica. «La teoria del codice genetico costituisce la base fondamentale della biologia. Il che non significa affatto, s'intende, che le strutture e le funzioni complesse degli organismi possano essere *dedotte* da essa e neppure che siano sempre direttamente analizzabili in scala molecolare. Cosí come non si può né predire né risolvere tutta la chimica alla luce della teoria quantistica che pur ne costituisce, indubbiamente, la base universale.»

Insomma, le leggi e le teorie della fisica e della chimica sono vincoli invalicabili per i sistemi biologici (e sociali). Ma, per dirla con Monod, non predicono e non risolvono tutta la biologia, la sociologia o l'→economia.

Conclude Mayr: «Questa discussione del riduzionismo può essere riassunta dicendo che l'analisi dei sistemi è un metodo prezioso, ma che i tentativi di *riduzione* dei fenomeni e dei concetti puramente biologici alle leggi delle scienze fisiche hanno raramente, se mai l'hanno fatto, condotto a un progresso della nostra conoscenza. La riduzione è nel migliore dei casi un approccio vacuo, ma piú frequentemente è del tutto fuorviante e futile».

Letture: Gilberto Corbellini (a cura di), *La parte del tutto*, Tricesimo, Casamassima, 1992; Pietro Greco, *Evoluzioni. Dal Big Bang a Wall Street, la sintesi impossibile*, Napoli, Cuen, 1999; Luciano Maiani, *Il riduzionismo in fisica*, in Sergio Cotta e Luigi A. Radicati di Brozolo (a cura di), *Il nuovo volto dell'universo*, Roma-Bari, Laterza, 1994; Ernst Mayr, *Storia del pensiero biologico*, Torino, Bollati Boringhieri, 1990; Karl Popper, *Poscritto alla logica della scoperta scientifica*, Milano, Il Saggiatore, 1984.

S

Sacro
(dal latino *sacer*)

La nozione di sacro ha diverse accezioni. In senso generale, sacro è ciò che riguarda il divino, la religione, i misteri della →religione. In un senso piú stretto, sacro è ciò che riguarda l'esperienza umana di una →realtà molto diversa da quella quotidiana, considerata profana. Una esperienza che il teologo tedesco Rudolf Otto, all'inizio del Novecento, definiva «numinosa», dal latino *numen*, perché riguarda «la potenza avvolta nel mistero». Questa esperienza genererebbe nell'→uomo un sentimento, il sentimento del sacro – fatto di paura e insieme di fascinazione – che non può essere spiegato in termini culturali, psichici o sociali, ma sarebbe un carattere specifico, autonomo e irriducibile dello spirito umano. Il sentimento del sacro sarebbe all'origine delle diverse forme religiose.

Anche Mircea Eliade, nella seconda parte del Novecento, individua nel sacro una predisposizione innata che consente all'uomo di raggiungere la →conoscenza, metafisica, di una realtà essenziale altrimenti inattingibile.

Per questi e altri autori, dunque, il sacro sarebbe il carattere universale comune a tutte le religioni. Un carattere innato che farebbe della religione una dimensione naturale dell'uomo, autonoma da ogni altra dimensione.

Questo punto di vista è rigettato da coloro che ritengono la religione un sistema culturale e il sacro una costruzione culturale (→cultura), realizzata per elaborare e in qualche modo razionalizzare le esperienze, piuttosto ricorrenti, di potenza avvolta nel mistero.

Letture: Alfonso M. Di Nola (a cura di), *Enciclopedia delle religioni*, 6 voll., Firenze, Vallecchi, 1970-76; Alfonso M. Di Nola, *Attraverso la storia delle religioni*, Roma, Di Renzo, 1996; Mircea Eliade, *Il sacro e il profano*, Torino, Boringhieri, 1967.

Scienza
(dal latino *scientia*)

Dire cosa sia la scienza non è impresa semplice. E neppure è facile dire se esista una scienza, come *corpus* organico di conoscenze, o se esistono, invece, una serie di discipline scientifiche piú o meno collegate tra loro.

Eppure esiste un'attività dell'→uomo che può essere chiaramente definita scientifica. Questo grosso dizionario non fornisce che una pallida idea di come e di quanto l'attività scientifica abbia modificato la →percezione che noi abbiamo del mondo che ci circonda e di noi stessi. Ma l'attività scientifica ha prodotto molto di piú che il cambiamento della nostra percezione della →realtà. Ha prodotto una quantità enorme di →conoscenza intorno alla →natura. Conoscenza fisica, chimica, biologica, medica, psicologica, antropologica, economica. Conoscenza matematica. E questa conoscenza, inattingibile per ogni altro tipo di ricerca non scientifica, ha conferito all'uomo una capacità enorme di modificare la natura (→tecnica). Ormai tutto il processo di innovazione tecnologica è fondato sulla conoscenza scientifica. L'→economia, la →società, gli stili di vita dell'uomo, soprattutto in Occidente ma non solo in Occidente, sono informati e potremmo dire fondati sulla conoscenza scientifica.

Nessun'altra forma di cultura dell'uomo ha prodotto cosí tanto e in ambiti cosí vasti.

La scienza, qualsiasi cosa intendiamo con questa parola, dunque esiste. E ci impone di fare uno sforzo di definizione. Dal quale non ci sottrarremo. Anche se sarà, per forza di cose, uno sforzo limitato, senza alcuna pretesa di completezza. Anzi, il nostro sarà un tentativo volutamente parziale e persino un poco provocatorio (che poi proveremo a correggere). Il cui solo obiettivo è stimolare la curiosità del lettore e indurlo ad approfondire gli argomenti che tratteremo. Ma poniamo fine agli indugi e veniamo alla definizione promessa.

La scienza è un «accidente congelato». Un felice incidente della →storia. E non il risultato ineluttabile dell'evoluzione umana (→evoluzione biologica).

Quello, storico, che abbiamo appena proposto è uno dei possibili approcci al tentativo di definire la scienza. Insieme a quello sociologico. O anche a quello psicologico (→psicologia). È un approccio penetrante: perché se vogliamo cercare di capire cosa sia la scienza, dobbiamo verificare come si è storicamente sviluppata l'attività scientifica dell'uomo. La dimensione storica ci fornisce la misura forse piú profonda della scienza. Tuttavia l'approccio storico allo studio dell'attività scientifica dell'uomo non è completo o, almeno, non è completamente fruttuoso se non è accompagnato da una definizione epistemologica. In altri termini, non possiamo tentare di ricostruire l'invenzione della scienza da parte dell'uomo, se non diciamo, piú o meno rigorosamente, cosa intendiamo per scienza.

Un modo parziale, ma utile, di definire la scienza in termini epistemologici è quello di distinguere tra «scienze esatte» e «scienze empiriche». Già questa distinzione è foriera di polemiche. E, quindi, il lettore può tranquillamente discuterla e, comunque, farà bene ad assumerla con prudenza. Tuttavia essa ci aiuta a fare chiarezza e quindi, almeno in prima battuta, può essere accettata.

Nel definire cos'è la «scienza esatta» possiamo prendere a riferimento i caratteri distintivi che individua il matematico e storico della scienza Lucio Russo, con una sola, ulteriore sottolineatura, che prendiamo a prestito dallo storico della medicina Mirko Grmek.

Esatta è, per Lucio Russo, la scienza che si fonda sulla →teoria e ha tre caratteristiche:

1. Le sue affermazioni non riguardano oggetti concreti, ma enti «teorici» specifici. Lucio Russo ci ricorda, per esempio, come la →geometria euclidea parli di angoli e segmenti, mentre in natura non esistono né angoli né segmenti. E che la →termodinamica parla di temperatura ed →entropia, anche se in natura non esiste qualcosa che possiamo chiamare temperatura o entropia.

2. La teoria scientifica utilizza una logica di tipo ipotetico-deduttivo. Propone pochi enunciati fondamentali sui suoi enti teorici (che in genere chiama assiomi, postulati o principi) e ne deduce in modo rigoroso e coerente le conseguenze. La teoria, sostiene ancora Russo, è un metodo generale per risolvere un numero indefinito di problemi. Che consente di individuare quello che, al suo interno, è vero e quello che invece è falso.

È bene ribadire che la →verità e la falsità individuate dalla teoria non sono assolute, ma sono verità o falsità interne al sistema teorico. Per esempio, l'affermazione che due rette parallele non si incontrano mai non è una verità assoluta. Tuttavia è una verità inoppugnabile all'interno della geometria euclidea. Naturalmente, per ogni teoria scientifica come per ogni sistema logico-formale, valgono i limiti di completezza evidenziati da Kurt Gödel (→logica). E quindi anche il concetto di verità all'interno di un sistema teorico va ben definito.

3. Le applicazioni al mondo reale delle teorie scientifiche avvengono mediante «regole di corrispondenza» tra gli enti teorici e gli oggetti concreti. Il →metodo per verificare le regole di corrispondenza tra teoria e realtà è quello sperimentale (→esperimento). Il metodo sperimentale varia da disciplina a disciplina e non fornisce garanzie assolute sulla verità o sulla falsità della corrispondenza tra teoria scientifica e realtà naturale. Quando io verifico con un esperimento che l'entropia di un sistema isolato tende a crescere, trovo una corrispondenza perfetta con la teoria termodinamica. Ma neppure in questo caso ho la →certezza che il secondo principio della termodinamica sia una verità fisica assoluta. Ho solo una teoria coerente, la teoria termodinamica (peraltro integrata con una serie di altre teorie fisiche coerenti) corroborata, per dirla con Karl Popper, da una serie enorme di esperimenti e di osservazioni (→osservazione). Il secondo principio della termodinamica rappresenta molto bene la realtà cosí come la conosciamo adesso. Ma nulla vieta, almeno in linea di principio, che tra un attimo faremo un'osservazione o realizzeremo un esperimento che viola la teoria termodinamica.

Sempre in linea di principio, nulla vieta neppure che possiamo riuscire a costruire una nuova teoria termodinamica internamente coerente e che interpreta altrettanto bene i fatti (osservazioni ed esperimenti). Le due diverse teorie potranno convivere per un certo periodo, fino a quando una nuova osservazione o un nuovo esperimento non daranno ragione all'una e torto all'altra. Avremo, allora, una teoria che rappresenta meglio la realtà. Ma ancora non avremo la certezza assoluta della perfetta corrispondenza con la realtà.

Tra il 1916 e il 1919 abbiamo avuto due teorie diverse della →gravitazione, quella di Newton e quella di Einstein, ma perfettamente equivalenti per un fisico, perché interpretavano entrambe bene le dinamiche gravitazionali note dell'→universo. Solo nel 1919 un'osservazione cruciale (la deviazione della luce a opera del campo gravitazionale del Sole) forní l'indicazione che la teoria di Einstein era «piú vera» di quella di Newton. Ma, come riconosce lo stesso Einstein, non abbiamo la certezza che la →relatività generale sia la teoria definitiva. Anzi, Einstein stesso era convinto che la sua teoria è parte di una teoria ancora piú generale e piú prossima alla verità.

La scienza esatta può, dunque, essere definita come un processo abbastanza tortuoso e in ogni caso asintotico di avvicinamento alla realtà o, se si vuole, alla verità.

Tuttavia c'è un ulteriore e decisivo carattere che distingue la «vera» scienza da altre attività culturali o anche di ricerca che non è possibile definire vera scienza. E questa caratteristica della vera scienza, come sottolinea Mirko Grmek, è la «sistematicità» con cui l'attività di ricerca verifica la corrispondenza tra teoria e realtà. Ovvero è la sistematicità con cui applica il metodo sperimentale.

Non basta avere una teoria scientifica coerente e verificarla di tanto in tanto con osservazioni o anche esperimenti. Occorre che questa verifica avvenga in modo costante e sistematico. E diventi un modello per lo sviluppo di attività tecnologica.

Definita (provvisoriamente) in questo modo la scienza, vediamo perché essa è (probabilmente) un accidente congelato. Be', il motivo è che questo approccio culturale che abbiamo definito scienza esatta è un approccio, come sostiene il fisico Alan Cromer, analitico e oggettivo. Capace di navigare contro il →senso comune e di inoltrarsi molto in profondità in questa navigazione tanto inusuale da risultare quasi innaturale. La scienza è «uncommon sense», senso non comune, perché, sostiene ancora Cromer, l'inclinazione del pensiero umano tradizionale è associativa e soggettiva. E questa inclinazione associativa e soggettiva produce in modo naturale una rappresentazione ingenua del mondo. Produce «fisica ingenua».

La leggenda vuole che Galileo Galilei sia inutilmente salito sulla torre pendente per cercare di dimostrare agli «ingenui» pisani che contrariamente alla fisica aristotelica, che è una fisica fondata sul senso comune, due gravi di diverso peso, lasciati cadere dalla medesima altezza, raggiungono terra nel medesimo istante. Ma ancora oggi persino uno studente di fisica incontrerebbe le medesime difficoltà dei pisani coevi di Galileo a immaginare e ad accettare di primo acchito i risultati di quell'esperimento. Perché quei risultati si spingono oltre il senso comune. Sono senso non comune. E perciò consentono di scoprire la realtà nascosta solo a chi possiede una solida cultura, analitica e oggettiva, lontana dal senso comune.

Per accettare la logica scientifica occorre una cultura analitica e oggettiva matura e ben allenata.

Questa definizione di scienza come «uncommon sense», come cultura quasi innaturale, farà indispettire qualche antropologo culturale. Tuttavia è corroborata dalla storia dell'uomo. Nei circa duecentomila anni della vicenda di *Homo sapiens sapiens* la scienza esatta (con i suoi enti astratti, con le sue teorie coerenti e con le sue regole di corrispondenza fondate sul metodo sperimentale e sistematico) è sbocciata, infatti, una sola volta. O, forse, due. La scienza esatta è nata certamente in Europa, nel XVII secolo. E, se ha ragione Lucio Russo, è nata anche nel bacino del Mediterraneo in periodo ellenistico (→ellenistica, scienza).

Anche l'→Islam, per una lunga fase, ha avuto un'attitudine culturale di impronta scientifica, ereditata dall'ellenismo. E in molti paesi islamici si è avuta una fiorente attività che potrebbe forse rientrare nella definizione, piuttosto ristretta, che abbiamo dato di scienza. Ma, qualsiasi cosa si pensi della scienza islamica, è certo che essa può essere considerata una derivazione, piú o meno diretta, della scienza ellenistica.

Oltre questi due o tre appena citati non abbiamo altri esempi di scienza esatta sviluppata da una qualche altra società umana. L'Egitto, la civiltà dei sumeri e poi degli assiro-babilonesi, l'India, la Cina hanno sviluppato culture molto sofisticate. Anche di indagine sulla natura. Ma nessuna di queste civiltà ha sviluppato mai una scienza fondata su enti astratti, su teorie coerenti, sul ragionamento ipotetico-deduttivo, sulla sistematica verifica sperimentale.

Neanche la Grecia classica ha sviluppato una simile cultura scientifica. Sebbene la Grecia classica abbia creato le premesse perché poi l'ellenismo, forse l'Islam e certamente il Rinascimento europeo sviluppassero attività pienamente scientifiche e attività tecnologiche fondate sulle conoscenze scientifiche.

La Grecia classica ha, infatti, sviluppato quello che Alan Cromer chiama pensiero analitico e oggettivo. Di piú. I filosofi greci hanno dimostrato di saper risalire la corrente del senso comune e hanno dimostrato una straordinaria capacità di ragionare su enti teorici astratti e di persino di elaborare sistemi teorici coerenti, impostati con un metodo ipotetico-deduttivo.

Ci sono stati casi, nella Grecia classica, finanche di tentativi di sperimentazione e di applicazione tecnologica. Con la →medicina di Ippocrate, per esempio. Ma mai questi tentativi hanno raggiunto la sistematicità necessaria a una scienza esatta.

La scienza esatta è nata in periodo ellenistico ed è poi rinata in Europa nel XVII secolo. Su una base culturale unica a lungo preparata nella Grecia classica. Né il pensiero analitico e oggettivo, né la scienza esatta sono mai nati in altre società o in altri periodi. Entrambi sono «accidenti congelati» dell'→evoluzione culturale umana, frutto della contingenza storica e non di una qualche →necessità. Per una contingenza della storia e non certo per meriti genetici, infatti, i greci in epoca classica hanno sviluppato una società democratica adatta a generare, sostenere e allenare il pensiero analitico e oggettivo.

Per una contingenza storica questo pensiero è riuscito a distillare nella peculiare società ellenistica e, soprattutto, ad Alessandria d'Egitto prima e – dopo oltre un millennio – nella peculiare società dell'Europa rinascimentale poi un pensiero scientifico compiuto.

La scienza è dunque il frutto di una contingenza storica, di un doppio e felice «accidente congelato». Se la sua storia dovesse ripartire da zero, non è detto che dopo duecentomila, un milione o dieci milioni di anni l'uomo riuscirebbe di nuovo a inoltrarsi lungo una strada cosí lontana dal senso comune e a reinventare la scienza.

D'altra parte, l'ascesa e la caduta della scienza ellenistica ci dice che, cosí come è stata inventata, l'attività scientifica può essere dimenticata. La cultura scientifica non è, dunque, una cultura acquisita per sempre. Ma deve essere riconquistata giorno per giorno.

Naturalmente la scienza non si esaurisce tutta nella scienza esatta di cui abbiamo parlato finora. Ed è tutt'altro che un monolite.

Lo sviluppo delle conoscenze biologiche, per esempio, ci dice che ci sono scienze che non si riconoscono totalmente nella definizione di «scienza esatta», perché, a causa della loro intrinseca →complessità, hanno una dimensione storica ineludibile e persino preponderante. Queste scienze godono di una piena autonomia epistemologica (→biologia) e di una pari dignità culturale con le scienze che, come la →fisica o la →chimica, rientrano nella definizione di scienza esatta. Per due motivi.

Primo: anche le scienze storiche, come dimostra la biologia, e piú in generale le scienze empiriche, benché non raggiungano il livello di astrazione tipico delle scienze esatte, possono fondarsi su teorie logicamente molto solide, e, soprattutto, su regole di corrispondenza molto precise. Non a caso, infatti, la biologia produce, oggi, tecnologia scientifica con la stessa rapidità della →fisica o della →chimica.

Secondo: anche le scienze storiche, come la biologia, benché dotate di un'ampia autonomia epistemologica, sono fortemente interconnesse con la congerie di discipline che forma l'ordito della scienza. Un ordito in cui vale, tendenzialmente almeno, il principio di non contraddizione. In altri termini, la biologia ha un suo statuto epistemologico autonomo. Ma non contraddice in alcun modo la fisica e la chimica: le leggi (→legge) della fisica e della chimica sono anzi vincoli ineludibili per la biologia. La biologia, la chimica e la fisica benché discipline dotate di ampia autonomia teorica, formano un ordito unitario perché si riconoscono tutte nel principio metafisico del →riduzionismo costitutivo.

Possiamo, quindi, definire scienze tutte le discipline che rientrano nella definizione di scienze esatte. Ma anche tutte le altre discipline che sono fortemente collegate con le scienze esatte e che, almeno tendenzialmente, non entrano in contraddizione con le scienze esatte.

La psicologia è certamente scienza. Perché, pur non essendo esatta, è fortemente collegata con le scienze esatte e, almeno tendenzialmente, risponde al medesimo principio di non contraddizione.

La parapsicologia non è certamente una scienza. Perché, oltre ad avere vaghe regole di corrispondenza tra teoria e realtà, non è collegata strettamente con le discipline scientifiche e non risponde al principio di non contraddizione con le altre discipline scientifiche.

Letture: Giovanni Boniolo e Paolo Vidali, *Filosofia della scienza*, Milano, Bruno Mondadori, 1999; Alan Cromer, *L'eresia della scienza*, Milano, Raffaello Cortina, 1996; Ernst Mayr, *Storia del pensiero biologico*, Torino, Bollati Boringhieri, 1990; David Oldroyd, *Storia della filosofia della scienza*, Milano, Il Saggiatore, 1989; Lucio Russo, *La rivoluzione dimenticata*, Milano, Feltrinelli, 2001.

Sé
(dal latino *se*)

Sé è un piccolo pronome riflessivo che richiama il primo e forse il piú grande dei problemi filosofici: quello dell'→identità. Discriminare tra se stesso e gli altri (→altro), anzi tra il *sé* e tutto ciò che non è *sé*, tra il *sé* e il *non-sé*, è infatti il primo problema, ontologico, che si pone a ogni organismo vivente. E che ogni organismo vivente deve affrontare, non appena è nato.

L'uomo ha elaborato strategie (in parte, solo in piccolissima parte) coscienti per affrontare e risolvere alcuni aspetti di questo problema. Tutti gli altri organismi viventi hanno elaborato strategie essenzialmente non coscienti.

Il problema dell'identità si pone, in realtà, a diversi livelli: biochimici, mentali, sociali. E, infatti, il problema della discriminazione tra il *sé* e il *non-sé* o, come dicono gli inglesi, tra il *self* e il *not-self*, interessa molto la sociologia e interessa moltissimo la psicoanalisi. Tuttavia, a livello biochimico e biomedico, esso è il tema fondante di un'intera disciplina, l'immunologia. Lo studio del sistema immunitario presente nei vertebrati.

L'immunologia è lo studio del problema del *sé* e del *non-sé* al livello piú fondamentale. Sia perché è il livello apparso prima nel corso della storia della vita. Sia perché è il livello che interessa, di gran lunga, il maggior numero di specie viventi: l'insieme, appunto, di tutti i vertebrati.

Per sistema immunitario occorre intendere quel complesso insieme di cellule e di molecole che cooperano per conservare «l'identità biochimica dell'individuo» e preservarla, con adeguate risposte, da pericoli esterni.

È interessante scoprire che il funzionamento di questo «sistema di riconoscimento e di salvaguardia della propria identità» è un →adattamento a funzioni differenti e piú complesse di una capacità antica, propria delle cellule di tutti gli organismi viventi: la capacità di «riconoscere ciò che è estraneo». Di riconoscere il *non-sé*. Per dirla con Gilberto Corbellini, il sistema immunitario è «un sistema fisiologico adattivo in grado di far fronte a situazioni impreviste, in grado cioè di apprendere dall'esperienza». Ciò significa che gli organismi viventi imparano nel tempo, per prova ed errore, a riconoscere «ciò che è estraneo» e, di conseguenza, imparano a riconoscere nel tempo, per prova ed errore, se stessi. Questa capacità, in realtà, sarebbe solo una conseguenza di un'altra capacità originaria, propria delle cellule eucariote che oltre un miliardo di anni fa iniziano a organizzarsi, differenziandosi, in organismi pluricellulari. Queste cellule imparano a riconoscersi tra loro (riconoscimento «di ciò che non è estraneo») e a cooperare, attraverso una calibrata regolazione genica, per costruire nel tempo organismi complessi e articolati.

Grazie a questa sua capacità evolutiva di «riconoscere ciò che è estraneo», o meglio, di imparare a riconoscere il *non-sé*, il sistema immunitario dell'uomo e di tutti i vertebrati è in grado di «combattere ciò che è estraneo e potenzialmente dannoso»: ovvero di evitare il piú possibile infezioni e malattie provocate da sostanze o organismi esterni.

L'immunologia è, dunque, una disciplina biomedica specifica, con finalità molto applicative. Tuttavia nei suoi fondamenti essa affronta nodi di interesse assolutamente generale. Tanto da indurre Frank Macfarlane Burnet, un immunologo, patologo e virologo di grande classe, a sostenere: «Pur avendo trascorso la maggior parte del mio tempo a un banco di laboratorio, sono sempre piú convinto che l'immunologia sia piú un problema filosofico che una scienza pratica».

Alla base dell'«immunologia come problema filosofico», ci sono almeno due concetti niente affatto scontati, acquisiti per via teorica e sperimentale dalla scienza del Novecento:

1. il sistema immunitario apprende, nel corso della vita di un individuo (di ogni individuo), a distinguere tra i costituenti molecolari propri (il *sé*, o il *self*, come preferiscono dire gli esperti) e i costituenti molecolari estranei (il *non-sé*, o il *not-self* nel gergo anglofono degli esperti);
2) il sistema immunitario memorizza le esperienze di riconoscimento e discriminazione tra il *self* e il *not-self*, in modo da aumentare la velocità e l'efficacia della risposta, in caso di riproposizione dello stimolo.

Il riconoscimento del *sé*, il riconoscimento della propria identità, è dunque un processo evolutivo. Anzi, un processo doppiamente evolutivo. Perché apparso nel corso dell'→evoluzione biologica, come strumento adattivo per incrementare la capacità di sopravvivenza nell'ambiente. E come sistema che evolve nel corso della storia di ogni individuo e non è già dato alla nascita. Nessun individuo ha una capacità a priori di riconoscere (e difendere) se stesso, ma questa capacità la acquisisce interagendo con l'ambiente, ovvero con il *non-sé*.

La nascita dell'immunologia viene fatta risalire, da alcuni, al 14 maggio del 1796, quando Edward Jenner inoculò un bambino con il pus tolto a una contadina affetta da vaiolo vaccino. Il bambino, una volta guarito dall'innesto, non contrasse il vaiolo umano. Jenner effettuò una vera e propria *vaccinazione*. Cioè stimolò la risposta immunitaria del bambino con una sostanza, che oggi chiameremmo *antigene*, presente nel vaiolo vaccino, in modo che il piccolo avesse gli anticorpi giusti nel momento in cui fosse stato infettato dal vaiolo umano.

I tempi erano ancora acerbi per sviluppare la teoria e la pratica della vaccinazione. Ma già all'inizio dell'Ottocento si comincia a capire la natura specifica delle malattie infettive. Ciascuna infezione produce effetti diversi perché è provocata da agenti diversi. Verso il 1840 si inizia a capire che questa specificità è dovuta probabilmente ad agenti microscopici. Tra il 1848 e il 1858 Louis Pasteur scopre le capacità di selezione stereospecifica della materia biologica organizzata. In altri termini, le cellule hanno un'elevatissima capacità di analisi selettiva: sanno distinguere tra molecole strutturalmente uguali che hanno solo una diversa disposizione nello spazio. I microrganismi responsabili della fermentazione, per esempio, distinguono l'acido tartarico *levogiro* dall'acido tartarico *destrogiro*.

Nel 1879 Pasteur introdusse il concetto di «germi attenuati» per la vaccinazione anticolera. E l'anno dopo formulò la prima bozza di una teoria immunologica: l'immunità acquisita (col vaccino) è l'impossibilità per un microbo patogeno di crescere in un terreno ove si è sviluppato in precedenza a causa dell'esaurimento «di qualche principio che l'organismo non potrebbe ristabilire e la cui assenza blocca lo sviluppo del microbo».

Nel 1884 lo stesso Pasteur comprende che non è l'«assenza di qualcosa» a impedire a un microbo patogeno di crescere in un terreno dove si è sviluppato precedentemente, ma la «presenza di un antagonista chimico» che l'organismo infettato ha imparato a produrre. In altri termini Pasteur ipotizza la presenza di quello che sarà poi chiamato *anticorpo*. Questa intuizione viene poi sviluppata da Ilja Mečnikov, che nel 1901 associa i globuli bianchi alla risposta immunitaria attiva contro un agente patogeno esterno. Per lo zoologo russo la funzione dei leucociti, i globuli bianchi, è quella di attaccare, fagocitare e distruggere gli agenti patogeni.

In quegli stessi anni il medico tedesco Paul Ehrlich dimostra che gli anticorpi (il nome è suo) sono normali prodotti delle cellule, presenti come *recettori* sulla superficie del protoplasma (il contenuto delle cellule). La specificità del rapporto di un anticorpo con il proprio antigene è dunque dovuto alla →forma, in particolare alla loro forma reciprocamente *complementare*: il medesimo tipo di rapporto, in pratica, che sussiste tra la forma di una chiave (l'antigene) e quella di una toppa (l'anticorpo). Questa specificità è del tutto simile, sostiene Ehrlich, a quella ipotizzata da Fischer nel 1894 per l'interazione tra enzimi (le proteine che accelerano le reazioni biochimiche) e substrato. È, dunque, un tipo di interazione già conosciuto nella →chimica organica.

Restava da capire come un organismo possa avere una risposta giusta e altamente selettiva per ognuna delle infinite sostanze estranee, molte delle quali sconosciute, che l'ambiente gli propone in continuazione. Insomma, capito come avviene il riconoscimento tra anticorpo e antigene, c'era da capire com'è organizzato il sistema immunologico.

Tutti gli anni compresi tra l'inizio del XX secolo e il 1945 sono dedicati agli anticorpi. Solo dopo la guerra, grazie anche agli sviluppi della biologia molecolare, si comincia ad avere risposte sull'organizzazione complessiva del sistema immunitario e sulla sua origine.

Oggi sappiamo che il sistema immunitario si basa sull'attività di due popolazioni di cellule sferiche che circolano nel sangue e nella linfa, chiamate per questo *linfociti*: le *cellule B* e le *cellule T*.

In particolare, le cellule B producono gli anticorpi, proteine molto diversificate e dotate di una straordinaria capacità biologica, quella di riconoscere in modo altamente stereospecifico, ovvero nei minimi dettagli di forma tridimensionale, le sostanze estranee all'organismo, gli antigeni, e di neutralizzarli, bloccandoli proprio nel modo altamente specifico previsto da Ehrlich: come una serratura blocca una chiave.

I linfociti T, pur non producendo anticorpi, riconoscono gli antigeni e regolano la risposta immunitaria. Qualche volta sono in grado di riconoscere e distruggere cellule infettate da virus.

La *specificità*, del riconoscimento e della risposta immunitaria, è dunque la parola chiave della scienza immunologica. Già, ma dove ha origine questa specificità? Come fa un organismo a opporre una serratura a ogni chiave, naturale e anche artificiale, che lo attraversa e che, spesso, non ha mai conosciuto in precedenza?

La risposta a questa domanda è stata fornita negli anni '40 da Linus Pauling, il fondatore della chimica quantistica. Pauling sostiene l'esistenza di una sorta di anticorpo indifferenziato, una sorta di stampo per serrature, che, in presenza di una chiave estranea, le si avvolge intorno, assume una forma a lei complementare e la blocca. Successivamente si comprende che lo «stampo» viene poi conservato, in modo che torni immediatamente utile e venga riprodotto in miliardi di copie non appena quella specifica chiave torna a presentarsi all'organismo.

Resta un problema. Resta il nostro problema. Come fa l'organismo a riconoscere le chiavi estranee da bloccare, rispetto alle chiavi proprie, prodotte dall'organismo? Come fa a decidere di bloccare una molecola «estranea» e a lasciar circolare liberamente le molecole proprie? Come fa a riconoscere il *non-sé*?

A questa domanda risponde Frank Macfarlane Burnet. Che non solo introduce in immunologia, appunto, i concetti di *self* e di *not-self*, ma, nel 1957, elabora anche la «teoria della selezione clonale», che oggi è parte di una piú generale «teoria della ricombinazione somatica». In sintesi: gli organismi hanno a disposizione, quale patrimonio genetico alla nascita, un certo repertorio piú o meno differenziato di geni che codificano per anticorpi o per polipeptidi. Si tratta di un numero alto, ma non certo in grado di prevedere l'irruzione di un qualsiasi antigene, magari sconosciuto in natura. Cosí, mentre l'organismo impara a riconoscere il *sé* e il *non-sé* mediante esperienze storiche e, dunque, imprevedibili a priori, un opportuno riarrangiamento genico consente la produzione di nuovi e specifici anticorpi contro nuovi e specifici antigeni. In presenza di un'invasione di antigeni considerata tossica, gli anticorpi, frutto di una ricombinazione genica, vengono moltiplicati nel numero di copie sufficienti a bloccare gli alieni.

Questa teoria ci dice che l'organismo ha una percezione largamente fondata sull'esperienza della differenza che corre tra il *sé* e il *non-sé*. E tuttavia sembra che questa differenza, sebbene di origine storica, sia netta e inequivocabile. Che la differenza tra il *self* e il *not-self* sia assoluta.

Negli anni '70 si comprende che il riconoscimento del *non-sé* non è affatto automatico. E che, per esempio, il riconoscimento e l'uccisione di un virus avvengono solo ed esclusivamente se, nella presentazione dell'antigene estraneo che gli viene proposta da una cellula dell'organismo, il linfocita T rileva anche la presenza dell'«antigene di istocompatibilità di tipo I», ovvero di una molecola prodotta dall'organismo per riconoscere il *sé* e con cui l'organismo stesso «marchia» l'estraneo che considera un intruso.

In modo piú rigoroso, il riconoscimento di una presenza estranea avviene solo se l'antigene introduce un'alterazione nella struttura molecolare del cosiddetto *complesso di istocompatibilità* che definisce l'identità individuale. Ed è appunto questa alterazione dell'identità molecolare individuale che, come scrive Gilberto Corbellini, viene riconosciuta e induce il sistema immunitario a reagire. In altri termini la vita, o meglio, gli organismi vertebrati non discriminano tra il *sé* e l'*altro da sé*. Ma distinguono e discriminano solo tra un *sé* integro e un *sé alterato*.

Letture: Gilberto Corbellini (a cura di), *L'evoluzione del pensiero immunologico*, Torino, Bollati Boringhieri, 1990; Giuseppe Gaudenzi (a cura di), *Immunologia*, Napoli, Cuen, 2000.

Sensazione

(dal tardo latino *sensatio*, derivato da *sensus*)

La sensazione è una modificazione elementare dell'io, sosteneva Cartesio nel XVII secolo. La sensazione è la registrazione da parte della corteccia cerebrale di uno stimolo proveniente da un recettore periferico, sostengono gli odierni neurofisiologi.

La differenza è, tutto sommato, di poco conto. Ed è tutta contenuta nella →teoria della sensibilità elaborata da Albrecht von Haller verso la metà del Settecento. Secondo il medico svizzero, considerato il fondatore della fisiologia scientifica, la →materia estesa di Cartesio diventa materia attiva e sensibile negli organismi viventi grazie a una →forza, la *vis nervosa*, posseduta dal cervello e dalle vie nervose periferiche, attivata dagli stimoli esterni, che, grazie a essa, diventano sensazione. La sensazione, dunque, per von Haller, che nel 1757 pubblica un libro, *Elementa physiologiae corporis humani*, l'equivalente per la fisiologia dei *Principia* di Newton, è l'→azione prodotta da una forza sull'osservatore.

Il →meccanicismo di Haller può sembrare, oggi, superato. Tuttavia oggi un neurofisiologo sosterrebbe che la sensazione è il prodotto elementare di una trasformazione di →energia indotta da uno stimolo ambientale nelle vie nervose periferiche e trasferita alla corteccia cerebrale.

L'unica, sostanziale, differenza è che nella visione meccanicista di Cartesio la sensazione è un'entità diversa e separata dalla →percezione. Mentre nella visione di un neurofisiologo contemporaneo la sensazione è un elemento costitutivo di quella importante attività cerebrale.

Letture: Paul Churchland, *Il motore della ragione, la sede dell'anima*, Milano, Il Saggiatore, 1998.

Senso comune

(dal latino *sensus*; dal latino *communis*)

Per Aristotele il senso comune era quella funzione dell'→anima che rende possibile tutte le esperienze sensibili che non possono essere attribuite a uno dei cinque sensi. Tommaso d'Aquino è sostanzialmente d'accordo. Nella sua *Summa theologica* lo definisce come una sorta di «sesto senso» che «accorda tra di loro gli altri cinque».

Per molti autori latini il senso comune si riferisce tuttavia a qualcosa di diverso: esso è, diceva Cicerone, null'altro che il modo di pensare della maggioranza degli uomini.

Quando gli scienziati parlano di senso comune si riferiscono in qualche modo a entrambe le accezioni. Il senso comune è sia il modo di pensare della gente comune, che non utilizza un approccio scientifico alla →conoscenza, sia l'esperienza fornita dai sensi (→sensazione).

Bene, la →scienza viene considerata un modo di osservare e di conoscere la →natura diverso dal senso comune. Perché non si fonda su pre-giudizi e non si fida delle esperienze fornite dai sensi, che talvolta sono ingannevoli. Il senso comune ci dice che il Sole gira intorno alla Terra. La scienza ci dice che i sensi ci traggono in inganno e che, viceversa, è la Terra che gira intorno al Sole.

La scienza viene considerata come un'attività culturale che cerca di conoscere la →realtà che sta oltre il senso comune. Che sta oltre le apparenze. E la storia della scienza è, dunque, un percorso di progressivo allontanamento dal senso comune.

Questo è tanto piú vero nelle scienze matematizzate, come la →fisica, che si occupano spesso di realtà molto lontane dalle esperienze quotidianamente accessibili ai sensi. Questo è uno dei motivi per cui la scienza, pur essendo la →cultura che, forse, piú di ogni altra informa di sé il nostro tempo, trova difficoltà a diventare una cultura di massa.

Letture: Alan Cromer, *L'eresia della scienza*, Milano, Raffaello Cortina, 1996; Alan Musgrave, *Senso comune, scienza e scetticismo*, Milano, Raffaello Cortina, 1995.

Sesso

(dal latino *sexus*)

La parola sesso, nel senso comune, ha almeno tre significati diversi, che si sovrappongono solo in parte: sesso è l'organo genitale (delle femmine o dei maschi); sesso è il genere cui ogni individuo appartiene (individuo di sesso femminile o di sesso maschile); sesso, infine, è quel variegato insieme di fatti e fenomeni che coinvolgono anche, ma non necessariamente, gli organi genitali e che definiscono l'attività sessuale di un individuo di ambo i generi.

Alla parola sesso, inoltre, tendiamo ad associare in modo piuttosto intimo altri concetti, da quello di riproduzione a quello di piacere. Al primo diamo un significato generale: tutti gli organismi viventi (riteniamo) fanno sesso per riprodursi. Gli uomini, tuttavia, hanno imparato a regolare questa pulsione biologica primaria con norme sociali e culturali. Insomma, non facciamo (o non facciamo piú) sesso solo per riprodurci, ma per assolvere a un insieme multiforme di funzioni. Il sesso, in tutte le sue molte forme, è diventato una fonte, possibile, di →piacere individuale. Ma anche, direbbe un antropologo, un regolatore dei rapporti sociali.

Gli etologi ci dicono che la capacità di regolare la pulsione primaria del sesso, con norme sociali e culturali, non è appannaggio esclusivo dell'→uomo. Anche tra gli animali (→animale) il sesso assolve, spesso, alla funzione di regolare i rapporti sociali. Tra i bonobo (gli scimpanzé pigmei), per esempio, il sesso è utilizzato per stemperare l'aggressività individuale e ridurre il tasso di →violenza tra i membri del gruppo. E dall'espressione dei volti e dai gesti dei bonobo impegnati in questa attività sociale, si direbbe che anche il piacere sessuale non è un'invenzione dell'uomo.

Questo intreccio di fattori biologici (riproduzione), psicologici (fonte, possibile, di piacere) e sociali (rapporti di coppia all'interno di complessi rapporti di genere e di gruppo) fondamentali ha ispirato in ogni epoca una sterminata letteratura, artistica e saggistica, sul sesso e sui comportamenti sessuali. Il sesso ha ispirato poeti, scrittori, musicisti, pittori, cosí come psicologi, antropologi, sociologi, sessuologi e, un po' meno per la verità, filosofi. Che, riferendosi soprattutto alle attività sessuali umane, lo hanno indagato in ogni suo aspetto apparente e in moltissime pieghe nascoste.

Tuttavia quasi nessuno in questa schiera infinita di analisti di ogni epoca e continente ha mai avuto, del sesso, la percezione che ne ha, oggi, un biologo. Per il quale il sesso non è affatto (almeno in origine) una piacevole attività finalizzata alla riproduzione. Ma, probabilmente, una forma suprema, eppure non meno orrida, di cannibalismo. E, comunque, un accidente congelato della →storia biologica, la cui presenza nel mondo animale e vegetale rappresenta un alto costo. Un costo, sostengono addirittura Lynn Margulis e Dorion Sagan, al limite della sostenibilità adattiva (→adattamento).

Insomma, se per la gran parte degli analisti il sesso è un piacere costruito su un dovere (il dovere riproduttivo), per un biologo il sesso è un errore costruito su un orrore.

Per cercare di entrare in questa prospettiva cosí lontana dal →senso comune e cercare di comprenderla, occorre dire che, in termini biologici, il sesso non è un processo legato alla riproduzione che coinvolge maschi e femmine, ma è il processo che, piú semplicemente, produce individui il cui patrimonio genetico deriva da due o piú organismi diversi. Sulla base di questa rigorosa definizione, per i biologi è sesso ogni trasferimento di materiale genetico che ha successo: che produce, cioè, nuovo materiale genetico in grado di esprimersi. Due batteri o due cellule vegetali che si scambiano Dna fanno sesso in senso stretto. Come scrivono Lynn Margulis e Dorion Sagan: «Persino l'infezione di esseri umani da parte del virus dell'influenza è un atto sessuale, nel senso che materiale genetico si inserisce nelle nostre cellule».

La fecondazione di una cellula uovo in una femmina da parte di uno spermatozoo maschile e, piú in generale, la fusione tra due gameti non sono, dunque, che una parte, solo una piccola parte, della estrema varietà dei processi sessuali che il biologo osserva in natura. La gran parte del sesso in natura, dunque, non avviene tra individui sessuati (maschi e femmine), ma tra individui asessuati. E non produce necessariamente un incremento di individui (prole). Ma produce, spesso, un semplice riarrangiamento genetico degli individui che fanno sesso, cioè che si scambiano materiale genetico, e, talvolta, persino una diminuzione degli individui (fusione cellulare).

I primi organismi a fare attività sessuale, gli inventori del sesso, sono stati, che si sappia, i batteri. Che avevano (e hanno tuttora) una straordinaria capacità di scambiarsi materiale genetico. Questa capacità era (ed è) adattiva. I primi batteri, infatti, sono apparsi sulla Terra circa 4 miliardi di anni fa. Vivevano in un ambiente ostile, in cui agenti fisici penetranti, come per esempio i raggi ultravioletti, erano in grado di bombardare il loro materiale genetico, causando frequenti mutazioni (che, in genere, sono deleterie) e persino espulsioni di frammenti di Dna. I batteri che hanno acquisito la capacità di catturare i frammenti di Dna espulsi e vaganti nell'ambiente o, ancor di piú, di scambiarsi parte del proprio materiale genetico con altri batteri hanno ottenuto forti vantaggi evolutivi. Perché hanno acquisito la possibilità di riparare i danni prodotti dagli agenti mutanti.

Ancora oggi lo scambio di materiale genetico o, se volete, il sesso è uno dei principali fattori evolutivi nel mondo microscopico degli organismi procarioti. Cioè degli organismi che, come i batteri, sono costituiti da una sola, piccola cellula, priva di nucleo interno. Da notare che la sessualità dei batteri non ha fini riproduttivi. E che da 4 miliardi di anni i batteri si riproducono, anzi, in maniera asessuata: raddoppiando il numero di cromosomi e, quindi, aumentando il proprio patrimonio genetico, prima di dividersi in due diverse cellule.

Il sesso nasce, dunque, completamente disaccoppiato dalla riproduzione.

Il sesso legato alla riproduzione, che è tipico nel mondo degli animali e anche delle piante, è venuto molto dopo. E, almeno secondo Lynn Margulis e Dorion Sagan, sulla scorta di due avvenimenti evolutivi distinti, se non proprio indipendenti, riguardanti le cellule eucariote, apparse sulla Terra «solo» 2 miliardi di anni fa. Entrambi gli avvenimenti, a loro volta, sono distinti e indipendenti dal processo di riproduzione.

Il primo di questi avvenimenti è la nascita e l'affermazione della *meiosi*. Cioè di un processo di divisione cellulare che comporta la riduzione del numero di cromosomi nelle cellule figlie. Oggi la meiosi è il processo tipico di formazione delle cellule sessuali, le cellule uovo e gli spermatozoi. Ma la sua origine e la sua affermazione non sono legate né al sesso, né alla riproduzione. Ma alla necessità di sopravvivere in ambienti poveri di nutrienti. Dimezzare il patrimonio genetico in una cellula significa, infatti, diminuire sostanzialmente il fabbisogno di cibo e di energia.

L'altro avvenimento è la fusione cellulare e nucleare. O, se volete, una forma, orrenda, di cannibalismo. Per altro ancora in voga nel mondo dei Protisti, cioè degli organismi costituiti da cellule dotate di nucleo (cellule eucariote). *Acanthamoeba* e *Stentor*, due specie di eucarioti monocellulari, praticano tuttora il cannibalismo, fagocitando cellule della loro stessa →specie. Oggi queste cellule metabolizzano e rigurgitano l'individuo. Può succedere però, ed è successo in passato secondo Margulis e Sagan, che si formino di tanto in tanto delle chimere cellulari: dopo aver fagocitato una propria simile, la cellula eucariota non riesce né a metabolizzare, né a espellere il nucleo della cellula cannibalizzata. La cellula, a questo punto, si ritrova con una doppia identità genetica. È come se un cannibale, mangiando la carne di un altro uomo, proprio simile, ne conservasse intatto il Dna e assumesse, quindi, anche la sua identità genetica. E le due identità vivessero insieme, ma indipendenti, nel medesimo corpo e nel medesimo cervello (in pratica, in ciascuna cellula). Chi può immaginare qualcosa di piú orrendo? Ma non è davvero il caso di indulgere in immagini fantascientifiche. Una cellula eucariote con un doppio nucleo e due patrimoni genetici diversi è una chimera, ma non è un uomo. E la sua doppia identità genetica non deve apparirci né «mostruosa» né, tantomeno, «innaturale» (insomma, il sesso non è legato a nessuna *colpa* ancestrale, a nessun *peccato originale*).

In ogni caso l'«orrido» individuo cellulare dalla doppia identità genetica, frutto del cannibalismo eucariote, secondo la ricostruzione di Lynn Margulis e Dorion Sagan, avrebbe imparato prima a sopravvivere e poi a fondere i due nuclei. A questo punto il processo da cannibalesco diventa sessuale. Perché i due patrimoni genetici finora divisi possono, finalmente, ricombinarsi. Con il vantaggio, adattivo, di correggere gli errori prodotti in uno dei due dagli agenti mutanti.

Nel passaggio successivo a essere coinvolti nel processo di fusione sono due cellule e due nuclei prodotti col processo di meiosi, ovvero cellule aploidi, con un numero di cromosomi dimezzato rispetto alle cellule somatiche normali. All'inizio queste cellule aploidi in ogni specie sono uguali. Ma, poco alla volta, evolvono e si differenziano, dando luogo a due diversi tipi di cellule: alcune piccole e mobili, gli spermatozoi, altre grosse e statiche, le cellule uovo.

Le due cellule si differenziano geneticamente, fino a diventare, in alcuni casi, caratteristiche fondanti una di individui di sesso maschile (lo spermatozoo) e l'altra di individui di sesso femminile (l'uovo). Le cellule differenziate appartenenti a individui di sesso diverso imparano a incontrarsi, a riconoscersi e a fondersi in un processo che è «l'atto sessuale», da cui, nei regni delle Piante e degli Animali, nascono nuovi individui. Le due cellule aploidi maschili e femminili diventano germinali. Ovvero cellule che trasmettano alla prole il corredo genetico dei genitori.

Questa successione evolutiva non è condivisa da tutti i biologi. Tuttavia è certo che il sesso e la riproduzione, nel corso dell'evoluzione degli organismi eucarioti, si sono incontrati. E che in molte piante e in quasi tutti gli animali la riproduzione è diventata sessuata. Con tutte le ricadute di tipo emozionale e sociale che conosciamo. Il problema è spiegare perché. Perché si è affermato il macchinoso e dispendioso processo della riproduzione sessuata? O, per dirla con Margulis e Sagan: «Perché due metà devono riunirsi per fare un tutto, il quale poi si ridividerà in due metà?».

Questa domanda non ha una risposta definitiva. Tuttavia ci sono in campo due ipotesi, non del tutto alternative.

La prima è che la riproduzione sessuata garantisca la variabilità genetica (→evoluzione biologica). E, quindi, sia un'assicurazione contro catastrofiche malattie del Dna che potrebbero far sparire le specie. Il rilievo fatto a questa ipotesi è che i batteri si assicurano una variabilità genetica maggiore con minore dispendio di risorse e di energie.

La seconda ipotesi, avanzata da Lynn Margulis e ripresa da altri, è che la meiosi, la riproduzione sistematica di cellule aploidi, negli eucarioti monocellulari sia stata «sollecitata dall'antica minaccia che incombe sulla vita: morire di fame». Trasmettere alla prole la metà del patrimonio genetico consente all'individuo di risparmiare risorse, trasferendo i costi sulla coppia di cellule parentali. Il costo totale del processo di meiosi, con fusione e nuova divisione delle cellule, è superiore a quello della mitosi classica. Tuttavia, dal punto di vista dell'individuo, benché superiore, la spesa è vantaggiosa, perché viene ripartita con il partner.

Il sesso, dunque, sarebbe il frutto della miseria. Oltre che di un atto mal riuscito di cannibalismo.

Una volta che il dispendioso processo, dagli orridi e miseri natali, si è affermato, gli eucarioti non sono stati piú capaci di cancellarlo. Ma Lynn Margulis e Dorion Sagan sono convinte che «se il processo evolutivo potesse scavalcare il sesso biparentale (attraverso la partenogenesi nei coleotteri, la clonazione negli esseri umani, o in qualsiasi altro modo) e conservare ancora la pluricellularità complessa, non vi è dubbio che lo farebbe. Sotto il profilo biologico, la riproduzione sessuale è ancora uno spreco di energia e di tempo».

Se questa ipotesi è vera, l'esistenza del sesso è la prova provata che l'evoluzione biologica è un insieme storico di accidenti congelati nella ricerca locale dell'adattamento, e non una tappa fondamentale nella marcia trionfale verso il →progresso.

Letture: Emilio Balletto, *Zoologia evolutiva*, Bologna, Zanichelli, 1995; Lynn Margulis e Dorion Sagan, *Microcosmo*, Milano, Mondadori, 1989.

Simmetria
(dal greco συμμετρία)

Quando Galileo Galilei, all'inizio del XVII secolo, puntò il suo cannocchiale verso la Luna, scrutando i suoi monti e le sue valli, si accorse subito che in quegli anfratti c'era qualcosa di astratto, che risultava del tutto invisibile a chi non sapeva o voleva vederlo, capace però di modificare una visione del mondo vecchia di oltre due millenni. Le leggi con cui si formano le ombre sul nostro satellite naturale sono le medesime leggi con cui si formano le ombre sulla Terra. Non c'è dunque differenza tra il mondo sopra e sotto la Luna. Non c'è sopra la Luna un mondo della perfezione che si differenzia e si contrappone al mondo sublunare della corruzione. Al contrario, c'è una profonda simmetria nell'→universo: le leggi fisiche sono le stesse dappertutto.

La simmetria cosmica rispetto alle leggi della →fisica, oggi nota come «simmetria galileana», è il primo e, forse, il piú penetrante messaggio che la →scienza moderna affida alle stampe quando Galileo Galilei pubblica, il 12 marzo del 1610, il suo *Sidereus Nuncius*. Quel messaggio inaugura un sodalizio, niente affatto scontato, tra la visione scientifica del mondo e il concetto di simmetria, che da allora si è arricchito di nuove forme, che non è mai entrato in crisi e che oggi risulta piú forte che mai.

Quello di simmetria è, anche nel →senso comune, un concetto con molte sfaccettature. Richiama una distribuzione di oggetti, o di parti di un oggetto, che risulta ordinata rispetto a un qualche elemento geometrico: un punto, una linea, un piano. Il termine ha però molte sfumature e, talvolta, significati diversi. Fin dall'antica Grecia, per esempio, la parola simmetria richiama il concetto di →armonia. Ma spesso la medesima parola, simmetria, richiama un altro concetto: quello di parti simili che si contrappongono, come nel caso della mano destra e della mano sinistra.

La *nuova scienza* si accorge subito che il concetto di simmetria può tornarle utile, a patto però che sia ben specificato. Questo pensa, verso la metà del Seicento, il medico e architetto francese Claude Perrault. Che, ricorda Elena Castellani, inizia a distinguere tra la simmetria degli antichi e la simmetria dei moderni. La prima, sostiene Perrault, consiste nel «rapporto di ragione tra parti proporzionate»: ovvero il rapporto che in una statua hanno, per esempio, le braccia rispetto alle gambe ed entrambe rispetto all'intero corpo. La seconda, la simmetria dei moderni, consiste piuttosto nel «rapporto di uguaglianza tra parti opposte»: ovvero il rapporto che nella medesima statua hanno la mano destra e la sinistra, la fronte e la nuca, il basso e l'alto. È questo secondo tipo di rapporti di simmetria che torna utile alla *nuova scienza*, sostiene il medico e architetto francese.

E sostiene, tutto sommato, anche il matematico Hermann Weyl quando, tre secoli dopo, nel 1952, dà alle stampe *La simmetria*, un'opera considerata importante nella definizione del rapporto tra la scienza e, appunto, la simmetria. Anche Weyl distingue tra una nozione vaga di simmetria, tipica degli antichi, legata ai concetti di →numero, misura, proporzione e armonia che tanto hanno contribuito allo sviluppo dell'arte e dell'architettura dei greci, e una nozione di «senso piú preciso», legata alla simmetria bilaterale (tra destra e sinistra, per esempio) che caratterizza le braccia di un uomo o quelle di una bilancia.

Certo, anche la nozione «moderna» e di «senso piú preciso» individuata da Weyl e da Perrault è, in realtà, una nozione di senso comune. Tuttavia, come rileva ancora Elena Castellani, su questa nozione è stata costruita una definizione di simmetria piú complessa e matematicamente piú rigorosa. Quella di «invarianza rispetto a un gruppo di trasformazioni» che è largamente usata nella scienza contemporanea.

Questa definizione rimanda alla teoria matematica dei gruppi, elaborata nel XIX secolo da Évariste Galois e Camille Jordan e applicata alla →geometria per la prima volta nel 1872 da Felix Klein e Sophus Lie. Nella teoria dei gruppi sono importanti i concetti di «operazione» e di «elemento» di simmetria. Per operazione di simmetria applicata a un corpo si deve intendere il movimento che porta quel corpo a occupare una «configurazione equivalente» a quella originaria, in modo che ogni punto venga a coincidere con un punto equivalente (o, al limite, col medesimo punto) che il corpo aveva nella sua orientazione originaria. È, per esempio, un'operazione di simmetria la rotazione di 360 gradi del corpo di un uomo intorno al proprio asse. Perché tutti i punti vengono a coincidere con i medesimi punti che il corpo aveva prima dell'operazione.

L'asse ideale intorno a cui abbiamo fatto ruotare il corpo dell'uomo è chiamato elemento di simmetria. Piú in generale, un elemento di simmetria è una qualsiasi entità geometrica (un punto, una linea, un piano) rispetto alla quale possono essere eseguite una o piú operazioni di simmetria.

Questo specifico concetto di simmetria, elaborato nell'ambito della teoria matematica dei gruppi, si è imposto in vari settori della scienza. Lo usano gli esperti di cristallografia. Lo usano i chimici (→chimica) nello studio, fondamentale, degli orbitali molecolari (→molecola). Lo usano, ancora, i fisici nello studio del mondo microscopico (→materia). Anzi, come sostiene ancora Elena Castellani, questo specifico concetto di simmetria è oggi uno dei concetti cardine della fisica delle alte energie e del suo Modello Standard. Anche se, ricordano Ian Stewart e Martin Golubitsky, quello a cui si fa riferimento è un concetto dinamico di simmetria, che prende in considerazione non solo la conservazione, ma anche la «rottura» o la «violazione» della simmetria.

Ma, forse, conviene parlare del ruolo cardine della simmetria in fisica «facendo parlare» la fisica. E, nella fattispecie, «facendo parlare», sia pure brevemente, il Modello Standard della fisica delle alte energie.

Il modello è stato elaborato, nel corso degli anni '60 del Novecento, da Sheldon Glashow, da Steven Weinberg e da Abdus Salam. E si basa su un'idea che Alvaro De Rujula, brillante fisico e provetto disegnatore in forza al Cern di Ginevra, non ha esitato a definire un «dogma» e che noi potremmo definire un «dogma che funziona»: le forze (→forza) fondamentali della →natura devono rispettare le regole di una particolare simmetria. La simmetria di *gauge*, o «di scala».

È una simmetria un po' astratta, molto piú di quella individuata da Galileo tra gli anfratti della Luna. Una simmetria che non ha un vero carattere geometrico. Eppure efficace nella descrizione della natura, proprio come l'astratta simmetria galileana.

Possiamo, perciò, tentare di rappresentarla, questa astratta teoria di *gauge*, con un esempio. Consideriamo il nostro reddito familiare. Il suo valore reale dipende dall'andamento della lira (ma ormai dovremmo dire dell'euro). Se l'inflazione cresce, come ben sappiamo, la nostra ricchezza diminuisce. Se, tuttavia, il nostro reddito è interamente legato, agganciato dicono i tecnici, a un indice che tiene conto dell'inflazione (se avessimo, per esempio, uno stipendio perfettamente tutelato dalla vecchia scala mobile), esso risulta indipendente dal valore della lira (e dell'euro). In questo fortunato caso possiamo dire che il nostro reddito è simmetrico rispetto all'andamento dell'inflazione, perché invariante rispetto al gruppo di trasformazioni tipiche del processo inflattivo. Si tratta di una simmetria astratta ma, come possiamo constatare andando a fare la spesa, molto efficace.

Una simmetria analoga, che i fisici chiamano di *gauge*, fu scoperta da Maxwell quando, nel XIX secolo, unificò due forze fondamentali della natura: l'elettricità e il magnetismo. L'→energia con la quale una carica elettrica si muove in un →campo elettrico dipende solo dalla differenza di potenziale tra il punto di partenza e quello di arrivo. E non dal valore assoluto che il potenziale ha nei due punti o lungo il percorso. Maxwell si avvide che è proprio questa simmetria «di scala» rispetto al potenziale che assicura la conservazione della carica elettrica.

Una scoperta importante, quella di Maxwell. Perché da allora in poi la simmetria di scala, o di *gauge*, ha giocato un ruolo decisivo in quasi tutti i tentativi di unificare le forze fondamentali della natura.

Forze che, si ipotizza (anzi si postula) nel Modello Standard, per essere, appunto, fondamentali, devono essere «forze di *gauge*». Caratteristica principale delle «forze di *gauge*» è il fatto che producono un'azione mediante lo scambio di particelle messaggere con spin pari a 1 (lo spin è una grandezza fisica).

Il «dogma» delle forze che per essere fondamentali «devono» rispettare la «simmetria di *gauge*» ha colto il suo piú grande successo verso la fine degli anni '60 del XX secolo, quando ha consentito a Steven Weinberg e Abdus Salam di elaborare il cosiddetto Modello Standard della fisica. Ecco come.

All'inizio di quegli anni '60 Sheldon Glashow aveva già intuito che la forza elettromagnetica e la forza debole (quella responsabile del decadimento radioattivo dei nuclei) potevano essere espressioni diverse di un'unica forza. Era forse un caso che entrambe si esprimevano scambiandosi un bosone (una particella messaggero) con spin 1? No, non era un caso. Anche se il messaggero della forza elettromagnetica, il fotone, privo com'è di massa, porta lontano le sue informazioni viaggiando alla velocità della luce. Mentre i grassi e lenti messaggeri dell'interazione debole, i due bosoni W, con la loro enorme massa, non riescono a trasportare informazione se non entro ambiti ristrettissimi. Gli ambiti del nucleo atomico. Tuttavia sono proprio quei grassi messaggeri che impediscono il successo a Glashow e al suo tentativo di unificare le due forze. La massa dei bosoni W, infatti, sembra rompere la simmetria di *gauge* dell'interazione debole. Una simmetria ben preservata invece dai leggiadri fotoni che mediano la forza elettromagnetica.

Weinberg e Salam riescono a superare l'ostacolo e a dimostrare che, ad alte energie, elettromagnetismo e interazione debole si fondono davvero in un'unica forza, definita interazione elettrodebole, nel pieno rispetto della simmetria di *gauge*. E il problema dei bosoni grassi? Be', è risolto cosí. Con un altro postulato. La simmetria di *gauge* della forza unificata si rompe spontaneamente solo al di sotto di una soglia di energia. Devono però esistere, ecco il postulato, delle particelle, i bosoni di Higgs, capaci nel corso della transizione di fase di rendere grassi, di conferire una massa, ai bosoni destinati a mediare l'interazione debole. Oltre a quest'assunzione Weinberg e Salam fanno anche una predizione: l'interazione debole ha un terzo messaggero, il bosone Z, privo di carica.

Il Modello Standard di Glashow, Weinberg e Salam, premiato con un Nobel nel 1978, ha notevole successo. Sia perché Carlo Rubbia nel 1984 trova davvero i grassi bosoni W e Z, mediante l'acceleratore ben calibrato da Simon Van der Meer al Cern di Ginevra. Sia perché, applicando il «dogma» della simmetria di *gauge*, è stato finalmente possibile dare una descrizione convincente della forza che tiene uniti i nuclei atomici, cioè dell'interazione forte. I cui bosoni messaggeri, come prevede la teoria di *gauge,* sono otto gluoni tutti di spin pari a 1. Cosí riveduti, la cromodinamica quantistica e il modello a quark delle particelle nucleari, ipotizzato da Gell-Mann e Zweig all'inizio degli anni '60, possono affermarsi definitivamente.

La regola sembra dunque rispettata: le forze fondamentali della natura rispettano tutte il «dogma» della simmetria e sono tutte di *gauge*. Dove sono, dunque, i problemi per i teorici? Be', problemi ce ne sono. E anche notevoli.

Dal punto di vista dei fisici, il piú grosso è che la quarta forza riconosciuta come fondamentale, la forza di gravità, si rifiuta di obbedire al dogma di *gauge.* E allora la domanda è: la Teoria Finale, la teoria del →tutto che dovrà unificare tutte le forze, sarà necessariamente, come sostengono in molti, una teoria iconoclasta, che abbatterà il dogma del Modello Standard e delle sue simmetrie di scala?

Dal punto di vista dei filosofi, il piú grosso risiede proprio in quel postulato che, scherzosamente ma non troppo, De Rujula chiama «dogma». Un problema che è ben riassunto nella domanda che si pone e ci pone la filosofa Elena Castellani: «La simmetria non è altro che una suggestiva idea che ricorre nel pensiero scientifico e che grazie alla teoria dei gruppi ha trovato la sua adeguata traduzione nel formalismo matematico delle teorie, oppore le si può attribuire un significato piú profondo»? La simmetria è una regola economica con cui noi indaghiamo il mondo o è una regola economica del mondo? In altri termini, siamo noi che, con le regole di simmetria, riusciamo a indagare con un certo successo il mondo o è il mondo a essere intimamente simmetrico?

E, in questo secondo caso, perché il mondo è simmetrico?

Platone sosteneva che il demiurgo ha sollevato il tutto dal caos e lo ha reso cosmo, tutto armoniosamente ordinato, applicandovi regole di simmetria. Molti fisici concordano. Attribuendo il ruolo di moderno demiurgo alla →necessità delle leggi della fisica. Come si chiedono Stewart e Golubitsky, Dio è dunque un geometra?

Letture: Elena Castellani, *Simmetria e natura*, Roma-Bari, Laterza, 2000; Albert F. Cotton, *La teoria dei gruppi in chimica*, Milano, Tamburini, 1975; Abdus Salam, *L'unificazione delle forze fondamentali*, Milano, Rizzoli, 1990; Ian Stewart e Martin Golubitsky, *Terribili simmetrie*, Torino, Bollati Boringhieri, 1995; Hermann Weyl, *La simmetria*, Milano, Feltrinelli, 1962.

Simulazione

(dal latino *simulatio*, derivato da *simulare*)

Il matematico, esperto di informatica, Christopher Langton ha maturato la convinzione che sia possibile costruire al computer una *biologia sintetica* non solo analoga, ma addirittura omologa alla →biologia naturale. Per Langton la *biologia sintetica*, coi suoi automi virtuali, non solo è omologa alla biologia del mondo reale (→realtà), ma rende possibile verificare il ruolo del →caso nell'evoluzione della vita (→evoluzione biologica). Riducendo la →storia a un algoritmo. Per esempio, sostiene Langton, si può simulare l'inizio della vita sulla Terra, modificando leggermente, di volta in volta, le condizioni iniziali e verificando le conseguenze. La *biologia sintetica* non ci può dire, forse, come è andata realmente, ammette Langton, ma può permetterci di distinguere gli aspetti della storia evolutiva che sono inevitabili da quelli che sono puramente contingenti.

Gottfried Mayer-Kress, fisico, è convinto che sul suo computer, lí presso l'Università dell'Illinois, siano transitate, inascoltate dalle Nazioni unite, le soluzioni matematiche esatte al conflitto etnico di Bosnia e alla guerra civile in Somalia.

Doyne Farmer e Norman Packard, fisici, sono talmente convinti che i loro computer sapranno «sbancare il mercato», a «dispetto delle teorie economiche che vanno per la maggiore», da aver fondato una società, la Prediction Company, che da qualche anno opera a Wall Street e la cui ragione sociale è quella di capitalizzare e trasformare in moneta sonante la asserita capacità di prevedere, per via rigorosamente matematica, il comportamento degli operatori di Borsa (→economia).

Quanto all'→universo nel suo insieme, Andrej Linde, cosmologo russo trapiantato in America, è convinto di poter realizzare le simulazioni al computer della sua nascita e di poter far ripartire dal suo laboratorio, con un fragoroso big bang, una nuova avventura cosmica. E poi un'altra e un'altra ancora, in una genesi creativa senza fine (→creazione). E Lee Smolin, giovane cosmologo americano, è convinto che, coi programmi di simulazione al computer, l'uomo imparerà presto a modificare i parametri fisici fondamentali della materia e potrà cosí non solo manipolare la →fisica del nostro universo, ma potrà anche intervenire nel processo di selezione naturale che governa darwinianamente il processo evolutivo delle specie cosmiche (→molti mondi).

Potremmo continuare con gli esempi. Ma ci fermiamo qui. Perché, ormai, non c'è dubbio alcuno. Il computer e la sua potenza di calcolo stanno creando una nuova →scienza. La scienza simulante. Nuova non solo nelle ambizioni, che, come si vede, sono letteralmente illimitate: fondare una nuova biologia, una nuova economia, una nuova politica, una nuova →cosmologia. Ma nuova anche e soprattutto nella sua epistemologia. Nel suo processo di conoscenza.

La «scoperta» del computer quale strumento fondante di un nuovo modo di fare scienza risale al logico di origine ungherese John von Neumann. Che ha riconosciuto alle macchine calcolatrici e alla loro capacità di calcolo la potenzialità di rappresentare i comportamenti a vari livelli della →natura, persino quei comportamenti complessi da sempre ritenuti intrattabili, già negli anni '50, quando ha ideato i primi automi cellulari, che operano in un ambiente virtuale sulla base di poche semplici regole, simulando alcuni comportamenti delle cellule reali. John von Neumann, tra l'altro, si avvede subito della natura caotica di un sistema di questo tipo. Il piccolo cambiamento di stato di un automa cellulare può avere ripercussioni a cascata, imprevedibili, sull'intero sistema. E cementa immediatamente lo sviluppo del computer con la (ri)scoperta del →caos.

Dopo l'input, decisivo, di von Neumann, molti non si limitano a pensare che gli automi cellulari possono simulare alcuni comportamenti di sistemi naturali complicati. Che il virtuale può imitare, per analogia, il reale. Ma iniziano a pensare che anche i sistemi naturali piú complicati operano nel mondo reale usando le stesse regole e subendo la medesima →evoluzione degli automi cellulari nello spazio virtuale. Molti iniziano a pensare, cioè, che il virtuale può essere omologo del reale.

Il passaggio non è di poco conto. Dalla dimostrazione che un insieme modesto di regole matematiche, affidate alle infinite reiterazioni di un computer, può generare percorsi complicati e irripetibili, qualcuno comincia a inferire che il mondo naturale, che contiene sistemi che evolvono lungo percorsi complicati e irripetibili, segua nel suo evolversi quel modesto set di regole matematiche. L'ulteriore deduzione è che si può giungere alle cause profonde dei percorsi evolutivi di sistemi reali molto complessi affidandosi a quelle semplici regole matematiche. E, ovviamente, ai potenti computer che sanno trattarle.

Il passaggio concettuale cosí schematizzato non è logicamente corretto. Né è storicamente avvenuto in questo modo cosí lineare. È stato un passaggio lento e contorto. Ha interessato una parte, piccola ma non banale, della nuova generazione di scienziati che, tra la fine degli anni '70 e l'inizio degli anni '80, ha subito il fascino della potenza di calcolo. Dopo quelli, pionieristici, di von Neumann, gli studi sugli automi cellulari infatti proseguono. E negli anni '70 il matematico inglese John Conway mette a punto *Life*, automa cellulare tra i piú celebrati. Un modello per tutti i sistemi fisici e biologici simulati, da allora in poi, al computer.

All'inizio degli anni '80 è ormai diventata prassi lo studio simulato al computer del comportamento in volo di un aereo, del flusso turbolento dei gas interstellari catturati da un buco nero, delle formazioni delle galassie dopo il Big Bang. Le simulazioni sono diventate scienza applicata. Funzionano. E qualcuno comincia a pensare allo studio concreto di qualcosa di molto piú complesso. Anzi, allo studio della →complessità.

Scrive il fisico Heinz Pagels:

> Proprio come il telescopio ci ha aperto l'universo e il microscopio ha rivelato i segreti del microcosmo, il computer sta aprendo una nuova, eccitante finestra sulla natura della realtà. Mediante la sua capacità di processare ciò che è troppo complesso per una mente senza aiuto, il computer ci rende per la prima volta capaci di simulare la realtà, di creare modelli di sistemi complessi come grosse molecole, sistemi caotici, reti neurali, il corpo umano e il cervello, e modelli dell'evoluzione e della crescita demografica.

Dalla valutazione delle capacità, enormi, del computer si passa, talvolta, alla loro sopravvalutazione. Christopher Langton sostiene che le sue simulazioni della →vita al computer sono «vive», non in senso metaforico, ma nel senso pieno della parola. Di piú. Che le simulazioni di *vita artificiale* non offrono solo possibilità di studiare al computer situazioni che nessun biologo potrebbe mai aspirare a studiare sul campo, ma consentono di «andare oltre la biologia», nella comprensione di qualcosa che ancora non ha un nome, ma che include anche la cultura (→evoluzione culturale) e la →tecnica dell'uomo.

Anche la cosmologia teorica comincia a essere studiata al computer. La potenza di calcolo delle macchine consente di ricostruire situazioni prima considerate intrattabili. Consente di ricostruire l'origine e l'evoluzione del nostro universo. E consente di ricostruire l'origine e l'evoluzione di mille e mille altri universi. Le ricostruzioni sono cosí potenti, che molti pensano che quegli universi che vivono sullo schermo siano universi reali. O universi realizzabili.

Dalla analogia col reale, all'omologia, fino all'iperomologia creativa: i passi di Christopher Langton, di Gottfried Mayer-Kress, di Andrej Linde, di Lee Smolin sono lunghi e veloci. Ma quanto è fondata questa loro fiducia pressoché incrollabile nelle potenzialità della simulazione al computer? La simulazione è un nuovo modo di fare scienza, che supera o almeno si accompagna a quelle «sensate esperienze» e a quelle «certe dimostrazioni» di cui parlava Galileo? Il computer ci ha davvero regalato una nuova scienza, epistemologicamente autonoma e persino indipendente dalla vecchia scienza? Insomma, dobbiamo davvero credere che tutto quello che si realizza al computer è o sarà reale?

Le domande sono, ovviamente, retoriche. Tendono solo a richiamare alla mente la necessità di un'attenzione critica a ciò che produce la scienza simulante.

Intendiamoci, i modelli numerici e le simulazioni al calcolatore sono strumenti di indagine scientifica molto potenti e molto validi. Possono aiutare a capire, per analogia, il funzionamento del clima terrestre o il comportamento di una molecola in ambiente biologico. Tuttavia hanno un grosso difetto: le simulazioni al computer sono logicamente chiuse. Le assunzioni, sulla base delle quali il modello computerizzato di un sistema evolve, sono vere per definizione. Non per verifica sperimentale. Cosí non sempre hanno adesione piena con la realtà. E, quindi, sono spesso incomplete o addirittura errate.

La scienza simulante è estremamente utile, se non viene scambiata per scienza sperimentale. I modelli numerici possono essere di grande aiuto, ma possono portarci a compiere, sulla base di pure assunzioni logiche, grandi errori. Difficili, peraltro, da verificare. Cosicché non può essere scambiata, la scienza simulante, per scienza sperimentale neppure quando effettua una previsione che sul campo (reale) si rivela esatta: perché nessuno può assicurare che quella previsione sia dovuta alla piena adesione del modello alla realtà e non, piuttosto, a una coincidenza o anche a una marcata sovrapposizione ma non alla completa adesione del modello alla realtà. La verifica e la convalida dei modelli numerici dei sistemi naturali è impossibile.

È essenziale riflettere sul modo in cui questi modelli possono essere convalidati o confutati, sostiene il biologo francese Philippe Kourlisky. Perché «tutti i paragoni globali non saranno in definitiva che analogici e si conoscono bene i pericoli di interpretazioni legate ai ragionamenti analogici».

Secondo il fisico Philip Anderson, nei modelli al computer si nasconde un altro pericolo, forse piú sottile e piú subdolo: la capacità di prevedere si disaccoppia dalla capacità di spiegare. Può succedere che riusciate col vostro computer a simulare la fusione del ghiaccio in liquido, sostiene il fisico americano, ma senza acquisire la minima informazione in piú su cosa il sistema stia facendo. Nelle simulazioni dei grandi sistemi complessi può giungere un momento in cui il computer cessa di dirvi cosa sta facendo il sistema. E lo scienziato si ritrova nella medesima condizione di molti alunni delle scuole elementari e medie: estraggono con il proprio calcolatore tascabile radici cubiche di numeri enormi, senza avere un'idea precisa di cosa sia una radice e di cosa stia facendo la macchinetta. Molto istruttivo è, a proposito, un aneddoto raccontato dal fisico Victor Weisskopf:

> Io mi sono chiesto, senza mai riuscire a spiegarmelo, perché alle nostre latitudini il vento soffia prevalentemente da ovest. Una volta chiesi una spiegazione a un famoso meteorologo. Egli mi disse di andare nel suo ufficio, dove mi mostrò i dati in uscita dal suo computer, che calcolava le direzioni del vento tenendo conto della radiazione solare, della rotazione della Terra e di altri fattori importanti. «Vede, – mi disse, – tutte le frecce alle medie latitudini puntano da ovest verso est.» Io gli risposi: «Evidentemente il computer lo capisce, ma noi?».

Nell'atteggiamento del famoso, ma innominato, meteorologo ci sono, effettivamente, gli estremi del pericolo di involuzione formalistica, l'emergere quasi di una nuova Scolastica, denunciato dal biofisico italiano Mario Ageno.

Ancora una volta, non si fraintenda. I modelli numerici funzionano benissimo (o, almeno, abbastanza bene) in fisica delle particelle o in cosmologia, perché gli oggetti e le forze in gioco si conformano particolarmente bene alla loro descrizione matematica. C'è qualcuno che sostiene, anzi, che il quark o l'universo primordiale non sono oggetti reali, ma costruzioni matematiche. Per definizione aderenti al modello che li descrive.

Al contrario i sistemi piú complessi, come quelli viventi, si adattano meno bene ai modelli matematici. Perché, in qualche misura, ciascuno di essi, come sostiene il biologo evoluzionista Ernst Mayr, è unico. E perché non ci sono, per i fenomeni biologici, altre spiegazioni possibili che quelle evolutive, come sosteneva il biofisico Mario Ageno. Non ci sono quindi descrizioni possibili che non tengano conto della storia e della sua irriducibilità a modelli generali.

Letture: Mario Ageno, *Metodi e problemi della biofisica*, Roma, Theoria, 1992; Pietro Greco, *Evoluzioni. Dal Big Bang a Wall Street, la sintesi impossibile*, Napoli, Cuen, 1999; Giorgio Israel e Ana Millán Gasca, *Il mondo come un gioco matematico*, Roma, La Nuova Italia Scientifica, 1995; Lee Smolin, *La vita nel cosmo*, Torino, Einaudi, 1998; Morris M. Waldrop, *Complessità*, Torino, Instar Libri, 1995.

Società

(dal latino *societas*)

La società è ogni insieme di individui (→individuo), uomini o animali, che intrattengono fra loro un qualche tipo di relazione. Esiste cosí la società italiana, costituita dagli individui che sono uniti dall'appartenenza allo stato italiano. Ma esiste anche la società dei filatelici, costituita dagli individui che sono uniti tra loro dall'interesse per i francobolli. Esiste, ancora, la società degli uomini: costituita da tutti gli individui che appartengono alla →specie biologica *Homo sapiens sapiens*. Esiste la società delle formiche. Ed esiste la società dei bonobo.

In ciascuno di questi casi il termine società ha un'accezione diversa. Perché diverse sono le relazioni sociali tra i membri che costituiscono la società.

Anche in ambito scientifico il termine assume diverse connotazioni. Antropologi, sociologi, economisti, psicologi, zoologi, ecologi: tutti hanno una propria definizione di società. Tutti hanno una definizione di società che ha un forte interesse filosofico.

Approfondire tutte queste definizioni impegnerebbe molto spazio. Conviene, forse, cercare di capire come il concetto di società cambia da specie a specie. E come evolve con le specie (→evoluzione biologica). Perché questo approccio evolutivo al concetto di società è il fondamento di ogni ulteriore specificazione.

La società è un concetto tipicamente biologico. Non solo perché è un insieme costituito da individui, cioè da unità ciascuna diversa dall'altra, ma anche perché presuppone delle relazioni piuttosto complesse. Non esistono le società degli elettroni: perché ogni elettrone è esattamente uguale agli altri e le relazioni tra elettroni possono essere spiegate da leggi generali (→legge).

Esistono, invece, svariate società biologiche. Anche se, in genere, si preferisce parlare di società soprattutto per le comunità di animali (→animale). Ma anche se limitato agli animali, il termine società ha diversi significati. Perché diverse sono, per quantità e qualità, le relazioni che si stabiliscono nei gruppi zoologici. Le formiche, per esempio, sono animali che hanno una spiccata socialità: formano, infatti, società costituite da un numero enorme di individui. Anche i batteri, assicura la biologa Lynn Margulis, benché non siano certamente degli animali, hanno una spiccata ancorché poco visibile socialità. Perché attraverso la simbiosi, l'unione con organismi di altre specie, costituiscono con reciproco vantaggio gruppi fortemente solidali. Anche i batteri possono formare società simbiotiche con un numero enorme di individui.

Se analizzata con parametri puramente quantitativi, la socialità risulta diffusa in ogni regno della →natura e non sembra avere una direzione evolutiva, anche se ha certamente una funzione adattiva (→adattamento).

La società, però, può essere analizzata anche in termini qualitativi. E in particolare attraverso lo studio del tipo di relazioni che intercorre tra i vari membri del gruppo. Da questo punto di vista le differenze emergono in modo tangibile. Perché una cosa sono le relazioni sociali tra miliardi di batteri che vivono in rapporti simbiotici con l'intestino di un uomo. Altra cosa sono le relazioni sociali che intercorrono tra le formiche che, a centinaia di migliaia, abitano il medesimo formicaio e formano una società. Altra cosa sono, infine, i rapporti sociali tra i gruppi di bonobo che non raggiungono il centinaio di individui.

Da un punto di vista meramente quantitativo, la socialità risulta decrescente da batteri a formiche a bonobo. Ma da un punto di vista della qualità o, se si vuole, della →complessità dei rapporti, la scala è esattamente opposta. I bonobo, in particolare, hanno una qualità di rapporti estremamente piú complessa dei batteri e delle formiche. Il salto è tale da stabilire una soluzione di continuità. In altri termini la socialità dei bonobo, benché limitata a non piú di un centinaio di individui, è una presenza recente nella →storia evolutiva della →vita. Perché i bonobo intessono tra di loro dei rapporti diadici. Pongo riconosce Pingo e la sua individualità. Sa come Pingo reagisce in diverse condizioni ambientali. Quindi è in grado di prevedere il suo comportamento. Inoltre sa il tipo di relazione che Pingo ha stabilito con Pinga e con tutti gli altri membri del gruppo. Pongo conosce la dinamica sociale del gruppo cui appartiene. Ed è quindi in grado di prevedere come i singoli membri, i sottogruppi e l'intero gruppo reagiranno al mutare delle condizioni ambientali. Ancora: Pongo e i suoi compagni sono dotati di →coscienza e autocoscienza. Le loro azioni possono essere fortemente intenzionali. In definitiva la complessità delle relazioni fa della società degli scimpanzé bonobo una sorta di →emergenza evolutiva.

Di piú. La società complessa realizzata dai bonobo, ma anche dagli altri scimpanzé, richiede a ciascun membro un esercizio continuo delle capacità intellettive. La necessità di tener dietro a tanta complicazione richiede un'→intelligenza e una →mente che i batteri e le formiche non hanno. D'altra parte il quoziente di encefalizzazione (il rapporto tra il peso del cervello e il peso del corpo) dei bonobo è superiore non solo a quello delle formiche (e dei batteri). Ma è superiore anche a quello di altre scimmie antropomorfe. Come orango e gorilla, che non formano gruppi cosí estesi come quelli dei bonobo.

In definitiva, sembra proprio che sviluppo mentale, sviluppo fisico e complessità dei rapporti sociali siano potenti fattori coevolutivi. Che siano i fattori coevolutivi che hanno reso possibile la nascita dell'→uomo. La specie biologica che non a caso presenta la massima complessità sociale e la massima complessità mentale. Di piú, la complessità delle relazioni sociali è uno dei fattori coevolutivi che hanno consentito che si realizzasse con l'uomo (ma, forse, non solo con l'uomo) quello che Theodosius Dobzhansky ha definito un nuovo trascendimento evolutivo: il passaggio dall'evoluzione biologica all'→evoluzione culturale.

Se lo studio delle società viene affrontato in questa prospettiva coevolutiva, allora è forse possibile avviare a soluzione uno dei problemi piú discussi e, quindi, piú aperti in antropologia: se il →cambiamento sia o meno un carattere intrinseco della società umana. Nella prospettiva coevolutiva, la società umana e ogni altra società non solo sono intrinsecamente soggette al cambiamento, ma sono concausa intrinseca del cambiamento. Anzi, della coevoluzione.

Letture: Merlin Donald, *L'evoluzione della mente*, Milano, Garzanti, 1996; Robert Foley, *Gli umani prima dell'umanità*, Roma, Editori Riuniti, 1999; Pietro Greco, *Evoluzioni. Dal Big Bang a Wall Street, la sintesi impossibile*, Napoli, Cuen, 1999; Marvin Harris, *La nostra specie*, Milano, Rizzoli, 1991; Richard Leakey, *Le origini dell'umanità*, Firenze, Sansoni, 1995.

Spazio
(dal latino *spatium*)

Consideriamo lo spazio un punto di riferimento assoluto e ineffabile. Perché «per sua natura, privo com'è di relazioni con alcunché di esterno, resta sempre immobile e uguale a se stesso», consigliava Isaac Newton.

«Evitiamo del tutto il vago termine "spazio"», consigliava Albert Einstein. Perché «dobbiamo onestamente riconoscere che di esso non possiamo formulare il minimo concetto». Ci conviene, quindi, sostituirlo con la piú precisa locuzione di «moto relativo a un corpo di riferimento praticamente rigido».

Ha impiegato poco piú di duecento anni la →fisica per sbriciolare lo statuto ontologico dello spazio. Riducendolo da ente assoluto e proscenio universale che, regale e indifferente, ospita tutti gli eventi cosmici senza lasciarsene minimamente scalfire, a modesto →moto relativo a un corpo di riferimento praticamente rigido.

Davvero pochi concetti nella storia del pensiero umano hanno subito un cosí drastico ridimensionamento.

E sí che il concetto di spazio aveva esordito in grande spolvero già all'alba della vicenda scientifica. Quando Euclide diede proprio alla disciplina che misura lo spazio e gli oggetti che esso contiene uno statuto di sistema logico chiuso e completo. Facendo della →geometria una →scienza. Anzi, la prima scienza in senso moderno nella storia dell'uomo.

Le basi della geometria euclidea risiedono in pochi assiomi. Come ricorda il filosofo Hans Reichenbach, l'intero imponente edificio della geometria euclidea viene costruito, per →deduzione logica, solo ed esclusivamente mediante la combinazione di questi pochi assiomi, senza ulteriori assunzioni.

Con il metodo assiomatico-deduttivo, la costruzione logica di Euclide risulta cosí solida, che ogni e ciascun teorema, cioè ogni e ciascuna affermazione della geometria, risulta certo quanto certi sono gli assiomi (→certezza). «La geometria diventa cosí il prototipo di scienza dimostrabile, il primo esempio di un rigore scientifico che, da allora in poi, è diventato l'ideale di ogni scienza.» E, per scienziati e filosofi, il «metodo geometrico» diventa il metodo di gran lunga migliore per raggiungere la →verità.

Il problema della verità nella scienza diventa, grazie al metodo euclideo, il problema della verità degli assiomi. E per almeno due millenni la verità degli assiomi euclidei sembra indiscutibile. Perché? Be', perché sono verità semplici e autoevidenti. Che riguardano il luogo piú semplice, immediato e naturale entro cui l'uomo vive e si muove: lo spazio. Chi può mai dubitare che per due punti passa una e una sola retta, se tra l'impugnatura e la punta passa una e una sola lancia? Chi può dubitare che due rette parallele non si incontrano mai, se il lato interno e il lato esterno di un muro dritto e regolare, lungo quanto si vuole, restano sempre alla medesima distanza e non convergono mai? Anche se gli assiomi riguardano enti astratti (punti, linee, piani), le verità che contengono affondano nella piú immediata e universale e pura esperienza dell'uomo. Sono verità indubitabili. E, infatti, nessuno, per almeno due millenni, ne dubita.

E poiché questa esperienza pura e assoluta dello spazio consumata dall'uomo è un'esperienza fisica, le verità assiomatiche su cui si fonda la geometria diventano le verità assiomatiche su cui si fonda non solo l'intera →matematica, di cui la geometria è parte, ma anche le verità assiomatiche su cui si fondano le scienze fisiche, sia in epoca ellenistica (→ellenistica, scienza), sia con la nascita della *nuova scienza* galileana.

Ed è proprio Galileo che inizia a caratterizzare lo spazio fisico quando, per dimostrare che non è possibile realizzare esperimenti di →meccanica che possano distinguere tra uno stato di quiete e uno stato di moto rettilineo uniforme, deve assumere che lo spazio in cui il moto avviene è omogeneo e isotropo. Ovvero ovunque uguale a se stesso. Come nota Enrico Bellone, questa di Galileo è un'assunzione profonda. Perché lo spazio fisico cessa di essere un mero ente della umana →percezione, ancorché universale, e diventa un ente con uno statuto ontologico autonomo. Tanto che, dopo Galileo, Isaac Newton lo eleva, come abbiamo detto, a ente assoluto. Contenitore ineffabile, insieme al →tempo, di tutti gli eventi fisici.

Nello spazio fisico, omogeneo e isotropo, di Galileo e nello spazio, assoluto e ineffabile, di Newton non mancano i punti critici. C'è da risolvere, per esempio, l'antico problema del →vuoto e del →continuo (la →natura ha orrore del vuoto, sostiene per esempio Galileo). Ma, in questa sede quello che a noi interessa è lo statuto ontologico dello spazio. E non c'è dubbio che, con Galileo e soprattutto con Newton, questo statuto ontologico raggiunge l'apice.

Lo spazio esiste a prescindere da ogni osservatore. E a prescindere da ogni oggetto materiale. Lo spazio e il tempo sono fuori dalla →materia e dalle sue contingenti vicende e, anzi, ospitano la materia. E poiché lo spazio e il tempo possono esistere in linea di principio fuori dalla materia, mentre la materia non può esistere fuori dallo spazio e dal tempo, lo spazio e il tempo hanno uno statuto ontologico di ordine superiore rispetto all'→universo materiale. Sono, dunque, le massime entità della fisica.

È per questo che Immanuel Kant può sostenere, alla fine del XVIII secolo, che lo spazio è un'intuizione pura, un giudizio sintetico a priori, una forma trascendentale della conoscenza sensibile dell'uomo.

Riassumendo, a cavallo tra il XVII e il XVIII secolo, lo spazio fisico e lo spazio matematico coincidono. Lo spazio è un'entità assoluta, indipendente dall'uomo: eppure immediatamente percepibile dall'uomo. Per questo il concetto di spazio è il fondamento sia della scienza matematica astratta, che delle scienze fisiche e, piú in generale, naturali.

Questo quadro paradigmatico (→paradigma) comincia a incrinarsi quando i matematici cominciano a porsi il problema della riducibilità del sistema assiomatico della geometria e iniziano a chiedersi se gli assiomi di Euclide sono davvero delle verità ultime. Non è che, per caso, esistono affermazioni ancora piú semplici e autoevidenti degli assiomi euclidei che rendano le verità geometriche ancora piú solide e giustificate?

Ed è anche per rispondere a domande del genere che alcuni matematici iniziano a indagare quegli assiomi di Euclide che, in apparenza, potrebbero essere verità composte di verità piú semplici e piú fondamentali. In particolare viene sottoposto a indagine l'assioma delle rette parallele: dato un punto in un piano, è possibile tracciare una e una sola linea retta parallela a una linea retta data nel medesimo piano.

Questo assioma, pur essendo autoevidente, lascia un po' insoddisfatti. In quanto prevede che quelle due rette parallele non si incontrino all'→infinito. Ora, ritenere che un postulato sia davvero autoevidente anche quando chiama in ballo un concetto delicato come quello di infinito lascia un po' perplessi. Sarebbe meglio poter dimostrare la verità delle rette parallele che non possono mai incontrarsi.

Intorno al 1830 l'ungherese János Bolyai e il russo Nikolaj Lobačevskij provano a formulare un nuovo postulato, in cui dato un punto in un piano, si asserisce che vi passino infinite rette parallele a una retta data nel piano. Combinando questo postulato con gli altri assiomi di Euclide, Bolyai e Lobačevskij, indipendentemente l'uno dall'altro, si avvedono che è possibile costruire un'altra geometria. Con un altro spazio, iperbolico, dove la somma degli angoli di un triangolo è minore di 180 gradi. Con loro somma meraviglia Bolyai e Lobačevskij si avvedono che la nuova geometria, iperbolica, non presenta contraddizioni interne. Anche Gauss, sebbene non pubblichi nulla, pare abbia ottenuto risultati analoghi.

Nel 1854, poi, Georg Bernhard Riemann costruisce un'altra geometria, con un altro spazio. Uno spazio ellittico, dove la somma degli angoli di un triangolo risulta superiore a 180 gradi. Anche la geometria, ellittica, di Riemann non presenta contraddizioni interne.

Il fatto che le geometrie non euclidee (che ormai sono piú di due) non presentino contraddizioni interne esattamente come la geometria di Euclide e siano, quindi, geometrie equivalenti porta a una conseguenza: nell'universo matematico, non esiste un solo spazio, ma esistono svariati spazi. Tutti equivalenti.

Questa conseguenza della scoperta delle geometrie non euclidee appare sconcertante per i matematici. Se non esiste uno spazio matematico assoluto, allora lo spazio non può piú essere il fondamento della matematica. Non può piú essere la fonte originaria della verità. La matematica deve cercare un'altra fonte per la sua verità.

Ma lo spazio euclideo non è solo il fondamento della matematica. È anche il fondamento della fisica. Perché, come scrive Reichenbach, «è la base autoevidente della sua descrizione della natura». Le geometrie non euclidee mettono in forse, dunque, anche i fondamenti della fisica?

Be', la risposta almeno in prima battuta è no. Le geometrie non euclidee offrono un ampio spettro di spazi possibili. Indicano come i pianeti potrebbero muoversi intorno al Sole. Ma la fisica indica qual è lo spazio scelto dalla natura. Come i pianeti si muovono realmente intorno al Sole. E lo spazio «naturale» era e resta quello euclideo.

Insomma, con la scoperta delle geometri euclidee per la prima volta spazio matematico e spazio fisico diventano entità distinte. Ma lo spazio fisico non perde il suo statuto ontologico.

O, almeno, non lo perde fino a quando Albert Einstein non elabora la sua →teoria generale della →relatività. In questa teoria, lo spazio e il tempo non esistono piú come entità autonome e assolute. Ma esiste un unico ordito, lo spaziotempo, anzi lo spaziotempo curvo (non euclideo), la cui geometria «risente» della presenza della materia. In particolare, la materia deforma lo spazio. In qualche modo ogni corpo materiale «crea» il suo spazio. E l'universo non è altro che l'insieme di «un numero infinito di spazi in moto relativo l'uno rispetto all'altro». Per tutti questi motivi, conclude Einstein, il concetto classico di spazio fisico diventa cosí indefinito e vago che è meglio abbandonarlo, o sostituirlo con il concetto filosoficamente meno fondante ma fisicamente piú significativo di «moto relativo a un corpo di riferimento praticamente rigido».

Letture: Enrico Bellone, *Spazio e tempo nella nuova scienza*, Roma, La Nuova Italia Scientifica, 1994; Albert Einstein, *Relatività, esposizione divulgativa*, Torino, Boringhieri, 1980; Stephen Kern, *Il tempo e lo spazio*, Bologna, Il Mulino, 1995; Morris Kline, *Storia del pensiero matematico*, Torino, Einaudi, 1996; Massimo Parodi, *Tempo e spazio nel Medioevo*, Torino, Loescher, 1981.

Specie
(dal latino *species*)

Biodiversità è una parola coniata di recente, ma anche presso il grande pubblico ha già assunto un significato preciso: diversità delle specie viventi. Non dei singoli organismi. E neppure dei generi, delle classi o dei *phyla*. La definizione di biodiversità, anche nella sua accezione popolare, si riferisce espressamente al numero delle specie. E a null'altro. Già, ma cos'è una specie?

Per quanto strano possa apparire, oggi la domanda non ammette una risposta né semplice né univoca. Riproposta alcuni anni fa dallo zoologo Michael Ghiselin, divide ancora il mondo delle scienze naturali. Anzi, suscita polemica.

Eppure già Aristotele, 2.300 anni fa, classificava gli animali per specie. Che tutti gli organismi viventi fossero ben distinti e ben distinguibili in unità naturali, in specie appunto, lo pensavano anche gli scolastici e poi i naturalisti del Rinascimento. Dio ha creato i vari tipi di grandi animali, di insetti, di piante. L'uno diverso dall'altro. Tutti a maggior gloria sua e utilità dell'uomo. Quanto al padre della moderna sistematica biologica, Linneo, be' anche lui, duecento e piú anni fa, aveva le idee molto chiare in proposito. Dio ha diviso il mondo dei viventi in «unità naturali», ciascuna con una sua precisa identità: le specie. Certo, ogni specie è un insieme di molti individui. Ciascuno dei quali si differenzia, poco o tanto, da ogni altro. Ma i caratteri fondamentali, quelli non cambiano all'interno di una specie. Anzi, sono proprio quei caratteri che definiscono la specie. Quanto al resto, «veritates minores non curat botanicus». Lo scienziato non si cura delle differenze insignificanti tra individui. Non presta la sua attenzione al fatto che una pecora è bianca e l'altra è nera. Egli sa che entrambe appartengono alla medesima unità naturale. Alla medesima specie.

Ma quali sono questi caratteri fondamentali che consentono di dividere in modo cosí netto una specie dall'altra? Ovvero, cos'è una specie? Ed è davvero essa, la specie, l'«unità naturale» su cui si fonda il grande regno della →vita?

Oggi, come fa giustamente notare il biologo Alessandro Minelli, la parola specie viene usata con due significati leggermente diversi. Il primo è quello di generico gruppo tassonomico. Il secondo significato (utilizzato ad esempio nella tabella della pagina seguente) è quello piú preciso di «taxon»: *Ranunculus acri* (bottone d'oro), *Lumbricus terrestris* (lombrico), *Homo sapiens sapiens* (uomo). Tenendo in mente questa doppia accezione della parola cerchiamo di rispondere alla domanda. Anzi, facciamolo fare a due illustri biologi: Ernst Mayr e lo stesso Michael Ghiselin. Che hanno introdotto, riprendendo e modificando leggermente una vecchia definizione di Theodosius Dobzhansky, il «concetto biologico di specie» (CBS). Secondo questo concetto il carattere fondamentale che distingue una specie dall'altra è la capacità riproduttiva. Una specie è un insieme di individui che, almeno potenzialmente, possono accoppiarsi tra loro, dando origine a una prole a sua volta feconda. L'asino e il cavallo appartengono, dunque, a due specie diverse. Perché, pur riuscendo ad accoppiarsi tra loro, danno origine a una prole (il mulo) che è sterile.

Data questa definizione, è evidente che la specie è davvero l'«unità naturale» del mondo biologico. Anzi, come sostengono

Classificazione e diversità degli organismi

GRUPPO TASSONOMICO			
Regno	Piante	Animali	Animali
Phylum	Tracheophyta	Anellida	Chordate
Classe	Angiospermae	Oligochaeta	Mammalia
Ordine	Ranales	Terricolae	Primates
Famiglia	Ranunculaceae	Lumbricidae	Hominidae
Genere	Ranunculus	Lumbricus	Homo
Specie	Ranunculus acri	Lumbricus terrestris	Homo sapiens
Nome comune	Bottone d'oro	Lombrico	Uomo

Michael Ghiselin e il filosofo David Hull, l'unità individuale.

Insomma, la specie è come un'industria: «Una realtà unitaria, che ha un suo nome e una sua precisa collocazione nel tempo e nello spazio: una sua individualità, insomma». Gli operai, gli impiegati, il management sono semplici «parti» di questa unità. Tutti contribuiscono a definirla. Nessuno di loro la rappresenta totalmente.

La definizione di specie, col suo nome, con la sua caratteristica distintiva, con la sua precisa collocazione nel tempo e nello spazio, sembra dunque logica, plausibile, accettabile. Un cavallo bianco e un cavallo nero appartengono alla stessa specie. I diversi colori sono «varietates minores», differenze non sostanziali. Un cavallo e un asino non appartengono alla medesima specie, perché le loro differenze sessuali sono «varietates maiores»: differenze sostanziali. Tutto, dunque, sembra funzionare.

Il guaio è che per quanto plausibile, logico e accettabile appaia, molti tassonomisti e molti conservazionisti trovano difficile utilizzare il CBS, il concetto biologico di specie. «Infatti la maggioranza tra quelli che si dedicano alla sistematica delle piante – sostiene Joel Cracraft della Medical School presso la University of Illinois a Chicago – non lo usa. Né lo fanno gli entomologi. E neppure molti tra gli zoologi degli invertebrati.» Perché? Perché sebbene «questa nozione di specie appaia senza dubbio ragionevole, – scrive Alessandro Minelli, – appare spesso di applicazione incerta o anche impossibile».

Vediamo, dunque, dove nascono le difficoltà. La prima e forse la piú grossa difficoltà nasce dal fatto che in molti organismi la riproduzione è di tipo uniparentale. Basta qualche cellula del genitore, per dare origine a un nuovo individuo. Non c'è bisogno del sesso. Ogni individuo, dunque, è una specie? Lo scoglio è duro da superare. Per questo molti preferiscono semplicemente abbandonare il «concetto biologico di specie». Altri, invece, preferiscono conservare il CBS, «preparandosi però ad ammettere che non tutti gli esseri viventi appartengono a specie». Come sostiene Elaine Hoagland, direttore esecutivo della Association of Systematics Collections di Washington: «Il concetto di specie biologica è il migliore che possiamo utilizzare, anche se dobbiamo tenere presente che spesso la realtà segue un corso diverso». Insomma, il mondo biologico è troppo complesso per poter sperare di descriverlo tutto con una semplice definizione.

Un'altra difficoltà per il CBS sorge quando si paragonano due popolazioni che vivono a centinaia e forse migliaia di chilometri (popolazioni allopatriche). Teoricamente potrebbero anche incrociarsi tra loro, ma in pratica ciò non avviene. Siamo in presenza di una specie unica? I critici del CBS sostengono di no. Ad essi ha risposto con sarcasmo addirittura Ernst Mayr, biologo tra i piú famosi al mondo e padre del CBS: «Vi sono persone che considerano se stesse troppo stupide per poter fare un'inferenza». Come dire: il «concetto biologico di specie» va esteso a tutti gli individui che «almeno potenzialmente» possono accoppiarsi tra loro.

Altra difficoltà: le specie estinte. I paleontologi parlano di specie vissute per milioni e milioni di anni. Ma le specie evolvono (→evoluzione biologica). È legittimo, si chiede Minelli, definire specie una serie di popolazioni che si succedono nel tempo profondo? Molti sostengono di no: ai fossili non si deve applicare il concetto biologico di specie. Perché quelle «riconosciute dal paleontologo sono entità totalmente arbitrarie e non c'è speranza di trovare un giorno dei criteri su cui rifondare la conoscenza dei fossili in maniera paragonabile allo studio delle forme attuali». Il problema è davvero grosso, anche per chi si occupa di biodiversità. Come è possibile paragonare l'attuale velocità di estinzione delle specie con quella delle ere passate, se il concetto stesso di specie ci sguscia via dalle mani come un'anguilla?

Tutti questi problemi, e altri ancora, possono essere risolti con una nuova definizione, sostiene da alcuni anni Joel Cracraft: il «concetto filogenetico di specie». La specie, sostiene Cracraft, è l'insieme riconoscibile piú piccolo di individui che condividono una medesima caratteristica e uno stesso passato evolutivo. Quella filogenetica di Joel Cracraft è una specie che nasce nel corso dell'evoluzione da un processo di «speciazione» e muore quando si estingue o dà luogo, a sua volta, a un nuovo processo di speciazione. Insomma, una specie è un segmento nell'albero filogenetico dell'evoluzione. E richiama in qualche modo il «concetto evolutivo di specie», proposto nel 1961 da George Gaylord Simpson, secondo cui «una specie evolutiva è una linea genealogica, cioè una sequenza di popolazioni legate tra loro dal rapporto antenato-discendente, che si evolve separatamente dalle altre e con un suo proprio ruolo unitario e con sue proprie tendenze evolutive».

La definizione «evolutiva» di Simpson ha avuto un largo seguito, soprattutto tra i paleontologi, ma negli ultimi tempi sembrava in qualche modo in declino. Cracraft ne riprende lo spirito e la ripropone, in forma ovviamente modificata. Ma anche il critico Cracraft ha i suoi critici. La sua definizione attribuisce il carattere di specie a troppi gruppi. E poi è difficile da applicare: chi conosce tutti i fenomeni di speciazione avvenuti nel passato? Chi, ancora, può dire se l'apparizione della specie figlia determina davvero la morte della specie genitore? Ci saranno anche le critiche, sostiene sornione Cracraft, ma «molti biologi oggi usano di fatto il mio approccio, anche se non lo chiamano CFS».

L'ultracinquantenario CBS di Mayr e Ghiselin mostra i suoi limiti. E tuttavia il giovane CFS di Cracraft non convince tutti. Che fare, dunque? John Avise, genetista presso la University of Georgia, propone una sorta di mediazione. Dal 1990 parla di «concordanza genealogica»: analizzando e comparando un vasto numero di sequenze genetiche nei vari organismi, si possono riconoscere gli abissi genetici che dividono una specie dall'altra. Questa definizione conserva intatta tutta l'importanza che il CBS attribuisce alla riproduzione, ma riconosce anche l'importanza della storia filogenetica degli organismi. Insomma, dovrebbe accontentare tutti. Almeno sulla carta. Perché in pratica Ernst Mayr si mostra tutt'altro che accomodante. «Guardi, io sono molto ben disposto, – ha dichiarato a "Scientific American". – Vengano con una definizione precisa, e valuteremo quanto è buona».

Nulla, dunque, è risolto. Cosa sia davvero una specie resta materia controversa. Anzi, bollente. Per quanto riguarda la biodiversità, meglio, dunque, darne una definizione il piú ampia possibile. E parlarne come «varietà delle popolazioni geneticamente distinte e delle specie di piante, animali e microrganismi con cui *Homo sapiens* divide la Terra e la varietà degli ecosistemi di cui esse sono parti funzionanti».

Letture: Ernst Mayr, *Storia del pensiero biologico*, Torino, Bollati Boringhieri, 1990; Alessandro Minelli, *Introduzione alla sistematica biologica*, Padova, Muzzio, 1991.

Spirito (e materia)

(dal latino *spiritus*; dal latino *materia*)

I greci, e in particolare gli stoici, chiamavano spirito (*pneuma*) il «principio vitale» che anima gli organismi viventi. Lo spirito era una sostanza costituita da atomi (→atomo) estremamente mobili e sottili. Lo spirito non era separato e diverso dalla →materia, ma era un modo di essere della materia. Lo spirito, legato alla materia, era un concetto presente nella →medicina greca, ellenistica e, poi, romana. Per Erasistrato esisteva uno *pneuma zotikon*, localizzato nel cuore, e uno *pneuma psychikon*, localizzato nel cervello. Galeno parla anche di uno *pneuma physikon*, con sede nel fegato.

Gli autori cristiani iniziano a separare lo spirito dalla materia, considerandolo sostanza immateriale. Lo spirito è una componente dell'→anima, anzi è la sua componente piú nobile. La separazione tra spirito e materia viene confermata nella filosofia di Cartesio, ove lo spirito è la «sostanza nella quale risiede immediatamente il pensiero».

Lo spirito potrebbe essere considerato, oggi, una componente o un modo di essere della mente autocosciente (→coscienza) dotata di libero arbitrio (→libertà). In questo senso esso recupererebbe il legame con la materia. Perché non sarebbe altro che un modo di essere della materia. Un'→emergenza dell'organizzazione della materia. Tuttavia il termine non viene quasi piú usato nelle discipline scientifiche, probabilmente a causa del contenuto di ambiguità che si trascina dietro per i significati assunti in altri ambiti culturali.

Letture: Bertrand Russell, *Storia della filosofia occidentale*, Milano, Longanesi, 1967.

Storia

(dal latino *historia*; dal greco ιστορία)

Storia è l'esposizione ordinata dei fatti e degli avvenimenti del passato. Ma storia è anche la successione dei fatti e degli avvenimenti che accadono nel →tempo. In questo suo duplice significato, di successione di fatti e di narrazione ordinata di fatti, la storia intesse rapporti molti diversificati con le varie discipline scientifiche.

Nelle discipline fisico-matematiche la storia svolge un ruolo secondario. Anzi, se ci è concesso un gioco di parole, la storia della →fisica può essere considerata come la storia della progressiva perdita di importanza della storia. Questo perché lo sviluppo della fisica ha portato alla progressiva degradazione dello statuto ontologico del tempo. La fisica cerca le leggi generali (→legge) che regolano un →universo in cui non c'è →divenire. La fisica non ha bisogno di ricostruire la successione di fatti e avvenimenti che in linea di principio non sono né unici, né irreversibili. La fisica non ha bisogno della storia.

In realtà vi sono discipline fisiche che hanno un'impostazione storica. La →cosmologia, per esempio, tenta di ricostruire la successione ordinata dei fatti e degli avvenimenti che costituiscono la storia dell'universo. E molti ritengono che quella cosmica sia in realtà una vicenda pienamente storica: segnata, cioè, anche da fatti ed eventi unici e irripetibili. E, quindi, sarebbe spiegabile a posteriori ma non prevedibile a priori. Tuttavia non tutti sono d'accordo con questa visione non deterministica (→determinismo) della cosmologia. Molti la ritengono, al contrario, una disciplina niente affatto storica, proprio perché quei fatti e quegli avvenimenti, date le condizioni iniziali del cosmo, sono ritenuti una pura →necessità. Il frutto di leggi fisiche universali e atemporali. La discussione è aperta (→evoluzione cosmica).

La storia ha, invece, un ruolo determinante nelle scienze biologiche (→biologia). Che sono scienze profondamente segnate dal tempo. La storia della →vita è la storia di una successione di eventi per la gran parte unici e irripetibili. È spiegabile a posteriori, è imprevedibile a priori.

L'→evoluzione biologica è la ricostruzione dell'→adattamento degli organismi all'→ambiente che cambia. Ma ogni adattamento di ciascun organismo è il prodotto finale di una lunga serie, storica appunto, di passi consecutivi di cui non è possibile conoscere con →certezza la →causa. In assenza di ogni possibilità di provare quale sia la causa di un fatto, sostiene Ernst Mayr, tutto quello che la →teoria biologica può fare è fornire una spiegazione che sia consistente con tutti i fatti noti o che sia la spiegazione migliore tra tutte quelle consistenti con tutti i fatti noti.

La ricostruzione dei fatti noti, ovvero la narrazione storica, è dunque l'unica spiegazione possibile in biologia. La biologia è, dunque, la storia della vita. La storia della coevoluzione tra organismi e ambiente.

Riconosciuto il ruolo, decisivo, della storia nelle discipline biologiche occorre dire che non tutti gli aspetti di questo ruolo sono chiariti. Vivo è il dibattito sui caratteri della storia biologica. È una storia di graduale coevoluzione tra organismi e ambiente o è una storia costellata da cambiamenti (→cambiamento) improvvisi e puntuali? È una storia di →progresso o è una storia che procede cieca e senza meta?

Il ruolo della storia è decisivo anche nelle scienze umane. L'→uomo, come qualsiasi altro organismo, è il frutto dell'adattamento. E, quindi, è il frutto della contingenza storica. Tuttavia l'uomo è anche il protagonista principale di un trascendimento evolutivo: della transizione dall'evoluzione biologica all'→evoluzione culturale. Con la sua →mente autocosciente, con la →tecnica, con la struttura complessa ed estesa della sua →società l'uomo ha acquisito una certa capacità di indirizzare verso uno sbocco desiderato la sua stessa evoluzione culturale. Ha, cioè, acquisito una certa capacità di indirizzare la storia.

La storia dell'uomo, pertanto, è diversa dalla storia di ogni altro organismo. Perché ha acquisito un parziale carattere teleologico (→teleologia).

Letture: Robert Foley, *Gli umani prima dell'umanità*, Roma, Editori Riuniti, 1999; Ernst Mayr, *Storia del pensiero biologico*, Torino, Bollati Boringhieri, 1990; Massimo Pauri, *La descrizione fisica del mondo e la questione del divenire temporale*, in Giovanni Boniolo (a cura di), *Filosofia della fisica*, Milano, Bruno Mondadori, 1997.

t

Tecnica
(dal greco τέχνη)

La nostra, recita una riuscita metafora proposta dai teorici dell'→ecologia globale, è ormai un'→economia da astronauta. Viviamo in uno spazio angusto. Disponiamo di risorse sempre piú limitate. Abbiamo bisogno della tecnica piú sofisticata per imparare a utilizzarle senza sprecarle, quelle risorse.

Già, ma è stata proprio la tecnica, negli ultimi due secoli, a costringerci ad abbandonare i grandi spazi della prateria sconfinata, dalle illimitate risorse e dalle infinite vie di fuga, tipici della spensierata economia del *cow boy*, per ridurci in una stretta navicella sospesa nello →spazio e con poche uscite di sicurezza.

Allora la domanda è: può la tecnica risolvere i problemi creati dalla tecnica?

La questione non è nuova. Da sempre l'→uomo conosce la natura intrinsecamente ambigua di quella sua straordinaria capacità di manipolare l'→ambiente che chiama tecnica. E da sempre l'umanità ambiguamente si divide tra apologetici cantori delle «magnifiche sorti e progressive» e denigranti catastrofisti delle «terribili sorti e regressive» veicolate dallo sviluppo della tecnologia. Basta ricordare che i greci sintetizzarono in un mito, il mito di Dedalo, l'ambiguità della tecnica e le contraddizioni di *Homo faber*. Che il Settecento ha conosciuto Voltaire e Rousseau: il culto della dea ragione e la romantica via di fuga dal suo tempio. Che l'Ottocento è stato il secolo di Auguste Comte, fautore di una innovazione tecnologica totalizzante e positiva. Ma è stato anche il secolo del movimento ispirato a Ned Ludd, che si illuse di impedire quella innovazione e di difendere il suo lavoro (e la sua identità) di operaio distruggendo, fisicamente, le macchine.

Tuttavia è stato solo nel Novecento che la tecnica è assurta a tema dominante di tutta la riflessione e di tutta la →cultura di un secolo intero. Ma gli intellettuali del Novecento non hanno mai capito la tecnica. L'hanno sistematicamente fraintesa. Questo, almeno, sostiene Michela Nacci, storica delle dottrine politiche.

A questa clamorosa incomprensione, che ha portato il pensiero del Novecento a eleggere un puro equivoco a tema dominante della propria riflessione, Michela Nacci ha dedicato un libro, *Pensare la tecnica*, davvero illuminante. Che quasi spiazza, per la semplicità e la forza della tesi che propone. Gli intellettuali del Novecento, come è sempre avvenuto in passato, si sono divisi nel giudicare la tecnica. Da un lato gli apologeti, dall'altro gli apocalittici. Da un lato, chi ha visto nella tecnica uno strumento quasi magico, perché capace di rendere «magnifiche e progressive» le sorti dell'umanità. Dall'altro lato, chi ha visto nella tecnica lo strumento che trascina l'uomo lontano dallo stato di →natura, verso la definitiva perdizione.

Questi due gruppi di intellettuali, cosí divisi eppure cosí definitivi nel giudizio sull'innovazione tecnologica che ha informato di sé la storia politica e la storia sociale del Novecento (→tecnoscienza), hanno commesso, sostiene Michela Nacci, il medesimo, gravissimo errore. Hanno assegnato un carattere di →essenza alla tecnica. L'hanno immaginata come un corpo unico. Dotato di un'→anima. Di un'intenzione. Di un progetto. In breve, non si sono riferiti alla tecnica come insieme storico di innovazioni contingenti messe a punto dall'umanità in un certo arco di tempo, ma si sono riferiti alla Tecnica. E hanno eletto questa essenza a proprio totem o a proprio tabú. Adorandolo o rinnegandolo.

In realtà, sostiene Michela Nacci, la Tecnica non esiste. Esiste una pletora di tecnologie distinte, talvolta cosí diverse da essere contraddittorie. Questa pletora enorme e confusa di tecnologie diverse non riesce proprio a entrare in un idealtipo e a farsi categorizzare. Non porta, di per sé, né alla Salvezza né alla Perdizione. Non crea Sconcerto. Perché non ha un Progetto. Non ha un'Anima. Non risponde a una Causa. Semplicemente accompagna l'uomo nello srotolamento quotidiano e faticoso del futuro. Offrendogli, certo, mille opportunità e mille rischi, ma in una dialettica incessante e, soprattutto, coevolutiva.

Per capirlo, questo insieme enorme e magmatico e contraddittorio e coevolutivo di tecnologie, occorre un approccio culturale cui gli intellettuali del Novecento, gli intellettuali umanisti, si sono sottratti, con una sistematicità, questa sí, sconcertante. Un approccio che riconosce all'azione tecnica dell'uomo piena dignità culturale. Michela Nacci quindi entra nel merito di ciascuna di esse, sia per testarne e tastarne lo spessore culturale, sia per cercare di valutarne, caso per caso, le possibili ricadute, che per ciascuna tecnologia possono essere non solo desiderabili «o» non desiderabili, ma anche desiderabili «e» non desiderabili. Ma entrare nel merito di ogni singola tecnica è un lavoro umile, faticoso, quotidiano, poco gratificante. Che non consente di diventare un Apocalittico o un Apologeta. Che non laurea *maîtres-à-penser*.

Gli intellettuali, umanisti, del Novecento, sostiene ancora Michela Nacci, non sono riusciti a entrare nel merito delle proposte tecniche e hanno coltivato con persistenza l'equivoco fino a farne il tema dominante del proprio pensiero, perché hanno rifiutato di riconoscere piena dignità alla cultura scientifica e tecnica.

Quella che Michela Nacci propone è, dunque, una visione piú laica e meno ideologica di un problema che è antico quanto l'uomo: il rapporto con la tecnica, ovvero con la sua stessa capacità di modificare l'ambiente in cui vive.

L'accusa che la storica delle dottrine politiche lancia agli intellettuali, umanisti, del Novecento è piuttosto forte: hanno semplicemente e totalmente derogato al loro compito. Non hanno capito la natura elementare del loro ossessivo oggetto di studi.

Per quanto forte, questa accusa è sostanzialmente condivisibile. A un patto, però. Quello di riconoscere la differenza tra la tecnica (le tecniche) del Novecento e di altri periodi della →storia.

La prima, trasparente, novità è che la tecnica nel Novecento si è imposta come «forza ecumenica» del villaggio globale. Capace di attraversare, per usare le parole di Vittorio Possenti, storico della filosofia morale, le frontiere etiche, religiose, politiche, ambientali e imporsi come cultura omologa (qualcuno sostiene come cultura omologante) del pianeta.

La seconda novità consiste nel profondo cambiamento della natura stessa della tecnica (di alcune tecniche). Fino all'Ottocento, anzi fino a una ventina di anni fa, la tecnica consisteva quasi esclusivamente in un processo in cui un soggetto (l'uomo) manipolava un oggetto (l'ambiente). Oggi, con l'avvento delle moderne biotecnologie e la possibilità di intervenire sul codice genetico, la tecnica è diventata (anche) un processo in cui un soggetto (l'uomo) manipola se stesso.

Quando la tecnica consisteva nel soggetto che manipola l'oggetto o, piú prosaicamente, nella costruzione di macchine, aveva, sí, capacità di feedback. Perché l'ambiente modificato e le macchine industriali inducevano l'uomo a modificare, a sua volta, se stesso. Ma queste retroazioni non riuscivano, almeno non in modo diretto, a intaccare quella che Possenti chiama l'instabilità stabile del soggetto operante (l'uomo). Oggi che è diventata «soggetto che manipola il soggetto» o, piú prosaicamente, imitazione e costruzione di esseri viventi, la tecnica si propone come una sorta di «forza riflessiva». Intervenendo sul Dna, l'uomo è in grado di modificare la sua stessa identità genetica. Un potere inedito. E, tutto sommato, enorme (→determinismo genetico).

Non si tratta di paventare nuove minacce. La terapia genica si annuncia, al contrario, come un nuovo strumento contro quel «male di natura» (malattia, dolore, handicap) da cui l'uomo cerca da sempre di guarire. Certo però si pone il problema: non è che l'uomo, manipolando se stesso, stia abbandonando un luogo conosciuto e si stia avventurando «dove non ci sono piú identità stabili»? E, in caso di risposta affermativa, come ci si muove nella terra incognita dove non ci sono piú stabili identità (→bioetica)?

La terza novità è che la tecnica, nel XX secolo, oltre che «forza ecumenica» e «forza riflessiva» è diventata anche, per larghi tratti, «forza autonoma». L'innovazione tecnologica oggi non solo si basa sulle conoscenze scientifiche, piú che in passato. Ma si è data un →metodo (anzi dei metodi) di tipo scientifico. Questo non consente di affermare che la tecnica è diventata scienza applicata. Ma consente di capire uno dei motivi fondamentali che hanno consentito alla tecnica di accelerare fino a rendere sistematica la sua (multiforme e contraddittoria) capacità di innovazione. A causa di ciò, nel XX secolo la capacità autopropulsiva della tecnica è vistosamente aumentata. E non sbaglia del tutto chi vede nell'innovazione tecnologica un sistema che ha guadagnato margini di autonomia rispetto ai grandi sistemi motori delle società, il sistema politico ed economico. Naturalmente autonomia non significa indipendenza. E non significa neppure coerenza interna. Il sistema d'innovazione tecnologica, con i suoi gradi di autonomia e con le sue spinte a volte contraddittorie ma comunque prive di un progetto, è fortemente interpenetrato con tutti gli altri sistemi sociali. Con cui, inevitabilmente, coevolve.

Per questo ha ragione Michela Nacci. Non ha senso estrarre la tecnica dalla storia sociale e giudicarla come soggetto dotato di una sua intrinseca essenza e di una sua intima coerenza. Non ha senso dividere l'uomo dalla tecnica. E non ha senso attribuire alla sola tecnica (o al solo uomo) le spinte propulsive e le contraddizioni che sono tipiche dell'uomo «e» della tecnica.

Di piú. C'è bisogno di una nuova →filosofia della tecnica. Anzi, la carenza di riflessione è tale che, forse, c'è bisogno di una filosofia che «scopra» la tecnica. E ci aiuti a capire come la risposta all'antica domanda – può la tecnica risolvere i problemi della tecnica? – è difficile da trovare. Perché prevede il superamento sia dell'acritico «principio di speranza» che del non meno acritico «principio di disperazione». La rinuncia alla ricerca di un'«etica globale», capace di imporre, una volta e per sempre, vincoli stringenti all'incontrollabile (bio)tecnica. E richiede, infine, l'adesione a un faticoso «principio di responsabilità». Declinato caso per caso, per prova ed errore. E, soprattutto, fondato sulla →conoscenza. Quindi sulla scienza. Madre di sua madre, la tecnica.

Letture: Angelo Morra *et al.*, *Tecnica e filosofia*, «La nuova civiltà delle macchine», nn. 1 e 2, 1996; Michela Nacci, *Pensare la tecnica*, Roma-Bari, Laterza, 1998; Vittorio Possenti *et al.*, *La tecnica. La vita. I dilemmi dell'azione*, Milano, Mondadori, 1998.

Tecnoscienza (paura della)

(dal greco τέχνη; dal latino *scientia*)

Il XIX secolo si chiudeva a teatro con il gran *Ballo Excelsior* e il messaggio, danzato, che la →scienza e la →tecnica avrebbero presto dissipato tutti i mali, fisici e morali, di cui soffriva l'→uomo. E gli avrebbero regalato, finalmente, la felicità. Pochi, anche fuori dal teatro, nutrivano dubbi sulle «magnifiche sorti e progressive» dell'umanità. E nessuno aveva davvero paura del signor Frankenstein. Di dover sacrificare una parte della propria umanità sull'altare della tecnica trionfante.

Il secolo appena scorso, il XX dell'era cristiana, si è chiuso con un uomo di teatro, Dario Fo, che, la faccia ilare e le zampe di maiale, campeggia su un manifesto con monito severo e lancia il messaggio, raggelante, che la scienza e la tecnica stanno distillando tutti i mali, fisici e morali, di cui soffre l'uomo. E presto lo condanneranno all'infelicità piú assoluta: la perdita della propria →identità. Pochi, ormai, all'inizio del XXI secolo, il nostro, sembrano credere alle «magnifiche sorti e progressive» dell'umanità. E molti, proprio come Dario Fo, iniziano ad avere paura del signor Frankenstein. Dell'uomo *patchwork*: un po' animale, un po' circuiti integrati, un po' individui diversi malamente assemblati.

La paura del signor Frankenstein è, ormai, qualcosa di piú che una →metafora. Molti vivono nel terrore che l'immagine stia diventando una realtà fattuale. Che la scienza e la tecnica (soprattutto biomedica) stiano costruendo per davvero un alieno bionico che dell'uomo conserva solo alcuni rari tratti. E neppure i migliori.

Ma la terapia genica che sfugge di mano al chirurgo molecolare e la «correzione del codice» che si rivela inaspettatamente maldestra sono, per quanto importanti, solo parte di un piú generale e profondo insieme di paure evocate non solo dalla biomedicina, ma dall'intera scienza biologica moderna (→biologia) e dalla scienza *tout court*. Spesso, infatti, a suscitare timor panico non è questa o quella concreta applicazione, ma la →conoscenza in sé (per esempio, la conoscenza del codice della vita e dei suoi meccanismi molecolari). In molti avvertono la sensazione che, avendo imparato a conoscere il Dna e avendo appreso la tecnica per manipolarlo, l'uomo abbia colto il frutto che lo dannerà definitivamente.

Ed è di questo tema, il nuovo rapporto tra l'uomo, la scienza e la tecnica, creato (anche) dallo sviluppo recente e notevole della biologia molecolare, che dobbiamo parlare se vogliamo cogliere l'origine delle molte paure (comprese quelle associate alla →medicina scientifica) che abbiamo visto assalire l'uomo alla fine del secondo millennio dell'era cristiana.

La novità del rapporto tra uomo, scienza e tecnica è determinata, secondo alcuni, da una transizione epocale. In questi ultimi decenni, in questi ultimi anni, siamo (saremmo) entrati addirittura in una nuova era: l'«era della tecnica». Che sostituisce (sostituirebbe) l'antica «era dell'uomo».

L'affermazione sembra alquanto artificiosa. L'uomo, infatti, si è evoluto con e grazie alla tecnica. E la capacità tecnica è uno dei caratteri che piú nettamente contribuiscono a distinguere il genere *Homo* dagli altri generi animali. Cosicché nella storia della vita sulla Terra c'è sempre stato un rapporto stretto e quasi completamente biunivoco tra uomo e tecnica. Distinguere tra «era dell'uomo» ed «era della tecnica» è, cosí, sbagliato in linea di principio e impossibile in linea di fatto.

Tuttavia, sostengono i fautori della nuova transizione epocale, nell'antico rapporto tra uomo e tecnica è possibile distinguere una prima era, durata alcuni milioni di anni, in cui la tecnica era essenzialmente uno strumento nelle mani dell'uomo. Uno strumento che l'uomo, pienamente consapevole e sostanzialmente capace di prevedere gli effetti del suo «fare», adoperava per costruire la sua cultura, la sua morale, la sua storia. Questa è stata la (felice?) «era dell'uomo».

Ma nel rapporto tra uomo e tecnica è possibile distinguere anche una seconda era, iniziata nel XX secolo, in cui le posizioni di dominio si sono ribaltate. Da qualche decennio, anzi da qualche anno l'uomo non è piú in grado di prevedere gli effetti del suo «fare». E neppure è pienamente consapevole di cosa «sta facendo». La tecnica sta assumendo il dominio assoluto. Sta riducendo l'uomo in sua balía. E ha iniziato a sopprimere la sua →cultura, la sua morale, la sua storia. Scrive Umberto Galimberti: siamo a un passo da «quel punto assolutamente nuovo nella storia, e forse irreversibile, dove la domanda non è piú: "Che cosa possiamo fare noi con la tecnica?", ma: "Che cosa la tecnica può fare di noi?"».

Se poi al sostantivo «tecnica» aggiungiamo l'aggettivo «biologica» e associamo la nuova parola composta, «biotecnologia», direttamente all'uomo, la sensazione di smarrimento, ovvero la perdita della capacità di prevedere gli effetti del «fare» e della piena consapevolezza di cosa si «sta facendo», diventa totale. Scrive il filosofo Hans Jonas: «Il controllo biologico dell'uomo, in particolare il controllo genetico, solleva questioni etiche del tutto nuove alle quali né la pratica né il pensiero precedenti ci hanno preparato». Siamo nudi, di fronte alla novità. Cosí sono in molti a ritenere che ci stiamo avvicinando a quel punto assolutamente nuovo, e forse irreversibile, della storia dove la domanda: «Che cosa la biotecnica può fare di noi?» assume un doppio, inquietante, significato. Cosa farà, la biotecnica, della nostra cultura, della nostra morale, della nostra storia? Cosa farà la biotecnica della stessa natura umana, della integrità biologica dell'uomo?

Lo smarrimento, dunque, cresce. E le domande diventano sempre piú radicali. Persino troppo. Spesso lo smarrimento è tale da assumere le sembianze di una sindrome: la «sindrome della cacciata dal Paradiso Terrestre». Dove il Dna è il nuovo frutto del bene e del male. Mentre la scienza e la tecnica sono la versione moderna del serpente tentatore. Ancora piú orrido dell'omologo biblico, perché a doppia testa. Credendo e cedendo al serpente tentatore della scienza e della tecnica, e cogliendo il frutto del bene e del male genetico, l'uomo «cerca di farsi Dio». Perde definitivamente la sua innocenza. E, quindi, si danna. La condanna è tremenda. La perdita della propria integrità. La perdita della propria identità.

Ma davvero stiamo entrando nell'era del dominio assoluto della biotecnica? Davvero la scienza e la tecnica (biologica) perderanno l'uomo e, magari, lo sostituiranno con un *patchwork* genetico, con il signor Frankenstein?

A nostro (modesto) avviso la risposta è no. Tuttavia è un no condizionato. Che deve essere argomentato. Perché, se è vero che, nel fermarsi a riflettere sulla tecnica con cui si è coevoluto, l'uomo è rimasto sempre «stupito», se è vero che, nel giudicare lo strumento che gli dava un potere «enorme» e crescente, l'uomo ha sempre ondeggiato tra l'ottimismo piú inebriante, quello del gran *Ballo Excelsior* per intenderci, e il pessimismo piú cupo, quello della *deep ecology* per esempio, e che, quindi, molte delle attuali preoccupazioni altro non sono che normali oscillazioni del «pendolo dello stupore suscitato dalla tecnica», è anche vero che il rapporto tra l'uomo e la tecnica si è andato, negli ultimi cento anni e con una vistosa accelerazione negli ultimi cinquant'anni, largamente modificando.

Cosa è successo nell'ultimo secolo, o giú di lí? Be', è successo che la tecnologia ha smesso di innovarsi mediante un metodo essenzialmente empirico e ha iniziato a innovarsi mediante un metodo essenzialmente scientifico. La scienza è diventata il fondamento della tecnica. Al punto che alcuni, sbagliando, hanno iniziato a confonderle. In realtà scienza e tecnica restano attività umane ben distinte. Sebbene la prima, la scienza, utilizzi sempre piú la tecnica per ampliare le sue conoscenze. E sebbene la seconda, la tecnica, utilizzi sempre piú la scienza per accelerare la sua capacità d'innovazione.

Col nuovo approccio metodologico e con la crescita dei mercati, scrive l'economista Sergio Vaccà, il «sistema tecnoscientifico» ha guadagnato per la prima volta l'autonomia rispetto al sistema economico e al sistema politico-istituzionale, acquisendo anche una marcata capacità autopropulsiva. Insomma, dall'interpenetrazione tra le conoscenze scientifiche, l'innovazione tecnologica che si è data un →metodo scientifico e l'→economia di mercato, è nata una nuova dimensione, la tecnoscienza, capace di evolvere con una sua forza propria e secondo logiche che l'uomo non riesce a piú a controllare, pienamente, attraverso i canali abituali dell'economia e della politica.

Tuttavia, benché autonomo e benché da condizioni di sostanziale parità, il nuovo «sistema tecnoscientifico» ha interazioni continue con il sistema economico e il sistema politico-istituzionale. E quindi, anche se in modo non assoluto e non lineare, l'uomo conserva nelle sue mani ampie possibilità di governarlo. Ciò non toglie che l'uomo possa rinunciare a queste sue possibilità. E lasciare che il «sistema tecnoscientifico» galoppi a briglia sciolta verso un futuro imprevedibile e indesiderabile. In altri termini la domanda: «Cosa possiamo fare noi con la tecnica?» non ha ancora perso di senso. Mentre la domanda: «Cosa può fare la tecnica di noi?» assume senso e diventa inquietante solo se si aggiunge la subordinata: «se noi rinunciamo a governarla».

La tecnica non è un'invenzione dei nostri giorni. E neppure la paura della tecnica è una sensazione dei nostri giorni. Tra i primi a porre il problema del rapporto di dominio tra uomo e tecnica fu Platone. E a lui possiamo ricorrere per chiarire ancora meglio i termini della questione. La storia che vi riproponiamo, chiedendola in prestito appunto a Platone, è quella emblematica di Thamus.

Narra Socrate all'amico Fedro che un giorno Thamus, re in una grande città d'Egitto, abbia invitato a corte Theuth, il dio col bernoccolo dell'inventore. A lui si devono l'invenzione dei numeri, del calcolo, della →geometria, degli studi astronomici e, infine, l'invenzione dell'alfabeto. Theuth illustra al re, una per una, queste sue creazioni e promette che le farà conoscere agli egizi. Di ciascuna, però, Thamus, re pignolo e un tantino diffidente, vuol discutere pregi e difetti.

Giunto, dunque, all'alfabeto, Theuth spiega:

> Questa scienza, o re, renderà gli egizi piú sapienti e arricchirà la loro memoria, perché questa scoperta è una medicina per la sapienza e la memoria.

Il re risponde:

> O ingegnosissimo Theuth, una cosa è la potenza creatrice di arti nuove, altra cosa è giudicare quale grado di danno o di utilità esse posseggano per coloro che le useranno. E cosí ora tu, per benevolenza verso l'alfabeto di cui sei inventore, hai esposto il contrario del suo vero effetto. Perché esso ingenererà oblio nelle ani-

me di chi lo imparerà: essi cesseranno di esercitarsi la memoria perché fidandosi dello scritto richiameranno le cose alla mente non piú dall'interno di se stessi, ma dal di fuori, attraverso segni estranei: ciò che tu hai trovato non è una ricetta per la memoria ma per richiamare alla mente. Né tu offri una vera sapienza ai tuoi scolari, ma ne dai solo l'apparenza perché essi, grazie a te, potendo avere notizie di molte cose senza insegnamento, si crederanno di essere dotatissimi, mentre per la maggior parte non sapranno nulla; con loro sarà una sofferenza discorrere, imbottiti di opinioni, invece che sapienti.

Noi sappiamo che l'invenzione della scrittura non si è rivelata una catastrofe per l'umanità, come prevedeva il diffidente re egizio. Tuttavia l'errore di Thamus non è stato quello di prevedere che la nuova, potente tecnica avrebbe rotto i vecchi equilibri del sapere. Cosa che in realtà ha fatto. L'errore di Thamus è stato quello di non prevedere che, dopo aver scompaginato le carte, il nuovo strumento tecnico a disposizione dell'uomo avrebbe ricreato un nuovo equilibrio. E che la sapienza dell'uomo si sarebbe ricomposta a un diverso livello. A un livello superiore.

L'errore di Thamus è di non aver colto l'ambiguità, la carica distruttiva e insieme la capacità creativa, che accompagna ogni grande innovazione tecnica.

Ciò vale anche per le moderne tecnologie, fondate sulla scienza. E ciò vale anche per le moderne biotecnologie, fondate sulle scienze della vita. Come il saggio e diffidente re Thamus, molti prevedono (e, anzi, già vedono) antichi equilibri, culturali e sociali, persino etici, disfarsi all'impatto con le nuove, potenti tecnologie. E hanno ragione.

Ma rompere vecchi e consolidati equilibri produce macerie. Fa male. Mentre non sempre, o almeno non sempre immediatamente, dopo il terremoto si verifica la ricostruzione e si ricompongono i nuovi equilibri a un livello superiore. E in effetti il terremoto annunciato dalle moderne biotecnologie potrebbe sconvolgere consolidate procedure istituzionali che hanno caratterizzato la società industriale moderna. Alcuni aspetti del dibattito sulla brevettabilità del patrimonio genetico, per esempio, indicano o, quanto meno, non escludono, la progressiva e inedita mercificazione della vita e/o dei suoi costituenti fondamentali. Ciò avviene perché nella logica del «sistema tecnoscientifico» la conoscenza non è perseguita per se stessa, ma è legittimata dal suo rendimento. E, quindi, la conoscenza, compresa la conoscenza biologica, è sempre piú considerata come una merce. Tanto piú in una società in cui il consumo, spiega il sociologo Zygmunt Bauman, è subentrato al lavoro quale elemento fondante.

Nell'«era della tecnica», il grande rischio è che la conoscenza, anche la conoscenza biologica, sia ridotta a un bene di consumo. Questa prospettiva, già da sola, risulta inquietante, ma non è ancora completa. Continuiamo, come Thamus, a interrogare il dio dell'innovazione.

La scienza biologica, come nota Jonas, è ormai entrata nella fase in cui il potenziale della tecnologia e dell'ingegneria è diventato attuale, come in epoca moderna era successo alle scienze fisiche a partire dall'Ottocento e per tutta la prima parte del Novecento. Solo che gli equilibri che si accingono a rompere le nuove tecnologie fondate sulla scienza biologica sono molto piú delicati di quelli turbati dalle nuove tecnologie fondate sulla scienza fisica.

Le novità e i rischi consistono nel fatto che, mentre nell'«ingegneria meccanica» il soggetto e l'oggetto delle manipolazioni tecniche erano separati in modo abbastanza netto (l'uomo, il soggetto, con la tecnica dominava e manipolava la natura, l'oggetto, e magari, come feedback negativo, ne subiva piú o meno indirettamente gli effetti), nell'«ingegneria genetica» l'uomo è in grado di manipolare direttamente se stesso. Di modificare non solo il suo fenotipo, come peraltro accadeva da sempre con la medicina. Ma anche il suo genotipo, come non era mai accaduto. O, almeno, come non era mai accaduto in modo cosí diretto e lineare. In altri termini, per la prima volta il soggetto e l'oggetto della manipolazione tecnica possono ampiamente identificarsi. Col rischio che l'azione perda in prevedibilità e reversibilità. E con effetti che potrebbero riguardare l'integrità e l'identità delle future generazioni.

Se, dunque, nell'ambito dell'«ingegneria meccanica» lo scenario peggiore per l'uomo era la distruzione dell'ambiente fisico e il sopravvento delle macchine, nell'ambito dell'«ingegneria genetica» lo scenario peggiore per l'uomo è quello prefigurato da Galimberti: la distruzione dell'ambiente culturale, morale e storico dell'uomo e il sopravvento del signor Frankenstein.

Bene, riconosciuti, con la lucida diffidenza di Thamus, i rischi, reali, che corriamo tutti quali membri della nuova «era della biotecnica»; riconosciuti i rischi, specifici, che corriamo noi, nuovi soggetti/oggetti della biologia molecolare applicata; riconosciuto il pericolo, evanescente ma non palesemente infondato, di imbatterci prima o poi nel signor Frankenstein, dobbiamo ora chiederci cosa fare per evitare il grande errore del lucidissimo re. Come fare per evitare di considerare l'invenzione della scrittura una catastrofe per l'Egitto e per la sapienza degli egizi.

Be', l'unico modo per evitare di incorrere nell'errore di Thamus è impadronirsi della tecnoscienza e cominciare a tentare di governarla democraticamente. L'unico modo per evitare di considerare la conoscenza scientifica una catastrofe per il mondo e per l'umanità non è disinventarla. Non è imitando l'operaio Ludd e rompendo le macchine nei laboratori biotecnologici e informatici che esorcizzeremo le nostre paure. Il nostro compito è di mettere da parte la paura. Ma non la prudenza. Il nostro compito è impadronirci delle tecniche biomediche e di dare, ciascuno, il proprio piccolo o grande contributo a ricostruire, al piú presto e al piú alto livello possibile, gli equilibri culturali, morali e storici (che sarebbero stati o che potrebbero essere) sconvolti. Di governarne nei limiti del possibile l'evoluzione. Per massimizzare i (grandi) vantaggi che promettono. E per minimizzare i (grandi) rischi che comportano.

Letture: Umberto Galimberti, *Psiche e techne*, Milano, Feltrinelli, 1999; Pietro Greco, *La medicina del signor Frankenstein*, in Cristiana Pulcinelli (a cura di), *Terzo Millennio. Sfide e paure*, Roma, Avverbi, 2000; Giorgio Israel, *Il giardino dei noci*, Napoli, Cuen, 1998; Hans Jonas, *Tecnica, medicina ed etica*, Torino, Einaudi, 1997; Sergio Vaccà, *Scienza e tecnologia nell'economia delle imprese*, Milano, Franco Angeli, 1989.

Teleologia

(dal greco τέλος e λογία)

Secondo Platone, fu Anassagora di Clazomene, nel V secolo a.C., il primo dei filosofi greci a porre il fine quale →causa e principio di tutte le cose. Ed è con il filosofo di Clazomene che ha inizio, dunque, la teleologia, il discorso sul fine. Ovvero quella corrente di pensiero secondo cui la →realtà è organizzata in vista di uno scopo preciso. Di un progetto.

Ma è con Aristotele che la teleologia diventa piena e diffusa convinzione che l'unica spiegazione esauriente del mondo e degli oggetti del mondo che ci circondano è la scoperta del loro fine, è l'individuazione della *causa finale*. Sono naturali, diceva lo Stagirita, quelle cose che «con un continuo movimento, originato da un principio interno, giungono a un completamento».

La teleologia ha dominato la cultura occidentale per molti e molti secoli. È solo con la nascita della scienza moderna che la visione teleologica del mondo naturale inizia a declinare. Il lavoro di Galileo, ma anche il pensiero di Bacone e Cartesio, non sono altro, infatti, che il tentativo, riuscito, di dimostrare quanto sia fuorviante nelle scienze fisiche la ricerca della *causa finale*. Nella fisica galileana il concetto di →legge sostituisce il concetto di fine che ha dominato la fisica aristotelica.

La *nuova fisica* ha decretato, dunque, il declino della teleologia. Anche se ogni tanto il finalismo fa ancora capolino nel mondo dei fisici e, soprattutto, dei cosmologi (→antropico, principio).

Molto diverso è il discorso in →biologia. Dove non esistono leggi generali. E dove il concetto di fine si è storicamente riproposto con una certa ciclicità. Prima, ma anche dopo, che Charles Darwin dimostrasse, come aveva fatto Galileo in fisica, quanto fuorviante fosse il principio teleologico. Perché l'→evoluzione biologica nell'interpretazione del naturalista inglese è cieca e non ha alcun progetto da realizzare.

Evoluzione. In realtà la parola è alquanto ambigua. Sembra contenere in sé e indicare proprio un'idea di →progresso. E infatti in inglese *evolution* ha questo specifico senso: cambiamento in direzione del progresso. D'altra parte il termine evoluzione è stato introdotto in biologia dal filosofo Herbert Spencer, con specifica intenzionalità. Per indicare e per caratterizzare con una interpretazione forte quel processo che Charles Darwin si era limitato a definire «discendenza con modificazioni».

Darwin non amava affatto la parola evoluzione. E infatti nella prima edizione dell'*Origine delle specie*, nel 1859, non ve n'è traccia. Non la usa mai. La troviamo per la prima volta in un suo scritto solo nel 1871, nell'*Origine dell'uomo*. Darwin continua a non amarla, quella parola. Ma è costretto a tollerarla, perché ormai Spencer l'ha resa di uso popolare. Tuttavia egli nega che quella parola possa avere, in biologia, il medesimo significato e la medesima interpretazione che ha nell'inglese corrente e nella filosofia di Spencer. In una lettera del 1872 indirizzata al paleontologo Alphaeus Hyatt, scrive: «Dopo attente riflessioni, non posso negare la mia convinzione che non esista una tendenza innata allo sviluppo progressivo».

La negazione del finalismo e di ogni teleologia cosmica è la prima e, forse, la maggiore conseguenza filosofica della teoria darwiniana dell'evoluzione. Una conseguenza non facilmente accettabile. «La supposta filosofia fisica dei tempi attuali priva l'Uomo di tutti i suoi attributi morali», sostiene, scandalizzato, Adam Sedgwick, il maestro di Charles Darwin. Dio aveva dato al mondo uno scopo e l'ordine morale del mondo faceva parte del suo scopo. Ma ora che la teoria dell'evoluzione (ma sarebbe piú corretto parlare di variazione biologica) di Darwin cancella ogni causa finale, «cosa ci dà il senso del bene e del male? della Legge? del dovere? della causa e dell'effetto?».

Le stesse domande sembrano ripeterle alcuni studiosi odierni. Per esempio il medico che sa di matematica booleana e teorico dei sistemi complessi, Stuart Kauffman: se non c'è un principio ordinatore, cosa dà ordine e cosa dà ordine morale al mondo?

All'inizio del XX secolo, con Albert Einstein, Aleksandr Friedmann e Edwin Hubble, abbiamo scoperto che non solo la natura biologica, ma anche la natura cosmologica è soggetta a evoluzione (sarebbe meglio dire variazione fisica). E cosí c'è chi propone di trovare le risposte sul fronte cosmico alle domande angosciate di Adam Sedgwick e di Stuart Kauffman.

Brandon Carter è stato il primo, nel 1974, a invocare un *principio antropico* per spiegare la causa finale che ha consentito di calibrare finemente i parametri cosmici e permettere la nascita dell'uomo. Mentre Hubert Reeves invoca un *principio di com-*

plessità quale causa finale che consente l'emergere di tutto l'ordine cosmico, fino al livello dell'uomo.

Ma in realtà nulla nella storia del cosmo giustifica una concezione evolutiva di tipo teleologico.

In realtà l'evoluzione dei sistemi fisici e chimici deve essere considerata *teleomatica*: il punto terminale di ogni processo viene raggiunto esclusivamente in conseguenza di leggi fisiche, della *necessità*, senza alcuno spazio per comportamenti finalizzati. Le nubi di idrogeno e di elio che si condensano in galassie e stelle non seguono alcun progetto, ma solo la legge di gravità. L'intero processo di →evoluzione cosmica, dal Big Bang a oggi, è dovuto esclusivamente a una sequenza di processi teleomatici punteggiata da perturbazioni stocastiche.

Ma anche l'evoluzione darwiniana non ha fini. Anche l'evoluzione darwiniana non ha un Progetto. Sebbene al suo interno esistano progetti e processi finalizzati. La vita di una cellula è in gran parte la ciclica realizzazione di un programma, il programma genetico, finalizzato allo sviluppo individuale e alla riproduzione. Questo finalismo molecolare, da molti considerato meccanicistico (→meccanicismo), è il prodotto della selezione naturale e non la realizzazione di uno scopo cosmico. I biologi amano chiamarlo *teleonomia*, proprio per distinguerlo dalla teleologia: ovvero dall'idea che ci sia un fine predeterminato in natura.

Anche la teleonomia è puntuata da perturbazioni stocastiche.

I processi *teleomatici* e i processi *teleonomici* non hanno alcuna direzione preferenziale. La →storia, ovvero le perturbazioni stocastiche, le sequenze casuali con cui le varie leggi di natura si attualizzano, rende ancora piú cieca e del tutto irripetibile l'evoluzione della →materia.

E cosí possiamo concludere che l'uomo, l'occhio con cui l'universo ha imparato a osservare se stesso, per usare un'immagine del fisico Victor Weisskopf, non è frutto del caso. Ma neppure di un progetto. Come dice Stephen Jay Gould: «Siamo gloriosi accidenti di un processo non prevedibile e non guidato verso la complessità, non il risultato atteso di principi evolutivi che portano a produrre una creatura capace di comprendere le modalità della propria necessaria costruzione».

Tuttavia, proprio come Aristotele, non tutti i biologi, anche dopo Darwin, ancora oggi, sono convinti che il →caso e la →necessità bastino a spiegare l'enorme →complessità della →vita.

Aristotele pensava che i grandi motori del cambiamento potessero essere solo due: il caso e lo scopo. Ma la complessità dei sistemi naturali, e di quelli biologici in particolare, è cosí elevata, che gli risultava difficile attribuirla alla cieca costruzione del caso. Aristotele ne concludeva che la complessità e la crescita di complessità in natura fossero la realizzazione di un progetto. La *nuova scienza* ha rifiutato, dal Seicento in poi, la causa finale di Aristotele. Tuttavia, come abbiamo detto, il finalismo non è mai scomparso dal dibattito filosofico e scientifico. Di tanto in tanto, negli ultimi secoli, ha fatto capolino. Mutando il nome, ma non l'idea di fondo. Jean-Baptiste-Pierre-Antoine de Monet, chevalier de Lamarck, a cavallo tra Settecento e Ottocento, pensava all'evoluzione biologica come a una sequenza necessaria di progressivo perfezionamento dall'inferiore al superiore. Aristotele avrebbe riconosciuto la sua causa finale in questa legge di progresso. Che Lamarck, invece, chiamò *ortogenesi*. L'idea è stata ripresa da Teilhard de Chardin e sviluppata nella sua teoria di *punto omega* nel XX secolo. Ed estremizzata, di recente, da Frank Tipler.

Ma, anche senza voler inseguire il fisico americano lungo i suoi percorsi di cosmologia mistica, occorre dire che secondo molti studiosi contemporanei l'evoluzione finalizzata di Teilhard de Chardin è un'ipotesi piú convincente dell'evoluzione cieca di Darwin. Secondo questi studiosi esiste, deve esistere, un principio ordinatore che induce la materia ad autorganizzarsi in forme sempre piú complesse. Un principio ordinatore generale, speculare e opposto a quel secondo principio della →termodinamica che impone la crescita dell'→entropia e del disordine nell'universo. Un principio che, per assonanza, potremmo definire «secondo principio della complessità».

Questa idea, per esempio, seduce Klaus Mainzer. Un'→emergenza come quella della vita, sostiene il filosofo tedesco in un recente lavoro, non può essere considerata «contingente, ma necessaria e legale nel senso dell'autorganizzazione dissipativa. Solo le condizioni per l'emergenza della vita (per esempio sul pianeta Terra) possono essere contingenti nell'universo». Per Klaus Mainzer occorre rivalutare in qualche modo il finalismo di Aristotele. Sottraendosi certo alle tentazioni del *vitalismo* e sostituendo l'antico concetto di teleologia con il moderno concetto, fisicomatematico, di *attrattori* in una transizione di fase (→caos).

Fatto questo, Mainzer pensa che una teoria neoaristotelica dei sistemi complessi sia applicabile a ogni livello, dalla fisica all'→economia. E che possa avere importanti conseguenze non solo in epistemologia, ma anche nel campo dell'etica.

L'idea di un ritorno ad Aristotele e al suo finalismo, per la verità, non appartiene solo al tedesco Mainzer. Anche l'italiano Marcello Cini ritiene che la nuova scienza della complessità porterà a una rivalutazione della causalità aristotelica. Quanto all'americano John Casti e allo svedese Anders Karlqvist, hanno organizzato un intero convegno per verificare la possibilità di passare «da Newton ad Aristotele». Giungendo alla conclusione che il ritorno allo Stagirita e alla sua filosofia delle cause non solo è possibile, ma è forse necessario. In parte perché Newton non sarebbe affatto in antitesi con Aristotele: le particelle e le forze del fisico inglese e dell'intera fisica tradizionale non sarebbero sostanzialmente diverse, rispettivamente, dalla *causa materiale* e dalla *causa efficiente* del filosofo greco. E in parte perché le strutture in biologia verrebbero costruite secondo un piano, genetico, che non è spiegato dalla causalità newtoniana mentre è analogo, se non omologo, alla *causa formale* proposta da Aristotele.

Quanto alla *causa finale*, alla tendenza forte verso una complessità crescente dell'evoluzione cosmica, la situazione è meno chiara, ammettono Casti e Karlqvist. La causa finale è stata bandita dalla scienza. Ma «con il rinnovato interesse odierno a formalizzare i processi biologici, c'è ragione di sperare che la causa finale ritornerà ad avere eguali diritti nella comunità delle cause».

L'ortogenesi, o la causa finale, è ritornata in auge, per altra via, anche con Manfred Eigen, con Ilya Prigogine, con l'Istituto per lo studio dei sistemi complessi di Santa Fe e con tutti coloro che cercano i principi di autorganizzazione della materia. Nessuno scandalo. Essa, come sostiene Ernst Mayr, è un'idea spendibile in termini scientifici. Ma a due condizioni. Una ovvia: che sia proposta in una versione fisica e non misticheggiante. L'altra meno ovvia. Che non sia proposta come necessità immanente. I biologi, sostiene Mayr, possono accettare tranquillamente l'esistenza di fenomeni di autorganizzazione della materia biologica basati su processi stocastici costantemente «regolati» dalla selezione naturale. Purché si depuri questo approccio da ogni forma deterministica (→determinismo). Ovvero purché non si prospetti l'esistenza di un universale e necessario «secondo principio della complessità». Di un principio teleologico cosmico.

Se la causa finale è assente dalle teorie scientifiche che descrivono l'evoluzione fisica e biologica della materia, e solo una sua pallida rimembranza può avere una qualche attualità, la teleologia non è tuttavia affatto scomparsa dalle ipotesi che la scienza propone per spiegare il piú recente dei grandi processi evolutivi apparsi sulla scena cosmica: l'→evoluzione culturale dell'uomo. Un'evoluzione che molti considerano di tipo lamarckiano.

Occorre, allora, fare un passo indietro. E vedere qual era la visione dei processi evolutivi che aveva il naturalista francese.

Per molti anni Jean-Baptiste-Pierre-Antoine de Monet, chevalier de Lamarck, dedicò la prima lezione del suo corso di zoologia degli «animali inferiori», presso l'Università di Parigi, a un *Discours d'ouverture*. Il discorso con cui, l'11 maggio, inaugurò il corso dell'anno 1800 fu clamoroso. Lamarck, a cinquantacinque anni, sostenne di aver cambiato idea sull'organizzazione del mondo biologico. Che aveva prove sufficienti a dimostrare che le →specie viventi non restano sempre uguali a se stesse. Ma, nel tempo, si modificano. Cambiano.

Con quella lezione Lamarck anticipava Darwin di sei decenni. È quindi davvero difficile sopravvalutare il contributo che il *Discours d'ouverture* tenuto da Lamarck nel 1800, poi sistematizzato nel 1809 nel suo libro piú famoso, *Philosophie zoologique*, ha dato all'affermazione del concetto di evoluzione biologica. Tuttavia il francese Lamarck, a differenza dell'inglese Darwin, non passerà alla storia come il fondatore della moderna biologia evolutiva perché travisa completamente le cause che stanno dietro l'evoluzione.

Lamarck individua due grandi cause evolutive. La prima è una legge di natura che «conferisce alla vita animale la facoltà di rendere sempre piú complessa» la propria organizzazione. Infatti: «La natura, producendo successivamente tutte le specie di animali, e iniziando dai piú imperfetti (i piú semplici) per concludere la sua opera coi piú perfetti, ha complicato grandemente la loro organizzazione». È stato fatto notare, giustamente, che dietro questa concezione lamarckiana non si nasconde alcun teleologismo mistico. Il finalismo di Lamarck è del tutto materialista. Tuttavia è indubbio che Lamarck pensa che esista una legge naturale che induce la vita a cercare in modo incessante e progressivo una maggiore perfezione. L'evoluzione biologica di Lamarck non avrà uno scopo, ma ha certo una direzione preferenziale.

Lamarck si avvede subito che, se la ricerca della perfezione fosse l'unica strada evolutiva, dovremmo vedere una sequenza costante e lineare del cambiamento. Invece in natura e nella storia naturale si scorgono variazioni e adattamenti, i piú vasti e variegati. Ciò è dovuto a una seconda, grande causa evolutiva: la capacità degli organismi di reagire alle condizioni ambientali e ai loro mutamenti. L'ambiente produce bisogni e attività che inducono gli animali a mutare per soddisfarli meglio. I nuovi caratteri acquisiti in questo modo possono essere trasmessi alla prole.

Nell'ipotesi di Lamarck la giraffa deve il suo lungo collo al fatto che ha tentato di allungarlo per arrivare a mangiare le foglie degli alberi sempre piú in alto e avere un vantaggio sui competitori. Le giraffe che hanno allungato il collo per stiramento fisiologico hanno generato poi una prole col nuovo carattere: col collo allungato.

Le due cause individuate da Lamarck per spiegare l'evoluzione di quella che oggi chiameremmo *complessità organizzata* dei viventi sono entrambe inesatte. Non c'è, che si sappia, alcun principio naturale di complessità e/o di perfezione crescenti. Ed essendo l'ereditarietà di tipo mendeliano, è possibile trasmettere alla prole solo i caratteri codificati nel genotipo e non quelli acquisiti dal fenotipo. Nell'esempio della giraffa, l'ipotesi, corretta, di Darwin sostiene che le variazioni casuali e non orientate del programma genetico creano una popolazione di giraffe con una lunghezza variabile del collo. La selezione naturale premia quelle che, nel loro programma genetico, hanno le istruzioni per costruire un collo piú lungo. Queste, potendo mangiare di piú e meglio, hanno un maggiore successo riproduttivo. Cosí, alla lunga, il carattere collo lungo diventa dominante.

Lamarck, dunque, aveva torto. Tuttavia, a ben vedere, le cause che egli pone a base dell'evoluzione biologica possono descrivere molto bene l'altra evoluzione, quella dei sistemi socioculturali. Sia animali che umani.

Problemi come l'→intenzionalità e la →coscienza animale sono, tuttavia, ancora aperti e oggetto di discussione. Soffermiamoci, dunque, solo sui sistemi creati dall'uomo. Le società umane hanno entrambi i caratteri evolutivi individuati da Lamarck.

L'uomo può trasmettere alla propria prole i caratteri culturali acquisiti. La capacità di scrivere fino alla capacità di riflettere sulla propria storia evolutiva non sono sottoposti a una ereditarietà di tipo mendeliano. Non si trasmettono, infatti, per via genetica. Non subiscono rare mutazioni vantaggiose e sofferte selezioni naturali. La trasmissione dei caratteri culturali è molto piú rapida (e, ahimè, molto piú aleatoria) della trasmissione dei caratteri genetici.

La possibilità di trasmettere alla prole i caratteri culturali acquisiti rende l'evoluzione socioculturale rapidissima. Ci sono voluti milioni di anni perché gli ominidi acquisissero, per via genetica, una solida capacità di camminare su due piedi. Sono occorse poche decine di anni perché l'uomo, acquisita, per via culturale, la capacità di volare, arrivasse fin sulla Luna.

L'evoluzione socioculturale, tuttavia, è anche finalizzata. L'uomo fa progetti sul futuro. E cosí fanno le sue società. Questa progettualità non è, ovviamente, in grado di determinare il futuro. E quindi non è in grado di determinare l'evoluzione socioculturale. Tuttavia il libero arbitrio (→libertà) rende l'uomo capace, entro certi limiti, di indirizzare la propria vita verso un futuro desiderabile. E la volontà collettiva di una società può tentare di instradare, entro certi limiti, il proprio cammino verso un obiettivo, piú o meno desiderabile. Con l'uomo la causa finale appare, forse per la prima volta, nei processi evolutivi sperimentati dalla materia nell'universo. E questo la differenzia, in modo irriducibile, dalle altre.

Se l'evoluzione socioculturale è fondata sulle cause individuate da Lamarck, allora, forse, non è del tutto ingiustificato definirla evoluzione lamarckiana.

Va da sé che un sistema sottoposto a evoluzione lamarckiana, con i suoi elementi, per di piú, dotati di coscienza e di libero arbitrio, ha una velocità evolutiva, una complessità di azioni e di interazioni, dei vincoli e delle potenzialità che lo rendono assolutamente inedito nella storia cosmica. E del tutto irriducibile a quel «secondo principio della complessità», a quel principio teleologico necessitante, che molti, nella storia, hanno cercato ma che nessuno ha mai individuato.

Letture: Stephen Jay Gould, *Gli alberi non crescono fino in cielo*, Milano, Mondadori, 1997; Stuart Kauffman, *A casa nell'universo*, Roma, Editori Riuniti, 2001; Ernst Mayr, *Storia del pensiero biologico*, Torino, Bollati Boringhieri, 1990; Jacques Monod, *Il caso e la necessità*, Milano, Mondadori, 1970; Frank Tipler, *La fisica dell'immortalità*, Milano, Mondadori, 1995.

Tempo
(dal latino *tempus*)

Il tempo presenta, da sempre, diverse facce. Talvolta nette e precise. Talaltra sfumate e soffuse. Facce diverse, eppure tanto interpenetrate che ventisette secoli di indagine filosofica e quattro di indagine scientifica non sono riusciti a risolverle. E cosí c'è il tempo, creativo, della →biologia. E c'è quello, imperativo, della →teologia. C'è il tempo statico e quello dinamico. C'è il tempo profondo e l'attimo fuggente. C'è un tempo tragico: la grande «mano crudele» che porta degrado, distruzione, morte e dissoluzione, come lamentava il poeta inglese John Donne. E c'è un tempo epico: quello della grande «mano ordinatrice» che porta →armonia, →creazione, →vita e →storia. E ancora: c'è un tempo scolpito nella →materia e c'è un tempo carpito dalla →coscienza. C'è un tempo reale e un tempo immaginario. Un tempo soggettivo e (forse) *il* tempo universale. C'è il tempo e, infine, c'è l'→eternità.

Cos'è dunque il tempo?

«Se non me lo chiedi, lo so. Ma se me lo chiedi – dobbiamo ammettere con Agostino – allora non lo so piú.»

Sono davvero troppe, e talvolta troppo sfuggenti, le sue tante facce per poterle vedere, toccare, indagare. Per poter dare una definizione soddisfacente del tempo. Limitiamoci dunque a scrutarne solo due di quei tanti volti (salvo, poi, scoprire che come in un ologramma, l'ologramma del tempo, ciascuno si scompone in mille altri): il tempo della →fisica e il tempo del →senso comune. Due volti che, come in un Giano schizofrenico, usano guardarsi in cagnesco. Due volti che, come un pomo della discordia lanciato sul tavolo degli dei della conoscenza, fanno guardare in cagnesco.

L'uno, il tempo del senso comune, fa leva sull'→intuizione e sull'esperienza piú intima dell'uomo. Quelle, per dirla con il filosofo Henri Bergson, «della nostra evoluzione e dell'evoluzione di tutte le cose nella durata pura». È il tempo, irreversibile e universale, dei fenomeni naturali che percepiamo, che sperimentiamo sulla nostra pelle di creature che nascono, crescono e muoiono.

L'altro, il volto del tempo della fisica, poggia su rigorose fondamenta matematiche. E nega, per dirla con Albert Einstein, «qualsiasi valore oggettivo al tempo soggettivo». È il tempo, reversibile e relativistico, dei fenomeni che indaghiamo con la sola potenza della →ragione e di quella che Galileo definiva la «lingua matematica». L'unica che, se posseduta, ci mette in grado di leggere correttamente il libro della natura. Senza la quale indagare il mondo che ci circonda «è un aggirarsi vanamente per un oscuro laberinto».

Lo scienziato e il filosofo, Albert Einstein e Henri Bergson, si incontrarono davvero per discutere sulla natura del tempo. Nel lontano 1922, in una riunione (disastrosa per il filosofo, narrano le cronache) che sancí l'irrimediabile spaccatura tra il tempo della fisica e il tempo del senso comune. Ma c'è una gerarchia ontologica tra queste due diverse facce del tempo? Qual è il tempo «vero», quello della fisica o quello della percezione psicologica? Ancora: esiste un qualche modo o una qualche speranza di riconciliare le due facce di Giano, o hanno ragione coloro che dicono che quei due volti sono incompatibili e non possono dar luogo a una visione unica del mondo?

Cercheremo di dare una risposta, del tutto provvisoria, a queste domande. Ma, prima di indagarle piú in dettaglio, tentiamo di definirle meglio, queste due facce del tempo. Cominciando dalla prima, quella che ci propone il «tempo del senso comune».

Il tempo del senso comune

Quando ci muoviamo, quando ci ricordiamo di un evento passato, quando parliamo con un fanciullo, ammiriamo le Piramidi o guardiamo l'orologio: noi tutti abbiamo una collezione continua e casuale di impressioni del tempo, sostiene lo psicologo William Friedman. È persino banale dirlo: il tempo è una componente fondamentale della nostra vita. E di quella di altri organismi. Infatti una svolta importante nel processo dell'→evoluzione biologica c'è stata, è opinione di molti psicologi e biologi evoluzionisti, quando gli esseri viventi sono riusciti a darsi una rappresentazione temporale degli eventi. Una capacità che, almeno nell'uomo, non è affatto innata. Lo ha dimostrato Jean Piaget: nel corso del suo sviluppo cognitivo il bambino acquisisce la nozione di oggetto con quella di →spazio. Mentre acquisisce la nozione di tempo insieme a quella di causalità. Il bambino impara, infatti, a costruirsi una rappresentazione temporale degli eventi sperimentando, nel suo piccolo mondo, che le cause precedono sempre gli effetti. In altri termini il bambino impara a collocare i gesti reversibili nello spazio e quelli irreversibili nel tempo.

D'altra parte, ciascuno di noi ha una sua essenziale «esperienza» del tempo la cui natura è, insieme, fisica e psicologica. Sperimentiamo subito il flusso continuo del tempo. È una strana linea continua quella del fluire del tempo. Differente da ogni altra. Ed è una strana percezione quella che ne abbiamo. Perché, sosteneva già lo pseudo-Archita, la parte passata è ormai irrimediabilmente scomparsa e quella che sta per sopraggiungere è destinata a scomparire. L'esperienza del tempo (e del suo fluire), scriveva nel 1927 il filosofo naturale tedesco Hans Reichenbach, è intimamente connessa con l'esperienza dell'ego. «Io sono» è sempre e comunque equivalente a «io sono ora». Oppure: «Io sono in un *eterno ora* e sento che resto uguale a me stesso nell'elusiva corrente del tempo».

Pare proprio che l'«io» attraversi il tempo. Non manca però di percepire il →divenire. Ciascuno di noi, infatti, comparendo all'orizzonte dell'essere, si inserisce anche in un tempo che già c'è. Un tempo che, oltre a precisare una determinata situazione del cosmo e della natura, individua anche una situazione di storia, di cultura, che, mano mano che ci apriamo all'esistenza, ci fornisce categorie, parametri di giudizio, valori per interpretare il nostro essere nel tempo e dargli un senso. Subito, però, impariamo anche che il tempo che andiamo sperimentando non è un tempo dato. Esterno a noi. È un tempo che ci riconosce un ruolo attivo. È un tempo plastico ed evolutivo, che noi stessi accresciamo e modifichiamo. Un tempo ben scandito in passato, presente e futuro.

In realtà dovremmo dire che facciamo esperienza non di un unico tempo, ma di piú tempi. Perché noi tutti percepiamo, e distinguiamo, tempi continui e tempi discreti, un tempo cosmico e tempi storici, un tempo lineare e tempi ciclici. Tanti tempi che ci impongono altrettanti approcci. Perché, come sostiene il filosofo Evandro Agazzi, «quando la realtà è troppo ricca per essere catturata con un solo tipo di discorso, non ci resta che tentare di dirne qualcosa in molti discorsi parziali». Non rinunciando, magari, a trovare un raccordo.

Siamo partiti dal tempo del senso comune. Ma le cose si stanno complicando. Cerchiamo, dunque, di riassumere: l'uomo intuisce e sperimenta il tempo (i tempi) e il divenire. E questo tempo e questo divenire hanno una direzione definita, un verso: dal passato procedono verso il futuro. Ma sono essi, il tempo e il divenire che noi quotidianamente intuiamo, percepiamo, sperimentiamo, effettivamente reali?

Com'è noto, le opinioni, tra i filosofi occidentali, da sempre divergono.

Ma lasciamo la parola a Immanuel Kant: «Il tempo non è qualcosa di oggettivo. Non è sostanza né accidente né relazione, ma una condizione soggettiva necessaria, dovuta alla natura della mente umana». E ora, lasciamo la parola ad Aristotele di Stagira. Il tempo (quello che noi numeriamo) è una realtà intrinseca, fondamentale del mondo. Ci si deve chiedere, però, che senso avrebbe qualora non esistesse un'→anima (la coscienza) capace di numerare.

Morale: sia per gli idealisti come Kant che per i realisti come Aristotele il problema del tempo (dei tempi) è legato al problema della coscienza. Non è possibile risolverlo senza prima risolvere il problema della nostra coscienza. Cioè il mistero, irrisolto, della →mente.

Il tempo della fisica

Veniamo, dunque, all'altra faccia: quella del *tempo fisico*. E alle sue implicazioni filosofiche. In prima approssimazione potremmo dire che il concetto di tempo in fisica è legato alle differenze di stato dell'→universo. Anzi, alle relazioni d'ordine tra i suoi diversi stati. La successione ordinata dei diversi stati dell'universo: questo è il tempo fisico. Se questa definizione fosse accettata da tutti, non ci sarebbero davvero problemi. Avremmo un tempo della fisica chiaramente delineato e per nulla in contraddizione col tempo del senso comune. Quello che noi percepiamo è, infatti, un insieme ordinato di stati diversi dell'universo. Il tempo del senso comune non sarebbe altro che la fedele proiezione psicologica del tempo fisico. Filosofi e fisici (e psicobiologi) sarebbero pacificati.

Il guaio è che non tutti i filosofi e non tutti i fisici accettano questa definizione di tempo fisico. Il fatto è che la scienza del Novecento ne ha rivoluzionato cosí in profondità la nozione da rendere arduo persino sostenere che i fisici teorici e la gran parte dei filosofi parlino della stessa cosa quando si riferiscono al tempo.

Il tempo rigido, indipendente e assoluto di Isaac Newton è diventato un'entità dinamica, elastica, strettamente legata allo spazio, con Albert Einstein. Nella meccanica relativistica (→relatività) di Einstein, che ha superato inglobandola la meccanica classica di Newton, il tempo è una variabile dipendente sia del →moto che del campo gravitazionale in cui si trova ogni singolo osservatore. Non esiste piú un «qui e ora» universale. Non esistono piú, dunque, un passato, un presente e un futuro validi per tutti e in ogni luogo.

Ancora piú inafferrabile ed etereo è il concetto di tempo nella →meccanica quantistica. Fino a svanire del tutto in molte delle recenti (e incomplete) teorie della gravità quantistica. Ha ragione Massimo Pauri: «Lo sviluppo della fisica teorica in questo secolo ha corrisposto a una continua degradazione dello statuto ontologico del tempo fisico». Da sostanza è diventato un semplice parametro. Una costruzione matematica pura. E con un significato, per giunta, sempre piú impalpabile. Tanto che per qualcuno il tempo fisico è diventato la *dimensione dimenticata*. Tanto che, ciascuna disciplina fisica (e ciascuna disciplina scientifica), cioè ciascun modello semplificato della realtà, si è dotata del *suo* tempo.

E cosí scopriamo che sia nella percezione immediata che abbiamo della →realtà, sia nei modelli che ne elabora la ragione (matematica), quello del tempo è un concetto che andrebbe declinato al plurale. I tempi del senso comune. I tempi della fisica. Tempi che, come vedremo, sono ancora (irriducibilmente?) in conflitto.

L'ascesa e la caduta del tempo assoluto. È già alla nascita della *nuova scienza*, con Galileo, che inizia a consumarsi il distacco tra il tempo (e lo spazio) del senso comune e il tempo (e lo spazio) come costruzione scientifica. Si tratta di un passaggio epocale, perché con la costruzione dell'oggetto scientifico la nuova (o la ritrovata) strategia di conoscenza, la scienza, sospende, come direbbero i filosofi, ogni soggettività esperiente. Ovvero, non è piú la percezione di quello che Galileo chiama l'«animale sensiente», non sono piú i cinque sensi dell'uomo, ma è la →matematica a dover fungere da guida nel cercare le leggi fisiche che governano il mondo.

Iniziano cosí, nel Seicento, la costruzione matematica e la decostruzione percettiva dello spazio e del tempo. Nulla però di veramente risolutivo, almeno fino a Einstein. Perché è vero che già Galileo descrive un tempo «uniforme» e uno spazio «omogeneo» e «isotropo», ben lontani dal senso comune. Un tempo che, contro ogni percezione, inizia a non distinguere piú tra passato e futuro. E uno spazio controintuitivo dove non è possibile effettuare esperimenti di →meccanica per distinguere uno stato di quiete assoluta da uno stato di moto rettilineo uniforme. È vero persino che in questo spazio galileano non solo non vi sono osservatori privilegiati, ma, a ben vedere, l'osservatore stesso diventa superfluo. Ma è anche vero che solo dopo tre secoli, con Einstein, si verifica quella brusca e definitiva accelerazione che Pauri definisce «continua degradazione dello statuto ontologico del tempo» e che noi potremmo definire il progressivo allontanamento dall'orlo osservativo dell'«animale sensiente».

È Isaac Newton, a ben vedere, colui che rallenta, per un secolo e forse piú, la divergenza definitiva tra il tempo (e lo spazio) del pensiero matematico e il tempo (e lo spazio) della percezione immediata (sensazione) o anche di quella percezione mediata che Kant chiamerà intuizione.

Intendiamoci, l'inglese è stato uno dei piú grandi fisici di tutti i tempi. Il suo contributo al progresso delle conoscenze scientifiche è inestimabile. Forse nessuno meglio del poeta Alexander Pope ha saputo descrivere chi sia stato Isaac Newton e cosa abbia rappresentato per la scienza:

Nature, and Nature's Laws lay hid in Night.
God said, Let Newton be! and All was Light.

(La natura e le leggi della natura erano immerse [nella notte.
Dio disse: «Sia Newton!». E tutto fu luce.)

In un biennio mirabile, tra il 1665 ed il 1666, superati appena i ventuno anni di età, il giovane Isaac riuscí a unificare la meccanica celeste di Keplero e la meccanica terrestre di Galileo. Affidando poi ai *Principia Mathematica*, editi solo nel 1686, il compito di «dimostrare il Sistema Mondo» e di offrire al grande pubblico, con semplici, eleganti equazioni matematiche, la descrizione dell'unità della →natura.

Con il calcolo infinitesimale, le tre leggi del moto e la legge della →gravitazione universale, quel giovane inglese, nativo di Woolsthorpe nel Lincolnshire, non fece solo della meccanica una scienza esatta. Modificò la concezione stessa dell'universo. Che con lui diventa, appunto, un universo regolato da leggi matematiche generali, certe, immutabili.

L'universo di Newton è destinato a diventare, malgrado lo stesso Newton, l'*universo meccano* (→meccanicismo). Un orologio cosmico costituito da due soli protagonisti essenziali, la materia e il moto, la cui evoluzione è univocamente determinata nello spazio e nel tempo (nel passato, nel presente, nel futuro) dalle condizioni iniziali e da una rigida catena lineare di causa ed effetto.

In breve. L'universo di Newton diviene. Ogni parte si muove pur restando identica a se stessa. E si muove in due contenitori ineffabili, dotati di piena e irriducibile autonomia ontologica, di uniformità, di indipendenza dinamica rispetto al contenuto, cioè alla materia e al suo moto. Questi due contenitori sono lo spazio e il tempo. Anzi: «il *tempo assoluto*, vero e matematico, in sé e per sua natura, [che] fluisce uniformemente senza relazione a qualcosa di esterno». E «lo *spazio assoluto*, per sua natura privo di relazione a qualcosa di esterno, [che] rimane sempre omogeneo e immobile».

La materia, seguendo il rigido copione delle leggi della fisica, può effettuare tutte le recite possibili in questa ineffabile arena. Ma non può modificarla. L'arena dello spazio e del tempo è del tutto esterna ed estranea all'universo e alla sua successione di eventi.

La meccanica classica di Isaac Newton dà dunque senso fisico all'idea platonica del tempo (e dello spazio). Come realtà trascendente senza inizio e senza fine. Che esiste in sé: eterna e immutabile.

Questi due maestosi contenitori, lo spazio e il tempo assoluti, ospiti indisturbati e indifferenti di *moti assoluti* della materia, domineranno la meccanica per molti decenni. Ridanno senso fisico alle idee platoniche di spazio e di tempo. E tuttavia non sono affatto ben definiti. Il grande scienziato inglese li lascia nel mondo dell'intuizione. «Io non definisco tempo, spazio, luogo, e movimento, in quanto ben noti a tutti», sosteneva, forse senza crederci tanto, Isaac Newton. Perché quella mancata definizione nasce da una difficoltà concreta: la difficoltà a ridurre lo spazio e il tempo in puri termini matematici.

Ora lo *spazio assoluto* è un concetto facile da intuire. E infatti, almeno fino a Einstein, tutti lo hanno dato per scontato. Ma è difficile da (di)mostrare. Newton pensava che coincidesse col centro di massa del sistema solare. Ma in un universo ben piú grande del sistema solare, la proposta non era a lungo sostenibile. Cosí in seguito si pensò che il sistema delle stelle fisse potesse funzionare meglio. Nell'Ottocento i fisici amavano credere nell'esistenza di un →etere invisibile e inerte. L'etere, pervadendo l'intero universo, poteva ben essere considerato quel mezzo in quiete da far assurgere a sistema di riferimento assoluto.

Anche il *tempo assoluto* è un concetto facile da intuire. Facile persino da misurare (in fondo tra una primavera e l'altra passano sempre 31.556.926 secondi), ma ben difficile da definire. Lo si può immaginare come ente in sé. Come un etereo orologio, che dall'esterno dell'universo riesce a scandire con perfetta regolarità la successione di tutti gli eventi cosmici, senza esserne minimamente influenzato. Il *tempo assoluto* che immagina Newton è indifferente alla materia. Non è solo una realtà indipendente. In un certo senso il tempo è una realtà superiore all'universo materiale.

Difatti l'universo di Isaac Newton nasce e diviene *nel* tempo (oltre che *nello* spazio). Nell'ambito della meccanica classica non è affatto assurdo discutere di cosa è accadduto *prima* della creazione dell'universo materiale e di cosa accadrà *dopo* la sua scomparsa.

L'universo di Albert Einstein e della meccanica relativistica, invece, nasce *col* tempo e *con* lo spazio. Anzi, *con* lo *spaziotempo*. Nulla è avvenuto prima della creazione dell'universo materiale. E nulla avverrà dopo la sua scomparsa. Semplicemente perché non ci sono né un *prima*, né un *dopo*. Lo spaziotempo non è piú indifferente alla materia. In un certo senso è creato dalla materia. In un certo senso il tempo è una realtà di ordine inferiore rispetto all'universo materiale.

Ma prima di verificare come la meccanica relativistica di Albert Einstein abbia degradato lo spazio e il tempo, riducendoli a pure ombre (secondo una nota definizione di Hermann Minkowski), vediamo le tappe che ne hanno lentamente segnato la crisi nel corso della storia della meccanica classica.

Il tempo cosí come lo intendiamo oggi, scriveva Arthur Eddington negli anni '20, è stato scoperto nel 1675 da Ole Roemer. Fu infatti quel giovane astronomo danese, attento osservatore del pianeta Giove e delle eclissi dei suoi satelliti, a dimostrare che la luce non si propaga istantaneamente, ma si sposta «in modo graduale». Roemer calcolò che la luce viaggia nello spazio a una velocità che è sí enorme, 300.000 chilometri al secondo, ma è finita. Come scrivono Peter Coveney e Roger Highfield: «L'opera di Roemer segnò l'inizio della fine della concezione – estremamente ingenua – del tempo assoluto, secondo la quale agli eventi che percepiamo nei piú remoti angoli dell'Universo veniva attribuito lo stesso tempo istantaneo valido sulla Terra». Quando guardiamo il Sole vediamo ciò che è accaduto otto minuti prima. E quando guardiamo una galassia remota, vediamo ciò che è accaduto milioni e persino miliardi di anni fa. Roemer capí che l'universo ci informa con un certo ritardo dei suoi eventi. E, soprattutto, informa con tempi diversi osservatori collocati in luoghi diversi.

La seconda crepa nell'edificio newtoniano del tempo e dello spazio assoluto viene aperta, a metà dell'Ottocento, da un matematico, Georg Riemann, e dalla sua scoperta delle geometrie curve non euclidee. L'inglese William Clifford comprese subito le conseguenze fisiche della scoperta: lo spazio tradizionale e piatto di Euclide è solo uno tra i molti spazi possibili. Chi ci assicura che la geometria del mondo reale possiede la semplice e piatta forma euclidea? Chi ci assicura che non abbia, invece, una geometria curva? Certo lo spazio che osserviamo ci appare piatto (le rette parallele non si incontrano mai e la somma degli angoli di un triangolo è sempre 180°). Ma le nostre osservazioni sono limitate a regioni locali dell'universo. E Riemann insegna che la maggior parte delle superfici curve appare piatta se osservata su piccole aree. Proprio come ci appare piatto l'oceano che, invece, come sappiamo asseconda la superficie curva della Terra.

La terza grande crepa nella meccanica classica viene aperta da Albert Michelson e Edward Morley, quando nel 1887 presso la Chase School of Applied Mechanics di Cleveland, negli Stati Uniti, dimostrano che due raggi perpendicolari di luce viaggiano nello spazio alla medesima velocità. Non c'è alcun «vento dell'etere» in grado di frenarli. Non c'è dunque alcun etere nello spazio che si possa proporre come sistema di riferimento assoluto.

Dilatando queste crepe e in due tappe successive Albert Einstein, all'inizio del Novecento, abbatte l'edificio della meccanica classica. Il tempo assoluto resta schiacciato tra le sue macerie. Mentre il fisico tedesco costruisce il nuovo edificio della meccanica relativistica. L'edificio dello spaziotempo curvo.

Nel 1905 Albert Einstein, che sta studiando i problemi dell'ottica, pubblica sugli «Annalen der Physik» un articolo dal titolo *Sull'elettrodinamica dei corpi in movimento*, in cui propone due principi:

1. Il *principio di invarianza delle leggi naturali*. Le leggi della fisica sono le stesse in ogni regione dell'universo, indipendentemente dalla velocità di chi le osserva.
2. Il *principio di invarianza della velocità della luce*. La velocità della luce è costante e indipendente dal moto della sorgente luminosa e dal moto dell'osservatore.

Il primo principio è un postulato accettabile. Il secondo principio, invece, fa a pezzi il senso comune. Ecco come. Consideriamo un treno che viaggia a 100 km/h da Torino verso Milano. E consideriamo un passeggero che sta risalendo dalla coda verso la testa a passo normale. Per il controllore del treno, quel passeggero si muove alla velocità di 5 km/h. Ma il casellante di un passaggio a livello che lo osserva da terra lo vede muoversi a 105 km/h. Mentre un ipotetico osservatore dallo spazio lo vedrebbe muoversi alla velocità di rotazione della Terra piú 105 km/h. È chiaro a tutti che la velocità dell'anonimo passeggero dipende dal moto dell'osservatore. Ma il principio di Einstein impone che se quel passeggero accende la luce nel suo scompartimento, tutti e tre gli osservatori, il controllore, il casellante e l'astronauta, vedano il raggio propagarsi alla medesima velocità: 300.000 km/s.

Sulla base dei due principi di invarianza, a soli ventisei anni Einstein definí la teoria della relatività speciale. E provocò la caduta del concetto di tempo assoluto. Non esiste un «qui e ora» universale, un orologio che batte le ore del cosmo intero. Lo spazio e il tempo perdono la loro indipendenza e diventano concetti relativi. Ogni osservatore, infatti, ha il *suo* tempo, che dipende dalla velocità alla quale si muove.

Il mondo, per chi viaggia a velocità «normali», resta essenzialmente quello di Newton. Ma chi viaggia a velocità prossime a quelle della luce lo vede in modo affatto diverso. Le dimensioni si curvano e si restringono. Il tempo si dilata e rallenta. Se qualcuno potesse viaggiare a cavallo di un fotone potrebbe addirittura fermarlo. Purtroppo, al crescere della velocità, cresce anche la massa. E per far muovere una massa (infinita) alla velocità della luce, per fermare il tempo, occorre un'→energia infinita. Che nessuno può conferirci.

Questi e un'altra serie di paradossi dimostrano che nell'ambito della relatività speciale (o ristretta) non solo non esiste un «qui e ora» valido per tutti, ma non esiste neppure un tempo indipendente. Il tempo è intimamente legato allo spazio per formare quella griglia quadridimensionale dello spaziotempo in cui hanno luogo tutti gli eventi dell'universo e di cui per primo parlò nel 1908 Hermann Minkowski. Il tempo assoluto non esiste piú. Lo spaziotempo quadridimensionale conserva invece un carattere assoluto, almeno nel senso della uniformità e dell'autonomia dalla materia (spaziotempo piatto di Minkowski).

Ancora per poco. Nel 1916, con l'articolo *Le equazioni di campo della gravitazione*, pubblicato sulla rivista dell'Accademia berlinese delle scienze, Einstein definí la teoria della relatività generale. Basata su un nuovo principio:

> *Principio di equivalenza*. Le forze inerziali non possono essere distinte dalle forze gravitazionali.

Un esempio, fornitoci dallo stesso Einstein, ne chiarisce il significato. Consideriamo un uomo in ascensore sospeso dal suolo che lascia cadere il proprio accendino. Egli vede che l'accendino cade sul pavimento. Proprio come se fosse a terra. Conclude che una forza, la gravità, attira verso il pavimento tutti i corpi presenti nell'ascensore. Ammettiamo che l'ascensore venga prelevato da una magica gru, allontanato dalla Terra e lasciato nello spazio cosmico senza che il suo ospite se ne accorga. Ammettiamo anche che il moto dell'ascensore venga costantemente accelerato di 9,8 m/s^2. Lasciando l'accendino, l'osservatore lo vedrebbe di nuovo cadere sul pavimento. E potrebbe concludere che egli si trova ancora sulla Terra. Se non guarda dal finestrino non ha nessuna possibilità di verificare che a far cadere l'accendino stavolta è la forza inerziale e non la forza di gravità.

Anche la luce è soggetta alla forza inerziale. Se un fascio di luce attraversa l'ascensore che si muove di moto uniformemente accelerato nello spazio, l'osservatore lo vede «cadere», proprio come il suo accendino, verso il pavimento. Per il principio di equivalenza, ne concluse Einstein, la luce deve essere deviata anche da un campo gravitazionale. L'eclissi del 1919 consentí di misurare la deviazione che subiva la luce proveniente da una stella lontana mentre passava nelle vicinanze del Sole. Era proprio quella prevista da Einstein.

La teoria della relatività generale, superato cosí brillantemente l'esame della osservazione sperimentale, assestò la picconata definitiva allo status ontologico del tempo. La rete dello spaziotempo emersa nella relatività ristretta può conservare una geometria piatta, euclidea, solo in assenza di massa. La presenza di materia distorce, curva la geometria dello spaziotempo proprio come una grossa pietra distorce una rete elastica. E la forza di gravità non è altro che la misura della distorsione dello spaziotempo a opera della materia e della radiazione. In altri termini, materia e radiazione informano di sé lo spaziotempo. Lo modellano e, per certi versi, lo creano.

Con la relatività generale il tempo non è piú solo legato allo spazio, ma diventa un tributario, se non una vera e propria creazione, della materia e dell'energia. Da Isaac Newton ad Albert Einstein, dunque, l'evoluzione della meccanica è davvero coincisa con la degradazione del concetto di tempo fisico. O, se si vuole, con l'ascesa e la caduta del *tempo assoluto*.

Una nuova fisica potrà far rinascere il tempo? Molti ritengono, non senza solidi argomenti, che, dopo Einstien, non c'è piú alcun problema filosofico riguardo al tempo e alla sua realtà. Tutto è già stato risolto dalla fisica relativistica. La filosofia non ha che da prenderne atto.

Ma qualche aspetto da chiarire esiste ancora. E, forse, si tratta di aspetti che impediscono di considerare chiuso il problema del tempo fisico ed esaustiva la pur maestosa teoria di Einstein.

Ci sono almeno tre ragioni fondamentali che corroborano questa tesi.

In primo luogo la teoria della relatività generale deve essere considerata, come ripeteva peraltro lo stesso Einstein, incompleta. Sia perché gli oggetti macroscopici (non quantistici) vi trovano solo una collocazione empirica, ma non una collocazione teoricamente autosufficiente. Sia perché, come sostiene il fisico Stephen Hawking, la relatività generale contiene in sé il germe della sua propria autodistruzione: nel suo ambito, infatti, non è possibile evitare i punti di singolarità, ovvero quei punti dove molti parametri fisici raggiungono valori infiniti e le stesse leggi della fisica, praticamente, vengono meno. Occorre, sostengono molti, una nuova teoria dello spazio e del tempo che risolva questi problemi.

La seconda ragione riguarda il problema «micro-macro» e la possibilità di conciliare la teoria generale della relatività con l'altra grande teoria fondamentale della fisica, la meccanica quantistica. D'altra parte il degrado ontologico dello spazio e del tempo non si ferma con la teoria generale della relatività, ma prosegue con lo sviluppo delle teorie quantistiche. Lo spaziotempo relativistico, infatti, tende a perdere ogni suo residuo rapporto con il linguaggio e con l'immaginazione degli «animali sensienti», per assumere le forme di una schiuma inafferrabile e indeterministica, quando i cosmologi quantistici cercano di esaminarlo al livello infinitesimo della scala di Planck. A tutt'oggi manca una teoria dello spaziotempo quantistico. E, quindi, è l'intero problema dello spazio e del tempo in fisica a restare aperto. A ogni soluzione, aggiungono alcuni.

C'è, infine, una terza ragione. Forse la piú importante. Include in sé la faccenda, non risolta, della anisotropia o della freccia del tempo. Include la faccenda, non risolta, della dualità cartesiana mente/cervello. Attraversa il dibattito sul libero arbitrio. Per fermarsi di fronte al problema che, da Eraclito e Parmenide in poi, divide in due il mondo dei filosofi (e dei filosofi naturali): il →divenire del mondo che noi «animali sensienti» ravvisiamo è una realtà concreta o mera illusione?

Ma il senso comune è proprio cosí insensato?

«C'è divenire, ma il fisico non può saperlo.» Il cambiamento del mondo e la direzionalità del tempo sono reali. Ma si collocano, necessariamente, fuori dalla descrizione fisico-matematica della natura. Presenti alla mente. E inafferrabili alla fisica.

Non poteva scegliere una frase piú densa di concetti, gravida di conseguenze e lontana dai *mainstreams*, dalle principali correnti di pensiero, sul problema fondante del tempo, Massimo Pauri, per chiudere il suo saggio sulla «descrizione fisica del mondo e la questione del divenire temporale» pubblicato, di recente, all'interno del libro *Filosofia della fisica* che Giovanni Boniolo ha curato per i tipi della Bruno Mondadori.

Nel ribaltare la frase e i concetti di Hans Reichenbach, il noto filosofo neoempirista tedesco, secondo cui «se c'è il divenire, la fisica deve saperlo», Massimo Pauri, fisico relativista a Parma, docente di filosofia della scienza a Pittsburgh, Stati Uniti, vicepresidente dell'Académie Internationale de Philosophie des Sciences, propone una sua teoria sulla natura del tempo e la realtà del divenire, che lo porta, di necessità, a entratre nei campi, minati, di altri tre temi fondanti della scienza e della filosofia: la realtà della conoscenza scientifica, la caratterizzazione del vivente e la natura del rapporto mente/corpo. Da quei campi minati Massimo Pauri esce con una soluzione originale. Che, data l'autorevolezza del proponente, ci conviene ascoltare.

Pauri prende atto che la storia della fisica ha profondamente segnato la ricerca filosofica sul tempo. Perché da un lato ha comportato il progressivo e continuo degrado dello statuto ontologico del tempo. E dall'altro ha confermato la negazione costante di ogni sua direzionalità.

Nella meccanica di Newton il tempo era il contenitore assoluto e ineffabile, insieme allo spazio, degli accadimenti della materia. Nella meccanica relativistica di Einstein, il tempo assoluto e indipendente dalla materia scompare, per lasciar posto a uno spaziotempo geometrico profondamente dipendente dalla materia. Che, in qualche modo, lo crea. In alcune moderne teorie quantistiche di campo, infine, lo spaziotempo subordinato alla materia perde anche la sua continuità e, almeno in condizioni estreme, diventa una schiuma fluttuante difficile, persino, da visualizzare.

Mentre ne consumano la progressiva degradazione dello statuto ontologico, le teorie fisiche restano, però, concordi nel negare al tempo una direzione preferenziale. La fisica tutta, classica, relativistica e quantistica, nega all'unisono che quella freccia del tempo che noi percepiamo, vedendo le cose ordinarsi in modo, per esempio, da nascere, svilupparsi e poi morire, ma mai nel modo opposto di morire, desvilupparsi e poi nascere, abbia una qualche realtà.

Tutto questo porta la gran parte di coloro che si occupano di filosofia della fisica a (ri)dividersi in due campi speculari, ma a specchiarsi entrambi nel motto di Hans Reichenbach: «Se il divenire esiste, il fisico deve saperlo».

Quelli che, richiamandosi idealmente a Parmenide, credono che il tempo da noi percepito, in realtà, non esista e il cambiamento sia una mera illusione, interpretano l'assunto in questo modo: «Poiché la fisica non lo conosce, il divenire non esiste». Al contrario, coloro che, come Eraclito, sono convinti che il tempo sia reale e che il mondo cambi in continuazione, interpretano la frase di Reichenbach in questo modo: «Il divenire esiste, e quindi prima o poi la fisica lo scoprirà». È questa la posizione, tanto per fare un nome noto, del fisico-matematico Roger Penrose. Convinto che la riconciliazione tra meccanica quantistica e meccanica relativistica porterà, finalmente, a una teoria unitaria della fisica, che donerà al tempo gli antichi splendori ontologici e lo correderà di quella freccia direzionata che noi percepiamo senza riuscire a spiegare.

I due gruppi hanno prospettive di fondo opposte. Ma le fondano sulla medesima base (indimostrata). Entrambi, infatti, pensano che l'unico tempo reale sia e debba essere quello fisico. Di piú: ritengono, almeno implicitamente, che non ci sia una realtà al di fuori della fisica. O che non ci sia alcun aspetto della realtà non descrivibile, almeno in linea di principio, dalla fisica.

Al contrario, sostiene Massimo Pauri, il mondo fisico non è una «totalità autoconsistente». La descrizione fisica del mondo è, strutturalmente, incompleta. E la fisica coglie, in modo straordinariamente preciso, solo una parte della realtà: la parte, causalmente determinata, senza tempo e senza divenire. Pertanto nulla, in linea di principio, vieta che esista un «tempo reale», magari direzionato, diverso dal «tempo fisico». Un «divenire reale» inaccessibile alla fisica.

Una potenzialità logica non è ancora un'attualità realizzata. Quali prove abbiamo che esiste davvero un «tempo reale» al di fuori e non descrivibile dalla fisica? E quali sono, ammesso che esista, la sua origine e la sua natura?

La nostra →libertà. E la nostra coscienza di essere liberi. Qui è la prova fondamentale della realtà del tempo. Di tutto possiamo dubitare, argomenta cartesianamente Massimo Pauri, tranne che del fatto di esistere. E di poter operare libere scelte: in aperta contraddizione con la causalità logica contemplata da tutta la fisica, quella deterministica come quella non deterministica. Ma questa nostra coscienza e questa nostra libertà sono «nel tempo». E non possono che essere «nel tempo». Non è possibile rompere catene causali, fisiche o logiche che siano, se non in una dimensione temporale. La nostra autocoscienza e il nostro libero arbitrio richiedono e non possono esistere senza «un futuro non ancora realizzato». In senso logico, oltre che in senso strettamente causale.

Il tempo, direzionato, della nostra coscienza dunque non è il tempo, degradato, della fisica. È qualcosa di profondamente diverso. È, in qualche modo, una creazione della mente. Una capacità mentale di ordinare le cose del mondo. Ma non per questo è meno reale o meno obiettivo del tempo fisico. Il «nostro» tempo non è né una convenzione intersoggettiva, come può essere il regolamento di un club, né un'illusione. È un vissuto primario: ha un carattere di universalità.

Ma, oltre all'uomo, vi sono altri esseri viventi dotati di coscienza; forse di autocoscienza; e, non è escluso, di capacità di effettuare libere scelte. L'uomo, lo scimpanzé, il cane hanno, forse, la medesima percezione del tempo. In ogni caso l'uomo è il frutto di una lenta evoluzione biologica. Per cui l'«invenzione» del tempo non può essere un suo esclusivo appannaggio. Anzi, sostiene Massimo Pauri, a ben vedere è la caratteristica che distingue la materia vivente da quella non vivente. La vita dalla non vita.

Una pietra o una stella possono essere concepite fuori dal tempo ed essere considerate come distribuzione di materia in un dato istante. Ma, come rilevava il logico inglese Alfred North Whitehead, un organismo biologico funziona solo nello spazio e quindi richiede una durata temporale.

La capacità, acquisita dagli organismi viventi, di collocare cose ed eventi in un ordine temporale coincide, dunque, con la creazione del «tempo reale» che noi percepiamo. Ed è questa proprietà emergente (→emergenza), ipotizza Massimo Pauri, che ha consentito la transizione dal non vivente al vivente.

Da questa complessa costruzione e spiegazione del tempo, come segno rivelatore del divenire, operata da Massimo Pauri, scaturiscono alcune conseguenze di notevole portata.

Il divenire esiste, come voleva Eraclito. Ma non ha una dimensione universale. Almeno non ha una dimensione universale provata. È un fenomeno «locale»: un intorno del vivente.

C'è una realtà, quella della mente e, piú in generale, della biologia, irriducibile alla fisica. Che il fisico (come tale) non può conoscere.

La ricerca di una teoria fisica che «includa» il tempo è un atto forse velleitario e comunque (filosoficamente) inutile. Il futuro in ogni caso è aperto. Perché c'è un qualcosa, chiamato libero arbitrio, capace di rompere le catene di causalità, logica e fisica.

L'insieme di queste e altre conseguenze è davvero intrigante. Forse non può essere accettato da tutti. Ma poiché scaturisce in modo coerente dall'analisi rigorosa di un fisico, Massimo Pauri, che come pochi sa di filosofia, è la base ideale di discussione su un ente, il tempo, su cui tutti, come Agostino, pensiamo di sapere cosa sia. Tranne quando qualcuno, infine, ci chiede di dirlo.

Letture: Enrico Bellone, *Spazio e tempo nella nuova scienza*, Roma, La Nuova Italia Scientifica, 1994; Peter Coveney e Roger Highfield, *La freccia del tempo*, Milano, Rizzoli, 1991; Stephen Jay Gould, *La freccia del tempo, il ciclo del tempo*, Milano, Feltrinelli, 1989; Massimo Pauri, *La descrizione fisica del mondo e la questione del divenire temporale*, in Giovanni Boniolo (a cura di), *Filosofia della fisica*, Milano, Bruno Mondadori, 1997; Luigi Ruggiu (a cura di), *Filosofia del tempo*, Milano, Bruno Mondadori, 1997.

Tempo, viaggi nel

(dal latino *tempus*; dal provenzale *viatge*, derivato dal latino *viaticus*)

Dopo anni di strenua resistenza, anche il cosmologo Stephen Hawking ha ceduto. Non oppone piú teoremi d'impossibilità né fisici, né logici. E, dall'alto di quella Cattedra lucasiana di matematica a Cambridge che fu di Isaac Newton, riconosce che, all'interfaccia tra la →relatività generale e la →meccanica quantistica, un fisico teorico non ha grosse difficoltà a imboccare il cunicolo che lo porta a scarrozzare tra il passato e il futuro, organizzando spericolati viaggi nel →tempo.

Proprio come suggeriva, a metà degli anni '70, il fisico matematico, in forza alla Tulane University della Louisiana, Frank Tipler (che ora, non pago della sorpresa suscitata con la sua fisica dei viaggi nel tempo, propone una fisica dei viaggi nell'→eternità). Certo, siamo tutti sbigottiti di fronte a questa eventualità, ma vi proponiamo di non inoltrarci per i meandri di quelle che, forse giustamente, Adolf Grünbaum, filosofo della scienza a Pittsburgh, definisce le «erronee interpretazioni teologiche della →cosmologia fisica». Restiamo negli ambiti canonici della →scienza, seppure di frontiera, limitandoci a darvi le ultime sulla costruzione (teorica) della macchina del tempo. Ma cerchiamo anche di capire perché oggi, come sostiene lo storico della scienza Daniel Kevles (*The Final Secret of the Universe?*, in «The New York Review of Books», 16 maggio 1991), «non è affatto sorprendente che lo specchio della cosmologia fisica rifletta qualsiasi immagine, filosofica o religiosa, che l'osservatore desideri vedere in esso». Insomma, perché la fisica teorica dell'infinitamente grande, ottant'anni dopo la relatività generale di Einstein, giunga di tanto in tanto ai limiti dell'infinitamente incredibile. E, qualche volta, li oltrepassi.

No, non crediate che questo senso di attonito stupore colpisca solo noi, gente comune e ingenua (→senso comune). Qualche volta coglie anche i fisici piú esperti e smaliziati. Tant'è che ormai sono in molti a definire quella teorica una «metacosmologia». E «ascientifiche» le sue teorie (→teoria). Ancorché proposte da cosmologi di assoluto valore, dotati di computer di assoluta potenza (→simulazione).

Molti avranno letto i romanzi di H.G. Wells. Che, di fatto, è stato il primo, nel 1895, a costruire *La macchina del tempo* e a viaggiare nel passato con un mezzo moderno. Infatti Wells non ha solo stimolato la fantasia di alcune generazioni di adolescenti. Ma, come riconosce il fisico teorico e comunicatore scientifico Paul Davies, ha persino anticipato alcuni aspetti della relatività ristretta di Einstein. E tuttavia l'avveniristica macchina del tempo di Wells è stata costruita con la sola immaginazione. Cosí che appartiene, per intero, alla letteratura.

Il primo a costruire, nel 1949, una macchina del tempo con gli strumenti della fisica e della →matematica è stato l'austriaco Kurt Gödel: il piú grande logico del XX secolo (→logica). A quel tempo Gödel lavorava in una stanza accanto a quella di Albert Einstein, presso l'Institute for Advanced Study di Princeton. Come Einstein, era emigrato in America negli anni '30 per sfuggire al nazismo. Gödel è famoso per i suoi teoremi di impossibilità. Ha mostrato all'attonita comunità dei matematici che è impossibile per ogni sistema logico-formale, ivi inclusa la matematica, dimostrare la propria coerenza interna. E ha mostrato, a un attonito funzionario del governo degli Stati Uniti, che è impossibile con le regole della Costituzione americana evitare il rischio che, con strumenti del tutto legali, nel paese della libertà assuma il potere un despota e, proprio come è successo con Hitler in Germania, instauri una dittatura con (l'iniziale) consenso democratico.

Allo stesso modo mostra, a un perplesso Einstein, che le sue equazioni del →campo gravitazionale (→gravitazione) consentono, nelle particolari condizioni di un →universo che ruota su se stesso, di chiudere una linea spaziotemporale e di ritornare nel passato. Con la sua teoria della relatività generale, nel 1916, Einstein ha rivoluzionato l'idea stessa dello →spazio e del tempo. Essi non sono piú i contenitori ineffabili ove accadono gli eventi dell'universo fisico, come voleva Newton. Ma sono attori tra gli attori sulla scena cosmica. In particolare lo spazio e il tempo formano un unico ordito quadridimensionale, la cui →geometria è modellata dalla →materia. O meglio, dal campo gravitazionale. Come tu hai dimostrato, spiega Gödel a Einstein, la storia di ogni particella forma una linea nello spaziotempo. Una linea che si curva in presenza di campi gravitazionali molto intensi. Bene, se ammettiamo l'esistenza di un universo rotante e un campo gravitazionale abbastanza intenso, questa linea può chiudersi fino a formare un laccio: una curva del tempo chiusa (CTC). E la particella può tornare nel passato. Anzi, può viaggiare nel tempo. Visto che non c'è nulla, nella teoria della relatività, che impedisca alla particella o, magari, a un essere umano, di pendolare a piacimento tra passato, presente e futuro.

La fisica e la curva del tempo chiusa (CTC), dunque, consentono, o comunque, non proibiscono a Edipo di superare il suo rimorso riscrivendo la sua inquietante storia. In fondo, gli basta prendere in prestito la macchina del tempo di Gödel, viaggiare nel passato, impedire con un innocente *escamotage* la nascita del padre e poi, ritornato al presente, sposare la madre senza complesso alcuno. Certo Edipo si imbarca in un paradosso logico che magari lo porterà comunque alle soglie della pazzia. Ma in compenso risolve i suoi problemi etici. Ipotesi affascinante. Ma paradosso logico insuperabile.

Dopo la pubblicazione della soluzione che Gödel ha dato alle sue equazioni cosmologiche, Einstein confessa che l'idea di una →geometria dello spaziotempo abbastanza curva da consentire la formazione dei lacci temporali ipotizzati dal logico austriaco lo ha intrigato e disturbato fin dall'inizio. Fin dalla sua prima elaborazione, nel 1916, Einstein ha avuto ben presenti i problemi fisici e i paradossi causali connessi alla teoria della relatività generale. E tuttavia egli è scettico sulla →realtà fisica dei viaggi nel tempo. E lascia aperta la possibilità che un giorno soluzioni alle sue equazioni del campo gravitazionale come quelle, paradossali, di Gödel possano essere scartate su basi fisiche. E non solo su basi logiche.

Sano e poco frequentato scetticismo, quello di Einstein. E prova di straordinaria modestia. Perché il piú grande fisico del Novecento, e forse di tutti i tempi, riconosce che, per quanto radicale e profonda, la sua teoria della relatività è una rivoluzione incompiuta.

Le soluzioni di Gödel (e il riconoscimento di Einstein) non coinvolgono piú di tanto i fisici, alla fine di quei turbolenti anni '40. Non solo perché i cosmologi escludono l'esistenza di un universo rotante. Ma anche perché nessuno riesce a immaginare campi gravitazionali cosí potenti da piegare e chiudere la curva del tempo. Insomma, bisogna rimandare a tempi migliori il viaggio nel passato e il ritorno nel futuro.

Ma una cosa è certa. Se mai la macchina del tempo sarà progettata, sarà progettata a Princeton. Già perché è ancora lí, nella cittadina americana che, all'inizio degli anni '60, cercando tra fisica gravitazionale e meccanica quantistica, John Wheeler scopre la possibilità di scavare *wormholes*, buchi di tarlo, nella topologia dello spaziotempo, e di ritrovarsi per una scorciatoia quantorelativistica a viaggiare nel passato o nel futuro remoto.

I problemi all'interfaccia tra fisica relativistica e fisica quantistica restano. E restano profondi. Anche perché Wheeler prevede che gli esotici viaggi nel passato o nel futuro vengano effettuati a cavallo di un tachione, ovvero di una particella che ha la caratteristica, proibita dalla relatività ristretta, di correre via «piú veloce della luce». La fisica superluminale di Wheeler lascia scettici i piú, ma intanto la macchina del tempo ritorna di attualità. Tanto piú che, nel 1963, Roy Kerr, matematico in Nuova Zelanda, scopre un altro modo di viaggiare nel tempo che non sia quello di incunearsi negli stretti cunicoli dello spaziotempo quantistico.

Basta precipitare in un buco nero, sostiene Kerr, e avere l'accortezza di evitare la *singolarità* finale. Un buco nero è un oggetto cosmico previsto dalla fisica relativistica che ha un campo gravitazionale cosí forte che nulla (o quasi) può sfuggirgli: neppure la luce. Questi oggetti implodono, sotto il peso della loro stessa massa. E, come dimostrano due giovani inglesi di belle speranze, Stephen Hawking e Roger Penrose, per ordine insindacabile della relatività generale si ritrovano alla fine in una singolarità. Un punto dove densità, pressione e temperatura diventano infinite. E le stesse leggi della fisica vengono meno. Un punto inaccettabile per i fisici. «La relatività generale contiene in sé il germe della sua propria distruzione», commenterà piú tardi Stephen Hawking, riproponendo il tema della rivoluzione incompiuta.

Bene, sostiene Kerr. Una particella (o magari un uomo) può trovare il cunicolo giusto per sfuggire alla singolarità di un buco nero e ritrovarsi in un altro universo. O in un'altra parte di questo universo. Nel suo passato come nel suo futuro. Purtroppo i buchi neri *à la Kerr* sono oggetti piuttosto instabili. E, pertanto, sono improponibili come reali macchine del tempo.

Occorre attendere il 1974 e Frank Tipler per avere una nuova proposta di astronave spaziotemporale. Il fisico della Tulane University assicura che la macchina del tempo ha la forma di uno spaghetto di lunghezza infinita (→infinito). Con la sua geometria cilindrica e ruotando su se stesso a velocità da cardiopalmo, lo spaghetto ti proietta in un posto a piacimento del passato o del futuro. Nessuno, però, ha la possibilità di provare per poter credere. Il viaggio è rimandato. Almeno fino a quando (nel 1986) Carl Sagan, esperto sia di astrofisica che di fanta-astrofisica, scrive un nuovo romanzo: *Contact*. I suoi personaggi risolvono il problema, letterario, di spostarsi nel tempo, viaggiando nell'*iperspazio*. Ma Sagan, da buon astrofisico, vuole che questi viaggi avvengano con protocolli di sicurezza accettabili. Per questo vola in California e chiede aiuto a Kip Thorne, fisico teorico in forza al Caltech. Thorne accetta di affrontare il problema e mette al lavoro due suoi laureandi, Michael Morris e Ulvi Yurtsever. In breve ottiene la soluzione (matematica) cercata. Sagan può stare tranquillo: non solo, come sosteneva Wheeler, lo spaziotempo è sforacchiato da *wormholes*. Ma questi cunicoli, almeno sulla carta, consentono il passaggio anche a grosse particelle materiali. E persino a loro aggregati parlanti.

Come? Be', bastano un paio di buchi neri e un *wormhole* che li connetta. Precauzione vuole che i buchi neri siano piuttosto grossi. Almeno quanto un milione di stelle come il nostro Sole. Solo cosí il temponauta che vi entra può evitare la «spaghettificazione», ovvero lo stiracchiamento dovuto alla rapida variazione di intensità del campo gravitazionale. Entrato nel buco nero massiccio, si tratta di imboccare la scorciatoia spaziotemporale giusta, staccare il biglietto di andata e ritorno, ed ecco che, in un amen, il temponauta si ritrova in un altro buco nero e/o in un'altra regione dello spazio e/o in un'altra regione del tempo. Questa, signori, è la macchina del tempo a misura d'uomo che ci propone la fisica quantorelativistica. Magari un è po' ingombrante. Ma è perfettamente funzionante.

Per la verità ce n'è anche un'altra versione. La propone, dal 1991, Richard Gott, fisico teorico, manco a dirlo, a Princeton. La macchina del tempo di Gott è un po' meno rozza. Nessun terrificante buco nero. Nessun angusto *wormhole*. Bastano due *stringhe cosmiche* (oggetti fossili dell'universo primordiale previsti dai teorici ma mai osservati), una veloce astronave e il gioco è fatto.

C'è qualche problema tecnologico. In fondo connettere due buchi neri massicci o avvicinare due stringhe cosmiche è ancora al di fuori delle nostre possibilità. Ma basta proiettarsi (con la fantasia) nel futuro, immaginare una società tecnologica abbastanza avanzata da poter manipolare gli oggetti cosmici, e il viaggio nel tempo può iniziare. L'impresa non è difficile. Frank Tipler immagina, teorie scientifiche alla mano, che queste società presto (nel giro di alcuni miliardi di miliardi di anni) esisteranno. Che riusciranno a colonizzare l'intero universo e, leggi della dinamica non lineare alla mano, a rallentarne il collasso verso la singolarità finale. Trovando il modo, nel frattempo, di creare Dio e resuscitare i morti. Cosa volete che siano, per queste società del futuro, i viaggi nel tempo?

Certo per noi, cittadini del presente, oltre a qualche ostacolo tecnico, c'è anche qualche ostacolo logico da superare. Come il paradosso del temponauta Edipo. O come quello frapposto, fino a qualche anno fa, dallo stesso Stephen Hawking, quando sosteneva che la miglior prova che i viaggi nel tempo non sono, e non saranno mai, possibili è che le nostre città e le nostre campagne non sono frequentate da orde di turisti provenienti dal futuro.

Ora sappiamo che la fisica non proibisce i viaggi nel tempo di Hawking e, forse, neppure i viaggi metafisici di Tipler che invece la logica si ostina a inibire. Ma non conosciamo il motivo di questa aporia. Qualcuno, come i filosofi inglesi David Deutsch e Michael Lockwood (*La fisica quantistica dei viaggi nel tempo*, in «Le Scienze», maggio 1994), non ha dubbi e attribuisce la colpa alla nostra logica. Obsoleta e non in grado di seguire l'evoluzione della fisica.

Altri, magari con maggiore prudenza, ricordano lo scetticismo (e la modestia) di Einstein. Se alcuni tra i piú brillanti fisici teorici contemporanei si perdono dietro la costruzione della macchina del tempo o addirittura dietro la costruzione della macchina dell'→immortalità, è perché non riescono a costruire qualcosa di molto piú poderoso. Una nuova teoria del tempo (e dello spazio).

Già, perché le due teorie fondamentali della fisica contemporanea, la relatività generale e la meccanica quantistica, a oltre settant'anni dalla loro formulazione, risultano ancora inconciliabili. Nelle pieghe di questa inconciliabilità spesso i fisici teorici si perdono, annunciando di aver trovato qui le scorciatoie fisico-matematiche verso il futuro e lí la formula dell'immortalità. In realtà, come sostiene Daniel Kevles, questi annunci non sono altro che il riflesso delle immagini filosofiche e religiose di chi li propone. L'immagine di una confusione.

In realtà la relatività generale e/o la meccanica dei quanti sono teorie incomplete. L'una e/o l'altra devono essere completate. Con ogni probabilità il novello Einstein, quando verrà, non solo riuscirà a regalarci una nuova →teoria dello spazio e del tempo, ma riuscirà anche a indicare le cause fisiche che impediscono di costruire la macchina del tempo. Lasciando magari alla logica l'onere di dimostrare come sia, almeno un tantino, velleitario presumere di costruire, per via matematica, il Signore Iddio.

Letture: John Boslough, *I signori del tempo*, Milano, Garzanti, 1995; Frank Tipler, *La fisica dell'immortalità*, Milano, Mondadori, 1995.

Teologia (e scienza)

(dal greco θεολογία)

L'alba della nuova →scienza è segnata dal conflitto, violentissimo, con l'autorità religiosa. Nel 1616 il papa Paolo V ordina alla Congregazione dell'Indice la sospensione e la correzione del *De revolutionibus orbium coelestium* scritto nel 1543 da Niccolò Copernico. Nel 1633 il Sant'Uffizio costringe Galileo Galilei ad abiurare l'ipotesi eliocentrica e lo condanna al carcere a vita. Questi fatti sono sufficienti per indurre molti razionalisti a guardare al Seicento come al secolo della liberazione, allorché il sapere dell'uomo si emancipa finalmente dalla tutela soffocante della regina delle scienze, la teologia. E sono sufficienti, questi fatti, per indurre molti uomini di religione a guardare al Seicento come al secolo della superbia, allorché il sapere dell'→uomo si secolarizza e inizia a «escludere Dio dal mondo».

Nulla di piú sbagliato, sostiene Amos Funkenstein, professore di storia e cultura ebraica presso la Stanford University, nonché docente di storia e filosofia della scienza presso l'Università di Tel Aviv. La scienza non nasce affatto in rivolta contro la teologia. Anzi, nasce quasi come una forma nuova di teologia. E tutta all'interno di un processo di evoluzione della teologia. Tanto che, tra il Cinquecento e il Seicento, il nuovo pensiero scientifico e il pensiero teologico si ritrovano talmente vicini da finire col fondersi «in un linguaggio unico, espressione di una vera e propria *teologia laica*, come non si era mai verificato prima di allora e come non sarebbe piú accaduto in seguito».

La tesi non è completamente nuova. Basta sfogliare quel classico della storia della scienza che è *Dal mondo chiuso all'universo infinito* di Alexandre Koyré, per rendersi conto non solo che Dio è presente nel pensiero scientifico e nella →cosmologia di tutti i grandi della *nuova scienza*, da Galileo a Cartesio, da Leibniz a Newton. Ma anche che tutto ciò è ben presente ai moderni storici della scienza.

D'altra parte già nell'alto Medio Evo si è consumata un'esperienza di fusione tra scienza e teologia, nell'ambito della cultura islamica (→Islam), allorché l'*hakim*, l'uomo saggio e sapiente al vertice della società sciita, raggiunge la Rivelazione percorrendo una via *esclusivamente razionale* di studio della →natura. La nuova scienza europea ha davvero un debito enorme e non ancora completamente riconosciuto nei confronti della cultura islamica.

E tra i grandi teologi laici della nuova scienza c'è certamente Galileo. Come ha riconosciuto di recente anche Giovanni Paolo II. E sí che l'uomo di scienza fiorentino, tra quei teologi laici, è forse il piú grande. Per via di quel suo «ardito progetto» (la definizione è di Ludovico Geymonat) teso a inglobare all'interno della dottrina della Chiesa il nuovo pensiero scientifico, distinguendo tra le verità fisiche rivelate indirettamente da Dio nelle Sacre Scritture, attraverso metafore che l'uomo può solo interpretare, e le verità fisiche scritte da Dio nel

Libro della Natura col linguaggio chiaro e diretto della →geometria, immediatamente intelligibile all'uomo.

Tuttavia l'analisi di Funkenstein ci offre una visione del rapporto tra teologia e nuova scienza inedita in almeno due punti. È originale, Funkenstein, quando offre solidi argomenti a favore della forte integrazione che, tra Medio Evo e Seicento, si sarebbe consumata, a dispetto delle apparenze, tra i due campi dello scibile umano in un periodo in cui, peraltro, la →religione è fonte di divisione in Europa.

Ed è originale, lo studioso ebraico, quando sostiene, in modo convincente, che da questo incontro i caratteri di Dio escono profondamente modificati. I teologi laici, cioè gli scienziati e i filosofi naturali, si accorgono che la forza del progresso delle conoscenze scientifiche è tale da richiedere un formidabile riaggiustamento dell'immagine che gli europei avevano di Dio nel Medio Evo. Nell'universo omogeneo di Galileo e infinito di Newton, cambia completamente il senso della onnipresenza di Dio. Nell'universo meccano e autosufficiente di Cartesio, cambia il senso della onnipotenza di Dio. Nella storia costruita dall'uomo di Giovan Battista Vico, cambia il senso della provvidenza di Dio.

Gli scienziati del Cinquecento e, soprattutto, del Seicento, non cercano dunque di «escludere Dio dal mondo». Ma si cimentano nell'impresa di descrivere «come Dio sta nel mondo». Nel nuovo mondo che essi vanno scoprendo. Soggetto ai vincoli fisici che essi vanno scoprendo. La peculiarità di questa impresa sta nel fatto, tuttavia, che gli scienziati non antepongono la verità rivelata alla verità fisica. Le certezze della →fisica, in materia di filosofia naturale, sono di ordine superiore a quelle della fede. Persino la natura di Dio viene riadattata alla realtà dell'universo che la scienza va svelando.

L'operazione che Amos Funkenstein descrive è titanica. Coinvolge il meglio della cultura laica europea. Produce buoni frutti, oltre che stridenti conflitti. Ma ha in sé il germe del proprio fallimento, come giustamente rilevano anche alcuni teologi contemporanei. E come sancirà, di lí a un secolo, il filosofo Immanuel Kant. Che elimina Dio dalla metodologia scientifica. E lo proietta come un'ombra sull'→universo. Incombente ma esterna.

La verità è che l'impresa scientifica, per sua intima natura, tende a costruire un universo autosufficiente. Regolato solo da leggi (→legge) fisiche universali e comprensibili. La scienza tende a «escludere Dio dal mondo» fisico. Questo è tanto piú vero nell'universo meccano (→meccanicismo) descritto proprio nel Seicento dalla filosofia naturale di Cartesio e dalle leggi di →gravitazione universale di Newton. In questo cosmo governato da leggi semplici e assolutamente deterministiche (→determinismo), Dio viene prima cacciato in un angolo e poi espulso dal procedere delle conoscenze. Isaac Newton invoca sí l'intervento divino nel suo universo, ma solo per ristabilire l'ordine cosmico minato dalle instabilità gravitazionali. Giustamente Leibniz fa notare che il Dio di Newton somiglia a un orologiaio maldestro che non riesce a far funzionare il meccanismo che ha creato. Ma quando, un secolo dopo, il problema delle instabilità trova una soluzione fisica soddisfacente, ecco che, a Napoleone che gli chiede quale sia il ruolo divino nel suo universo, il marchese e fisico-matematico Pierre-Simon de Laplace può rispondere superbo: «Dio? Non ho bisogno di questa ipotesi».

Con Laplace la stagione dell'integrazione tra scienza e teologia è virtualmente finita. La prima ha le sue →verità: che oggi sappiamo essere parziali, contingenti, ma dimostrabili. La seconda ha altre verità, cui si accede solo per fede. I due discorsi sulla →conoscenza procedono lungo strade parallele. Ogni tentativo di farli reincontrare per fonderli sarebbe artificioso. E accompagnato dal rischio di produrre molti meno frutti e molti piú guasti che nel Seicento.

Letture: Amos Funkenstein, *Teologia e immaginazione scientifica dal Medioevo al Seicento*, Torino, Einaudi, 1996; Ludovico Geymonat, *Galileo Galilei*, Torino, Einaudi, 1969; Stanley L. Jaki, *La strada della scienza e le vie verso Dio*, Milano, Jaca Book, 1988; Alexandre Koyré, *Dal mondo chiuso all'universo infinito*, Milano, Feltrinelli, 1970; Clelia Sarnelli Cerqua, Ornella Marra e Pier Giovanni Pelfer (a cura di), *La civiltà islamica e le scienze*, Napoli, Cuen, 1995.

Teoria

(dal greco θεωρία)

Albert Einstein è, giustamente, considerato il piú grande fisico del XX secolo. Lo scienziato che ha elaborato alcune tra le teorie piú belle e piú profonde della storia della fisica. Tuttavia Einstein è anche un filosofo della natura che ha elaborato una sua precisa, organica e coerente epistemologia. Pochi uomini di scienza, infatti, hanno riflettuto, come lui, tanto e cosí a lungo su come si acquisiscono nuove conoscenze scientifiche e su come lavorano gli scienziati. Le sue riflessioni epistemologiche, Einstein le ha espresse piú e piú volte, talvolta per frammenti, altre in maniera piú organica. Ricostruire il suo pensiero di filosofo della natura e di filosofo della scienza, dunque, potrebbe non essere impresa facile. Per fortuna, però, abbiamo il testo della Herbert Spencer Lecture, la conferenza che il fisico tedesco tiene a Oxford il 10 giugno 1933 e che rappresenta, per dirla con Philipp Frank, uno dei suoi tanti biografi-colleghi, «la piú elegante esposizione dei suoi punti di vista circa la natura di una teoria fisica».

Non c'è nulla di meglio, dunque, per cercare di verificare quale ruolo e quale significato abbia la parola teoria nella dinamica della scoperta scientifica, che andare ad ascoltare Albert Einstein mentre pronuncia la Herbert Spencer Lecture, la prima conferenza da lui tenuta in lingua inglese in Inghilterra, ed espone in maniera diffusa il suo pensiero sui «Metodi della Fisica Teorica».

Ma, prima di dare la parola a Einstein, definiamo, sia pure in primissima battuta, cosa uno scienziato intende quando parla di teoria scientifica. In genere, per teoria scientifica uno scienziato intende un insieme concatenato di concetti, principi e leggi (→legge) formulato allo scopo di spiegare e/o predire i fenomeni della →natura. Questa definizione è piuttosto generica e non ci dice molto sui vari passaggi della ricerca, che magari si conclude con una scoperta, e che coinvolgono la teoria. Ci può aiutare, allora, lo schema proposto all'inizio del Novecento da Pierre Duhem. Il processo che coinvolge la teoria nella spiegazione di un fenomeno naturale sottoposto a →osservazione consiste, secondo il filosofo francese, di almeno quattro diversi passaggi:

1. la definizione e la misura delle grandezze fisiche coinvolte;
2. la scelta delle →ipotesi di spiegazione;
3. lo sviluppo matematico della teoria;
4. il confronto della teoria con l'esperienza (→esperimento).

L'ultimo passaggio è l'unico che possa servire come criterio per stabilire la →verità della teoria scientifica proposta. Tenendo presente che si tratta, sempre, di una verità provvisoria. E che, pertanto, la teoria è lo strumento con cui lo scienziato, piú che cercare di attingere alla verità, cerca di «salvare i fenomeni».

Da notare, ancora, che secondo Duhem la teoria è, in qualche modo, un'ipotesi scientifica matura, cioè matematizzata.

E da notare, infine, che queste definizioni, per quanto articolate, ancora nulla ci dicono su come gli scienziati elaborano le teorie (psicologia della scoperta scientifica) e, soprattutto, come le teorie si relazionano ai fenomeni della natura. Ovvero qual è il rapporto tra teoria, →conoscenza e →realtà, ammesso che esista una realtà oggettiva conoscibile.

Tutto ciò detto, diamo finalmente la parola a Einstein.

Sono convinto, sostiene il fisico tedesco a mo' di premessa nella sua Herbert Spencer Lecture, che una realtà fisica oggettiva esista. Sono pienamente convinto, inoltre, che esista anche una via corretta per giungere a conoscere la realtà fisica oggettiva. E, soprattutto, sono convinto che «noi siamo in grado di trovarla», quella via corretta. Siamo in grado cioè di elaborare teorie che descrivono compiutamente la realtà oggettiva. Nulla, in linea di principio, impedisce dunque all'uomo di conoscere le leggi generali della natura e di conoscere, in ogni suo aspetto, la realtà naturale oggettiva. La teoria scientifica non è altro che lo strumento con cui lo scienziato tenta di afferrare la realtà oggettiva.

Va da sé che l'impresa non è affatto semplice. Perché non è possibile trovare quella strada (cioè elaborare una teoria fisica) per →induzione, attraverso l'analisi dei fatti noti. Questi fatti sono cosí tanti e, spesso, cosí confusi, che c'è bisogno di filtri indipendenti e potenti per selezionarli e, correttamente, interpretarli. Questi filtri, indipendenti e potenti, sono le teorie fisiche.

Le teorie fisiche non sono scoperte di una verità nascosta, ma libere creazioni della mente dell'uomo. Intuizioni. Cosicché, il filtro indipendente e potente che ci consente di interpretare i fatti per intuizione e, comunque, seguendo una logica mai induttiva ma sempre ipotetico-deduttiva (→deduzione), altro non è che una visione del mondo. Un pregiudizio metafisico.

Noi intuiamo ed elaboriamo teorie fisiche, dunque, sulla base di pregiudizi metafisici. Naturalmente nulla ci garantisce che la teoria elaborata attraverso l'intuizione, ovvero la libera creatività della mente, sia giusta. Sia la corretta via. Tuttavia abbiamo un modo efficiente per collaudare, a posteriori, la correttezza della via imboccata: la teoria deve aderire ai fatti noti e prevederne di nuovi da raccogliere. La teoria non può entrare in contrasto coi fatti, pena il suo immediato decadimento.

Tuttavia anche teorie che interpretano pienamente e, talvolta, mirabilmente i fatti possono essere false, o almeno non corrette. È questo il caso della →meccanica newtoniana che interpreta bene, anzi in modo mirabile, gran parte dei fatti sperimentali, sebbene non colga la natura intima della →materia. La meccanica newtoniana si è trovata in alternativa alla →relatività generale per un certo tempo, continua Einstein, prima che emergessero fatti decisivi a favore della mia teoria. In altri termini, noi non sappiamo se la teoria fisica attuale con cui interpretiamo un certo numero di fatti noti, o magari tutti i fatti noti, è una teoria corretta. Potremmo sempre trovarci di fronte a una teoria efficiente, ancorché scorretta o incompleta. A questo punto diventa lecito porsi la domanda se potremo mai sperare di trovarla, la via corretta. Anzi, è giusto chiedersi o, comunque, non considerare banale chiedersi, se esista davvero una via corretta, oltre le nostre illusioni.

Io, sostiene ancora Einstein, credo che la via corretta esista: al di là delle nostre illusioni. E che sia anche possibile trovarla. Certo, non esiste un →metodo standard per scovarla, quell'unica via corretta. Ovvero, non esiste un metodo standard per elaborare teorie fisiche. Tuttavia esistono dei principi che possono indirizzarci verso la giusta strada. Si tratta di principi non codificati. Non dimostrati, né dimostrabili. Si tratta appunto, di pre-giudizi, il cui carattere è puramente metafisico.

Sul ruolo epistemologico essenziale dei pregiudizi metafisici Einstein non si è espresso solo a Oxford, ma piú volte e sempre chiaramente. Cosí, ad esempio, scrive nel 1919: «Un rapido sguardo allo sviluppo effettivo ci insegna che i grandi passi in avanti nella conoscenza scientifica sono nati solo in piccola parte in questo modo [induttivo]. Poiché, se un ricercatore intraprendesse il proprio lavoro senza alcuna idea preconcetta, come potrebbe selezionare quei fatti dal vasto mare dell'esperienza, e, per di piú, quelli abbastanza semplici da far venire alla luce solo le connessioni legittime?». Io stesso ho elaborato la teoria fisica della relatività partendo da pregiudizi metafisici, continua Einstein.

Mentre ascoltiamo la Herbert Spencer Lecture, ci viene in mente che, in realtà, la storia della →scienza ci dice che molti grandi fisici prima di Einstein, da Keplero a Galileo, e molti grandi fisici dopo Einstein, per esempio Paul Dirac, hanno elaborato (splendide) teorie sulla base di pregiudizi. Einstein non fa eccezione. Quello che è davvero originale nel fisico tedesco è il fatto che egli abbia una esplicita epistemologia in cui il ruolo del pregiudizio metafisico è lucidamente delineato.

E a Oxford, infatti, Einstein coglie l'occasione per renderli pubblici, i tanti pregiudizi metafisici da cui parte per condurre la sua ricerca fisica ed elaborare le sue teorie. Gerald Holton ne ha individuati almeno dieci, cui Einstein si è mantenuto sempre, e con piena lucidità, fedele. Ci limiteremo a elencarli, questi magnifici dieci pregiudizi su cui Einstein ha fondato la sua ricerca teorica.

Il primo è, per cosí dire, un *principio galileano*: la fiducia nella spiegazione formale della realtà naturale attraverso la →matematica; la convinzione che per mezzo «di costruzioni puramente matematiche» sia possibile scoprire i concetti e le leggi che governano i fenomeni naturali. Perché «il principio creativo risiede nella matematica».

Il secondo pregiudizio è il *principio di semplicità*, ovvero il principio della ricerca dei concetti matematici piú semplici e delle loro connessioni: «La nostra esperienza finora ci conforta a credere che la natura sia la realizzazione delle idee matematiche piú semplici che si possano concepire».

C'è, poi, il classico *principio di economia e di necessità logica*. Einstein ritiene, ancora, importanti i pregiudizi della *completezza* ed *esaustività* delle teorie. Della →simmetria. Della *costanza* e *invariabilità*. Della *causalità* newtoniana (→causa). Della *scala cosmologica* di applicabilità delle leggi. C'è, ancora, il pregiudizo del →continuo, ovvero la fiducia nell'assenza di ogni elemento discreto tra i concetti e le leggi fondamentali della fisica.

Sarebbe interessante approfondire i motivi che spingono Einstein a considerare proprio questi pregiudizi le migliori linee guida per trovare la corretta via, ovvero la giusta teoria. Tuttavia è per noi piú economico focalizzare l'attenzione sull'ultimo dei dieci pregiudizi che Einstein rivela di possedere nella preziosa Herbert Spencer Lecture del 1933.

Si tratta del pregiudizio metafisico portante della sua personale ricerca della teoria: il pregiudizio dell'*unità* della fisica, che egli cerca di cogliere attraverso una teoria, appunto, di campo continuo. Il pregiudizio dell'unità del reale, secondo Einstein, ha una validità generale nella logica della scoperta scientifica. Poiché lo scopo piú nobile di ogni teoria, sostiene, è rendere il piú possibile semplici e limitati di numero gli elementi irriducibili, senza rinunciare a un'adeguata rappresentazione dei contenuti empirici, allora il progresso di quell'edificio logico che è la scienza può essere inteso come un processo di successive unificazioni. E l'edificio logico viene tanto piú unificato, quanto minori divengono gli elementi concettuali logicamente indipendenti che sostengono l'intera struttura. Ovvero quanto piú generali sono le teorie.

La teoria, dunque, è una libera invenzione della mente dell'uomo che fa leva su potenti pregiudizi di natura metafisica. Naturalmente quella libera invenzione cessa di essere metafisica e diventa fisica (o, piú in generale, scienza) quando viene sottoposta alla verifica dell'esperienza.

Riassumendo. Non c'è alcun percorso logico, sostiene Einstein, che possa portare con relativa certezza alla scoperta delle leggi elementari (generali) della natura: c'è l'intuizione. L'intuizione del fisico teorico si nutre di pregiudizi metafisici. Ma la metafisica, anzi la costruzione di una solida visione del mondo, non è un mero strumento. È una necessità, un dovere per lo scienziato. Non solo, infatti, è possibile costruire una «rappresentazione semplificata del mondo che consenta una visione d'insieme [*Übersichtliches Bild der Welt*]», ma questo è esattamente il «compito supremo dello scienziato». In particolare, la visione del mondo del fisico «porta il nome orgoglioso di *Weltbild* perché le leggi generali su cui si basa la struttura concettuale della fisica teorica possono ritenersi valide per ogni evento naturale [...] perciò, il compito massimo per il fisico è cercare le leggi universali piú elementari da cui possa essere raggiunto il *Weltbild*, per pura deduzione».

Nessuno scienziato ha mai teorizzato, probabilmente, un legame cosí stretto, interdipendente e inestricabile tra scienza e →filosofia.

Lasciamo la sala dove Einstein ha tenuto la sua applaudita Herbert Spencer Lecture e riflettiamo. Se la teoria ha un ineliminabile e fecondo fondamento metafisico, si potrebbe allora immaginare la scienza come una palestra di teorie e di idee in conflitto. Con continui ribaltamenti paradigmatici (→paradigma).

Il conflitto tra teorie e tra visioni del mondo nella scienza è innegabile. Ma Einstein è convinto che, in ogni caso, la scienza non proceda per rivoluzioni, per cambiamenti cosí improvvisi e radicali da rappresentare vere e proprie soluzioni di continuità. Ma che proceda, piuttosto, per fasi evolutive, secondo linee di sviluppo, tutto sommato, continue e coerenti. Egli stesso non si percepisce come il rivoluzionario che, con la teoria della relatività, ha scalzato Newton, ma come il successore naturale che ha continuato l'opera di Newton. Dopo aver elaborato la teoria della relatività ristretta, Einstein la definisce una semplice modificazione e non una rivoluzione della teoria dello →spazio e del →tempo di Newton. E, dopo aver elaborato la teoria della relatività generale, scrive: «Qui non c'è nessun atto rivoluzionario, ma il naturale sviluppo di una linea che risale a secoli addietro» e che, comunque, «ha in qualche modo completato il possente edificio intellettuale di Maxwell e di Lorentz». Cosí anche il suo piú grande progetto, quello di unificare gravità ed elettromagnetismo è, agli occhi di Einstein, non il tentativo di rifondare la fisica, ma il tentativo di continuare l'opera dei suoi maestri ideali: Newton e, soprattutto, Maxwell.

Non sarà conflitto rivoluzionario, però le teorie sono spesso in competizione. In lotta tra loro per la sopravvivenza. Questa immagine richiama subito alla mente la teoria della selezione naturale (→evoluzione biologica). E, infatti, in un approccio di tipo naturalistico alle dinamiche scientifiche, qualcuno ha paragonato le teorie a organismi viventi, con proprietà funzionali (le proprietà logiche e argomentative) che possono risultare piú o meno adatte (→adattamento), con la loro capacità di spiegare, a sopravvivere nell'ambiente cognitivo in cui operano. I fatti modificano l'ambiente cognitivo e fanno sopravvivere le teorie meglio attrezzate, ovvero le teorie che li spiegano meglio. Le dottrine che superano la prova selettiva dell'esperienza diventano dottrina: ovvero possono essere impiegate per risolvere casi particolari.

Le teorie, infine, pur essendo libere creazioni della mente, non nascono dal nulla e non sono isolate. Ma sono collegate in una robusta →rete di analogie e di connessioni logiche che si estende nel tempo e nello spazio delle discipline. Ciò impedisce che una libera creazione della mente di un fisico contraddica una libera creazione della mente di un chimico e che le due opposte creazioni sopravvivano entrambe, a lungo, nel medesimo ambiente cognitivo.

Letture: Giovanni Boniolo e Paolo Vidali, *Filosofia della scienza*, Milano, Bruno Mondadori, 1999; Donald Gillies e Giulio Giorello, *La filosofia della scienza nel XX secolo*, Roma-Bari, Laterza, 1995; Gerald Holton, *La lezione di Einstein*, Milano, Feltrinelli, 1997; David Oldroyd, *Storia della filosofia della scienza*, Milano, Il Saggiatore, 1989.

Termodinamica

(dal greco θερμόν e δυναμικές)

La termodinamica è la →scienza che studia gli scambi di →energia. È nata e si è sviluppata nell'Ottocento, rispondendo alla richiesta dell'industria che andava prosperando anche grazie alle nuove tecnologie del vapore, capaci di trasformare calore in energia meccanica. La termodinamica si fonda su due principi ancora oggi, sia pure con qualche leggera modifica o postilla, considerati universali.

Il primo principio della termodinamica, proposto nel 1847 da Hermann von Helmholtz, recita:

> L'energia dell'→universo e di ogni sistema isolato è costante.

Il secondo principio della termodinamica, proposto nel 1868 da Rudolf Clausius, recita:

> L'→entropia dell'universo e di ogni sistema isolato tende ad aumentare.

Poiché l'entropia può essere considerata una grandezza che misura una sorta di degradazione dell'energia, e poiché il calore è la forma di energia piú degradata, possiamo riscrivere il secondo principio come:

> La degradazione di energia e, quindi il calore, tendono ad aumentare nell'universo e in ogni sistema isolato.

Sulla base di questi due principi, e della loro trattazione matematica rigorosa, i fondatori della termodinamica riescono a creare una solida →teoria scientifica degli scambi di energia. E a dividere i processi fisici in due grandi categorie, quelli reversibili e quelli irreversibili.

Cosa sia un processo reversibile è presto detto. Ammettiamo di avere un gas compresso in un cilindro, chiuso da un pistone mobile che esercita una pressione costante sul gas di un'atmosfera. Se aumento la temperatura del gas nel cilindro, il pistone si muove e il volume occupato dal gas aumenta. Se, poi, riporto la temperatura del gas al valore originario, il pistone, in modo del tutto spontaneo, ritorna a comprimere il gas nel volume originario. L'espansione del gas nel cilindro è un processo reversibile.

Ora ammettiamo di avere, nella nostra stanza, una bottiglia di profumo chiusa ermeticamente. Se apro la bottiglia il profumo evapora, sia pure lentamente, fino a svuotarsi del tutto. Da quel momento potrò munirmi di tutta la pazienza dell'universo: non vedrò mai il profumo ritornare spontaneamente nella bottiglia. Se voglio di nuovo la fragranza in boccetta, dovrò compiere un lavoro suppletivo.

Bene, la termodinamica mi dice che, al di fuori di poche condizioni ideali, i processi reversibili non esistono. Mentre in natura prevalgono, di gran lunga, i processi irreversibili. E, per di piú, questi processi irreversibili sono anche direzionati: vanno tutti dall'ordine verso il disordine.

Con queste sue proposte originali e, almeno in parte, inattese, la termodinamica si impone come una teoria solida, capace di mietere successi paragonabili a quelli della

→meccanica, sebbene non utilizzi né gli apparati concettuali, né le grandezze fisiche fondamentali della meccanica. A questo punto sorgono due tipi di domande:

1. la termodinamica sancisce una cesura nella →fisica o può essere ricondotta, in qualche modo, alla meccanica? E se, come tutti i fisici piú o meno si aspettano, la risposta è affermativa, se la termodinamica altro non è che una branca della meccanica, come è possibile riportarle all'unità?
2. la termodinamica impone una direzione all'→evoluzione cosmica, prevede una freccia direzionata del →tempo lungo la quale il disordine nell'universo deve aumentare (→necessità). In modo irreversibile. Ma le equazioni della meccanica sono tutte rigorosamente reversibili rispetto al tempo. La meccanica non conosce la «freccia del tempo». E, allora, se la termodinamica è una branca della meccanica, dove nasce l'irreversibilità?

La risposta alla prima domanda viene data da James Clerk Maxwell con un articolo pubblicato nel 1860 sul «Philosophical Magazine», dal titolo *Illustrazione della teoria dinamica dei gas*. Un gas, sostiene Maxwell, riprendendo vecchie idee del matematico e fisico svizzero Daniel Bernoulli e, in definitiva, dello stesso Isaac Newton, è costituito da minuscole particelle che si muovono e si urtano in continuazione. La temperatura e la pressione di cui parlano i termodinamici altro non sono che una misura macroscopica dell'energia cinetica media posseduta dai costituenti del gas. Insomma, i parametri termodinamici altro non sono che proprietà globali di sistemi costituiti da elementi che rispondono in tutto alle leggi della meccanica e che le leggi probabilistiche dei grandi numeri rendono estremamente precisi. D'altra parte, poiché seguire le traiettorie di queste particelle e gli scambi di energia conseguenti ai singoli urti non è praticamente e matematicamente possibile, oltre che fornire indicazioni precise, matematicamente trattabili, i parametri termodinamici, quali la temperatura e la pressione, sono anche utili.

James Clerk Maxwell propone una «teoria cinetica» per dare un fondamento solido alla termodinamica e ricondurla nell'alveo della meccanica. Impresa notevole, visto che la teoria cinetica dei gas si fonda su un'→ipotesi, quella atomica (→atomo) e molecolare della →materia, che non è stata ancora dimostrata e che autorevoli fisici e filosofi della natura, come l'austriaco Ernst Mach, rifiutano *in toto*. Impresa tanto piú degna di attenzione, perché è proprio Maxwell, con la sua teoria elettromagnetica, a minare fin dalle fondamenta il progetto di ridurre l'intera fisica alla meccanica (→meccanicismo).

Malgrado la proposta, geniale, di Maxwell, resta ancora in piedi il secondo problema posto dalla termodinamica: l'aumento irreversibile dell'entropia. La freccia del tempo. La risposta viene dal fisico austriaco Ludwig Boltzmann e da quel suo famoso «teorema H» che potremmo considerare come uno degli atti fondativi di una nuova disciplina fisica, o, se si vuole, di una nuova versione della meccanica: la meccanica statistica.

In pratica, il «teorema H» di Boltzmann sostiene che l'irreversibilità della termodinamica è solo apparente. I processi termodinamici sono sempre processi reversibili. E quel profumo che fugge via dalla bottiglia e, puoi attendere una vita, non lo vedi mai ritornare a riempirla? Be', risponde Boltzmann, la fuga del profumo dalla bottiglia non è un processo irreversibile, è solo un processo che comincia con particolarissime condizioni iniziali, altamente improbabili, ma non impossibili da ripristinare.

La bottiglia del nostro profumo contiene miliardi e miliardi di corpuscoli che, come sostiene Maxwell, si muovono in modo casuale (→caso). La stanza che contiene la bottiglia contiene altri corpuscoli, di natura diversa e in numero ancora maggiore. Anch'essi si muovono in modo casuale. Se voi prendete tutti gli stati possibili che possono realizzare insieme i corpuscoli della stanza e i corpuscoli della bottiglia, vi accorgerete che sono in numero enorme, ma finito. Lo stato particolare che prevede tutti i corpuscoli profumati nella bottiglia e tutti i corpuscoli non profumati fuori dalla bottiglia è uno stato possibile, anche se, certo, altamente improbabile. Se partite da questa condizione iniziale particolarissima, è chiaro, statistica alla mano, che i corpuscoli profumati, agitandosi a caso, si disperdono nella stanza e voi perdete il vostro profumo. Tuttavia se avete la pazienza di aspettare non per una vita intera, ma molto, molto di piú, diciamo qualcosa come 10^{60} anni, quattro volte la vita finora vissuta dal nostro universo, vedrete che, per un istante e per puro caso, i corpuscoli profumati si ritroveranno tutti nella vostra bottiglia e i corpuscoli non profumati tutti fuori. Se sarete pronti a tapparla, quella bottiglia, avrete dimostrato che il profumo è tornato spontaneamente nella sua sede originaria. Insomma, l'irreversibilità della termodinamica è solo apparente: dipende dalle condizioni iniziali e dai tempi lunghi, straordinariamente lunghi, dei processi reversibili di cui si occupa.

E allora, il secondo principio è una bufala? Non è, dunque, vero che l'entropia aumenta in modo sistematico e ineluttabile? La domanda, per la verità, è ancora oggi fonte di dibattito scientifico. Tuttavia Boltzmann sostiene (e la gran parte dei fisici conferma) che il secondo principio è valido, purché lo si interpreti correttamente. Che l'entropia è una grandezza reale, purché la si interpreti come misura di una tendenza. La tendenza, statistica, di un sistema termodinamico a evolvere verso una condizione di equilibrio. Condizione che, a sua volta, è semplicemente la somma degli stati piú probabili. Insomma, l'entropia è una misura della tendenza omologatrice della →natura. Una tendenza, appunto. Che è possibile cogliere quando sono in gioco i grandi numeri. Ma che non impedisce affatto fluttuazioni creative.

Letture: Mario Ageno, *Le origini della irreversibilità*, Torino, Bollati Boringhieri, 1992; Lloyd Motz e Jefferson H. Weaver, *La storia della fisica*, Bologna, Cappelli, 1991.

Turing, test di

(da Turing; dall'inglese *test*)

Quello di Turing è un test che cerca di verificare l'→intelligenza delle macchine. È stato proposto nel 1951 dal logico inglese Alan Turing, in un articolo pubblicato sulla rivista inglese di filosofia «Mind». Turing si chiede se, quando riusciremo a costruire una macchina intelligente (→intelligenza artificiale), saremo in grado di riconoscerla. E propone un metodo che ancora oggi molti considerano tanto decisivo quanto efficace. Si sistema la macchina indiziata in una stanza e in un'altra stanza si sistema un uomo. Le due stanze sono isolate tra loro e, soprattutto, sono isolate dalla stanza dove ci sono i giudici. I quali possono comunicare sia con la macchina che con l'uomo, ponendo loro le domande che vogliono. Anche sulla loro vita emotiva, sulle loro opinioni politiche, sulla loro sensibilità artistica. L'unico vincolo è che non devono sapere chi fornisce le risposte. I giudici e i loro due interlocutori comunicano attraverso una asettica stampante.

Se alla fine della conversazione i giudici non sapranno distinguere tra i due carnet di risposte quello che appartiene all'uomo e quello che appartiene alla macchina, allora la macchina avrà superato il test. E potrà essere considerata intelligente.

È in discussione se alcuni computer siano riusciti, finora, a superare il test di Turing. Tuttavia il test è molto criticato. Se non altro perché omologa l'intelligenza all'uomo. E questo, ormai, non è piú accettato da molti scienziati.

Letture: Arcangelo Rossi, *Il fantasma dell'intelligenza*, Napoli, Cuen, 1998.

Tutto, teoria del

(da una variante del latino *totus*; dal greco θεωρία)

Il fisico e storico della fisica Gerald Holton l'ha definita la *seduzione ionica*. Colpisce i fisici, dopo aver colpito in passato i filosofi. Si tratta dell'amore, improvviso e totale, per un'idea astratta. O, se volete, per un pregiudizio metafisico. L'idea dell'intima →armonia della →natura. Il pregiudizio della profonda unità della realtà cosmica. I primi a subirla, questa fascinazione, furono, appunto, quei filosofi dell'antica Grecia che scoprirono la potenza della →ragione dell'uomo. Sull'idea dell'unità dell'→universo, anzi del cosmo, del tutto armoniosamente ordinato, i filosofi ionici fondarono il moderno pensiero razionale dell'Occidente.

La *seduzione ionica* ha informato di sé la →filosofia e la filosofia naturale dei greci. Ma ha anche segnato profondamente l'intera storia delle scienze fisiche in età moderna (→fisica). Ovviamente nessuno ha mai prodotto la prova provata che la →realtà naturale sia davvero unitaria. E, tantomeno, che l'intima unità della natura sia tale da poter essere catturata dall'uomo per mezzo di una sola e onnicomprensiva →teoria fisica.

La *seduzione ionica* non è un'→ipotesi scientifica. Era e resta un pregiudizio metafisico (→idea [e ideale]). Un pregiudizio che, tuttavia, ha prodotto straordinari risultati in fisica.

Breve storia della ricerca dell'unità in fisica

Quando, nel 1608, Galileo Galilei punta il cannocchiale verso la Luna, si accorge che quell'oggetto cosmico è tutt'altro che una sfera perfetta, come voleva la →cosmologia di Aristotele e Tolomeo, ma presenta enormi vallate e grandi montagne, spiccate rugosità e ombre nette. Insomma la Luna è imperfetta, proprio come imperfetta è la Terra. E sulla Luna valgono le medesime leggi di formazione delle ombre che valgono sulla Terra. Con quella semplice →osservazione, Galileo scopre un principio davvero fondamentale. Quello che noi oggi chiamiamo *principio di simmetria galileana*: le leggi della fisica hanno validità universale. Sono le stesse sulla Terra, sulla Luna, nella piú remota delle galassie: nell'intero universo.

La natura ha, dunque, una sua unità profonda. O, per usare una →metafora cara a Galileo, il libro della natura è scritto tutto nel medesimo linguaggio.

Questa unità profonda della natura sembra, però, turbata dal fatto che l'ordine cosmico è sottoposto a diverse forze (→forza) e regolato da diverse leggi fisiche (→legge). Molte delle quali appaiono indipendenti le une dalle altre. Sorge allora in molti la convinzione che questa pluralità di forze e di leggi non sia altro che un epifenomeno. Che il cosmo, il tutto armoniosamente ordinato dei greci, sia sottoposto a poche forze e regolato da poche leggi generali ancora nascoste. Al limite, da una sola forza e da una sola legge. Ed è cosí che in età moderna ricomincia, in modo non sempre esplicito ma costante, quella spinta che aveva già portato i greci alla ricerca dell'unificazione delle forze e delle leggi fisiche.

Si tratta di una tensione produttiva per il pensiero scientifico. Il primo (e clamoroso) successo viene colto settant'anni dopo la scoperta della simmetria galileana. Quando Isaac Newton, nel 1680, dimostra che la forza descritta da Galileo e da cui dipende la caduta dei gravi sulla Terra, la gravità terrestre, e la forza descritta da Keplero e da cui dipende il moto dei pianeti, la gravità celeste, sono espressioni della medesima e identica forza. Una forza fondamentale: la *forza di gravità*. Le cui modalità di azione sono espresse da Newton in una mirabile sintesi matematica: la legge di →gravitazione universale.

La sintesi di Newton è, insieme, cosí potente ed elegante da proiettare *ipso facto* la →meccanica sul trono della scienza. Trasformandola in regina e in modello per tutte le altre discipline. La sintesi newtoniana è basata su due soli concetti fondamentali: quello di forza e quello di massa. Cosí molti iniziano a pensare che leggi analoghe, basate su quei due soli concetti, di forza e di massa, sarebbero bastate a ricomporre l'unità globale della fisica. Un'unità che, secondo lo stesso Newton, non avrebbe tralasciato alcun dettaglio e avrebbe incluso persino la filosofia morale.

In realtà, la legge di Newton contiene un difetto di non poco conto. Spiega, molto bene, quali effetti produce la gravità. Ma non cosa sia la gravità. E neppure come agisca. Sulla natura di questa forza universale, dice Newton, non azzardo ipotesi. In realtà il fisico inglese sostiene di non aver neppure il bisogno di azzardare ipotesi. Visto che la sua legge funziona cosí bene. Quanto a come agisce la gravità, Newton propone che la sua sia un'→azione istantanea a distanza. Nulla dice, tuttavia, sulle modalità di questa azione. Insomma, la gravità resta un'agente misterioso. E questo mistero non può lasciare a lungo soddisfatti i fisici.

D'altra parte anche il progetto di produrre sintesi analoghe a quella newtoniana negli altri campi della fisica, dall'ottica all'elettricità e al magnetismo, si rivela tutt'altro che semplice da realizzare. Occorre, infatti, attendere quasi centocinquant'anni, prima che una nuova unificazione di forze e di leggi possa aver luogo. La fusione esemplificatrice avviene grazie al danese Hans Christian Oersted, che nel 1820 dimostra in modo inequivocabile che elettricità e magnetismo sono espressioni diverse di un'unica forza: la *forza elettromagnetica*.

In realtà qualche processo verso la spiegazione unitaria dei fenomeni elettrostatici, elettrodinamici e magnetici è già avvenuto. Gli studi sull'elettricità statica sono diventati fisica solida, matematizzata, proprio come la meccanica di Newton, già nel 1788, quando Charles-Augustin de Coulomb, con l'ausilio di una raffinata bilancia di torsione, ha misurato la forza di repulsione tra due piccole sfere, aventi la medesima carica elettrica e poste a una distanza determinata con molta accuratezza. Siamo nel tempo in cui il →meccanicismo newtoniano è una visione del mondo diffusa. Grande, pertanto, è l'impressione che suscita Coulomb quando dimostra che la forza elettrica che si esercita tra due oggetti, proprio come la forza di gravità, dipende dal quadrato della distanza e dal prodotto delle loro cariche (l'analogo elettrico della massa). La natura sembra rispondere a poche leggi analoghe e, forse, omologhe.

Undici anni dopo, poi, Alessandro Volta inaugura l'era della elettrodinamica, dimostrando non solo l'esistenza della «corrente elettrica», ma anche la sua universalità: la medesima «corrente», infatti, attraversa tanto i metalli (la materia inorganica) quanto i nervi delle rane (la materia biologica). A differenza di quanto aveva affermato Galvani, che credeva nell'esistenza di una specifica «elettricità animale».

Venti anni dopo Oersted completa l'operazione, mostrando come una corrente elettrica è in grado di far ruotare l'ago di una bussola, generando una forza magnetica. La sintesi è che i fenomeni magnetici e l'insieme dei fenomeni elettrici sono espressione di una medesima forza.

Quello realizzato da Oersted è un grande risultato sulla strada della unificazione in fisica. Tuttavia è un risultato meno elegante della sintesi gravitazionale operata da Newton. Insomma, sta per concludersi la prima parte dell'Ottocento e i fisici ancora cercano una teoria completa dell'elettromagnetismo. Mentre l'ottica continua a sfuggire a ogni sistemazione teorica soddisfacente. Anche se quella grande branca della fisica che si occupa della luce e dei suoi fenomeni sta andando incontro a una radicale ristrutturazione, rispetto a quando Newton, dopo aver scoperto lo spettro ottico scomponendo la radiazione luminosa per mezzo di un prisma, aveva elaborato la sua teoria corpuscolare della luce. Verso la metà dell'Ottocento, grazie ai lavori sperimentali di Thomas Young e Augustin-Jean Fresnel, risulta chiaro che la gran parte dei fenomeni ottici, dalla rifrazione alla diffrazione, è spiegata meglio ipotizzando che la luce si propaga come un'onda, piuttosto che come un corpuscolo. E, quindi, riprende corpo la vecchia teoria ondulatoria proposta da Christian Huygens due secoli prima. Le leggi dell'ottica sono meglio definite. Ma resta del tutto sconosciuta la natura della luce.

La nuova sintesi, mirabile quanto e forse piú di quella di Newton, viene operata nel 1862 da James Clerk Maxwell. Che raccoglie in un'unica teoria e in un set elegante di equazioni ottica ed elettromagnetismo. Il genio unificante di Maxwell è limpidissimo. Tuttavia il fisico inglese ha un forte debito di riconoscenza verso un connazionale con una grande capacità sperimentale, con una vivida creatività, ma con notevoli carenze di tipo matematico: Michael Faraday. Il quale, subito dopo che Oersted ebbe mostrato come una corrente elettrica è in grado di deflettere un ago magnetico, inizia a effettuare dei test, per cosí dire, complementari a quelli del danese. Dimostra, infatti, come un magnete in movimento (relativo) sia in grado di generare corrente elettrica in un filo metallico. Faraday non si limita a consolidare l'idea che elettricità e magnetismo siano espressioni di una medesima forza piú fondamentale. Propone anche una illuminante spiegazione su come questa forza unificata agisce. E introduce il concetto di →campo, che gli consente di superare a pie' pari la misteriosa azione istantanea a distanza postulata per la gravità da Newton, ma indigeribile per un fisico.

Ma cosa spinge Faraday a effettuare esperimenti (→esperimento) e a proporre ardite teorie intorno alla forza elettromagnetica? Ebbene, la leva della sua creatività è «la convinzione che tutte le forme di azione fisica sono riconducibili a una sola, costituita appunto dal concetto di campo unificato». Insomma settant'anni prima di Einstein, Michael Faraday si pone, in modo esplicito, alla ricerca di una teoria di campo che riconduca a unità gravità ed elettromagnetismo e racchiuda, in una formula, l'intera fisica. Non si tratta di una propensione astratta, ma di una ricerca concreta. Faraday effettua svariati esperimenti nel tentativo di dimostrare l'unità tra forza di gravità e forza elettromagnetica. In pratica osserva dei gravi, che egli ritiene abbastanza massivi, in caduta libera e, in analogia con il moto di un magnete, si aspetta di rilevare una corrente elettrica indotta. Gli esperimenti falliscono. Un filo metallico resta del tutto indifferente mentre assiste alla caduta di un grave. Faraday annota nel suo diario: «Qui terminano i miei tentativi, per il momento. I risultati sono negativi. Ma non scuotono la mia forte convinzione che esista un rapporto tra gravità ed elettricità, anche se non hanno fornito alcuna prova dell'esistenza di un tale rapporto».

Faraday dunque fallisce clamorosamente e, certo, non per colpa dei suoi limiti matematici, il primo tentativo mai esperito di unificare le forze fondamentali della natura e ottenere una teoria unitaria di campo. Tuttavia, per quanto ingenua e velleitaria (lo diciamo col senno di poi), quella ricerca è stata davvero produttiva. La spinta profonda alla ricerca dell'unità della natura che ha motivato l'intera attività scientifica di Faraday non ha secreto solo, nel 1854, la scoperta dell'induzione elettromagnetica. Ma anche il concetto di campo, su cui si fonda tutta la fisica moderna.

La carente abilità matematica non è stata, certo, la causa che ha impedito a Faraday di unificare tutte le forze fondamentali della natura. Ma, forse, quella carenza gli ha impedito di mettere a punto la teoria unificata del campo elettromagnetico.

Questo risultato, tra i piú brillanti nella storia della scienza, viene conseguito nel 1878 da un fisico che sa di →matematica: James Clerk Maxwell. La sintesi è di una eleganza matematica e di un rigore logico estremi. L'inglese dimostra che una serie oscillante di campi elettrici e magnetici si propaga nello →spazio sotto forma di onde. Dimostra che la velocità alla quale si propagano, nel vuoto, queste onde è pari alla velocità della luce. E che, quando una carica elettrica viene accelerata, mutando velocità o direzione, emette →energia sotto forma di radiazione: raggi γ, raggi X, luce ultravioletta, luce visibile, luce infrarossa, onde radio. Queste forme di radiazione variano tra loro solo per la lunghezza d'onda, ovvero per l'energia che trasportano, ma sono tutte espressioni della medesima forza elettromagnetica. E devono essere chiamate, pertanto, radiazioni (o onde) elettromagnetiche. La luce visibile è una di queste radiazioni.

In un colpo solo, Maxwell unifica ottica, elettricità e magnetismo. E correda l'intuizione con un piccolo set di equazioni matematiche differenziali (le equazioni d'onda di Maxwell) semplici ed eleganti quanto quelle di Newton. E, forse, piú.

Alla fine dell'Ottocento, dunque, grazie a una serie di processi di unificazione di ambiti e di discipline che prima apparivano del tutto indipendenti, il quadro della fisica è enormemente semplificato. Tutti i fenomeni della meccanica sono descritti dalle semplici equazioni differenziali di Newton. Tutti i fenomeni dell'elettromagnetismo e dell'ottica sono descritti dalle semplici equazioni differenziali di Maxwell. La *simmetria galileana* è a un passo dalla perfezione. Esistono solo due forze fondamentali in natura, la gravità e l'elettromagnetismo. E nulla vieta che queste due forze siano espressione di un'unica forza ancora piú fondamentale. A partire dal 1880, dunque, un fisico di grande lucidità e di grande ambizione intellettuale non ha che una strada di fronte a sé: portare a compimento il lavoro di Newton e di Maxwell. Trovare, se c'è, l'unica forza veramente fondamentale della natura ed esprimerla in un'unica legge. In una Teoria del Tutto.

All'inizio del Novecento è, ancora una volta la *seduzione ionica* a catturare un giovane fisico, Albert Einstein, e a sospingerlo prima verso l'elaborazione della teoria della →relatività, e a impegnarlo poi per quasi quarant'anni, ancorché senza successo, nella ricerca di una teoria finale. Una teoria dei campi che unificasse le due forze da lui ritenute fondamentali della natura, la forza di gravità e l'interazione elettromagnetica, e da cui poter ricavare, per rigorosa →deduzione logica, tutti i fenomeni della natura.

L'attuale ricerca dell'unità in fisica

La *seduzione ionica* ha dunque accompagnato la fisica, anzi i fisici, in tutte le piú grandi acquisizioni teoriche del passato. Ma anche oggi la ritroviamo alla base del principale e del piú ambizioso progetto di ricerca della fisica: l'unificazione delle forze fondamentali della natura e la definizione di una Teoria del Tutto.

Si tratta, in definitiva, del medesimo progetto di Faraday e di Einstein. Anche se oggi i fisici teorici lo affrontano con strumenti teorici e con approcci culturali molto diversi rispetto a quelli del padre del concetto di campo e a quelli del padre della relatività.

Il progetto incontra, tuttora, tali difficoltà da indurre qualcuno a insinuare che l'intima armonia cosmica e l'unità profonda della natura, ammesso che esistano davvero, siano inattingibili all'uomo. Ma non è il pessimismo la malta di cui sono impastati i fisici. Tra loro il sentimento prevalente è quello che muoveva Einstein: darsi da fare per individuare l'ostacolo, rimuoverlo e cogliere finalmente, con la teoria finale, l'unità profonda della natura.

Dopo settant'anni di defatiganti ricerche, l'ostacolo che impedisce il definitivo appagamento della *seduzione ionica* e la realizzazione del sogno di Einstein sembra ormai abbastanza chiaro. Non risiede tanto nel fatto, in apparenza frustrante, che, oggi, la fisica conosce addirittura quattro diverse forze fondamentali, rispetto alle due note a inizio secolo (alla forza di gravità e all'elettromagnetismo si sono aggiunte le interazioni nucleari debole e forte). Ma risiede nel fatto che la fisica si fonda su due grandi teorie (per ora) inconciliabili: la relatività generale e la →meccanica quantistica.

Entrambe le teorie sono state elaborate all'inizio del Novecento. La relatività generale descrive molto bene l'interazione gravitazionale e, in definitiva, il comportamento dell'universo a scala macroscopica. La meccanica quantistica, a sua volta, spiega cosí bene il comportamento dell'universo a scala microscopica, da essersi meritata la definizione di teoria piú precisa mai inventata (o scoperta) dall'uomo.

Questa inconciliabilità delle due teorie portanti della nuova fisica elaborata nel Novecento lascia da settant'anni insoddisfatti e persino perplessi i fisici. Allo stesso modo in cui l'inconciliabilità tra le due teorie portanti della fisica classica, la teoria meccanicistica della gravitazione universale di Newton e la teoria di campo dell'elettromagnetismo di Maxwell, lasciava insoddisfatti e persino perplessi i fisici di fine Ottocento.

La presenza di due teorie diverse, indipendenti e inconciliabili, come la relatività generale e la meccanica quantistica, contrasta con l'idea della profonda unità del mondo e della fisica che lo descrive. Di qui il solitario impegno di Einstein tra il 1918 e il 1955 nella ricerca di una grande teoria unificata. E di qui l'impegno, collettivo, di una moltitudine di fisici teorici iniziato negli anni '60 e che continua ancora oggi. Ma se la spinta è la medesima, diverso e persino divergente è l'approccio culturale.

Einstein pensava che entrambe le teorie, la sua relatività generale e la meccanica quantistica, fossero incomplete. E che entrambe dovessero essere collocate all'interno di una teoria piú generale. Una teoria unificata dei campi, di tipo classico, rigorosamente causale, in grado di superare le difficoltà della relatività generale e l'indeterminazione intrinseca della meccanica quantistica. Einstein non ha avuto successo in questo suo tentativo.

I fisici teorici nostri contemporanei, per la gran parte, ritengono invece che la meccanica quantistica sia una teoria sostanzialmente completa. E che la teoria finale, la Teoria del Tutto, sarà elaborata quando si riuscirà a quantizzare la gravità. O, se volete, a ricondurre la relatività generale nell'ambito di una teoria quantistica di campo.

Inutile dire che neppure i fisici quantistici sono ancora riusciti nell'intento. Perché hanno incontrato difficoltà matematiche insormontabili. Possono vantare, però, dei notevoli successi parziali. Alcuni sono molto significativi. Sono riusciti, per esempio, a elaborare una teoria quantistica del campo elettromagnetico (teoria dell'elettrodinamica quantistica, QED). Sono riusciti a elaborare una teoria quantistica delle interazioni nucleari (teoria della cromodinamica quantistica, QCD). Sono riusciti persino a unificare due delle quattro forze fondamentali della natura, l'elettromagnetismo e l'interazione nucleare debole, elaborando la teoria quantistica del campo elettrodebole. L'insieme di queste teorie costituisce il Modello Standard della fisica delle alte energie. Un Modello che i fisici quantistici sono convinti di poter ancora generalizzare. Sono certi, per esempio, di poter elaborare, a breve e senza grandi difficoltà concettuali, una teoria quantistica di grande unificazione (GUT) che continuerà l'opera di semplificazione e riunificherà l'interazione elettrodebole con l'interazione nucleare forte. Per cogliere tutti questi successi parziali, i fisici quantistici sono riusciti a riconciliare la meccanica dei quanti con la relatività ristretta. Ovvero con la teoria elaborata da Einstein nel 1905, che costituisce una parte fondamentale della relatività generale elaborata dal fisico tedesco nel 1916. Tant'è che oggi tutte le teorie del Modello Standard sono teorie quantistiche relativistiche di campo.

Questa riconciliazione, almeno parziale, tra meccanica quantistica e relatività rende soddisfatti molti. Ma non accontenta tutti. Il motivo è che la riconciliazione è possibile solo ricorrendo a una serie di artifici matematici (semplificazione degli infiniti). E un pregiudizio potente della fisica teorica, il pregiudizio estetico, non attribuisce mai un valore definitivo a una teoria che non sia racchiusa in una formula matematica semplice ed elegante. Insomma, secondo alcuni questi successi parziali delle teorie quantorelativistiche di campo hanno, sí, una grande efficacia pratica. Ma sono lontani dal costituire teorie *vere* (→verità). E, anzi, hanno la colpa di allontanare la fisica dalla verità e dal suo fine ultimo: che è, appunto, scoprire l'unità del reale.

Il problema posto dalla *seduzione ionica* resta, dunque, aperto. E il dibattito continua. Anche se con una certa asimmetria. Come? Be', c'è un filone di ricerca principale, portato avanti da coloro che ritengono completa la meccanica quantistica. Questo filone ha tentato e tenta tuttora, in vario modo, di costruire una teoria di *quantum gravity*, di gravità quantistica. L'approccio che oggi ottiene piú consenso è la *teoria delle stringhe*, una teoria quantistica nata dall'intuizione di un fisico italiano, Gabriele Veneziano. Secondo la quale viviamo in un universo con almeno dieci dimensioni, le cui unità elementari non sono particelle puntiformi, ma minuscole stringhe. Non possiamo entrare nei dettagli. Possiamo però dire che la teoria delle stringhe è ancora lontana dall'essere riuscita a quantizzare la gravità e a elaborare la Teoria del Tutto. In piú, la teoria delle stringhe, almeno nella versione molto accreditata che ne dà il fisico americano Ed Witten, risulta piuttosto esotica. E sta ponendo un problema epistemologico forte: è possibile considerare scientifiche quelle teorie che non hanno alcuna possibilità, in tempi accettabili, di essere verificate? Può la sola coerenza logica interna costituire il moderno criterio di scientificità di una teoria fisica?

I problemi per le teorie quantistiche di campo, come si vede, non sono pochi. E la loro portata lascia presagire che la fine della fisica per obiettivo finale acquisito, benché da molti preconizzata, sia ancora molto lontana.

E l'altro filone? Quello di chi ritiene incompleta la meccanica quantistica e cerca una teoria unitaria nuova? Be', questo filone non ha molti successi parziali da esibire. Ha solo una speranza. Che prima o poi, fra tre anni o fra tre secoli, nasca un nuovo Einstein. E che, in una sola formula matematica, il nuovo Einstein riesca a ricondurre a unità l'intera fisica, placando finalmente l'antica e piú che mai esigente *seduzione ionica*.

Post scriptum

Naturalmente la Teoria del Tutto dei fisici non è la Teoria di Tutto Quanto cui potrebbe aspirare un filosofo (ingenuo). Non riguarderebbe la →biologia e, men che meno, riguarderebbe le scienze umane. Molti ritengono che una Teoria di Tutto Quanto, che abbracci tutte le scienze, sia semplicemente impossibile. E non perché la realtà non sia unitaria (o, almeno, a prescindere da questo problema), ma perché la biologia e le scienze umane hanno caratteristiche cosí specifiche, emerse (→emergenza) nel corso dell'→evoluzione, storica, della →materia, da necessitare di impianti teorici esplicativi autonomi (ma non certo indipendenti) da quelli utilizzati nella fisica (e nella →chimica).

Letture: Pietro Greco, *Il sogno di Einstein*, Napoli, Cuen, 2000; Gerald Holton, *Einstein e la cultura scientifica del XX secolo*, Bologna, Il Mulino, 1991; Gerard 't Hooft, *Il mondo subatomico*, Roma, Editori Riuniti, 1999; Lloyd Motz e Jefferson H. Weaver, *La storia della fisica*, Bologna, Cappelli, 1991; Steven Weinberg, *Il sogno dell'unità dell'universo*, Milano, Mondadori, 1993.

U

Universo
(dal latino *universum*)

L'osservazione diretta del cielo nel corso del XX secolo ci ha fornito due immagini inedite dell'universo. La prima è quella dell'«immensità del mondo». Viviamo in un universo enorme, che si estende nello →spazio profondo. Non sappiamo ancora se questo spazio sia finito o →infinito, ma sappiamo che tutto intorno a noi c'è una sfera costellata di stelle e galassie che ha un raggio non inferiore ai 12 miliardi e piú di anni luce. La seconda immagine che ci ha offerto l'osservazione diretta del cielo è quella del «→divenire del mondo». Viviamo in un universo in espansione (→evoluzione cosmica), con una →storia che si estende nel →tempo profondo, per almeno 12 o forse 15 miliardi di anni.

L'immensità del mondo: la struttura dell'universo

Se la osserviamo a scala piccola e media, la distribuzione della →materia cosmica visibile appare molto frammentata e irregolare. Ovunque troviamo strutture, intervallate da ampi spazi di →vuoto pressoché assoluto. Insomma, il nostro universo, l'universo osservabile, ha una →forma.

La materia visibile è concentrata soprattutto nelle stelle. Le stelle sono generalmente molto distanti tra loro, separate da spazi quasi vuoti o attraversati da polvere interstellare. La distanze delle altre stelle dal nostro Sole, persino di quelle piú vicine, si misura in anni luce. E un anno luce, la distanza percorsa in un anno dalla luce, è una distanza enorme: pari a circa 9.500 miliardi di chilometri, oltre 63.000 volte la distanza tra la Terra e il Sole.

Tuttavia le stelle non sono distribuite in modo uniforme nello spazio cosmico. Esse sono concentrate in galassie, ciascuna costituita da un nucleo piuttosto denso di stelle e da una periferia in cui le stelle sono piú diradate. La nostra galassia, la Via Lattea, ha un diametro di circa 100.000 anni luce e contiene tra 200 e 400 miliardi di stelle. Si calcola che nel nostro universo vi siano centinaia di miliardi di galassie.

Benché esistano galassie molto vicine tra loro, e alcune ne stiano *fagocitando* altre, le galassie distano tra loro centinaia di migliaia o milioni di anni luce. Ma neppure la distribuzione delle galassie è omogenea. Esse formano a loro volta delle strutture, chiamate ammassi. E gli ammassi formano superammassi.

Ovunque lo si guardi, l'universo, dunque, ha una struttura. E una forma. Tuttavia se proviamo a costruire una mappa globale dell'universo osservabile, verifichiamo che spazi vuoti, galassie, ammassi e superammassi sono distribuiti in modo abbastanza uniforme. Non c'è alcuna direzione preferenziale in cui la densità di materia osservabile risulti superiore o inferiore alla media. Insomma, a larga scala l'universo ci appare omogeneo e isotropo.

Struttura e forma si producono, quindi, solo a scala locale. In tutto l'universo vale, dunque, il principio →copernicano: nessuno dei suoi infiniti punti occupa un posto privilegiato.

Il divenire del mondo: la storia cosmica

Ma le osservazioni dirette non ci raccontano, solamente, dell'immensità del cosmo, della sua struttura omogenea e uniforme a larga scala e della sua struttura disomogenea e articolata a scala locale. Le osservazioni dirette ci dicono anche che l'universo ha una lunga storia. Anche se non ci dicono quale. La narrazione della lunga storia dell'universo visibile, della storia del nostro universo, è demandata alla →cosmologia teorica. Ovvero a una ricostruzione indiretta. Il Modello Standard della cosmologia è in grado di proporci la (sua) storia cosmica. Che sarà anche una ricostruzione indiretta, ma offre una notevole definizione di dettaglio.

Tutto è iniziato, narra il Modello Standard della cosmologia, 12 o 15 miliardi di anni fa da un Big Bang, da una *singolarità iniziale*.

La partenza è tutt'altro che agevole. La singolarità, infatti, non è solo un «Grande Bum», una grande esplosione: è un punto in cui tutti i parametri della fisica assumono valori infiniti. Detta in altro modo, è un assurdo fisico. Il che significa che la cosmologia scientifica ci rimanda a un'→origine del tutto che è un assurdo fisico. O, detta in altro modo, la cosmologia scientifica non è, tuttora, in grado di spiegare e neppure di avanzare ipotesi sufficientemente fondate sull'origine del nostro universo. Tuttavia è in grado di descrivere, con una →teoria fisica questa volta molto solida, la «sua» storia evolutiva del cosmo, a partire da un istante dopo la grande e inafferrabile esplosione.

L'universo neonato che ci descrive la cosmologia scientifica è una bolla di gas caldissimo in espansione. Che cresce e si trasforma seguendo una trama disegnata da un intreccio di fili mossi da tre grandi burattinai o, se volete, da tre grandi e consolidati insiemi di leggi fisiche generali: la →relatività, la →meccanica quantistica e la →termodinamica.

La dinamica cosmica, appena dopo la grande esplosione, segue infatti le equazioni della relatività generale di Einstein, nel modo risolto da Friedmann.

I costituenti dell'universo neonato, ovvero i primi attori materiali a comparire sulla scena cosmica, sono particelle quantistiche, che appaiono e scompaiono in continuazione, muovendosi per il cosmo, praticamente, alla velocità della luce e con una massa a riposo pari a zero.

A controllare l'evoluzione dell'universo c'è, infine, un parametro termodinamico: la temperatura. Le nostre conoscenze di termodinamica cosmologica, infatti, ci dicono che l'espansione di questa torrida bolla è adiabatica e reversibile. La bolla si espande, raffreddandosi. E questa condizione disegna il tracciato evolutivo dell'universo.

Seguendo le fila mosse dai tre grandi burattinai, possiamo ricostruire i tre atti principali, anche se temporalmente asimmetrici, della storia cosmica.

Atto primo: l'era della gravità quantistica

Il primo atto ci proietta direttamente nell'*era di Planck*. È un'era brevissima, secondo i nostri standard temporali. Dura non piú di 10^{-44} secondi (come dire un centimilionesimo di miliardesimo di miliardesimo di miliardesimo di miliardesimo di secondo). L'era di Planck inizia subito dopo il *grande scoppio*. E tutto il *nostro* universo, tutto l'universo che possiamo vedere oggi, con i suoi miliardi di galassie e col suo immenso raggio lungo 15 miliardi di anni luce (10^{27} centimetri), è concentrato in una sfera con un diametro non superiore ai 10^{-33} centimetri! Le dimensioni, la densità e la temperatura (superiore a 10^{31} °K) di questo minuscolo cosmo sono difficili da visualizzare. E, comunque, sono ancora tali da non consentirci, almeno per il momento, una visione chiara anche in termini fisici. Cosí, anche se diamo per scontato, come ci suggeriscono i fisici, che il cosmo in questa brevissima era sia una bolla di gas supercompresso e omogeneo di particelle quantistiche governato dalla meccanica statistica, che risponde quindi alle leggi della termodinamica, non riusciamo a seguirne (e spiegarne) l'evoluzione. Per diversi motivi.

In primo luogo perché, nell'era di Planck, la relatività generale viene meno. Lo spaziotempo che nel nostro universo quotidiano appare piatto e nell'universo, relativistico, di Einstein appare come una rete distorta dalla presenza di masse gravitazionali, nell'era di Planck ha le forme, inafferrabili e scarsamente visualizzabili, di una «schiuma spaziotemporale». In secondo luogo perché in quel cosmo ad alta densità si svolgono processi di fisica quantistica descritti in modo ampiamente imperfetto dalle teorie dei campi e dal Modello Standard delle alte energie. Non fosse altro perché nell'universo di Planck ogni fluttuazione quantistica ha una dimensione cosmica.

Ma ciò che rende davvero misteriosa l'era di Planck è il fatto che le particelle quantistiche sono a una distanza media cosí piccola tra loro, che le interazioni gravitazionali non possono essere trascurate. E descrivere in termini quantistici le interazioni gravitazionali è il maggiore problema della fisica attuale. Perché richiede quella completa riconciliazione tra relatività generale e meccanica quantistica cui, vanamente, i fisici teorici lavorano da ottant'anni.

Ci sono diversi approcci teorici alternativi in questo tentativo di riconciliare relatività generale e meccanica quantistica (→tutto, teoria del). Tutti però hanno grosse difficoltà a giungere a una teoria definita e definitiva della *gravità quantistica*. Allo stato possiamo dire che non esiste una teoria in grado di spiegare in modo soddisfacente i fenomeni alla scala di Planck (e quindi l'evoluzione dell'universo all'era di Planck). Ciò non toglie che la gran parte dei fisici teorici che si occupano del problema pensa che, in quei fotogrammi relativi ai suoi primi 10^{-44} secondi di vita, ci sia un universo tutto sommato molto semplice. Sia perché, con ogni probabilità, la gravità è unificata con tutte le altre interazioni fondamentali. E a dominare l'universo ci sono, dunque, un solo tipo di →forza e un solo tipo di →campo. Sia perché a navigare in quello spaziotempo supercompresso c'è, forse, un solo tipo di particella stabile. Tuttavia, per quanto semplice, l'universo di Planck non può essere del tutto uniforme. Dominato com'è dalla gravità quantistica, deve essere butterato di fluttuazioni tali da rendere del tutto disomogenei sia lo spaziotempo che la densità di materia/energia. Ma cosa questo significhi è davvero difficile, se non del tutto impossibile, da immaginare e visualizzare.

Atto secondo: l'era della radiazione

Il secondo atto inizia 5×10^{-44} secondi dopo il Big Bang e termina 300.000 anni dopo. In questo lasso di tempo, la temperatura media del cosmo scende da 10^{31} °K, fino a qualche migliaio di gradi.

Non appena sono passati 5×10^{-44} secondi dal Big Bang e la temperatura scende al di sotto di 10^{31} gradi Kelvin, la termodinamica delle espansioni adiabatiche provvede a creare le condizioni per un universo piú familiare. Certo l'universo ha una temperatura che è miliardi e miliardi di volte superiore a quella che troviamo oggi nei nuclei delle stelle. Ma è abbastanza bassa per provocare la prima rottura di →simmetria nella storia dell'universo e diradare la schiuma spaziotemporale. L'universo, tuttavia, appare ancora opaco. Dominato com'è dai fotoni, che hanno →energia sufficiente per interagire in modo prepotente con la →materia. L'era, nebbiosa, della radiazione durerà circa 300.000 anni. Nel corso dei quali la temperatura continuerà a scendere, fino a poche migliaia di gradi. In questi 3.000 secoli l'universo subirà una lunga serie di transizioni di fase e, quindi, di drammatici mutamenti. Ci conviene suddividerlo, questo periodo, in varie e distinte epoche.

L'epoca della grande unificazione. È un'epoca brevissima, dura da 5×10^{-44} a 4×10^{-36} secondi dopo il Big Bang. La temperatura, però, fa in tempo a scendere sotto i 10^{27} °K. Si tratta di un valore altissimo, ancora inimmaginabile per noi. Ma nell'universo fa ormai abbastanza freddo da consentire la prima transizione di fase: la gravità si separa dalle altre forze fondamentali. Le quali, invece, restano legate in un'unica interazione e in un unico campo, che i fisici tentano di descrivere mediante le *Teorie di Grande Unificazione* (GUT). Benché queste teorie siano ancora molte e non abbiano ottenuto la definitiva convalida sperimentale, consentono una discreta definizione delle immagini di quest'epoca. L'universo è popolato da uno sciame di particelle elementari: quark liberi, gluoni, leptoni. Le particelle non solo si creano a partire dai fotoni e si distruggono, in coppia con le loro antiparticelle, trasformandosi in fotoni. Ma si convertono le une nelle altre, nel pieno rispetto delle leggi di conservazione. Nel campo grandeunificato le interazioni tra queste particelle sono mediate da particelle molto pesanti, supermassive dicono i fisici, chiamate *bosoni di Higgs*. Il panorama è ancora piuttosto semplice. Le particelle sono molte, ma ci sono solo due campi: quello gravitazionale e quello grandeunificato. Non si scorgono «strutture» di alcun genere. Tuttavia ci sono delle disomogeneità. È in arrivo una nuova transizione di fase: e non c'è il tempo sufficiente perché le fluttuazioni locali si ridistribuiscano e le varie parti del cosmo raggiungano condizioni di equilibrio.

L'epoca elettrodebole. L'universo continua a espandersi e la temperatura a diminuire. Siamo entrati nell'epoca elettrodebole, che dura da 4×10^{-36} fino a 5×10^{-10} secondi. Attenzione, perché ora che la temperatura sta per scendere sotto i 10^{27} °K, l'universo si accinge a entrare in una delle fasi evolutive piú importanti della sua storia. Forse nella piú importante in assoluto. Per almeno tre motivi. In primo luogo si verifica una nuova rottura di simmetria: il campo dell'interazione forte si separa dal campo dell'interazione elettrodebole. Poi la materia prevale sull'antimateria. E, infine, l'universo è sottoposto a un processo di *inflazione* che lo porta da un lato ad aumentare in modo spettacolare il suo volume e la sua massa, e dall'altro a congelare i *semi* da cui, molto tempo dopo, nasceranno le galassie. Tutto questo in un tempo che non supera il miliardesimo di miliardesimo di secondo. Non è davvero poco.

La temperatura cosmica, dicevamo, scende sotto i 10^{27} °K. Ma la separazione del campo cromodinamico dal campo elettrodebole non avviene in modo omogeneo in tutto l'universo. Succede un po' come quando mettiamo una vaschetta d'acqua nel congelatore. La solidificazione non avviene all'improvviso in tutto il volume di acqua, quando la temperatura scende sotto gli 0 °C (Celsius). L'acqua inizia a ghiacciarsi in piú zone intorno a diversi nuclei di accrescimento dei cristalli. Quando, poi, i vari cristalli di ghiaccio in crescita vengono a contatto, formano imperfezioni ben visibili anche a occhio nudo. Cosí quando nel nostro universo primordiale le varie zone «congelate» vengono in contatto, formano delle imperfezioni lungo i margini. I calcoli dicono che le imperfezioni sono di tre tipi: domini, stringhe e monopoli magnetici. Si tratta di oggetti esotici: previsti dalla teoria, però mai trovati. Assumiamone l'esistenza, ma con estrema prudenza.

Intanto i quark non hanno piú l'energia necessaria a scarrozzare liberi per l'universo. Cosí li vediamo obbedire alle leggi della cromodinamica quantistica e costruire le prime architetture di materia composita, le prime strutture e quindi le prime forme complesse conosciute: i barioni e i mesoni. Vediamo gruppi di tre quark combinarsi in vario modo tra loro per formare una vasta gamma di barioni. E vediamo coppie di due quark combinarsi per formare i mesoni. Queste prime strutture composite che si affacciano sulla scena cosmica sono tenute insieme da quell'autentica colla quantistica che sono i gluoni, le particelle associate al campo dell'interazione forte.

Salutiamo i quark (e i gluoni), perché è l'ultima volta che li vediamo liberi per l'universo. Ma salutiamo anche il guadagno, netto, di diversità. Il cosmo brulica di leptoni (elettroni, muoni, particelle tau, tre tipi di neutrini); di bosoni che mediano l'interazione debole, Z^0, W^+ e W^-; e, naturalmente, di fotoni. Ed è popolato da uno zoo di particelle adroniche, le particelle appena formate dai quark. La confusione non dura molto. I mesoni e la gran parte dei barioni sono particelle instabili. Li vediamo decadere e scomparire dalla scena cosmica in poco tempo. Nel breve volgere di 10^{-6} secondi (un milionesimo di secondo), nell'universo resteranno solo due tipi di barioni: gli stabili protoni (hanno una vita media non inferiore a 10^{32} anni) e i semistabili neutroni (liberi, hanno una vita media di qualche minuto). Ma stiamo correndo troppo. Ritorniamo all'epoca elettrodebole.

Vediamo girovagare per l'universo decine e decine di particelle diverse. E constatiamo che si tratta di un bel salto, rispetto alla monotona era di Planck, quando a popolare il cosmo intero c'era (forse) un'unica particella. Anche il numero delle forze fondamentali indipendenti è cresciuto. Ora ve ne sono tre: la gravità, l'interazione forte e l'interazione elettrodebole. In realtà la gravità è troppo debole per avere un'influenza sul comportamento delle particelle. L'interazione forte si limita a gestire il rapporto tra le particelle all'interno di barioni e mesoni. Per cui, di fatto, l'unica interazione ad avere una influenza cosmica, in questo momento, è quella elettrodebole.

Ma mentre e, anzi, prima che tutto questo accada, assistiamo a un nuovo *coup de théâtre*. Un evento inatteso che risulterà decisivo per l'evoluzione futura dell'universo. Si tratta di un processo legato alla sparizione dalla scena dei bosoni di Higgs. La temperatura, infatti, scende sotto la temperatura critica, T_c, caratteristica di questi bosoni (previsti dalla teoria ma, finora, non ancora osservati). Gli Higgs decadono irreversibilmente in quark e leptoni, obbedienti alle leggi quantistiche. Ma insofferenti a quel principio che i fisici chiamano di conservazione del numero barionico. Non entriamo in dettaglio. Limitiamoci ad analizzare gli effetti della trasgressione. Perché si tratta di effetti decisivi per la storia cosmica. O, almeno, per la nostra storia personale. Gli Higgs decadono creando particelle di materia e di antimateria. Ma violano il principio di conservazione e producono qualche particella di materia in piú. Le particelle e le antiparticelle, quando si incontrano, si annichilano a vicenda, creando fotoni. Cosí, al termine di una furiosa guerra di sterminio, la materia prevale sull'antimateria. Grazie all'insofferenza degli Higgs per il principio di conservazione del numero barionico, un protone resta «vivo» sul campo per ogni miliardo di coppie protone-antiprotone che si affrontano e si distruggono.

Quello che emerge dal decadimento asimmetrico dei bosoni di Higgs è dunque un oceano di fotoni, attraversato da radi barioni. Nella lotta tra materia e antimateria, infatti, il vero vincitore è il secondo principio della termodinamica. Ogni processo di annichilazione protone-antiprotone ha prodotto un fotone. E poiché un solo protone è sopravvissuto per ogni miliardo di annichilazioni, da questo momento in poi per ogni protone ci saranno, nell'universo, almeno un miliardo di fotoni.

In ogni caso, se oggi viviamo in un mondo di materia e non di antimateria, anzi se viviamo in un mondo *tout court*, lo dobbiamo quasi certamente alla leggera prevalenza dei canali di decadimento dei bosoni di Higgs che privilegiano la materia rispetto all'antimateria. Una prevalenza cinetica, quindi, solo momentanea. Ma congelata e resa definitiva dal rapido abbassarsi della temperatura. L'intreccio tra meccanica quantistica e termodinamica ha «creato» il nostro improbabile mondo.

Veniamo, dunque, al terzo e, forse, al piú grande *coup de théâtre* di questa decisiva epoca elettrodebole. Il fatto che la separazione tra il campo cromodinamico e il campo elettrodebole avvenga mentre l'universo si espande a grande velocità comporta una conseguenza di notevole portata. Una conseguenza scoperta dal russo Andrej Linde e dall'americano Alan Guth, chiamata *inflazione*: l'espansione subisce una brusca accelerazione, le dimensioni della bolla cosmica aumentano in modo esponenziale a una velocità superiore a quella della luce. E senza che l'universo subisca alcuna diminuzione di energia.

Il fenomeno è spettacolare e davvero singolare. Perché l'espansione adiabatica e reversibile di un gas avviene, come vuole la termodinamica, a scapito dell'energia del sistema. Andrej Linde e, poi, Alan Guth hanno dimostrato che la transizione di fase dal campo grandeunificato ai campi cromodinamico ed elettrodebole separati è accompagnata da un fenomeno noto ai chimici e ai fisici come «sovraraffreddamento». Il fenomeno è comune anche nel nostro mondo quotidiano. Riprendiamo in mano la nostra vaschetta d'acqua e poniamola in un congelatore a –20 °C. Sappiamo che l'acqua congelerà. E sappiamo che durante il processo di congelamento la temperatura dell'acqua resta ancorata a 0 °C, anche nel caso che la temperatura esterna sia molto piú bassa. Quando, però, un volume di acqua liquida viene portato molto rapidamente dalla temperatura ambiente a una temperatura molto inferiore agli 0 °C (poniamo a –20 °C), l'acqua non congela istantaneamente. Resta liquida ancora per qualche tempo e raggiunge, restando liquida, la temperatura di –20 °C. Solo quando ha luogo il processo di solidificazione, la temperatura «risale» fino a 0 °C, senza che sia stato necessario riscaldare l'acqua. Non è che in questa fase si crei energia. Semplicemente durante il «sovraraffreddamento» dell'acqua liquida a –20 °C si è avuta una perdita di energia sotto forma di «calore latente». Quando il congelamento si innesca e viene completato, il «calore latente» si trasforma nell'energia termica che riscalda l'acqua fino a 0 °C.

Un fenomeno analogo di «sovraraffreddamento» interessa l'universo durante la transizione dall'era della GUT all'era elettrodebole. La temperatura dell'universo scende senza che avvenga alcuna transizione di fase. La relativa produzione di «calore latente» è resa possibile dalle particolari proprietà, quantistiche, del vuoto. La separazione dei campi, infatti, altro non è che un cambiamento di stato del vuoto. Ora poniamo attenzione alla densità di energia, ρ, in una certa regione dello spazio cosmico. Essa è la somma di due componenti: ρ_μ, la densità di energia dovuta alle particelle e ai campi, e ρ_v, la densità di energia del vuoto. Le due componenti della densità di energia cosmica si comportano molto diversamente durante l'evoluzione espansiva dell'universo. Il comportamento di ρ_μ è quello classico dell'energia termica: diminuisce al crescere del volume dell'universo. La densità di energia del vuoto, ρ_v, invece, resta costante durante l'espansione. Quello che varia, invece, durante la transizione di fase è il suo valore assoluto, associato allo stato quantistico del vuoto. In pratica nell'era GUT, quando i campi cromodinamico ed elettrodebole sono unificati, ρ_v ha un valore molto elevato: 10^{15} GeV/cm^3. Quando, in epoca elettrodebole, i campi si separano, ρ_v assume un valore che è praticamente uguale a zero.

All'inizio della storia cosmica, appena dopo il Big Bang, la densità di energia della materia e dei campi, ρ_μ, era molto maggiore della densità di energia del vuoto, ρ_v, cosicché l'universo è stato dominato dall'energia della materia (particelle e radiazione) e la temperatura è diminuita nel tempo secondo le note leggi della termodinamica. Ma ora, 10^{-36} secondi dopo il Big Bang, iniziata l'epoca elettrodebole, la temperatura scende al di sotto di 10^{27} °K, che è come dire sotto 10^{15} GeV: ρ_μ e ρ_v sono diventate praticamente uguali. La componente energia del vuoto è diventata, improvvisamente, importante. Anzi negli istanti successivi alla separazione dei campi, l'universo «sovraraffreddato» non è piú dominato dall'energia della materia (particelle e radiazione) che continua a diminuire, ma dall'energia del vuoto, che resta costante. In pratica l'universo si espande come se non contenesse affatto materia. Si è venuto a trovare, cioè, nelle astratte condizioni studiate da Willem de Sitter dopo la scoperta della teoria della relatività generale.

Nell'universo vuoto di de Sitter l'espansione è molto piú rapida che nel nostro universo, perché manca l'azione frenante dell'attrazione gravitazionale delle masse (l'attrazione gravitazionale del vuoto è zero). Questa, dunque, è la fase evolutiva dell'inflazione teorizzata da Andrej Linde e Alan Guth a cui noi stiamo assistendo: l'universo si espande come se la materia non esistesse. In questa fase, e solo in questa fase, l'evoluzione cosmica è dominata dall'energia e dalla natura, quantistica, del vuoto.

La temperatura crolla e l'universo «sovraraffreddato» diventa gelido. Proprio come l'acqua liquida che scende rapidamente a –20 °C senza congelare. Per nostra fortuna l'espansione inflazionaria non può durare a lungo. Termina 10^{-32} secondi dopo il Big Bang, quando la separazione del campo grandeunificato giunge al termine. Il valore di ρ_v, a campi finalmente diversificati, crolla a zero. Invece il valore di ρ_μ, dopo essere sceso a valori molto bassi, risale fino a 10^{15} GeV/cm^3. L'universo torna a essere dominato dall'energia della materia. La temperatura, che era vistosamente diminuita, ritorna a essere piú o meno quella dell'universo «caldo» di prima dell'inflazione, grazie al «calore latente» restituito dal vuoto. L'evoluzione cosmica riprende il suo ritmo normale (governato dalla termodinamica), con la temperatura che scende a una velocità proporzionale alla radice quadrata del tempo. Ma ora abbiamo di fronte un universo completamente diverso. Oltre 10^{50} volte piú grande (si pensi che da allora, nel corso di 15 miliardi di anni, le dimensioni dell'universo sono aumentate solo di 10^{29} volte). E con una geometria dello spaziotempo praticamente piatta.

Molto si è scritto e molto si è detto sulla teoria dell'inflazione di Andrej Linde e Alan Guth. Qualcuno la considera una teoria *ad hoc*, elaborata a tavolino per far quadrare i conti del Modello Standard della cosmologia, il modello del Big Bang. In realtà la teoria di Linde e Guth è in qualche modo una descrizione «necessaria» dell'evoluzione cosmica. Per molti motivi. L'inflazione spiega la quasi perfetta omogeneità registrata di recente dal satellite COBE (1992) e dall'esperimento Boomerang (2000) nella radiazione di fondo. La radiazione di fondo registra una quasi totale uniformità dell'universo all'epoca del disaccoppiamento tra materia e radiazione, 300.000 anni dopo il Big Bang. Il fatto è che quella uniformità riguarda anche parti di cielo che, dal Big Bang in poi, non sono mai state in contatto. Come fanno queste zone di universo che si ignorano reciprocamente a essere cosí omogenee?

Come hanno fatto a tenersi informati tra di loro punti dell'universo che distano l'uno dall'altro 90 «distanze di orizzonte», ossia novanta volte il percorso che avrebbe potuto compiere, a partire dal Big Bang, il messaggero piú veloce che si conosca, la luce? Nell'ambito del Modello Standard non c'è spiegazione: l'uniformità deve essere imposta come condizione iniziale. La teoria dell'inflazione, invece, ne fornisce una spiegazione scientifica accettabile. Infine, molto di recente, l'esperimento Boomerang, diretto dall'italiano De Bernardis, ha dimostrato che viviamo in un universo piatto. Una condizione espressamente prevista dalla teoria dell'inflazione.

L'universo intero e ogni sua regione, nell'arco di tempo che va da 10^{-35} a 10^{-32} secondi, vedono il proprio volume aumentare di un fattore 50, a causa dell'inflazione. Le disomogeneità esistenti nell'era della GUT, dovute alle fluttuazioni quantistiche, sono congelate e diluite in un volume infinitamente piú grande. In pratica sono (quasi) sparite. Nell'universo che vediamo emergere al termine del processo inflattivo ci sono solo disomogeneità infinitesime. Ma non nulle. Ci sono, piccoli ma essenziali, i semi intorno a cui si potranno addensare le galassie e gli ammassi di galassie.

Un altro problema che risolve la teoria dell'inflazione è quello dei monopoli. Il Modello Standard della fisica delle alte energie prevede che la rottura del campo grandeunificato comporti la creazione, copiosa, di monopoli magnetici, ovvero di particelle con un solo polo magnetico. Queste particelle non sono mai state osservate. Il modello di Linde e Guth consente di spiegare perché: i monopoli non si trovano perché è come cercare un ago in un pagliaio. Si sono diluiti nel volume cosmico emerso dal processo inflattivo.

Lungi dall'essere una forzatura, dunque, l'inflazione si integra bene nel Modello Standard della cosmologia, completandolo.

L'epoca dei leptoni. Dopo il periodo dell'inflazione la temperatura continua a scendere. Quando, 5×10^{-10} secondi dopo il Big Bang, la temperatura raggiunge i 10^{16} °K, l'universo va incontro a una nuova transizione di fase. Il campo elettrodebole si divide nei due campi separati dell'interazione debole e dell'elettromagnetismo. Ma, come scrive Livio Gratton, «non sembra che questo evento abbia lasciato tracce importanti nella storia dell'Universo attuale». Le quattro forze fondamentali della natura sono ormai tutte distinte l'una dall'altra. I fotoni hanno ancora energia sufficiente per creare coppie elettrone-positrone. Ma il panorama cosmico non muta in modo sostanziale.

L'epoca dei fotoni. L'universo raggiunge il suo primo secondo di vita e la temperatura continua a diminuire. Quando scende sotto i 100 miliardi di gradi, è ormai troppo bassa per consentire la creazione dei muoni, gli elettroni pesanti. I muoni non sono particelle stabili. Cosí, in breve, decadono in elettroni, positroni, neutrini e antineutrini. Finché l'energia è stata sufficiente, i neutrini e gli elettroni potevano produrre muoni. Ora, con la nuova transizione di fase, i neutrini perdono l'ultima occasione di interagire con altre particelle. Da questo momento viaggeranno per il cosmo indifferenti (o quasi) a qualsiasi interazione. L'universo diventa (quasi) trasparente rispetto a queste ineffabili particelle che ancora oggi in ogni istante ne attraversano a fiotti di miliardi ogni centimetro quadro.

L'epoca della nucleosintesi. L'universo ha ormai superato l'età di un secondo. E la temperatura continua a precipitare. Siamo al di sotto del miliardo di gradi. L'ambiente è abbastanza freddo, ormai, per consentire ai barioni residui (protoni e neutroni) di fondersi in nuclei leggeri. Nascono i presupposti della →chimica: da questo momento non ci sono piú solo nuclei d'idrogeno (un nucleo d'idrogeno è formato da un singolo protone) in giro per l'universo. Anzi, avviene un intero sciame di reazioni di sintesi nucleare. I neutroni, «catturati» dai protoni, formano nuclei di deuterio, l'isotopo pesante dell'idrogeno. Il nucleo si dimostra stabile: i fotoni non hanno piú l'energia sufficiente a romperlo. Il deuterio ha quindi tutto il tempo per catturare, a sua volta, un altro neutrone e formare il trizio (un protone, due neutroni). Ma ecco che uno dei due neutroni del trizio decade, formando un nucleo di ^{3}He (due protoni, un neutrone). Il nuovo nucleo acquista rapidamente un altro neutrone, formando un nucleo stabile di ^{4}He (due protoni, due neutroni). Raramente la sintesi nucleare prosegue fino a formare un nucleo di litio, ^{7}Li (tre protoni, quattro neutroni). Nessun altro nucleo piú pesante riesce a formarsi, sia per instabilità intrinseca, sia perché intanto la temperatura continua a scendere e blocca ogni ulteriore processo di nucleosintesi.

La nucleosintesi è un fenomeno nuovo di autorganizzazione della materia. Ed è rapido. In pochissimo tempo viene fondata la famiglia degli →elementi da cui nascerà la chimica e viene definita la loro definitiva abbondanza relativa. Un'abbondanza che ancora oggi ritroviamo nell'universo e che contribuisce a corroborare la teoria del Big Bang.

Mentre la complessità delle particelle cosmiche aumenta, la loro diversità si semplifica. Appena sotto il miliardo di gradi (a $9{,}4 \times 10^{8}$ °K per l'esattezza) il numero di nucleoni, ovvero di protoni e di neutroni, resta «congelato»: nell'universo troviamo un solo neutrone per ogni 5 protoni. Ma neppure questa situazione è stabile. La vita media di un neutrone libero non supera, infatti, i 10 minuti. Cosí, in breve, spariscono tutti i neutroni liberi. A queste particelle barioniche non è lasciata altra scelta: o decadono in protoni o si lasciano catturare dai protoni per formare nuclei di atomi leggeri.

Mentre tutto questo inizia ad accadere, la temperatura continua a scendere. E un'analoga semplificazione avviene nella famiglia dei leptoni. A 500 milioni di gradi, la temperatura è abbastanza bassa da consentire alle coppie di elettroni e di positroni di annichilarsi definitivamente. Restano nell'universo solo pochi elettroni in eccesso. L'annichilazione, come al solito, produce un forte aumento del numero di fotoni. Da questo momento in poi il numero di fotoni resta costante. Il raffreddamento dell'universo nei 15 miliardi di anni successivi determina una diminuzione della loro energia, ma non una variazione del loro numero. Resta quindi congelato anche il rapporto tra nucleoni e fotoni. Per ogni nucleone ci sono da 10^{9} a 10^{11} fotoni. Notate l'importanza di questo rapporto. In un universo in cui i fotoni fossero relativamente di meno, non si formerebbero mai le stelle, ma solo oggetti piú piccoli. Se i fotoni fossero stati molti di piú, non si formerebbero neppure le galassie.

Ma ritorniamo al processo di nucleosintesi e quindi di formazione di strutture stabili. Partito in modo cosí promettente e rapido, si è già bloccato. Dopo 1.000 secondi, infatti, la temperatura scende al di sotto della soglia minima per le reazioni di sintesi nucleare. Una nuova transizione di fase avviene, e i nuclei leggeri prodotti restano cosí congelati. Il calcolo teorico delle abbondanze relative dei nuclei leggeri è stato fatto da Fred Hoyle, William Fowler e Robert Wagoner. Ed è in ottimo accordo con le abbondanze osservate: per ogni milione di protoni (nucleo di idrogeno), vi sono da 40 a 400 nuclei di deuterio, da 40 a 200 nuclei di ^{3}He. E, soprattutto, 60.000 nuclei di ^{4}He (il 24% in peso). Da notare l'abbondanza di elio. È inspiegabile se non in un quadro cosmologico. L'elio prodotto dalle stelle in tutta la storia dell'universo, infatti, ha creato, al massimo, un decimo della enorme quantità di elio che c'è nell'universo. E comunque la fucina stellare non potrebbe spiegare perché l'elio si trova, con la medesima abbondanza, dappertutto: nelle galassie piú attive, come in quelle piú pigre. Nei densi nuclei galattici, come nelle periferie piú rarefatte. La presenza massiva dell'elio e la sua omogenea distribuzione sono la prova che esso si è formato praticamente tutto nella nucleosintesi primordiale. L'abbondanza, osservata e calcolata, dell'elio, è compatibile solo per valori di H_0 (costante di Hubble) pari a circa 50 km/s, per Ω compreso tra 0,1 e 1, e per un numero di famiglie di particelle elementari uguale a 3. I valori di H_0 e di Ω sono proprio quelli che osserviamo. E il numero di famiglie di particelle elementari è proprio quello che è stato definitivamente confermato dall'acceleratore Lep del Cern di Ginevra.

La nucleosintesi primordiale e i suoi prodotti contribuiscono a corroborare sia il Modello Standard in cosmologia che in fisica delle alte energie. Tuttavia il processo si ferma, in sostanza, a ^4He e non va piú avanti. Con ciò si verifica, come nota Hubert Reeves, una sorta di crisi di crescita della →complessità. Il fatto è che l'elio è stabile, persino *troppo*. Si forma facilmente, tanto da rastrellare tutti i neutroni disponibili su piazza. Ma, una volta formato, non cede e non acquista volentieri neutroni. Per quanto riguarda la fisica del nucleo, l'evoluzione cosmica potrebbe benissimo fermarsi qui. Con un tuffo senza sbocco nell'oceano in espansione di idrogeno e di elio. Bloccata da un eccesso di stabilità.

E in realtà l'evoluzione cosmica, dopo i primi 1.000 secondi, resta effettivamente e completamente bloccata per ben 300.000 anni. In tutto questo tempo nulla di nuovo (o quasi) accade nel cosmo. Se non un lento raffreddamento, che porta la temperatura media da un miliardo di gradi ad appena 4.000 °K. Quello che vediamo a questo punto è un universo popolato da elettroni e da neutrini, da protoni liberi (nuclei di idrogeno) e da nuclei di elio. Un mare di fotoni ancora sufficientemente energetici impedisce la cattura degli elettroni con carica negativa da parte dei nuclei con carica positiva. La formazione degli atomi elettricamente neutri e, quindi, della materia cosí come oggi la conosciamo sulla Terra deve ancora attendere.

Atto terzo: l'era della materia

La nuova era, l'era della materia, inizia circa trecentomila anni dopo il Big Bang (il numero esatto dipende dalla densità dell'universo, non ancora conosciuta con precisione). Quando la temperatura precipita ad appena 4.000 °K. Dopo 300 millenni in cui, eccettuati i primi mille secondi, non è successo molto, nell'universo. Ma ora la temperatura è bassa e il cosmo è pronto per una nuova transizione di fase. Per una nuova svolta evolutiva. Sotto i 4.000 °K, infatti, i fotoni non hanno piú l'energia sufficiente per interagire con la materia e strappare gli elettroni che si avvicinano ai nuclei. L'universo all'improvviso cessa di essere opaco e diventa trasparente alla luce. Finalmente visibile. L'epoca della fisica delle alte energie è finita. Il plasma di barioni ed elettroni può iniziare a ricombinarsi e a formare i primi atomi stabili.

La materia barionica, che finora non ha mai svolto un qualche ruolo di rilievo, ancorché rarefatta, diventa il nuovo attore dinamico sulla scena cosmica. Per molte ragioni.

La materia può ricominciare a evolvere. Se, infatti, gli atomi di elio, un po' come i nuclei di elio, sono molto stabili e restano sostanzialmente inerti, gli atomi neutri di idrogeno (e di deuterio) non lo sono. E iniziano a reagire chimicamente. Insomma, due atomi di idrogeno, H, se si incontrano e hanno energia sufficiente, possono ricombinarsi per formare una molecola di idrogeno H_2: la prima struttura chimica nella storia cosmica. Ahimè, anche la molecola di idrogeno è sostanzialmente stabile. Cosicché non facciamo in tempo a vederne l'avvio, che la storia della chimica si è già interrotta. In attesa di tempi migliori.

Anche dal punto di vista gravitazionale, qualcosa cambia. Un fisico vi direbbe che l'universo cessa di essere dominato dall'equazione di stato della materia relativistica e inizia a essere dominato dalle masse proprie delle particelle. Noi, in maniera piú grossolana, possiamo dire che il motivo di questo improvviso e decisivo cambiamento cui assistiamo è il fatto che le particelle massive perdono velocità e la debole forza di gravità può entrare (ma si dovrebbe dire può rientrare) in gioco, cominciando a far sentire il peso della sua leggera, ma inesorabile azione.

La terza ragione che rende protagonista la materia barionica è di natura termodinamica. Abbiamo visto che, nei suoi primi 300.000 anni di vita, l'universo ha contemplato due forme di materia/energia: le particelle, divise in adroni e leptoni, e la radiazione, costituita da fotoni. Fino al disaccoppiamento queste due forme di materia (o di energia, che dir si voglia) hanno formato un unico sistema termodinamico. L'universo si è conservato in equilibrio, in una sorte di morte termica. Col disaccoppiamento, i fotoni cessano sostanzialmente di interagire con la materia. Radiazione e particelle diventano sistemi termodinamici indipendenti. E seguono destini termici diversi.

L'espansione dell'universo continua ad essere adiabatica. Ma, mentre la temperatura dei fotoni (radiazione) diminuisce linearmente col raggio dello spazio a disposizione, la temperatura della materia particellare diminuisce molto piú velocemente, col quadrato del raggio. Partendo da condizioni di equilibrio termico, condizioni in cui si trova l'universo all'atto del disaccoppiamento, l'espansione adiabatica determina una differenza crescente di temperatura tra radiazione e materia. Si afferma cosí una condizione di anisotropia termica strutturale e non piú recuperabile. Perché la velocità di espansione impedisce il riequilibrio termico tra materia e radiazione. Quest'ultima, che è predominante rispetto alla materia, determina, quindi, la temperatura media dell'universo attuale. Il fatto che il numero di fotoni è di almeno un miliardo di volte piú grande del numero di particelle determina la sostanziale non evoluzione entropica dell'universo su larga scala. L'→entropia dei fotoni è, infatti, di circa 9 ordini di grandezza piú grande dell'entropia della materia. Il rapporto tra entropia dei fotoni ed entropia dei barioni è chiamata *entropia specifica.* Ha un valore di circa 10^9 o forse 10^{10}. Ed è un valore decisivo. Fosse stato piú grande anche solo di un paio di ordini di grandezza, avremmo avuto un universo completamente gassoso (anzi, costituito di plasma): troppo grande perché si potessero formare le galassie e le stelle. E, forse, privo di qualcuno in grado di osservarlo. Se, viceversa, l'*entropia specifica* avesse un valore molto inferiore, tutto l'idrogeno primordiale sarebbe stato convertito in elio già nelle prime fasi del Big Bang. Avremmo, forse, galassie e stelle. Ma costituite di elio. E quindi cosí poco luminose da rendere l'universo un'immensa sala buia.

Il secondo principio della termodinamica vuole, inoltre, che in un sistema chiuso l'entropia aumenti nel tempo. Ora l'entropia dell'universo è totalmente determinata dall'entropia dei fotoni. Se, infatti, tutta la materia barionica, tutte le stelle e tutte le galassie, si trasformassero in fotoni, la temperatura della radiazione di fondo cosmico non salirebbe oltre la temperatura di 30 °K, –243 °C, e l'entropia cosmica aumenterebbe solo di un decimillesimo rispetto al valore attuale. In pratica l'universo, che è un sistema chiuso, ha raggiunto il massimo di entropia con l'annichilazione degli adroni e dei leptoni. Lí si è portato sull'orlo del massimo di *disordine* possibile. Ma non ha raggiunto la morte termica. Il motivo è che l'universo non è solo un sistema termodinamicamente chiuso, è anche un sistema dinamicamente in espansione.

Già, ma chi determina la velocità con cui l'universo continua a espandersi?

La velocità di espansione dell'universo, come prevede il modello di Einstein, è determinata dalla densità di massa. Maggiore è la densità di massa, minore è la velocità di espansione. La ragione è che l'attrazione gravitazionale *frena* la corsa cosmica. Le misure effettuate finora dimostrano che il contributo alla densità di massa della sola materia barionica (protoni e neutroni) che noi vediamo (con grande probabilità l'universo ospita altra materia barionica che non vediamo e materia non barionica) è mille volte piú grande del contributo alla densità di massa della radiazione.

In definitiva possiamo concludere che mentre la termodinamica dell'universo su larga scala è completamente dominata, oggi, dalla radiazione, la sua dinamica è completamente controllata dalla materia. Almeno a partire da una certa fase della storia cosmica. Solo però il gioco tra queste due componenti mantiene l'universo lontano dall'equilibrio. Ovvero dalla morte termica. Solo il rapporto tra gravità e termodinamica è alla base della intrinseca capacità evolutiva del cosmo.

L'origine delle galassie: l'universo prende forma. Siamo, dunque, giunti al momento in cui la storia del mondo spiega la forma del mondo. Siamo giunti, cioè, al momento in cui l'universo omogeneo e isotropo a ogni scala diventa disomogeneo e articolato a scala locale.

Consideriamo l'istante in cui radiazione e materia si disaccoppiano. L'universo trasparente che ci appare è un universo senza forma. Decisamente piatto. Vi scorgiamo la materia di cui siamo fatti noi e le stelle e tutto l'universo visibile, la materia barionica, diffusa in un gas inerte di idrogeno, atomico e molecolare, e di elio. Si tratta di una nube omogenea e amorfa. Il suo destino sembra essere scolpito in quella piatta e totale coerenza: è evidente che continuerà a espandersi, diventando sempre piú rarefatta. Ma sembra altrettanto evidente che resterà per sempre uniforme e indifferenziata. Se ci attrezziamo, nel medesimo fotogramma possiamo scorgere, pressoché invisibile, la materia non barionica, il 90% e forse piú della materia cosmica, formare una nube altrettanto uniforme. Poiché si tratta di materia scarsamente reattiva, davvero non c'è ragione di credere che qualcosa riuscirà a frantumarne la piattezza e a regalarle un minimo di forma o struttura.

Né molto diverse sono la condizione e le prospettive della radiazione, che pure ha distinto per sempre il suo destino dalla materia. Nel 1992 il satellite COBE ci ha consegnato un'autentica istantanea della radiazione di fondo all'atto del disaccoppiamento dalla materia. È l'istantanea di una nebbia fittissima, miliardi di volte piú fitta della materia, ma assolutamente omogenea. Solo i pignoli noteranno qui e là qualche increspatura in quell'immenso mare di radiazione in bonaccia: ma si tratta di differenze di densità non superiori ad alcune parti su centomila. Definireste onde, quelle creste alte come un capello sull'oceano calmo? Insomma, a ogni livello l'uniformità cosmica è pressoché totale. Chi, 300.000 anni dopo il Big Bang, vedendo emergere dall'ennesima transizione di fase questo universo cosí uguale a se stesso, scommetterebbe una scorza di cacio su un minimo aumento della sua struttura e sulla rottura della sua omogeneità in un futuro piú o meno prossimo?

Ma, ora, inoltriamoci nell'era della materia. E portiamoci a un tempo distante 500 o 600 milioni di anni dopo il Big Bang. Il panorama che vediamo è tale da mozzare il fiato. L'universo, incredibilmente, ha acquistato forma. Una forma dinamica e piuttosto complessa. È diventato grumoso. La materia barionica è collassata e si è strutturata. In alcuni punti è diventata cosí densa da accendersi (letteralmente), dando vita a una specie di fucina nucleare in cui nuclei di idrogeno si fondono in elio, liberando energia. Non solo: questi addensati di materia, chiamati stelle, si concentrano a milioni in spazi ridottissimi (su scala cosmica, ovviamente) che attirano intorno a sé enormi banchi di nubi di materia. Stanno nascendo le galassie. E se fate qualche calcolo vi accorgerete che nel giro di qualche miliardo di anni queste galassie si raggrupperanno in ammassi e poi in ammassi di ammassi. Concentrando la materia in alcuni lunghi filamenti che innervano l'universo. E lasciando del tutto vuote le altre regioni. Il cosmo non ha assunto solo una forma. È diventato un luogo dove accadono le cose.

Come ha fatto l'universo a passare dalla pressoché assoluta omogeneità che aveva all'età di 300.000 anni, alla grande disomogeneità a media e piccola scala che mostra intorno al suo primo miliardo di anni?

Be', la risposta sembra evidente. Sul *blob* primordiale ha iniziato a lavorare, fino ad assumerne il pieno controllo, la piú debole e la piú tenace delle forze fondamentali: la gravità. È lei che anno dopo anno, millennio dopo millennio, è riuscita a scalfire la piatta omogeneità della nube cosmica e a costruire le grandi strutture e il paesaggio grumoso che oggi vediamo. Tuttavia questa risposta non può soddisfarci. Basta qualche facile calcolo per dimostrare che non ha potuto agire da sola. O meglio, che non ha potuto iniziare dal nulla la sua azione creatrice.

Se vogliamo davvero capire come la gravità ha scolpito in poche centinaia di milioni di anni la massa informe dell'universo, dobbiamo tornare indietro nel tempo. E tornare all'epoca compresa tra diecimila e centomila anni dopo il Big Bang. E verificare come si sta comportando la materia non barionica, neutra e già indifferente all'opera livellatrice della radiazione. Ci accorgiamo, cosí, che la gravità ha già iniziato su questa materia la sua lenta e impercettibile, ma inesorabile e promettente, azione creatrice. Possiamo constatare, infatti, che la materia scura (non barionica) è ormai abbastanza fredda: si muove a una velocità molto piú bassa rispetto alla luce. Può cosí iniziare a subire le timide direttive della gravità e a addensarsi intorno a piccoli grumi di materia piú densa.

La materia scura è cosí oscura che noi non ne scorgiamo la natura. Si tratta, probabilmente, di particelle quantistiche dotate di grande massa e previste dalle cosiddette teorie supersimmetriche. Probabilmente accanto e insieme alla materia scura piú fredda, c'è materia scura calda: neutrini dotati, forse, di una piccolissima massa che si muovono a velocità molto alte. Prossime alla velocità della luce. Ma siamo nel campo delle ipotesi. La realtà è che non sappiamo di cosa sia fatta questa materia che informa di sé l'universo. Sappiamo solo che essa «deve» esserci. Non perché la vediamo direttamente. Ma perché ne vediamo il frutto. Come abbiamo constatato, infatti, le prime galassie si sono formate 500 milioni di anni dopo il Big Bang, se il nostro orologio cosmico è tarato sulla teoria dell'inflazione e su una densità Ω dell'universo pari a 1.

Vi sono due ipotesi principali per dar corpo a questa massa mancante, a questa materia tanto elusiva quanto necessaria. Che corrispondono a due modalità dell'autorganizzazione cosmica. Ciascuna delle due ipotesi ha molti pregi e gravi difetti. La prima ipotesi è quella della *hot dark matter*, della materia scura calda. L'ipotesi postula che la massa mancante dell'universo sia costituita da particelle che, sebbene dotate di massa, viaggiano a velocità prossime a quelle della luce. I candidati migliori per la *hot dark matter* sono i neutrini. Cioè quei leptoni, disponibili in tre tipi diversi, che abbiamo visto produrre in gran quantità nei primi istanti dopo il

Big Bang. I neutrini sono particelle stabili ed elusive. Per nulla (o quasi) reattive. E sono presenti in numero sufficiente a permeare di sé l'intero universo. Insomma, sono degli ottimi candidati. Ci sono tuttavia due grossi ostacoli alla loro definitiva acclamazione quale materia scura ideale. Il primo è che non sappiamo ancora se hanno o meno una massa: e senza massa non si diventa materia scura. Non materia scura utile ai nostri fini, almeno. Il secondo ostacolo è intrinseco alla natura stessa della materia scura calda. Se essa viaggia a velocità prossime a quelle della luce, sfugge giocoforza alla cattura delle buche di potenziale gravitazionale disseminate nell'universo e, quindi, rifiuta di addensarsi. Solo il tempo può indurla a obbedire in qualche modo sensibile all'attrazione gravitazionale. Insomma, i calcoli ci dicono che se anche i neutrini, dotati di piccola massa, avessero iniziato a «sentire» la forza di gravità e a formare nuclei di condensazione tra diecimila e centomila anni dopo il Big Bang, nel giro di un miliardo di anni avrebbero potuto indurre la materia barionica a formare timide strutture di dimensioni non inferiori a 10 milioni di anni luce. Paragonate questo numero alle dimensioni della Via Lattea il cui diametro è all'incirca 100.000 anni luce. E vi accorgerete che non sono le dimensioni di una galassia, ma di un superammasso di galassie.

L'ipotesi della materia scura calda, dunque, sembra avere come conseguenza inevitabile quella dinamica della formazione delle galassie «dall'alto in basso» proposta dal russo Jakov Zeldovič che possiamo cosí schematizzare. La nube primordiale omogenea si frammenta in svariate regioni ampie quanto gli odierni superammassi. Questi enormi abbozzi di struttura iniziano a collassare lungo una direzione preferenziale, imposta per gravità dai grumi di neutrini massivi, creando delle specie di *frittelle*, lunghe appunto decine di milioni di anni luce. Le turbolenze e le instabilità interne alle *frittelle* generano nuove frammentazioni: le singole galassie, che si organizzano intorno alle zone piú dense formando dei cluster. Sarebbe questa la causa della morfologia filamentosa del nostro universo.

Lo scenario basato sui neutrini, abbiamo detto, ha indubbi pregi. Ma anche un grande difetto. I cosmologi hanno le prove raccolte sul campo che le galassie sono nate molto prima del tempo minimo compatibile con lo scenario. Insomma, l'ipotesi della materia scura calda si scontra con un dato osservativo. E, quindi, deve essere o scartata o notevolmente modificata.

Cosí, quale ipotesi piú accreditata per spiegare la rapida evoluzione dall'universo informe all'universo dotato di struttura, si impone la proposta avanzata da Martin Rees. Una proposta che deriva direttamente dalla teoria dell'inflazione e che è nota al pubblico degli esperti come ipotesi della *cold dark matter*, della materia scura fredda.

Per apprezzare lo scenario *à la Rees* siamo costretti a un nuovo flashback. Dobbiamo ritornare al tempo $t = 10^{-30}$ secondi dopo il Big Bang, nel momento in cui si esaurisce quel grande cataclisma cosmico che è stata l'inflazione. Osserviamo la materia cosmica. Si trova in condizioni di grande turbolenza. Le minuscole fluttuazioni di densità presenti nel piccolo universo precedente sono state amplificate dall'aumento esponenziale di volume. La distribuzione delle particelle nello spazio non è affatto omogenea. Al contrario della temperatura, che è uniforme ovunque, la concentrazione di materia è molto diversa nelle varie regioni dell'universo. Se seguiamo le particelle relativistiche, che hanno tanta energia da scorrazzare per il cosmo a velocità prossime a quella della luce, le vediamo rapidamente sfuggire alle *buche di potenziale* gravitazionale: nessuna concentrazione locale di materia è in grado di trattenerle. Ogni picco nella distribuzione delle particelle relativistiche lasciato in eredità dall'inflazione svapora in men che non si dica. E l'universo acquista omogeneità.

Tuttavia in giro per l'universo non vi sono solo particelle relativistiche, assicurano i fautori dell'ipotesi *cold dark matter*. Vi sono anche particelle stabili e dotate di grossa massa che, a causa del rapido abbassarsi della temperatura, iniziano a viaggiare a velocità non relativistiche. A velocità nettamente inferiori alla velocità della luce. Noi non le vediamo. Ma proviamo a immaginarle. E proviamo a immaginare di seguirle, senza porci, almeno per ora, molti interrogativi sulla loro natura e sulla loro origine. Diciamo solo che si tratta di particelle neutre: che non sentono la radiazione elettromagnetica e che non risentono neppure del suo effetto omogeneizzante. E, per comodità, chiamiamole WIMP (*Weakly Interacting Massive Particles*: particelle massive scarsamente interagenti). Bene, date queste condizioni, le WIMP devono formare un gas piuttosto freddo e invisibile che conserva a lungo memoria delle disomogeneità presenti nel turbolento periodo che segue l'inflazione. Devono esserci, invisibili, grumi di WIMP creati dalle fluttuazioni quantistiche che non sono appianati dalla velocità relativistica. Se esistono, allora questi grumi di WIMP sono preziosa semente. Fino al disaccoppiamento tra materia ed energia questi *semi* gravitazionali restano come congelati. Silenti, a causa di quella che i cosmologi chiamano la «resistenza radiazionale». In pratica la radiazione ha un'energia sufficiente a impedire qualsiasi fenomeno di accrescimento e ogni ulteriore crescita di struttura. Ogni condensazione di materia che prova a organizzarsi intorno ai semi di WIMP, infatti, viene rapidamente abbattuta dal bombardamento della radiazione. Non appena, però, giunge la primavera cosmica, e la materia barionica cessa di interagire con la radiazione, i semi gravitazionali possono sbocciare. E far crescere intorno a sé, in tempi rapidi, le prime nubi protogalattiche.

Ritorniamo, dunque, all'inizio dell'era della materia. Vediamo gli atomi e le molecole di idrogeno, gli atomi di elio, il deuterio, le piccole quantità di litio che cominciano ad addensarsi, per formare grandi nubi amorfe: le nubi protogalattiche. Nelle singole nubi cominciano, poi, a formarsi grosse turbolenze che le frammentano. I frammenti delle nubi protogalattiche si disperdono formando grossi grumi. I grumi diventano opachi, trattenendo gran parte della radiazione che emettono. L'intera nube protogalattica comincia a collassare intorno ai grumi. E mentre la materia collassa, cresce la temperatura e, di conseguenza, la radiazione emessa. La pressione sempre piú forte della radiazione emessa dai grumi inizia a contrastare la caduta gravitazionale della materia. Infine, la pressione della radiazione è esattamente uguale e contraria alla forza di gravità. Il grumo raggiunge un dinamico equilibrio: è nata una stella. Al suo interno la temperatura sale a tal punto da richiamare all'attività l'interazione forte per innescare il processo di fusione dei nuclei di idrogeno.

Mentre localmente si accendono le stelle, l'intera nube protogalattica collassa, per gravità, formando nel giro di appena mezzo miliardo di anni le prime galassie. Se ne formano di tre tipi. Le *galassie a spirale*, come la nostra Via Lattea, col loro rigonfiamento al centro, il nucleo galattico, dove c'è la massima concentrazione di stelle. Intorno ai nuclei si estendono dischi piatti con due bracci a spirale. I bracci sono popolati da stelle giovani o blu. Da qualche tempo conosciamo anche galassie a spirale «a bassa luminosità superficiale», in cui i due bracci hanno una struttura a spirale meno sviluppata e contengono gas invece che stelle. Ci sono poi le *galassie ellittiche*, con la loro forma sferoidale e una luminosità massima al centro. Infine ci sono le *galassie irregolari*, con una massa piccola e una forma, appunto, non regolare.

All'inizio le galassie sono distribuite in modo abbastanza uniforme nello spazio cosmico. Ma piccole fluttuazioni vengono presto amplificate e le regioni con una densità galattica leggermente superiore alla media si propongono come nuclei di un'ulteriore condensazione, attirando le galassie piú vicine. Con questa dinamica «dal basso verso l'alto», si formano gli ammassi di galassie e poi gli ammassi di ammassi. Ecco, in sintesi, l'ipotesi *ascendente* di formazione delle grandi strutture cosmiche cosí come la propone Jim Peebles in alternativa all'ipotesi *discendente* di Zeldovič: la nube primordiale che emerge dal disaccoppiamento tra materia ed energia si disperde velocemente, a causa della instabilità gravitazionale, intorno ai relitti dell'inflazione, i *semi*. Si forma cosí una lunga teoria di nubi amorfe. Ciascuna delle quali subisce un rapido collasso e forma una galassia. L'attrazione tra le galassie forma gli ammassi. L'attrazione tra ammassi forma i superammassi. Poiché il progressivo avvicinamento tra le strutture cosmiche avviene mentre l'universo continua a espandersi, si generano i grandi vuoti che osserviamo nel grumoso universo contemporaneo.

Questo scenario nasce dall'ipotesi della materia scura fredda. Ipotesi che ha due grandi vantaggi, rispetto alla rivale calda. È coerente con quell'osservazione che colloca la nascita delle galassie entro il primo miliardo di vita dell'universo. Ed è compatibile con le minuscole increspature registrate dal satellite COBE nella radiazione cosmica di fondo. Tuttavia anche questa ipotesi ha anche un grave difetto. Nessuno ha ancora dimostrato che la materia scura fredda esiste. I candidati piú accreditati a formarla, infatti, sono gli *-ini* (fotini, gravitini, e, soprattutto, neutralini). Una classe di particelle con una massa perfetta: abbastanza fredda, perché piú grande, da poche unità a centinaia di volte, rispetto a quella dei protoni. Il guaio è che queste particelle menano la loro esistenza, virtuale, solo sulla carta dei fisici teorici della supersimmetria. Nessuno ne ha mai visto un esemplare reale. Anche se dal Laboratorio del Gran Sasso, di recente, giunge notizia che, forse, qualche WIMP è stata finalmente catturata. Ma la notizia è da confermare. Con nuove osservazioni.

Il paradosso della materia scura, dunque, è questo: le uniche particelle certamente esistenti che si candidano a formarla (i neutrini) sembrano inadatte; e le uniche particelle adatte (gli *-ini*) sembrano inesistenti.

Letture: Paul Davies, *La nuova fisica*, Torino, Bollati Boringhieri, 1992; Livio Gratton, *Cosmologia*, Bologna, Zanichelli, 1987; Pietro Greco, *L'origine dell'universo*, Roma, Editori Riuniti, 1998; Hubert Reeves, *L'evoluzione cosmica*, Milano, Rizzoli, 1993; George Smoot, *Nelle pieghe del tempo*, Milano, Mondadori, 1994.

Uomo

(dal latino *homo*)

Duemila e trecento anni fa Diogene di Sinope, il Cinico, si aggirava a mezzogiorno per le vie di Atene con una lanterna in mano. «Cerco l'uomo», diceva. Sapendo che non avrebbe avuto successo. Ancora oggi la ricerca del «Socrate impazzito» non si è conclusa. Ancora oggi non sappiamo chi sia, l'uomo.

Se lo chiedete, per esempio, al contestualista Clifford Geertz, vi risponderà che cercate invano, perché l'uomo, in quanto tale, non esiste (*Interpretazioni di culture*, Bologna, Il Mulino, 1988). Esistono gli uomini, ma sempre in un contesto. Nel contesto in cui operano. Perché gli uomini sonono un «artefatto culturale» (→cultura). Se lo chiedete al simbolista Ernst Cassirer, vi risponderà che l'uomo è un *anymal sym-*

bolicum, un animale che però si distingue da tutti gli altri perché in possesso del →linguaggio, e perché, grazie al linguaggio, è capace di quelle azioni simboliche che sono negate a tutti gli altri animali. Se, poi, lo chiedete all'esistenzialista Jean-Paul Sartre, vi risponderà che non esiste un'essenza di uomo. Che l'uomo è solo la sua →libertà. Anzi, la sua libertà obbligatoria.

La comunità scientifica non è meno frammentata della comunità filosofica, quando si tratta di definire chi è l'uomo. Per Jared Diamond e per gli etologi alla Konrad Lorenz, l'uomo è solo uno dei primati. Una scimmia che condivide con le altre «grandi scimmie antropomorfe» oltre il 98% del patrimonio genetico e gran parte degli schemi di comportamento. Per Richard Dawkins e i sociobiologi, l'uomo non è che un involucro particolarmente efficace nella protezione di «geni egoisti», anche se si è adattato (→adattamento) a un →ambiente che non esiste piú. Per i comportamentisti alla Skinner (→psicologia), l'uomo è come ogni altro animale: il frutto di un particolare «condizionamento operativo».

Probabilmente nessuno ha veramente ragione, anche se tutti colgono, con una maggiore o minore efficacia, una parte della ragione. E allora, se per la ricerca dell'uomo vogliamo utilizzare una lanterna che faccia un po' piú luce delle altre, non possiamo che utilizzare la lanterna della →storia. Perché, ormai, su un punto tutti, filosofi e scienziati, sono in accordo: l'uomo è un prodotto, apparso di recente, di quell'→evoluzione biologica che opera sulla Terra da circa 4 miliardi di anni.

Tuttavia non c'è dubbio che, in quanto →specie biologica, ha avuto un successo riproduttivo rimarchevole. E che questo successo lo ha ottenuto con strumenti affatto originali. Con strumenti che, nella loro varietà e completezza, non erano mai apparsi prima sulla Terra. Se, dunque, dobbiamo proprio dare una definizione, sia pure provvisioria, potremmo dire, con il biologo Theodosius Dobzhansky, che l'uomo è una «trascendenza evolutiva». Ma, non fosse altro che per evitare di montarci la testa, è meglio specificare che l'uomo è «la trascendenza evolutiva di una scimmia». D'altra parte Jared Diamond è molto convincente quando sostiene che l'uomo altro non è che il terzo degli scimpanzé.

Tuttavia è uno scimpanzé che, tappa evolutiva dopo tappa evolutiva, si è conquistata una sua specificità. Quale sia questa specificità del terzo scimpanzé nulla meglio che la ricostruzione della sua storia può dircelo.

Sette milioni di anni fa: una scimmia diventa autocosciente

La vicenda umana inizia, in realtà, con la nascita del primo organismo vivente apparso sulla Terra, circa 4 miliardi di anni fa. O, almeno, con la nascita di LUCA, l'ultimo progenitore comune di tutti gli attuali organismi viventi. Vissuto non sappiamo quando, ma comunque alcuni miliardi di anni fa. Tuttavia gran parte di questa storia è comune a tutti gli animali e a tutte le specie viventi. Cosicché la storia significativa dell'uomo la possiamo far iniziare, non senza qualche arbitrarietà, intorno a 7 o 8 milioni di anni fa. Quando in Africa appare (probabilmente) il primo dei caratteri costitutivi dell'uomo: la →coscienza di sé. È proprio in questo periodo, infatti, che, sull'ormai grande tronco costituito dalle svariate specie delle Grandi Antropomorfe, le scimmie che hanno una morfologia simile all'uomo, si verifica una nuova ramificazione. E la linea evolutiva che porterà ai moderni scimpanzé e ai bonobo si distacca da quella che porterà agli ominidi e, poi, agli *Homo*.

Due milioni di anni prima, tra 9 e 7 milioni di anni fa, il tronco delle Grandi Scimmie Antropomorfe aveva originato il ramo dei moderni gorilla. Mentre il ramo dei moderni oranghi era sbocciato da quel medesimo tronco molto prima, circa 13 milioni di anni fa. Tutte queste date per dire che un evento nuovo e, per noi, decisivo nella storia evolutiva dei primati (o, se volete, delle scimmie) si è verificato poco meno di 30 milioni di anni fa. Quando il tronco delle proscimmie si è divaricato: da un lato il tronco delle scimmie del *vecchio mondo* (le scimmie africane), dall'altro il tronco generato da nuove specie di primati, piú grandi nel corpo e nell'encefalo, chiamati antropoidi. Piú tardi, forse 18 milioni di anni fa, quest'ultimo tronco diverge a sua volta. Da un lato i gibboni. Dall'altro le Grandi Scimmie Antropomorfe.

La doppia ramificazione dell'albero evolutivo dei primati e la comparsa delle Grandi Antropomorfe rappresentano novità evolutive di non poco conto. E c'è una misura quantitativa, la misura delle dimensione dell'encefalo proposta vent'anni fa da Harry Jerison, che lo dimostra chiaramente.

Jerison rileva che l'uomo, tra tutti gli animali, ha il rapporto piú elevato tra la massa dell'encefalo e il peso complessivo del corpo. Questa caratteristica fisiologica non è banale. La massa relativa del cervello, infatti, deve avere qualcosa a che fare con le capacità cognitive di una specie. Jerison chiama questo rapporto *quoziente di encefalizzazione*: QE. E calcola che nell'uomo il QE, il rapporto in peso tra cervello e corpo, è ben 6,9 volte piú alto della media dei mammiferi di massa comparabile.

Il dato, in assoluto, ci direbbe poco se Jerison non gli conferisse una prospettiva evolutiva. In breve estende i suoi calcoli al passato profondo. E rileva che i primi mammiferi si presentano sulla Terra, circa 230 milioni di anni fa, con un QE che è ben quattro o cinque volte piú elevato di quello dei rettili e dei pesci, le specie allora dominanti sulla terraferma e nei mari. I mammiferi rappresentano una novità evolutiva destinata ad avere successo.

Qualcosa di analogo accade con gli uccelli. Hanno un QE superiore a quello dei rettili da cui pare derivino. E la storia ci dice che, come i mammiferi, gli uccelli sopravvivono all'estinzione del Cretaceo, mentre i rettili dominanti anche nei cieli, i dinosauri, scompaiono. Nessuno, naturalmente, può dimostrare una correlazione stretta tra QE e capacità di sopravvivenza all'impatto di un meteorite. Tuttavia è difficile negare che il QE sia un carattere adattivo e che i mammiferi e gli uccelli siano una novità significativa nella storia evolutiva della vita animale. Non fosse altro che per il fatto di aver assunto, 65 milioni di anni fa, la posizione dominante lasciata libera dai dinosauri, rispettivamente, sulla terraferma e nei cieli.

Ora attenzione ai dettagli. Le proscimmie apparse 70 milioni di anni fa, poco prima della grande estinzione del Cretaceo, e da cui hanno avuto origine tutte le moderne specie di primati, possiedono un QE quasi del tutto simile a quello medio dei mammiferi di peso corrispondente e, convenzionalmente, posto pari a 1. Le Grandi Scimmie Antropomorfe, che compaiono sulla scena 18 milioni di anni fa per speciazione degli antropoidi, hanno, invece, un QE decisamente piú grande: pari in media a 2,5. Un QE mai visto prima in natura.

Le Grandi Scimmie Antropomorfe formano un tronco con svariati rami. Di cui solo quattro sono sopravvissuti fino a oggi sull'albero della vita: oranghi, gorilla, scimpanzé e uomo. Il successo di lungo periodo delle Grandi Antropomorfe non è esaltante. Le vecchie scimmie spesso hanno mostrato maggiore capacità di farcela. In Africa, la nostra culla, le Grandi Antropomorfe hanno avuto ricorrenti crisi e sono state, spesso, sull'orlo dell'estinzione totale. Questi semplici fatti contengono un triplo ammonimento. Primo: non è il caso di inorgoglirci troppo per la nostra →intelligenza, altri caratteri (si pensi ai batteri) hanno avuto e hanno un successo adattivo superiore. Secondo: la →mente e la libertà sono prodotti abbastanza casuali e comunque non inevitabili dell'evoluzione biologica. Terzo: non leggete le prossime righe come il resoconto di una marcia travolgente e inarrestabile. Ciò premesso, possiamo dire che le Grandi Antropomorfe rappresentano, senza dubbio alcuno, una importante novità evolutiva. Già, perché le nuove arrivate, oltre a un grosso encefalo, presentano capacità cognitive (quindi una mente), capacità culturali e comportamenti sociali originali e anzi, prima, del tutto sconosciuti.

Detto questo, possiamo rilevare che le Grandi Scimmie Antropomorfe sono (forse) i primi esseri viventi a raggiungere una piena consapevolezza di sé. E qualcosa in piú. Recenti e, per molti, inattesi esperimenti dimostrano, infatti, che gli scimpanzé si riconoscono allo specchio. E, quindi, possiedono una forma, piú o meno sofisticata, di autocoscienza. Poiché altre antropomorfe di piú antica origine (i gorilla) non mostrano la medesima, narcisistica capacità, è chiaro che l'autocoscienza (riconoscibile) è una →emergenza recente nella storia evolutiva della vita. E della mente.

Certo, nulla vieta che gli scimpanzé abbiano acquisito l'autocoscienza (riconoscibile) solo negli ultimi secoli o negli ultimi millenni. Ma molti paleontologi e primatologi sono propensi a credere che essa sia un carattere emerso all'epoca della loro speciazione. E che sia un carattere condiviso con l'altro nuovo ramoscello, quello degli ominidi.

Dalla dimostrazione dell'autocoscienza, magari rudimentale ma riconoscibile, raggiunta dagli scimpanzé e dagli ominidi, discendono, quali evidenti corollari: a) che la coscienza di sé non è una prerogativa della mente umana; b) che preesiste all'uomo; c) che la mente dell'uomo, fondata sulla piena coscienza di sé, non è spuntata all'improvviso dal nulla, ma è il risultato di una serie di stadi additivi o, se si vuole, è una cipolla di emergenze evolutive.

Di originale, però, le Grandi Scimmie Antropomorfe non hanno solo un'attività mentale piuttosto evoluta. Hanno anche un'attitudine all'uso di strumenti, e a insegnare l'uso di strumenti alla loro prole. In altri termini, hanno capacità culturali decisamente superiori a quelle di altri mammiferi e di altri animali. Queste capacità sono massime negli ultimi arrivati, gli scimpanzé: che sanno pescare le termiti con rametti adatti o rompere una noce con un ciottolo. Ciò è reso possibile dal fatto che tutte le Grandi Antropomorfe, oranghi, gorilla e, soprattutto, scimpanzé, riescono a costruirsi una rappresentazione centrale astratta dell'ambiente.

Infine le Grandi Antropomorfe hanno una, sia pur limitata, capacità di utilizzare una varietà di segni per comunicare tra loro. La novità evolutiva non consiste tanto nel fatto che il numero di questi segni (piú di una trentina tra gli scimpanzé) è relativamente alto. In fondo anche le api possiedono un linguaggio dei segni quantitativamente paragonabile. La novità evolutiva consiste nella inedita «intelligenza sociale» sottesa a questa forma di protolinguaggio. Gli insetti, animali sociali quant'altri mai, comunicano e si riconoscono attraverso una serie di processi abbastanza stereotipati e automatici: hanno, quindi, una scarsa «intelligenza sociale». Le Grandi Antropomorfe, invece, usano la comunicazione per stabilire una inedita, vasta e articolata serie di rapporti sociali che gli psicologi chiamano *diadici*: ovvero rapporti, costruiti nel tempo, in cui c'è il pieno riconoscimento di sé e dell'altro distinto da sé come individui.

Per tutto questo (e altro ancora) le Grandi Scimmie Antropomorfe rappresentano, dunque, una grossa novità evolutiva. Ma dov'è la →causa che, a partire da 18 milioni di anni fa, ha determinato questa complessa emergenza?

Be', se ne potrebbero indicare piú d'una. Di natura (epistemologica) affatto diversa. La prima causa è (o potrebbe essere considerata) tutta interna alla selezione naturale. Un improvviso e forte cambiamento ambientale seleziona i pool genici delle vecchie proscimmie innovati da mutazioni causali e favorisce l'emergere, in alcune zone dell'Africa, di primati con caratteristiche piú adatte alle nuove condizioni. Si tratta di una causa reale: effettivamente intorno a 18 milioni di anni fa e, poi, ancora intorno a 13 milioni di anni fa, l'ambiente africano subisce radicali cambiamenti. E i cambiamenti drastici dell'ambiente, con la formazione di «isole biologiche», possono sortire rapide accelerazioni evolutive o, per usare la terminologia dei teorici dell'evoluzione biologica Gould e Eldredge, drammatici salti. La causa, dunque, è reale: ma è anche banale. Ogni novità evolutiva si risolve in una novità genetica. Cosí per marcare le novità evolutive (mentali e culturali e sociali) che caratterizzano le Antropomorfe non bastano, ci si perdoni il gioco di parole, generiche differenze genetiche: in fondo il Dna di una Grande Scimmia Antropomorfa differisce solo per il 7,3% rispetto a quello di una antica proscimmia.

La causa puntuale della spiccata novità evolutiva potrebbe essere, allora, indicata nella drammatica variazione delle dimensioni relative del cervello (peraltro controllate geneticamente): persino le prime, tra le Grandi Scimmie Antropomorfe apparse in Africa, presentano una massa cerebrale relativa piú grande, in media, del 150%, ma talvolta persino del 300%, rispetto alle antiche proscimmie. Il QE delle Grandi Antropomorfe è in media pari a 2,5: ma l'intervallo di variabilità è ampio, va da 1,5 fino a 4. In ogni caso ci troviamo di fronte a un cambiamento spettacolare. E senza dubbio le inedite capacità mentali, culturali e sociali delle Grandi Antropomorfe sono state rese possibili dalla spettacolare avanzata della massa cerebrale.

D'altra parte la variazione modulare dell'architettura strutturale del sistema nervoso segna tutte le tappe dell'evoluzione mentale. Le meduse, nate con l'esplosione del Cambriano 500 milioni di anni fa, hanno già un sistema nervoso sviluppato, con cellule nervose simili alle nostre, i neuroni, collegate mediante *sinapsi*, per gli scambi di informazione mediante impulsi di tipo elettrico. Su questo tipo ancestrale di logica biochimica l'evoluzione ha costruito tutto lo sviluppo neurale, cerebrale e, poi, mentale. Con l'apparizione dei vermi piatti, centinaia di milioni di anni fa, si verifica una prima «centralizzazione» e una «cefalizzazione» del sistema nervoso: quei vermi hanno un abbozzo di cervello localizzato nella parte anteriore del corpo: la testa. Squali e lamprede si affermano, piú tardi, come animali «evoluti», perché conquistano un sistema nervoso centrale basato sul midollo allungato. Passano milioni di anni e altri pesci e anfibi aggiungono un nuovo modulo al midollo allungato, il mesencefalo, conquistando nuove capacità cognitive. I mammiferi utilizzano il loro accresciuto spazio cerebrale per aggiungere al cervello due nuovi moduli, l'ippocampo e la corteccia.

In questa brevissima ricostruzione della storia evolutiva del cervello appare, in tutta la sua evidenza, un carattere decisivo dell'evoluzione biologica. Essa non torna mai indietro. E non butta (quasi) mai niente. Opera sempre su quanto esiste. Cosí il cervello e l'«intelligenza» dei mammiferi sono il frutto dell'assemblaggio modulare del midollo allungato e dell'«intelligenza» degli squali, piú il mesencefalo e l'«intelligenza» dei rettili e dei pesci piú evoluti, piú l'originale «invenzione» della corteccia e il grosso surplus di «intelligenza» che tale «invenzione» comporta. Poiché ogni nuovo strato aggiunto al cervello originario degli animali presuppone una crescita della capacità «intellettiva» che non viene dimenticata dall'evoluzione, ciascuno strato rappresenta una tappa fondamentale nello sviluppo della mente. Della nostra mente.

Ma ritorniamo alle Antropomorfe. Dal punto di vista dell'architettura cerebrale è proprio l'ultimo strato, la corteccia, che le distingue, neurofisiologicamente, dal resto dei primati e dei mammiferi. In particolare la novità piú grossa risiede nello sviluppo del volume della neocorteccia, la parte «pensante» del cervello, il luogo di residenza del →pensiero cosciente. La neocorteccia nei mammiferi occupa dal 30 al 40% della massa cerebrale. In alcune proscimmie sfiora il 50%. Ma nelle Grandi Antropomorfe la neocorteccia supera largamente la metà della massa cerebrale, fino a toccare l'80% nell'uomo.

Da un punto di vista neurofisiologico, dunque, la novità evolutiva delle Grandi Antropomorfe consiste *sia* nell'aumento, straordinario, della massa relativa del cervello, *sia* nell'aumento, all'interno dell'encefalo, della massa relativa della neocorteccia. Il risultato è che la *materia grigia pensante* delle Grandi Antropomorfe è di gran lunga maggiore che in qualsiasi altro primate o in qualsiasi altro animale.

Ma basta questa spettacolare crescita, quantitativa e qualitativa, del cervello a spiegare tutta e interamente la novità evolutiva delle Grandi Antropomorfe? E, poi, da cosa mai è stata causata questa impennata senza precedenti dell'encefalo?

Nessuno, a tutt'oggi, è in grado di fornire risposte anche lontanamente definitive a queste domande. Tuttavia ci sono un paio di suggestioni che vale la pena seguire. La prima è che gli scimpanzé, le uniche Antropomorfe dotate di una riconoscibile autocoscienza, hanno un QE pari in media a 2,6: insomma appena piú grande di quello delle altre Grandi Antropomorfe e comunque tutto interno al loro intervallo di variabilità. Basta questa piccola differenza quantitativa a racchiudere l'enorme differenza qualitativa? È in quello 0,1 di QE aggiunto che si nasconde il segreto dell'emergente autocoscienza? Potrebbe essere. Ma, francamente, è difficile che la soluzione di uno dei grandi problemi della mente e della sua storia evolutiva risieda solo in quella frazione additiva del rapporto tra encefalo e massa corporea. Probabilmente occorre altro.

La differenza tra gorilla e scimpanzé, forse, va cercata (anche) altrove. Entrambi vivono nella foresta, tra e sugli alberi. Ma una differenza degna di nota è che il gorilla tiene ancora impegnate le mani per muoversi, mentre lo scimpanzé le ha molto piú libere. Non è una differenza da poco. Il gorilla si sposta, infatti, muovendosi sulle nocche delle dita. E la locomozione gli tiene occupate le mani. Lo scimpanzé invece usa soprattutto gli arti inferiori per muoversi, mentre ha le mani molto piú disponibili per manipolare ed esplorare. Liberando le mani gli scimpanzé hanno cosí acquisito un nuovo, sensibilissimo ed eclettico organo. Un organo di senso, certo. Ma soprattutto un organo culturale, perché capace non solo di conoscere in modo fine, ma anche di trasformare in modo abile l'ambiente. Ecco, dunque, la mia prima (gratuita?) suggestione. È la «liberazione delle mani» da parte degli scimpanzé e degli ominidi che, tra 7 e 5 milioni di anni fa, stimola e sfrutta alcune potenzialità contenute nel cervello (nel cervello neocorticale) delle Grandi Antropomorfe, fino a far «emergere» una forma (riconoscibile) di autocoscienza.

Se questa suggestione fosse, almeno in parte, vera, avremmo una formidabile dimostrazione che mente e cultura coevolvono. E poiché l'→evoluzione culturale, anche nelle Grandi Antropomorfe, ha (sia pure timidi) caratteri lamarckiani, avremmo, di conseguenza, la prova che l'evoluzione della mente cessa di essere esclusivamente darwiniana molto prima della comparsa del primo individuo del genere *Homo*.

La seconda suggestione la suggerisce lo psicologo e studioso di antropologia biologica Robin Dunbar. Secondo cui il QE, anzi la grandezza relativa della neocorteccia, delle varie specie di primati è in rapporto diretto con la dimensione e la →complessità dei gruppi sociali. Dunbar rileva due dati: il primo è che, tra i primati e persino tra le Grandi Antropomorfe, le specie che formano gruppi sociali piú grandi e piú complessi sono quelle che hanno la neocorteccia piú sviluppata. Lo sviluppo della neocorteccia nell'architettura cerebrale non assicura la socialità, infatti gli oranghi vivono una vita abbastanza solitaria. Ma rappresenta un limite alla socialità. Con un basso quoziente neocorticale è impossibile vivere in (e quindi formare) grandi gruppi. Anzi, è impossibile vivere in (e quindi formare) grandi gruppi complessi. Lo sviluppo relativo della neocorteccia consente alle Grandi Antropomorfe di creare gruppi complessi estesi, di decine di individui. Gli scimpanzé formano gruppi di poco meno di un centinaio di individui.

Si potrebbe obiettare che gli insetti formano società con migliaia di individui. Quindi di dimensioni ben maggiori. Tuttavia la qualità dei rapporti tra gli individui di una società di insetti è piuttosto semplice. Un'ape operaia non intesse relazioni diadiche con i membri del suo gruppo. Né riconosce relazioni tra terzi. L'ape Maia non ha un rapporto personalizzato con l'ape Gaia. Né riconosce una specificità di rapporto tra l'ape Gaia e l'ape Saia. L'ape operaia deve, probabilmente, ricordare poche modalità di comportamento: come comportarsi con un'altra ape operaia, come comportarsi con un'ape regina, come comportarsi coi fuchi. E applicare questi codici in modo abbastanza automatico ai membri del gruppo. Non ha bisogno di ricordare quale relazione intercorre tra il fuco Pizio e il fuco Tizio. Non ha bisogno di stabilire una relazione *personale* con l'ape regina o con la sua collega operaia. Per questo le società di api sono formate da centinaia di individui, ma i tipi di relazioni tra gli individui sono nell'ordine delle unità. Per gestirli l'ape non ha bisogno della neocorteccia, né di un grande QE.

Le Grandi Antropomorfe, invece, hanno relazioni diadiche tra loro. In altri termini ogni relazione tra due individui di un gruppo è unica. Personalizzata. Storicamente formata. Un bonobo deve (e sa) riconoscere le relazioni che intercorrono non solo tra sé e tutti gli altri membri del gruppo, ma anche le relazioni terze: le singole relazioni tra i diversi membri del gruppo. Sa che sua madre lo protegge. E che suo fratello è disposto a battersi per lui. Sa anche che il fratello del suo nemico è un suo nemico, perché disposto a battersi per il suo consanguineo. Ma sa anche che l'amico del fratello del suo nemico è un (potenziale) nemico. Infatti sa che nel gruppo si formano, in modo piuttosto dinamico, sia alleanze che inimicizie. Tuttavia sa anche che il gruppo si ricompatta in presenza di un nemico esterno: in quel momento ogni risentimento va sospeso e ciascuno gioca per tutti. È evidente che la quantità di →informazione necessaria a gestire questa →rete e questo tipo di relazioni (una quantità che potremmo considerare come un utile indicatore della complessità sociale) cresce rapidamente con le dimensioni del gruppo. E che nei gruppi di settanta o ottanta individui (che si riconoscono come tali), essa raggiunge dimensioni davvero notevoli.

La quantità di informazione necessaria a gestire, per esempio, le relazioni all'interno di una piccola famiglia (il padre, la madre e il figlio) è piuttosto bassa. Il padre deve «ricordare» solo due relazioni dirette (tra lui e la moglie, tra lui e il figlio) e una relazione «terza» (tra la moglie e il figlio). Ma se il gruppo cresce di sole due unità, e diventa di cinque persone, ecco che il padre dovrà ricordare quattro relazioni dirette e ben sei relazioni terze (tutte le relazioni tra gli altri quattro membri del gruppo). Se il gruppo diventa di 20 persone, dovrà ricordare 19 relazioni dirette e 171 relazioni terze (tutte le relazioni possibili tra gli altri 19 membri del gruppo). In una comunità di 100 persone, come quelle formate talvolta dagli scimpanzé, un qualsiasi individuo dovrà avere presenti 99 relazioni dirette e ben 4.851 relazioni terze. Molte delle quali ambigue, contradditorie. E, soprattutto, dinamiche: le relazioni si modificano nel →tempo. Quell'individuo avrà cosí bisogno di gestire una quantità di informazioni davvero enorme. Avrà bisogno di un cervello decisamente piú sviluppato di quello di un'ape.

Robin Dunbar suggerisce che la socializzazione e la formazione di gruppi sempre maggiori e sempre piú strutturati siano fattori selettivi molto importanti nell'evoluzione dei primati. Ma, poiché con la dimensione e con la struttura cresce anche l'instabilità, la necessità di preservare la stabilità del gruppo crea il bisogno di una conoscenza sempre piú fine tra i suoi membri. E sempre piú profonda. Quindi di mappe cerebrali sempre piú sofisticate. In definitiva: è l'aumento delle dimensioni dei gruppi che, secondo Dunbar, ha favorito, se non determinato, l'aumento della massa cerebrale, lo sviluppo preferenziale della neocorteccia, l'emergere di nuove e inedite capacità cognitive.

Eccola, dunque, la seconda suggestione. La piena consapevolezza di sé e l'autocoscienza (riconoscibile) raggiunte dall'evoluzione dei primati già (almeno) 5 o 7 milioni di anni fa sono il frutto dello sviluppo relativo dell'encefalo e della neocorteccia, della liberazione delle mani, dell'aumento delle dimensioni dei gruppi e dello sviluppo qualitativo delle relazioni all'interno dei gruppi. In altri termini, della coevoluzione della struttura cerebrale, delle capacità culturali e della complessità sociale.

Un aspetto intrigante della faccenda è che la mente effettua un passaggio determinante del suo sviluppo evolutivo quando le relazioni sociali smarriscono chiaramente e definitivamente la loro natura «atomica» (relazioni tra unità sostanzialmente indistinguibili) per acquisire una natura «individuale» (relazioni tra unità distinte e che si distinguono). Le relazioni tra «individui», a differenza delle relazioni tra «atomi» e al di là della intenzionalità dei soggetti che le realizzano, sono relazioni costruite storicamente. Quindi uniche e irripetibili. Cosicché, se questa seconda suggestione ha qualche fondamento, possiamo proprio dire che la mente comincia a emergere quando le relazioni sociali diventano, chiaramente e in linea di principio, non matematizzabili. Quando diventano irriducibili a qualsiasi →teoria fisicomatematica.

Non solo, dunque, la mente – la mente cosí come la conosciamo – non è algoritmica. Ma (estrapolando e, magari, forzando le due suggestioni proposte) la mente emerge proprio quando la gestione dell'informazione perde ogni possibilità di essere realizzata mediante algoritmi. Mediante processi formalizzabili di tipo computazionale.

Ma non facciamoci trascinare piú di tanto dall'entusiasmo della spiegazione a posteriori. Un entusiasmo difficile da tenere a freno. E difficile da corredare non solo con «sensate esperienze», ma anche con «certe dimostrazioni». Anche perché non va dimenticato che, pur con tutte le loro novità, gli scimpanzé e gli ominidi autocoscienti che vivono in Africa 5 milioni di anni fa non hanno ancora nulla di paragonabile alla ricca e complessa mente dell'uomo. Hanno poco o nulla di paragonabile all'intenzionalità delle azioni umane. Non hanno il linguaggio e, quindi, la comunicazione dell'uomo. Né, d'altra parte, hanno la cultura e la complessità delle relazioni sociali costruite da *sapiens sapiens*.

Gli psicologi amano distinguere tra la →memoria procedurale, cioè il ricordo degli aspetti generali a scapito dei particolari di un evento, e la memoria episodica, il ricordo di aspetti particolari. La memoria procedurale consente un controllo a grandi linee dell'ambiente: come evitare un oggetto che viaggia a gran velocità verso di me. La memoria episodica consente un controllo puntuale: come devo comportarmi quando Mario effettua il gesto di lanciare contro di me un oggetto. Devo scansarlo, perché (solitamente) è una pietra o devo attenderlo con fiducia perché (solitamente) è un pezzo di pane? La memoria episodica (accanto a quella procedurale) migliora drammaticamente la capacità di distinguere, l'economia dei miei sforzi e consente il controllo fine dell'ambiente. Ora tutti gli animali hanno una memoria procedurale, piú o meno sofisticata. Ma una grande transizione nella storia evolutiva della mente si è verificata quando molti animali hanno acquisito una memoria episodica, piú o meno sofisticata. Gli scimpanzé e gli ominidi, 7 milioni di anni fa, hanno sviluppato al massimo la memoria episodica: la capacità di ricordare e, quindi, di cogliere non solo le generalità, ma anche le sottigliezze delle situazioni ambientali e sociali. Rappresentano, pertanto, l'apice di un percorso cognitivo. Tuttavia l'evoluzione della mente ha in serbo nuove, formidabili transizioni verso l'acquisizione della libertà e di quella che consideriamo l'«umanità».

Quattro milioni di anni fa: una scimmia scende dagli alberi

Una di queste transizioni è realizzata dalle piú antiche specie di ominidi note: le *australopitecine*. Gli ominidi, diretti progenitori dell'uomo, che appaiono in Africa almeno 4 milioni di anni fa. A caratterizzarli, in verità, non è la mente, quanto l'anatomia funzionale. Non è il cervello, ma l'anca e il piede. E il pollice delle mani, che può contrapporsi sempre meglio alle altre dita. Certo l'*Australopithecus afarensis*, la piú antica tra le specie note di australopitecine (di recente sono stati rinvenuti fossili di australopitecine che sembrano precedere *afarensis*, ma di loro sappiamo troppo poco), ha un QE medio pari a 3,5: maggiore della media delle Grandi Antropomorfe. Ma la variabilità dell'encefalo di *afarensis* ricade ancora all'interno del largo intervallo di QE delle Grandi Antropomorfe. E, in ogni caso, nessuna delle varie specie di australopitecine vissute tra 4 e 1 milione di anni fa, fa registrare un'attività mentale qualitativamente molto diversa da quella degli scimpanzé. Come sostiene Merlin Donald, la loro cultura, per quanto forse piú progredita di quella degli scimpanzé, resta una cultura di tipo episodico, come quella degli scimpanzé.

La novità evolutiva delle australopitecine, dicevamo, non è né mentale né culturale. È anatomico-funzionale. In altri termini, le australopitecine sono le prime Grandi Antropomorfe ad acquisire una locomozione bipede e la posizione eretta.

Certo il carattere, ai fini dello sviluppo della mente, si rivelerà decisivo solo alcuni milioni di anni dopo. E, ai fini della nostra storia, la novità ha piú un carattere potenziale che attuale. Tuttavia la novità c'è. Ed è davvero rilevante. Tanto da indurre molti, compreso Richard Leakey, un grande paleoantropologo figlio di grandi paleoantropologi, a sostenere la necessità di considerare finalmente «umane» le Grandi Antropomorfe che hanno acquisito il bipedismo. Non perché esse posseggano le facoltà intellettive e le capacità culturali dell'uomo. Ma perché il bipedismo ha «in sé un tale potenziale evolutivo da far meritare a chi lo adottò il riconoscimento di una distinzione terminologica. Questi "esseri umani" non erano come noi, ma senza il raggiungimento del bipedismo non lo sarebbero diventati».

L'ulteriore sviluppo delle capacità cognitive nel regno animale passa, dunque, imprevedibilmente (anche) attraverso la direzione orizzontale, rispetto alla superficie terrestre, delle ossa del bacino, l'ileo svasato, il pube corto, il torace appiattito, la doppia curvatura della colonna vertebrale, la duplice volta plantare dei piedi, i denti adatti a masticare, la piena opponibilità del pollice delle mani.

Secondo Yves Coppens, l'origine di questi mutamenti anatomico-funzionali e, quindi, dei primi «esseri umani» è il frutto di un fortuito evento ambientale, avvenuto circa 12 milioni di anni fa: la nascita, a causa di sommovimenti tettonici, della Great Rift Valley, la valle che da nord a sud, dal Mar Rosso al Capo di Buona Speranza, taglia in due l'Africa orientale. Per effetto di queste «circostanze, i progenitori comuni dell'uomo e delle Antropomorfe si trovarono divisi. I discendenti occidentali proseguirono il loro processo di adattamento a un ambiente umido e arborato, e questi sono le Grandi Antropomorfe attuali. I discendenti orientali, invece, inventarono adattamenti del tutto inediti alla loro nuova esistenza in un ambiente aperto, avviando il processo di ominazione».

Ancora una volta un evento fortuito e imprevedibile da parte di un qualsiasi algoritmo evolutivo, non riconducibile ad alcun principio di complessità crescente, apre la strada all'apparizione dell'uomo. A ovest della grande valle gli scimpanzé liberano le mani, ma, dovendo vivere in un ambiente ancora umido e ricco di alberi, non perdono la capacità prensile dei piedi che regala loro la possibilità di continuare a saltare di ramo in ramo. A est le australopitecine si trovano a vivere in un ambiente sempre piú secco e privo di alberi. E si salvano non solo perché liberano le mani, ma anche perché perdono la prensilità dei piedi. Fino ad acquisire la capacità di camminare su due sole gambe e in posizione eretta. Un vantaggio adattivo determinante. Perché a est della Rift Valley iniziano a dominare i venti monsonici e, alla lunga, vanno via gli alberi e arriva la savana. Ora, come scrive Franco Prattico, «con la stazione eretta [è] possibile correre per la savana, elevando il capo al di sopra delle alte erbe per scorgere l'eventuale sopravvenire di qualche predatore, avere le mani e le braccia libere per trasportare il cibo o reggere i piccoli, disporre di una piú efficace visione stereoscopica». Insomma, il bipedismo diventa un grande vantaggio adattivo.

Già, ma acquisire il bipedismo non è, geneticamente parlando, affare da poco. La possibilità di camminare su due piedi e avere le mani definitivamente libere comporta una serie enorme di cambiamenti strutturali e coordinati nell'anatomia degli ominidi: modifica del piede e delle mani, della pelvi e delle ossa lunghe della gamba, del torace e dell'apparato respiratorio. Il bipedismo, sostiene Stephen Jay Gould, costituisce il piú grande adattamento singolo nella storia evolutiva umana. Un adattamento che comporta una improvvisa e catastrofica ristrutturazione genetica.

Ma qual è la causa di questa provvidenziale catastrofe genetica? Non è certo l'adattamento a un nuovo ambiente. Al contrario di quanto comunemente si crede, le australopitecine non diventano bipedi passando dalla foresta alla savana. È la savana, nella sua improvvisa avanzata, che trova le australopitecine. Le quali hanno già, da tempo, assunto il bipedismo e la postura eretta. Caratteri già esistenti che acquisiscono, all'improvviso e fortuitamente, un alto valore selettivo. Un valore selettivo decisivo. Tutte le altre Grandi Antropomorfe, infatti, scompaiono a oriente della Rift Valley.

Ma, allora, se il bipedismo è una «contingenza» (nel senso gouldiano del termine) piú antica dell'ambiente che lo promuove a vantaggio adattivo decisivo, come e perché si è originato?

Una catastrofe genetica cosí ampia non può essere un mero «colpo di fortuna». E infatti, almeno secondo Owen Lovejoy, essa si accompagna a una radicale riorganizzazione della società degli ominidi. In altre parole, le australopitecine scoprono la famiglia umana. E la stabilità sociale. La famiglia si crea nel momento in cui un forte legame di coppia, corroborato da una stretta monogamia, consente di ridurre l'aggressività dei maschi. Primo passo verso quella stabilità sociale del gruppo conquistata attraverso la scelta di un campo base fisso, la spartizione del cibo, la divisione del lavoro, l'assistenza comune dei piccoli. I fattori cooperativi nella società formata da insiemi di famiglie nucleari consentono sia di incrementare la natalità, sia di aumentare le dimensioni e la complessità di relazioni del gruppo. Ovvero, di aumentare le possibilità di sopravvivenza dei singoli e della specie.

Le australopitecine non raggiungono uno stadio di sviluppo mentale e culturale di tipo umano. Non presentano le funzioni cerebrali tipiche dell'uomo. Non hanno un linguaggio evoluto. Né producono manufatti, come l'uomo. Tuttavia la struttura delle loro società possiede già numerose caratteristiche umane. Questa radicale evoluzione sociale è possibile, secondo Lovejoy, solo perché le australopitecine riescono a trasportare oggetti, a scavare, a lanciare con maggiore precisione, ad afferrare oggetti in modo piú accurato e sicuro delle altre Grandi Antropomorfe. Solo perché conquistano la locomozione bipede, la postura eretta, la modificazione della mano.

L'ipotesi di Lovejoy non è universalmente accettata. Forse, tra gli antropologi, è persino minoritaria. Tuttavia è intrigante. Perché propone che il bipedismo sia il frutto, ancora una volta, di una coevoluzione fisiologica e sociale. Che poi il carattere coevoluto si riveli decisivo per la sopravvivenza in un ambiente che si modifica, perdendo rapidamente gli alberi e diventando aperta savana, be', questo attiene alla nostra buona stella. Ovvero a quella concatenazione storica di «contingenze» che rende l'origine dell'uomo un evento storico unico e irripetibile.

2,5 milioni di anni fa: la scimmia diventa abile

Non abbiamo una documentazione fossile in grado di dirci, anche solo per sommi capi, chi siano e come si comportino gli ominidi tra 7 e 4 milioni di anni fa, cioè tra la speciazione che separa il ramo dell'uomo dal ramo degli scimpanzé sull'albero della vita e la comparsa dell'*Australopithecus afarensis*. Sappiamo però che tutte le specie note di australopitecine, che vivono tra 4 e 1 milione di anni fa (l'*afarensis*, l'*africanus*, la *robustus*, la *boisei* e altre), non cambiano nicchia ecologica, né presentano differenze sensibili nella socialità e nelle funzioni cognitive.

Per incontrare una novità significativa, dal nostro punto di vista evolutivo, occorre attendere l'arrivo di una nuova specie. Che si presenta sulla scena 2,5 milioni di anni fa. Nasce dal ramo delle australopitecine e con loro divide i medesimi territori, a est della Rift Valley. I paleoantropologi la considerano la prima specie di un nuovo genere, il genere *Homo*. La prima specie del genere umano. In realtà ben poco, a livello genetico e fisiologico, giustifica una distinzione cosí marcata tra la nuova specie e quelle delle vecchie australopitecine. L'aspetto e persino il peso dei membri della nuova specie, d'altra parte, sono piú simili a quelli delle australopitecine che non a quelli di un uomo moderno. Se non fosse per un certo incremento del volume cerebrale (da circa 500 cm^3 a circa 630 cm^3) e del QE medio (dal 3,5 delle australopitecine a 4,5). Persino il comportamento sociale dei membri della nuova specie non è molto diverso da quello delle australopitecine: famiglia nucleare e numerosa, svezzamento tardivo dei figli, cooperazione all'interno di gruppi con quasi un centinaio di individui.

Ma la novità c'è. E, questa volta, è squisitamente culturale. La nuova specie del genere *Homo* costruisce, con una tecnica sistematica, strumenti e manufatti, di cui alcuni resti fossili saranno ritrovati milioni di anni dopo. Si tratta di *choppers*, raschiatoi, coltelli ottenuti scheggiando pietre di lava. Di martelli ottenuti legando bastoni e pietre. Gli servono per rendere piú efficiente e meno episodica la conquista di proteine nobili: che consiste, probabilmente, nel competere con le iene e le australopitecine nel ritagliare velocemente ciò che resta delle carogne uccise dai grandi predatori della savana. La nuova specie costruisce anche stabili accampamenti e buone capanne. Mostrando una forte tendenza a occupare e, quindi, a conoscere un territorio.

Nulla di eccezionale, in apparenza. Anche gli scimpanzé, in fondo, sanno scheggiare una pietra o usare un bastone. E gli uccelli giardinieri della Nuova Guinea costruiscono capanne, con tanto di giardino decorato, da far invidia a un architetto. Ma la nuova specie ha un'inedita capacità di costruire manufatti con piena intenzionalità e puntuale sistematicità. Appresa la tecnica, riesce ad applicarla con seriale continuità, a insegnarla senza difficoltà ai figli, ad affinarla. Insomma, siamo di fronte alla prima, rozza ma ormai esplicita, manifestazione di evoluzione lamarckiana. Per queste sue innovative capacità la prima specie del genere *Homo* viene chiamata *habilis*.

Le cause che hanno prodotto l'«emergenza culturale» e una fattiva intenzionalità sono ancora oscure. Qualcuno sostiene che la tecnologia di *habilis* è figlia naturale del bipedismo. Qualche altro sostiene, invece, che è figlia naturale dell'espansione encefalica. Né l'una né l'altra delle spiegazioni convince del tutto. Come nota Richard Leakey, sono trascorsi «quasi 5 milioni di anni fra l'acquisizione del bipedismo da parte dei nostri progenitori e l'inizio della fabbricazione di strumenti litici. Quale che sia stata la forza evolutiva che ha prodotto l'antropomorfa bipede, non aveva nulla a che fare con la capacità di fabbricare e utilizzare utensili». E quale che sia la forza evolutiva che ha prodotto la capacità tecnologica di fabbricare utensili, essa non è riducibile solo al bipedismo.

Analogo discorso vale per l'espansione encefalica. È vero che *Homo habilis* ha un cervello, in media, piú grande delle Grandi Antropomorfe e delle stesse australopitecine da cui è nato. Ma difficilmente la causa evolutiva della sua capacità tecnologica risiede (solo) nella crescita del volume cerebrale: che pure passa dai circa 400 o 500 cm^3, in media, delle australopitecine, ai 630 cm^3. Non pare sia questo, se mai ce n'è uno, quel «Rubicone cerebrale» che segna il passaggio netto dal non umano all'umano immaginato negli anni '50 da Sir Arthur Keith. In realtà, per quanto maggiore in media rispetto a quello delle australopitecine, il QE di *Homo habilis* resta all'interno dell'intervallo di variabilità dei suoi progenitori. E si sovrappone ancora, per larghi tratti, a quello delle Grandi Antropomorfe.

Il salto qualitativo nello sviluppo delle funzioni psichiche, tuttavia, c'è. Ma, ancora una volta, l'evoluzione non ha un'origine unica e non risiede (solo) nel bipedismo e/o nella crescita del volume cerebrale. Bipedismo ed encefalizzazione sono fattori necessari, ma non sufficienti per spiegare l'origine virtuale della intenzionalità e dell'evoluzione lamarckiana. C'è bisogno di un'ulteriore condizione. Che si avvantaggia, ovviamente, del bipedismo e della encefalizzazione. Ma che non consiste solo del bipedismo e dello sviluppo quantitativo dell'encefalo. Questa condizione potrebbe consistere nella crescita differenziale o nel riarrangiamento della materia prima del cervello. Un riarrangiamento stimolato, probabilmente, da un rinnovato bisogno di potenziamento della visione. E da un nuovo mutamento fisiologico che rende le mani di *habilis* molto piú capaci di manipolare gli oggetti e, quindi, di costruire una mappa astratta sempre piú raffinata dell'ambiente. Queste sollecitazioni si intrecciano con gli stimoli culturali, contribuendo alla dilatazione e, magari, alla formazione *ex novo* di aree cerebrali specializzate nella previsione e nella progettazione. E, infatti, l'architettura del cervello di *habilis* è diversa da quella delle australopitecine. In tutte le Grandi Antropomorfe, uomo compreso, il cervello è diviso in due emisferi, il destro e il sinistro. Ogni emisfero, a sua volta, è diviso in quattro lobi: frontale, parietale, temporale e occipitale. Nelle australopitecine, come in tutte le Grandi Antropomorfe, il lobo occipitale, collocato nella parte posteriore del cranio, è piú espanso del lobo frontale. In *habilis* il lobo frontale è invece piú grande del lobo occipitale. Poiché questa caratteristica è tipica anche dell'uomo moderno, alcuni sostengono che è qui, con *habilis*, che avviene la transizione tra la *mente scimmiesca* e la *mente umana*.

Tuttavia l'ipotesi che alla base dell'intenzionalità fattiva e dell'avvento della cultura tecnica ci sia un riarrangiamento qualitativo della materia cerebrale, piuttosto che la crescita quantitativa dell'encefalo, resta, appunto, un'ipotesi. Anche se Phillip Tobias, forse il massimo esperto al mondo della prima specie *Homo*, sostiene che ci sono state importanti e specifiche modificazioni nel cervello di *habilis*: lo sviluppo, nell'emisfero sinistro, dell'area di Broca e dell'area di Wernicke. Le due aree che, nell'uomo moderno, controllano rispettivamente l'espressione e la comprensione del linguaggio articolato.

Homo habilis inizia, dunque, a modulare i suoni, a connetterli secondo una prima rudimentale grammatica e a sviluppare un linguaggio articolato? Non lo sappiamo. Molti, come vedremo, sostengono che il linguaggio non è una conquista progressiva, ma un carattere unico e unitario che solo *Homo sapiens* riuscirà a conquistare oltre 2 milioni di anni dopo. Per cui lasciamo sospesa, per ora, la questione. Però non scartiamo del tutto la suggestione che, con *Homo habilis*, il pensiero delle Grandi Antropomorfe diventi molto piú complesso. E che, accanto al rafforzamento del pensiero autocosciente, inizino a manifestarsi un pensiero intenzionale, un pensiero progettuale e una comunicazione articolata. Magari saranno caratteri ancora rozzi e da amalgamare. Ma, forse, cominciano a esserci tutti gli ingredienti di base per lo sviluppo del libero arbitrio.

In ogni caso non è una semplice suggestione che *Homo habilis* abbia la capacità di costruire strumenti. E l'impressione è che, ancora una volta, ci troviamo di fronte a un'emergenza, l'emergenza tecnologica, prodotta da un insieme di fenomeni coevolutivi di natura fisiologica, neurofisiologica, mentale e culturale.

D'altra parte, non è mera suggestione neppure il fatto che la coevoluzione di fattori di diversa natura giochi un ruolo decisivo nella storia dell'uomo. Richard Leakey, per esempio, ricorda come lo sviluppo culturale imponga un periodo sempre piú lungo di apprendimento nei cuccioli di *Homo*. E un aumento del volume encefalico. Ciò comporta un parto sempre piú difficile. Cui le femmine della nuova specie rispondono sia ampliando il bacino, sia affrettando il periodo della nascita del feto. È stato calcolato che la gestazione di un cucciolo d'uomo dovrebbe durare 21 mesi, non 9 mesi, come invece avviene. I cuccioli d'uomo, dunque, nascono tutti prematuri. E cosí restano a lungo, molto piú a lungo che in qualsiasi altra specie animale, nella totale incapacità di badare a se stessi. La nascita prematura e il tardivo svezzamento dei bambini impone una riorganizzazione delle società umane. Ecco come un bisogno squisitamente culturale (la necessità di apprendere una quantità di nozioni ben superiore a quella degli altri cuccioli di primati) impone un percorso evolutivo alla fisiologia e alla neurofisiologia della specie, oltre che alle sue attitudini sociali. Potrebbe esserci esempio migliore della coevoluzione biologica, mentale, sociale e culturale che caratterizza lo sviluppo dell'uomo? Potrebbe esserci esempio migliore dell'originale intreccio tra evoluzione darwiniana ed evoluzione lamarckiana che caratterizza fin dalle sue origini la storia dell'uomo?

1,5 milioni di anni fa: la scimmia è nuda

L'evoluzione degli ominidi non procede affatto in modo lineare e progressivo, ma attraverso successive ramificazioni. Alcune di successo, altre meno. È cosí che, intorno a 2 milioni di anni fa, accanto a *Homo habilis*, nell'Africa sud-orientale, si trovano a convivere (almeno) due altre specie del genere *Homo*. La prima e la piú antica, *Homo ergaster*, non presenta novità rilevanti rispetto a *habilis*. Non in rapporto ai nostri fini, almeno. Ma la seconda, *Homo erectus*, sí. Il nuovo ominide ha caratteri tanto diversi, originali e cosí simili a quelli dell'uomo moderno, che molti (a riprova di quanto sia arduo definire il concetto di umanità) lo considerano il primo, vero rappresentante del genere umano apparso sulla Terra.

Certo la sua faccia larga, le vaste narici ormai rivolte verso il basso, il prognatismo (l'allungamanto della mascella) ancora abbastanza accentuato, il mento appena accennato e gli zigomi sporgenti, le arcate sopraorbitarie decisamente robuste, non sono i caratteri che lo farebbero definire, oggi, un bell'uomo. Ma se ben rasato e debitamente vestito, un *erectus*, col suo fisico da atleta alto, agile e muscoloso, passerebbe oggi del tutto inosservato per le strade di una grande città cosmopolita. Naturalmente neanche la donna *erectus* risponderebbe in pieno ai nostri moderni (e un po' manieristici) canoni estetici. Ma anche lei, coi tipici accorgimenti usati dalle *sapiens sapiens*, non desterebbe particolari attenzioni in una piazza del centro città.

Ma, al di là della morfologia, i caratteri unanimemente ritenuti piú interessanti di *erectus* sono due: l'encefalo e l'attitudine a migrare (→migrazioni).

E in effetti il cranio di *erectus* presenta ossa molto piú spesse del cranio di *habilis*. A protezione di un cervello molto piú grande. Il volume cerebrale è infatti compreso tra 800 e 1.225 cm^3: quasi il doppio rispetto a *habilis*. E il suo QE è compreso tra 5 e 6: un valore piú che doppio rispetto alle Grandi Antropomorfe e, ormai, prossimo a quello dell'uomo moderno.

Il secondo carattere ritenuto (giustamente) interessante di *erectus* è che, per la prima volta nella storia, un ominide (ma sarebbe ormai tempo di dire un uomo) si spinge oltre la sua culla, a est della Rift Valley, e, nel giro di alcune decine di migliaia di anni, si espande prima in tutta l'Africa e, poi, in tutto il mondo.

Non sappiamo da chi discenda *Homo erectus*. Se sia figlio dell'*habilis*, come si pensava all'unisono fino a qualche anno fa, o se, invece, sia figlio di *ergaster*, come qualcuno propone oggi. Ma certo è che, almeno per i primi tempi, *erectus* convive con *habilis*, con *ergaster* e con le australopitecine nei medesimi territori dell'Africa centro-orientale. Poi qualcosa spinge *erectus* a lasciare quelle terre e a emigrare, o meglio, a espandersi in regioni sconosciute. Mentre tutti gli altri ominidi restano nell'antica culla. Perché? E perché *erectus* ottiene lo straordinario successo che lo porta a colonizzare l'intero globo, mentre lentamente gli altri ominidi si estinguono: prima *habilis* ed *ergaster*, tra 1,5 e 1,2 milioni di anni fa; poi le australopitecine residue, *robustus e boisei*, intorno a 1 milione di anni fa?

L'espansione di *Homo erectus* ha i tratti dell'epopea. Superate le colonne d'Ercole dell'antica nicchia ecologica degli ominidi, già 1,5 milioni di anni fa sciama dalle valli del Kenya e della Tanzania verso il Sud Africa e il Mar Rosso. Poi dall'Egitto alcuni gruppi, prima di 1 milione di anni fa, si spingono verso l'Africa nord-occidentale, mentre altri raggiungono il Medio Oriente. Per la prima volta l'uomo esce dal *suo* continente-culla: l'Africa. Dal Medio Oriente una nuova divaricazione. Alcuni gruppi iniziano il viaggio che li porterà in Europa (intorno a 900.000 anni fa). Altri si inoltrano verso la Persia, l'India, il Sud-est asiatico. Ancora una nuova divaricazione, 800.000 anni fa: alcuni salgono a nord, verso la Cina, altri scendono a sud, verso l'Indonesia.

Non è la lunghezza del viaggio a lasciare sbalorditi. In fondo è possibile coprire il percorso da Nairobi a Pechino, al ritmo piuttosto lento di 10 chilometri per generazione, in appena 10.000 anni. Mentre *erectus*, pur con un percorso tortuoso, copre il tragitto in centinaia di migliaia di anni: alla media, prudente, di poche centinaia di metri per generazione. A lasciare davvero stupiti è, invece, la capacità di adattamento. Come fa e, soprattutto, cosa spinge *erectus*, erede di specie decisamente conservatrici in fatto di habitat, vissute per milioni di anni nella medesima regione ai margini della savana, ad ambientarsi (e ad accettare di ambientarsi) al deserto e alla tundra, al torrido, al freddo e all'umido?

Per cercare di rispondere, ancora una volta, dobbiamo far ricorso a un insieme di fattori coevolutivi. A iniziare da quelli biologici, che si intrecciano strettamente con quelli sociali e culturali.

Abbiamo già accennato al fatto che il cervello di *erectus* diventa rapidamente piú grande di quello di *habilis*. Creando le premesse per un ulteriore sviluppo mentale e culturale del nuovo membro del genere *Homo*. *Erectus*, infatti, prosegue la strada inaugurata da *habilis* e continua a costruire strumenti. Si tratta, ancora, di strumenti litici: *choppers* (pietre scheggiate su una faccia), amigdale (pietre scheggiate su entrambe le facce), raschiatoi, coltelli. Ma questi strumenti sono di gran lunga piú raffinati, tanto da poter definire la tecnica di *erectus* una «cultura avanzata della pietra». Inoltre questo nostro progenitore impara, già 1,4 milioni di anni fa, a conservare e a generare il fuoco. E il fuoco è uno strumento tecnico foriero di grandi progressi culturali.

Insomma, quel rapido processo che i tecnici chiamano encefalizzazione, e che noi possiamo chiamare aumento delle dimensioni cerebrali, è causa e, insieme, effetto dello sviluppo culturale di *erectus*. Ma il cervello è un grande consumatore di energia. E la sua rapida crescita, fino al livello dell'*erectus*, è possibile solo se la dieta alimentare è ricca di proteine nobili. Ovvero di carne. Per sostenere i suoi crescenti bisogni mentali e culturali, l'*erectus* deve dunque consumare molta piú carne dei suoi progenitori. Insomma, deve imparare a cacciare animali di media e piccola taglia. E, infatti *erectus* diventa, anche, cacciatore. La nuova attività, a sua volta, impone o, se volete, presuppone un deciso cambiamento degli stili di vita e una rinnovata organizzazione sociale. Da un lato la divisione del lavoro e dei ruoli tra maschi e femmine diventa sempre piú netta: le femmine accudiscono i figli e si dedicano alla raccolta, mentre i maschi si dedicano alla caccia. Dall'altro l'intero gruppo impara a costruire comode capanne e a spostarsi con regolarità: *erectus* diventa un nomade stagionale, per ottimizzare lo sfruttamento delle risorse. Naturalmente le conquiste culturali aiutano *erectus* a modificare i suoi stili di vita. Gli strumenti litici (e forse lignei) insieme al fuoco gli consentono di cucinare il cibo, di riscaldarsi, di tenere lontani gli animali feroci, di modificare l'ambiente. Di rimodellare la sua società. Intorno alla conservazione del fuoco si creano nuovi e piú complessi compiti sociali, una nuova e piú complessa stratificazione della società, nuovi e piú complessi riti sociali.

Ma la crescita cerebrale non è la sola, importante, novità fisiologica che presenta *erectus*. Anche le narici rivolte, per la prima volta in un ominide, verso il basso e l'apparizione di ghiandole sudorifere sono degne di attenzione. Perché, sostiene Richard Klein, presuppongono un ulteriore mutamento degli stili di vita. Per un motivo molto semplice. La temperatura all'interno del naso è inferiore a quella corporea, quindi l'umidità tende a condensarsi tra le narici. Questo nido di umidità aiuta a prolungare gli sforzi negli ambienti caldi e secchi. E l'apparizione di ghiandole sudorifere, che si accompagna a una rilevante perdita di pelo, opera nella medesima direzione. L'emergere di una complessa termoregolazione aiuta, dunque, *erectus* a conservare la necessaria umidità nel corso dei periodi di sforzo prolungato e sistematico sempre piú intensi e faticosi, soprattutto nell'arida savana dove ha iniziato la sua evoluzione. In altri termini consentono a *erectus* di inventare il lavoro. E una società fondata sul lavoro. Ancora una volta fisiologia, cultura e socialità si intrecciano inestricabilmente in una spirale coevolutiva.

Tuttavia la nostra impressione è che il cambiamento fisiologico piú importante di *erectus* non sia né la crescita del volume cerebrale, né l'apparizione di un complesso ed efficace sistema di termoregolazione. Bensí un altro: la modifica delle vie respiratorie, con l'abbassamento della laringe. La ristrutturazione è radicale. Dimostrata dal fatto che, a differenza delle australopitecine e di *Homo habilis*, la base del cranio di *erectus* forma un angolo molto pronunciato con la parte posteriore del palato e il *foramen magnum*, l'apertura dell'osso occipitale che consente il contatto tra il cervello e la colonna vertebrale. E determina un effetto ancora piú radicale: la formazione di quell'ampia camera faringea che consente la formulazione di alcuni fondamentali suoni vocali. In altri termini, *erectus* acquista tutti i requisiti fisiologici per comunicare attraverso un linguaggio articolato.

Abbiamo già notato come *habilis* abbia sviluppato le regioni cerebrali deputate all'espressione e alla comprensione del linguaggio articolato. Ora osserviamo che *erectus* modifica il suo apparato respiratorio e acquista la possibilità di sostenerlo con la voce, quel linguaggio articolato che la sua mente può comprendere ed esprimere. Intorno a 2 milioni di anni fa, dunque, l'uomo inizia ad avere una forma di comunicazione articolata?

Non potete credere quanto sia imprudente porsi questa domanda. Intorno all'origine del linguaggio, una delle (ormai) poche funzioni che sembrano indicare l'«unicità» dell'uomo, si è accesa una polemica di rara violenza (verbale). Da una parte vi sono coloro che lo ritengono un prodotto dell'evoluzione. Un prodotto particolarmente evoluto nell'uomo, ma che non appartiene solo all'uomo. Dall'altra vi sono coloro che, invece, lo ritengono un patrimonio esclusivo dell'uomo. E, in particolare, dell'uomo moderno. Dietro queste posizioni sull'evoluzione del linguaggio si affacciano, naturalmente, le due ormai classiche filosofie. Quella «copernicana», che considera l'uomo come una specie tra le specie. L'altra «tolemaica», che considera l'uomo un essere «speciale»: nel senso che possiede caratteri sostanzialmente diversi da ogni altra specie. E in questo senso al centro e, contemporaneamente, fuori della natura.

La gran parte degli scienziati che si interessano all'uomo aderisce, senza dubbi né tentennamenti, alla filosofia «copernicana». Considera l'origine dell'uomo un evento qualsiasi e, per certi versi, casuale (→caso) nel grande crogiolo dell'evoluzione biologica. Tuttavia molti considerano anche che l'uomo e, in parte minore, altre specie abbiano acquisito la capacità di trascendere l'evoluzione biologica. Grazie a una serie di proprietà emergenti perfettamente naturali, ma decisamente innovative: i processi tipici dell'evoluzione culturale (ma dovremmo dire della coevoluzione mentale, sociale e culturale). Di questa serie di emergenze coevolutive il linguaggio articolato è, forse, la piú grande e decisiva componente. Tanto che molti sono portati a ritenerlo una cosa sola con il →pensiero. L'espressione stessa della mente.

In realtà linguaggio articolato e pensiero sono due fenomeni mentali che si intersecano e si sovrappongono, ma che non coincidono. Tuttavia il linguaggio articolato dell'uomo ha un carattere davvero unico. Che non gli è dato tanto dai circa cinquanta fonemi resi disponibili dai suoi organi di fonazione (contro la dozzina di fonemi disponibili allo scimpanzé). Ma che è dato soprattutto dalle regole grammaticali e sintattiche che rendono infinito il numero di parole e di frasi che egli può articolare. Non dobbiamo certo prendere posizione tra chi, come Noam Chomsky, sostiene che il linguaggio è l'effetto dell'evoluzione mentale dell'uomo. E chi, come Steven Pinker, sostiene al contrario che l'evoluzione mentale dell'uomo è l'effetto del linguaggio. In realtà è possibile che abbiano ragione (e torto) entrambi. Mente e linguaggio sono il prodotto di una inestricabile coevoluzione. L'una è, insieme, causa ed effetto dell'altro.

Per questo stesso motivo non c'è soverchia e insanabile contraddizione tra chi sostiene l'unicità del linguaggio umano e chi sostiene il carattere evolutivo del linguaggio.

In altri termini è possibile ipotizzare che l'articolazione del linguaggio sia aumentata, certo con una progressione non lineare, dalla Grande Antropomorfa, progenitrice comune di scimpanzé e australopitecine, fino a *Homo habilis*. Quale effetto e, insieme, quale concausa dei processi di encefalizzazione e di socializzazione. L'incremento non lineare ha, poi, effettuato un autentico salto, quando i grugniti, i brontolii, i suoni diversificati e significanti, le prime *parole*, sono stati corredati e coordinati da regole grammaticali e sintattiche sempre piú evolute, fino a una nuova emergenza: quella «grammatica generativa e universale», per dirla con Chomsky, che consente al linguaggio di divenire articolato, non solo perché offre la possibilità di «creare» un numero infinito di frasi, ma soprattutto perché offre la possibilità a ogni individuo di «creare» a piacimento frasi che risultano immediatamente comprensibili ai membri della sua comunità. Insomma, consente una comunicazione straordinariamente ampliata e radicalmente nuova. Anzi, consente di creare una nuova cultura e una nuova socialità, fondate sulla comunicazione.

Il linguaggio evolutivo e l'unicità del linguaggio umano sono, dunque, due ipotesi nient'affatto in contraddizione. Il problema è: quando si è verificato questo salto dal linguaggio poco articolato e dalla comunicazione limitata al linguaggio articolato e alla comunicazione (in potenza) totale? Con *Homo sapiens sapiens* o prima? Ovvero: il linguaggio articolato e quella che chiamiamo, con sintesi e approssimazione giornalistica, la comunicazione totale sono una caratteristica peculiare di un'unica specie, la nostra?

Ancora una volta ci sono diverse scuole di pensiero. E anche nell'ambito di chi aderisce alla visione evolutiva del linguaggio ci si divide. C'è chi, come Robin Dunbar, ritiene che il linguaggio articolato sia una caratteristica unica di *sapiens sapiens*. E sia emerso come una sorta di *grooming verbale*, quando i nostri progenitori allestirono comunità molto allargate: di centinaia di individui.

Dunbar, che è un esperto primatologo, sostiene che una delle interazioni che cementano la società dei primati sia il *grooming*, la pulizia del pelo. La sua pratica sistematica consente la conoscenza e il controllo sociale. Per questo i primati dedicano molto tempo al *grooming*. Tuttavia quando il gruppo diventa molto grande, conoscere e controllare attraverso la pulizia del pelo diventa un impegno molto oneroso. Finché, nella società dei *sapiens sapiens*, non diventa un'impresa «troppo» onerosa. Per questo la nostra specie escogita un modo nuovo e piú efficace per «conoscere e controllare» all'interno delle sue comunità allargate: e sostituisce il *grooming* con la comunicazione verbale. Che consente di interagire, nel medesimo tempo, con piú individui. E in modo piú articolato. La causa scatenante del linguaggio articolato sarebbe quindi un nuovo modo di intrattenersi amabilmente e oziosamente. Insomma, il chiacchiericcio e il pettegolezzo diventano il nuovo strumento di interazione sociale. La parola sostituisce le mani e le orecchie sostituiscono il pelo in questa nuova *pulizia della mente*.

L'ipotesi sociale di Robin Dunbar è suggestiva e non priva di fondamenti. Tuttavia, pur riconoscendo che non vi sono prove conclusive per dirimere la questione, bisogna tenere in conto quanto affermano quei paleoantropologi che, come Richard Leakey, anticipano di circa 2 milioni di anni la nascita del linguaggio articolato. E del pettegolezzo. Leakey condivide l'idea che già *habilis* avesse una forma di protolinguaggio articolato. E che *erectus* avesse un vero e proprio linguaggio articolato. Leakey sostiene questa tesi con vari argomenti. Con l'argomento fisiologico: *erectus* ha, ormai, tutte le potenzialità, foniche e mentali, per parlare. Con l'argomento culturale: *erectus* ha un'avanzata cultura litica. Non si limita a fabbricare manufatti, ma inventa il lavoro. Gli strumenti diventano cosí il modo abituale con cui egli interagisce con l'ambiente. Ma per effettuare questa transizione culturale ha bisogno di una comunicazione articolata. Leakey, infine, propone anche l'argomento sociale: per effettuare operazioni coordinate di notevole complessità, quali la caccia o la migrazione (dalla stagionale, alla regionale, alla transcontinentale), ancora una volta *erectus* ha uno straordinario bisogno di comunicare.

L'ipotesi che il linguaggio articolato, l'ultimo diaframma che ci distingue dagli altri animali, sia stato appannaggio di almeno un'altra specie, oltre alla nostra, è decisamente suggestiva. E rafforza la convinzione che *sapiens sapiens* non sia né un essere speciale, né un essere atteso. Ma un cliente capitato al momento giusto alla reception del Grande Hotel Universo e che, per caso, ha ottenuto la camera giusta. Altri (o anche nessuno) avrebbero potuto occupare la nostra, tutto sommato, comoda *suite*. Insomma, l'ipotesi autorevolmente supportata da Leakey intriga non poco.

Tuttavia bisogna riconoscere che non tutti gli esperti accettano l'ipotesi che *erectus* abbia un linguaggio parlato, con tanto di regole grammaticali e sintattiche, paragonabile al nostro. E molti sono propensi a credere che il linguaggio parlato si sia evoluto all'improvviso molto piú tardi, con *sapiens* o, addirittura, con *sapiens sapiens*. Quando si è realizzata la definitiva maturazione degli organi di fonazione e la concomitante creazione di microcircuiti cerebrali estremamente precisi.

In mancanza di prove definitive, ogni ipotesi congruente coi dati disponibili è legittima. Tuttavia nessuno può davvero pensare che le complesse attività di *habilis* e, soprattutto, di *erectus* siano potute avvenire senza una forma *fine*, ovvero intenzionale e sofisticata, di comunicazione. E, d'altra parte, quella parlata non è l'unica forma possibile di comunicazione *fine*. Merlin Donald ipotizza che per *habilis* e, soprattutto, per *erectus* la forma *fine* di comunicazione potrebbe essere stata non la parola, ma la mimica. La capacità mimica, spiega Donald, si fonda sull'abilità di produrre, su propria iniziativa, azioni rappresentative consce e intenzionali, anche se non linguistiche. La mimica si esplica attraverso «toni di voce, espressioni facciali, movimenti degli occhi, segni e gesti manuali, atteggiamenti posturali, movimenti standardizzati dell'intero corpo». Cosí che «lunghe sequenze di questi elementi possono esprimere numerosi aspetti del mondo percepito». Insomma, *habilis* e, soprattutto, *erectus* avrebbero potuto utilizzare la mimica, prima del linguaggio parlato, per le loro sofisticate esigenze di interazione sociale e di comunicazione.

Secondo Donald la mimica ha valenze che vanno ben al di là della stretta comunicazione e della possibilità di spettegolare. Presuppone scelte intenzionali, una radicata autocoscienza, la comunicazione volontaria, una grammatica, una sintassi e una semantica, una forte condivisione delle conoscenze, quindi un marcato sviluppo sociale, una lenta capacità innovativa e creativa. Consente azioni, giochi e riti di gruppo; il coordinamento e la cooperazione sociale, una rudimentale pedagogia. Insomma, quella mimica è una vera e propria cultura. La cultura di transizione, secondo Donald, tra la cultura episodica degli scimpanzé e delle australopitecine e la cultura mitica dei parlanti *sapiens sapiens*.

L'ipotesi di Merlin Donald è ben fondata. La mimica potrebbe aver avuto un'importanza crescente tra gli *habilis* e, poi, tra gli *erectus*. Essa rappresenta l'alternativa piú plausibile all'ipotesi di Leakey. Tuttavia la comunicazione (anzi, la cultura) mimica non è in contraddizione con la comunicazione orale e il linguaggio parlato. Anzi nulla vieta, in linea di principio, che la necessità di affinare la comunicazione dei segni possa aver stimolato la comunicazione verbale. Per cui sono possibili due ipotesi.

La prima e, forse, la piú plausibile è che, poco meno di 2 milioni di anni fa, *erectus* elabori, come sostiene Richard Leakey, un linguaggio articolato paragonabile, anche se non del tutto simile, al nostro.

Come ipotesi subordinata, è possibile che *erectus* abbia posseduto (almeno) una comunicazione articolata. Una comunicazione *fine* che è soprattutto mimica. Ma non è solo mimica. E che comunque, avendo tutti i requisiti fisici, mentali, culturali e sociali per farlo, *erectus* abbia iniziato a effettuare esercizi di vocalizzazione abbastanza sofisticati da renderlo a tutti gli effetti la prima specie di *parlante* venuta al mondo.

Possiamo, a questo punto, tentare di fornire una risposta alla domanda iniziale: cosa spinge *erectus* a lasciare le regioni a est della Rift Valley e a sciamare per il mondo? Be', probabilmente è una motivazione stratificata. Che trae origine dalle sue nuove potenzialità e dai suoi nuovi bisogni. La tecnica, il fuoco e, soprattutto, la capacità di trovare soluzioni appropriate ai nuovi problemi posti dall'ambiente, insomma la cultura, consentono a *erectus* di superare i suoi limiti biologici e di imparare a vivere nel deserto come sul ghiaccio, in montagna come in pianura. L'incremento dell'attitudine alla cooperazione conferisce alla dimensione sociale di *erectus* una profondità e una sofisticazione inedite. Grazie all'ampiezza e alla solidarietà di gruppo, insomma grazie alla sua socialità, *erectus* può impegnarsi nelle migrazioni stagionali, nella costruzione di villaggi, nella conservazione del fuoco, nella caccia ad animali di grossa taglia e quindi pericolosi. Ma soprattutto nella «grande migrazione», verso terre nuove e inesplorate. La biologia, poi, fa il resto: la necessità di procurarsi proteine nobili per sostenere in termini energetici il suo sviluppo mentale e, comunque, il bisogno di sostenere con nuove risorse aggiuntive il proprio successo adattivo, cioè demografico, danno modo a queste straordinarie potenzialità di attuarsi.

Cultura, socialità, biologia spingono *erectus* fuori dalla Rift Valley e dall'Africa. Ma, forse, c'è dell'altro. Accanto ai bisogni materiali, c'è (forse) un bisogno spirituale. Il bisogno, non adattivo ma non meno urgente e impellente, di sostenere con nuove esperienze il suo successo culturale e il suo sviluppo mentale. Insomma, (forse) *erectus* è catturato da quella che Franco Prattico chiama la «frenesia del viaggio».

Il viaggio, anche il lungo viaggio, non è un appannaggio esclusivo dell'uomo. Uccelli, tartarughe, pesci sono capaci in pochi mesi di coprire anche decine di migliaia di chilometri. Ma il viaggio, il lungo viaggio, nell'uomo non è solo istintualità, ma anche rischio programmato. Frenesia. Esplorazione. Curiosità. Inquietudine. Libera scelta. Insomma, come aveva intuito Omero, in ogni uomo c'è un po' di Ulisse. E deve esserci stato un po' di Ulisse anche nell'uomo *erectus*. Cosí, l'emigrazione dell'*erectus* potrebbe essere stata (almeno in parte) una conquista di libertà. Anzi, una manifestazione della conquistata libertà.

Già perché se tutte le ipotesi avanzate sono vere, allora è probabile che 2 milioni di anni fa, con *erectus*, nasca anche il libero arbitrio. Infatti il nostro ha (sembra avere) tutti i requisiti per detenere la capacità di effettuare scelte (relativamente) libere e consapevoli. Una fisiologia e una neurofisiologia adatta. Un linguaggio articolato, o comunque una comunicazione articolata. Chiare capacità intenzionali. Una cultura tecnica abbastanza sofisticata. Attitudine al lavoro. Capacità progettuali. Relazioni sociali cooperative molto progredite. Straordinarie capacità di adattamento. Compresa la capacità di soffrire oggi, per ottenere un risultato domani. Ha la capacità di costruire, come rileva Leakey, «modelli arbitrari di comportamento basati sul *proprio* concetto di cosa sia giusto e cosa sia sbagliato». Insomma, ha tutte le potenzialità per esercitare il libero arbitrio. E, chi può escludere che inizi a esercitarlo?

200.000 anni fa: la scimmia innovativa

La caverna era stata scoperta ed esplorata una decina di anni prima. Ma nessuno aveva mai visto nulla. Cosí quel giorno Marcelino Saínz de Sautuola, archeologo dilettante e proprietario del terreno ove si apre la grande grotta, resta davvero stupito quando, entrati in una camera piuttosto bassa, la figlioletta Maria grida: «Guarda, papà, dei buoi!». È il 1879. E, dopo circa 17.000 anni, un essere umano ha modo di alzare di nuovo lo sguardo e ammirare il gruppo di 24 buoi, 2 cavalli, 3 cinghiali, 3 cervi e un lupo che formano la volta dipinta in rosso, giallo e nero della caverna di Altamira, in Spagna.

È difficile sopravvalutare l'importanza della scoperta di Maria Saínz de Sautuola. Perché quei graffiti sono bellissimi, un'autentica opera d'arte. Perché risalgono a un'epoca, il Paleolitico Superiore, definita preistorica e sono, quindi, una delle piú antiche opere d'arte realizzate dall'uomo a noi note: creazione di una mente capace di formidabili astrazioni e immersa in una cultura che dispone di una costellazione di simboli e di metafore per spiegare e mettere ordine nel caos dell'ambiente circostante. Una cultura mitica. Cosí la scoperta di Maria Saínz de Sautuola risulta importante anche ai fini del nostro discorso: perché è la tangibile dimostrazione che, con la conquista della libertà, realizzata (forse) uno o due milioni di anni prima, l'uomo e la sua mente non hanno cessato di evolvere. Ma, al contrario, hanno accelerato il ritmo dei cambimenti. Accorciando i tempi tra un «salto» evolutivo e l'altro.

Già perché nulla di simile a quanto Maria e Marcelino Saínz de Sautuola ammirano nella grotta di Altamira è mai stato realizzato da *erectus*. L'arte è una conquista, recente, di una nuova specie di *Homo*, tra i cui tratti caratteristici, oltre al fine senso estetico, vi è anche quell'assoluta mancanza di modestia che la porterà ad autodefinirsi *sapiens sapiens*. Una specie con una piú ricca architettura cerebrale, con una piú vasta cultura, una nuova dimensione sociale. E una immutata «frenesia di viaggio».

La nascita della nuova specie è piuttosto laboriosa. Prevede molti passaggi e una serie di altre specie che, a posteriori, definiamo di transizione. Tutto inizia circa 500.000 anni fa. Quando nella vecchia culla d'Africa, ma anche in Europa e in Asia, appare un uomo che non è piú un *erectus,* ma non è ancora un uomo del tutto moderno. Quell'uomo non è piú un *erectus*, perché ha un volume encefalico superiore, in media, ai 1.350 cm^3 e un QE pari a 6,9 volte quello delle antiche proscimmie. La nuova specie sciorina anche una nuova, piú complessa, tecnologia: basata su schegge di grandi dimensioni e almeno una sessantina di nuovi strumenti (contro la dozzina in dotazione a *erectus*). Tuttavia quell'uomo, benché abbia un volume cerebrale e un QE ormai uguali al nostro, non è ancora un uomo moderno. Le ossa del cranio sono ancora piú robuste delle nostre e la corporatura piú forte e tozza. I paleoantropologi lo chiamano *Homo sapiens* arcaico. E, con tutta probabilità, non si tratta di una nuova, singola specie. Ma di svariate specie che, in modo del tutto indipendente, realizzano l'evoluzione di *erectus* in diverse aree. È, infatti, probabile che gli *erectus*, ormai diffusi in tutto il pianeta e qui e lí isolati gli uni dagli altri, inizino a divergere geneticamente. E, vuoi per selezione naturale vuoi per una piú neutra deriva genetica, evolvano formando diverse specie. O, forse, diverse sottospecie: perché non si può escludere che i vari *sapiens* arcaici abbiano la possibilità, tecnica anche se non pratica, di accoppiarsi tra loro.

In ogni caso l'arrivo di *sapiens* (o dei *sapiens*) rappresenta un salto nell'evoluzione umana. E non si tratta solo di un salto tecnologico. Alcuni *sapiens* arcaici, per esempio gli uomini di Neandertal che abitano gli ambienti piú disparati in Europa e in Medio Oriente tra 150.000 e 40.000 anni fa, creano piccoli oggetti artistici, con ossa di animali; seppelliscono i loro morti, sottraendoli al pasto, ormai considerato orrido, degli altri animali; hanno una ritualità e forse una prima forma di esperienza religiosa; praticano il cannibalismo, evidentemente non considerandolo orrido. Insomma, iniziano a mostrare le nostre stesse contraddizioni: ritenendosi, come rileva Marcel Otte, parte della →natura e, nel medesimo tempo, parte distinta della e dalla natura.

Probabilmente con gli *Homo sapiens* arcaici inizia la transizione dalla cultura mimica alla cultura mitica. La mente di questi uomini, infatti, inizia a estendere, secondo Merlin Donald, «il proprio potere oltre la percezione episodica di eventi e oltre la ricostruzione mimica di episodi, fino a giungere a un modellamento globale dell'universo». Insomma, i *sapiens* iniziano a utilizzare il pensiero mitico, ovvero «un sistema unitario e collettivo di metafore utili come fonte di spiegazioni e di ordine», per costruire rappresentazioni cosmiche e stabilire nessi di causalità tra gli eventi che accadono nel loro ambiente, nel tentativo di spiegarli, di controllarli e di predirli. Naturalmente, per costruire modelli mentali cosí complessi e astratti, i *sapiens* devono affinare e potenziare quella capacità di utilizzare e, quindi, di inventare simboli, che è già appannaggio di *erectus.*

Homo sapiens arcaico rappresenta, dunque, una nuova soluzione di continuità nella storia, puntuata, dell'evoluzione umana e dell'evoluzione della mente umana. Ma il formidabile salto, come è già successo con *habilis* ed *erectus*, è seguito da una lunga stasi, caratterizzata da cambiamenti, tutto sommato, piccoli.

L'innovazione, intesa come cambiamento continuo, sistematico e, per certi versi, progressivo, non è diventata ancora parte integrante della cultura dell'uomo.

È solo piú tardi e con una nuova specie, *Homo sapiens sapiens*, la nostra specie, che la capacità di innovazione diventa, per dirla con Richard Leakey, abbagliante.

Quando compare, la nuova specie (o, forse, la nuova sottospecie) di *sapiens* presenta una morfologia e una fisiologia che oggi, col senno di poi (il senno dei vincitori), consideriamo particolari e, addirittura, decisive. Ma sono davvero l'angolo facciale, l'angolo tra l'asse del cranio e l'asse della faccia, diventato retto; il basicranio arrotondato e la mandibola accorciata; le arcate sopraccigliari meno prominenti e la comparsa di un pronunciato mento osseo; la faccia piú piatta; il corpo esile e agile; il tratto vocale posto a 90° rispetto al contorno della testa e, per questo, definito *moderno*, le cause che conferiranno a *sapiens sapiens* la sua abbagliante capacità di innovare e che renderanno irresistibile la sua ascesa?

Le recenti analisi del Dna mitocondriale confermano, ormai al di là di ogni dubbio, che *Homo sapiens sapiens* nasce, nella solita culla africana, tra 200.000 e 150.000 anni fa. Probabilmente per «semplice» deriva genetica di un gruppo di *sapiens* arcaici ritrovatosi per qualche tempo intrappolato in un'«isola ecologica» della Rift Valley. Il gruppo, in origine, non supera i 10.000 individui. Sarebbe bastato un'acquazzone piú forte del solito perché, in barba a ogni principio necessitante, quel gruppo sparisse del tutto senza lasciare tracce. Per nostra fortuna quell'acquazzone non c'è stato e cosí oggi tutti i sei miliardi di uomini che popolano la Terra sono accomunati dal fatto di essere figli di quella minuscola comunità. Anzi, l'intera popolazione mondiale, assicura l'analisi del Dna mitocondriale facendo strame di ogni ideologia fondata sulla diversità delle razze, è accomunata dal fatto di essere figlia di un'unica e sola donna. La madre di noi tutti. L'assonanza tra la narrazione biologica e la narrazione biblica ha consentito di battezzare «Eva nera» quella nostra comune madre genetica.

Non che «Eva nera» sia l'unica donna del gruppo di *sapienti sapienti* in formazione. Né l'unica donna fertile. Di femmine, la nostra comunità originaria, ne vanta almeno 5.000. In gran parte donne fertili e madri felici. Il caso vuole, però, che la discendenza di «Eva nera», almeno quella di sesso femminile, sia stata molto fortunata e da 200.000 anni si ramifichi senza soste. Mentre i rami creati dalle figlie partorite dalle sorelle e dalle amiche di «Eva nera» siano stati tutti, in un tempo piú o meno breve, inesorabilmente recisi.

I mitocondri sono piccole vescicole presenti nelle cellule eucariote. E sono le uniche, oltre al nucleo cellulare, a contenere una minuscola quantità di materiale genetico. Il Dna dei mitocondri deriva solo e unicamente dalla madre. Cosí oggi i biologi sono in grado di ricostruire gli alberi genealogici delle linee femminili dell'uomo. Effettuando un'operazione uguale e contraria a quella degli esperti di araldica, che in genere ricostruiscono gli alberi genealogici per linea maschile.

Insomma, la biologia che ha individuato la nostra madre comune non ci dice nulla (per ora) delle nostre ascendenze paterne. Tuttavia è probabile che le fortunate figlie di Eva si siano accoppiate con piú uomini della tribú di *sapienti sapienti* in formazione, figli delle sorelle e delle amiche di Eva. Cosí che noi vantiamo padri ancestrali diversi, sia pure tutti membri della piccola comunità originaria. Sarebbe davvero stupefacente, infatti, se a sopravvivere oltre e unicamente alle figlie e alle nipoti di una medesima femmina, fossero stati anche, solo e unicamente, i figli e i nipoti di un medesimo maschio. Cosí possiamo dire, senza eccessivi rischi e senza nulla voler insinuare sulla moralità della discendenza della nostra madre genetica, di essere figli di una sola Eva e di molti Adamo.

Ma l'analisi del Dna non ci ha rivelato solo la nostra, peraltro incredibile, storia genealogica. Ci ha rivelato un paio di fenomeni ancora piú sorprendenti.

Il primo è che i membri della piccola tribú, una volta lasciata l'«isola ecologica» della generosa valle genitrice, non si incrociano con altri *sapiens*. E poiché da circa

35.000 anni tutti gli uomini viventi sulla Terra sono discendenti di quella piccola tribú, significa che i *sapiens sapiens*, nel breve volgere di 70.000 anni e forse meno, sostituiscono interamente tutte le altre popolazioni umane del pianeta. Come riescano in questa impresa è forse il piú grande mistero della nostra recente origine.

Un mistero che i fatti accertati non ci aiutano a diradare. Sappiamo che i *sapiens sapiens* non si espandono in terre vergini, in deserti umani. Ma convivono, magari solo per pochi millenni, con altre specie (o sottospecie) di *sapiens* arcaici. Certamente in Africa, in Europa e in Medio Oriente. Ma, probabilmente, anche in tutta l'immensa Asia, dalla Cina all'arcipelago indonesiano. Eppure alla fine di ogni periodo di convivenza risultano sempre e ovunque gli unici sopravvissuti. Perché?

Sappiamo, anche, come sono andate le cose quando popolazioni umane tra loro sconosciute si sono incontrate in epoca storica. Per esempio con la scoperta dei nuovi mondi, l'America e l'Australia, da parte degli europei. In molti casi, ahimè in quasi tutti i casi, le popolazioni piú deboli sono state sterminate. Jared Diamond ha elencato almeno 39 genocidi perpetrati in epoca moderna: nei cinquecento anni appena che separano il 1492, anno di arrivo di Cristoforo Colombo in America, e il 1990. Il genocidio è stato l'epilogo ricorrente dell'incontro tra uomini «diversi», alcuni dei quali sedicenti «civili», nella piú recente (e documentabile) epoca storica. Non è, dunque, campato del tutto in aria il sospetto che il genocidio, l'eliminazione pianificata dell'altro, possa essere stato l'epilogo dell'incontro dei *sapiens sapiens* con le altre specie (o sottospecie) di uomini. E che lo sterminio di massa, piú o meno sistematico, sia all'origine del successo planetario della nostra specie. Sia il nostro «peccato originale».

Tuttavia non sono affatto da escludere spiegazioni meno cruente. E meno bibliche. Molti autorevoli studiosi, in realtà, sostengono che *sapiens sapiens* si è affermato, nel giro di pochi millenni, grazie alle sue superiori capacità culturali. Tra cui le superiori capacità di linguaggio. Luigi Luca Cavalli-Sforza, per esempio, propone che sia il linguaggio, un linguaggio che i *sapiens sapiens* sanno ormai articolare in maniera fluente grazie (anche) al rimodellamento dell'apparato vocale, a creare la barriera, una barriera squisitamente culturale non meno impenetrabile di una barriera fisica, che impedisce loro di incrociarsi con le altre specie umane. A riprova della tesi secondo cui i fattori culturali valgono spesso piú della selezione naturale nell'indirizzare la storia evolutiva dell'uomo. Cavalli-Sforza propone, inoltre, che sia la medesima novità evolutiva, il linguaggio fluente e ricco di una grammatica generativa, di una complessa sintassi e di una profonda semantica, insomma il nostro linguaggio, a conferire ai nostri progenitori quel decisivo vantaggio, ancora una volta squisitamente culturale, che li porterà al successo sempre e ovunque.

Ora non saremo certo noi a sottovalutare l'importanza del linguaggio fluente di quel ceppo di uomini i quali, piú che meritare la ridondante qualificazione di *sapienti sapienti*, meriterebbero quella di *parlanti parlanti*. Né saremo noi a sottovalutare la potenza della «forza culturale» per sopravvalutare quella della «forza fisica» (che peraltro i *sapiens sapiens* non possono certo vantare rispetto ai fratelli arcaici). Tuttavia è probabile che l'unica specie di *Homo* sopravvissuta a una storia di 7 o 8 milioni di anni abbia anche altre doti, oltre al linguaggio fluente. Per esempio sia in possesso di una forte determinazione e di una notevole aggressività; di riflessi fulminei; di competitività, diffidenza, astuzia; forse di notevole →violenza e persino di ferocia. Ma possieda anche la capacità di trovare rapide soluzioni a situazioni di emergenza e di generalizzarne l'esperienza, una forte solidarietà. Una intensa socialità: favorita peraltro dalla possibilità di comunicare come altre specie mai. Insomma, è probabile che già in origine *sapiens sapiens* possieda molti se non tutti i caratteri, ambigui e contraddittori, ma forti e vincenti, dell'uomo moderno.

Ma, prima di affrontare il discorso sulle cause che hanno consentito l'evoluzione di una specie con questi caratteri, conviene dare uno sguardo al secondo fenomeno rilevante confermato da Luigi Luca Cavalli-Sforza con una geniale applicazione delle moderne tecniche di analisi del Dna. Il fenomeno consiste nel fatto che *sapiens sapiens* si lascia sedurre, come *erectus*, dalla «frenesia di viaggio» e, approfittando del mite periodo che, tra 125.000 e 70.000 anni fa, separa le grandi ere glaciali di Riss e di Würm, inizia il suo viaggio «out of Africa», fuori dall'Africa.

Il viaggio, secondo Cavalli-Sforza, inizia 100.000 anni fa. La tribú di «Eva nera» lascia la culla africana e si diffonde in tutto il mondo seguendo, quasi alla lettera, le orme di *erectus*. Un gruppo si dirige verso l'Africa del Sud. Un altro verso l'Africa occidentale fino a raggiungere le coste del Mediterraneo. Un terzo gruppo attraversa l'Arabia e raggiunge l'India, da dove, poi, riparte 40.000 anni fa per raggiunge l'Indonesia e l'Australia. Un quarto gruppo si dirige verso la valle del Nilo, risale il Medio Oriente e si insedia nelle steppe del Caucaso. Di lí riparte per raggiungere il cuore della Cina già 60.000 anni fa. Dalla Cina una parte dei *sapiens sapiens* scende verso l'Indocina e un'altra parte risale verso la Siberia. Da dove, tra 35.000 e 15.000 anni fa, sciama nelle Americhe, superando il tratto di mare, ghiacciato, dello stretto di Bering. Un ultimo ceppo, infine, parte dal Caucaso e si diffonde in Europa, all'incirca 35.000 anni fa. Cosa spinge *sapiens sapiens* a intraprendere il medesimo viaggio di *erectus* e a seguire le stesse rotte, sia pure in tempi molto piú brevi?

Questa domanda ne richiama un'altra, ancora piú profonda e misteriosa. Come mai, sebbene i *sapiens* arcaici siano nati e diffusi anche in Europa e in Asia, la nuova specie dominante, i *sapiens sapiens*, nasce nella medesima culla che, nel corso di milioni di anni, ha generato le australopitecine, *habilis* ed *erectus*? Perché l'Africa, il cuore dell'Africa, detiene il monopolio pressoché assoluto della creatività nel corso dell'intera storia evolutiva dell'uomo?

Abbiamo molte ipotesi e poche risposte definitive a queste domande. Fatto è che, una volta placata quella del viaggio e conquistato il mondo, una volta uscite (o fatte uscire) definitivamente di scena tutte le altre specie di uomini, i figli di «Eva nera» si lasciano cogliere dalla «frenesia del fare». Dall'innovazione continua. Cosí avviano quello sviluppo culturale che, fino a oggi, non solo non si è ancora arrestato, ma ha quasi costantemente accelerato. *Homo sapiens sapiens*, che ha già iniziato a produrre strumenti piú numerosi (almeno un centinaio) e soprattutto di fattura piú raffinata rispetto ai *sapiens* arcaici, utilizzando l'osso, oltre che la pietra, 35.000 anni fa, quando ormai si è diffuso in tutta l'Africa, in tutta l'Europa, in tutta l'Asia e persino in Australia, inventa l'arte (o almeno una rappresentazione artistica capace di giungere fino a noi). Poi, 10.000 anni fa, inventa l'agricoltura. Poi, 6.000 anni fa, inventa la scrittura. Poi, 2.500 anni fa, inventa il pensiero, razionale e rigoroso, della →filosofia e una sofisticata →logica matematica. Poi 400 anni fa inventa (o reinventa) il pensiero scientifico (→scienza). Poi, 200 anni fa, inventa l'industria. Infine, 40 anni fa, si lascia riprendere dalla «frenesia del viaggio» e, varcate le colonne d'Ercole del suo pianeta, inizia l'esplorazione del cosmo. Gli intervalli di tempo tra queste «rivoluzioni» sono di una brevità senza precedenti. La cultura dell'uomo è divenuta, finalmente, innovativa: creazione continua. E cosí «i cambiamenti, che prima avvenivano nell'arco di centinaia di migliaia di anni, ora si susseguono di millennio in millennio». Anzi, ormai di secolo in secolo.

Senza dubbio *sapiens sapiens* è in possesso di una mente nuova.

Molti sostengono che questo ennesimo salto nell'evoluzione mentale sia dovuto alla crescita delle dimensioni cerebrali, all'ispessimento della neocorteccia e al nuovo apparato fonatorio, che consentono finalmente un linguaggio non solo articolato ma anche fluente. Molti, inoltre, sostengono che il nostro fluente linguaggio non sia frutto di un'evoluzione spalmata nel tempo, divisa in varie fasi o, se si vuole, in vari salti. Ma sia un singolo, formidabile e recente balzo. Un balzo compiuto da *Homo sapiens sapiens*, grazie appunto al suo grande cervello e, soprattutto, al suo nuovo apparato vocale. La riprova di questa tesi consisterebbe nel fatto che la capacità innovativa del genere *Homo* subisce un'impennata, diventando continua e inarrestabile, diciamo *enorme* per semplicità, solo con *sapiens sapiens*. In sintesi molti, autorevolissimi, studiosi propongono una correlazione diretta tra linguaggio fluente e capacità di innovazione enorme.

Tuttavia in campo c'è anche una tesi diversa. Abbiamo visto come già *erectus* abbia una struttura cerebrale e un apparato vocale tale da renderlo, in potenza almeno, un *parlante*. Abbiamo visto che *sapiens* arcaico ha una dimensione cerebrale pari, se non superiore, a quella di *sapiens sapiens*. Per cui è possibile che il nuovo apparato vocale agevoli, certo, la comunicazione verbale del nuovo venuto. Ma non c'è ragione di pensare che l'inclinazione, piú o meno marcata, dell'asse del tratto vocale rispetto al contorno della testa impedisca del tutto a *erectus* o a *sapiens* arcaico di esprimere con suoni appropriati le proprie, enormi, potenzialità mentali e di comunicarle parlando. È possibile che il linguaggio articolato non sia nato con *sapiens sapiens*. Ed è possibile che non sia il solo linguaggio fluente a regalare a *sapiens sapiens* la sua unica ed enorme capacità d'innovazione. Al contrario, ancora una volta è possibile che la coevoluzione di fattori culturali, sociali, biologici e mentali abbia oltrepassato una nuova soglia consentendo la nuova, clamorosa emergenza: la capacità di innovare. Nell'attraversare questa soglia le nuove possibilità di comunicare a voce e in maniera fluente hanno, ovviamente, un grande ruolo. Per esempio forniscono nuovi stimoli alla «cultura del fare»: prima in Africa e, poi, ovunque, i *sapiens sapiens* iniziano a creare strumenti diversi, prima ancora che migliori, rispetto ai *sapiens* arcaici con cui convivono. Tuttavia la capacità di innovare diventa incessante molto dopo. Nelle prime decine di migliaia di anni *sapiens sapiens* compie molte gesta, alcune davvero epiche, ma sembra seguire il modello di sviluppo culturale lento e puntuato tipico delle altre specie umane. Solo 30 o 40 millenni fa, quando la fisiologia e la neurofisiologia sono da tempo ben assestate, *sapiens sapiens* fa emergere la sua originale capacità d'innovare in modo rapido e continuo.

Risale a quel periodo la nuova capacità di esprimere, mediante l'arte, il suo senso estetico e le sue rappresentazioni del mondo che, alcuni millenni dopo, ad Altamira, diventa mirabile anche rispetto ai nostri esigenti canoni. La dimensione artistica di *sapiens sapiens* è davvero molto importante. Perché dimostra che già migliaia di anni fa è capace delle stesse astrazioni e costruzioni simboliche, della stessa mirata intenzionalità, della stessa comunicazione complessa di cui siamo capaci noi. Inoltre in quel medesimo periodo *sapiens sapiens* inizia a seppellire i suoi morti. Dimostrando di aver raggiunto una consapevolezza della morte, di se stesso e del →tempo molto vicina, se non uguale, alla nostra. Come scrive Leakey, non c'è dubbio che il suo universo mentale è ormai simile al nostro. Anche se non bisogna dimenticare che pure alcuni *sapiens* arcaici, come gli uomini di Neandertal che vivono in Europa tra 100.000 e 35.000 anni fa e che convivono con *sapiens sapiens*, seppelliscono da tempo i loro morti con una complessa ritualità, decorano i propri corpi, hanno una qualche dimensione artistica e, forse, religiosa. A dimostrazione che, per quanto piú lenta, l'evoluzione culturale di *sapiens* arcaico non è affatto banale e per nulla bloccata.

Certo l'uomo che si autodefinisce *sapiente sapiente*, oltre al possesso di una robusta autostima, dimostra di possedere qualcosa in piú degli altri. Per esempio, è «piú capace e piú rapido in ogni cosa: nel coordinamento sociale, nella manifattura di strumenti, nella guerra organizzata, nel ritrovamento e nella costruzione di ripari, nella raccolta di cibo e nella caccia». Ma, secondo Chris Stringer e Clive Gamble, ha una mente nuova. Che si esprime attraverso una straordinaria capacità simbolica, una forte capacità di astrazione, una originale capacità di costruire modelli mentali proiettati a piacimento nello spazio e nel tempo, che né gli uomini di Neandertal, né gli altri *sapiens* arcaici, per quanto evoluti, posseggono. Queste nuove facoltà mentali, secondo Stringer e Gamble, sono evidenti in tre aspetti: la tecnica di costruzione degli accampamenti, l'uso del territorio, l'espansione in nuovi habitat.

Negli accampamenti dei *sapiens* arcaici, compresi quelli dei Neandertal, le capanne e i focolari sono disposti piuttosto alla rinfusa. I *sapiens sapiens* invece costruiscono i loro accampamenti secondo una tecnica, una logica geometrica e urbanistica molto precisa. Non è certo questo il fattore, o almeno il principale fattore, che conferisce ai *sapiens sapiens* il vantaggio adattivo che li porterà a prevalere sugli altri uomini. Ma certo questa attitudine dimostra il loro «ordine mentale», la capacità di manipolare simboli astratti e di prevedere, progettare, ripetere. Dimostra che hanno assunto il controllo dello spazio, astratto e reale.

Gli uomini di Neandertal hanno una dimensione localistica. Usano le risorse intorno ai loro accampamenti. O, al piú, si muovono inseguendole. I *sapiens sapiens* imparano a stare fermi. E, con una rete di relazioni sociali che inizia a diventare molto complessa, fanno muovere, col commercio e con un sistema di trasporti su lunghe distanze, le risorse. Questo uso esteso, opportunistico, attivo del territorio implica una mente capace di nuove astrazioni e di nuovi simbolismi. E in possesso di una nuova e decisiva intelligenza sociale.

Gli uomini di Neandertal restano per almeno 110.000 anni nelle medesime regioni, in Europa e nel Medio Oriente. E anche gli altri *sapiens* arcaici non si distinguono per l'inquietudine del viaggio. I *sapiens sapiens* in meno di 70.000 anni, molto piú rapidamente dei viaggiatori *erectus*, si diffondono praticamente per l'intero pianeta. Secondo Stringer e Gamble questo dimostra che i *sapiens sapiens* sanno pensare al futuro: che hanno acquisito il controllo del tempo.

Se la dimensione mentale dei *sapiens sapiens* è nuova, del tutto originale è la loro dimensione sociale. Quando giunge in Europa, l'uomo di Cro-Magnon (cosí viene chiamato il primo *sapiens sapiens* europeo) commercia già in conchiglie, selce e pietre varie. Insomma ha una rete sociale che va oltre il clan o la tribú e, come abbiamo visto, si estende su territori molto vasti. Questa sua capacità, oltre che inedita, è decisiva. Come scrive Robin Dunbar, se l'uomo di Neandertal e tutti gli altri *sapiens* arcaici soccombono di fronte all'invasore venuto dall'Africa, non è perché non sono in possesso di un linguaggio fluente (ipotesi, peraltro, non dimostrata), ma perché non hanno la «cultura complessa e il raffinato comportamento sociale dei nostri genitori africani».

Sapiens sapiens coltiva la sua socialità, che infatti cresce rapidamente. In pochi millenni, dai piccoli gruppi di cento o duecento individui, i figli di «Eva nera» si ritrovano a vivere in villaggi con centinaia di individui, in città-stato con migliaia di individui, in stati nazionali con milioni di individui, infine in un pianeta ridotto a un unico «villaggio globale» con miliardi di individui. La mente nuova di *sapiens sapiens* e il suo linguaggio fluente certamente facilitano la formazione di società sempre piú ampie legate tra loro da una rete di relazioni sempre piú strette. Tuttavia è vero anche il contrario, la crescita rapida della dimensione sociale di *sapiens sapiens* richiede, stimola e fa emergere una mente sempre piú sviluppata e una capacità di comunicazione sempre piú efficace. E questo è tanto piú vero, persino banale, se si tiene conto che, da un punto di vista biologico, noi oggi non siamo granché diversi dai primi *sapiens sapiens*. Mentre, da un punto di vista culturale, la diversità è enorme.

Sapiens sapiens, infatti, si rende protagonista di una nuova transizione culturale. Il passaggio dalla cultura mitica alla cultura teoretica. Una cultura fondata sulla piú alta astrazione: la capacità di inventare e manipolare simboli visivi (ideogrammi, numeri, lettere dell'alfabeto) e di ricorrere a memorie esterne al proprio cervello. La cultura teoretica è la cultura che consente una capacità di innovazione enorme. Anche perché esalta, sviluppa, allena la creatività. E, in definitiva, il libero arbitrio: ovvero, la capacità dell'uomo di rompere le catene causali e di «scegliere», pur nel rispetto dei vincoli fissati dalla fisica e dalla biologia.

La scimmia e la lanterna

La storia evolutiva che volevamo narrare è finita. Abbiamo scoperto l'uomo? Certo che no. E tuttavia abbiamo scoperto che chiunque, come Diogene di Sinope, si metta alla ricerca dell'uomo, non può fare a meno di prendere tra le mani questa lanterna. La lanterna che sta illuminando il tratto di strada compiuto da una scimmia in evoluzione.

Letture: Luigi Luca Cavalli-Sforza, Paolo Menozzi e Alberto Piazza, *Storia e geografia dei geni umani*, Milano, Adelphi, 1997; Merlin Donald, *L'evoluzione della mente*, Milano, Garzanti, 1996; Robert Foley, *Gli umani prima dell'umanità*, Roma, Editori Riuniti, 1999; Pietro Greco, *Evoluzioni. Dal Big Bang a Wall Street, la sintesi impossibile*, Napoli, Cuen, 1999; Richard Leakey, *Le origini dell'umanità*, Firenze, Sansoni, 1995.

V

Verità
(dal latino *veritas*)

Galileo Galilei aveva le idee chiare intorno alla verità del mondo naturale. Esiste una →realtà fisica oggettiva, sosteneva. Questa realtà è conosciuta perfettamente da Dio. Ma può essere conosciuta anche dall'→uomo. Il libro della →natura è, infatti, scritto in lingua matematica. E il linguaggio della →matematica è inteso dall'uomo.

Certo, la realtà cosmica è fatta di tante componenti, intelligibili. Dio li comprende tutti, questi intelligibili. La sua →conoscenza è infatti estesa all'→infinito. Mentre la conoscenza dell'uomo è estensivamente limitata. L'uomo può conoscere una frazione, sia pure continuamente crescente, del mondo naturale.

Tuttavia, quando l'uomo riesce, infine, a conoscere (con rigore matematico) uno degli intelligibili del mondo naturale, allora la sua conoscenza riguardo a quell'intelligibile eguaglia in tutto e per tutto la conoscenza divina. L'uomo raggiunge la →certezza assoluta. Raggiunge il possesso pieno della verità. La sua conoscenza è, per intensità, uguale a quella di Dio.

Oggi pochi scienziati considerano il problema della conoscenza della natura allo stesso modo di colui che è considerato il padre della →scienza moderna. Perché il →progresso delle conoscenze scientifiche ha modificato profondamente i concetti di realtà e di certezza. E, quindi, ha modificato radicalmente il concetto di verità scientifica.

Anzi, intorno a questo concetto nel corso del XX secolo i filosofi della scienza hanno prodotto una delle loro piú accese discussioni. Ogni scuola filosofica ha una sua idea di verità nella scienza. Non è compito nostro, in questa sede, passare in rassegna questo ampio ventaglio di definizioni. Possiamo però tentare una sintesi. O meglio, possiamo cercare di interpretare cosa pensa oggi uno scienziato di formazione realista (nella presunzione, niente affatto scontata, che il realista rappresenti la maggioranza degli uomini di scienza) quando parla di verità scientifica.

Uno scienziato realista pensa che esista, appunto, una realtà oggettiva. E, proprio come Galileo, pensa che questa realtà possa essere conosciuta dall'uomo. Quando parla di verità, lo scienziato realista non pensa ai fatti. Per quel che succede nel mondo non si pone un problema di verificare se è vero o falso: i fatti, semplicemente, sono. Che la Terra esista è un fatto. E quando uno scienziato afferma che la Terra esiste non rivela una verità scientifica. Prende atto di un fatto. Anche quando verifica che l'acqua alla pressione di un'atmosfera bolle a una temperatura di 100 °C, non rivela una verità scientifica. Prende atto di un fatto.

Uno scienziato tira in ballo il concetto di verità solo quando interpreta i fatti, per ricavarne leggi (→legge) e teorie (→teoria) generali. Quando elabora una teoria che interpreta i fatti, allora egli si chiede se quella interpretazione corrisponde o meno alla realtà. Se la teoria corrisponde alla realtà è vera. Altrimenti non lo è.

Per lo scienziato realista, dunque, il concetto di verità scientifica assume quel significato di «corrispondenza con lo stato delle cose» e di «rappresentazione della natura» che le aveva dato Aristotele.

Ai tempi di Galileo Galilei la domanda di corrispondenza con lo stato delle cose non riguardava l'affermazione sull'esistenza della Terra. Nessuno metteva in dubbio l'esistenza del nostro pianeta. Un problema riguardava semmai le due teorie sul moto della Terra. Quale teoria era vera, ovvero corrispondeva allo stato delle cose: quella geocentrica di Tolomeo o quella eliocentrica di Copernico? Entrambe funzionavano. Entrambe interpretavano al meglio i fatti conosciuti. Ed entrambe si fondavano su un robusto apparato matematico (piú quella di Tolomeo che quella di Copernico, a dire il vero). Ma non potevano essere vere entrambe. Perché delle due l'una: o è la Terra che gira intorno al Sole, o è il Sole che ruota intorno alla Terra.

Ora, nel →senso comune risulta abbastanza chiaro quando un'affermazione è vera perché corrisponde allo «stato delle cose». Se dico che la neve è bianca, basta una semplice verifica dello stato delle cose (verificare di che colore è la neve) per rilevare la verità o la falsità della mia affermazione. Ma se dico che in →fisica è valida la teoria della →relatività generale o è valido il principio di indeterminazione, non risulta affatto semplice verificare lo stato delle cose e quindi rilevare la verità assoluta della mia affermazione.

Ai tempi di Galileo non fu affatto semplice, per esempio, decidere quale delle due teorie del moto terrestre, quella tolemaica o quella copernicana, fosse vera. C'è stato bisogno di una lunga e sofferta discussione in seno alla comunità scientifica, che si è prolungata, ahimè, oltre la vita di Galileo per fare, infine, prevalere la teoria di Copernico e assumere per vera la teoria secondo cui la Terra ruota intorno al Sole.

Oggi nessuno dubita che la teoria copernicana sia una verità scientifica. Perché è stata corroborata da una serie cosí vasta e coerente di osservazioni (→osservazione) da essere divenuta essa stessa un fatto. La Terra che ruota intorno al Sole è, ormai, un fatto astronomico. Non è piú una affermazione che corrisponde allo stato delle cose. Ma, semplicemente, è lo stato delle cose.

Non tutte le teorie scientifiche, però, hanno eguale sorte. Alcune teorie a lungo considerate «vere» si sono poi rivelate false o, quanto meno, non perfettamente corrispondenti allo stato delle cose. Per esempio, la teoria del flogisto, in →chimica, si è rivelata falsa: semplicemente non corrispondeva allo stato delle cose (→errore).

Ma, ancora una volta, non sempre verità e falsità assumono fisionomie cosí nette. Per un paio di secoli, per esempio, è stata ritenuta «vera» la teoria della →gravitazione universale di Newton. Anzi, quella teoria è stata considerata non solo il fondamento stesso della fisica ma anche il nucleo di una visione del mondo (→meccanicismo). Dopo Einstein, però, riteniamo che la teoria newtoniana non sia piú una teoria vera. Perché non corrisponde piú allo stato delle cose (note). Anche se resta una teoria valida in determinate condizioni. Oggi, in fatto di gravitazione universale, consideriamo «vera» o, almeno, «piú vera», perché meglio corrispondente allo stato delle cose, la teoria della relatività generale.

D'altra parte oggi consideriamo fondamentali in fisica due teorie, la →meccanica quantistica e la stessa relatività generale, che sono di gran lunga la migliore rappresentazione della natura fisica di cui disponiamo. Tuttavia già ci chiediamo fino a quando quelle due teorie potranno essere considerate vere, nel senso che corrisponderanno ancora allo stato delle cose. Le due teorie, infatti, risultano non conciliabili tra loro. Quindi l'una o l'altra o entrambe sono false (o non del tutto vere). Solo che entrambe, fino al momento in cui scriviamo, corrispondono quasi perfettamente allo stato delle cose e sono un'ottima rappresentazione della natura. Entrambe, pertanto, risultano vere.

È chiaro, dunque, che rispetto a Galileo la verità in fisica ha assunto, anche agli occhi di un realista, un valore contingente. E relativo. Non esiste in fisica, e non esiste in nessun altro ambito della scienza, una verità assoluta ed eterna. Una verità che, per intensità, possa eguagliare quella di Dio. Le verità della scienza sono verità provvisorie. Una teoria che oggi consideriamo vera, perché corrisponde pienamente allo stato delle cose (che conosciamo), potrebbe non esserlo piú già domani.

Inoltre una teoria può essere vera in un certo ambito della realtà. La teoria di Newton funziona perfettamente per oggetti macroscopici che si muovono a velocità molto inferiori a quella della luce. In questo spicchio di realtà, può essere considerata ancora vera. La relatività generale funziona in un ambito, macroscopico, ancora piú ampio. Mentre la meccanica quantistica funziona perfettamente a livello microscopico.

Le tre teorie, in un certo senso, sono tutte vere. Anche se non risultano del tutto compatibili tra loro.

Come si concilia la natura provvisoria e limitata delle verità scientifiche con il realismo? Albert Einstein ha provato a rispondere a questa domanda, che lo coinvolgeva non poco. La realtà fisica oggettiva esiste, sosteneva. E può essere colta dall'uomo, per mezzo di grandi teorie. Ma la verità delle teorie della fisica non eguaglia, per intensità, quella di Dio. Non sono la rappresentazione perfetta della realtà. Sono piuttosto un processo di avvicinamento asintotico alla rappresentazione perfetta della realtà. In questo senso né la teoria di Newton né la relatività generale di Einstein sono verità in termini galileani. Tuttavia la relatività generale di Einstein è «piú vera» della teoria di Newton.

D'altra parte già Galileo avrebbe dovuto ammettere che non esiste un metodo «certo» per individuare le verità della scienza. A decretare quale fosse la teoria vera, tra quella copernicana e quella tolemaica, non fu un tribunale obiettivo o un esperimento cruciale. Ma la discussione tra scienziati. La teoria copernicana divenne vera quando fu accettata dalla gran parte degli uomini di scienza. Oggi diremmo che la verità di una teoria è, di volta in volta, stabilita da quello che John Ziman, fisico teorico ed esperto di sociologia della scienza, chiama il «consenso razionale d'opinione» della comunità scientifica.

Le verità della scienza, dunque, sono verità provvisorie che cercano di avvicinarsi, in maniera tendenzialmente asintotica, alla rappresentazione perfetta della natura e che, in ogni caso, vengono costruite mediante la discussione interna alla comunità scientifica. Ma questa costruzione per consenso e la strutturale provvisorietà della verità non espongono la scienza al rischio del relativismo? Cosa distingue una teoria scientifica da una qualsiasi opinione? Cosa distingue uno scienziato da uno sciamano?

Anche in questo caso occorre dire che la →filosofia della scienza ha fornito e fornisce una varietà enorme di risposte. E, ancora una volta, eviteremo di ricostruirle, queste diverse posizioni. Continuiamo, invece, a cercare di verificare come risponderebbe uno scienziato sul campo di impronta realista.

Uno scienziato realista risponderebbe che una teoria scientifica si distingue da gran parte delle comuni opinioni perché funziona: nel senso che funziona in pratica e propone previsioni esatte e verificabili.

La meccanica quantistica, per esempio, funziona in pratica, con una precisione mai raggiunta da nessun'altra teoria fisica, e fa previsioni precise e verificabili. E qualsiasi fisico quantistico è in grado di dimostrare che la teoria funziona e di verificare le sue previsioni. La gran parte delle opinioni degli sciamani sulla realtà del mondo microscopico, invece, non funziona. E nessuno è in grado di dimostrare che funziona.

Naturalmente, il fatto che una teoria scientifica funzioni non è indicazione certa della sua verità. La teoria di Tolomeo funzionava. Funzionava persino meglio di quella di Copernico, nel descrivere le orbite dei pianeti nel cielo. Tuttavia era falsa. Il fatto che funzioni è una condizione necessaria, ma non sufficiente per definire vera una teoria scientifica.

Una teoria o una qualsiasi asserzione scientifica per essere considerata vera deve soddisfare altre condizioni. Deve, per esempio, superare il vaglio critico e ottenere il consenso della comunità scientifica. Certo il consenso della comunità scientifica è un consenso di opinione: gli scienziati non dispongono di metodi assoluti per la verifica della verità delle affermazioni sul mondo naturale. Non esistono test cruciali da superare. Tuttavia il consenso di opinione della comunità scientifica è, per dirla con Ziman, razionale.

Ma anche lo sciamano deve conquistare il consenso d'opinione dei membri della tribú. E nulla vieta che quel consenso sia, almeno in parte, di tipo razionale. Tuttavia l'approccio razionale della scienza è sistematico. Cosicché una teoria, per essere considerata vera, deve dimostrare non solo di interpretare bene i fatti e di funzionare, ma anche di avere una sua profonda coerenza. Una coerenza logica interna e una coerenza estesa che potremmo definire di sistema: una teoria «vera» non deve, cioè, entrare in contraddizione con la rete di altre teorie con cui è in relazione. La teoria dell'elettromagnetismo non può essere in contraddizione con la meccanica quantistica. Le teorie biochimiche non possono essere in contraddizione con le teorie della chimica e della →biologia. Una nuova teoria in contraddizione con altre teorie consolidate deve avere una straordinaria forza interna e una capacità di rimodellare il proprio intorno teorico formidabile, se vuole dimostrare di essere «vera».

La teoria della deriva dei continenti all'inizio del XX secolo si è imposta grazie alla sua straordinaria capacità di descrivere lo stato delle cose, ma anche di rimodellare l'intorno teorico della geofisica (→evoluzione geologica).

Naturalmente, questi processi di riassestamento profondo non avvengono senza conflitti. Gli scienziati sono uomini. E reagiscono alle novità in modo variegato, come tutti gli altri uomini. Per questo alcune volte l'affermazione di una teoria «vera» risulta piuttosto faticosa: tanto che il fisico Max Planck sosteneva che una nuova teoria si afferma solo quando la generazione che aderiva alla vecchia teoria scompare e una nuova generazione la sostituisce. Altre volte invece c'è un'adesione poco critica a qualche teoria nuova, alla moda, ma non propriamente «vera».

In definitiva, lo scienziato realista non nega affatto che la via della ricerca della verità sia una via contorta. Sostiene, però, che alla lunga (talvolta, molto alla lunga) la corrispondenza asintotica di una teoria allo stato delle cose si impone. Insomma, sono i fatti, infine, a ridefinire malgrado tutto il consenso d'opinione della comunità scientifica e a premiare la teoria «vera».

Già, i fatti. Ma i fatti, in molte discipline scientifiche, sono molto lontani dall'autoevidenza o dal senso comune. I fatti, come dicono i filosofi della scienza, sono «intrisi di teoria». Per dimostrare che un neutrino ha una massa a riposo diversa da zero e, quindi, dimostrare che la teoria dell'oscillazione dei neutrini è vera, ho bisogno di un apparato sperimentale e di strumenti concettuali che richiamano necessariamente altre teorie. I risultati di esperimenti (→esperimento) e di osservazioni di questo genere non sono affatto autoevidenti. E allora, come faccio a dire che il neutrino semplicemente è, e non è, al contrario, il frutto di una falsa teoria (o di una costellazione di false teorie) che però, come la teoria di Tolomeo, funziona?

Anche questa domanda non ammette risposte assolute. Un fatto è un fatto e, quindi, semplicemente è, fino a quando è rilevabile da tutti, non entra in contraddizione con altri fatti (alcuni dei quali dotati di marcata autoevidenza) e non entra in contraddizione con un sistema coerente di teorie. Il neutrino esiste, il neutrino è, fino a quando tutti possono rilevarlo sperimentalmente, non è in contraddizione con l'esistenza di altre particelle note e non è in contraddizione con il sistema coerente di teorie della fisica.

Le verità della scienza sono, pertanto, un letto fluido di teorie e di fatti, alcuni dei quali fortemente interdipendenti. Nessuna teoria e nessun fatto sono «veri in assoluto». Tutti sono veri in quanto costruzioni (abbastanza) coerenti con lo stato, fluido, delle cose note, e con la trama, fluida, di teorie e di «fatti intrisi di teoria» elaborati dalla comunità scientifica. È questa coerenza, vagliata in modo critico con grande sistematicità, che rende possibile agli scienziati di avvicinarsi nel lungo periodo a una rappresentazione sempre piú vicina alla realtà. In fondo è questa la peculiarità di quell'impresa culturale umana che chiamiamo scienza.

Letture: Donald Gillies e Giulio Giorello, *La filosofia della scienza nel XX secolo*, Roma-Bari, Laterza, 1995; Roger G. Newton, *La verità della scienza*, Milano, McGraw-Hill, 1999; David Oldroyd, *Storia della filosofia della scienza*, Milano, Il Saggiatore, 1989; John Ziman, *Si deve credere alla scienza?*, Roma-Bari, Laterza, 1984.

Violenza

(dal latino *violentia*)

Difficile definire, con esattezza, cosa sia la violenza. In un senso lato potremmo dire che violenta è ogni →azione che, in modo piú o meno intenzionale (→intenzionalità), infligge sofferenza. Non solo agli uomini, ma a ogni altro essere vivente che è in grado di sentire la sofferenza.

La violenza, dunque, è aggressione fisica. Ma non è solo aggressione fisica. Si può essere violenti anche infliggendo sofferenze morali ad altri esseri viventi.

Ora non c'è dubbio che la violenza non è una prerogativa esclusiva degli uomini. Anche altri animali (→animale) possono avere comportamenti violenti. Tuttavia non c'è dubbio che la violenza è soprattutto della →specie umana (→uomo). Non fosse altro perché la tribú di Caino, per dirla con Franco Prattico, è l'unica che si è storicamente dimostrata capace di distruzioni di massa e di genocidio.

Dove nasce, dunque, la violenza dell'uomo?

La domanda, inutile dirlo, è ancora aperta. Le scuole di pensiero sono almeno tre. La prima, quella che gli antropologi chiamano naturalistica, sostiene che essa appartiene essenzialmente alla →biologia dell'uomo. Anzi, in una prospettiva sociobiologica, la violenza è un comportamento adattivo (→adattamento) determinato essenzialmente dai nostri geni (→determinismo genetico). Secondo alcuni esisterebbero dei geni specifici che determinano il comportamento aggressivo dell'uomo.

In realtà questi geni non sono mai stati trovati. E, in ogni caso, è abbastanza evidente che l'intensità della violenza è cresciuta con la →complessità della →società umana. In altri termini la violenza sarebbe, essenzialmente, un prodotto (un sottoprodotto) dell'→evoluzione culturale.

Alcuni, in genere di matrice culturale marxista, sostengono che la violenza non è altro che un modo di essere dell'→economia, in quanto sarebbe essenzialmente lotta per accaparrarsi risorse.

Purtroppo sappiamo che la violenza non ha solo origini economiche, anche se ha soprattutto origini economiche. Per cui il modello economicista non ci fornisce una spiegazione esauriente dell'origine della violenza.

Un altro tipo di spiegazione rimanda alla →storia dell'uomo e, in particolare, ai caratteri culturali che hanno consentito alla tribú di *Homo sapiens sapiens* di svilupparsi conservando l'omogeneità interna e l'indipendenza.

Probabilmente la violenza dell'uomo non ha un'unica origine. E tutte le componenti (biologica, sociale ed economica) hanno giocato un ruolo nella sua affermazione. Ma, forse, la violenza inusitata che solo l'uomo riesce a raggiungere nasce anche dalla sua →libertà. L'uomo ha piú gradi di libertà di ogni altra specie. Può utilizzare questa libertà per il →bene o per il male. La storia dimostra che questa libertà l'ha utilizzata in pieno per entrambe le opzioni.

Letture: Richard C. Lewontin, *Gene, organismo e ambiente*, Roma-Bari, Laterza, 1998; Franco Prattico, *La tribú di Caino*, Milano, Raffaello Cortina, 1995; Steven Rose, *Linee di vita*, Milano, Garzanti, 2001.

Vita
(dal latino *vita*)

Cos'è la vita? Secondo Yves Delage, nel corso dei secoli il pensiero occidentale ha elaborato quattro diverse categorie di risposte a questa che è considerata una delle domande fondamentali che, da sempre, si pone l'uomo.

1. Una prima categoria è quella che fornisce una risposta in chiave non materialista. È una categoria di pensiero che affonda le sue radici nell'*animismo* di Platone, Aristotele e Agostino. E che, in epoca moderna, ha avuto un epigono nella scuola vitalista di Montpellier.
2. Una seconda categoria è quella delle teorie preformistiche, secondo cui la vita è lo sviluppo di germi originari inseriti gli uni negli altri con la comparsa di nuove specie.
3. C'è, ancora, la teoria caldeggiata a inizio del Novecento dallo stesso Delage, secondo cui «la vita è il risultato delle proprietà di particelle speciali, elementi iniziali della materia vivente».
4. C'è, infine, la categoria delle teorie organiciste, o olistiche (→olismo), secondo cui la vita è l'insieme irriducibile delle relazioni tra tutti gli elementi di un organismo vivente: molecole, cellule, tessuti, organi.

Nessun biologo, oggi, si iscriverebbe senza tentennamenti ad alcuna di queste quattro scuole di pensiero. In realtà, anche la scienza moderna ha distillato almeno due grandi tipologie metafisiche, due grandi metafore (→metafora), in risposta alla domanda iniziale, che non hanno superato l'esame dei fatti.

La prima di queste declinazioni del concetto di vita è quella meccanicistica (→meccanicismo), secondo cui gli organismi viventi non sono che macchine e il loro comportamento può essere descritto sulla base delle leggi della →meccanica, della →fisica e della →chimica. Nella sua *prima facie*, il meccanicismo ha assunto connotazioni piuttosto ingenue. Come scrive Ernst Mayr: «Molti meccanicisti dei secoli XVII e XVIII non riuscivano a vedere alcuna differenza significativa tra una roccia e un organismo vivente». D'altra parte ambedue, la roccia e l'organismo vivente, potevano essere rappresentati dai medesimi parametri (temperatura, massa, volume) e rispondevano alle medesime forze (la forza di gravità, le forze del moto).

Capitò, dunque, che quando Isaac Newton propose la medesima forza invisibile, la forza di gravità, per spiegare il moto dei pianeti e la caduta dei gravi sulla Terra, in perfetta analogia alcuni biologi meccanicisti proposero una forza invisibile, la *vis viva*, per spiegare i processi della vita.

Ma, non fosse altro che per la difficoltà di spiegare in termini matematici la forza vitale e di trovare una formula, elegante, che la contenesse, alcuni dei fautori della *vis viva* iniziarono a postulare che essa non appartenesse al dominio, materialistico, delle forze fisiche e chimiche. Nacque cosí la corrente di pensiero del *vitalismo*, che ebbe nella scuola di medicina di Montpellier e in Paul-Joseph Barthez la sua massima espressione. La convinzione che la vita fosse qualcosa di strutturalmente speciale, governata da leggi diverse da quelle della fisica e della chimica, è sopravvissuta a Charles Darwin. I vitalisti erano attivi ancora all'inizio del XX secolo, grazie soprattutto all'embriologo Hans Driesch.

Oggi non c'è davvero biologo alcuno cosí riduzionista (→riduzionismo) da vedere in un organismo vivente null'altro che una macchina. Ma, a maggior ragione, non c'è biologo alcuno cosí antiriduzionista da invocare una forza speciale per spiegarne il comportamento.

Ma allora ritorna la domanda: cos'è la vita?

Tuttora non è facile fornire una risposta. Lo sanno quegli scienziati che, tra la fine degli anni '60 e l'inizio degli anni '70, furono chiamati dalla Nasa per progettare le missioni Viking e mettere a punto dei sistemi per individuare l'eventuale esistenza di forme di vita su Marte. Per scoprire la vita occorre stabilire, appunto, cos'è la vita. La difficoltà dell'impresa è testimoniata sia dai conflitti intellettuali tra gli esperti convocati per la bisogna, che dalle risposte ambigue ottenute dalle sonde Viking discese sul suolo marziano.

Tuttavia, grazie a Charles Darwin e a Johann Mendel, detto padre Gregor, oggi abbiamo una teoria scientifica che spiega molto bene l'evoluzione della vita (→evoluzione biologica). Abbiamo, quindi, almeno un'idea di cosa sia la vita.

Non c'è nulla di materiale che possa essere definito vita. Nessuna sostanza, nessun oggetto, nessuna →forza. La vita è un processo. E, come sostiene Ernst Mayr, il processo vitale, questo sí, può essere definito.

Si tratta di un processo che non si oppone in alcun modo alla fisica e alla chimica. Non invoca, come facevano i vitalisti, alcuna specialità rispetto ai processi fisici e chimici. Ma una notevole autonomia e una sostanziale irriducibilità ai processi fisici e chimici, questo sí. Si tratta dell'autonomia e della irriducibilità alla fisica e alla chimica che rivendica la →biologia. Un'autonomia e una irriducibilità che non hanno nulla di mistico, né di misterioso. Ma che sono strettamente materialistiche. E si fondano su alcuni precisi caratteri degli organismi viventi. Caratteri che, senza presunzione alcuna di completezza, proviamo a riassumere.

A. *La →complessità organizzata*. Le parti di un organismo vivente, tutte le sue parti, non hanno nulla di strutturalmente diverso dagli oggetti del mondo non vivente. Tuttavia le relazioni tra le parti di un organismo vivente sono incomparabilmente piú numerose e complicate di qualsiasi sistema fisico e chimico. E, soprattutto, sono anche straordinariamente organizzate. Questo insieme di complessità e di organizzazione produce una serie di emergenze (→emergenza), che sono peculiari degli organismi e che contribuiscono a caratterizzare la vita.

B. *Il programma genetico*. Ogni organismo vivente possiede un programma genetico, frutto dell'evoluzione biologica, che contribuisce a organizzare i processi interni. Questo programma, sia pure modificato in parte, viene trasmesso attraverso le generazioni. Nessun sistema che non sia biologico possiede qualcosa di analogo al codice genetico.

C. *L'unicità e la variabilità*. Gli organismi viventi sono caratterizzati da alcune macromolecole (proteine, acidi nucleici) che rispondono, certo, a tutte le leggi chimiche, nessuna esclusa, ma che non esistono fuori dal mondo biologico. L'unicità chimica contribuisce a far sí che ciascun organismo vivente sia differente da ogni altro. La biologia si occupa cosí di popolazioni di individui unici. Al contrario, la fisica e la chimica si occupano di classi di oggetti uguali: ogni elettrone è omologo a ogni altro elettrone; ogni atomo di idrogeno o di ferro è omologo a ogni altro atomo di idrogeno o di ferro (tranne le differenze isotopiche, naturalmente). L'unicità degli individui è la fonte della variabilità biologica. E la variabilità biologica è alla base dei processi evolutivi della biologia.

D. *La →storia*. Ogni →specie vivente, ogni organismo vivente è il frutto di una serie, irripetibile, di avvenimenti storici. La vita è un processo irrimediabilmente segnato dalla storia. Tanto che, come sosteneva il biofisico Mario Ageno, non c'è altra spiegazione possibile per la biologia che la spiegazione storica. Ciò significa che, a differenza dell'evoluzione fisica e chimica, l'evoluzione biologica non è prevedibile a priori, anche se è spiegabile a posteriori.

L'insieme di questi caratteri, strettamente materialistici, spiega, almeno in parte, cos'è la vita. O meglio, spiega cosa sono i processi biologici.

Letture: Pietro Greco, *Evoluzioni. Dal Big Bang a Wall Street, la sintesi impossibile*, Napoli, Cuen, 1999; Ernst Mayr, *Storia del pensiero biologico*, Torino, Bollati Boringhieri, 1990.

Vuoto

(dal latino volgare *vocitus*, con la stessa radice di *vacuus*)

La →natura ha orrore del vuoto, diceva Galileo. L'affermazione, basata su presupposti sbagliati, è stata considerata il suo piú grande errore. Ma, forse, l'unica colpa di quel genio fondatore della scienza moderna è di aver avuto ragione con tre secoli di anticipo.

Il vuoto e la sua piú intima essenza, il niente. L'essere e il non essere. Sono concetti che affascinano e che stordiscono. Che intrigano. Il colto e l'inclita. Lo scienziato e il filosofo. Il motivo? Be', il motivo lo scopriremo alla fine di un piccolo viaggio guidato, che vi proponiamo, tra i diversi i diversi significati che la parola vuoto ha assunto nel corso della storia della →fisica.

Prima tappa: il vuoto classico

Guide: Democrito e la fisica classica. Tutte le cose, sosteneva il filosofo di Mileto, sono costituite da atomi pieni, materiali, indivisibili (→atomo) e da →spazio vuoto. Cioè dal niente. Badate bene, avvisa lo storico della scienza inglese Charles Singer, che il vuoto di Democrito è una realtà primaria esattamente come gli atomi. Il niente è. Esiste. A distanza di millenni la fisica classica conferma. Democrito non aveva poi tutti i torti. Certo gli atomi «moderni» non sono indivisibili come quelli del filosofo greco. Anzi. Ma possiamo dire che tutte le cose sono effettivamente costituite da particelle e da spazio vuoto.

Già, ma dove possiamo trovare il vuoto assoluto? Fermiamoci a osservare l'→universo e proviamo a immaginare di trovarci nello spazio intergalattico. Ecco, lí per noi c'è il vuoto. Il vuoto fisico. Un vuoto spinto. Ma non assoluto. Di tanto in tanto infatti incrociamo qualche atomo. E non è poi cosí difficile imbatterci persino in qualche granello di polvere ghiacciata. In ogni caso siamo bersagliati da un bel po' di neutrini e di altre particelle piú o meno esotiche. No, per quanto spinto questo vuoto intergalattico è troppo affollato. Se vogliamo ottenere il vuoto assoluto, il niente, dobbiamo traslocare.

Proviamo a costruire una scatola a chiusura ermetica e a pompare via tutta la materia, fino all'ultima indesiderata particella. Certo, neppure le piú sofisticate delle nostre pompe a vuoto riescono a fare questo lavoro. Ma la nostra immaginazione sí. Senza violare alcuna →legge della →fisica possiamo spazzare via dalla nostra scatola ideale ogni particella. Abbiamo ottenuto il vuoto assoluto? Ahinoi, no. Lo spazio chiuso della scatola, privo ormai di ogni particella di →materia, continua a essere infilzato, trafitto, attraversato da nugoli di onde elettromagnetiche. Ed è inutile corazzare la nostra scatola con spesse pareti di metallo o di qualsivoglia altro materiale. Riusciremo a bloccare tutti i raggi γ e X, la luce, le onde radio provenienti dall'esterno. Ma non riusciremo a eliminare le radiazioni che la stessa scatola produce. Per quanto ben impacchettati, gli atomi delle pareti che circondano il nostro vuoto sono in perpetua, irrefrenabile agitazione termica. E continuano a emettere e ad assorbire radiazione in quantità proporzionale alla temperatura a cui manteniamo la scatola.

Come fermare quei satanassi? Semplice, surgelandoli. Portando l'intera scatola allo *zero assoluto*. Alla piú bassa temperatura possibile. 273,16 gradi Celsius sotto il punto di congelamento dell'acqua. La fisica classica assicura che a questo freddo assoluto gli atomi perdono ogni velleità e cessano del tutto di agitarsi. L'→energia si azzera. Le pareti non emettono piú radiazioni. E all'interno della nostra scatola ideale c'è, finalmente, il niente. Il nulla assoluto. Che, dunque, esiste. È una →realtà fisica. Proprio come aveva previsto Democrito.

Seconda tappa: il nuovo vuoto

Guide: Plotino, la fisica quantistica (→meccanica quantistica), la teoria dei campi (→campo). La semplice visione della realtà proposta da Democrito fu superata dai grandi del pensiero greco. Platone e Aristotele diedero nuove e piú complesse definizioni del niente. Ma furono i neoplatonici a svilupparle ulteriormente e a tentare di legarle alla realtà fisica. Il non essere, sosteneva Plotino, non è il nulla assoluto. Anzi, come l'essere, è reale, anzi persino materiale. Solo che, a differenza dell'essere (il tutto attuale), il non essere è il tutto potenziale.

Bene, ritorniamo nella nostra scatola allo zero assoluto. Dove, secondo la fisica classica, c'è il vuoto assoluto. E guardiamola con l'occhio, particolarissimo, della «teoria quantistica dei campi». Secondo questa teoria, ampiamente verificata, non sono le particelle gli oggetti fondamentali in fisica. Ma alcune nuove entità: i campi quantistici. Da quello elettromagnetico a quello neutrinico a quello gravitazionale, ne conosciamo finora almeno 13. Ma forse ce ne sono di piú. Si estendono come una rete fittissima sull'intero spazio. Quando non c'è né energia né materia a perturbarli, i campi appaiono calmi e piatti come un mare in bonaccia. Ma non appena in una regione dello spazio giunge un minimo di energia o una particella di materia, il mare si agita. La bonaccia diventa burrasca. Onde alte e minacciose percorrono lo spazio. Onde elettromagnetiche, elettroniche, quarkoniche, neutriniche, gravitazionali. Onde capaci di «forzare» una particella a comportarsi in un certo modo, a seguire un determinato percorso. Esempio. Quando un protone si avvicina al Sole, le onde del mare gravitazionale iniziano a spingerlo in direzione della nostra stella, mentre le onde del mare elettromagnetico lo sballottano avanti e indietro a seconda se nel «vento» solare prevalgono cariche elettriche negative o positive. Mentre le onde del mare elettronico... Che fatica, navigare nell'universo reale! Immersi sempre in 13 e piú mari diversi. Dove per qualcuno calmo ne trovi sempre un altro in tempesta. Sottoposti al rullio e al beccheggio di 13 differenti moti ondosi.

Ma c'é di piú. Gli onnipresenti campi quantistici non solo sono i messaggeri delle leggi fisiche. Sono i depositari stessi della memoria delle leggi fisiche. Un esempio, e capiremo. Facciamo sosta al Cern di Ginevra, e seguiamo per qualche minuto un elettrone e la sua antiparticella, il positrone, nella loro folle corsa lungo il circuito di un acceleratore. Quando le due particelle hanno raggiunto un'energia sufficiente si scontrino pure con inaudita violenza. Annichilandosi. Daranno pratica dimostrazione dell'equivalenza tra materia ed energia. Per un istante lí, nella zona dello scontro, c'è solo un vuoto carico di energia. Trascorso un istante da quel vuoto perturbato nasceranno a caso nuove e ormai ben note coppie di particelle. Quark e muoni. Neutrini e mesoni. E cosí via. Cosa è successo? È successo che la grande energia prodotta dall'annichilazione ha perturbato a →caso questo o quel campo quantistico. Il quale, essendo depositario della memoria di una specifica parte delle leggi fisiche, ha ritrasformato l'energia in particelle materiali. Ciascun campo contiene in potenza alcune specifiche particelle. Basta stimolarlo... e le tira fuori.

Ritorniamo dunque nella nostra scatola, gelata a 273,16 gradi sotto zero e completamente vuota. Lí troviamo un po' di tregua. I 13 mari per definizione sono tutti in bonaccia. Ma ci sono. Pronti ad agitarsi alla minima perturbazione. Con una memoria capace, se stimolata, di ordinare all'istante la →creazione di un intero universo. Quei 13 mari contengono il tutto, anche se solo a livello potenziale. Proprio come il vuoto di Plotino. Con la teoria dei campi il vuoto assoluto cessa di essere il niente. Per diventare (momentaneo) nonessere.

Terza tappa: il vuoto fluttuante

Guide: ancora Plotino ma anche Tommaso d'Aquino; e ancora la fisica quantistica, con Werner Heisenberg e Paul Dirac. Ci accompagna in questa ultima tappa ancora Plotino, il quale non ha intuito solo l'importanza del vuoto che in potenza contiene il tutto. Ha anche proposto l'esistenza dell'Uno. Del non-essere allo stato puro che viene prima del tutto. Da cui il tutto trae origine. Che *crea* il tutto. Ma, questa volta, ci accompagna anche Tommaso d'Aquino. Con la sua spiegazione teologica della *creatio ex nihilo*. Un *essere divino*, Dio, crea dal niente gli *esseri naturali*, cioè tutto quanto esiste in natura. Badate bene: nessuno dei due, né Plotino né Tommaso, prevede che per far nascere l'universo sia necessaria un'iniezione di energia (fisica) dall'esterno.

Ripartiamo dunque dalla nostra scatola ideale gelata allo zero assoluto. E osserviamo per bene i campi quantistici. Sono davvero mari in bonaccia, assolutamente calmi e piatti? Be', non proprio. Anzi. Se inforchiamo per bene gli occhiali della fisica quantistica e facciamo delle osservazioni indirette, come ci impone il principio di indeterminazione di Heisenberg, scopriamo che ciascuno di quei mari ribolle. Onde quantistiche nascono, si frangono e si dissolvono in continuazione. Altro che vuoto assoluto! La nostra scatola ideale sembra un bazar nell'ora di punta pieno zeppo di mercanti, di clienti e di merci. Tutti virtuali. Eppure tutti reali. Il motivo? Ce lo spiega Harold Puthoff. L'energia di punto-zero, cioè l'energia presente nella nostra scatola ideale alla temperatura di zero assoluto, non è affatto nulla. E, nel rispetto del principio di Heisenberg, si manifesta attraverso quelle che i fisici chiamano eccitazioni dei campi quantistici che appaiono qui e là. Cioè fluttuazioni del tutto casuali che generano la creazione di coppie di particelle dalla effimera vita.

Come possono avvenire queste fluttuazioni? Per scoprirlo dobbiamo fare un bel passo indietro fino all'anno 1930 e seguire Paul Dirac. Quando il noto fisico propone un modello tanto arzigogolato – la definizione è di Paul Davies – quanto efficace. Lo spazio vuoto, sosteneva Dirac, non è affatto vuoto. Ma è un «mare infinito» di particelle con energia negativa. Assolutamente invisibili nel nostro mondo fatto di particelle con energia positiva. Ora le particelle visibili, con energia positiva, non possono perdere la loro energia e immergersi in quel mare, perché è già tutto pieno. Mentre, grazie a una transizione quantistica, le particelle invisibili possono uscire dal loro mare e assumere valori positivi di energia. Quando ciò accade (e accade in continuazione) nel mare di energia negativa si crea un «buco», che deve essere immediatamente riempito. E poiché il nonessere, come diceva Platone, non è sinonimo di niente, ma è solo un altro modo dell'essere, ecco che quel buco viene riempito dall'apparizione di un'antiparticella. «La straordinaria idea di Dirac implica che sia possibile creare particelle materiali prelevandole da un serbatoio infinito e invisibile», purché esse siano «accompagnate dalla loro *immagine speculare*», commenta Paul Davies.

Un campo quantistico non solo può guidare, dunque, energia e particelle. Le può anche «creare». Dal nulla. O meglio, dal vuoto fluttuante. La straordinaria idea di Dirac ha trovato conferme sperimentali. Il vuoto è in realtà pieno di particelle «virtuali», che non sono direttamente rilevabili. Ma i cui effetti sono ben «reali». Di quel bazar quantistico che è il vuoto non possiamo vedere gli attori, ma ne sentiamo l'assordante rumore. Per esempio come *polarizzazione del vuoto*, la schermatura di una carica elettrica che si verifica anche nel vuoto piú spinto a causa della presenza di particelle virtuali. O come *effetto Casimir*, la forte attrazione che si verifica tra due piatti di metallo separati da un piccolo spazio vuoto.

Il vuoto fluttuante è dunque qualcosa di piú del tutto allo stato di potenza. È un «diverso modo dell'essere». Aveva dunque ragione Galileo. Il vuoto assoluto, il niente, non può esistere. La natura ha orrore del vuoto.

Ma completiamo il viaggio. Ritornando indietro nel tempo, a qualcosa come 15 miliardi di anni fa. L'universo ancora non c'è (almeno cosí dice il Modello Standard della →cosmologia). Non ci sono neppure lo →spazio e il →tempo. Tutto è vuoto. Ma è vuoto fluttuante. Capace di «creare», contrariamente a quanto negato dalla fisica classica, energia e materia senza bisogno di un'iniezione di energia dall'esterno. All'improvviso, sostengono molti rispettabili fisici, è il Big Bang. Una «fluttuazione enorme». Una transizione quantistica del vuoto un po' piú grande delle altre. L'universo sarebbe, dunque, un *pasto gratis* offerto dal vuoto fluttuante.

Un pasto gratis proprio come quello servito dall'Uno di Plotino. E dal Dio di Tommaso. Sí, al tavolo del «vuoto fluttuante» fisici, filosofi e teologi potrebbero trovarsi finalmente d'accordo. Senza dover digerire, per questo, le medesime pietanze.

Letture: Ugo Amaldi, *Il vuoto*, Lecture alla Royal Society, 1991; Paul Davies, *Le forze della natura*, Torino, Bollati Boringhieri, 1990; Charles Singer, *Breve storia del pensiero scientifico*, Torino, Einaudi, 1976.

Z

Zero

(dal latino *zèphirum*, adattato dall'arabo *sifr*, calco del sanscrito *'sunyá*)

Lo zero, come →numero, è un'invenzione della →matematica indiana, portata in Occidente solo dopo l'anno Mille dagli arabi (→Islam). I greci non lo conoscevano. E persino i grandi matematici dell'età ellenistica (→ellenistica, scienza) lo utilizzavano solo per indicare l'assenza di numeri.

Furono gli indiani a dare dignità di numero allo zero, intorno al IX secolo d.C. e al culmine di un processo di riforma e di sintesi delle loro matematiche. Si tratta davvero di un'invenzione di grande importanza. Ma, per comprenderla appieno, occorre dire che di zero, in matematica, non ce n'è uno solo. O meglio, che esistono, come ricorda lo storico della matematica Giorgio Israel, due concetti differenti di zero: lo «zero operatore» e lo «zero mediale».

Lo «zero operatore» è una cifra che non designa alcun numero, ma che posta alla destra di un altro numero, per esempio 12, gli fa assumere un valore dieci volte piú grande: 120. In questo modo il segno 0, non ha, almeno in apparenza, alcun significato profondo. Lo «zero operatore» è un semplice moltiplicatore. Un operatore, appunto.

Nel numero 102, invece, il ruolo dello zero, 0, è piuttosto diverso. Perché ponendo 0 tra 1 e 2, indico che solo una parte (10) è stata moltiplicata per dieci, l'altra parte, 2, è rimasta inalterata. Lo zero tra 1 e 2 nel numero 102 lo chiamiamo «zero mediale» e indica l'assenza di una moltiplicazione delle unità per la base 10, indica l'assenza delle decine. È questo zero, lo zero mediale, che dunque evoca in modo piú diretto il concetto di *niente* o addirittura di *nulla*.

Intorno al 600 d.C, dunque, gli indiani iniziano a rivedere i metodi hindu per scrivere i numeri, che comprendono anche l'uso di parole e sillabe. La riforma non consiste solo nel ritorno ai simboli brahmici, ma anche in una rifondazione di principi. In questo processo di revisione simbolica e concettuale, lo zero operatore inizia a diventare di uso comune. Ma, dopo un secolo e piú di uso dello zero, il grande matematico Mahavira inizia a studiare lo zero e a riconoscere che ha la dignità di un vero numero e non è, semplicemente, l'assenza di numeri. E poiché un numero è quello che può essere messo in relazione con altri numeri e con se stesso mediante le operazioni aritmetiche, Mahavira iniziò a verificare come lo zero si comporta rispetto alle quattro operazioni. Se aggiungo 0 a un numero, per esempio 2, questo numero non aumenta. Se sottraggo 0 a un numero, questo numero non diminuisce: 2 – 0 resta 2. Se moltiplico 2 per 0, ottengo 0. Mahavira sostiene, infine, che se divido il 2 o un qualsiasi altro numero per zero, esso resta inalterato. L'errore sarà corretto nel XII secolo da un altro grande matematico indiano, Bhaskara, che rileva come una frazione che ha per denominatore lo zero, per esempio 2/0, rimane la stessa qualunque numero le aggiunga o le sottragga. Un numero diviso per 0, sostiene Bhaskara, è una quantità infinita.

Errore di Mahavira e parziale correzione di Bhaskara a parte, lo zero dunque ha assunto piena dignità di numero. Partecipa alle operazioni aritmetiche come tutti gli altri numeri. E, nella pratica, consente l'uso dei numeri negativi per tener conto dei debiti.

Gli arabi appresero della dignità matematica che ha il numero zero e ne portarono l'uso e il concetto in Occidente. Gli arabi lo chiamavano *sifr*, che significa →vuoto. La parola diventerà la base etimologica del nostro *cifra*. Ma il suo contenuto concettuale, il nulla, creava seri problemi nella cultura occidentale. E forse fu per questo che Leonardo Pisano, nel XIII secolo, preferí dare allo 0 il nome latino di *zephirum*, da cui il nostro zero.

Ciò non serví piú di tanto a mitigare le diffidenze e le vere e proprie resistenze alla diffusione del numero zero da parte dalle autorità ecclesiastiche. Lo zero, soprattutto lo «zero mediale», evoca il concetto di vuoto e di niente. E questo concetto risulta molto delicato per la →teologia cristiana che ha speso molto tempo e molte fatiche intellettuali nel tentativo di conciliare le sue due eredità culturali: il pensiero filosofico dei greci e il monoteismo religioso degli ebrei. Nella filosofia dei greci, ove si eccettui il filone di pensiero atomista, il vuoto e il nulla sono aborriti. E il Dio dei greci non crea il mondo dal nulla, ma piuttosto trasforma il Caos, il tutto disordinato, nel Cosmo, il tutto armoniosamente ordinato. Nella religione degli ebrei invece Dio crea il mondo *ex nihilo*, dal nulla. Le posizioni di partenza delle due eredità culturali dei cristiani risultano davvero difficili da conciliare.

Agostino cerca di rimediare ai due inconciliabili sostenedo che il nulla da cui Dio ha creato il mondo non è il vuoto fisico, che non esiste, bensí l'assenza del divino: ovvero il male.

Tommaso d'Aquino precisa che l'atto creativo di Dio non consiste tanto nella estrazione del mondo dal nulla, quanto nella progressiva eliminazione del nulla, cioè dell'assenza di Dio, cioè del male.

Insomma, la teologia cristiana aveva faticosamente rielaborato il concetto di niente. E ora gli arabi, con il loro zero portatore matematico del niente, venivano a disturbare il delicato equilibrio raggiunto. Di qui le diffidenze e le resistenze alla diffusione dello zero con dignità di numero che si sviluppano nell'Occidente cristiano per alcuni secoli. Mentre esso viene prontamente accettato dalle comunità di ebrei residenti in Spagna e in tutta Europa.

Lo zero, come numero, vincerà ogni resistenza solo nel Rinascimento. E parteciperà da protagonista alla nascita della *nuova scienza*. Quanto al concetto di niente, esso è ancora oggetto di discussione.

Letture: John Barrow *et al.*, *Zero e infinito*, Napoli, Cuen, 1999; Robert Kaplan, *Zero. Storia di una cifra*, Milano, Rizzoli, 1999; Morris Kline, *Storia del pensiero matematico*, Torino, Einaudi, 1996; Brian Rotman, *Semiotica dello zero*, Milano, Spirali, 1988.

Indice dei nomi

Finito di stampare nel mese di gennaio 2002
per conto degli Editori Riuniti
dagli Stabilimenti Tipografici Carlo Colombo - Roma